KU-053-980

TWO REVISIONS OF ROLLE'S ENGLISH PSALTER COMMENTARY AND THE RELATED CANTICLES

VOLUME II

EARLY ENGLISH TEXT SOCIETY
O.S. 341
2013

fleschly desiris conuertynge hem to crist. for þe voi
ce of þi þundir in a whele. þis voice of oo sowu
sou crist Jhu was help of þe fadir sent to saue
mankynde þat wolde obeische to his biddynge
þe apostlis þat as fuyr brent in þe loue of Je
su. might nat holde þe pes but as greet þundir
þat is fer herd þei cried þe treuþ of cristis lawe
in a whele þat is in þis unstable world þat
as a whele wiþ light touchynge schal be tur
ned upsodoun for þat þat is enhaunced i to
hie schal be mekid in peyn: and þat þat is op
pressid wrongfully schal be enhaunced in to glo
re. Illuxerunt choruscaciones tue orbi ter
re commota est & contremuit terra. Þy
lightnynges schyned to þe roundnes of erþ. hit
is togedre stirid an þe erþ tremblid. Þi light
nynges þat is þi hooly maundementis schy
nynge in þe dedis of þin apostlis lightned to
þe roundnes of al erþ þat is to meek men bu
owynge hem self erþ. þis roundenes of erþ was
togedre stirid in hit self. seeynge þe wonderful
dedis of þe apostlis doon in grete vertu of god
And þe erþ tremblid togedre ffor dreed of þe ho
ond of god herd of þe apostlis þat schulde ven
ge god of hise enemyes despisynge his lawe for
In mari via tua. & semite tue in aquis
multis & vestigia tua non cognoscet[ur]
In þe see þi weye and þi paþes i manye wa
tris. and þi steppis schal nat be knowen. In þe
see þat is in poeple hauynge bittir sorowe for her
synne is þi weye ffor þei ben wey to oþ[er] leedy
nge hem to þi grace. and þi paþis i manye wa
tris þat is þi commaundementis þat keepen men
in oonhede of þi lawe out of þe brode wey of
þe world. ben schynynge in þi feiþful folowers
þat as many watris moisten þe erþ. and coolen
þe brennyng desiris of fleschly lustis wiþ plen
tevousnes of wisdom þat þei deserue of god
and þi steppis schal nat be knowen þi steppis
þat is þi wondris þat þou did in erþ schal nat
be knowen of þin enemyes whom þe world
haþ blyndid or þi steppis þat is þi feiþful folow
ers þat vertuously zeede aftir þee keepynge þi
lawe and techynge hit oþer schal nat be know
en of proude men of erþ: but despised & storned
and pursued to þe deeþ. Deduxisti sicut oues
populum tuum: in manu moysi & aa
ron. Þou led out as scheepe þi poeple: in
þe hoond of moysi and aaron. Moyses þat
was taken out of þe watir betokeniþ men þat
ben in penaunce sorowynge for synne and a
aron þat betokeniþ a mounteyn of strengþ
bitokenen men of stidefast bileeue þat dreden
no bodily pil of þis lyf. but myghtly enforcen
hem to wiþstoond synne. þere betoken trewe
prelatis of hooly churche þat han led goddis

poeple in siker pasture of his lawe nat robbynge
hem for coueitise of her goodis. ne pretynge hem
in malice boostynge of her power. but busily as
feiþful louynge hirdis enforced hem to kepe he
þe treuþ keepynge hem fro synne. but þese sche
ep i name hauynge maners of wood geyt des
pisyng to be keepid undir staf of an hird knewe
nat her leders. but despised hem for her symple
nesse. and storned her techynge of treuþ. wher
fore þei deserued to be deuyded and ledd as mo
ost þrallis in to caitifte and spuyled and robbid
and deceyued by coueitous tyrauntis.
Attendite popule meus legem me
am inclinate aurem vestram in
verba oris mei.
My poeple beholdiþ my lawe bowiþ inne zour
ere in to wordis of my mouþ. Here men ben
taught and comaundid by þe hooly goost þat sp
ak in dauid: to take heede to goddis lawe ffor
þat is our mirour and our ensampler. wherby
we schal knowe our self. eschewynge was to ple
se to god in keepynge of hise maundementis for
þe keepynge of his lawe is our saluacioun. and
þe unknowynge þerof is our dampnacioun ffor
þi ze poeple of god. beholde wiþ þe ere of zour
hert mekely þe lawe of god suggettynge zour
flesch to þe spirit of treuþ. sleynge in zow zour
fleschly desiris. þat as moost cruel enemy figh
tiþ azeins þe spirit. bowiþ inne zour ere to þe wor
dis of my mouþ. This is þe meek ere of zowr
hert obeischynge to goddis wordis spoken of his
mouþ ffor god is more plesid wiþ meke obedience
þanne wiþ eny offrynge. loue ze þerfore þis lawe
as ze wil þat god loue zow. aftir zour loue zour
reward is mesurid. and þe proof of loue is fulfil
lynge werk. listeneþ þerfore ententyuely and vn
dirstondiþ rightly þat I schal sey. ffor. Aperiam
in parabolis os meum loquar proposiciones
ab inicio. I schal opyn in parabolis my mouþ
I schal speke proposiciouns fro þe begynnynge.
I schal open my mouþ apertly schewynge p
arabolis. þat ben liknesses þat schewen a þing
wiþouten. and bytoken anoþer þing þat men
may knowe þerby as crist seiþ þe kyngdoom of
heuens is liche to ten virgynys. þat toke her
lampis. and went out to mete wiþ her spouse
þe whiche parable scheweþ þat þese ten virgines
betoken þe nowmbre of al mankynde. þat schal
be dampned and saued. proposiciouns he clepiþ þe
wondris þat weren schewed in þe olde lawe.
þe whiche to cristen men ben figuris fro þe begyn
nynge of patriarkis. Abraham ysaac and Ja
cob. þe whiche answeren Quanta audiuimus
& cognouimus: patres nostri narrauerunt
nobis. How manye þinges haue we herd &
knowen. and our fadres toold to us. This who

Oxford, Bodleian Library, MS Tanner 16, p. 204, by permission of The Bodleian Libraries, University of Oxford.

TWO REVISIONS OF ROLLE'S ENGLISH PSALTER COMMENTARY AND THE RELATED CANTICLES

EDITED BY

ANNE HUDSON

VOLUME II

Published for
THE EARLY ENGLISH TEXT SOCIETY
by the
OXFORD UNIVERSITY PRESS
2013

OXFORD
UNIVERSITY PRESS

Great Clarendon Street, Oxford OX2 6DP,
United Kingdom

Oxford University Press is a department of the University of Oxford.
It furthers the University's objective of excellence in research, scholarship,
and education by publishing worldwide. Oxford is a registered trade mark of
Oxford University Press in the UK and in certain other countries

First edition published in 2013
Impression: 1

British Library Cataloguing in Publication Data
Data available

Library of Congress Cataloging in Publication Data
Data available

ISBN 978-0-19-967429-9

Typeset by Anne Joshua, Oxford
Printed in Great Britain
on acid-free paper by
T.J. International Ltd., Padstow, Cornwall

PREFACE

This volume is the second part of the edition of *Two Revisions of Rolle's English Psalter Commentary and the Related Canticles*, covering Psalms 35–135. The first part, O.S. 340, published in 2012, covering the Prologue and Psalms 1–34, included the Introduction; the final part is due to appear in 2014 and will include Psalms 136 to 150 and the twelve Canticles together with Notes, Glossary, and Index of Biblical References. Here only text and variants are in question. The edition follows the same conventions as in volume 1, explained there in the Introduction (pp. clix–clxiii); for convenience a list of the sigla used is appended here, excluding those copies not containing the texts printed in this volume. For the psalms in this and the final volume, the text of RV1 is printed throughout and the variants from the two available copies of RV2 are subordinated in the footnotes (there are no parallel texts).

Sigla of the main manuscripts in the present edition (see descriptions in volume 1, pp. xxxv–lxi):

A Oxford, Bodleian Library, Bodley 288
B Oxford, Bodleian Library, Bodley 877
C Cambridge, Trinity College Library B.5.25
D London, British Library, Royal 18 D. i + Additional 74953
F Lincoln, Lincolnshire Archives Office, Madison Deposit 2/11
H Cambridge, Mass., Harvard University, Houghton Library, Richardson 36
L Lincoln Cathedral Chapter Library 92
R London, Lambeth Palace Library 34 + British Library, Royal 18 C. xxvi
S Dublin, Trinity College Library 71 + New Haven, Yale University, Beinecke Library 1087
T Oxford, Bodleian Library, Tanner 16
V Oxford, University College 74

CONTENTS

CONTENTS OF VOLUME II

LIST OF PLATES

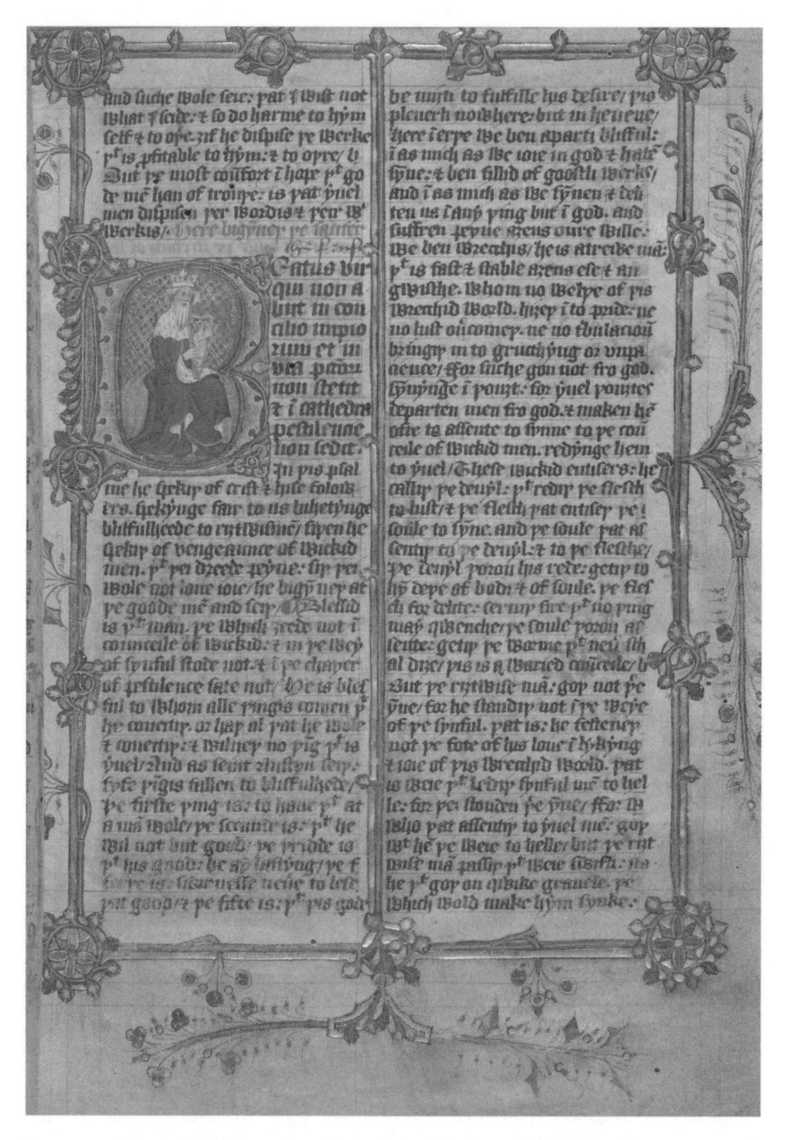

PLATE 1: Harvard University, Houghton Library, MS Richardson 36, f. 2^{r}, by kind permission of the Houghton Library.

of grace. wristlynge & wiþstond
ynge þe temptaciouns of wickidnes/
For R emisisti iniquitatem
plebis tue: operuisti omnia pecca
ta eorum. þou hast forȝyuene
þe wickidnes of þi puple. þou hi
ledist alle þe synnes of hem. þat
is. of þi mercy þou hast forȝyuene
þe wickidnes of þi puple. for þe he
knes of þi passioun þat þei beren
in þis lijf folowynge þee in þe wey
of tribulacioun/ For þer þoruȝ þei
knowen hem þe schepe of þi pastu
re/ And þou hast hiled alle þe syn
nes of hem grauntynge to hem
plenar remissioun. for her wilful
drynkynge of þe chalice of þi pas
sioun/ For þer þoruȝ M itigasti om
nem iram tuam: auertisti ab ira
indignacionis tue. þou hast swa
gid alle þin yre: þou hast turnyd
fro þe yre of þi dedeyn. who þat
folowiþ crist wilfully & gladly ys
blyssid of him for fro hym þat is
trewe to þe ende he shal swage alle
his yre. for in his comynge he shal fynde
mercy. for þere inne crist shal be
turnyd fro þe ire of his dedeyn: ȝel
dyng þe coroun of glory to his feiþ
ful louers/ þerfore C onuerte
nos deus salutaris noster: et auer
te iram tuam a nobis. Turne us
to gedre god oure helþe ȝyuer: and
turne awey þi wraþþe fro us. þe
profete knowynge þe dedeyn of god
to synneris: dredde and seyde/ God
turne awey þin yre fro us. þat is.
þat þou suffre us not to be dronke
nyd in lustis & prosperite of þis lijf:
whom in þi wraþþe þou hast graun
tid to þin enemyes/ But what hold
ouer us contynuely þe ȝerde of þi
disciplyne: þat we þoruȝ suffryng
of tribulacioun: plese euermore in
þi presence/ for þou art goode god in
alle þinge to þi puple. þat sente to
aȝen bye hem. crist oure helþe ȝyu
duke of his puple whos trace þei
folowe/ turne þerfore þin yre fro
us clensynge oure synnes: purgyng
hem in þe were of tribulacioun. þat
most surely ledith to heuene hem

þat feiþfully hopyn in þee/ N umquid
in eternum irasceris nobis: aut
extendes iram tuam a generaci
one in generacionem. wher þou
shalt be wroþe to us in to wiþouten
ende. or þou shalt streche oute þin
yre: fro generacion in to generacioun/
Þis was þe greete desyre of oure for
me fadris of þe olde lawe: desyring
myche þe comynge of crist. to dely
uer hem fro þraldome/ wherfore
þei seyden not dispeyrynge of cri
stis comynge. but longyng þeraf
tir as men iustly oppressid knowe
lechynge her gilt. makynge com
pleynt to þe lord whom þei han of
fendid accusynge hem silf unwor
þily to be delyuerd of her owne dis
sert. meuyng þe lord to pyte if his
mercy myȝt bowe þer to seyinge
wheþir þeyne of oure synne shal
be in to wiþouten ende: eiþer shal þi
wraþþe streche fro generacion in
to generacioun. contenuyng upon
us þi wraþþe: nay. D eus tu co
nuersus uiuificabis nos: & plebs
tua letabitur in te. God þou tur
ned shalt quiken us: & þi simple
puple shuln glade in þee. þat is.
god in whom is alle goodnes tur
nynge him fro wraþþe of oure of
fense. shal merciablelyche of his
grace. be turnyd to us doyng mer
cy to us. by comyng for us man. a
ȝen byinge us wiþ his precious pas
sioun of deeþ. & uprysyng he shal
quikyn us þat abyden his grace/
þanne þat is. aftir cristis resurrec
cioun þi simple puple strengþid
by þi holy conuersacioun: shal be
made glad in þee/ For no repreue
neiþir anguische may be þouȝt
neiþir doone to eny louer of crist:
þat ne he suffrid more in comfor
tynge of his chosen þat no man
were wery in pilgrimagynge towar
dis heuene: whidir crist is goone
byfore to make redy for his loues.
& þerfore O stende nobis domine
misericordiam tuam: & salutare
tuum da nobis. Shewe to us lord
þi mercy: and þin helþ ȝyuer ȝif

PLATE 2: London, Lambeth Palace Library, MS 34, f. 174^{v}, by kind permission of The Trustees of Lambeth Palace Library. The arrow indicates the point at which the text changes from RV1 to RV3 (see vol. 1, p. xxiii).

þei wiþ þanne schulde punischid be for
takyn for worldli goodis: what auail
iþ it to wynne gold or prosperite of þis
lijf. þat soone schal ende and be wast
id: and lese þei þoru3 pacience þat
moost plesiþ to god: and siþ impacience
drawiþ men fro god. þe prophete seiþ: bli
ful is þe man þat hopiþ in þe lord for
þe tyme of presente þat is in tyme of
suffrynge tribulacioun in þis lijf. þei
þat hopen in þe lord ben susteyned bi
þe feiþful hope þat þei haue wiþinne for
[illegible]
tille or her herte þenke. þerfore lord of ver
tues þat meruelousli gouernyst þi
chirche þoru3 feiþfulnesse defende hem
þat hopen in þee: and blesse hem in þe
weie of tribulacioun: þat þei consente
not to þe glorious of þis lijf
Benedixisti domine terram tuam:
auertisti captiuitatem iacob
Thou hast blessid lord þin erþe: þou
turnedist awei þe caitifte of iacob. In
þis salme þe prophete mouiþ men
to mekenesse knowynge hem self. and
to folowe crist in vertuous pacience: þat
þe blessynge of god folowe hem. pur
gynge her synnes and þerfore he seiþ.
lord þou hast blessid þin erþe. þat is
meke men þat knowen hem self erþe.
þou hast blessid hem bi crist. whos
trace þei folowe and þou hast turned
awei þe caitifte of iacob. ffor þe cai
tifte þat þe deuyl [illegible] hem þinne. þo
rou3 occasioun of synne: þou hast tur
ned hem to his confusioun. deliuerynge
iacob fro þraldom. þat is newe pu
ple in tyme of grace. wrastlynge and
wiþstondynge þe temptaciouns of
wickidnesse ffor: Remisisti iniquita
tem plebis tue: operuisti omnia pec
cata eorum Thou hast for3yuen þe wic
kidnesse of þi puple: þou hilidist alle
þe synnys of hem. That is of þi
men þou hast for3yuen þe wickidnes
of þi puple. for þe likenesse of þi pas
sioun þat þei beren in þis lijf folo
wynge þee in þe weie of tribulaci
oun. ffor þei þoru3 þei knowen hem
þe scheep of þi pasture and þou hast
hilid alle þe synnes of hem graun
tynge to hem plener remyssioun. for

þe

her wilful drynkynge of þe chalice
of þi passioun. for þei þoru3 Mitigas
ti omnem iram: auertisti ab ira in
dignacionis tue Thou hast swagid
al þin ire þou hast turned fro þe ire
of þi dedeyn. who þat foloweþ crist
wilfulli and gladli is blessid of him
for fro him þat is redi to þe ende he
schal swage al his ire. for in his come
he schal fynde mercy. for þat tyme crist
schal be turned fro þe ire of his dedeyn.
3eldynge þe coroun of glorie to his feiþ
ful louers ffor Conuerte nos deus
salutaris noster: et auerte iram tuam
a nobis Turne us to god god of our
hele turne: and turne awei þi wraþþe
fro us. The prophete knowynge
þe drede of god to synners. [illegible]
seide God turne awei þin ire fro us. þe
is. þou suffre us not to be drunken wiþ
lustis and prosperite of þis lijf: whom
in þi wraþþe þou hast graunted þou hast
[illegible] but what holdeþ ouer us con
tinueli þe 3erde of þi disciplyne. þat we
þoru3 suffrynge of tribulacioun. plese
euer more in þi presence for þou art go
de god [illegible] to þi puple. þat serue
[illegible]
duke of his puple whos trace þei folowe.
turne þin ire fro us clensynge oure sy
nes: purgynge hem in þe weie of tribu
lacioun. þat moost sureli lediþ to heuen
hem þat feiþfulli hopen in þee Numquid
in eternum irasceris nobis: aut extendes
iram tuam a generacione in generacionem
whether þou schalt be wroþe to us in to
wiþouten ende. or þou schalt streche
oure þin ire: fro generacioun in to gene
racioun. This was þe greet desire
of oure former fadiris of þe old lawe
desirynge [illegible] comynge of crist to
deliuer hem fro þraldom wherfore þei
seiden not dispeirynge of cristis comyng
but longynge þerafter as men wiþ
oppressid knowlechynge her gilt. ma
kynge compleynt to þe lord whom þei
han offendid accusynge hem self [illegible]
[illegible] þei to be deliuerid of her owne desert.
meuynge þe lord to pitee: if his mercy
mi3te bowe þer to seiynge. whether þe pyne
of oure synne schal be in to wiþouten
ende. eiþer schal þei wraþþe streche

world

PLATE 3: London, British Library, Additional MS 74953, f. 5r;

The arrow indicates the point at which the text changes from RV1 to RV3 (see vol. 1, p. xxiii).

`Psalmus .35.´

{2} **Dixit iniustus ut delinquat in semetipso; non est timor Dei ante oculos eius.** *þe vnriȝtwise seyde þat he trespase in himself; þe drede of God is not bifore his yȝen.* þe vnriȝtwise, þat is þe kynrede of Caym, of whos ofsprynge ben alle þat shuln be dampnede. One of hem seyde for alle in himself, wheþer man se not what þat he 5 trespaseþ, for sichone synneþ at his wille, as God wist not ne rouȝte not what he dide. And so it is seen to hem þat treuly dreden God, þat þe uerey drede of God is not bifore þe yȝen of suchon; for, if he drede God as eche man auȝte to do, he shulde not so seye ne so do, for boþe bi worde and dede togidere and bi eiþer of þise bi hemself 10 may a mannes herte be knowen gode or yuel, but hou gode or hou yuel wote noon but onely God. But welþe of þis fals liif makeþ manye to forȝete to drede þe riȝtwis doom of God. And þat is wel knowen herby

{3} **Quoniam dolose egit in conspectu eius, ut inueniatur** 15 **iniquitas eius ad odium.** *For trecherously he wrouȝte in siȝt of him, þat his wickednes be founden to haterede.* He | worcheþ trecher- f. 73vb ously þat foloweþ his flesshe not God. And, alȝif sichon do gode in gode entent, his werk is not wele done ne his entent riȝt; and so he is wiþouten gode fruyte. For God bihoueþ nede forȝete to ȝeeld to 20 suchon ioyful mede, of whom þe werkes ben vnriȝte alþouȝ myche gode come of hem; for no wickid mannes entent may be hidde fro Goddes knowyng. For he makeþ her wickednes be founden to haterede, for he shal fynde whanne werst tyme is þat God hateþ his wickednes. For 25

Ps. 35 CAHTVLDRBS
heading C (*r.h.* Dixit iniustus) V, þe xxxiij ps. A, `35´ *d.h.* B, þe salme of dauid `36´ *d.h.* R, *om.* HTLDS 1 delinquat] non delinquat ALR dei] *om.* VL 2 vnriȝtwise] vnriȝtwis man BS trespase] trespasside not A 3 `nota´ V vnriȝtwise] vnriȝtwis man BS 5 seyde . . . alle] for alle seide AHTVLDBS se] seeþ TVBS what] whar D 6 trespaseþ] trespace AHTVLDBS ne] no V rouȝte] þouȝte HD 7 is] *om.* L hem] hem of god V 8 þe[1]] *om.* R of god] *om.* V 9 eche] euery L auȝte] oweþ TVDBS ne] nor L, no T so] *om.* H 10 bi[2]] *om.* T 11 `nota´ R hou[2]] *om.* HT 12 noon] not L 13 to forȝete] *om.* A to[2]] or H þe] god T riȝtwise doom] ryght wysdome L 15 ut . . . odium] *om.* L ut] ut non D 16 siȝt] þe siȝt A 17 his . . . founden] founden be his wickidnes AHTVLD 18 alȝif] ȝif al HL, þouȝ ATVDBS `nota´ V in gode] *twice* A 19 his[1]] þis V 20 forȝete] to forȝete R to[2]] *om.* T 21 alþouȝ] þouȝ al HL, þouȝ þat ATD, þouȝ VBS 23 be] to be BS 24 werst] worse D 25 for] *om.* H

{4} **Uerba oris eius iniquitas et dolus; noluit intelligere ut bene ageret.** *Þe wordes of his mouþ wickednes and tresoun; he wolde not vndirstonde þat he wel dide.* Þe wordes of him þat is wiþouten uerey drede of God ben false and ful of gyle, wheþer þei be priue or apert.
30 And, ȝif þei ben plesaunt, þer is in hem hidde venym and tresoun, for þe þouȝt wherof shulde sprynge gode wordes and gode werkes is vnstable and wicked. For in tyme of temptacioun wherinne al þinge is proued, it heeldeþ to þe fleshe not to þe spirit of resoun. And forþi suche wilen not vndirstonde þat þei do wel, and for þei miȝten do
35 wel and wilen not, þei duelle in her wickednes wiþouten pardoun of forȝiuenesse, and þat is riȝt. For

{5} **Iniquitatem meditatus est in cubili suo; astitit omni uie non bone, maliciam autem non odiuit.** *Wickidnesse he þouȝte in his den; he stood to eche weye not gode, malice forsoþe he hatide not.* A
40 wickid man wiþouten drede of God þenkeþ wickednesse in his den, þat is, in his herte; for his þouȝt is ful of yuel and þerinne he deliteþ him, and þat makeþ him duelle and stoonde, assentynge to eche weye þat is not gode. For such one is redy to al yuel, and hateþ no malice but loueþ it, and þat is most perelous wretchidnesse. For ȝif we
f. 74ra shuln | be sauyde, us bihoueþ hate al malice quenchyng it wiþ
46 mekenes. For alȝif we leeue not in þis liif perfiȝtly to synne, ȝit us bihoueþ hate synne and drawe þerfro. And siþ we moun ouercome al synne in perfite hating þerof, wrecches we ben ȝif synne ouercome us.

50 {6} **Domine, in celo misericordia tua, et ueritas tua usque ad nubes.** *Lord, in heuene is þi mercy, and þi soþfastnes to þe cloudes.* In heuene, þat is in þoo þat ben made heuene þurgh gode lyuyng, for who þat receyueþ God worþily and holdeþ him lastyngly is heuene.

26 oris eius] *rev.* H et . . . ageret] *om.* L 27 bene] ben V wickednes] beþ wickidnes BS 28 `nota lo here´ V þe] þat is þe AHTVLDBS 29 false] swikil AHTVLDBS 30 ȝif] *om.* V venym] tresoun L tresoun] venym L 33 heeldeþ] bowiþ HTVDBS forþi] þerfore AH, for þat L 34 þei[1] . . . wel] wyll do L 37 iniquitatem] qui iniquitatem T astitit . . . odiuit] *om.* L 38 wickidnesse . . . þouȝte] he þouȝt wickidnesse BS he þouȝte] biþouȝte A 39 malice . . . not[2]] he hatid not malice BS forsoþe] *om.* TVD 41 of] *om.* H 42 duelle] to dwelle R, stande H stoonde] dwelle H eche] euery R 43 þat is] `þat´ L is[1]] ben TD one] *om.* ATVLD hateþ] haten TD no] not B 44 loueþ] louyn TD 45 `lo´ V hate] to hate BS quenchyng] sleckand L, slakynge VBS, and slecken H 46 alȝif] if `al´ A, if al HL, þogh þat TD, þouȝ VBS leeue] ne lyue D, loue L in . . . perfiȝtly] perfytly in þis liif VBS 47 hate] to hate VDBS þerfro] us þerfro L and[2]] ad D moun] may not D 50 domine] dominus H et . . . nubes] *om.* L 51 to] til BS, as to L 53 is] `is´ in S, is in B

And to him comeþ mercy, for he sekeþ þerafter. And þi soþfastnesse comeþ to þe cloudes, þat is to trewe prechoures and holy doctoures, of whois charite oþere taken reyne of trewe lore þurgh werke and worde. For eche mannes worde, good or yuel, is confermede in his worchyng, and who þat euere shal do þis werk deuly, to hele of him and oþere, nedeþ to trauele in pacience, for þerbi he shal come to priue knowyng of Goddes wille. For 55 60

{7} **Iusticia tua sicut montes Dei, iudicia tua abyssus multa.** *Þi riȝtwisnesse as hilles of God, þi domes as myche depnesse.* Þi riȝtwisnesse, þat is þi riȝtwise men, ben gostly hilles of God, for þei ben hiȝe in contemplacyon, and soon receyuen þe liȝte of grace. For þei ben made þurgh hiȝe kunnyng fliȝty eegles, drawyng to þe body of Crist. And þi domes, wherwiþ þou liȝtnest þise egles and blyndiste owles þat ablen hem not to þi grace, ben myche depnes—þat is, no man may comprehende hem, soo depe þei ben and so liȝt and so merke: þei ben so liȝt and so depe, shynyng in treuþe þat þe most perfiȝt man in þis liif may not haue ful knowyng of hem. And þei ben so depe and so merke to hem þat ben in vnclene liif þat, if þei loke in hem wiþ sore yȝen and vnhole, þei wile make hem bore blynde. | But þis sentence is vnknowen to alle þat ben blowen wiþ hiȝe science. 65 70 f. 74rb

Homines et iumenta saluabis, Domine, {8} quemadmodum multiplicasti misericordiam tuam, Deus. *Men and beestes þou shal saue, Lord, as þou hast multiplied þi mercy, God.* Men þe Prophet calleþ hem þat lyuen riȝtfully, for þei fiȝten manly aȝen temptacions; and beestes he calleþ eche maner of man þat lyueþ vnskilfully. And boþe þise men and beestes þou shalt saue Lord: þe beestes þou sauest here, ȝiuynge hem ofte after her desiir `bodili heele or richesse, or suffrist hem to her harme vnponyshid aftir´ her desire. 75 80

54 þi] for þi BS 55 trewe] þe trewe BS 57 `lo´ V eche] euery L, if A 58 and] *om.* R 59 oþere] of oþere A 61 iudicia . . . multa] *om.* L abyssus] sicut abyssus TVDS 62 riȝtwisnesse[1]] riȝtwisenesses H as[1]] is as BS, of L as[2]] beþ as BS myche depnesse] *rev.* AHTVLD riȝtwisnesse[2]] riȝtwisnesses H 63 hiȝe] here D 65 `nota´ V drawyng] drawen H 66 domes] dome BS þise] þin H 67 man] *twice* L 68 may] *om.* V þei ben] *om.* D so liȝt and] *om.* AHL and[2] . . . depe (69)] *om.* D and[2] . . . merke] and so derk *canc.* S, *om.* B so[2]] *om.* L merke] derke ATV 69 liȝt] depe AHTLS and . . . depe] *om.* B depe] liȝt ATS, litil HL in treuþe] *om.* V 70 ful] þe ful AL 71 merke] derke ATVDBS, litil schynyng in truþe *all canc*, mirke H in vnclene] *rev.* V 72 vnhole] vnclene H, sore V bore] more VD, pure BS 73 alle] hem VBS 74 quemadmodum . . . deus] *om.* L 76 men] ne L 77 calleþ] clepiþ ATVDBS lyuen] louen AHL riȝtfully] riȝtwisli AHTVLDBS 78 calleþ] clepiþ ATVDBS man] men AHL 79 men] *om.* H 80 here] oftesiþes here BS ofte] oftsiþe AHTVLDR, *om.* BS 81 `nota´ V or] and L suffrist] suffrynge H to] aftir V

For hem þat God wile dampne for her vnkyndenesse he visiteþ wiþ short hele, for her heele lasteþ noo lenger þan þis liif; and þerfore þei geten longe siiknesse, þat is peyne wiþouten ende. But his chosen he
85 uisiteþ wiþ short sekenesse, alȝif he suffre hem be þerinne alle þe dayes of þis liif, and þerfore þei shulen fynde longe heele in heuen wiþouten ende. And as þou hast multiplied þi mercy God on men and beestes, so of þin endles mercy þou multiplie þi men in uertues, þat þei be not to her dampnacioun made uiciouse beestis. For

90 **Filii autem hominum in tegmine alarum tuarum sperabunt.** *But þe sones of men in þe hillyng of þi wenges shuln hope.* Sones of men ben þe foloweres of her trewe fadres, þat tauȝten þe weye of heuene trewely, for in þe hillyng of þi wengis þei shuln hope. Þe wenges of God ben his tuo testamentes, bi þe whiche his loueres ben borne up
95 to endeles blisse. For in þe moralte of þe Olde Testament and in þe spirit of þe Newe, Goddes sones han al her hope: for onely þurgh trewe vndirstondyng of þise tuo lawes eche man comeþ to perfite charite wherþurgh multitude of synnes ben hilled, and makeþ men trustily hope to come to ioye endeles. For þei onely þat treuly taasten
f. 74va þe swetnes of þise tuo | testamentes

101 **{9} Inebriabuntur ab ubertate domus tue, et torrente uoluptatis tue potabis eos.** *Þei shulen be drunken of þe plenteuouste of þin hous, and of þe stronde of þi lust þou shal ȝiue hem drynke.* As fooles þat heelden in hem delicious drynke outrageously aftir her fleshli lust
105 lesen al þe mynde of godenes, so alle þat drynken wiþouten outcastyng of þise tuo welles of liif of Goddes lawe shuln be made drunken þurgh þe plenteuouste of Goddes hous, þat is, þei shuln be so fulfilled wiþ plenteuous ioye of Goddes hous þat þei shuln forȝete al oþer þing to be fulfilled of þat ioye. And þe cleer myrour of þis
110 endles ioye ben þe tuo welles of liif of Goddes lawe, for out of hem

82 ˋlo be war´ V hem] þei TVD 83 heele] *om.* L 85 alȝif] ȝif al HL, þouȝ ATVDBS suffre] suffreth L alle] in all L 86 þei] þe R 87 men] me D 88 endles] *om.* L 89 to her] here to T 90 in . . . sperabunt] *om.* L 91 þe[1]] *om.* AHTVLDBS men[1]] men shul hope BS þe[2]] *om.* H wenges] wegis D shuln hope] *om.* BS 92 of[2]] to AHVLRBS, trewely to T 93 trewely] *om.* T þe[1]] *om.* H 94 his[1]] *om.* T 95 þe[2]] *om.* L in[2]] *om.* L 97 eche] euerych B 99 trustily] trewly L treuly taasten] *rev.* T 100 þe . . . of] *om.* V 101 et . . . eos] *om.* L uoluptatis] voluntatis H 102 of[1]] in BS 103 as] as þe AHL 104 heelden] hildiþ BS, ȝeten TD 105 þe] *om.* AHTVLDBS wiþouten] wiþ L 106 of[3]] *om.* BS 107 plenteuouste] plenteuous L be so] *rev.* TV, be BS 109 and . . . ioye (110)] *twice, first time* þis] þat, *second time* þis] þe S þis . . . ioye] þat ioye endeles, *marked for rev. to* ioye þat endeles B 110 þe] þes V, *om.* T liif] þe lyfe L

springeþ al oure hele. And in hope to come to endles reste þurgh þe mercy of God, trewe men ben dewed wiþ þis softe watir of liif and gretely counforted to deserue aftir þis ioye, mekely suffryng what God sendeþ. For alle suche coueyten to drynke of þe stronde of Goddes lustes, þat is of þe mychilnes of his ioyful delite, not þat her ioye is passynge as strondes ben, but for þe largenesse þerof; for it spredeþ plenteuously fro man to man þat treuly þresten þeraftir, as strondes don in tyme of flood. For in þis liif þurgh plenteuouste þerof Goddes loueres ben drunken, for þe wondirful swetenesse of contemplacioun brenneþ hem greetly and deliteþ hem in þe brennyng dedes of Cristis l[oue]. 115 120

{10} **Quoniam apud te est fons uite, et in nomine tuo uidebimus lumen.** *For anentes þee is þe welle of liif, and in þi name we shuln se liȝte.* Crist þat is welle of liif is euere wiþ his louere, to defende him and in him to reule him. For in him is bigynnyng and endyng | of al goodnesse, and in þi name, þat is in loouyng of þi name Iesu þat is fulfilled wiþ ioyfulnesse, we shuln see liȝt; for after þis life þurgh þi grace þe loueres of treuþe shulen see clerely face to face þe Fadir and þe Sone and þe Holy Gost in endles liif and liȝt of heuen. Forþi 125 f. 74vb 130

{11} **Pretende misericordiam tuam scientibus te, et iusticiam tuam hiis qui recto sunt corde.** *Enlarge þi mercy to wityng þee, and þi riȝtwisnes to hem þat ben riȝte of herte.* Þat we þurgh verey penaunce moun sikirly passe þe anoyes of þis liif, enlarge þi mercy to us wityng þee. Alle þoo knowen þee þat riȝt bileuen, for þei wite þat al godenes is oneli of þee, and yuel of hemself, and forþi þei leeue yuel þat is of hem and seken þe godenes of þee. For treuþe wiþouten leeuing of yuel and drawyng to gode auayleþ not. Forþi enlarge þi riȝtwisnes to 135

111 reste] heele V 112 wiþ] þoru V þis] þese AHBS, *om.* L watir] watris AHVLBS 115 þe] *om.* L 116 passynge] pessand L 117 to man] *om.* V þresten] trysten L 118 flood] flodes L 121 brennyng] ardaunt AHTVLDBS dedes] actis or stiring AH, actis TVLDBS loue] liif C 122 te] *om.* A et . . . lumen] *om.* L nomine] lumine AHRBS 123 anentes] at TD 124 we shuln] I schal T welle] þe welle V euere] ay HL 126 loouyng] lo`o´uyng R, þe loouyng L, preisynge AHTVDBS 127 see] se þee BS 129 þe[3]] *om.* L 130 forþi] þerfore AH, for þat L 131 pretende] pretende domine VBS et . . . corde] *om.* L 132 enlarge] enlargynge V wityng] knowyng HTD, men knowynge ABS 133 hem] þo AHTVLDBS 134 sikirly] surely V þe] *om.* V wityng] knowynge AHTDBS 135 bileuen] trowen AHTVLDBS 136 oneli . . . þee] of þee oonly VBS forþi] þerfor AH, for þat L leeue] lyue T, lefte D 137 of[1]] þat is of AH 138 forþi] þerfore AH, for þat L

hem þat ben riȝte of herte, þat is enlarge þe treuþe of þi lawe,
140 wherinne is al riȝtwisnesse to alle þat riȝten hem to do þi wille,
louyng þee in wele and wo. And þat þe treuþe of þi riȝtwisnesse be
euere fresshe in my mynde

**{12} Non ueniat mihi pes superbie, et manus peccatoris non
moueat me.** *Come not to me þe foote of pride, and þe honde of þe synful
145 stire me not.* Þe foot of pride is a proude wille, of þe whiche springen
boostful wordes and vniust werkes, wherþurgh he þat goþ þerupon is
borne fro God to þe deuil. For hem lackeþ charite þat ben blowen
wiþ pride, wherof noon may be excused þat doþ or seiþ oþer to his
neiȝebore þan resoune wolde he dide or seyde to him. Þise proude
150 bosteres ben þise þat holden vnskilful enuye and yre in her hertes,
for her owne displesaunce, but for greter trespasse done aȝen God
þei wraþþe hem not, but shewen in werke and word frendship to his
f. 75ra enemyes, | as it were no charge to synne. Þise dulle men, louyng
hemself more þan God, wilen ofte moue wiþouten cause or for litel
155 þinge olde trespase done longe bifore. And alle þise shal be vnstable
in her werkes, for lackyng of trewe loue. Wherefore a meke man
preyeþ in þe voyce of alle, þat noon of þise come neer to me, þat is I
preye God þat I be not stired to consente to her wille whiles I knowe
þei loue to synne. For I loue, as ilk meke man loueþ, to lowe myself
160 for Goddes sake vndir þe hande of myn enemye, þat þe puttyng of
þe fende stire me not to synne. For he þat is proude is sone stired
and ellis not. For þe meke may suffre al þing wiþouten mouyng, but
oneli synne. For perfeccioun loueþ no þing but uertues and for
uertues. Forþi ȝee wicked stinteþ of pryde, for al losse took
165 bygynnyng þerinne, for no man was euere loste but þerþurgh. For

139 þat is] forþi BS þi] þe T 141 louyng] preisinge AH, preisen TD þat] at L
þi] þis AHTVLD 142 euere] ay HL my] *om.* B 143 et . . . me] *om.* L
144 þe[3]] *om.* V 145 stire] meue TD 146 vniust] iniust BS 147 hem lackeþ]
þei lacke L 148 `nota´ V his] here D 149 he] þat he R 150 þise] þo AHL
holden vnskilful] wilfully holden L vnskilful] vnskilfully BS 151 greter] gret L
152 not] riȝt nouȝt H in] frendschip in AHL werke and] *twice* A frendship] and
frendshipe BS, *om.* AHL 153 dulle] *om.* H louyng] þus louynge H, louen L
154 wiþouten] for litel A 155 trespase] trespassis AV alle] also BS þise] *om.* H
shal] schulde H 157 neer] neuere AL 158 god] to god HL stired] meuyd TD
whiles] þe whilis TD 159 to[1]] *om.* L meke] `meke´ L, *om.* A 160 hande]
bonde V þat] at TDS 161 stire] meue TD stired] meuyd TD 162 and] *om.* H
163 `tobie 4´ CAT, `tob / Io. 4´ V and . . . uertues (164)] *om.* BS 164 forþi] þerfore
AH, for þat L stinteþ] cesen TD losse] loste DB, lust T took] take S, to R

{13} **Ibi ceciderunt qui operantur iniquitatem; expulsi sunt, nec potuerunt stare.** *þere fellen þei þat worchen wickednesse; outputte þei are, ne þei miȝten not stonde.* þere, þat is in þe foot of pride, þei fellen fro helþe þat worchen wickednesse. For Adam, whanne he was blowen wiþ pride at temptyng of þe deuyl, for his vnbuxumnes was put out of paradyse. Forþi ilk man flee þat synne þat wil be hiȝed in blisse. For who þat hiȝeþ hemself þerinne, shale falle. For as mekenesse strengþeþ men bifore God, so pride enfebleþ men bifore þe deuyl. And siþ a meke man þat holdeþ þe hiȝe weye may not come to good ende wiþouten special grace of God, hou shulde he þat wytyngly takeþ a wrong weye euere come þerto? Forþi | mannes fleshe þat is his owne enemy nedeþ sharpe and discrete chastisyng. And siþ oure helpe is al of God, and he helpeþ noon but stonderes, stonde we stifly aȝeins oure enemyes, and aske him helpe bi tyme in þe ȝeres of helpe.

170 175 f. 75rb 180

Psalmus [.36.]

{1} **Noli emulari in malignantibus, neque zelaueris facientes iniquitatem.** *Wile þou not haue dedeyne in yuel willyng, ne loue þe wirkyng wickednes.* þis psalme þe Prophete seyde in amendyng of mennes maneres. Forþi holy chirche, amonestyng þat we noþer haue indignacioun out of charite þat yuel men florisshen many here, ne þat we folowen hem consentyng to hem, seiþ 'þou wicked in loue þat art wonte to yuel, wile not fro now forwarde haue enuyous dedeyn in yuel willyng', þat is in knowyng of yuel mennes dedes, for þat þou

5

166 expulsi . . . stare] *om.* L 167 fellen þei] *rev.* R worchen] wirched HVLS, wrouȝten ATD outputte . . . are (168)] þei ben putte oute R, þei beþ output BS 168 þere . . . wickednesse (169)] *om.* H 169 worchen] wrouȝten A, wyrked L 170 temptyng] entysyng TD, þe entisyng AHVLBS 171 forþi] þerfor AH, for þat L, for V ilk] euery L 172 hiȝeþ hemself] hyȝem silf R hemself] hem VBS, him AHTLD 173 enfebleþ] enfbleþ. b- *altered from.* ?e- R 174 meke] *om.* V þat] þat is meke V holdeþ] haldeþ not BS, holdinge V 175 good] a good L 176 forþi] þerfor AH, for þat L 177 his] *om.* T chastisyng] chastyng BS 178 `lo' V noon] not R 179 aske] aske we A

Ps. 36 CAHTVLDRBS

heading Psalm liii C (*r.h.* Noli emulari), Psalm 36 V, xxxvi Ipsi dauid. he commaundeth moyses to þe feyth. Mons transei L, `36' *d.h.* B, Ps. dauid `37' *d.h.* R, þe xxxiiii ps. A, *om.* HTDS 2 þou] *om.* TVDR þe] *om.* ATVLDR, þou not men BS 3 prophete] prophe D amendyng] amendement D 4 mennes] mannes D forþi] þerfor AH, for þat L 6 seiþ] siþ H wicked] feble AHTVLDBS 7 `nota' V art] ar L wile] wille D not] þou not HV 8 mennes] men VBS

seest hem in welþe or ellys endured in yuel. But as þou art moued of
10 God, preye for hem, fleyng to consente to loue her werkes whom þou seest or knowest doyng wickednesse. For þei angren God in his loueres, wherfore hem owen to be esshewed. Whi so?

{2} **Quoniam tanquam fenum uelociter arescent, et quemadmodum olera herbarum cito decid[e]nt.** *For as hey suyftly shal*
15 *þei drye, and as worttes of greyses sone shale þei falle.* Bi þe hey men may vnderstonde gentile men and lordes, þat li3tly comen to honoures and ritchesses of þis world. But þei shuln suyftly wite or welowe aweye as þe hey drieþ, for al her ioye of þis life passeþ as þe shadewe. And þanne ben þei noþing able, 3if þei yuel han lyued and
20 endede, but to þe fier of helle. But by þe worttes þat ben not of
f. 75va gardynes | but of greyses we moun vndirstonde wicked maner folk, for þei fallen as þe worttes don þat a while in somer ben grene, and aftirward a3eins wynter welowen sone awey to nou3t. Ri3t so is it of alle þe wickede men of þis worlde, ben þei greet or smale: a while þei
25 don her lykyng as in þe somer, þat is in þe fals welþe þat þei hauen in þis deceiuable world; and anone þei welowen awey, so þat her mynde is nouþer in erþe to be hulpen wiþ þe charite of hem þat ben herde of God, ne in heuene to be rewardede wiþ mede, for þei gon strei3te to helle. Forþi folowe hem not. But

30 {3} **Spera in Domino, et fac bonitatem, et inhabita terram; et pasceris in diuiciis eius.** *Hope in oure Lord and do godenes, and inwone þe erþe; and þou shalt be fedde in ritchesses þerof.* Hope is entre to see þat þou trowest: forþi hope in God and do gode dedes, and

9 seest] settist D hem] in them L endured] yhardid BS 10 fleyng] fleeþ TD her] hise A whom] whanne H 11 doyng] hem doynge H 12 hem owen] þei owen VBS owen] aught TD 13 et . . . decident] *om.* L 14 decident] decidant CVD, cadent T 15 drye] di3e H worttes] cal AVLRBS greyses] grasis AVBS, herbes HTDR `lo. lo nota´ V 17 ritchesses] riches TVLDRBS suyftly] li3tly A wite] wende H, passe TD or welowe] *om.* AHTVLDBS 18 her] *om.* R 19 noþing] not AHL `nota´ V þei[2]] *om.* L yuel han] *rev.* R 20 worttes] coule VRBS, coolis AHL 21 gardynes] 3erdis AHL, gardyn B, gardyng S greyses] herbes H folk] of folk DBS 22 worttes] cool AHVLRBS don] doþ HVRBS ben] is AHTVLDRBS 23 aftirward] aftir D welowen] welowiþ R, witiþ AVLBS, fadiþ H, passiþ TD is it] *rev.* HVDR of] to T 24 þe] *om.* AHL or] be þei AHL a] þe H 25 as] þat is V 26 deceiuable] fals disceyuable T anone] as soone AHTVDBS, as tyde L welowen] witen AVLBS, wenden H, passe TD 27 wiþ] be L þe] *om.* BS 28 herde] holpen A 29 forþi] þerfor AH, *om.* L 30 et[2] . . . eius] *om.* L 32 inwone] inwone *marked for reversal to* wone in S, wone in AHLB ritchesses] riches TVLBS 33 trowest] byleuest R forþi] þerfor AH, for þat L and do] in doyng L

wone in holy chirche and þou shalt be fedde in ritchesses þerof, þat is in riche God þat plenteuously fedeþ and filleþ eche beest wiþ his 35 blessing. For noon is so gredy þat ne he may be filled wiþ God. For he fedeþ and filleþ alle wiþ himself þat hungren or þresten aftir him. Who shal be fulle but he þat eteþ God worþily? For bi him and wiþ him and in him ben alle þinges. Forþi ete God trewly and holde him wiþ þee and þou art ful of al godenes, and empty of alle uices. Forþi 40 coueytouse men aftir þe world ben euere ful of synne, and empty of uertues, for þei receyuen neuer God worþily, holdyng him in her mynde. Forþi if þou wilt haue plente of al þing

{4} Delectare in Domino, et dabit tibi peticiones cordis tui. *Be delited in oure Lord, and | he shale ȝiue to þee askynges of þin herte.* Aske f. 75[vb] helpe deuoutely and seke þe[r]aftir bisily, and þou shalt fynde and 46 haue mykil delite in God. And so þou shalt feele þe mynde of him in þee softe and delitable, and so þi loue shal wexe perfite. For þe more þat God is loued, þe more ioye his louer fyndeþ whanne he þenkeþ on him. For meche loue meche ioye; litel loue litel ioye. Forþi loue 50 God lastyngly and stalworþely, and he shale ȝiue to þee þe askynges of þin herte. Not aftir þe lustes of þi flesshe, but þat þat is beste to þee he ȝiueþ þee ȝif þou louest him trewly. Forþi

{5} Reuela Domino uiam tuam, et spera in eo, et ipse faciet. *Shewe to oure Lord þi wey and hope in him, and he shal make.* Þat is 55 redye to oure Lord þin entent, and biholde þe weye of his commaundementes, bisyly þenkyng on hem, purposyng in weel and woo to holde hem. And þanne shewe to God what þou suffrest in þis mortalite of body, and what þou woldest be delyuered of, and hope in him and he shale make þi weye, and delyuer þee of al yuel. 60 For he shal bryng þee oute of al dedlynes of body whanne best tyme is to þee, ȝif þou wilte suffre him. For he may not fayle of trewe

34 ritchesses] riches ATVLDR 35 god] good BS `nota' V fedeþ and filleþ] filleþ and fediþ B 36 gredy] gredy or hungry TD ne he] *rev.* A he] *om.* TD 37 or] and AHL 38 him] himsilf A wiþ] in T 39 in] wiþ T forþi] þerfor AH, for þat L him[3]] *om.* L 40 forþi] þerfore AH, for þat L 42 uertues] alle vertues BS holdyng] holden L him] hem T 43 forþi] þerfor AH, for þat L 44 et . . . tui] *om.* L be] be þou BS 45 askynges] þe askyngis AVDBS, all þe askynges L 46 þeraftir] þei aftir C, þer S shalt] *om.* L 47 feele] fynde R 49 þat] *om.* D louer] louers TD fyndeþ] fynden TD he] þei D þenkeþ] þenkyn D 50 him] hem T forþi] þerfore AH, for þat L 51 stalworþely] stalworþi BS 52 lustes] lust AHVLBS, loue TD þat[2]] at L 53 þee[2]] to þe TD louest] loue AHTVLDRBS forþi] þerfore AH, for þat L 54 et[1] . . . faciet] *om.* L 55 make] make hit TVD 59 þis] þyn BS mortalite] deedelynes R woldest] wolte V 62 wilte] wole V

ledyng into heuene, ȝif we faylen not of trewe folowyng in þis life. Forþi seke him and folowe him.

65 **{6} Et educet quasi lumen iusticiam tuam, et iudicium tuum tanquam meridiem. {7} Subditus esto Domino et ora eum.** *And he shal [forþ]lede as liȝte þi riȝtwisnesse and þi dome as mydday. Be sudget to oure Lord and preye him.* Þat is, loue God, kepyng his byddynges, and shewe to him þi weye, and he shal forþelede fro
f. 76ra myrknes of þis life þi riȝtwisnesse. | For in þe liȝtnesse of his dome
71 shale he make knowen þe perfeccioun of his louer, þouȝ al it be now hidde and scorned. And þi doom þat þou chesist to loue and folowe Crist, whom þou seest not but in bileeue, þat yuel men holden heþing, he shale lede forþe as mydday, þat is as ful cleer liȝt he shale
75 make þee shyne among his halowes. Forþi be suget to oure Lorde, and bowyng to his bidynges in al þing, and preye him þat he ȝiue to þee þat he hiȝte. He haþ hiȝte us heuene, and þat he wile not fayle to ȝiue ȝif we kepen his biddyng. Lo, here is cristen mannes reule to flee þe yuel, and do ay þe gode and aske God mercy to haue forȝifnes
80 of oure synne and grace to amende it. And þat grace þat we geten, holde we it and leese it not; for, ȝif we do, oure enemye wile scorne us. For þe deuyl is not ful sory þouȝ one bigynne to do gode, but al his sorow is ȝif he laste þerinne. For many bi entising of þe deuyl doon meche gode, and ȝit þei don it not weel, for þei leuen not þe
85 wille to synne but lyen þerinne or turnen ofte þerto. Not forþi

Noli emulari in eo qui prosperatur in uia sua, et in homine faciente iniusticias. *Wilt þou not haue dedeyn in him þat fareþ weel in his weye, and in man wirkyng unriȝtwisnesses.* As who seye haue no dedeyn fylyng þi conscience, þouȝ al þou see an yuel man haue
90 welþe of þis world, for he haþ it in his croked weye, not in Goddes

63 into] to HV folowyng] ledyng D 64 forþi] þerfore A, for þat L 65 educet] deducet TVDBS et[2] . . . eum] *om.* L 67 he] *om.* L forþlede] lede CR riȝtwisnesse] ryghtwyse L 69 he shal] *om.* L forþelede] *rev.* R 70 myrknes] derknes ATVDBS 71 he] *om.* L þouȝ al] alle þouȝ R, þouȝ þat A, þogh TD now hidde] *rev.* V 73 whom] whanne RBS 74 heþing] but scornyng AV, scornyng TLDRBS as[2]] a H 75 shyne] schynynge H forþi] þerfor AH, for þat L 78 ȝiue] ȝeue to us A ȝif] ȝif þat D biddyng] biddynges in al þing H mannes] mennys AHLD 79 þe[1]] *om.* R ay] euere ATVDRBS aske] askyng B 80 oure] her H, your L 81 it[1]] *om.* D 82 þouȝ] if AHTVLDRBS one] ony TD 83 laste] lasten C, lastiþ A bi] bi þe H 84 þe] *om.* L 85 wille] wey of wil D ofte] *om.* AHL forþi] þerfore A, for þat L 86 et . . . iniusticias] *om.* L 87 wilt þou] wile ADR, williþ V, wole þou H, nuyl T, nyle þou BS not] *om.* BS in] of R 88 man] a man BS unriȝtwisnesses] vnriȝtwisnes AHTVLDBS seye] seiþ VRBS no] *om.* L 89 þouȝ al] ȝif al HL, al if R, þouȝ þat ATD, þouȝ VBS

euene weye. Forþi whanne he comeþ at his weyes ende, þat is whanne he dieþ, he fyndeþ nouȝt but yuel fare. Forþi lese not þi charite, for no dedeyn of suylk yuel men, but loue her | kynde and hate her synne lesse þan þin owne and hope of suche as of þiself: but ȝif þei leue her synne þei shulen for her welþe here haue grete peyne in helle. Forþi

f. 76rb 95

{8} Desine ab ira, et derelinque furorem, noli emulari ut maligneris. *Stynt of wraþþe, and forsake woodnes; wile not haue dedeyne þat þou be yuel willed.* Loke þat þe eese ne yuel custome of wicked folk stire þee not fro perseueraunce in goodnes. But stynte of wraþþe, þat þe eyȝe of þi conscience be not droued; and forsake woodnes, þat it come not out of þee nouþer þurgh werk ne word. For loke þou haue not so dedeyn þat þou be yuel willed, as he is þat haþ no resounable witte whanne he is angred. For, ȝif malice ouercome þee, þou art made felowe to him whois synne þou shuldest in charite reproue and flee.

100 105

{9} Quoniam qui malignantur exterminabuntur; sustinentes autem Dominum, ipsi hereditabunt terram. *For þei þat ben yuel willed shuln be outtermyde; but suffryng oure Lord þei shuln enherete þe erþe.* Þoo þat ben yuel willed, þouȝ al þei florisshen now in malice and welþe, þei shuln be caste out of þe termes of þe lond of life ȝif þei enden in her malice. But suffryng oure Lord ben þoo þat beren gladly alle anguysshes and anoyes, despysyng þis world for it is fals and not to triste to; wherfore þei shuln enherite þe lond of life, for in heuene in endles blisse is her herytage kepid. And forþi þei seyen in streynyng of her pacience

110 115

{10} Et adhuc pusillum, et non erit peccator, et queres locum eius et non inuenies. *And ȝit a litel and þe synful shal not be, and þou*

91 forþi] þerfore AH, for þat L 92 `nota´ V nouȝt] *om.* A forþi] þerfor AH, for þat L 94 þan] *om.* D hope] suppose R 95 welþe] wele L 96 forþi] þerfore AH, for þat L 97 noli . . . maligneris] *om.* L 98 stynt] stynte þou BS, cese T, sceesse D wile] wole þou AH 99 be] be made R 100 stire] meue TD þee] *om.* L stynte] cese TD 101 þat . . . eyȝe] wiþ þe ire BS droued] troublid AHTVDRBS 102 it] is BS werk] worde L word] warke L 103 not so] not R, no L 105 þee] *om.* AHL 106 flee] eke fle V 107 sustinentes . . . terram] *om.* L 108 hereditabunt] heritabunt T þat] *om.* H 109 outtermyde] outturnyd VS suffryng] men suffryng BS, sustenynge H þei] *om.* BS 110 willed] *om.* BS þouȝ al] if al HL, þouȝ þat A, þogh TVDBS, if R 112 suffryng] men suffryng BS 113 anguysshes] angwisch HTVLBS 115 her] *om.* T forþi] þerfor AH, for þat L 116 streynyng] strenkþinge HTVLD 117 et³ . . . inuenies] *om.* L queres] querens HTVS 118 shal] schalt T

f. 76va *shalt seke his stede and þou shalt not fynde it.* | Suffre ȝit a litel gladly
120 þat is at come, þat þi pacience noye þee not. For it is but shorte tyme to þe ende of al yuel, and þanne þe wicked shal not be, þat is he shale not regne aftir þe tyme þat God haþ sette noþer in lordship ne in welþe. And þou shalt seke his stede and not fynde it: þat is, ȝif al þou souȝte it þou shuldest not fynde it, for he haþ loste boþe himself and
125 his stede wiþouten recounseylyng. Neuerþelatter men miȝten fynde his place in helle, who þat wolde seche it þere. But þoo þat shuln not come in helle han no deynte of þat desport, for

{11} **Mansueti autem hereditabunt terram, et delectabuntur in multitudine pacis.** *But þe deboner shuln enheryte þe erþe, and þei*
130 *shuln be delitede in mechenes of pees.* Debonere men ben pacient men wiþouten malycious yre, þat wraþþen hem at noþing but onely at synne. And ȝit þat wraþþe askeþ discrecioun, as to be stille and flee þe cumpanye where Goddes worde is reproued, and to holde silence whanne tyme is not of audience, and so of alle oþere poyntes as God
135 moueþ hem þat ben stirede to do þat acte or dede. Deboner men and wymmen beren gladly þat God leyeþ on hem, or suffreþ to be leyde. And þerfore þei shuln wone in heuene where mechnes is of ioyful pees. And not forþi

{12} **[Ob]seruabit peccator iustum, et stridebit super eum**
140 **dentibus suis.** *Kepe shal þe synful þe riȝtwis man, and he shal gnayste on him wiþ his teeþ.* þanne shale be pees to hem þat ben debonere, þouȝ al it seme now werre to hem þat knowen not verey pees. For uerey pees is Cristes pees, þe whiche is moste shewed and proued in
f. 76vb tribulacioun. For þe synful shal kepe: þat is, he shal | wayte in
145 hydeles þe riȝtwis man, forto drawe him to his luste. For wickede men dreden ay accusyng of iust mennes lyuyng. And forþi þei enforce hem to drawe hem aftir hem, þurgh consence sleyng her

119 suffre] *capital missing, guide visible* C 120 at] to AHTVLDRBS noye] anoye B shorte] a short L 121 yuel] yuelis V he shale] þei schulen V 123 þat . . . it[2] (124)] *om.* A ȝif al] al if R, þogh TVDBS 125 wiþouten] wyth/ L 126 þoo] þese BS 127 in] to TD 128 et . . . pacis] *om.* L 129 but] *om.* B deboner] boner LBS 130 mechenes] þe michilnes H `nota´ V debonere] boner BS men[2]] *om.* V 132 ȝit] *om.* BS 134 of[2]] in TD 135 stirede] meuyd TD acte or dede] þat D acte or] *om.* L or dede] *om.* TVBS deboner] boner BS and] or H 136 þat] þat þat H or] and BS 137 shuln] *om.* H where] whos VBS is] *om.* TD 138 forþi] þerfore A, for þat L 139 obseruabit] conseruabit CR, obseruabunt H et . . . suis] *om.* L 140 kepe . . . synful] þe synful shal kepe RBS gnayste] grynte TD, grenne VBS 141 debonere] boner BS 142 þouȝ al] ȝif al HL, al if R, þouȝ ATVDBS werre] wreþ S, *om.* BS 145 forto drawe] *twice* T 146 ay] euere ATVDRBS forþi] þerfore AH, for þat L 147 aftir] to H sleyng] slegh T

soules; and, ȝif þei moun not, þei wilen gnayste on hem wiþ her teeþ, þat is many wilen enforse hem to anoye hem bodily or slee hem, whom þei moun not turne bi yuel egging. But who þat so doiþ, shal haue þe strenger accuser of him þat he wende to haue destroyed. 150

{13} **Dominus autem irridebit eum, quoniam prospicit quod ueniat dies eius.** *But þe Lord shal lawgh him to heþing, for he seeþ þat his dayes comen.* Þis is grete counfort to Cristis loueres, þat God seeþ and knoweþ þat wicked men taken in her yuel ben not worþ but heþing. And þat is knowen to trewe men þat communen wiþ hem, for þei ben like to woode men and rauyng, þat witen not what þei don. And God seeþ þat þe dayes of wicked men comen, whanne he vengeþ him for synne; ȝif yuel men sawen þat, þei wolden drede and lurke, þat now ben proude and bolde. But þurgh þe grete wondirfulnes of Goddes word synne blyndeþ wicked men, so þat þei seen not þe perile or þei fallen þerinne, and þat þei shewen wele. For 155 160

{14} **Gladium euaginauerunt peccatores, intenderunt arcum suum.** *Þe synful swerde outdrewen, þei benten her bowe.* Swerd drawyng is apert shewyng of malice, þe whiche wicked men vsen in oppressyng of symple folk, for ouþer in worde or in dede ay ben symple folk despised. Þe bowe þat wickede men beenden is sliȝe tresoun and gilrye, þe whiche þei shewen pri|uely whanne her outward malyce helpeþ not. 165 f. 77[ra]

Ut decipiant pauperem et inopem, ut trucid[e]nt rectos corde. *Þat þei deceyuen þe pore and þe helples, þat þei slee þe riȝte of herte.* He clepeþ hem pore þat ben meke and coueyten nouȝt of þis world, but lyue þerinne in vertues. Helples is he þat haþ no helpe, ne secheþ none but onely of God. Wele is him þat suffreþ aduersitees in þis life 170

148 wilen] *om.* H gnayste] grynte TD, grenne VBS her] þe D 149 hem[1]] *om.* H 150 whom] whan L bi] to L egging] eggen L 151 strenger] angerer V to] *om.* T 152 quoniam . . . eius] *om.* L 153 but þe] oure AHTVLDRBS heþing] scorn AHVLRBS, scornyng TD seeþ] seyth L 154 dayes comen] day comeþ D þis] þat BS grete] a greett D god] *om.* BS 155 ben] is TLDRBS worþ] worþi C, wroth L 156 heþing] scoornyng ATVDRBS to] wiþ V `nota´ V communen] comen RBS 158 seeþ] seiþ TDR 159 drede] lurke A 160 lurke] drede A 163 intenderunt . . . suum] *om.* L 164 swerde outdrewen] drowen oute swerde R, drow out þe swerd BS 165 þe] of þe T 166 symple] synful BS ay] euere ATVDRBS 167 `nota´ V is] þe which is A 168 gilrye] gylelye V whanne] whom A 170 decipiant] decipiat S ut[2] . . . corde] *om.* L trucident] trucidant CATVDRBS 171 riȝte] riȝtful BS 172 clepeþ] calliþ HLR and] þat VBS of] in V 173 lyue] to lyue H, for to lyue V þerinne] þer L, *om.* V haþ] *om.* A 174 wele . . . god (175)] *om.* H wele] but wel D `lo lo´ V aduersitees] aduersite AL in] of L

175 for God, for he shal delyuere him, whanne best tyme is, of alle anoyes; and forþi drede not to suffre aduersitees of wicked men. For

{15} Gladius eorum intret in corda ipsorum, et arcus eorum confringatur. *Þe swerd of hem entre into her hertes, and þe bowe of hem be broken.* Þat is, þe malyce of wicked men turne to hemself. For fro
180 whom it comeþ to hem it turneþ aȝen, ȝif it be mekely suffrede. For ȝif meke men be slayne in name or in body þurgh wickede men, þei sleen in soule hemself. Ben þerfore her bowes broken: þat is, her sleiȝty waytes ben maad vnnayt, þat þei noye no riȝtwise man to his harme, þe whiche ȝif he be sclaundred, beten or robbed, seiþ

185 **{16} Melius est modicum iusto super diuicias peccatorum multas.** *Better is litel to þe riȝtwys aboue many ritchesses of synful men.* For more sufficient to hele of soule is mekenes, þouȝ it be litel sette by among proude folk, þan many godes of wicked men þe whiche ben yuel geten, þouȝ al þei ben despendede to grete glorye of þe
190 worlde. For offryng of yuel-geten godes and almes of wicked men ben abhomynable to God.

{17} Quoniam brachia peccatorum conterentur, confirmat autem iustos Dominus. *For þe armes of synful shulen be broke,*
f. 77rb *but | oure Lord festeneþ þe riȝtwise.* Þe armes, þat is, þe miȝte of
195 wicked men þat geten godes wrongwisly shulen be broke. For þei shulen haue no miȝte to anoye symple folk aftir þis life. For oure Lord festeneþ, in hope to come to blisse and in loue to deserue it, þe riȝtwyse þat he synne not in hatereden, grutchyng aȝein tyrauntes. Who shulde be wroþe to lese þe lesse and wynne þe more? For, ȝif
200 any lese a while her body for riȝtwisnesse, þei shulen wynne it aȝein better in life wiþouten ende. Crist wilfully for us loste þat losse, and

176 forþi] þerfor AH, for þat L aduersitees] aduersite AHL men] folk þat is boþe men and wommen V 177 ipsorum] eorum AHL et . . . confringatur] *om.* L 178 entre] go TVDBS 181 slayne] sleye T 183 sleiȝty] slegh TVBS waytes] waytyng TD vnnayt] veyn AHL, in vein VBS, vnprophitable TD, vncouenable R noye] nye BS 184 sclaundred] disclaundrid D 185 super . . . multas] *om.* L 186 many] myche AHTVLDRBS ritchesses] riches AHTVLDRBS 187 of soule] *om.* L 189 þouȝ al] þouȝ þat A, þogh TVDBS, alþouȝ R `nota' V despendede] spendid D to] in A 190 offryng] offrynges H 191 ben] is VBS 192 conterentur] contertentur S confirmat . . . dominus] *om.* L confirmat] confirmet TVD 193 broke] altobroken A 195 men] folk V godes] gode R wrongwisly] wrongfully ATVDRBS shulen] scholden L 196 anoye] any L 198 he] *om.* R synne] synnen D 199 who] who þat, þat *corr to* `þanne' *d.h.* R 200 a . . . body] her (in H) body a while AHL 201 þat] þe L losse] lost D, lesse L

so we shulen wile to do for treuþe ȝif nede be. And for no man may do ouȝte for God, but ȝif he be rewarded, he seiþ

{18} Nouit Dominus dies immaculatorum, et hereditas eorum in eternum erit. Oure *Lord knewe þe dayes of vnfilede, and þe* 205 *heretage of hem wiþouten ende shal be.* God knewe, þat is, he aloweþ and rewardeþ gretely vnfylide folk þat kepen and maken her dayes, þat is, her lyues clene. For flesshely luste and coueytise maken meche folk lese þe heretage of heuene. But þe heretage of vnfiled, þat is of hem þat enden clene, is siker in Cristis hond to be ȝiuen to hem aftir 210 þis life. For þe dayes of hem, þat is, þe lyues of alle clene folk ben endles in heuene, and forþi þouȝ þei semen sory and outcastyng of folk, her hope is glad in God. For

{19} Non confundentur in tempore malo, et in diebus famis saturabuntur, {20} quia peccatores peribunt. *Þei shulen not be* 215 *shamed in yuel tyme, and in dayes of hungre þei shulen be fillede, for þe synful shulen perisshe.* In yuel tyme, þat is on domesday. For þat day shal al yuel come to wicked folk, but þanne shulen not | vnfilide be f. 77va shamede, but greetly honourede. But alle þat lyuen here proudely and malyciously and enden so, shulen þere be mekide wiþ endles 220 peyne. And þe meke vnfylede shulen be honourede of Crist and greetly worshipede, takynge of God a coroun of ioye þat neuer shal fade. As trewe spouses, þat comen togyder wiþ drede and loue of God, more to gete childre (þat þe blessyng hiȝte to Abraham seed may liȝte on hem), þan to folowe her flesshely lustes. For þat is þe 225 entre of trewe sposayle, and none oþer þise shale receyue of Crist in his doome for kepyng of her sposayle vnfiled, þat is, for her trewe lyuyng and teching of her children þe commaundementes of God þretty corounes. Trewe wydewes þat lefte þe coueytouse bysynes of þis deceyuable world, and ȝaue hem deuoutly to serue God out of 230

202 wile] wilne A for treuþe] for þe truþe V, *om.* A 203 he[1]] it R 204 dies] uiam VS et . . . erit] *om.* L 205 lord] *om.* L vnfilede] vndefoylid V and] *om.* L 206 wiþouten . . . be] S *marked for rev to* shal be wiþouten ende RB he] *om.* T aloweþ] halowiþ H 207 kepen] hopen H 208 for] fro D 209 lese] to lese HT vnfiled] vndefoulid H is] ben D 210 hem[1]] him TD 212 forþi] þerfor AH, for þat L sory] holy V 214 confundentur] fundentur A, *om.* D malo] malo erubescent D et . . . peribunt] *om.* L 216 for] and BS 217 on] in BS þat[2]] in þat TDB 218 vnfilide] þe vnfilid AH 219 lyuen] lyueden AHTVLDBS 220 enden] eendiden AHVDBS 221 þe] *om.* R be] þer be L 222 `tob. 5´ CHTVR, `Tobie 1´ L, `thobie ij´ D 223 `loke wel þis wedlak´ V 224 hiȝte] bihiȝt A, þat was bihiȝt A 225 liȝte] liȝtne A 226 and . . . sposayle (227)] *om.* BS sposayle] sposaylis V 227 of her] his V 228 of[1]] *om.* A 229 `lo wydowhood´ V 230 þis] þi S

mannes cumpanye to her lyues ende, sechyng and folowyng bisyly and lastyngly þe wille of God, techyng her children þe same reule, shulen wiþ greet worshipe receyue of God aftir þis life sixty corounes. And men and wymmen þat han fylide her uirgynite, and
235 amendede hem perfitely wiþ sorowe of herte and discrete penaunce, contenyng to her lyues ende in clennesse, shulen be corounned among trewe wydewes. But moste of alle clene uirginyte, þe whiche Crist chees and heelde, and kepte his moder þereinne whom he most louede, and preisede seynt Ion þe euangelist þerfore. And he haþ
240 confermede alle his holy aungeles þerinne, for clene maydenhode is so delitable to God þat he is plesede in þe speking þerof. Wherfore who þat kepeþ þis uirgynite þat is þe heyȝest degre bifore God
f. 77vb vnfyled, þei shulen resceyue of her spou | se Crist, þat is trewe spouse of alle clene uirgynes, þe double corouns of wedded men and trewe
245 wydewes. Forto kepe þis maydenhode clene to Crist, seynt Katerine and seynt Margarete and seynt Cecyl and seynt Agace and many oþere holy uirgynes, þe whiche miȝten haue be here in erþe quenes and emperyses, suffreden grete martyrdom and forsoke al flesshely luste and ioye of þis life to come to her louely spouse Crist, in whom
250 þei shulde fynde al þing weel kepede þat þei leften here for his loue. Siþ þei dyeden herfore, who shulde not coueyte it? But for uirgynite is so plesant to God, foure þinges principaly ben needeful to knowe to hem þat wilen coueyte to stonde þerinne and kepe it vnfyled. Þe firste principal þing, aftir þat þe wille be sette lastyngly to God, is
255 þat þe bodily eyȝe be wiþdrawen, as men fro wymmen and wymmen fro men. For oftesiþe delite in siȝte fyleþ and styreþ þe herte to vnclennesse. Þe secunde þing nedeful to flee is þat men handle not wymmen ne wymmen men, nouþer in kissynges ne ragynges, ne in stondynges bi her one, ne in goynges togidere into fer or large places.

232 þe[2]] in þe V 234 `lo chastyte´ V fylide] diffoulid HV 235 amendede . . . perfitely] parfytly amendid hem V 236 contenyng] R *altered d.h. to* continuynge R, contynuynge AHTLDB, contynynge S 237 among] wiþ BS `lo virgynyte´ V clene] is clene T 239 seynt] `and´ seint S, and seynt B þe] *om.* DS þerfore and] *rev.* B 240 holy] *om.* T 241 delitable] delectabyll L þe] *om.* DBS wherfore] þerfore VBS 242 who] þei AHL kepeþ] kepen AHL 244 corouns] corowne A 245 clene to crist] to crist cleene A 247 here] *om.* AHTVLDBS 249 luste] lustis D 250 þei[2]] *om.* H his] hir A 251 dyeden] dyden R herfore] here. For AH, therfore L not] *om.* A `lo virgyns ȝour rule´ V, `nota bene´ R 252 so] *om.* L plesant] plesynge ATVDBS principaly] *om.* V to[2]] to virgyns to V 253 `1´ CTVBS to[1] . . . wilen] if þei V þerinne . . . it] in virgynyte V vnfyled] vndefoulid H 254 þe wille] þei wolen A 255 as] *om.* V 256 in] and L 257 `2´ CTVBS handle] halsen L not] no BS 258 kissynges] kissing BS ne[2]] ne in ADR 259 her one] hemsilf VRBS her] hem TD or] and HTDBS

For þe deuyl is quynte and haþ many slyȝe temptaciouns to hem þat 260
ben sette to kepe hem in chastite, for whom he may do breke þe
bonde of chastite, he may lede as an ape to what synne he wille. Þe
þred þing þat kepeþ clene uirginyte is gladnes in God wiþouten
grutching, for who þat doiþ any þing of fre wille for þe loue of God
grutcheþ not þerwiþ; forþi wiþ gladde chere clene maydenes offren 265
her uirginite to God, for God lo|ueþ gladde ȝiueres. Þe fourþe f. 78ra
uertue þat most commendeþ maydenhede, \`and´ steyȝeþ euermore
into heuene þurgh bryngyng of aungeles to Goddes presence, is þat
þei haue so lastyng ioye and gladnes in God, þat haþ clepede hem to
þe heyȝest clene degre of maydenhede and kepeþ hem þerinne þat 270
þei preye to him deuoutly of continuaunce; for alle her desire and
ioye is to serue God in þat degree, and al her drede and sorowe is to
falle þerfro. Þise ben foure principal þinges þat kepen clene uirginyte
vnfyled. But many oþer þinges letten and furþeren it, as a clene
uirgyn is shamful to here foule wordes, and forþi þei wile lette hem 275
to be spoken or ellis flee to here hem. A clene uirgyne is ashamede
þat any oþere is filed wiþ synne. A clene mayden is ay dredeful to be
fyled, and forþi þei wilen not speke foul wordes, ne þei ben no
iangeleres, ne lauȝeres at vanitees, ne no renneres aboute, ne þei ben
not proude of her beute, for maydens halowed to God anourenen 280
hem wiþinne wiþ uertues, and fleen gay aray outeward, siþ it is þe
alewispe of lecherye. Also a clene mayden owe to flee flyting and
sweryng, and bannyng, and to be meke of answere and stable of
countenaunce, and ay aboute to speke þe gode and leue þe yuel, and
ay bysie to drawe oþere to clennes and counseylyng hem to gode. 285
And þei ben ay wilful to lere þe good, and þei wilen gladly here her
defaute and amende it. And þei sechen pees, and ben fayn to fynde it

261 whom] whan L do] make ATVLDRBS, make to H 263 \`3´ CTVB þat] *om.* H 264 doiþ] do L 265 forþi] þerfor AH, for þat L 266 \`4´ CTVB 267 and] *margin m.f.i.* C 268 into] to H bryngyng] styryng R 269 and] in D clepede] callid AHLR to] into D 270 kepeþ] kepen D, kepte H 271 to] *om.* A of] and V desire] delyte D 272 god] *om.* H al . . . and[2]] *om.* T 273 \`nota´ R clene] clene *canc.* \`kepe´ *d.h.* R 274 a] *om.* H 275 uirgyn] virgyns H is] ben H shamful] shamefast R, aschamyd V forþi] þerfor AH, for þat L 276 ashamede] schamid HTD 277 oþere] oþer þing AHL wiþ synne] siþ H ay] euere ATVDRBS to] for\`to´ H 278 forþi] þerfor AH, for þat L ne] nor L no] not B 279 ne[1]] nor L ne[2]] nor L ne[3]] nor L þei ben not] *om.* H anourenen] anouren HLD 282 also] and also L mayden] mayde ABS owe] owiþ AHTVLDRBS flyting] chidinge AHTVDBS and] and *canc.* H 283 bannyng] cursyng ATVDBS, wariyng H 284 ay] euere AHTVLDRBS þe[1]] þee D 285 ay] euere AHTVLDRBS counseylyng] conseylyn R hem] *om.* L 286 ay] euere AHTVLDRBS lere] lerne HVBS, teche TD 287 defaute] defautis H it[1]] hem H sechen] speke ofte H ben] þei ar L fayn] glade TD

and holde it. And þei ben bysye to lette stryues and aftir her power and her kunnyng redye and wilful to counforte þe sory and þe nedye.
290 And þei haue no pride ne ioye of her kynne, but ȝif þei ben
f. 78rb uertuouse. And | þei louen to duelle mekely in pouerte and not to be engleymede wiþ faylyng ritchesses, and moste of alle þei kepen hem fro fals veynglorye of þe world, for þei ben bareyn wiþouten gode fruyte in whom it regneþ. And forþi þei putten to God al þe
295 þank, for he is worþi to be preyside of alle þat ben kepide in clennes, for he kepeþ hem and not hemself. And þerfore þei ȝiue to him worþili al þe preysyng, for þurgh God onely þei here his word and vndirstonden it and worchen þeraftir; and þerþurgh summe bringen forþe hundreþfolde fruyte, and sum sixtyfold and sum þrettyfold.
300 And al þis þei done aftir þat þei ablen hem to stonde in mekenesse, and þerþurgh þei shuln be hyȝed bifore God þurgh riȝtwis dome, and fulfilled wiþ endeles ioye; in þe whiche doom þei shulen see proude, coueytouse and vnclene lechoures falle into dayes of hungre, þat now ben meche hatide for nede, and fledde wiþ al mannes miȝte.
305 For þanne boþe body and soule of vnclene folk shale be punysshede in endles peyne, for al þe good þat þei semeden to haue in þis life shale þere be refte hem, for þere shale eche man be knowen euen suche as God knewe him in erþe. Forþi þei moun drede þat lyueden here yuele and endeden in vices; for yuel fare þei shulen fynde whom
310 God nackeneþ þere of uertues. And lo whi, for

Inimici uero Domini mox ut honorificati fuerint et exaltati, deficientes quemadmodum fumus deficient. *Þe enemyes soþefastly of oure Lord, soone as þei weren honoured and hiȝed, faylyng as*
314 *reke þei shuln fayle.* Soþefastly, Goddes grete enemyes ben fals cristen
f. 78va men; and als soone as | þei ben hiȝed in miȝte and dignite and welþe

288 stryues] stryuers BS power] kunnyng A 289 kunnyng] power A 290 ne] nor L, or H 292 ritchesses] riches TVLDRBS kepen] kept L 293 fals] *om.* T 294 forþi] þerfor AH, for þat L, for D to] *om.* V 295 preyside] loued LR 297 preysyng] loouynge LR 299 `Mt. 13´ CVD hundreþfolde] an hundridfoold AHL sixtyfold] sixtifold fruyt BS 300 þat] *om.* L ablen] do abyll L 301 and] for R bifore] in mekenesse bifore V, tofore D þurgh] in T 303 proude] proude men D and] *om.* L lechoures] lecherousers L into] in D 304 for] now for V al] *om.* H 305 boþe] *om.* L 307 refte] take fro TVDBS eche] euery L, ech a V 308 suche] liche BS forþi] þerfor AH, for þat L 309 here yuele] *rev.* R 310 nackeneþ] makiþ naked BS þere] *om.* V 311 mox] *om.* H ut] ut *canc.* V, *om.* R fuerint] fuerunt TVD et . . . deficient] *om.* L 312 þe . . . soþefastly] soþfastly þe enemyes B 313 as[2]] of V 314 reke] smoke AHTVDRBS shuln] *om.* L 315 and[1]] for AHTVLDRBS and welþe] *om.* L

of þis fals deceyuable world, þei ben faylyng in loue, for þei receyuen þe benefice of God vnworþily. For assiduely þei drynken vices, destroiyng þe uertues of her soules þurgh boost of her power. And forþi as reek þei shulen fayle, þat so mychil and souner it vanisheþ awey þat it riseþ hiȝe. Riȝt so wickede men, þe hiȝer þat þei clymben 320 in þis life, þe depper þei shulen falle into helle. For þei þanken not God in kepyng of his biddynges, but vsen his ȝiftes as þei weren of hemself. For

{21} Mutuabitur peccator et non soluet, iustus autem miseretur et retribuet. *Þe synful shale borow and he shal not quyte, but þe* 325 *riȝtwise haþ mercy and he shal ȝeelde.* Þat is, þe synful takeþ of God body and soule, and his inwittes graciously ordeyned to reule him wiþ, and al his sustinaunce wiþ dyuerse benefyces, and herof he þankeþ him not, but reproueþ him and scorneþ him, brekyng his biddynges. And ȝit al þat God ȝiueþ to man, or suffreþ him to haue, 330 is for he shulde kepe his commandementes. But þe riȝtwis man haþ mercy and pite in his herte, and forþi þe Prophete seiþ he shal ȝeelde, for euermore a riȝtwis man is ȝeldyng þankynges to God, helpyng and releuyng meke pore men wiþ þe ȝiftes þat God haþ lente him. For a riȝtwis rich man deleþ his godes largeli wiþ 335 discrecioun to his nedy neiȝebore. A riȝtwys witty man counseyleþ gladly þe vnwyse. A riȝtwise strong man helpeþ to bere him up þat is weyke. A riȝtwis meke man forbereþ him þat is malicious and angry; a riȝtwis pore man þankeþ God gladli in his pouert þat he wolde of his godenes clepe him fro worldli rit|chesses, in þe whiche he seeþ f. 78vb many so cumbrede þat þei forȝeten God in hemself and letten oþere 341 to do him lesse seruyse. And þus in al þing a riȝtwis man ȝeeldeþ his dette to God, and God of his godenes takeþ it als louandly as he hade þerof mystre.

316 fals] *om.* HRBS 317 benefice] beneficis VBS vnworþily] vnworili H assiduely] contynuely R 318 þe] *om.* H 319 forþi] þerfore AH, for þat L reek] smoke AHTVDRBS so] *om.* D souner] þe souner A it] *om.* V vanisheþ] wyteþ VBS 322 of[1]] *om.* A his[2]] þer L, þe BS 324 et] eciam S iustus . . . retribuet] *om.* L 325 retribuet] tribuet R shale] *om.* L 326 `nota bene exposicione istius versi´ V 327 inwittes] fyue wyttes L 328 and[1]] *om.* LBS herof] þerof L 329 him[1]] *om.* L 330 þat] *om.* H `nota´ V suffreþ] susteyneþ L 331 is] it is H commandementes] heestis A 332 pite] pees A and[2]] *om.* T forþi] þerfor AH, for þat L he] þat he H 333 þankynges] þonkys TDBS 334 `lo of almes´ V 335 riȝtwis] rightful TD 336 a . . . vnwyse (337)] *twice, first partly canc.* H 338 weyke] leþi A, feble TVDBS riȝtwis] ryght L 340 clepe] calle HLR ritchesses] riches AHTVLDR 341 many so] *rev.* HV in] and AHTLD 343 als] a B, *om.* S louandly] loouyngly R, preisyngli AV, apreisyngly BS, plesyngly TD as] as þouȝ VBS

345 **Quia benedicentes ei hereditabunt terram, maledicentes autem ei disperibunt.** *For blissynge to him shulen enherete þe erþe, but wariyng to him shulen myskary.* Þe riȝtwis man ȝeeldeþ þankynges to God, for he is beste of alle creatures. And forþi þe riȝtwis man is tauȝte þurgh his trewe bileeue þat alle blessyng God, þat is þat alle 350 þat þanken God in al þing, kepyng his biddynges, shal haue ioye in heuene, and alle wariyng him, lyuyng foule life aȝeyns his biddyng, shulen myskarye in body and soule. Here may men see who blisseþ God, and who warieþ him. For what þat euere men don or seyn, þei plesen not God whiles þei lyuen yuel; forþi þei moun be adred þat 355 heten oþere men helpe, and amenden not hemself. Alle suche scornen God, blessyng him wiþ her mouþ, and cursyng him wiþ her werkes. But þe Apostle seiþ þat salt watir and fresshe comeþ not togider out of oon welle. No more a man may plese God and lyue yuel, for he þat yuel lyueþ serueþ þe deuyl, whois soule bihoueþ 360 nede myskary. For

{23} Apud Dominum gressus hominis dirigetur, et uiam eius uolet. *Anentes God þe goyng of man shal be riȝted, and þe weye of him he wile.* Mannes goyng to heuene is his trewe wirchyng, and he þat treuly wircheþ his willes shulen be riȝted of God; and so alle þe f. 79ra weyes of a trewe man ben plesyng to God, for he wile goo | noon 366 oþer weye, but þat God haþ commaunded. Þe wey þat ledeþ to synne is not in þis life harde to þe flesshe, but it is ful of þeues, þat who þat euere goiþ þerinne shale be spoyled of alle uertues. Þe weye of God, þouȝ it be streyte and seme harde to þe fleisshe and to hem 370 þat taasten it neuere, it is softe and swete to hem þat louen it, for it is

345 maledicentes . . . disperibunt] *om.* L 346 autem] *om.* TVDS blissynge] þe blessyng L, men blessyng BS to] of L, *om.* R him] hem BS shulen] shall L 347 but] *om.* TVD, men BS wariyng] þe wariyng H, cursyng ATVDBS to] *om.* R myskary] perishe BS þankynges] þonkys TVDBS 348 forþi] þerfor AH, for þat L 349 alle[1]] alle men BS god] of god R alle þat] *om.* A 350 þanken god] þenkiþ good BS þing] þingis AHL 351 `nota´ V wariyng] cursynge ATVD, men cursyng BS foule] in foule H biddyng] biddyngis AH 352 myskarye] peresche VBS blisseþ] blys L 353 warieþ] cursen A, cursiþ TVDBS him] *om.* R `lo´ V 354 yuel] yuele holdinge not his maundementis V forþi] þerfor AH, for þat L adred] dred AHLD 355 heten] bihoten AVBS 356 him[2]] hem HT 357 þe] iamys þe BS 359 yuel lyueþ] *rev.* R bihoueþ] mote V 360 myskary] peresche V, mysperishe BS 361 et . . . uolet] *om.* L 362 þe[1]] *om.* L þe[2] . . . wile (363)] he wol þe weye of hym BS 363 his] *om.* L and] for V he] who BS 364 willes] whiles V riȝted] rewardid A 366 þat[1]] þat þat AHL haþ commaunded] comaundiþ A haþ] *om.* H þe] and þe BS 367 `be war of lustis´ V life] *om.* BS is[2]] *om.* T 368 alle] *om.* VBS 369 þouȝ] ȝif al H, ȝif ALR 370 `lo´ V taasten] tastiden AHTVLDBS softe] swete B swete] softe B

clene in itself wiþouten filþe, and sikire wiþouten errour. For
lecherye and gloterye, þe whiche ben most lustful synnes, ben
peynful and disesy to þe louer of God to þus þenk upon. O
wondirful God þat men of oon kynde ben þus departede in wille!
For oon man secheþ how hiȝe he may clymbe in pryde, anoþere hou 375
meke he may be; oon man þenkeþ him vnman but ȝif he venge him
in worde and dede of his enemye; anoþere ȝif he be reproued is glad
to suffre wronge for Goddes loue, preiyng for his enemyes þat God
staunche her malyce. One man secheþ hou he may plese his fleshe
wiþ lustful metes and drinkes, anoþer lokeþ wiþ discrecioun hou 380
lowe and buxsom to þe spirit he may make his flesshe. As a man þat
were seke and miȝte not goo on his feete, and byhouede nede to
trauel fer, he were vnwis ȝif he fedde his horse so wele þat he miȝte
not wisse him whider he wolde. A mannes flesshe is his horse, þat
bereþ his soule to heuenward, þe whiche shulde nouþer be fed ouer 385
wele ne ouer lene, but euen aftir mannes discrecioun, as he miȝte
iourney eche day bi day to his lyues ende. A man putteþ his life in
ioperdy for luste of lechery, anoþere wiþ grete bisynes putteþ fro
him þouȝt to consente þerto. One is bisy day and niȝt about worldes
muk þat sone shal fayle, | anoþer þankeþ God in his herte þat him f. 79rb
liste not trauele þeraftir. One lokeþ ay hou he may come to bodily 391
reste, anoþer niȝt and day traueleþ his flesshe and dredeþ to pampre
it. One lauȝeþ and is glad at mirþes and at vanitees of þis deceyuable
world; anoþer wepeþ and is sory þat he can not auoyde hem perfitely
in þis life. But þurgh þe godenes of God 395

{24} **Cum ceciderit iustus non collidetur, quia Dominus supponit manum suam.** *Whanne þe riȝtwis haþ fallen, he shal not be hirt, for oure Lord vndirsetteþ his honde.* Þat is, whanne a riȝtwys
man synneþ venyaly, God setteþ his helpe to him, makyng to knowe
it þat he be not hirt in dedly synne. He synneþ uenyaly whois 400
purpose is holy sette to plese God, in keping of his commaunde-

372 `lo a lamentacioun´ V `nota´ R 373 disesy] diseseful A to þe louer] *twice* H þus] *om.* AHTVLDBS 374 þat] *om.* R 376 ȝif] *om.* H 377 of] on H ȝif] þouȝ VBS 378 enemyes] enemye BS 379 her] his B 382 feete] fote TVDBS to] *om.* TVBS 383 wele] welli H, rankli A, ioliif VBS 385 nouþer] neuer T 386 wele] rankli A, iolyf VBS, willi H mannes] a mannys B 389 worldes] worldly VBS 391 trauele] to traueile AV ay] euere AHTVLDRBS 392 to] for to H 393 at[1]] in L at[2]] *om.* ATVLDBS vanitees] vanyte T 394 auoyde] voide H 395 life] *om.* D but] *om.* BS 396 quia . . . suam] *om.* L 398 a] þe BS 399 to[2]] him to AHTVLDRBS 400 `nota´ V 401 holy sette] *rev.* AHL, sette fully V plese] *om.* D commaundementes] heestis A

mentes, and for freelte or mysknowyng faileþ in his perfeccioun. For whanne a riȝtwis man haþ felyng or knowyng of his trespase, he amendeþ him sone and kepeþ him betre þeraftir fro fallyng or
405 assentyng to þat synne. As he þat eteþ or drynkeþ or slepeþ ouer meche or ouer litel, ouer late or ouer erly, whanne he feleþ him þerþurgh þe more stired to synne, or þe feynter in his traueyle, him oweþ to wiþdrawe or to do discretely þat he fayle not in gode þing bigunne. And þus alle oþere synnes, þat men fallen inne on þis wise
410 and þus amenden hem, ben venyal synnes, for God forȝiueþ hem. But eche a synne þat man doiþ wilfully, knowyng or miȝte knowe it ȝif he wold traueile trewly for þe knowyng and setteþ it at liȝt or vseþ it bi custume, it is deedly synne, for God may iustly dampne him þerfore. Who þat traueleþ to know synne and hate it and to gete
f. 79va uertues and holde hem, shale in shorte tyme knowe venyal syn|ne
416 fro deedly. For

{25} Iunior fui, etenim senui; et non uidi iustum derelictum, neque semen eius querens panem. *Ȝonger I was, forwhi I elded; and I sawe not þe riȝtwys forsaken, ne þe seed of him sechyng brede.* I was
420 ȝonger, þat is I was bigynnyng to do wele, and I eelded, þat is, I com þurgh grace to perfeccyoun of life wherinne oneli I hade uerey knowyng of good and yuel. And in al þis tyme I sawe not þe riȝtwis man forsaken of God, ne þe seed of him, þat is his werkes ne his trewe foloweres sechyng breed, þat is, I sawe hem not haue nede of
425 bodily fode ne gostly, for Goddes loue and Goddes worde þat fedeþ eche [trewe] mannes soule is ay wiþ hem; and þer may be no defaute in þat hous where Goddes loue is portere and his word styward. For

{26} Tota die miseretur et commodat, et semen eius in benediccione erit. *Al day he haþ mercy and leneþ, and þe seed of*
430 *him in blessyng shale be.* It is no drede he haþ no nede þat is filled wiþ

402 or] of AHL, and VBS 405 `se wel here´ V ouer] to H 406 ouer[2]] or ouer V 407 stired] meued TD him] he R 408 or to] and V do] doo too D 409 bigunne] begynnyng BS alle] of alle V synnes] synneþ B fallen] faylen T on] in BS 410 `nota´ R amenden] amended L for] and BS 411 eche] euery L a] *om.* TLDR man] a man AHTLD or] yt or L it] *om.* A 412 it] *om.* H at] as BS 413 it[1]] *om.* D it[2]] *om.* TV 414 hate] hatiþ D 415 holde] holdiþ D, to holde V 417 iunior] Tunior H et . . . panem] *om.* L 418 neque] nec HT querens] mendicans T ȝonger I was] Y was ȝonger BS ȝonger] ȝong R 419 riȝtwys] riȝtwis man BS 420 ȝonger] ȝong VBS 422 yuel] of yuel A in] *om.* H tyme] *om.* T 423 werkes] werke H ne[1]] nor L 424 hem] hym BS nede of] *om.* V 425 ne] nor L 426 trewe] *om.* CR, trewe cristin A `lo´ V ay] euere AHTVLDRBS hem] hym BS 428 et[2] . . . erit] *om.* L eius] illius RB 430 in . . . be] in blyssyng shal be, *marked for rev. to* shal be in blyssyng S, shal be in blessyng B

Goddes loue and his word. Forþi al þe day, þat is whiles he lyueþ, he haþ mercy principaly of himself, leuyng synne and amonestyng oþere to uertues. For þe spirit of pite moueþ him to help þe nedy. For ech man bodily or gostly may helpe his pore nedy neiȝebore. Goostly help is beter, but bodily may not be excused in him þat haþ 435 wherwiþ. And what þat euere we do here bodili or goostly to oure breþeren, we do but lene it to God, for he rewardeþ aȝenward þe double. A good God, þat þus wilt borowe þin owne good, ȝeeldyng þerfore an hundreþfolde reward! And so þe seed of a iust man shal al be in blessyng þat is in multipliyng. Forþi 440

{27} **Declina a malo et fac bonum, et inhabita in seculum seculi.** | *Helde fro yuel and do gode, and inwone in world of world.* Þat f. 79vb is, do þiself ne no man harme aȝein Goddes biddyng, but do gode to alle þat þou may, sorowyng eche mannes myster as þin owne. And so þou shalt deserue to wone in world of world þat is in heuene. 445

{28} **Quia Dominus amat iudicium, et non derelinquet sanctos suos, in eternum conseruabuntur.** *For oure Lord loueþ dome, and he shal not forsake his halowes, wiþouten ende þei shal be keped.* Oure Lord loueþ dome, for of his riȝtwis dom he suffreþ his halowes be tourmentide in erþe for her coroune in heuene. And þat is for 450 loue; forþi loue þou riȝtwis dom. For God shal not forsake his halowes, þouȝ al he suffre hem here be sharply pyned, for þei goon þerþurgh more sikirly to endles blisse. Who shulde not þanne, ȝif God wolde sende persecucioun, be fayn to suffre it for his loue? For

Iniusti punientur, et semen impiorum peribit. *Þe vnriȝtwis* 455 *shulen be punysshide, and þe seed of wicked shale perisshe.* Wicked men ben vnriȝtwise and, for þei wilen not leue her synne in þis life, þei shulen be punysshide in helle, and her seed, þat is her foloweres,

431 forþi] þerfor AH, for þat L whiles] þe whilis TD 432 principaly] and principalli AHL 434 ech] ech a AH, euery L 435 beter] þe betere AHTLDRBS bodily] bodyly helpe R 437 breþeren] broþir VBS 438 þus] þou D wilt] wole HL 439 al] alwey BS, *om.* T 440 forþi] þerfore AH, for þat L 442 helde] bowe AHTVDR, bowe þou BS inwone] wone þou BS in] into H, in þe BS world²] worldis BS 443 harme] noon harme VBS do²] to do L 444 myster] myscheef AHTLD, nede R 445 of world] *om.* V 446 et . . . conseruabuntur] *om.* L derelinquet] delinquet T 447 conseruabuntur] conseruabitur S 450 be] to be H 451 forþi] þerfor AH, for þat L loue] suffre TD riȝtwis dom] riȝtwisdoom A 452 halowes] seintis A þouȝ al] ȝif al HL, al if R, þouȝ AVBS, þogh þat TD here be] *rev.* T pyned] peyned AHTLDBS 454 fayn] glad TD his] goddis VBS 455 et . . . peribit] *om.* L 456 þe] *om.* V

shulen perisshe wiþ hem. Forþi consente to folowe no man in word
460 ne werk, but ȝif þei ben proued of God resounable, for God is
resone, and he haþ approued al resoun, and so no man may erre þat
ledeþ him bi resone, ne no man may go euene but ȝif resone lede
him. Forþi be riȝtwis, and loue resoun, for

{29} Iusti autem hereditabunt terram, et inhabitabunt in
465 **seculum seculi super eam.** *But þe riȝtwise shulen enherite þe erþe,*
and þei shulen wone in world of world upon it. Þis verse haþ no nede of
f. 80ra expounyng, for it is open ynow, | as holy writte is in many places;
and, ȝif holy writte in any place as to þe letter be hidde to oure
vndirstondyng, oure owne synne is þe cause. For al holy writte is
470 trewe aftir þe letter, and ellis hadde neuer þe Fadre of heuene
halowed it. But proud men wilen not know þis trewþe, but

{30} Os iusti meditabitur sapienciam, et lingua eius loquetur
iudicium. *Þe mouþ of þe riȝtwys shal þenke wisdom, and þe tunge of him*
shal speke dome. Þe mouþ of a riȝtwis man is his herte, for þerby he
475 vndirstondeþ and þenkeþ and spekeþ wisdome, not of þe world but
of God to hele of mannes soule. And his tunge enfourmyng oþere
shale speke dome, þat is, he shale shewe bi worde þat Goddes
biddynges ben keped, and þat God biddeþ flee synne up peyne of
dampnyng in helle.

480 **{31} Lex Dei eius in corde ipsius, et non supplantabuntur**
gressus eius. *Þe lawe of his God in þe herte of him, and his goynges*
shulen not be supplauntide. Þe lawe of God is his loue, and þat a
riȝtwis man haþ in his herte. Forþi his goynges shulen not be
supplauntide, þat is, Goddes loue and his worde þat he haþ
485 plauntede in his hert, shulen kepe him fro þe gildre or snare of þe

459 forþi] þerfore H, for þat L 460 ne] nor L, ne in BS þei ben] he be R resounable] resonabli H 461 so] *om.* V 462 ledeþ] ruliþ V 463 forþi] þerfore AH, for þat L 464 et . . . eam] *om.* L 465 riȝtwise] riȝtwis man BS shulen] shal BS 466 `nota' R 468 be] is R 469 `Jo. 10' ATVBS þe] *om.* VBS is trewe] *om.* L 471 þis] þe BS 472 sapienciam] iusticiam uel sapienciam A et . . . iudicium] *om.* L 473 riȝtwys] riȝtwis man BS þe[3]] his LBS of him] *om.* LBS 474 a] þe BS 475 and þenkeþ] *om.* A 476 hele] helþe BS 478 biddynges ben] biddyng be BS and] *om.* AHLBS of] yn S, *om.* T 479 dampnyng] dampnacyon L 480 et . . . eius] *om.* L 481 in] is yn BS his[2]] þe A, *om.* HL goynges] goyng TVLDRBS 482 shulen] of hym schal AHLR, shal TDBS þe . . . supplauntide (484)] *in margin m.f.i. in text, then additionally* hert (485) þe lawe of god is his loue þe which schal not be supplauntid fro þe riȝtwis man þat haþ it in his herte and his loue kepiþ it þe which hymself haþ plauntid and þat H is] þat is L 483 forþi] þerfore AH, for þat L goynges] goynge AHTVLDRBS 485 shulen] schal AHTVLDRBS þe gildre or snare] þe gildre or disseyte R, gile BS, þe gyle V, þe gilyng D, gylys T, snare AH, þe snare L

deuel, and fro consente to synne of yuel men. And so his horse þat is his fleshe bihoueþ nede bere euene þis blisside birþene. And herfore

{32} Considerat peccator iustum, et querit mortificare eum. *Þe synful biholdeþ þe riȝtwis, and he secheþ to slee him.* Þe wicked synful man þat wile not leue his synne haþ no more sorowe þan þat a riȝtwis man lyue biside him, for no man loueþ him þat is vnlike to him, and forþi he þen|keþ hou he miȝte swyke him, waytinge to fordo him. But he þat is riȝtwis lette he for no þing to do and speke þe trewþe discretly. For triste he trewly 490 f. 80rb

{33} Dominus autem non derelinquet eum in manibus eius, nec damnabit eum cum iudicabitur illi. *But oure Lord shal not leue him in his hondes, ne he shal not dampne him whanne it shal be demyde to him.* Lo, a counfort of alle counfortes to hem þat suffren for God. Þe Prophete seiþ oure Lord shale not leue þe riȝtwis mannes soule in þis synful mannes miȝte, þouȝ al he suffre him haue pouste here of his flesshe. Ne he shale dampne him whanne he is demed to him: þei ben demed to Crist þat ben falsly accusede and suffren mekeli persecucioun for þe treuþe, and forþi in his dome he shale resceyue hem to his blisse, and punisshe her enemyes. Forþi 495 500

{34} Expecta Dominum et custodi uiam eius, et exaltabit te ut hereditate capias terram; cum perierint peccatores, uidebis. *Abide oure Lord and kepe his weye, and he shal h[iȝ]e þee þat þou in heretage take þe erþe; whanne synful perisshe þou shalt see.* If þou be in anguysshe as eche gode man is, abide oure Lord wiþouten grutching, for he wile lese or vnbynde þee whanne beste tyme is of alle þi noyes 505 510

486 consente] consence DR 487 bere] to bere AHL euene] *om.* L þis] his T herfore] þerfor L, wherfore BS 488 peccator iustum] *rev.* D et . . . eum] *om.* L 489 synful[1]] synful body BS biholdeþ] he biholdiþ H, holdiþ BS riȝtwis] riȝtwise man HBS 490 `nota´ R þan þat] þan `þat´ H, þan LRBS þat a] at T 491 lyue] lyueþ D 492 and] *om.* H forþi] þerfor AH, for þat L miȝte] may LD swyke] swyke or bytray R, bigile AHL, desceyue TD, noye VBS waytinge] witynge A 495 derelinquet] derelinquit A, derelinquet B, delinquet S in . . . illi] *om.* L 496 damnabit] dabit V but] *om.* A 497 leue] leese D hondes] hond VBS shal[1]] ne shal D it . . . be] he is TVD, men shal BS 498 demyde] deme BS to him] *om.* H hem] hym BS suffren] suffreþ BS 500 þis] þe AHTVLDBS þouȝ al] al if R, ȝif al HL, þouȝ ATVDBS haue . . . here (501)] here haue pouste VR 501 pouste here] *rev.* T here] *om.* A of] ouer VBS shale] schal not AHVL, ne shal not D he is demed] me shal deme BS 503 forþi] þerfor AH, for þat L 504 forþi] þerfore AH, for þat L 505 ut . . . uidebis] *om.* L 506 perierint] perierunt V 507 hiȝe] here C þee] *om.* V in . . . take (508)] take in heritage BS 508 synful] synful `men´ S, synful men B perisshe] schulen peresche AHBS 509 `nota´ V eche] euery L 510 lese or vnbynde] lose VLBS, vnbynde HR, delyuer TD beste] *eras.* T noyes] anoies AV, enemyes TD

priue and apert; and abidyng him kepe his weye, þat is his commaundementes, and so þou shalt come to charite and be hiȝed wiþ ioye, and take in heritage þe erþe of heuene. And in his dome þou shalt see synful men perishe wiþ þe deuyl her fadre, for his desir
515 þei diden in erþe and wiþ him þei shuln wone in helle. And in þat siȝte þi ioye shale be multiplied in Crist, þat shale [s]aue þee, for þanne þou shalt mowe seye

f. 80va **{35} Uidi impium superexaltatum, et ele|uatum sicut cedros Libani.** *I sawe þe wicked abouenhiȝed, and liftede up as cedres of*
520 *Libane.* I sawe þe wickede abouenhiȝed: þat is, I sawe him abouen þe knowyng of himself, lifted up in veyn honoures of þis life as cedres of Libane. Cedres bitokenen sorowe or myrknes, and Libane whitnes or shynyng, to þe whiche þe blake sorowful myrk life of wickede men is wele lickened þat shineþ here in veyn ioye of þis world, þat soone
525 shal fayle.

{36} Et transiui, et ecce non erat; et quesiui eum, et non est inuentus locus eius. *And I passide and lo he was not; and I souȝt him, and his stede is not founden.* I passede: þat is, in my hert I þouȝte þe ende of þe wicked man, and, lo, he was not of miȝte to helpe himself,
530 for þanne he shal be nakide of uertues, þat cloþed him not here wiþ þe bride-cloþe of charite. And I souȝt him, þat is, to my mynde I brouȝte al his welþe, wherinne he shone in þis life, and his stede is not founden among aungels. And forþi I counte him al at nouȝt, for in þe houre of his deeþ al his ioye worþed to sorowe. Forþi

535 **{37} Custodi innocenciam, et uide equitatem, quoniam sunt reliquie homini pacifico.** *Kepe vnnoiyngnes and see euenhede, for þei ben relikes to a pesible man.* Kepe vnnoiyngnes þat þou be clene in þiself bifore God, and in perfite charite to þi neiȝebores, for þanne

511 kepe] kepyng TD weye] weyes R 512 commaundementes] heestis A þou shalt] *rev.* B, þou / shalt `þou´ S 513 erþe] erde T, ende D 515 diden in erþe] fille V wone] dwelle V helle] helle as þei diden here in erþe V 516 in] and in BS saue] haue CR 518 superexaltatum] superextatum A et . . . libani] *om.* L et] *om.* S sicut] super VR 519 þe] *om.* H cedres] cedre trees H, þe cedris D 520 þe[2]] þi A 521 lifted] and liftid VBS 522 or] and BS myrknes] derknes ATVDBS 523 to] *om.* T myrk] derk ATVDBS wickede] wycken L 524 þat[2]] and A 526 et[2] . . . eius] *om.* L et[3]] *om.* R 530 cloþed] closid T, cladde R him] hem S wiþ] in L 531 to . . . brouȝte (532)] I brouȝte to my mynde A 532 welþe] welþis V 533 forþi] þerfor AH, for þat L him] hem BS at] to R 534 þe] *om.* L worþed] turnede AL, turniþ HTD, wyteþ VBS forþi] þerfor AH, for þat L 535 quoniam . . . pacifico] *om.* L 536 `Reliquie´ B kepe] kepe þou BS vnnoiyngnes] ynnocence BS euenhede] euennes AHL 537 vnnoiyngnes] ynnocence BS

þou shalt see euenhede in al þinge, and go þe strey3te euene weye þat
ledeþ into heuene. For 3if þou kepe perfitely innocence and 540
euenhede in wele and woo, þou art riche ynow3 to bye þee heuene;
for no þing may be comparisounde to him þat loueþ pees and haþ
þise tuo uertues, but onely þe ioye of heuene. For God richeþ no
man | veynly wiþ uertues, kepe þise tuo relikes clene, and þou shalt f. 80vb
be syker of heuene. 545

{38} **Iniusti autem disperibunt, simul reliquie impiorum interibunt.** *But vnri3twise shuln myskarye, relikes of wicked togider shulen dye.* Þe relikes of wicked folk ben her flesshely lustes and welþe
of þis life, þe whiche worþen to nou3t whanne þei þat weldeden hem
gon to peyne. Also þe relikes of wicked men ben her childre, þat bi 550
ensaumple of hem ben fulle of vices, and also alle oþere men þat bi
ensaumple of hem lyen custumable in synne. For echone þat comen
aftir oþer, vsyng þe maneres of hem þat 3eeden bifore, ben relikes of
her antecessoures, for echeone is cause of oþer synne. And forþi þei
and her relikes shulen perishe togider in þe peyne of helle. Forþi 555
drede God and loue him þat oþere bi þee moun take ensaumple to
flee synne. For

{39} **Salus autem iustorum a Domino; et protector eorum in tempore tribulationis.** *But þe heele of þe ri3twise is of oure Lord; and hiler of hem he is in tyme of tribulacioun.* Heele of soule may be of no 560
þing, but of God onely. But men þat lyuen aftir her fleishe hopen
more in lustes and welþes þan in God; forþi þei hauen noon heele in
God, þat is, þei hauen in him no hope of heele. For þe hope of
wicked shale perisshe, and suche fayling hope may neuere be fitched

539 see] ben DB þinge] þingis AH and go] and ?go, go *eras.* T 540 into] vnto R
541 in wele] *twice* L woo] in woo H 542 comparisounde] lickenede R 543 heuene]
heu/ R licheþ] enrichiþ H 546 iniusti] iusti L simul . . . interibunt] *om.* L
547 vnri3twise] þe vnri3twise AHT, vnri3twis men BS myskarye] peresche VBS
relikes] þe relikis A wicked] wickide men AHBS togider] samne men L 548 of
. . . folk] ben men þat arn wyckid V 549 whiche] welth L worþen] turnen AHTLD,
wyteþ VBS weldeden] weelden AR, hadde TD 550 also] alle D 551 ben . . . hem
(552)] *om.* BS alle] *om.* T 552 lyen] ben ful of vices and lyuen H custumable]
customably AHLBS comen] comeþ HTV 553 oþer] *om.* A of[2]] to R 554 is] ben
AHTLD oþer] oþeris AVDBS forþi] þerfor AH, for þat L 555 and] ar L perishe
togider] *rev.* VBS, sammen perysch togeþer L, togidre be punischid H perishe] oonliche
perische TD forþi] þerfore AH, for þat L 556 loue] preise A 558 et . . .
tribulationis] *om.* L in] est in H 559 heele] he L ri3twise] ri3twis men BS of[2]]
om. HR 560 hiler . . . is] he is heler of hem B hiler] defendar R of hem he is] he is of
hem A hem] him TD 561 \`nota´ V 562 forþi] þerfor AH, for þat L 563 of[1]] in
canc. \`of´ A, in V 564 wicked] wickid men H fitched] fyxhed L

565 in God. And forþi in tyme of tribulacioun, whanne God shale hile riȝtwise men wiþ his heele fro alle angres, þanne shulen wicked men perisshe þat hopiden in false faylynge richesses. And in hope herof riȝtwis men forsaken to loue þis world.

{40} **Et adiuuabit eos Dominus, et liberabit eos, et eripiet eos** f. 81ra **a peccatoribus; et saluabit eos, quia sperauerunt | in eo.** *And* 571 *oure Lorde shale helpe hem and delyuer hem, and shale outtake hem fro synful; and he shale saue hem for þei hopiden in him.* Oure Lord shal ay help þe riȝtwis to do gode, and he shale delyuer hem of al þraldome, for he shale make hem free of synne and syker of blisse. For noon 575 enemye shale anoye hem þat louen God perfitely, and deseruen to haue him to her helpere. For he shale take hem out fro synful, kepyng hem as his derlynges, þat þei be not hirt wiþ þe contrariouste of þis fals world, and he shal saue hem for þei hopiden trewly in him, and kepeden her wille fro synne, for noon is in þis life þat ne he 580 synneþ, but in wille no man shulde synne þat coueyteþ to flee þe indignacioun of Crist.

Psalmus .37.

{2} **Domine ne in furore tuo arguas me, neque in ira tua corripias me.** *Lord, in þi woodnes argewe me not, ne chastise me in þin yre.* Þe Prophet seyde þis psalm in voyce of him þat doiþ uerey penaunce for his synne, in deuoute preiyng and forþenkyng. For he 5 wiþ sorowful herte preyeþ to God and seiþ 'Lord in þi woodnes

565 and] *om.* T forþi] þerfor AH, for þat L 566 shulen . . . men] wickid men schulen H 567 richesses] riches ATVLDRBS herof] þerof L 569 eos[2]] *om.* V et[3] . . . eo] *om.* L eripiet] eruet HR 571 lorde] *om.* S delyuer . . . and[2]] he R shale[2]] *om.* L 572 ay] euere ATVDRBS 573 þraldome] yuele þraldom V 575 hem] him TD louen] louiþ TD, loueden A deseruen] deserueþ TD, disserueden A 576 synful] synne R 577 his] *om.* V contrariouste] fals contrariouste T 578 trewly] *om.* A 579 her wille] hem wel D ne he] *rev.* DRBS 580 synne] *om.* D

Ps. 37 CAHTVLDRBS; *because of excision at p. 106 T lacks parts of lines 123–9; because of a loss of leaf S ends incomplete* 97 trou-

heading C (*r.h.* Domine ne in furore ij), xxvii Psalm' dauid in remembraunce of þe day of sabbat L, `37´ *d.h.* RB, Ps xxxvii V, The fyue and þritti chapytre A, *om.* HTDS 1 neque . . . me (2)] *om.* L 2 argewe] reproue R, vndirnyme BS chastise] chasty TV in[2]] not in A 3 yre] wraþþe R seyde] seyth L 5 preyeþ to god] to god prayeth `to god´ L

argue me not', þat is, Lord of þi mercy graunte þat I be not among hem to whom þou shalt seye in þi dome 'Go, ȝee waried into fier endles.' Ne chastise me not in þin yre, þat is, be I not amonge þoo þat shulen be purgide in þe fier of purgatory, but graciouse Lorde purge me here. I seye not þis onely for drede of þe sharpe peyne of purgatory, but for grete shame þat I haue in my soule þat I haue so defouled me here þat I shulde not be clene purgide or I wente heyne, for als long as God punissheþ any man he is wrooþ to him. And to wite þat I shulde haue his indignacyoun here and aftir þis life | is to me grete sorowe.

10

f. 81rb

15

{3} **Quoniam sagitte tue infixe sunt mihi, et confirmasti super me manum tuam.** *For þin arowes infestened ben to me, and þou haste confermed on me þin hond.* Chastise me not Lord aftir þis life in þi wraþþe: for, ȝif þoo peynes þat I suffre now sufficen not to wasshe me clene, þou knowest Lord alle my miȝtes, leye on hem and spare hem not þe birþenes of þi veniaunce; and so þin arowes, þat is þi ueniaunces, ben festened to me in þis life, þat I may feele dyuerse peynes for my dyuerse synnes. And þat I reste in trewe hope þat þis shal be, conferme on me þin hond, þat is þi veniaunce þat it duelle on me to my deeþ. For gretely I desire, ȝif þi wille may bowe þerto, þat I neuer dye er I be clene purged. For

20

25

{4} **Non est sanitas in carne mea a facie ire tue; non est pax ossibus meis a facie peccatorum meorum.** *Hoolnes is not in my flesshe fro þe face of þi wraþ; pees is not to my bones fro þe face of my synnes.* Þouȝ al my flesshe seme hool, it is not hool, for it is ofte hirt and ay in poynt to be slayn. For þe synne of Adam þat duelleþ þerinne wiþ new writchednes þat comeþ of myself stireþ eche day my fleishe to be hirt, and so eche tyme of þis life I deserue þi veniaunce, for I am neuer clene of synne. And forþi noo pees is to

30

6 argue] reproue R, vndirnyme BS me not] *rev.* L þat²] me þat V 7 waried] cursid ATVDBS fier endles] euerlastinge fier A fier] þe fire HTVD 8 `lo´ V  chastise] chasty T  me not] *rev.* L  10 þe] *om.* V  11 for] *om.* L  in] only in L  12 heyne] hethen L  13 any] `not´ V to¹] wiþ BS 14 his] þis AH indignacyoun] vnbliþlynes or indignacioun A, vnbliþlynes TD, vnbliþefulnes VBS and] *om.* L 16 et . . . tuam] *om.* L 17 me] *om.* V tuam] *om.* T infestened ben] *rev.* BS infestened] infestid AVL, fastened D 18 chastise] chasty T me not] *rev.* V þi] *om.* V 19 `nota´ V 20 and] *om.* B 22 ueniaunces] vengeaunce R festened] fastid VBS 23 peynes] *om.* T þat¹] *om.* T reste] triste D þis] þat BS 24 is] *om.* L 26 er] to H, til V 27 a . . . meorum] *om.* L 28 hoolnes] helþe BS 30 þouȝ al] al if R, if al AHL, þouȝ þat TD, þouȝ VBS 31 ay] euere ATDRBS, *om.* V 32 myself] my flesch HVBS stireþ] meuiþ TD 34 for] þat L neuer] euer T forþi] þerfore AH, for þat L noo] not L

35 my bones, for bitwene my body and my soule I fynde ay newe rebellyoun; for whanne I wolde wayshe myn olde synnes wiþ sorowe and preyer out of my soule, yuel suggestioun of þe deuyl wiþ enclynyng of my fleishely wille makeþ me ay new batayle.

{5} **Quoniam iniquitates mee supergresse sunt caput meum,** f. 81va **et sicut onus graue grauate sunt super me.** *For my | wickednesses* 41 *ouergoon ben myn heued, as heuy birþen heuyed þei ben on me.* Þat is, for wickednesses liftiden my þouȝt to coueyte proudly lustes and lykynges aȝens God, he haþ of his mercy iustly heuyed it wiþ charges of pyne. For þouȝ synne be liȝte and swete in þe doyng, 45 whanne it is trewly weyed it is ful heuy and ful bitter to hem þat ben uerey contrit whiles it is in punysshing. For he þat haþ trewli tastide þe swetnes of heuene, and biholdeþ his owne filþe and oþer mennes, shale haue no likyng of þis world. For

{6} **Putruerunt et corrupte sunt cicatrices mee a facie insi-** 50 **piencie mee.** *þei rotiden and þei ben broken myn olde woundes fro þe face of myn vnwitte.* Myn olde woundes: þat is, þe woundes of synnes þat I falsly hyled þurgh ypocrisye rotyden wiþinne me al þe tyme I laye wityngly in synne, and þei ben broken out as feestrede woundes vnhelede in houre of my deeþ. And þis bicome me for myn vnwitte, 55 þat is for my foly þat I wolde not hate synne in my life. And forþi

{7} **Miser factus sum et curuatus sum usque in finem; tota die contristatus ingrediebar.** *Wretchide I am made and croked to þe ende; al þe day sory I inȝede.* I am tourmentide wiþ wretchidnes, and forþi I am crokide fro pride or I am crokide to þe ende, þat is to þe 60 day of my deeþ. For I am ofte lettide to goo euen þe weye to heuene;

35 fynde] fond BS ay] euere AHTVLDRBS 37 yuel] eche TD 38 ay] euere AHTVLDRBS 40 et . . . me] *om.* L et] *om.* BS onus] ouis V wickednesses] wickednes TVS 41 ouergoon ben] *rev.* R, haþ ouergo VBS as . . . ben[2]] þei beþ as heuy berþen heuyed BS as] and as TDR 42 wickednesses] wickednes AHTVLDBS liftiden] liftide AHVL, lifteden vp R, heyed TD, lustid BS 43 of] wiþ TD 45 is[1]] *om.* T is[2]] *om.* T ful[2]] *om.* V to] *om.* L 46 uerey] verili H whiles] þe whiles HTLD in punysshing] vnponischyng, vn- *on eras.* H he] *om.* L 47 filþe] synne A 49 corrupte] corrupti V cicatrices . . . mee (50)] *om.* L 50 þei[1] . . . woundes] myn olde woundis þei beþ rotid and þei beþ broken BS olde woundes] arrys TVD, arres or olde woundes L 51 myn . . . woundes[1]] *om.* BS olde] *om.* AHTLD woundes[1]] arres HTVLD þat . . . woundes[2]] *twice* A 52 al þe tyme] *twice* A I[2]] þat I HTVD 54 houre] þe oure B 55 hate] heele BS forþi] þerfore AH, for þat L 56 sum[2]] *om.* VD in . . . ingrediebar] *om.* L 57 wretchide . . . made] Y am made wrecchid BS 58 þe] *om.* A sory . . . inȝede] I ȝede in sory R, Y ȝede sory BS 59 forþi] þerfor AH, for þat L fro . . . crokide[2]] *om.* BS 60 ofte] *om.* D euen þe] *rev.* AHL

and forþi al þe day, þat is al my life, assiduely I ȝeede sory in þe weye of þis wretchid life, for of my foly bi false entysyng of þe deuyl I [þa]rned þe ioye of paradys.

{8} **Quoniam lumbi mei impleti sunt illusionibus, et non est sanitas in carne mea.** *For my leendes ben fulfillede of heþinges, and* 65 *heel is | not in my fleishe.* My leendes: þat is, my fleishe fillyde is of f. 81vb heþinges of þe deuyl, for he makeþ but scorn in þe laste ende to hem whom he ouercomeþ; and so, þurgh þe deuyl and þe world and myn owne consent, no heele is in my flesshe, for it may not be helede fro deedlynesse ne fro corrupcioun. 70

{9} **Afflictus sum, et humiliatus sum nimis; rugiebam a gemitu cordis mei.** *I am tourmentide, and I am meked meche; I romyed fro þe sorow of myn hert.* I am tourmentide doynge synne, and forþi I am mychil mekide in forþenkyng. I romyed, þat is in my sorowe I desirede and souȝt forȝifnes of my synne; and so of sorow of 75 hert, þe which is verey penaunce, I fulfilled my soule wiþ goostly foode. And þis I dyde for of my foly wilfully I alyened me fro God, and forþi I enforsede me greetly to lat come fro myn hert uerey penance aboundantly to wasshe my synnes. Þis hertly sorowe is neuere hadde er synne be hatide. Fleisshely sorowe wile make a man 80 drede God, as a seruant doiþ his lord to be punysshide, but hertly sorow festeneþ a man to drede God, as a sone his fader, for his godenes. For a trewe man wolde drede God and loue him ȝif he wiste þer were no helle ne peyne ordeyned for synne, seiyng

{10} **Domine, ante te omne desiderium meum, et gemitus** 85 **meus a te non est absconditus.** *Lord, bifore þee is al my desire, and my sorowyng fro þe is not hidde.* Lord God, bifore þee þat seest myn hert and knowest it is al my desire, þat is I desire no þing but þat

61 forþi] þerfore AH, for þat L þe[1]] *om.* V al[2] . . . life] *om.* V assiduely] contynuely R 62 of[1]] *om.* L 63 þarned] ȝerned C, desyride R, wantide AHL, loste TVDBS paradys] paradise whar TVDBS 64 et . . . mea] *om.* L 65 ben] ful ben ATVLD fulfillede] fillid TLD, ful BS heþinges] scoornyngis AHTVLDRBS 66 fillyde is] *rev.* RBS 67 heþinges] scoornyngis AHTVLDRBS deuyl] fend TD but] *om.* R scorn] sorowe TD 71 nimis . . . mei] *om.* L 72 meked meche] *rev.* BS I[3]] and I R 73 romyed] rorid R, runged BS 74 forþi] þerfor AH, for þat L romyed] rumye T, roride R, rungid BS in[2]] *om.* D 76 is] *om.* TD I] and R fulfilled] fullid BS 78 forþi] þerfor AH, for þat L fro] to A 79 aboundantly] plentyuousely R 80 be] *om.* D 81 drede] to drede HL 82 festeneþ] makiþ TD to] *om.* T drede] loue L 83 loue] drede L ȝif] þogh TVDBS wiste] wist wel þat H 84 þer] þat þer D 85 et . . . absconditus] *om.* L 86 a te] *om.* T lord] lord god H desire] desyrere L 87 þat] at T

myn hert, whereof spryngen alle my werkes be made stable þurgh
f. 82ra þee, and plesyng to þee, for me forþenkeþ my syn|ne. And so my
91 sorowyng fro þee is not hidde, for I hope þou shalte here and grante
to me my desire, for it is for noon erþely þing, but for to do þi wille,
leuyng my synne. Sorowe ne desire of oþer þing, be it neuer so greet,
God chargeþ not. And þerfore

95 **{11} Cor meum conturbatum est, dereliquit me uirtus mea, et lumen oculorum meorum, et ipsum non est mecum.** *Myn hert is droued, my uertue haþ forsaken me, and liȝt of myn yȝen, and it is not wiþ me.* Drede of þe riȝtwis doome of Crist, and what shale be myn answere þerinne, stireþ myn hert and makeþ it sorowful, and þat is
100 for my uertue haþ forsaken me, þat is þe miȝte þat I hade bifore I synned. For had I not assentide to synne, no þing shulde haue made me ferde. But for synne þe liȝt of myn yȝen is not wiþ me, for God, þat is uerey liȝt, departide fro me whanne I assentide to synne; and so I fel into mirkenes of soule, as eche man doiþ þat wilfully synneþ.
105 And forþi

{12} Amici mei et proximi mei aduersum me appropinquauerunt et steterunt. *Mi frendes and my neyȝebores aȝeyns me neiȝed and stoden.* In þise tuo solaces, as in neer neiȝyng and stondyng, men ioyen togyder. As a man þat haþ frendes of kyn, or
110 neiȝebores of affynyte, and he do ouȝt þat displesiþ to hem, þei ben greetly reioysede ȝif þei may stire him fro þat þing. But who þat han sette hem to loue uertues and hate synne, and leuen of for flessheli affeccyoun of any freend, þei haten Crist for her frendes and so þei ben made vnworþi to him—and so þei ben foes þat leten hem
115 freendes.

Et qui iuxta me erant de longe steterunt, et uim faciebant |
f. 82rb **qui querebant animam meam.** *And þei þat weren biside me stooden*

89 þurgh] to V 90 and[1] . . . þee] *om.* R to þee] *om.* V 91 fro þee] *om.* R hidde] hydde fro þee R 95 dereliquit] dereliquid A et . . . mecum] *om.* L 97 droued] troublid AHTVDRB of] fro R and[2]] *om.* L 98 `synne´ *d.h.* V 100 þat[2]] *om.* A bifore] before þat B 101 no . . . synne (103)] *om.* T 102 ferde] rad or feerd A, dradd D 103 departide] departiþ D 104 so] for A into] vnto B mirkenes] derknes ATVDB eche] ech a A 105 forþi] þerfore AH, for þat L 106 aduersum . . . steterunt] *om.* L 107 aȝeyns . . . neiȝed (108)] neiȝed aȝens me B 108 solaces] solace HTB neiȝyng] neyȝyngis L 109 men . . . frendes] *om.* H 110 and] ȝif H 111 stire] meue TD who þat] whos A han] haþ TLDB 112 hem] him TDB hate] hatiþ V leuen] leuiþ TD 114 ben[1]] werun A foes] maad fois D, enemyes VRB leten] holden TVDB 116 et[2] . . . meam] *om.* L 117 `nota bene´ R

o lengþe, and force þei maden þat souȝten my soule. Þat is, þe deuyl and his mynistres whanne þei seen a man or a womman ȝiue hem to serue God, so meche þe more þei sechen þe deeþ of his soule þat þei seen 120 him manly stonde, seiyng 'Ȝif þou reproue þus synne in þiself or oþer, þou shalt make of frendes enemyes, and ofte stire many to grettere yuel þat þou reprouest her synne.' And ȝif þei moun not ouercome him þus, þei wilen to his shame reherce his olde trespas and seye 'Þou hast loued and done ofte þis synne þat þou reprouest.' 125 But þat shame shale purchace to him forȝifnes of alle his synnes, ȝif he suffre it mekely, for gretter tokene of loue m`a´y none shewe þan to telle þe treuþe of Crist, al drede of shame and peyne lefte. But ȝit þe deuyl and his lymes casten to lette trewe men more sliȝely seiyng þat no man owe to snybbe anoþer, but ȝif he be sette his correctoure. 130 But of þe most straunge alyen þise fooles wolden here her bodily harme.

{13} **Et qui inquirebant mala mihi locuti sunt uanitates, et dolos tota die meditabantur.** *And þo þat souȝten yueles to me spaken vanitees, and tresounes al þe day þei þouȝten.* Þei sechen and reden 135 yueles to hemself þat þenken or counseylen for vanite of þis life hemself or any oþere to do oþer wise þan God haþ commaundede; for þei ben ful of tresoun þat for fleisshly lust sleen boþe body and soule.

{14} **Ego autem tanquam surdus non audiebam, et sicut** 140 **mutus non aperiens os suum.** *But I as deef herde not, and as doumbe not openyng his mouþe.* As deef þat miȝt not here I herde | not f. 82va þe counseyles of yuel men to noon assente of wickednes. And as

118 o lengþe] of lenkþe V, afer A, fro afer B force . . . maden] þei made force B force] strenkþe HR 119 a[2]] *om.* T to] entierli to H 120 `nota´ V þe[1]] `þe´ V, *om.* R 121 reproue þus] *rev.* HVB þus] þis L 122 oþer] in oþere A 123 `lo´ V grettere] grete R yuel] yuelis AHL and . . . moun *cut away* T 124 him] hem TDB þei . . . shame] *cut away* T to] til AL reherce] repreue A trespas] trespassis AHL 125 and[1] . . . loued] *cut away* T loued] ofte preisid A ofte] *om.* A þis] þat A þat . . . but (126)] þ[ *cut away* T 126 `lo of repreuynge synne´ V purchace . . . of] purch[*cut away* T 127 suffre . . . gretter] su[*cut away* T none . . . telle (128)] noo[*cut away* T none] no man L shewe] be schewid V 128 treuþe] drede A drede . . . peyne] dred[*cut away* T peyne] of peyne L 129 and . . . lette] a[*cut away*]te T 130 owe] owiþ AHTVDRB snybbe] repreue AHL, vnderneme TDB anoþer] charitablich anoþer B, oþer L his] to be his V 131 þise fooles] þei B here her] her T, heere D 133 locuti . . . meditabantur] *om.* L 134 meditabantur] medibantur V þo] þei R spaken] han spoken A 135 tresounes . . . þouȝten] þei þouȝt tresouns al day B þe] *om.* V reden] redieþ VB 136 yueles] yuel AHL þenken] seken A for] *om.* A vanite] þe vaynte A, vanytees VB 140 et . . . suum] *om.* L 142 doumbe] doumbe man B 143 yuel] wyckid VB

doumbe þat miȝt not speke, I spake not aȝeyns God grutchyng, for
145 no reprofe þat was done or seyde to me for þe trewþe, but þan`kide´
him of al þing and trowyd trewly to his word þat al was soiþ þat he
commaundide; ȝif al I fulfillid it not perfitely in myself I spake not
aȝeyns it, preiyng and desiryng þat I miȝte come þerto. For I
grutchide not wiþ anguysshe ne yuel suggestion, but helde me ay
150 enclynand fro malice and bowyng to mekenesse, hopyng to come to
gode ende. And þerfore

{15} **Factus sum sicut homo non audiens, et non habens in ore suo redargutiones.** *Made I am as man not heryng, and not hauyng in his mouþ blamynges.* Þat is, I am lyke to him þat is not heryng: for þe
155 loue of Crist makeþ me as I herde not reproues and myssawes. For
out of my mouþ comen no reproues, for myn owen cause; for, ȝif I
ȝeeld yuel for yuel, I plese my fleisshe þat is myn enemy. And so I
folowe not my spirit, þat is to haue pees in tyme of angwyshe; and
for I holde me stille, as man þat miȝte not answere bi resoun. And
160 þis is liȝt to me, for loue of Crist wirkeþ it wiþinne me.

{16} **Quoniam in te, Domine, speraui; tu exaudies me, Domine Deus meus.** *For in þee, Lord, I hopede; þou shalt here me, lord my God.* Most holsum medicyne is to hope trewli in God in tyme of
anguyshe, for he þat hopeþ treuly and wirkeþ þeraftir shal be
165 deliuered of al yuel, for al sorow and peyne and anguisshe is turnede
vnto ioye þurgh hope of gode delyueraunce. Forþi I hopede in þee, |
f. 82vb Lord, and þou shalt here me, for ȝif my conscience be reulide bi
Crist and his trewe foloweres, no þing is to drede.

{17} **Quia dixi: nequando supergaudeant mihi inimici mei, et,**
170 **dum commouentur pedes mei, super me magna locuti sunt.**

144 god] *om.* A 145 þankide] þankyng, -kyng *canc.* `kide´ *margin d.h.* C, þankinge AHL 146 trowyd] byleuyde R trewly] mekely R to] in B 147 ȝif al] al if R, þouȝ ATVDB 149 ne] and V helde] bowe TD ay] euere AHTVLDRB 150 and] *om.* AHTVLDB 151 gode] a good AHL 152 factus] et factus R et . . . redargutiones] *om.* L 153 made . . . am] and I am made R, Y am made B man] a man AHL 154 þat is[2]] *om.* AHL 155 reproues] þe reproues D 157 I[1]] and L 159 for] þerfore AH, forþi TDRB, for þat L holde] hadde B man . . . is (160)] *om.* B man] a man T 160 loue] þe loue AR wirkeþ] þat worchiþ D it] *om.* TR wiþinne] inne T 161 domine speraui] *rev.* R tu . . . meus] *om.* L 162 þee] þe TDR lord[2]] my lord V 163 most . . . god[2]] þat is B trewli . . . hopeþ (164)] *twice* D 165 and[1]] of VB and anguisshe] of angir AH and[2]] of TVDB 166 vnto] into HVLDRB, to A forþi] þerfor AH, for þat L þee] þe TLR 167 my] ony V 168 þing] maner of þing V 169 et . . . sunt] *om.* L 170 commouentur] comoueantur R

For I seyde: leste whanne abouen me ioye to me myn enemyes, and þe whiles my feet ben stired, on me grete þei spake. Among þe yueles þat regnen in þis world a holy man is ware þat his enemyes ioye not in his fallyng to synne ouer him. Oure enemyes ioyen ouer us al þe tyme we lye in synne, and most of al ȝif we ben taken in oure synne 175 wiþouten amendyng, and neuerþelatter sumtyme it falleþ þat oure enemyes ioyen ouer us, for ofte or many men come to perfeccioun þei fallen and risen. And þat God suffreþ hem do to know her feblenes and to holde hem in mekenes. For he þat knoweþ his ofte fallyng is meche to blame ȝif he kepe him not þe betre; for þe whiles 180 a man stondeþ not in uertues bot falleþ in synne, his feet þat ben his affeccIouns in al his worchyng shulde be stired to compu[n]ccioun, for so he shulde purchace grace to be uictour in tyme of tempta-cioun, whanne grete þinges falsly ben spoken on him, seiyng

{18} **Quoniam ego in flagella paratus sum, et dolor meus in** 185 **conspectu meo semper.** *For in sco[u]r[g]ynges I am redy, and my sorow euer in my [siȝ]t.* I knowe þat I haue synned, and þerfore I am redye to suffre peyne, and þerfore I am borne to ber sco[u]r[g]ynges, for ech child þat God resceyueþ he chastiseþ. And my sorowe is in my siȝt: þat is, I knowe þat I haue synned and þerfore I am sorowful 190 and in wille to synne | no more. A wickid man seiþ not þus in effect, f. 83[ra] for, ȝif al he knowe his synne, he putteþ it bihynd him, contynuyng þerinne and oftesiþe defendyng it wiþouten shame. But he þat dredeþ God and loueþ him treuli wircheþ ofte aȝenis himself, stoppyng his uices þat þei springen not out, þenkyng himself 195 harmede inowe wiþ his owne felþe ȝif noon oþer be filed þerþurgh, seiyng

171 abouen . . . enemyes] myn enemyes aboue ioye to me B me[1]] *om.* D ioye] ioyen L þe] *om.* AHVLB 172 stired] meuyd TD on . . . spake] þei spoken grete (þinges *add.* B) on me RB 174 his] *om.* A 175 we[1]] þat we H lye] lyuen H, be L and . . . synne[2]] *om.* B 176 amendyng] amendement V it] þat T 177 many] *twice* D 178 `lo´ V do] to *canc.* doo D, to do A 180 ȝif] þat T þe[2]] *om.* AHVLRB 181 ben] is AHTVLDRB 182 stired] meuyd TD compunccioun] compuccioun C 183 shulde] schal TDB 184 on] of A 185 et . . . semper] *om.* L 186 scourgynges] scornynges C, scourgis B, swyngynges L, snybbynges V 187 euer] is euere B syȝt] hert CAHTV þerfore] forþi TVDB, for þat L 188 `nota´ V ber] here D scourgynges] scornynges CT, scourgis B, swyngynges L, snybbinges V 190 is] *om.* V 191 effect] affect T 192 ȝif al] alle if R, þogh þat TD, þouȝ AVB 193 siþe] tyme AH, tymes L defendyng] defendiþ H 195 þei] *om.* V 196 felþe] synne or fylthe L ȝif] þouȝ ATVDB

{19} Quoniam iniquitatem meam annunciabo, et cogitabo pro peccato meo. *For my wickidnes I shal shewe, and I shale þenke for my* 200 *synne.* Tuo maneres ben of perfite penaunce: one is trewe knowleching of synne principaly to God, and amendyng þerof wiþ teres of forþenkynge and deuoute preyeres, wiþ doyng of almesdede, bodily or gostli. For lastyng in godenes clenseþ a mannes soule. But not forþi

205 **{20} Inimici autem mei uiuunt et confirmati sunt super me, et multiplicati sunt qui oderunt me inique.** *But myn enemyes lyuen and confermed þei ben abouen me, and multiplide þei ben þat hatiden me wickidli.* My foes sent to my coroun þurgh þi suffryng, regnen in lustes and welþe of þis fals lyfe. And I as a forgeten wretche romye 210 and sorowe myn owne synne and heres, and þei ben confermede in loue of þe erþe abouen me, for I þenk neuere to approche þerto, but mekely holde me in þi loue. And þei ben þurgh þi sufferyng in malice and strengþe multiplied abouen me, eche day moo and moo; for þei ben so manye and venymouse þat vnneþ treuþe haþ any 215 stede. And þei hatiden me for þe trouþe wickidli, doyng yuel and seiyng yuel aȝeyns trewe techynge.

{21} Qui retribuunt mala pro bonis, detrahebant mihi, quo- f. 83rb **niam sequebar bonitatem.** *þei þat | ȝeelden yueles for godes bakbiteden to me, for I souȝte godenes.* Godenes is enchesoun of 220 enuye and bakbityng to wickide folk, for oneli wickidnes [þa]rneþ enuye. For as a pepyn is wastide in growyng of a tre, so wickidnes sprungen into yuel worchyng waasteþ in a maner þe enuye þat it spryngeþ of, for it leueþ it bihynde whanne it sheweþ it outward. Forþi do wele, and priue enuye and aperte yre shulen ryse aȝeyns

198 et . . . meo] *om.* L 199 my[1] . . . shewe] Y shal shewe my wickidnes B 200 ˋnotaˊ V ben] þere ben H trewe] *om.* D 201 god] god and secundarily to his prest B and] trewe and D 202 preyeres] prayynge L dede] dedis D 203 lastyng] fastyng B 204 forþi] for þat L 205 sunt . . . inique] *om.* L 207 confermed . . . ben[1]] þei ben confermyd RB multiplide . . . ben[2]] ˋþeiˊ þat beþ multiplied B þat] þese T, þes þat D hatiden] þus hatide H 208 foes] enemyes TVDRB þurgh þi] *om.* L 209 a] *om.* H romye] rumyeth L, trouble A, waile TDR, siȝe B 210 sorowe] soroweth L synne] synnes V heres] here D 211 neuere to approche] to aproche neuer T approche] come R 212 ben] *om.* L 213 strengþe] strenkþid A 214 for] and for T 216 seiyng] spekinge AHTVLB yuel] *om.* H 217 retribuunt] retribunt R bonis] bis R detrahebant . . . bonitatem] *om.* L 218 yueles] yuel HL 219 to] *om.* AHLB ˋnota loˊ V 220 þarneþ] ȝerneþ C, desireþ R, waitiþ A, wantiþ HL, lackeþ VB, nurischiþ TD 222 into] to AHL yuel] al T maner] man D 223 leueþ] bileeuiþ V 224 forþi] þerfor AH, for þat L

þee and worche to þee a coroun of precious stoones. And þat I drede 225
not þe malice þat spryngeþ of enuye

{22} Ne derelinquas me, Domine Deus meus, ne discesseris a me. *Forsake me not, Lord my God, ne departe not fro me.* þis he seiþ þat dredeþ treuly God, for his wraþþe is ful heuy to hem þat lyen in synne, and namely to hem þat shulde teche to fle synne. For al þe 230
tyme þat a man lyeþ in synne, fro þat he be able to be baptised in þe Holy Goste þurgh uerey penaunce, he alyeneþ him fro God; and forþi þe Prophet in þe persone of alle gode men preieþ þat he be so kepide fro synne þat God be neuere partide fro him, but duelle ay wiþ him, reulyng him and ledyng him, seiyng 235

{23} Intende in adiutorium meum, Domine Deus salutis mee. *Biho`l'de into my help, Lord God of my hele.* þat is, God, ȝiuer of endles helþe, help me þe whiles I fiȝt aȝeyns my foes, for ȝif I haue þin help I shal drede no þing but losse þerof.

[Psalmus] .38.

{2} Dixi: custodiam uias meas, ut non delinquam in lingua mea. *I seyde: I shal kepe my weyes, þat I trespas not in my tunge.* | þe f. 83va
Prophet in þe persone of Crist techeþ alle his foloweres to fle synne and kepe uertues, and suffre mekeli enuyous chalengeres and bacbiteres and sclaundereres in stilnes seiyng 'I seyde in my hert', 5
where wise men vmþenken hem or þei speke, 'I shal kepe my weyes, þat is my werkes and my wordes, þat I trespas not in my tunge þurgh ydel wordes.' Alle þe wordes þat we speke ben ydel ȝif þei

227 ne² . . . me¹ (228)] *om.* L discesseris] decesseris H 228 lord] my lord V þis] *cap missing, guide letter clear* C 229 dredeþ treuly] *rev.* AV 230 and] a A to¹] in VB 231 þat²] þat tyme H be able] able hym R able to be] *om.* T 233 forþi] þerfore AH, for þat L þe²] al *canc.* V, *om.* B persone] voyce L 234 be neuere] *rev.* B partide] departid AHL but . . . him¹ (235)] *om.* H ay] euere ATVLDRB 235 reulyng] in rulynge V, releuyng T ledyng] lede TD seiyng] *om.* V 236 domine . . . mee] *om.* L 237 into] to TVDB hele] helþe R god²] lord god L 238 helþe] hele HTVLDRB þe] *om.* HVLB I¹] þat I H foes] enemyes TVDRB 239 losse] þe losse A, leesynge VB, lost D þerof] þereof. Amen H

Ps. 38 CAHTVLDRBS; S *inc. incl.* 5 res and sclaunderes
heading C (*r.h.* Dixi custodiam) V, þe salme of dauid xxxviij R, `38' *d.h.* B, Here bigynneþ þe þridde Nocturne and þe xxxvj Psalm A, *cut off* L, *om.* HTD 2 seyde] seye D 4 chalengeres] iangeleris VB 6 vmþenken] vnbythynken L, biþinken AHTVDRBS

perteyne not to holsum þing. For oure tunge lyeþ weet, it is ay redy to slippe, but festen it wiþ drede to offende God and lat it not louse but in his loouyng, and þou shalt neuere erre þerwiþ. And þat is grete perfeccioun to offende not in tunge. And vndirstondyng þat þis is treuþe

Posui ori meo custodiam, cum consisteret peccator aduersum me. *I sette kepyng to my mouþ, whanne synful was aȝeins me.* I sette kepyng to my mouþ þat no word wiþouten fruyt passyde it, and þis I dide whanne þe synful chalenger enforsyde him to stire me to malice, waytyng to take me in my word. But I, þenkyng on þe Apostle þat seiþ 'Goddes childre han not in custume to flyte',

{3} **Obmutui, et humiliatus sum, et silui a bonis, et dolor meus renouatus est.** *I wex doumb, and I am mekid, and I stillide fro godes, and my sorow is renewede.* Þat is, I suffred reproues of wickid men, þat ȝeynseyde þe treuþe, and I stilled in her presence to shew it, for I wiste þat þei dispisid it. And so my sorow þat I suffrede þat I miȝte not sowe Goddes word to growe is renewyde in my silence, for men wile not here it in delice and worche þeraftir. But þerfore I was not ydel, for I fonde ay summe ȝif al I souȝ|te hem wyde þat þrestide þeraftir. And forþi

{4} **Concaluit cor meum intra me, et in meditacione mea exardescet ignis.** *Mi herte hetide wiþinne me, and in my þenkyng shal brenne fier.* Þat is, myn herte þurghly heted wiþ þe fier of Cristes loue, dispiside þe wrecchidnes of þis world, for I sette my þouȝte to ȝerne lastyng þing, þat is Crist. And in my þenkyng on him brenne shale fier, þat is perfite charite þurgh þe whiche I shal laste in his loue and in my neiȝebores; for ȝif I contynue in his loue, I shal fele

9 weet] whanne TD, for VBS ay] euere AHTVLDRBS 10 slippe] sclippe D, skippe A festen] festne we A wiþ] euere wiþ BS 11 loouyng] preisyng AHTVDBS 12 in] god in V 13 treuþe] trewe L 14 cum . . . me] *om.* L 15 synful] þe synful H, a synful man BS 16 passyde] passiþ BS 17 stire] moue TD 19] seiþ] *om.* L not in] no ABS flyte] chyde AHTVDBS 20 et[3] . . . est] *om.* L 21 wex] waxe AV am] was A 23 þat] þe which H, *om.* R ȝeynseyde] aȝenseiden AHTVDR 24 ˋloˊ V 26 wile] wold BS delice] deliite AHTLDRBS 27 ay] euere AHTVLDRBS summe] sum men D ȝif al] al ȝif HR, þouȝ ATVDBS 28 þrestide] trysteden L forþi] þerfore AH, for þat L 29 concaluit] conculcauit HV et . . . ignis] *om.* L in meditacione] meditacione H, meditacio AV 30 exardescet] exardisset H me] *om.* H in . . . fier (31)] fiir shal brenne in my þenkynge RBS in] *om.* V shal brenne] *rev.* AHTVLD 31 þurghly] þorouȝ TVDBS, þoru out is A 32 dispiside] haþ dispisid A 33 ȝerne] desire ATDRBS in] *om.* LD on] of TVD brenne . . . fier (34)] fuyre shal brenne BS 35 and . . . loue[2]] *om.* D ȝif] and BS

þe swetenes þerof brenne in myn herte. And in feruentnes of þis delite

{5} **Locutus sum in lingua mea: notum fac michi, Domine, finem meum.** *I spake in my tunge: make to me knowen, Lord, myn ende.* I clenside myn herte of al vilete, and anournyde it wiþ uertues, 40
and þanne I spake in hope to be herde to God, for I felte of his grace his loue wexyng in me. And forþi I seyde, 'Lorde, make knowen to me myn ende', þat is Crist. For he is ende of my ʒernyng, þat I, as I coueyte, mote lastyngly serue him, loue him and see him. And also

Et numerum dierum meorum quis est, ut sciam quid desit 45
mihi. *And þe noumbre of my dayes what is, þat I wite what wanteþ to me.* Þat is, Lord, I preye þee aftir þe coueytise of myn herte, þat I be mekide more for þat þat I haue not wele done þan I be proude of þat þat I haue—for, ʒif I any gode haue, it is of þee, forþi ʒif pride þerof be kyndeled in myn herte, it wasteþ me as fier herdes. Wherefore 50
drede of þi doom makeþ me quake, whanne I þenke in myn herte þe noumbre of my dayes, for bi estimacioun I knowe þat al | þe f. 84ra
noumbre of my dayes þat is to come sufficen not by myn owne trauel to wasshe clene þat I haue folily filed. For my dayes ben yuel filed by myn yuel dedes and passyng, and I wot not hou soone, for I 55
knowe þat myn ende is present in þi knowyng. For

{6} **Ecce mensurabiles posuisti dies meos, et substancia mea tanquam nichilum ante te.** *Lo, mesurable þou hast sette my dayes, and my substaunce as nouʒt bifore þee.* Mesurable þing is sufficient þing, and forþi þe Prophet seiþ þat God haþ sette his dayes, as he 60
haþ alle mennes; mesurable: þat is sufficient, wherfore no man be his dayes neuer so fewe þar drede him þat ne þei sufficen to his

37 delite] desyre D 38 notum . . . meum] *om.* L notum] notam V 39 knowen lord] *rev.* AHTVLDBS 40 vilete] filþe HTD anournyde] anouride DBS 42 his] and his H forþi] þerfor AH, for þat L knowen to me] me knowen to D 43 ʒernyng] desiryng ATDR 44 mote] myʒte HVLDBS serue] \`to´ serue L loue him] *om.* TD 45 et] vt T ut . . . mihi] *om.* L 46 and] in TD is] \`it´ is S, it is B wanteþ to] lackiþ to VS, lackiþ B 48 þat[2]] at TDS I[1]] þat I V, Y shal not BS þat þat[2]] þat V 49 þat] at DS forþi] þerfor AH for þat L 50 herdes] heordis A, doþ hardis HV wherefore] herefore R 51 quake] to qwake H 52 knowe] *twice, first canc.* C al] *om.* H 54 haue] *om.* VDBS filed] diffoulid H 55 by] wiþ R and[1] . . . soone] *om.* H 56 þat] *om.* L 57 et . . . te] *om.* L 58 mesurable . . . dayes] þou hast sett my daies mesurabile BS mesurable] mesurably ATVLD 59 as] is as BS þee] *om.* A 60 and] *om.* R forþi] þerfore AH, for þat L þe . . . þat] *om.* A 61 no man] *om.* L 62 \`nota´ V þar] der AVBS ne þei] *rev.* VD

saluacioun, ȝif he spende his tyme wel, and, haue a man neuer so longe life, he haþ noon houre lesse þan him nedeþ. I drede in my
65 reckenyng hou þat I shale answere of al þe tyme þat I haue yuel spendide, and forþi I spake to God, preiyng him to shewe to me myn ende, þat is Crist þurgh whois sufficience I hope to make a gode ende. For my substaunce, þat is my life, is nouȝt bifore þee; for to þe liknes of þi lastyngnes al þis life is nouȝt.

70 **Uerumtamen uniuersa uanitas, omnis homo uiuens.** *Not forþi al uanyte, eche a man lyuyng.* Not forþi, ȝif al I seche oonly Crist in hope to fynde him aftir þis life, ȝit is al uanyte þat is in þis world, for al þing is passyng or chaungeable, þat is in þis life. For al erþely þing shal passe and haue corrupcioun, and charite wherþurgh perfite men
75 ben brouȝt to heuene shal be chaungide, for it shal be more perfite in
f. 84rb heuene þan it was in erþe. And forþi | boþe to gode men and yuel al is uanyte: for an yuel man and al þat he doiþ is vayn, and to a gode man þat ȝerneþ nouȝt but Crist, þis world and al þat is þerinne is but uanite, for þe soone faylyngnes þerof.

80 **{7} Uerumtamen in ymagine pertransit homo, sed et frustra conturbatur.** *Not forþi in ymage passeþ man, but in vayn droued is he.* Þat is, a mannes passyng fro þis life to anoþer is lickened to an ymage þat is now seen in a myrour, and soone uanyssheþ awey. And forþi a man is ueyn wiþouten profite ȝif he treyste in any þing of þis
85 world þat soone passeþ. For he drouble þ him wiþ vanyte of þis world þat ȝerneþ or secheþ oþer þin[g] þan Crist. For

Thesaurizat et ignorat cui congregabit ea. {8} Et nunc que est expectatio mea, nonne Dominus? et substantia mea a[pud] te

63 and] but for I haue (yuele D) spendid my tyme and may not eke a day to my lif moo þanne þou hast sett and TD 65 þat[1]] *om.* A 66 forþi] þerfor AH, for þat L 68 nouȝt] now BS for . . . þe] *om.* L to] \`to´ B, *om.* S 70 omnis . . . uiuens] *om.* L not forþi] naþelees A, not for þat L 71 eche] is eche BS a] *om.* AHTLDRBS \`nota´ V not forþi] naþelees A, not for þat L ȝif al] alle if R, ȝif H, þouȝ þat A, þogh TVDBS 72 is[1]] itt is D for . . . life (73)] *twice* L 76 was] is V and forþi] and þerfore H, and for þat L, \`and´ þerfor A to] *om.* AR yuel] to evyll L 77 is[1]] is but A and[2]] *om.* B 78 ȝerneþ] desiriþ ATDR 79 faylyngnes] fallynges H, faylyngis DBS 80 sed . . . conturbatur] *om.* L et frustra] in uanum D 81 not forþi] naþelees A, not for þat L ymage] an ymage BS, ymagyne L passeþ man] a man passiþ BS droued . . . he] is he troublid BS droued] troublid AHTVDR 82 a] *om.* H 83 uanyssheþ] wytiþ VBS, whytheth L, passiþ AHTD 84 forþi] þerfor AH, for þat L is] is but AL treyste] tristiþ A 85 soone passiþ . . . ȝerneþ (86)] *twice* BS drouble þ] troubliþ AHTVRBS, trowblide D 86 ȝerneþ] desiriþ ATDR oþer] ony oþer A 87 ea] eam H et[2] . . . est (89)] *om.* LR (*for* R *see* 102) 88 apud] ante CHVS

est. *He makeþ hoord and he knoweþ not to whom he shal hem geder. And now what is myn abidyng, wheþer not oure Lord? and my substance is anentes þee.* Þe Prophete, knowyng hou þat auarice engleymeþ men, bigynneþ here at it to shewe his wille, seiyng 'A man makeþ his hoord and he wote neuere who shal welde it', for oftesiþes han þeues and mennes moost enemyes godes þat þei gederen here wiþ greet trauel. And for þis vyce is rote of alle uyces, þe Prophete wold þat alle men leften it, and plauntiden in her hertes coueytise of aylastyng þing, and þat als wele pore as riche, for pore men þat nouȝt han, for her wickide desire moun synne deedly in coueytise. And for it is rote of alle synnes, þe deuyl is ful bisye to make it growe, as wel in pore as in riche. For many men moun not | see a þing þat is eiȝely ne þenke on a þing þat is lustful, but ȝif he þerfore coueyte it, and ȝif it be of litil price, so meche þe coueytise is more uile. And now whiche is myn abidyng, wheþer not oure Lord? Ȝisse. For my lastyng substaunce is anentes þee. Men þat han auarowes hertes aftir faylynge godes, coueyten and sechen her substaunce in þe fals faylyng godes of þis world. But now whiche is myn abidyng, þat is myn ende, wheþer not oure Lord? Ȝisse. For what so fleissheli men abiden, I abide in mekenes þe comyng of Crist, rychyng me wiþ uertues, kepyng his commaundementes. And so I hope þurgh him, for þe horde þat I haue gedered in heuene, to haue of him endeles blisse and be fulfilled in heuene wiþ lastyng godes in his siȝt whanne worldes coueytouse men shal be fulfilled wiþ endeles peyne in þe felowship of ugly deuiles. And for I wot þat þe world and al his coueytise shal passe, I take me to Crist þat is aylastyng. And þat for my substaunce of endeles blisse, þe whiche þurgh loue haþ taken roote in myn herte, fedyng my soule in gode hope is anentes þee and wiþ þee, Iesu, to whom it quemeþ in clennesse. Þis tresoure is not in

90 95 f. 84va 101 105 110 115

89 `nota´ H, `lo beþ war auerous men´ V he[2]] *om.* L hem geder] gadere hem ARBS and . . . þee (91)] *om.* R (*see* 102) 91 þat] *om.* T 92 bigynneþ] he bigynneþ A at it] þat is BS his[1]] þe A 93 and] *om.* H he] *om.* LBS wote] ne woott D welde] haue TD þeues] ȝiftes T 94 godes] goode R gederen] gedred R, geten AV greet] her A 95 for] þerfore H vyce] voyce C, voice, -o- *canc.* H 96 hertes] herte T aylastyng] euerlastinge AHTVLDRBS 97 pore[1]] in pore H riche] in riche H nouȝt han] *rev.* L 98 `lo´ V 99 growe] `to´ growe D 100 men] *om.* L eiȝely] erþeli H 101 ȝif[1]] *om.* L 102 þe coueytise] couetise þereof H more] þe more H and] et[2] . . . est (87–9) And . . . abydyng and my . . . þee (91) and (*see note*) R 103 `lo ȝit´ V 104 han] *om.* T 108 wiþ] *om.* V 109 commaundementes] heestis A þurgh] in BS 110 of him] *om.* H 111 fulfilled] blessid BS in[2]] of R 112 worldes] wordly AHVBS 113 `lo beþ war´ V ugly] orrible H, grisily VBS, hidous TD and[1]] allas and V 114 aylastyng] euerlastynge AHTVLDRBS þat] *om.* V 115 of] for of H haþ] haue L 116 `lo here´ V, `nota bene´ R 117 quemeþ] plesiþ R

chistes and bagges and sachelles of leþer kepid drye, for it loueþ to lye moyste in a clene herte, whereinne Ihesu place is maade in pees,
120 and to be dewyd wiþ softe teres of loue-longyng, for þerþurgh it is kepid fresshe wiþouten rust, plesaunt to Crist. For as softe dewes
f. 84vb and reynes maken medewe feire and grene in tyme of May, | so oure tresoure in Cristis hondes is kepide clene and likyng þurgh stedfast loue. But for no man in þis life is wiþouten synne, I preye þee Iesu

125 {9} **Ab omnibus iniquitatibus meis erue me, opprobrium insipienti dedisti me.** *Fro alle my wickednesses take me out; reproof vnto vnwise þou hast ȝiuen me.* Ȝif an holy man þat hateþ al synne preye to God þat he forȝiue him alle his synnes, it fileþ not his perfeccioun, be he neuer so holy, þat he knowe himself foule and
130 gilty, but it makeþ him more clene and perfite. For who is he þat riȝt lokeþ, and feleþ him synneles?—siþ seint Ion seiþ 'Ȝif we seye we haue no synne, we deceyuen oureself, and treuþe is not in us.' For þou haste ȝiuen me to reproof to vnwyse, þe maner of fooles is þat þei scorne moste hem þat þei knowe ȝiuen to gode life; but þat is
135 grete counfort to gode men þat þe world hate hem, for so it dide Crist, mayster of alle holy men and wymmen. For Crist seiþ 'Ȝif ȝee weren of þe world, þe world shulde loue þat were his, but for I haue chosen ȝow out of þe world, þe world hateþ ȝow. And merueyle ȝow not, for it hated me and my Fader', aȝeyns whom

140 {10} **Obmutui, et non aperui os meum, quoniam tu fecisti; {11} amoue a me plagas tuas.** *I wexe doumbe, and I openede not my mouþ, for þou diddest; remewe fer fro me þi woundes.* Wicked men

118 chistes] baggis A, cofers HTD and[1]] ne in VD, ne BS bagges] chestis A 119 lye] be L moyste] most TD 120 to] *om.* BS wiþ] in L softe] loue TD þerþurgh] þerewiþ A 121 fresshe] and fresche V plesaunt] plesynge AHTVLDBS dewes] dewe H 122 medewe] medowis H, meedis VBS, miche TD 123 in . . . likyng and likyng is kepid clene in Cristis hondis BS in . . . hondes] *om.* V and likyng] in cristis hondis and lykynge V 125 me . . . me[1]) (126)] *om.* L 126 me[1]] mihi AVDS, m T wickednesses] wickidnesse HTVLRS reproof . . . me (127)] þou hast ȝeue me reprof to vnwise BS 127 vnto] to AHTVLDR vnwise] þe vnwise D ȝif] þouȝ VBS 128 preye] preieþ AV fileþ] falliþ R, fayliþ S his[2]] to his R 129 knowe] knowiþ A and] *om.* AL 130 `nota´ V it] if it R makeþ] make R 131 lokeþ] lyketh L feleþ] fyndiþ A, holdeþ V him] hymself HBS `Io. 1´ CAV siþ] siþ þat AL we seye] *om.* D 133 to[1] . . . vnwyse] to vnwise repref, *marked for rev to* repref to vnwise B to[2]] *om.* L `se wel here´ V fooles] folyes D þat] moost þat D 134 moste] *om.* VD but þat] for þouȝ al it be so ȝit it H 135 `lo a confort for good men´ V hate] hatiþ AH 136 `io. 3´ A `Io. 15´ CVR 138 hateþ] þerfore hatiþ H ȝow[3]] ȝe AHD 139 hated] hatiþ D 140 obmutui] obmitui H quoniam . . . tuas] *om.* L 141 `lo´ V I[1]] *om.* V wexe] waxe AB I[2]] *om.* HVBS openede] opyne V 142 diddest remewe] remoued ATVLD, hast do remoue BS fer . . . me] fro me fer VBS

hadde me in reproof, and I was stille, not stryuyng wiþ hem; for I
openede not my mouþe to hem, ne myn herte to þee in grutchyng,
for þi loue putteþ fro myn herte al malyce. And forþi remewe awey 145
fro me þi woundes, not of þi passioun but of þi ueniaunce, wiþ þe
whiche þou woundest wickid men for | liyng in synne; and grete nede f. 85ra
is and helpe to my perfeccioun þat þou do hem fer fro me, þat is þat
þou kepe myn hert in mekenes þat I be not ouercomen. For

{12} A fortitudine manus tue ego defeci in increpacionibus, 150
propter iniquitatem corripuisti hominem. *Fro þe strengþe of þin*
honde I faylede in snybbynges, for wickednes þou chastysed man. Þat is, I
faylide in snybbinges, for alle þe dayes of my life I duelte in sorowe,
þat al mankynde wilfully deseruede to be in peyne and wretchidnesse
þurgh iust riȝtwisnesse of þe strengþe of þin honde, for þou haste 155
chastised man for wickednesse. And forþi þei may hope forȝifnes of
al synne þat mekely suffren þe woundes of þi chastisyng, for þat is
moste token of loue, þat þou wilt hele meke folk þat suffren here þi
scourgyng.

Et tabescere fecisti sicut araneam animam eius; uerumtamen 160
uane conturbatur omnis homo. *And to languyshe þou dide as yrayn*
þe soule of him; not forþi in uayn droued is eche man. Þat is, aftir þat
Adam hadde synned, þou madest his life and eche mannes aftir him
to languishe and to be meked þurgh sekenes, al pride done doun. For
as hele and welþe norisshen pride and oþer uices, so sekenes and 165
greet languysshing destroyen hem. As þe yrayn þat is moost feble in
touchyng, for it fayleþ miȝte whanne it is ful liȝtly neiȝed, and also al

143 hadde] haueþ V stryuyng] styrynd L 144 ne] nor L þee in grutchyng] þe ingrucching A 145 for þi] þerfore A, for þat L forþi] þerfore AH, for þat L awey] *om.* H 147 synne] her syne H and] a A 148 is and helpe] and helpe is L fer] *om.* AHTVLDBS 149 kepe] help B for] for I AHTVLDRBS 150 in] ab ATVLDS, *om.* R increpacionibus] increpaciobus H 151 propter . . . hominem] *om.* L fro] for R þe] *om.* L þin] *om.* V 152 snybbynges] blamyngis TDR for . . . man] þou chastide man for wickidnes BS chastysed] chastyd VD, chastisist AHR þat . . . snybbinges (153)] *om.* H 153 snybbinges] blamyngis TDR, vndirnymyng BS þe] *om.* A duelte] dwelle BS 154 wilfully deseruede] *rev.* V peyne] pyne BS and] in D 155 þe] *om.* HV 156 chastised] chastid ATVLBS for] fro L `loke wel here´ V forþi] þerfor AH, for þat L 157 chastisyng] chastyng BS 160 uerumtamen . . . homo] *om.* L 161 uane] *om.* ATVDBS to . . . dide] þou madest BS dide . . . him (162)] madist þe soule of hym as yrayne R dide] dyst L yrayn] an yrayne HLBS, rayne T 162 him] hym to languysh BS forþi] þerfore A, for þat L in . . . man] eche man is troublid BS in uayn] *om.* ATVLD droued] troublid AHTVL, stroublid D, is troublid R is[1]] *om.* R 163 eche] euery L mannes] man V 164 to[2]] *om.* V 165 `nota´ V uices] synnes R 166 greet] oþer *corr to* `gret´ B languysshing] mournyng H yrayn] rayne T, areyn or attircoppe BS 167 neiȝed] touchid A

þe werke þat it haþ curiously wrouȝt; and so þe proude man þat wile not be chastiside shal liȝtly fayle and sodeynly at þe touchyng of
170 God. Not forþi eche man, gode and yuel, is drouede: yuel men ben drouede whanne þei moun not aftir her wille haue her lustes and her
f. 85rb welþes, and gode men ben droued in drede | þat þei be ouercomen þurgh wretchidnesse þat ryuely regneþ in þe world. Forþi

{13} **Exaudi oracionem meam, Domine, et deprecationem**
175 **meam, auribus percipe lacrimas meas.** *Here my preyer, Lord, and my bede, wiþ eeres perceyue my teeres.* To loue any erþeli þing for itself or to haue it more þan nede askeþ is veyne; forþi I aske not ouer my nedeful sustenaunce, and, ȝif þat sumtyme fayle, I grutche not, for I wote myn owne synne is in þe cause. Forþi, Lord, here my
180 preyer, þat is þe ȝernyng of my hert to laste in þi loue, and my bede þat I offre to þee in deuoute preyeres, axyng forȝifnes of my synne. Forþi wiþ þin eeres perceyue my teeres, þat is my longyng to see þee face to face. But for multipliyng of wickid men, my sorowe is ay renewid. But not forþi

185 **Ne sileas a me, quoniam aduena ego sum [apud te], et peregrinus sicut omnes patres mei.** *Stille not fro me, for cumlyng I am anentes þee, and pylgryme as alle my fadres.* Stille not fro me: þat is, hide þee not fro me, but make þat I here þee, for þou shewest þee ofte priuely in þe hertes of þi loueres. Forþi seye to my soule I am þin hele,
190 for I am but a cumlyng, for I haue no stede to duelle inne certeynly here, ne noon I coueyte. For I, as a pilgrym fer oute of þe blisse of heuene, am ay comyng to þeeward bi þe weye of þi commaundementes, passyng and leuyng many oþere weyes, for noon oþere weye ledeþ to

169 chastiside] chastied S 170 not forþi] naþelees A, and not forþi H, not for þat L eche] ich `a´ H, ech a ATD, euery L man gode] *rev.* T drouede] troublid AHTVLDRBS yuel² . . . drouede (171)] *om.* V yuel men] and yuel BS ben] is BS 171 drouede] drowbled L, troublid AHTDR 172 droued] troublid AHTVLDRBS 173 þurgh] wiþ AL ryuely] often H, comunly VBS forþi] þerfor AH, for þat L 174 et . . . meas] *om.* L 175 percipe] meis A 176 bede] bedys BS perceyue] parceyue þou BS þing] *om.* V 177 to] for to V forþi] þerfor AH, for þat L 178 my] myche R sustenaunce] substaunce L 179 þe] *om.* AL forþi . . . preyer (180)] *twice* S forþi] þerfor AH, for þat L 180 ȝernyng] desier A, desiryng TDR bede] bedis BS 182 forþi] þerfor AH, for þat L 183 ay] euere AHTVLDRBS 184 not forþi] naþelees A, not for þat L 185 a me] *om.* R apud te] *om.* CAHTLDS et . . . mei] *om.* L 186 patres] patris V cumlyng I am] Y am comlyng BS cumlyng] a comelyng AH 187 anentes þee] *om.* TD pylgryme] a pilgrym A 188 but make] *om.* TD 189 forþi] þerfor AH, for þat L I am] þou art L þin] my L 190 `nota bene´ R to . . . certeynly] certeynly to dwelle inne T inne] in þe L 191 ne] nor L oute of] froo D 192 am] is HVLBS ay comyng] comynge euere VBS ay] euere AHTDR commaundementes] heestis A

heuene. For what life þat any man ledeþ, or what ende þat he makeþ, 3if he be founden and taken in þat weye, he fayleþ not of heuene; and 195 3if he be taken out þerof, no þing may saue him. Þis weye tau3te in þe bigynnyng God to oure former fadres; and for þe treuþe of | þis f. 85va weye, Crist in þe ende of þe world suffrede and died hard deeþ. He þat holdeþ þis weye proueþ himself þe folower of Crist; and he þat goiþ any oþer weye foloweþ þe deuyl; wiþ wrong he is clepide a 200 fadre þat holdeþ not þis weye and techeþ it his child. Forþi folowe we hem þat techen þi weye what þat euere þei be, and leue we hem þat holden it not þou3 al þei gat us or bare us into þis world, seiyng to God

{14} **Remitte mihi ut refrigerer, priusquam abeam et amplius** 205 **non ero.** *For3iue to me þat I were keeled, or þat I go and shal no more be.* For me bihoueþ passe fro þis life and come to þi dome, þat I be not confoundide þerinne, for3iue to me or I goo alle my synnes, þat I were koled in þi mercy fro þe hete of vicious temptaciounes, þat I passe not out of þis life in deedly synne, temptyng God to come to 210 his blisse. As þei done þat wityngly lyen in synne, and tristen to haue for3ifnes for her feynt penaunce or almesdede, or for her preyeres, beden of hem or of oþere men, þe whiles þei continueden in her synne. Lord, put not my porcioun wiþ þise deceyued wretches, for I triste in no þing but in þi mercy, and in charite of þi seyntes and in 215 leuyng of my synne, þe whiles I mi3te synne. For aftir þis life he þat endeþ yuel shal haue no blisful beyng wiþ God. For bi þe lawe þat

194 `lo´ V 196 `beþ wel war´ V þis] in þis H tau3te . . . bigynnyng (197)] in þe bigynnyng (god V) tau3te AHVL 197 god] *om.* V to] tyll L, *om.* B former fadres] forfadres T, fadris D 198 þe[2]] þis HDBS and died] *om.* HV 199 þe] *om.* H 200 any oþer] anoþre H deuyl] fende H wiþ] þat schal qwyte his mede in eendeles peyne wiþ V `lo worldly men a counseil´ V clepide] callid AHLR 201 it] *om.* A child] children, -ren *canc.* D, children H forþi] þerfor AH, for þat L, *om.* TD 202 þi] þis AHTVLDRBS þat[2]] *om.* HR þei] he V leue] 3eue hym reuerence and worschype þat is to seye god in hym. for of god comeþ þat doctryne and not of hymsilf. and þe worchinge aftir þis lore wole brynge body and soule to eendelees blisse. and also leeue V we] þou V 203 holden . . . not] eggiþ þee þe contrarye V þou3 al] yf all L, al3if HR, þou3 it ben AV, þogh TDBS þei] þo þat AV us[1]] us bodili H, þee V or . . . us[2]] *om.* H or] and A us[2]] *om.* V into] in TL world] wrecchid world for bettir is to leeue þeir worldle counseyle þan dyppe heedlinge into helle V 205 priusquam . . . ero] *om.* L abeam] habeam AHT 206 non] *om.* T keeled] coolid AHVLDS, coldid TB shal] I schal ABS 207 `lo worldly folis lo´ V 212 her[2]] *om.* A 213 þe] *om.* AVLBS whiles] whyles þat L continueden] contynue V 214 lord] but good god V `take kepe´ V deceyued] disceyuable TD 215 in[1]] on VBS in[2]] on VBS 216 synne[1]] synnes H þe] *om.* AVLBS 217 endeþ] eendide AL yuel] in yuel BS for bi þe] forþi by R

God haþ sette, he þat dyeþ in deedly synne shal be loste wiþouten ende fro God, to be wiþ him in heuene; but neuerþelatter he shal
220 serue God in helle, as an vntrewe seruant in peyne endles. It semeþ þat many dien in deedly synne, as þei þat ben oft warned bi dyuerse
f. 85vb se | kenes and bi losse of frendes and of catel, or bi sharpe remordyng of her owne conscience þat God sendeþ for synne; þe whiles her drede duelleþ, þei sorowen her synnes, and done and heten greet
225 penaunce, but whanne God wiþdraweþ his honde to proue hem in her stondyng, and þei falle aȝeine to her olde custumes. It is no trist of her hele ȝif deeþ come or þei amenden hem, for bi mannes estimacioun synne leueþ alle suche, and þei not synne. But God and þei mon cheuische, for he wile do hem resoun.

Psalmus .39.

{2} **Expectans expectaui Dominum, et intendit mihi.** *Abidyng I aboode oure Lord, and he bihelde to me.* Abydyng, sorowyng my synne mekely, I abode, wiþ desyre to suffre oure lord Iesu Crist, for he onely may forȝiue me and saue me. And, for I souȝt him and hoped
5 in him, he turned not fro me his grace, but he helde to me ȝetyng into my soule delyte of his loue, þe whiche wexe to my prowe graciously to myn ende, helyng me of alle sores. For fro þe tyme I hadde uerey knowyng of my synne, þenkyng þe shortnesse of my tyme, I cesside not to crie mercye.

10 {3} **Et exaudiuit preces meas, et eduxit me de lacu miserie et de luto fecis.** *And he herd my preyeres, and he ledde me out of þe lake of wretchidnes and of þe layre of filþe.* In þat I felt þat God herd my

218 \`allas′ V 221 as . . . sekenes (222)] *twice* T oft] om TD 222 \`lo′ V sekenes] sikenessis H bi[1]] *om.* V losse] lost VDBS and[2]] or of frendis or V 223 þe] *om.* AVLBS her[2]] þese HTVDBS 224 drede duelleþ] dredis dwellen HTVDBS her] for A synnes] synne ALBS and heten] hetynge H, promyse L 225 whanne] *om.* T 227 of] to BS hele] blisse V hem] *om.* D mannes estimacioun] estymacioun of man B mannes] a mans L 228 estimacioun] existimacioun HV, supposyng R 229 mon] mote HTLD, schulen BSV cheuische] sheuen AL, deme H hem] to þeim V resoun] but resoun L, no but resoun V

Ps. 39 CAHTVLDRBS

heading C (*r.h.* Expectans) V, xxxix psalm in finem ipsi dauid þe paceyns of þe pepull L, the seuene and þritti psalme A, \`39′ *d.h.* B, *om.* HTDRS 2 to] *om.* L 4 onely may] *rev.* L and[2]] *om.* V 5 he helde] biheld AHTVDBS to] *om.* T 6 into] vnto BS prowe] profite H 7 to] in VBS sores] my sores H I] þat I H 9 cesside] seide AL 10 et[2] . . . fecis] *om.* L 12 layre] cley AHTVLDRBS

preyeres þat he ledde me out of þe lake of wretchidnesse, þat is fro þe depnesse of fleishly ȝernynges and coueytise and of þe layre of filþe, þat is out of lust of lechery for þerinne mennes feet, þat is her 15 willes, ben ofte filed and stiken fast. Herbi moun men in party wite ȝif her owne preyeres or oþer mennes be herd of | God to her hele, bi f. 86ra leuyng of her synne and contynuyng þerinne. For whom God hereþ to his hele, he amendeþ him and he þat lasteþ in his synne is not herd of God but to his dampnacioun. But for I lefte my synne and 20 hoped in God

Et statuit supra petram pedes meos, et direxit gressus meos. *And he sette abouen þe stoon my feet, and he riȝtide my gates.* And he sette my feet, þat is holli alle myn affecciouns, abouen þe stoon, þat is on Crist þat is þe corner stoon, stablyng hem þurgh his loue in 25 treuþe and charite; and so he riȝtide my gates, þat is my werkes, þat þei erred not fro his wille. And þerafter

{4} Et misit in os meum canticum nouum, carmen Deo nostro. *And he sente into my mouþ a new song, ympne to oure lord God.* Whanne God of his godenes had made me to hate synne, and 30 sette myn hert fro al maner vnlefful worldly bisynes, and stabled me in uertues, þanne he sentte into þe mouþ of myn hert a new song, springyng out of my bodili mouþ in swete melodye of þe tone of heuene, þe whiche none may synge but Cristes derlynges. Ympne is deuoute loouyng, seyde in clennes of hert to oure lord God, for he 35 knoweþ þe priuete of eche mannes herte of clennes, of þe whiche springeþ loouyng wordes. For aftir þe hert of eche man ben his wordes and his werkes shapen, for as God dispiseþ alle þe wordes and þe werkes of hem whose hertes he knoweþ vnclene, so he is plesid to here alle þe wordes and þe werkes þat spryngen out of clene 40

13 ledde] hadde D 14 ȝernynges] desiris A, desyryngis TDR and[1]] and of L þe[2]] *om.* L layre] cley AHTVLDRBS 15 lust] þis lust BS 16 ofte] of L stiken] stynken AHL in party wite] wytten in party L 17 \`lo´ V bi] \`but´ bi V 18 of] in L synne] synnes VBS \`a gree tokne of amendement´ V whom] whom þat H, whanne R 20 but] *om.* L 22 et[2] . . . meos[2]] *om.* L 23 feet] foot V gates] goinges VBS, weies TD 24 alle] *om.* V þat[2] . . . stoon (25)] *om.* BS 25 on] ouþer L, *om.* H þat is] *om.* H þe] *om.* L þurgh . . . loue] *twice* R þurgh] in V 26 charite] in charite BS 24 riȝtide] riȝtiþ H gates] weies TD 27 erred] erre H and þerafter] *om.* V 28 nouum . . . nostro] *om.* L 29 sente into] sette in ATVDBS 30 god[1]] *om.* HVLBS 31 maner] *om.* H worldly] worldis BS stabled] stablynge H 32 in] wiþ L 33 þe] *om.* D tone] tyme DBS 35 loouyng] preisyng AHTVDBS 36 eche] euery L 37 loouyng] preisynge AHTVDBS eche] euery L 38 and . . . werkes] *om.* R 39 \`lo´ V \`nota´ R

hertes. For þoo þat ben clene of hert sechen no preysyng of þis world
f. 86rb but oonly to plese God in wele and in woo. | And so þe clennes and
þe filþe of eche mannes herte is knowen bi his wordes and his
werkes, and moste in tyme of persecucioun. For in þat tyme filþe,
45 þouȝ al it haue ben long hidde and coloured wiþ ypocrisye, shal
breste out and stynke; but clennes of hert in tyme of persecucioun
proueþ itself vncorrupt bifore God and man. For þe more vnrekynli
þat hool þing and clene is rypyd among, þe betre it smelleþ. And so
bi þe fruyte of a man, þat is bi his wordes and his werkes, may eche
50 man knowe whois seruant he is. For Crist seiþ 'Eche tre is knowen bi
his fruyt', wherfore no man þar erre in foly demyng of himself or of
his broþer, siþ Crist commaundeþ to deme riȝtwisly: he demeþ
riȝtwisly þat nouþer for fauour ne hate denyeþ þe treuþe, ne holdeþ
wiþ wickidnes, but, after open euydence of his trewe knowyng,
55 sheweþ boþe treuþe and falshede. And whanne foly demyng is lefte
and þis treuþe aftir Cristis biddyng vsyd

Uidebunt multi et timebunt, et sperabunt in Domino. *Many shulen see and þei shulen drede, and þei shulen hope in oure Lord.* Many
shulen see: þat is, þei shulen vndirstonde and knowe þe greet mede
60 þat Crist haþ hiȝte to hem þat trewly shewen þe treuþe, for he
demeþ falsly þat hideþ it in himself or in any oþer. For Crist seiþ he
was born into þis world and sente of his Fader to bere witnesse to
soþefastnesse in werk and in word. Wherfore þoo þat enfourmen
hem to folowe Crist syngen ay to his loouyng a newe song, for God
65 ay of newe is pleside of hem þat sechen treuþe and holden it, for þei
dreden ay in her demyng to assente to synne, hopyng in him for

42 in[2]] *om.* TVLRBS and[3]] of L 43 þe] *om.* V eche] euery L wordes] werkis TD `lo feyners of truþe´ V his[2]] *om.* V 44 werkes] wordis TD 45 þouȝ al] al ȝif HR, yf L, þouȝ þat A, þouȝ TVDBS `lo trewe men lo´ V ben long] longe be, *marked for rev to* be longe D, *rev.* A coloured] colour so H 46 stynke] stynke as dampned deuelis but þei be þe scharplyour amende þeim for þei for a lytel dredeinieþ þeir god allas þe while V but . . . of[1]] but trewe men wiþ cleene V persecucioun] perfeccioun R 47 itself] hymsilf BS, hemself V vncorrupt] incorrupt BS vnrekynli] dispitousli H, bustously T, boystrously D 48 hool] holy L rypyd] stirid HTD betre] bittre S 49 a] *om.* VLBS eche] euery L 50 `lo how þou myȝt deme´ V eche] ich a HV, euery L 51 þar] dar AVBS 52 he . . . riȝtwisly (53)] *margin s.h..* H, *om.* D 53 for] *om.* L fauour] hate V ne[1]] nor L, or A hate] fauour V 54 wiþ] *om.* BS 55 whanne] *om.* L 56 þis] *om.* L 57 et[2] . . . domino] *om.* L 58 shulen[1]] *twice* A 59 `lo prechour lo lo´ V 61 falsly] it falsly BS it] *om.* V himself] hym V 62 þis] þe VBS 63 werk] worde L, wer V in[2]] *om.* A word] warke L þoo] þei AL enfourmen] enforsiþ V 64 hem to] *on eras.* C ay] euere AHTVLDRBS loouyng] preising AHTVDBS 65 ay of newe] euere of newe AHTLDR, of newe euere VBS pleside] preisid BS 66 ay] euere ATVLDRBS. neuere H

lastyng in | treuþe. And so þurgh clennes of her hertes þei ben lizttened wiþ his grace and han knowyng of uertues and of uices, and so þei fle yuel and holden hem in godenes. For aftir þe taast of a mannes loue he hopeþ in God and holdeþ wiþ treuþe, seyng and wirkyng þerafter. f. 86va 70

{5} Beatus uir cuius est nomen Domini spes eius, et non respexit in uanitates et insanias falsas. *Blessid is þat man of whom þe name of oure Lord is hope of him, and he lokid not in vanitees and in fals woodnesses.* Þe name of oure lord is Iesu, þat is sayuoure; þanne he is blessid þat wele doiþ and stedfastly hopeþ in him, not in bodili strengþe ne worldli ritchesses, but in þat oneli þat his name sheweþ—þat is in mekenesse of Iesu, in whom is oure saluacioun, for he is God þat saueþ alle þat treuly hopen in his name. For suche loken not in uanytees, þat is þei vndirstonden hem not to worche after hem, for bi þe loue þat men han to uanytees, þat is to fals faylyng þing, men may liȝtly knowe who lokeþ in God, hoping in him and who in vanitees and in fals woodnes, þat is in vile lustes of þe fleishe and welþes of þe world. For who þat loueþ Goddes name treuly þat is Crist, and hopeþ in him, hateþ al þing þat reueþ his mynde fro him—þat is al hoppyng and syngyng and al veyn iangelynge and alle harlot iapes and tumbleres and mynstreles geestyng. For no gode þing shulde be listened of hem þat God hateþ, but God hateþ alle hem þat chesen hem a lyuyng not proued of him, for lust and coueytise, and for sleuþe þat þei wilen not worche; for þei ben veyn and þe deuels orgaynes þat clepen men togider | to here her trifles whanne þei shulde biholde and þenke on Goddes wondirful dedes. For 75 80 85 90 f. 86vb

{6} Multa fecisti tu, Domine, Deus meus, mirabilia tua et cogitacionibus tuis non est quis similis sit tibi. *Many þinges* 95

67 lastyng] hastyng BS 68 liȝtened] liȝtinge AH of[2]] *om.* AHTD 69 for] *om.* H 72 et . . . falsas] *om.* L 74 in[1]] into R in[2]] *om.* R 75 woodnesses] woodnes ATVLDBS 76 he is] *rev.* AL 77 worldli] in wordli AV, worldis HTD ritchesses] riches AHTVLDRBS 79 saueþ] trewly saueth L treuly] *om.* L his name] hym A 81 to[1]] in T 83 in[2]] *om.* T vile] foule AH, yuele V 84 þe[1]] *om.* V 85 `lo. folys. lo lo´ V þing] þingis V reueþ] bynemiþ TVDBS 86 hoppyng] hoppyng or daunsyng H and[1]] *om.* H syngyng] syngyng and gestyng H 87 alle] *om.* D harlot] harlotrie H 88 geestyng] *om.* H `nota bene´ R listened] susteyned VBS 89 `lo´ V not . . . him (90)] þat he approuiþ not H 90 sleuþe] welþe AL 91 clepen] callen HLR 92 here her] here T and] an R 93 for] *om.* R 94 tu] *om.* AHTVLD deus meus] *om.* TD et . . . tibi] *om.* L 95 tuis] *om.* ATD quis] qui VR many . . . god (96)] þou lord my god hast made many þinges BS

made hast þou, Lord my God, þi wondres and in þi þou3tes is not who liche to þee. Lord God, for þi wonderful meruayles þou shuldest be loued and dredde more þan iogloures wiþ her fals sorsery. How wonderful is God þat makeþ his loueres to stonde wiþouten drede
100 a3eyn alle anoyes of þis world, fillyng hem wiþ deuoute þou3tes of þe swetenes of heuene, þe whiche þe world knoweþ not. Forþi þe louer of Crist seiþ 'Lord, who is liche to þee?'; as who seye noon. For þou onely delyuerest þi trewe loueres of al wretchidnes of þis life. And þerfore

105 **Annunciaui et locutus sum; multiplicati sunt super numerum.** *I shewed and I spake; multiplyed þei ben abouen noumbre.* Crist seiþ 'I shewed first my wille bi prophetes, and siþ I spake in myn owne persone; and 3it wiþouten drede myn enemyes ben multiplied abouen my frendes.' For no man in þis life sufficeþ to
110 noumbre þe multitude of yuel men whois synnes moun neuere be done aweye wiþouten uerey repentaunce. For

{7} Sacrificium et oblacionem noluisti, aures autem perfecisti mihi. *Sacrifice and offryng þou woldest not, but eeres þou made perfite to me.* Sacrifiynge and offryng of hoostes, as þei vsiden in þe olde lawe,
115 þou woldest not, but eeres þou madest perfite to me, þat is, þou 3af me grace to vndirstonde perfitely what þou woldest seiyng

{8} Holocaustum et pro peccato non postulasti, tunc dixi:
f. 87ra **'Ecce, uenio.'** *Brent offryng and for synne | þou asked not, þanne I seyde 'Lo, I come.'* Crist askeþ not now of hem þat wilen lyue mekeli
120 in perfite pouert, offeryng of beestes and money, as it was commaundide in þe olde lawe; ne he despiseþ it not now of iust men þat han ritchesses 3if þei don it discreteli to hem þat han need

96 made hast þou] þou hast made R, made þou hast, *marked for rev to* made hast þou D þi[1]] in L in] *om.* BS þi[2]] *om.* ATV not] noon HV who] one BS 97 god] *om.* BS meruayles] werkis and meruels A 99 to] *om.* VBS 100 anoyes] nyes BS þe] *om.* D 101 forþi] þerfore AH, for þat L 102 who[1] . . . as] *twice* H seye] seiþ VRBS 103 onely] *om.* T 105 multiplicati . . . numerum] *om.* L 106 multiplyed . . . ben] and þei ben multiplyde RBS multiplyed] and multiplied AHVLD noumbre] noumbred V 108 wiþouten] wyth LBS 112 aures . . . mihi] *om.* L 113 sacrifice . . . not] S, *marked for rev. to* þou woldist not sacrifice and offring B offryng] of ofryng T woldest] wolt AL eeres . . . me (114)] S, *marked for rev. to* þou madist parfite to me eeris B 114 offryng] *twice* V þe] *om.* L 115 woldest] wilt AL 116 me] to me A seiyng] *om.* H 117 et] *om.* TRBS non . . . uenio] *om.* L 118 brent . . . not] þou askid not offring for synne BS brent] *om.* ATVLD and] *om.* R 121 ne] nor L he] *om.* BS despiseþ] dispisid V now] *om.* L `nota´ V of] in BS 122 ritchesses] riches AHTVLDRBS

and deseruen it. But most plesaunt offryng þat God may not despise, for it doiþ aweye [synne], is a uerey sorowful hert wiþouten þe which noon offryng of beestes ne of money is acceptable to God. And 125 whanne I vndirstode what sacrifice þou askide for synne I seyde 'Lo, I come to þee', wiþ sorow of herte, wasshyng my synnes, forsakynge hem. Forþi hele hem for þi mercy, confermyng me in þi loue, for þin enemyes ben multiplyed and multiplyen. But þou hiȝte to þi chosen to be wiþ hem to þe ende of þe world, defendyng hem wiþ þi miȝt, 130 þat trewly troweden in þee. And þis I vndirstonde is treuþe, for

In capite libri scriptum est de me, {9} ut facerem uoluntatem tuam, Deus meus, uolui et legem tuam in medio cordis mei. *In þe heued of þe boke writen it is of me þat I dide þi wille, my God, I wolde and þi lawe in myddes of myn hert.* It is writen: þat is, it is 135 ordeyned in þe heued of þe book, þat is in my godhede þat is heued of my manhede. Wele is þe godhede of Crist clepide book of mankynde, for þerinne eche man owe to rede and loke bisily what is his wille whereinne al riȝtwisnes is fourmede. And þat Crist vndirstode wele whanne he bicome man and was made obedient to 140 þe deeþ. And so þis prophecy was trewly seyde of Crist þat he wolde do his Fadre wille, kepyng his lawe | in myddes of his herte, out of þe f. 87rb whiche spronge in greet fulnes of miȝt, loouyng wordes and acceptable werkes. For a mannes hert is a swelowe þat casteþ out suche as it haþ receyued, oftesiþe bifore men but eueremore bifore 145 God. And, for Crist hade receyuede of his Fadre treuþe and sette it in his herte to fulfille, he seyd

{10} Annunciaui iusticiam tuam in ecclesia magna: ecce, labia mea non prohibebo, Domine, tu scisti. *I shewede þi riȝtwisnes in greet chirch; lo, my lippes I shal not forbede, Lord, þou wistist.* Crist 150

123 plesaunt] plesynge AHTVLDBS 124 synne] *om.* C þe] *om.* VB which] synne which *on eras. of shorter* C 125 ne] nor L 127 I] and V 128 forþi] þerfor AH, for þat L confermyng] conformyng TV 131 troweden] trowen AB, byleuyd R vndirstonde] vndirstood AHT 132 in] Tu H 133 tuam[1]] *om.* A deus . . . mei] *om.* L 134 writen it is] it is wryten RB þi] in þi C 135 and] *om.* L myddes] þe myddis A, myddil TVD, þe myddel BS of] *om.* R is[2]] *margin* H, *om.* L 136 of þe] *om.* T in[2]] *om.* BS heued] hid A 137 clepide] callid AHLR 138 eche] euery L owe] owiþ ATVLDRB, auȝte H 141 he] *om.* L 142 fadre] trewe fadir BS in] *om.* L myddes] þe middis H, middil TDS, þe myddel B 143 spronge] spryngen R loouyng] preisynge AHTVDBS 145 eueremore] neuer more R 146 hade] haþ VBS sette] seyþ TD it] *om.* BS 147 in his] *om.* T 148 in . . . scisti] *om.* L 150 greet] a greet A my . . . forbede] Y shal not forbede my lippis BS

seyde as he dide, as eche trewe man shulde, 'Lord, fadre of heuene, I shewed þi riȝtwisnes þat þou art riȝtwis God and wilt do euenhede to eche man. And þis I dide in þe greet chirche, for in al þe world I made it knowen and ay shal make it knowen; for I shal not forbede
155 my lippes any tyme to seye þe soþe, þat is my trewe foloweres þat han sette my wordes in myddes of her hertes shal not lette to shewe þe riȝt, for drede of bodili deeþ. For, Lord, þou wiste þat my wille was whanne I bicam man to make þi riȝtwisnes knowen. Forþi I dredde to hille it, not peyne to suffre for þe treuþe þerof; þou art
160 witnes. And þerfore

{11} Iusticiam tuam non abscondi in corde meo; ueritatem tuam et salutare tuum dixi. *Þi riȝtwisnes I hidde not in myn hert; þi soþfastnes and þin hele I seyde.* Þi riȝtwisnes, þat is þe treuþe of þi lawe, I hidde not in myn herte for drede, but þi soþfastnes þat is
165 fulfillyng of al þat þou hiȝt. And þin hele, þat is myself, bi whom þou woldest saue mankynde I seide, þat is I made me openli knowen,
f. 87va tellyng þi wille, criyng to oþere and fulfylling | it in myself. For

Non abscondi misericordiam tuam, et ueritatem tuam a consilio multo. *I hidde not þi mercy and þi soþefastnesse fro meche*
170 *counseyle.* Þi greet mercy þat þou forȝiuest synne to alle þat haten it, and þi soiþfastnes þat þou ȝeldest endles peyne to alle þat lyeȝen in synne and ben taken þerinne, I hidde not fro meche counseyl þat were gederede to ȝiue counseile to slee me. For I seyde þi wille and for I lastide in treuþe wiþouten drede to telle it and worche þerafter

175 **{12} Tu autem, Domine, ne longe facias miseraciones tuas a me; misericordia tua et ueritas tua semper susceperunt me.** *But þou, Lord, make not fer þi merciynges fro me; þi mercy and þi soiþfastnes ay uptook me.* Crist preyed þis to counforte alle þat shulden folowe him. For al þat he axed of his Fadre he purchast

151 seyde] seiþ T as[1]] *om.* TD eche] euery L man] cristin man A 153 eche] euery L þe[1]] *om.* VBS 154 ay] euer AHTVLDRBS shal[1]] I shall L 155 ˋlo lo′ V 156 myddes] myddil TVDBS 157 for drede] *om.* V þat] what DR 158 was] *om.* L þi] þe BS forþi] þerfore H, for þat L, for A 159 þerof] þere H 161 ueritatem . . . dixi] *om.* L 162 þi[1] . . . hert] I hid not in my hert þi riȝtwisnes BS þi[2] . . . seyde (163)] Y seide þi soþfastnes and þyn heele BS 166 woldest] wolt B I[2]] *om.* TD 167 ˋlo′ V 168 et . . . multo] *om.* L 169 meche] a myche A, gret L 170 þi] The TD 171 endles] *om.* BS 172 ben] is TDBS hidde] bowed TD meche] a myche A 174 lastide] laste V worche] lyue A 176 misericordia . . . me] *om.* L 177 merciynges] mersiful doingis A, mercies VBS 178 ay] euere AHTVLDRBS uptook] þou uptook A, vptaken VRBS alle] of alle BS

it, not onely to himself but to alle trewe loueres, seiyng 'Lord, make not fer þi merciynges fro me', þat is þe seuenfolde ȝifte of þi spirit of mercy wherþurgh echeone is sufficientli defendide þat bigynneþ and lasteþ treuly to telle þi soiþfastnes. For þurgh þi ȝiftes of mercy stalworþe soules ben made champyouns, and sike woundid soules of gode wille ben heled. For þi mercy and þi soiþfastnes ay uptook me: þat is, þe loue of þi mercy and þe drede of þi soiþfastnes ledde me fro uices to uertues. And þat I felle not herfro, I festened myn hert wiþ hope of endles blisse, and wiþ drede to offende þee, and þerþurgh I was maad stalworþe uictour in tyme of temptacioun. 180 185

{13} **Quoniam circumdederunt me mala quorum non est numerus; comprehenderunt me iniquitates mee, et non potui ut uiderem.** *For vmȝiuen han me yueles of þe whiche* | *noumbre is not; my wickednes tooke me, and I miȝte not þat I sawe.* Þat is, myn owne synnes and oþer mennes han vmlappid me, of whiche is no noumbre. For synnes of myself and oþer mennes, to þe whiche I am ay redy to assent, assaylen me eche tyme of þis life; and þe whiles þat I lay in syne or assentide to oþer mennes, my wickidnes took me and led me towarde endles deeþ, oppressyng myn eyȝen for þei blendid myn entent þat I miȝt not see myn owne defaute. For þe liȝt of God, þat is þe lawe of Crist þat liȝteneþ trewe mennes soules, blendid me þe whiles I lay in synne. For 190 f. 87vb 195 200

Multiplicat[e] sunt super capillos capitis mei, et cor meum dereliquit me. *Multiplied þei ben aboue þe heres of myn heued, and myn herte haþ forsaken me.* My synnes ben multiplyed abouen myn heer, for þei ben mo wiþouten noumbre; and forþi myn hert, þat is 205

180 to[1]] of T trewe] hise trewe AHTVLDRBS loueres] folowers VBS 181 þe] þi D ȝifte . . . þi[2]] *om.* V þi[2]] þe L 182 mercy] þi mercy VDBS echeone] ich man H is] ben TVD and lasteþ] *om.* T 183 treuly to telle] to telle truli AHTVLDBS 'loke here' V for] in what degre he stonde þat he neuere spare to telle þi lawe for V mercy] þi mercye R 185 ay] euere AHTVLDRBS uptook] vptake BS 187 felle] falle HD festened] festid AVLBS 189 þerþurgh] þerfore R uictour] ouercomer R 190 quorum . . . uiderem] *om.* L 192 vmȝiuen . . . yueles] yuelis han compasid me R, yuelis haue ȝeuen aboute me BS vmȝiuen] aboute ȝeuen V, goon abouten H, enuyrownyd ATLD þe] *om.* R noumbre . . . not[1] (193)] is noon noumbre H 193 wickednes] wickidnesses H tooke] token H 194 vmlappid] vnbilappid AL, biclippid H, aboute wlappid VBS, bylappid R, enueroned TD whiche] þe which AHTVLDBS no] not D 196 ay] euere AHTVLDRBS eche] in ech V tyme] tyme of þis tyme A þis] my B þe] *om.* AVLBS whiles þat] while R 197 'lo' V wickidnes] wycked L 199 liȝt] siȝt AL 200 blendid] blyndeþ V 201 þe] *om.* VLBS for] *om.* L 202 multiplicate] multiplicati CATVLDRS et . . . me] *om.* L 203 multiplied . . . ben] þei beþ multeplied BS 205 heer] heeris AHL forþi] þerfor AH, for þat L

my skil, haþ forsaken me, for it fiȝteþ ay aȝeyn þe vnlefful desyres of my fleisshe. For whanne any vice resteþ wiþ me wytyngly alle my goostly wittes ben made dulle, and I am as a syke man þat haþ loste appetite to resceyue his sustinaunce, þe whiche bihoueþ neede 210 perisshe ȝif he fynde it not aȝeyn. Lo, what wretchidnes synne bringeþ men to! Forþi

{14} Complaceat tibi, Domine, ut eruas me; Domine, ad adiuuandum me respice! *Queme it to þee, Lord, þat þou delyuer me; Lord, to helpe me þou biholde!* Lord God in Trinite, queme it to 215 þee to delyuer me of þe innoumbreable yueles wiþ þe whiche I am cumbred ȝif þou helpe me not. Lord, biholde þerfore to helpe me. f. 88ra He þat hateþ synne lastyngly may trystily axe to be hulpen of | God, not he þat crieþ fast helpe, and forsakeþ not his synne; suche oon is fals in his axyng help, for him lackeþ wille to help himself. But he 220 þat haþ wille to leue synne may tristily axe, þat God enforce him in gode worchynge, þat he laste wiþouten faylyng in gode þing bigunne; for God is not quemed in mannes fallyng fro uertues to uices, but risyng fro pride and stable stondyng in mekenes plesiþ to him and boweþ his mercy to oure help. For þanne he liȝtneþ oure 225 hertes wiþ counfort of his worde wherinne is al þe delite of his loueres; for he biddeþ alle þat ben chargide wiþ synne come to him and be refresshed. And þerfore

{15} Confundantur et reuereantur simul qui querunt animam meam ut auferant eam. *Shamed ben þei and drede togidere þat* 230 *sechen my soule þat þei take awey it.* Shamed ben þei and stynte of her malice þat sechen to sle my soule, and drede þei togidere peyne of body and soule. And also

Conuertantur retrorsum et reuereantur qui uolunt mihi mala. *Turnede be þei aȝein and drede þat wilen to me yueles.* Þat is,

206 ay] euere AHTVLDRBS þe] *om.* V vnlefful] vnbileeful A 207 whanne] *om.* A vice] synne L wiþ] wiþin L 208 as] *om.* TD a] *om.* R 211 men] man V forþi] and forþi V, for that L 212 me . . . respice] *om.* L 213 queme] plese HR 214 queme] plese HR 215 þe[1]] *om.* L innoumbreable] vnnoumbrable AHV yueles] wickednes AL 216 biholde þerfore] *rev.* TBS `nota´ V helpe] aftir help H, help me R, *om.* A 220 haþ . . . to] wil R synne] his synne VBS tristily] tristfully T enforce] enfoorsiþ D 221 faylyng] falling AHTLD 222 quemed] plesid HR 223 risyng] ryse V 224 `lo´ V 225 þe delite] delyte L, delitis A 226 synne] synnes H 228 qui . . . eam] *om.* L 229 drede] dredde, *second* -d- *canc.* C 230 awey it] *rev.* R awey] *om.* ATVLDBS stynte] styntid H, cese TD of] in T 233 qui . . . mala] *om.* L 234 aȝein] *om.* A drede] dredde, *second* -d- *canc.* C, adred A yueles] wyckednes L

þe veyl of wickid presumpcioun be drawen fro þe hertes of hem þat lyen in wickednes þat þei moun see to lyue in uertues, her olde synne lefte; and folowe þei Crist in mekenes þat wolden proudeli go bifore. And 235

{16} Ferant confestim confusionem suam qui dicunt mihi 'euge euge'. *Bere þei suyftly her shame þat seyen to me 'Euge, euge!'* Bere þei as greet birþen her shame þat noon oþer be heuyed þerwiþ þat seyen to me in flateryng 'Euge euge', þat is to seye weel weel, ioiyng to me as wiþ gode wille and þenkyng in her hertes deceytes | aȝeyns me. Suche ben trecherous men and fals and yuel to knowe, but þi loueres þat ben stable of hert and sechen to do þi wille 240 f. 88rb 245

{17} Exultent et letentur super te omnes querentes te, et dicant semper 'magnificetur Dominus' qui diligunt salutare tuum. *Glade þei and fayn be on þee alle sechyng þee, and seye þei ay 'worshipide be oure Lord' þat loueþ þin hele.* Oonly ȝee þat sechen God lastyng in his loue beeþ glad: þat is, for hope of endeles ioye beeþ weel chered in ȝoure soules and fayn in hert þat ȝee ben groundid on God, not on vanite. And forþi in þouȝt and word and dede seyeþ ay 'worschipide be oure Lord', þat is secheþ ay his preysyng not ȝoures, for þanne ȝee loue his hele, þat is Iesu of whom come al oure hele. And lo whi: for 250 255

{18} Ego autem mendicus sum et pauper; Dominus solicitus est mei. *I am soþely begger and pore; oure Lord is bisy of me.* Crist was for oure loue nedy as a begger and despised; and he was pore, for he hade no more þan him nedid. But eche oþer man may seye of himself 'I am begger and pore', for þer is no þing in me ne of me þat is worþi loouyng. He is a begger þat askeþ of oþer for his owne neede, and he is pore þat suffiseþ not to himself; but nouþer of þise tuo condicions 260

235 veyl] vile synne A, vyle L 236 lyen] ben A her] and her AL synne] synnes AL 238 and] *om.* H 239 qui . . . euge² (240)] *om.* L 240 bere] beren, -n *canc.* C 241 bere] beren, -n *canc.* C 242 in] *om.* R to seye] *om.* LR 243 gode] *twice* L and] *om.* H her] *om.* AL 244 trecherous] swikil TVDBS, slyȝe L, yuele A 245 sechen] sechyd V 246 et² . . . tuum] *om.* L 247 magnificetur] magnifetur H diligunt] dicunt B 248 be] be þei H on] of L ay] euere AHTVLDRBS 251 fayn] feynte H ȝee] *om.* R on] in AHVDBS, of T 252 on] in B, of T forþi] þerfore AH, for þat L and²] *om.* H seyeþ] and seiþ V ay] euere ATVLDRBS, eueremore H 253 ay] euere AHTVLDRBS preysyng] loouyng LR 254 come] comeþ AHTVL 256 dominus . . . mei] *om.* L 257 begger] a begger ABS pore] pore man BS 258 a] *om.* T 259 `nota´ V may] *om.* ABS 260 in] of VBS of] in VBS 261 loouyng] preising AHTVDBS, of praysynge L oþer] oþre folke H for] *om.* H

hadde Crist, for he askid no þing of his Fadre ne of man ne womman in erþe for his owne nede. For al largenesse is in himself, ne he was
265 not vnsufficient to himself, siþ al sufficience is in him. But boþe þise myscheues bifallen us alle þe dayes of þis life. And forþi eche man may seye of himself in loouyng of God 'Oure Lord of his godenes is
f. 88va bisy of me', for he haþ me in his cure. | Wherfore desiryng to be heled of synne and duelle wiþ him, I seye

270 **Adiutor meus et protector meus tu es; Deus meus, ne tardaueris.** *Myn helper and myn hiller art þou; my God, tarye þou not.* Þat is, Lord help me and hylle me wiþ þi mercy þat I duelle not in my synne and ende þerinne. And forþi I preye þee, ȝif þi wille may bowe þerto, tarye þou not, þat is in my turnyng fro vices to
275 uertues suffre me not so longe be in woo and angwishe þat I lese pacience, þe whiche is rote of charite. For ȝif it were so, God come ouer tariyngli to oure bihoufte, and þat may not be þat in him is any defaute, for he comeþ ay als hastili to helpe his louere as he ableþ him to receyue his help. And forþi he seiþ þis for drede of his owne
280 freylte, for no man of himself may laste in any godenesse, but noon þar be adred in what peryle he is inne for Goddes sake. For God is in al tribulacioun wiþ his louer redi to delyuer him whanne beste tyme is.

264 ne . . . himself (265)] *om.* L   266 bifallen] byfalliþ to V, ben fallen to H, ben fallen L, falleþ 'to' S, falleþ to B   us] *om.* L   forþi] þerfor AH, for þat L   eche] euery L
267 loouyng] preisinge AHTVLDBS   269 I seye] in fey BS   270 deus . . . tardaueris] *om.* L   271 hiller] defendar R   art þou] *rev.* RBS   tarye . . . not (272)] come not tariyngli VBS, come not slouȝli AL, come not tarye TD   tarye] ne tarie H
272 me²] *om.* LBS   þat²] þat is D   273 forþi] þerfor AH, for þat L   274 tarye . . . not] come þou not tariyngly VBS, come þou not slouȝli AHL, come þou not tarye TD   vices] vice L   275 so] me L   be] to be D   angwische] in angwisch H   276 is] *twice, 1st canc.* C   god] þat, *corr to* þanne god B, þat god VS   277 ouer] euer R   tariyngli] tarieng TD, slouȝli AHL, late VBS   to] til AL   bihoufte] bihoue AHTVDBS   þat²] for H   is any] may be no H   278 for . . . comeþ] *twice* T   ay] euere AHTVLDRBS   ableþ] askiþ D, abidiþ BS   279 forþi] þerfor AH, for þat L
281 þar] dar AVB   adred] drad VBS   is¹] be D   inne] *om.* VR   282 whanne] whanne þat H

Psalmus .40.

{2} **Beatus qui intelligit super egenum et pauperem; in die mala liberabit eum Dominus.** *Blisful is he þat vndirstondeþ upon þe nedye and þe pore; in þe yuel day oure Lord shal delyuer him.* In þis psalm is shewed þe voyce of þe Prophete þat spake of Cristes comyng, and also þe wille of Crist þat he shewed in his lyuyng, 5
and þe charite of his spouse holy chirche goten þurgh þe ensaumple of him þe whiche shale laste to þe worldes ende. Þe Prophet prophecyed þis of Crist and seyde 'Blessed is he þat vndirstondeþ upon pore', þat is, Crist is blessed of his Fadre for he vndirstondeþ þe neede of mankynde and forþi he bicome man. For eche man þat | 10
wolde hate synne shulde tristily clepe on him in tyme of neede; and f. 88vb
also bi ensaumple of him eche man aftir his power owe to vndirstonde þe myschief of his neiȝebore, and helpe him aftir his power. Þe Prophete seiþ not 'Blessed be þei þat ȝiuen', but 'þei þat vndirstonden', þat is, þei þat han compassioun of hem þat ben in 15
neede. For God wile þat eche man haue compassioun of his neiȝebores disese; and also þat men of power aftir her compassioun ȝiue to pore men aftir her neede, ȝif al þei ask not, as to hem þat þei knowen needy, and also to hem þat þei see shewe open euidence of neede. But feynd beggeres and stronge God hateþ. And more meryte 20
it is to vnderstonde þe neede of him þat is stille þan to ȝiue to him þat crieþ, þat is, to susteyne him and holde him stille þat we knowe needy, þan him þat crieþ þouȝ al he shewe more token of neede. For many þat gon vacande, criyng as needi, feynen hem ofte needy whanne þei han no neede. And so but ȝif compassyoun of þe nedy go 25

Ps. 40 CAHTVLDRBS

heading C (*r.h.* Beatus qui) V, xl into þe ende psalmus dauid uoyce of cryst of hys passyon and of Iudas traytor and of þe pacyens of cryst L, þe xxviii psalm A, þe salme of dauid `41´ *d.h.* R, `40´ *d.h.* DB, *om.* HTS 2 liberabit] liberauit D blisful] blessid AHLRBS 3 þe[1]] *om.* HV yuel] wickid AL 5 crist] *om.* L þat] þe D 6 goten] getynge H þe[2]] *om.* AHTVLDBS 9 pore] `þe´ pore S, þe pore AHVB 10 forþi] þerfor AH, for þat L eche] euery L 11 clepe] calle AHLR on] of L 12 eche] euery L owe] owiþ AHTVLDRB 14 `lo´ V þei þat[2]] *om.* BS 16 `loke wel here of almes´ V god] good S wile] willeth L eche] euery L 17 þat] *om.* ABS 18 ȝif al] alȝif HR, þouȝ ATVDBS as] als/so L 20 `nota´ H feynd] feynte HVLR 21 to[2]] *om.* L ȝiue to] *om.* T to[3]] *om.* R 22 and . . . him[2]] *om.* A 23 þouȝ al] alȝif H, alþouȝ R, þouȝ þat AT, þouȝ VDBS shewe] sheweth L more token] mo tokens H, not tokene D 24 gon] *om.* D vacande] vacaunt AHTVLDBS, ydul R hem] hym S ofte] *om.* R

bifore oure ȝifte, in veyn is oure charite. Forþi him þat is in charite
and haþ compassioun of þe needy, oure Lord shal delyuere in þe
yuel day, þat is in domesday whanne al yuel shale come to wickid
folk. And also

30 **{3} Dominus conseruet eum et uiuificet eum, et beatum faciet
eum in terra, et non tradat eum in animam inimicorum eius.**
*Oure Lorde kepe him and quyken him, and blisful make him in erþe, and
ȝiue him not into þe soule of his enemyes.* Þat man þat is in charite and
haþ compassioun of his euene cristen is keped of God fro fallyng into
35 temptacioun, for he quikeneþ him in his loue in þis life, and makeþ
him blisful in þe erþe of heuene. And so he is not ȝiuen to þe wille
f. 89ra of | his enemyes, for nouþer þe deuyl ne his seriauntes shale haue of
him her wille. For

**{4}Dominus opem ferat illi super lectum doloris eius; uni-
40 uersum stratum eius uersasti in infirmitate eius.** *Oure Lord
bryng helpe to him on þe bedde of his sorow; all his bed þou turnedest in þe
sekenes of hym.* Lustes and lykynges of ritchesse to fleishly men and
wymmen ben as beddes of reste, but God of his godenes mengeþ ofte
wiþ hem sorowe, and specialy to hem whom he wile saue. And þat is
45 for men shal not hope in hem, but onely in God; for lust and welþe
of þe world ben beddes of sorowe to hem þat sechen to reste in hem.
And forþi God reueþ hem his louer, þat he triste not in hem, but in
als meche as þei susteyne him to serue his God. For al worldes ioye
þat a feble goost cheseþ to his loue, restyng him inne, as lust of his
50 flesshe, pride of his childre, boost of his ritchesses, and likyng of his
strengþe and veyn ioye of kyn, al þis þou hast turned in sekenes of
him. For þou [bl]endest a sour wiþ a swete, to drawe his loue to þee,

26 ȝifte] lifte T forþi] þerfor AH, for þat L him] he A 27 in] him in R þe] *om.* D
29 folk] *om.* L 30 et . . . eum[1] (31)] *om.* D uiuificet] uiuicet H et[2] . . . eius] *om.* L
faciet] faciat B 32 kepe] shal kepe R, quykene L quyken] kepe L blisful . . . him[3]] S,
marked for rev. to make hym blisful BS 33 him not] *rev.* L into] to V 34 fro
fallyng] to falle T 36 erþe] erde T is] nys D to] in L 37 ne] nor L seriauntes]
seruauntes HBS 39 super . . . eius[2] (40)] *om.* L 40 eius[1]] *twice* B in] *om.* A
41 bed] bedstre A, *eras.* T in] into V 42 `nota´ V to] of R, in V 43 ofte . . . hem[1]
(44)] wiþ hem often H 45 `lo worldly folis lo lo´ V shal] shuld BS 46 of[2] . . .
hem[1]] to hem of sorowe A sorowe] so H sechen] sechiþ hem V 47 forþi] þerfor AH,
for þat L reueþ] bynemiþ TVDBS his] from his H triste] trestiþ BS hem[2]] hem ne
loue hem AHTVLD 48 his god] god þe bettere V worldes] worldly VBS 49 feble]
om. BS restyng] to reste B inne] þere ynne H his[2]] wiif and V 50 his[1]] *om.* V his[2]]
om. BS ritchessis] riches ATVLDRBS his[3]] *om.* BS 51 al] and al T þis] þese HBS
in] into, to *canc.* B, into V 52 him] hem D `lo takiþ hede´ V blendest] blendest, b-
canc., l- *alt to* s- C, blyndist ATVD, byndest BS

sendyng him tribulacioun, þat he loue not so in erþe to wroote in þis dungy stable, þat he lese þerfore þe hiȝe halle of heuene strawed wiþ aylastyng delyces. But al þis vilete lefte 55

{5} **Ego dixi: Domine miserere mei, sana animam meam quia peccaui tibi.** *I seide: Lord, haue mercy of me, hele my soule for I synned to þee.* Lord, haue mercy of me so in þis life þat þou hele my soule wiþ sharpe peynes. For I accusyde my synnes to þ`e´e, openyng my woundes, seiyng 'Lord, I haue synned to þee, haue þou mercy of 60 me', for þou art þat leche þat saueþ alle sores, forþi hele me for | þi f. 89rb pite.

{6} **Inimici mei dixerunt mala mihi; quando morietur et peribit nomen eius?** *Myne enemyes seyden yueles to me; whanne shal he dye and his name shal perishe?* Myne enemyes þat ben moeued 65 aȝeyns me wiþ malice, seyen yueles to me, but þei falle on hemself; no þing werieþ more deueles and wickid men þan doiþ conuersacioun of gode folk. For languyshyng þei seye 'Whanne shal he dye?', for yuel men þenken heuy wiþ good mennes cumpany. For oftesiþes þe more þei heren her defautes, þe wickidder þei ben, grutching and 70 seiyng 'Whanne shale he dye?' As who seye, hou long shuln we be troublede wiþ him, whom we wilen not here to do after? For to a ȝernyng soule no þing hasteþ fast ynow, wheþer it be sette to gode or yuel. And whanne shale his name perishe, þat is his fame? Þis seyde þe Iewes of Crist, as wickede men shulen ay do of hem þat moost 75 [truly] folowen him. And þis is a perilous yuel, for þe name þat is abouen alle names may not perisshe, for þurgh þe uertu of Iesues name alle Cristes loueres ben defendid in þis life.

{7} **Et si ingrediebatur ut uideret, uana loquebatur cor eius; congregauit iniquitatem sibi.** *And if he inȝede þat he sawe, veyn* 80

55 aylastyng] euerlastinge AHTVLDRBS delyces] delites TLD vilete] filþe HTD 56 sana . . . tibi] *om.* L meam] *om.* T 57 of] on H 58 synned] haue synned H of] on H 59 synnes] synne H 60 þou] *om.* A of] on HV 61 saueþ] sauest AHTVLD, saluest BS alle] of alle T forþi] þerfore AH, for þat L 63 quando . . . eius] *om.* L 64 yueles] yuel BS 65 shal he] *rev.* BS 66 yueles] yuel HV þei] it H `lo´ V falle] falliþ H 67 werieþ] ouercomeþ VBS þan] þat D conuersacioun] good conuersacioun AHTVLDBS 68 gode] meke AHTVLDBS 71 he] I R seye] seiþ RVBS 72 whom] whan BS after] aftre hym BS 73 ȝernyng] desiryng ATDR to] on R 74 shale . . . name] his name schal V 75 ay] euere AHTVLDRBS 76 truly] *om.* CR is[1]] *om.* H 77 names] name BS 79 cor . . . sibi] *om.* L 80 congregauit] congregabit B, congregant T inȝede] ȝede yn BS, neiȝid R veyn . . . hert (81)] his hert spak veyn þingis BS

þinges spak his hert; he haþ gedered wickidnes to himself. If any inȝede
as Iudas dide forto spye Cristes werkes, veyn þing and feynt spake
his hert, as oure fals breþere spyen us oft, and comen wiþinne us, to
wite oure priuetees. For gode mennes occupacioun is to destroye for
85 loue not for hate þe malyce of wickid men; and forþi hem bihoueþ
warli and lastyngly kepe hem fro al yuel spyce of wickid fame. For a
f. 89va faute founden wiþ him þat is sette | to reproue synne is more to
acounte boþe bifore God and man, þan many fautes ben of oþere þat
han not þat wille. And forþi þei þat grutchen wiþ gode mennes
90 werkes and her wordes ben ay bisy ȝif þei miȝten fynde in hem any
þing reprehensible. And ȝif þei moun not bi resoune, þei wilen ofte
for malice enforce hem to anoye hem wiþ lesynges; and so þurgh
instigacioun of her fader þe deuyl, þei folowen her broþer Iudas, þe
whiche gederede wickidnes to himself, þat is to his owne dampna-
95 cioun. For

Egrediebatur foras, et loq[ue]batur {8} in idipsum. *He ȝeed out,
and he spake in itself.* Þat is, Iudas ȝeede out fro soþfastnes in spekyng
and lufreden of Crist, whom he feynede falsely þat he loued in his
folowyng him. But he was his most enemye, as þei ben þat beren his
100 name falsly, and shulde be professoures of his lawe. For who may do
more tresoun to Crist þan vndirtake to shewe his wille, and lyue
contrariously þerto? But, as Iudas spake in itself, þat is, þe entent of
him shewed wickid þing and fals, whanne he þouȝt to gare slee Crist,
as he shulde neuer aftir haue risen to life, as wicked men don þe
105 whiche purposen to slee his foloweres. But þei shuln haue of hem
most strong enemyes. And forþi one beryng þe voyce of alle
wiþouten drede seiþ

81 spak] he spak CR he] *om.* HR any] he BS inȝede] neiȝid R, ȝede yn BS
82 spye] aspie HD 83 `lo´ V spyen] aspien AH to] forto H 84 priuetees]
priuyte BS 85 not] no, -t *eras.* V `nota´ R forþi] þerfore AH, for þat L hem
bihoueþ] þei bihouen HV 86 kepe] to kepe H spyce] aspies H `lo prechours´ V
87 wiþ] in BS 88 boþe] *om.* R fautes] defautis B 89 forþi] þerfore AH, for
þat L þei] þoo BS þat[2]] *om.* D 90 ay] euere AHTVLDRBS in] *om.* L
91 reprehensible] reprehendible ATLD, reprouable R 92 for] by VBS hem[2]]
hym, y- *canc.*, `e´ S, hym B 93 instigacioun] entysynge R her[1] . . . deuyl] þe deuel
here fadir D 94 himself] hemsilf V 95 for] *om.* H 96 loquebatur] loq/
batur C out] forth L 97 he] *om.* L itself] himsilf A þat is] *om.* HBS ȝeede]
went BS soþfastnes] þe soþfastnesse V 98 of crist] *om.* L whom] whan BS þat
he] *om.* L his] *om.* H 99 him] *om.* H 100 shulde] shul BS 102 itself]
hymsilf AV 103 shewed] spake L þing] þing is H gare] make HVRBS, do TD,
om. AL 104 aftir haue] han A, a L risen] `a´risen D 106 strong] straunge AL
forþi] þerfor AH, for þat L

Aduersum me sussurrabant omnes inimici mei, aduersum me cogitabant mala mihi. *Aȝeynes me þei spaken yuel alle myn enemyes, aȝeyns me þei þouȝten yueles to me.* Whanne wicked men þenken to fordo þe fame of gode men, þei rounen echone to oþere bacbityng hem in her counseyles, as þe fals Iewes diden aȝeyns Crist. But þerwiþ noo | good man weryeþ, for his mede wexeþ greet þerþurgh, seiyng 110 f. 89vb

{9} Uerbum iniquum constituerunt aduersum me, numquid qui dormit non adiciet ut resurgat. *Wicked word þei setten aȝeyns me, wheþer he þat slepeþ shal not do to þat he rise.* þis wickid word was þat þe Iewes maliciously crieden Cristes deeþ. But he þat slept, þat is Crist, is seyde here sleping for his meke suffryng reproues and for his wilful diyng, and for his restyng in þe sepulcre. But þerafter he dide to his miȝt, and roose fro deeþ to life, þurgh þe whiche resurreccioun alle his loueres rysen fro synne and stonden in uertues. And þurgh uertue þerof his enemyes ben depide in her lustes, of whom he seiþ 115 120

{10} Etenim homo pacis mee, in quo speraui, qui edebat panes meos, magnificauit super me supplantacionem. *For whi man of my pees, in whom I hopide, he þat eete my brede, magnified on me supplauntyng.* þis man of Cristis pees was Iudas whom Crist kisside, worshipyng him as frende, and ȝit he wiste þat þat kissyng was token of his deeþ in whom I hopide as men wende. For he was holden as one of þe apostles, but he shale fayle to sitte wiþ hem in Cristis doom, as alle false apostles shuln, þat han þe name wiþouten apostles worchyng. But as Iudas eete Cristes breed, þat is he herd ofte his lore and at þe laste vnworþili eete his body, aftir þe whiche eetyng þe deuyl entred into him, and made him wiþouten drede as þing þat hadde ben worþi loouyng, to bitraye his Lord. It is no doute Iudas þouȝt ofte to do þat tresoun, but fro he hadde eten vnworþily þe 125 130 135

108 aduersum[2] . . . mihi] *om.* L 109 aȝeynes . . . enemyes (110)] alle myne enemyes spak yuel aȝenst me BS alle] *om.* V 110 ˋnotaˊ V 111 þei . . . oþere] *om.* H rounen] runne VS, renne DRB 112 in] in hem in V 113 weryeþ] wraþþiþ AL, waxiþ werie H 115 numquid . . . resurgat] *om.* L 116 wicked . . . me (117)] þei sett aȝenst me wickid word BS setten] settiden H 117 to] til AV 118 þe] *om.* V slept] slepiþ AHB þat is] *om.* ATVLDBS 119 suffryng] offryng L reproues] repreueþ AL 121 roose] *om.* A life] lyue he roos A 124 mee] me A in . . . supplantacionem] *om.* L 125 man] a man BS 127 man] maner T 128 þat þat] at þat VD, þat ALRBS 129 his] *om.* H men] me L he] *om.* L 130 hem] him T 131 ˋlo lo freris lo bischopisˊ V apostles[2]] þe apostles AV, apostle HRBS 132 ofte] of TLD 133 vnworþili] vnworthy L 134 entred . . . him[1]] into hym entrid B 135 loouyng] preising AHTVDBS, of preysynge L bitraye] bitraise B 136 ˋnota beneˊ R do] *om.* L fro] for T, aftir R

f. 90ra sacrament of Cristis bo|di, he was nedid to fulfille it in dede; wherfore þei moun drede þat ofte receyuen it in vnclennes of soule, for þerþurgh þei ben more nedide to synne. And for þe
140 gree`t´ uylenye þat Crist suffreþ eche day of hem þat, vnworþili ligging in her synne, wiþ vnclennes neiȝen to þat holy sacrament, he preyeþ to his Fadre and seiþ

{11} **Tu autem, Domine, miserere mei, et resuscita me et retribuam eis.** *But þou, Lord, haue mercy of me, and reyse me and I*
145 *shale ȝeeld to hem.* Crist, in þat þat he was man, askide helpe of his Fadre, and as God he fulfilled his askyng, for he haþ reysid him abouen alle creatures, and ȝiuen him power to deme, in þe whiche dome he shal ȝeeld gode and yuel to eche oon iustly aftir her worchyng in þis life. Þanne þei þat blyndiden hemself þurgh
150 synne in soule, wherþurgh þei weren brouȝt to yuel ende, shuln þanne receyue endles peyne. But þei þat hatiden synne in þis life and wexen in clennes of uertues seyen

{12} **In hoc cognoui quoniam uoluisti me, quoniam non gaudebit inimicus meus super me.** *In þat I knewe þat þou*
155 *wolde me, for myn enemye shale not ioye on me.* In þat I knewe þat þou loued me, for myn enemye ioyed not abouen me. For I haue ouercomen þe deuyl and alle his lymes, and ordeyned him to go bifore into helle, wherinne he and his shuln euere duelle. Þis was prophecyed of Crist, for þus he dide aftir his diyng on þe crosse.

160 {13} **Me autem propter innocenciam suscepisti, et confirmasti me in conspectu tuo in eternum.** *Me soiþli for vnnoyyngnes þou uptook, and confermedist me in þi siȝte wiþouten ende.* Crist for his
f. 90rb vnnoiyngnes is glorified of | his Fadre, and maad domesman of quyk and deed. And so he haþ power to take his loueres, þe whiche
165 resceyueden him in þis life wiþ clennes of herte, and conferme hem in ioye where deeþ shal neuer come, þat is in þe siȝte of þe holy

137 `prestis´ V 138 moun drede] *om.* H ofte] often tymes H 139 more] þe more AHTVLDBS 141 ligging] liggen V wiþ] `and´ wiþ S, and wiþ B, neyȝen wiþ L neiȝen] *om.* L 143 me] *om.* V et[2] . . . eis] *om.* L 144 of] on HL 145 þat[2]] at TD, *om.* R askide] askiþ BS 147 him] to him R, þem L 149 þei þat] `þat´ þei ben, ben *eras.* T 150 yuel] an yuel H 152 wexen] woxen A 153 quoniam[2] . . . me (154)] *om.* L 154 in] *om.* T 156 loued] woldist H enemye] enemyes V 157 him] hem R 158 into] `in´to H, to BS 159 þus] þis L 160 et . . . eternum] *om.* L 161 in eternum] semper ATD me] þou V vnnoyyngnes] ynnocence BS 163 vnnoiyngnes] vnoyynges L, innocence BS 164 deed] of dede H 165 hem] him T 166 in[2]] *om.* L þe[1]] *om.* ALBS

Trinite, wher innocent folk shuln ay wonne. And in hope þerof boþe wiþ werk and word, þei crien to God seiyng

{14} Benedictus Dominus Deus Israel, a seculo et usque in seculum fiat, fiat. *Blessid be oure lord God of Israel, fro world and* 170 *into world be it don, be it don.* þat is, blessid and looued be oure lord God of alle seeyng him in erþe þurgh trewe trowþe. For in heuene þei shuln see him face to face, and þat fro world and into world, for fro þe loue of Crist be trewly kyndelid in þe hertes of trewe loueres, shynyng þurgh riȝt bileeue in trewe worchyng, þei ben þerþurgh 175 aftir þis life, þat is fro þis world, ledde into world of worldes, þat is into heuene, where þei shuln see God as he is lastyngly. Be it don, be it done! þis doublyng sheweþ þat wiþouten tariyng eche man shulde turne him to loue Crist, fulfillyng his biddyng, for þerto eche man is holden. In Latyn it is writen *fiat, fiat*, in Hebrew *amen, amen*, but 180 Aquila translatide it and wrote it *uere uel fideliter*, þat is 'soiþfastli' or 'trewly'.

[Psalmus] .41.

{2} Quemadmodum desiderat seruus ad fontes aquarum, ita desiderat anima mea ad te, Deus. *As þe hert ȝerneþ to þe welles of watres, so my soule ȝerneþ to þee, God.* þis psalme is seyde of alle perfite folk þat desiren to plese God, and laste in his loue. For þurgh deuocioun þei ben chau[f]ide, flaummyng and brennyng in Cristis 5 loue, despisyng þis world, passyng þerfro þurgh desire of heuenly | þinges, þe whiche maken hem contemplatyue. And for greet ȝernyng f. 90[va] þat deuoute soules han to come to endles reste, þis psalme is sungen

167 ay] euere AHTVLDRBS and] but R 168 wiþ] in VBS werk] word H word] wiþ word A, in word BS, werke H 169 et . . . fiat[2]] *om.* L usque] *om.* B 170 god] *om.* A of] *om.* L and] *om.* HTVLRBS 171 looued] preisid AHTVDBS 172 trowþe] byleue R 173 and[2]] `and´ T, *om.* AHVLBS for fro] and for L, for aftir R 175 in] and D 176 life] *om.* BS þis[2]] þe L into] into þe AHL worldes] world V 177 into] in V, to BS heuene] heuenes V 179 biddyng] biddingis AL 181 and . . . it[2]] *om.* BS wrote] *gap*/te T soiþfastli] soþli VBS

Ps. 41 CAHTVLDRBS; V *ends incomplete* 54 þe meke in.

heading C (*r.h.* Quemadmodum) V, xli hyder to the fyrst boke is into þe ende the understondynge to chore chyldren and yt is þe uoyse of doyng penans L, *d.h.* `41´ B, þe xxxix psalm A, salme of Dauid `42´ *d.h.* R, *om.* HTDS 1 ita . . . deus] *om.* L 2 ȝerneþ] desiriþ ATDR, wilneþ VBS 3 ȝerneþ] desiriþ ATDR þee] *om.* V 5 chaufide] chaungide CR 6 desire] desyryng D 7 ȝernyng] desiring ATDR 8 to[2]] to þe AL

in þe office of deede men. For alle þat ȝerneden after Crist in þis life, kepyng his commandementes and endyng in hem, dyen in Crist, and so þei haue þat þei ȝerneden, þat is þe siȝte of God. Forþi þe Prophet seiþ, as þe herte þat is venemyd wiþ þe neddre greetly ȝerneþ to come to welles of watres forto drynke and wexe ȝong aȝeyn, so aftir þat uices and vnclennes of þis life weren destroyed in me þurgh heuenli desires, I languisshed to come to þee, my God. For

{3} Sitiuit anima mea ad Deum, fontem uiuum; quando ueniam et apparebo ante faciem Dei? *Mi soule þrestid to God, welle lyuyng; whanne shal I come and appere bifore þe face of God?* He þat loueþ hertly sheweþ þat he is þresty in his ȝernyng, wherfore he desireþ to be filled wiþ lyuyng watre, þe whiche floweþ aboundantly to alle þat ablen hem to resceyue it in Cristes wordes. Forþi he þat languisheþ in loue seiþ 'Whanne shal I come and appere bifore þe face of God?' As who seye, I coueyte whanne Crist wile to dye and be wiþ him, for me þenke longe ȝif God wold þat ouȝt is þerto; I seye not þis grutchyngly, for myn abidyng in þis wrecchid life, but languyshyng I telle to Crist my desire, hopyng in him þat he shal fulfille it. For þe sorrer me þresteþ in my rennyng to Cristward, þe fuller I hope to be fylled in my comyng; and, þouȝ al þe weye toward Crist seme longe in þe renneres, it is short in Goddes knowyng. But suche a ȝernyng herte in his raas suffreþ ofte heþing and reproof, wherfore, clensyng him of filþe | of synne, he seiþ

f. 90vb

{4} Fuerunt mihi lacrime mee panes die ac nocte, dum dicitur mihi quotidie: ubi est Deus tuus? *Mi teeres were to me breed day*

9 \`lo´ V ȝerneden] desiriden ATR, desyren D, ȝernyþ BS 10 commandementes] heestis A 11 þei[2]] *om.* T ȝerneden] desiriden ATDR, ȝerneþ B þe[1]] in þe T forþi] þerfore AH, for þat L 12 þat is] *om.* D venemyd] envenemyd A 13 ȝerneþ] desiriþ ATDR welles] þe wellis ALBS wexe ȝong] wexynge V 14 so . . . þat] so þat aftir V þis] *om.* V weren] *om.* D 15 languisshed] angwischid V, languysche TD, am langwishing BS, longide H 17 anima] uite anima A quando . . . dei] *om.* L 18 þrestid] þristeþ S, restid T to] in BS 19 welle] a welle BS shal I] *rev.* R he] who BS 20 sheweþ] shewe\`þ´ R, shew TLDBS is] þat is V ȝernyng] desiryng ATDR 21 floweþ] folowiþ, *first* o *canc.* D, folowiþ ALBS aboundantly] plenteuouseli HR 22 alle] hem alle V forþi] þerfore AH, for þat L 23 languisheþ] mourneþ H 24 seye] seiþ HVLRBS 25 þenke] þinkiþ AHTVLDBS 27 languyshyng] mournynge H to . . . desire] my desyre to cryst L 28 sorrer] serrer R me] þat me L my] þe T to cristward] toward crist T 29 in . . . comyng] whanne I come V þouȝ al] alle þouȝ R, alȝif H, þogh þat TD 30 in[1]] to AHTVLDBS 31 \`lo´ V ȝernyng] desirynge ATDR heþing] scoorn AL, scornyng TVDRBS 32 him] *om.* L filþe of] *om.* V he] *om.* A 33 die . . . tuus] *om.* L 34 were] whos L breed] looues AV day] by day V

and niȝt, þe whiles it is seyde to me day bi day: where is þi God? þat is, 35
angres and tribulacioun of þis life were not to me noyous and bitter,
but breed of foode ful delytable. For in affliccyouns we ben lered to
suffre, and þurgh suffryng we deserue grace; and so we ben chosen of
Crist to be his knyȝtes in þis fiȝtyng chirche, and to be victoures ouer
oure enemyes in batayle of þis life, we wepe and crye to God for oure 40
perseueraunce to laste and ende in his loue. And also to staunche þe
malice of wickede men, þe whiche ben enhyȝed þurgh fals fauour
and ritchees aȝeyns us and seiþ 'Where is ȝour God?' Eche man
makeþ þat þing his god þat he most loueþ, for worldly men and
wymmen þat lyuen in coueytise and lustes may shewe her goddes 45
wiþ her fyngre. But uerey God of alle trewe folk, þat haten synne
and doon asseeþ for synne, may not be seen here wiþ bodily eyȝe,
þouȝ al he suffre his loueres to þe encrees of her ioye here in pyne
and wicked men in welþe to dampne hem more iustly, for þei wolden
not knowe þe aylastyng ioye of heuene bi þe passyng welþe of þis fals 50
world. Forþi wickede men in welþe maken heþing at pore men in
spirit, for þei wanten and wilen not haue welþe in þis life, as þei
hadden no God, or þat he wolde not helpe hem. But for suche scorn
þe meke in Crist is not moeued, but stilly wiþinne himself, ioiyng in
Cristis passioun seiþ 55

{5} Hec recordatus sum, et effudi in me animam meam, quoniam transibo in locum tabernaculi admirabilis usque ad domum Dei. *þise I haue vmþouȝt, and I helte in me my soule, forwhi I shale passe into stede of taberna|cle wondirful vnto þe hous of* f. 91ra
God. þise I vmbiþouȝt: þat is, þe reprooues and heþinges þat wickide 60
folk in welþe speken of symple men and pore, þenking hou meedful

35 þe] *om.* AVLBS 36 ˋlo trewe mennys rule loˊ V and[1]] in L tribulacioun] tribulaciouns TVLDBS life] false liif V were] was AHTVLBS and[2]] ne AHVLDBS 37 ˋnotaˊ R delytable] delectabyll L affliccyouns] affeccciouns BS lered] lerned AHL, taught TVDBS 38 of] to A 39 victoures] ouercomeris R, victorous T ouer] of R 40 life] wrecchid liif V 43 seiþ] saie BS ȝour] oure B eche] euery L 44 ˋlo worldly folis loˊ V 45 goddes] god V 46 fyngre] fynger allas V of] and S, *om.* B 48 þouȝ al] alle þouȝ R, alȝif H, þouȝ þat ATD, þouȝ VBS þe] *om.* VBS of . . . pyne] here in peyne þeir ioye V 49 for] and for V 50 aylastyng] euerlastynge AHTVLDRBS passyng] lasting TD 51 forþi] þerfor AH, for þat L maken . . . at] scorniþ TD heþing] scorn AL, scornynge VRBS 53 scorn] corne T 54 crist . . . *end*] *lost* V stilly] stille HTD 57 quoniam . . . dei] *om.* L admirabilis] *om.* ATDBS 58 þise] þes þyngis BS vmþouȝt] biþouȝte HTDRBS, recordid A helte] held A 59 stede] a steede R, þe stede B wondirful] *om.* ATLDBS 60 þise] *cap not filled in, guide visible* C vmbiþouȝt] biþouȝte HTDRBS, recoordide A heþinges] hiȝynges H, scornys TD, scoornyngis ALRBS þat[2]] of D

it is to suffre paciently reprooues for þe treuþe. Forþi I helte in me my soule, þat is, enlargid it wiþ charite for þe loue of God boþe to enemyes and to frendes. For I fedde not my soule wiþ vanytees ne
65 wiþ ydel þouȝtes, but stedfastly and lastyngly I bisied me to seche and fynde God in himself. For in no þing þat haþ ende may he, þat is wiþouten bigynnyng and endyng, uereyly be founden. Forþi þe anoyes in þis fiȝtyng chirche noyen me not, for in his loue is my mynd loken, to whom no noye ma[y] neyȝe. But fer fro þe swetenes
70 of þis loue ben þe hertes of hem þat semen religious and ben not; for who þat is not Goddes temple and his tabernacle, in veyn is clepide religious. Forþi ȝif þou wilt fynde God in þis life and wonne wiþ him wiþouten ende, make in þi soule þurgh pacience his wonnyng tabernacle. And so þou shalt here þurgh his grace resceyue ernes of
75 euerelastyng blisse. And þerfore vndirstonde hou þou shalt passe heyns into þe hous of God

In uoce exultacionis et confessionis, sonus epulantis. *In voyce of ioiyng and of shrifte, þe soune of etyng.* He þat here treuly loueþ Crist haþ sparcles of delitable soune of þe feste of heuene in his
80 herte, for þe greet godenes of God is so plenteuous to his loueres þat he makeþ himself knowen to hem after þe mesure of þe loue þat þei haue to him. And so þe swetenes of her loue in her mynde makeþ
f. 91rb hem to breste oute in swete notes of | loouyng and to laste in voyce of ioiyng. For þe lastyng inward þenkyng of þe godenes of God is so
85 wondirful a mirþe to his loueres þat it rauissheþ hem into heuenly þouȝtes, and makeþ hem to forgete al þe wretchidnes of þis life. And so þei syngen in her soule þe shrifte of endeles loouyng. For verey shrifte þat purchaseþ [pl]e[n]e[r] remissioun of alle synnes is to loue God and looue him wiþ clennes of herte. For God of his godenes

62 is] *om.* T forþi] þerfore AH, for þat L helte] helde A, bihelde H 63 enlargid] Y enlargid B it] *om.* D 64 fedde] fede AL 65 ydel] yuele A me] *om.* TD 67 bigynnyng] ende B endyng] begynnyng B `Nota' H uereyly be] *rev.* AHTLDBS forþi] þerfor AH, for þat L 69 loken] lokynge R may] ma C neyȝe] noyen R 70 þis] his D religious] holy men BS 71 clepide] callid HLR 72 religious] cristen BS forþi] þerfor A, for þat L 73 in] *om.* H 74 and so] so þat H 77 `Nota' H uoce] nocte H sonus epulantis] *om.* L 78 shrifte] sacrifice A þe] is þe BS loueþ] loouiþ R 79 sparcles] sparkes H of[1]] of þe ATLDBS delitable] delectabyll L 80 `nota' R so] *om.* A 81 makeþ] make T 82 so] *om.* T her[1]] his AHTLDBS loue] *om.* T 83 loouyng] preisyng ATDBS, louyng H and . . . ioiyng (84)] *om.* R 84 lastyng] last H 85 a mirþe] and mery L 86 to] so to D, *om.* BS wretchidnes] wrecchidnesses H 87 shrifte] sacrifice A loouyng] preisyng AHTDBS 88 shrifte] sacrifice A plener] uerey C, *om.* R 89 looue] preise AHBS, honour TD him] *om.* L

may not deneye his mercy of forȝifnes to hem þat trewly shryuen 90
hem to him, and bileeuen stedfastly in his miȝte and in his mercy þat
he onely and noon oþer forȝiueþ and forȝeteþ to punyshe þe synne of
his loueres. For þe soun of etyng, þat is, in ioiyng of goostly
deyntees, as þe dyuerse and wounderful ioyes wherwiþ God mer-
ueylously fedeþ his seyntes, deliteþ trewe men in God so meche þat 95
no weiȝt of woo in þis life may departe hem fro her loue þat is
festened in trewe bileeue in þe grete miȝte and godenes of Iesu her
saueoure. For a trewe louere haþ felyng here of þe melodye of
aungels þurgh deuoute þouȝt in contemplacioun, as dyuerse seyntes
oftesiþes wryten in her gloses. And in greet triste þat þei shuln be 100
parceneres wiþ seyntes in heuene þurgh þe mercy and þe merytes of
Crist, þouȝ al þei weren sumtyme þurgh wilful consente and
ignoraunce blyndid wiþ her owne synne and oþere mennes, þei
seyen to hemself, puttyng awey al despeyr

{6} **Quare tristis es anima mea, et quare conturbas me?** *Whi* 105
art þou sory, my soule, and whi troublest þou me? Siþ þou hast þus
meche counfort in Cristis loue, and in þi bileeue felest þe help of
God, hou he wile | mercy and no deeþ of synful man þat wile turne f. 91va
him to him and forsake his synne, o þou coward soule, whi art þou
þanne sory, and whi troublest þou my skil?—siþ Iesus þat is saueour 110
of alle þat wilen be sauede clepeþ þee and al sory heuy chargid wiþ
birþens of synne to be refresshid of him frely wiþouten raunsoun
paiyng. Wheþer art þou in despeyr of þin olde synnes, or þou tristist
not to contynue in þe weye þat ledeþ to life? Hou shulde I be in
despeir siþ I may leue my synne? And God þat forȝiueþ synne is 115
more redy to here me whanne I clepe to him trewly þan I to aske him
forȝifnes. Or hou shulde I vntriste to contynue in þe weye þat ledeþ
to blisse whanne my wille and my werkes ben remoeued fro synne,

90 `nota´ R 91 in[2]] *om.* AHTLDBS 92 onely] principally BS forȝiueþ] forȝetiþ A and forȝeteþ] *om.* H forȝeteþ] forȝeueþ A 93 loueres] louier AL, louers for her meke obedience to holy chirche BS þat] þat þat S in] of BS, *om.* L of[2]] and BS 94 as] as is AHLDBS, as er T wounderful] þe wondirful R 95 seyntes] seyȝtis D 96 is] ben AL 97 festened] fested L in[2]] of BS and] of H her] oure A 98 haþ . . . here] here haþ felyng BS þe] *om.* D 100 ofte- . . . wryten] writen ofte T ofte-] of R siþes] tyme B 101 parceneres] perteners AHTLDBS mercy] merytis AL þe[2]] *om.* BS merytes] mersi AL 102 þouȝ al] alȝif H, alle þouȝ R, þouȝ þat ATD þurgh] boþe þoru AHTLBSD 103 synne] synnes AL 104 awey . . . despeyr] al dispeir away BS 105 et . . . me] *om.* L 106 and] *om.* BS whi] *om.* L 107 `nota bene´ R 108 no] not ABS 109 him[1]] *om.* H þou[1]] *om.* H 112 birþens] þe birdyns BS refresshid] freshid BS frely] *om.* D 116 to aske him] aske of hym *marked for rev to* of hym aske H 118 ben] is BS

and he þat is verey weye ledeþ me þe weye? Mi sorynes haþ no
120 despeir ne vntrist of Goddes mercy, but it is troubled wiþ
mournyng, despisyng þe deceyuable world and al þat is þerinne.
And for þe weiȝt of my fleishe þat tarieþ my soule, my chere in þis
wrechid life may not be glad. For ȝif I haue in mynde þe greet
wretchidnes, to þe whiche I assentyde, and þe feblenes þat I fele ȝit
125 in myself, and þe cruelte of myn enemyes þat wayten my fallyng, ne
wondre þou not þouȝ I þurgh drede be troubled in myself. For who
is he þat dredeþ and ioyeþ togider? But not forþi

Spera in Deo, quoniam adhuc confitebor illi, salutare uultus mei {7} et Deus meus. *Hope in God, for ȝit I shale shryue to him, hele*
130 *of my face and my God.* If þou seye: forþi I am sory, for I am not þere
whider I am rauished passyng. For euere we ben passing toward oure
ende, and ȝit I am heuyed here in fleishe. Forþi hope inwardly in
f. 91vb God. Lo | a holsum remedy: hope in God, for ȝit I shal shryue to
him, and ȝif I shryue me not here to him fully in dede, in tyme
135 comyng I hope to do. For in þis life amonge myn enemyes, I am not
in alle parttes sikir and safe. Forþi [I] shal shryue me in hope, to him
in whom is al hele. What clepest þou uerey shryfte? Forþenkyng of
synne, and doyng penaunce þerfore stedfastly bileeuyng in oo uerey
God in Trinyte, in whom is al hele. He is þe hele of my face and my
140 God, for in his greet mercy is al þe gladnes of my chere. But for þis
gladnes is in my bileeue, þerfore to myself I seye

Ad me ipsum anima mea conturbata est, propterea memor ero tui de terra Iordanis et Hermoniim a monte modico. *To myself troubled is my soule, þerfore I shal be menyng of þee of þe erþe of*
145 *Iordan and of Hermon fro þe litil hille.* To myself, þat is I sette it to
myn owne foly and slownes þat my soule is troubled or sory; for
þurgh myn owne gilte and consent to oþere mennes I haue wilfully

120 of] to H it is] his T wiþ] and wiþ L 121 despisyng] and dispisynge AL 122 weiȝt] grete weiȝt R 123 in] *om.* R mynde] my mynde BS þe] of þe R 124 þe[2]] þanne þe BS 125 þe] *om.* L wayten] awayten A 126 þouȝ] if AHRBS þurgh] wiþ A 127 dredeþ] ioieþ A ioyeþ] drediþ A forþi] þerfore A, for þat L 128 salutare . . . meus] *om.* L 129 for] and L 130 forþi] þerfore AH, for þat L 1331 passing] *om.* BS 132 forþi] þerfore AH, for þat L 133 shal] *om.* T 134 here to him] to him here BS fully in dede] in dede fully BS 135 comyng] to comynge A, to come D 136 forþi] þerfor AH, for þat L I] *om.* C 137 what . . . hele[1] (139)] *om.* BS clepest] calles HLR `nota´ D 138 oo] *om.* L uerey] *om.* R 140 þis] *om.* BS 141 in] *om.* L 142 conturbata] turbata AL propterea . . . modico] *om.* L 143 hermoniim] hermonij AHTD to . . . soule (144)] my soule is troublid to mysilf BS 144 is] *om.* T menyng] myndeful R, þenkyng TDBS of[2]] fro BS 145 it] *om.* BS 147 to] of T

woundid my soule wiþ deeþ woundes, and ȝit þe greet mercy of God suffiseþ to hele it. And þerfore, turnyng me to God, sorowyng my synnes, trewly hopyng in his mercy, my soule in him wexeþ glad; 150 for, were not þe soule fyled wiþ vicious delites of þe fleisshe, it shulde ay be delited in ioyful mynde of God. Þerfore I knowyng þis, clensing out þe greet noyful vices of my soule, þat han lettid it and blynded it to fele and see þe wonderful kyndnes and godenes þat God haþ had wiþouten desert of me to saue it, I shal heyns forward 155 þurgh his helpe be myndful to queme him, sechyng his wille and doyng it. For I shal | haste me now to þee, my merciful Lord and f. 92ra saueour wiþ al myn hert, for þou onely doist awey alle yueles and sores, of alle þat wilen be clensid and helyd. And þerfore I shal be myndful fro þe erþe of Iordan, þat is, I shal haue in mynde þe 160 mekenes of Iesu, hou he descendid into Iordan to be baptisid, fordoyng as lord abouen þe lawe circumcisioun in fleisshe, bryngyng inne þe holy sacrament of baptem, shewyng þat he wolde of his mercy clense hem fro synne þat wolde turne hem to him and do penaunce, forþenkyng her defautes. But þis I vndirstood not, þe 165 whiles I rested in synne, for trewe bileeue, þe whiche makeþ a man haue vnderstondyng of treuþe, shone not þat tyme, for aftir a mannes bileeue, God sendeþ him knowyng. And þerfore I, turnyng me to God, forsakyng my synne, seeyng and knowyng þe greet mercy of him, hou he forȝafe me my synne whanne I forsoke it, and 170 mekid me and made me buxum and able erþe to bere fruyte, I was rauisshid in his loue to loue him herfore in werk and in word. And þerfore I shal be menyng of þee, fro Ermon þe litil hille, þat is fro tyme þat þou made me þurgh þi grace to knowe myself, and to mysplese myself for myn olde synnes, and to forsake and wiþstond 175 þe sutile temptaciouns of þe deuyl and þe writchidnes of þe world,

148 woundid] be woundid in D deeþ] dede ATD 149 and þerfore] in D 150 trewly] trewe`ly´ D, trewe AL, þurȝ BS wexeþ] waxe H 151 were . . . soule] if þe soule were not H were not] ne were ATLDBS fyled] foulid ATD 152 ay] euere AHTLDRBS 153 þe] of þe D lettid] blendide R 154 blynded] lettid R 156 þurgh] be L queme] plese R 157 now] *om.* H þee my] þe AL merciful] mercyable BS 159 sores] sorowes L, hores BS 162 in] of R 163 of baptem] *om.* A 164 and] to L 165 I . . . not] vndirstode not I H vndirstood] vndirstonde S not] *om.* A þe] *om.* ALBS 166 þe] *om.* A 167 haue] to haue H shone . . . bileeue (168)] *om.* A shone] scheyn TD, shyneth L a] *om.* BS 168 I] þe L turnyng] turned TD 169 seeyng . . . synne (170)] *om.* BS 170 forsoke] forsake BS 171 mekid] meke BS me[2]] *om.* AL 172 loue[2]] preise AHBS herfore] þerfore AL in[3]] *om.* A 173 menyng] myndeful R, þenkyng TDBS, mouyng A 174 tyme] þe tyme AH þat] *om.* AHTLDRBS me] *om.* L to[2]] *om.* H 175 mysplese] myspaie AHTLDBS for] fro TD

and to ascende in uertues þurgh meke suffraunce, al þe passioun of þis life was in my soule solace. For Iordan is als meche to seye as descendyng or liȝtyng, and Ermon as waryyng or cursyng. Wherfore 180 fro þe tyme I liȝted doun þurgh mekenes fro pride, biholdyng myn olde weyes, I fonde hem so fyled wiþ synne, þat I sawe myself | f. 92rb worþi to be curside. And þanne I wexe troubly and drowped for drede wiþinne in my soule, rubbyng it and wasshyng it wiþ sharpe and bittre sorowe of hert, wherþurgh þe myrk veyle of synne, þat 185 lettid þe liȝt of grace to shyne in me, was brosten and wastide. And whanne þe beemes of grace shoon in my soule, I was stired to þenk of þe greet riȝtwisnes of Crist in his doom. And wiþouten drede þerof I, seeyng þe moost part of men wilfully contynuyng her synne, for drede and sorowe I cried and seyde

190 {8} **Abissus abissum inuocat, in uoce catharactarum tuarum.** *Depnes inclepeþ depnes, in voyce of þi guteres.* I am troubled in my soule by wey of kynde, seeyng so many of short life, for luste þat soone ouerpasseþ, chesyng þe horrible peynful weye of synne þat ledeþ to deeþ, and leuyng þe delitable esy weye of vertues þat ledeþ 195 to life. But þe loue of God, where it is kyndeled, slockeneþ al kyndeli loue in þis life and of þis life where it is yuel ordeyned, as it is whanne it acordeþ not wiþ Goddes wille. Forþi in þe dampnyng of men þat here enden in synne, God and alle seyntes shulen glade; but drede of þi dome makeþ me troubled, for of þi riȝtwisnes þee 200 bihoueþ þere do equite. Siþ Adam for his vnbuxumnes at one tyme, þouȝ al he lyued þeraftir in erþe holy life more þan nyȝen hundreþ ȝeer, was punisshed þerfore in helle, boþe he and hise, more þan foure þousande ȝeer, and no man may seye but þat God dide him ful riȝtwisnes, hou þanne ne auȝt us not greteli to drede þat synnen here

177 to ascende] styȝe R in] into A suffraunce] suffryng H 179 liȝtyng] liȝtnynge AL, goyng doune R waryyng] warnyng, n- *alt to* y- C or²] and L 180 fro¹] *om.* BS I] þat I H liȝted] descended TD, wente R 181 wiþ] of A, for my BS myself] in mysilf BS 182 wexe] waxe H troubly] troublid AHR drowped] droupenede D, heuy H 183 in] *om.* H rubbyng] robbinge A 184 myrk] derk ATDBS veyle] peyne BS 185 liȝt] siȝt S in] on B brosten] brooken R 186 shoon] schyneden AR, schyne TD stired] meuyd TD 187 of¹] on AHLR 188 her] in her AL 190 in . . . tuarum] *om.* L 191 inclepeþ] incalliþ HLR voyce] þe voice BS 192 many] manye men ATLDBS, many men and wymmen H 194 delitable] delectabyll L 195 slockeneþ] slekeneþ or slakiþ BS, qwenchiþ AHTDR al] a L 196 yuel] *om.* BS 197 forþi] þerfor AH, for þat L 198 alle] alle hise HBS 199 makeþ] makid B 200 þere do] *rev.* T do] to do H, *om.* L siþ . . . riȝtwisnes (2004)] *eras.* A 201 þouȝ al] alþouȝ HR, þouȝ þat TD þeraftir in erþe] in erde þeraftir T 204 ne] *om.* RB not] *om.* AT to] itt D

greuously fro day to day? And oure bileeue telleþ us þat oure werkes 205
shulen folowe us; and, ȝif we loken wele, we | ben farside wiþ yuel, f. 92va
and voyde of al godenes, and oure lyues ben ful short to amende oure
defautes. And domesday is ful neer, and tyme of redempcioun is
none þeraftir, for in helle soþeli is no ȝeynbiyng, ne in heuene may
none come þat lacken þe cloþ of charite. And oure bileeue seiþ þat 210
charite of God is þat we kepe his bidynges for þei ben not greuose,
for oþer wey is þer none þat ledeþ to heuene, but to kepe þe
maundementes. What stony herte haþ he þat vmbiþenkeþ him what
he haþ done, and hou vnsikir he is of himself, and dredeþ not of his
eende, siþ God iustly punishid Adam for he trespasside ones. Who is 215
he þat lyueþ here and dredeþ not Cristis riȝtwis doom? For who is he
þat dar seye his synne is lesse þan Adams? And siþ Adam for his
synne was punishid so long, and þe same God is nowe and als iust as
he was þanne, who shulde þanne hope mercy to hem þat wiþouten
drede and loue to God continuen in her synne to her lyues ende?— 220
and namely siþ þe mercy of God stretcheþ to none but to þe dredyng
him [and] louyng him. Forþi in þe voyce of þi goteres, þat is in
voyce of þin holy prophetes and apostles, þurgh whom and bi whom
þe watre of hele and of wisdom plenteuously ran into al þe world, is
vndirstonden hou depnes inclepeþ depnes, þat is, hou men þat for 225
luste and coueitise of þis world depen hem in synne, for þeraftir þei
shulen be depid in peyne. For alle suche men hopen for large delyng
of her fals goten gode, þe whiche þei moun holde no lenger to haue
remissioun of her synnes. But for þei deme hereinne falsly, þei shuln
be clepede | fro dome to dome, þat is, for þei demeden helpe þere f. 92vb
none was, and wolde not deme hemself gilty forsakyng her synne, þei 231
shuln be brouȝte to riȝtwise dome where þei shuln not forsake peyne.
For ȝif al þe mercy of God be here abouen alle his werkes, abidyng
þe turnyng of synful men fro her synne, he shale be ful steren in his
riȝtwys doom to hem þat eenden in synne. And for drede þerof 235

206 farside] fassid AR 207 voyde] voidid BS ful] to L 209 ȝeynbiyng] aȝeinbiyng AHTR ne] nor L 211 \`nota´ R 213 \`nota´ H maundementes] commandmentes LBS vmbiþenkiþ] biþinkiþ AHTLDRBS 215 punishid] poneschiþ A 216 riȝtwis] riȝtful B 217 is] was A adams] \`was´ adames L, was adams AHTDBS 218 and^{2}] *om.* LR 220 to^{1}] of A 221 þe^{1}] *om.* D 222 and] *om.* C forþi] þerfor AH, for þat L in voyce] *om.* AL 223 voyce] þe voice BS 224 hele] wisdome T wisdom] hele T plenteuously] *om.* R 225 inclepeþ depnes] *om.* BS inclepeþ] incalliþ HLR þat^{2}] *om.* BS 226 coueitise] for couetyse L þis] *om.* L for . . . peyne (227)] *om.* D 227 for] in R 228 goten] synne *canc.* S, *om.* B gode] goodis H 229 remissioun] remyssyouns L hereinne] þerin L 230 clepede] callid HLR þere] wher L 231 hemself] hymsilf S 233 ȝif al] \`ȝif´ al D, alȝif HR, þouȝ A

Omnia excelsa tua et fluctus tui super me transierunt. *Alle þi heiȝtes and þi stremes on me passid.* Þat is, þe more synne and þe litel ouercome me, for to eche a synne I swiftly assentide fylyng my soule. And so I was þurgh synne maad vnbuxum, for I grutchide wiþ eche
240 peyn þat come to me for synne, not oneli wiþ greet peyne as losse of catel, or losse of frendes or sekenes of body, but wiþ smale diseses whanne any displesid me doyng not my wille. For who þat continueþ his synne shale neuer haue þe gronde of charyte, þat is pacyence. Forþi uppon me þus depide in synne, alle þi heiȝtes and þi streemes
245 han passyde. Here he reckeneþ þe tyme þat is gone for þe tyme þat is to come. For ȝif al I haue demyde myself gilty and dampnable for myn old synne, ȝit I knowe not fully hou gilty ne dampnable I am; forþi me bihoueþ stonde to þe hiȝe riȝtwise domes of God where eche þing shal be weiȝed euene aftir þat it is, and for drede of þis
250 dome troubled I am in peyne, and þerfore my solace and hope is in God, to be delyuered of al peyne in his doom. For, as seiþ seynt Austyn, God spareþ hem for a tyme, þat is, men lyuyng aftir her lustes, whom he wile dampne wiþouten ende. And þerfore seiþ seynt
f. 93ra Austyn, ȝif þou be outaken in þis | life fro þe noumbre of peynes and
255 tourmentes, þou art outtaken fro þe noumbre of Goddes sones. Forþi to be quyt of endles peyne I haue for my synnes suffred peyne, and alle þe dayes of my life to make a gode ende, I þenke to suffre paciently þe anoyes of þis life. For betre it is in þis short life to be chastised wiþ passing peyne, þan to lyue here in luste and þerfore
260 suffre endles peyne. For God seiþ 'Whom I loue I chastise here.' And for þat my soule assentide here to dyuerse synnes, I shal rubbe it and gladly suffre it be rubbid wiþ dyuerse anguyshes in þis life. For

236 super . . . transierunt] *om.* L 237 heiȝtes] heiȝe þyngis BS þi] alle þi T on . . . passid] passid on me BS 238 ouercome] ouercame R eche a] eche DR, euery L, siche BS swiftly] wyȝtly L, *om.* A 239 so] *om.* BS eche] euery ALDRBS, euere ich a H 240 losse] lost DB 241 losse] lost DB or[1]] and TL 242 displesid] mysplesid R, desplesiþ TBS, dyspysed L 243 his] þer L 244 forþi] þerfor AH, for þat L heiȝtes] heiȝe þingis BS þi[2]] *om.* H streemes] streyȝtnes L 245 han] *om.* L he reckeneþ] herkeneþ D þe[1]] *om.* R gone] passid TD þe[2]] *om.* R 246 ȝif al] alȝif HR, þouȝ al BS, þouȝ ATD 247 not fully] fully not fully T ne] and AL, and how BS 248 forþi] þerfore AH, for þat L stonde] to stande L þe] *om.* BS 249 eche] euery AHTLDRBS shal] *twice* L þat] *om.* L 250 troubled I am] Y am troublid BS þerfore] for þat L 251 `Augustinus´ TD seiþ . . . austyn (252)] seynt austyn `seiþ´ S, seynt austyn seiþ RB 252 `nota bene´ R lyuyng] leuynge D her] *om.* L 253 wiþouten ende] into eendlesse peyne H seiþ] as seiþ H 254 `nota´ H in þis life] *om.* H 256 forþi] þerfor AH, for þat L 258 anoyes] angwische H þis[2]] *om.* L 259 in] wiþ BS 260 suffre] to suffre HBS chastise] chasty T 262 be] to be AHTLDRBS anguyshes] anguysch TLDS, angris R

{9} In die mandauit Dominus misericordiam suam, et nocte canticum eius. *In day oure Lord sente his mercy, and in niȝte þe song of him.* In day: þat is of þis life þat welþe of it blynde us not, God oure merciful lord biddeþ to his mercy, þat is þat we suffre gladly anguisshe in þis life, for þerþurgh we moun be saaf and delyuered fro endles peyne. And so in niȝt of þis life þat is derked wiþ synne, in þe whiche we abyden mournyng oure defautes, þe morewyng of his grace, he biddeþ us syng and crye [i]n drede to him. For loue drede of God is bygynnyng of wysdom, and bryngeþ inne his loue, makyng us perfitely to loue God, ioiyng in him, for oure redempcyoun. And þerfore þe dredyng God for loue seiþ

Apud me oracio Deo uite mee, {10} dicam Deo: susceptor meus es. *Anentes me preyer to God of my life, I shal sey to God: myn uptaker þou art.* Loo, þe greet godenes of God þat he sheweþ his louer, liȝtnyng him wiþ grace for his gode wille þat bifore was blynded wiþ synne, for in whois herte is ȝiuen to synne may no treuþe reste. Forþi his | herte enflaummyde wiþ þe fier of Cristis loue, þe whiche melteþ and doiþ awey þe colde frosty yse of lustes in þis life, seiþ þurgh Goddes loue 'I haue anentis me preyer wiþ deuocyoun in gode werkes, þe whiche I shal offre to my God in remissioun of my synnes alle þe dayes of my life.' For he þat is life wiþouten deeþ is onely plesyd wiþ þe sacrifice of preyer of hem þat lyuen in grace, for þei receyuen her mercy of God in day whanne it may cleerly be knowen, þat is, in prosperite, for welþe and anguishe ben euere contrary. Forþi who þat lyueþ in welþe sunnest perceyueþ anoyes, þouȝ al þei knowen not oftesiþes þe goodenes þat þei bryngen wiþ hem. And forþi God of his greet mercy uisiteþ his wele biloued children wiþ anguyshe in her welþe þat þei forȝeten not þe medeful peynes þat he suffred for hem. And so in niȝte of anguyshe þei syngen to hym loouynges. For, as fyn spycery ȝiueþ no

265 270 275 f. 93rb 281 285 290

264 suam . . . eius] *om.* L 265 sente] bad AHTLDBS 266 þat[2]] and H 267 biddeþ] sendiþ R þat[2]] *om.* D 270 morewyng] moornyng AHTLD, morwenyng BS 271 in] and C drede[1]] dede D 273 perfitely] parfit BS 274 þe] *om.* D 275 me] te L deo[1]] mea deo L dicam . . . es] *om.* L 276 es] es tu A preyer] is praier BS myn . . . art (277)] þou art myn vptaker BS 277 he sheweþ] is R his] to his AHTLDRBS 278 for] of A 279 in] *om.* T 280 forþi] þerfore H, for þat L, for in A 281 frosty yse] frostes L frosty] frost AHTD 282 me] `me´ my A 285 hem] him TD 286 lyuen] lyuiþ TD þei] þe H her] þe AHTLDBS 287 cleerly be] *rev.* BS prosperite] profyght L 288 ben] is HDS euere] euene A forþi] þerfor AH, for þat L 289 þouȝ al] alle þouȝ R, alȝif H, þouȝ þat ATD 290 forþi] þerfor AH, for þat L his wele] wel hise H 291 anguyshe] angre A, angris TLDB 293 loouynges] preisingis AHTDBS as] al L

greet smel þe whiles it lyeþ unstyred, but þe more it is remewed þe
295 betre it smelleþ, so men in þis life lyuyng in welþe wiþouten anoyes
ȝiuen no smellyng to Goddes plesyng half as þei don whanne her
pacience is proued wiþ bittre aduersitees. And so preyer of þe
pacyent louer of Crist in aduersitees smelleþ beste bifore God, for
it is most quyk offryng plesyng him. Forþi þe louer of God bisieþ
300 him not aboute faylyng auer of þis world, to offre to him of whom is
þe erþe and þe plenteuousnes of it, as is siluer and beestes and oþer
goodes. But he offreþ to him þat is aylastyng þing þat may not fayle,
for siþ God is vnchaungeable he doiþ him greet spyte þat {offriþ}
f. 93va him þing þat may | not ay laste. Forþi al proude offryng offred for
305 veynglorye {or} wilfully to hem þat yuel spenden it is abhomynable
bifore God. Þerfore a gode wille wiþ bittre sorowe of herte
mournyng for synne is mooste swete smellyng offrand bifore God.
Forþi I shale seye to God þou art myn uptaker, for þou biholdest to
my crye, liftyng me out of synne whanne I trewly aske mercy
310 sorowyng my gilt, for þurgh new baptisyng in þe Holy Goost þou
haste taken me up to grace to sitte in þi blisse. Þerfore

Quare oblitus es mei, et quare contristatus incedo, dum affligit me inimicus? *Whi haste þou forȝeten me, and whi ingo I troubled whiles þe enemye tourmenteþ me?* Þat is, Lord, whi suffrest
315 þou me so longe in þis wretchid world be traueyled of myn enemyes,
siþ my kinde wexeþ ay lenger and lenger more feble, and þat
knowyng myne enemyes ay þe nerre myn ende þe more feersly
assailen me. Lo, þe cause God draweþ to him hem þat oneli tristen
in him þurgh loue: for þe more frele and feble þat we ben, þe more
320 us owe to loue God þat suffreþ us not þat bileuen in him to perisshe.
Forþi perfite loueres of God ben contynuely assayled wiþ tempta-

294 þe[1]] *om.* ALBS remewed] remouyd TDR, renued L 296 to] in R
298 of] in R 299 him] to him ABS forþi] þerfor AH, for þat L 300 ˋnotaˊ D
auer] auoire H, anoure A, goode R is] *om.* L 302 goodes] failyng goodis T offreþ]
offrid T þat[1]] þing þat AL aylastyng] euerlastynge AHTLDRBS 303 for . . . god
(306)] *om.* BS spyte] despiit AHTR offriþ] *gap, -iþ visible* C 304 him] to him TD
ay] euere AHTLDR forþi] þerfor AH, for þat L al] a L ˋnotaˊ H for] of R
305 or] *eras.* C wilfully . . . hem] offrid for (for *canc.*) ˋtoˊ hem wilfulli A wilfully] or
wilfulli HTDR, or wylfull L 308 forþi] þerfore AH, for þat L, for D
309 whanne] wham BS 310 my] for my H 311 sitte] sette L þi]
om. BS 312 et . . . inimicus] *om.* L contristatus] conturbas A, conturbatus BS,
tristis R 314 whiles] þe whiles HD tourmenteþ] turmentide D 315 þou]
om. AL be] to be R of] wiþ R 316 ay] euere AHTLDRBS feble] stille A
317 knowyng] knowen AL ay] euere AHTLDRBS nerre] nerrer R feersly]
freshly BS 318 tristen] confyden L 320 owe] owiþ AHTLDRB to[2]] *om.* A
321 forþi] þerfore AH, for þat L, for to D

ciouns, now wiþ her flesshe þat stireþ hem to lustes and lykynges,
now wiþ þe world þat moueþ hem to coueytise and slouþe, now wiþ
þe fende þat tempteþ hem to pride, enuye and yre. He þat seiþ þis
feeleþ meche of þe swetenes of heuene and vggeþ wiþ þe periles of 325
þis trecherous world. Wherfore he seiþ 'Troublid I ingo, þe whiles
þe enemye tourmenteþ me.' For þouȝ al I go inne wexyng in uertues
toward God þurgh hope and byleeue, ne|uerþelesse I am troubled f. 93vb
þurgh greet tourmentes of enemyes þat assaylen me. But þat I
wexyng in my trauel wiþouten werynes, þe Apostle seiþ 'Alle þat 330
wilen lyue benignely in Crist shal suffre persecucioun.' But þe trewe
louere of Crist may not in hem be ouercomen, for he suffreþ us not
to be temptide ouer þat we moun. Forþi no man seye, goyng þe
pilgrimage of þis life, þat God haþ forȝeten him whanne he suffreþ
his enemyes to tourment him. For as prosperite and welþe in þis life 335
to hem þat yuel lyuen ben uerey tokene of her euerlastyng
dampnacioun, so ben tourmentes and dyuerse temptacyons sparcles
and ernest to meke men in Crist of euerlastyng saluacyoun. Þerfore I
merueyle þat men ben so beestly þat þei kan not suffre þe breeme
wawes of þe see of anoyes flowyng in þis life, þe whiche wolde do 340
aweye waisshyng alle sorrewes and sores þat hem here anoyen; and
þat troubleþ me wondrynge þat we see not þe auauntage þat is in
suffryng anoyes. But he shale neuer be uictoure in aduersitee þat wile
not arme him in prosperite. Forþi þe charite of hem þat han more
souȝt and loued þe world þan Crist, bihoueþ wex cold at her `ende´. 345
And þerfore

{11} Dum confringuntur ossa mea, exprobrauerunt mihi qui tribulant me inimici mei. *Whiles my boones ben broken þei upbreydiden to me, þe whiche troublen me myn enemyes.* My boones

322 now] and now D 323 wiþ[2]] *om.* BS 324 tempteþ] tempeth L seiþ] seeþ AL 325 vggeþ] vggiþ `or heuyeþ´ R, haþ orrour H, feriþ TD, agriseþ BS 326 trecherous] fikil AL, swikil HTD, wrecchid BS troublid] trouble A ingo] go yn AHTLDBS þe . . . inne (327)] *om.* D þe] *om.* ALBS, to H 327 þouȝ al I] þouȝ Y al S þouȝ al] yf all L, alȝif HR, þogh þat T, þouȝ ABS 329 `2 thi. 3´ CATLD 330 wexyng] be waxinge AHTLDBS my] *om.* A 331 benignely] mekely R 333 to be] be L forþi] þerfor AH, for þat L 335 `nota´ R 336 ben] is AHTLDRBS 337 ben] is AHTLRBS, his D sparcles] `ben´ sparclis D 338 ernest] eernes AHTD 339 beestly] beesily T 340 anoyes] anoyouse R flowyng] folowyng L 341 aweye waisshyng] *rev.* A, all L sorrewes] souris A, surreus BS, surrewis D, sorenes L, scabbes. scornes H hem . . . anoyen] anoyen hem here R 342 auauntage] auauntagis ATLBS 343 shale] þat shal D uictoure] ouercomer R aduersitee] aduersytes L 344 forþi] þerfor AH, for þat L 345 at] in TD ende] nede, n- *canc.* , *margin faintly* ende C 347 qui . . . mei] *om.* L 348 þei . . . enemyes (349)] myn enemyes þe which troublid me vpbreidid me BS

350 ben þe strengþes of my soule, as my bileeue wiþ goostly werkes, þe which myn enemy þe deuyl enforseþ him to breke in þe laste houre.
f. 94ra For ȝif þei be not þanne couerede wiþ charite and fulle of ma | rouȝ, þat is fulle of green uertuous moysture, þei shuln welowe and drye and þanne be broken and kasten into fier. And þerwiþ myn enemy
355 shal seye to me reproof. For Crist and alle seyntes shulen seye reproof and scorn to him þat for luste and coueytise of þis world spoylede him of charite, waastyng his strengþe. For as þe bon bihoueþ neede fayle whanne þe marouȝ þat lyeþ in myddes of it moystyng it is waastide, so þe strengþe of oure soule bihoueþ need
360 be feble whanne it lackeþ oyle of deuocioun, for, as oyle softeneþ sores, so deuocioun swageþ sorowes. But who may at his laste ende purchace þis oynement, ȝif he haue not purchacede it in his life bifore?—þis makeþ me to drede þe ende of me and oþere mennes, for foolhardynes, þat is negligence in prosperite, makeþ men cow-
365 ardes and crauauntes in aduersite. Forþi þe laste houre of deeþ makeþ me ofte sore drede. For whanne þe bones of a mannes body ben broken, nedes bihoueþ þerafter his strengþe fayle, for in þe bones is a mannes moste bodily strengþe. So whanne presthode in whom shulde shyne moste strengþe of Cristis bileeue, is broken and
370 departed fro charite þurgh symonye, nedes bihoueþ for defaute of þis gostly strengþe wickidnes abounde and charite of many kele. For synne is now so encresyd in eche state þat is in þe chirche, for defaute of trewe meenes, þat who hateþ moste synne is holden most synful. And so for þei falsly demen vices uertues and uertues uices,
375 þei deseruen to haue woo, as God seiþ bi Ysaye. For men folowyng her fleisshe haten and scornen men þat done penaunce, vpbreydyng
f. 94rb þe eyres of heuene, whanne | God her fadre for loue uisiteþ hem wiþ diueers tribulacyouns in þis life, scornfully seiyng 'Where is her God

350 þe[1]] my L 351 him to] for to T 352 for] of L þei] þe R wiþ] in D marouȝ] mercy D 353 uertuous] vertues LBS 354 fier] þe fier AHL 355 seyntes] his seyntes LR shulen seye] þei schal T, shullen þere D 356 reproof] scorne H scorn] reproue H him] hem BS 357 spoylede] spoiliþ BS him] hem B 358 myddes] myddil TBS, þe myddes L, þe myddil D 360 softeneþ] softiþ AHLDBS 361 sorowes] sorines H who] who so H 362 it] *om.* H 363 to] *om.* AL and] of T 364 for] *twice* L 365 crauauntes] creauntes BS, trewantis TD in] þat is to seie ouercomen in H forþi . . . loueres (390)] *om.* BS forþi] þerfor AH, for þat L 366 drede] aferd H 367 þerafter] þat after L fayle] fayleth L, for to faile H 368 presthode] in preesthode H in] of L 369 cristis] cristen H 370 `Mt 24´ CA, `Mt 19´ L 371 abounde] to habounde H kele] to kele H 372 eche] ich a H, euery L state] astaat A 373 who] who þat H 375 `ysa. 5´ CADR, `ysa. 9´ L 377 whanne] whan þat L

in whom þei hopen, for whois loue þei done suche penaunce? Whi suffreþ he his loueres haue suche angres?' Suche heþing blynde men 380 þurgh synne maken oftsiþe to þe meke foloweres of Crist. But noon suche wordes may styre a perfite man fro þe loue of God, for mede of þe soule is merked aftir pacient suffring of þe flesshe. And to counforte his foloweres in her reprooues Crist suffred of þe Iewes wilfully wiþouten grutchyng gretter scornes for mankynde þan any 385 man may suffre for him. For þe Iewes seyden in reproof of him ȝif he hadde ben Goddes sone, God wolde haue delyuered him fro peyne þat he þoled; but blessed be þe lord God þat suffred him to þole! For in mynde of his suffrynge ben alle anguysshes wiþdrawen and slaked in his trewe loueres. Not forþi 390

Dum dicunt mihi per singulos dies: 'Ubi est Deus tuus?' *Whiles þei seye to me bi eche dayes, 'Where is þi God?'* I shal not ȝeelde hem yuel wordes for her reproues, but I shal preye for hem as for my freendes to God þat he liȝten hem. For boþe feendes and wicked men aȝeynes her wille profiten to trewe men, for þurgh pacyence 395 temptaciouns ben destroyed. For þis life is ful of shrewednes of wicked men and of temptacyons of fendes, he shale be moste gloryous uictour þat moste mekely wiþouten consenting suffreþ hem. And þerfore seiþ seynt Ion in þe persoune of Crist, counfortyng hem þat mekely suffren for his loue, 'I shale ȝiue to him þat 400 ouercomeþ to eete of þe tree of life þat is in paradise of my God.' For he seiþ 'I knowe þi tribulacioun and þi pacience, but | þou art f. 94va riche, þat is in bileeue, and þou art blasfemed of hem þat seyen hem to be Iewes and ben not, but þei ben þe synagog of Sathanas.' In þis mysterye is shewed greet counfort to pore men in tribulacyoun, þat 405 here suffren pacientli aduersites for Cristis sake of wolues, þat vndir coloure of holynes wasten þe vyneȝerd of God; for, as a tree is knowen by his fruyt, so þe enemyes of God prowdly clymbyng ouer þe walles of his fold as hungrye {dogges} soukyng þe hert blode of

379 hopen] hopiden A done] *om.* L 380 he] *om.* H angres] angwisch H heþing] scoornynge ALD, scornyngus R 382 styre] astirte H fro] ne greteli stire hym fro H mede] þe mede L 383 þe[2]] *om.* L 385 gretter] grete H 387 peyne] þe peyne D 388 þoled] suffrid TDR, suffriþ A þole] suffre T 389 anguysshes] angwys L 390 not forþi] naþelees A, not for þat L 391 ubi . . . tuus] *om.* L 394 feendes] frendes TD 397 men] men and wemen L 399 `Apoc. 2´ CALDR seynt] *om.* H þe] *om.* L 400 hem] *om.* L ȝiue] forgyf L 402 for . . . me (454)] *om.* BS pacience] proues ATL, porenesse H 403 is] ert T 404 `nota´ DR 406 here] þei D 407 `nota´ H coloure] coure L a tree] venym T 408 clymbyng] clymben R 409 dogges] *eras.* C

410 sheep, maken seyng men blynde. For men þat seen her wickidnesse
þei maken to bileeue þat whateuere þei doo þei shulen be suffred, for
þat is Goddes wille. And so {prelates} more and lesse, þe whiche ben
in þe chirche but not þerof, þe whiche þurgh gode smelle to her
sugettes shulde loue and confesse þurgh werk and word þe blessed
415 name of þe Lord, shewen bi þe bittre fruyte þat spryngeþ of her
cursid coueytous entre, þat þei ben þe smoky synagog of Sathanas,
deceyuynge þe peple þurȝ feyned `hoo´lynes to þe tyme þei haue
stopped her breeþ wiþ drede of her power. And so þe blynde ledeþ
þe blynde to þei fallen boþe in þe dyche. And for þis cursid consente
420 of þe puple to þe shrewednes of {prestes} more and lesse, Ysaie seiþ
'Forsoþe þe puple is not wise, þerfore he shal not haue mercy of him
þat made him, and he þat fourmed him shale not spare to hym'; þat
is, God shal endlesly punysshe þe puple þat wilfulli fro day to day
hepeþ synne upon synne, brekyng his biddynges. For he þat is
425 negligent in his owne nedes, siþ charite bygynneþ at a mannes self,
f. 94vb shal needes be negligent to his neiȝ|ebore. And so þe puple,
blyndide þurgh her owne synne, cowardli consenteþ to mayntene
wiþ Goddes part his enemyes, and þerfore in anoþer place God seiþ
bi Ysaie 'Haue we mercy to þe waryed, þat he lerne not to do
430 riȝtwisnes.' Whanne holy writ spekeþ of God in plurel noumbre, it
makeþ mencioun of al þe hole Trynite. Forþi he seiþ 'haue we mercy
to þe waryed', þat is 'suffre we þe cursyd puple for þe greetnes of her
synne and of oþere mennes to whom þei consente and fauour to lyue
as bestes aftir her fleisshe, for þat þei desyren.' And riȝt as þe wilful
435 foloweres of Crist deseruen for her feruent loue to God and to man
to be defendid bi þe miȝt of þe Fadre of heuene in eche batayle of
temptacyoun, and to be tauȝt of Crist wisdom of þe Fadre, to flee to
consent to oþere mennes synnes, and to encresse fro vertue to vertue

410 seyng] seymple D 412 prelates] *eras.* C 414 loue] preise H confesse] knouleche DR werk] worde L word] werke L 415 þe[2]] her D 416 cursid] *om.* DR coueytous] couetise and þeire wrongwise H 417 to] til ADR 418 stopped] suffrid AL, stuffid HT 419 to] til AHLDR `nota bene´ R in] into A dyche] lake T and] *om.* AL 420 prestes] *eras.* C, þe prestis H ysaie seiþ] þei seien AL `ys. 27´ CAHD, `ysa. 37´ L 421 not[2] . . . mercy] no mercy haue R not haue] haue no D him] it A 422 him[1]] it A him[2]] it A to] *om.* H hym] it A 423 fro] as blynde pepull fro L 424 brekyng] brekyn L, and breken A 425 mannes self] man himsilf AH, man self TL 426 so] *om.* L 429 `ys. 26´ CADR, `ys. 28´ H waryed] cursid A 431 mencioun] mynde DR hole] holy R, *om.* D `nota´ R forþi] þerfor AH, for þat L he seiþ] *om.* A 432 to] on R þe[1]] *om.* D waryed] cursid A þe[2]] þo D cursyd] waried HTL 433 consente] concentid H fauour] fauourid H 435 deseruen] deseruiden H 437 and] *om.* R flee to] flye R

endyng in perfite charite, so þe waryed puple for her inobedience to God deserueþ to haue tyrantes regnyng ouer hem to oppresse hem 440 by tyrantrye, killyng hem ofttymes in her synne. And also þei deserue to haue wise men to þe world and foles bifore God to peruerte hem fro þe riȝt bileeue, for þe whiche Crist shedde his blood. And so þurgh þe spirit of errour at her laste ende, her conscience is pricked wiþ deedly woundes of despeire. Forþi forto 445 esshewe þis myscumfortable ende, suffre we paciently reproues fro day to day in remyssioun of oure synnes and in encreese of oure mede in þe siȝt of vnwise folk, þat weneþ simple folk haþ no God to defende hem, hauyng counfort in oure bileeue þat seiþ to alle men in þe persone of one þat mekely folowen Crist here, kepyng his 450 biddynges | not consentyng to oþere mennes synnes, no þinge of f. 95ra hem drede þou, þe whiche þou art to suffre, þat is, 'Drede þou not þe peynes of þis life, for I shal delyuere whanne beste tyme is alle þat abidyng me suffren mekely for me.' Forþi

{12} **Quare tristis es anima mea, et quare conturbas me?** *Whi* 455 *art þou sory my soule, and whi troublest þou me?* If þou be stedfast in bileeue þou knowest þerþurgh þat tribulaciouns of þis life ben þe sikerest menes to blisse. For þat wey Crist, heued of alle seyntes, chees in þis life; and we rede riȝt, we fynde þat no seynt come euere to heuene oþer weye. Þanne ȝif þou cleyme to be cristen, folowe þou 460 Criste mekely chesyng þat weye. Forþi ȝif my life trouble me, grutchyng in any aduersyte I shal holde it my moste enemye. Forþi no man of gode bileeue be troubled in þe prisone of þis life for suffryng of aduersite, siþ worþily we beren hem in remyssioun of oure synnes. But men blendide in synne felen not þe softe taste of þis 465 weye; and þerfore þei scornen hem moste þat gladlyest gon þerinne. But þerfore no man be sory ne leeue his weye, but gladder be he

439 waryed] curside A, *om.* DR inobedience] vnobedience A 441 tyrantrye] tyrauncye L hem] *om.* L tymes] tyme AL also] so R 444 þe] *om.* H her[1]] þe H 445 forþi] þerfor AH, for þat L forto] to HTLDR 446 myscumfortable] vnscounfortable H 447 encreese] encreesyng DR 448 þe] *om.* AL simple] þat symple AH haþ] haue L 449 bileeue] bileeue crist AL 450 þe] *om.* R folowen] folowiþ H crist] *om.* AL 452 `apoc. 2´ CD 454 forþi] þerfore A, for þat L 455 mea . . . me] *om.* L 456 troublest] droues L, disturblist BS `nota´ D, `nota bene´ R 457 bileeue] þe bileeue A of] in L þe] *om.* H 458 heued] hiȝed A seyntes] holy seyntes BS 459 and] and ȝif HL 460 þou[2]] *om.* B 461 forþi] þerfore AH, for þat L 462 it] *om.* T 463 forþi] þerfore AH, for þat L troubled] troulid R þe] *om.* R 464 aduersite] aduersitees HTBS worþily . . . hem] we beriþ hem worþily BS worþily we] *rev.* L 467 ne] and L gladder] gladlier D, glad L

þerinne. For who is he þat cleerly biholdeþ þis life of seynt Ion Baptist, and hopeþ þat he was not scorned of fooles, siþ he despised
470 þe world in his ȝougþe and lyued so holy a lyfe? But þerfore he grutchid not in his weye, for he was grounded in treuþe, and not in vnstedfast myry places, as holowe reedes þat waggen wiþ eche wynde. Forþi þe Apostle seiþ, counfortyng men to stonde stifly, suffryng myssawes and persecuciouns paciently in þis life for Crist,
f. 95rb seiþ 'Who shal accuse | aȝeyns þe chosen of God?'—as who seye
476 noon. For scornes and anoyes suffred mekely in þis life, ben excusynges fro synne and not accusynges. Forþi he seiþ 'God is þat iustifieþ hem þat suffren here for his loue; who shal þan condempne hem?' No man. For her dede accuseþ whom God
480 iustifieþ. For Crist Iesus þat dyed to destroye synne, and roos to make men growe in vertues, is at þe riȝt honde of God þe fadre, preiyng for hem þat folowen him here mekely, suffryng anoyes and scornes for his loue. Who þanne shale departe us fro þe charite of Crist (þat is, to breke his commaundementes), wheþer tribulacioun
485 or angre or persecucyoun, or hungre, or nakidnes, or peryle or swerd? No drede forsoþe of þise may moeue or departe þe trewe louere of Crist fro him, for perfite charite putteþ oute al yuel drede. Forþi no man of trewe bileeue wexeþ wery in his weye for oppressyng or scorne of vnwyse folk, for þei wote neuere what þei
490 do or seye; for þei ben blynde þurgh her synne, for þei demen ofte folily þe foloweres of Crist sory, ȝif þei maken not mirþe wiþ hem. But siþ þis world is ful of trechery and gyle, hou shulde any gode man be glad in suche myscheues contrarye to þe passioun of Crist? And þe Apostle seiþ 'God forbede any ioye be to me but in þe crosse
495 of Crist', þat is his passioun, whereþurgh we haue remissioun of alle oure synnes after þat we clense us of hem þurgh vereye compuc-

468 þis] þe AHTLBS 469 baptist] þe baptist BS hopeþ] gessiþ DR 470 ȝougþe] þouȝt HT 472 waggen] waggid R eche] euery HL 473 `ro. 8′ A `ro. 9′ L forþi] þerfor AH, for þat L 474 myssawes] mysseiyngis AH for . . . seiþ (475)] *om.* BS 475 seye] seith TDRBS 476 anoyes] anoye BS 477 excusynges] accusyng L fro] for D forþi] þerfor AH, for þat L 478 shal þan] *rev.* AHTBS 479 condempne] dampne BS for her] þerfore AH, forthi þer TBS, for þat her L dede accuseþ] dede accusyng BS, dede accusiþ not hem D, drede accusyng ATL, þanne drede accusyng H 480 to[1]] for to BS 481 is] as L at] as R 483 `I io. 5′ ALS 485 angre or persecucyoun] persecucioun or angyr L or[3]] of T `Ro. 8, i io. 4′ CDR, `I Io. 4′ BS 488 `I ro. 4′ A, `Io. 9′ L forþi] þerfor A, for þat L trewe] riȝt AL wexeþ] waxe AH, wex TBS 489 scorne] scornyng HBS wote] loke BS neuere] not DR 490 blynde] blynded, d *canc.* C, blindid A, blende R ofte] oftsiþe AL 491 folily] febly L ȝif] for if R mirþe] myry D 494 be] to be H

cioun. But ioye of þe crosse of Crist is not in outwarde mirþes and lauȝtres, wherinne þe outeward wittes of men ben fedde. But it stondeþ in feruent deuocioun and in entier loouyng of þe name of God, and in hertly forþenkyng of synne, þe whiche | ben not vsid in veyn mirþes. Forþi ȝif we be worschiped bi Crist, beryng his name, folowe we þe maneres of him: we reden not of Cristes lauȝtre but of his wepyng we reden dyuers tymes, not for his synnes but for oures. Wepe we þanne wiþ Crist, forþenkyng oure synnes and oure neiȝebores, and flee we þe veyn mirþe of þis world, wherinne fooles han her delyte, for her solace is powdred wiþ synne. And siþ Crist dyed for synne, in ueyn is he cleped þe folower of Crist þat ioieþ in synne þat is vanytees. Forþi al synne and vanyte lefte

f. 95[va] 501 505

Spera in Deo, quoniam adhuc confitebor illi, salutare uult[u]s mei et Deus meus. *Hope in God, for ȝit I shale shryue to him, hele of my face and my God.* Þe meke folower of Crist, suffryng scornes and anoyes in þis life, counforteþ him in God seiyng 'Hope stedfastly in God, and fiȝte manly aȝeyn temptaciouns for loue of þi God.' For þe eeres of man heren not, ne þe eyȝen seen not, ne þe hert of man perceyueþ not þe rewardes þat God haþ ordeyned to his loueres, for aftir batayle to þe ouercomer is þe tyme of ful rewarde. Forþi he seiþ 'ȝit I hope to shryue to him', for aftir þe victory of þis life shulen men confesse to God worþi loouynges, for þurgh him onely þei ouercomen her enemyes. And siþ Crist is þe chief duk of þis batayle, bi whois uertue his kniȝtes ben made douȝty champyouns, I confesse him þe hele of my face and my God. For in him is my counfort, bi whom I hope redempcioun.

510 515 520

497 `nota´ R in outwarde] *rev.* R mirþes] myrþe BS 498 lauȝtres] lauȝhinges BS 499 loouyng] preisyng AH 500 hertly] erthly L 501 forþi] þerfor AH, for þat L bi] of D 502 `Io. 11´ CALD we[2]] for we R lauȝtre] lauȝhyng BS 503 his[1]] *om.* H tymes] tyme S for[2]] verili for H 505 flee] flye R þe] þanne þe T, *om.* R mirþe] mirþis R wherinne] wher T fooles] þe foolis T, þe soulis A 506 synne] synnes L 507 is he] *rev.* AHTLBS cleped] cald AL 508 vanytees] in vanitees H forþi] þerfor A, for þat L 509 illi] *om.* L uultus] uultis C 510 hele] helþe BS 512 in þis life] *om.* T in[1]] of AL 513 god[1]] good L 514 ne[1]] nor L ne[2] . . . not (515)] *om.* BS ne[2]] nor L 515 `1 co. 2´ AL loueres] trewe louers H 516 ouercomer] ouercomerer C forþi] þerfor AH, for þat L 518 loouynges] preisyngis AH 519 enemyes] synnes L þe] *om.* H 520 uertue] vertues L

Psalmus .42.

{1} **Iudica me Deus, et discerne causam meam de gente non sancta, ab homine iniquo et doloso erue me.** *Deme me God, and depart my chesoun fro folk not holy, fro wickid man and trecherous* | f. 95vb *delyuer me.* Dauid, knowyng þe multitude of wickede men aboun-
5 dyng in þe chirche, counforteþ þe foloweres of Crist þat þei suffre mekely oppressiouns in þis life, seiþ 'Deme me, God.' Greet counfort is in þise wordes to trewe men þe whiche mekeli beren þe noyous birþenes of þis life, puttyng her cause to be deemed in þe riȝtwis dome of God; for þer shal no fauour, drede, ne ȝifte bowe þe
10 Domesman fro equyte. And þe power to deme þe Fadre of heuene haþ ȝouen to Crist, his onely sone. And þerfore his frendes, wrongfully oppressyde in þis life, ȝif þei desiren no veniaunce, but aftir þe wille of God bidden for her enemyes þat þei be conuertide, shuln in þe riȝtwise dome of God be greetly enhaunside for þe greet
15 paciens þat þei kepeden in þis life. Forþi Dauid, whois werkes weren iust, hopyng in þe mercy of God, dredde not þe dome of dampnacyoun, seiyng 'Deme, me, God', for hope of ioye slakeneþ þe drede of peyne. Neuerþeles, kyndely men shuln \`ugge´ þe dome, for þe greet iustyce þat shal be done þerinne. And þerfore Dauid
20 mekid him here to haue Crist mercyful þere seiyng 'Lord, departe my chesoun fro folk vnholy', þat is Lord be fauorable in my cause, and deme me not þere dampnable wiþ wickid men. For in þis life I demed myself gylty, purgyng me of synne, doyng penaunce þerfore, to ascape þe ueniaunce of þi dome. For ȝif we demen oureself here
25 gylty, doyng worþi fruytes of penaunce for oure synnes in þis life, we

Ps. 42 CAHTLDRBS

heading C (*r.h.* Iudica), xlij psalm that folowen of the chyrche prayyng þe chyrche departyd fro shrewes L, psalme of dauid \`43´ *d.h.* R, \`42´ *d.h.* B, þe fourti psalm A, *om.* HTDS 2 ab . . . me] *om.* L ab homine] a uiro T iniquo] *om.* A 3 wickid] a wickid A trecherous] swikil HBS 4 me] þou me AT aboundyng] haboundaunte H, habounde T, beynge plentyuous DR 5 chirche] world BS counforteþ] cumfortynge A foloweres] louers L 6 oppressiouns] þe oppressiouns BS, oppressyngis H seiþ] and seith TBS 7 to] of T 9 shal] throw L no] ne L 10 þe[1]] *om.* D \`Io. 5´ CALB power] pore H 14 þe[1]] *om.* D 15 þat] *om.* AT forþi] þerfore AH, for þat L 16 dredde] dredyng B 17 seiyng] seide ATLDRBS hope] of hope L of] *om.* L slakeneþ] slikeneþ A, qwenchiþ HTDR 18 ugge] *margin, marked to replace* fere C, drede AHTDRBS 19 iustyce] riȝtwisnesse DR 20 þere] *om.* T 22 þere dampnable] *rev.* TR 24 ascape] scape HBS \`1 cor. ij´ CD \`1 cor. 11´ A oureself here] *rev.* DR 25 for . . . life] in þis liif for oure synnes A shuln not be demed of Crist wiþ þis wickid world. Here Dauid spake not presumyngly of himself, shewyng him so clene þat God in his doom shulde | fynde in him no cause to dampne him fore. But he, tristyng in his greet mercy, for þe wlatsumnes he hadde of his owne synne and of oþere mennes, hoped stedfastly, þorou þe desertes of Crist and þe suffrages of his seyntes, þat God shulde departe his chesoun fro vnholy folk, and fro þe wickid man and trecherous. For þouȝ Dauid were euene to vnholy men in þis life þurgh infirmite of fleishe and kinde, neuerþelatter he was vneuene to hem in conscience and desire, for his conscience was purged in sorowyng for his synnes and oþere mennes, and his desire feruent to gloryfie God in blisse endeles. Wherefore he hoped to passe þe wraþþe of þe Vengesour, trystyng in þe mercy of þe Forȝiuer þat his cause shulde be departed at þe dome fro þe cause of him þat þere shal be founden wickid, þat is, fro þe cause of him þat here openly dide yuel, and also fro þe cause of þe trecherous, þat is of him þat here priuely dide yuel and amendide him not. And þerfore he preyed þat his cause in þe dome miȝte be departed fro wicked mennes þat as geet shulen go on his lefte syde, and he wiþ his chosen on þe riȝt syde.

f. 96ra 30 35 40

{2} **Quia tu es, Deus, fortitudo mea, quare me repulisti? et quare tristis incedo dum affligit me inimicus?** *For þou art, God, my strengþe, whi haste þou putte me awey? and whi ingo I sory þe whiles þe enemye tourmenteþ me?* þouȝ al Dauid hoped tristily þat his cause shulde be demed fro wicked mennes, noþing acount[yng] his owne miȝt aȝens þe deuyl, and þe world, and his owne fleisshe, clepede God his strengþe, wondryng, knowyng and felyng his feblenes, hou of himself he was vnmiȝty, seyde 'For þou, | God, art my strengþe, whi haste þou outputte me, siþ þou art þe strengþe of Israel?', þat is of bihol[d]yng þee. For ȝif þou kepe wickidnesses, who shal suffre?—as who seye none. For alle we deseruen his veniaunce,

45 50 f. 96[rb] 55

29 he] þat he H 30 of[1]] *om.* R 31 þe] in þe L 32 chesoun] chosun AHLR vnholy folk] *rev.* A folk] poeple T 33 þouȝ] þogh al TLBS, alþouȝ HDR, þouȝ þat A men] folk A, *om.* L 34 neuerþelatter] naþelees A 35 for[2]] of AL 37 he] *om.* L 38 forȝiuer] glorifiar H 39 þere . . . þat (40)] *om.* H 40 and . . . yuel (41)] *om.* HDR 41 trecherous] trechours B, treschours S here] he L 43 mennes] men A shulen] schulden AH 44 lefte] selfe L wiþ] be wiþ AHTLRBS þe] his AL 45 quare . . . inimicus] *om.* L 46 tristis] contristatus D god] *om.* DR 47 ingo I] go in A þe] to H, *om.* LRB 48 þouȝ al] ȝef al BS, alþouȝ HDR, þouȝ þat A 49 mennes] men A acountyng] acounteþ CDR 51 wondryng] *om.* BS 52 `Osee vltimo' CALBS himself] him A god art] *rev.* A 53 outputte me] put me away BS þe] my D, *om.* RBS is of] is of men BS, is `of' D, is T, *om.* H 54 biholdyng] biholyng C wickidnesses] wickidnesse HLB 55 seye] seiþ TDRBS

and þerfore Dauid seyde 'And whi ingo I sory, þe whiles þe enemye tourmenteþ me?', for it is not to lyue in þis life wiþouten tourment. Forþi Dauid, desyryng to be leside of þis life and so syker to synne no more, languysshed for he hadde not soone þat he desyred; for
60 þouȝ al he hoped þat he shulde not be ouercomen, he desyred for þe more syker to be delyuered of þe peryles of þis life. For, as synne in þis life is enchesoun of drerynes, so riȝtwisnes þat þurgh mercy is done to seyntes, is enchesoun of her myrþe. But for euery soule is made of God, and he wote who is ordeyned to blysse, þerfore God
65 suffreþ hem in þis life to be punyshed for her assentyng to synne, bi tourementyng of enemyes in dyuerse temptaciouns in þis life, þat þei be not punysshed in euerlastyng peyne. But ȝernyng þat þe enemy be uttirly excludid, Dauid seiþ

{3} Emitte lucem tuam et ueritatem tuam; ipsa me deduxer-
70 **unt, et adduxerunt in montem sanctum tuum, et in taberna- cula tua.** *Sende out þi liȝt and þi soiþfastnes; þei me ledde and tilled into þin holy hille and into þi tabernacles.* Crist comyng to þe dome, al drerines shal be done awey fro seyntes. Þerfore Dauid, knowyng þat Crist, þat was to come to be borne of mayden Marye, was liȝte of þe
75 world and soiþfastnesse of þe Fadre þat shulde departe þe cause of þe merites of seyntes, delyuerynge hem fro wicked men and
f. 96va trecherous, in his seconde comyng to þe dome; | for þanne he shal sende his aungels to departe þe whete fro chaf and darnel, þat þei gedre fro his reume alle sclaundres. Wherfore he preyed to God
80 bisyly, seiyng 'Sende þi liȝte to knowe þi wille into my soule, and þi soiþfastnesse', soiþli to deme after þi dome, wiþouten acceptyng of persone, þat þat is synne yuel and þat þat is uertue gode. For verey knowyng and riȝtwys demyng ledde me out of synne, and made me

56 and[1]] *om.* R þe whiles] to whilis T 58 forþi] þerfore AH, for þat L leside] losid ADR of . . . life] of þis liif or vnbounden, *marked for rev. to* or vnbounden of þis liif H so] *om.* L 59 languysshed] langwischinge A, mournynge H þat] þat þat H 60 þouȝ al] yf al LBS, alȝif HDR, of al T, þouȝ A þat] *om.* L 62 is[1]] is þe HTLBS drerynes] heuynesse DR 63 `ys. 57´ CAS, `ysa. 17´ L myrþe] mirþes H 65 to be punyshed] *om.* A 66 tourementyng] turmentis R in[1]] by A 67 in] for þeir (65) . . . enemies (66) *crossed through* in H euerlastyng] aylastynge T ȝernyng] desirynge ADR, couetyng BS 69 ipsa . . . tua] *om.* L 71 me ledde] *rev.* DRBS tilled] tolled T, tilliden or brouȝte me H, brouȝten RBS, brouȝten me D 72 þin] þe A 73 drerines] drerinesses H, heuenesse DR shal] schulde H awey] *om.* H 74 mayden] mayde A, þe mayden HD 77 `Mt 13´ CD `Mt. 11´ AL 78 to departe] *om.* A chaf] þe chaff H, þe caf BS, þe L and] to A, and fro þe H 79 preyed] preyeþ R 81 soiþli] sothfastly L acceptyng] a[*gap*] T 82 yuel] and yuel H, *om.* A gode] and good H 83 ledde] lede HL

to be brouȝt into holy chirche, þat is into þe cumpanye of holy men, þat as miȝty geauntes contynuely fiȝten aȝen anticrist and his lymes. 85

{4} Et introibo ad altare Dei, ad Deum qui letificat iuuentutem meam. *And I shal ingoo into þe autre of God, to God þat gladeþ my ȝougeþhed.* Þat is, I triste þurgh Goddes mercy aftir þis life wiþ victory to go fro þis fiȝtyng chirche into þe auteer of God, whider no man mai come þat is founden here vnriȝtwys in demyng; he þat 90 offreþ himself here to God, wiþ alle his miȝtes doyng his wille, shal wiþ greet worship be taken into heuene as offryng of gode smel brent in þe fier of loue. For þurgh loue onely þe lawe is fulfilled, wherwiþ to God I shal go þat gladeþ my ȝougeþhed. For loue renewed my soule þurgh grace, þat bifore þurgh vnloue was spotted in synne. For 95 þe whiche heleful renewyng

Confitebor tibi in cythara, Deus, Deus meus. {5} Quare tristis es anima mea, et quare conturbas me? *I shal shryue to þee in harþe, God, my God. Whi art þou sory, my soule, and whi troublest þou me?* He shryueþ him to God in harpe þat entierly þankeþ him of his 100 uprysyng fro synne, and after|ward kepeþ him warly fro fallyng, f. 96vb fulfillyng þe biddynges þe whiche he haþ commaunded, touching hem ofte þurgh gode worchyng wiþouten hiȝing in prosperite and grutchyng in aduersite. He þat kepeþ Goddes biddyng and suffreþ noon aduersite, ȝif his wille be to suffre whanne God wile assaye 105 him, he shryueþ to God in a sautrye. For where dede haþ no stede, is ofte wille accepte. Whi þan art þou sory my soule? Þis þe Prophet seyde, seyng þe greet periles þat were in þis life, for greet drede he hadde to falle into newe synne. For who þat lokeþ bisyly bihynde him and bifore him, and in þe riȝtwise dome of God where al hydde 110 þing shale be shewed, him owe to drede him anaunter his olde synne be cause of his newe fallyng; for no wounde is so incurable and bringeþ a man soner to deeþ, þan doiþ an olde vnheled wounde.

85 contynuely fiȝten] *rev.* BS anticrist] þe fend BS lymes] enemyes T 86 ad[2] . . . meam] *om.* L 87 into] vnto AH, to TBS to god] *om.* BS 88 ȝougeþhed] ȝouþe ABS þis] the T 89 into] vnto AHTLBS 90 founden here] *rev.* AL 92 into] to H offryng] þe offryng L 94 ȝougeþhed] ȝouþe BS loue] he R renewed] renewiþ B, rewardiþ H 95 in] wiþ BS 97 quare . . . me] *om.* L 98 in] in/ in an H 99 troublest] drouis T 102 þe[2]] *om.* ABS 103 hem] *om.* L worchyng] werkynges L 106 for where] wherfor R for] *om.* D dede] doyng T 107 ofte wille] *rev.* A accepte] exceptid BS 108 þat were] *om.* A 110 þe] *om.* L riȝtwise dome] ryght wysdome L 111 þing] þingis A, þyng of god BS him[1]] he BS owe] owiþ AHLDR, auuȝt BS his] þat his HL 112 no] `a new´ L incurable] vncurable AHLDB and] ne T, þat BS 113 soner] raþer BS

Wherefore who þat semeþ clene in her owne si3te and negligent to
115 sorow her olde synnes, shulen be drawe fro synne to synne, þe
whiche at þe eend draweþ men moste into despeyre. For amonge
manye fewe shulen be founden clene purgide, whanne God shal
deme þat al wote. For Crist seiþ þat many ben clepid to haue blisse,
but fewe deseruen to be chosen þerto. Wherfore it is no wondre 3if
120 we ben ofte troubled in oure soules, þat so ofte wilfully ben made
heuy þurgh derknes of synne, consentyng þerto a3en þe biddyng of
God, where by his lawe we ben amonestide þat we confourme us not
to þe world, þat is to men þat lyuen aftir þe luste of her fleishe in þe
world. For pacience in aduersite, ne trewe loue to God for his
f. 97ra manyfolde graces, ne verrey hope of welefare aftir þis | life may not
126 duelle wiþ hem in tyme of temptacyoun, þat ben ioyned wiþ hem
þurgh consent þat lyuen in þis world aftir her lustes. Wherefore,
biholdyng þis peryle, I hatide wicked mennes dedes, seiyng to my
soule

130 **Spera in Deo, quoniam adhuc confitebor illi, salutare uultus
mei et Deus meus.** *Hope in God, for 3it I shal shryue to him, hele of
my face and my God.* Þe Prophete, knowyng þe greet uertue of trewe
shrifte to God, reherseþ it ofte seiyng to himself, 'Hope in God, for
3it I shal shryue to him, leuyng my synne, 3eeldyng to him
135 þankynges for myn uprysyng.' For þei engregge her synne for her
scornyng God, hou ofte þat euere þei knowleche her synne,
continuyng þerinne. For trewe shrifte is sorowyng of synne, and
abstenyng þerfro, and feynt shrifte and fals is to ofte shryue men of
synne and turne þerto a3en. Wherfore þe Prophet, fleyng feynt
140 shrifte, seyde 'I shal shryue me to God, hauyng shame of my synne.'
For shame bryngeþ in drede to synne, and drede to synne engendreþ
loue for þe leuyng of synne, and loue delyuereþ men fro peyne and
makeþ hem gloryous. For trewe shrifte comeþ of loue þat purchaseþ
for3ifnes, and cloþeþ þe shryuer wiþ bride cloþes of charite. And so
145 it setteþ a trew soule in hope þat God þat made it shale saue it.

114 her] his D 115 sorow] scorne BS 116 into] to L 117 shulen] schuld L 118 clepid] cald AHTLDRBS haue] *om.* L 119 to] *om.* BS 3if] þou3 R 120 troubled] drouyd T 121 derknes] mirkenesse HTL 123 aftir þe luste] in lustis A luste] lustes L 125 aftir] *om.* T not] *om.* DR 128 biholdyng] he biholdynge AL, Y beholdyng BS 130 confitebor . . . meus] *om.* L 131 hele] helþe BS 133 to god] *om.* BS it] *om.* L `nota Shrift´ B 135 `nota nota´ R þankynges] þankis AHTL, þonkyng BS uprysyng] upraysyng TBS 138 feynt] feyned T 139 feynt] feynid HT 140 seyde] seith T 144 cloþeþ] *om.* H shryuer] trewe schryuen H 145 it[1]] *om.* T

Psalmus .43.

{2} **Deus, auribus nostris audiuimus, patres nostri annunciauerunt nobis.** *God, wiþ oure eeres we herde, oure fadres han shewed to us.* Þe Prophet, enspired of þe Holy Goste in þe persone of martres and of gode men þat ben in penaunce and tribulacyoun, seiþ 'God, we herd wiþ oure eeres', þat is, we vndirstode wiþ discrecioun 5 of | resoun þat God was gode in alle his worchynges. Oure fadres, þat f. 97rb is patriarkes and prophetes wiþ þe apostles of þe Newe Testament, and her foloweres þat wolden not seye but soiþ proued, whom is to here and noon oþer, sheweden to us tellyng

Opus quod operatus es in diebus eorum, et in diebus antiquis. 10 *Þe werk þat þou wrouȝte in þe dayes of hem, and in olde dayes.* Þe werk of God wrouȝte in þe dayes of oure former fadres of þe Olde Testament was þe wonderful ledyng of þe children of Israel out of Egypte into þe londe of biheste, þe whiche ledyng bitokened þe wonderful shewyng þat Crist sheweþ himself to hem þat biholden 15 him kepyng his biddynges, ledyng hem wonderfully out of þe derknesse of synne into þe lond of life. Þe werke of [olde] dayes is þe merueylous makyng of heuene and of erþe, and þe gouernyng of hem and of alle þe creatures wiþinne hem. And þe werke of [olde] dayes was þe greet kindely resoun þat God ȝaf at þe bigynyng to oure 20 former fadres bifore þe lawe of Moyses, bi þe whiche kyndely resoun þei hatiden synne and loueden uertues. And alle þise werkes and wondres han be and shal be to þe ende of þe world shewed and fulfilled, als wele in enemyes as in frendes of God. For euery synne of his enemyes God haþ vengide and shal venge. And euery wele 25 done deed of his trewe seruantes haþ ben fro þe bigynnyng and shal

Ps. 43 CAHTLDRBS
heading C (*r.h.* Deus auribus), xliij psalm into þe ende þe sones of chore the understondynge of dauid. Oure uoys L, þe salme of dauid `44´ *d.h.* R, þe xlj psalm A, `43´ *d.h.* B, *om.* HTDS 1 patres] et patres L 4 penaunce and tribulacyoun] tribulacioun and penaunce A and[2]] and in L 5 we[1]] *om.* T 6 worchynges] werkis H oure] for owur L 8 and her foloweres] *om.* A soiþ] þe soþe AL whom is] whiche ben AL 9 and . . . oþer] *om.* BS to] tyll L 10 es] est H et . . . antiquis] *om.* L 11 þou] þei L olde] þe old H 12 former] ferst BS of[3]] and L 13 out] and L 14 bitokened] bitokeneþ AHRB, betokenyng L 15 crist] god R 16 wonderfully] wondrely H 17 derknesse] mirkenesse HL olde] her CDR, oure former H 18 erþe] `þe´ erth L þe[2]] of þe L 19 þe[1]] *om.* L olde] her CDR 20 was] wiþ A 21 former] furst BS 22 hatiden] haten A loueden] louen A þise] þer HT 24 euery] ylk L, in euerich BS 25 euery] ech A 26 haþ] haue H

be to þe endyng of þe world in mynde, to be rewarded in þe blisse of heuene. For wiþoute doute

{3} **Manus tua gentes disperdidit et plantasti eos; afflixisti**
30 **populos et expulisti eos.** *þin hond scatered folk and þou plauntide*
f. 97va *hem; þou tourmentide | folk and output hem.* þin hond, þat is þi mi3te, scatered haþ þin enemyes for her inobedience to þe treuþe of þi lawe; for who þat rebelleþ a3eins þee haþ trewþe his aduersarye, þat into þe world of worldes shal haue þe ouerhand. And so, þou3 al þat
35 God for his holy name and preysyng haue keped þe rote þat he haþ plauntide and makeþ it to burioun in his tyme, he suffreþ many bastard braunches vnfructuous to growe ouer it, and defoule it and meke it, but not to destroye it; for þurgh his gode loue it is norished, and for þe loue of his name he kepide þis rote in many stormes, and
40 blamede þerfore many folk of kynde þat proudli hi3ed it ouer itself. For to þe ende of þe worlde þis root shal not fayle to bere blessed fruyte, þou3 al it seme to be hid and charged wiþ importable wei3te. Ne þe vnfructuous braunches, innoumberable and vnmyndful, þat þurgh luste groweþ, þe whiche may not knowe þise in itself ne
45 worþili preyse God, shal not cesse to ryse into heghte, to þe mi3ty hond of God lowe it: and þat is þat þou haste tourmented puple, and put hem out, for þei þat wilen not take þi lawe effectuely. þat is proued trewe bi martirdome of many seynttes, 3ea, bi þe plenteuouse outshedyng of blood of þe heued of s`e´yntes. þe ri3twis dome of
50 God mot bynde togider þise vnfructuous braunches and brenne hem in vncessyng fier, 3eeldyng into her heuedes her owne fyndynges and rebelnesses. For

{4} **Non enim in gladio suo possiderunt terram, et brachium eorum non salua[u]it eos.** *For not in her swerd þei weldeden þe erþe,*

27 endyng] eende AL in[1]] into T 29 eos . . . eos (30)] *om.* L 30 expulisti] expulsisti A 31 tourmentide] tourmentiste H folk] puples HDR output] þou outeput HTLBS 32 scatered haþ] *rev.* DRBS þin] 3iue T inobedience] vnobedience AH 33 trewþe] treuli DR 34 into] in T þou3 al] al3if HDR, 3if al TL, þou3 A, alþou3 S þat] *om.* RBS 36 to] *om.* TBS 37 vnfructuous . . . growe] to growe unfructuous T 40 folk] folkis D proudli] prowd L 42 þou3 al] alþou3 HDRBS, þou3 A importable] vnportable HT 43 ne] ner L vnfructuous] fructuous T innoumberable] vnnoumbrable AHTBS, ne vnnoumberabyll L 44 þise] þere AHTLBS 45 to[2]] til AHLDRBS 46 þat[2]] *om.* LBS puple] þe peple AT, peplis DR 47 for þei] forþi `þei´ B 49 ri3twis dome] ri3twisdoom A 50 mot] most BS, myght L bynde] blynde H þise] þeire H, þe L 51 3eeldyng] heldyng L into] in LBS 52 rebelnesses] rebelnes ABS 53 enim] *om.* AHTLR et . . . eos] *om.* L 54 eorum] suum H saluauit] saluabit C swerd] swerdes L

and her arme saued not hem. Þat is, þouȝ al þat riȝtwise men shulen 55
haue heuene | for her riȝtwise lyuyng, louyng Goddes lawe, not f. 97vb
þurgh her owne strengþe þei wynne it ne gete þis coroun, for þe
Apostle seiþ: 'We ben not suficient of oureself to þenke a gode
þouȝt.' No man þerfore boost of her greet penaunce ne of her
manyfolde preyeres, þouȝ al þat þei ben ful deuoute, ne of large 60
ȝiuyng of almes, þouȝ al it be ȝouen iustli, ne of none oþer þing þat
we don here for Goddes loue; for God is þe principal doer of alle
gode þinges bodily and gostly, and moeueþ men þerto and draweþ
hem to loue. For no man may come to heuene but ȝif he be drawen
to bi God. But loke þerfore þat no man tempte God, seyyng 'Ȝif God 65
wile haue me, drawe he me', or 'whanne he draweþ me I shal come'.
Alle men of witte reulen hem bi resoun after þe bileeue. For, as þer
ben tuo lordes, so þer ben tuo seruantes; and eiþer lord aftir þat þe
seruant ableþ him and haþ wille to stonde in his seruise reuleþ his
seruant in his seruise. But þise tuo lordes ben eyþer contrarye to 70
oþere, as verrey treuþe and open falsenes. For as to God, so to þe
deuel, many sugetten hem wilfully. Þe seruantes of þe deuel in
noumbre ben mo þan Goddes seruantes manyfolde; but þe litel flok
of God, þe whiche fro treuþe no persecucyoun may drawe, is
wiþouten mesure þe strenger, for it may do þat þe deuyl and alle 75
his may not do; for it may loue God and haue him his defendour and
vengesour of his cause, for þe whiche þe folower of Crist mot neede
suffre. For whiles þe world lasteþ, proude men and coueytouse,
lechoures and glotones, for þe vnmyndfulnes of her olde and many
synnes, shulen be endured; and in peyne of her synne þei | shulen f. 98ra
wiþstonde trewþe, and oppresse þe loueres þerof þurgh cruelte and 81
miȝty power þat þei feynen hem to haue. And þerbi moste openly
þei ben knowen þe aduersaryes of Crist. And aȝenward God moueþ

55 not hem] *rev.* R þouȝ al] alþouȝ BS, alȝif HDR, ȝif al T, þouȝ A, all L þat[2]] *om.* BS shulen . . . riȝtwise (56)] *om.* BS 56 louyng] preisinge and louynge A, preisynge H, lyuyng louyng S 57 ne] nor L 59 her[1]] his AL her[2]] hise A 60 þouȝ al] alþouȝ BS, alȝif HDR, ȝif al TL,. þouȝ A þat] *om.* BS ful] riȝt A ne] nor L, *om.* DR 61 þouȝ al] alþouȝ DRBS, þogh al that TL, þouȝ þat A it] þat DR ne] nor L 62 þe] *om.* LR 63 bodily] boþe bodily BS moeueþ] he moueþ H 64 hem] men BS 66 me[1]] *om.* L 67 alle men] ech man AHTLBS, suche men DR reulen] ruliþ AHTLBS hem] him AHTLBS, hem not DR 68 ben[1]] is A, `is´ L ben[2]] is A 70 but . . . treuþe (91)] *om.* BS ben] *om.* T contrarye] contrarien T 73 ben] bi A mo] many mo H, more L manyfolde] bi manyfoold AHTL flok] folk AL 74 is] ben AHTLDR 75 it] þei AHTLDR 76 it] þei AHTLDR may[2]] *om.* L his[2]] her AHTLDR 79 lechoures] lecherous TL, glotouns D glotones] lecchouris D and many] *om.* A 80 shulen[1]] schuld L 81 wiþstonde] `nat *d.h.*´ wiþstonde A  trewþe] synne `but hate vertu and trewþe *d.h.*´ A 83 þe] the most T

his chosen to hate synne, and armeþ hem wiþ loue: drede, loue and
85 pacyence to wiþstonde and make knowen þe hydous giltes of his
enemyes, redyer and boldere to suffre false sclaundres and anoyes for
Crist, þan ben his enemyes to pursue. For, as enemyes of treuþe ben
drawen bi þe manyfolde hanked cheyne of olde vnamended synnes to
wiþstonde treweþ, so þe werkeres of treuþe ben drawen fro þe lustes
90 of þis life wiþ þe þrefold cord of loue, of þe whiche eche party
strengþeþ oþer. For no þing is strengere þan loue bondes of treuþe.

Sed dextera tua et brachium tuum, et illuminatio uultus tui, quoniam complacuisti in eis. *But þi riȝt hond and þin arme, and þe liȝtnyng of þi face, for þou plesed in hem.* Þe miȝt of þe Fadre and þe
95 wisdome of þe Sone and þe gode loue of þe Holy Goste, as a
stalworþe þrefolde cord þat may not fayle, is as a stalworþe arme at
þe riȝt halfe of trewe men, liȝtnyng hem in þe weye. For siþ God is
treuþe, he may not be departed fro trewe men. And so þi presence
saueþ hem, for þou haste plesed in hem þat wile be drawen bi þe
100 coord of þi loue, and of þi gode wille þou haste chosen hem. And
þerfore, preysyng þi name to þe whiche euery knee boweþ, þe riȝtwis
man knowelecheþ and seiþ

{5} Tu es ipse rex meus et Deus meus, qui mandas salutes Iacob. *Þou art my kyng and my God, þat sendest helþes to Iacob.* Þou,
f. 98rb Lord, þat alle þise | godes hast done for þiself, art my king, ledyng
106 me fro vice to vertue, and gouernyng me þat I doun falle not. And
my God þou art, for al þinge sheweþ þi godenes. And þerfore I am
strengþed to laste in þee, onely tristyng to perfourme in gode þi
wille. For þou sendest helþes to Iacob. For who þat obeysheþ to þi
110 word supplaunteþ þe deuel in his fel and bisye assaylyng, and so of
þee he is helyd of alle priue and apert synnes. For, not of oure
kunnyng ne vertue, but oneli þurgh þee we ben miȝty ouercomeres,
whanne it semeþ to þe world þat we ben ouercomen. For

84 loue[1]] sones A, sone HL, somme T loue[2]] wiþ loue H, *om.* DR 85 þe] hise A giltes] gatis T 87 enemyes[2]] þe enemyes D 88 bi] wiþ DR þe] *om.* R olde] þe olde D vnamended] and vnamendid H 89 treweþ] þe truþe A 90 þe[1]] *om.* L party] part AHTL 91 loue] þe loue D 92 tuum] *om.* T et[2] . . . eis] *om.* L 93 in] *om.* R 95 wisdome] riȝtwisdome BS 96 a] *om.* T 97 liȝtnyng] liȝtynge H 98 be departed] depart R 99 for . . . hem (100)] *om.* BS bi þe] wiþ þi L 101 þe whiche] þe to whom H 102 knowelecheþ] knowiþ H 103 qui . . . iacob] *om.* L salutes] salutem H 104 þou[1]] þou þisilf BS 105 art] is AHTL 106 doun . . . not] falle not doun DR 107 þinge] þingis H sheweþ] schewen H 109 þou] *om.* L sendest] sentist H who] who so H 110 in] and BS and[1]] *om.* AL 112 kunnyng] knowyng L

{6} **In te inimicos nostros uentilabimus cornu, et in nomine tuo spernemus insurgentes in nobis.** *In þee oure enemyes we shal wyndewe wiþ þe horne, and in þi name we shal despise þe inrysynge in vs.* In þee, þat is in þi uertue, wee shal ouercome oure enemyes wiþ þe horne of þe blaste of þi mouþe; for as þe wynde bloweþ afer þe chaf fro corne, so sodeynly at þi word þin enemyes shulen be caste afer. And in þi name Iesu, þat is abouen alle names in þe whiche oure saluacioun is, we shuln despise now in party and on domesday fully hem þat now rysen in us to hirte us; for who þat wile venge him here shal fynde vengeaunce of God in his riȝtwise dome. Sey þerfore þou, þat wenest þiself to haue power aftir þin owne wille,

{7} **Non enim in arcu meo sperabo, et gladius meus non saluabit me.** *Not in my bowe I shal hope, and my swerde shal not saue me.* Þat is, nouþer in miȝte of bodili power I shale triste to do wrong to any man, ne I shal vse my mouþe in proude boostful wordes | to make ferd my neiȝebore for he is lesse þan I and displesiþ to me, as I to myself shulde. For noiþer bodili power ne sly sleiȝte may saue him þat wrong doiþ to innocentes, whois defendour is God. And þerfore, faylyng þe miȝte of her enemyes, þei shulen seye to God for whom þei suffreden and in whom þei hopeden

{8} **Saluasti enim nos de affligentibus nos, et odientes nos confudisti.** *Þou forsoþe sauedest us fro þe tourmentyng us, and þe hatyng us þou shamed.* Þat is, þat þou shalt saue to þe ende of þe world, as þou haste doon fro þe bigynnyng, hem þat kepen þi word and hopen stedfastli in it fro alle wickide goostes þat tourmenten hem here. And þe enemyes of treuþe, for þei haten þee in þi membres, þou shalt make ashamede in þi dome, whanne þei shulen be dampned bifore alle men. Þerfore tristyng in þee and greetly ioiyng in þi helpe, pacyent meke men born doun bi tyrantri seyen

114 et . . . nobis] *om.* L 115 þee] *second* e *added* C oure . . . wyndewe (116)] S *marked for rev. to* we schulen wyndewe oure enemyes DRB 116 þe[1]] *om.* AR þe[2]] men BS inrysynge] rysynge LBS in[2]] aȝens BS 117 þi] *om.* L 118 þe[1]] þi L þe[3]] *om.* T 119 corne] þe corne HLDRBS afer] after T 120 in[1]] *om.* L names] name AH 121 in] on A on] in AB 122 now rysen] *rev.* BS to . . . us[2]] *om.* BS 123 `ecc. 28´ AL þerfore þou] *rev.* T 125 enim] *om.* AHTLDBS et . . . me] *om.* L 126 not . . . hope] I shal not in my bowe hope S *marked for rev. to* I schal not hope in my bowe DRB 129 ferd . . . neiȝebore] myne neiȝebore aferd H ferd] afeerd A 130 bodili] body L sly] *om.* BS 131 wrong doiþ] *rev.* DR doiþ] *om.* A is god] *rev.* H 134 et . . . confudisti] *om.* L 135 þe[1]] men BS and . . . shamed (136)] þou shamed men hatyng vs BS 136 þat[2]] *om.* AHTLDRBS saue] schame H 137 fro] of me fro T 139 in] and BS 142 helpe] heelþe A tyrantri] tyrauncye L

{9} In Deo laudabimur tota die; et in nomine tuo confitebimur in seculum. *In God we shuln be preysed al day; and in þi name we*
145 *shulen shryue into þe world.* In þee we shuln be preysed al day: þat is, in alle þe dayes of þis life in þi preisyng and in þi ioye we shuln preyse þee, ioiyng in þi preysynges not in oures. And in þi name obeyshyng to þi word, we shulen knowleche into þe world þat in þee onely is al helþe and forȝifnes of synne, and al strengþe and grace to
150 wiþstonde synne and laste in vertues; and þat no mannes doyng auayleþ, but ȝif þou be þe principal doer; and þat þi doynge wiþouten mannes wityng is preysable into þe world wiþouten
f. 98vb ende. But for | we mystaken upon us power of God, we ben nedid to seye wiþ greet sorowe

155 **{10} [Nunc] autem repulisti et confudisti nos, et non egredieris, Deus, in uirtutibus nostris.** *But now þou haste putte us aweye, and þou haste shamed us, and shalt not go out, God, in oure uertues.* No doute þat ne we be meked for oure wickidnesses and lefte of God and shamed, for takyng to us þe glorye þat is onely due to
160 God, þurgh presumpcioun of hauyng power to be þerbi enhaunsed in þis life. Þerfore in what state a man stondeþ inne, putte he fro him pride and vnleeful coueytise, and he shal wite þanne þat he is vnmiȝti, and þat al power is of God onely, and man but mynistre and shewer of his power. Forþi, leue we to boste of power, and seye we
165 mekely, preiyng forȝifnes of oure blasfemyng, and seye we þis uerse wiþ hem þat ben wilfully meked for Crist, as Crist was for his Fadre: 'Lord, now in þis life þou haste putte us awey fro þee as forsaken wretches', as it semeþ to men þat han treuþe her aduersarye. Also þou haste shamed us in siȝte of men þat ben wedded to þe world and
170 her lustes, but not in oure consciences. And þou shalt not go out in oure uertue, but in þin owne; for in al þing þi uertue bi itself is sufficient to do what þou wille, but mannes uertue wiþouten þee is

143 deo] domino R laudabimur] laudamimur H et . . . seculum] *om.* L in] tibi in AR 145 shryue] be schryuen AL, knowlich BS into] to þe into L 146 in[1]] *om.* R 148 þat] þat is D 149 al] *om.* R `nota nota´ R 150 mannes] man BS 151 auayleþ] profiteþ BS þe] *om.* H 153 power] þe poure L 155 nunc] domine C repulisti] repulisti nos D et[2] . . . nostris] *om.* L 157 þou] *om.* A shalt] þou schalt AHTLDR, þou god shalt BS god] *om.* DBS 158 `nota bene´ R ne we] *rev.* R wickidnesses] wickidnes AL. wrecchidnessis DR 160 of . . . power] *om.* BS of] and T 161 life] world A 163 but] but by A, but be L 164 forþi] þerfor AHBS, for þat L power] oure power R 165 preiyng] preiynge of H 167 now] *om.* B þou] now þou BS awey] alway BS 170 her] to her AHLD consciences] conscyens L 171 owne] vertu A 172 wille] wilt AHDRBS

vnmi3ti. Forþi Lord, go þou not out fro þe s`e´king þi word and hopyng in it, as þou hast done and alwey shalt do fro hem þat falsely presumen of hemself. Þerfore, mercyful Lord, adde to oure uertue þi grace, and shewe to þin enemyes hou þei enforsen hem in ueyn a3enes treuþe þat mote nede be defended wiþ þi mi3t and þi myracles. | 175

{11} Auertisti nos retrorsum post inimicos nostros; et qui oderunt nos diripiebant sibi. *Þou turned us aweye bihynde oure enemyes; and þat hatide us þei refte to hem.* Þat is, for oure presumpcioun and oure hy3e beryng þou haste nackened us of treuþe þat we weneden oureself to haue; and so, for oure grutchyng and oure vnpacyence to suffre in þis momentany tyme þe softe 3eerde of þi disciplyne, þou hast turnede us bakward after oure enemyes. And þei þat hatiden us, þat is þe deuyl and his aungeles, for þat we ableden us not to penaunce and persecucioun, of þe whiche it is impossible a trewe man forto kepe him in þise yuele dayes violentli, for oure mysbileeue and cowardyse refte us fro þe solace of gode hope of alle þat lasten pacientli in persecucioun for treuþe. And þerfore f. 99ra 180 185 190

{12} Dedisti nos tanquam oues escarum; et in gentibus dispersisti nos. *Þou 3af us as sheep of meetes; and in folkes þou scaterid us.* Here is greet cause of sorowe þat, after þat men han oblisshed hem to serue God, þei turne fro him to her lustes and coueytise þat is abhominable filþe of þis life. And þerfore of his ri3twisnesse he mot do vengeaunce, and þerfore as fatte sheep þat ben able to slee and not to holde, God takeþ lusty wretches and vnfeiþful into metes to deuyles, not to sle hem and to waste hem in deuoureyng, but tourment hem in endles peyne. And in folk þou haste scatered us, but not as Poul þat for greet plente of grace þat he hadde to conuerte þe folke of kynde, but for oure defourme þat we ben vnlyke to þe sones of God. And þerfore we ben scatered in folkes 195 200

173 forþi] þerfor AH, for þat L þe] men BS 174 and alwey] *rev.* H 175 adde] putte DR 176 shewe] schewe þou A 177 mote] most BS 179 nos] *om.* H et . . . sibi] *om.* L 180 us] *om.* HL 181 þat[1]] hem þat H, þei þat DR þei] *om.* DR 182 nackened] nakid ALDRBS 183 oureself . . . haue] to haue ouresilf R 186 þat[1]] *om.* BS 187 and] and to H of] fro AHTLBS 188 is] is as HLBS impossible] vnpossible BS 189 violentli] han so violentli AL, haþ violentli HTBS mysbileeue] mysbele L 190 for] of L 192 escarum] *om.* H et . . . nos] *om.* L 193 us] to us H folkes] folke AHTLDRBS 194 þat[2]] *om.* L 195 oblisshed] obeischid ALBS 197 mot] myght L, most BS 198 slee] ben slayne H holde] lyue H 199 sle] see L and to] ne BS to[2]] `to´ D, *om.* AHTL 200 tourment] to turmenten AHTLDRBS 201 þat[1]] *om.* L greet] þe greet A 203 vnlyke] *om.* L

f. 99[rb] of kynde, þat as beestes lyuen after lustes, to be felowes in | peyne to
205 whom we maken us like in lyuyng. And þerfore

{13} Uendi[di]sti populum tuum sine precio; et non fuit multitudo in commutationibus eorum. *Þou solde þi folk wiþouten pryce; and mychilnes was not in chaungynges of hem.* Þat is, þou haste suffred meche puple to perische for her inobedyence, and þe hydous
210 giltes for whiche þei perissheden ben expressed in þi lawe, for þe rederes and þe hererres shulden drede synne and flee it. But not forþi þer is no multitude in þe chaungynges: for ful fewe, in comparysoune of hem þat han runne `and ȝit´ rennen hedelynges into þe gilderes or snares of deeþ, esshewen synne folowing þi
215 steppes. And so þi riȝtwisnes suffreþ þi folk to perisshe for þe hardnes of her synne. And for we strook bonde of pes wiþ hem

{14} Posuisti nos opprobrium uicinis nostris, subsannationem et derisum hiis qui in circuitu nostro sunt. *Þou haste sette us reproof to oure neiȝtbores, scornynge and heþing to hem þat ben in oure*
220 *aboutegoyng.* Bi þe riȝtwis dome of God reproof mot be put to hem þat vnderputten hemself vnder þe greuous charge of þe deuyl, and þrowen afer and despysen þe eesy ȝok of Crist and his liȝt birþin; and worþi heþing and scorn shale come to hem of alle þat ben in her cumpase. For boþe gode aungeles and holy seyntes, to whom als wele
225 deuyles as dampned men weren neyȝebores, and of oo kynde as anentes þe spirit, worþili shal putte to hem euerlastyng reproof. For God made angeles and man of oo kynde in spirit, þat he þat is dampned excuse not his fallyng by vnworþines of kynde or freelte, siþ oþere of þe same kynde and freelte for her obeishyng to God
f. 99va wanne þe coroun þat þei wilfully loste. For none excusacioun | may
231 excuse suche lusty wretches, but to her confusioun accuseþ hem and us for oure consentyng to her erroure

204 lustes] kynde BS 205 maken] made H 206 uendidisti] uendisti C et . . . eorum] *om.* L 207 folk] puple H 208 mychilnes] myscheues BS chaungynges] choungynge R 209 inobedyence] vnobedience A, vnbuxomnesse H 210 whiche] þe wheche S 211 not forþi] naþelees A, not for þat L 213 þat . . . ȝit] *on eras. into margin* C 214 þe] *om.* D gilderes or snares] gildris TBS, snaris HDR, snare AL 215 þi²] *om.* L 216 strook] han smyten H, smyten DR, maden A 217 subsannationem . . . sunt] *om.* L 218 derisum] illusionem D 219 heþing] mowynge A 220 aboutegoyng] vmgang L, goynge aboute H, cumpas AT hem . . . vnderputten (221)] *om.* BS 221 and] þat B 222 afer] after L 223 heþing] scoornyng A, shame BS scorn] mowyng A, scornynge L 225 as²] *om.* D 226 worþili] and worþily R putte] be putt A to] *om.* BS 227 of] but of T oo] *om.* S he . . . is] þouȝ he be B he] *om.* L is] be S 230 wanne] whanne HTLBS for] and for AHBS 231 suche] þese A 232 oure] *om.* A

{15} Posuisti nos in similitudinem gentibus, commocionem capitis in populis. *þou haste sette us into lickenyng to folk, styringe of heued in þe puple.* Worþili we ben made lyke to hem in peyne whom 235 we maden us like to in lyuyng. But meke men suffringe reproof for treuþe, alȝif þei be putte into lickenes of wariyng of proude men blynded wiþ lustes, it worcheþ to hem a glorious coroune. For euermore gode men and symple han ben hatsum to wickede men and proude. For heþen men in lyuyng waggen her heuedes in reproof 240 and scorne upon þe meke of stedfast purpos, confessyng þe name of Crist. And for þis reproof bigan at Abel and shal laste to þe ende, he þat wilfully suffreþ sclaundres for Crist seiþ, not grutchyng ne heuy beryng reproues, but counfortyng hem þat shuln putte her necke vndir Cristes swete ȝok 245

{16} Tota die uerecundia mea contra me est, et confusio faciei mee cooperuit me. *Alday my shame aȝein me is, and confusyon of my face hilled me.* þis shame is aȝein holy men [pu]t al day, þat is to þe ende of þe dayes of her life. For as in heuene holy seyntes shulen euere wante reproof, ioyyng in þe siȝte of God, so þe foloweres of 250 Crist moten needes suffre persecucioun as he dide to þe laste houre and moment of his temperal life. And ȝit þei gessen alle anoyes þat moun be suffred in þis life no ful satisfaccioun for her offensiouns. And þerfore one seiþ for alle, þe confusioun of my face hilled me, þat for þe multitu|de of my synnes I heelde me vnworþi to biholde f. 99vb to þe Heyȝest, whom I hadde ofte terred to wraþþe aȝenes me. But, 256 what þurgh myn owne weylyng and pacyence in suffryng of enemyes, I hopede fully forȝifnes and seyde

{17} A uoce exprobrantis et obloquentis, a facie inimici et persequentis. *Fro þe uoyce of þe upbreydyng and of þe aȝeinspekyng,* 260 *fro þe face of þe enemye and of þe folowyng.* Lo, here is plener forȝifnes of synne and purchasyng of grace to hem þat haten synne, þat is to

233 commocionem . . . populis] *om.* L 234 lickenyng] licknesse DR 236 we maden] he maad T men] *om.* T 237 treuþe] þe trouþe H alȝif] þouȝ A, alþouȝ BS wariyng] cursyng A 239 hatsum] hateful ADR 240 heuedes] heed A 241 of[1,2]] and H confessyng] knowlechinge DR 243 ne] nor L 246 et . . . me] *om.* L 247 aȝein . . . is] S *marked for rev. to* is aȝen me DRB 248 put] þat CDR 250 wante] fail T, lak BS reproof] repreues AL 251 moten] most BS 252 his] this T gessen] chese L 253 be] *om.* D offensiouns] offences HLBS 254 hilled] haþ hilid D 255 þat] þat is H biholde] be holde BS 256 to[1]] *om.* LDBS hadde] haue D terred] stirid T 257 what] *om.* A 258 forȝifnes] of forgyfnes L 259 facie . . . persequentis] *om.* L 260 aȝeinspekyng] ȝeinspekyng HL, aȝeinseiyng A 261 fro] and fro A plener] a plener R

wiþstonde open synneres auyseli, not consentyng to hem for þe whiche oftsiþe open reproof mot be suffred. For it is harde to a trewe
265 man to kepe silence where in his presence his God is despysed; for none upbreydyng, ne bacbytyng, ne sclaundre, ne persecucioun of þe enemye pursuyng may constreyne a trewe man to holde not for his Lord. And þerfore þe aduokates of Crist seyen

{18} **Hec omnia uenerunt super nos; nec obliti sumus te, et**
270 **inique non egimus in testamento tuo.** *Alle þise comen on us, ne we haue forȝeten þee, and wickidly we wrouȝte not in þi testament.* Alle þise reproues comen on us, but we forȝat not þee. For þe preysyng of þi name and þe mychilnes of it is so enlarged to hem þat han her mynde stabled in þee þat, into what creature þei biholden wiþ inward eyȝe
275 or outward, þei knowe þe godenes and þe mykilnes of þi name. And we, þis þing knowyng and preisyng þee for þiself, wrouȝte not wickidly in þi testament; for alle creatures to him þat weel feleþ
f. 100ra shewen boþe þi drede and þi | loue. And þerfore suche ben pacient in aduersyte and, abidyng þin helpe, seiyng

280 {19} **Et non recessit retro cor nostrum; et declinasti semitas nostras a uia tua.** *And oure herte ȝede not aȝen, and þou heelded oure stretes fro þi weye.* Þat is: oure herte, þrestyng watre of life, ȝeed not bacward fro þee in þe feerse assaylyng of cruel enemyes; for inward þenkyng of þee vencuseþ þe deuyl, makeþ wlatsum þe world and in
285 a shorte tyme keleþ alle lustes. But ful bihoueful it is to hem whom þou liȝtnest wiþ þis knowyng to be þrowen into persecucioun, and to duelle þerinne, in auntre presumpcioun take awey her coroune. And þerfore he seiþ 'þou heeldide oure stretes', þat is, þou bowed us meked vndir þi ȝocke fro þe narowe stretes of lustes where þou
290 forsoke to be her forgoer. And so we, recounseyled to þe weye of þin heestes, semede to blynde men in soule forsaken of þee, reproued and put into scorne.

263 auyseli] wiseli DR to] *om.* B 264 open reproof] *om.* H mot] most BS a] *om.* A 265 his[2]] *om.* L 266 þe] *om.* L 269 nec . . . tuo] *om.* L 270 inique] iniqui A þise] þere T on] vpon D 271 þise] her T 272 þe] *om.* R 273 to hem] in þee A han] it haþ B 274 stabled] enstabled BS, stabyll L þee] god A 275 þe[1]] þi AHTLBS 276 þis . . . knowyng] knowynge þis þing DR 279 abidyng] abiden A þin] in L seiyng] seien ATL 280 et[2] . . . tua] *om.* L 281 heelded] bowide ATDR, helid BS 282 stretes] paþis DR 283 assaylyng] assayng BS 284 of] on AH vencuseþ] vensheþ B, ouercomeþ DR þe[2]] to þe H 285 bihoueful] byueful B, nedeful DR 286 þis] þi BS 287 auntre] *om.* T 288 heeldide] heelid T, bowide AHDR stretes] paþis DR 289 meked] meke L þi] the T 290 her] þe ATLBS, *om.* H þin] þe A 292 scorne] sorow L, *om.* BS

{20} **Quoniam humiliasti nos in loco affliccionis, et cooperuit nos umbra mortis.** *For þou meked us in þe place of affliccioun, and þe shadewe of deeþ togydrecouered us.* Þis life is sette in place of 295 affliccioun and penaunce, wherfore who þat is founden out of penaunce shale go into penaunce, and who þat is meked here doyng verrey penaunce, sorowyng his synnes, renewyng hem not, shale be enhaunside to hyȝe blisse. And þe shadewe of deeþ togidrecouered us, for dyuerse vengeaunces þat weren mynistred and sent 300 fro God to hem þat despiseden his lore, als wele us þat wlatiden wiþ þenking | of synne, as hem þat deliteden hem in þe doyng þerof, f. 100rb togydre oppressed, ȝea oftesiþes wiþouten mesure more. For many men ben so harded in her synne, and so fer runnen into lustes, þat, ȝif þei miȝten chese, þei wolden not leue her stynkyng lustes and þe 305 veyn ioye of þis life, for no ioye þat is in heuene. And God, knowyng þe shrewydnes of her hertes, suffreþ hem to her confusioun to clymbe ouer knowyng of hemself, þat he take hem in yuel tyme. And for þis is verrey woodnes, here now what is seyde after:

{21} **Si obliti sumus nomen Dei nostri, et si expandimus** 310 **manus nostras ad deum alienum.** *If we forȝete þe name of oure God, and ȝif we sprede out oure hondes to an alyene god.* Lo, þis is þe clene and perfite religion of holy men and wymmen, þat þe glorie due to her God þei ȝiue to none oþere ne knowe no God but one þat made al þing of nouȝt. For bi his lawe þei ben reuled, as in his book 315 of lawe is writen, noiþer bowyng to þe lefte ne to þe riȝt, but euene reulyng hem aftir þe saumpler as was commaunded to Moyses. And þerfore her hondes þat ben her werkes, ben spred abrode ful of gode smel and worshipful bifore God. For þat grace haþ þe religiouns of Crist: þat in al her doyng and obseruaunce þei casten þe perile of 320 sclaundre bifore, þat þei dore noyþer take fro þe reule of Crist ne do

293 et . . . mortis] *om.* L 294 þe[1]] `þe´ L, *om.* R 295 togydre . . . us] coueride vs togidir DR togydre] *om.* H 296 wherfore] whereforee *final* e *linefiller* C 297 shale . . . penaunce[2]] *om.* BS into] in L meked] meke BS 298 renewyng] renulynge H 299 togidre . . . us (300)] coueride vs togidir DR 300 for] for *corr. to* fro B 301 despiseden] dispisiþ BS us] *om.* H 302 as hem] as þei S, þat *corr. to* as þei B deliteden] deliten H þe] *om.* LDR 303 togydre oppressed] *rev.* DR 304 men] *om.* BS harded] hardy L her] *om.* B runnen] sounne S 305 þe] *om.* H 307 to[1]] into AL 308 knowyng] `þe´ knowyng A, þe knowyng HTLDBS take] toke BS hem] hym S 310 et . . . alienum] *om.* L 312 god[1]] lord R out] *om.* HTR to] oute to H alyene] straunge DR þe] *om.* R 314 to[2]] it to H 315 þing] þingis A 316 ne] nor L 318 ben] is AHTLDRBS 319 for . . . proof (327)] *om.* BS religiouns] religious AHLDR 320 in] *om.* L obseruaunce] obseruaunces H of] and L 321 noyþer] not T, not neiþer D

more to, siþ he lefte it in þe beste mene, anauntre þei heren into her reproof þe dredeful word of Ieremye þat seiþ 'Who is he þis, þat seyde it shulde be þe Lord not commaundyng?', but irreligiouns þat
325 coueyten to haue her names writen in erþe terren God for þe |
f. 100va maumetrye þat is vsid amonge hem. And þerfore it is seyde and shal be brouȝt to proof

{22} Nonne Deus requiret ista? ipse enim nouit abscondita cordis. *Ne shal not God seche aȝeyn þise þinges? for he haþ knowen þe*
330 *hidde þinges of þe herte.* God shal seeche þe moste priue þing þat any man haþ don, for he shal make open mennes wickidnes þat knoweþ þe mooste deerne þinges in mennes hertes. For þinges hidde here vnamendide to God shuln be shewed into reproof of þe doere; and open synnes, sorowede and clensid here wiþ penaunce doyng, alȝif
335 deueles and men also knewe hem in þis life, in þe dome of God he þat clensid him of hem shal not be shamed. But þe synne of ypocrites, couered wiþ feyned holynes shal be souȝte out to þe moste priue þouȝt vnamendide of him þat knoweþ þe hidde þinges of þe herte; þanne shal þe heuynes of synne oppresse many þat
340 weren deceyuede here bi false power of men. And, for no þing may moeue proude men more to malice þan to wiþstonde or make knowen þe falsnes þat þei feynen bi power, þerfore þei þat ben oppressed bi autoures of þis power, for þe openyng þerof cryen to God and seyen

345 **Quoniam propter te mortificamur tota die, estimati sumus tamquam oues occisionis.** *For þee we ben al day slayne, we ben gessede as sheep of slauȝtre.* Al day, þat is to þe ende of þe world, þe foloweres of Crist, for þei make `k´nowen þe falshede of proude men, shuln be falsly oppreshed and slayne of hem to whom synne pleseþ.
350 And as sheep of slauȝtre þei ben gessede, for þe enemyes of treuþe

322 mene] maner and meene H 323 `tren. 3´ AL, `nota´ R 324 þe] þou A irreligiouns] irreligious AHTLD, relygious R 325 terren] wreþþith T 326 vsid] doon T 328 ipse . . . cordis] *om.* L ipse] ipsa A enim] *om.* S 330 þing] þingis BS 331 wickidnes] wickidnessis H 332 deerne] priue T hertes] *om.* L 333 into] in L reproof] þe repreef AT 334 alȝif] þouȝ þat A, alþouȝ BS 336 clensid] clensiþ H, clense L but . . . seyen (344)] *om.* BS 337 ypocrites] þe ypocrytes L couered] clensid A to] of L 338 moste] leeste A 339 heuynes] heuynessis H synne] synnes H 341 proude men more] more proude men L þan] þat D to²] *om.* T or . . . falsnes (342)] proude men in her falsnes or make knowen A 343 bi] wiþ R þe] *om.* L þerof] *om.* H 345 estimati . . . occisionis] *om.* L 346 tamquam] sicut DR oues] ouis H 348 foloweres] folower A falshede] falsnes A 350 and] *om.* HT

þat aboue oþere | ben hyȝed bi false power, demen hem worþi to dye f. 100vb
whom þei perceyuen openeres of her wickid sclaundres. And so
many men þat hogely han sclaundred in Crist, doyng hydouse
synnes, þurgh vertue of penaunce ben made frendes and foloweres
of Crist. But not for her olde synnes whereinne were sum colour, but 355
for þe treuþe of Crist whereinne þei ben now liȝtened, þei ben
pursued and slayne. And so þe enchesoun þat is treuþe of bileeue,
wherfore þei suffren persecucioun, makeþ trewe men þat suffren to
þe laste ende martres and not peyne. For were not þe cause of God
wherfore men suffren, men for her synnes were worþi more peyne 360
þan any man kan putte to hem. And so, as sheep þat goen als gladly
to slauȝtre as to pasture, men liȝtnede wiþ treuþe oblishen hem
þerfore wilfully to dye for þise tuo enchesones: first, for eche man is
endetted to ȝiue his life for treuþe, þe secounde for þanne a man of
bileeue knoweþ to haue ful forȝifnes of alle his synnes. And so not 365
for þe peyne þat men suffren, but for þe treuþe þat is oppressed to
many mennes dampnacioun, trewe men ben needed to crye

**{23} Exurge, quare obdormis, Domine? exurge, et ne repellas
in finem.** *Rise, Lorde, whi slepest þou? Ryse and putte þou not awey
into þe ende.* Rise, þat is, Lord, as þou seydest bi þe prophet Ieremye 370
'I shal wake upon my word þat I do it', shewe in þise wicked dayes
counforte to hem þat stonden in tribulacioun for treuþe. Whi slepest
þou, Lord? þat is, fooles oute of bileeue wenen þee to sleepe, for þou
suffrest þin enemyes multiplie, and oppresse þi cause and þe
holderes | þerwiþ. But it is needful to þe glorifiyng of þi name þat f. 101ra
proude men be enhaunsede to her confusioun, and meke men proued 376
bi þe fier of tribulacioun to her enhaunsyng. Ryse and aȝenput þou
not into þe ende. Many men wolden drynke of þe cuppe of
tribulacioun for þe greet rewarde þat foloweþ, and oftsiþes purposen
hem þerto. But [as] seeke men þat shuln drynke medicyne to 380
destroye her maladye, whanne it sauereþ not þe tunge, þei spitten
it awey, so do men tribulacioun, salue of moste perilous sekenes of

353] hogely] hidousli AL 356 þei²] þese AHL 357 `causa facit martirem´ BS
358 suffren²] þei suffren L 359 þe¹] *om.* L 360 worþi more] *rev.* D more] of
more L 361 þat] þei BS 362 oblishen] obeischen A 363 first] þe fyrst L
364 endetted] dettid H a man] *om.* L 365 ful] *om.* BS 366 þe²] *om.* AHTLBS
367 mennes] mannys B 368 exurge² . . . finem] *om.* L 369 `nota bene hunc
versum´ R awey] *om.* H 370 lord as] *rev.* D þe²] þi HBS 371 word] lord BS
374 multiplie] to multiplie H 376 proude] prow L meke] mekid T 380 as] *om.*
CDRBS seeke men] a sike man S 381 it] þei A sauereþ] saueren A 382 men]
many men BS salue] saue L

soule—whanne it mysplesеþ þe fleisshe, þei þrowe it aweye. Wherefore men entred into þe power of God, alday drynkyng þe cup of
385 tribulacioun, not trystyng to hemsilf, preien God entierly þat he put hem not aȝen, but riȝt reule hem into þe ende of her life. And siþ God is cause of eche mannes stonding, meke men seyen

{24} **Quare faciem tuam auertis? Obliuisceris inopie nostre et tribulacionis nostre?** *Whi turnest þou þi face awey, forȝetest of oure*
390 *nede and of oure tribulacyoun?* Lo, þe encheson: for fals men and cowardes þat hiȝten God in her baptem to forsake þe pompes of þe deuyl and þe prosperitees of þis worlde, to be receyued vndir his baner and for loue of her flesshe and drede of peyne þat þei haue deserued, þei forsaken him, þerfore his riȝtwisnes wille þat he turne
395 his face fro hem, suffryng hem to falle fro synne into synne wiþoute upreysyng. But fro riȝtwis men, stondyng and abydyng tribulacioun, he is seyde to turne awey his face whanne he suffreþ men to abyde in þe fier of persecucioun, for her more gloryous coroun. And þis þei,
f. 101rb kno | wyng, coueytyng to drawe oþere men to þe loue of God, seyen

400 {25} **Quoniam humiliata est in puluere anima nostra, conglutinatus est in terra uenter noster.** *For meked is in dust oure soule, festened is in erþe oure womb.* O, of hou harde herte ben þei þat seen her broþer in kynde freely and deedly putte him wilfulli to tribulacioun for Crist, and þerfore noiþer hateþ synne ne coueyteþ to
405 goo þe same weye, siþ it ledeþ surely to blisse. And þerfore men of bileeue, mekid in tribulacyoun, seyen 'For oure soule is meked in poudre', knowynge oureself to be poudre and asshes, liȝte to blowe awey wiþ eche wynde of veynglorye þat reyseþ men into pride, þat þei knowen not hemsilf, and contynue abidynd in þis mekenes,

383 aweye] way R 384 alday] alway BS drynkyng] drynken R 385 not] *om.* S 386 aȝen] out aȝen BS into] to H 387 eche mannes] *om.* AL stonding . . . men] *on eras. d.h.* C 388 faciem . . . auertis] auertis faciem tuam A obliuisceris . . . nostre (389)] *om.* L inopie] in opie A 389 tribulacionis] tribulaciones A þi face awey] awey þi face A forȝetest] þou forȝetest BS of] *om.* AL 390 encheson] chesoun ATLBS, chosen H for] of BS 391 hiȝten] bihiȝten H, bihetid T 392 þe] *om.* AHTLBS prosperitees] prosperyte L þis] þe ATL his] *om.* T 396 vpreysyng] uprisyng AHLDRBS fro] for T riȝtwis men] riȝtwisnes BS 397 men] hem AHTLDRBS 398 persecucioun] tribulacyoun L more] moost BS þis] þus H 399 coueytyng] coueyten L seyen] seiþ A 400 nostra] mea S conglutinatus . . . noster] *om.* L 401 meked . . . soule (402)] oure soule is mekid in doust BS is in dust] in dust is DR dust] powdre T 402 festened . . . womb] oure wombe is fastnyd in erþe DRBS o of] of L harde] *om.* T 403 freely] freel AHLDBS 405 surely] sikirli A 407 blowe] be blowe R 409 contynue] contynueli AL, contynuel HTDRBS abindynd] abydydynge L

makeþ men like to þee. And so þerþurgh þou art styred to be helply 410
to hem þat mekely and wilfully beren þe prente of þi passioun in suffryng of tribulacioun. And oure wombe, þat is oure sensualite to oure witte, whanne it is not occupyed in þi loue, ne dredyng to offende þee, it is festened as wiþ glewe in þe erþe. For whanne we wexen dulle and vnmyndful of þee, erþely vanite casteþ us fer fro 415
þee. Forþi greetly may we dreede, anauntre of vs oure enemye haue maystry ȝif we faylen in þe weye or grutche in tribulacioun. Forþi

{26} Exurge, Domine, adiuua nos, et libera nos propter nomen tuum. *Ryse, Lord, helpe us, and delyuer us for þi name.* Rise, Lord, þat is, make us to ryse fro dulnesse of spirit and fro deeþ of oure flesshe 420
to despise þe prosperite of þis world þat þurgh oure pacience in tribulacyoun enemyes ben cauȝte wiþ drede and frendes stabled and coun|forted, knowyng þat þou onely art worþi to be loued and f. 101va
dredde. And þus tohelpe us Lord, þat is riȝte reule us to stonde in vertues of mekenes and pacience, and delyure us fro endles peyne 425
and drede of oure cruele enemyes. And purge oure filþes in tribulacioun þat heleþ al synne, þat we ben clene wasshen in þis life, and þis þou do for þi name Iesu, not for oure meryt onely, þat no þing may deserue but þurgh þi grace.

Psalmus .44.

{2} Eructauit cor meum uerbum bonum; dico ego opera mea regi. *Myn hert bolked a gode word; I seye my werkes to þe Kyng.* Þis salme spekeþ of þe weddyng of Crist and his spouse holy chirche, and it is cleped þe preysyng of þe chaumbre, þat is þe preisyng of

410 art] *om.* BS 411 mekely] wilfulli AL wilfully] mekely AL 412 to] or AHTLBS 414 festened . . . wexen (415)] *om.* L as] *om.* BS 415 casteþ] kepiþ A 416 forþi] þerfor AH, for þat L of vs] þat H haue] ouer us haue H 417 maystry] þe maistry AHD forþi] þerfore AH, for þat L 418 et . . . tuum] *om.* L 419 helpe] and help TL 420 fro[1]] þat is fro AL deeþ] drede HTBS 422 tribulacyoun] *eras.* T enemyes] oure enemyes B cauȝte] tauȝt BS stabled] stable B 424 þus] þer AHTLBS, þus þus R 426 oure[1]] *om.* LBS in] bi AHTLDRBS

Ps. 44 CAHTLDRBS

heading C (*r.h.* Eructauit), xliiij psalm dauid. into þe ende for thes þat shall be changed to þe sones of chore to vnderstondyng canticul for loued. the uoys of þe father to þe sone L, '44' *d.h.* B, þe xlij psalm A, '45' *d.h.* R, *om.* HTDS 2 bolked] riftid ATL, haþ cast out BS þe] þee H 3 his] of his LR

5 Crist and his spouse. Forþi þe Prophet, ȝernyng to come to þis weddyng and þat þe ȝate be opened to him, seiþ 'I wile synge to þe spouse þe conceyued preisyng of myn herte', þat is my þouȝt wiþinne me delited in God, fulfilled wiþ gode wordes as wiþ bolkynges in preysyng of my God. For an herte fulfilled wiþ loue 10 mot need bolke out preysynges of þe louere. Forþi I seye, þat is, I coueyte to seye my werkes to þe kyng, þat is to þe honour and worshipe of him, preiyng and desiryng counfort and wissyng of þe Holy Goste, wiþouten whom no gode þinge is bigunne ne brouȝte to gode ende. And siþ eche man is seruant to him of whom he serueþ, 15 or is ouercomen as þe bileeue seiþ, þerfore eche man bi his reulyng may be knowen what kynge in him regneþ. For whois seruise effectually is loued is preysed of þe louer, and þat is þat þe Prophet seiþ

f. 101vb **Lingua me|a calamus scribe uelociter scribentis.** *Mi tunge is þe* 20 *penne of þe mayster wrytere, suyftely wrytyng.* Þat is: my tunge in preysyng is penne, to shewe þe word wryten in myn herte of þe Holy Goost; for proprely to þe tunge perteyneþ confessioun and preysyng of þe Lorde. And as it is slouþe and deedly synne to wiþdrawe þe hond or þe foot fro wirkyng in tyme of neede, so þe tunge, drawen 25 fro preysyng bi negligent ignoraunce and fro confessyng of treweþ for drede of persecucyoun, is moste wretchidly wrapped in deedly synne. For þe tunge is instrument to shewe þe conceyte of þe herte, wryten of þe Holy Goost; and so bi þe tunge is knowen þe herte and þe wrytere þerinne. And so as iangeleres and vnhonest spekeres and 30 leiȝeres moste hydously synnen in her ydel speche, shewyng þe deuyl writen in her herte, so feiþful men of byleeue moost plesen to God and shamen and ouercomen her enemyes, and purgen her synnes, and styren God to mercy þat riȝte reuleþ his tunge in knowlechyng of treuþe of þe suyfte writere. For þe vertu of Goddes inspiracioun is 35 not to þenke wiþ mannes studye, for swyftli renneþ his word. And

5 forþi] þerfor AH, for þat L ȝernyng] disirynge ADR þis] þe DR, þi BS 6 be . . . him] to him be openyd AHTLBS 7 my] *om.* BS 9 bolkynges] riȝftis ATLS, *gap, margin* `ryftes' B 10 mot] most BS bolke] rift ATL, put BS louere] loue DR forþi] þerfor AH, for þat L 12 preiyng] preisyng T wissyng] wysshynge L 14 `1 pe. 2. ro. 6' ABS `2 pe. 2 & ro. 8' L of] to ABS 15 is] of whom he is B 17 effectually is] *rev.* T and . . . seiþ (18)] *om.* H 19 uelociter scribentis] *om.* L 21 penne] a penne A, þe penne BS 22 confessioun] to confession R 23 `nota' D 25 negligent] necligence H 26 wretchidly] wrecched T wrapped] wlappid A 28 þe[3]] þer L 29 as] *om.* AL 31 writen] writer H moost] *om.* L to] *om.* B 33 his] her ALD in] and L of[1]] þe L þe] *om.* L 34 for] *om.* R

þerfore, in greet commendacioun for þe knowlechyng of treuþe, Crist seiþ to his wele loued spouse

{3} **Speciosus forma pre filiis hominum, diffusa est gracia in labiis tuis; propterea benedixit te Deus in eternum.** *Fair of shap bifore þe sones of men, helte is grace in þi lippes; forþi blessed þee God* 40 *wiþouten ende.* Þis he seiþ in preysynge of his spouse. For whoeuer knowlecheþ Crist, for þat knowlechyng he shale | be made preysable, f. 102ra and þerfore Crist seiþ to him þat knowlecheþ treuþe in werk and word 'Feire þou art of shap', þat is free and vndefouled in synne bifore mennes sones. For bifore alle oþere to þee is bihiȝte þe chief 45 corounne of glorye in heuene, for bifore alle oþere þe trewe knowlecher of treuþe is oppressed in erþe. But, as beute or fayr[n]es wiþouten bounte and wisdom of God is veyn, so leuyng of synne and knowlechyng of treuþe for a tyme wiþouten contynuaunce wanseþ awey wiþouten fruyte and leseþ meche mede. And þerfore counfor- 50 tyng þe contynuynge in treuþe, he seiþ 'Grace is helt in þi lippes.' For bi þe contynuel knowlechyng of treuþe of þe stonder in treuþe, greet grace is ȝouen to þe hereres, in knowyng of hemsilf forsakyng her synne, and in loouyng of God knowlechyng his name. And þerfore God haþ blessed þee wiþouten ende. Forþi 55

{4} **Accingere gladio tuo super femur tuum, potentissime.** *Be girde wiþ þi swerd upon þi þie miȝtili.* Here eche man is amonested to arme him wiþ þe word of God to fiȝte, but speciali prestes, for þerinne stondeþ her power; and þerfore he seiþ 'Girde þee wiþ þi swerde', þat is: Goddes word, be it so feste to þee wiþ nayles of 60 drede and of loue, þat þou knowe þiself moste naked wretche, whanne for þi synne it is birefte þee, or duellyng in synne moste miȝtily fiȝteþ aȝenus þee. For þerwiþ oneli enemyes ben born doun. Forþi girde it vpon þi þie: þat is moste miȝtili þerwiþ þou shalt in a

37 loued] biloued ABS spouse] spousee, *second* e *linefiller* C 38 diffusa . . . eternum] *om.* L 39 fair] þou art faire BS 40 of men] *om.* A helte . . . grace] grace is helt (yȝote BS) DRBS helte is] heelde his AL, heldid oute is H forþi] þerfore H, for þat L blessed . . . god] god blesside þee DRBS þee god] he þe L 41 in] in þe AL 44 word] in word BS 46 glorye] his glory L 47 `nota´ D or] and LBS fayrnes] fayres C 48 leuyng of] lyuyng in L 49 wanseþ] vaneschiþ AHDR, waneth L, gooth T, passiþ BS 50 and[1]] *om.* H 51 helt] ȝoten BS 53 hereres] hertis R knowyng] knowlechynge L 54 loouyng] preisynge AH 55 forþi] þerfore AH, for þat L 56 femur . . . potentissime] *om.* L be] be þou BS 57 þie] þies CT eche] euery L 58 þe] *om.* L 60 feste] fast H, fastned T wiþ] festnid wiþ H nayles] þe nailis A 61 knowe] knowist AL þiself] þi T 63 oneli . . . ben] enemyes ar only L born] moost bore BS 64 forþi] þerfor AH, for þat L þie] þies CT miȝtili] myȝti for AL

65 gode mene sugette þi flesshe fro lustes; for bi þis most sharp swerd þat is Goddes word ben alle vices kutte aweye fro him þat dueli |
f. 102rb vseþ it. And þerfore prestes to whom it is gird wiþouten lesyng or wantyng, in tyme of drawyng it makeþ miȝti to wiþstonde synne in hemself, and kunnyng in grace to enfourme oþer men. And þis is þe
70 double keye þat openeþ heuene to hem þat vsen þis swerd of Goddes word in þis fourme, and it shale locke hem in helle þat mysusen it. And for þurgh þe gode vse þerof God is most plesed, he seiþ to his spouse to whom it is hard gird in due place and in gode ordre

{5} **Specie tua et pulcritudine tua intende, prospere procede,**
75 **et regna.** *In þi shap and in þi fayrehede biholde, welsumly passe forþe, and regne.* O, þou Cristes kniȝte, gird wiþ þe moste miȝti swerd of his word, biholde hou þou art shapen to þe liknes of þe holy Trinite þurgh his word! And þerfore knowleche þe treweþ of þis word, þat þerbi þei be made shaply in grace and refourmed to her first
80 lickenesse þat han defouled hem in synne. Biholde also in þi fairenes hou, þurgh uertue of þis worde, þou art al florishte wiþ semely uertues, and voyded fro filþe of synne. Forþi vse þis swerd þat many ben made fayre in vertue of it, and þat þou welsumly wiþ clene conscience passe forþe fro vertue to vertue and aftir þis life regne in
85 endles blisse. For

Propter ueritatem et mansuetudinem et iusticiam, et deducet te mirabiliter dextera tua. *For soþefastnes and debonerte and riȝtwisnes, and wonderfully shale lede þee þi riȝt hond.* For þi soiþfastnes þat þou loued God ouer al þing, knowlechyng treuþe and þi
90 debonernesse, hauyng reuþe of þin owne soule, fleyng synne, mekely
f. 102va beryng þe ȝocke of God, and for þi riȝtwisnes þat þou dide | to þi breþeren in upberyng, counfortyng, counseylyng and amendyng hem, þi riȝt hond, þat is þi riȝt reulede werkes after Goddes lawe, wonderfully shale lede þee. For among alle wondres and myracles

66 kutte] put LR fro . . . gird (67)] *om.* A 68 wantyng] failynge T, lackyng BS 69 hemself] hymsilf BS 70 ˋnota hicˊ L 72 þerof] of it H 73 in[2]] *om.* T 74 intende . . . regna] *om.* L 75 fayrehede] fayrnes L welsumly] wel/þesumly, þe- *canc.* C, wilsomli H, wylfully L, weelfully BS forþe] þou forþ BS 76 þe] *om.* L of his] goddis DR 77 hou] *om.* L holy] *om.* DR 78 þis] his T 82 filþe] þe filþe D forþi] þerfor AH, for þat L swerd] *om.* T many] many men L 83 welsumly] welþsumly C, wilfulli HBS 85 for] *om.* LR 86 et[2] . . . tua] *om.* L 88 and . . . hond] þi riȝt hond shal lede þee wondirfully BS shale . . . hond] þi riȝt hond schal lede þee DR 90 reuþe] treuthe T of] on A 91 þe] in þe T for þi] for þat þi L 92 breþeren] broþer T upberyng] vpbraidyng BS 93 riȝt[2]] *om.* H 94 wonderfully] wondirful R wondres] þe wondris AHLBS, þe miraclis T myracles] wondris T

þat ben don in erþe it is one of þe moste þat a man able him to grace and kepe him þerinne among so many cruel enemyes, and ouer þat þurgh vertue of Goddes word riȝt reule himself and þerwiþ enfourme oþere. But not forþi to God it is ful liȝt, siþ his worde is of euene uertue wiþ himself. And þerfore þe Prophet seiþ

{6} **Sagitte tue acute, populi sub te cadent in corda inimicorum regis.** *Þin arowes ben sharp, puples shuln falle vnder þee into þe hertes of þe enemyes of þe kynge.* Þin arowes, þat is þi miȝty wordes ben ful sharpe and peersable, passyng any arowe or quarel. For it were impossible þat any herte were so hard, ȝif þe word of God were conceyued þerinne, and þe vertue þerof wiþ diligence souȝt, but ȝif it shulde meke it, and in short while destroye alle þe erroures þerinne, and fulli quyet it. Puples shulen falle vndir þee, for bi þe vertue of þi moste miȝti word many shulen falle vndir þee to her confusioun into endeles shame for her rebellioun; and summe shulen bi uertue of þi word falle fro her olde vices and erroures, sugettynge hem to þi biddynges, berynge mekely þi ȝoc. For of þat vertue is þi word þat þe loueres þerof it liȝtneþ wiþ grace, and þe enemyes þerof it hogely more and more hardeneþ in her hydouse synnes. And, for none enemye shale excuse his foly by ignoraunce, þi wordes shulen falle into þe hertes of þe enemyes of þe Kyng of kynges, to þe confusioun of þe mysbyle|ued men and to conuerte þe feiþful. For

{7} **Sedes tua, Deus, in seculum seculi, uirga directionis, uirga regni tui.** *Þi sete, God, into world of world, þe ȝerde of þi riȝtyng, ȝerd of þi kyngdom.* God, þi sete is into world of world. Lo, here is shewed þe stedfast loue of God to his trewe loueres. For he in whom his word resteþ in erþe, reuerently and lastynli bi uertue þerof shal be brouȝt into þe world of world, þat is into þe blisse of heuene. For

95 in] on BS him] *om.* DR 96 him] *om.* T 97 vertue] vertues BS himself] þemselfe L 98 not forþi] naþelees A, not for þat L 100 populi . . . regis] *om.* L te] te te T corda] corde H 101 puples] puple HTLBS shuln] schal HTL 102 hertes] hert BS þe[2]] *om.* H 104 impossible] vnpossible HDR 105 conceyued] contenid H ȝif] *om.* DR 106 while] tyme BS 107 puples shulen] peple schal AHTLBS for . . . þee (108)] *om.* BS 109 into] and BS 111 `verbum dei´ B 112 þerof] of//therof T 113 and more] *om.* H 114 by] *om.* AHTLBS þi] þese AL 115 to] and to BS þe[4]] *om.* L 116 þe[1]] *om.* AHTLRBS mysbyleued] misbileuynge HDR 117 uirga . . . tui] *om.* L 118 þi[1] . . . god] god þi sete is BS þi[1]] th H world[1]] þe world H world[2]] world/dis, dis *canc.* D, worldis H ȝerd] þe yerd L 119 sete] setil TBS is[1]] *om.* AHTLBS world[1]] þe world L 120 he] in hem H, hem BS 121 uertue] þe vertue D 122 þe[1]] *om.* AHTLS is] *om.* T

feiþful kepyng of þi word here is moste trewe ernyst to come to
blisse, for þe ȝerd of þi riȝtyng, ȝerd of þi kyngdom. For as þi word
125 reuleþ in charite þi feiþful seruauntes in erþe, so þerbi in vnite ben
reuled þi gloryouse seyntes in heuene. And bi þ[i] word is openly
knowen to feiþful men þi wille. For

**{8} Dilexisti iusticiam, et odisti iniquitatem; propterea vnxit
te Deus, Deus tuus, oleo leticie pre consortibus tuis.** *þou loued*
130 *riȝtwisnes and hated wickednes; þerfore God anoynted þee, þi God, wiþ
oyle of ioye bifore þi felowes.* þis was principally proficied of Crist þat
bifore al oþere men loued and keped riȝtwisnes, and hated and fledde
to consente to wickidnes; and þerfore, bifore alle oþere vertuous
creatures of God þe fadre, he was anoynted wiþ oyle of ioye, for
135 bifore alle oþere he oblisshid him wilfully to suffre most persecu-
cyoun for treuþe of þe lawe. And of þis oyle of ioye eche martyr aftir
þe quantite of his loue and of his wille shale be anoynted and felowed
to Crist bi uertue of his most greuous passioun, for noon shulen be
partineres of Cristes passioun but martres oiþer in wille or in dede.
140 And so to whom is profride þe cuppe of martirdome, and he
f. 103ra cowardly forsake it, | he forsakeþ to be felowe of þe passioun of
Crist. Forþi, al cowardise put afer, seke we treuþe and reste we
þerinne, and it shal make us herty and miȝty ouer þe persecucioun of
men to do penaunce for oure syne, for boþe oþere mennes pursuyng
145 and oure owne punysshyng is ful litil to come to heuene. þerfore, þat
we ben perceners of her precious oynementes, offre we us togydir
hooly for treuþe to suffre persecucioun.

**{9} Mirra et gutta et casia a uestimentis tuis, a domibus
eburneis, ex quibus delectauerunt te {10} filie regum in
150 honore tuo.** *Mirre and gut and casy of þi cloþinges of þe houses of
yuer, of þe whiche douȝtres of kynges deliteden þee in þin honoure.* Gode

123 ernyst] ernes AHTBS 124 ȝerd] is ȝerd BS 126 þi] þer C 128 iniquitatem . . . tuis] *om.* L 130 riȝtwisnes] riȝtfulnes A god[1] . . . þee] anoynted þe god L god[1]] thi god T, god þi god BS þi god] *om.* BS 131 oyle] þe oyle BS proficied . . . crist] of crist prophecied T 132 oþere] þe oþere D 134 for] *om.* BS 136 þe] þi BS 137 felowed] felowid or made felowe H, maad felow T 138 most] *om.* A for . . . passioun (139)] *om.* R 139 partineres] parceners A oiþer] or ABS 142 forþi] þerfore A, for þat L 143 þe] *om.* H 145 punysshyng] pursuyng A heuene] heuene fore H þerfore] and þerfore BS 146 perceners] parteners TLDBS her] þese AHTLBS oynementes] enoyntmentis L 147 persecucioun] persecucyouns L 148 a[2] . . . tuo] *om.* L 150 of[1]] and of A houses] hous AL 151 douȝtres] þe douȝtres B kynges] þe *canc.* kyngis R, þe kyngis D þee] `þee´ B, *om.* S honoure] worschip DR, *om.* T

odoures of uertues ben vnderstonden bi þise spyceryes: mirre, þat is bittre spyce and putteþ aweye wormes, is sharpe penaunce þat sleeþ þe lustful desire of þe fleishe, purgyng þe conscience and ablyng it to vertues. Gutte, þat fordoiþ bolnynge, is mekenes, þat fordoiþ and suageþ al rancoure and malice, for it is grounde of al godenes, and it falleþ principaly to virgynes þat wilen kepe hem clene to her spouse Crist. For it was Cristes baner, wherþurgh he ouercome alle his enemyes; for who þat lackeþ mekenes, is vnarmed amonge his enemyes, and who þat kepeþ it is sufficiently armed aȝen alle his enemyes. Casy, þat groweþ in wattry places into a meche tree and ȝiueþ odour of grete swetenesse, bitokeneþ treuþe þat takeþ roote in a mannes bapteme, and wexeþ wiþ him into þe tyme he be a fructuous tree and a styffe poste in þe noumbre of seyntes. Þise þre riche gummes, penaunce, mekenes and treuþe, euene proprociound, echone stondyng in his strengþe, | none contrariyng to oþer but alle togyder worchyng, echone helpyng oþer, is moste souereyn medicyne for al maner sekenes of body and of soule. For penaunce, al be it þat it be bittre and sharpe, it oweþ to be wisely m[e]sured, and þanne þe bittre sorowe þerof is souereyn medcyne aȝen synne and gode mene þerof moste tempereþ a mannes body. Mekenes also doiþ aweye enuye þat is roote of yre, þe whiche ben tuo shrewed sistres and greuous enemyes to body and to soule. For whiles yre of malyce duelleþ in a man, he worcheþ not riȝtwisnes of God. And al sekenes of body is esyd and softnede wiþ mekenes of spirit. But men shulden be ful war of feyned mekenes, for it woundeþ many men vnto deeþ. As many men ben þat seen and knowen open wronges, and ȝit þei feynen hem so meke for her owne eese þat, where þei were holden to vndirnymme and chastise, þei laten as þei knewe not, and so þei feyne false pees. But þe moste strengþe of þis souereyne

155 160 165 f. 103rb 170 175 180

152 odoures] douȝtris AL spyceryes] spices BS 153 bittre] a bittir A and] *om.* T is] þat is AL 154 þe[1]] *om.* L desire] desyres L 155 bolnynge] swellyng H 157 þat] it A 158 crist] iesu crist H, *om.* L 159 is] he is H vnarmed] vnharmed L 160 alle] *om.* BS 162 bitokeneþ] and bitokeneþ AL in a] of BS 163 a[1]] *om.* L wexeþ . . . him] wiþ hym waxiþ H him] hem R into] til A, to HTLBS 164 fructuous] fruytful H in . . . of] among R 'nota' R 166 his] her BS, *om.* AL none] not A 167 'Leche crafte' C helpyng] wiþ R 168 and] or AL of[2]] *om.* R penaunce] *om.* T 169 al . . . þat] þouȝ A þat] so þat T be] is TDRBS and . . . bittre (170)] *om.* BS oweþ] owe T mesured] musured C 170 bittre sorowe] bittirnesse R 172 enuye þat is] *om.* L 173 enemyes] enemy B to[2]] *om.* AH 174 a] *om.* L riȝtwisnes] þe riȝtwisnesse D 175 softnede] softid AL spirit] þe spirit AHTLBS 176 ful] wel D 177 vnto] into A deeþ] þe deeþ BS open] manye AL 179 not] it not ALBS 180 moste] *om.* L

medcyne is treuþe, for it is moste enemye to synne and clennest doiþ
it aweye; and who þat haþe treuþe, no bodily peyne may noye. And
so of alle medcynes þis is þe moste souereyn, and no woundre, for
þise riche spices comen of þi cloþinges, þat is, of þin holy foloweres
185 þe apostles, þat þurgh mychilnes of þi charite ȝaf gode smelle to þe
coostes of al þe world. Þis smel also of riche spicery spronge out of
þe houses of yuorye, þat is of chastite, for it is ful needful to hem þat
shulen be techeres to haue þe lustes of her flesshe hard gird to hem
as hadden þe apostles, for whiles mennes lustes strayen abrood,
f. 103va treuþe in hem is sclaundred. | And þerfore douȝtres of kynges þat
191 deliteden hem in þin honoure, girdiden hard up her leendes, þat is
her lustes, þat þei miȝten plese to þee þurgh clennes of life, ȝiuyng
gode ensaumple to oþere. Þise douȝtres of kynges ben alle þoo þat
han taken or shale take þe siker techyng of þe apostles, wiþouten
195 mengyng of mannes errour, enforsyng hem to folowe þe apostles as
þei fo`le´weden Crist in symplenes and clennes of herte, and in
porenes of life. For bi þise vertuouse nettes ben many men to
Goddes honour drawen to þe hauene of heleþ. And herfore

Astitit regina a dextris tuis in uestitu deaurato, circumdata
200 **uarietate.** *Þe quene stode neer at þe riȝt side in gilt cloþing, leyd aboute*
wiþ serenesse. Þis quene is holy chirche, or eche trewe lyme þerof, þat
þurgh trewe loue stondeþ neer to Crist, keping his lawe. At þe riȝt
syde of him, for trewþe can no weye holde but þat ledeþ to þe riȝt
syde of þe Fadre, where as wele loued quenes, þe defenderes of
205 treuþe, shulen be corouned, for in her lyuyng in erþe þei stooden
neer to treuþe, kepyng it and defendyng it. In gilt cloþing, þat is in
moste perfite charite leyde aboute wiþ dyuerse uertues; for, as he þat
haþ plente of gold may þerwiþ purchase what him likeþ, so charite
treuly had, alle oþer uertues mot nedely folowe, and so þe golden
210 cloþe of charite of him þat stondeþ on þe riȝt syde of treuþe shyneþ

181 doiþ it] *rev.* R 182 it aweye] *rev.* S who] whom T 184 cloþinges] cloþing AL 185 ȝaf] ȝeuen AH 186 þe] þis H 187 ful] *om.* T 189 whiles] þe whiles H strayen] straied BS 191 deliteden] delyten R hem] þe HTBS honoure] worschip DR girdiden] gyrd LDR up] upon A 192 þei] *om.* L 194 wiþouten . . . errour (195)] *om.* BS 196 crist] hem T symplenes] symples R clennes] mekenes R 197 þise] her BS 198 honour] worschip DR þe] *om.* A herfore] þerfore L 199 in . . . uarietate] *om.* L 200 þe[2]] þi RB 201 serenesse] diuersite HDRBS, diuersnesse T þis] þe D 203 holde] *om.* L þat] þat þat H to] at T 204 wele] *om.* BS quenes] qwemeþ AL 205 shulen] schuld L lyuyng] *om.* L 206 treuþe] þe truþe A it[1]] *om.* T 209 nedely] nedis A, nede HTLBS 210 of[2] . . . treuþe] *om.* A on] at HTLBS

more passyngly in þe siȝt of God þurgh dyuerste of uertues þan any gold may doo in mannes siȝt. And þerfore Crist as a gelous spouse seiþ to his leefe

{11} **Audi, filia, et uide et inclina aurem | tuam, et obliuiscere populum tuum, et domum patris tui.** *Heer, douȝtre, and see and heelde þin eer, and forgete þi puple and house of þi fadre.* Here Crist spekeþ to his leefe, whom he haþ geten to him þurgh treuþe of his lore, and clepeþ hir douȝtre for þe propretees þat fallen to feiþful wymmen, and specialy to maydenes, þat is mekenes and shamfastnes: þei ben proprely meke þat verely knowen hemself. And siþ eche man is made foul wiþ synne, þanne we, biholdyng ouresilf, shulde lowely meke us and shame of oure filþe, and þat shulde moste stire us to loue treuþe and to hate syne, and to ȝiue audyence to Crist þat seiþ 'Heer, douȝtre, and see', þat is, ȝif þou bowe þin eer to heer, see bifore þee þat þou stumble not ne falle fro þat þat þou hast herd, biholde fro þe bigynnyng who souȝte me and fonde me not, or who fonde me and souȝt me not. Adam and Eue and many þat greuously trespaseden, souȝt me in doyng penaunce and fonde grace; and Caym and Iudas and many oþere despeyreden and perissheden. Heer me, þerfore, for I speke treuþe: þe proude shal perishe and þe meke shal be enhaunsyde; and see, þat is biþenke þee, ȝif þis be treuþe. And bowe in þin eer and forȝete þi puple, þat is, contynuely listene what Crist spekeþ to þee, and forȝete þi flesshely desyres þat alyeneþ þee fro treuþe and þe hous of þi fadre. Of þe erþe we comen and so it may be cleped oure fadre, and þe hous of þis fadre is þe multitude of men þat sprynggeþ of þe erþe; and þei ben so erþely and beestly for þe moste parte þat þei saueren but lustes and prosperite of þe erþe. And þerfore þe me|kid louer of Crist, shamyng synne, forȝeteþ alle þise fleishly loueres to do þe wille of God. And þerfore efte God spekeþ to his loue and seiþ

f. 103vb 215 220 225 230 235 f. 104ra 240

211 any] onely S 212 as] *om.* AL 214 et[3] . . . tui] *om.* L 215 tuum] *om.* S 216 heelde] bowe AHTDRBS house] þe hous AHTLDRBS 218 propretees] propurte L fallen] falleth L 220 proprely] veryly L verely knowen] *rev.* B, knokeþ verayly S verely] propurly L hemself] hymself HS 221 wiþ] þe L 222 moste . . . us[2]] us moost A 223 to[1]] *om.* T to[2]] *om.* T 225 þat[3]] *om.* T hast] *om.* D 226 or . . . not (227)] *om.* HBS 227 and many] *om.* BS 228 me] men H 231 be[2]] is HTRBS, *om.* A treuþe] trewe H 232 in] *om.* RBS 233 spekeþ] seiþ H alyeneþ] aliene H 235 þis] þi L 236 sprynggeþ] spryngen HT 237 prosperite] prosperitees HL 238 forȝeteþ] forsakith T 239 þise] his B, here S efte] ofte H 240 loue] louier A

{12} Et concupiscet rex decorem tuum, quoniam ipse est dominus Deus tuus, et adorabunt eum. *And þe kyng shale coueyte þi fayrehede, for he is þe lord þi God, and þei shulen loute him.* Lo, þe grete gelouste of God þat is hey3e kynge of alle þat seiþ he shale
245 coueyte þe fayrenes of his louere, þat is þat he þat boweþ in his eer to heer þe treuþe, loke warly bifore him and see þe peryles of þis life þat makeþ many men cowardes. And knowe he þat no þing may saue man but treuþe, and þat shale moeue to seke it and fynde it, and þerþurgh to be clensed of al vnclennes of synne. And þanne þe Kyng
250 of treuþe shal coueyte his fayrnesse, for he is þe lord his God. For as þe louer of God þenkeþ bisyly hou he may most plese him, so God, whom no þou3te may ascape, on his syde þenkeþ hou he shal rewarde him aftir þis life whanne al þing shal loute him, onely knowyng him God whois godenes in al þing is knowen. Þerfore

255 **{13} Et filie Tyri in muneribus; uultum tuum deprecabuntur omnes diuites plebis.** *And þe dou3tres of Tyri in 3iftis; þi face shal preye alle þe riche of þe puple.* Þe dou3tres of Tyri ben þei þat ben in tribulacioun, þe whiche in 3iftes shulen seke þe face of God, for þei shulen offre hemself wilfully in þis lyfe to tribulacioun for treuþe.
260 And al þat þei haue or mi3te haue of rytchesses and lustes in þis life, þei shulen forsake to be a ryche puple in vertues, preiyng for þe
f. 104rb helþe of his chirche mekely and lowly, | mournyng for synne and shamyng þerof, ioiyng in her tribulacyoun and in þe greet uertue þerof.

265 **{14} Omnis gloria eius filie regis ab intus in fimbriis aureis, {15} circumamicta uarietatibus.** *Al þe glorye of him of þe dou3tre of þe kynge fro wiþinne in hemmes of gold, leyde aboute wiþ seernes.* Þe glorye of God is þat þe dou3tres, þat ben þe loueres of his kyngdom, haue her glorye in clene conscience, for þe fayrnes þerof is þe glorye

241 quoniam . . . eum] *om.* L est] *om.* A 243 þi[1]] þe T fayrehede] fairnesse DRBS þe] thy L, *om.* A loute] worshep BS 244 hey3e] þe hi3e BS 245 þat[2]] *om.* HL he þat] he L, *om.* BS in] *om.* BS 246 þe[1]] *om.* AHTLRBS 248 moeue] mefe hym H and[2] . . . it[2]] *om.* BS 252 his] him T 253 þing shal] þingis schulen A 254 þing is] þingis is H 255 tyri] tui R uultum . . . plebis] *om.* L 256 and] et S þi . . . puple (257)] alle þe riche of þe peple schulen preie þi face DRBS face] cheer A shal] schulen A 257 preye] preise A 259 wilfully . . .lyfe] in þis liif wilfulli H 260 þat] *om.* H rytchesses] ryches LBS and[2]] or H 263 ioiyng . . . þerof (264)] *om.* L her] *om.* A þe] *om.* BS 264 þerof] þerof for ATDRBS 265 in . . . uarietatibus] *om.* L 267 fro] is fro BS wiþ] *om.* L seernes] diuersite H, diuersnesse TDR, dyuerseteis BS 268 ben] is AHTLDRBS þe[2]] *om.* HL

of God. And þis verrey glorye fro wiþinne þat is of þe clennes of 270
conscience is in golden hemmes leyde aboute wiþ seernesse. Bi þise
hemmes, þat ben þe laste or þe neþerest partyes of cloþes, is
vndirstonde þe laste ende of men, þat is made in þe siȝte of God
briȝte and shynyng as gold, whanne mannes conscience is clene
departed fro lustes and prosperite of þis world, and purgid wiþ 275
tribulacioun, wiþouten veynglorye of þis life, for in þe ende of a man
is proued his uertue. And whois conscience is þanne clene purgid fro
filþe of synne shale be leyde aboute wiþ seernesse: þat is, he shal be
aboutelapped wiþ seere merites and counfortes, manyfold moo þan
weren his tribulaciouns. For 280

Adducentur regi uirgines post eam, proxime eius afferentur tibi. *Uirgynes shulen be ledde to to þe kynge aftir hir, her neiȝtbores shulen be broute to þee.* As a quene is in worship next þe kyng, so Crist
bifore alle oþere seyntes is next in worship sittyng at þe riȝt honde of
þe Fadre. To whom aftir him shal be brouȝte uirgynes þat miȝtily as 285
stronge men wiþouten corrupcyoun keped clene Cristes lawe
wiþouten know | yng in consente of any oþer lawe; for, as a womman, f. 104va
knowyng anoþer man þan hire trewe spouse, is made a strumpet, so
men ȝiuyng feiþ to any lawe but to Goddes ben auowtreres of
Goddes lawe. But summe men synnen here in symple fornicacioun, 290
and summe in spouse-breking, and eiþer is dampnable, but þat one
meche more þan þat oþere. Þei synnen as in symple fornicacioun in
þe lawe of God þat ben lewed men and symple of kunyng and leeuen
þat al is Goddes lawe þat þei heren of hem þat ben abouen hem, and
shulden teche hem Goddes lawe and deceyuen hem; and þei as witles 295
beestes goon forþ and holden hem stille, and sechen no resoun of þe
sleiȝ sleiȝtes of hem þat deceyuen hem, and ȝit alday þei felen hou
þei ben deceyued. But, as þei bileeuen þat God may not synne ne do
no fraude, so þei shulden bileeue of his lawe; and so þei miȝt liȝtly

270 clennes] unclennesse T of conscience] *om.* BS 271 seernesse] diuersite HDRBS, diuersnesse T 272 or] of AL þe[2]] *om.* R partyes] parte H 274 and] *om.* BS 276 a] *om.* ATLBS 277 þanne] *om.* L 278 seernesse] diuersite HDR, diuersnesse T, dyueseteis BS 279 seere] dyuerse AHTDRBS 280 weren] was AL 281 proxime . . . tibi] *om.* L 282 uirgynes] maidenys DR to to] to AHLRBS 283 quene] kyng BS 284 bifore] among BS 286 lawe] lawes BS 287 wiþouten . . . vnite (306)] *om.* BS consente] consence A `nota´ HD, `nota bene´ R 288 anoþer] any oþir R 289 ben] is H auowtreres] auoutere H 290 here] herinne AHT, þerin in L 291 and[2]] *om.* A 293 of[2]] in A kunyng] knowyng L leeuen] bileeuen HT 297 þat . . . hem[2]] *twice* A 298 but] ȝit A god] crist DR 299 no] *om.* L shulden] schulen A

300 knowe treuþe and holde þerwiþ and it wolde defende hem. But, for þei done not þis, þei ben partyneres of wicked doers. But oþer men as open spouse-brekeres, synnen in Goddes lawe, þat wilfully and knowyngly and bi pride and couetise fauouren þat lawe, constitucioun or statute þat is contrarye to Cristes lawe, or haþ no grounde 305 þerinne. And þei ben open auoutreres, folowyng her fadre þe deuyl þat departyde first fro vnite. But þe apostles as moste clene uirgynes, witnesyng þe shedyng of her blood, for þe approuyng of Cristis lawe and her neiȝtbores in clene kepyng of it, shulen be brouȝte to þe kyng of glorye and crounede wiþ þe hyȝest croune of virgynes. For

310 **{16} Afferentur in leticia et exultacione, adducentur in templum regis.** f. 104vb | *þei shulen be brouȝte in ioye and gladnes, þei shulen be ledde into þe temple of þe Kyng.* O hou meche loueþ God þe clennes of his lawe, þat clepeþ hem and rewardeþ hem as vndefouled uirgynes þat kepen his lawe clene! For he shale make hem to be brouȝte wiþ 315 holy aungeles in ioy and gladnes, and to receyue coroune of her trauayle. For, as noþing in þis life is more traueylous þan to kepe clene Cristis lawe, so no þing shal be more rewarded þan þei þat wilfully putten hemself to tribulacioun, for þei wilen not descende þerfro. And þerfore þei shulen be ledde to into þe temple of þe kyng: 320 þis ledyng to bitokeneþ neer comyng to God, or ful open and cleer siȝt þat þei shulen haue of þe godhede wherinne stondeþ eche mannes blisse more and lesse. And for þe roote of þis vnwemmed lawe may not be wasted, but in his tyme burioune and bere fruyte, he seiþ

325 **{17} Pro patribus tuis nati sunt tibi filii; constitues eos principes super omnem terram.** *For þi fadres sones ben borne to þee, þou shalt sette hem princes upon al erþe.* Aftir patriarkes comen holy prophetes, and aftir hem Crist wiþ his gloryous apostles, and after hem many holy martres and confessoures; and alle þise weren 330 sente pryncipaly to bere witnesse þat Goddes lawe was trewe and

301 partyneres] perceners A 303 and[1]] *om.* H 305 þei ben] þese AL, þese ben HTDR 307 for] fro R 308 to] to to T 310 et . . . regis] *om.* L 311 ioye] oie H 312 o] *om.* BS god] *om.* T 313 vndefouled] vnfoulid R 314 kepen] kepten R his . . . clene] clene his lawe AHTLBS 315 and[2]] *om.* AHTLBS to] *om.* DR coroune] þe corowne AHTLDRBS 317 more rewarded] *rev.* T 318 wilfully . . . hemself] putten þemselfe wylfully L descende] dissent ATLBS, go DR 320 ledyng] ledynge comyng L and] in L 321 siȝt] siȝt, s- *alt from.* l- D, liȝt R 322 and[1]] or H vnwemmed] vnuenemid H 325 constitues . . . terram] *om.* L 327 erþe] þe erthe L 328 gloryous] hooli HL 330 þat . . . lawe] *twice* T was] is T

sufficient to bryng alle men to heuene. And þise weren ordeyned princes vppon al erþe, þat is vpon alle erþeli men, to be her trewe lederes, þat noon þat coueyteþ to regne wiþ hem take oþer weye ne teche oþere lawe þan þei ȝede and tauȝte. And, al be it þat many han enforsyde to put offensioun to | þis weye, and wiþ harde censures f. 105[ra] shale oppresse þe goeres of þat weye, neuerþelesse 336

{18} **Memores erunt nominis tui, Domine, in omni generacione et generacionem.** *Þei shulen be myndful of þi name in al generacioun and gener[a]cioun.* Þe holy apostles þat were sones of grace of Crist kyng of glorye, as blessede prynces, `approuynge þe 340 Kyngis weie sure and sikir,´ shedden her blood in mynde þerof, þat shale be knowen fro generacioun into generacioun. For siþ it is treuþe approued bi treuþe, in veyne þei traueyle þat enforsen þeraȝein.

Propterea populi confitebuntur tibi in eternum, et in seculum 345 seculi. *Þerfore puple shulen shryue to þee wiþouten ende, and into world of world.* Þerfore, þat is for þi lawe is treuþe and may not be fordone, meke puple shulen knowleche to þee her synnes, hopyng in þi mercy, and of þe þei shulen haue forȝifnes. For into wiþouten ende, and into þe world of world, feiþful puple and of euene inwit shulen 350 knowleche þe treuþe of þi lawe, þat þat weye and none oþere ledeþ to endeles reste.

331 to[2]] vnto R 332 al] þe L, al þe BS to] and to L 333 coueyteþ] coueyte R 334 þan] contrarie þerto þan BS al be it] þouȝ A 335 offensioun] offensiouns H 387 domine] *om.* R in . . . generacionem] *om.* L 338 generacionem] generacione AHTDBS name] name lord BS 339 generacioun[2]] genercioun C of] bi A 340 approuynge . . . sikir (341)] *top margin d.h. marked for ins.* C 341 þat] *om.* L 345 in[1] . . . seculi] *om.* L 346 puple] puples HDR shryue] knowliche BS world] þe world AL 347 þi] in þi R 348 puple] puples HDR þee] þee and to þi preest BS þi] þe L 349 and] *om.* L þe] *om.* A into] *om.* BS 350 into] to BS þe] *om.* D puple] folk T and[2]] *om.* A of euene] euen in TDR inwit] witt TDR 351 þat[1]] and þat BS 352 reste] blisse T

Psalmus .45.

{2} **Deus noster refugium et uirtus, adiutor in tribulationibus que inuenerunt nos nimis.** *Oure God is oure fleyng and vertue, helper in tribulacyouns, þe whiche ha*[*n*] *founden us ful meche.* Oure God þat is in al þing gode is oure fleyng for we tristen oneli in his uertue
5 þat may not be ouercomen. And so eche man may be knowen in whom he tristeþ, bi him to whom he fleeþ, and vndir whois proteccioun he coueyteþ to be defendid. Forþi who þat fleeþ to God, tristyng in him, shale be deliuered of al angre priue and apert. For he is uertue of þe Fadre, and he enricheþ his loueres wiþ
f. 105rb vertues; and he is miȝti hel|per to hem in tribulacyouns to ouercome
11 hem, þe whiche han founden hem ful meche. For þe deuyl on his side and þe world and mannes owne fleishe suffren not him to be out of tribulacyoun þat he stonde ay in drede, knowyng himsilf feble and vnmiȝti. And God, in whom he tresteþ and for whois loue he suffreþ
15 temptacioun, ful of vertue and of kunnyng to kepe him and delyure him whanne beste tyme is, euermore is redy.

{3} **Propterea non timebimus dum turbabitur terra, et transferentur montes in cor maris.** *Þerfore we shale not drede whiles þe erþe shal be troubled, and hilles ouerboren into þe herte of þe see.* Þise
20 trewe loueres of Crist, al be it þat þei ben fewe in noumbre in comparisoun of her enemyes, þaren not drede, for treuþe is her helper and it shal delyuere hem whanne erþe, þat is men ful of erþely prosperite and fleishly lustes, shulen be troublede in openyng of her erroures. For euer þe lenger moo erroures and moo shulen growe;
25 and þe gretter þe errour is, þe more feersly it shale be defended. But þise proude hilles þat wenen hemself vnmouable, þe whiche neiþer

Ps. 45 CAHTLDRBS
heading C (*r.h.* Deus noster), xlv psalm of dauid into þe ende for choreus chyldren for priuetus þe voyce of þe aposteles L, The title of þe xlv psalm `xlv´ D, þe psalme of dauid `4´ *d.h.* R, `45´ *d.h.* B, þe xliij psalm A, *om.* HTS  1 adiutor . . . nimis] *om.* L  2 fleyng] fleyng or refuyt A, refut TLDRBS, socour H  3 han] haþ CALS  ful] *om.* BS  4 fleyng] refuyt DRBS, socour H  for] þat DR  we] *om.* L  oneli] fulli DR  5 man] oon H  6 he tristeþ] be saaf trosteth L  7 `nota´ R forþi] þerfor AH, for þat L 10 is] *om.* L 12 not him] *rev.* HT him] hem BS 13 ay] euere AHTLDRBS 15 ful] is ful BS delyure] to deliuere H 16 him] *om.* AL euermore . . . redy] *om.* AHTLBS 17 et . . . maris] *om.* L 18 þerfore] for R 19 þise] the LBS 20 al be it] þouȝ A, al be S 21 þaren] doren ABS her²] *om.* L 22 it] he L, *om.* DR erþely] `erthly´ L, *om.* H 23 and] and worldli and H 24 moo¹] more L 25 þe²] þat þe A errour is] errouris BS 26 þise] *om.* A hemself] hymself S

reyne ne dewe may make to growe wiþ grene gresse, þat is noiþer drede of veniaunce ne loue of Cristes benefetes may make to florishe in vertues, shulen be boren ouere into þe hert of þe see, þat is in þe deep pitte of helle. And þis sentence opened 30

{4} **Sonuerunt et turbate sunt aque eorum; conturbati sunt montes in fortitudine eius.** *Souned and troubled ben þe watres of hem; togidretrowbled ben hilles in þe strengþe of him.* [þ]ise proude princes þat to her dampnacioun stonden in | Cristis temple, as Crist f. 105va seiþ, whanne ȝee see abhominacyoun of desolacioun stondyng in holy 35 place, he þat redeþ vndirstonde hou þei dispytousely sounne, aȝenstondyng treuþe, so þat her owne watres ben troubled. þise watres ben simple puple vnder þise proude princes of þe chirche, þat han ben desceyued þurgh her fals ledyng, and ben troubled in hemself whanne treuþe of Cristes lawe is opened þat þurgh þise 40 blasphemes longe haþ be hid. And sodeynly many of hem ben stired to penaunce, wepyng in greet aboundance teeres for her synnes þat þei wickidly consentiden to vnder þise princes. And þanne þise soure rekyng hilles, blowen þurgh pride and bolned by enuye, shale enforce hem to putte into tribulacioun symple men þa`t´ shewen 45 her erroures. But þei togiderstyred þurgh charite as vnmouable hilles, treystyng in þe myȝte of God, stedfastly shulen defende þe treuþe of Goddes lawe aȝen þise hyȝe princes of pride þat hogely þurgh strengþe of Goddes word shulen be troubled togydre, wiþstondynge treuþe. But bi þe vertue of þe spirit of Goddes 50 mouþe þat is treuþe of his word, þei shulen be destroyed, al be it þat þei ben suffred for a tyme to oppresse many symple men. For

{5} **Fluminis impetus letificat ciuitatem Dei; sanctificauit tabernaculum suum Altissimus.** *þe birre of flode gladeþ þe cite of God; þe Hyȝest halowede his tabernacle.* Here is hoge counfort to 55

29 in[2]] into AHTLDRBS 31 turbate] conturbate R conturbati . . . eius] *om.* L conturbati] turbati D 32 souned . . . hem (33)] þe watris of hem sownyden and ben troublid DRBS souned] sowneden AH troubled ben] *rev.* A troubled] drouyd TL 33 trowbled . . . hilles] hillis ben troublid DRB, hilles beþ S þise . . . troubled (37)] *om.* BS `nota´ H þise] rise, *but guideletter* þ C 35 of desolacioun] *om.* DR holy] þe holy A 36 hou] he hou H dispytousely] spytously L sounne] sowen R 37 treuþe] þe truþe A troubled] drouyd TL 38 of þe chirche] *om.* BS 39 ben[1]] þem L troubled] drouyd TL 40 cristes] goddis H þise] her BS 42 teeres] of teres HTL 43 þise[1]] her BS 44 rekyng] smokynge AHTDRBS by] wiþ H 45 symple men] hem BS 47 treystyng] affiynge AHTLBS 48 aȝen . . . pride] *om.* BS þise] þe DR 49 strengþe] þe strengthe L 51 al be it] alþouȝ BS, þouȝ A 52 þat] *om.* DRBS for[2]] *om.* T 53 fluminis impetus] *rev.* T sanctificauit . . . altissimus] *om.* L 55 hoge] greet TDR

hem þat suffren tribulacioun for treuþe, for þe birre, þat is þe hasti
f. 105vb cruelnes of enemyes of treuþe, ho | gely gladeþ þe cite of God, for þe
gederyng togyder of hem þat duellen in onehede of treuþe mot
gretely glade in þe feersnes of her enemyes, for þanne is Goddes
60 helpe next. And wiþ þe spirit of his mouþe feersly his enemyes
shulen be uencushed, whanne þei comen to þe terme þat he haþ
sette, þe whiche no bolnyng wawe of þe proude feers see may passe,
for þe Hyȝest haþ halowed his tabernacle. Eche mannes soule in
whom God is halowed bi kepyng of his worde is Goddes tabernacle;
65 þis is blessed of God and may not fayle for it is made of quyc stones
foure-squared—quycke for it is fulfilled wiþ grace þat may not dye,
foure-square for whereeuere it is leyd it liȝeþ sad and stable. For a
trewe soul in whom God resteþ, ȝif it be in quyete wiþoute
p[ursu]yng of false breþeren, it mekeþ itself wiþ sharp penaunce
70 and greiþeþ it to temptacyoun in greet dreed. For in prosperite it is
not hyȝed into pride ne veynglorye, ne in aduersite ouercomen. For
whereeuere it is putte or casten, it falleþ square and liȝeþ sad. And
þerfore it was commaunded in þe makyng of þe tabernacle þat
figured eche trewe cristen mannes soule þat preciouse stones and
75 square shulde be leyd in þe grounde; þe grounde of eche mannes
dede shulde be treuþe þat is most precious and square, for on eche
side treuþe defendeþ itself. For

{6} Deus in medio eius non commouebitur, adiuuabit eam Deus mane diluculo. *God in myddes of it shal not be stired togidre,*
80 *helpe it shal God eerly in þe morentide.* God duelleþ in þe myddel of
f. 106ra his tabernacle defendyng it on eche a syde wiþouten togi | derstyring
of þe proude foors of enemyes þat cruelly ensegen it, and God shal
helpe it eerly in þe morentyde: for, what tyme any man wile ryse fro
þe niȝte of synne in gode purpose and stedfaste to stonde wiþ treuþe,
85 receyuynge into his soule clere beemes of þe sunne of riȝtwisnes,
God shale helpe him in strengþe of trewe bileeue and lede him fro
uertue to uertue. And þerfore

56 treuþe] þe truthe L birre] beer H 57 hogely] greetly TDR gladeþ] gladen A
58 onehede] vnyte BS mot] *om.* H 61 be] *om.* L uencushed] ouercomen DR
63 haþ] *om.* L in] be L 64 his] *om.* L 66 foure-squared] foure qwarid H 67 is]
be AL 68 ˋnotaˊ R 69 pursuyng] preysyng C 70 greiþeþ it] makiþ it redi DR
greiþeþ] ordeineþ H in[1]] wiþ L 71 ˋecclesiastici 2ˊ TLRBS into] to LD, in R
72 ˋ3 Re. 5ˊ AL, ˋ1 reg. 5ˊ R is] be AL liȝeþ] sid B, siþ S 77 defendeþ] fyndeþ BS
78 adiuuabit . . . diluculo] *om.* L 79 myddes] þe myddis DBS 80 helpe . . . god[1]] god
schal helpe it DRBS god eerly] *rev.* A þe[2]] *om.* R 81 a] ˋaˊ L, *om.* BS styring]
stryuynge R 83 morentyde] morowen tyde T any] þat any R wile] schal A
84 stedfaste] stidfastli AL wiþ] for T 86 helpe] keep T lede] ledeth L

{7} **Conturbate sunt gentes, et inclinata sunt regna, dedit uocem suam, mota est terra.** *Togidertroubled ben folkes, and heelded in ben reumes; he ȝaf his voyce, stired is þe erþe.* Whenne 90
treuþe is moued and bigynneþ to growe, folc of kynde as bestes
delicat in lustes ben togidrestired in hemself. And many miȝtily
enforsen hem to wiþstonde it, for þei wilen not leue her lustes, and
also þei dreden to be knowen suche as þei ben; and on þat oþer syde
summe among many at þe publyshyng of treuþe fallen fro her lustes, 95
and done penaunce, and armen hem wiþ uertues, and paciently for
treuþe putten hem into tribulacioun. And herfore reumes ben
inbowed, many to wiþstonde treuþe and summe to holde þerwiþ.
He ȝaf his voyce: moeued is þe erþe. For as þe soune of treuþe,
whanne it is herd and not reuerentli accept, hardeneþ þe herer and 100
spoyleþ him of grace, aȝenes his wille he doiþ gode to his enemy þat
paciently bereþ his cruelnes; for þat uertue and grace þat he putteþ
fro him by pride, his aduersarye receyueþ bi mekenes, and so he haþ
double strengþe. So on þat oþer syde at þe sounyng of Goddes word,
`þat is truþe, þe erþe is moued:´ þat is, meke men, knowyng hemself 105
erþe freele to synne, hauyng no | vertu ne godenes of hemself, ben f. 106rb
dewed wiþ grace and made herty in tribulacioun, seiyng

{8} **Dominus uirtutum nobiscum; susceptor noster Deus Iacob.** *Þe Lord of vertue*[s] *wiþ us; oure uptakar God of Iacob.*
Whom shale we drede þat han þe Lord of uertues wiþ us, whois 110
miȝt may not be told, oure uptaker, þe God of Iacob? Lo, grete
counfort of oure Sauyour, for we shulde not despeyre in aduersite,
but stedfastly triste to him; he sheweþ to us Iacob in ensaumple þat
of alle þe patriarkes most tribulacioun suffred, and of alle his
aduersaryes God delyuered him. Forþi 115

88 et . . . terra] *om.* L dedit . . . suam (89)] *om., added later hand margin* H
89 togider . . . folkes] folkis ben togidir troublid DR, folk beþ troublid togedre BS
troubled] drouyd TL 90 heelded . . . reumes] rewmys ben bowid yn (*om.* BS) DRBS
heelded] bowid AT stired . . . erþe] þe erþe is stirid BS is] *om.* R 91 bigynneþ]
bigynnyng AL bestes delicat] *rev.* H 92 togidre stired] *rev.* D 93 it] hem A
not] *om.* L 95 fro] for T 97 into] in L herfore] þerfore L 98 wiþstonde]
stonde wiþ A treuþe] *om.* L to . . . þerwiþ] þereaȝein A 100 and[1]] yt is L accept]
accepte it A 101 him] hem BS aȝenes] and aȝens AHTLBS 102 þat[1]] þe H
he] *om.* L 105 þat[1] . . . moued] *lower margin d.h.* C 106 erþe] erþly T hemself]
hymselfe L 108 susceptor . . . iacob] *om.* L 109 þe lord] god T þe] *om.* A
vertues] vertue CATL wiþ] is wiþ BS oure . . . iacob] god of iacob is oure vptaker BS
110 whom . . . iacob 111)] *om.* A shale] shuld R uertues] vertu L 111 þe] is D, is
þe BS 112 for . . . not] *twice, 2nd canc.* S shulde] shul B, shul *first time,* shulde
second S 114 þe] *om.* HD 115 forþi] þerfor A, for þat L

{9} Uenite et uidete opera Domini, que posuit prodigia super terram. *Comeþ and seeþ þe werkes of þe Lord, whiche he sette wondres upon erþe.* Ȝee vnfeiþful men out of þe bileeue, þat trowen not to treuþe for itself but ȝif it be proued bi wondres, comeþ, leuynge ȝoure errour, and seeþ, þat is vnderstonde ȝee þe werkes of þe Lord. Biholdeþ þe hyȝe incarnacyoun, hou Crist bicome man; and, knowyng þat, ȝee shal wite þat no þing is impossible to God. And as most mysterrye was wrouȝt whanne he bicome man, so in þe laste ende most merueylously shale treuþe growe among fewe, and þe falshede of many be made open. And so for vnfeiþful men, not for feiþful, God worcheþ many wondres upon erþe. But whanne God sheweþ wondres in prouyng of bileeue, as dide Crist and his apostles in her lyuyng, and þerfore þe folk toke not bileeue, alȝif þei delyteden greetli in wondreful myracles. Þerfore boþe for her vnkyndnesse and her blyndnes God suffred many wondreful myracle be don, not to prouyng of þe feiþ but to | harden hem in her errour; for among alle oþere wondreful myracles þis shal be a greete, þat in þe ende whane God shale moost claryfye his lawe shale be moost discencyoun. And þat is þat he seiþ

{10} Auferens bella usque ad finem terre, arcum conteret, et confringet arma, et scuta comburet igni. *Aweytakyng batayles vnto þe ende of þe erþe, bowe he shale togider[trede, and armes he shale togider]breke and sheldes brenne togider in fyer.* Loo, counfort and drede: counfort to feiþful men, and drede to vnfeiþful; for in comparisoun of batayles þat shulen be in þe ende, pees haþ ben bifore. For þe lowest part of þe chirche and ferrest fro þe world shale growe so hyȝe bifore þe ende, ȝea, þat boþe frendes and enemyes shulen dedeyn þerof, and it shale be aȝen al men, and alle men aȝen

116 que . . . terram] *om.* L 117 seeþ] seiþ R whiche . . . wondres] what wondris he sett BS 118 erþe] þe erthe LDRB þe] *om.* TLBS trowen] bileeuen DR 119 treuþe] þe treuþe D be proued] proue yt L be] *om.* R bi] wiþ B 120 seeþ] seyth L lord] world L 121 biholdeþ] biholde ȝe AL 122 þat²] *om.* BS no] *om.* L ˋnotaˊ T 124 fewe] folk A 125 many . . . sheweþ (127)] *om.* H 128 lyuyng] lyuyn, -n *altered to* g *and nasal mark added* C not] no BS alȝif] alþouȝ BS, þouȝ A 129 greetli . . . wondreful] wondirfulli in grete A for] *om.* H her] *om.* L 130 suffred] suffreth LBS wondreful] wondir R myracle] myraclis HTDRB 132 greete] gretter DR 135 arcum . . . igni] *om.* L 136 awey . . . batayles] he is away takyng batailes BS 137 vnto] into ALRB bowe . . . breke (138)] he shal togidre trede þe (*om.* S) bowe and he shal togedre breke armes BS trede . . . togider¹ (138)] *om.* CDR 138 togider breke] *rev.* DR and] *om.* T sheldes brenne] *rev.* BS 139 vnfeiþful] þe vnfeiþful D 140 of . . . be] þat shal be of bateylis R 141 ferrest] þe firrist AL world] world as þe clergie H

it. For men shulen be so astoneyid wiþ treweþ on þat one syde and
drede on þat oþer, þat þei shuln holde wiþ neuer noiþer, but now 145
wiþ þat one and now wiþ þat oþere, and to her owne destruccyoun
itself shal moste worche. Blessed shal he be þat in þoo dayes shal not
be sclaundred in Crist. Þe ende of þe erþe is vnderstonden on þre
wyse, but þe moste wonderful batayles shuln be in þe laste ende of
þe worlde. First Crist seyde þat he come in þe ende: and aȝen him 150
roos þe principal paart of þe puple, þat moste shulde haue approued
his comyng, and maad him despised, and at þe laste bi fals witnes
slewen her Lord þat was boþe God and man. And þis was þe moost
wonderful batayle bifore þat tyme doon. Þe secund ende is whanne a
man dyȝeþ, for in þat tyme deueles ben moste bysye aboute to tarye 155
him and tempte him bi most su|tile sleiȝtes. But þe purete of his f. 106vb
conscience hou he despised þe world and fleischli lustes, wiþ gode
hope and stedfaste bileeue, vencusheþ his enemyes þat moste
enforsen hem þat tyme to ouercome him. But for he wiþstode
hem in oþere lesse asailingis bifore `þat' tyme, in þat moost ba`taile' 160
he is maad uictoure. Þe ende of wickid men is knowen moste
bataylous, for þan her endeles batayle bygynneþ. But þe þred ende
and moost bataylous shal be whanne þe moste hyȝe pride of anticrist
shal be destroyed. For he shale be so hiȝe þat al þe world shale be
moeued er he be lowed. And as Crist seiþ 'þat I seye to one, I seye to 165
alle: wakeþ!', so he spake to alle trewe men in his apostles whanne he
tolde hem þe tokenes þat shulden come bifore þis perilous tyme.
And siþ alle þise tokenes han fallen more siþ tyme of þe apostles þan
in her tyme, þise wordes of Crist weren more spoken to þe foleweres
of þe apostles þan to þe apostles. Forþi eche trewe man arme him 170
wiþ treuþe and triste he þerinne, for as Crist ouercome þerwiþ þe
firste batayle, so shulen trewe men þe secunde and þe þred. For Crist
shal altotreyde þe bowe of false wayteres, þat is her miȝte wherewiþ

144 be so] *rev.* AT þat one] þe oon T 145 þat[1]] þe T shuln] schulden A neuer] neiþer BS now] *om.* L 146 her] þe AHTLS, his B 147 shal moste] *rev.* D 148 `nota' R on] in TR 149 wyse] wises DR, maners T laste] `last' TD, *om.* A 150 `i' DBS first] for D aȝen] geyn L 151 principal] princy L haue] *om.* L approued] prouid H 152 comyng] kunnyng AL 153 slewen] sleen DR þe] *om.* R 154 `ij' DBS 157 despised] despisiþ BS fleischli] þe fleishly BS gode] *om.* L 158 vencusheþ] ouercomeþ DR 159 hem] *om.* L to] hem to L 160 asailingis . . . bataile] *on eras. of shorter into margin* C 161 uictoure] ouercomer DR 162 `iij' DBS 163 bataylous] perylous L 166 wakeþ] wakiþ ȝe T 167 hem] to hem A 168 alle] *om.* DR tyme] þe tyme AHLDR þe] *om.* A 169 þise] the L 170 þe[2]] *om.* L forþi] þerfor AH, for þat L eche] euery L 171 þerwiþ] *om.* T 172 þe[2]] *om.* T 173 altotreyde] totrede TDR

þei constreyne symple men in persecucioun; and her armes he shal
175 togydrebreke, þat is false confedrasye þat wicked men han affyede
hem inne, in false conspyryng aȝen treuþe; and sheeldes he shal
brenne wiþ fyer, þat is trewe men shulen be so feruent and brennyng
in perfyte charite, offryng hemself wilfully to persecucyoun for
treuþe of Godes lawe þat alle þe slye sleiȝtes þat her enemyes kun
180 caste shuln not remewe hem fro her purpose. Doiþ on ȝou þerfore
f. 107ra loue-armes, and loue Crist þat loueþ | ȝow, for loue maad him oure
broþer, and loue shulde make us his foloweres. Forþi al cowarde
drede put awey,

{11} Uacate et uidete quoniam ego sum Deus: exaltabor in
185 **gentibus, et exaltabor in terra.** *Wakeþ, and seeþ for I am God: I shal be hyȝed in folk and I shal be hiȝed in erþe.* Wakeþ in uertues and
preyeþ þat ȝee falle not in þis moost bataylouse tyme, for many shuln
be sclaundrede for her heuy slepyng in vyces. Seieþ þerfore and
inwardly in ȝoure hertes proue ȝourself ȝif ȝee daare for treuþe take
190 deeþ, for elles ȝee shulen putte sclaundre in þe weye whanne ȝee
wexen wery in tribulacyoun; and ȝif deeþ be not dred, no peyne þa`t´
ledeþ þerto shale make ȝou agast. For who þat wilen not be
ouercomen in batayle mot cast bifore most greet peryles þat ben
possible to falle in þe weye. And ȝif he gesse he may not þole hem,
195 he mote take anoþer weye. For eche man is not beden to putte
himself to open deeþ, ne no man may be excused ȝif he be brouȝte to
þat poynte þat eiþer he mot graunte treuþe or sclaundre treuþe, ȝea,
ȝif al he hadde þanne done a deedly synne, and feersly shulde be
ledde forþe and neuere speke wiþ man. For in wilful martirdome for
200 treuþe is plener remissioun. And for men shulden not folyli putte
hemself forþ, er þei had casten bifore greet peryles for sclaundre þat
miȝte come, it was comaunded þat cowardes shulden not go to
batayle. Wakeþ þerfore fro synne in holy preyer, and seeþ bifore

175 false] þe false H 176 sheeldes] shuldes B 178 wilfully] wilful R
179 treuþe] þe treuþe R 180 remewe] moue A on . . . þerfore] þerfor on ȝow T
181 armes] armeurs H loueþ] loue L 182 forþi] þerfor AH, for þat L
184 exaltabor . . . terra] *om.* L 185 wakeþ] take hede ȝe (*om.* S) BS 188 slepyng]
sleggynge L seieþ] seeth LRBS and] *om.* R 190 deeþ] þe deeþ R 192 not] *om.*
AHTLBS 193 ouercomen] ouercomer TLBS mot] must HLDRBS most] þe
moost H ben] is ALBS 194 he[2]] þat he H þole] suffre ATDR 195 mote]
must L man] *om.* L not] *om.* AL beden] holdun DR 196 may be] is L
197 eiþer] ne H mot] must L graunte] eiþere graunte þe H 198 ȝif al] alif DR,
alþouȝ BS, þouȝ A 199 `nota´ R for treuþe] *om.* T 200 folyli] fully L, *om.* T
201 for] and R `deut 20´ DR `deut 20 & 1[´ B sclaundre] sclaundris A 202 go]
om. L 203 `deu 20 et Iud 7´ AS, `Iudic. vij´ DR

peryle þat may falle after; but algates see ȝee for I am God þat is gode in al þing, and tresteþ stedfastly þat I may not leue my louere vndefended. For I shal be hiȝed in folk of kynde, þat as | beestes lyuen aftir her lustes whanne þei shulen be ouercomen bi treuþe. And I shal be hiȝed in erþe, whanne my seruantes in tribulacyoun knowen hemself but erþe and vnprofitable seruantes, putting to me þankyng of her pacience and glorye of her victorye, seiyng

{12} **Dominus uirtutum nobiscum, susceptor noster, Deus Iacob.** *Þe Lord of uertues wiþ us, oure uptaker, God of Iacob.* He þat quemeþ þe Lord of uertues may not fayle of uertues. For Crist seiþ 'Askeþ and ȝee shulen take.' Askeþ þerfore uertues, and stondeþ in loue, and God of vertues shal ȝiue ȝou uertue to ouercome alle ȝoure enemyes. Secheþ God in trewe worchyng, and he shale be founden in trewe rewardyng; knockeþ faste lastyng in loue þat þe liȝte of ȝour uertues shyne boþe to frendes and enemyes, sleyng ȝoure fleishly desyres after þat ȝee han taasted þe swetenes of God of uertues, as Iacob did aftir he had wrastled wiþ þe aungel; and þanne God of Iacob þat delyuered him of al tribulacyoun shale open to ȝou his blisse and take ȝou up þider þurgh his grace.

Psalmus .46.

{2} **Omnes gentes, plaudite manibus, iubilate Deo in uoce exultacionis.** *Alle folk, pleye ȝee wiþ hondes, ioye ȝee to God in voyce of ful ioiyng.* Þe Prophet in þe voyce of þe apostles amonesteþ us to preysing, and seiþ 'Alle ȝee folk of kynde, to whom God haþ sente his grace, comeþ forsaking ȝoure synne, and ioye ȝee in gode werkes. Inwardly ioye ȝee to God in voyce of ful outeioiyng, þat is, ioye ȝee in God, ȝyuynge to him al glorye whanne ȝour fruytful werkes,

204 ȝee] *om.* L þat is] *om.* L 208 my] in T 210 þankyng] þankis AHTBS glorye] for glorie H 211 susceptor . . . iacob] *om.* L 212 wiþ] is wiþ BS god] is god BS 213 quemeþ] plesiþ DR 214 uertues] vertu A 218 sleyng] fleynge LBS 219 þe] of þe L of[2]] in A 220 aftir] aftir þat AHLR

Ps. 46 CAHTLDRBS

heading C (*r.h.* Omnes gentes), into þe ende þe psalm of dauid for þe sones of chore `xlvi´ DR, xlvj psalm into þe ende for chore chyldren Cryst ascendyng to his father þe voyce of holy gost to folk L, `46´ *d.h.* B, þe xliiij psalm A, *om.* HTS 1 iubilate . . . exultacionis] *om.* L 2 folk] folkes H, *om.* T in] wiþ L 3 þe[2]] `þe´ D, *om.* AHTLBS 4 folk] folkis D 6 ȝee[2]] *om.* L 7 glorye] honour and glorie A fruytful] riȝtful A werkes] werkith T, wercher BS

wherby ȝoure fleishe is meked and ȝoure needi neiȝebore releued
f. 107va preyen for ȝou, for þat is fulfillynge | of þe lawe.' And þe Wise Man
10 seiþ 'Who kepeþ þe lawe, multiplieþ his orisoun.' And a sacrifise of
helþe is to take hede to Goddes comaundementes, for þe kepyng of
hem makeþ oure voyce ioyful bifore God. For whiles þe hond is ful
of gode werkes, þe tunge is not voyde so þat þe mynde be wiþdrawen
fro vanite and stedfast in God. And if þe tunge preye wiþ slowe
15 hondes, þat is wiþoute gode werkes, his slouþe crieþ faster
vengeaunce þan his tunge doiþ preysyng. For þe Wyse Man seiþ
'Meche malice ydelnes haþ tauȝt'; and clerkes seyen þat ydelnes is
stepdam of vertues. And þerfore seiþ a greet clerk þat a man shulde
euere be doyng sumwhat of werk þat þe deuyl fynde him not ydel;
20 for whom he fyndeþ ydel, wiþ hem he makeþ his duellyng, for no
degree ne state excuseþ man fro gode occupacioun. Lordes, in þat
þat þei ben defendoures of þe commune puple, shulde bisily prey for
þe pees of þe puple, and also þei shulden iustifye wronges, and listen
or seeche who were wrongfully oppressed, and after her power
25 upbere hem; and her symple pore tenauntes þat enfourmen hem to
plese God þei shulden in tyme of nede freste hem and forȝiue hem
and releue hem. And in domes þei shulden accept no persone, but to
pore and to riche do equite, for so biddeþ Goddes lawe; for boþe
lered and lewed lordes shulden iustifie. And algates þei shulden take
30 heede to her meyne, of whom þei haue cure and shal ȝeeld resoun.
And, whanne þei fele her fleishe hiȝe and rebel, þei shulden do
penaunce in good temperaunce of etyng and drynkyng and slepynge,
f. 107vb and algates kepe | hem fro ydelnes; and so dyuerse tymes bodily
trauel is to hem ful necessarye. But al mannes counseyl put byhynde,
35 rede þei þe lawe of God and studye it bisily and kunne it, and
þerinne þei shuln knowe of best gouernayle. Preestes shulden
deuoutely preye for þe puple, and bisily teche hem to vnderstonde

9 `ecc. 35´ CHDRBS 10 who] who þat, þat *canc.* D, who þat H þe] his T a] *om.* H 11 to[2]] of T 12 bifore] to A 13 wiþdrawen] drawen R 14 stedfast] be stidefast A if] *om.* BS 15 faster] *om.* T 16 vengeaunce] aftir vengeaunce HT 17 `Iero.´ CDB, `seynt Ierom´ S þat] *om.* L 18 stepdam] stepmodir HT of] to A 19 euere be] *rev.* HL fynde] foond AHTLD 20 he[1]] þe devyll L hem] hym BS no] *om.* L 21 man] a man T, men H `I´ H þat þat] þat RBS 23 listen] herken H 24 or] and AHL seeche] enqwere H 25 enfourmen] confoormen AHTLDBS hem[2]] *om.* H 26 freste] ferste D, len TR and forȝiue] to gyffe L 27 and[1] . . . hem] *om.* BS 28 `leuit 19´ AHLDRBS `Deut.19´ *d.h.* C 29 lered] lernid HT `nota bene´ R 30 ȝeeld] *om.* L 32 and[1]] *om.* TLBS 33 so] *om.* L 34 necessarye] nedeful R 36 `2´ H of] þe T shulden] schullen L

Goddes lawe, and flee al occasyoun of synne, and ȝiue gode ensanple wiþouten charge of þe puple. Þe commune puple shulde knowe þe commaundementes of God and lyue after hem in gode charyte, and 40 wiþ her traueyle upbere gladly her bodily and gostly defendoures. And þanne, al veynglorye lefte, and duee preysyng put to God, alle þe folkes of kynde in fulfillyng of Goddes wille inwardly ioye ȝee to him in voyce of ful outioiyng.

{3} **Quoniam Dominus excelsus, terribilis, rex magnus super** 45 **omnem terram.** *For þe Lord is heegh, aweful, a greet kynge upon al erþe.* Here is greet chesoun alle men to ioye in God, fulfillyng his wille: for þe Lord is heegh, þat is miȝty abouen al þing to do what he wille, awful to offende, for in his dome he mote do equyte. A greet kyng he is upon al erþe, for of his greetnes is none ende; and he is 50 kyng, hauyng miȝte to reule al þing at his wille. Gode men and angeles he shal reule in blisse, and deueles and her foloweres in þe peyne of helle; and heuene and erþe, and alle creatures in hem, ben stabled and reuled bi counseyl of þis greet kynge. And, for he is moste miȝti, aweful and greet kyng of al erþe, to glorifye his name he 55 haþ strengþed his puple wiþ miȝt of his word. For

{4} **Subiecit populos nobis, et gentes sub pedibus nostris.** *He haþ vndircasten puples to us, and | folk vndir oure feete.* Affyeþ in f. 108ra treuþe, ȝee loueres of it, for into worldes of worldes it haþ maystrye; for neuere ȝit was seyen þat he þat loued it and kepid it profitide not 60 bi it to oþere, siþ þurgh treuþe onely vicious puple ben vndircasten and sugettide to it. For it may not be ydel, but alweye doyng gode. And siþ it is of moste miȝt, and moste loueþ to drawe men þerto, ȝif we loue it and kepe it, oure trauayle aboute oþere shal not be in veyn. For siþ alle men ben of one kynd, treuþe kyndely of alle men makeþ 65 to him one puple. And so, ȝif we ben trewe men and traueilen in treuþe, folkes of kynde þat han folewed more uices þan vertues shuln be vndircasten to oure feete, þat is oure affeccyouns. For siþ treuþe

39 ˋ3ˊ H þe[2]] and R shulde] schull L 40 gode] perfiȝt A 43 þe] ȝe AHTDBS to] in H 45 terribilis] et terribilis BS rex . . . terram] *om.* L 46 aweful] dreedful AR al] ˋalˊ S, *om.* L 47 erþe] þe erþe ALBS greet] a greete R 49 awful] dreedful AR offende] defende L mote] muste LBS 50 erþe] þe erþe BS 52 þe] *om.* HR 54 counseyl] þe counceil A þis] þe BS 55 aweful] dreedful AR of] upon A 57 et . . . nostris] *om.* L 58 puples] peple AHL to] unto T ˋNeemye 23ˊ ALDBS affyeþ] affie ȝou AHTLDBS, tristiþ R in] on *canc.* in C 59 worldes[1]] world BS maystrye] þe maistrie H 60 ȝit] it H profitide] and profitide H not] myche A 61 bi it] but T, but by it R 63 of] *om.* T loueþ] loued BS men] me R 66 so] *om.* R 68 oure[2]] to oure ATLDBS

makeþ onehed aftir þe desir of feiþful men, meche folc shulen be
70 conuerted. And to trauel to conuerte folc to God

{5} Elegit nobis hereditatem suam, speciem Iacob quem dilexit. *He chesid to us his heretage, þe fayrhede of Iacob whom he loued.* Loo, þe greet dignite of þe apostles, for þei foloweden Crist wiþouten errour, he chesed to hem his heretage. For into al erþe he
75 made her voyce soune, and þerfore þei profitiden in conuertyng to him folkes. For alþouȝ þei weren wide scatered, alle wiþ one voyce prechiden Crist kyng of glorye, and þurgh her onehede þei maden many folk one in loue and knowyng of one God. Forþi to hem as to his trewe loueres he toke his heretage, and þe fayrhede of Iacob þat
80 he meche loued; his heretage ben þei þat bi hem ben conuerted, and þe fairehede of Iacob whom he loued ben Iacoby[t]es as cristianes
f. 108[rb] ben as oþere Cristes. Iacob supplaunted his broþer in | his modre womb, in token þat he shuld be a supplaunter of vices and vicious men; he bouȝte wiþ his meet þe heretage of his broþere, in token þat
85 who wile be heyr in heuene mote bye it bi penaunce of abstynence of her fleishe. And þe þrid, for he obeyshed to þe prudence of his modre he deserued þe fadre blessyng, in token þat who prudently obeisheþ to his modre holy chirche, þat is to þe onehede of þe voyce of þe apostles, shale haue þe blessyng of his fadre Crist; þe whiche,
90 whan Iacob hadde, anone Esau in veyn acordyng to his name purposede þe deeþ of Iacob, in token þat who þat is blessed of God mote neede be pursued of þe world. But as Iacob in al his tribulacioun encreessed, so he þat is blessed of God in pacyence shale welde his soule. For þe fayrenes of Iacob þat God loued—þat is his
95 pacience, wherby he was made fayre to him, for he figured Crist—God cheesede it bifore al oþer to ȝiue to his apostles as heretage; for þerby þei ben eyres in heuene, and, who þat shal profite to conuerte

69 makeþ] takiþ A feiþful] symple BS 70 to²] and to R 71 speciem . . . dilexit] *om.* L 72 chesid] chesiþ D fayrhede] fairnes BS 74 chesed] chesiþ D erþe] þe erthe L 76 alþouȝ] þouȝ al *marked for rev* C, þogh al TLD, þouȝ A wide scatered] *rev.* T wide] *om.* BS 77 prechiden] þei prechede H onehede] vnite BS maden] *om.* L 78 one²] *om.* A forþi] þerfor AH, for þat L 79 fayrhede] fairnes BS 80 meche] mekeli D 81 fairehede] fairnes BS iacobytes] iacobynes CAHTLDRBS 82 as] *om.* T 83 `nota´ R a] *om.* BS 84 he] and he AHTLBS 85 mote . . . it] bie it þei musten A mote] muste L 86 and] an R obeyshed] obeiede A, obeischiþ D, obleischid H to] for to H þe] *om.* D 87 þat] þa R 88 obeisheþ] obeieþ A onehede] vnite BS 89 þe¹] *om.* A 90 hadde anone] *rev.* H 91 þat¹] *om.* D 92 mote] must L 96 bifore] tofore T his] alle his B

þe puple as eche man is holden after his witte, mot be baþed in þis fayrenes. And þis sufficient lessoun tauȝt

{6} **Ascendit Deus in iubilo, et Dominus in uoce tube.** *God steyȝed up in inward ioye, and þe Lord in uoyce of trumpe.* Iesu Crist, God and man, steyȝed into heuene, þe apostles ioiyng wondrefully of þe treuþe of her bileeue, knowyng him verrey God; and þe Lord in voyce of trumpe, for bi þe hiȝe soune of her prechyng þei knowleched Crist lord of alle in alle þe coostes of þe erþe, seiyng 100 105

{7} **Psallite Deo nostro, psallite; psallite Regi nostro, psallite.** *Syngeþ psalmes to oure God, syngeþ; syngeþ | psalmes to oure Kyng, syngeþ.* Ȝee loueres of treuþe, proued bi pacience, seiþ psalme to oure almiȝti God, inwardly ioyyng in him of whom ȝee haue strengþe in tribulacyoun to ouercome þerby and not to be ouercomen. Syngeþ psalme to oure Kyng, syngeþ: þat is, ȝee feiþful foloweres of Crist, inwardly preyse ȝee him þat is Kyng of kynges, and cam into þis lowe valey of teeres to gete to him a rewme. Þis syngyng fyue siþes rehersed in þise tuo verses is not roryng, ne hyȝe coryous syngyng in voyce of lippes to stonye deuoute mennes deuociouns and delite fooles in vanyte, siþ þe apostles of whom it was prophecyed noiþer songen so hemself ne tauȝten oþere. But after her werkes men of bileeue moun see þat þe moste plesyng song to her God and kyng, Crist, was to fulfille þis moste perfyte biddyng '*Ite et predicate*', þat is 'Goo ȝee and preche!' And to do þis duely moste helped to hem to stable in gode reule her fyue wittes, closed fro þe world and þe luste þerof. And so acordyngly alle into oo toone songen most plesyngli to God in doyng her offyce, as a crosse hemself ouerthewert to þe world, and þe world to hem. For oþer wyse moten feiþful men synge to God þat in al þing is good, þan wode men doon to þe world to plese it. For siþ curyous song pleseþ to þe worlde, men of hole f. 108va 110 115 120 125

98 mot] must L 100 ascendit] ascende A et . . . tube] *om.* L 101 in[1]] *om.* D trumpe] `a´ trumpe S, a trumpe B 102 into] up into T wondrefully] wunderly T 103 him] *om.* L 104 trumpe] a trumpe BS þe] *om.* BS hiȝe soune] soune soune D soune] sounde L 105 in alle] *om.* BS þe] *om.* BS 106 psallite[3] . . . psallite[4]] *om.* L 108 psalme] spalmes HBS 109 almiȝti god] *rev.* A him] god L of] in L 110 þerby] me þerby L 111 kyng] *om.* L 112 cam] come BS 113 valey] vale HTL `nota´ HR 114 verses] vers ATD is . . . world (129)] *om.* BS ne] nor L 115 stonye] astoney T 117 so] of L her] þese T 118 þe] þei A song] songen A 119 `Mr vlt.´ AD, `Mt ult.´ CLR 120 to[1]] *om.* H 121 luste] lustes L 122 into] in AHL toone] tyme D, *om.* T `nota´ HR 123 hemself] puttynge hemsilf AHTLD 124 wyse] maner T 125 þing] þingis H `92 d. c 1 & 2´ L 126 curyous] þe curious T

inwitte moun knowe þat suche motetes and hyȝe roryng displeseþ to God, siþ þe world and he ben moste contrarye. Singeþ in werk and in word Cristes biddynge, and confourme ȝou not to þe world.

130 {8} **Quoniam rex omnis terre Deus, psallite sapienter.** *For* f. 108vb *kynge of al erþe is God, syngeþ psalme wisely.* For God is king | of al erþe, inwardly psalm synge ȝee to hym wysely in al tyme and in eche place of his kyngdome, for he is God almiȝti and King þat reuleþ al þing. Syngeþ þerfore to þis Lord sleeȝly þat is discreetly, þat is 135 knowe þe miȝt of God þat al þing þat he maad is stable and lastyng þe witte of God, hou þat al þing he reuleþ bi greet resoun, and þe gode loue of God to mankynde þat maad al þing to serue man, and man to serue him. For after þat he is knowen, mennes deuocyoun is to him; but after his name is his preysyng, houeuere we faylen. And 140 so moun men see hou vnreuerently Goddes word is sungen and seyde of us, for we knowen him not ne we seeche to knowe him. Many men kan rede and syng plesyngly to þe world, and þerwiþ ben foles to God. For þer is no wisdome in suche feyned curyouste. Bernard seiþ it is no wisdome to kunne speke alle Goddes wordes, 145 but to lyue after hem he holdeþ a souereyn witte. For kunne a man neuer so wele vnderstonde Goddes lawe, reede it and syng it, ȝif he worche not þerafter boþe to God and to man, his werkes ben more odious þan his wordes plesaunt. Bysie ȝou to knowe ȝoure God, and reuerently seiþ psalme to him aftir his name. For

150 {9} **Regnabit Deus super gentes; Deus sedet super sedem sanctam suam.** *God shal regne upon folkes; God sitteþ upon his holy sete.* God shal regne upon folkes, gouernyng hem þurgh his grace, þat heren his word and fulfillen it; for þerþurgh wisely folk seyn psalme to his plesaunce. God sitteþ upon his holy seetes; for

127 inwitte] in wytte L to] *om.* AHTLDR 128 ben] is AHTLDR 129 in] \`in´ L, *om.* H 130 rex] ex D psallite sapienter] *om.* L 131 kynge . . . god[1]] god is kyng of alle erþe R wisely] wittily T, soþly L 132 psalm . . . ȝee] syng ȝee psalme R wysely] sliȝli AHTLDRBS eche] euery B 133 reuleþ] riȝt ruliþ AHTLBS 135 knowe] knowynge H stable] myght stabyll L 136 þat] *om.* AHTLBS he] *om.* R greet] grettist H, riȝt BS 137 maad al þing] al þing maad T to[2]] for loue to H 138 mennes] mannys B 140 moun men] *rev.* R, many men D 141 \`nota´ TR seeche] seken not H 142 rede and] *om.* T rede] synge A syng] rede A plesyngly] plesauntly R þerwiþ] wiþ L 143 feyned] feynyng AHTDR 144 alle] *om.* D 145 a[2]] no BS 146 goddes] \`þe´ S, þe B 147 to[2]] *om.* ATBS 148 odious] hidous T þan] and his wordes þan L plesaunt] ben plesyng A 149 aftir] and after L 150 deus[2] . . . suam] *om.* L sedem] *om.* A 151 god[2] . . . folkes (152)] *om.* H 152 holy] grete BS hem] *om.* H 153 folk] folkis R

whoeuere ablen hem to kepe trewly his word ben þe holy seetes of 155
God in whom | him likeþ to reste. And þerfore f. 109ra

{10} Principes populorum congregati sunt cum Deo Abraham, quoniam dii fortes terre uehementer eleuati sunt. *Princes of puples ben gadered togydre wiþ God of Abraham, for stalworþe goddes of erþe greetly ben uplifted.* Princes of puples ben principaly þe apostles, 160
þat as noble princes ȝeeden and tauȝten þe hiȝe kynges weye, bowyng to no syde. For þei noiþer largiden ne made narower Cristis lawe, but euene after her saumpler þei ȝeeden and tauȝten þat men shulde folowe hem as þei foloweden Crist. Forþi wiþ God of Abraham, þat is wiþ Crist, verrey God and man, cheef fadre of 165
alle, þe apostles as chief princes were gadered togydere to be his witnesses into saluacioun of hem þat ben conuertid to Cristis lawe, and into dampnacyoun of hem þat wilen not be conuertid þerto. For stalworþe goddes of erþe greetly ben uplifted, siþ Crist witnesseþ þat þei ben goddes, to whom þe word of God comeþ. þe apostles of 170
Crist moun skilfully after Crist be cleped stalworþe goddes of erþe, for þe uertue of Goddes word þat was in hem, whereþurgh þei weren greetly lifted up from alle fleshely lustes and erþely loue, to be maad chief princes of his lawe to conuerte folc þerto and bringe hem to heuene. 175

Psalmus .47.

{2} Magnus Dominus et laudabilis nimis, in ciuitate Dei nostri, in monte sancto eius. *Greet is þe Lord, and ful meche preyseable, in þe cite of oure God, in þe holy hille of him.* Crist is a greet lord, siþ he is lord of lordes; and he is ful meche preisable in þe cite of oure God, for bi him alle þe citeceynes of heuene ben betered. In 5

155 ablen hem] ableþ hym BS ben] is B seetes] seete B 157 cum . . . sunt] *om.* L 159 gadered togydre] *rev.* H of[1]] *om.* T 160 þe] *om.* BS 162 largiden] alargide A narower] narow L 163 saumpler] ensaumpler T, sawmplers L 164 hem] *om.* L forþi] þerfor AH, for þat L 165 man] *om.* L 166 as] were as T were] *om.* T togydere] *om.* BS 167 witnesses] witnes AHTLBS 171 moun] moost A, may moost HTLDBS of] *om.* T 172 word] *om.* T was] is T 173 fleshely] beestli A 174 his] þe L conuerte] couette D

Ps. 47 CAHTLDRBS
heading C, (*r.h.* Magnus dominus), xlvij psalm to be radde to choreus chyldren of þe apocalyps of John þe songe of þe pristis to choreus chyldre in þe secounde sabat to cristen peple L, '47' *d.h.* BS, þe xlv psalm A, '48' *d.h.* R, *r.h.* Magnus D, *om.* HTS 1 nimis] nimi R in . . . eius] *om.* L 5 betered] made bettre BS

f. 109rb þe holy hille of him, þat is in his holy chirche whom | he halowed to him þurgh his precious blode, he is preysable ful meche, for bi his mi3te it is defended and graciously amonge straunge enemyes multiplied. For

10 {3} **Fundatur exultacione uniuerse terre, mons Syon; latera aquilonis, ciuitas regis magni.** *It is founded in ful outegladnes of al erþe, þe hille of Syon, þe syde of þe norþe, þe citee of þe greet Kyng.* Holy chirche, as moste plenteuous citee fully replenished wiþ al plente þat may not fayle, is founded in ful outegladnes of al erþe. For þerinne 15 oneli is ful plente of grace to alle men þat wilen duelle þerinne. For Syon, þat is holy chirche halowed wiþ Cristes blode and dowed wiþ his grace, is as a myrrour alle men to loke inne, for þere þe maundement of God is keped. At þe syde of þe norþe, þe cite of þe greet kyng: þe citee of þe greet king Crist Iesu is heuenly 20 Ierusalem þat is si3te of pees, whois si3t who þat inwardly biholdeþ is þerþurgh li3tned wiþ grace, and maad mi3ty to wiþstonde þe colde stoormy blastes of þe norþe þat proude men blowen þurgh boost to make symple men agast. But

{4} **Deus in domibus eius cognoscetur, cum suscipiet eam.** *God* 25 *in þe houses of it shale be knowen, whanne he shal uptake it.* In houses of holy chirche, þat is in dyuerse men kepyng his lawe, God shal be knowen whanne he shal uptake it. Eche man þat clenly forsakeþ þe pompe of þe deuyl and þe prosperite of þe world and lustes of his fleishe, and entreþ into holy chirche to kepe Goddes lawe, may not 30 hide God þat plenteuously 3etteþ grace into his soule. For, siþ Crist f. 109va seiþ þat of þe aboundance of þe herte þe mouþe spekeþ, he | þat is treuly wiþ Crist may not speke bot of þe aboundance of þe grace þat is in his hert. For eche man þat is uptaken fro vice to vertue, or fro erþe to heuene, is principaly taken for þat ende, to knowleche þe 35 hy3e worþi name of God; for þat moste pleseþ to God and moste doiþ asseeþ for mannes synne, for þat is his cheef dette, and it moste despleseþ to cursed men and deuelis.

6 is] *eras.* T his] *om.* AT halowed] halowiþ A 8 straunge] strong AHTLBS 9 for] *om.* R 10 fundatur] fundantur in T syon . . . magni] *om.* L 11 founded] founden L 12 syde] sides T þe[5]] a R 13 fully] ful BS replenished] fulfillid DR 14 founded] founden L 17 as] *om.* T 18 of[2]] at D 19 þe[1] . . . king] *om.* H crist iesu] *rev.* BS 20 ierusalem] h- *canc.* C 24 cum . . . eam] *om.* L 25 in[1] . . . it (27)] *om.* L 26 be] *om.* D 28 lustes] þe lustis ALD his] þe D 30 3etteþ] heeldiþ AL, heeldith inne T into] to L 31 þe[2]] *om.* L 32 þe[2]] *om.* BS 34 for] fro L knowleche] knowle L 35 to] *om.* BS 36 asseeþ] satisfaccioun T 37 despleseþ] dispiseþ S to] *om.* T

{5} Quoniam ecce reges terre congregati sunt, conuenerunt in unum. *For loo kynges of erþe ben gedered togydere, þei samecomen in one.* [K]ynges of erþe, þat is oure holy firste fadres þat as miȝty 40
kynges gouerneden hemself in vertues, and lefte gode fourme of reule to her aftercomeres, ben gedered togidere, þat is þei gaderide bisili togidere alle her wittes to riȝte reule her freel erþely fleishe þat rebellyd aȝenus resoun. Togydere þei comen in one, for alle þei acordiden in God, þat makeþ many one by charite. But proude men, 45
þat regnen in lustes of þe fleishe and prosperite of þe world as kynges, enforsen hem to putte a cloude of derknes bituyx þe fadres and þe sones, þat þe aftercomeres knowe not ne folowe þe lore of her formere fadres, whois dedes ben approued bi þe lawe of God. And as feiþful men onen hem in God bi louyng of his lawe, so þe proude 50
princes comen togidere in oon to wiþstonde treuþe. But for þe honde of God in eche tyme miȝtily defendeþ his louere,

{6} Ipsi uidentes, sic admirati sunt, conturbati sunt et commoti sunt. Tremor apprehendit eos. *þei seeyng, so wondred, ben troubled and þei ben togiderstired; quaking toke hem.* At þe laste, 55
whenne cruel | men faylen power to pursue symple men, and þei f. 109vb
seen treuþe defendid bi þe miȝty hond of God, þei ben so togiderestired echone wiþ oþere, and troubled wiþinne in hemself and adred þat quaking of bittre conscience makeþ hem so feble and vnmiȝty, þat þei despeyren of mercy, where is þe welle of plentee. 60

Ibi dolores ut parturientis; {8} in spiritu uehementi conteres naues Tharsis. *þere ben sorewes as of trauelyng wiþ childe; in a greet spirit þou shalt togideretrede þe shippes of Tharse.* As trauelynge of childe is passyng peyne, so þe drede of an vnclene conscience þat no

38 conuenerunt . . . unum] *om.* L 39 samecomen] camen togidere AHBS, togedre coom T in] into BS 40 kynges] Fynges, *no guide letter visible* C holy firste] *rev.* H 42 ben] or AL, were BS 43 bisili togidere] *rev.* H erþely] *om.* D 44 rebellyd] rebelliþ BS 45 acordiden] corded L many] *om.* A one by] oonli D 46 þe[1]] þer H prosperite] prosperites T as kynges] *om.* BS 47 fadres] fadir BS 48 folowe] folow not LR 49 formere] first BS approued] preued A 50 onen] oonys D in god] *om.* A þe] þes HTLBS 51 princes] men BS in] into BS treuþe] þe trouþe B 53 sic] *om.* T conturbati . . . eos] *om.* L et] *om.* R 54 tremor] timor R so] and so D, so þei BS 55 ben[1]] þei beþ BS troubled] drouyd TL and] *om.* AHTLDRBS togider stired] *rev.* BS 56 power] strengþe R þei] þes L 57 miȝty] myȝt B togidere stired] *rev.* BS 58 in] *om.* AHTDRBS 59 and[2]] and so D 60 þe] *om.* AL of[2]] and AHTDBS 61 ut] *om.* R parturientis] parturientes TDS in . . . tharsis] *om.* L uehementi] uehementis R conteres] conterens R 62 þere] þese AL of] *om.* D, of a (*om.* S) womman BS 64 passyng] a passyng HTLDBS peyne] peyne amonge alle oþere H þe] is þe B

65 grace hopeþ, for multitude of synne. For in a grete spiryt þou shalt togydretreed þe shippes of Tharse: þat is sodeynly treuþe, þat in al þing haþ þe ouerhande, shal destroye þe fals sleiȝtes of proude, cruele men, þat bisyli aspyen hou þei moun anoye hem þat in charite openen þe treuþe. But he is not trewe ne frende to treuþe þat for any 70 tribulacioun letteþ to seye þe treuþe whanne it may be proued þus.

{9} **Sicut audiuimus, sic uidimus, in ciuitate Domini uirtutum, in ciuitate Dei nostri, Deus fundauit eam in eternum.** *As we haue herde, so haue we seen, in þe citee of þe Lord of uertues, in þe citee of oure God, God founded it into wiþouten ende.* As we herden in 75 prophecye, so we sawen fulfilled in holy chirche þat is citee of þe Lord of uertues. For Crist Iesu, heed of holy chirche, uysitide his puple as prophetes bifore tolden; for treuþe, þat was bifore herd of þe Fadre seiyng to Moyses 'þou shalt see my hyndermore' was fulfilled in þe comyng of Crist. And Crist, treuþe of þe Fadre, f. 110ra louyng his | chirche, warned it of most peryles þat shulden falle to it, 81 seiyng 'Forsoþe þer shulen ryse many false cristes and false prophetes, and þei shuln deceyue many. Forþi trowe ȝee not to hem.' þis we haue herd of þe lawe, and þis we seen fulfilled: þei ben false cristes þat ben anoyntide as wiþ holy oyle to bere þe charge of 85 her breþeren, and to lyue most holily, and chargen þe puple wiþ vnportable birþenes, and for her pride sclaundren þe treuþe. And þei ben false prophetes þat prophecyen or tellen bifore þing þat treuþe approueþ not. But siþ treuþe witnesseþ þat oure God haþ founded his citee, þat is his chirche, into wiþouten ende, no membre þerof 90 þat lasteþ in treuþe may fayle, as it may not fayle.

{10} **Suscepimus, Deus, misericordiam tuam in medio templi tui.** *We haue taken þi mercy, God, in myddes of þi temple.* As þe sunne is in þe myddel of his liȝt, so Crist, merciful lord, boþe God and man, is in þe myddel of his chirche to defende and mayntene it.

66 sodeynly] so sudeynly BS 67 þing] þingis H fals] *om.* BS 69 þe] nedeful BS 70 þe] *om.* BS 71 in . . . eternum] *om.* L 72 deus] ipse deus T, ipse H 73 haue we] *rev.* AHR þe[2]] oure *eras.* þe H, oure T 74 herden] haue herd T 75 prophecye] þe prophecie H fulfilled] *om.* T citee] þe citee ABS þe] oure BS 76 heed] þat is hed BS 78 þe] her D my] me TL hyndermore] hynder part BS was] þe which was H 79 in] into T 80 it[1]] *om.* D 81 < Mt 25′ C `mt. 24′ ALDRBS ryse] regne BS 82 forþi] þerfor AH, for þat L trowe] byleue R 86 vnportable] im portable T pride] trouþe BS 88 not] *om.* AL oure] *om.* L 89 is] *om.* S into] þat is into T 91 tuam] *om.* A in . . . tui] *om.* L 92 we . . . god] god we han take þi mercye R sunne] synne T 93 þe] *om.* LR myddel] myddis R

Forþi ȝee þat han taken his mercy and felen his honde upon ȝou 95
miȝty to defende ȝou, seiþ

{11} **Secundum nomen tuum, Deus, sic et laus tua in fines terre; iusticia plena est dextera tua.** *After þi name, God, so and þi preysyng into þe endes of erþe; of riȝtwisnes ful is þi riȝt hond.* Aftir þi name: þat is, after þi myȝt, kunnyng and gode loue, þi preisyng is 100
maad greet into þe endes of al erþe. For in hem þat ben ferrest fro lustes and prosperite of þis life is þi preisyng vntelable, for no man may telle þe worþines þerof. But þe ferþer we ben þrowen into þe endes of þe erþe bi dispysyng [and] false sclaundre, bi pursuyng and leuyng of lustes, | þe more we kunne preyse God, ȝif pacience f. 110rb
wiþouten veynglory folewe. But many men wenen þat God is 106
preysed wiþ multitude of long preiyng, wiþ lippes and chauntyng. But Crist seiþ 'Wile ȝee not meche speke', þat is, in ȝoure preyeres, '`as´ heþen men þat wenen to be herd in her meche speche'. Also he seiþ 'Wo to ypocrites þat eten þe houses of wedowes, preiyng wiþ 110
long preieres.' For ypocrites for her couetyse to be seen holy wasten pore mennes lyuelode and spoylen hem of bileeue, siþ many men trowen bi her ypocrisye þat God is moste preysed in such long preyeres. But þe Wise Man seiþ 'Ne drede þou what þou speke', þat is what þou shalt speke in þi preyer; be siker as frele man may þat 115
þiself be in charite and þi preyer deuoute. And þat moun not men of meche speche, or of longe preyeres haue. And siþ fruyte of preyer stondeþ more in þe herte þan in wordes of spekyng, he biddeþ þat þin herte be not suyfte to bringe forþe a word bifore God þat is vndeuoutly, for þat is vnreuerent preiyng þat stireþ God to wraþþe, 120
and fordoeþ or letteþ mannes grace. Forsoþe he seiþ God is in heuene, and þou upon erþe, þerfore be þi wordes fewe. For, as þe glose seiþ, he reproueþ vnwisdom, þat is preiyng wiþouten deuocioun; and þerfore it is seyde ne reherce þou þe word in þin orisoun,

95 forþi] þerfor AH, for þat L 97 sic . . . tua (98)] *om.* L 98 plena est] *rev.* T plena] tua plena A and] is BS 99 of . . . hond] þi riȝt hond is ful of riȝtwisnes BS 102 prosperite] prosperitees T 103 `nota´ R ferþer] ferrer HTL 104 endes] ende BS þe] *om.* A and[1]] *om.* C, of BS 105 leuyng] hatynge L we kunne] *rev.* H 106 `nota´ H but . . . traueyle (140)] *om.* BS 107 `Mr 6´ A `Mt. 6´ HLDR preiyng] preisyng D wiþ . . . chauntyng] and chauntynge wiþ lippis A 109 as] *into margin* C also] and also AHTL 110 `Mt 23´ ALDR to] to ȝou AHTL preiyng] preisyng D 114 `eccles. 5´ AHLDR drede . . . speke] folily speke þou ony þing DR 115 is] *om.* R what] what so AHTD frele] a frele H 117 preyeres] preier A fruyte] þe frute R 118 þe] *om.* R of] *om.* AHTLD 120 `lync.´ H, `secundum lincol´ LD preiyng] preising, *altered d.h. from.* preiȝing D 121 is in] in his L 122 þerfore] and þerfore L 123 vnwisdom] wisdom AL 124 `ecc. 7´ CAHL

125 þat is be þou not so ful of wordes and clamous for þe multitude of preyeres þat þou traueyle in spekyng more þan in deuocioun. For as notys and shelfysshe wilen noye to þe etere ȝif þe swetnes wiþinne be not souȝte, so rehersyng of wordes wiþouten deuocioun is as oone f. 110[va] þr[e]we to anoþer roten deef notte. And þerfore it is seyde | betere is 130 þe ende of orisoun þan þe firste: þe ende is þe suetenes þat deliteþ a mannes soule aftir seiyng of þe word, þat men may not haue þat deliten hem in many wordes; and þat is þat seynt Poul seiþ he had leuere seye fyue wordes in þe chirche in his witte, þat he enfourme þerbi oþere as eche man þat so preieþ needes mote, þan fyue 135 þousande wiþ his tunge. And siþ syngeres chargen not ouerskyppyng of wordes, but bysyen hem faste {in spewynge} of nootes, no men more folyli preyen; and so þise men {neþer} worshipen {ne} preysen God aftir þe mychilnesse of his name, but hemself to þe world—fro whom delyuere God trewe men! And siþ þe riȝt hond of God is ful 140 of riȝtwisnes, eche man shal receyue þe fruyte of his traueyle. Forþi

{12} Letetur mons Syon, et exultent filie Iude, propter iudicia tua, Domine. *Be glad þe hille of Syon, and ful outioye þe douȝtres of Iudee, for þi domes, Lord.* Þe hille of Syon is holy chirche, and bitokeneþ men of hyȝe life fer fro lustes, þat kepen not onely 145 pacience in tribulacioun but greetly gladeþ þerinne. Douȝtres of Iudee ben as semely damyseles, anourned wiþ mekenesse and shamefastnesse of synne, and shynyngnesse in Goddes presence þurgh clennesse of chastite, knowlechyng to God her synnes, preiyng deuoutly his grace in kepyng of his lawe wherinne þei fulle outioye, 150 for in dome of þe Lord þei hope fully his mercy. And amonestyng oþer to loue clennesse of soule, hatyng synne in purenesse of conscience ioiyng in God, seiþ

125 so] *om.* T clamous] clamour H, clamours T 126 in[1]] in/in L 127 shelfysshe] fleschli wille A, fleschly L, selfische D to] yf L 128 `ecc. 7´ ALD oone] þou A 129 þrewe] þrowen C, þrowe R to] *om.* TL roten] a rooten R notte] notis AHTLD 130 þe[1]] *om.* L orisoun] þe orisoun AL 131 seiyng] þe seiȝyng H word] wordes L 132 and] *om.* R `1 cor. 14´ CAHLDR is] it is H he] him AHTLD had] were H 133 witte] inwitt HTL he] *om.* L 135 ouerskyppyng] ouerhipping AL 136 of[1]] þe R but] þat T in spewynge] *eras.* C nootes] þe nootis R 137 neþer] *eras.* C ne] *eras.* C 139 delyuere god] *rev.* R trewe] alle trewe H 140 forþi] þerfore AH, for þat L 141 et . . . domine] *om.* L 142 be . . . syon] þe hille of syon be glad RBS ful . . . iudee (143)] þe douȝtres of iude ful outioye BS 146 anourned] anournynge A, anourid HDBS 147 shynyngnesse] schynynges L, schynynge T 148 to god] *om.* BS 149 his[1]] of his H, to god of his BS his[2]] *om.* L

{13} **Circumdate Syon, et complectimini eam, narrate in turribus eius.** *Vmbilappe ȝe Syon, and halse ȝee it; telleþ in þe toures of it.* Umbilappe ȝee Syon: þat is, ȝee | vntauȝte in þe bileeue comeþ aboute feiþful men whois werkes ben ensaumple of liȝte, and hereþ wiþ eeres and fulfilleþ in werk þe maundement of God, halsyng it faste, brasyng it to ȝou, for þerby onely ȝee plesen to ȝour God. And tellen in þe toures of it: þat is, ȝif ȝee kepe undefouled þe word of God, ȝoure werkes of treuþe shale enhaunse to hyȝe uertues ȝour foloweres, as þe werkes of holy fadres ben ensaumple to ȝou. Forþi wiþouten tariyng, al vanyte left, f. 110vb 156 160

{14} **Ponite in uirtute eius corda uestra, et distribuite domos eius, ut enarretis in progenie altera.** *Setteþ ȝoure hertes in þe uertue of it, and depart ȝee þe houses of it, þat ȝee tellen in anoþer generacioune.* Þe uertue of þis citee is treuþe þat no þing may ouercome: setteþ ȝoure hertes þervpon, as on moste precious þing—for it had, no þing faileþ. And so ȝee shulen kunne departe þe houses of it: many feynen hem houses of treuþe, and ben synagoges of Sathanas, as treuþe, whom fro her soules þei haue outlawed, sheweþ openly to feiþful men her fruytes; and many in whom treuþe is ful fast rotede ben as deed men, of whom þe mynde is forȝeten. To whois trase, ȝif men token heede, þei shulden knowe who is her ledere, and wiþouten folye dome departe þat one hous fro þat oþer. As here men ben commaundede to telle in anoþer generacioun: þat is, we þat ben now ben holden and commaundide to kepe treuþe in oure tyme, þat it be tolde in preysyng of God to oure aftircomeres, as to us was of oure former fadres. 165 170 175

{15} **Quoniam hic est Deus, Deus noster in eternum, et in seculum seculi; ipse reget nos in secula.** *For here is God oure God into wiþouten ende, and into þe world of world; | he shal gouerne us into* 180 f. 111ra

153 narrate . . . eius] *om.* L 154 turribus] fratribus T vmbilappe] cumpase R and . . . syon (155)] *om.* T halse] colle A, byclippe R, clippe BS 155 umbilappe]vmlappe H, cumpasse R bileeue] bi/bileue D 157 in] wiþ T maundement] maundementis A, comaundement T, commaundementis BS halsyng] collinge A, biclippyng R, clippyng BS 159 þe[1]] *om.* R ȝee] þei A 161 ensaumple] in ensaumple TLBS, ensaumplis D forþi] þerfor AH, for þat L 163 in . . . uestra] corda uestra in uirtute eius TRB uestra] nostra D eius] *om.* H et . . . altera] *om.* L 164 hertes] vertues L 165 uertue] hart L 167 on] a A 168 it] whanne it is H 169 houses] howse L 171 her] bi *canc.* her C, bi her AHTLDBS 172 fast] *om.* L of] in A 173 token] take T 174 her] *om.* L 175 here men] *rev.* T 176 we] *om.* L ben holden] beholden T, here holden AL 177 kepe] help T 178 of] oure *canc.* of R, oure of D former] first BS 179 in[1] . . . secula] *om.* L 180 ipse] et ipse A reget] regit R 181 þe] *om.* AHTRBS

worldes. Here men of trewe bileeue knowen þat God, oure God, into wiþouten ende and into world of world, þat is into heueneriche where is none ende of ioye, as he is God of body and of soule, he shal
185 depart þe hous of treuþe, confermyng it to laste euere, fro þe house of feyned equyte whois parte he shal putte wiþ ypocrites. And into worldes he shal gouerne us: for as þe mynde of trewe men may not be don awey, but euere laste fro generacyoun into generacyoun, so God of treuþe shal gouerne trewe men in þis worlde, defendyng hem
190 in tribulacioun, þat is trewe mennes dower in þis life. And in heuene siþ he is kyng of blisse, he shal gouerne hem in blisfulnesse.

Psalmus .48.

{2} **Audite hec, omnes gentes; auribus percipite, omnes qui habitatis orbem.** *Here þise þinges alle folkes, wiþ eeres perceyue ȝee alle þat wonen in þe world.* In þis psalme spekeþ þe Prophet of þe loueres of þe world þat shuln perishe wiþ her veyne ioye. For þat þat
5 þei shulden do onely to þe honoure of God, þei doon it to spede wele in her owne needes, and to haue her lustes in þis life, as is openly knowen bi mennes auowes þat þei auowen for her owne helþe of body and prosperite of þis life, and not to plese God in clene lyuyng. Here ȝee þerfore þise þinges þat I shal seye: alle folkes not onely wiþ
10 bodily eere, but, whanne ȝee haue herde wiþ ȝoure bodily eere, beþ myndful and listeneþ wiþ ȝoure goostly eere of þe in[n]er man, if euere it was herde þat man wiþstood God and had pees, or treuly affyed in him and was forsaken of him. Perceyueþ þerfore wiþ ȝour
f. 111[rb] eeres, alle ȝee þat duellen | þe roundnes of erþe, þat is witeþ in

182 worldes] world H, þe worldes L oure] is oure BS into] is into H 183 into[2]] to L riche] blis BS 184 of[3]] *om.* HL 187 worldes] þe worldis BS

Ps. 48 CAHTLDRBS

heading C (*r.h.* Magnus dominus), xlviij psalm of dauid into þe ende. choreus sonus he blameth ryche men. the holy gost to the pepull of cryste L, `48´ *d.h.* B, þe xlvj psalm A, þe salme of dauid `49´ *d.h.* R, *r.h.* dominus D, *om.* HTS 1 auribus . . . orbem] *om.* L percipite] percipe D omnes] *om.* H qui] *om.* R 2 here . . . world (3)] alle ȝe folkis huyre þese þingis wiþ eeris alle þat woneþ þe world parceyue ȝe BS alle . . . eeres] wiþ eeris alle folkis T 3 in[1]] *om.* HT 4 veyne] fals R ioye] glorie AL þat[3]] *om.* AL 6 in[1]] here in L needes] fleishli nede BS haue] *om.* L is] yt is LB, *om.* T openly knowen] *rev.* A 7 mennes] mannys D 8 to] *om.* R plese] ple L 9 seye] sey to ALBS folkes] folk ABS 10 ȝoure] *om.* AR `nota´ H beþ] be ȝe H 11 of þe] o L þe] *om.* A inner] in/er C 12 þat] if BS 13 affyed] tristid R and was] þwas D 14 þe] in þe A erthe] þe erþe LB witeþ] wite ȝe T

certeyn and douteþ not þat vnfeiþful men shale perishe and meke 15
men shale regne for hem. And, for God is merciful and deliteþ not in
perishyng of men, al be it þat he shal scorne men, princes, þat is
chiefteynes of errour, he sendeþ dyuerse warnynges to men þat þei
shulden knowe him, drede him and loue him. Sumtyme wiþ bodily
sekenes he visiteþ his puple, for þei shulden knowe hem to haue 20
synned in lustes; sumtyme in anyntisyng of her beestes, to do hem
knowe hou þei haue synned in coueityse; sumtyme in lesyng of her
tresoure, to do hem knowe þat he is God in whom þei shulden triste,
and þat who is not riche in him is a naked wretche; sumtyme in losse
of neer frendes, to doo men knowe hou þei synne bi triste of surete 25
of frendes. And ouer þis God of his curtesye in alle þise tempta-
cyouns visiteþ riȝtwise men wiþ vnriȝtwise, boþe for vnworþi men
shulde not despeyre ȝif her temptacyons come onely to hem, ne iust
men presume of hemself ȝif þei lackidden suche temptacyouns: God
suffreþ hem to come boþe to wicke and good. For 30

{3} **Quique terrigene et filii hominum, simul in unum, diues et pauper.** *Alle born of erþe and sones of men, samen in oone riche and pore.* Born of þe erþe ben þei þat beren in her dedes erþeli prosperite
and fleisshely lustes, and sones of men he clepeþ hem þat folowen
her fadres þat manly wiþstoden synne and wexen þerþurgh in 35
vertues. Samen in one riche and pore: þat is riche to þe world and
pore to God, and pore to þe world and riche to God, in lyke peynes
in þis life ben ofte punyshed, summe to her meryte, and summe to
her amendyng, and summe to | her enduryng for despysyng of f. 111va
Goddes ȝeerd. 40

{4} **Os meum loquetur sapienciam, et meditatio cordis mei prudentiam.** *Mi mouþ shal speke wisdam, and þe þenkyng of myn hert prudence.* Wisdam falleþ proprely to þing pertenyng to God, an
þerfore seiþ þe Wise Man þat God loueþ no man but þat goiþ wiþ

16 `ecclesiastici 10´ AR `ecc. 18´ LD in] in þe R 17 al be it] þouȝ it be A princes] and princes BS 19 drede . . . him[3]] *om.* R 21 anyntisyng] anayntisyng or moryn BS 22 in[1]] som tyme in T 23 þat] hou R þei] þe R 24 a] as a ALBS losse] lesyng BS 25 knowe] to knowe H surete of] *om.* D 27 for] *om.* T vnworþi] worþi H 28 despeyre] dyspyse L her] þese AHTLBS 29 lackidden] lacke D temptacyouns] temptacyoun L 30 to come boþe] boþe come R to[2]] *om.* D wicke] wickid men H, yuel T good] to good TL for] *om.* BS 31 simul . . . pauper] *om.* L 32 samen] togidere AHTLRBS 33 þe] *om.* AB 35 wiþstoden] wiþstonden L wexen] wexeden A 36 samen] togidere AHTLBS, so men R þe] *om.* L world] word S 37 riche] pore H 41 et . . . prudentiam] *om.* L 43 `sap. 7´ AHLRS 44 þat[2]] hym þat H

45 wisdam, for he þenkeþ in Goddes lawe day and nyȝt, and þerbi al malice of enemyes is ouercomen, an þerþurgh þe herte is stabled in prudence, for þe hert prudently worcheþ þe wisdam of þe mouþe. For siþ prudence is a sly biforelokyng of gode and yuel, to esshewe þe yuel and take þe gode, no þing is more prudence þan to bisily 50 þenke to kepe clene þe wisdam of þe mouþ þat spekeþ Goddes word; for wise speche wiþouten prudent worching þerafter sclaundreþ þe speker. Forþi

{5} **Inclinabo in parabolam aurem meam; aperiam in psalterio proposicionem meam.** *I shal heelde into parable myn eer; I* 55 *shal open in sawtrye my proposicioun.* Þat is, I shal meke me to soiþfastnes, þat spekeþ in me and lereþ me to speke in parables, þat is in lickenyng a mysty or an inuisible þinge bi þing þat may be knowen and seen. And þis shulde be vsyd in declaryng to ruyde men þe sutile witte of Goddes lawe, as Crist himself ensaumpled and dide 60 whanne he lickened gode seede to þe word of God, and bi ten uirgynes alle gode men and yuel. And bi suche parables is holy writte betre vndirstonden and deuoutli herd and dred, and oftesiþe put in worching. But, whanne vnfeiþful men as iogeloures to plese mennes eeres solacen hem wiþ iapes, Goddes worde is scorned and f. 111vb vnreuerently herd, for | a litil souredouȝ soureþ meche meyle. And 66 þerfore Crist commaundede his apostles to kepe hem fro þe souredouȝ of men, deuydide from vnite. And þe apostles vnderstoden þat Crist forbede hem not souredouȝ of breed, but þe teching of pharisees and saducees þat was menged wiþ bitter enuye and fals 70 coueitise. I shal open in sautrye my proposicyoun: a sautrye is a musyk instrument, whereinne psalmes were wont to be sungen in mynde of þe godenes of God and in preysyng of his name. And þat shulde be oure proposicioun bifore sette to us: þat wiþ alle oure strengþes we made preisable his name and not presumptuously seye 75 as we had no gilt

48 is] *om.* DR a sly] as leeȝ T, ailiȝe D, askiþ R sly] sleiȝte HL, sleithe BS biforelokyng] *rev.* R 49 `nota´ R bisily þenke] *rev.* B 50 þenke] þing D mouþ] *om.* H 51 prudent] prudence T 52 forþi] þerfore AH, for þat L 53 aperiam . . . meam (54)] *om.* L 54 heelde] bowe AHRBS parable] a parable ABS 55 sawtrye] þe sautrie BS proposicoun] propocioun A 56 lereþ] lerneþ H, techiþ BS 57 an] *om.* AHTLDRBS inuisible] vnuisible D, `in´uisible A 58 vsyd] *om.* T 61 `Mt 13´ D 62 and[3]] *om.* L 63 whanne] *om.* D mennes] mannes T 65 vnreuerently] misreuerentli D `Mt. 16´ CALBS 66 þe] *om.* A 69 was] weren H 70 proposicyoun] propocioun A 73 proposicioun] propossioun A

{6} Cur timebo in die mala? iniquitas calcanei mei circumdabit me. *Whi shal I drede in þe yuel day? þe wickednes of myn heele shal vmbilappe me.* Here he spekeþ in þe persone of presumptuouse men and mysbileeuyng. Sum men þenken her werkes so iust and passyng oþer mennes þat God mot saue hem þerfore; and sum men 80 þenke þat al þing is maad to man to vse it aftir his luste, and þat God for her lustes shulde not dampne hem. But what is more erroure? And sum men ben in despeyre for þe multitude of her synnes, and hopen not in þe laste day to haue mercy of God, and forþi al her life þei casten to lyue in lustes. And þerfore þei seyen in her despe`i´ryng 85 'þe wickednes of myn heele shale vmbilappe me': þat is, þe multitude of my synnes at my laste ende shal vmbilappe me wiþ drede to despeire in þe yuel day. Þe day of doome is cleped `dai of þe´ Lord, for in þat day al þing shal be know`un go´od and yuel, for þanne shale moost yuel come to deueles and dampned men þat | leften not f. 112ra to synne, ne tristiden not þat Goddes mercy and his miȝt was more 91 þanne mannes synne.

{7} Qui confidunt in uirtute sua, et in multitudine diuiciarum suarum gloriantur. *Who þat tresteþ in her uertue, and in þe multitude of her ritchesses glorien.* In þe yuel day whanne al þing shale be opened 95 þei shuln be confoundede þat tristiden in her uertue and mekeden hem not. Sum men tristen in þe miȝt of her body, and sum men in her witte, and sum men in her frenshipes, and sum men in her slyȝe sleiȝtes, and sum men ioyen in þe multitude of her roten ritchesses; and al þis is but vanyte. For 100

{8} Frater non redimet, redimet homo: non dabit Deo placacionem suam. *Þe broþer shal not bye, man shal bye, and he shal not ȝiue to God his quemyng.* Crist, broþer of alle trewe men, shale not bye

76 iniquitas . . . me] *om.* L 77 me] te T þe[1]] *om.* A 78 vmbilappe] aboute bilappe H, aboute lappe BS, cumpasse AR `nota´ R 80 mot] myght L saue] nedis saue H men] *om.* LBS 81 þenke] þyng D 82 what] in what DR 84 forþi] þerfor AH, for þat L 85 to] *om.* L 86 vmbilappe] aboute lappe HBS, cumpasse AR 87 vmbilappe] aboute bilappe H, aboute lappe BS, cumpasse AR to] of BS 88 dai] þe yuel day BS of þe lord] of `þe lord´ D, *om.* AHTLBS 89 þing shal] þingis schulen A be] clereli be H knowun] seen and knowen boþe H good and] boþe good and BS, and ATL 90 deueles and] *om.* T dampned] to dampned L 91 tristiden] trist ATLBS þat] in DR was] weren T, þat was L 93 et . . . gloriantur] *om.* L et] *om.* R 94 who] which BS uertue] uertute D in[2]] gloryen in R 95 ritchesses] ryches LRBS glorien] ioyen LBS, *om.* AR þing] þingis H be] *om.* T 96 tristiden] tristiþ BS 97 tristen] tristed in R 98 men[1]] *om.* D frenshipes] sliȝe sleiȝtis H slyȝe sleiȝtes] sleyȝtes L, frendschipis H 101 non[2] . . . suam] *om.* L non[2]] et non R 103 quemyng] plesynge R

fro peyne hem þat tristiden not in him, for he onely delyuereþ
105 feiþful men þat tristen in him fro al tribulacyoun. Ne no man shal bye oþer fro peyne in þe day of vengeaunce, noiþer bi miȝt, ne witte, ne bi no ritchesses, but eche man shal answere for his dedes, and þe more he synnede, þe more shal be his peyne; he þat hatide not synne in his life, but plesid to his lustes, shale þanne fynde no þing
110 whereinne he shal queme God. But

{9} **Et precium redempcionis anime sue. Et laborabit in eternum, {10} et uiuet adhuc in finem.** *And þe pryce of aȝenbiyng of his soule; and he shale trauayle into wiþouten ende, and he shal lyue ȝit into þe ende.* Who þat makeþ heere none ende of his synne shal no
115 þing fynde in þe yuel day þat may bye his soule fro peyne. And so þerinne he shal trauayle wiþouten ende, and ȝit he shal lyue into þe
f. 112rb ende, | þat is to þe laste ferþing be payed, þat is to þe leeste contraryous þouȝte be punyshed. But synne in þis short lyfe blyndeþ so þe doeres þerof þat to þe laaste ende þei biforeloken not. For

120 {11} **Non uidebit interitum, cum uiderit sapientes morientes; simul insipiens et stultus peribunt.** *He shal not see deeþ whanne he haþ seen wise men diyng; togider vnwise and fool shuln perisshe.* Þat is, a man lusty shal not vndirstonde þe periles of deeþ, whanne he haþ seen wise men diȝing; for wilful suffring of tribulacioun, and
125 forsakyng of worldly prosperite among delicate lyueres, is cleped moost foly wodenes, al be it þat men þerþurgh ben maad lyuyng to God. And þerfore þe vnwise man þat sauereþ not þoo þinges þat ben of God and þe fool þat sone wile venge him, togidere in oon shuln perishe; for in oo day and in oo dome of þe moste riȝt [iu]g[e], and
130 wiþ oo dampned cumpany boþe togidere shuln take endles peyne.

Et relinquent alienis diuitias suas, {12} et sepulcra eorum domus illorum in eternum. *And þei shuln leue to alienes her ritchesses, and þe sepulcres of hem houses of hem* [*into*] *wiþouten ende.*

104 tristiden] tristen ARB he] *om.* L 105 shal] schuld D 106 of] of/of T miȝt ne witte] witt might T 107 ritchesses] riches AHTLDRBS þe] *om.* T 108 not] no BS 109 his[1]] þis A no] not L 110 he] *om.* R queme] plese R 111 et[1]] *om.* L et[2] . . . finem] *om.* L 112 þe] *om.* A of] he shal not (no S) ȝeue of BS aȝenbiyng] þe geynbyynge L, ȝenbiyng BS 115 þing] ende BS 116 shal[2]] *om.* L 117 to[1]] til ALRBS to[2]] til ARBS, *om.* H leeste] laste ATL 118 blyndeþ so] *rev.* B 119 to] til H 120 interitum] in eternum L morientes . . . peribunt] *om.* L 121 insipiens] in cipiens D deeþ] drede D 122 togider] þe BS perisshe] perishe togedre BS 123 man lusty] *rev.* AHTLBS 124 wise] þe wise BS 126 al be it] þouȝ it so be A þerþurgh] þoru A, þer L 127 vnwise] wise BS þoo] þe L 129 riȝt iuge] riȝtyng CDRBS 131 diuitias] diuiciis A et[2] . . . eternum] *om.* L 133 houses] shul be houses BS into] *om.* CR

Tyrauntes and men þat by fals slyȝe sleiȝtes geten worldly ritchesses, for whom wityngly þei oppressen her neiȝtbores, shuln leue hem to 135 alyenes, al be it þat þei leue hem to her owne sones, ȝif þei dyen er þei done asseþ. For þei ben alyenes to hem þat done hem no gode, for no þing may auayle to him þat haþ loste heuene. And her sepulcres ben her houses into wiþouten ende; for as houses kepen men warme and drye in many greet stormes, so in contrarye wise 140 helle, þat is þe sepulcre of dampned men, | kepeþ hem contynueli fro f. 112va refreishyng and al solace. For

Tabernacula eorum in progenie et progenie; uocauerunt nomina sua in terris suis. *Þe tabernacles of hem in kynreden and kynreden; þei clepiden her names in her erþes.* Men blynded bi 145 veynglorye coueyten þat her tabernacles, þat is þe fame of her flesshely dedes, laste longe after hem fro kynred to kynred. And þerfore þei clepiden her names in her erþes, þat is, many men coueiten to make her eyres and dyuerse of her kyn gloryous to þe world, al be it þat þei knowen hem ful vicyouse, and hemself 150 endetted to restore þoo godes to pore nedy men, of whom bi extorsiouns and false slyȝe sleiȝtes þei han robbed þoo godes. For riȝt as þe riche man miȝt not be refresshed in his greet turmentis of Lazar to whom he hadde denyed mercy, but more engregged his peyne for askyng of mercy, and miȝt noon purchace, so extorcyo- 155 neres and vniust lyueres þat seechen to be preysed in her aftirco- meres for her ritchesses moten needes be þe more despised of God. For siþ men shulden not in her lyues confourme hem to þe worlde, mychil more þei shulden coueyte no veyn worshipe whanne þei ben deed. But 160

{13} Homo cum in honore esset, non intellexit. Comparatus est iumentis insipientibus et similis factus est illis. *Man whan he was in honour vndirstode not; lickened he is to beestes vnwise, and like*

134 slyȝe] *om.* BS worldly] worldes L ritchesses] ryches L 139 into] *om.* R 140 in¹] fro BS 142 and] of L 143 et . . . suis] *om.* L 144 in²] beþ in BS and kynreden] *om.* L 145 erþes] londis BS bi] wiþ ALRBS 146 þe] *om.* BS 147 to] into A 148 clepiden] calden R erþes] londis BS many] in many L men] man BS 149 coueiten] may L and] *om.* D 150 al be it] alþouȝ R, þouȝ A þat] *om.* R hemself] hymsilf D 151 þoo] þe AHTLBS 152 slyȝe] *om.* BS þoo] þe L 153 turmentis . . . hadde (154)] *on eras.* C 154 to] *om.* AHLDRS, of *canc.* `whom´ B 155 and] *om.* H noon] not *canc.* `noon´ B, not L 156 vniust] iniust T in] of H 157 ritchesses] ryches L moten] must L 158 men] *om.* L 159 coueyte] not coueite AT worshipe] worschipis A 161 in] *om.* S comparatus . . . illis] *om.* L 162 insipientibus] incipientibus D 163 lickened he is] he is lickned RBS beestes vnwise] *rev.* RBS like . . . made (164)] he is made like BS

he is made to hem. Seechyng þis veynglorye man vndirstode not what 165 he dide, for he shulde haue desired in al þing to haue ben glorious bifore God whanne he was in honour of grace, wherinne most liȝtli f. 112vb he miȝt haue plesed God. But for þe folowyng of his | lustes he is maad lyche to vnwise beestes, þat to her destructioun fulfillen her lustes.

170 **{14} Hec uia illorum scandalum ipsis; et postea in ore suo complacebunt.** *Þis weye of hem sclaundre to hem; and after in her mouþ þei shulen togydreplese.* Þis wey þat is þis lusty life of hem ful of veynglorye sclaundreþ hem, for it ledeþ hem fro treuþe, and after in her mouþ þei shulen plese; for men þat han sclaundrede her lyues, 175 lyuyng aftir lustes, shulen pleese to her eyres, leuyng hem many godes. For as a mannes hert is knowen bi his wordes, so a man bi his deedly werkes of veynglorye in his laste ende may be knowen an open sclaunderer of treuþe, and his owne propre enemye. And þerfore

180 **{15} Sicut oues in inferno positi sunt: mors depascet eos.** *As sheep in helle þei ben put: deeþ shal feede or waaste hem.* As sheepe, þat noiþer kan nor may flee fro þe bocher, so men þat maken noon ende of her lustes ne quyeten her troubled conscience shuln be put into helle. And deeþ shal feede hem: for, as þei loueden deedly werkes, 185 þei shulen euere be dyȝing and neuer fully deed; for fro vntrowable peyne to passe, þei shuln be born ouer to gretter.

Et dominabuntur eorum iusti in matutino; et auxilium eorum inueterascet in inferno a gloria eorum. *And lordshepen shuln of hem riȝtwise in þe mornyng, and þe helpe of hem shale wexe old* 190 *in helle of her ioye.* Þat is, riȝtwise men shulen be as lordes abouen hem in þe general resurreccioun, demyng hem for her proude lusty lyuyng to endeles peyne. And þe helpe of hem shal wexe old in helle,

166 honour] houre R 167 folowyng] knowynge T 168 vnwise] þe unwise T 170 illorum] eorum R et . . . complacebunt] *om.* L suo] tuo A 171 sclaundre] is sclaundre BS 172 togydre plese] *rev.* BS 176 as] *om.* H 178 owne] *om.* T propre] *om.* BS 180 oues] mors T mors . . . eos] *om.* L as . . . put (181)] þey beþ put in helle as sheep BS 181 deeþ] and deth L feede] fede hem H or waaste] *om.* LBS 182 nor] ne AHTLDRBS 185 euere be] *rev.* A fro] *om.* L vntrowable] vnbileuable R 187 et² . . . eorum (188)] *om.* L 188 inueterascet] ueterasset ADTRBS a] ac R lordshepen . . . mornyng (189)] riȝtwis men in þe morwe shul haue of hem lordshipp BS lordshepen . . . riȝtwise (189)] riȝtwise shuln haue lordship of hem R lordshepen shuln] lordschipe schal AHTLD 190 of] fro HBS her] *om.* L 191 hem] *om.* D þe] her R, *om.* A proude] *om.* D

for þe veyn power þat men affyeden hem inne in þis life shal make hem vnmiȝty sugettyng to peyne. For after þei desi|reden veyn ioye (f. 113ra) in her life, þei shulen be punysshed in helle. Forþi þe mekid, (195) paciently bering þe softe ȝok of Crist, seiþ

{16} **Uerumtamen Deus redimet animam meam de manu inferi, cum susceperit me.** *But God shale bye aȝen my soule of þe hond of helle whanne he shal take me.* Proude men fulle of veyn ioye at her last ende ben putte fro al ioye, and þe meke foloweres of Crist in (200) tribulacioun of þis life shuln be aȝeinbouȝt fro þe power of helle. For whanne meke men shulen be uptaken fro þe power of tyrauntes, þei shulen ioye in her pacience and welden her soules in pees. Forþi

{17} **Ne timueris cum diues factus fuerit homo, et cum multiplicata fuerit gloria domus eius.** *Ne be þou adred whan a* (205) *man shal be made riche, and whan þe ioye of his hous shal be multiplied.* Drede þou not to folowe Crist for boste of þe vayn proude man. For after his hyȝenesse he shal be lowed, for after þe veyn ioye of his hous þat he duelleþ inne, he is cursed of God for he putteþ sikernesse in fals þing and faylyng. (210)

{18} **Quoniam, cum interierit, non sumet omnia, neque descendet cum eo gloria [domus] eius.** *For whanne he shal dye he shal not take alle, ne þe glorie of his hous shal descend wiþ him.* To feiþeful men in God al þe veynglorye of riche men is but scorne and vanite in þis life, for whanne þei dyȝen þei taken not alle her peynes, (215) for þei shulen not suffre ful peyne bifore her bodyes ben aȝein knytte to her soules. For þe veynglorie of her hous, þat is of her life, shal not vtterly descende wiþ hem, bifore þe soun of þe horne þat shal clepe alle men to dome; þanne fully shal | be ȝolden to wretches (f. 113rb) endles shame for her pride, moste wery trauayles for her ydelnesse, (220) and moste sharpe hungre for her glotenye. But lustes in þis lif

193 men] man S affyeden hem] trysteden R in] *om.* D þis] her R 194 after] aftir þat H 195 forþi] þerfore AH, for þat L mekid] meke BS 197 de . . . me] *om.* L 198 susceperit] acceperit RB bye aȝen] aȝeinbie A of] fro BS 199 at] in B, al S 200 foloweres] folower H 203 forþi] þerfore AH, for þat L 204 et . . . eius] *om.* L et] *om.* R 205 adred] not adred ALBS 207 boste] þe boost BS 210 faylyng] failand D 211 neque . . . eius] *om.* L 212 domus] *om.* CTD for] *om.* BS 213 alle ne] neiþer alle D, al þyng neiþer BS ne] neþer AHTL descend] not goo doune R to] so D 216 bifore] bifore þat H 217 to] in D, wiþ BS þe] her BS hous] housis H 218 vtterly] wityngly T descende] come doune R bifore] til R soun] soune, -e *canc.* C 219 men] men proude, *marked for rev* B, proude men S fully . . . ȝolden] schal be ȝolden fully A 220 wery] verrey BS trauayles] traueile AHTLDBS

blynden delicate wretches þat þei perceyuen not her laste tourmentyng.

{19} **Quia anima eius in uita ipsius benedicetur; confitebitur**
225 **tibi cum benefeceris illi.** *For his soul in þe lif of him shal be blessed; he shale shryue to þee whanne þou shalt do gode to him.* For þe lif of proude men is blowen wiþ pride and norisshed wiþ lustes, of whom is none ende, bi þe riȝtwise dome of God it shal be in endles tourment. And ȝit þise blynde wretches knowyng alle benfetes of
230 God, wiþ her lippes preysen him; and in her dedes mysusyng Goddes ȝiftes, terren him to wraþþe. For in veyn þei shryuen hem to God þat fleen not occasioun to do yuel. And for þis is ypocrisye þat most greueþ God, he seiþ

{20} **Introibit usque in progenies patrum suorum; et usque in**
235 **eternum non uidebit lumen.** *He shal entre into þe progenyes of his fadres, and into wiþouten ende he shal not see liȝt.* Ipocrites han wordes of heuene and dedes of helle, forþi þei shal entre into þe kynredes of her fadres, whos trace þei folowen. For þe sone þat foleweþ þe wickednesse of his fadre shal be togydre eyre wiþ him of moste
240 hydous peynes, where into wiþouten ende he shal see no liȝte of grace. For

{21} **Homo cum in honore esset, non intellexit. Comparatus est iumentis insipientibus, et similis factus est illis.** *Man whanne he was in honour vnderstode not; lickened he is to vnwise beestes,*
f. 113va *and he is made like to hem.* He reherseþ | þe folye of vnwise men, for
246 þe double shame þat þei shal haue in body and soule in þe general dome bifore God and his aungels: for þei vnderstoden not, in kepyng of þe commaundementes þe honour þat þei hadde of þe godenes of God, hou man was maad after licnesse of þe Trinite, to whom he ȝaf

222 her] in þer L 224 eius] *om.* R confitebitur . . . illi] *om.* L 225 benefeceris] benebiceris H illi] ei RB 226 shryue] knowleche BS 228 god] good A 231 terren] stiren T 232 occasioun] þe occasyoun L 234 et . . . lumen] *om.* L 235 þe] *om.* L progenyes] kynredis AL, kynredens HT, kynrede BS his] þer L 236 into[1]] vnto AHL, to DR 237 forþi] þerfore AH, for þat L, for D shal] *om.* RBS entre] þi entre D 238 trace] truþe A þei] þe D foleweþ] folow L 239 his] þe A shal] scholen L togydre] *om.* A eyre] heyers L wiþ] to A of[2]] in R moste] þe most L 240 peynes] peyne A into] vnto HDS see] *om.* T 242 non . . . illis] *om.* L 243 insipientibus] incipientibus D et] *om.* D 244 vnderstode] he vndirstode H lickened he is] he is likned BS beestes] men D 246 þe[1]] *om.* R soule] in soule TRBS 248 commaundementes] maundementis AL, commaundement BS þe[3] . . . of[3]] *om.* B godenes of] *om.* S 249 licnesse] þe lickenesse HRBS þe] þe hooli H

vnderstondyng wiþ aungels and to whois seruice God made alle creatures; and for mannes loue Crist bicome man, and bouȝt him wiþ his precious blood. But vnwise men despisen þise ȝiftes of God for þe stynkyng lustes of þis short wretched life, and so þei ben maad like in peyne to vnwise bestes, þat is to moste vgly deueles whois vnwisdom þei foloweden, dispisinge þe lyuyng of Crist and hise maundementis. 250 255

Psalmus .xlix.

{1} **Deus deorum, dominus locutus est et uocauit terram.** *God of goddes, þe lord, spak, and he cleped þe erþe.* In þis psalme þe Prophet techeþ men to make hemself plesyng sacrifice to God, kepyng his biddynges. And he reproueþ þe blyndenesse of hem þat bileuen not þat God is onely plesed in fulfillyng of his word, for þerbi is his louer knowen as Crist seiþ 'Who þat loueþ me shal kepe my word.' And þerto God, lord of alle gode men, spak and cleped þe erþe, þat is meke men wiþouten presumpcioun þat bi uertue of God sugeten her flesshe and despysen þe prosperite of þis world, miȝtily wiþstondyng þe deuil continuely to her laste ende. For 5 10

A solis ortu usque ad occasum, {2} **ex Syon species decoris eius.** *Fro þe risyng of þe sunne vnto þe dounegoyng, of Syon þe shap* | *of his fayrehede.* Fro þe risyng of þe sunne, þat is fro þe tyme þat þe grace of God is verely liȝtned in \`a´ mannes soule, to þe goyng doun, þat is to þe body departe fro þe soule, trewe loue fayleþ not in sechyng Goddes wille; for of Syon þe shap of his fayrehede, for þe f. 113vb 15

250 to] into A 253 lustes] lust A short] *om.* A 254 vgly] horrible H, hidous T 255 vnwisdom] vnwise dome B and . . . maundementis (256)] *om.* AHTLBS 256 maundementis] comaundementis D

Ps. 49 CAHTLDRBS
heading C (*r.h.* Deus deorum), xlix psalm Asaph þe comynge of crist. Asaph is vnderstonden congregacioun for Asaph þe prest of dauid. L, \`49´ *d.h.* DB, þe xlvij psalme A, þe salme of dauid \`50´ *d.h.* R, *r.h.* Deus deorum D, *om.* HTS 6 knowen] is knowen A seiþ] *om.* A 8 presumpcioun] presumpcions AHDBS 9 prosperite] prosperitees BS 10 continuely] contynuengli H, continuel S for] *om.* BS 11 ex . . . eius] *om.* L 12 vnto] til to A, to T syon] \`þe *d.h.*´ syon D 13 fayrehede] fairnes BS, fadirhede D þe[2]] *om.* D þat[2]] *om.* A þe[4]] *om.* BS 14 a] *added s.h.* C, *om.* LBS 15 to] til AHBSL body] -e *canc.* C departe] departid D 16 goddes] \`of´ goddis D, of goddis R wille] loue A fayrehede] fairnes BS for[2]] þat BS

moste fayre beute and shap to a clene soule is to biholde þe feiþ of Crist and þe clene conuersacioun of his foloweres. For

{3} **Deus manifeste ueniet, Deus noster, et non silebit.** *God shal come apertly, oure God, and he shal not be stille.* He shal come apertly to dome, and þanne he shal not be stille but openli seye riȝtwisnes of dome, al be it þat he be nowe stille, suffryng proude men to oppresse his lawe—wherefore þei shulen take þe more sharp dome.

Ignis in conspectu eius exardescet, et in circuitu eius tempestas ualida. *Fyer in þe siȝt of him shal outbrenne, and in his aboutegoyng stalworþe storme.* Fyer in þe siȝt of God shal brenne, and þat shale make hugely vnfeiþful men aferd wiþouteforþe, but meche more þe vnclennesse of her conscience wiþinne hem. And in þe aboutegoyng of þe domesman shal be stalworþe storme, for bi þe miȝti vertu of Goddes word wicked men shulen sodenly be sent into helle, none outelefte. For

{4} **Aduocauit celum desursum et terram discernere populum suum.** *He cleped heuene fro abouen and þe erþe to departe his folke.* Heuene aboue, þat is gode aungeles and holy men, and erþe bineþ is oure modre, of whom al mankind come, þe whiche at þe comyng of þe domesman shal shewe alle men | þat þei weren maad of erþe, for þanne shulen be departede þe gode fro þe yuel at his uoyce seiyng

f. 114ra

{5} **Congregate illi sanctos eius, qui ordinant testamentum eius super sacrificia.** *Gedereþ to him his halowes, þat ordeynen his testament upon sacrifices.* Þat is, alle þe seyntes of God þat ordeynen her lyues in tribulacioun for þe treuþe of Goddes lawe, þe whiche abouen alle sacrifices pleseþ to God, shulen be gederede in þe dome to regne wiþ Crist for whois loue þei suffreden. Forþi

17 beute and shap] schap and beute A to[1]] til AL 18 þe] *om.* L 19 deus[2] . . . silebit] *om.* L 21 riȝtwisnes] þe ryghtwysnes L 22 dome] þe dome H be[2]] is AHTLDRBS 24 eius[1]] *twice* L exardescet] exardisset A, ardescet S et . . . ualida] *om.* L 25 fyer] feir D aboutegoyng] goinge aboute AHL, compas T 27 hugely] vgli AL 28 her] his S, *om.* B in] *om.* L aboutegoyng] goynge aboute H, compas T 29 miȝti] myȝtte D 30 sodenly be] *rev.* L 32 et . . . suum] *om.* L 33 to departe] departed L to] *om.* A folke] puple H 36 þei] *om.* AHTLRBS weren] was BS erþe] þe erþe AL 38 qui . . . sacrificia] *om.* L 40 ordeynen] ordeyneden AHTLDRBS 41 lyues] liif A þe[1]] *om.* R 42 sacrifices] sacrifice T 43 forþi] þerfore AH, for þat L

{6} **Et annunciabunt celi iusticiam eius, quoniam Deus iudex est.** *And heuenes shulen shewe þe riȝtwisnes of him, for God is iuge.* 45
Apostles and holi lorefadres prechen þe riȝtwisnesse of his dome to al þe world, þat alle þe gode shulen be twynned fro alle þe yuel, for God þat is not deceyued ne deceyueþ is iuge departyng hem. Forþi

{7} **Audi populus meus, et loquar Israel, et testificabor tibi: Deus deus tuus ego sum.** *Here my folk, and I shale speke to Israel,* 50
and I shal witnesse to þee: God þi God I am. Þei þat kepten þe lawe of God and suffreden þerfore grete tribulacioun shulen in þe dome here þe voyce of Crist seiyng 'For þou witnessed in þi lyuyng bi pacient suffryng aȝen proude tyrauntes þe trewþe of my lawe, onely knowyng me þi God. Now I shal shewe for I am þi God, hiȝyng 55
þi seete and lowyng þin enemyes, for þiself þou offred to me moste swete sacrifice.' For

{8} **Non in sacrificiis tuis arguam te, holocausta autem tua in conspectu meo sunt semper.** *Not in þi sacrifices I shal reproue þee, for þi brent sacrifices ben | in my siȝt euermore.* In þe dome of Crist shal f. 114rb
no man be reproued for þei offreden not beestes ne gold ne siluer 61
after þe commune usage of þe world, for God askeþ þe clennesse of hert þat he duelle þerinne and enspire it to do his wille. And þat is þat he seiþ

{9} **Non accipiam de domo tua uitulos, neque de gregibus tuis** 65
hircos. *I shale not take of þin hous calues, ne of þi flockes geet.* Bi calues þat ben vntemed in whois neckes lay neuer no ȝocke is vnderstonden mennes owne fyndynges þat God approueþ not, as preiynge, fastyng, departyng of godes and pilgrimage-goyng after mennes fyndynge, not after Goddes biddyng, for þis roten tresour may not plese to 70
God; ne he takeþ of her flockes geet, for whateuere þing men don

44 et . . . forþi (48)] *om.* AHTLBS, 'hic deficit versus annunciabunt celi' A, *om., added in roundel bottom margin marked for ins. after* sacrifices 40 D 45 shewe] bifortelle DR þe riȝtwisnes of him] his riȝtwisnes DR iuge] domysman DR 46 lorefadres] fadris DR prechen] prechid DR 47 shulen] schuld DR 48 forþi] *om.* R 49 et^{2} . . . sum] *om.* L 50 to] *om.* H 51 and] *om.* AL god^{1} . . . am] Y am god þi god BS 53 seiyng] *om.* A 55 me þi] þee my A 58 tuis] *om.* R holocausta . . . semper] *om.* L autem] enim H 59 meo] tuo D sacrifices] sacrifice R 60 þi brent] *on eras. s.h.* C brent] *om.* ABSL of crist] *om.* L 63 enspire] enspirid BS 65 tua] *om.* L neque . . . hircos] *om.* L 66 calues^{1}] caluerne H flockes] folkes L 'nota' HR, 'nota bene' L calues^{2}] caluer H 67 vntemed] vntamed ALBS no] þe L 68 fyndynges] wildenes in her ȝouþe BS þat . . . not] *om.* T as . . . god (71)] *om.* BS 69 and] in AL 70 to] *om.* AL 71 for . . . god (72)] þat is men stynkyng in lecherie BS þing] *om.* T

biside þe biddyng of Crist moste vily stynkeþ in þe siȝt of God. And for men shulden offre hemself chiefly to God and alle her godes aftir þe menyng of God, he seiþ

75 {10} **Quoniam mee sunt omnes fere siluarum, iumenta in montibus et boues.** *For myn ben alle þe wilde of wodes, bestes in hilles and oxen.* Siþ al þing is of God, aftir his biddyng shulde al þing be don. For neiþer wild beest ne tame, þat is neiþer obedient man ne inobedient, may hide fro him any þing. For

80 {11} **Cognoui omnia uolatilia celi, et pulcritudo agri mecum est.** *I knewe alle þe foules of heuene, and þe fairehede of þe feelde is wiþ me.* For þer is noiþer hye þing ne lowe, ne priue ne apert, þat ne myn eyȝe biholdeþ, and myndful duelleþ in my knowyng, for al þing I made and I am lord of alle. Forþi

f. 114va {12} **Si esuriero | non dicam tibi; meus est enim orbis terre et**
86 **plenitudo eius.** *Ȝif I shal hungre I shal not seye to þee; for myn is þe world and plenteuousnesse of it.* Feiþful men knowen and bileuen þat God may not hungre after bodili mete, siþ he is lord of alle, al be it þat þe manhed of Crist hungred and þrested, and eete oft tymes and
90 dranke. But þe godhede may no þing neede, siþ al plente is wiþ him. Forwhi he seiþ

{13} **Numquid manducabo carnes taurorum, aut sanguinem hircorum potabo?** *Wheþer I shal eete fleisshe of booles, or I shal drinke blood of geete?* [þ]at is: as I am ful of riȝtwisnesse, I may not
95 delite in fleisshely dedes of stronge tyrauntes þat wiþ þe hornes of her miȝt enforsen hem aȝen treuþe. Ne I shal delite in offringes, ne preyeres, ne fastynges ne in almesdedes þat comen not of mekenes ne of clene charite. Forþi

{14} **Immola Deo sacrificium laudis, et redde Altissimo uota**
100 **tua.** *Offre to God sacrifice of preysyng, and ȝelde to þe Hyȝest þi vowes.*

72 vily] vile AL 74 menyng] moeuynge DTBS he] `he´ L, *om.* DR 75 iumenta . . . boues] *om.* L 76 myn ben alle] al myne ben H þe] *om.* L 78 obedient man] *rev.* B 79 inobedient] vnobedient HBS hide] be hidde HBS any þing] ne he may no þing hide H, ony tyme BS 80 et . . . est] *om.* L 81 knewe] knowe HBS fairehede] ferirenes RBS 82 ne[2]] *om.* AL priue] pryue þing A 83 biholdeþ] biholdiþ it H myndful] myndefulli H 84 forþi] þerfore AH, for þat L 85 et . . . eius] *om.* L 87 plenteuousnesse] þe plenteuousnes AHTDRBS, plenteuous L 92 carnes] panes D aut . . . potabo] *om.* L 93 fleisshe] þe fleshe R 94 þat] fat *no guide letter* C as] *om.* L 95 hornes] horn A 97 fastynges] in fastyngis R not] *om.* T 98 forþi] þerfor AH, for þat L 99 immola] immolabo L et . . . tua] *om.* L 100 vowes] auowis H

þe moste sacrifice of preysyng þat a man may offre to God is to ȝeeld himsilf hoolly to God, kepyng his lawe in þe same state þat God haþ cleped him to and sette him inne, for þat we haue auowed to þe Alþerhyȝest. But many men douten or knowen not to what staate God clepeþ hem to, and þat is for þei bisyen hem not to wite ne stonden to þei be cleped. Eche man shulde bisili be tauȝte of his former frendes þe commaundementes of God to tyme he hadde discrecioun to gouerne himself; and fro þat tyme to þat he hadde fully mannes witte he shulde bisie him to wiþstonde temptaciouns and to knowe him|silf, preiyng God to dresse alle his weyes. And þanne he shulde be moued of God in what degre he shuld moste plesyngly offre himsilf to God, moste acceptable offryng of preysyng. And for men and wymmen ben putte to dyuers states and degrees, or þei knowen hemsilf or þe chaarge of þe staat þat þei ben sette inne, þerfore whanne þei shulde be moste perfite knowyng her staat þei ben moost fooles, for neiþer þei moun profite þerinne, ne for worldes shame falle aweye þerfro. But þe world and his loueres as enemyes of God despised, þe feiþful tauȝte of God, desiryng to plese him wiþ al his hert fro whom no persecucioun may depart him, hereþ diligentli þe word of God þat seiþ 105 f. 114vb 111 115 120

{15} **Et inuoca me in die tribulationis, et eruam te et honorificabis me.** *And inclepe þou me in day of tribulacyoun, and I shal delyuer þee and þou shalt honoure me.* þou þat þrestest after myn helpe, no þing tristing in þin owne uertue, cesse þou not to inwardly clepe me, and I shal delyuere þee in day of tribulacioun, and I shal delyuere þee fro alle þin enemyes and þou shalt honour me in preisyng of my name. But 125

{16} **Peccatori autem dixit Deus: quare tu enarras iusticias meas, et assumis testamentum meum per os tuum?** *Soþeli to þe synner God seyde: whi tellest þou my riȝtwisnesse, and takest my testament bi þi mouþ?* He þat duelleþ wityngli in synne preiseþ not þe 130

101 a] *om.* A 103 him[1]] *om.* T 105 clepeþ] haþ clepid A, cleped L 106 to] til AHLRBS, his] þer L 107 former] firr BS to] til AHRBS 108 to[2]] til AHRBS þat[2]] *om.* BS hadde] haue H 109 to] *om.* R 113 to] into BS 115 knowyng] in knowinge A staat] astate H 118 feiþful] feiþful man H 119 depart] part L 121 et[2] . . . me (122)] *om.* L et[2]] *om.* R 122 day] þe day ABS 123 honoure] worship R þrestest] tristist D myn helpe] me helpe T, help BS 124 to inwardly] inwardli 'to' D 125 clepe] call L þee] *om.* A day] þe day R 127 my] þi BS but] *om.* H 128 quare . . . tuum] *om.* L 129 meum] *om.* D 130 my[1]] me thi T riȝtwisnesse] riȝtwisnesses R

name of God, whateuere he do, but greetly stireþ him to wraþþe. And þerfore God seiþ to þe synner: whi tellest þou oute my riȝtwisnesse to oþere, þat þiself despisest to do? And whi takest f. 115ra þou my testament þat is | my lawe, bi þi fowled lippes, siþ þer is no 136 feyre preisyng in mouþe of a synner?

{17} **Tu uero odisti disciplinam, et proiecisti sermones meos retrorsum.** *þou forsoþe hated disciplyne, and kestest my wordes bakward.* þou proud synner hated disciplyne: for ȝif God chastise 140 þee, þou grutchest sekyng hou þou mayst flee it, as ȝif it were harmful, and ȝif he spare þee, þou þonkest him; but he is not þerwiþ plesed. For whanne he wiþdraweþ his ȝerd of disciplyne he knoweþ þat we ben not worþi to be tauȝte. For

{18} **Si uidebas furem currebas cum eo, et cum adulteris** 145 **porcionem tuam ponebas.** *Ȝif þou sawest a þeef þou ranne wiþ him, and wiþ auowteres þi porcyoun þou putte.* In þise tuo vices is generali reproued al synne and consent þerto, as in coueytise and lecherye; for no man may be excused þat assenteþ to synne, al be it þat in deede he do not þe same synne. And siþ Crist seiþ 'He is a þeef þat 150 entreþ not bi þe dore', and as he seiþ he is þe doore bi whom alle trewe men entren; þanne, who þat assenteþ to þe þeef þat comeþ not in bi þe doore, he renneþ wiþ him to robbe his neiȝtbore, for þerfore þeeues comen. And so wiþ auoutreres þei putten her porcioun, alle þat suche mayntenen or suffren or letten hem not. But for many men 155 bi false excusaciouns wenen to excuse hem, þe Prophet seiþ

{19} **Os tuum abundauit maliciam, et lingua tua concinnabat dolos.** *þi mouþ abounded in malice, and þi tunge menged togidere gyles.* Sum men wolden excuse her consentyng bi nounpower þat þei moun

133 þou] *om.* T oute] *om.* L 134 `nota´ L despisest] despised T and] *om.* A 136 mouþe] þe mouþ AHLBS synner] synnere abide god doynge hise biddynges þat failiþ not in hise bihestis not feyntliche but manliche worche þou in suffryng temptaciouns and dishesis of þis liif and if he tarieþ be þyn herte confortid in hise trewe behestis and faile þou not in þe weye þouȝ harmys come but suffre þou þe lord lastyngly þat is fulfille þou hise hestis for soone he grucchiþ þat kepiþ not hise hestis and þat þou dispeire not abide þat þou belyuest and suffre þat þou suffrest B 137 et . . . retrorsum] *om.* L 139 chastise] chastiseth T 140 as] and T ȝif] *om.* AL 141 spare] spariþ A þee] *om.* BS not þerwiþ] *rev.* T 143 we] *om.* L 144 et . . . ponebas] *om.* L 146 þi . . . putte] þou puttist þi porcioun RBS 147 synne] synns BS in . . . not (149)] he do not in dede H, he do yt not in dede L 149 not] it not A þe] þat H 152 robbe] rubbe BS þerfore] þer L 153 auoutreres] spousebrekers H alle] ouer alle BS 154 suche mayntenen] *rev.* R 156 maliciam] in malicia L, malicia AHTBS et . . . dolos] *om.* L concinnabat] continuabat T 157 tunge] *om.* L menged] mengiþ D 158 her] þem L

not wiþstonde hem, and sum men seyen þat han power it falleþ not to hem; and so wiþ her lesynges her mouþes | ben filled wiþ malice, and her tunges ben menged togider gilyngli to deceyue echon oþere. For, ȝif eiþer paart feiþfully wolde help oþere, þei shulden of þeeues make trewe men, or exile hem as outlawes and þat were charite. But þis acoord of breþeren left f. 115rb 161

{20} **Sedens aduersus fratrem tuum loquebaris, et aduersus filium matris tue ponebas scandalum; {21} hec fecisti et tacui.** *Sittyng aȝen þi broþere þou spake, and aȝen þe sone of þi modre þou put sclaundre; þise þinges þou dide and I was stille.* Sittyng aȝen þi broþer þou spake whanne þou tariedest his amendyng; and þou puttest sclaundre to þe sone of þi modre whanne wiþ fals excusaciouns þou enforsest þee to excuyse his synne, for þerinne þou makest þee percener of his synne. Þise þinges þou dide, and I was stille to venge. And þerfore 165 170

Existimasti inique quod ero tui similis; arguam te et statuam contra faciem tuam. *Þou gessed wickedly þat I shal be lyke to þee; I shal reproue þee and sette aȝen þi face.* For God spareþ men synneres abiding her amendment, þei gessen him like to hem þat abiden for fals fauour or drede of persecucioun to amende his neiȝebore. But in þe dome Crist shal openly reproue him and ouercome him and sette himself aȝen himsilf; for þanne wicked mennes conscience shale moste accuyse hem boþe of her owne synne and of consentyng to oþere mennes. 175 180

{22} **Intelligite hec qui obliuiscimini Deum, nequando rapiat et non sit qui eripiat.** *Vnderstondeþ þise þinges ȝee þat forȝeten God, lest whanne he rauissheþ and þer be not to outtake.* Ȝee þat forȝeten God þurgh lust and couetise and wicked ydelnesse vnderstondeþ þat, but ȝee | leue ȝour synne and help ȝour neiȝtbore to do so, eiþer shal accuyse oþer and harder doome take eiþer for oþer; for boþe togider sodeynli shal be rauished to helle at þe biddyng of God, and fro 185 f. 115va

159] it] *om.* L 161 gilyngli] gylfulliche T to . . . oþere] echon to disceyue oþere BS 162 paart] party L þeeues] þes L 163 were] where D, *om.* L 165 et . . . tacui] *om.* L et] *om.* R 167 aȝen[1] . . . spake] þou spak aȝen þi broþer BS þi[2]] *om.* L 169 tariedest] tariest ALDBS, taries T þou[3]] *om.* L puttest] puttidist H 171 þee[2]] *om.* T 172 venge] vengeaunce L 174 tui similis] *rev.* R arguam . . . tuam] *om.* L 177 þei] þat R like] lette A 178 in þe dome] *om.* L 181 boþe] *om.* H 183 nequando . . . eripiat] *om.* L 185 whanne] eny tyme T, *om.* BS rauissheþ] rauische TBS þer] þes D to] *om.* A 186 and[1]] of D ydelnesse] yldnes L þat] *om.* T but] but ȝif HL 188 accuyse] a cause D harder] hard TLD

190 þennes no man shale mowe outtake. Forþi as breþeren of oon womb, be ȝee helpli to oþere, offring ȝouresilf to God echone for oþer, and þanne Crist as fader of ȝow alle shale norishe ȝow and defende ȝow. For þanne ȝour weyes of unyte plesen to him þat seiþ

{23} Sacrificium laudis honorificabit me, et illic iter quo 195 **ostendam illi salutare Dei.** *Þe sacrifice of preisyng shal honoure me, and þere þe weye whereinne I shal shewe to him þe helþe of God.* Oonhede of breþeren in God makeþ fatte her sacrifice of preisyng into greet honoure of God. And þerfore alle þat goon in þe weye of vnite God shal shewe to hem Crist, bi whom is al helþe ȝouen to 200 mankynd þat he be her leder fro uertue to uertue, and her defender in al tribulacioun, and her uptakere to endeles blisse.

Psalmus .50.

{3} Miserere mei, Deus, secundum magnam misericordiam tuam. *Haue mercye of me, God, after þi greet mercye.* Þis psalme Dauid preyed whanne þe prophet Nathan had tolde to him hou God was wrooþ for þe synne þat he dide in Vrye and his wife. And so 5 Dauid is ensaumple to eche man þat knoweþ his synne to risee soone þerfro, and meke him þerfore, and contynue in clennesse. Þis psalme is ofte redde in þe chirche, for þe mekenesse þat Dauid shewed aftir þat he had synned, in preiyng of forȝifnes. For no man may be f. 115vb excuysed, þat ne he may leue his synne and asche forȝif|nesse and 10 haue sorew þerfore. And so eueryche man may amende his synne, be it neuer so horrible, bi mekenesse, ȝif he wiþ sorowful herte knowleche it to God seiyng 'Haue mercye of me God, for grete is

190 shale . . . outtake] may take hem BS mowe] mo L forþi] þerfor AH, for þat L 191 ȝouresilf to god] to god yourselfe L 193 weyes] weie H plesen] is plesynge H 194 et . . . dei] *om.* L 195 honoure] worship R 196 weye] *om.* L helþe] help D 197 oonhede] vnite BS fatte] fast D 199 shal] *twice* L al . . . ȝouen] ȝeuen al helþe T 200 to uertue] *om.* A 201 to] in R

Ps. 50 CAHTLDRBS; *losses occur towards end where decorated material at start of Ps. 52 on verso has been cut out* T

heading C (*r.h.* Miserere), l psalm dauid into þe ende. Whan Nathan þe prophete cam to hym whan he entred to barsabe. the uoyce of a man doyng penaunce L, '50' *d.h.* B, þe xlviij psalm A, '51' *d.h.* R, *r.h.* Misere mei deus sanctorum D, *om.* HTS 2 of] on H 5 eche] ech a A 6 meke] to meke AHTLDRBS þerfore] þerfro L contynue] to contynue A 7 þe[1]] holy L 9 ne he] *rev.* A, he R 10 man] a man TD 12 knowleche] knowlechyng D my wickednesse. And forþi I aske greet medycyne þat aftir þi greet `mercy´, þou haue reuþe of my greet synne and do it aweye.'

Et secundum multitudinem miseracionum tuarum dele iniquitatem meam. *And aftir þe mykilnesse of þi mercye[doinges] do aweye my wickednesse.* Þat is, God þat ert in alle þinges gode aftir þe mychilnesse of þi merciful werkes, þat is more þan any synne may be, do þou so aweye my greet wickednesse þat no step of synne leue in me, noiþer in þouȝt [to] consente, ne in word to defende, ne in dede to fulfille. But 15 20

{4} Amplius laua me ab iniquitate mea, et a peccato meo munda me. *More wasshe þou me of my wickednesse, and of my synne make me clene.* Dauid, bileeuyng þat God doiþ more mercy to man þat mekeþ him for his synne þan any man kan aske, seiþ 'Waishe me more þan I can vnderstonde to haue neede, and make me clene aftir þi greet mercye.' Many ben waisshen but þei ben not clene, as he þat wepeþ one while and synneþ anoþere. But God shal shewe him oneli clene of synne þat leueþ his synne, and soreweþ it, and abstineþ him fro it. 25 30

{5} Quoniam iniquitatem meam ego cognosco, et peccatum meum contra me est semper. *For my wickednesse I knowe, and my synne is aȝein me euermore.* For I þenke oft upon my wickednesse, I knowe it, and þerfore I wlate it wiþ bitternes of myn hert. Forþi my synne is aȝein me euermore, and I aȝeine it. For alle þe dayes of þis lif synne | ensegeþ man, and enforseþ him to entre bi many priuey paþes. And for eche assent to synne is principaly aȝein God, Dauid seide 35 f. 116ra

{6} Tibi soli peccaui, et malum coram te feci; ut iustificeris in sermonibus tuis, et uincas cum iudicaris. *To þee onely I haue synned, and yuel I haue don bifore þee; þat þou be riȝtwised in þi sermonnes, and ouercome whanne þou art demed.* I haue synned in 40

13 forþi] þerfore AH, for þat L 14 mercy] medicyne *canc.* `mercy´ C þou] *om.* L 15 tuarum . . . meam] *om.* L 16 þe] þi S mercye doinges] mercyes C, merciful doingis AR 17 ert] is AHTLDRBS þinges] þing AHTLDRBS 19 step] spott R 20 to[1]] ne C, ne in R 22 et . . . me (23)] *om.* L 23 more] more ouer H 26 clene] clennest BS 27 many] but manye A but þei] and A 29 þat . . . synne[2]] *om.* A 30 fro it] þerfro AHTLBS 31 et . . . semper] *om.* L 32 my[1] . . . knowe] Y know my wickidnes BS 33 I[2]] and Y BS 34 and] *om.* R forþi] þerfore AH, for þat L 36 him] *om.* BS 37 paþes] paþþes, *first* þ- *canc.* C eche] euerich H 38 seide] seiþ H 39 in . . . iudicaris] *om.* L 41 I haue] I haue I D 42 sermonnes] wordis R ouercome] ouercomist R

fulfillyng my luste onely to þee, þat art most clene of þat synne and of alle oþere, and forþi þou art iustly ordeyned to be domesman of synneres. And þerfore bifore þee þat art clennest of synne I haue yuel done in doyng of my synne, for to þee synne moste displeseþ; for þou shalt be knowen of alle men ri3twise in þi wordes, þat eche a man lyuer in comparisoun of þee is a li3ere, and no man is like gode to þee þat art God and man. And þerfore þou ouercomest whanne þou art demed. For al be it þat wode men demen þee in þi werkes vnri3twise, as diden Pilat and Cayphas, þou art ri3twise and þi dome is ri3twise, and in þi general dome ri3twisly and apertly þou shalt deme þin enemyes. Forþi þe Prophet, in ensaumple of oþere þat þei were euere myndful of her bigynnyng, seiþ

{7} **Ecce enim in iniquitatibus conceptus sum, et in peccatis concepit me mater mea.** *Lo, in wickednesses I am conceyued, and in synnes conceyued me my modre.* Dauid sheweþ here hou eche man is conceyued in þe original synne of Adam. For, al be it þat trewe entent in clene matrymoyne excuyse deedly synne in getyng of children, neuerþelattre þe original synne of Adam is not voyde in childre getyng. For 3if it were, children neededen not to be baptized of þat synne. | [f. 116rb] And for men shulden kepe hem clene aftir her waisshyng, he seiþ

{8} **Ecce enim ueritatem dilexisti; incerta et occulta sapiencie tue manifestasti mihi.** *Loo, forsoþe, þou loued soiþfastnesse; vncerteyne þinges and priuey of þi wisdome þou hast shewed to me.* God loueþ soiþfastnesse: þat is, þat men be soiþfaste and trewe in kepyng þe commaundementes as þei heten in her baptem, for many men for her trewe loue to God in kepyng of his biddynges han ben enspired and hadde priuey knowyng of þe wisdome of God þat her synnes weren for3iue hem. And þat made `Dauid´ to seye here tristily

43 my] of my AHL 44 forþi] þerfor AH, for þat L iustly] moost iustly BS 45 synneres] al synners T art] is TLDR 46 displeseþ] mysplesiþ AHTLD 47 þi] *om.* A a] *om.* AHTLDRBS 48 lyuer] lyuyng B of] to R like gode] *rev.* AHTLDBS 53 deme] deenye D forþi] þerfor AH, for þat L 55 in[1]] *om.* ATD conceptus . . . mea] *om.* L 56 in[1] . . . conceyued] Y am conceyued in wickidnessis BS wickednesses] wickidnes AHLR 57 conceyued . . . modre] my modir conceyued me BS 58 trewe] clene AHTLDBS 59 clene] trewe AHTLDBS 60 neuerþelattre] naþelees A 61 neededen] neden A 62 þat] þe AL hem] hym D her] *om.* L 64 incerta . . . mihi] *om.* L 65 vncerteyne . . . me (66)] þou hast shewid to me vncerteyn þinges and pryue of þi wisdome BS 67 þe] of þe HD 68 commaundementes] commaundement BS heten] biheeten AH for[2]] in L 69 biddynges] comaundementes L 70 hadde] *om.* L þat] and þat H, and L weren] was S 71 hem] to hem A

{9} **Asperges me, Domine, ysopo et mundabor; lauabis me et super niuem dealbabor.** *þou shalt sprenkil me, Lord, wiþ ysope and I shal be made clene; þou shalt wasshe me and abouen snowe I shal be maad white.* Ysope is a medcynal erbe þat is norished among stones, 75
and it bitokeneþ þat al medicyne of synne is oonely of Crist þat is þe cornerstoon. And he is sprencled wiþ þis erbe þat is bisye þenking upon þe harde passioun of oure lord Iesu Crist, whereþurgh þe moste brennyng lust of synne is slockened. For þurgh þenkyng þeronne and beryng þerof, al synne is voyded and clensed ouer 80
mannes þenkyng. Forþi al vanyte voyd, to þee I listnede of whom sprong þis tried salfe. Forþi

{10} **Auditui meo dabis gaudium et leticiam, et exultabunt ossa humiliata.** *To my heeryng þou shalt ȝiue ioye and myrþe, and meked bones shulen glade.* To myn effectuel heeryng, þat draweþ 85
þerafter werkes of liȝt, þou shalt ȝiue ioye of greet hope of plener remissioun of alle my synnes; and gladnesse | of beryng þi crosse þat f. 116va
is persecucioun makeþ me so siker to be heled of alle my synnes, þat oþer þing contrarye þerto I may noiþer do ne þenke to assent. For meked boones shal glade: þat is, eche vertuous lyme in whom synne 90
is refreyned, shale hugeli glade in mekenesse, whereþurgh alle enemyes ben ouercomen. And in þis gladnes a trew louere, hauyng trist in God, seiþ

{11} **Auerte faciem tuam a peccatis meis, et omnes iniquitates meas dele.** *Turne aweye þi face fro my synnes, and alle my wickednesse* 95
do awey. þat is, Lord, as þou art ful of mercy, turne þi face fro mi synnes þat þou recorde not to punysshe hem. And alle my wickednesses whereþurgh I haue serued þi wraþþe, do þou awey for þi godenesse. And

72 lauabis . . . dealbabor] *om.* L 73 sprenkil] springe A lord] *om.* T 74 þou shalt] and abouen D þou] and þou L snowe] snowes L 76 þat[1]] *om.* A 77 is sprencled] springide AH, is strinkelid T `nota bene´ R is bisye] is bisili H, besyly L bisye] þe bisy A 78 oure] *om.* D 79 slockened] qwenchid AHRBS 80 beryng] brennyng D 81 forþi] þerfore AH, for þat L 82 sprong . . . salfe] þis tried salue spronge H sprong] spron A salfe] salife, i- *canc.* C, sauce A, seying T forþi] þerfore AH, for þat L 83 et[1] . . . humiliata] *om.* L 84 to] do D 85 effectuel] affectual BS 86 of[2]] and LR 88 is] `is´ B, *om.* S so siker] so kir D 89 contrarye] contrarieþ BS ne þenke] noþyng D 90 eche] þat ech AL 94 et . . . dele] *om.* L 95 turne] Surne S synnes] synne BS alle . . . awey (96)] do away alle my wickidnesses (wickydnesse S) BS wickednesse] wickidnesses HD 96 as] *om.* R fro] awei fro D 97 not] no L and] in L 98 wickednesses] wickidnes AL serued] disserued AL 99 and] *om.* TBS

100 {12} **Cor mundum crea in me, Deus, et spiritum rectum innoua in uisceribus meis.** *A clene herte make in me, God, and a riȝt spirit newe þou in my boweles.* Lord God, make clene þurgh mekenes myn herte, whom I haue oft defouled þurgh pride. And a riȝt spirit of clennes and chastite newe þou in my boweles, 105 destroiyng þe lust of lecherye.

{13} **Ne proicias me a facie tua, et Spiritum Sanctum tuum ne auferas a me.** *Ne caste me forþ fro þi face, and þin Holy Goste ne take þou awey fro me.* Lord, caste me not fro þi face for þe mychilnes of my synne þat I now wlate, ne take þou fro me þin Holy Goost þat 110 riȝt reuleþ þe weyes of þi loueres. But

{14} **Redde mihi leticiam salutaris tui, et spiritu principali confirma me.** *Ȝeelde to me myrþe of þin helþe, and wiþ þi principal spirit conferme me.* Þat is, gode God, ȝeelde to me aȝen Crist þin helþeȝiuer, whom I worþili loste in consenting to synne, and wiþ þi f. 116vb principal spirit þat | festeneþ and no þing looseþ conferme me in 116 mekenes þat I falle no more.

{15} **Docebo iniquos uias tuas, et impii ad te conuertentur.** *I shal lerne wicked men þi weyes, and vnpiteuose men shal be togydere-turnede to þee.* Þat grace þat God sendeþ to a man shulde not be 120 hidde, but charit[eful]ly communed to þe preising of his God and profite of his neiȝebore. And þerfore Dauid seiþ 'I shal teche wicked men þi weyes, and vnpiteuose men shulen be turnede to þee', for meke conuersacioun and debonernesse of him þat is sette of God abouen in hiȝer degree refreyneþ þe malice of manye and draweþ 125 hem to uertues, boþe bi awe and bi loue. Wherfore he þat deliteþ to profite to his neiȝebore, drawing him to God þat his owne propre synne cause not his lettyng, inwardly preieþ God seiyng

100 crea in me] in me crea L deus . . . meis] *om.* L 101 a¹ . . . god] god make in me a clene hert BS a² . . . boweles (102)] newe þou in my bowels a riȝt spirit BS 102 boweles] entrailis H 103 whom] þe which H oft] *om.* L 104 newe þou] *rev.* B 106 tua . . . me¹ (107)] *om.* L 107 a] *om.* T me²] þou not me H ne take þou] take not R 108 awey] not awey L me not] þou not me L 109 now] knowe T, not BS þou] þou not L 111 salutaris] deus salutaris T et . . . me] *om.* L principali] principal R 113 conferme] confort BS me¹] þou me AH to] *om.* BS 114 helþeȝiuer] holy ȝeuer AT, only gyuer L, elþe euer D I worþili] *rev.* R worþili] vnworthyly L wiþ] *om.* L 116 more] more and H 117 docebo] et docebo AD et . . . conuertentur] *om.* L 118 lerne] teche ABS be togydere] *rev.* H togydere turned] *rev.* A 119 a] *om.* A 120 charitefully] charitably C communed] comaunde TL þe] *om.* D 123 debonernesse] þe bonernes B of²] to R 124 hiȝer] hiȝ A, þer L 125 awe] drede RB bi²] *om.* A deliteþ] is delitid AHTLDBS 127 preieþ] preie H god] to god L

{16} **Libera me de sanguinibus, Deus, Deus salutis mee, et exultabit lingua mea iusticiam tuam.** *Delyuere me of blodes, God, God of myn helþe, and my tunge shal outioye þi riȝtwisnesse.* Twyes he 130
seiþ God, for he is boþe God of body and of soule þat he delyuere
him fro synne, þat he leese not his grace in ȝiuyng to oþere men
ensaumple to leue þe vanite of þis lif. He clepeþ him God of his
helþe for he is þe fadre of Crist, of whom is al helþe, and in whom
gladeþ eche tunge, tellyng out þe riȝtwisnesse of him, seiyng 135

{17} **Domine, labia mea aperies, et os meum annunciabit laudem tuam.** *Lord, þou shalt open my lippes, and my mouþ shal shewe þi preysyng.* Lord, þurgh þi grace þou shalt open my lippes þat
weren closed þurgh synne, and my mouþe shal shewe þi preisynge
hou þou art delited in clennesse of life and not in multitude of 140
offrynges þat | oft ben occasioun of moste foule synne. f. 117ra

{18} **Quoniam si uoluisses sacrificium, dedissem utique; holocaustis non delectaberis.** *For ȝif þou had wolde sacrifice, soþeli I had ȝouen; in offrynges þou shalt not be delited.* Þere þe
Prophet sheweþ þat God is not chaungeable, but euere in oo wille, 145
and, as he was not plesed fro þe bigynnyng of þe world in offryng of
sacrifices of mennes owne fyndynge, so in hem he shal be mysplesed
vnto þe ende. And þerfore he techeþ feiþful men as he dide himself,
in what offryng God is plesed:

{19} **Sacrificium Deo spiritus contribulatus, cor contritum et** 150
humiliatum, Deus, non despicies. *Sacrifice to God is a spirit togidertroubled; a sorowful hert and meked, God, þou shalt not despise.* A
meke herte þus troubled contynuely for his owne synne and his
neiȝebores, kindeleþ moste charite in þat man, and makeþ him to
sette at nouȝt al tribulacioun, and to forȝete prosperite of þis life, and 155
to be of nounpower to fulfille his lustes, and to be euere redy to

128 deus[1] . . . tuam] *om.* L 129 exultabit] exaltabit R of] in D 131 seiþ] seide AL, se seiþ S of[2]] god of BS, *om.* H 132 to . . . ensaumple (133)] ensaumpyll to oþer men L 133 his] *om.* BS 134 is . . . whom] *om.* T 136 et . . . tuam] *om.* L 137 shal . . . preysyng (138)] shall þi preysynges spelle L 140 in[2]] *om.* D 141 oft ben] most ar L synne] synnys D 142 utique . . . delectaberis] *om.* L 143 holocaustis] holocaustum D sacrifice] sacrificis D 144 not] *om.* T be delited] delyte A þere] here AHDRBS 146 of[2]] *om.* D 147 he] *om.* A mysplesed] displesid BS 148 vnto] into A 150 cor . . . despicies] *om.* L 152 a[1] . . . despise] and god þou shalt not despise a sorweful hert and mekid BS hert] full hart L meked] a mekid H 153 ˋnotaˊ H 154 þat] *om.* A 155 prosperite] þe prosperyte L 156 to[2]] *om.* DR to[3]] *cut away* T euere] ay T

wiþstonde þe deuel and to wilfully offre himsilf to al persecucioun for þe loue of Crist, seiynge

{20} Benigne fac, Domine, in bona uoluntate tua Syon, ut
160 **edificentur muri Hierusalem.** *Benygneli make, Lord, in þi gode wille to Syon, þat þe walles of Hierusalem be outebeelded.* Lord, siþ no þing may wiþstonde þi power, make meke þi chirche Syon in þi gode wille to receyue þi grace, þat þe walles of heuenly Hierusalem be outebeeldede, þat is þat þe noumbre of þi seyntes be filled whom
165 anticrist enforseþ to destroye. For

{21} Tunc acceptabis sacrificium iusticie, oblaciones et holo-
f. 117rb **causta; tunc imponent super | altare tuum uitulos.** *þanne þou shalt take sacrifice of riȝtwisnesse, offrynges and sacrifices; þanne þei shulen putte uppon þin autere calueren.* þanne: þat is when Syon, þat is
170 þi spouse holy chirche, is meeked in bryngyng forþe hir plenteuose fruyte, whom no tribulacioune may bere doune, þou shalt take þe sacrifice of riȝtwisnesse, þat is þe feruent charite of þi seyntes þat wilfully putten hemself to persecucyoun for her breþeren, into greet preysyng of þi name acceptable offringes and sacrificez. For boþe in
175 wille and in dede shale þi chirche be halowed of men goyng in simplenesse of herte. þanne þei shulen putte upon þin autere calueren: þat is, þei þat han not boren þe ȝocke of synne, and þei þat han þrowen it fer awey, shal of tyrauntes be offred in þi siȝt moste acceptable offryng in prouyng of treuþe.

157 wiþstonde]]nde T himsilf . . . persecucioun] him/ *cut away*]secucioun T 159 benigne] *cut away* T uoluntate . . . ut] uolunta/ *cut away*]t T ut . . . hierusalem] *om.* L 160 benygneli] *cut away* T make lord] *rev.* D 161 syon . . . þe] sy/ *cut away*] T lord] *cut away* T 162 þi[1]] þe D 163 heuenly] *om.* L 164 filled] fulfillid HTLDBS whom] which AL 166 oblaciones . . . uitulos] *om.* L 168 þei shulen] þou shalt L 171 þe] þi BS 172 þe] *om.* D 173 to] into L 175 in[1]] *om.* AL þi] þe BS 177 þei[1]] þo BS þei[2]] þi L

Psalmus .li.

{3} **Quid gloriaris in malicia, qui potens es in iniquitate?** *What ioyest þou in malice, þat art miȝti in wickednesse?* In þis psalme spekeþ þe Prophet aȝen malicyous bacbiteres, as was Doech þat maliciously accuysed Dauid to Saul, and he seiþ 'þou þat art miȝty in wickednesse þat þenkest þat þerbi þou greetly profitist, what ioyest 5 þou in malice, in accuysyng, bacbityng and in beryng doun þi broþer whom þou shuldest desyre to upbere ioiyng in God for prosperite of þi neiȝebore?' But

{4} **Tota die iniusticiam cogitauit lingua tua, sicut nouacula acuta fecisti dolum.** *Al day vnriȝtwisnesse þouȝt þi tunge, as a sharp* 10 *rasoure þou dide gyle.* He seiþ al day þi tung þouȝt vnriȝtwisnes: | þe f. 117va tunge he clepeþ here þe swiftnesse of þe hert þat spekeþ wiþouten auisement. And þerfore þe Wise Man seiþ 'þe herte of þe fole is in his mouþ, and þe mouþe of a wise man is in his herte', for he spekeþ wiþ gode auysement. And, for wicked werkes folowen maliciouse 15 wordes, he seiþ 'as a sharp rasour þou didest gyle'. For, as a sharp rasour kutteþ awey liȝtli þe heer of a man þat anourneþ þe face, but þe roote it destroyeþ not, so maliciouse bacbiteres and enuyouse men enforsen hem to put doun and oppresse her neiȝebores, but þe roote of treuþe in whom it is festned þei moun not ouercome, al be it þat 20 her wille passe her powere. For

{5} **Dilexisti maliciam super benignitatem, iniquitatem magis quam loqui equitatem.** *þou haste loued malice abouen benignite, wickednes more þan to speke euenesse.* He forsakeþ not yuel

Ps. 51 CAHTLDRBS; *initial capital cut out, with consequent loss of letters on verso affecting* 37–43 T

heading C (*r.h.* Quid gloriaris), lj psalm the vnderstondynge of dauid when doch ydumy and shewed saul and seyde dauid into abymelechus hous and þat is þe uoyce of crist of Iudas L, ˋ51ˊ þe salme of dauid *d.h.* R, þe nyne and fourti psalm A, *r.h.* Quid gloriaris D, ˋ51ˊ *d.h.* B, *om.* HTS 1 quid] [.]uid TD qui . . . iniquitate] *om.* L es] est A in iniquitate] in/iquitate A, iniquitate TD what] whi D 3 doech] doeth A 5 þenkest] þynkiþ DS þat[2]] *om.* L 6 and] *om.* R in[3]] *om.* A 7 upbere] supporte A prosperite] þe prosperite H 9 sicut . . . dolum] *om.* L 10 al day . . . tunge] þi tunge þouȝt vnriȝtwisnes al day BS vnriȝtwisnesse . . . tunge] þi tunge þouȝt vnriȝtwisenes R a] *om.* H 11 þe . . . swiftnesse (12)] *om.* H 12 þat spekeþ] *om.* A 13 þe[3]] a H 15 gode] a good H 16 þou . . . rasour (17)] *om.* L 17 anourneþ] anoureþ BS but . . . not (18)] *om.* BS 18 it] of it D 21 passe] passeth L 22 iniquitatem . . . equitatem] *om.* L 24 more . . . speke] to speke more þan R

þat loueþ it, al be it he do it not in dede. For what þing a man loueþ, he hateþ þe contrarye. And what þe hert loueþ, þouȝ it be synne and shameful þing, ȝit þe mouþe ofttymes can not hile it, but bolk it oute into þe owne confusyoun. For

{6} **Dilexisti omnia uerba precipitacionis, lingua dolosa.** *þou louedest alle wordes of dounfallynge in a trecherous tunge.* þat is, þou loued alle wordes of vnclennesse of filþe and of harlotrye, and to bere doun soiþfastnesse in gendryng of enuye, and lettyng of concorde. And þus þi malice ledeþ þee fro synne to synne, and ledeþ þee as a blynde man in þe broode wey toward helle. For þat þou mayst not fulfille in dede, þi shrewed malicious tung telleþ openly þe yuel wille of | þin herte þat God takeþ as doyng of dede.

{7} **Propterea Deus destruet te in finem; euellet te, et emigrabit te de tabernaculo tuo, et radicem tuam de terra uiuentium.** *Forþi God shal destroye þee into þe ende; he shal outdrawe þee and outpasse þee of þi tabernacle, and þi roote fro þe londe of lyuyng men.* Forþi þat þou loued malice, God shal destroye þee in þe ende, ȝif al he suffre þee a while in welþe. In þis maner he shal destroye þee: first he shal outdrawe þee, þat is, he shal reue þee þi dignite, and siþen he shal outepasse þee of þi tabernacle, þat is, for þi sowyng of discorde he shal make þee passe to helle sodeynly fro þi lustes. And he shal outedrawe þi roote fro þe londe of lyuyng men, for malice in whois herte it abideþ destroyeþ þe uertues of þat soule.

{8} **Uidebunt iusti et timebunt et super eum ridebunt, et dicent {9} 'Ecce homo qui non posuit Deum adiutorem suum!'** *þe riȝtwise shulen see, and þei shulen drede, and lawȝe on him and seye 'Loo, þe man þat put not God his helpere!'* Riȝtwise men biholdyng in

25 he] þat he H 26 þouȝ] ȝhe þouȝ H, ȝif T 27 hile] couere T 28 into] in BS þe] his BS 29 lingua dolosa] *om.* L lingua] in lingua R 32 doun] adoun BS gendryng] gedrynge H 33 to] vnto H þee^{2}] *om.* BS 34 in] *om.* BS toward] to AH helle] helleward H 35 dede] drede D 37 propterea in] pro[*cut out* T deus destruet] deus deus A euellet . . . uiuentium] *om.* L te^{2}] *om.* T emigrabit . . . tabernaculo (38)] *cut out*]culo T 38 te] *om.* DR radicem . . . uiuentium (39)] radice [*cut out* T tuam] tuum S, tuo A 39 forþi] þerfore AH, for þat L destroye . . . shal^{2}] des[*cut out* T 40 outpasse . . . tabernacle] o[*cut out* T outpasse] `make´ outpasse S, make outpasse B þe] *om.* L londe . . . forþi (41)] l[*cut out* T 41 forþi] þerfor A, for þat L malice . . . in] ma[*cut out* T in . . . þee (42)] *om.* BS 42 ȝif al] alȝif HR, þouȝ A suffre . . . in^{2}] suf[*cut out* T suffre] suffrid D destroye . . . shal^{1} (43)] *cut out* T 43 first . . . þee^{2}] *om.* BS he^{2} . . . dignite] *cut out* T 44 outepasse] uppasse D, `make´ outpasse S, make outpasse B of] in BS 47 þat] *om.* L 49 ecce . . . suum] *om.* L 50 riȝtwise] riȝtwis men BS, riȝtwisnesse D 51 helpere] helpe BS

þe bileeue seen uerely what shal come to wicked men in þe endyng. For bi þe riȝtwise dome of God he þat loued malice and is taken þereinne mot perisshe. And þanne shulen meke riȝtwis men þat lordyden upon malyce, scorne maliciouse fooles and seye 'Loo, þe 55 man þat sette not God his helpere, but loued malice and wrouȝte þeraftir, fiȝtyng aȝen God of uertues, not hopyng in pacience þat is Goddes uertue, delyueryng fro al yuel.'

Sed sperauit in multitudine diuitiarum suarum, et preualuit in uanitate sua. *But he hoped in þe mychilnesse of his ritchesses, | and* f. 118[ra] *he ouercome in his vanite.* Here is openli shewed þe dampn[a]cioun of 61 riche men, not for þe hauyng of ritchesses but for þe false triste þat þei setten in hem. Sum men, tristyng in ritchesses, oppressen symple men and wiþ hem as beestes waden in lustes, and for false triste of hem ben slowe and negligent to knowe hemsilf and purge hem of 65 synne, hopyng falsely to be delyuered bi þe departyng of hem whanne þei may no lengere holde hem, as ȝif God had greet neede of hem. And so as moste cruel enemye he ouercom and destroyed himsilf in vanyte, hopyng in vnmiȝti þing þat feiþful men despysen. For 70

{10} Ego autem, sicut oliua fructifera in domo Dei, speraui in misericordia Dei in eternum et in seculum seculi. *But I, as a fructyuouse olyue in þe hous of God, hoped in Goddes mercy into wiþouten ende and into world of world.* As who seye, riche men and maliciouse hopen in her ritchesses, and in þe gaderyng of her malice 75 to be delyuered in þe day of vengeaunce. But not so þe riȝtwise man þat duelleþ in þe hous of God, þat is in holy chirche, for he hopeþ oonly in Goddes mercy, vtterly knowyng in consent no malice, ne holdyng no ritchesses but necessarie liuelode. And so he is as a fructyuouse olyue þat wynter and somer lasteþ grene in his strengþe. 80 For a riȝtwise man, hauyng treuþe tristeþ þerinne and is made miȝti in his feiþ boþe in prosperite and in aduersite, lastynge and berynge

54 mot] must L 55 lordyden] loþid BS þe] þat B 56 sette] setteth LS 59 in . . . sua (60)] *om.* D in] in/in R et . . . sua (60)] *om.* L 60 mychilnesse] multitude AL ritchesses] ryches L 63 `nota´ R ritchesses] riches ALR 64 false] *om.* L 65 knowe . . . and²] *om.* A 66 departyng] partynge L 67 as] and T 69 vanyte] his vanyte AHTLBS despysen] dyspysed L 70 for] *om.* L 71 sicut . . . seculi] *om.* D fructifera] fructificaui R speraui . . . seculi] *om.* L 73 fructyuouse] fruytful H 74 world²] worldis H, world of world S who] whos D seye] seiþ TDRBS 75 ritchesses] ryches L 78 in²] no BS consent] conscience H no] to BS 79 is] *om.* H as] *om.* R 82 in²] in his A in³] *om.* ATL

lastynge fruyt of helþe, whois mynde into wiþouten ende and into world of world shal not be done awey. But

f. 118rb **{11} Confitebor tibi in seculum quia fecisti; | et expectabo**
86 **nomen tuum, quoniam bonum est in conspectu sanctorum tuorum.** *I shal shryue to þee into world, for þou made; and I shale abide þi name, for it is gode in siȝt of þi halowes.* I shal shriue to þee my life, knowyng it wretcheful, hopyng in þee þat in al þing art gode into þe
90 world þat þou hast made. And I shal abide þi name, for it is gode in siȝt of þin halowes. For al þinge þou made in preisyng of þi name, þat in siȝt of þin halowes to whom þe uertue of þi name, al þing þerto is vndercasten; for al þing þou made in hyȝing of it, and þerfore to it boþe gode and yuel shale obeyshen.

Psalmus .lii.

{1} Dixit insipiens in corde suo 'Non est Deus'. *Þe vnwise seyde in his herte 'God is not'.* Who loueþ malyce and hopeþ in faylyng ritchesses is vnwise. For suche men in hert and in her dedes seyn þat God is not, al be it þat in mouþ þei crien fast vpon him. Forþi

5 **{2} Corrupti sunt, et abhominabiles facti sunt in iniquitatibus suis; non est qui faciat bonum.** *Corrupt þei ben and abhominable þei ben made in her wickednesses; þer is not þat doiþ gode.* Eche synne is so contagious in whom it abideþ þat it draweþ to it oþer and makeþ þe weldere þerof abhominable to God in doyng of wickednes. For

84 but] *om.* BS 85 in . . . tuorum] *om.* D et . . . tuorum] *om.* L et] *om.* A 87 world] þe world H 88 siȝt] þe siȝt HR 89 wretcheful] ful wrecchid H art] is AHTLDRBS 90 is] *om.* B 91 for . . . halowes (92)] *om.* T þinge] þings H in] into H 92 siȝt] þe siȝt A þing] þingges H 93 is] ben H þing] þinges H

Ps. 52 CAHTLDRBS; *material cut out, with consequent loss of letters* 1–3 T

heading C (*r.h.* Dixit insipiens), lij into þe ende for amalech þe vnderstondynge of dauyd þe voyce of þe holy gost ageyne the Iewes L, þe salme of dauid `53′ *d.h.* R, nocturne þe fifti psalm A, *r.h.* Dixit insipiens D, `52′ *d.h.* DB, *om.* HTS 1 dixit] {.} ixit D insipiens in] insip[*cut away* T suo . . . est] *cut away* T deus . . . vnwise] deu[*cut away* /]se T vnwise] vnwise man BS seyde . . . herte (2)] *cut away* T 2 is . . . who] *cut away* T who] whos A, whoso H malyce . . . hopeþ] *cut away*]/piþ T faylyng ritchesses] faily[*cut* away]/ches T 3 ritchesses] þingis and richessis A vnwise] not wyse L men] *om.* DR 4 forþi] þerfore H, for þat L, for A 5 et . . . bonum] *om.* D in . . . bonum] *om.* L in] *om.* AT 6 suis] *om.* HR corrupt . . . made (7)] þei beþ corrupte and þei beþ made abhominable BS 7 her] *om.* H wickednesses] wyckednes LBS þer] þat BS eche] euery H 8 it[1]] hit//hit T þer is not þat doiþ gode in preysyng of God, haueyng of custome wickednesse. For 10

{3} **Deus de celo prospexit super filios hominum, ut uideat si est intelligens aut requirens Deum.** | *God loked from heuene upon þe sones of men, þat he see ȝif any be vnderstonding or aȝensechyng God.* God lokeþ from heuene upon þe sones of men whanne he priueyli or apertli doiþ hem to knowe þat he hateþ synne. For he deliteþ as moste mercyable fadre ȝif he see men vnderstondyng his lawe in doyng his wille, aȝensechyng God whom þei loste in consentyng to synne. But allas f. 118va 15

{4} **Omnes declinauerunt, simul inutiles facti sunt; non est qui faciat bonum, non est usque ad unum.** *Alle þei heeldeden doun, togidere vnprofitable þei ben made; þer is not þat do`þ' gode, þer is not vnto oone.* Alle þat louen þe world and þe coueytise þerof ben made in alle þinges vnprofitable, for þerwiþ þei moun not profite. And þerfore vnto oon of hem þer is not þat doiþ gode in due manere plesyng God. Sum men vnderstonden þis verse soiþli: þer is not þat dooþ gode vnto one, þat is in comparisoun of Crist, þat is one wiþ þe Fadre, none is þat doiþ gode. For as none profitide bifore Cristis comyng but in bileeue of him, so to þe laste ende none shal profite but þurgh bileeue of his lawe þat makeþ men one wiþ him. For 20 25 30

{5} **Nonne sci[e]nt omnes qui operantur iniquitatem, qui deuorant plebem meam sicut cibum panis?** *Wheþer shal not alle wite þat worchen wickednesse, þat deuouren my peple as meete of brede?* Þoo þat noiþer for drede ne loue wolen vnderstonde to kepe Goddes biddyng, shulen knowe in her iust dampnyng her wickednesses and Goddes riȝtwisnesse. For þei deuouren symple puple of her bodily sustinaunce, oppressyng hem vniustly for her coueytise, and spoylen hem of | bileeue þat Crist dyed fore, compellyng hem to her customes as ȝif God had commaunded hem. But 35 f. 118vb

12 prospexit . . . deum] *om.* D filios] filium H hominum] hominis H ut . . . deum] *om.* L 13 est] *om.* B 14 be] is HTDR 15 lokeþ] lokide A 16 hem] hym BS 17 see] seeþ BS 19 allas] als L 20 simul . . . unum] *om.* D non . . . unum] *om.* L 21 faciat] faciet R heeldeden] bowiden AHR, bowen D 22 not þat] *rev.* T doþ] do T 24 þinges] þyng BS 25 not] noon A 26 god] to god H þer] þat *canc.* þer C, þat þere AHTLBS 27 dooþ] do T 29 shal profite] profitiþ DR 30 wiþ] in D 31 scient] sciant C omnes . . . panis] *om.* D qui[2] . . . panis] *om.* L 32 sicut] vt R cibum] escam TBS shal not alle] alle schulen not DR 34 drede] loue B loue] drede B 35 wickednesses] wickidnesse HTLB 36 riȝtwisnesse] riȝtwisnessis A 37 oppressyng] oppressen D vniustly] iniustly BS 38 hem[1]] *om.* DR 39 her] yuel BS

40 {6} **Deum non inuocauerunt, illic trepidauerunt timore, ubi non fuit timor.** *God þei inclepeD not, þere þei quoken for drede where drede was not.* As who seiþ, alle wickedness [is] done for God is not inwardli cleped into mennes hertes ne myndeful in her werkes. And þat makeþ men to drede tribulacyoun whereinne a man shulde be 45 moste siker, [and] wiþouten drede vse prosperite and lustes, whereinne is most drede. And so þise lusty wretches shulen be ashamede whanne treuþe shale outespring.

Quoniam Deus dissipauit ossa eorum qui hominibus placent; confusi sunt quoniam Deus spreuit eos. *For God haþ skatered her 50 bones þat pleseden to men; þei ben shamede, for God haþ despised hem.* God haþ skatered þe bones of hem þat plesen to men, þat is þe vertues of her soule wherewiþ þei shulde profite ben refte hem for her glosyng. For no man shale take harder dome þan þei þat plesen to men in her wickednesse, and shulde seye hem þe soiþe, for God 55 haþ despised hem for her trayterye. For he þat feyneþ him a leche to kunne heele woundes, and priuely sleeþ him for his substaunce whom he shulde heele is an open traytoure. But

{7} **Quis dabit ex Syon salutare Israel? Cum conuerterit Dominus captiuitatem plebis sue, exultabit Iacob et letabitur 60 Israel.** *Who shal ȝiue of Syon helþe to Israel? Whanne God haþ turned þe caytifte of his puple, glade shal Iacob, and Israel shal be made fayne.* f. 119ra Here is openly shewed þat maugre þe deuel and alle hyse, | treuþe of Goddes lawe shal be ȝouen to feiþful men of þe chirche. For þe Lord shal turne to him þe caytifte of his puple, and he shal make knowen 65 þe priuey deceytes of her lederes. And þanne shal Iacob ful outeglade in supplauntyng þe deuel, and Israel shal be maad fayn in biholdyng of treuþe.

40 deum] Quoniam D inuocauerunt . . . timor] *om.* D trepidauerunt . . . timor] *om.* L 41 fuit] erat HR god . . . not] þei inclepid not god BS incleped] incalde HTDR, called L where] where þat no H 42 not[1]] *om.* H who] whos D seiþ] seiþ, þ *eras* H, sei TL wickedness is] wickednesses CDR not[2]] *om.* T 43 cleped] clyped L ˋnotaˊ R 44 þat] *om.* BS tribulacyoun] ˋinˊ tribulacioun D 45 and[1]] *om.* CDR vse] and vse BS and[2]] of L 46 þise] her AL, þe BS wretches] werkis AL shulen] schulde H 48 dissipauit . . . eos] *om.* D 49 confusi . . . eos] *om.* L skatered] styred L 50 pleseden] plesen AHTLRBS þei . . . men (51)] *om.* T shamede] aschamed A, confusid H 52 soule] soulis AL ben] or L refte] birefte H, rest L 53 her] *om.* L man] men AHLBS shale] schulen AHL 54 to] *om.* BS shulde] schulen D 56 kunne] know to L and] *om.* AL 58 ex . . . israel (60)] *om.* D cum . . . israel (60)] *om.* L conuerterit] auerterit R 60 of] to *eras.* T helþe] heele R to] of *eras.* T 61 þe] *om.* L glade . . . iacob] iacob schal glaad DRBS 64 caytifte] caytyfe S 66 þe] of þe H

Psalmus .liii.

{3} **Deus in nomine tuo saluum me fac, et in uirtute tua iudica me.** *God in þi name make me safe, and in þi uertue deme me.* God, fadre of heuene, in þe memorie of þi sone Iesu oure saueour mak me safe, bi whois vertu al þing is saued. And in þi uertue deme me, þat is worþi þurgh þi vertue to be saued, for þerinne I triste. 5

{4} **Deus, exaudi oracionem meam, auribus percipe uerba oris mei.** *God, here myn orysoun, wiþ eeres perceyue þe wordes of my mouþe.* Here me God, for I aske not prosperite of þis world þat dryeþ as a floure, but I aske þi mercy of myn horrible synnes þat þei be clene done awey; wiþ eeres perceyue þe wordes of my mouþ, for onely 10 after þi wille I desire to be herd þat þi word growe and haue þe ouerhond, and enemyes þerof be confounded.

{5} **Quoniam alieni insurrexerunt aduersum me, et fortes quesierunt animam meam, et non proposuerunt Deum ante conspectum suum.** *For alyenes han risen aȝen me, and stalworþe men* 15 *souȝte my soule, and þei setten not God bifore her siȝt.* Þei ben alienes þat desiren not ne sechen þe oonhede of Cristes lawe. For þei ben styred wiþinne hemsilf wiþ greet malice to ryse aȝen treuþe; þei affyen in bodili power to seche distruccioun of her enemy|es þat in f. 119rb pacience ben made her ouercomeres. And for þei haue not sette God 20 bifore her siȝt þei shulen be ouerþrowen in her owne turne.

{6} **Ecce enim Deus adiuuat me, et Dominus susceptor est anime mee.** *Forwhi, loo, God helpeþ me, and þe Lord is uptaker of my soule.* Ȝee feiþful men in God, affye ȝow in him, for moost tristily he helpeþ aȝen straunge alienes wiþseiyng his lawe. And þe Lord is 25 uptaker of my soule, for fro þe power of alle myn enemyes he shal delyuere me.

Ps. 53 CAHTLDRBS

heading C (*r.h.* Deus in nomine), liij into þe ende in ditees þe vnderstondyng of dauid whan zyphei. kemon. saul. whether dauid were hyd amonges hem. And thus holy kyrke speketh ageyne heretykes L, þe salme of dauid R, þe lj psalm A, *r.h.* Deus in nomine tuo D, \`53 *d.h.*' B, *om.* HTS 1 et . . . me (2)] *om.* L 2 me[3]] þou me H 3 memorie] mynde HDR 5 is] am T 6 oracionem . . . mei] *om.* D auribus . . . mei] *om.* L 8 not] no BS 10 wiþ eeres] ȝit oonys A 13 insurrexerunt . . . suum] *om.* D et . . . suum] *om.* L 16 setten] settide H 17 desiren] seken L sechen] seken not R, desyren L 18 ryse] arise T 19 affyen] tristen HDR of] in BS 21 ouerþrowen] euer þrowen DR 22 adiuuat . . . mee] *om.* D et . . . mee] *om.* L 24 affye] trist DR 25 straunge] stronge H

{7} **Auerte mala inimicis meis, et in ueritate tua disperde illos.** *Turne awey yueles to myn enemyes, and scatere hem in þi* 30 *soiþfastnes.* þei ben enemyes of trewe men þat to her ende wiþstonden treuþe, to whom bi Goddes riȝtwisnes werst yueles shale be casten to, for in þe soiþfastnes of God þei shale be scaterede wiþ vggely deueles to take her lotte. Forþi

{8} **Uoluntarie sacrificabo tibi, et confitebor nomini tuo,** 35 **quoniam bonum est.** *Wilfully I shal offre to þee, and I shal shryue to þi name for it is gode.* Wilfully I shal offre to þee my bodye suffryng for þee, and my soule in preysyng of þee. And of my substaunce necessarye þinges shule be ȝouen to þi seruantes, as þou hast commaunded to susteyne hem in her seruice. And I shal shryue to 40 þi name, knowlechyng it abouen alle names, for it is gode and al gode þing bi it comeþ and al wicked þing is refreyned.

{9} **Quoniam ex omni tribulacione eripuisti me, et super inimicos meos despexit oculus meus.** *For of al tribulacyoun þou* f. 119va *took me oute, and upon myn enemyes despi|sed myn eyȝe.* Eche feiþful 45 man knoweþ þat in Goddes name he shal be delyuered of alle angres ȝif him folowe pacience. And upon myn enemyes despised myn yȝe, not enuyously hatyng hem, but for greet triste þat for þe hyȝe name of God I shulde be delyuered. I acounted at nouȝt her boost wiþ her veyn power.

28 inimicis . . . illos] *om.* D et . . . illos] *om.* L 31 riȝtwisnes . . . in (32)] *twice* T werst] þe werst H shale] schuld L 32 casten to] custen \`to´ H 33 vggely] orrible H, lothely T forþi] þerfore AH, for þat L 34 sacrificabo . . . est] *om.* D et . . . est] *om.* L tuo] tuo domine HBS, tibi domine T 36 to[2]] to/to L, *om.* T 37 in] *om.* D 38 hast commaunded] comaundist D hast] *om. gap* H 40 it[2] . . . and] *om.* BS 41 is refreyned] it refreyneþ BS 42 tribulacione . . . meus] *om.* D et . . . meus] *om.* L 43 tribulacyoun] tribulaciouns BS 44 upon . . . eyȝe] my iȝe dispised vpon myn enemyes BS eche . . . yȝe (46)] *om.* T 45 angres] angwische H 46 him . . . pacience] pacience folowe hym DR folowe] folwiþ B upon . . . yȝe] my iȝe despised vpon myn enemyes BS 48 shulde] shal BS I[2]] *om.* BS her[1]] al her AL

Psalmus .liiii.

{2} Exaudi Deus oracionem meam, et ne despexeris deprecacionem meam; {3} intende mihi, et exaudi me. *Here God myn orisoun, and despyse not my preyere; biholde to me and outehere me.* Feiþful men, naked of worldli prosperite and of fleishly lustes, seylyng in þe stif stremes of þis tempestful life, affiyng stedfastli 5 in God, preien to him seiyng 'Gode God, ful outehere þou myn orisoun for þi moste holy name, þat þi trouþe in us miȝte florishe. And despise þou not my preyer for my formere synnes, but sende grace to þi loueres to be strengþed in treuþe; þat enemyes ioyen not in her oppresyng, biholde to me and outehere me, þat is, lord God, 10 inwardly bihold me, þat knowest me betre þan I, and make me so to knowe me þat mysilf fiȝte not aȝein me, and cause myn vnheryng. For

Contristatus sum in excercitatione mea, et conturbatus sum {4} a voce inimici, et a tribulatione peccatoris. *I am togider* 15 *maad sory in myn hauntyng, and togider I am trowbled fro þe voyce of þe enemye, and fro tribulacioun of þe synner.* Altogider, þat is in al my mynde, I am maad sory of þe wicked wille of synful men, hou þei enforsen hem to wiþstonde treuþe as | ȝif þei miȝten wynne þe f. 119vb ouerhond. And, for þei no tyme cessen to wiþstonde treuþe, my 20 sorewe in me cesseþ not to merueyle her blyndnesse. For togyder I am trowbled fro þe voyce of þe enemye, heeryng þe hyȝe name of Iesu blasphemed of his creature. And I am troubled fro tribulacyoun of þe synner. For fro þe tribulacyoun þat þe enemye of treuþe mote neede suffre many grisely ymaginaciouns steyȝeþ into myn herte, 25

Ps. 54 CAHTLDRBS

heading C (*r.h.* Exaudi deus oracionem (meam)), liij psalm into þe ende the vnderstondyng of dauid in deteus. Cryst ageyne þe Iewes and Iudas L, Into þe ende þus þe vnderstonding of dauid, *r.h.* Exaudi deus D, into þe ende ympnes þe vndirstondyng of dauid R, þe lij psalm A, '54' *d.h.* B, *om.* HTS 2 intende . . . me] *om.* L intende] et intende S here god] *rev.* BS 3 outehere] graciousli heere ABS 5 affiyng] tristynge DR stedfastli] hem stedfastly H 6 gode] *om.* R þou] *om.* LD 8 formere] furst BS, *om.* L 9 grace] me grace R 10 outehere] graciousli heere ABS 11 so to] sone L 14 in . . . peccatoris] *om.* D et . . . peccatoris] *om.* L 16 trowbled] droued TL fro] for D 17 tribulacioun] þe tribulacioun A þe] *om.* BS al] *om.* DR 20 ouerhond] heyer hande L 21 in] wiþinne AHTLBS 22 trowbled] drouyd T 23 troubled] drouyd T fro] for D tribulacyoun] þe tribulacioun H 24 mote] most BS 25 ymaginaciouns] ymaginacioun HTLRBS

hou þe wretched creature for luste and prosperite haþ blynded
himself, and seeþ not his owne falle, fiȝtyng aȝein him þat may
not be moued.

Quoniam declinauerunt in me iniquitates, et in ira molesti
30 **erant mihi.** *For þei dounheeldede into me wickednesses, and in wraþþe*
anoyede þei weren to me. Þei þat hatiden treuþe enforseden hem
maliciously to heelde doun into me her wickednesse. For whanne
vicyouse men hardened in synne ben touched, þei ymaginen bisily to
constreyne her wiþseyeres to consente to her synnes, sum tyme bi
35 flateryng, sumtyme bi þretyng and sumtyme bi pursuyng. But alle
þise moeuen no more a feiþful man whois triste is in God þan a
wynd blaste doiþ þe sunne. And in ire þei weren noyȝed to me, not
for my gilte but for her malice; for ire may not hyde itsilf, but as a
wood fyer it mot breste oute in destruccyoun of itsilf. And þerfore

40 **{5} Cor meum conturbatum est in me, et formido mortis**
cecidit super me. *Myn herte is troubled in me, and dreed of deeþ fel on*
f. 120ra *me.* Þis he seiþ for inwarde sorewe þat troubleþ þe herte of | an
innocent, whanne malice wiþouten cause is greyþed to him of his
broþere. And dreed of deeþ felle on me: þat is, þe innocent in soule
45 seeþ þe sodeyn deeþ of malycyouse men, and dredeþ for þe
hydousnesse þerof. For

{6} Timor et tremor uenerunt super me, et contexerunt me
tenebre. *Drede and quakyng comen on me, and derknesses togidere-*
keuereden me. Drede in soule and quakyng of bo`di´ comen on me,
50 for hard vengeaunce þat I knewe was greiþed for malicious men. And
derknesses togyderekeuereden me: [þat is, her derke deedis wiþou-
ten compassioun, hauynge no liȝt of grace, togyderekeuereden me],

29 in[1] . . . mihi] *om.* D et . . . mihi] *om.* L 30 dounheeldede] bowiden doun A, downe bowȝid H 31 anoyede . . . weren] þei were anoyed BS þei þat] that þei þat D 32 heelde] bowe A wickednesse] wickidnesses H 33 hardened] hardid BS 34 wiþseyeres] aȝenseyers BS 35 þretyng] thretenynge T 36 a[2]] *om.* L 37 wynd] wyndis AHL doiþ] do L ire] wraþþe DRBS 38 ire] wraþþe DRBS but . . . itsilf (39)] *om.* BS a] *om.* AHTLR 39 mot] must HL of] *om.* L 40 conturbatum . . . me[1] (41)] *om.* D in me] *om.* T et . . . me[1] (41)] *om.* L 41 troubled] droued T 42 troubleþ] drouith T 43 greyþed] ordeynid H, maad redi DR 45 seeþ] seiþ BS 47 uenerunt . . . tenebre] *om.* D et[2] . . . tenebre] *om.* L 48 derknesses] mirknesses T, derknes ABS, mirkenesse HL 49 keuereden] coueride ALBS of] in AL 50 was greiþed] *om.* L greiþed] ordeynid HT, maad redi DR for] to A 51 derknesses] mirkenesse HL, mirkenessis T, derkenes BS þat . . . me (53)] *om.* CDR derke] mirke HTL 52 keuereden] couered L

for, þurgh meke pacyence aȝein her wille bi heeldyng her malyce into me, alle my synnes weren keuerede, for helþe is of oure enemyes. 55

{7} Et dixi: 'Quis dabit mihi pennas sicut columbe, et uolabo et requiescam?' *And I seyde 'Who shal ȝiue to me feþeres as of a doufe, and I shal flyȝe and I shal reste?'* þei þat ben pacyent in tribulacyoun to þe ende vnderstonden her uptakyng fro þis wreched life, and ioiyng þerinne þei coueyten noþing, but to biholde into Crist her 60 saueour, whom, verreyli biholdyng wiþ þe cleer eyȝe of her soule, þei ben hugely counfortede in vnderstondyng of dyuerse ioyes. And þat moeueþ þe pacient innocent to seye, 'Who shal ȝiue to me feþeres as of a doufe and I shal flyȝe and reste?' As who seye, þe worlde ne þe loueres þerof han not þise feþeres ne may not ȝiue hem oþere. But 65 Crist Iesu he upreyseþ þe pacyent wiþouten galle of malice fro uertue to uertue, þat he flee þe wretchednesse of þis life, and reste in stedfast hope of Goddes mercy. For

{8} Ecce elongaui fugiens, et mansi in solitudine. *Loo, I lengþed fleyng, | and I woned in oneli stede.* Who þat haþ doufes feþeres, þat is f. 120rb simplenes and mekenesse, may fro þe moste streyt place þat synneres 71 ben aboute to holde him inne, flyȝe fro hem upriȝt wiþouten consentyng to hem. For he þat loueþ treuly cheseþ to be in oneli place wiþ his loue Iesu, fleeng and drawyng on lengþe fro felawshepe of corrupt synneres of þis life, whois consente no man may flee ȝif 75 him lacke þise doufe feþeres, þat maken men mounte upriȝtes. þerfore

{9} Expectabam eum qui saluum me fecit a pusillanimitate spiritus et tempestate. *I abode him þat maad me safe fro þe litelnesse*

53 bi] *om.* R heeldyng] helinge ALBS, hellynge T, byholdyng R her[2]] in her R 54 into] onto L, vnto BS, in R keuerede] recouered S helþe is] helþis T, is L 56 dabit . . . requiescam] *om.* D dabit] dedit T et[2] . . . requiescam] *om.* L 57 as] *om.* B doufe] dowe or a culuer S, culuer B 58 flyȝe] fle ATDBS 59 to] vnto A vnderstonden] vnderstandynge L and] *om.* AL 61 eyȝe] sight T 62 vnderstondyng of] *om.* L 63 as] *om.* LBS 64 of] *om.* DR doufe] culuer B flyȝe] fle AHTBS who] whos D seye] seiþ DRB ne] and L 65 þerof] of it H han] hath *canc.* L oþere] to oþere AH 66 crist iesu] *rev.* BS upreyseþ] upriseþ H 67 flee] flye R 69 fugiens . . . solitudine] *om.* D et . . . solitudine] *om.* L I lengþed] in lenkþinge A 70 I] *om.* AHTLRBS doufes] culuer B 72 flyȝe] fle AHTBS hem] hym D 74 fleeng] flyeinge R 75 consente] consence A 76 lacke] faile T doufe] culuer B maken men] *rev.* D, maken R mounte] to mounte HT 78 eum . . . tempestate] *om.* D a . . . tempestate] *om.* L 79 I] ne L litelnesse] liknes A, lightnesse T

80 *of spirit and tempeste.* Þe innocent, hauyng doufe weenges, whom no tribulacioun may make to consente to yuel, abideþ in persecucioun paciently Crist þat made him saaf. For meke men affyȝen hem not in hemsilf, for þe litilnesse of her spirit, þat is þe litil miȝt of hemsilf, sufficeþ not to wiþstonde þe stormy tempestes of enemyes of treuþe. 85 Forþi he seiþ

{10} Precipita, Domine, et diuide linguas eorum, quoniam uidi iniquitatem et contradictionem in ciuitate. *Felle doun, Lord, and depart þe tunges of hem, for I sawe wickednesse and aȝenseiyng in þe cite.* Felle doun, Lord, aftir þi mercy þe sleiȝtes of wicked 90 mennes malice in oppressyng of treuþe, and depart þe trecherous tunge of hem þat enforsen to make heiȝere and holde up þe toure of pride of þis life, þat her purpos be scatered. For I sawe wickednesse and aȝenseiyng in þe cite: þat is, of þo men þat wenen hemself to be in Goddes citee and of his citee, þat is þe chosen of his chirche. But f. 120va in as mychel | þei ben ferrer þerfro þat her commendacioun is 96 among þe puple of holynesse and dignite, cried bi outward signes, vndir whom is hidde moost ypocrisye and vniust raueyn. Fro whois couentis I flee, chesyng to duelle in onely stede. For

{11} Die ac nocte circumdabit eam super muros eius, iniqui-100 tas et labor in medio eius, {12} et iniusticia. *Day and niȝt shal vmȝiue it vpon þe walles of it, wickednesse and traueyle in myddes of it and vnriȝtwisnes.* For þe pride of prelates and þe ypocrisye of irreligiouse day ne niȝt wickednesse shale not cesse enuyrounyng upon þe walles of þe cite, þat is upon lordes þat as walles shulden 105 strengþe þe cite of God, þat is his chirche. For siþ þei shulden be Goddes mynistres to iustifye his puple, for her neglygence vnriȝt-wisnesse and trauayle ben in myddes of þe chirche, þat is in hem þat

80 tempeste] of tempest H 81 abideþ] abiden AL 82 affyȝen] tristin DR hem . . . hemsilf (83)] not in hem A 84 tempestes] tempest L 85 forþi] þerfor AH, for þat L 86 precipita] precipite A et . . . ciuitate] *om.* D quoniam . . . ciuitate] *om.* L 87 felle] falle H, þrowe BS 88 and[2]] of D 89 felle] þrow BS 91 holde up] vpholde H 93 `nota´ H þo] þe BS 95 ben] *om.* L ferrer] þe ferrer H, firþer ALBS 96 signes] signe B 97 vniust] iniust BS 98 couentis] coueytise R, felawship BS for] *om.* DR 99 circumdabit . . . iniusticia] *om.* D 100 et[1] . . . iniusticia] *om.* L shal . . . wickednesse (101)] wickidnesse schal counpasse (go aboute BS) it vpon þe wallis of it DRBS 101 vmȝife] aboute`ȝiue´ H, cumpasse A in] is in þe BS 102 `nota´ H þe[2]] *om.* TR 103 irreligiouse] feynid religious H, þe irreligious BS, religious T ne] and *canc.* `ne´ BS, and H 104 upon[1]] *om.* R lordes] þe lordis HBS 106 neglygence] necgligent BS 107 ben] is AHTLDRBS

shulde be meen bytuyxe puple and puple, and bituyxe God and alle þe puple.

Et non defecit de plateis eius usura et dolus. *And þer fayled not fro þe weyes of it usure and gyle.* Who þat shal be a iust mediatour mote be fer fro þise tuo vyces, vsure and gyle. But siþ þei ben moste regnyng in hem þat setten hemsilf to be mene persones in þe chirche, no wondre ʒif þer be discord bituyxe puple and puple, terryng God to take vengeaunce of hem þat miʒten lette þe occasioun hereof and wolen not. He vsureþ þat takeþ more for his leenyng þan he leeneþ. But men of þe chirche taken more þan seuenfolde for lechyng of þe puple, and in stede of medecine þei ʒiuen hem at | tre uenym. And so as cruel stepdammes þei deceyuen her childre and enforsen hem to destroye who spekeþ aʒein her lustes. But what 110 115 f. 120vb 120

{13} Quoniam si inimicus meus maledixisset mihi, sustinuissem utique. *For ʒif myn enemye had cursed me, I had suffred soiþli.* Here is openly shewed þat feiþful men, knowyng treuþe and seeyng it borne doun, moun not leyne to telle þe treuþe for cursyng of þe enemye of it. For pacient beryng of wronge curses makeþ men fully blessed of God, And forþi 125

Et si is qui oderat me super me magna locutus fuisset, abscondissem me forsitan ab eo. *And if he þat had hated me had spoken greet abouen me, I had hidde me perauenture fro him.* If þe enemye of treuþe had hated me for spekyng þerof, boostyng me wiþ proude wordes, perauenture I had hidde me fro him and prudentli haue eshewed his malice, or treted him bi sum manere. But fro þe priuey malice of false breþeren, whois venym is vnknowen to it be drunken, is hard to eshewe. Forþi 130

108 alle] *om.* T 109 þe] *om.* BS 110 et[1]] vt L de . . . dolus] *om.* D de] in R usura . . . dolus] *om.* L 111 ˋnota beneˊ D who þat] who so H 112 mote] must HLBS fer fro] fer S, war of B siþ] sen þat T 113 hem] some of hem BS 114 terryng] styrynge T 115 hereof] þerof AL 116 he[1] . . . lustes (120)] *om.* B, but what þise two vices vsure and gyle But siþ þei beþ most regnyng yn somme of hem þat setteþ hemsilf to be mene persones yn þe churche no wondyr if þer be discorde bytwyxe peple and peple terryng god to make vengeaunce of hem þat myʒt lette þe occasioun herof and wol (*from* But . . . wol *marked* vacat) S for . . . leeneþ] þan he leneþ for his lenyng (lyuynge L) HTL 117 þe[2]] *om.* L 119 and] to D 120 who] whos A, whom þat H 121 meus . . . utique] *om.* D sustinuissem utique] *om.* L 122 had[1]] haþ H 123 ˋnota beneˊ R 124 leyne] leyne, -y- *canc.* C, hile AL, layn or holde priue T, leue HDR, ceese BS 125 curses] cursyngges H men] *om.* L 126 forþi] þerfore AH, for þat L 127 is] hiis AL, his H oderat . . . eo] *om.* D 128 abscondissem . . . eo] *om.* L ab eo] abes T had] *om.* LDR 130 wiþ] þerof wiþ BS 131 prudentli] warli H 132 malice] maly L 133 to] til AHLDR 134 is] it is BS forþi] þerfor AH, for þat L

135 **{14} Tu uero homo unanimis, dux meus et notus meus.** *þou soiþli man of oo wille, my leder and my knowen.* Siþ scripture witnesseþ þat a man of double wille is vnstable in alle his weyes, who is more double þan þei þat enforsen hem to deceyue, and in her deceyuyng ben holden moste holy breþeren?—and þei ben vnstable in alle her 140 weyes, for faute of gode grounde. þou forsoþe þerfore man of oo wille: þat is Crist, whois wille is euere trewe, art my ledere and my knowen frende, in whom is no deceyte. But feiþfully to þi foloweres f. 121ra þou | makest knowen þe deceytes of oure false breþeren, hou þei deceyue and shal be deceyued.

145 **{15} Qui simul mecum dulces capiebas cibos, in domo Dei ambulauimus cum consensu.** *þou þat togider wiþ me toke swete meetes, in þe hous of God we ȝeden wiþ assent.* þise false breþeren, priuey bacbiteres þat feynen hem frendes to hem whom wiþ greet diligence þei ymaginen to deceyue, fulfillen her lustes in þe hous of 150 God, and wiþ one assent þei wayten to confounde þe helples. Forþi

{16} Ueniat mors super illos, et descendant in infernum uiuentes. *Come deeþ upon hem, and go þei doun into helle lyuyng.* þei þat deceyuen oþere men, and namely whanne þei tristen to hem, shulen be deceyued in her owne deceyte. For sodeyne deeþ or þei 155 wenen shal falle upon hem, and þei shal go doun to helle lyuyng; for þei shulen euere lyue in peyne, and be deed fro grace.

Quoniam nequicie in habitaculis eorum, in medio eorum. *For wickednesses in þe duellynge places of hem, in myddes of hem.* þe wonynge steedes of malicious men ben ful of wickednesses. For 160 her enuyous hertes ben neuer fulfilled to ymagyne þe destruccioun of men þat tellen her open defautes. And þis wicked felonye is in myddes of hem, for to eueryche part of hem it casteþ out ro`o´te, and clustreþ hem togydere bi consent þat, wheþer þise creese or

135 homo . . . meus[2]] *om.* D dux . . . meus[2]] *om.* L 136 `Jac. 1 c´ AHRB 140 faute] defaute H gode] *twice* L 141 art] is AHTLDR my[2]] euer my L 142 feiþfully] feiþful BS foloweres] folower AHTLBS 143 deceytes] dceyȝte L 145 simul mecum] *rev.* T mecum . . . consensu] *om.* D capiebas] capiebat R in . . . consensu] *om.* L 146 þou] Tho D 150 wayten] awaite B forþi] þerfore A, for þat L 151 super . . . uiuentes] *om.* D et . . . uiuentes L 152 come deeþ] *rev.* BS 153 to] in L 154 deceyte] dyscens L 155 to] into LRBS 157 in[1] . . . eorum[2]] *om.* D habitaculis] tabernaculis L in[2] . . . eorum[2]] *om.* L in[2]] et in R 158 wickednesses] wyckydnes L in[1]] beþ in BS in[2]] and in R myddes] þe myddis DRBS 159 wickednesses] wyckydnes L 160 her] *om.* L hertes] hert L þe] *om.* L 161 felonye] folonie D 162 myddes] þe middes H 163 þise] þei AHTLBS

decreese, eche man take his part. And þerfore at þe laste sodeyn vengeaunce shal ouerwhelme hem wiþ her consenteres þat so stifly 165 wiþseyen treuþe, and bowen not fro her malyce.

{17} **Ego autem ad Dominum clamaui, et Dominus saluauit me.** *But I cried to | God, and þe Lord saued me.* As who seye, in þat f. 121rb sodeyn vengeaunce þat shale come upon þise proude ypocrites bi Goddes riȝtwise dome, many for her consenttyng and her defendyng 170 shulen perishe wiþ hem. But for I cried to God in tyme of her pursuyng, he saued me in tyme of her fallyng. And forþi

{18} **Uespere et mane et meridie narrabo et annunciabo, et exaudiet uocem meam.** *Eeuen and morn and mydday I shal telle and I shal shewe, and he shal here my voyce.* At eeuen, whanne niȝt of 175 synne bygynneþ to waxe mirke bi ensaumple of false breþeren, I shal telle þe treuþe hou þei ben Sathanas children reuersyng Crist. And in þe mornyng, whanne my soule is passed þe niȝt of synne aftir þis life, I shal shewe hem haue traueyled in veyn þat souȝte to slee my life. And in mydday he shal heere my voyce, þat is, `in´ þe cleer siȝt 180 of God in myddes of his seyntes, he shale here my voyce, preysyng his name whanne enemyes shal be doumbe and faste closed in helle. For

{19} **Redimet in pace animam meam ab hiis qui appropinquant mihi, quoniam inter multos erant mecum.** *He shal* 185 *aȝenbye in pees my soule fro hem þat neiȝen neer to me, for among manye þei weren wiþ me.* Crist oure saueour, louer of treuþe, shal aȝenbye þe soules of feiþful men þat wilen treuly conuerte hem to him, not diȝing aȝen on þe crosse but restoryng hem to newe grace, whereinne þei shulen fynde pees and be delyuered of þe cruel malice 190 of enemyes þat neiȝed neer to oppresse hem in fals sclaundre and bacbityng. For among many þei weren wiþ me as ȝif þei hadden be

164 decreese] discreese D take] to L sodeyn] sudeynly BS 166 wiþseyen] aȝenseiyn DR 167 ad . . . me] *om.* D dominum] deum ATLS et . . . me] *om.* L 168 but] *om.* T who] whos D seye] seiþ HDRBS 169 upon] on L 170 riȝtwise] riȝtwisenesse in his H many] and many H for her] *om.* D 171 her] *om.* L 172 he] and he L forþi] þerfore AH, for þat L 173 et[1] . . . meam] *om.* D et[1]] *om.* ATS et[3] . . . meam] *om.* L 174 eeuen] at euen BS and[1]] at BS, *om.* T morn] morowen AHTBS mydday] at mydday BS 176 bygynneþ to waxe] waxiþ T mirke] derk ADRBS 177 þe] þee B 178 mornyng] morownynge A, morwe BS þe[2]] þis T 179 haue] þat `haue´ L, *om.* R 181 myddes] þe myddis A 184 in . . . mecum] *om.* D 185 quoniam . . . mecum] *om.* L 187 louer] and louer H 190 of] fro D

my special freendes, not for loue of God ne of man but for her owne reproue, lest | her malice had ben opened. But

f. 121va

195 **{20} Exaudiet Deus et humiliabit illos, qui est ante secula.** *God shal here and meke hem, þat is bifore worldes.* God shal here þe crye, whanne best tyme is, of alle þat ben bounden for his loue. And he þat is bifore worldes shal meke his aduersaries.

Non est illis commutatio, et non timuerunt Deum. {21} 200 **Extendit manum suam in retribuendo.** *For to hem is not chaungyng and þei dredden not God; and he spred forþ his hond in ȝeeldyng.* Noiþer for drede ne loue of God, but as þei weren sikir euere to lyue in her lustes, blynde men duellen in her erroures. Wite þei þerfore þat þer is no chaungyng to hem, for þei shal fynde no 205 þing þat shal raunson hem fro peyne. For God shal spreed his hond on brede in ȝeeldyng: þat is, after þe hardnes of her hert þat maden none ende of her lusty liif, he shal largely ȝeeld to hem endles peyne. For

Contaminauerunt testamentum eius; {22} diuisi sunt ab ira 210 **uultus eius, et appropinquauit cor illius.** *Þei defouleden his testament; departede þei ben fro `þe' ire of his face, and his hert neiȝed.* Þei defouleden his testament, defoulyng his lawe, and moste in wiþseiyng to it. Forþi þei ben departede fro þe ire of his face, for al þat shal be is to him present, for in þe doom of his ire þei 215 shal openly be dampned to helle, and departed fro his siȝt. And his hert neiȝed: þat is al þe wille of his hert shal þanne be knowen and fulfilled. For

Molliti sunt sermones eius super oleum, et ipsi sunt iacula. *Maad softe ben his wordes abouen oyle, and þei ben dartes.* Þat is, þe 220 wordes of Goddes lawe þat weren mysty and hard bifore þe comyng

194 ben] Y be S 195 deus] dominus L et . . . secula] *om.* D humiliabit] illuminabit A qui . . . secula] *om.* L 196 here þe] `heere' to A þe] to L 197 tyme] `tyme' A, *om.* HTBS 199 commutatio . . . retribuendo] *om.* D 200 extendit . . . retribuendo] *om.* L 201 and[2]] *om.* AHTLBS spred] spredide H 202 ȝeeldyng] ȝeldynge that is after þe hardnes of þer hart (*cf.* 206) L sikir euere] euer sikir, *marked for rev.* B, *rev.* AL 203 her[1]] *om.* BS 205 peyne] her peyne A 206 on] in BS þat is] þat S, þat *canc.* B 209 testamentum . . . illius] *om.* D diuisi . . . illius] *om.* L 211 departede þei ben] þei ben departid DRBS ire] wreþ BS 212 defouleden] filiden AHTLDRBS 213 wiþseiyng] aȝenseying DR forþi] þerfore AH, for þat L ire] wreþ BS 214 him] hem A þe] *om.* BS ire] wreþ BS 218 sermones . . . iacula] *om.* D et . . . iacula] *om.* L 219 maad . . . wordes] his wordis ben made softe DRBS ben[2]] ar made L is] *om.* DR

of Crist, aftir his birþe and in his techyng | to feiþful men were maad softer þan oyle. For no oyle softeþ ne heleþ a wounde as doiþ þe word of Crist þe hert þat feiþfully longeþ þerafter. For Goddes word openeþ þe hert to knowe itself and makeþ it dredeful to offende God, and kyndeleþ his loue and doiþ clene awey his synne, and makeþ him victour of his enemyes and pacient in tribulacioun; and makeþ his hert stedfast in gode hope, and to sette at nouȝt þe prosperite of þis liif, and to wiþstand þe deuel and sugette his fleshe to þe spirit of treuþe. And þe same wordes of God to vnfeiþful men ben sharpe dartes, þat wounden hem to deeþ and hardeneþ hem in her errour, and ledeþ hem into temptacioun, and taken hem in yuel tyme, whanne þei shal not mowe flee for wyntre ne for halyday. Forþi

f. 121vb

225

230

{23} Iacta super Dominum curam tuam, et ipse te enutriet; non dabit in eternum fluctuationem iusto. *Kaste upon þe Lord þi bisynes or þenkyng, and he shal norisshe þee; he shal not ȝiue into wiþouten ende vnstablenes to þe riȝtwise.* Sette in God stably þi mynde, and desire feiþfully to do his wille and reuerentli to serue him, and as his loued child he shal norisshe þee in grace and bryng þee forþe to þou be perfite. Kaste þerfore al þi bisynes upon þe lord þi God, and in counseyle of his lawe, and he shal dresse þi weyes moste to his plesaunce, shewyng to þee his abhomynacyouns in flesshely lustes and þe vnsikirnesse of prosperite of þis life, þe whiche as a fretyng worme in tyme of triste freteþ a mannes conscience, for þe corruptiblenesse of his herte þat makeþ him vnstable in alle his weyes. But þe riȝtwise haþ not vnstablenesse, for he is stedfast in gode hope of God, to whom he cleeueþ in drede and loue þat proude wretches and lus|sty moten nede lacke. Forþi iustly

235

240

245

f. 122ra

221 aftir] and aftir A in] *om.* L 222 softeþ] helpiþ T heleþ] softiþ T 223 feiþfully] *om.* L `nota uerbum domini´ C, `nota´ H 225 kyndeleþ] tendiþ BS 226 victour] eouercomere DR his] alle his BS 230 deeþ] þe deeþ A hardeneþ] hardeþ B 232 shal not mowe] may not BS mowe] *om.* L 233 forþi] þerfor AH, for þat L, *om.* R 234 dominum . . . iusto] *om.* D 235 non . . . iusto] *om.* L non] et non HBS in eternum] deo H fluctuationem iusto] *om.* T þe] owur L 236 or þenkyng] *om.* HLRBS he[2]] and he R not] *om.* H into . . . riȝtwise (237)] vnstablenes to þe riȝtwis wiþout ende BS into] *om.* A 239 bryng] berynge TL to] til AHLDRBS 240 þi[1]] þe A 241 his[1]] þe L and] *om.* AHTLBS þi] þei, e- *canc. and eras.* C his[2]] þin BS 243 prosperite] þe prosperite D as] is AD 244 triste] thrist T for] fro T 245 his[1]] *om.* R him] hem BS 246 þe] *om.* A 247 he cleeueþ] *om.* L 248 lacke] fail T forþi iustly] *om.* R forþi] þerfore AH, for þat L iustly] *om.* BS

{24} **Tu uero, Deus, deduces eos in puteum interitus.** *þou soþely,*
250 *God, shalt lede hem into þe pitte of deeþ.* þise lusti wretches þat deliten
hem in stynkyng corrupcioun of þe flesshe, and proude coueytous
men þat wiþstonden þe treuþe, defoulyng þi testament þat is þi
precious passioun wherinne al þi lawe is maad open, þi riȝtwisnes
mot nedes lede into þe depe pitte of helle. For

255 **Uiri sanguinum et dolosi non dimidiabunt dies suos; ego
autem sperabo in te, Domine.** *Men of blodes and ful of gyle shulen
not make halfe her dayes, but I shale hope in þ`e´e Lord.* Men of blodes
ben þei þat, þurgh luste and coueitise of false prosperite of þis short
lyfe, sleen hemself in soule, and oþere men in bodye, ȝea and oft her
260 owne bodyes bi surfeete. Ful of gyle þei ben þat deceyuyngli bigilen
her neiȝtbores vnder colour of frendship, feynyng hem freendes, and
ben moste deedly enemyes. And þis deceyte is mooste in menis of þe
puple, þat, as Ieremy seiþ, fro þe leste to þe moste studyen auarice;
þise shulen not make halfe her dayes. For sodeynly þei shulen ende
265 þis life, and vtterly be depriued of dayes of euerlastyng life. But I
shal hope in þee, Lord, for noiþer I shal folowe hem in þis life ne
consente to hem.

[Psalmus] .lv.

{2} **Miserere mei, Deus, quoniam conculcauit me homo; tota
die impugnans tribulauit me.** *Haue mercy of me, God, for man haþ
totrooden me; al day þe fiȝting angred me.* Holy chirche haþ a grape in
þe pressure, þat is symplenes and innocence borne doune and
5 oppressed bi tyrauntrye þat continuely crieþ to God and seiþ
'Haue mercy of me, God, and strengþe me in þi treuþe, for lusti

249 deduces . . . interitus] *om.* D in . . . interitus] *om.* L þou soþely] *rev.* BS
254 þe] *om.* DR depe] *om.* BS 255 uiri] uirum A et . . . domine] *om.* D non . . .
domine] *om.* L 257 þee] þe AHTLR 258 prosperite] profite H 260 owne]
om. T bodyes] body BS 263 `Iere. 6´ BS studyen] studien `in´ D, studyeþ to S, alle
studien H, alle studieþ to B 266 þee] þe A

Ps. 55 CAHTLDRBS
heading C (*r.h.* Miserere), lv psalm for þe pepull þat is fer fro seyntes to hym dauid
inscripcion of þe tytul whan alophili helden hym in gath. þe kyrke of persecucion L, þe
salme of dauid R, þe liij salm A, *r.h.* Miserere mei deus quoniam co. D, `55´ *d.h.* B, *om.*
HTS 1 tota . . . me (2)] *om.* L 2 man] a man R, þe man BS 3 þe] *om.*
RBS angred] angriþ D, he angrid BS 4 borne] is bore B 5 crieþ] crien T
seiþ] seien T

men al day defoulen me.' For al þe day of þis life men of blodes enforsen hem aȝein truþe `as aduersarie of her´ | lustes. And fiȝtyng þei angreden me: for greetly my spirit was troubled, to wite woode men fiȝte aȝen treuþe þat may not be ouercomen. But not forþi

f. 122rb

10

{3} **Conculcauerunt me inimici mei tota die, quoniam multi bellantes aduersum me.** *Myn enemyes haue totroden me al day, for many fiȝting aȝeines me.* Enemyes of treuþe togiderconfedered, to whom no þing may plese þat souneþ aȝeine her lustes, al day contynuely enforsen hem, contriuyng slyȝe sleiȝtes hou þei may coloure her dedes bi hyȝenesse of staat and dignite, þat ouer al þing þei coueyte vnreuerently defoulen Goddes lawe. And for þei ben many, þei tristen in her miȝte fiȝtyng aȝen treuþe þat may not auayle, siþ þe hond of God is not vnmiȝty whanne he wile smyte. For

15

{4} **Ab altitudine diei timebo; ego uero in te sperabo.** *Fro hyȝenesse of þe day I shale drede; I soþely in þee shal hope.* Þat is, I shal drede fro þe heiȝnesse of þe day of man, for of þat heiȝnesse I shal take drede hou many men in þis liif desiren to be made gloryous, and biholden not her fallyng. But I shal hope in þee, Lord, þat þurgh þouȝte of þin herte mekest þe proude, noþing dredyng persecucioun of glorious men to þe world, moste abhomynable bifore God. For

20

25

{5} **In Deo laudabo sermones meos; in Deo speraui, non timebo quid faciat mihi caro.** *In God I shal preyse my wordes; in God I shal hope, I shal not dreed what do to me flesshe.* In God I shal preyse my wordes, for to his preysyng I shale telle þe treuþe of his lawe, hopyng in God whois miȝte may not be ouercomen. For I shal not dreede what do to me flesshe, siþ al power is of þe lord God. | But not forþi

30

f. 122va

7 day^{2}] dayes AL   8 as . . . her] *into bottom margin* C   10 fiȝte] to fiȝten AH   not forþi] naþelees A   forþi] for þat L   11 me . . . me (12)] *om.* D   quoniam . . . me (12)] *om.* L   12 haue totroden] totroden HDR, to traden ATL, alto trade BS   13 fiȝting] beþ fiȝtyng BS   to] into D   15 hem] *om.* BS   contriuyng] controuynge T   slyȝe] her T   16 staat] astate H   17 defoulen] to foule L   þei^{2}] þer BS   19 for] forþi ATDR, þerfore H, for þat L. *om.* BS   20 diei . . . sperabo] *om.* D   diei] dei S   ego . . . sperabo] *om.* L   21 hyȝenesse] þe hiȝnes AL   I^{2} . . . hope] soþely Y shal hope in þee BS   soþely] forsothe T   24 þee] þe`e´ H, þe ATS   25 mekest] mekiþ A, maketh L   persecucioun] þe persecucioun BS   27 sermones . . . caro] *om.* D   in^{2} . . . caro] *om.* L   29 shal hope] *twice* C, haue hopid DR   do . . . flesshe] flesshe doþ (do BS) to me RBS, fleischeli doiþ to me D   do] dooþ AL   32 do . . . flesshe] fleische doiþ (do BS) to me DRBS   do] dooþ AL   al] al þe AL   god] *om.* A   33 not forþi] naþeles A, not for þat L

{6} Tota die uerba mea execrabantur aduersum me, omnes cogitaciones eorum in malum. *Al day my wordes þei curseden aȝen me, alle þe þouȝtes of hem in`to´ yuel.* Þis was speciali prophecyed of Crist, into ensaumple of his aftercomeres. For al day fro his birþe to þe ende of his liif, proude coueytouse men wrapped in lustes of þis liif curseden his werkes and his wordes, and þouȝte aȝein him yuel, for he moste maad hem knowen. For bi his wordes confermed bi his werkes is errour of eche man maad open to feiþful men biholdyng his lawe. And ȝit blynded wretches, wiþ lustes moste vyle stynkyng bifore God, boldely wiþouten shame as no man couþe perceyue hem, duellen in her filþes. For

{7} Inhabitabunt et abscondent; ipsi calcaneum meum obseruabunt. *Þei shal inwonne and þei shal hide; þei shale wayte my heele.* Þise endured wretches, þat in werk and word for her vile lustes wiþseien þe treuþe of Crist, shulen wonne in þe chirche and peruerte it, and longe tyme hide þis tresoun to þei be enhaunsed so hyȝe and so fer fro knowyng of hemself þat þei shal wene to do most preysyng to God in feerse wiþstondyng of his lawe. For þei shulen bisily wayte to his heele, þat is to his aftercomeres, oppressyng hem wiþ many diuerse tribulacyons. For

Sicut sustinuerunt animam meam {8} pro nichilo, saluos facies illos in ira populos confringes. *As þei suffred my soule for nouȝt, þou shalt make hem saaf, in ire puples þou shalt breke togider.* As who seiþ, ȝif simple men of kunnyng, þat couþen not seeke þe resone of my lyueyng and teching, hadden suffred wiþouten wiþseiyng þe lawe of my Fadre to haue be tauȝt, as for nouȝt in comparison of her rebelnes I hadde weyȝed her ignoraun | ce, and liȝtned hem and saued hem. But now, as moste contrarye enemyes, my riȝtwisnes shal

34 uerba . . . malum] *om.* D aduersum . . . malum] *om.* L 36 of hem] *om.* L into] in AHTL, beþ into BS `nota´ BS 37 his[2]] þis T 38 his] þis T 41 errour] þe errour L 42 blynded] blynde LR lustes] lust AHLBS vyle] foule DR 44 duellen] dwellyng D 45 et . . . obseruabunt] *om.* D ipsi . . . obseruabunt] *om.* L 46 inwonne] out`in´wone D, wone R þei[3]] and þei T wayte] waite or kepe H 47 `nota´ B þat . . . wiþseien (48)] aȝenseiyn D vile] foule AR 48 wiþseien] aȝenseyn R `nota bene´ R 49 to] til AHLDRBS enhaunsed] endurid R 51 in] and L 53 diuerse] *om.* L 54 sicut] *om.* L animam . . . confringes] *om.* D saluos . . . confringes] *om.* L 55 illos] eos HR 56 in . . . togider] þou shalt breke togedre peples in wreþ BS ire] wraþþe H puples . . . breke] þou schalt breke puplis DR puples] puple H, *twice* T 57 who] whos D seiþ] seie AHL 58 wiþseiyng] aȝenseiyng DR 61 contrarye] contrarious AL

togiderbreke hem, þat is hem and whom þei han drawen to her consent. Forþi

{9} Deus, uitam meam annunciaui tibi; posuisti lacrimas meas in conspectu tuo. *God, my liif I haue shewed to þee; þou* 65 *haste putte my teeres in þi siȝte.* He shryueþ him worþili to God, for remissioun shal folowe, þat treweli sheweþ to God his liif wiþ verey sorewe of hert, dampnyng his synne and forsakyng it, tristyng stedfastly to Goddes mercy. For his teeres, þat is his contynuele contricyoun, shale assende into þe siȝt of God, witnessyng purete of 70 his hert, hou he wlateþ olde done synne. For

Sicut et in promissione tua, {10} tunc conuertentur inimici mei retrorsum. *As in þ[i] biforehetyng, þanne shulen myn enemyes be turnede bakward.* Þou hast biforehiȝt þat who wile turne to þee, feiþfully leuyng his synne, þou shalt turne to him receyuyng him to 75 grace, for þou delitest not in þe losse of man. And vndirstondyng þis, summe þat ben cruel enemyes shulen turne hem fro synne. But many mo for her hardnesse in synne shulen be þrowen bakward into helle. But not forþi

In quacumque die inuocauero te, ecce cognoui quia Deus 80 **meus es.** *In what day I shal incalle þee, loo I knewe for my God þou art.* In what day of grace I shale inwardly calle þee, whiles þi grace and mercy may worche forȝifnesse of synne bi þi riȝtwis dome, I shal not despeire of þi largenesse. For, loo, I knewe for my God þou art: þat is, in al þing to me þou art þe souereyn gode. Forþi 85

{11} In Deo laudabo uerbum, in Domino laudabo sermonem; in Deo speraui, non timebo quid faciat mihi homo. *In God I*

62 and] in AL 63 forþi] þerfore AH, for þat L 64 deus] deus meus T meam . . . tuo] *om.* D annunciaui] nunciaui R posuisti . . . tuo] *om.* L 65 my . . . þee] Y haue shewid to þee my liif BS 66 `nota bene´ R for] whom BS 67 treweli] trew L sheweþ] schryueþ hym H to god] *om.* T his liif] of his synful liif H 69 to] in L his[2]] *om.* L 70 assende] stiȝe vp DR into] to T purete] þe puyrte LBS, þe pure A, þe clennesse H, þe poorte *twice* T 71 olde done] doun L 72 et] *om.* AL in] *om.* L promissione . . . retrorsum] *om.* D tunc . . . retrorsum] *om.* L 73 in þi] þei L þi] þe CDR myn] *om.* H 74 `nota´ BS wile] *om.* D þee] þe H 76 losse] lost B 78 many] in many H mo] more L hardnesse] hardynesse BS 79 not forþi] naþelees A, not for þat L 80 inuocauero . . . es] *om.* D ecce . . . es] *om.* L quia] quoniam H 81 incalle] inclepe ABS knewe] knowe A my . . . art (82)] þou art my god DRBS 82 calle] clepe ABS 83 mercy] þi mercy LR may] *om.* L riȝtwis dome] ryghtwysnes do me L 84 I] for I A my . . . art] þou art my god DRBS 85 þe] *om.* T forþi] þerfore AH, for þat L 86 uerbum . . . homo] *om.* D 87 in[1] . . . homo] *om.* L

f. 123ra *shal preyse þe word, in þe Lord I shale preise þe ser|moun; in God I hoped, I shal not drede what do to me man.* In God I shal preyse þe
90 word as moste fructuouse, þat is spoken of his mouþe, and in þe Lord I shal preyse þe sermoun of his counseyle moste miȝty to felle þe pride of his aduersaryes. In God I hoped, I shal not drede what do to me man, for man ne deuyl may not wiþstonde his word, siþ þerbi al þinge he made and reuleþ in his kynde; and at þe voyce þerof, al
95 þing bifore him shal appere. Forþi

{12} In me sunt, Deus, uota tua, que reddam laudationes tibi. *In me, God, ben þi vowes, þat I shal ȝeeld preysynges to þee.* As who seye, I drede not what man may do to me whiles þe auowes of my God ben keped wiþinne me, whom I shal ȝeeld preisynges to þee.
100 For moste preisyng to þee is to kepe þi word clene, for þat is mennes auowe in her baptyme.

{13} Quoniam eripuisti animam meam a morte, pedes meos a lapsu, ut placeam coram Deo in lumine uiuentium. *For þou outtook my soule of deeþ and my feet fro fallyng, þat I plese bifore God in*
105 *liȝt of lyuyng men.* Þat is, Lord in preising of þi name þou hast take oute my soule fro deeþ, for in me ben keped þi vowes. And my feet þou took fro stryuyng where is sodeyn fallyng: þat is, myne affeccyons weren clensed fro vanite, oonely desiryng to plese bifore þee, my God, in liȝt of lyuyng men, þat is in þe feiþ of oure former
110 fadres þat weren briȝte lanternes of liȝte in kepyng of þi lawe.

88 þe lord] god R 89 do . . . man] man doiþ to me DR. a man do to me BS do] dooþ AL 90 word] lord S, lord *canc.* `word´ B and] *om.* A 92 do . . . man[1] (93)] man doiþ to me DR, man do to me BS do] dooþ AL 93 ne] þe D deuyl] þe deuel BS may not] schal not mowȝ H þerbi . . . þinge (94)] all thynge þerby L 95 forþi] þerfore AH, for þat L 96 deus . . . tibi] *om.* D deus . . . tua] uota tua deus R que . . . tibi] *om.* L 97 in . . . god] god in me BS shal] *om.* L who] whos D 98 seye] seith TDRBS whiles] to whiles H auowes] vowes L 99 whom] whan BS 102 animam . . . uiuentium] *om.* D a[1]] de RB pedes] et pedes AHLBS 103 ut . . . uiuentium] *om.* L placeam] complaceam R 104 of] fro BS 107 stryuyng] slidyng AHTLR 110 briȝte] lyght L of[2]] *om.* DR

Psalmus .lvi.

{2} **Miserere mei Deus, miserere mei, quoniam in te confidit anima mea.** *Haue mercy of me God, haue mercy of me, for in þee tresteþ my soule.* Haue mercy of me God, and clense me of | my synnes; haue mercy of me God þat in tyme of need I drede not to sey treuþe. For in þee, not in me, tristeþ my soule. 5

f. 123rb

Et in umbra alarum tuarum sperabo, donec transeat iniquitas. *And in þe shadewe of þi wenges I shale hope, to wickednesse passe.* He hopeþ in þe vmbre of þe weenges of God, þat in stedfast bileeue affieþ him in þe vertue of Cristis word, and abideþ paciently þe wille of God to al wickednes passe, þat is to þe ende of his liif. 10

{3} **Clamabo ad Deum altissimum, Deum qui benefecit mihi.** *I shale crye to þe heyȝest God, God þat wele dide to me.* `I´ shale not be doumbe for feerd of proude men, but wiþ al my power I shal crye to þe heiȝest God, þat he make his treuþe knowen to feiþful men. And God þat weel dide to me, heryng my preyer, I shal enhaunse in 15 tellyng his treuþe. For

{4} **Misit de celo et liberauit me; dedit in opprobrium conculcantes me.** *He sente fro heuene and delyuered me; he ȝaf into reproof þe defoulyng me.* þe Fadre of heuene sente Crist his onely sone fro heuene, and delyuered alle feiþful men fro power of þe deuel bi 20 vertu of his passioun. And he left it into memorye among us, to ouercome bi vertu þerof oure enemyes. For þerbi þe defoulyng us ben putte into reproof. For

Ps. 56 CAHTLDRBS

heading C (*r.h.* Miserere iij), lvj in finem Ne disperdas dauid. In tituli inscripcione whan he fleeth fro saul into apud voyce of chyrche to cryst L, *r.h.* Miserere mei deus D, þe salme of dauid `57´ *d.h.* R, þe foure and fifti psalm A, `56´ *d.h.* B, *om.* HTS 1 quoniam . . . mea] *om.* L 3 tresteþ] restiþ T mercy of] *om.* A 4 synnes] synne BS 6 alarum . . . iniquitas] *om.* D donec . . . iniquitas] *om.* L 7 to] til ALDRBS, til þat H 8 vmbre] schadowe HDRBS 9 affieþ] tristiþ DR 10 to[1]] til AHLDRBS his] þis L 11 ad . . . mihi] *om.* D deum[2] . . . mihi] *om.* L 12 þe] *om.* H 13 feerd] feere H 15 enhaunse] haunse BS 17 et . . . me[1] (18)] *om.* D dedit . . . me[1] (18)] *om.* L 18 conculcantes] conculcantis A into] in L 19 reproof] me repref A þe[1]] men BS, *om.* AL his] *om.* T 20 power] þe power H 21 he] *om.* DR memorye] mynde DR 22 vertu] *om.* L þe] men BS 23 ben] is AHTLDR

Misit Deus misericordiam suam et ueritatem suam; {5}
25 **animam meam eripuit de medio catulorum leonum; dormiui conturbatus.** *God sente his mercy and his soþefastnesse; he took oute my soule fro þe myddes of whelpes of lyouns; I sleped troubled.* Whanne I knewe my synne and wlated it, God sente his mercy and recouered my soule bi soiþfastnesse, scourgyng me wiþ his ȝerd of tribulacioun
f. 123va and clensed me | of my hydouse synne, and tooke out my soule fro
31 þe myddes of lyoun whelpes, þat is fro þe commune vsage of þe world in whiche men wenen to lyue moste sikirly. But it is a denne of sluggy sleuþe, whereinne most cowardes ben norished. I sleped þerinne troubled: for my conscience [g]newe me whan pride
35 encresed and treuþe decresced, and ȝit þe commune lyuyng of men preised me, for I keped silence and fals peese. But

Filii hominum dentes eorum arma et sagitte, et lingue eorum gladius acutus. *Sones of men, teeþ of hem armes and arewes, and þe tunges of hem a sharp swerd.* Here ben cleped sones of men þe
40 foloweres of lusty fadres, þat louen þe world and þe world hem, for þei haue maad couenaunt of pees þat whoeuere enforseþ to vnquiete hem eiþer shal help oþer to venge her fals querel. Her teeþ, þat is her strengeþ ben armes and arewes; for he þat shal wiþstond hem mot greyþe him to moost sharp batayle. For þe tunges of hem ben a
45 sharpe swerd: for þei ben so enuenemed wiþ malice and bakbiting, and vsed to liyng, and whetted bi custummable and irous chydyng, þat who þat purposeþ aȝen hem þar looke after none oþer ende þan deeþ, but ȝif he falle to her acord. But

{6} Exaltare super celos, Deus, et super omnem terram gloria
50 **tua.** *Be hyȝed aboue heuenes God, and aboue al erþe þi glorye.* Þat is, God, þat in al þing is good, shewe þi miȝt, and strengþe þi loueres

24 misericordiam . . . conturbatus] *om.* D suam[1]] *om.* T suam[2]] tuam L 25 animam . . . conturbatus] *om.* L animam . . . eripuit] et eripuit animam meam HR 26 he] and he R 27 whelpes] þe whelpis A troubled] drouyd T 28 knewe] kew L and[1]] I TBS wlated] lothed L 29 scourgyng] socourynge, *first* o- *canc.* T his] *twice* H 30 clensed] clensynge T 32 sikirly] suyrly L 33 most . . . ben] cowardis ben moost T 34 troubled] drouyd T gnewe] knewe CD, knowe R, gnow BS 35 ȝit] ȝif D 36 preised] plesyd L keped] kepe L 37 dentes . . . acutus] *om.* D et[2] . . . acutus] *om.* L lingue] lingua R 38 teeþ] þe teeþ BS armes] beþ armes BS 39 sones] þe sones BS 43 ben] or AL armes] armers H hem] *om.* H mot] must LBS 44 greyþe him] make hym redi DR greyþe] ordeyne H hem ben] hen A a] *om.* R 46 liyng] liȝnyng BS bi] wiþ H irous] wreþful BS 47 hem] hym BS þar] dar ABS 49 super[1] . . . tua] *om.* D et . . . tua] *om.* L 50 be . . . god] god be þou hiȝed aboue heuenes BS be] he T 51 is] art BS strengþe] þi strengþe to A þi[2]] to þi H

and dissolue þis fals bonde of feyned pees of flesshely loueres. For aboue heuene and erþe þi glorye, siþ aungeles and men taken of þee her glorye! Meke þerfore þe glorious of erþe þat enfor | sen hem aȝen þi glorye. For f. 123vb 55

{7} **Laqueum parauerunt pedibus meis, et incuruauerunt animam meam.** *A snare þei greiþeden to my feete, and þei inboweden my soule.* Oure wicked fals breþere, whelpes of þe deuil whois desire þei doon in stoppyng of treuþe, han maliciously greiþed a snare to my feet. For þe affeccio-uns þat men shulden haue to folowe fadres of 60 þe bileeue, þei haue brouȝte oute of knowyng bi her ypocrisye, as ȝif þe mynd of firste seyntes shuld dyȝe, what tyme þat men wolden halewe newe. And to assent herto, gretely þei enforseden to bowe in my soule. But, for I sette at nouȝt her pursuyng and despysed her counseyle, 65

Foderunt ante faciem meam foueam, et inciderunt in eam. *Þei delued a pitte bifore my face, and þei felle into it.* Þat is, þei enforseden hem bi sharp peynes to bowe me to hem, but no þing þei profiteden. For whanne þei weneden to haue ouercomen bi peyne of sharpe deeþ, I was free of al anoyȝe, and þei vnmiȝty to ascape any 70 anoye. And þerfore

{8} **Paratum cor meum, Deus, paratum cor meum; cantabo et psalmum dicam.** *Redy is my herte, God, redy is myn herte; I shal syng and psalme I shal sey.* Wicked men þat ben drowned in lustes and blynde, not seeyng God for coueytise of roten ritchesses, 75 malyciously enforsen hem to drawe feiþful men to her consent. But who þat wlateþ lustes and despiseþ prosperite seiþ 'God, redy is myn hert to preyse þi name in shewyng of þi treuþe, and redy to suffre at þi wille al persecucioun for þi lawe. Þat I sclaundre not in þee, and þat I shewe þi ȝocke swete and þi charge liȝt, I shal syng þi 80

52 dissolue] vnbynd DR þis fals] þi H feyned] false H of[2]] feynid of H 53 þi] is þi BS 54 erþe] þe erþe B 56 parauerunt . . . meam] *om.* D et . . . meam] *om.* L 57 a . . . feete] þey ordeyned to my feet a gryne BS greiþeden] diȝtiden H, maad redi DR 59 greiþed] ordeined HDRBS 62 firste] þe firste ABS þat] *om.* B 63 newe] *om.* A herto] þerto L bowe in] inbowe D, enbowe R 64 for] *om.* T and] ad R 66 ante . . . eam] *om.* D faciem] faciam H et . . . eam] *om.* L 68 bi] wiþ BS 69 þei] þe D weneden] wenten A ouercomen] ouercome me AHTBS 70 anoyȝe] noie HL 71 anoye] noye L 72 paratum[1]] saratum H deus . . . dicam] *om.* D cantabo . . . dicam] *om.* L 73 redy[1] . . . god] god myn hert is redy BS 74 psalme . . . sey] Y shal sey salme BS drowned] drenchid HBS, troublid A 75 coueytise of] *om.* BS of] and H 76 feiþful] feythfully L consent] consence A 77 but] for AL wlateþ] hatiþ H, vggeth L redy is] redieþ AL 78 þi] his A 79 in] *om.* A

preysyng wiþ greet gladnesse of herte, and psalme I shal seye wiþ f. 124ra greet delite in þe | ten-corded harpe of þi commaundementes, whom to þenke and trewly pronounce enflaummeþ þe hert of þe fulfiller wiþ more ioyfulnesse þan al erþe may holde. Forþi

85 {9} **Exurge, gloria mea; exurge, psalterium et cythara; exurgam diluculo.** *Ryse my glorye; ryse psautrye and þe harpe; I shal ryse in þe dawenyng.* Þat is, Iesu kyng of glorye ryse into my helpe, þat I be not ouercomen wiþ deceytes of false breþere. Ryse psautrye and harpe, þat is delite of soule þat þe louer of Crist haþ in suffryng of 90 persecucyoun in þis life, gladyng in touchyng of þe ten-strenged harpe, þat is, in mynde of þe plenteuous blessynges þat folowen kepyng of þe commaundementes, wherþurgh þe louer of Crist is upreysed into preisyng of his hyȝe holy name in þe dawenynge. For in comyng of Crist to þe dome, whan shal bygynne þe day of liif, 95 feiþful men shulen ryse and mete wiþ him, and be rewarded after her traueyle. Forþi

{10} **Confitebor tibi in populis, Domine, et psalmum dicam tibi in gentibus.** *I shal shryue to þee, Lord, in puples, and psalme I shale seye to þee in folkes.* I shal shryue to þee in puples, Lord, þat is 100 in multitude of men þat þurgh consente of þe lawe of God ben togidere felawsheped; I shal shryue to þee, tellyng to hem þi preisyng, hou þou art wele plesed in onehed of feiþful men. And I shal seye psalme to þee in folkes, þat is in folk of kynde þat lyuen after her getyng as beestes wiþouten resone. I shal seye psalm, þat is 105 into her conuertyng wiþ gladnes of hert, not wiþ grutchyng; I shal synge þi preisynges in suffryng of persecucyoun, þat þei ben f. 124rb astonyed of her infidelite and knowe for þou art God al|miȝty, sauyng alle þat feiþfully hopen in þee.

{11} **Quoniam magnificata est usque ad celos misericordia** 110 **tua, et usque ad nubes ueritas tua.** *For magnifyed is into heuenes þi*

82 ten-corded] ten acoordid D 83 pronounce] to pronounce H 84 forþi] þerfor AH, for þat L 85 mea . . . diluculo] *om.* D et . . . diluculo] *om.* L exurgam] exurge H 86 glorye] ioye R, lord T þe] *om.* HRBS 89 þat[2]] of A in] of T 90 þis] *on eras* C in[2]] in þe LR 91 in] *om.* L 92 commaundementes] maundementis AHTLDR 94 shal . . . liif] þe dai of liif schal bigynne DR 96 forþi] þerfore H, for þat L 97 tibi . . . gentibus] *om.* D et . . . gentibus] *om.* L 98 þee] þe TL psalme . . . seye (99)] Y shal sey salme BS 99 þee[1]] þe TL 100 in] in þe AHTLBS 102 onehed] vnite BS 106 þi] in L preisynges] preisyng BS of] *om.* BS 107 infidelite] infidelite or vntrouþe BS 109 est . . . tua[2] (110)] *om.* D est] *om.* S et . . . tua[2] (110)] *om.* L 110 magnifyed . . . mercy (111)] þi mercy is maad greet (magnefied BS) into heuenes (heuene BS) DRBS into] unto AHT, to L

mercy, and into cloudes þi soiþfastnes. Þe mercy of God is maad greet into heuenes, whanne a synful wretche is conuerted to God, and bi his grace is maad percener of þe glorye of aungels, confermed in blisse `and´ into þe cloudes his soiþfastnes is magnified. Þise cloudes ben holi fadres, witnesses of þe bileeue, þat as moste plenteuous 115 cloudes reyned gode lore to her aftercomeres, vnto whom is maad greet þe soiþfastnesse of Crist, whanne þe worship þat God ȝaue hem for prouyng of his lawe, bi suffryng of hard persecucyoun, is seyde to her preysyng as þe bileeue techeþ. For siþ Crist oure saueour haþ approued þe bileeue and commaunded þat no man put 120 þerto, þat is, þat no man presume to enhaunce anoþer putting his commendacyoun into þe bileeue, ne þat no man take eny þing fro þe bileeue, þat is þat þe preysyng þat Crist haþ approued oonly þe fadres of þe bileeue worþi to haue and confermed to hem, no man presume to bireeue it fro hem, ne to rede it in oþer fourme þan þe 125 certeynte of scripture techeþ, enauntre we erre. Forþi

{12} **Exaltare super celos, Deus, et super omnem terram gloria tua.** *Be hyȝed abouen heuenes, God, and abouen al erþe þi glorye.* And, as we ben tauȝt bi Crist to ȝiue preisyng to fadres of þe bileeue as þe lawe techeþ, so bi þese fadres we ben tauȝte to 130 enhaunce abouen aungels and alle oþere seyntes þe hyȝe name of God, glorifiyng it after worþines þerof. Þis ordre of preisyng is approued of God, þat | he had ben preised for himself abouen alle f. 124va creatures and þe seyntes of þe bileeue, as þe bileeue techeþ. And it suffiseþ to alle oþere men to be meke foloweres of þise fadres, and to 135 be preised after euidence of her folowyng byneþ bileeue, but not as chief fadres whom Crist approueþ in þe bileeue.

111 into] unto AHTLBS cloudes] þe cloudis AHTLBS þe] thi T maad] magnefied BS 112 into] vnto AHTL 113 percener] pertener AHTLDBS 114 into] to AHTLDRBS magnified] maad greet DR 115 witnesses] witnesse berers BS 116 vnto] to BS is . . . crist (117)] þe soþfastnesse of crist is maad greet DR 117 þe[2]] thei T 120 put . . . man (121)] *om.* TBS 122 no] eny T 124 no . . . hem (125)] *om.* S no] þat no R 125 ne] nor L it[2]] `it´ B, *om.* L oþer] anoþer LBS 126 certeynte] certeyn L forþi] þerfor A, for þat L 127 super[1] . . . tua] *om.* D et . . . tua] *om.* L 128 be . . . god] god be þou hiȝed aboue heuenes BS 129 fadres] þe fadris R 132 worþines] þe worþines AH 133 approued] preued B had ben] be AHTLDR, *om.* BS 134 þe[2]] *om.* H þe[3]] *om.* HTLBS 136 bileeue] þe bileeue AHTDRBS 137 whom] in whom BS approueþ in] approued B

Psalmus .lvii.

{2} **Si uere utique iusticiam loquimini, recte iudicate, filii hominum.** *Ȝif ȝee soiþfastly speke riȝtwisnesse, riȝtly deme, ȝee sones of men.* Þat is, ȝee þat soiþfastly speken riȝtwisnes in redyng Goddes lawe, ȝee sones of men, þat is, ȝee trewe foloweres of fadres of
5 bileeue, deeme ȝee riȝtwisly ȝif preisyng of þise fadres of bileeue shulde be ȝouen to oþere bineeþ þe bileeue. Ȝif ȝee deme ȝea

{3} **Etenim in corde iniquitates operamini in terra, iniusticias manus uestre concinnant.** *Forsoþe, in herte wickednesses ȝee worchen in erþe, vnriȝtwisnesses ȝoure hondes togidermengen.* Þei þat han
10 wickednesse in herte riȝtwisely speken not soiþfastnesse, for þei after þe hardnesse of her herte worchen wickednesses in erþe. For her hondes, þat ben her werkes mengen togydere vnriȝtwisnesses bi her vniust demyng: for summe þei deemen worþi preisyng more þan þei ben worþi, for bi hem her lustes ben norisshed, and summe þei
15 demen `vn´worþi preisyng or feyntly preisen hem, bi whom þei ben knowen enemyes of trewþe. For

{4} **Alienati sunt peccatores a uulua, errauerunt ab utero, locuti sunt falsa.** *Aliened ben synneres fro þe priuey womb, þei erreden fro þe womb, þei spaken false.* Blynde men in lustes of þis short liif
20 demen þat þing gode þat pleseþ to her lustes. But þise synneres ben
f. 124vb aliened fro þe priuey wombe, for þei erren | in conceyuyng of falsnesse, puttyng fro hem treuþe. And in her errour þei perischen fro þe wombe, þat is fro vnite of holy chirche, spekyng false þinges,

Ps. 57 CAHTLDRBS
heading C (*r.h.* Si uero (utique)), lvij in finem Ne disperdas. dauid tituli inscripcione. voyce of crist to þe Iewes L, *running head* Si uere utique D, þe salme of dauid `58´ *modern hand* R, þe fyue and fifti psalm A, `57´ *d.h.* B, *om.* TS; *runs straight on from previous psalm, margin* `Ps´ H 1 recte . . . hominum] *om.* L 2 ȝif . . . men (3)] sones of men if ȝe soþfastly spekiþ riȝtwisnes riȝtly deme ȝe BS sones] þe sones A 6 be ȝouen] begynne L ȝee] þat B 7 iniquitates . . . concinnant] *om.* D iniquitates] iniquitatem S, iniquitatis T iniusticias . . . concinnant] *om.* L 8 manus] man A uestre] nostre T wickednesses . . . worchen] ȝe worche wickidnessis BS wickednesses] wickidnes ATL 9 vnriȝtwisnesses . . . mengen] ȝoure hondis mengiþ togedre vnriȝtwisnessis BS vnriȝtwisnesses] vnryghtwysnes L 10 wickednesse] wickidnessis H soiþfastnesse] þe soþfastnes BS 11 þe] *om.* T wickednesses] wickidnes AHLRBS 12 ben] is AHTLDRBS mengen] mengide AL 14 þei[1]] þe R 15 vnworþi] vn- *added d.h.* C 17 peccatores . . . falsa] *om.* D errauerunt . . . falsa] *om.* L 18 aliened . . . synneres] synneris ben alienyd DRBS 19 spaken] speken H of] in AL 21 conceyuyng] consentyng BS 22 and] *om.* BS

þat is demyng good þing yuel and yuel þing good, as her dedes witnessen pleynly to men of clere siȝt. 25

{5} **Furor illis secundum similitudinem serpentis, sicut aspidis surde et obturantis aures suas.** *Woodnesse to hem after licnes of an edder, as of a doumbe snake and stoppi[n]ge hise eeres.* Lusty wretches and false deemeres ben lickened to þe woodnesse of a venemous edder, þat feersly wiþouten any auysement fulfilleþ hir 30 malice, whanne she seeþ man or beest whom she wile toonge, al be it þat ofte she be slayne for her foolhardynes. To whom skilfully ben lickened lusty wretches, þat noiþer dreden God ne louen him. But as þe doumbe snake, stoppyng his eeres þat he here not þe charmyng of his huntere, so þei stoppen wiþ fleisshely lustes þe eeres of her 35 soules, þat þei heren not effectueli þe treuþe of Goddes lawe.

{6} **Que non exaudiet uocem incantantis, et uenifici incant[ant]is sapienter.** *Þe whiche shal not here þe voyce of þe charmer, and of þe venym-maker charmyng wisely.* Þis prudent snake stoppeþ hir eeres þat she here not þe soune of þe swete melodye of þe charmer, 40 for ȝif she herde it she shulde so ententyuely here it þat she shuld for delite þerof forȝete to aspye aboute hir, and so she shuld be sodenly taken. So, ȝif delicate men, loueres of þis liif, herden diligently þe word of God and tristed in þe vertue þerof, as moste deedly woundes þei shulden leche her lustes in greet wlatyng of hem. But for þei 45 wilen not

{7} **Deus conteret dentes eorum in | ore ipsorum; molas leonum confringet Dominus.** *God shal altotreyd þe teeþ of hem in her mouþ; tuskes of lyouns togiderebreke shal þe Lord.* Rebelle men aȝen God, þat wilen not here his lawe to do þerafter, he shal totreyde 50 þe strengþe of hem þat þei moste affyen hem inne, for her boost shal

f. 125ra

26 secundum . . . suas] *om.* D sicut . . . suas] *om.* L 27 et] *om.* A to] of LR, is to BS licnes] þe liknesse T 28 of] *om.* R a] *om.* T doumbe] deef BS and] *om.* L hise] þe HTL 29 a] *om.* L 30 hir] þer L 31 man] a man A toonge] stonge TL, stynge BS 32 fool] foule DR skilfully] sikirly A ben] he R 34 doumbe] deef BS charmyng] chauntynge AHTLBS 36 effectueli] affectually LR 37 uocem . . . sapienter] *om.* D incantantis[1]] incantancium AHTLRBS et . . . sapienter] *om.* L incantantis[2]] incantis C 39 hir] hise AHRBS 40 she] heo S, he B 41 she[1]] `s´he T, he BS she[2]] heo BS ententyuely] enteerli DR she[3]] he BS 42 þerof] *om.* T she] heo BS be sodenly] *rev.* HL 43 taken] be taken T men] *om.* L 44 god] word A tristed] tristnyd A 45 þei[1]] þe D 47 dentes . . . dominus] *om.* D molas . . . dominus] *om.* L 49 tuskes . . . lord] þe lord shal togedre breke tuskes of lyouns BS togidere . . . lord] þe lord schal breke togidere DR 51 affyen] tristeden DR

be totroden in his doome, whanne þei shale waxe doumbe. And tuskes of lyouns þe Lord shal togiderbreke, for, as a lyoun affiyng in his miȝt wiþouten dreed destroyeþ many symple beestes, so coueitous men and raueynouse, tristyng in þe multitude of worldli men wiþ whom þei haue maad couenaunt of pees, wiþouten drede of God, oppressen her symple neiȝebores, whois power þe Lord shale totreyde. For

{8} Ad nichilum deuenient tanquam aqua decurrens; intendit arcum suum donec infirmentur. *To nouȝt þei shale come as watre rennyng; he inbeendeþ his bowe to þei be maad seek.* To nouȝt shal come þei þat willen not wilfully obeysche to God, as a stronde now ful of watre routyng and anone is voyded and dryȝe, and no watre appereþ. He inbeendeþ his bowe to þei ben maad seek: þat is, God hardeneþ her hert þat þei knowen not his vengeaunce þat is hid in his power, to þe tyme þei ben fully seek, þat þei mowen not voyde his hond. For

{9} Sicut cera que fluit auferentur; supercecidit ignis et non uiderunt solem. *As wexe þat floweþ þei shulen be taken awey; fyer fel doune abouen and þei sawen not þe sunne.* As wexe þat floweþ at þe hete of fyer, so synful men in þe dome shulen haue no miȝte, for sodeynely þei shulen renne to helle. For, as in her liif þei weren brente wiþ fyer | of fleisshely lustis þat þei sawen not to receyue þe sunne of riȝtwisnesse, so wiþouten ende þei shulen brenne in þe fyer of helle and leese þe liȝte of endles blisse. For

{10} Priusquam intelligerent spine uestre rannum, sicut uiuentes sic in ira absorbet eos. *Er þat ȝour þornes vndirstoden þe rampne, as lyuynge so in ire he shal upsoupe hem.* Rampne is a kynde of þicke þorne and is softe in þe bigynnyng and euere þe lenger sharpere, to whiche is lickened fleishely lust and prosperite of þis liif,

52 totroden] troden L in . . . doome] *om.* BS whanne] whame D 53 affiyng] tristyng DR 54 wiþouten dreed] *om.* A 58 totreyde] altotrede A 59 deuenient . . . infirmentur] *om.* D intendit . . . infirmentur] *om.* L 60 to . . . come] þei shul come to nouȝt BS 61 inbeendeþ] bendiþ BS to[1]] til AHLDRBS shal . . . þei (62)] þei schulen come DRBS come þei] þei come þei A 62 willen not] *om.* L obeysche] of obeissche D 63 voyded] uoyde R 64 to] til AHLDRB god] and T 66 to] til ALDR þei[1]] þat þei H 68 que . . . solem] *om.* D que] *om.* R supercecidit . . . solem] *om.* L supercecidit] supercedit S 69 fel] feld S 70 doune] *om.* AHTLBS 71 fyer] þe fyer L 73 fyer] þe fuyr T 76 intelligerent . . . eos] *om.* D sicut . . . eos] *om.* L 77 absorbet] obsorbet A, absorb`i´et T er] before T, ther L 78 rampne] rampne `or þeueþorne´ S, rampne or þeueþorne B ire] wreþþe BS 79 euere] ay TL þe[2]] *om.* HTLBS 80 scharpere] þe scharpere ABS, scharp T to . . . sharpere (81)] *om.* R

whereinne men a while deliten hem, but ay þe lenger þe sharpere, for moost sharpe peyne is greiþed þerfore. For sodeynly as þornes wiþ fier, synneres in þe ire of God shulen be waasted. No`t´forþi

{11} **Letabitur iustus cum uiderit uindictam, manus suas lauabit in sanguine peccatoris.** *Þe riȝtwise shal ioye whanne he* 85 *haþ seen vengeaunce, his hondes he shale waisshe in þe blood of synneres.* Siþ þe doome of God is riȝtwise, riȝtwise men shulen glade in doynge of riȝtwisnesse. And his hondes þat ben his werkes he shale waishe in blood of synneres; for vengeaunce is taken on þe synner, þe riȝtwise shale þerof take drede to synne and occasioun to loue God 90 þat he vengid not his synne.

{12} **Et dicet homo: si utique est fructus iusto, utique est Deus iudicans eos in terra.** *And a man shal seye: ȝif soiþfastly be fruyte to þe riȝtwise, soiþfastly is God deemyng hem in erþe.* A man led bi God shal knowe þat eche vengeaunce comeþ to punysshe synne. And so it 95 is fructuous to þe riȝtwyse, whanne þei perceyue þe doome of God in erþe deemyng synneres, for bi occasioun þerof þei ben maad more fructuouse in gode werkes `fleyng synne´.

[Psalmus .lviii.]

{2} **Eripe me de inimicis meis, Deus meus, et ab insurgentibus** f. 125va **in me libera me.** *Take me out fro myn enemyes, my God, and fro inrysyng in me delyuere me.* Þe meke louere of Crist, not affiyng in himsilf but onely in Crist, crieþ and seiþ: 'Mi God, take `me´ out of myn enemyes, þat I concente not to hem, and fro cowarde dredes þat 5 ofte rysen in me, delyuer me.'

81 whereinne] where L men a while] a while men T deliten] delitiden A ay] euere AHTLBS þe[2]] it is AHTBS, yt is þe L 82 greiþed] ordeyned AHLBS, maad redi DR for] þerfore B, *om.* S 83 ire] wraþþe DRBS not forþi] naþelees A, not for þat L 84 cum . . . peccatoris] *om.* D manus . . . peccatoris] *om.* L 86 haþ seen] schal see DR his] he T 88 of] *om.* D ben] is AHTLDRBS 89 on] of AL 90 shale þerof] *rev.* T 91 his] `so´ his L, so his AHTBS 92 dicet] dicent A si . . . terra] *om.* D utique[2] . . . terra] *om.* L 93 soiþfastly] soþeli DR 95 eche] þilke T so] *om.* T 98 fleyng synne] *into lower margin s.h.* C

Ps. 58 CAHTLDRBS

heading: C (*r.h.* Eripe me), lviij psalm into þe ende. Ne disperdas dauid tituli inscripcione whan he sent saule and kepte hys hous for to slen hym. Cryst to þe father of þe Iewes L, *r.h.* Eripe D, `58´ *d.h.* B, þe lvj psalm A, `59´ *d.h.* R, *om.* HTS 1 meis] *om.* T et . . . me[2] (2)] *om.* L 3 inrysyng] men risyng BS in[1]] aȝen BS, *om.* L not . . . crist (4)] *om.* BS affiyng] tristyng DR 5 to hem] *om.* BS dredes] drede H, dedis T

{3} **Eripe me de operantibus iniquitatem, et de uiris sanguinum salua me.** *Outtake me fro þe worching wickednesse, and fro men of blodes saue me.* Worching wickednesse ben þoo þat wiþ harde
10 hertes of yuel wille and yuel custume fulfillen in deed her fleisshely desyres. Men of bloode ben þoo þat sleen men bodili wiþouten auctorite of God, and also þoo þat þurgh wicked counseyl and ensaumple counforten men in synne—fro whom saaf make us God!

{4} **Quia ecce ceperunt animam meam, irruerunt in me**
15 **fortes.** *For loo þei tooken my soule, and into me fellen stalworþe.* Wicked men of bloodes, whanne God wolde suffre hem, tooken þe liif of Crist, puttyng him to moost dispytous deeþ þat was moost clene innocent. And stalworþe men maliciously felle into him, anoiyng him wiþ diuerse peynes, in whom was no gilt. Forþi he
20 onely miȝt trewly seye to his Fadre

{5} **Neque iniquitas mea neque peccatum meum, Domine; sine iniquitate cucurri et direxi.** *Noiþer my wickednesse ne my synne, Lord; wiþouten wickednesse I ranne and I haue dressed.* Þat is, lord Fadre of heuene, þou wot þat noiþer for wickednesse þat I dide
25 to þe Iewes, ne for myn owne synne, þei hadde enchesoun to falle
f. 125vb into me to anoye me. For wiþouten consente to | wickednes I ranne swiftly þe noyous weye of þis liif, and I dressed my foloweres in þe same weye, and lefte hem my lawe wherinne þei shulde biholde my steppes, whom miȝty men of þe world shulen enforse to fordo. Forþi

30 {6} **Exurge in occursum meum, et uide, et tu, Domine Deus uirtutum, Deus Israel.** *Ryse into my ȝeinrennyng and see,* [*and*] *þou, lord God of vertues, God of Israel.* Rise, Lord, and helpe me, and aȝencome into my rennyng, þat is, maak þee not fer fro me, þat haue no trist but in þee. And see my neede, for if þou helpe me not,

7 operantibus . . . me (8)] *om.* D et . . . me (8)] *om.* L 8 þe] men BS 11 bloode] blodis AR þoo] *om.* TL 13 men] hem T in] to BS saaf . . . god] god make vs saue DR saaf make us] make us saaf AL 14 quia] quoniam L ceperunt . . . fortes] *om.* D irruerunt . . . fortes] *om.* L 15 into . . . stalworþe] stalworþ men fel into me BS stalworþe] ly *canc.* C, stalworþeli AHTL 16 þe] *om.* R 17 moost[1]] þe most L dispytous] pitous A 19 anoiyng] anoyntynge L forþi] þerfor AH, for þat L 20 onely] *om.* H miȝt trewly] *rev.* A 21 mea . . . direxi] *om.* D 22 sine . . . direxi] *om.* L 24 noiþer] neuer R 26 anoye] noye BS 28 shulde] schule H 29 þe] þis A shulen] shuld L to fordo] þem forto do L forþi] þerfor AH, for þat L 30 in . . . israel] *om.* D et[2] . . . israel] *om.* L 31 ȝeinrennyng] aȝeinrennyng AHTDRBS and[2]] *om.* CDR 33 þee] *om.* TL fer] þem ferre L me] þe L haue] haþ AL, hast T 34 me not] me *canc.* not H

vtterly I perisshe. Lord God of vertues, strengþe me in þi vertue; 35
Lord of Israel, in whom eche feiþful man deliteþ to biholde, rewe of
me in þis tempestful tyme, and kepe me fro fallyng.

Intende ad uisitandas omnes gentes, non miserearis omnibus qui operantur iniquitatem. *Biholde to visite alle folkes; þou haste not mercy of alle þat worchen wickednesse.* Biholde to visite alle folkes 40
of kynde wiþ ȝerde of þi wraþþe, for þe hardnes of her hert endured
in malice aȝen þee. For þi riȝtwisnesse may not spare to þe
wickednes of hem þat ouerpassen þe terme of þi mercy. For

{7} Conuertentur ad uesperam, et famem pacientur ut canes, et circuibunt ciuitatem. *Þei shulen be turned at euene, and hungre þei* 45
shulen suffre as houndes, and þei shulen goo aboute þe cyte. At euene, þat
is at þe ende of þis liif, wretches taken in synne shulen sodeynly be
turned into helle. And þei shulen suffre hungre as dogges, þat noiþer
ben worþe to berke ne to renne; to whom no man haþ need, siþ no
profite may come of hem. And þei shulen goo aboute þe citee, and no 50
man shal haue reuþe of hem, for wiþ sharpe peynes | þei shulen be f. 126ra
tourmented. And not forþi

{8} Ecce loquentur in ore suo, et gladius in labiis eorum: quoniam quis audiuit? *Loo, þei shulen speke in her mouþe and a swerde in her lippes; for who herd?* Wicked men þat maken none ende 55
of her lusty lyuyng in þis liif shale wiþouten ende iustly be
punysshed in helle. For þe sclaundre in her mouþe as a sharp
swerd in þe lippes of hem, þat is þe fals sclaundre þat þei putten to
Crist in wiþseiyng of his lawe, shal witnesse aȝen hem, and as moost
sharpe swerd departe hem fro him. For who haþ herde hem to haue 60
pees þat wiþstode þe Lord? Forþi

35 vtterly] lord god vttirli H vertues] vertuous D 36 of²] on AHL 37 me²] *om.* R 38 ad . . . iniquitatem] *om.* D uisitandas] uisitandum ALBS non . . . iniquitatem] *om.* L 39 haste] haue H 40 of] to T 41 ȝerde] þe ȝerde H her] *om.* ABS 42 þi] *om.* R riȝtwisnesse] riȝtwisnessis B 44 conuertentur] conuertantur A ad . . . ciuitatem] *om.* D canes] canem L 45 et . . . ciuitatem] *om.* L circuibunt] circubunt A at] a S hungre . . . suffre (46)] S *marked for rev. to* þei shul suffre hungre B 47 þe] *om.* HB synne] *om.* L 49 worþe] worþi AHL to¹] for to L berke] renne A renne] berke A 50 þei] *om.* L 52 not forþi] naþelees A, not for þat L 53 loquentur] *nasal mark over* e- *added* C in¹ . . . audiuit] *om.* D et . . . audiuit] *om.* L 54 a] as L 56 in] of D 57 her] *om.* L as] is ABS 58 þe²] *om.* H 59 wiþseiyng] aȝenseiyng DR moost] a moost A 61 forþi] þerfore AH, for þat L

{9} **Et tu, Domine, deridebis eos, et ad nichilum deduces omnes gentes.** *And þou, Lord, shalt scorne hem, and to nouȝt þou shalt brynge alle folkes.* Þat is, þoo þat han space of amendyng and
65 ben negligent and taryen, and accepten not þe grace of God whanne it is profered, shal be scorned of him as moost fool ydiotes. For þou mote of þi riȝtwisnesse bring to nouȝt alle folkes of kynde, þat as vnresounable lusty beestes lyuen in her lustes. Forþi

{10} **Fortitudinem meam ad te custodiam, quia Deus suscep-**
70 **tor meus es; {11} Deus meus, misericordia eius preueniet me.** *Mi strengeþ I shal kepe to þee, for God þou art myn uptaker; my God, þe mercy of him shal biforecome me.* Miȝty men of þe world þat tristen in her strengþe fellen, for þei kepeden not her strengþe to þee; for þei miȝten not triste in þee whom eche day þei werreyeden. But feiþful
75 men to God kepen her strengþe to him, hopynge in him whom wiþ greet diligence þei seechen to plese. For God is þe uptaker, þat is þe
f. 126rb defender of alle hopyng in him, for þe mercy of him goiþ bifo|re him. For as þe louer tristeþ in þe Lord, so he doiþ mercy to his louere. For

80 {12} **Deus ostendit mihi super inimicos meos ne occidas eos, nequando obliuiscantur populi mei.** *God sheweþ to me abouen myn enemyes; ne slee þou hem lest whanne my puple forȝeten.* Wicked men ben suffred to lyue amonge iust men forto punyshe hem and tempte hem, þat þe mede of hem be mesured after her pacyence.
85 And so þe hope of her reward is abouen þe cruelte of enemyes. And so þei lyuen, and ben not sodeynly slayne whanne þei deseruen deeþ, þat þe puple of God preyse him in tribulacyoun þat wolde be negligent in prosperite. But not forþi God moeueþ his louere to preye, seiyng

90 **Disperge illos in uirtute tua, et depone eos protector meus Domine.** *Scatere hem in þi vertue, and putte hem doune my defender*

62 deridebis . . . gentes] *om.* D et[2] . . . gentes] *om.* L 63 to . . . brynge (64)] þou shalt bringe to nouȝt BS 66 profered] proferred þem L of] *om.* L fool] foul D 67 mote] most AHLRBS, vniust D as] is L 68 forþi] þerfore AH, for þat L 69 meam . . . me] *om.* D quia . . . me] *om.* L 70 es . . . meus] *om.* R 71 mi . . . þee] Y shal kepe to þee my strengþe BS 72 shal biforecome] come bifore DR me] *om.* T of[2]] in A tristen] tristiden AHT, did tryst L 74 werreyeden] waryen L, cursid BS 75 to[1]] of T 77 alle] alle men BS 78 in] to AHTLDRBS he doiþ] *rev.* T 80 ostendit] ostendiþ D mihi . . . mei] *om.* D 81 nequando . . . mei] *om.* L 82 lest] lesse T 85 enemyes] her enemyes AH 87 þat[1]] and H 88 not forþi] naþelees A, not for þat L 89 preye seiyng] preisyng BS 90 in . . . domine] *om.* D et . . . domine] *om.* L

Lord. Siþ eche man shal be rewarded after þe wickednes of his fyndynges, þe meke seruant of God preyeþ him þat he scatere þe malice of his enemyes, þat þei don not in dede þe desyre of her wicked hertes alweye. But putte hem dounne fro her pride þat þei knowen for þou art Lord almiȝti, and in al tribulacyoun art myndful to helpe þe wrongful oppressede. 95

{13} **Delictum oris eorum, sermonem labiorum ipsorum, et comprehendantur in superbia sua.** *Þe trespasse of her mouþ, þe sermoun of her lippes, and taken be þei in her pride.* A soule in charite desireþ al þe tyme þat grace may worche in his neiȝebore, þat he were amended. And þat is þat he seiþ, tellyng to his aduersaryes þe treuþe þat shal come; þe trespas of her mouþe is þe sermoun of her lippes. Here is shewed þe aboundance of þe herte, whanne it brekeþ out wiþ | noyous wordes of pride þat terren God greetly to vengeaunce. And þerfore feiþful men of Cristes scole han leuere suffre greet wronges þan stryue wiþ angrye wordes and boostful, wherinne pride may not be excused. For 100 f. 126va 106

Et de execratione et mendatio annunciabuntur {14} in consummatione. *And of weriyng and of lyȝing þei shulen be shewed in þe endyng.* Of weriyng, þat þei despisen and bacbiten Goddes word, and of lyȝing þat þei wilen not fulfille as þei bihiȝten to God whanne þei weren baptyzed, þei shulen be shewed dampnable in þe endyng of þe world. For 110

In ira consummationis, et non erunt; et scient quoniam Deus dominabitur Iacob et finium terre. *In wraþþe of al endyng, and þei shulen not be; and þei shulen wite for God shal be lord of Iacob and of þe endes of erþe.* In ire of þe endyng, þat is in þe last iugement of God, proude men and coueytouse shulen be dampnede, and þanne þei shulen be spoyled of alle honoures and ritchesses. And þei shulen wite þanne þat God, whom þei despyseden in her lyuynge, shale be lord of Iacob, þat is of hem þat supplaunteden þe deuel bi mortifiyng 115 120

94 desyre] desires H 95 fro] for R her] *om.* H 98 eorum . . . sua] *om.* D et . . . sua] *om.* L 99 trespasse] tresp L 100 taken be þei] be þei taken DRBS 101 þe] *om.* A 102 and] *om.* H 104 brekeþ] brestiþ AHTLBS 105 wiþ] in DR noyous] noysum AHTL, noyful BS `nota´ C `nota bene´ R terren] stiriþ T 109 et[1] . . . for (114)] *om.* AHTLBS, `deficit versus iste Et de execracione´ A 110 of[2]] *om.* DR 112 bihiȝten] hiȝte DR 114 for] *om.* R 115 et[1] . . . terre] *om.* D et[2] . . . terre] *om.* L quoniam] quia RB 117 þe] *om.* B 118 ire] wreþ BS 119 coueytouse] couetyse L 120 honoures] her honoures BS ritchesses] richees HL 122 mortifiyng] sleyng DR

of her fleishely lustes whom þei despyseden and oppresseden. And of alle endes of erþe Crist shal be lord, þat is, of alle þat ben fer fro
125 fleishely affectyouns þat ben despysed of loueres of þis liif. Þanne aduersaryes of treuþe

{15} **Conuertentur ad uesperam, et famem pacientur ut canes, et circuibunt ciuitatem.** *Þei shulen be turned at euene and hungre þei shulen suffre as houndes, and þei shulen goo aboute þe citee.* Þe Prophet
130 reherseþ þis verse for men shulden drede þe riȝtwise dome of God,
f. 126vb whereinne alle hiis enemyes þat despyse | den his lore shulen perische and be turnede into helle, and suffre hungre as wode dogges þat renne[n] aboute citees, whom no man wile fede.

{16} **Ipsi dispergentur ad manducandum; si uero non fuerint**
135 **saturati, et murmurabunt.** *Þei shulen be scaterede forto eete; soiþly, ȝif þei shulen not be fulfilled, þei shuln grutche.* Þise doumbe dogges, þat for loue of fleischli lustes miȝten not berke aȝen synne, but grutcheden whanne þei hadden not to fulfille wiþ her lustes, skilfully in þe riȝtwise dome of Crist shuln be scatered into helle to ete endles
140 sorowe and care, for deeþ shal feede hem. And ȝif þei ben not fulfilled as þei shuln euere suffre most sharpe hungre, þei shuln grutche wiþ wepyng and gnaystyng of teeþ. Þanne þe riȝtwise þat fledde þe consent of her synnes, whom cruelly þei oppresseden, shuln seye

145 {17} **Ego autem cantabo fortitudinem tuam, et exaltabo mane misericordiam tuam.** *I forsoiþ shal syng þi strengþe, and I shal ful outioye erly þi mercy.* In Cristis doome, whanne wretches shuln be iustly dampnede, riȝtwise men shuln synge þe strengþe of Crist, preysyng his name þat miȝtili haþ ouercomen his enemyes. And erli,
150 þat is in þe bigynnyng of her ful blisse, þei shulen ful outioye his mercy, hou of his mercy he haþ uptaken his loueres and delyuered hem from alle angres.

123 of [1]] *om.* L 125 þat] and AHTLDRBS despysed] despoiled BS of] in BS 127 ad . . . cuiutatem] *om.* D 128 et . . . ciuitatem] *om.* L hungre . . .suffre (129)] þei shul suffre hungre BS 129 suffre] suffre hungur A 130 reherseþ] rehersid D shulden] schulen D 133 rennen] rennem C 134 ad . . . murmurabunt] *om.* D si . . . murmurabunt] *om.* L 135 et] *om.* R soiþly ȝif] *rev.* T soiþly] *om.* H 136 not be] *rev.* HL `nota´ DR, `ysa. 56´ BS þise] the A þat] *om.* H 138 wiþ] *om.* AL 142 gnaystyng] knaystynge L 143 fledde] fliȝ BS þe] to BS, *om.* AL of] of *alt to* to S, to B 145 cantabo . . . tuam (146)] *om.* D et . . . tuam (146)] *om.* L exaltabo] exultabo R 146 forsoiþ] soþli AL 149 haþ] han L his] her L erli] erthly L 151 he] *om.* H 152 from] of R

Quia factus es susceptor meus, et refugium meum in die tribulationis mee. *For þou art maad myn uptaker, and myn aȝenfleyng in day of my tribulacyon.* Crist, þat loueþ to saue men, gladli uptakeþ fro al tribulacyoun whanne best tyme is his loueres; for he is her aȝenfleynge, whanne verely þei conuerten hem to him | in þe day of her tribulacyoun, þat is in alle dayes of þis liif. Forþi 155 f. 127ra

{18} Adiutor meus, tibi psallam, quia Deus susceptor meus es, Deus meus, misericordia mea. *Mi helper, to þee I shal syng, for God myn uptaker þou art, my God, my mercy.* To Crist þat is myn helper in tribulacyoun I shal syng, preysyng wiþ gladnes of herte; for he is God myn uptaker to grace, my God in al þinge good to me, and my mercy, for bi his mercy I shal be saued tristyng in him in purenes of my spirit. 160 165

[Psalmus] .lix.

{2} Deus repulisti nos et destruxisti nos; iratus es et misertus es nobis. *God þou hast aȝenputt us and destroyed us; wraþþed þou art and þou had mercy of us.* Þe Prophet in þe voyce of synful men conuerted to God bi penaunce seiþ 'God, þou hast aȝenput us bi dreed fro oure vyle lustes. And þou hast destroyed us: þat is, þe cheyne of synne wherwiþ we weren bounden þou hast destroyed in us bi þi loue to us. We knowe þou art wrooþ wiþ synneres, and we haten synne, and þerfore þou hast mercy of us. For 5

{4} Commouisti terram et conturbasti eam; sana contritiones eius quia commota est. *Þou togiderstired þe erþe and þou troubled it;* 10

153 es . . . mee] *om.* D et . . . mee] *om.* L 155 aȝenfleyng] refute BS my] *om.* BS men] me A 157 aȝenfleynge] refute BS 158 her] *om.* BS dayes] þe dayes L forþi] for AH, for þat L 159 tibi . . . mea] *om.* D 160 deus . . . mea] *om.* L 161 god[1] . . . art] S *marked for rev. to* þou art god myn vptaker B 164 purenes] porenesse HL

Ps. 59 CAHTLDRBS
heading C (*r.h.* Deus repulisti), lix psalm. Dauid into þe ende for þo þat chaungeden in prescripcioun of þe tytyl to hym Dauid. To techynge whan he brende syrye Mesopotamye and sabal and conuertyd and smote edon in þe vale of wylowys twelue thowsand voyce of mertyres L, *r.h.* Deus repulisti D, salme of dauid '60 *d.h.*' R, þe lvii psalm A, '59' *d.h.* B, *om.* HTS 1 iratus . . . nobis] *om.* L 2 wraþþed þou art] þou art wraþþid DRBS 3 of[1]] ouer L, on AB þe[2]] *om.* AHTLBS 4 penaunce] penanaunce H 5 vyle] foule L 6 we] *om.* L 7 to] in A þou] þat þou H 8 of] on H 9 commouisti] commauisti H, commouist R terram . . . est] *om.* D sana . . . est] *om.* L 10 eius] *om.* H togider stired] *rev.* BS troubled] droued TL

hele þe contricyons of it, for it is togyderstyred. Þou hast stired togyder man, whanne altogyder he is moeued to knowe himself, and þou togydertroublest him, whanne he is astonyed and bisily sekeþ his offensiouns and soreweþ for hem alle. Hele þerfore his contricyouns, 15 for he is stired togydre, þat is wiþ al his miȝt to amende his synnes.

{5} Ostendisti populo tuo dura; potasti nos uino compunctionis. *Þou shewed to þi puple harde þinges; þou ȝaue us drynke wyne of* f. 127rb *compunccyoun.* Þou shewed harde þinges | to us whanne þou shewed to us knowyng of vilete of oure lustes þat weren delitable to fleishe, 20 þe whiche ben harde and heuye to wiþstonde, where þei haue ben longe pampred. But þou birled to us wyne of compunccyoun, no delycious wyne þat makeþ men wode to lecherye, but wyne of sorewe and tribulacyoun whereinne lustes of fleische and prosperite of þis lif ben forȝeten.' For

25 **{6} Dedisti metuentibus te significationem ut fugiant a facie arcus.** *Þou hast ȝouen to þe dreedyng þee a tokenyng þat þei fleen fro þe face of þe bowe.* Þe moost tokene of dreede and loue of God, and þat men shulen ascape þe vengeaunce of Cristes doome, is þat þei haten synne and louen treuþe and wilfully drynken þe cuppe of tribula- 30 cyoun for Cristis loue.

Ut liberentur dilecti tui, {7} saluum fac dextera tua et exaudi me. *Þat þi loued be delyuered, maak saaf wiþ þi riȝt hond and outhere me.* 'Lord, of þi mercy moeue þi puple to dreed þee and loue þee, and to knowe þe fruyt of þi discipline, whanne þou proferest to be 35 drunken þe cuppe of tribulacyoun, þat þi loueres ben delyuered þerþurgh of þe þraldome of þis life, and maak hem saaf wiþ þi riȝt hond, þat is bi pacient suffryng of tribulacyoune, wherby þei shuln be eyres sittyng at þi riȝt hond; and ful outhere þou me þat after þi wille I drynke þe plenteuousnes of þis cuppe.'

11 stired togyder] *rev.* T 13 troublest] troublid AH, drouest TL 14 offensiouns] offencioun H, offeccions D, affecciouns R 15 he] he/his L 16 populo . . . compunctionis] *om.* D potasti . . . compunctionis] *om.* L 17 wyne] of wiyn AHTLBS 19 vilete] þe vilete H delitable] delectabyll L to[2]] to þe AHTLBS 21 pampred] suffrid BS birled] brillid T no] not AHTLBS 25 metuentibus . . . arcus] *om.* D ut . . . arcus] *om.* L 26 þe[1]] men BS 27 `nota´ CR dreede] þe drede H, deede S 29 wilfully] skilfully T 31 dilecti . . . me] *om.* D saluum . . . me] *om.* L 32 þi[1]] þei D outhere] graciousli heere A, huyre þou BS 33 of] if R 35 þe cuppe] *om.* A 36 þe] *om.* R 37 þat . . . hond (38)] *om.* AR wherby] wherthrow L 39 plenteuousnes] plenteuouste BS þis] þi T

{8} **Deus locutus est in sancto suo: letabor et partibor Siccimam, et conuallem tabernaculorum metibor.** *God spac in his halowe: I shal glade and I shal depart Siccimam, and þe valeye of tabernacles I shal mesure.* God þe fadre of heuene spac in his halowe, þat is in Crist his oonly sone, heued of alle halowes, | seiyng 'I shal glaad in my puple þat wilfully sugeten hem to folowe þee whom I shal sende into her aȝenbiyng. And I shal depart Siccimam, þat is þoo þat ben drye and hard, in whom no vertue miȝt growe for stynke of vyle lustes, fro hem þat profered hemsilf to drynke wiþ þee þe cuppe of þi passioun. And þe valeye of tabernacles I shal mesure, for proude men shulen be meked and meke men enhaunsed euene mesured after þe riȝtwisnes of God.

40 · f. 127[va] · 45 · 50

{9} **Meus est Galaad, et meus est Manasses, et Effraim fortitudo capitis mei.** *Myn is Galaad and myn is Manasses, and Effraym strengþe of myn heued.* Myn is Galaad: þat is, riȝt wi[t]nesses of my lawe as martres ben my chief eyres. And Manasses is myn, for þei þat ben drunken in lustes and prosperite of þis liif, forȝetyng to do my biddyng, shulen be myndful in helle in beryng noyful birþenes of peyne, for þei forsoken þe softe ȝoc `of´ my lawe. And Effraym, þe strengþe of myn heued þat bare plenteuous fruyt of fructuous lyuyng, shal plenteuously be rewarded in ioye endles.' For

55 · 60

Iuda rex meus, {10} Moab olla spei mee. *Iuda my kyng, Moab þe pot of my hope.* Þe voyce of holy chirche seyd of Crist þat as moste miȝty and moste mercyfulle kyng reuled his chirche, and he moost treuly knowlechid þe treuþe. And so þe chirche knowlecheþ Crist kyng þerof, for bi his miȝt and his mercy it is oonely gouerned and susteyned. Moab þe pot of my hope: Moab is he þat is geten of þe fadre or of þe modre, as who seiþ þoo þat han ben alyened þurgh synne fro vnyte of þe chirche, and ben treuly conuerted þerto aȝen bi grace of þe Fadre of heuene | ben as a pot holdyng gode licour, bi þe whiche in tyme of traueyle many hopen to be refreisshed.

65 · f. 127vb · 70

40 in . . . metibor] *om.* D letabor . . . metibor] *om.* L 41 metibor] meorum T 45 whom] whan L 48 vyle] foule A fro] for LDR þee þe] þe BS 52 meus[1]] Deus, *guide letter* m C galaad . . . mei] *om.* D et[2] . . . mei] *om.* L 53 and[2]] *om.* L 54 riȝt witnesses] riȝtwisnesses CDR, ryghtwysnes L, þe witnessis AHTBS 56 prosperite] prosperitees TBS 57 noyful] ioyeful T 58 of [1]] *above line, marked for ins. before* ȝoc C, *om.* L 59 plenteuous] þe plenteuous AL 60 fructuous] vertuous AHTL, vertues B 61 meus . . . mee] *om.* D iuda] iuda is BS 62 of [3]] to DR moste miȝty and] *twice* T 63 he] *om.* L 64 þe[1]] *om.* L crist] þat crist BS 65 kyng þerof] þerof is kyng BS 66 is[1]] þat is L 67 who] whos D seiþ] seye AHLBS þoo] þei BS 68 vnyte] þe vnyte R ben] is ATLS 69 grace of] *om.* R ben] or AL

In Idumeam extendam calciamentum meum; mihi alienigene subditi sunt. *Into Idumee I shal stretche out my shoyng; to me ben alynes sugetted.* Þe shoyng of God ben his herty prechoures þat shuln treuly telle his worde wiþouten flateryng, whos voyce shal be 75 herd into þe vttermor coostes of erþe, conuertyng alyenes sugetyng hem to þe bileeue. Forþi he seiþ

{11} **Quis deducet me in ciuitatem munitam? quis deducet me usque in Idumeam?** *Who shal lede me into a citee warnyshid? who shal lede me into Idumee?* Þis warnyst cyte is holy chirche þat is keped 80 þurgh Goddes miȝt bi vertue of his word; into whois defense oure saueour Crist Iesu desireþ to be led bi feiþful knowlechyng of treuþe. For bi trewe loue of feiþful men keping his lawe he is moeued to strengþe his loueres, and to anentische þe power of her enemyes. For

{12} **Nonne tu Deus qui repulisti nos, et non egredieris, Deus,** 85 **in uirtutibus nostris?** *Wheþer not þou God þat aȝenputtest us, and þou shalt not outgoo, God, in oure uertues?* Wheþer not þou God þat hast aȝenput us fro vicyous lyuyng bi visityng oure synnes in sharp scourgyng of þi disciplyne. And þou shalt not go out God in oure vertues: as who seiþ, siþ we ben ooned to þee bi drede and loue of þi 90 lawe, of þee we shulen haue vertue to þe preisyng of þi name, for bi þi vertue, God, we shulen be maade stroong in oure vertues to encresce þi chirche in wiþstoondyng of enemyes. Forþi

{13} **Da nobis auxilium de tribulacione, quia uana salus** f. 128ra **hominis.** *Ȝiue to us help | of tribulacyoun, for veyn þe helþe of man.* 95 Gyue to us helpe of tribulacioun, þat is strengþe us Lord, for whois loue we suffre wiþ meke pacience tribulacyoun, for enemyes of treuþe þat knowen not þe uertue of tribulacyoun wenen þat men ben

71 idumeam] ydumea R   extendam . . . sunt] *om.* D   extendam] ostendam R   mihi . . . sunt] *om.* L   72 into] in R   shoyng] shewynge L   73 shoyng] schowyng L   herty] hertly BS   74 shuln] schuld L   75 vttermor] vttermest AHTLBS   erþe] þe erþe ALR   76 forþi] þerfore AH, for þat L   77 me[1] . . . idumeam] *om.* D   quis[2] . . . idumeam] *om.* L   me[2]] *om.* A   78 warnyshid] kept DR   79 warnyst] kept DR   81 crist iesu] *rev.* L   84 qui . . . nostris] *om.* D   et . . . nostris] *om.* L   86 not þou] þou þou D   hast aȝenput]   aȝeinputtest ADR, geyneputtest L, aȝen haast putt HTBS   87 oure] of oure H   in] by T   88 go . . . god] outgo god S, god outgo B   go out] outgo AHT, owt god L   89 who] whos D   seiþ] seye AHTLS   siþ] *om.* R   and] of BS   91 god] of god D   92 forþi] þerfore AH, for þat L   93 auxilium . . . hominis] *om.* D   quia . . . hominis] *om.* L   quia] et H   94 to] tyll L   for] and H   þe] is þe BS   helþe] helpe H   95 ʻnotaʼ R   for] by BS   96 wiþ] *om.* DR   meke pacience] *om.* R

forsaken of God þat wilfully and mekely suffren þe Lord þerinne. But in comparisoun herof veyn is al helþe of mannes lyuyng, for

{14} **In Deo faciemus uirtutem, et ipse ad nichilum deducet omnes tribulantes nos.** *In God we shuln do vertue, and he to nouȝt shal bring alle anoiyng us.* Ȝif we ben pacient in tribulacyoun, we shulen þurgh grace comyng from aboue do greet vertue in encressyng of Cristis chirche. And he to nouȝt shal bryng alle anoiyng us, for al power of wickid men as nouȝt shal vanyshe aweye, and iust men shuln regne for hem. 100 105

[Psalmus] .lx.

{2} **Exaudi Deus deprecationem meam, intende oracioni mee.** *Here God my preier, biholde to myn orysoune.* Þis psalme is seyde in voyce of þe chirche, desiryng to be herd þurgh lowe preiyng, whanne it seiþ 'Here God my preyer, for I greetly desire into preisyng of þi name conuertyng of þi puple. Biholde to myn orisoun and here me, for of enemyes in to preye þi puple is led.' And for sorow herof 5

{3} **A finibus terre ad te clamaui, dum anxiaretur cor meum, in petra exaltasti me.** *Fro þe eendes of þe erþe to þee I cryed, whiles myn hert was angred, in þe stoon þou hyȝed me.* Fro þe endes of þe erþe, þat is fro þe tyme I sette endyng in my þouȝt, acountyng at nouȝt al erþely loue, I cried to þee liftyng up pure hondes wiþ clene | conscience, whiles myn hert was angred in feerse assaylyng of enemyes oppressing malycyously þi foloweres. But in þe stoon þou hyȝed me: þat is, in stedfast bileeue of Crist þe cornerstoon, I bileeued þi chirche whom þou hast halowed may not perische. 10 f. 128rb 15

98 wilfully . . . mekely] mekeli and wilfulli DR þe lord] men L 99 herof] þerof L 100 faciemus . . . nos] *om.* D et . . . nos] *om.* L 101 omnes] *om.* R nos] *om.* B to . . . bring (102)] he schal bryng to nouȝt DR 102 alle] alle `men´ S anoiyng] noiynge AL 103 in] *om.* B 104 to . . . bryng] schal bryng to nouȝt DR

Ps. 60 CAHTLDRBS

heading C (*r.h.* Exaudi deus), lx. in finem pro ympnis dauid voyce of þe pepull to owur lord of cryst. voyce of holy kyrke L, *r.h.* Exaudi deus depre. D, salme of dauid `60´ *d.h.*R, `60´ *d.h.* B, þe lviij psalm A, *om.* HTS 1 intende . . . mee] *om.* L oracioni] uoci oracionis R mee] meo R 2 here god] *rev.* BS to] *om.* D 3 þurgh] wiþ A 5 conuertyng] þe conuertyng A of] *om.* L 6 to] into L preye] prayȝer L herof] þerof L 7 ad . . . me] *om.* D dum . . . me] *om.* L anxiaretur] anxieretur H 8 fro] for D whiles] and *canc.* whiles C, I whilis T 9 þe[1]] a H hyȝed] hiddist H þe[2]] *om.* L 10 I] þat I RBS 11 up] *om.* AL 12 in] and AL 14 stedfast] þe stidefast A 15 bileeued] bileeue A þi] þe D, þat þi BS

Deduxisti me, {4} quia factus es spes mea, turris fortitudinis a facie inimici. *þou ledde me out for þou art maad myn hope, þe toure of strengþe fro face of þe enemye.* þou ledde me oute fro despeyre for þou art maad myn hope, in whom I triste to ouercome alle myn
20 aduersaryes. For, hopyng in þee and abidyng þee, I am al aboute defendid and maad miȝti fro þe dreed of enemyes, as in moste strong toure of defense. And þerfore

{5} Inhabitabo in tabernaculo tuo in secula, protegar in uelamento alarum tuarum. *I shal inwone in þi tabernacle into*
25 *worldes, I shal be defendid in coueryng of þi weenges.* I shal wone in þi tabernacle, þat is I shale stably serue to þee to þe ende of my life, and I shal be defendid in þe tempestful stormes of þis liif, vnder þe coueryng of þi weenges, þat is in þe plentee of þi passioun þat as moost swifte fliȝty weenges upberen fro alle anoyes him to whom it is
30 feiþfully ioyned.

{6} Quoniam tu, Deus, exaudisti oracionem meam; dedisti hereditatem timentibus nomen tuum. *For þou, God, herdest myn orysoun, þou hast ȝiuen heretage to þe dredyng þi name.* Who þat foloweþ Crist feiþfully may not doute to be herd, for þe heretage of
35 heuene is þeires þat dreden his name. For

{7} Dies super dies regis adicies, annos eius usque in diem generationis et generationis. *Dayes upon þe dayes of king þou shalt*
f. 128va *cast to, ȝeeres of him | vnto into þe day of generacyoun and generacyoun.* After þe resurreccyoun of Crist, kyng of glorye, he was clarifyed of
40 his Fadre wiþ þe same glorye þat he had bifore þe world was maad. To þe whiche glorye of endeles dayes his foloweres shulen be brouȝt after þe victorye of dayes of þis liif. And as þe ȝeres of Crist ben vnnoumbrable into þe day of generacyoun and generacyoun, þat is into þe day of eternalite or of euerlastyngnesse of þe whiche is noon
45 ende, so þe ȝeeres of his feiþful foloweres. For

16 me . . . inimici] *om.* D turris . . . inimici] *om.* L 17 ledde] hast led L 18 face] þe face AR enemye] ene enemye H 20 aduersaryes] enemyes A al] *om.* H 21 dreed] dredis BS 23 in[1] . . . tuarum] *om.* D protegar . . . tuarum] *om.* L 24 inwone] wone ALBS 25 wone] inwone ATL 26 to[1]] *om.* B 28 as] is A 29 swifte] liȝt A, *om.* T is] *om.* L 31 deus] deus meus R exaudisti . . . tuum] *om.* D dedisti . . . tuum] *om.* L 33 þe] men BS 34 feiþfully] seiþ fully BS 35 þeires] here T 36 dies[2] . . . generationis] *om.* D annos . . . generationis] *om.* L 37 dayes[1] . . . to (38)] þou shalt caste to daies vpon þe daies of þe kyng BS þe] *om.* HTLR king] þe kyng A 38 vnto] til DR into] *om.* BS 39 `resurreccioun´ B of[2]] in BS 42 þe[1]] *om.* T 43 vnnoumbrable] innoumberable BS into] vnto into ATL, til vnto BS day] daies BS 44 into] vnto BS or . . . euerlastyngnesse] *om.* BS of[2]] *om.* AHL þe[2]] *om.* BS

{8} Permanet in eternum in conspectu Dei; misericordiam et ueritatem eius quis requiret? *He duelleþ into wiþouten ende in þe siȝt of God; þe mercy and þe soiþfastnes of him who shale seche?* Here he telleþ hou Crist and his loueres into wiþouten ende shulen duelle in þe siȝt of God. And, siþ þis is of mercy and soiþfastnesse who shal seke þis glorye feiþfully and be depriued þerof?—as who seye noon. Forþi into þi preysyng, God, whois godenes may not be tolde 50

{9} Sic psalmum dicam nomini tuo in seculum seculi, ut reddam uota mea de die in diem. *So I shale seye psalme to þi name into world of world, þat I ȝeelde my vowes fro day into day.* Siþ þou, Lord, art gode to us wiþouten mesure, we owen to seye in preysing of þi name þat noiþer lust, ne prosperite of þis liif, ne dreede of creature lette us to ȝeeld oure auowes fro day into day, þat is into þe ende of oure lyues, whiche we auoweden in oure baptyme. 55 60

[Psalmus] .lxi.

{2} Nonne Deo subiecta erit anima mea? ab ipso enim salutare meum. *Ne shal not my soule be suget to God? forwhi of him myn helþeȝiuer.* Þe feiþful louere of Crist, enseged wiþ cruele enemyes | on eche syde, enforsyng hem to drawe him to her consent, seiþ 'Ne shal not my soule be suget to God, to whois licnesse I am maad, bi whois godenes alle helply creatures into my help fourmed`e´? Forwhi and of him my hel[þe]ȝiuere, for of his godenes he sent to heele us Crist oure helþeȝiuere, his onely sone, to aȝeinbye us f. 128vb 5

46 in[1] . . . requiret] *om.* D misericordiam . . . requiret] *om.* L et . . . eius (47)] eius et ueritatem T 47 into] *om.* ABS 48 þe[1] . . . seche] who shal seche þe mercy and þe soþfastnes of hym BS 49 loueres] folowers L into] *om.* BS 51 depriued] dispreuid H who] whos D 52 seye] seiþ TDRBS forþi] þerfor AH, for þat L 54 dicam . . . diem] *om.* D ut . . . diem] *om.* L 55 shale] *om.* T 56 into[2]] to AL 57 to seye] so to ioye AHL, to so ioye T, to ioye so BS preysing of] *om.* BS 59 auowes] vowis DR into[2]] to AHL 60 ende] eendis A

Ps. 61 CAHTLDRBS

heading C (*r.h.* Nonne deo), lxi psalm of dauid in þe ende pro idithum. þe voyce of a man turnyng hym fro euyll to good L, `61´ *d.h.* RB, *r.h.* Nonne deo D, þe lix psalm A, *om.* HTS 1 subiecta erit] *rev.* D ab . . . meum] *om.* L 3 myn] is myn BS helþeȝiuer] hele L, helþe BS 4 eche] euery L hem] him R him] hem] R 6 into] *om.* D fourmede] ben foormed AHTLBS 7 and] *om.* ALBS my] is my BS helþeȝiuere] helpȝiuere CD, helþe BS 8 aȝeinbye] geynbye L

fro þraldom of þe deuyl. To whom þanne but to God shulde my
10 soule be sugete?'

{3} **Nam et ipse Deus meus et salutaris meus, [susceptor meus]; non mouebor amplius.** *Forwhi and he my God and my helþeȝiuere, myn uptaker; I shal no more be styred.* Loo, þe folye of fooles þat departen fro God, þat is in al þing good; for a litil
15 stynkyng lust and short prosperite of þis wretched liif þei forsaken Goddes mercy and Crist, bi whom is al helþe, and chesen raþer to be felowed wiþ feendes þan to be uptaken to seyntes into glorye of þe Fadre. But þis uggely abhomynacioun feiþful men dreden, and seyn to þise flaterynge gyloures 'Ȝour departynge fro treuþe, ne ȝour
20 eggynge to drawe men to ȝour consent, moeueþ no more feiþful men þan rowtyng of þe wode see, þe sunne or sternes.' For

{4} **Quousque irruitis in hominem? interficitis uniuersi uos, tanquam parieti inclinato et macerie depulse?** *Hou longe ȝee fallen into man? Ȝee alle sleen, as to þe wough inheeldyng and to þe walle*
25 *dounputte.* Feiþful men, whom no temptacyoun ne yuel eggyng may stire fro ȝeeldyng of her firste auowes, seiþ to her aduersaryes 'Hou long shuln ȝee falle as wood floodes or feers wilde beestes to anoye þe corruptible bodyes, þat as feble walles moun not laste, of hem whois
f. 129ra conuersacyoun is in heuene?' As who seiþ | 'ȝee alle þat malycyously
30 enforsen ȝow to falle into man, drawyng him wiþ yuel eggyng or persecucyoun to ȝour consent, sleen ȝouresilf in þe destroiyng of his corruptible bodi, þat shulde fayle þouȝ no man enforsed þeraȝein.' And so whanne þe cruelte of a man is fulfilled in anoþer, he haþ no more doon but putte doun a feble walle today þat tomorne bi no man
35 suppouelyng may stonde.

{5} **Uerumtamen precium meum cogitauerunt repellere; cucurri in siti; ore suo benedicebant, et corde suo maledicebant.**

11 deus . . . amplius] *om.* D susceptor . . . amplius] *om.* L susceptor meus] *om.* C 12 and[1]] *om.* R my[1]] is my BS 13 myn] and myn A I] and I R 15 þei] for þei R 17 felowed] felawis BS, folowed TL feendes] freendis D 18 uggely] horrible H, hidous T, foul DR 19 þise] her ATBS, þer L gyloures] gilour BS ne] neiþer H 21 rowtyng] þe routyng H sternes] sterres HDBS, þe sterris R, stryueþ AL 22 irruitis . . . depulse] *om.* D interficitis . . . depulse] *om.* L 23 macerie] materie T ȝee fallen] *rev.* BS 24 fallen] alle falle T sleen] fleen L þe[1]] a BS wough] wawe A, wal HTDRBS inheeldyng] inbowȝyng H, bowid BS 27 feers] feeris T þe] þer H 29 who] whos D seiþ] seye AHLS 32 þouȝ] if AHTLDRBS 33 a] *om.* ALBS 34 putte] *om.* DR man] mannys BS 35 suppouelyng] supposynge ARBS, upberyng H, socourynge T 36 precium . . . maledicebant] *om.* D repellere . . . maledicebant] *om.* L

But my pryce þei þouȝte to put aȝen; I ran in þreste; wiþ her mouþ þei blysseden, and wiþ `her´ hert þei cursiden. Whanne malicyous men, whom þe deuyl haþ blynded, chargen not þe auowes maad in her baptyme, þei enforsen hem bi slyȝe sleyȝtes, þenkyng in her hertes hou þei moun lyue in lustes and drawe oþere to her consente, for þanne skilfully no man may blame oþere. And so þe price þat Crist raumpsounde wiþ mankynde, þat is his precyous passioun, þise lusty wretches enforsen to aȝenputte in hemsilf and her consenteres, siþ þei haten penaunce, þat Crist loued and tauȝte men þat shulden be saued to do worþi fruytes þerof. And he ran swifteli þis peynful weye, upon whom no man miȝte feste prosperite, ne lette him þerfro to he cam to þe ende; for he þrested þe helþe of his puple þerinne. Wherfore men wiþ her mouþes blesseden him seiyng 'Good mayster, what shuln we do to haue þe kyngdom of heuene?' But in her lusti hertes, defouled wiþ stynkyng loue of þis life, þei curseden him whanne he tolde hem þat þer was no weye þider but to kepe þe maundementes and to folow him | wilfully in aduersite. Grutching þei forsoken his counseil, as ȝif it had ben moste cursed.

40

45

50

f. 129rb
55

{6} Uerumtamen Deo subiecta esto, anima mea, quoniam ab ipso pacientia mea. *But to God be þou suget, my soule, for of hym my pacyence.* Whois soule is not suget to God in ful purpos to goo þe weye of penaunce, hauyng abhomynacyoun of lustes, may not in tyme of tribulacyoun perfytely stonde in pacyence. Be þerfore suget to God, and he shale ȝiue þe pacyence.

60

{7} Quia ipse Deus meus et saluator meus, adiutor meus; non emigrabo. *For he is my God and my saueour, my helþere; I shal not outþasse.* To whom shulde my soule be suget but to God þat in al þing is gode to me?—for he is my saueour ȝif I wile be saued, hatyng vices and louyng vertues. And he is myn helpere in al tribulacyoun, for bi his bifore suffryng al myn anoye is liȝt to bere. Forþi I shal not passe his biddyng of pacyence, for no dreed of bodily pursuynge. For

65

38 in] wiþ A 39 her] *added dh* C men] *om.* L 40 whom] whiche AL 41 her] *om.* AL 43 þe] þer BS 45 to] hem *canc.* to R, hem to AL 46 shulden] þei schulde H 47 `nota´ R fruytes] fruyt H 48 feste] festne ABS 49 to[1]] til AHLDRBS cam] come ATLDBS þrested] þrilled BS helþe] eend T 50 wherfore] herefore H 51 shuln we] schal I A 53 tolde] toke T þat] *om.* H `nota bene´ R þe maundementes] comaundementis ABS 55 forsoken] forsakyn D 56 subiecta . . . mea (57)] *om.* D quoniam . . . mea (57)] *om.* L 57 to . . . soule] my soule be þou suget to god BS my[2]] is my BS 60 be] be þou H, but L 62 meus[1] . . . emigrabo] *om.* D adiutor . . . emigrabo] *om.* L 65 þing] þingis AH 67 anoye is] annoyes is S, anoyes beþ B forþi] þerfor AH, for þat L

{8} In Deo salutare meum et gloria mea; Deus auxilii mei, et
70 **spes mea in Deo est.** *In God myn helþeȝiuere and my glorye; God of my helþe, and my hope in God is.* In God is myn helþeȝiuer, for whom al erþely loue is to me wlatsum, for he is my glorye bi whom enduryngly I shal be maad gloryous. And he is God of myn helpe, for in al nede his miȝty helpe is redye to me. Forþi in whom but in
75 God, þat is ouer mannes knowyng gode, shulde be my hope?

{9} Sperate in eo omnis congregatio populi, effundite coram illo corda uestra; Deus adiutor noster in eternum. *Hopeþ in him alle gederyng of puple, heeldeþ out bifore him ȝour hertes; God oure helpere into wiþouten ende.* Ȝee puple of God, þat ben gederid togider
80 consentyng to treuþe, putteþ ȝee aweye al fleischly drede and |
f. 129va hopeþ stedfastly in þe Lord, whois good wille is in his puple, miȝtily to defende itt; heeldeþ out ȝoure hertes bifore him, purging hem wiþ contricioun, dispisyng lustes of þis life þat reueþ men her hope in God. For he is þe helper of his loueres into wiþouten ende þat
85 feiþfully hopen in him. For, if men tristen in oþer þing he wile not be her hope. For

{10} Uerumtamen uani filii hominum, mendaces filii hominum in stateris, ut decipiant ipsi de uanitate in idipsum. *But veyn sones of men, lyȝeres sones of men in weyȝtis, þat þei deceyuen of*
90 *vanite into itself.* O, hou wretched ben men þat hopen in man or prosperite of þis life þat sone shal fayle, and leuen to hope in verrey God þat may noiþer deceyue ne be deceyued! Soiþli, sones of men ben veyne, for veynli þei done, fulfillyng her lustes; and in veyn þing þei hopen, siþ in God is not her hope. And þei ben lyȝeres, for
95 wilfully þei breken her auowes maad in her baptyme. And þei ben false in weiȝtes, for þei peysen not euene þe godenes of God in his

69 salutare . . . est] *om.* D deus . . . est] *om.* L 70 myn] is myn BS helþeȝiuere] helþe BS glorye] *eras.* T 71 helpe] helþe TL in[1] . . . is[1]] is in god DRBS helþeȝiuer] heelpeȝyuere DR, helþe BS 72 al . . . me] to me al erþeli loue is H me] be L wlatsum] vgsome L 73 and] *om.* AHLBS 74 forþi] þerfor AH, for þat L 75 hope] helpe BS 76 in . . . eternum] *om.* D effundite . . . eternum] *om.* L 77 hopeþ . . . puple (78)] al gedering of puple hopiþ in hym BS 78 heeldeþ] helliþ T oure] is oure BS 79 into] *om.* BS ȝee] þe R, *om.* H puple] peples A 80 ȝee] *om.* H 82 heeldeþ] ȝetiþ T 83 reueþ] bynemeþ T 84 is] *om.* D þe] *om.* B into] *om.* BS 85 feiþfully] feiþful T þing] thynges L 87 uani . . . idipsum] *om.* D mendaces . . . hominum[2]] *om.* L 88 in[1]] ut A ut . . . idipsum] *om.* L 89 sones[1]] beþ sones BS sones[2]] beþ sones BS in] *om.* D weyȝtis] sleightis T 90 `nota bene´ R man] in prosperite *canc.* man T, men BS 91 prosperite] in *canc.* prosperite H, in prosperite ATR in] *om.* D 92 ne] nor L 94 siþ . . . hope] *om.* BS in] *om.* HR 95 breken] forsaken D auowes] vouȝes H 96 peysen] preisen H

benefetes, whom þei despisen or lesse louen þan þe deceyuable prosperite of þis life. And so þei, deceyued of vanyte, shuln perischen þerinne, for into itsilf it draweþ þe louer þerof. Þerfore

{11} **Nolite sperare in iniquitate, et rapinas nolite concupiscere. Diuitie si affluant, nolite cor apponere.** *Ne wile ȝee hope in wickednesse and raueynes wile ȝee not coueyte; ȝif ritchesses abounde, ne wile ȝee sette to þe hert.* Ȝee whom God haþ liȝtned wiþ grace, wile ȝee not hope in wickednesse, al be it þat moste deel of men loue it, for wickednesse shale deceyue loueres þerof. And raueynes ne wil ȝe coueyte, for woo to him þat gedereþ not | hise, þat is þat gedereþ ritc[h]esses to whiche he haþ not riȝt title. And for ritchesses ben of litle value þe Prophet biddeþ men þat þei setten not her hert upon hem, al be it þat þei aboundantly haue hem, for þe inordinate loue of hem fordoiþ þe loue of God. For scripture seiþ 'Woo to him þat gedereþ wicked auarice to his hous þat he sette in heiȝte his neste, and wene þerþurgh to be delyuered fro þe hond of yuel.' He setteþ his neste in heiȝte þat resteþ him in pride, and deliteþ him in ritchesses and prosperite, and in lustes ledeþ his life. But

100

105
f. 129vb

110

{12} **Semel locutus est Deus; duo hec audiui: quia potestas Dei est, et tibi, Domine, misericordia, quia [tu] reddes unicuique iuxta opera sua.** *Ones spac God; þise tuo þinges I herd: for miȝt of God is, and to þee, Lord, mercy, for þou shalt ȝeeld to echone after her werkes.* As who seiþ, ȝee feiþful men setteþ not ȝour hertes on ritchesses ne upon prosperite of þis world, for it shal perische and coueytise þerof. For ones spac God to shewe þat his word is soiþfast. Þise tuo þinges I herd, for þe lawe witnesseþ for miȝt is of God, for of him is al miȝt and miȝtily he defendeþ his loueres. And to þee Lord is mercy, for þou haste mercy to whom þat þou wilt, þat is in whom þi wille is souȝt, þi mercy may not be wiþholden. For þou

115

120

125

100 sperare . . . apponere] *om.* D in] *om.* AT 101 diuitie . . . apponere] *om.* L 102 raueynes . . . coueyte] wol ȝe not coueyte raueynes BS wile . . . not] ne wole ȝe H ritchesses] ryches L abounde] be plenteuous DR 104 moste] þe moost AH 105 loueres] þe louers H raueynes . . . coueyte (106)] ne wol ȝe not coueite raueynes BS 106 coueyte] not coueite D gedereþ] gederiþ not BS 107 ritchesses[1]] ritcesses C, riches A whiche] whom AHTL he] to D not] no HTLDRBS ritchesses[2]] richees H 108 litle] grete BS upon] in D 109 aboundantly] habourndyngly T, plenteuousli DR inordinate] vnordynat AHLBS 112 to] *om.* A 113 in[3]] *om.* D 114 ritchesses] richees HL 115 est . . . sua] *om.* D quia . . . sua] *om.* L 116 quia] et HT tu] *om.* CH reddes] reddis T 117 of god is] is of god DRBS 118 þee] þe S mercy] is mercy BS her] hise A 119 who] whos D seiþ] sey AHTLBS setteþ] set ȝe BS 120 ritchesses] richees H 121 coueytise] þe couetise AHTLBS his] is D 123 of him] myȝt is D 124 þou[1]] *om.* L

ȝeeldest to eche man after his werkes, euene peysyng eche mannes dedes in qualite and quantite or in circumstaunce and noumbre.

Psalmus .lxii.

{2} **Deus, Deus meus, ad te de luce uigilo.** *God, my God, to þee fro liȝte I waak.* Feiþful man, brennyng in desyre of loue, enseged wiþ diuerse anoyes, tristyng in God and not to himsilf, seiþ 'God, þat al
f. 130ra þing doiþ gode | ly, whois strengþe no man may telle, helpe me aȝen
5 þin aduersaryes. Mi God þou art, for in þee I triste to vencushe myn enemyes to þi preisyng. For to þee I waak fro liȝt, þat is, fro þe tyme þi grace liȝtned my soule in knowyng of treuþe, I waake to þee þat it be not slockened or slouþed in me, bot encresce to þi preisyng.' For

Sitiuit in te anima mea; quoniam multipliciter tibi caro mea!
10 *In þee þristed my soule; hou manyfold to þee mi flesshe!* As worldly men desyren lustes and prosperite, feiþful men desiren þe hyȝe preisyng of God. Forþi þe louere of Crist seiþ 'In þee þristid my soul, desyring to fulfille þi wille. For in manyfold wretchednesses my fleisch is inlapped þat makeþ me to dreed, siþ I am freel to falle, and
15 enemyes feerse to stire me þerto.' For

{3} **In terra deserta, inuia et inaquosa, sic in sancto apperui tibi, ut uiderem uirtutem tuam et gloriam tuam.** *In desert lond wiþouten weye and wiþouten watre, so in holy I appered to þee þat I sawe þi vertue and þi glorye.* Siþ we ben in desert lond, and bareyn of gode
20 fruyte and wiþouten watre of grace for oure vnablete, we shulden desire feruently and seche þe welle of mercy to wasshe us of oure filþes, lest sodenly we ben taken in yuel tyme. And siþ grace is moste

126 his] þer L peysyng] preisyng BS 127 or . . . noumbre] *om.* BS or] *om.* H

Ps. 62 CAHTLDRBS

heading C (*r.h.* Deus deus meus ad), lxii psalm of dauid whan he was in desert of ydumye, voyce of desyrynge cryst L, *r.h.* Deus deus meus D, '62' *d.h.* B, '63' *d.h.* R, þe sixti psalm A, *om.* HTS 1 fro . . . waak (2)] Y wake fro þe liȝt BS 2 feiþful] a feiþful AHTBS man] men DR in] to RBS 3 to] in AHRBS, *om.* L himsilf] hemsilf R seiþ] seyn R 4 helpe] helle T 5 vencushe] venshe B, ouercome DR 7 þi] þat þi H 8 slockened] qwenchid AHDR, lettid BS or slouþed] *om.* AHTLDRBS to] in L 9 in . . . mea²] *om.* D quoniam . . . mea²] *om.* L 10 þristed . . . soule] my soule þirsted BS to . . . flesshe] my fleish to þee B, my fleysh S to þee] *om.* ATL 12 forþi] þerfor AH, for L 13 wretchednesses] wrechidnesse HTL 16 deserta . . . tuam² (17)] *om.* D inuia . . . tuam² (17)] *om.* L 18 weye and] *om.* BS 19 gode fruyte] al goodnes A 20 and] *om.* R 22 sodenly we] *rev.* H

plenteuous ȝif it be feiþfully souȝt, he seiþ 'So in holy desyre I appered to þee wiþ contricioun of herte, þat I sawe þi vertue, þat is I vndirstode þat in þee is plentee of vertue to defende þi loueres, and þi glorye is þe encreesse of þi chirche in vertues and mekenesse.'

{4} **Quoniam melior est misericordia tua super uitas, labia mea laudabunt te.** *For betre is þi* | *mercy abouen lyues, my lippes shuln preise þee.* Heer men moun dreede þat delicatly desyren to norisshe her lyues in lustes, and sechen not þe mercy of God in doyng worþi fruytes of penaunce þat is betre þan mennes lyues. Forþi my lippes shuln preyse þee, for þou art ful preyseable in free ȝiftes of þi mercy. Wherfore

{5} **Sic benedicam te in uita mea, et in nomine tuo leuabo manus meas.** *So I shal blesse þee in my life, and in þi name I shal upreyse myn hondes.* So I shal preyse þee in my life, kepyng þi maundementes þat I lifte up pured hondes wiþouten consent of synne in þi name, sechyng þe plesyng of þi wille. For

{6} **Sicut adipe et pinguedine repleatur anima mea, et labiis exultationis laudabit os meum.** *As wiþ grees and fatnesse filled is my soule, and wiþ lippes of ful outioiyng preyse shale my mouþ.* Bi grees þat softeþ and fatnesse þat deliteþ is vnderstonden mercy and loue wherwiþ þe feiþful soule is fulfilled. For for þe greet mercy of God þat he doiþ to us, we shulden loue him and preyse him, ful outioiyng in preysinge his name.

{7} **Sic memor fui tui super stratum meum, in matutinis meditabor in te, {8} quia fuisti adiutor meus.** [*So*] *I was myndful of þee upon my bed, in morowtides I shal þenke in þee, for þou was myn helþere.* Þat is, I was so myndful of þee upon my bed, þat is in tyme of quiete, þat wiþ moste miȝty armes I armed me aȝen þe tyme of batayle. And in morowtides I shal þenke in þee, þat is in alle

23 so] *om.* BS 24 appered] appere T 26 þi[2]] þe H vertues] vertu R 27 est . . . te] *om.* D super . . . te] *om.* L 31 worþi] of worþi H 32 forþi] þerfor AH, for þat L for] *twice, first canc.* C 34 te . . . meas] *om.* D et . . . meas] *om.* L 36 so] *om.* T 37 maundementes] comaundementis AB lifte] left D up] vpon D 38 plesyng] plesaunce AHTLDRBS 39 et[1] . . . meum] *om.* D anima . . . meum] *om.* L 40 filled . . . soule (41)] my soule is filled BS 41 ful] *om.* T preyse . . . mouþ] my mouþ schal preise DRBS 42 `nota´ R softeþ] softneþ ATLBS fatnesse] fastneþ T 43 for for] for DRBS 46 sic] si T fui . . . meus] *om.* D stratum . . . meus] *om.* L 47 so] ȝif CTLD, *om.* R 48 of] on H in[2]] on LB was] were ADRBS 49 I . . . is (51)] *om.* R of] on L 50 armes] harmes L 51 in[2]] on LD

moeuynges þat stiren me I shal seeche þi counseyl, Lord, and purpose it, for þou was myn helpere: þat is, al þing doon bi þee, þou art helpere to þe ende. Forþi

f. 130va **Et in uelamento alarum tuarum exultabo. {9} Adhesit anima** 56 **mea post te; me suscepit dextera tua.** *And in coueryng of þi weenges I shal outioye. My soule drowȝ after þee, me uptoke þi riȝt hond.* For I triste to þee stedfastly þat þou shalt be my defendoure and delyuerer fro al tribulacyoun, I shal ful outioye in þe coueryng of þi 60 weenges, þat is in pacyence of suffryng wilful aduersitees, and in hope of euerlastyng reward; vnder þise weenges to heuenly briddes is moost sure sittyng for rauysshyng of þe gleede. Mi soule drowȝ after þee, seching þi wille to worche þerafter; forþi þi riȝt hond uptook me from al wretchidnesse of þis liif.

65 **{10} Ipsi uero in uanum quesierunt animam meam: introibunt in inferiora terre, {11} tradentur in manus gladii, partes uulpium erunt.** *þei soiþly in vayn souȝt my soule: þei shulen entre into þe innermore of þe erþe, þei shulen be ȝouen into hondes of swerd, paartes of foxes þei shuln be.* Proude men of þis life, saueryng erþeli lustes, in 70 veyn souȝt my soule to slee; siþ it miȝt not be noyȝed ne parted fro þe first loue, þei for her malyce shuln entre into þe vttermore paartyes of helle, þe euerelastyng place of erþeli loueres þat for loue of temperal prosperite souȝten not euerlastyng goodes. And þei shuln be ȝouen into hondes of swerd, for bi þe miȝti hond of God þei shale 75 be ouercomen. Partyes of foxes þei shuln be, for her partyes, þat is her lottes, ben among deceyuable deueles. Forþi

{12} Rex uero letabitur in Deo; laudabuntur omnes qui iurant in eo, quia obstructum est os loquentium iniqua. *þe king forsoiþ*

53 was] waste, te *canc.* C, wast H, were ADR al] in al BS 54 ende] eende þereof H forþi] þerfore AH, for þat L 55 alarum . . . tua] *om.* D tuarum . . .tua] *om.* L 57 me . . . hond] þi riȝt hond vptook me DRBS 59 delyuerer] deliuere me H, delyuere DS ful] *om.* R 60 in[1]] *om.* LBS wilful] wilfulli HL aduersitees] aduersite T 62 gleede] keet T 63 forþi] þerfor AH, for þat L 64 wretchidnesse] wickednes T 65 in . . . erunt] *om.* D animam . . . erunt] *om.* L 67 þei[1] . . . souȝt] soþly þei souȝt in veyn BS soiþly] forsoþe D in . . . soule] souȝten my soule in veyn D 68 hondes] þe hondis HL paartes . . . be (69)] þei shul be parties of foxes BS paartes] parties HT 70 slee] slee \`hit´ S, sle it B miȝt not] ne myȝt BS parted] departid R 71 þe[2]] *om.* T vttermore] neþermoore AL, ynnermore HTBS 73 euerlastyng] in euerlastyng H, þe euerlastyng BS goodes] good BS 74 into] to H hondes] þe hondis BS 75 partyes[1]] partes LR partyes[2]] partes LR 76 her] *om.* A forþi] þerfor AH, for þat L 77 letabitur . . . iniqua] *om.* D letabitur] latabitur R laudabuntur . . . iniqua] *om.* L 78 þe king forsoiþ] forsoþe þe kyng BS

shal glade in God; preysede shulen be alle þat sweren in him, for stopped is þe mouþ of speekyng wicked þinges. Crist, kyng | of glorye, gladid in God þe fadre, rennyng þe weye of his biddyng, doyng his foloweres to wite hou þerfore þei shulden glade in him. Þei shuln be preysed alle þat sweren in him, þat is alle þoo þat heten to kepe his maundementes and feiþfully fulfillen hem, shulen be preysed in him for fulfyllyng of treuþe. For stopped is þe mouþ of spekyng wicked þinges: þat is, þe mouþ of wicked men þat bi one assent blasphemen aȝen treuþe shal be stopped wiþ confusioun in þe doom of Crist bi riȝtwise iugement. f. 130vb 81 85

[Psalmus] .lxiii.

{2} **Exaudi, Deus, oracionem meam cum deprecor; a timore inimici eripe animam meam.** *Here, God, myn orysoun whanne I preye; fro drede of þe enemye take oute my soule.* Þe voyce of Crist in his passyoun, preiyng to his Fadre for his spouse holy chirche, þat it be delyuered and outtaken fro drede of þe enemye þat enforseþ þeraȝen to drawe it to wicked consent. For 5

{3} **Protexisti me a conuentu malignantium, a multitudine operantium iniquitatem.** *Þou defended me fro þe couent of waryed men, fro þe multitude of worching wickednesse.* Lord, for I hoped in þee, wlatyng wickednesse of men stedfast in wickednes, þou defended me fro þe wayeward couent of curseres þat moost hydously cursen for her displesaunce; for þe malyce of hem noyȝed not me þat was fer departed fro consent of her synne. Fro þe multitude of worching wickednes: þat is, þei in whom is gedered þe multitude of moste 10

79 preysede . . . alle] alle schulen be preisid DR stopped . . . mouþ (80)] þe mouþ is stoppid DRBS 80 þe] *om.* T speekyng] men spekyng BS 82 þei²] alle DR 83 `nota bene´ R alle¹] *om.* DR 84 maundementes] commaundementis BS hem] þem þem L 85 stopped . . . mouþ] þe mouþ is stoppid DRBS spekyng . . . þinges (86)] wicked þinges spekynge T spekyng] men spekyng BS, sekyng L 86 wicked¹ . . . mouþ] *om.* H

Ps. 63 CAHTLDRBS

heading C (*r.h.* Exaudi deus or'), lxiii psalm in finem the holy goste of þe Iewes L, þe salme of dauid `63´ *d.h.* R, `63´ *d.h.* B, *r.h.* Exaudi deus oracionem D, þe lxi psalm A, *om.* HTS 1 a . . . meam (2)] *om.* L 2 here god] *rev.* BS I preye] `I preie´ H, *om.* A 3 þe¹] *om.* L take oute] delyuere BS 7 me . . . iniquitatem] *om.* D a² . . . iniquitatem] *om.* L 8 defended] defendist D þe] *om.* L waryed] cursid A, wickid BS 10 wlatyng] vggynge L defended] defendist A 12 fer] for Y BS 13 fro] for AHTLDRBS 14 moste] þe most L

15 horryble synnes ben most free of cursyng. For as an irchoun in his skyn, so þei ben wrapped þerinne; to whom no man dar putte reproof for sharpe prickyng of her bristles.

{4} Quia exacuerunt ut gladium linguas suas; intenderunt arcum rem amaram, {5} ut sagittent in occultis f. 131ra **immaculatum.** | *For þei scharpeden as a swerd her tunges; þei* 21 *beendeden bowe bitter þing, þat þei schete in hideles þe vnfiled.* Coueytouse men and proude, slepyng in lustes of þis lif fro whom hem liste not to be wakened, as moost sharpe swerdes whetten her tunges in sclaundryng and cursyng treuþe, aduersarye to þis world; 25 þei beendeden a bow of sharp sentence, moste bitterly manasyng þat þei shete in hideles þe vnfiled. For, whanne þei moun not apertly defende her abhominacyouns, þei enforsen wiþ fel slei3enes to stoppe þe cause purposyd a3en hem. For

{6} Subito sagittabunt eum, et non timebunt; firmauerunt sibi 30 **sermonem nequam.** *Sodeynly þei shuln shete him, and þei shulen not drede; þei festened to hem a wicked word.* Sodeynly in priuytee among hemsilf, as no man wiste or shuld wite what þei purposyden, þei worchen her felonye. And þei shuln not drede, for þei shulen be endured þat her wickednesse growe into confusyoun of her sodeyn 35 fallyng. Þei festened to hem a wicked word of mysbyleeue, seiyng

Narrauerunt ut absconderent laqueos; dixerunt: Quis uidebit eos? *Þei tolde þat þei shulden hyde snares; þei seyden: Who shal see hem?* Men wiþouten drede, mysbileeuyng to God, tolde among hemsilf þat þei shulde hyde to innocent priuy snares, supplaunting him wiþ felle 40 slei3tes, seiyng, 'Who shal see us?' as 3if God mi3t not ne man coude not. Forþi into her confusioun

15 synnes] synners AHL an] *om.* H 16 wrapped] wapped L, wlappid A 17 bristles] brestis, *corr.* 'burstles' B, brestis ALS 18 quia] qui L ut . . . immaculatum] *om.* D intenderunt . . . immaculatum] *om.* L 19 arcum] archam S 20 as] of L a] *om.* ATL 21 beendeden] benden AR, byndid T bowe] a bowe HBS bitter] a bittir ABS þat] *om.* BS 22 lustes] the lustis T 23 hem] þei DRBS to] forto H wakened] awakid A, wakid H whetten] whettynge HD 25 beendeden] benten A, beendyn DR, byndid T 26 þei[1]] þe R shete] schote T 28 purposyd] spesyd S 29 sagittabunt . . . nequam] *om.* D firmauerunt . . . nequam] *om.* L 31 þei] þe R to hem] *om.* D hem] him T wicked word] *rev.* T 32 no man] noon hadde H 33 felonye] felonys D shulen] schulde H 34 þat] 'so' þat H 36 ut . . . eos] *om.* D dixerunt . . . eos] *om.* L 38 men] then L þat] *om.* H 39 innocent] þe innocent AHTLBS him] hem D felle] feble H 40 man] no man DR 41 forþi] þerfor AH, for þat L into] in L confusioun] confusioun thei soughten T

{7} Scrutati sunt iniquitates; defecerunt scrutantes scrutinio. *Þei souȝten wickednesses, þei fayleden sekand in sekyng.* Þei þat ben of mysbileeue mot needes be filled wiþ wickednesses, for riȝtwisnesse may not worche in vnfeiþful crea | tures to her bihoue. Forþi, sekyng to do wickednesses, þei fayleden in her seking and weren taken in her owne wickednesses. For

f. 131rb 46

Accedet homo ad cor altum; {8} et exaltabitur Deus. *Man shal neiȝhe to an hyȝe hert; and God shale be enhaunsed.* Þe erþe is ful of riȝtwisnesse of þe Lord, for to al mankynd stretcheþ his riȝtwisnesse. For whanne men of blood, mysbileeuyng to þe Lord, neiȝen to an hyȝe hert, proudely defendyng her erroures, God shal þanne be enhaunsed in riȝtwisnesse of her lowe mekyng. For

50

Sagitte paruulorum facte sunt plage eorum; {9} et infirmate sunt contra eos lingue eorum. *Arowes of smale ben maad her woundes, and maad weyke ben aȝein hem her tunges.* Arowes: þat is, sharpe sentences of Goddes lawe seyd of smale children, innocentes affiyng in God, despisyng þe world, ben maad woundes of gloryous men, whois delit was in preysing of þis lyfe. And maad weyke ben aȝein hem her tunges: for þe woodnesse of her feerse hertes shal be so weyke in Cristes doome þat þei shuln desire to be ouerwhelmed wiþ mounteyns, raþer þan to see þe face of þe Domesman, whom lyuyng þei despyseden.

55

60

Conturbati sunt omnes qui uidebant eos; {10} et timuit omnis homo. *Troubled togider ben alle þat hem sawe, and eche man dredde.* 65

42 sunt . . . scrutinio] *om.* D defecerunt . . . scrutinio] *om.* L 43 fayleden sekand] sechyng failid BS 44 mot] must L filled] fulfyllyd LR wiþ] of BS riȝtwisnesse] ryghtwysnesses L 45 bihoue] bihofte H forþi] þerfore AH, for þat L 46 wickednesses] wickidnesse HD 48 accedet] accedit ALBS ad . . . deus] *om.* D et . . . deus] *om.* L exaltabitur] exaltabitus R 49 god] man T 50 riȝtwisnesse] þe riȝtwisnesse R 51 for . . . riȝtwisnesse (53)] *twice* CD blood] bloodis *first time only* D neiȝen] neiȝed *first time,* neiȝen *second* CD, neiȝede R 53 riȝtwisnesse] ryghtwysnesses L 54 paruulorum . . . eorum (55)] *om.* D et . . . eorum (55)] *om.* L 55 smale] smale children BS maad . . . tunges (56)] her tungis ben maad weike aȝen hem DR, here tunges beþ vnstable aȝen hem BS 56 weyke] feble A, lethe T is] ben H 57 sentences] sentens LBS 58 affiyng] tristyng DR gloryous] gloris R 59 maad . . . tunges (60)] her tungis ben maad weike aȝen hem DR, her tunges beþ vnstable aȝen hem BS weyke] feble A, lethy T ben . . . hem (60)] aȝens hem ben T 60 feerse] *om.* T hertes] herte T 61 weyke] feble A, lethi T, vnmyȝty BS ouerwhelmed] ouerkeuered AT 64 conturbati] turbati BS sunt . . . homo] *om.* D et . . . homo] *om.* L timuit] timui H 65 troubled . . . sawe] alle þat hem sawe beþ troubled togedre BS troubled] drouyd T togider] they T hem sawe] *rev.* DR hem] him A eche] al HT

Whanne þe word of God is seyde of smale children treuly wiþouten galle of malice, alle biholdyng feiþfully to þe treuþe seyd of hem, ben
f. 131va togideretroubled, merueylyng her | owne slouþe and þe cruelte of enemyes of treuþe. And alle men dredden hou merueylously God
70 worcheþ in symple feiþful creatures þat, bi vertue of his word, astoneyen moste gloryous and miȝty princes of þe world.

Et annunciauerunt opera Dei; et facta eius intellexerunt. *And þei sheweden þe werkes of God, and þe dedes of him þei vnderstoden.* Þe prechour of Goddes word sclaundreþ þe treuþe ȝif he understonde
75 not to fulfille it in dede. For he þat spekeþ wisely and doiþ not þerafter worchiþ mooste bisily his owne fallyng.

{11} Letabitur iustus in Domino, et sperabit in eo; et laudabuntur omnes recti corde. *Þe riȝtwise shal glade in þe Lord and he shal hope in him; and preisede shuln be alle riȝt of hert.* Þe riȝtwise
80 vndirstondyng treuþe bi worching þerof, shal glade in þe Lord, in heelyng of himsilf and conuertyng of oþer. And alle riȝte of hert shulen be preysed, for in feruent desire in holy conuersacyoun þei maken preysable þe name of þe Lord.

Psalmus .lxiiii.

{2} Te decet hymnus, Deus, in Syon, et tibi reddetur uotum in Ierusalem. *God, þee bicomeþ hymne in Syon, and to þee shal be ȝeelded vow in Ierusalem.* Þe Prophet in voyce of holy soules, þat in þe pilgrimage of þis life gladen in tribulacyoun suffred for Crist, seiþ
5 'God to þee bicomeþ hymne', þat is deuoute preysyng wiþ feruent

67 þe] *om.* R seyd . . . ben] *om.* BS 68 troubled] droued T 71 þe] þis R 72 opera . . . intellexerunt] *om.* D et[2] . . . intellexerunt] *om.* L 73 \`nota´ R þe[2] . . . vnderstoden] þei vndirstode þe dedis of hym BS 74 word] wordis DR understonde] vndirstode H 75 it] hem AHTLDRBS \`nota´ *d.h.* C 76 þerafter] in dede þeraftir T 77 iustus . . . corde] *om.* D et[2] . . . corde] *om.* L 78 þe[2]] oure BS 79 preisede . . . hert] alle riȝt of hert schulen be preisid DRBS riȝt] riȝtwise AL 81 of oþer] þerof BS

Ps. 64 CAHTLDRBS
heading C (*r.h.* Te decet), lxiiii psalm of dauid. Into þe ende songe of Ieremie and aggei of pylgrimage pepull whan þei begonne to go þe holy gost to þe father of þe apostolys L, þe salme of dauid \`65´ *d.h.* R, *r.h.* Te decet ympnus D, \`64´ *d.h.* B, þe lxii psalm A, *om.* HTS 1 hymnus] ympnis S et . . . ierusalem] *om.* L 3 vow] a vow ABS in[1]] seiþ D holy] \`the´ holy L þe[2]] *om.* H 4 pilgrimage] pilgrimagynge AT gladen] ioyen T seiþ] seien H

desire; in Syon, where þe goostly eyȝe so contynuely biholdeþ þee, þat þe body is nedid to worche þi biddynges. And to þee shal be ȝeeldid vowe in Ierusalem, þat is in þe citee of pees in whom is no roote of malyce, shal be ȝeeldid þe vowe of baptym | into preysyng of þi name. Forþi

f. 131vb

10

{3} **Exaudi oracionem meam; ad te omnis caro ueniet.** *Here myn orysoun; to þee al flesshe shal come.* Lord, ful outehere myn orysoun, þat in þe apperyng bifore þee of al fleishe, þat is of mankynd, I be ordeyned upon þi riȝt syde among þi chosen puple. For

15

{4} **Uerba iniquorum preualerunt super nos, et impietatibus nostris tu propiciaberis.** *Wordes of wicked men hadden ouerhond abouen us, and to oure vnpitousnesses þou shalt do mercy.* Meke men, vniustly oppressed bi tirauntes, counforteþ ȝou in God in stedfast hope of rewarde, and despeyre ȝee not, al be it þat her wordes shuln haue þe ouerhond in oppressyng ȝou, for it is to her confusyoun and ȝoure encreese, for pacyence in tribulatyoun moeuiþ God to haue mercy to þe vnpiteuousnes of oure enemyes. For whois giltes we preyen and suffren as for oure owne. For

20

{5} **Beatus quem elegisti et assumpsisti, inhabitabit in atriis tuis.** *Blysful whom þou haste chosen and taken; he shal inwone in þin halles.* Blisful is he whom þou hast chosen to bere paciently þi ȝoc in þe noyous aduersitees of þis life, for him þou hast taken to be þin eyre. For he shal wone in þin halles as an eyre weeldyng his fadres possessioun. And siþ none is refuysed þat inwardli clepeþ þin helpe, turne we us to þee feiþfully and

25

30

Replebimur in bonis domus tue, sanctum est templum tuum, {6} mirabile in equitate. *We shuln be aȝenfilled in godes of þin hous;*

8 vowe] a vow ALBS in[1]] *om.* L 10 forþi] þerfore AH, for þat L 11 oracionem . . . ueniet] *om.* D ad . . . ueniet] *om.* L here] lord ful outheere A 12 ful outehere] ʼheerʼ full owt L, huyre BS 14 upon] on BS þi[1]] þe T 15 for] *om.* B 16 preualerunt . . . propiciaberis] *om.* D super nos] *om.* T et . . . propiciaberis] *om.* L tu] et tu S 17 ouerhond] þe ouerhond AL 18 and] & *alt. from* in C vnpitousnesses] vnpyteousnes LD, wickidnesse R 19 vniustly] iniustly BS in[2]] and H 21 ouerhond] hiȝer hond BS to] into L, *om.* H 22 in] and L 24 owne] *om.* D 25 elegisti . . . tuis] *om.* D elegisti] tu elegisti AL inhabitabit . . . tuis] *om.* L inhabitabit] habitabit BS 26 blysful] blessid R, blisful is he BS whom] is þe man whom A inwone] wone RBS 27 halles] walles L is he] *om.* D in] and L 28 noyous] noiful ALBS, noysom T taken] chosun T 30 none] neuere H inwardli clepeþ] *rev.* A 32 in . . . equitate] *om.* D sanctum . . . equitate] *om.* L

holy is þi temple, merueylous in euenhed. Ʒif we turne us feiþfully to God, he shal do his mercy to us fulfyllyng us aȝen wiþ godes | of his hous, þat is wiþ vertuous dedes wherwiþ he is moste plesed. Holy is þi temple, merueylous in euennesse: þi temple is þe soule of þi folower þat is halowed bi þi duellyng þerinne. And it is merueylous in euennesse, for bi no persecucioun it may be croked fro þi loue. Forþi

Exaudi nos Deus salutaris noster, spes omnium finium terre, et in mari longe. *Ful outeheer þou us, Lord oure helþeȝiuere, hope of alle þe endes of erþe and in þe see fer.* Þat we ben filled wiþ godes of þin hous not wiþ lustes ne prosperite of þis lif, ful outhere us, Lord God oure helþeȝiuere. For þou art hope of alle þe endes of erþe, þat is, of alle þat ben fer fro þe loue of þis life; and in þe see fer, þat is, of alle þat longe han ben in þe see of tribulacyoun, abidyng pacyently þin helpe, in þee stedfastly hopyng. For

{7} Preparans montes in uirtute tua, accinctus potentia; {8} qui conturbas profundum maris, et sonum fluctuum eius. *Greiþing hilles in þi virtue, girdid to in power; þat troublest þe depnesse of þe see and þe soune of þe floodes of it.* Þou greiþest hilles in þi vertue, for bi þe vertu of þi word stedfast men in malyce and pride, affiyng hem in her vertu, ben greiþed to be meked in greet peyne. Þou art girdid to in power to whom al power is ȝouen. Þat troublest þe depnesse of þe see: þat is, bi þee proud boost of gloryous men of þis worlde shal be meked, and þe soun of þe flodes of it shal perishe, for þe greet faam of her loose in one moment shal be done awey. Þanne

Turbabuntur gentes, {9} et timebunt qui habitant terminos; a signis tuis exitus matutini et uespere delectabis. *Folkes shuln be*

34 holy . . . temple] þi temple is hooli DRBS 35 us[2]] us *canc.* S, *om.* B 36 holy . . . temple[1] (37)] þi temple is hooli DRBS 38 þi] *om.* H 39 it may] *rev.* H croked] bowid HT 40 forþi] þerfore AH, for þat L 41 deus . . . longe] *om.* D spes . . . longe] *om.* L 42 in] *om.* H ful . . . ȝiuere] lord oure helþe huyre þou vs BS 43 erþe] þe erthe LD in . . . fer] fer in þe see BS fer] afer A 44 ful] *om.* ABS outhere] huyre BS 45 of[1]] to H þe] *om.* LRBS erþe] þe erthe L 46 fer[2]] afer A 48 helpe] heelþe A stedfastly] stidefast BS for] for þou art BS 49 in . . . eius] *om.* D in . . . tua] *om.* T 50 qui . . . eius] *om.* L 51 greiþing] diȝtinge H, makyng redi DR, ordeynyng BS to] *eras.* S, *om.* B in[2]] into L troublest] troubliþ AHL, drouiþ T þe] in L 52 þe[3]] *om.* BS greiþest] ordeinest HBS, makist redi DR 53 malyce] pride AT pride] malice AT affiyng] tristyng DR 54 greiþed] ordeined HBS, maad redi DR þou] þat D 55 to[1]] *eras.* S, *om.* B troublest] troubliþ AH, drouith T, droubleth L 56 þee] þe`e´ RS, þe HT proud] þe proud AT 57 þe[2]] *om.* L shal[2]] schulen A 58 one] a AHL shal] I schal D 59 gentes . . . delectabis] *om.* D qui . . . delectabis] *om.* L 60 delectabis] dilectabis T folkes] folk AHTLDRBS shuln] schal TL

troubled, and þei shuln drede | *þat wonen þe termes; fro þi tokenes þe* f. 132rb *outpassynges of morowtyde and euene þou shalt delite.* Folkes of kynd þat han woned in þe coostes of al erþely lust and prosperite shuln be troubled, doyng penaunce for dreed of þi tokenes þat þou shalt shewe hou þou hatest synne. And þe outpassynges of morowtid and 65 euene þou shalt delite, þat is in comparysoun of þe greet delite in conuertyng of folk in Cristis tyme and his apostles; and in þe laste ende, whanne þe moost persecucyoun shal be, no suche gloryous victorye haþ ben ne shal be. Forþi in þe morowtid of Cristis comyng and in þe euentide of anticristis destruccyoun 70

{10} Uisitasti terram, et inebriasti eam; multiplicasti locupletare eam. *þou hast visitid þe erþe and maad it drunken; þou hast multyplyed to enriche it.* Specyaly, Lord God, fadre of heuene, þou uisitid þe erþe, þat is mankynd, in þe sendyng of Crist. And þou maad þi foloweres so drunken of wyne of þi loue, þat þei cowþen not 75 glaad but in þe cros of Crist, þat is in tribulacyoun wherby þei edifyeden þe chirche. Forþi þou multiplied to hem þi grace, enrychyng hem wiþ manyfold uertues in conuertyng of mychil folc. For

Flumen Dei repletum est aquis; parasti cibum illorum; 80 **quoniam ita est preparatio eius.** *þe flood of God is aȝenfilled wiþ watres; þou hast greiþed þe meete of hem, for so is þe greiþing of it.* þe flood of God is his puple, flowyng in vertues; bi his grace þou hast greiþed þe mete of hem, for Crist, þat is breed of lyfe and þe quyk welle of watre of goostly vnderstondyng was greiþed of his Fadre 85 into refeccyoun of his chirche. For so is þe greiþing of it: | þat is, in f. 132va so greet plente of his grace bi Crist ȝouen to his loueres, þat not onely ben greiþed into her helpe alle creatures þat God made, but þe miȝty Maker of al þinge is greiþed into her eche dayes breed. For

61 troubled] drouyd T termes] terme L 62 outpassynges] outpassynge R morowtyde] morwetides BS euene] euenyng H folkes] folk AHTLDRBS 63 þe] *om.* T lust] lustes L shuln] schal T 64 troubled] droued T 65 outpassynges] outpassyng RBS morowtid] þe morwetide BS 66 euene] enentide H 68 þe] *om.* AHTLBS 69 victorye] uictore T haþ] han A ben] *om.* L forþi] þerfor AH, for þat L 71 terram . . . eam (72)] *om.* D multiplicasti . . . eam (72)] *om.* L 73 enriche it] euerich of it A 74 þe[2]] *om.* A 76 in[1]] *om.* BS 77 þe] þi A forþi] þerfor AH, for þat L 80 dei . . . eius] *om.* D parasti . . . eius] *om.* L 82 greiþed] ordeined HBS, maad redi DR þe[1]] *om.* L greiþing] ordeynyng HBS, makynge redi DR 83 his[1]] *om.* T flowyng] folowynge TL 84 greiþed] ordeynede HBS, maad redi DR breed] þe breed T 85 greiþed] ordeined HBS, maad redi DR 86 refeccyoun] fulfillyng DR greiþing] ordeynyng H, makyng redi DR, ordenaunce BS 87 so] *om.* BS of his] is AHTLBS 88 greiþed] ordeynid HBS, maad redi DR 89 greiþed] ordeined HBS, maad redi DR

{11} Riuos eius inebrians multiplica genimina eius; in stillicidiis eius letabitur germinans. *þe stroondes of it drunkenand þe manyfold buriounnynges of it; in þe droppynges of it shal be maad glad þe bourgenyng.* þe stroondes of þe flood of God ben holy lyueres not curyous lerneres. þise smale stroondes fulfilled wiþ þe plente of þe flood, þat is of plenteuous grace of Crist and of þe holsum doctrine of his apostles, renneþ swyftly bi smale courses þurgh dyuerse londes, moystyng þe drye erþe þat it bryng forþe fruyt; for þe day of worchyng is wele passed on, and þe niȝt neiȝiþ nere whanne tyme of worchyng shal not be. And þis knowyng, þe manyfold bourgenyng of þe roote of Crist, bisily enforsen hem to receyue þe dropes of grace, wherinne þei shuln glade burionyng good fruyt. For

{12} Benedices corone anni benignitatis tue, et campi tui replebuntur ubertate. *þou shalt blesse to þe coroune of þe ȝeer of þi benignite, and þi feeldes shuln be filled wiþ plenteuouste.* þou shalt blesse to þe coroune of þe ȝeer of þi benignite, þat is to þe glorious victorye of þe ȝeer of þi gode wille, in þe whiche þe coroune of glorye was hiȝt to þi trewe foloweres. And þi feeldes shuln be fulfilled wiþ plenteuouste: þat is, þe blyssyng þat þou ȝaue to þin apostles in þin upstiȝinge to heuene so enflaummed hem in þi loue to fulfille þi biddyng þat, as moste plenteuous feeldes, þei bare gode | fruyt, conuertyng to þee mychel puple.

{13} Pinguescent speciosa deserti, et exultatione colles accingentur. *Waxe fatte shuln þe shaply of deserte, and in ful outioiyng hilles shuln be gyrded to.* Shaply of desert shal wexe fatte bi þe plenteuous blessyng of God, þat is, men fer þrowen fro lustes and prosperite of þis world (þat as moste wilde deserte is bareyn of heuenly vertues)

90 inebrians . . . germinans] *om.* D genimina . . . germinans] *om.* L 91 eius] *om.* H þe[1] . . . buriounnynges (92)] þou art makyng drunke þe strondis BS stroondes] riuers H 92 buriounnynges] buriownynge A in . . . bourgenyng (93)] multeplie þou þe burionynges of it in þe droppyngis of it þe burionyng shal be made glade BS shal] þe buriouningis schal D, þe buriounynge shal R maad] *om.* L þe bourgenyng] *om.* DR 94 þise] þere T þe[2]] þis BS 95 plenteuous] þe plentyuous T 99 þe] *om.* T 102 corone . . . ubertate] *om.* D et . . . ubertate] *om.* L 104 filled] fulfilled T plenteuouste] plentyuousnes T 105 benignite . . . þi (106)] *om.* BS to[2]] *om.* T þe[3]] *om.* H 106 ȝeer] pore AL 107 foloweres] louiers A fulfilled] fillid H 108 plenteuouste] þe plenteouste AL 109 upstiȝinge] uprisynge A fulfille] fulle BS 110 as] is as A moste] *om.* BS 112 speciosa . . . accingentur] *om.* D et . . . accingentur] *om.* L 113 waxe . . . deserte] the schapli (*add.* þinges BS) of desert schulen wexe fatte DRBS in . . . outioiyng] *om.* BS 114 to] to in ful outioiyng BS wexe] be waxe T 115 fer þrowen] þrowen afer A 116 as] is R of] in L

shal be uperyd and maade shaply feeldes, beryng fruyt. And in ful outioiyng hilles shuln be gyrded to: þat is, many proude men as hyȝe hilles shuln shame of her bareynnes and be meked, and bere fruyt of good ensaumple as moste plenteuous valeyes, fast girdyng to hem her lustes in doyng sharp penaunce, not a day or tuo and turne aȝeine as idiotes and ypocrites, but contynuely to her ende. 120

{14} **Induti sunt arietes ouium, et ualles abundabunt frumento; clamabunt, etenim hymnum dicent.** *Cloþed ben weþeres of sheep and valeyes shuln abounde wiþ whete; þei shuln crye, forwhi ympne þei shuln seye.* Weþeres of sheep ben þei þat in hyȝe perfite vertues lyuyng folowen next Crist in þe weye of tribulacyoun þat he went, for in feruent charite þei ben cloþed and kouered fro lustis of þis life. And as moost plenteuous valeyes þei abounde wiþ whete of gode doctrine of Cristis lawe, for þei ceessen not to crye it in þe eeres of folk. Forwhi, þei shulen seye ympne: þat is, in þe weye of her pilgrymagyng moste delytably þei shuln seye þe preysyng of God. 125 130

[Psalmus] .lxv.

{1} **Iubilate Deo omnis terra; {2} psalmum dicite nomini eius; date gloriam laudi eius.** *Inwardely ioye ȝee to God al erþe, psalme* | *seye ȝee to þe name of him, ȝiueþ glorye to his preysyng.* Inwardly ioye ȝee to God alle erþe: þat is, ȝee meke men of erþe, gladyng in þe weye of Crist, psalme seye ȝee to þe name of him, keping his maundementes, for so ȝee ȝiue most glorye to him in preysyng of his name. Forþi f. 133ra 5

117 in . . . outioiyng (118)] *om.* BS 119 shuln] *om.* H bareynnes] barenesse S 120 girdyng] gyrden L 123 induti] induite, *2nd* i- *canc.* C arietes . . . dicent] *om.* D et . . . dicent] *om.* L frumento] *om.* T 124 cloþed . . . sheep (125)] þe (*om.* DR) weþeris of scheep ben cloþid DRBS cloþed] cled T 125 abounde] be plenteuous DR 126 ympne . . . seye] þei shul sey ympne BS perfite] and perfiȝt A 127 vertues] vertuous AHTDRS folowen] folowiden H 128 feruent] perfyght `or feruent' L cloþed] cled T kouered] conuertid H 130 not] no D it] *om.* L 131 her] *om.* L 132 pilgrymagyng] pilgrimage BS delytably] delitable BS

Ps. 65 CAHTLDRBS

heading C (*r.h.* Iubilate), lxv in finem psalmus dauid of þe resurrexioun. voyce of aposteles. voyce of mertyres L, `65' *d.h.* B, *r.h.* Iubilate deo omnis terra psalmorum D, `66' *d.h.* R, þe lxiij psalm A, *om.* HTDS 1 iubilate] iubila L 2 date . . . eius] *om.* L laudi] laudis A eius] *om.* R inwardely . . . erþe] al erþe inwardly ioye ȝe to god BS psalme . . . ȝee (3)] seie ȝee psalme DRBS 3 ȝiueþ . . . him (5)] *twice* H 4 þat . . . erþe[2]] *om.* R 5 psalme . . . ȝee] seie ȝe psalme DRBS 7 forþi] þerfore AH, for þat L

{3} Dicite Deo: quam terribilia sunt opera tua; Domine, in multitudine uirtutis tue mentientur tibi inimici tui. *Seye ȝee to*
10 *God: hou aweful ben þi werkes; Lord, in mychilnesse of þi vertue shuln þin enemyes lyȝe to þee.* Seye ȝee to God, dreding his name, hou aweful ben þi werkes Lord, as who seiþ, siþ alle þe werkes of þin hond shewen þe dreed of þi wraaþþe to þi lawebrekeres, eche man in greet dreed shuld enforse him to þi seruyce. For in mochilnes of þi
15 vertue shulen þin enemyes lyȝe to þee: þat is, proude men, and lusty in werk and in word, shulen enforse hem to bowe þi lawe to acorde to her lustes, where þei shulden aȝenward meke hemsilf to obeishe to þi lawe. But þere þin enemyes shuln lyȝe, for þi treuþe, þat is in mychilnes of þi vertu, myȝtily on eche syde defendeþ itsilf, so þat
20 into world of world it shal haue þe maystrye. For

{4} Omnis terra adoret te Deus, et psallat tibi; psalmum dicat nomini tuo. *Al þe erþe loute þee God, and inwardly synge to þee, and psalme seye to þi name.* Al erþe: þat is, eche meke man, knowyng himsilf corruptible erþe, loute he þee God, obeishyng to þi word;
25 and inwardly synge he to þee in spiritual songe of clene conscience, and psalme seye he to þi name in greet gladnes of spirit, seiyng

{5} Uenite, et uidete opera Dei, terribilis in consiliis super
f. 133rb **filios hominum.** | *Come ȝee and seeþ þe werkes of God, awful in counseyles upon þe sones of men.* Forsake ȝee þe counseyle of lyȝeres
30 wherbi men ben fyled, and not clensed; and come ȝee mekeli wiþ sorow of hert and seeþ feiþfully þe werkes of God, hou gode þei ben, siþ in knowyng of hem we moun perceyue his godenes to us. Awful he is in counseyles upon þe sones of men, for aboue alle mennes knowyng he is dredeful and riȝtwise.

8 deo] domino S quam . . . tui] *om.* D in . . . tui] *om.* L 10 aweful] dreedful HDR in . . . as (12)] *twice* A mychilnes] mekenes *first time only* A shuln . . . lyȝe (11)] þi enemyes schulen liȝe DRBS 11 ȝee] *om.* H 12 aweful] dredful DR who] whos D seiþ] seye AHLBS 13 shewen] schewen þe werkis of þi hoond schewen T 15 vertue] uertues T 16 in[2]] *om.* A 17 to[1]] wiþ BS shulden] schule H obeishe] obeye L 18 þere] þese H þin] in L in] *om.* L 19 on] ouer L 20 it] *om.* L 21 adoret . . . tuo] *om.* D psalmum . . . tuo] *om.* L psalmum] et psalmum BS dicat] dicam AHR 22 loute] loutiþ H, worshipe BS þee[1]] to þee AL synge] synggeþ H to] it to BS 23 psalme seye] *rev.* DR, sey it salme BS seye] seiþ H 24 loute] worship BS obeishyng] obeyynge L 25 he] *om.* H 26 psalme . . . he] seie ȝee (he R) psalme DR seye] seiþ T 27 et . . . hominum] *om.* D dei] domini BS terribilis . . . hominum] *om.* L consiliis] consilii S 28 come] comeþ, -þ *canc.* C seeþ] se ȝe BS awful] dredful DRBS 29 þe[1]] *om.* BS forsake] forsakeþ, -þ *canc.* C, forsak`e´ynge L counseyle] counceils AHL 30 come] comeþ, -þ *canc.* C 31 seeþ] se ȝe HL 32 knowyng] þe knowynge ATLBS, al þe knowyng H awful] dredful DRBS

{6} Qui conuertit mare in aridam, in flumine pertransibunt pede; ibi letabimur in ipso. *þe whiche turned togyder þe sce into drye, in flood þei shuln passe in fote; þere we shuln glade in him.* þis world is as a wood sce, flowyng wiþ feerse wawes of lustes, þat no man may passe but bi mekenes, obeischyng to God, stedfastly hopyng in him. For þe proude perissheþ þerinne in his pride, and þe buxsum surely passeþ it bi his mekenes. 35 40

{7} Qui dominatur in uirtute sua in eternum; oculi eius super gentes respiciunt, qui exasperant non exaltentur in semetipsis. *þe whiche lordschipeþ in his vertu wiþouten end; þe yȝen of him upon folk loken, þoo þat outsharpen hem shuln not be hyȝed in hemsilf.* God þat is lord of vertues biholdeþ þe þouȝtes of alle men contynuely, and he shal ȝeeld to eche man after his werkes, þoo þat outsharpen hem wiþ malyce proudely doyng shuln not be hyȝed in hemsilf. For whanne þe[i] shuln perfitely knowe hemsilf, þei shuln wlate wiþ hemsilf. Forþi 45 50

{8} Benedicite gentes Deum nostrum, et auditam facite uocem laudis eius. *Blesse ȝee folk oure God, and makeþ herd þe voyce of his preysyng.* As who seiþ: he þat loueþ God loueþ his neiȝebour, | and coueiteþ þat alle men wiþ oon mouþ blessed God þat in al þing is good to us. And so þe Prophet biddeþ in þe persone of Crist þat folc make herd þe voyce of his preising, not in naked wordes wiþouten frutuous werkes, but in werk and word treuly and frely wiþouten flateryng. For f. 133va 55

{9} Qui posuit animam meam ad uitam, et non dedit in commotionem pedes meos. *He þat sette my soule to lyfe, and ȝaf not into remowyng my feete.* þe Lord putteþ oure soules to lyfe: þat is, he putteþ in vs wordes of lyfe to edifye our neiȝbores not to deceyue hem; and he haþ not ȝiuen into remowyng oure feete: þat is, he haþ 60

35 mare . . . ipso] *om.* D in[2] . . . ipso] *om.* L 37 in[1] . . . fote] þei shul passe by foot in flood BS 38 as a] a L, *om.* A 39 obeischyng] obeyynge L 40 þerinne] þere AHTLBS 42 in . . . semetipsis] *om.* D oculi . . . semetipsis] *om.* L 43 non exaltentur] *om.* H 44 upon . . . loken (45)] loken vpon folk DRBS 45 be] be he D 46 þouȝtes] thowght L alle] *om.* L 47 his] her BS þoo] thei H outsharpen] outschapen A 48 wiþ] in DR 49 þei[1]] þe C shuln] shold L wlate] vgge L 50 forþi] þerfore AH, for þat L 51 gentes . . . eius] *om.* D deum] dominum deum A et . . . eius] *om.* L 52 blesse . . . folk] ȝe folk blisse BS god] lord BS makeþ] make ȝe BS 53 who] whos D seiþ] seye AHLBS 54 mouþ] wille D blessed] blesse ALB 55 þing] þingis H so] *om.* T 56 make] maad D 57 word] in word BS 59 animam . . . meos] *om.* D et . . . meos] *om.* L in] *om.* A 60 sette] haþ sette BS 63 he[1]] *om.* L not] *om.* T

not ȝyuen into vnstablenesse oure affeccyouns, but in treuþe of his
65 word he haþ festned hem.

{10} **Quoniam probasti nos, Deus, igne nos examinasti, sicut examinatur argentum.** *For þou hast proued us, God, in fyer þou examyned us, as siluer is examyned.* Þoo in whom God festeneþ his word of treuþe he proueþ bi fyer of tribulacyoun, wherinne most
70 loue is shewed, for holesum lycoure shulde be drunken of a clene vessel. Þou proued us, Lord, as siluer is proued, not waasted but pured, for, as good syluer is knowen bi lastyng in fyer, so ben feiþful men bi gladyng in tribulacyoun. For he þat treuly loueþ, feiþfully wil suffre.

75 {11} **Induxisti nos in laqueum; posuisti tribulationes in dorso nostro;** {12} **imposuisti homines super capita nostra.** *Þou ledde us into þe snare; þou sette tribulacyons in oure bak; þou insette men upon oure heuedes.* Þou hast ledde us into þe snare: þat is, þe Lord
f. 133vb skylfully ledde us into þe snare of wretchid | nesse, siþ we loued and
80 dide desirable lustes of deeþ. Þou hast put tribulacyouns in oure backe: for þe riȝtwisnesse of God mote nede suffre þat þe werkes of synne be charged wiþ noyful burþenes. Þou hast insette men upon oure heuedes: for he þat wil not meke himsilf shal be meked bi his aduersarye.

85 **Transiuimus per ignem et aquam, et eduxisti nos in refrigerium.** *We passeden bi fyer and watre, and þou outledde us into colyng.* We passiden bi fyer and watre: þat is, whanne we skilfully for oure wilful forfeture were putte into tribulacyoun, we brouȝte to mynde weylyng þe filþe of oure conscience. Bi þe whiche, as wiþ fyer, we
90 were brente in lust, and oure outeward dedes, þat as watre flowed into þe yuel ensaumple of oure neiȝebores, and we passiden herby wiþ sorowful hert, doyng amendes. And þou ledde us into colynge, for after trauayle, Lord, þou ȝyuest reste. Forþi

66 nos[1] . . . argentum] *om.* D examinasti . . . argentum] *om.* L 67 hast . . . god] god hast proued vs BS 68 examyned] hast examynede DR festeneþ] festiþ T, festnyd D 69 word] wordis BS most] is moost A 70 lycoure] drinke or licour B shulde] schal H 71 proued] prouest AHLBS, proues T waasted] wastynge A, wastyg L 72 fyer] þe fire H 75 nos . . . nostra] *om.* D posuisti . . . nostra] *om.* L 77 insette] set BS upon] vp R 80 tribulacyouns] tribulacioun RBS 81 mote] must L werkes] wirkers AHTBS 82 noyful] ioyful BS insette] sette LBS 85 per . . . refrigerium] *om.* D et[2] . . . refrigerium] *om.* L 86 outledde] ledde L, laddest BS colyng] kelyng H 87 we[1] . . . watre] *om.* BS þat is] *om.* A skilfully] wilfully T 88 forfeture] forfetyng BS into] in L 89 of . . . conscience] *om.* T 90 flowed] folowid T 91 þe] *om.* AHTDRBS 92 colynge] kelyng H 93 forþi] þerfore AH, for þat L

{13} **Introibo in domum tuam in holocaustis; reddam tibi uota mea, {14} que distinxerunt labia mea.** *And I shal ingoo into* 95 *þin hous in brent offerynges; I shal ȝeeld to þee my vowes, þe whiche my lippes han dyuyded.* He þat is purged bi tribulacyoun and is feiþful to þe ende shale ingoo into þe hous of God þat is into þe blisse of heuene. In offringes I shal ȝeelde myn auowes: þat is, in slayne offrynges, mortifiynge þe fleische bi penaunce, ȝeeldyng myn auowes 100 þat I vowed bi witnesses in my bapteme, þe whiche my lippes han deuydide, seiyng, good is to be meked in þe siȝt of God wilfully and most wretchidnesse to be holden gloryous of men þat han loste her taaste. Forþi

Locutum est | os meum in tribulatione mea. *And my mouþ spac* f. 134ra *in my tribulacyoune.* As þe mouþ is þe entre of mete to sustenaunce of 106 þe body, so is mekenes þe entre of vertues to mannus soule. Forþi my mouþ, þat is þe mekenes of my herte, spac in my tribulacyoun þe preysing of God feiþfully and seyde

{15} **Holocausta medullata offeram tibi cum incensu arietum;** 110 **offeram tibi boues cum hyrcis.** *Offerynges merewed I shal offre to þee wiþ encense of weþeres; I shal offre to þee oxen wiþ geete.* In þe lawe men offreden fatte beestes to God, brennyng hem whois maryboones as swete encense smelled to þe Lord. Þus we shuld do now, offryng to God gladly ouresilf brent sacrifice þurgh loue, fro whom is wasted 115 þe consent to lustes wiþ prosperite of þis wretchid lif. And þanne, as most swete maryboones, oure vertues, ful of mekenesse wiþouten veynglorye, ȝyueþ moost swete smel to þe Lord wiþ þe ence[n]se of weþeres þat among kynde of beestes is moost fructuous and innocent. I shal offre to þee oxen wiþ geete: þise meke weþeres, 120 hauyng no galle of indignacyoun `a´ȝen her boocheres, but mekely go

94 in[1] . . . mea] *om.* D reddam . . . mea] *om.* L 95 distinxerunt] distinexerunt T and] *om.* BS ingoo] go BS 96 to . . . vowes] my vowis to þe T þe] *om.* A 97 dyuyded] denyed A 98 ingoo] go HBS 99 auowes] vowis AL in[2]] *om.* A 100 þe] my A 101 vowed] avowide ALBS bi . . . bapteme] in my baptem by witnesse T witnesses] witnesse HBS 102 `nota´ R deuydide] denyed AL 104 forþi] þerfore AH, for þat L 105 locutum] et locutum H os . . . mea] *om.* D in . . . mea] *om.* L and] *om.* BS 106 þe[2]] *om.* AL to] to þe A 107 þe[1]] *om.* A mannus] `a´ mannes H, a mans ATL forþi] þerfor AH, for þat L 108 my[2]] *om.* D 110 medullata . . . hyrcis] *om.* D cum . . . hyrcis] *om.* L incensu] insenso A, incenso T 111 boues] bouem T offerynges . . . þee[1] (112)] Y shal offre to þee offringes mengid BS offerynges] offrynge R merewed] medlid AL 112 of] and D 114 shuld] shuln R 115 to . . . ouresilf] ussilf gladli to god A 118 smel] *om.* T þe[2]] *om.* DR encense] encese C 119 kynde] þe kynde A, kyndes B 120 þise] þere T 121 go . . . hem (122)] *on eras. of shorter s.h.* C go yn] goon ATLDRBS, gone H

yn wiþ hem, offryng`e´ hemsilf wilfully to tribulacyoun in cause of þe feiþ, as moost stalworþe oxen to þe ende beryng þe ȝoc of Crist offren hemsilf to God sacrifice of good smel, proued in þe
125 chymeneye of tribulacyoun wiþ geete. Geete among beestes is ramage and stynkyng, and bitokeneþ filþe of corrupcyoun of lustes in þis lyf; þise corageous beestes and iolyf shuln be meked by pacyence of innocent weþeres, and maad plesyng sacrifyce to God. |
f. 134rb Forþi

130 **{16} Uenite et audite, et narrabo omnes qui timetis Deum, quanta fecit anime mee.** *Come ȝee and here, and I shal telle alle þat dreden God what he haþ doon to my soule.* Ȝee corageous geete, stynkyng in lustes, taryeþ not but comeþ mekely wiþ contryte hertes and hereþ feiþfully and I shal telle ȝow alle þat dreden God þat he
135 deliteþ not in deeþ of synneres. Ȝif [ȝ]e drede not God as þe sone þe fadre, soone shal ȝour hous, þat is ȝour mortale body, be ouerþrowen, and ȝee shuln not þanne here to ȝour helþe ne nowe be iustyfied; for drede openeþ þe eere to here wysdome and discyplyne. What God haþ doon to my soule: þat is, how of his mercy he haþ
140 cured it, for it feiþfully hoped to him. For

{17} Ad ipsum ore meo clamaui; et exultaui sub lingua mea. *To him I cryed wiþ my mouþ, and I ful outioyed vndir my tunge.* I cryed to God wiþ my mouþ, not þat ne he wiste my nede and my desyre, but for loue may not be stille. And I ful outioyed vndir my tunge, þat
145 is in my hert for loue of my loue, swete Iesu. For

{18} Iniquitatem si aspexi in corde meo, non exaudiet Dominus. *Ȝif I biheeld wickednesse in my hert, þe Lord shal not here.* Ȝif I bihelde: þat is, for I biheelde wickednesse in my herte, assentyng þerto in tyme of temptyng, God shal not here me þat tyme preiyng;
150 for I obeished not to his biddyng. Wiþstonde þe deuyl and he shal

122 hem] hym BS, *om.* AHTL 124 offren] offryng DR god] crist T 125 is] ben ATL 127 þise] þere T corageous] curious T shuln] schulde H 128 pacyence] pacyent L 129 forþi] þerfore AH, for þat L 130 et[1] . . . mee] *om.* D audite] uidete T 131 quanta . . . mee] *om.* L come] comeþ, þ *canc.* C here] huyre ȝe BS alle] yow all L 132 corageous] curious T 135 ȝe] he C 136 mortale] deedli DR 137 ȝee] *om.* BS to] *om.* BS nowe] mowe AHTLBS 138 to] and A 139 how] *om.* T he] hou he T 140 it[1]] *om.* A to] in H 141 ore . . . mea] *om.* D et . . . mea] *om.* L 142 to . . . cryed[1]] I cried to hym BS I[2]] *om.* A vndir] in A 143 ne he] *rev.* ATR, he BS 146 si . . . dominus] *om.* D non . . . dominus] *om.* L 147 `nota´ DR 148 þat . . . biheelde] *om.* BS 150 obeished] obeyed L `1 cor. 10´ CA, `cor.10´ H wiþstonde] wiþstondyng D

flee aweye. For no temptacyoun takeþ man but þat he may wiþstonde, þat no man consentyng to synne be excuysed.

{19} **Propterea exaudiuit Deus, et attendit uoci deprecationis mee.** *Þerfore herde þe Lord, | and he bihelde to þe voyce of my preyer.* f. 134va Þerfore þe Lord ful outherd me, for I consentid not to synne in 155 temptyng. And he bihelde to þe voyce of my preyer: þat is, to mennes fructuous werkes wiþ purete of conscience þat contynuely preieþ to God for hem and deserueþ þorou grace to be herd.

{20} **Benedictus Deus, qui non amouit oracionem meam, et misericordiam suam a me.** *Blessed be God, þat remoued not myn* 160 *orysoun, and his mercy fro me.* Þat is, þe feiþful louere of God, strengþed bi vertue of hiis grace, whois orisoun is not momentany but lastynge, blesseþ God for his contynuel mercy, þat he doiþ to him. Whiles we miȝtily wiþstonden temptacyon, and doon profite to oure neyȝebore, and desiren feruently contynuance, lowly preiyng 165 Goddes mercy, we moun tristily hope to be herde.

Psalmus .lxvi.

{2} **Deus misereatur nostri, et benedicat nobis; illuminet uultum suum super nos, et misereatur nostri.** *God haue mercy of us and blesse to us; liȝten he his face upon us and haue mercy of us.* As þe reyne firste moysteþ þe erþe er it bryng forþe fruyt, so þe mercy of God is upon man first and more redy to ȝyue him grace þan he to 5 aske it. Forþi ceesse not fro preisyng of him, but seye as it is: God haue mercy of us, forȝyuyng to us oure synnes, and blesse to us,

151 flee] flye R aweye] fro ȝou H þat] if BS 152 man] *om.* AL 153 exaudiuit . . . mee] *om.* D exaudiuit] exaudiet L deus] dominus TBS et . . . mee] *om.* L 154 herde . . . lord] þe lord herd DRBS to] *om.* R 156 to²] *om.* T 157 mennes] þe mennys S 159 deus . . . me] *om.* D deus] dominus R amouit . . . me] *om.* L meam] *om.* T 162 bi] þe bi D momentany] in momentany L 163 blesseþ] blessid BS 164 temptacyon] temptacyouns AL profite] perfiȝte D 165 preiyng] preisyng D

Ps. 66 CAHTLDRBS

heading C (*r.h.* Deus misereatur), lxvi into þe ende. ympne psalm of dauid. þe prophete amonesteth trespasoures. voyce of þe aposteles to þe father L, *r.h.* Deus misereatur′ D, `66′ *d.h.* B, þe lxiiii psalm A, *om.* HTRS 1 misereatur] miseratur A illuminet . . .nostri] *om.* L 3 to] he to BS, *om.* DR haue] haue he H of²] on A, vpon BS 4 bryng] bringeþ A 5 man] a man L 6 forþi] þerfor AH, for þat L fro] of L seye] seeþ T

encreessyng oure vertues. Liȝten he his face upon us: þat is, shewe he to us þe treuþe of his sone, Crist Iesu, þat we þerþurgh be
10 liȝtned, and haue he mercy of us.

{3} **Ut cognoscamus in terra uiam tuam, in omnibus gentibus salutare tuum.** *Þat we knowe in erþe þi wey, in al folc þin helþe.* Lord
f. 134vb God, shewe to us | Crist, þat is þe treuþe of his lawe, for þerby oonly in þis life we may knowe þe syker weye to heuene, for in al folk
15 he is þe helþeȝiuer. Forþi

{4} **Confiteantur tibi populi, Deus, confiteantur tibi populi omnes.** *Knowleche to þee puples, God, knowleche to þee alle puples.* Þat is, feiþful puple knowlecheþ to þee God, preising þi name, for in al þing þei knowe þi goodnes. Alle puple knowlecheþ to þee in
20 accuysyng hemsilf, þat þou God oonely forȝyuest synne to alle þat feiþfully hopen in þee. Forþi

{5} **Letentur et exultent gentes, quoniam iudicas populos in equitate, et gentes in terra dirigis.** *Glaade folk, and ful outioye þei, for þou demeest puples in euennesse, and folckes in erþe þou dressest.* Ȝif
25 folk of kind biholde þe euennesse of God in his puple, þei shuln glade and ful outioye in þe riȝtwisnesse of God, for he deemeþ his puple wiþouten acceptyng of persone in euennesse. And he dresseþ folk in erþe, þat is þe weyes of hem þat coueyten him to be her ledere. And þerfore

30 {6} **Confiteantur tibi populi, Deus, confiteantur tibi populi omnes; {7} terra dedit fructum suum.** *Knowleche to þee puple[s], God, knowleche to þee alle puples; þe erþe ȝaf his fruyte.* Alle puple\`s´ of God knowlechen to him in feiþful kepyng of his byddinges; and alle his puple knowlecheþ to him, preisyng his name þat wold bicome
35 man and be borne of erþe to make it fructuous þat bifore was bareyn.

8 he] *twice* D, *om.* BS 9 crist iesu] *rev.* ALDR 10 he] *om.* H 11 in[1] . . . tuum] *om.* D in[2] . . . tuum] *om.* L 13 his] þi T 15 þe] *om.* L helþeȝiuer] helþe BS forþi] þerfor AH, for þat L, *om.* T 16 tibi[1] . . . omnes] *om.* D confiteantur[2] . . . omnes] *om.* L 17 knowleche[1] . . . god] god peples knowleche þei to þee BS knowleche[1]] knowlegynge L puples[2]] peple ATL 18 puple] men L, *om.* A 20 synne] *om.* L 21 forþi] þerfore AH, for þat L 22 et . . . dirigis] *om.* D quoniam . . . dirigis] *om.* L 23 glaade folk] folkes glade þei BS þei] *om.* L 24 puples] peple AHTLDBS folckes . . . dressest] þou dressist folk in erþe DRBS folckes] folk AHTL 26 þe] þi A of] *om.* A 30 tibi[1] . . . suum] *om.* D confiteantur[2] . . . suum (30)] *om.* L 31 terra . . . suum] *om.* A knowleche . . . god (32)] god peple knowleche þei to þee BS puples] puple CAHTL 32 puples[1]] peple AHTLBS puples[2]] –s *added* C, peple AHTLBS 33 in . . . him (34)] *om.* T 35 erþe] þe erthe L fructuous] fruytful H

Benedicat nos Deus, Deus noster! {8} Benedicat nos Deus, et metuant eum omnes fines terre. *Blesse us God, oure God! Blesse us God, and drede him alle þe eendes of erþe.* Blesse us God þe fadre wiþ his miȝte, defendyng us; | blesse us oure God þe sone wiþ his wisdome, techyng us; and blesse us God þe Holy Goost, in vnyte of good loue. And drede him alle eendes of erþe: þat is, alle þat ben fer fro þe loue of þis wretchid lif, dreede him and loue him þat þei regnen wiþ him.

f. 135ra 40

Psalmus .lxvii.

{2} Exurgat Deus, et dissipentur inimici eius; et fugiant qui oderunt eum a facie eius. *Ryse, God, and scatered shuln be his enemyes; and flee þei þat hatiden him fro þe face of him.* Þe Prophete in þe voyce of þe chirche tristily coueyteþ and askeþ þat he knoweþ is to come, seiyng 'Ryse, God': þat is, Crist Iesu, shewe þat þou art rysen fro deeþ to lyue, of whom deeþ shal no more haue maystrye. For scatered shuln be þin enemyes \`a´ȝeinseiyng þe treuþe in þi biholdyng; and þei shuln flee þat hatiden þee, not to socour, but as ouercomen enemyes, into þe depe pitte of helle, fro þi face of whom þei shal most hidously dreede. For

5

10

{3} Sicut deficit fumus, deficiant; sicut fluit cera a facie ignis, sic pereant peccatores a facie Dei. *As smook fayleþ fayle þei, as wex floweþ fro þe face of fyer, so perische synful fro þe face of God.* As þe

36 nos[1] . . . terre] *om.* D noster . . . terre] *om.* L 37 eum] *om.* A blesse[1] . . . erþe (38)] god oure lord blesse vs and alle þe endes of erþe drede hym. god blesse vs BS 38 and . . . god[2]] *om.* T him] *twice* H erþe] þe erthe L 39 defendyng] defende AL oure] on L 41 eendes] þe eendis A erþe] þe erþe R 42 dreede] and dreed T

Ps. 67 CAHTLDRBS; *last lines of p. 173a cut away, affecting* 315–18 T, *at 189 (v. 22) a new capital, as if for a new psalm* H, *ends incomplete* 267 sugetyng her S

heading C (*r.h.* Exurgat), lxvij in finem psalm' dauid. Cantici propheta annunciat þe father of heuen whan þe sone beryed L, *r.h.* Exurgat deus D, \`67´ *d.h.* B, þe fyue and sixti psalm A, *om.* HTRS 1 dissipentur] discipentu H et[2] . . . eius] *om.* L 2 eum] eius B, *om.* H ryse . . .. enemyes (3)] god rise he and his enemyes be skatered BS scatered . . . enemyes (3)] his enemyes schulen be scaterid DR 3 þat . . . him[2]] fro þe face of him þat hatid him T hatiden] haten R 4 þe[1]] *om.* AHTLBS 5 ryse god] god rise he BS crist iesu] *rev.* R 6 no . . . haue] haue no more L 7 scatered . . . enemyes] þyn enemyes schulen be scaterid DR shuln] *om.* BS aȝeinseiyng] ȝeyneseiȝynge HTLS þe] þi AHTLBS 8 as] as to T 9 depe] *om.* A whom] which AL 10 þei shal] þou shalt BS 11 fumus . . . dei] *om.* D deficiant] sic deficiant R sicut[2] . . . dei] *om.* L sicut[2]] et sicut A 12 smook] reke HL 13 floweþ] fletiþ A fyer] þe fiir R synful] þe synful AHTBS þe[3]] *om.* AHTLDBS

smook is waasted whane it is borne into þe eyre, so proude men
15 shuln perishe in þe hyȝenesse of her owne willes. And as wexe floweþ
fro þe face of fier for vyolente heete, so synneres, þat wolden not for
her lustes seeke out þe treuþe of God to preysyng of his name, shal
in his riȝtwise doome perishe fro his face.

{4} **Et iusti epulentur; et exultent in conspectu Dei, et**
20 **delectentur in leticia.** *And riȝtwise ete þei, and ful outioye in þe*
f. 135rb *siȝt of God, and be þei dely|ted in gladnes.* Whanne synful men shuln
perische, for þei chesiden her heuene in þis deedly lif, riȝtwise men
as wiþ moost delycious mete shuln be fedde wiþ eendles blisse,
wherinne þei shuln fulle outioye in þe siȝt of God, for seyntes delyte
25 is in gladnesse of his chere. Forþi

{5} **Cantate Deo, psalmum dicite nomini eius; iter facite ei**
qui ascendit super occasum: Dominus nomen illi. *Syngeþ to*
God, psalme seiþ to þe name of him; makeþ weye to him þat steyeþ
abouen þe west; Lord, name to him. Syngeþ to God wiþ purete of
30 conscience; seiþ psalme to þe name of him: þat is, þat his name be
preysed in al ȝoure worchyng. Makeþ weye to him, doyng fructuous
werkes of mercy þat steyȝeþ abouen þe west. For þe proude deuyl
and alle his foloweres shuln be ouercomen bi vertu of his word, for
Lord, name to him þat is lord of lordes. Forþi ȝee feiþful men
35 wiþouten dreede

Exultate in conspectu eius, turbabuntur a facie eius, {6} **patris**
orphanorum, et iudicis uiduarum. *Ful outioye ȝee in þe siȝt of him;*
troubled shal be fro þe face of him, fadre of fadreles children and
domesman of wydowes. Ȝee feiþful men, whom as fadreles children
40 þe world haþ forsaken, ful outioye ȝee in þe siȝt of God þat as most

14 smook] reke HL into] in L eyre] erþe D 16 fier] þe fyer LBS heete] hert T 17 þe] *om.* A preysyng] þe preisyng H 19 epulentur . . . leticia] *om.* D et[2] . . . conspectu] in conspectu *canc.* et exultent L et exultent] *om.* S dei . . . leticia] *om.* L 20 riȝtwise] riȝtwis men BS þei and] *rev.* R in[2]] þei in BS 21 of god] *om.* S synful] vnfeythfull L 22 chesiden] chesiþ BS 24 fulle] *om.* R 25 is] *om.* S forþi] þerfor AH, for þat L 26 deo . . . illi] *om.* D deo] et R iter . . . illi] *om.* L iter] inter A 28 psalme seiþ] *rev.* DRBS 29 name] is name BS 30 conscience] conscienciens H þe name of] *om.* A 31 ȝoure] his A doyng] in doynge L 32 werkes] *twice* S 33 and] in DR alle] *om.* L 34 name] is name BS forþi] þerfor AH, for þat L 36 in . . . uiduarum] *om.* D turbabuntur . . . uiduarum] *om.* L 37 iudicis] iudices R 38 troubled . . . fadre] *marked for rev. to* fadyr shal be troublyd fro þe face of hym S troubled . . . him] *om.* LB troubled] drouyd T 39 wydowes] widewes shul be troublid fro þe face of hym B 40 as] is L

mercyful fadre biholdeþ most couenable tyme to delyuer his childre. For þoo þat troublen ȝou in þis short lyf shuln be troubled of God, þat is fadre of hem þat han loste for him þe faderhede of þis lif, for he is riȝtwise domesman of wydowes þat feiþfully affiȝen hem in him, and ben fer fro delyces of þis lif, mournyng and desiryng to þei 45 comen | to her trewe spouse Crist Iesu. For f. 135va

Deus in loco sancto suo; {7} Deus qui inhabitare facit unius moris in domo. *God in his holy steed; God þat makeþ to inwonne of oon manere in his hous.* Ȝee þat ben purged in þe fier of tribulacyoun, gladeþ in God, for he is 'in' ȝow to defende ȝow, and in ȝou to 50 counforte ȝow as in his holy place. For siþ þer is noon oþer entre to blisse but bi þe weye of tribulacyoun, God biholdeþ to his loueres to make hem alle of oon maner to wone in his house, heere in tribulacyoun and in heuene in blisse.

Qui educit uinctos in fortitudine, similiter eos qui exasper- 55 ant, qui habitant in sepulcris. *Þat outledeþ bounden in strengþe, also þoo þat outsharpen þe whiche wonen in sepulcres.* Who shuld drede to suffre in þis life for treuþe, siþ God þat is treuþe seiþ 'In strengþe aȝen þe wille of þe bynderes I shal leede hem out þat ben bounden for me. And also þoo þat outsharpen me to wraþþe and þat wonen as 60 deed men in sepulcres of lustes, I shal bi my strengþe lede into helle.'

{8} Deus cum egredereris in conspectu populi tui, cum pertransieris in deserto. *God, whanne þou outȝeede in þe siȝt of þi puple, whanne þou passid in desert.* God, whanne þou outȝeede in þe siȝt of þi puple, þat is whanne Crist Iesu, verrey God and man, 65 duelled here in his puple, of summe þou was preysed and of mo despysed. Whanne þou wente in deserte, þat is in þis bareyn generacyoun, al be it þat in þee was al vertu of helþe, fewe þou fonde þat feiþfully tristed to þi medicyne. | But f. 135vb

41 biholdeþ] he holdeth L 42 troublen] drouen T troubled] droued T 43 for[1]] fro D faderhede] fairhede T 44 affiȝen] tristen DR 45 delyces] þe delices R, þe delyȝtes L to] til AHLDRBS 46 trewe] *om.* A crist iesu] *rev.* L for] *om.* L 47 sancto . . . domo] *om.* D deus[2] . . . domo] *om.* L inhabitare] habitare RBS 48 in[2]] is in BS steed] place BS of] men of BS 49 hous] spouse A 50 in[2]] wiþ *canc.* 'in' C, wiþ AHTLBS 51 'act. 14' C as] al D 53 oon] *om.* D 54 in[2]] *om.* LR 55 uinctos . . . sepulcris] *om.* D similiter . . . sepulcris] *om.* L 58 for treuþe] *om.* A 60 þoo] *om.* H 61 men] *om.* R bi] in T 62 egredereris . . . deserto] *om.* D egredereris] egredieris ALRS populi . . . deserto] *om.* L 63 pertransieris] pertransieres H, pertransires BS outȝeede] ȝede out BS, in yede L 64 outȝeede] ȝede out BS, in yede L 65 þi] þe L man] verri man A 66 was] were ADRBS 67 wente] ȝedist A in[1]] into A 69 to] in AH

70 **{9} Terra mota est, etenim celi distillauerunt, a facie Dei Synai, a facie Dei Israel.** *þe erþe is stired, forwhi and heuenes dropped, fro þe face of God of Synai, fro þe face of God of Israel.* Bi þe comyng of Crist þe erþe was moeued, þat is meke men and symple weren meued to folowe him. Forwhi heuene[s] dropped to hem
75 grace, whanne bi aungeles þei weren ofte counforted fro þe face of God of Synai, fro whom þei hadden þe holsum ȝifte of þe Holy Goste, fro þe face of God of Israel, for her feruent loue biholdyng his wille. For

{10} Pluuiam uoluntariam segregabis, Deus, hereditati tue; et
80 **infirmata est, tu uero perfecisti eam.** *Wilful reyn þou shalt depart, God, to þin heretage; and it is meked, þou forsoþe maad it perfyte.* As plenteuous reyn, heuenly wisdom is wilfully sente fro God to his loueres, wherbi he shal departe and make knowen his enemyes fro þe chosen to his heretage. For as his enemyes for refuysyng of his
85 wisdom shale be meked in peyne, so his loueres in receyuyng it and feiþful kepyng of it shuln be meked þerbi to mekely bere his swete ȝok of counfort. For God loueþ no man but him þat goiþ wiþ wisdome of him, siþ wisdome of þis world is folye bifore him. þou forsoþe made it perfite, þat is bi þi wisdome perfytely þou wrouȝte in
90 þi loueres. For

{11} Animalia tua habitabunt in ea; parasti in dulcedine tua pauperi, Deus. *þi beestes shuln wone in it; þou greiþed in þi swetenes to þe pore, God.* þi beestes þat mekely drawen bi loue in þi ȝoc shuln
f. 136ra wonne in þi wisdome, wherfo|re þou haste greiþed to þe pore in
95 spirit þe heretage of heuene in þi swetnes. For as bi most swete smel þou shalt delite in þin heretage, God, þat ouer al þing is gode. Forwhi

{12} Dominus dabit uerbum euangelizantibus, uirtute multa. *þe Lord shal ȝiue word to þe prechyng, in mychil vertue.* Who þat treuly

70 est . . . israel] *om.* D a . . . israel] *om.* L 71 israel] iacob A and] *om.* R 72 dropped] drouped T israel] iacob A 74 heuenes] heuene CDR 77 his] to his ATBS 79 uoluntariam . . . eam] *om.* D deus] domine L hereditati . . . eam] *om.* L hereditati] hereditate H 80 wilful . . . god (81)] þou god shalt departe wilfully reyn BS 81 god] lord L 83 shal] schal be D 84 to] of T 85 shale] shulde, de *canc.* H 86 feiþful] feiþfulli DBS 88 wisdome[2]] þe wisdam H 91 tua . . . deus] *om.* D habitabunt] habundabunt R parasti . . . deus] *om.* L 92 greiþed] ordeynest H, madist redi DR, god ordeyned BS 93 god] *om.* BS in] *om.* H 94 greiþed] ordeyned HBS, maad redi DR 96 shalt delite] hast delited BS þing] þinges H 98 uerbum . . . multa] *om.* D uirtute multa] *om.* L 99 prechyng] men prechyng BS

precheþ Crist for pure zeele and loue of him, and encreesce of his chirche, þe Lord shal ȝiue to him word in greet vertue in conuertynge of puple. But for we seeken veyne worship and not Goddes preysyng, mennes goodes and not her helþe, we haue naked wordes wiþouten vertu of profityng.

{13} **Rex uirtutum dilecti dilecti; et speciei domus diuidere spolia.** *Kyng of vertues of loued of þe loued, and to feirheede of þe hous to departe spuyles.* Crist, kyng of vertues, wysdome of þe loued Fadre, and vnyte of þe loued Holy Goost ȝiueþ vertue to his feiþful prechoures. For to hem as to þe fayrehed of his hous, he ȝyueþ vertue to depaart spuyles; for bi þe vertue of Cristes word, his feiþful foloweres departen hem fro þe deuyl, whom he haþ rauisched and spuyled bi fals eggyng, and restoreþ hem to her modre holy chirche.

{14} **Si dormiatis inter medios cleros, penne columbe deargentate, et posteriora dorsi eius in pallore auri.** *If ȝee sleepe in myddes clergyes, dowue feþeres siluered, and þe hyndermore of hir bac in paalnes of gold.* If ȝee sleepe: þat is, if ȝee soundly reste in myddes þe clergye of þe testamentes of Goddes lawe, noiþer bowyng to þe riȝt ne to þe lefte, as symple dowues wiþ most briȝte feþeres of cleer vertues, ȝee | shulen be uptaken fro al wretchidnesse. And þe hyndermore of þe bak: þat is, ȝour aftercomeres bi ensaumple of ȝoure biforegoyng, as most cleer gold of sad coloure, shal be maad plesaunt in Goddes siȝtt.

{15} **Dum discernit celestis reges super eam, niue dealbabuntur in Selmon; {16} mons Dei, mons pinguis.** *While of heuene departeþ kynges upon hir, abouen snowe þei shuln be made white in Selmon, hille of God, hille fat.* While of heuene: þat is, while Crist heuenly kyng depaarteþ kynges upon his chirche to gouerne it bi his lawe, abouen snowe þei shuln be maad white, hauyng briȝtnes of

100 ˋnota beneˊ R pure] trewe A zeele and] *om.* BS 102 puple] þe puple H 103 wordes] woodes S 105 dilecti[1] . . . spolia] *om.* D et . . . spolia] *om.* L 106 loued[1]] þe louyd T þe[1]] *om.* L feirheede] fairnes BS 109 to[2]] *om.* T fayrehed] fairnes BS 110 to] *om.* D 111 rauisched] spoilid A 112 spuyled] raueschid A eggyng] entisyng BS 113 inter . . . auri] *om.* D penne . . . auri] *om.* L 114 in myddes] amyddes BS 115 clergyes] clergie ALD 116 soundly] sodeyneli HLBS þe] of L 118 cleer] clene L 121 ȝoure] *om.* A of] and A 123 celestis . . . pinguis] *om.* D celestis] celestia H reges] regis L super . . . pinguis] *om.* L 124 while] s *canc.* C of heuene] þe heuenlich BS heuene] heuens L 125 abouen . . . white] þei shul be made white aboue snowe BS þei] *om.* R 126 hille[1] . . . fat] a fatte hille hille of god is BS while[1]] -s *canc.* C of heuene] þe heuenli BS while[2]] –s *canc.* C 128 abouen . . . white] þei shul be white aboue snowe BS maad] *om.* AHTLD

vertues; in Selmon, þat bitokeneþ pees, for Goddes lawe makeþ þe
130 feiþful loueres þerof pesible. þe hil of God, a fat hil: þis hil is þe
treuþe of Goddes lawe, þat makeþ fatte þe loueres þerof in
deuocyoun þerof. For

Mons coagulatus, mons pinguis: {17} ut quid suspicamini montes coagulatos? *Hil lopred, hil fat: wherto haue ȝee suspecyon*
135 *lopred hilles?* Hil lopred is a feiþful creature gadered togider in
oonhede of treuþe; hil fat is good smelle of ensaumple þat deliteþ
and draweþ oþer to stablenesse of Cristes loue. Wherto haue ȝee
suspecioun lopred hilles? as who seiþ, ȝee vnfeiþful blynde wretches
in lusty vanite of þis lif, wherto aspye ȝee wiþ priuey deceytes, and
140 sleiȝttes to anoye lopred hilles, þat moun not be depaarted fro
stronge gelousnes of loue þat haþ ooned hem to Crist?

Mons in quo beneplacitum est Deo habitare in eo; etenim Dominus habitabit in finem. *Hil in whiche wele plesed is to þe Lord*
f. 136va *to duelle in it; forwhi þe Lord shale | wonne into þe ende.* þis hiȝe hil
145 and fat, in whiche þe Lord pleseþ to duelle, is þe clene soule purged
bi tribulacioun þat is hyȝe reysed fro vices and fat in deuocioun and
gode ensaumple ȝiuyng. þe loue of þis soule may not decreesce,
forwhi þe Lord shale wonne into þe ende strengþing and counfor-
tyng his loueres. For

150 **{18} Currus Dei decem milibus multiplex, milia letantium; Dominus in eis in Syna in sancto.** *þe cart of God in ten þousandes manyfold, þousandes of gladyng; þe Lord in hem in Syna in holy.* þe cart
of God: þat is, his lawe in þe ful noumbre of his ten commaunde-
mentes, multiplieþ þousandes of gladyng men. For oonely þe

129 þe . . . loueres (130)] louiers þe feiþful AL 130 feiþful] *om.* T a] is a BS 131 in . . . þerof (132)] *om.* R 133 coagulatus . . . coagulatos] *om.* D ut . . . coagulatos] *om.* L 134 hil[1] . . . fat] cruddy hille is a fatt hille BS lopred] loprid or cruddid H, loprid *canc.* troddid T, leprid A, cruddid DR, croked L wherto] wheþir to R haue ȝee] haue D, ha/uene R 135 lopred[1]] leprid A, croddid TLDR, cruddy BS hil lopred] cruddy hille BS lopred] leprid A, croddid TLDR is] ben H a] *om.* H creature] creatures H 136 oonhede] vnite BS hil fat] a fatt hille BS 138 lopred] leprid A, croddid TLDR, cruddi BS who] whos D seiþ] sey AHL 140 to anoye] *om.* T lopred] leprid A, croddid TLDR, cruddy BS fro] for AHT 141 haþ] han A 142 beneplacitum . . . finem] *om.* D etenim . . . finem] *om.* L 143 habitabit] habitauit A wele . . . is] is weel pleesid DR, it is wel plesid BS 145 whiche] þe whiche TL 146 hyȝe] he L deuocioun] tribulacioun A 149 for] *om.* R 150 currus] turrus A decem . . . sancto] *om.* D multiplex . . . sancto] *om.* L 151 in[1]] *om.* R 152 in[1]] of T, is in BS syna] syon R 154 oonely þe] þei only L þe] þe`i´ D, þei ABS

togyder-draweres in þe cart of Goddes lawe shulen glade in him and hope in him. For þe Lord duelleþ in hem in Syna, for he mesureþ þe temptacioun of his loueres, kepyng his byddynges, þat þei ben not ouercomen in holynesse þat þei haue bigunne. For 155

{19} Ascendisti in altum, cepisti captiuitatem, accepisti dona in hominibus. *þou steyȝe into heyȝe, þou took þe caytifte, þou toke ȝiftes in men.* Crist steyȝed into heiȝt to greiþe to his feiþful loueres a place of final rest; he tooke caytifte, þat is caytyues þat weren þralle holden bi power of þe deuyl he delyuered bi vertu of his passioun. þou took ȝiftes in men: þat is, Crist for his wilful suffrynge passioun took men to his ȝifte. For for loue of man he bicam man, and to haue man eyre of his kyngdome he asked of his Fadre and man to him he graunted. 160 165

Etenim non credentes inhabitare dominum Deum. *Forwhi, þe vntrowyng | forto inwonne þe lord God.* þe greet loue of Crist, whanne it is souȝt, chaungeþ þe vnfeiþfulnes of men and conuerteþ her þouȝtes to desyre and seke to wonne in þe lord God, louyng his lawe, seiyng f. 136vb 170

{20} Benedictus Dominus die; quotidie prosperum iter faciet nobis, Deus salutarium nostrorum. *Blessed þe Lord in day; eche day welþsum weye he shal make to us, God of oure helþes.* Men wiþ contrite hertes, hopyng in God, þat han ben blynded in lustes of þis lif and ben turned to be clensed in þe weye of tribulacioun, blessen þe lord God in þe day of her lyuyng eche day of þis lif, desyryng þe preising of his hyȝe holy name. For he makeþ þe weye of þis lif welþsum to his loueres, for in purete of conscience þei maken her pilgrymage, hopyng feiþfully in God her helþeȝiuer, seiyng 175 180

155 draweres] drawen AL 159 in . . . hominibus] *om.* D accepisti . . . hominibus] *om.* L dona] bona T 160 steyȝe] stiȝedist D, stiȝed BS, steiest T heyȝe] heiȝte HBS þe . . . toke] *om.* S þe] *om.* B 161 greiþe] ordeyne HBS, make redi DR to²] for H 162 final] endeles DR he tooke] to take BS þralle holden] *rev.* A þralle] þralles H 164 in] of D men] me L passioun] of his passioun H 165 for for] for D loue] þe loue BS man¹] men H 166 of¹] to BS man to him] to hym man L 168 credentes . . . deum] *om.* D inhabitare . . . deum] *om.* L 169 vntrowyng] vnbileuynge DR 170 her] *om.* L 173 dominus . . . nostrorum] *om.* D prosperum . . . nostrorum] *om.* L 174 þe] be þe BS 175 welþsum . . . helþes] god of oure helþis shal make to vs welsome wey BS welþsum] wilsom T 178 god] *om.* R day] wey BS lyuyng] liȝtnyng AHLBS 179 þe] þei C þis] his BS 181 helþeȝiuer] helþe BS

{21} **Deus noster, Deus saluos faciendi; et Domini Domini exitus mortis.** *Oure God, God of making saaf, and of Lord of þe Lord þe outpassyng of deeþ.* Þat is, oure God is to us a gode God of makyng saaf alle þat feiþfully hopen in him; and outpassyng of deeþ is of Lord of þe lord, þat is, al þing shal haue ende and deeþ at þe wille of Crist þat is lord of deeþ, for to him is ȝouen al power of þe lord God his fadre.

{22} **Uerumtamen Deus confringet capita inimicorum suorum, uerticem capilli perambulantium in delictis suis.** *Not forþi God shal breke þe heuedes of his enemyes, þe fortop of heer of goyng in her trespasses.* Proude men and rebelle, lyuyng in lustes moun be feerd, for God shal breke þe heuedes of his enemyes, þat is bi his riȝtwisenesse þei shuln perisshe. Þe heuedes of his enemyes | ben þe vnfeiþful lederes of þe folke þat chargen more her owne hyȝenes þan good gouernayle of þe puple, whos harde nolles wounden aboute wiþ pride and coueytise goyng in her lustes, God shal altosquatte in his doome. For

{23} **Dixit Dominus: ex Basan conuertam, conuertam in profundum maris.** *Þe Lord seyd: of Basan I shal togidreturne, I shal togydreturne into þe grounde of þe sce.* Many þat ben drye wiþouten moysture of grace þe Lord shal togydreturne to do worþi fruytes of penaunce, for þe lowe contricioun of her hertes. But many moo for her rebellyoun he shal turne togydre into þe depe sce of helle.

{24} **Ut intinguatur pes tuus in sanguine, lingua canum tuorum ex inimicis ab ipso.** *Þat þi foot be litted in blood, þe tunge of þi houndes of þin enemyes fro him.* Þi foot, þat is, þi feiþful loueres, folowyng þee in þe weye of tribulacioun, shal be litted in

182 noster deus] *rev.* T deus² . . . mortis] *om.* D et . . . mortis] *om.* L domini domini] domini HT, dominum domini B 183 god²] is god BS lord of] þe lord of RB, *canc.* S, *om.* A 184 þe] *om.* L outpassyng] passyng H 185 alle] of alle A 186 lord of] `lord´ H, *canc.* S, *om.* LB al] *om.* L ende] an ende B deeþ] deed A 189 confringet . . . suis] *om.* D 190 uerticem . . . suis] *om.* L perambulantium] perambulan/ H delictis] deliciis S suis] tuis A 191 not forþi] naþelees A, not for þat L fortop] scalp AHTL, nolle BS heer] þe heer H 192 goyng] men goynge HBS 193 feerd] afeerd AH heuedes] heued T 198 altosquatte] altosquache BS 199 ex . . . maris] *om.* D conuertam² . . . maris] *om.* L 200 seyd . . . basan] of basan seide BS togidre turne] *rev.* BS 201 togydre turne] *rev.* BS 204 þe] *om.* S 206 pes . . . ipso] *om.* D pes . . . sanguine] in sanguine pes tuus L lingua . . . ipso] *om.* L lingua] `ligna´ A 207 litted] liȝted L, died TDRBS þe] þi D 208 houndes] handes L fro] of H 209 litted] died TDRBS

blood of her fleische þurgh manyfold passiouns. For bi þe tunge of 210
dou[m]be houndes þat moun not berke aȝen synne for þe heuy
clogge of filþi lustes þat hengeþ in her neckes, þi foloweres shuln be
sclaundred and sharply pursewed of þin enemyes. And þis pursuyng
shal spryng fro him þat is heued and chief synner. But

{25} **Uiderunt ingressus tuos, Deus, ingressus Dei mei, regis mei, qui est in sancto.** *Þei sawe þin ingoinges, God, þe ingoynges of my God, of my kyng þat is in holy.* Þis myndeful biholdyng in Crist makeþ men herty and glad to suffre tribulacioun for his loue. First he cam bi his messangeres, prophetes, criyng to make redy his weye, as a mercyful lord, desiryng | þe saluacioun of his puple. Aftirward wonderfully he lowed himsilf and bicom man. And þe þred tyme he meked him to þe dispitous deeþ of þe crosse, forto raumpsum his puple. Þise ben þe ingoynges into þis lif of Crist, God and man, þat is in þe holy, for he is in þe Fadre and þe Fadre in him. 215 f. 137rb 221

{26} **Preuenerunt principes coniuncti psallentibus, in medio iuuencularum tympanistriarum.** *Prynces biforecomen, festened togidre to syngeres, in þe myddes of þe ȝonge tympanistres.* Prynces, þe apostles þat comen bifore into þe chirche nex[t] folowyng Crist, weren feiþfully festened togydre in loue of bileeue to þe syngeres, þat is to þe prophetes þat biforesongen þe comyng of Crist, bi whois prophecies þei knewen Crist, and folowed him, and maaden preisable his name in myddes of ȝonge tympanystres þat as ȝonge wenches pleyeden hem in lustes; of whom many þei conuerteden to þe riȝt bileeue, and made hem to vgge in vnclennes of her lyuyng. And þei seyden to hem 225 230 235

{27} **In ecclesiis benedicite Deo, Domino de fontibus Israel.** *In chirches blisseþ to God, to þe Lord of þe welles of Israel.* In chirches blisseþ ȝee to God: þat is, in bileeue of holy fadres of þe olde lawe and þe newe blisse ȝee to God, doyng aftre his lawe. Blisse ȝee to þe

211 doumbe] doube C 212 filþi] filid BS 213 þis] þi BS 215 ingressus[1] . . . sancto] *om.* D ingressus[2] . . . sancto] *om.* L 217 of] and L 219 bi] to D 220 a] *om.* AL 221 wonderfully he] *rev.* L wonderfully] wundrely T 222 to þe] in L dispitous] dispitousist AL of] on H 223 þise] þere T man] of man T 224 þe[3]] *om.* L 225 principes . . . tympanistriarum] *om.* D in . . . tympanistriarum] *om.* L 226 festened] ioyned BS 227 þe[2]] *om.* AHTLDRBS 228 next] nex C 231 knewen] knowen D 233 pleyeden] þat pleiden R whom] whiche AL þei] *om.* A to] vnto D þe] *om.* BS 234 vgge] wlate TBS, looþe DR 235 seyden] sey BS 236 benedicite . . . israel] *om.* D domino . . . israel] *om.* L in . . . god (237)] blesse ȝe to god in chirches BS 237 blisseþ] blesse ȝe H þe[2]] *om.* L 238 blisseþ] blisse ȝe T 239 aftre] *om.* BS

240 Lord of þe welles of Israel: þe welles of Israel ben oure fadres of bileeue þat feiþfully bihelde Goddes wille and treuly fulfilled his biddyng, in whiche welles ʒif we contynuely biholde, we shulen blisse to þe Lord in his chirches. For

{28} **Ibi Beniamin adolescentulus, in mentis excessu.** *þere* f. 137va *Beniamin a ʒong child,* | *in outepassyng of mynde.* þere, þat is in þe 246 chirches of þe tuo lawes of God, þat is þe holy fadres of oure bileeue. Beniamyn, þat is þe sone of þe riʒt hond or þe sone of vertues, blessed to þe lord God in outpassyng of his mynde, þat is in forgetyng or puttyng bihynde þe lustes and prosperite of þis life, 250 þristyng to knowe þe loue of God in olde fadres of byleeue.

Principes Iuda, duces eorum; principes Zabulon et principes Neptalym. *Prynces of Iuda, lederis of hem; princes of Zabulon and princes of Neptalym.* Iuda bitokeneþ feiþful knowlechyng; Zabulon bitokeneþ þe duellyng of strengeþe or þe duellyng of feirenesse, and 255 Neptalym bitokeneþ togyderturnyng or breed. þise propretes of names acorden to þe prynces of Goddes puple. Forþi

{29} **Manda Deus uirtuti tue; confirma Deus hoc quod operatus es in nobis.** *Sende God to þi vertue; conferme God þat þat þou hast wrouʒt in us.* Send lord God to þi vertue: þat is, sende þi grace to 260 þe trewe prynces þat coueyten þe preysynge of þi name, þat þei be stronge and feiþful in þi lawe. Conferme, lord God of þi mercy, þat þat þou hast wrouʒte in us, þat is þe treuþe of þi lawe þat þou wrouʒte in us bi þi precious passyoun, stable us þerinne wiþouten dreed of enemyes þat we þerþurgh make preysable þi name.

265 {30} **A templo tuo quod est in Ierusalem, tibi offerent reges munera.** *Fro þi temple þat is in Ierusalem, to þee shal kynges offre ʒiftes.* þi loueres, þe which ben goostly kynges, sudgetyng her fleisch to þe

240 þe[1]] *om.* L 241 bileeue] þe beleue L bihelde] biholden H 242 biddyng] biddyngges H 243 chirches] kyrke L 244 adolescentulus . . . excessu] *om.* D in . . . excessu] *om.* L 245 in[1]] is in BS þere] these BS is] beþ BS 246 þe[1]] *om.* R tuo] *om.* L þe[2]] in þe H, *om.* L oure] her D 247 þe[2]] *om.* L vertues] þe vertues L 248 in[2]] *om.* H 249 or puttyng] *om.* L or] and BS and] or H 250 þristyng] trystynge L in] and L 251 iuda . . . neptalym] *om.* D principes[2] . . . neptalym] *om.* L 252 lederis] is *on eras of longer* C, beþ leders BS, princis AHTL 255 þise] þere T propretes] properte R, prophetes BS 256 acorden] acordyng L forþi] þerfore AH, for þat L 257 uirtuti . . . nobis] *om.* D confirma . . . nobis] *om.* L deus hoc] *rev.* HBS 258 sende god] *rev.* BS conferme god] *rev.* BS þat[1]] þou þat BS 259 lord] *om.* AL þi[2]] to þi H, þei L 265 quod . . . munera] *om.* D tibi . . . munera] *om.* L 266 to . . . ʒiftes] kyngis schulen offre ʒiftis to þe DR 267 þe[1]] *om.* ADR kynges] *om.* H sudgetyng] sugetten R

spirit of treuþe, shuln offre to þee ȝiftes, þat is sacrifice of preysynge fro þi temple þat is in | Ierusalem. Þis temple is Cristis body þat is in heuenly Ierusalem bi whom his foloweres han plenteuous grace in vertuous folowyng of him, offryng hemsilf wilfully to persecucioun for þe encresce of his loue. But, for þis sacrifice of preisyng is despised, and sacrifice to maawmetes enhaunsed

f. 137vb

270

{31} Increpa feras arundinis, congregatio taurorum in uaccis populorum, ut excludant eos qui probati sunt argento. *Blame wilde beestes of þe reede, gederyng togidere of booles in kyen of puples, þat þei outclose hem þat ben proued wiþ siluer.* Lord God, louer of þi chirche, blame wilde beestes þat as woode lyouns sechen to deuour þi symple foloweres! Þise wilde beestes, iolyf in lustes, scornen þe bereyng of þi ȝoc, for þei knowen not hemsilf; þei ben as reedes þat ben fayre wiþouten and holowe wiþinne, þat is liȝtly moeued wiþ þe wynd; þei ben vnstable in her werkes for defaute of good grounde. Þere as wilde booles ben gadered togydre, affiyng hem in bodily strengþes to do her lecherye in kyen of puples. For þe symple puple, þat noiþer kan ne may wiþstonde þe feersenesse of þise cruel booles, ben ledde bi þe tyrauntrye of hem into many greete periles and consentynge to yueles, and ben maad perceneres of her synnes, for þei seechen not helpe of God. And þis þei don þat þei outcloosen hem þat ben proued wiþ siluer, þat is symple men þat ben proued as syluer in þe chymneye of tribulacioun. Forþi

275

280

285

290

Dissipa gentes que bella uolunt. {32} Uenient legati ex Egypto, Ethiopia preueniet manus eius Deo. *Scatere folkes þat wilen | batayles. Legates shulen come fro Egypte; Ethyopy shal biforecome þe hondes of it to God.* Lord, scatere þe folkes of kind þat as beestes louen her lustes, and reue hem miȝt þat wilen batayles. Legates, þat is sent messageres, shuln come fro Egypt, þat is tribulacioun for

f. 138ra

295

269 in] *om.* L temple] *om.* B 270 in] *om.* L heuenly] holy L 271 vertuous] uertues D 274 arundinis . . . argento] *om.* D congregatio . . . argento] *om.* L congregatio taurorum] congregaciones R 275 excludant] excludent H 276 puples] peple ATLDRB 279 þise] þer T 280 bereyng] berar H knowen] knewe T 281 holowe] howe A is] ben AL þe] *om.* HTB 282 þei] þat T, þes DR 283 þere] þese AHL gadered] gedere D affiyng] tristyng DR 285 feersenesse] feernesse R þise] *om.* T booles] bestis R 286 ledde] *om.* A þe] *om.* TDR 287 consentynge] consentingis AHTL perceneres] perteners AHTLDB 290 forþi] þerfor AH, for þat L 291 que . . . deo] *om.* D uenient . . . deo] *om.* L 292 ethiopia] *twice* T scatere] scater þou B folkes] folk AHTLDRB 293 batayles] bataile AHTLDRB legates] legate L 294 folkes] folke HTLDRB 296 messageres] and messangeris A

derkenesse of her synne shal come on eche a syde hem. Ethiopye: þat is, hydouse myrkenesse of synne shal biforecome þe hondes of it to God, þat is bifore God shulen apertly appere þe most hydouse giltes 300 of hem þat in batayles and stryues defendeden her lustes. Þerfore wiþouten drede

{33} **Regna terre, cantate Deo; psallite Domino.** *Kyngdomes of erþe, syngeþ to God; syngeþ to þe Lord.* Kyngdomes of erþe ben men mekely reuled bi Goddes law, for þei regnen as kynges in vertues and 305 ouercomen vices. Þise syngen preisynges to God in kepyng of his lawe, and þei syngen to þe Lord tellyng out þe vertue of his hyȝe holy name in conuertyng of his puple. Forþi

Psallite Deo, {34} qui ascendit super celum celi ad orientem. *Synge ȝee to God, þat styȝeþ abouen heuene of heuene to þe eest.* Syngeþ 310 to Crist, God and man, in purete of conscience þat steiȝeþ abouen heuene, for his name is preisable abouen al heuene. Of heuene he is kyng; to þe eeste he steiȝed up, þat is, to þe Fadre fro whom to us liȝtened þe sunne of riȝtwisnesse.

Ecce dabit uoci sue uocem uirtutis; {35} date gloriam Deo 315 super Israel, magnificencia eius et uirtus eius in nubibus. *Loo, he shal ȝyue to his voyce, voyce of vertue; ȝyueþ glorye to God upon Israel, þe greetnesse of him and his vertue in clowdes.* Loo, Crist shal f. 138rb ȝyue to his voyce, þat is, to his folower in | whom is feiþfully his voyce, voyce of vertue to edifye his chirche. Ȝyueþ þerfore glorye to 320 God upon Israel, for upon alle men biholdyng his lawe is his preisyng, his greetnesse and his vertue in clowdes, for in his feiþful loueres is his preisyng greet and vertuous. For

{36} **Mirabilis Deus in sanctis suis; Deus Israel ipse dabit uirtutem et fortitudinem plebi sue. Benedictus Deus!** *Wonder-325 ful God in his seyntes; God of Israel he shal ȝyue vertue and strengþe to*

297 on] of L a] *om.* AHTLB hem] of þem L 298 myrkenesse] derknes AHDRB 299 shulen] *om.* T apertly appere] *rev.* R, apere pertli D 300 and] or L defendeden] defendyn DR 302 terre . . . domino] *om.* D psallite . . . domino] *om.* L 305 þise] þere T 306 þe[2]] his R 307 forþi] þerfor AH, for þat L 308 deo . . . orientem] *om.* D celi . . . orientem] *om.* L 309 synge] –þ *canc.* C styȝeþ] stien AL 311 heuene[1]] heuenes HB 312 steiȝed] stiȝeþ B, hyȝed R 313 liȝtened] liȝtned to vs B 314 uoci . . . nubibus] *om.* D date . . . nubibus] *om.* L 315 loo . . . whom (318)] *cut off* T 318 þat . . . voyce[1] (319)] *om.* A feiþfully] feythfull LR 321 his[1]] his . . . preisyng (322) *twice* A 323 in . . . deus (324)] *om.* D deus[2] . . . deus (324)] *om.* L 324 plebi] plebis A 325 god[1]] is god BS and] in R

his puple. Blessed God! Wonderful God is in his seynttes, for he wondrefully liȝteneþ her hertes wiþ his loue. God of Israel, he shal ȝyue vertue and strengþe to his puple, for þei shuln be vertuous in hemsilf and miȝty `to´ wiþstonde her enemyes. Blissed be God þat þus loueþ his puple! 330

Psalmus .lxviii.

{2} **Saluum me fac, Deus, quoniam intrauerunt aque usque ad animam meam.** *Saaf make me, God, for watrees inȝeeden into my soule.* Crist in his passioun, criyng to his Fadre, seyde 'God, make me saaf of þise periles.' For watres: þat is, angres on eche syde inȝeeden vnto my soul bi þe accuysyng of false Iewes. For þei diden þat þei 5 miȝten to reue Crist his lif, but þei miȝten not reeue him his soule to þe houre come in þe whiche he wold ȝeelde it to his Fadre, for he hadde power of puttyng it freely fro him, as he hadde fre power of takyng it ȝen. And so þise ben false ymages maad after Crist þat grennen, as ȝif Crist bi vyolence aȝen his wille hadde ben refte his 10 spirit. Þis crye of makyng saaf þat Crist cryed in his passyoun to his Fadre was not for | dreed ne in doute, for his Fadre euermore herd f. 138va him and was wiþ him, but he cryed to ȝyue us ensaumple to crye to him in al oure nede, hopyng in him þat he wile saue us and delyuere us whanne we suffren for him paciently. Þat seiþ 15

{3} **Infixus sum in limo profundi, et non est substantia.** *I am festened in cleye of þe ground, and þer is not substaunce.* I am festened in peynful anoyes of my body, wilfully in cley of þe grounde, for of þe moste wicked Iewes, deped in al filþe of synne, wiþouten gilt of

326 god[1]] be god BS god is] *rev.* AHTLB 330 his] *om.* AHTR

Ps. 68 CAHTLDRBS; *initial p. 173b cut out, also decoration at bottom of leaf and one lozenge in p. 173a, affecting text up to* 101 T; *inc. incl.* 73 he was most S

heading C (*r.h.* Saluum (me fac)); lxviii in finem for þese þat chaungeden wiþ dauid þe voyce of cryst whan he suffred to þe father L, *r.h.* Saluum me fac D, `68´ *d.h.* B, a nocturne þe lxvi salme A, *om.* HTR (*decoration round page* TR, *space for decoration* D) 2 saaf . . . god] god make me saaf B saaf . . . me] make me saaf DR inȝeeden] entrid B into] vnto HT 4 þise] þere T syde] a side AD inȝeeden] inȝedyng D, entride B 5 vnto] to T, into DB iewes] briþeren þat is iewis A 6 reue] bynem T reeue] bynem T to[2]] til AHLDRB 7 come] cam ALDR in þe] into A, in R 8 of[2]] in L 9 ȝen] aȝein ATLDR and . . . spirit (11)] *om.* B þise] þere T 10 his[2]] *om.* L 12 for[1]] *om.* L euermore] euere A, *om.* T 13 him[1]] *om.* B 14 saue] delyuere A delyuere] saue A 15 for . . . paciently] paciently hym, *marked for rev.* B 16 in . . . substantia] *om.* D et . . . substantia] *om.* L est] *om.* B 17 not] no B 19 gilt of] *om.* B

20 consente to synne I suffred most reproof. And þer is not substaunce: þat is, þer is of myn owne wille no weye to aschape þis most vyle and peyneful bodily deeþ. For

Ueni in altitudinem maris, et tempestas demersit me. *I coom into þe depnesse of þe sce, and þe tempest drounned me.* Þat is, I coom 25 mekely into þis world and wilfully put me at þe biddyng of my Fadre f[or] þe treuþe of his lawe into moste vnpytouse mennus hondes. And þe stormy tempest of þe wicked Iewes cryyng my deeþ ouerwhelmed me. Not for me þat was syker, but for my feiþful loueres

30 **{4} Laboraui clamans, rauce facte sunt fauces mee; defecerunt oculi mei, dum spero in Deo meo.** *I traueyled, cryyng, hoos ben maad my chekes, myn yȝen fayleden þe whiles I hope in my God.* I traueyled bifore my passyoun, prechyng þe treuþe wiþoute accepting of persone, and in helyng þe seek, and in preiyng for þe feiþful þat 35 þei shulden not fayle in bileeue. And for criyng my chekes ben maad hoose not in me but to hem to whom I spak. For ȝif I miȝte not for f. 138vb hoosnesse haue ben herd, þei | weren negligent and of dul heryng. Myn yȝen fayleden whiles I hope in my God. For after þat myn yȝen fayleden siȝt for anguyshe of peyne, I hoped in my God; for whiles 40 men hopen feiþfully in God, he fayleþ not to help. And siþ most neede is at þe vttermoste poynt of þis life, it is needful to seeche bisyli grace al oure lyue þat we fayle not vnto þe ende. But not forþi

{5} Multiplicati sunt super capillos capitis mei qui oderunt me gratis. *Multiplied þei ben abouen þe heeres of my heued þat hatiden* 45 *me of silf wille.* Þat is, I haue mo enemyes þat haten me wiþouten

20 not] no B 21 þat . . . depnesse (24)] *cut off* T 23 in . . . me] *om.* D et . . . me] *om.* L 24 drounned] drunkenede AL, drenchide HB, dronkenynge T, drownynge D 25 þis] þe A 26 for] fro C into] into þe R, vnto H mennus] men TB 27 þe²] *om.* B 28 was] *om.* L 30 clamans . . . meo] *om.* D defecerunt . . . meo] *om.* L 31 deo meo] deum meum B hoos . . . chekes (32)] my chekes beþ made hoos B 32 fayleden] felid B þe] *om.* AHTLB hope] hoped, -d *canc.* T, hopide DR 34 persone] persons B and¹] *om.* R and in²] *om.* D feiþful] synful B 35 shulden] schulen D 36 in] to A whom . . . I²] *cut away* T ȝif] as if AHLB 37 hoosnesse . . . weren] hoos[. . ./ ren *cut away* T of . . . yȝen¹ (38)] *cut away* T dul] ful dul A 38 whiles] þe while D hope . . . þat] hop[. . . *cut away* T hope] hopid DRB 39 siȝt . . . peyne] si[*cut away* T for¹] T *must have repeated part of 38–9* for² (39) . . . *second time* fay- (35) *cut away* T for¹] of A 40 men . . . god] me[*cut away* T help . . . is¹ (41)] he[*cut away* T help] helþe DR 41 at] *om.* R poynt . . . needful] po[*cut away*]ful T 42 bisyli] *om.* AD grace . . . fayle] g[. . . *cut away* T lyue] liif bisili A vnto] into TR 43 multiplicati] multiplicate L sunt . . . gratis] *om.* D qui . . . gratis] *om.* L 44 multiplied . . . ben] þei beþ multeplied B

chesoun þan I haue foloweres or loueres, þe whiche ben to anournyng of my chirche, schaply as þe heeres of myn heued to my face. Forþi

Confortati sunt qui persecuti sunt me, inimici mei iniuste; que non rapui, tunc exoluebam. *Counfortede þei ben þat pursueden* 50 *me, myn enemyes vnriȝtwisely; þat I rauished not þanne I payed.* Þe preysyng of Crist and of his martres is in þe godenes of her cause, not in bitternesse oonly of peyne. Forþi he seiþ 'Myn enemyes þat wiþouten enchesoun pursueden me, ben counforted upon me in malice vnriȝtwiseli, for þei hadde no chesoun but yuel wille. And so 55 þat þat I rauysshed not I payed þanne. For I synned not but þe peyne of synful man I baar, and raunsounde my foloweres fro eendles peyne by my passioun. I payȝed þe dette, and no þing I auȝte, but of my good wille. And ȝit of my puple herfore I am but scorned. But 60

{6} Deus, tu scis insipientiam meam; et delicta mea a te non sunt abscondita. *God, þou wote myn vnwisnesse, and my trespasses fro þe ben not hidde.* God, fadre of heuene, | þou knowest whi I suffre, f. 139ra for þe caytifte of man is so feble þat it suffiseþ not to do amendes for itsilf. Forþi bi wisdom I obeische to þis passioun þat I suffre for 65 mankynde, þe whiche wicked men þat knowen not þi priuyte holden but folye and seyn I am vnwise. But bi þi wisdom, Fadre, I am maad as vnwise and as most hydous trespassour; for þe vnwisdom of man and his greet trespasses I bere for loue of man not for my gilt.' Forþi

{7} Non erubescant in me qui expectant te, Domine, Domine 70 **uirtutum.** *Shame þei not in me þat abiden þee, Lord, Lord of vertues.* Siþ Crist þat miȝte not synne suffred wilfully moste shame for aȝenbyeyng of his breþeren, and he was most worshipful creature, no feiþful man paciently abidyng þe Lord be þanne shamed to suffre

47 anournyng] anourynge DB 48 my] þe B forþi] þerfore AH, for þat L 49 sunt[1] . . . exoluebam] *om.* D sunt[2]] *om.* A inimici . . . exsoluebam] *om.* L 50 counfortede . . . vnriȝtwisely (51)] myn enemyes þat pursued me vnriȝtwisly þei beþ confortid B 51 not] no L 53 forþi] þerfor AH, for þat L 54 enchesoun] chesoun LR 55 chesoun] enchesoun H 59 herfore . . .but[2]] *cut away* T herfore] þerfore L I . . . but[2]] am I A 61 scis . . . abscondita] *om.* D insipientiam . . . knowest (63)] *cut away* //est T et . . . abscondita] *om.* L 62 sunt] *om.* A vnwisnesse] vnwisdom AH fro . . . hidde (63)] ben not hidde fro þee DR 65 forþi] þerfore AH, for þat L, for whi B 67 seyn] siþ B bi] *om.* A 68 vnwise] an vnwise R and] *om.* T as] *om.* L most] a most R 69 forþi] þerfore AH, for þat L 70 in . . . uirtutum] *om.* D domine[2] . . . uirtutum] *om.* L 71 shame] lord shame B lord[1]] *om.* B vertues] uertuous D 72 `nota´ R `nota bene´ D 74 paciently] *om.* L shamed] aschamyd AHTLBS

75 reproof for his owne gilt and oþere mennes. Aschame he of þe synne, not to suffre peyne for synne, for bi wilful pacience synne is don aweye bi þe Lord of vertues. Forþi

Non confundantur super me qui querunt te, Deus Israel. *Be þei not confounded upon me þat seechen þee, God of Israel.* Þat is, be no 80 man confounded, ne despeyr he þat seeþ me suffre wilfully deeþ, for þerþurgh man is quykened ȝif he hate synne þat I dyed fore. Forþi þei þat seechen feiþfully God of Israel to do his wille, be not confoundide upon my suffryng, but of al shame þei ben delyuered.

{8} Quoniam propter te sustinui opprobrium, operuit con- 85 fusio faciem meam. *Forwhi, for þee I suffred reproof; shame hidde my face.* Siþ þe wille of þe Fadre of heuene was, for þe loue þat he had to man, þat Crist his onely sone shulde do asseeþ for mannes f. 139rb trespasse; | he obeished mekely to his Fadres biddynge, suffryng wilfully þerfore reproof; and shame couerede his face, for wiþ 90 spittyng and buffetyng þe wicked Iewes, falsly sclaundryng him wiþ her shame not wiþ his, couereden his face seiyng 'Prophecye to us who haþ smyten þee!'

{9} Extraneus factus sum fratribus meis, et peregrinus filiis matris mee. *Straunge I am maad to my breþeren, and a pilgryme to þe 95 sones of my modre.* His breþeren he clepeþ þe cruel Iewis, for he was borne of her lynage; to hem he was maad straunge, for as most straungere þei despyseden him and puttiden fals reproof to his holy werkes. And a pilgrym he is maad to þe sones of his modre: þe holy fadres of þe Iewis weren Cristis modre, for goostly þei baren him 100 þurgh bileeue, obeischyng to his biddyng. To whois sones he was maad as a passyng pylgrym to whom no man tooke heede, for as a comelyng þei wlatiden him and despyseden his werkes and reproof

75 aschame] schame H of] for A 76 synne[1]] þe synne A wilful] wilfully B 77 vertues] uertuous D forþi] þerfore AH, for þat L 78 super . . . israel] *om.* D qui . . . israel] *om.* L be] Ue A 80 suffre wilfully] *rev.* ALDR, wilfully BS deeþ] deed BS 81 dyed] diȝe HTBS forþi] þerfor AH, for þat L 83 þei] þ(*gap*) T 84 te . . . meam] *om.* D operuit . . . meam] *om.* L 86 þe[2]] my AL 87 asseeþ] satisfaccioun T 88 he] be BS obeished] obeyed L, obeisschiþ D 89 wilfully] mekely L couerede] couereden C 90 sclaundryng] sclaundrid BS 92 þee] þee and so AHTLBS 93 factus . . . mee] *om.* D et . . . mee] *om.* L 94 straunge . . . maad] Y am made a straungere BS straunge] straunger L a] as a BS 97 puttiden] putten ALDRBS 99 fadres] fadir A 100 obeischyng] obeyynge L biddyng] biddingis A he . . . maad (101)] *cut away* T 102 þei] þe L reproof puttiden] *rev.* H

puttiden to his werkes. But loue maad him to forȝete reproof, to þe tyme he had fully drunken þe cuppe of his passioun.

{10} **Quoniam zelus domus tue comedit me, et opprobria exprobrantium tibi ceciderunt super me.** *For loue of þin hous haþ eten me, and reproofes of upbraydyng to þee fellen upon me.* Loue of þin hous haþ eten me: þat is, for loue of þi chirche, Fadre, wherinne graciously þou duellest, I haue ȝouen my lif; and reprooues of malycious men falsly upbraydyng as brekar of þi lawe, accusyd me to þee, and as I hadde ben gilty þou suffred her fals reproues falle upon me. 105 110

{11} **Et operui in ieiunio animam meam, et factum est in opprobrium mihi.** *And I couered in fastyng my soule, and it is maad | into reproof to me.* I couered in fastyng my soule, abstenyng me fro her lecherous glotenyes, and it is put to me into my reproof, for þei hadden þerof but scorne, and for I was comoun in etyng and drynkyng, louyng comoun profyt of þe puple, ypocrytes þat bi syngularite deceyueden her breþeren, falsly sclaundreden me. f. 139va 116

{12} **Et posui uestimentum tuum meum cilicium; et factus sum illis in parabolam.** *And I putte heyr my cloþing, and I am maad to hem into parable.* I putte my cloþing an heir: þat is, I couered me wiþ clennesse of innocence, not consentyng to her synne; and, as a sharp rughe heir noyȝeþ þe fleishe of him þat wereþ it, but not of him þat knoweþ it not, so myn innocence as moste sharpe heir pricked myn enemyes wiþ malice, and greetly noiȝed hem, but no þing me. And I am maad to hem into parable of cursyng, for, as it is seyde, ȝit þe Iewes to her moost deedly enemyes seyen in her malyce 'Shame bifalle to ȝow, as dide to Iesu of Nazareth þat was done on þe crosse'. And þus 120 125 130

103 puttiden] putten ALDRBS werkes] wordis AHLBS to[3]] til ALDR 104 he] þat he HBS 105 domus . . . me (106)] *om.* D me] *om.* S et . . . me (106)] *om.* L 107 upbraydyng] men vpbreidyng BS loue . . . me (108)] *om.* A 108 fadre] *second* -e *added as linefiller* C 110 upbraydyng] upbreidyn A 111 and] *om.* AL 113 in[1] . . . mihi] *om.* D et[2] . . . mihi] *om.* L in[2]] *om.* ATS 115 into] *om.* D 116 fro] of AL to] into D into] in H my] *om.* AHTLBS 120 posui] posuisti A, posuit D uestimentum . . . parabolam] *om.* D tuum meum] meum TLBS, *om.* H et[2] . . . parabolam] *om.* L 121 parabolam] perambulam T my] to be my BS 122 parable] a parable AHTLRBS an] aȝen D is] *om.* L 123 a] *om.* H 124 þe] to þe AL 125 it] him A 127 parable] a parable AHTL for . . . seyde (128)] *twice* T 129 of] *om.* A on] upon AL

{13} Aduersum me loquebantur qui sedebant in porta, et in me psallebant qui bibebant uinum. *Aȝein me þei spoken þat saten in þe ȝate, and in me þei sungen þat drunken wyne.* Domesmen, whois sittyng was in þe ȝates, apertely spoken aȝens me fals dome, demyng
135 me worþi to dye, and þoo þat drunken wyne of lustes þat shulden haue knowe þe lawe and mayntened it sunge in me, scornyng me, and not oonely suffred but commaunded þe brekeres of þe lawe to take me and kille me. |

f. 139vb **{14} Ego uero oracionem meam ad te, Domine, tempus**
140 **beneplaciti Deus.** *I soþeli my preyer to þee Lord, tyme of good wille, God.* Loo, þe mekenesse of Crist þat preyed to his Fadre for his enemyes þat falsely sclaundreden him, puttyng to him most reproof, ȝiuyng ensaumple to his foloweres to ȝeeld good for yuel, and to preye forȝyuenes to her enemyes, for þerinne Crist is plesed as was
145 God his fadre in his lowe preiyng whanne he seyde

In multitudine misericordie tue exaudi me, in ueritate salutis tue. *In mychilnes of þi mercy ful outhere me, in soþefastnes of þin helþe.* Þe tyme of þe good wille of God is in mychilnes of his mercy, þat doiþ aweye þe mychilnes of mannes synne whane he mekeþ him to
150 God. Forþi Crist preyed to his Fadre to ful outhere him in þe soiþfastnes of his helþe, for soiþfastly he doiþ helþe, forȝyuyng synne in tyme of mekenes, and aftir his lownesse he fulfilleþ him wiþ grace. Forþi

{15} Eripe me de luto, ut non infigar; libera me ab hiis qui
155 **querunt me, et de profundis aquarum.** *Outetake me of cley, þat I be not infestened; delyuer me of hem þat souȝten me, and fro depnesses of watres.* Here Crist preyeþ to his Fadre, ȝyuyng us ensaumple þat we preyen contynuely to be outtaken fro filþi þouȝtes as cleye, þat we ben not fuyled in consentyng and þat we be delyuered fro hem þat
160 seken us in yuel, desyring oure dampnacyoun; and fro þe depnesses

131 loquebantur . . . uinum] *om.* D   et . . . uinum] *om.* L   132 aȝein . . . spoken] þei spake aȝens me BS   137 þe[1]] *om.* DR   139 oracionem . . . deus] *om.* D   tempus . . . deus] *om.* L   140 I soþeli] Y soþely `Y´ S, soþely I kepte B   I] *om.* A   of] `is´ of S, is of B   141 `nota bene´ DR   144 to] for DR   145 lowe] lawe A   146 misericordie . . . tue (147)] *om.* D   in[2] . . . tue (147)] *om.* L   in[2]] et A   147 ful outhere] huyre BS   helþe] hele AL   148 þe[2]] *om.* AL   his . . . of (149)] *om.* BS   his] þi A   150 forþi] þerfore AH, for þat L   151 of] *om. gap* H   152 synne] *om.* L   153 forþi] þerfore AH, for þat L   154 de . . . aquarum] *om.* D   de luto] delicto L   infigar] infingar R   libera . . . aquarum] *om.* L   155 querunt] oderunt R   of] fro L   156 depnesses] þe depnes ATLBS, depnesse HR   158 as] of R   160 depnesses] depnes AHLR

of watres, þat is, fro þe hydous malice of feendes and fro þe consentyng to wicked men.

{16} Non me demergat tempestas aque, neque ab|sorbeat me profundum, neque urgeat super me puteus os suum. *Drowne not me þe tempest of watre, ne upsoupe me þe depnesse, ne þe pitte louke upon me his mouþ.* Here we ben tauȝte to prey þat þe tempest of watres drenche us not, þat is, þat we assenten not to þe brennyng lustes of oure fleische þat, as most tempestful wawes of watre, bereþ hem doun fro þe grace in whom þei regne, ne þat þe pitte of helle louke upon us his mouþ, þat is þat we ben not deuowred in helle for oure lusty lyuyng in erþe. Forþi

f. 140ra 165 170

{17} Exaudi me, Domine, quoniam benigna est misericordia tua; secundum multitudinem miserationum tuarum respice in me. *Here me, Lord, for good is þi mercy; after þe mychilnesse of þi mercy doyng*[*es*], *bihold into me.* Þe mercy of oure Lord is good, for þe erþe is ful þerof, for alle þinges he doiþ mercyfully. Forþi after þe mychilnes of þi mercy doynges biholde into me and purge my filþes, þat is þe errour of my puple, for whos clensyng I suffre þis passioun.

175

{18} Et ne auertas faciem tuam a puero tuo, quoniam tribulor; uelociter exaudi me. *And turne not awey þi face fro þi child, for I am troubled; swiftely ful outhere þou me.* Lord, fadre of heuene, turne not þi face fro me, þin innocent child, hauyng no spotte of malyce. For I am troubled swyftely here me: þat is, for I am troubled not in hateful malyce but in hatyng of synne, swyftely þerfore Fadre almiȝty, purge þis puple of synne þat witen not what þei doon. And

180 185

{19} Intende anime mee, et libera eam; propter inimicos meos eripe me. *Bihold to my soule and delyuere it, for myn enemyes out|take*

f. 140rb

162 to] of ALBS 163 demergat . . . suum] *om.* D neque . . . suum] *om.* L absorbeat] obsorbiat A 164 drowne . . . depnesse (165)] þe tempest of watre drenche not me ne þe depnes upsoupe me BS drowne] drenche AL 165 not me] *rev.* DR þe[1]] *om.* T watre] watris A louke] opin not H 166 upon] on H 167 drenche] drown T 168 watre] waters L 169 þe[1]] *om.* AHTLBS 170 louke] opin H 171 forþi] þerfore A, for þat L 172 me . . . me[1] (174)] *om.* D 173 secundum . . . me[1] (174)] *om.* L 174 here . . . lord] lord huyre me BS 175 mercy doynges] mercy doyng C, merciful doingis A 176 mercyfully] merciful B forþi] þerfore AH, for þat L 177 mercy doynges] merciful doingis AH 178 clensyng] clennes and clensyng B 179 faciem . . . me] *om.* D quoniam . . . me] *om.* L 180 exaudi me] *om.* T awey . . . child] þi face fro þi child awey T 182 hauyng . . . troubled (183)] *om.* BS no] not L 183 am] *om.* L hateful] hastful H 184 of] *om.* A 185 þis] þi BS and] *om.* ALBS 186 intende] et intende AL anime . . . me] *om.* D propter . . . me] *om.* L 187 for] for *canc.* `fro' B, fro HS outtake] outtoke D

me. My soule, Fadre, abideþ þee feiþfully, hopyng in þee. Biholde þerfore to it, defendinge it and delyuere it, þat þerbi þi name be
190 preysed, for myn enemyes outtake me þat þei ioyen not in myn ouercomyng. For

{20} Tu scis improperium meum et confusionem meam, et reuerenciam meam. *þou wote my reproof and my shame, and my reuerence.* þou, Fadre, wo`s´te þe reproof þat myn enemyes wiþouten
195 cause putten to me, as if I shuld be shamed þerþurgh, but þe schame shal turne al to hem and reuerence of moost worship to me for my wilful suffryng. For

{21} In conspectu tuo sunt omnes qui tribulant me; improperium expectauit cor meum et miseriam. *In þi siȝt ben alle þat*
200 *troublen me; reproof abood myn herte and wretchednesse.* Fadre, in þi siȝt ben alle þat troublen me, forþi I drede not, for in mynde of þin herte þou mekest þe proud. Myn herte abood mekely wiþoute desyre of vengeaunce, reproof and wretchidnesse, for I hoped in þee, abidyng þee þat knew best þe tyme of my delyueraunce.

205 **Et sustinui qui simul contristaretur, et non fuit; et qui consolaretur et non inueni.** *And I abood who þat were togydre-troubled, and noon was;* [*and*] *þat miȝt counfort, and I fonde not.* To þe encreesyng of wretchidnesse and reproof I abood and loked aboute, in þe maner of men þat faren yuel, if þer hadde be eny þat togydre in
210 þat tyme hadden be troubled wiþ me, suffryng wiþ peyne for þe raunsoun of mannes soule; but þer was noon, but onely I was taken mysilf into þe hondes of moost cruel men and enmyes, and maad þe
f. 140va raunsom deiyng for man, suffryng hard passioun. | Mi frendes fledden fro me, forsakyng me, and myn enemyes stoden neer to pyne
215 me.

188 abideþ] as it plesiþ H 190 outtake] outtoke D 192 improperium . . . meam (193)] *om.* D et[2] . . . meam (193)] *om.* L 193 wote] woost T, knowest L 194 þe] my L 195 shamed] aschamid H 196 of] and D 198 tuo . . . miseriam] *om.* D improperium . . . miseriam] *om.* L 200 me] men L abood . . . herte] myn hert abood DR 201 forþi] þerfore AH, for þat L 204 knew] knowest BS þe] *om.* A 205 qui . . . inueni] *om.* D fuit . . . inueni] *om.* L et[3]] *om.* A 207 noon] not BS and[2]] *om.* CLDR, `and´ S not] noon H 208 wretchidnesse] wrechidnessis AR 209 togydre] geþer L 210 wiþ[2]] wiþ `me´ S, wiþ me B, *om.* A 212 þe[1]] *om.* A hondes] h- *alt. from* b- C men and enmyes] *on eras. of shorter* C men and] *om.* AHTLBS þe[2]] me H, *om.* BS 213 deiyng] doynge D

{22} Et dederunt in escam meam fel, et in siti mea potauerunt me aceto. *And þei ȝouen into my mete galle, and in my þirst þei ȝouen me drynke aysel.* Þe mete of Crist was to do þe wille of his Fadre, and his þirst was of mannes helþe, but in þe etyng of þis mete þe cruel Iewes mengeden her bittre galle of envye, accuysyng him bi false witnes, and aysel moost soure þei ȝouen him to drynke; in sharp prickyng of þe coroune of þorne, and betyng him, and harde naylyng him to þe crosse—þis mete plenteuously þei ȝauen to Crist, kyng of glorye. Forþi 220

{23} Fiat mensa eorum coram ipsis in laqueum, et in retributiones et in scandalum. *Maad be þe boord of hem bifore hemsilf into snaar, and into ȝeldynges and into sclaundre.* As who seiþ, Crist wole not ne may not be anoyed by malyce of his enemy but hemsilf shulen as in a snaar be taken þerinne, where shal be ȝolden to hem peyne after her malyce into sclaundre of euerlastyng dampnacyoun. For 225 230

{24} Obscurentur oculi eorum ne uideant, et dorsum eorum semper incurua. *Derkede ben her yȝen þat þei see not, and þe bac of hem euermore incroke.* As þe wicked Iewes for þe malyce þei diden in Crist deserueden to be blynde, þat þei sawen not hemsilf to amende hem, but sudeynly weren taken in her erroures, so shulen þe proude princes of þe chirche þat wiþstonden þe law þat Crist deyde fore. For Crist shal euermore inbowe her bac wiþ greuous birþens of peyne þat forsoken in þis lif to bere | his liȝt birþens þat ben his ten commaundementes. 235 f. 140vb 240

{25} Effunde super eos iram tuam, et furor ire tue comprehendat eos. *Outȝette þou upon hem þi wraþþe, and þe woodnes of þin yre take hem.* Upon þes false Iewes þat for her owen hyȝenesse

216 in[1] . . . aceto] *om.* D et[2] . . . aceto] *om.* L 217 in] *om.* HT 221 þei] þe D sharp] þe sharpe L 222 þorne] þornes H and[1]] *om.* DR 223 þis . . . ȝauen] þei ȝaf is mete plenteuously B 224 forþi] þerfore AH, for þat L 225 eorum . . . scandalum] *om.* D in[1] . . . scandalum] *om.* L 226 maad . . . hem] the boord of hem be maad DR, be þe bord of hem made BS be] bi A, he be L 227 ȝeldynges] ȝeeldynge R who] whos D seiþ] seye AHLBS 228 malyce] maly L his] her AHTLBS enemy] enemyes DR, invye LBS 229 to hem] *om.* T 230 of] and AL 232 oculi . . . incurua] *om.* D ne . . . incurua] *om.* L 233 semper] *om.* T derkede] merkid AHL her] þe T þe . . . incroke (234)] croke þou þe bak of hem euermore BS 234 incroke] croke H 236 weren] was BS 237 þe chirche] þis world BS 238 shal] *om.* BS inbowe] bowe BS 239 peyne] peynes BS his[1]] þese A, here BS ben] is AHTLBS 241 super . . . eos (242)] *om.* D ire . . . eos (242)] *om.* L 243 þes] þe AHTLBS

wiþstoden Crist, and enforseden hem to destroyȝe him, shal plenteuously be outȝetted þe wraþþe of God, and þe woodnesse of þin yre take hem, for þe riȝtwisnesse of God in his doom shal dampne hem þat wiþstoden his lawe for her coueytise.

{26} Fiat habitatio eorum deserta, et in habitaculis eorum non sit qui inhabitet. *Her wonyngstede be maade desert, and in her tabernacles be noon þat inwonne.* Her wonnyngstede shal be desert, for her pride and her lustes whereinne þei resteden shulen be refte hem; and þer shal not be þat shale inwonne in hem þat ne to hem shal be meten þe same mesure, for he þat is partener of synne shal be partener of peyne.

{27} Quoniam quem tu percussisti persecuti sunt, et super dolorem uulnerum meorum addiderunt. *For whom þou smote þei pursueden, and upon þe sorowe of my woundes þei addiden to.* Crist semed smyten of þe Fadre and forsaken, for he leete his enemyes worche in him her wille, for abouen þe lawe þei tourmenteden hym, for þouȝ he had be gilti of her accuysynges þei diden more despite to him þan her lawe lymyted. Forþi

{28} Appone iniquitatem super iniquitatem eorum, et non intrent in iusticiam tuam. *Putte wickednesse upon wickednesse of hem þat þei entren not into þi riȝtwisnesse.* Þe wicked Iewes in pursuyng of Crist and sleyng him synneden greetly, but | more whanne þei hyreden þe kniȝtes and witnessede wiþ hem þat his bodye was refte hem, for þat to þis day blyndeþ þe Iewes, and so wickednesse put vpon wickednesse þat þei entre into no riȝtwisnesse for hardnesse of her hertes. Forþi

{29} Deleantur de libro uuiuentium, et cum iustis non scribantur. *Be þei doon aweye fro þe book of lyuyng men, and wiþ riȝtwise be þei not wryten.* Þe book of lyf is þe knowyng of God, in þe whiche he haþ biforeordeyned alle his feiþful loueres, knowyng her

244 wiþstoden] wiþstonden HLR 248 eorum[1] . . . inhabitet] *om.* D et . . . inhabitet] *om.* L habitaculis] tabernaculis RBS 249 be] schal be H 250 desert] maad desert T 252 þat ne] ne `þat´ T 253 meten þe] moote ne D 255 tu . . . addiderunt] *om.* D persecuti . . . addiderunt] *om.* L 259 him] hem A 260 accusynges] accusyng BS despite] spyte L 261 forþi] þerfore AH, for þat L 262 iniquitatem[1] . . . tuam] *om.* D et . . . tuam] *om.* L 263 intrent] intrant AH in iusticiam] iniusticiam H putte] putte to AHLBS 264 into] vpon T 267 for] but BS so] *om.* L put] is put to AH, is put TL, it put to BS 268 into no] not into AHTLBS, not into no R 269 forþi] þerfore AH, for þat L 270 de . . . scribantur] *om.* D et . . . scribantur] *om.* L

saluacioun, in þe whiche proude coueytous Iewes ne her foloweres ben not wryten, for God knoweþ hem to be dampned; and so wiþ 275 riȝtwise þei shulen not be writen but liȝtly doon awey siþ þei hauen no paart in þat noumbre. For siþ þat God knoweþ þe ende of al þing, he writeþ noon in his knowyng to be saued but him þat shal be saued; and so, al be it þat many wenen for her feyned riȝtwisnesse to be in Goddes knowynge noumbrede among iust men, her hope shale 280 perisch and so be doon awey.

{30} **Ego sum pauper et dolens, salus tua, Deus, suscepit me.** *I am pore and sorowyng, þin helþe, God, uptoke me.* He þat hateþ yuel and fleiþ it, and loueþ good and foloweþ it, may not haue wanhope. Whi? For he may seye wiþ þe Prophete 'I am pore, wiþoute ȝernyng 285 of erþeli prosperite or fleischly luste, sorowyng þe wretchidnes of þis lyf þat men louen to her owne confusioun. And forþi þe heleþ of God þat is his mercy vptook me and delyuered me of all wretch-idnesse.' Forþi

{31} **Laudabo nomen Dei mei cum cantico, et magnificabo** 290 **eum in laude.** *I shal preyse þe name of my | God wiþ songe, and I* f. 141rb *sha`l' magnifye him in preysyng.* Loo, what he doiþ þat is fer þrowen fro þe lustes of þis lif: he preyseþ þe name of God, þat is Iesu þat come in Goddes name wiþ song, not in fourmed notes of curyous men, but in purete of conscience. And I shal make him greet in 295 preysing wiþ alle my strengþes preysyng his name, hatyng vyce and louyng vertue.

{32} **Et placebit Deo super uitulum nouellum, cornua producentem et ungulas.** *And it shal plese to God upon a newe calf, bryngyng forþe hornes and clawes.* Here moun men knowe þat God is 300 more plesed in lownes of spirit þan in greet offerynges of temporal godes, as þe offring þat Crist wilfully offred his body to þe crosse for

274 proude] þe proude AHTLBS 276 riȝtwise] þe riȝtwise A doon] be done H 277 þat[2]] `þat' T, *om.* A ende] ordre A of] in L 278 but . . . saued (279)] *om.* T 280 iust] *om.* BS 282 pauper . . . me] *om.* D salus . . . me] *om.* L suscepit me] salutis mee A 283 helþe] helpe BS 284 good] god A wanhope] vnhope R 285 whi] forwhi T ȝernyng] desiringe ADR 286 erþeli] wordli A sorowyng þe] seruand to BS 287 forþi] þerfor AH, for þat L þe] *om.* BS 288 and . . . me[2]] *om.* R 289 forþi] þerfore AH, for þat L 290 laudabo] lauabo T nomen . . . laude] *om.* D mei] *om.* AHTLRBS et . . . laude] *om.* L 291 my] *om.* B wiþ] in T 293 þe[1]] *om.* A 294 come] cometh L in[2]] *om.* L 295 him] hem A 296 his] þi D vyce] vices BS, voice D 297 vertue] vertues BS 298 deo . . . ungulas] *om.* D cornua . . . ungulas] *om.* L 299 `nota' R 300 clawes] clees AHT

saluacioun of his puple plesed more to God þan al þe offryng of beestes in þe olde lawe þat was figure of þis offryng. Crist was a clene 305 calf þat neuer drouȝ in ȝok of consent to synne. In his heued he brouȝt forþ hornes: þat is, in his first lawe he brouȝt forþ prophetes, þat weren horned wiþ stedfast bileeue of his comyng, wherewiþ þei ouerþrewe manye vnfeiþful enemyes; and he brouȝt forþe clawes to go stedfastly in slyder wey, þat is his apostles þat stedfastly heelden 310 hem in þe weye of treuþe to þe ende of her lyues, despysyng ritchesses of þis life, offryng hemsilf to God for her breþeren brent sacrifice in þe hoote chemeney of tribulacioun.

{33} **Uideant pauperes et letentur, querite Deum et uiuet anima uestra.** *See þe pore and be þei glad, seecheþ God and ȝour* 315 *soule shal lyue.* Pore men þat forsaken þis worldes coueitise to folowe f. 141va Crist þat þei regnen | wiþ him, vnderstonde þei þat is seyd and be þei glad in beryng of Goddes ȝok, seechyng and desyryng feiþfully to do his wille, and her soule shal lyue wiþ him euerlastyngly. Loo, þe dignite of wilful pouert, and of bounden men in tribulacioun for 320 God!

{34} **Quoniam exaudiuit pauperes Dominus, et uinctos suos non despexit.** *For þe pore þe Lord herd, and his bounden he despised not.* Pore men, fer fro lustes and prosperite of þis wretched lyf, God hereþ, for þei hopen feiþfully in him, not in man ne in ritchesses; 325 and þouȝ þei ben hard bounden for treuþe in fetteres and manycles, God shal louse hem whanne best tyme is, not oonly of her bondes but fro alle her synnes, for þe Lord loked fro heuene þat he shulde here þe mourning of fettred men, not for her peyne but for synne. For

330 {35} **Laudent eum celi et terra, mare et omnia reptilia in eis.** *Preyse him heuenes and erþe, þe sce and alle crepyng beestes in hem.* For

303 his] þe AHTLBS þe] *om.* L offryng] offringis AH 304 figure] figurid A 307 comyng] comyng, *corr to* `cunnyng´ B, cunnyng S 308 forþe] *om.* L clawes] clees AHTL 309 slyder] slidry T 310 despysyng] discussyng BS 311 ritchesses] ryches LDR 313 pauperes . . . uestra] *om.* D querite . . . uestra] *om.* L deum] dominum R 314 see . . . pore] pore men se þey BS þe] *om.* L 315 worldes coueitise] world coueiteþ BS 316 þat[2]] þat þat H 318 euerlastyngly] lastyngly R 319 of[2]] *om.* L 321 quoniam . . . despexit] exaudiuit etc. D et . . . despexit] *om.* L 322 pore . . . not (323)] lord herde not his bounden and he despised not his bounden BS 323 wretched] *om.* A 324 ritchesses] ryches L 326 louse] vnbynde H her] *om.* BS bondes] hondis D 328 þe] *om.* L fettred] fered L for[1]] of L synne] her synne A 330 eum . . . eis] *om.* D eum] illum AHTLRBS mare . . . eis] *om.* L 331 preyse . . . erþe] heuenys and erþe preise hym BS

God is miȝty lord of al þing, he coueiteþ þe saluacioun of mankynde to whom he maad al þing helply. Heuene may be taken here for aungels and hi[ȝe] seyntes, and þe erþe for meke men þat traueylen þe erþe of her body to Goddes plesaunce and helpe of her breþeren; 335 þe sce ben þei þat ebben and flowen in fleishly lustes and ben vnstable, for þei trusten not feiþfully in God. Alle crepyng in hem ben beestly wretches þat han her wombe to þe erþe, þat trusten more in her worldly wisdom and ritchesses þat þei felen þan in God, and ȝit God bi many wondres meueþ hem to preyse his name, forsakyng 340 her lustes.

{36} **Quoniam Deus saluam faciet Syon, et edificabuntur** f. 141vb **ciuitates Iude.** *For God shal make saaf Syon, and aȝenbilded shal be þe citees of Iude.* Syon is eche meke soul kepyng Goddes byddyng wiþouten grutchyng in tribulacyoun, and presumpcioun and veyne- 345 glory in prosperite, whom God shal make saaf. And þe citees of Iude shuln be aȝenbilded, for men shuln be conuerted to Cristes lawe and knowlechyng his lawe, wilfully offryng hemsilf to tribulacyoun for his lawe, in whom by grace he shal duelle as in moost ple[n]teuous citees. 350

Et habitabunt ibi, et hereditate adquirent eam. *And þei shuln wonne þere, and in heretage þei shuln gete it.* Feiþful men duellen contynuely in Syon, and delyten hem þerinne and in noþing contra- ryen þerto, þat is in biholdyng þe wille of God and to do it and to multiplye it; and to þis citee þei comen bi heretage of Crist, kyng of 355 glorie, for bi ensaumple of him þei forsoken þe world and alle þe vanytees þerof er it forsooke hem.

{37} **Et semen seruorum eius possidebit eam, et qui diligunt nomen eius habitabunt in ea.** *And þe seed of his seruantes shal welde*

332 god] *om.* L 334 hiȝe] his C, her L þe] *om.* R 335 helpe] heelþe D of [2]] for BS, *om.* L breþeren] broþer L 336 þe sce] and see BS, þese H þei] *om.* DR 337 in[1]] to DR 339 ritchesses] ryches LR 342 saluam . . . iude] *om.* D et . . . iude] *om.* L 343 aȝenbilded . . . iude] þe citees of iude shul be aȝenbildid BS 344 citees] cite H byddyng] biddynges BS 345 and[2]] of T 346 in prosperite] *om.* A þe] þes L citees] cite T 347 shuln[1]] schal T aȝenbilded] aȝenheeldid D couerted] aȝeinbildid A 348 knowlechyng] knowlechen AHTLBS lawe] lawe *canc.* name T, name LBS 349 whom] which AL plenteuous] pleteuous C 351 habitabunt] inhabitabunt R ibi . . . eam] *om.* D et[2] . . . eam] *om.* L 352 wonne] dwelle H in . . . it] þei shul gete hit in eritage BS it] *om.* A 354 is] *om.* H 355 comen] camen DR of [1]] to BS 356 forsoken] forsaken ATL þe[2]] *om.* R 357 forsooke] forsake ATL 358 seruorum . . . ea] *om.* D et[2] . . . ea] *om.* L

360 *it, and þat louen þe name of him shulen duelle in it.* Þe seed of his seruantes ben foleweres of þe apostles þat shuln welde þe heretage of goostly Syon, þat is heuene and noon oþere; and þat loueþ þe name of Iesu, obeischyng to his biddyng shale wonne in it wiþouten ende.

Psalmus .lxix.

{2} **Deus in adiutorium meum intende; Domine, ad adiuuandum me festina!** *God, bihold into myn help; Lord, to helpe me hyȝe þou!* Eueremore haue we nede of Goddes helpe, for euermore we |
f. 142ra ben assayled of enemyes, now of þe feende, now of þe world, now of
5 oure fleisch; and ȝif we ben not socoured of his help, we shuln fayle. And, for he knoweþ more oure nede þan don ouresilf, we preyen him to biholde into oure helpe, for in his biholdyng enemyes ben maad vnmiȝty. Forþi, Lord, hyȝe þou to help me, þat is delaye not þin helpe fro me, but so sugette me to þee þat alwey þin help, merciful
10 Lord, I deserue.

{3} **Confundantur et reuereantur qui querunt animam meam.** *Be þei confounded and ashamed þat seechen my soule.* Many ben so malycious þat þei enforsen hem to hide and fordoo þe vertues of her neiȝtbores whom þei shulde norishe and encreese, for drede þat bi
15 hem her vices be knowen. Be þei herfore ashamed of þis errour, and drede þei God for þis goostly mansleyng. And

{4} **Auertantur retrorsum et erubescant qui uolunt mihi mala.** *Turned be þei bakward and shame þei þat wolen to me yueles.* Be þei turned bakward wilfully fro þis errour, and shame þei of her
20 vnfeiþfulnes, þat þei perishen not in her malyce þat seechen to me yueles, þat is alle þat coueyten my fallyng and helpen þerto.

360 þat] þei þat BS   361 shuln] schuld L

Ps. 69 CAHTLDRBS

heading C (*r.h.* Deus in adiut'), lxix psalm. in finem psalmi dauid. in remoracione. voyce of crist, whyle he was on þe cros L, *r.h.* 'Deus in adiutorium' D, þe lxvii psalm A, '69' *d.h.* B, *om.* HTRS   1 domine . . . festina] *om.* L   2 to . . . þou (3)] hiȝe þou to helpe me BS   hyȝe] hast T   4 now²] and now D   now³] and now AHTLBS   5 of] wiþ AHTLBS   6 þan] and L   7 biholdyng] biddynge DR   8 forþi] þerfore AH, for þat L   þat . . . me¹ (9)] *om.* BS   9 me¹] þou *eras.* þe T, þou me AHLBS   þin . . . lord (10)] mersiful lord þin help A   merciful . . . deserue (10)] merciable deserue I to þe T   11 et . . . meam] *om.* D   qui . . . meam] *om.* L   qui] simul qui R   12 be] ben, -n *canc.* C   'nota bene' R   14 whom] whiche AL   encreese] encre S   15 herfore] þerfore TL   16 and] *om.* AH   17 retrorsum . . . mala] *om.* D   qui . . . mala] *om.* L   20 malyce] lustes L   21 alle] þat alle H   þerto] þerto and H

Auertantur statim erubescentes qui dicunt mihi 'Euge, euge!'. *Awey be þei turned soon shamyng þat seyen to me scorne.* Þat is most proprely seyde of Crist whois werkes and wordes weren wiþoute consent of errour. Be his enemyes þerfore, enforsyng hem aȝen 25 treuþe, soone turned from her erroures and shame þei of her malyce, or ellis be þei sodeynly confounded þat seyen scorne to Cristis lore. He doubleþ her scornyng, for þei scornen him in werk and | word, f. 142rb þat þei be punyshed in bodi and soule. But

{5} Exultent et letentur in te omnes qui querunt te, et dicant 30 **semper 'Magnificetur Dominus qui diligunt salutare tuum!'** *Glaade þei and be fayne in þee alle þat seechen þee, and seye þei euermore 'Worshiped be þe Lord þat louen þin helþeȝyuere!'.* Herby ben openly knowen þe loueres of þe world, and þe loueres of treuþe: Cristes loueres gladen in obeishyng to him, mekely beryng his ȝeerd of 35 disciplyne, but his enemyes gladen in hyȝenes of þe world, forsakyng his discyplyne. Cristes freendes ben fayn to seeche him and fynde him, and to folowe him; his enemyes ben fayn to seeche worshipes of þis life and to fynde hem, and to lustfully lyue in hem. Cristes foloweres þat louen hym, for he is her helþeȝyuere, seyen euermore 40 in werk and word wiþ feruent desyre, 'Worshiped be þe Lord!'. But his enemyes, hatyng his lore, seyen euermore 'Cursed be Crist þat cam to teche man his lawe, for it is contrarye to oure lustes and vnquieteþ us in hem.' Loo, ȝit more reproof of enemyes, contrarye to Crist! 45

{6} Ego uero egenus et pauper sum; Deus adiuua me! *I forsoþe am nedy and pore; God, helpe þou me!* He is nedy þat mychil more nedeþ þan he haþ; and so Crist is nedy, for a feyre place and moost

22 statim . . . euge²] *om.* D erubescentes] et erubescant R qui . . . euge²] *om.* L 23 awey . . . turned] be þei turned away BS þat] this AHTLBS 25 be] *om.* BS 26 soone] \`be´ sone S, be sone B 27 be þei] *rev.* AHT 28 him] hem S 29 but] *om.* DR 30 et¹ . . . tuum (31)] *om.* D et² . . . tuum (31)] *om.* L 31 dominus] deus A 32 glaade . . . þee²] alle þat secheþ þee be þei glade and be þei feyn in þee BS 33 þe] owur L helþeȝyuere] helþe BS 35 obeishyng] obeyynge L to him] of truþe A his] cristis A 37 and fynde him] \`fynde him´ H 38 to¹] *om.* A 39 lustfully] lustly T 40 helþeȝyuere] helþe BS 41 wiþ] and BS 42 hatyng] þat haten DR, hatyn L seyen] seyng L 44 vnquieteþ] inquyetiþ BS reproof] proof AHTLBS 46 egenus . . . me] *om.* D sum . . . me] *om.* L sum] *om.* AHT I forsoþe] *rev.* HB, Y forsoþe \`Y´ S, I forsoth I L 47 \`Et sic Christus quodammodo indignus [.. / ilio nostro ad iustifica[. . . /nos quia sicut nos boni[. . . sic ipse indigat vol[. . ./ ausus Qui creauit te [. . . / non iustificabit te si [. . . / 1 cor. 3 adiutores sumus´ B

delitable he haþ greiþed to his loueres þat nedelynges mote be
50 restored, but he haþ not ȝit founden his noumbre. And so for oure
nede he is maad nedy, and he is pore for litil paart þat he haþ ȝit
geten of us to his heretage, and he is of litil miȝte as his enemyes
gessen, for miȝtily þei aȝenseyen his lawe, þe chartre of his heretage.
f. 142va Forþi he crieþ to his Fadre and | seiþ 'God, help me in ouercomyng
55 of myn enemyes.' For

Adiutor meus et liberator meus es tu, Domine, ne moreris.
Myn helpere and my delyuerer art þou, Lord, duelle not! Enemyes
moun greetly dreed, siþ God is helper of Crist and delyuerer of his
loueres þat may not duelle for greet loue of his mekest Sone. For in
60 best tyme he shal take to him his loueres þat ben his heretage. Cristes
heretage is good lond þat bryngeþ forþe hundreþfold fruyt, and it is
closed inne on eyþer side wiþ drede to offend God, and loue to do
his biddyng; and at þe upper ende of þis lond is gode hope and
stedfast bileeue, and at þe neþer ende is mournyng for synne wiþ
65 pure`te´ of conscience and loue of breþeren, echoon to echeon help
oþer. And out of þis lond is weeded ydelnes, lustes and veynglorye,
and it bereþ plenteuously pacience. Bi þise boundes Crist knoweþ his
lond, þat is his heretage. And, siþ he may not aȝen his owne biddyng
coueyte wrongfully oþer mennes lond, he wole rede his chartre in his
70 dome, and whois lond is not þanne founden wiþinne his boundes, he
shal take to þe Lord of þat lond, for in it he haþ no part ne cleyme of
heritage.

49 delitable] delectabyll L greiþed] made redi DR, ordeined HBS þat] *om.* L nedelynges] nedis B mote] must LBS 51 þat] *om.* AHTLDRBS 54 forþi] þerfor AH, for þat L 56 meus[1] . . . moreris] *om.* D domine . . . moreris] *om.* L moreris] morieris A 57 myn . . . þou] þou art myn helper and myn deliuerer BS helpere] helpe H delyuerer] delyuere`r´ D, delyuere A art þou] *rev.* DR duelle] ne dwelle þou H 58 delyuerer] delyuere`r´ D 59 `nota´ C mekest] meked L 60 `nota´ R 61 is[1]] as S 62 inne] *om.* BS on] oon on H loue] wiþ loue H 63 upper] ouer BS and[2]] in L 65 echoon] *om.* AHTBS echeon] *om.* LR help] *om.* L 67 þise] here T 69 wrongfully] wrongwisly T his[1]] his owne T 70 is] þan is L þanne] `þan´ D, *om.* L 71 to] *om.* AL in . . . haþ] he haþ in it D

Psalmus .lxx.

{1} In te, Domine, speraui; non confundar in eternum, {2} in iusticia tua libera me et eripe me. *In þee, Lord, I hoped, ne be I not shamed into wiþouten ende; in þi riȝtwisnesse delyuere þou me and outtake me.* In þee I hoped, Lord, to haue mercy, be I not ashamed into wiþouten ende, al be it þat now of enemyes is put to me repreef. In þi riȝtwisnesse: þat is, in þi riȝtwise dome delyuere me of al shame and drede, and outetake me fro þe miȝt of þe deuel and fro þe consent of his | foloweres. And

f. 142vb

Inclina ad me aurem tuam, et salua me. *Heeld to me þin eere, and saue me.* I am as seek, fulfilled of wretchednes; for I am ful of repreef, put to me for techyng of þi lawe. Fadre, þerfore heeld in þin eere to kepe me, here me and saue me, for in þin hondes is þe miȝt of þin enemyes. Forþi

{3} Esto mihi in Deum protectorem, et in locum munitum ut saluum me facias. *Be þou to me into God a defendour, and in warnysht stede þat þou make me saaf.* If God be oure defendour, us þar not drede to be herty in his batayle, for into moost sikir warnyst place he shal sette us, þat is in treuþe of his word þat on eche syde defendeþ itsilf. For as it may not be ouercomen, no more þe keper of it, for þerbi onely man is saued.

Quoniam firmamentum meum et refugium meum es tu. *For myn fastnyng and myn aȝenfleyng þou art.* Þat is, in al oure anguysh God is to us moost syker toure of defense, for he is oure ȝenfleyng, for after oure hydous trespasses he receyueþ us aȝen to grace. Forþi

Ps. 70 CAHTLDRBS
heading C (*r.h.* in te domine), lxx ps. ipse dauid filiorum aminaba et priorum captiuorum voyce of crist to þe faþer whan he rose L, *r.h.* In te domine speraui ii D, `70´ *d.h.* B, þe eiȝte and sixti salme A, *om.* HTDRS 1 in^{3} . . . me^{2} (2)] *om.* L 2 ne] *om.* AHTLRBS 3 shamed] aschamid H in] and B þou] *om.* AHTLBS 4 I^{1} . . . lord] lord I hopide HB 5 into] *om.* BS 6 al] *om.* L 9 ad . . . me^{2}] *om.* D et . . . me^{2}] *om.* L heeld] bowe ADR, bowe doun BS to] into AHT 10 of^{1}] wiþ ALBS 11 for] `fro´ S fadre þerfore] *rev.* HL heeld] bowe DRBS in] *om.* BS 12 eere] ire A kepe me] *om.* AHTLBS hondes] hond AHTLBS 13 forþi] þerfor AH, for þat L 14 in^{1} . . . facias] *om.* D et . . . facias] *om.* L 15 to me] *om.* T to] into A into] in RBS in] into AHTLBS 16 warnysht] kept DR, warned B þat] *om.* L þar] der ABS, nediþ T 17 moost] þe most L warnyst] garnest ATLBS, garnischide H, kept DR 18 is] *om.* AL 19 itsilf] self T 20 onely] ony BS 21 meum^{1} . . . tu] *om.* D et . . . tu] *om.* L for] for þou art BS 22 aȝenfleynge] `geyn´fleynge L þou art] *om.* BS 23 ȝenfleyng] aȝeinfleyng AHTDRBS 24 forþi] þerfor AH, for þat L

25 **{4} Deus meus, eripe me de manu peccatoris, et de manu contra legem agentis et iniqui.** *My God, outtake me of þe honde of þe synner, and of þe hond aȝen þe lawe doyng, and of þe wicked.* Þe synner he clepeþ þe deuel, fadre of lesynges; and worchyng aȝen þe law he clepeþ fals cristen men þat bynden hem wilfully to Cristes
30 lawe, and for her lustes forsaken it. Þe wicked men ben cleped paynyms, þat to no lawe wolen be suget, but lyue after her kynde, as beestes; of þe hond, þat is fro þe miȝt of alle þise he preieþ God to
f. 143ra take him out. For þise enemyes enforsen aȝen | Cristes foloweres, þat trusten not in her owne vertu but in Goddes mercy, seiyng

35 **{5} Quoniam tu es pacientia mea, Domine; Domine, spes mea a iuuentute mea.** *For þou art my pacience, Lord; Lord, `myn' hope fro my ȝougþhed.* Þat is, Lord of þee is my vertue to suffre paciently alle anoyȝes. Lord, þou art myn hope fro my ȝougþhed, þat is fro þe tyme þou liȝtned my soule in knowyng of þi lawe, ȝyuyng to it
40 goostly ȝougþhed of vertues, whom I hadde maade old, defoulyng in synne. For

{6} In te confirmatus sum ex utero; de uentre matris mee tu es protector meus. *In þee I am togiderfastned fro þe womb; of þe womb of my modre þou art my defender.* Þurgh þe vertu of þi loue I am
45 togiderfastned in þee, for alle my strengþes I haue gedered in þi loue fro þe womb, þat is fro þe plente of þi lawe þat is of moost miȝt to strengþe þi louer. Of þe womb of my modre þou art my defendere: as Crist was defended of his Fadre aȝen his enemyes þat souȝten his lif in his tendre age, so he defendeþ his loueres fro þe birþe of hir
50 modre aȝen þe deuyl and alle her enemyes. Forþi

In te cantatio mea semper; {7} tanquam prodigium factus sum multis, et tu adiutor fortis. *In þee my song euermore; as a*

25 eripe . . . iniqui] *om.* D et . . . iniqui] *om.* L 27 þe[1]] *om.* L 29 bynden] blynden D 30 men] *om.* AHTLBS 32 þe[2]] *om.* L þise] þere T preieþ] praise T 33 þise] þere T aȝen] hem *canc.* aȝen H, hem aȝein AL 35 es . . . mea (36)] *om.* D domine[2] . . . mea (36)] *om.* L domine[2]] *om.* R 36 lord lord] lord R myn] *add. dh* C 37 ȝougþhed] ȝouþe BS 38 art] *om.* BS ȝougþhed] ȝouþe BS þat . . . ȝougþhed (40)] *om.* T 39 to it] *rev.* R to] *om.* AL 40 whom] whiche AL 42 confirmatus . . . meus] *om.* D mee . . . meus] *om.* L 43 in . . . fastned] Y am togedre festned in þee BS of . . . defender (44)] þou art my defender fro þe wombe of my modir BS womb] whom T 45 strengþes] strenkþe H 46 of moost] *rev.* R 47 of[1]] fro BS 49 defendeþ] defendid S þe] his A hir] his AL, þer H, þe R 50 modre] wombe H her] *om.* BS forþi] þerfor A, for þat L 51 cantatio . . . fortis] *om.* D tanquam . . . fortis] *om.* L factus sum] *om.* H 52 adiutor fortis] adiu/tortis H in] I in L euermore] is euermore BS

wondre I am made to many, and þou a stalworþe helper. Crist for mannes loue was maad to þe Iewes into most wondre, þat no man shulde be ashamed to syng contynuelly þe song of his law, kepyng 55 his biddynges, siþ he is most stalworþ helper. Forþi

{8} **Repleatur os meum laude, ut cantem gloriam tuam, tota die magnitudinem tuam.** *Fulfilled be my mouþ wiþ preising, þat I singe þi glo|ry, al day þi greethed.* Siþ Crist is oure ensaumple of f. 143rb pacience, be we fulfilled wiþ preisyng of his name, syngyng his 60 glorye, hou he is kyng of glorye; and al day, þat is to þe eend of oure lif, synge we his greetnes, hou of his plente al þing is fulfilled wiþ his blessyng. Seye we þerfore preiyng his godenes

{9} **Ne proicias me in tempore senectutis mee; cum defecerit uirtus mea, ne derelinquas me.** *Cast me not out in tyme of myn* 65 *eeld; whan my vertue shal fayle, ne forsake þou me.* Crist preied to his Fadre for þe eend of his chirche, þat shal be moost like to his tyme of suffryng, for þe malicious pursuyng of enemyes, for as þouȝ he were of no vertue to defende his chirche, enemyes shuln enforse hem to oppresse his foloweres. 70

{10} **Quia dixerunt inimici mei mihi, et qui custodiebant animam meam consilium fecerunt in unum.** *For myn enemyes seyden to me, and þei þat kepten my soule maaden counseyle in oon.* Myn enemyes spaken to me sclaundre, whanne þei seiden me to caste out deuyles in vertue of Beelzebub. And þei þat kepten my soule, 75 weenyng to haue al power in it, maaden counseyle into oone; for into oon þei assentiden þat I shuld deye.

{11} **Dicentes: Deus dereliquit eum; persequimini et comprehendite eum, quia non est qui eripiat.** *Seiyng: God haþ forsaken him; foloweþ and takeþ him, for þer is noon þat outtake him.* As þe 80 Iewes weenden Crist to be forsaken of God for his pacient abidyng in

53 am] a D helper] helpe HBS 54 mannes loue] loue of man D þe] *om.* DR 56 forþi] þerfor AH, for þat L 57 os . . . tuam (58)] *om.* D ut . . . tuam (58)] *om.* L 58 fulfilled] fillid AHTBS 59 greethed] gretnesse DRBS 60 of] *om.* BS 62 his[3]] *om.* T 63 preiyng] preisyng *corr to* `praiyng´ BS, praysynge L 64 me . . . me (65)] *om.* D mee] *om.* R cum . . . me (65)] *om.* L 65 myn] *om.* T 67 moost] *om.* BS to] til H 69 vertue] vertues BS 70 oppresse] pursue A 71 inimici . . . unum] *om.* D et . . . unum] *om.* L custodiebant] custiebant S 74 me[2]] to me L caste out] *rev.* T 75 þei] *om.* H 76 into] in TD 77 into . . . assentiden] þei assented into oon L 78 deus . . . eripiat] *om.* D dereliquit] dereliquid AH persequimini . . . eripiat] *om.* L 79 quia] qui A, et T 80 outtake] delyuereþ BS 81 weenden crist] wende *canc.* cryst wende L

huge tribulacioun, so þei shuln weene his foloweres to be forsaken, for as most helples þei shuln pursue hem in þe laste dayes. f. 143va Wher|fore Crist seyd and preyed to his Fadre

85 **{12} Deus, ne elongeris a me; Deus meus, in auxilium meum respice.** *God, be not lengþed fro me; my God into my help bihold.* Þat is, God, whiles enemyes of treuþe seen I am helples, delaye þou not fro me þin help ne þi counfort. Mi God, into myn help bihold, my God þat is to me in al þing good bihold into myn help, for at þi 90 lokyng whanne þou wilt shewe þi miȝt, þin enemyes ben ouercomen.

{13} Confundantur et deficiant detrahentes anime mee, induantur confusione et pudore qui querunt mala mihi. *Shamed be þei and faile bacbityng to my soule; be þei cloþed wiþ confusioun and shame þat seechen euyles to me.* Shamed be þei of her 95 synnes and faile fro her miȝt þat þei vsen wickedli, þat wenen þat treuþe may be ouercomen and enforsen hem aȝen it wiþ sclaunderous bacbitynges, as þei diden to Cristes liif. Be þei cloþed wiþ confusioun: þat is, open repreef, and shame þei wiþinne for vilete of conscience þat speken yueles in lettyng of treuþe.

100 **{14} Ego autem semper sperabo, et adiciam super omnem laudem tuam.** *But I euermore shal hope, and I shal caste to abouen al þi preisyng.* Here ben Cristes loueres tauȝt bi ensaumple of him to hope in him contynueli, and as her tribulacioun encreeseþ, so and þe preisyng of Crist encreseþ in hem, wityng þat as þei ben felawes of 105 tribulacioun, so þei shulen be of counfort. Syng þei þerfore þe preisyng of Crist to þe ende of her liif, and seye

{15} Os meum annunciabit iusticiam tuam, tota die salutare tuum. *Mi mouþ shal shewe þi riȝtwisnes al day þin helþeȝiuer.* He þat is f. 143vb feiþful | in þis liif shal shewe þe preisyng of God in heuene, for al 110 day, þat is contynuely, Crist þat is oure verrey helþeȝiuer shal be shewed preisable.

82 huge] greet T to be] be A 84 seyd] preiede AHTLBS preyed] seide AHTLBS 85 deus[1]] deus meus R elongeris . . . respice] *om.* D elongeris] elongaueris BS deus[2] . . . respice] *om.* L 86 lengþed] longid BS 87 seen] seyen þat AHTBS, seyne L 89 to . . . þing] in alle þing to me T 91 et . . . mihi] *om.* D detrahentes . . . mihi] *om.* L 92 induantur] operiantur R 93 faile] faile þei BS 95 faile] fayle `þei´ S, faile þei B 100 semper . . . tuam] *om.* D et . . . tuam] *om.* L 101 to] *om.* T 102 bi ensaumple] `þat´ be L 103 and[2]] *om.* B 104 encreseþ] encreese HT in] *om.* R wityng] wityngli D felawes] folowers L 105 þei shulen] *rev.* AHTLBS 106 þe] *om.* TLR 107 annunciabit . . . tuum] *om.* D iusticiam] iustiam S tota . . . tuum] *om.* L 108 helþeȝiuer] helþe BS 110 verrey helþeȝiuer] *rev.* T helþeȝiuer] helþe BS

Quoniam non cognoui litteraturam, {16} introibo in potencias Domini; Domine memorabor iusticie tue solius. *For I knewe not lettrure, I shal entre into þe mi3tes of þe Lord; Lord, I shal haue mynde of þi ri3twisnes oonly.* For I knewe not lettrure: þat is, worldli sleiʒtes, I shal entre into þe miʒtes of þe Lord, þat is into þe worching of his lawes where I shal miʒtili be defendid in alle aduersitees. Lord, I shal haue mynde of þi riʒtwisnes oonli, for þe mynde þerof makeþ men most riʒtwise. 115

{17} Deus, docuisti me a iuuentute mea, et usque nunc pronunciabo mirabilia tua. *God, þou lered me fro [my] ʒougþhed, and vnto now I shal forþshewe þi merueyles.* God lereþ his loueres his wille, as þei ben myndful of him, for we moun not þenke on him but he shewe to us his wille. Forþi þe Prophete seiþ in þe persone of Crist, 'God þou tauʒte me fro my ʒougþe, þat is fro þe bigynnyng; al þing I dide after þi biddyng. And vnto now I shal shew þi merueyles', for in his diyng he was most miʒty ouercomer of his enemyes, for miʒtili þann he took out of þe deuyles power his seruauntes, in token þat who þat lasteþ trewe to þe ende shale haue maystrie of his enemyes. And forþi 120 125 130

{18} Et usque in senectam et senium, Deus, ne derelinquas me. *And vnto into þe elde and into þe last age, God, ne forsake þou me.* Here mowe feiþful men be counforted to suffre tribulacioun for Crist, for he preied to his Fadre þat miʒt | not deney him, siþ þei weren boþe oon, þat he shuld not forsake to help his chirche vnto into þe last age, þat is into þe ende. f. 144ra 135

Donec annunciem brachium tuum generationi omni que uentura est. *To þat I shewe þin arme to al generacioun þat is to come.* Þat is, to þe miʒt of God be shewed to þe foloweres of Crist

112 cognoui . . . solius] *om.* D introibo . . . solius] *om.* L 113 solius] solicius S knewe] knowe ATS 114 lord[2]] *om.* ALBS 115 mynde] *om.* T knewe] knowe BS not] *om.* L 116 miʒtes] myʒt A þe worching] wirchynges H 117 miʒtili be] *rev.* H 119 most] *om.* D 120 docuisti . . . tua] *om.* D et . . . tua] *om.* L 121 lered] lernedist H, tauʒt BS my] *om.* C, þi D ʒouþhed] ʒouþe BS 122 I] he D forþshewe] shewe forþe DR lereþ] lerniþ HT, techiþ BS 123 for . . . him[1]] *om.* H but] but ʒif H 124 forþi] þerfor AH, for þat L seiþ] seide T 125 me] *om.* D ʒougþe] mouþe H 126 vnto] into TD, til BS 128 þe] *om.* L 129 who þat] who so H trewe] in trewth L, treuþe D haue maystrie] *rev.* H 130 of] ouere H his] alle his AHTLBS forþi] þerfore AH, for þat L 131 usque in] *om.* A in . . . me] *om.* D senium] senui H deus . . . me] *om.* L 132 vnto] til BS 134 to] *om.* AHTLBS miʒt] may T 135 vnto into] til vnto BS 136 into[1]] *om.* A into[2]] vnto AHT 137 annunciem . . . est] *om.* D generationi . . . est] *om.* L 138 to[1]] til AHLDRBS, do T to[2]] til R 139 to[1]] til ALDRBS to[2]] of AHTDRBS

140 þurgh ensaumple of him to al mankynde þat is to come to þe ende of þis world. For

Potenciam tuam, {19} et iusticiam tuam, Deus, usque in altissima, que fecisti magnalia; Deus, quis similis tibi? *þi miȝt and þi riȝtwisnes, God, vnto into þe hyest þat þou haste maad greet;*
145 *God who is like to þee?* God shal not fayle to helpe his chirche, til þat his miȝt be shewed bi Crist and his foloweres in dounberyng of his enemyes, and his riȝtwisnes in rewardyng of his feiþful loueres, and iust dampnyng of his aduersaries. For vnto into þe hyȝest: þat is, into þe laste dayes, he shal not ceesse to do wondres. `God who is liik
150 to þee, þat doþ alle þi wondris´ for þe loue of man to saue him? For

{20} Quantas ostendisti mihi tribulationes multas et malas; et conuersus uiuificasti me, et de abyssis terre iterum reduxisti me. *Hou many tribulaciouns hast þou shewed to me, many and euyl; and turned þou quikened me, and of þe depnesse of þe erþe efte þou aȝenledde*
155 *me.* What tribulaciouns hast þou shewed to me: as who seiþ, manye in noumbre and yuel to þe flesche in sharp suffryng of peyne; and þou hast turned aȝen, whanne þou suffred me to ouercome alle myn enemyes, and quikened me in clarifiyng of my body after my passioune; and fro þe depnesses of þe erþe þou hast eft aȝenledde
f. 144rb me, for fro þe deppest lake | where man was closed inne, þou hast
161 uptaken me wiþ my loueres, Fadre, into þi blisse. And so

{21} Multiplicasti magnificenciam tuam, et conuersus consolatus es me. *þou hast multiplied þi greetnes, and turned þou hast counforted me.* þe greetnes of God is multiplyed in multipliyng of his
165 lawe, and þou turned counforted me, for in turnyng of þi puple to worchyng of þi lawe, I was greetly counforted.

140 to²] *om.* HT 141 þis] þe D 142 tuam¹ . . . tibi] *om.* D usque . . . tibi] *om.* L 143 tibi] sit tibi BS þi] god þi BS 144 riȝtwisnes] rightnes T god] *om.* BS vnto] til BS into] in T 145 til] to T 148 vnto] til DR, *om.* HBS 149 into] to AHTLBS dayes] eendis AHTLBS god . . . wondris (150)] *lower margin d.h., marked for ins.* C 150 doþ] doost AHBS þe] *om.* AHBS 151 ostendisti . . . me (153)] *om.* D tribulationes . . . me (153)] *om.* L 152 abyssis] abyssus A 153 many²] and manye A 154 turned þou] *rev.* BS quikened] whickened T depnesse] depnessis ADRBS þe²] *om.* BS efte] oft L aȝenledde] aȝeins ledde T 155 tribulaciouns] tribulacioun BS who] whos D seiþ] seye AHL 156 sharp] hard `or sharp´ L 158 quikened] whickened T 159 depnesses] depnes AHLBS þe²] *om.* BS hast] *om.* BS eft] oft L, *om.* A aȝenledde] aȝeins ledde T 160 for] fer D 162 magnificenciam . . . me] *om.* D et . . . me] *om.* L 163 turned . . . hast] þou turned hast BS 164 me] *om.* A multiplyed in] *om.* T 166 I] and D was] *on eras. d.h.* C greetly] greetly be, be *canc.* C

{22} **Nam et ego confitebor tibi in uasis psalmi; ueritatem tuam, Deus, psallam tibi in cithara, sanctus Israel.** *Forwhi, and I shal shryue to þee in vesseles of psalme; þi soþefastenes, God, shal I syng to þee in þe harþe, holy of Israel.* Here ben þe foloweres of Crist lerned 170
bi ensaumple of him to preyse contynuelly þe name of God for his benefetes. In þe vesseles of psalmes: þat is, in þe holy seyntes of bileeue, for þei treuly to her ende shewed hem þe vesseles of God bi gracious birlyng of his lawe, to þe conuertyng of his puple. For al her song was in þe ten-corded harp of Goddes commaundementes, for 175
þerinne is þe holi of Israel most plesed, þat is oure lord Iesu Crist in whom alle seyntes deliten to loke. Forþi

{23} **Exultabunt labia mea cum cantauero tibi, et anima mea quam redemisti.** *Ful outioye shulen my lippes whanne I shal synge to þee, and my soule þat þou bouȝte.* My lippes shulen ful outioye to þee 180
in acoorde of seyntes of þe bileeue, shewyng þe sooþfastnes of þi lawe, and my soule þat þou bouȝte wiþ þi precious blood shal ful outioye in tribulacioun, for þerinne it is moost maad like to þee.

{24} **Sed et lingua mea tota die meditabitur iusticiam tuam, cum confusi et reueriti fuerint | qui querunt mala mihi.** *But* f. 144va
and my tunge al day shal þenke þi riȝtwisnes, whanne confused and adrad 186
weren alle þat sechen euyles to me. Here men ben tauȝte to telle out wiþ þe tunge contynuely alle þe dayes of þis liif þe treuþe conceyued of þe herte into preysyng of Goddes name; for þerbi ben most confounded and adrad þe enemyes of treuþe þat seechen hou þei 190
mow doo euyles in hidyng of treuþ, and in hyȝing of hemsilf. But her euyles shuln be turned into her owne confusioun, and to þe pacient suffreres þei worchen hem not wityng a glorious coroune of victorye.

167 confitebor . . . israel] *om.* D psalmi . . . israel] *om.* L 168 and] `and´ D, *om.* ATLR 169 I[1]] Y god BS shryue] knowlech BS to þee] *om.* H in . . . israel (170)] þi soþfastnes in vessels of salme holy of israel Y shal synge to þee in þe harpe BS psalme] psalme to þe H shal I] *rev.* AHTLDR 170 þe[1]] *om.* H 172 psalmes] salme B, palmes S in þe[2]] in þe//in þe D 173 to . . . hem] schewide hem to her eende AL, to here eend T to] in BS 174 birlyng] brillynge T `nota´ R þe] *om.* DR 176 crist] *om.* AHTLBS 177 forþi] þerfore AH, for þat L, *om.* R 178 labia . . . redemisti] *om.* D et . . . redemisti] *om.* L 179 ful . . . lippes] my lippis schulen ful outioie DRBS my] alle my A shal] *om.* H 180 lippes] lyppe L 181 þe[1]] þi AHTLBS 182 `nota bene´ R blood] boode R 183 þerinne] þer L moost maad] *rev.* B maad] *om.* D 184 mea . . . mihi] *om.* D cum . . . mihi] *om.* L 185 fuerint] fuerunt T 186 al . . . riȝtwisnes] shal þenke þi riȝtwisnes al day BS al day shal] shal al day R whanne . . . me (187)] whan alle þat secheþ yuels to me were confusid and adred BS confused] confoundid H 187 men ben] *rev.* T men] me L 189 most] *om.* L 191 hidyng] þe hydyng H in[2]] *om.* L 192 to þe] into H 193 þei] þe A wityng] wityngli D

Psalmus .lxxi.

{2} **Deus iudicium tuum regi da, et iusticiam tuam filio regis.** *God, þi dome ȝiue to þe kyng, and þi riȝtwisnes to þe sone of þe kyng.* God þe fadre of heuene shal ȝiue his dome þat is most riȝtwise to his sone, Crist kyng of glorye; and his riȝtwisnes, þat is þe treuþe of his lawe,
5 he shal ȝiue to þe sone of þe kyng, þat is to his feiþful foloweres.

Iudicare populum tuum in iusticia, et pauperes tuos in iudicio. *Forto deeme þi folk in riȝtwisnes, and þi pore in dome.* Þe doome of God shal be riȝtwise, for riȝtwisely ech man after his werkes shal be demed. Þanne þei þat wolden not do wilfully
10 riȝtwisnesse in her lyue shuln bi riȝtwise dome suffre endles peyne, and pore men oppressed in þis liif for riȝtwisnes, þat weren discharged of lustes and erþely prosperite, and lasteden feiþfully to þe ende in fiir of tribulacioun, shulen sitte in þe doome wiþ Crist and deme hem þat pursueden hem. For

15 {3} **Suscipiant montes pacem populo, et colles iusticiam.**
f. 144vb *Hilles, take þei pees to puple, and hillokes riȝtwisnes.* He | telleþ here hou men moten doo bifore þe dome, þat shuln be domesmen in þe doom. For hilles, þat ben parfyte men stable as mountaynes, moten haue in þis liif plente of pees, þat is oonhed and acord of þe lawe of
20 God to werre aȝen tyrauntes of þe world; and hillokes, þat is eche degre of man þat shal be saued, mote haue riȝtwisnes of Goddes lawe to his warraunt. For

{4} **Iudicabit pauperes populi, et saluos faciet filios pauperum, et humiliabit calumniatorem.** *He shal deme þe pore of*
25 *þe puple, and he shal make safe þe sones of pore, and he shal meke þe*

Ps. 71 CAHTLDRBS
heading C (*r.h.* Deus iudicium), lxxi in salamon þe ps. of dauid. the voyce of þe chyrche of cryst. the holy gost of þe father of þe sone L, *r.h.* Deus iudicium D, ˋ71ˊ *d.h.* B, þe lxix salm A, *om.* HTRS 1 tuum] *om.* A et . . . regis] *om.* L 2 þi[1] . . . ȝiue] ȝeue þi dome BS 4 crist] þat is crist HT þe] *om.* AHTLBS 5 foloweres] folower AHTLBS 6 iudicare] iudicate D populum . . . iudicio] *om.* D tuum] *om.* S et . . . iudicio] *om.* L 11 oppressed] *om.* T 12 erþely] of erþeli H feiþfully] feiþful AHTRBS 13 fiir] þe fier A 15 montes . . . iusticiam] *om.* D et . . . iusticiam] *om.* L 16 puple] þe peple ALBS hillokes] litul hillis DRBS, hilles T 17 moten] must L doo] *om.* T þe[1]] *om.* R 18 ben] is AHTLBS moten] must L 19 oonhed] vnite BS 20 hillokes] litul hillis DRBS, hilles T 21 mote] must L 23 pauperes . . . calumniatorem] *om.* D et . . . calumniatorem] *om.* L filios] et filios A 25 pore] þe poure L

wrong chalenger. Crist shal deeme þe pore apostles to be worþi for her feiþful folowyng to take þe cheef seetes wiþ him in his doome; and þe sones, þat ben þe trewe foloweres of þe apostles, he shal make saaf, for þei shuln be demed to be eyres wiþ him in blisse. And he shal meke þe wrong chalenger, þat is þei þat for prid, coueytise and luste chalengeden wrongfully þe pore, helples in þis lif, shulen in Cristes doom be meked and demed to endeles peyne. 30

{5} Et permanebit cum sole, et ante lunam, in generationes generationum. *And he shal duelle wiþ þe sunne, and bifore þe moone, into generaciouns of generaciouns.* No man shuld drede to suffre here tribulacioun for treuþe, for Crist is wiþ his loueres as wiþ sunne þat ȝiueþ liȝt to oþere, and he shal duelle wiþ hem to þe ende of her traueyl. And bifore þe moone he shal duelle, for þoo þat taken liȝte of grace of him, as þe moon doiþ of þe sunne, and ben ofte chaungeable as þe moon, for fals drede of persecucioun þei shuln in her biholdyng to Crist se bifore hem, þat is more to haue drunken of þe cuppe of tribulacioun for hym þan he | profreþ to hem; for into generaciouns of generacions, þat is to þe laste ende, he duelleþ wiþ his loueres in tribulacioun. For 35 40 f. 145ra

{6} Descendet sicut pluuia in uellus, et sicut stillicidia stillantia super terram. *He shal descende as reyne into a flees, and as droppynges droppyng upon þe erþe.* As reyn þat falleþ doun into a wolle flees brekeþ it not but purgeþ it more, so Crist for loue of his chirche, þat ben his feiþful loueres, cam into þe mayden womb wiþouten wemme of hir maydenhede, and wiþ newe grace purified hir. And, as droppynges droppyng upon þe erþe to coole it, dewyng it to bryng forþ fruyt, so Crist dewed his modre wiþ grace to bryng forþe fruyt plenteuous of vertues, þat shal not faile to ȝiue vertue and grace to his loueres into þe ende. For 45 50

27 folowyng] foloweris D 28 ben] is AHTLBS þe[2]] *om.* A he . . . saaf (29)] saf he shal make, *marked for rev. to* C *reading* S, saaf he schal make AHTL 29 þei] *om.* L him] *altered from* hem C, hem AHTS 30 coueytise] and couetise ALBS 33 cum . . . generationum] *om.* D cum] ante L in . . . generationum] *om.* L generationes generationum] generacione et generacionem R 34 duelle] dwelle stille A and[2]] *om.* L 35 to . . . here] here to suffre AL here] *om.* R 36 tribulacioun] tribulaciouns AL, *om.* BS as] and L sunne] ˋþeˊ sunne S, þe sunne B 37 to[2]] til BS her] þe H 41 to[1]] of R se] se him AHTLBS hem] *om.* R 42 hym] hem AHTLBS 43 to] into LR 44 tribulacioun] tribulaciouns AHTLBS 45 descendet] Ostendet D sicut . . . terram] *om.* D uellus] vellis H et . . . terram] *om.* L 47 droppynges] droppis TBS þe] *om.* H 48 purgeþ . . . more] moore purgiþ it AHTLDRBS 49 ben] is AHTLBS 51 droppynges] droppis TBS droppyng] droppen AH þe] *om.* A 52 fruyt . . . forþe (53)] *om.* BS 53 fruyt plenteuous] *rev.* HTLBS, plenteuous fruytis A 54 loueres] louer L

55 **{7} Orietur in diebus eius iusticia et abundantia pacis, donec auferatur luna.** *In his dayes shal spryng riȝtwisnesse and abundaunce of pees, til þe moone be taken aweye.* In þe dayes of Crist, þat is whiles þe sunne of riȝtwisnesse shyneþ in his chirche for feiþful keping of his lawe, riȝtwisnesse shal springe, for Cristes riȝtwisnesse may not 60 wante, but encrees to alle þat louen it and kepe it. And aboundance of pees `folowiþ it, not fals pees´ of þis liif, for þerto riȝtwisnesse is euere aduersarye, but verrey pees wiþouten prickyng of conscience is þere where riȝtwisnesse of Crist abideþ. For pees of Crist, þat is loue of his lawe, is so abounded in his feiþful louer þat it faileþ not to þe 65 moon be taken awey, þat is to þe fleishe þat is vnstable as þe moone, for it is ful chaungeable, and ȝit in þe uprysyng at þe laste day it shal f. 145rb take liȝt bi grace of þe spirit. Þis aboundance of pees faileþ not | to þe tyme þe louer be brouȝte to his loue, þat is Crist, kyng of pees.

{8} Et dominabitur a mari usque ad mare, et a flumine usque 70 **ad terminos orbis terrarum.** *And he shale lordship fro þe sce vnto þe sce, and fro þe flood vnto þe termes of þe roundenesse of þe erþe.* Crist, kyng of pees, shale lordship in his loueres al tyme of þis liif. For fro þe tempest of þe first sce of batayle aȝen treuþe vnto þe ende whanne þe wode froþing sce shal enforse him to oppresse þe feiþful bileeue, 75 Crist shal regne in his chirche wherinne his lawe is loued and kepte, to defende and encrese it. And fro þe flood of þe wood sce, þat as hidous þundre routeþ wiþ malicious manasyng vnto þe vttermoost coostes of þe erþe, Crist shal defende his lawe and wiþ softe breþing wayte his avauntage, and breke in hemsilf þe feersnesse of þe wood 80 wawes, for Crist haþ sette a terme þat þei shulen not ouerpasse. For

{9} Coram illo procident Ethiopes, et inimici eius terram lingent. *Bifore him shuln falle Ethiopiens, and his enemyes shuln licke þe erþe.* Ethiopiens ben miȝti geauntes, moost blacke in filþi lustes and pride of þis liȝf, þe whiche shuln miȝtily enforse hem aȝen Crist,

55 in . . . luna] *om.* D et . . . luna] *om.* L 57 til] to T 58 his] þe H 60 wante] wane AH, faile T, lak BS it[1]] *om.* AHTLBS and[1]] to AHTLBS 61 folowiþ . . . pees] *margin s.h. marked for ins. C* 64 abounded] abundaunt AHTLBS, plenteuous DR faileþ] falleth L to] til ALDRBS þe moon] hit T 65 to] til ADRBS 67 to] til ALDR 68 þe[2]] þat þe H 69 a[1] . . . terrarum] *om.* D et[2] . . . terrarum] *om.* L 70 lordship] haue lordship BS vnto þe sce] *om.* T vnto] to DR 71 flood] flodis AL 72 lordship] haue lordship BS tyme] þe tyme H 74 bileeue] of bileeue T 77 hidous] most hydous R 78 breþing] berynge R 79 þe[2]] þese AL, þer HT, her BS 80 not] *om.* L 81 illo . . . lingent] *om.* D et . . . lingent] *om.* L et] ut H 84 whiche] *om.* L miȝtily . . . hem] enforce hem myȝtili B crist] truþe D

wiþseiyng his lawe. But þei shuln falle bifore him as moost vnmiȝty, for summe shuln knowe her errour, and deserue grace in penaunce doyng, but moo for loue of her lustes shuln be take in tyme not heres, and þise shuln falle bifore Crist, meked wiþ endles peyne. And his enemyes shuln licke þe erþe: þat ben enemyes of treuþe, þat louen more erþeli stinkyng lustes and veynglory in þis liif þan endeles ioye of heuene, shulle licke þe erþe, þat is þei shule be endured in her | lustes to sodeyne vengeaunce come upon hem, and take hem lickyng her lustes. Þanne

{10} **Reges Tharsis et insule munera offerent; reges Arabum et Saba dona adducent.** *Kynges of Tharse and of þe yle shuln offre ȝiftes; kynges of Araab and of Saba ȝiftes shuln bryng.* Kynges of Tharse ben þoo þat seken ioye of heuene, and gladeþ hem in kepyng of Goddes lawe, and wasteþ in hem þe holdynges of vanitees. Kinges of Araab and of Saba ben þei þat reysen þe fadre, þat is þei steren her fadre bi her mekenes to rise into her help. Þise sones ioyen in þe glori of her Fadre of heuene, þat is in knowyng and doyng of his lawe, for as kynges of Saba þei crien þe treuþe of her fadre Crist, conuerting puple to his lawe. Þise kynges ruled bi Goddes lawe, gouernyng her meyne, taken to hem bi loue and drede of Crist, offren hemsilf moost plesant sacrifice to þe Fadre of heuene. For

{11} **Et adorabunt eum omnes reges, omnes gentes seruient ei.** *And loute shulen him alle kynges, alle folk shule serue to him.* Alle kynges þat shulen regne wiþ Crist shulen loute him obeishyng to his lawe, kepyng it and defendyng it, for þat is her dette þat nedes mot be payed. And alle folkes shulen serue to him, for he is lord of alle, summe in blisse, preisyng his name, but moo in peyne for her rebellyoun.

86 in] and L penaunce] verri penaunce AHTLBS 87 moo] more LD tyme not heres] yuel tyme BS 88 þise] þer T falle] *om.* T 89 ben] is AHTLBS 90 erþeli stinkyng] *rev.* AHTLBS in] of L 92 to] til AHLDR 93 lustes] lustes and L 94 tharsis . . . adducent] *om.* D reges[2] . . . adducent] *om.* L 96 ȝiftes[2] . . . bryng] schulen brynge ȝiftis DRBS 97 þoo] they LBS 98 of[1]] *om.* BS holdynges] holdynge DR, biholdingis AHTL, beholdyng BS vanitees] vanyte ATLBS 99 araab] *on eras. of shorter* C þei[1]] þoo D þei[2]] þei þat AHTLBS 100 þise] here T, þe R 103 þise] þere T 105 offren] offerynge H plesant] plesynge D þe] god D 106 eum . . . ei] *om.* D omnes[2] . . . ei] *om.* L 107 loute . . . kynges] alle kingis schulen loute (worshipe BS) him DRBS 108 þat] *om.* T loute] worshipe BS obeishyng] obeyynge L 109 nedes mot] must nedes L nedes] nediþ T mot] moost TBS 110 folkes] folk AHTLDRBS 111 moo] more L 112 rebellyoun] rebelnesse H

{12} Quia liberabit pauperem a potente, et pauperem cui non erat adiutor. *For he shal delyuer þe pore fro þe mi3ty, and þe pore to*
115 *whom was noon helper.* Þis Kyng of glori is worþi to be loued, for of his mercy he shal delyuer þe pore hopyng feiþfully in him, fro þe
f. 145vb hond of þe mi3ti, þat proudli | enforseþ him a3ein þe helples, to whom he weneþ no þing may socour or reue fro his mi3te. But

{13} Parcet pauperi et inopi, et animas pauperum saluas
120 **faciet.** *He shal spare to þe pore and to þe helples, and þe soules of pore he shal make saaf.* God suffreþ pore men whom he speciali loueþ to be oppressed in greet tribulaciouns of þis lif, þat he spare hem in his dome and bringe hem to blisse. And þe soules of pore men he shal make saaf, whom tyrauntes in þis lif weneden þei hadde
125 destroyed, but þei shule regne for hem. For

{14} Ex usuris et iniquitate redimet animas eorum, et honorabile nomen eorum coram illo. *Of vsures and of wickednes he shal a3enbye þe soules of hem, and honourable þe name of hem bifore him.* As vsureres asken of her dettoures vniustly for her leenyng more þan þei
130 lente, so tyrauntes of her malice to mayntene her lustes oppressen wrongfully þe pore, puttyng to hem more peyne bi her tyrauntrye þan þei kunne deme hem worþi; and so þei aske of hem to suffre more peyne þan þei mow put to her gilt. Of þe whiche, al be it þat þei deseruen it for her olde forfetures þat þei amendeden not in
135 hemsilf, þei shulen be bou3te a3en to grace for her pacient suffryng. And honourable shal be þe name of hem bifore him: þat is, þe good fame of her pacience shal worche saluacyoun to many oþere into greet honour of hem bifore Crist, bi whois loue þei weren pacient.

{15} Et uiuet, et dabitur ei de auro Arabie; et adorabunt de
140 **ipso semper, tota die benedicent ei.** *And he shal lyue, and of þe gold of Arabye shal be 3ouen to him; and þei shulen loute to him euer, al*
f. 146ra *day þei shule blisse to him.* Feiþful men, in whois hertes | Crist lyueþ

113 pauperem[1] . . . adiutor] *om.* D et . . . adiutor] *om.* L 116 hopyng feiþfully] *rev.* AR 119 pauperi . . . faciet] *om.* D et[2] . . . faciet] *om.* L 121 men] *om.* R he speciali] he speciali he D, *rev.* R 122 he spare] speiriþ T 123 and[2]] *om.* R 124 whom] whiche A in] of D 125 for[2]] *om.* H 126 et[1] . . . illo] *om.* D et[2] . . . illo] *om.* L 127 vsures] vsure A of[2]] *om.* AHTLBS 128 a3enbye] geynebye L þe[2]] is þe BS 131 wrongfully] greuouseli H to hem] *rev.* H her] *om.* H 132 hem[1]] for hem BS 133 þei] þe R her] hem AHTLBS gilt] gulty BS 134 it] *om.* D 135 bou3te] brought TD 136 shal] *om.* L him] *om.* L 138 hem] hym D bi] for AHTLBS 139 et[2] . . . ei (140)] *om.* D et[3] . . . ei (140)] *om.* L de ipso] ipsum R 140 and[2]] *om.* T þe] *om.* DR 141 be] *om.* L loute] worship BS to[2]] *om.* DR 142 þei] *om.* H

bi grace, ȝiuen to him gold of Arabie, þat is moost fyne, for þei offren to him hemsilf, pured and fyned in þe chemeney of tribulacioun. Þise shulen loute to Crist, euere redye to obeishe to his biddyng, 145 paciently abidyng his help; and þei shulen al day blesse to him, for in his blessyng þei shulen fully be blessed.

{16} **Erit firmamentum in terra; in summis moncium superextolletur super Libanum, fructus eius, et florebunt de ciuitate sicut fenum terre.** *He shal be firmament in erþe; in heiȝtes* 150 *of mounteynes he shal be abouelifted upon Liban, þe fruyte of him; and þei shulen florische of þe cite as heye of erþe.* Who þat feiþfully hopeþ in Crist, abidyng him, Crist shal be his fastnyng in erþe, in heiȝtes of hilles, shewyng to hem into counfort þe feiþful abidyng of seyntes, þat as moost stalworþe mounteynes þurgh stedfast bileeue ouercom 155 alle her aduersaries; aboue whom Crist lifted hem bi his grace, whanne he delyuered hem fro þe power of alle þat hatiden hem. For upon Liban þe fruyt of him: þoo of whom any fruyt shal come to þe preisyng of Cristes name ben as Liban, white in vertues, proued in sharp tribulacioun, and founden feiþful in abidyng. For þise ben 160 chosen of þe cite of God, florishyng in vertues in ensaumple to many. As hey of erþe: for, as hey, whanne it is oft turned aȝen þe sunne and weel dryed þerbi, is good foode to beestes in wyntretyme, so þe feiþful louer and folower of Crist þat is ofte turned in þe fier of tribulacioun, to þe tyme þe moysture of lustes and ioye of þis lif be 165 dryed and brent awey, is maad foode to many beestes bi his pacience in tyme of nede whanne mete is scarse.

{17} **Sit nomen | eius benedictum in secula; ante solem** f. 146rb **permanet nomen eius.** *Blessed be þe name of him into worldes; bifore þe sunne duelleþ þe name of him.* Þe name of þe Lord ben þe 170 wondirful dedes of him whom we ouȝte to blisse into worldes, þat is

143 ȝiuen] ȝeueþ AL 144 pured] moost purid A 145 þise] þere T obeishe] obeye L 146 his] her BS 148 in[1] . . . terre] *om.* D superextolletur . . . terre] *om.* L 150 erþe] þe erthe L 151 he . . . him] þe fruyt of hym shal be aboueliftid vpon liban BS abouelifted] aboue aboueliftid A liban] þe liban A 152 erþe] þe erþe AL 153 heiȝtes] heiȝt H 154 into] in BS 155 stalworþe] stalworthy L stedfast] her stidefast AHTLBS 156 aduersaries] enemyes A whom] whiche AL 158 whom] whiche AL 159 liban] þe liban A 160 tribulacioun] `tribulaciouns' H, tribulaciouns L þise] þer T 161 chosen] þe chosen H in[2]] and in BS 162 erþe] þe erþe AHTLBS hey[2]] þe hey A 163 to . . . wyntretyme] in wyntirtyme for beestis D to] for BS 164 and folower] *om.* H 165 to] til AHL þe[2]] of BS 166 to] of AHLBS 168 eius . . . eius (169)] *om.* D ante . . . eius (169)] *om.* L 169 þe] *om.* L 170 duelleþ] dwelle A þe[2] . . . him] his name R ben] is AHTLBS 171 ouȝte] owen AHTL, beþ holde BS

wiþouten ende. Bifore þe sunne duelleþ his name, for er þe sunne were maad, his name was blessed, and shale be wiþouten ende.

Et benedicentur in eo omnes tribus terre; omnes gentes magnificabunt eum. *And blessed shal be in him alle kynredes of erþe; alle folkes shulen magnyfie him.* In Crist shal be blessed alle kynredes of erþe, as was seyde to Abraham. For al þe meke lynage þat bileeued and desired þe comyng of Crist criyng to make redye his weyes, and alle his foloweres, in whom shyneþ þe briȝtnesse of his passioun, shulen be blessed in him. And alle þise folkes shulen make greet his name, drawyng after hem into preisyng of his name many swete fisshes to þe hauene of helþe, seiyng

{18} Benedictus Dominus, Deus Israel, qui facit mirabilia magna solus. *Blessed be þe lord God of Israel þat doiþ greet wondres onely.* Þat is, preised be þe lord God in alle his werkes, for in him we biholde al soiþfastnesse, þat doiþ greet wondres bi him aloon wiþouten help or counceyle of any creature. Forþi seye we togyder

{19} Et benedictum nomen maiestatis eius in eternum, et replebitur maiestate eius omnis terra. Fiat, fiat! *And blessed be þe name of his maieste into wiþouten ende, and of his maieste shal be fulfilled al erþe. Be it done, be it done!* Þe glorye of God is shewed to us in his wonderful werkes, for bi þe vertue of hem we shulde knowe þat he is wondurful | and moost glorious in hymsilf. Be þerfore his name, þat is his wondirful werkes, blessed into wiþouten ende; for of his greet maieste is fulfilled al erþe: þat is, al mankynd is fulfilled in preisyng of his name, whanne it verreyli biholdeþ to his wondirful werkes. Be it doon, þat men for whom he didde alle þise wondres be rauisshed in mynde of hem fro lustes of þis life; and þanne it shal be done aftir þis lif: þei shulen ful outioye in verreye knowyng of al þing in þe kynde.

172 er] of L 173 were] was AHTLBS was] *om.* L 174 in . . . eum] *om.* D eo] ipso AHTLRBS omnes[1] . . . eum] *om.* L tribus . . . omnes[2]] *om.* H 175 blessed . . . erþe (176)] alle (*add.* þe BS) kynredis of erþe schulen be blessid in him DRBS alle] alle þe A 176 erþe] þe erthe L alle[1] . . . erþe (177)] *om.* T folkes] folk AHLDRBS 177 erþe] þe erthe L 179 whom] whiche AL 180 þise] here T folkes] folk AHTLDBS 181 preisyng] greet preisyng AL many] *om.* A 183 dominus . . . solus] *om.* D qui . . . solus] *om.* L mirabilia magna] *rev.* AHT, mirabilia R 184 god] *om.* BS 185 god] god of israel A 187 forþi] þerfore AH, for þat L 188 nomen . . . fiat[2] (189)] *om.* D nomen] nomen eius A et[2] . . . fiat[2] (189)] *om.* L 190 into] *om.* BS 192 shulde] schull LD 193 he] *om.* L 194 into] *om.* LBS 196 preisyng] þe preisynge A 197 þise] þere T 199 ful outioye] ioye BS

[Psalmus] .lxxii.

{1} **Quam bonus Israel Deus, hiis qui recto sunt corde!** *Hou good is God of Israel, to hem þat ben of riȝt herte!* Þe Prophete, knowyng þe vnsikernes of þis liif, moeued men to truste not þerto, but to purge hem of erþely loue and to sette her truste in God þat may saue hem, and seiþ 'Hou good is God of Israel', as who seiþ no man suffiseþ to telle. For al þing bereþ his goodnes, and to þe vttermoost poynt we haue no verrey knowyng of ony þing. Ȝit, and we knowe þat many þinges ben good, and þat God is ful good to hem þat ben of riȝt herte, for bi his goodenesse þei haten synne, and seechen to plese her good God, in whom þei biholden al godenes wiþ þe clere yȝe of bileeue, forþi

{2} **Mei autem pene moti sunt pedes, pene effusi sunt gressus mei.** *Mi feete forsoþe ben neerhond stired, neerhond ben outhelt my steppes.* If we verreli bihold þe godenes of oure God, hou we ben bounden to seke his knowyng, and hou negligent we ben in sleuþe, we moun seye þat oure feet, þat is oure affeccions, ben neerhond stired into fallyng, for neiþer in ouresilf ne in oure neiȝbore we enforsen us feiþfully to wiþ|stonde synne. Forþi my steppes, þat is þe truste þat shulde be in myn affecciouns to encresse þe preisyng of God, is neerhond helt out, for þe multitude of wickednes—wondring in biholdyng of mysilf hou man so long is spared, and no vengeaunce vpon him taken.

{3} **Quoniam zelaui super iniquos, pacem peccatorum uidens.** *For I hadde dedeyn upon wicked men, pees of synful men seyng.* I hadde dedeyn þat wicked men weren in ease of þis lif, not wlatyng her synne so mychel as her prosperite; and in þat I erred, for no þinge

Ps. 72 CAHTLDRBS
heading C (*r.h.* Quam bonus), lxxij worchepes of dauid fayleden esse sone the aposteles and holy chyrche to þe father L, *r.h.* Quam bonus israel D, '72' *d.h.* B, þe lxx salm A, '72' *altered to* '73' *d.h.* R, *om.* HTS 1 hiis . . . corde] *om.* L 2 of riȝt] *rev.* T 3 to truste not] nat to trust T 5 who] whos D seiþ] seie HL 6 bereþ] beriþ witnesse BS 7 verrey] vertu L ȝit and] *rev.* AHTLBS 8 good[2]] of good H 9 of riȝt] *rev.* T 11 bileeue] þe bileeue D forþi] þerfore A, for þat L 12 pene[1] . . . mei] *om.* D pene[2] . . . mei] *om.* L 13 neerhond[2] . . . steppes (14)] my steppis beþ outhilded nyhond BS ben[2] . . . steppes (14)] my steppis ben outhelt DR 14 if] that A 16 feet] *om.* L 18 forþi] þerfor AH, for þat L 19 shulde] shul R 20 for] to BS 21 man . . . long] longe man BS 23 super . . . uidens] *om.* D pacem . . . uidens] *om.* L 24 I[1]] he L pees . . . seyng] seynge pes of synful men BS synful men] synfull L, wickide A I[2]] for I L 25 not] and not BS 26 so] as A

shulde be wlated but synne and for synne, and it is Goddes priue doome whi he suffreþ so wicked men in prosperite, and sumdel iust men in aduersite. But þis wite we þat no þing he doiþ wiþowten 30 greet cause, and to glorifiyng of his name.

{4} **Quia non est respectus morti eorum, et firmamentum in plaga eorum.** *For aȝenlokyng is not to þe deeþ of hem, and festnyng in her wounde.* No man wondre þouȝ wicked men haue here prosperite, for siþ þei ben men, God wole þat þei han here þis short likyng, for 35 aftir þis tyme þei shuln contynuely suffre peyne. For he shal not aȝenlook to þe deeþ of hem, to delyuer hem þerfro, siþ þei wolden not bihold to his biddyng in doyng þerafter; forþi in her woundes fastnyng, þat is in euerlastyng wound of vengeaunce þei shulen rote. For

40 {5} **In labore hominum non sunt, et cum hominibus non flagellabuntur.** *In traueil of men þei ben not, and wiþ men þei shuln not be scourged.* þise lusty wretches þat chesen her heuene in þis lif, ben not in traueyle of men, þat is in penaunce of mournyng her synne and clensing hem þerof, al be it þat summe of hem do greet f. 147ra penaunce and laargly dele of her godes, | and prey many preyeres, 46 and haue many to prey for hem. For ȝif we wiþ alle oure strengþes clense not ouresilf, makyng ouresilf cheef offryng to God, in ueyn to oure saluacioun is al þat we do. Forþi proude lusty men of þis lif, þat wenen to plese God in ȝiftes, and wolen not ȝiue to him hemsilf, 50 shulen not be scourged wiþ men whom he mekeþ here in pacient suffryng of tribulacioun.

{6} **Ideo tenuit eos superbia; operti sunt iniquitate et impietate sua.** *þerfore pride helde hem, þei ben couered wiþ wickednesse and*

27 shulde] shul S 28 so] *om.* A 29 doiþ] dooþ ne suffriþ AHTLBS 31 est . . . eorum (32)] *om.* D et . . . eorum (32)] *om.* L 32 to] in R þe] *om.* L deeþ] dead T, drede H 34 god] *om.* A þat] *om.* A 35 not] *om.* T 36 deeþ] deed T hem[1]] him D 37 in[1]] and A forþi] þerfor AH, for þat L her] he D woundes] wounde AHTLBS 38 fastnyng] is festnynge ATLBS, is festryng þat is festnynge H þat] and þat H is in] schal be H rote] suffre wheþer þer wole or wolen not and so in vengeaunce þei schulen rote H 40 hominum . . . flagellabuntur] *om.* D et . . . flagellabuntur] *om.* L 41 in . . . scourged (42)] *om.* H in . . . not] þei beþ not in traueile of men BS 42 scourged] swongen TL þise] here T þat] þe whiche ben not in traueile of men wiþ men þerfore þei schule not be scourgid þese lusti wrecchis þat H 43 her] for þer HBS 44 and] and in L 'nota' R hem[2]] men BS 45 and[1]] an T and[2]] *om.* A 48 forþi] þerfore AH, for þat L 49 him hemsilf] hymselfe L 50 scourged] swongen TL whom] whiche AL mekeþ] maketh L 52 eos . . . sua] *om.* D iniquitate . . . sua] *om.* L

her vnpiteuousnesse. þerfore for wicked men wolden not meke hem vnder þe softe ȝoc of Crist, offryng hemsilf in clennesse of liif to God 55 for her olde synnes, pride helde hem to þei weren endured and ful of despeyre, and couered wiþ wickednesse of olde drede and vnpi- teuousnesse, hauyng no trist in God. For

{7} **Prodiit quasi ex adipe iniquitas eorum; transierunt in affectum cordis.** *Forþȝede as of fatnesse þe wickednesse of hem; þei* 60 *passeden into silf-wille of hert.* þe malice of wicked men blyndeþ hem in her lusttes and ledeþ hem fro synne to synne, þat as fatnesse of grese her wickednesse floweþ in euyl fame to oþere men. þat shal turne to hem to huge confusioun, for after þe silf-wille of her lusty herte þei passen fro synne to synne, hauyng no reward hou Crist 65 deyed for synne, and hou of his riȝtwisnesse he shal dampne lusty synneres þat maken noon ende of her synne. For not ooneli þise doon synne, but

{8} **Cogitauerunt et locuti sunt nequiciam; iniquitatem in excelso locut[i] sunt.** *þei þouȝten and þei spoken [fe]l[o]nye; wick-* 70 *ednesse in heiȝt þei spake.* Wicked mennes þouȝtes speken in þe eeres of alle men to whom her dedes comeþ | felonye, for bi þe malice of f. 147rb her wicked ensaumple of long liggyng in synne of stynkyng lust, many taken hardynesse to synne and seeken hou þei moun synne. And so þei speken wickednesse in he[iȝ]te, for her filþes steiȝen 75 bifore God and terreþ him to vengeaunce. For

{9} **Posuerunt in celum os suum, et lingua eorum transiuit in terra.** *þei putte into heuene her mouþ, and þe tung of hem passed in þe erþe.* þis vers is communely taken of false prophetes, þat for coueytise of temperal godes to lede wiþal her lustes þei deceyuen 80

54 her] wiþ ˋherˊ S, wiþ her B 56 to] til AHLDRBS 58 in] to BS 59 quasi . . . cordis] *om.* D transierunt . . . cordis] *om.* L 60 forþȝede . . . hem] the wickidnesse of hem ȝeed forþ (forþȝede BS) as of fattnesse DRBS 61 silf-wille] desire BS malice] malyces L men] mai D hem] *om.* R 62 to synne] *om.* A as] is A 63 floweþ] folowiþ ALDBS in] *om.* D shal] schuld L 64 to²] into AHTBS, in L huge] greet T silf-wille] desire BS 67 for . . . synne (68)] *om.* BS þise] they T 68 but] *om.* T 69 et . . . sunt] *om.* D iniquitatem . . . sunt] *om.* L 70 excelso] excesso H locuti] locut C felonye] vilenye CDR wickednesse . . . spake (71)] þei spake wickidnes in heyȝt BS 71 mennes þouȝtes] men þoghtis T, þouȝtis men R 72 þe] *om.* BS 74 hardynesse] hardnes R and . . . synne²] *om.* A 75 so] loo R heiȝte] herte CDR steiȝen] stiȝen up H 76 terreþ] stiren T 77 in¹ . . . terra] *om.* D in¹ . . . suum] os suum in celum R et . . . terra] *om.* L 78 þe¹ . . . hem] her tung R 79 ˋnota beneˊ R communely taken] *rev.* A, contynueli taken D of] to BS 80 coueytise] coueyse R wiþal] wiþ L

þe puple wiþ feyned lore, as it were of heuene, for bi þe lawe of God shal neuer man be moeued to ȝiue to man eny temporal good but his nedeful sustenaunce. And, for verrey knowyng meueþ a man more þan herd sawe, he seiþ

85 **{10} Ideo conuertetur populus meus hic, et dies pleni inuenientur in eis.** *þerfore shal my folc be turned here, and ful dayes shal be founden in hem.* þerfore my puple shal be turned here, þat is for þat coueitouse men wiþouten shame shulen seeke wiþouten compassioun temporel goodes, my puple, biholding to me in whom þei shuln 90 knowe al þing verrely, shal enforse hem to amende hem, wlatyng her synne. And ful dayes shale be founden in hem: þat is, þe dayes of olde fadres þat weren ful of witte of God, euen doyng after þe counseyle of his lawe, kepyng þe mene weye wiþouten heelding to any side of her owne fantasies.

95 **{11} Et dixerunt: quomodo scit Deus? et si est sciencia in excelso?** *And þei seyden: hou wote God? and if kunnynge be in heiȝte?* Who þat haþ loste þe drede of God, and loueþ lustes of þis lif, effectuely þei seye 'hou woot God?', þat is bi what skile is it proued f. 147va þat God wole deme alle oure dedes damnable? | for we vse his 100 creatures þat he maad to be vsed. And if þer is kunnyng in heiȝte, who haþ ben þere and can telle? þise wordes in dede and þat foloweþ after seiþ coueitous lusty wretches, and so þei dampnen boþe Goddes lawes þat putte al þing in weiȝte, noumbre and mesure, seiyng

105 **{12} Ecce enim peccatores et abundantes in seculo obtinuerunt diuitias.** *Loo, forsoþe synneres and aboundante in þe world haden ritchesses.* As who seiþ, siþ moost wretches han moost plente of worldli goodes, lyue we after oure lustes þat welþe of þe world be taken to us. þis þei seye in þe eeres of God, siþ þe dedes of a man 110 moost sheweþ him seche as he is. For

85 populus . . . eis] *om.* D et . . . eis] *om.* L 86 folc] puple HR 87 my . . . shal] schal my puple H 89 to] *om.* R me] men CHD 90 þing] þinggis H 91 founden] knowe BS dayes] day T 92 þe] *om.* T 93 mene] euen L heelding] bowyng BS 94 any] ony oþer L 95 dixerunt] dixerunt eis R quomodo . . . excelso] *om.* D scit] sit A et[2] . . . excelso] *om.* L 101 and[1]] an T þise] þere T, þe BS 103 putte] han putt AHTLDRBS 105 enim] ipsi R peccatores . . . diuitias] *om.* D obtinuerunt diuitias] *om.* L 107 who] whos D seiþ] sey AHL 108 worldli] worldis AHTLBS 109 þis] þat T seye . . . god] in þe eeris of god sey B a] *om.* H 110 for] *om.* B

{13} Et dixi: ergo sine causa iustificaui cor meum, et laui inter innocentes manus meas. *And I seyde: þerfore wiþouten cause I riȝtwised myn herte, and I wasshed among innocentes myn hondes.* Loo, þe misbileeue of wretches þat coueiten ouer her power to fulfille her lustes and seiþ 'I as a wood man haue absteyned me fro lusty vsyng 115 of creatures þat God maad to be vsed, wenyng þerfore to haue plesed God. And I haue offended him, and acounted his handwerke at nouȝt þat he maad to mannes vse and mystrusted to my God, sparyng his creatures, as ȝif þei shulde soone fayle, and ȝit I sawe God multiplye hem—but wherto, but to mannes vse?' And þerfore I seyde, 120 knowyng myn errour, 'Wiþouten cause I riȝtwised myn herte, gessing to haue synned in vsyng of Goddes ȝiftes. For loo þerfore I am wiþout worshipe, and God haþ smyten me wiþ moost vengeaunce, puttyng me into pouert and into scorn to alle men þat leden her | dayes in good, and gladen in plenteuous vsyng of Goddes f. 147vb creatures.' For who þat pleseþ to him, he ȝiueþ þe vse of his 126 creatures; and siþ he is lord of alle creatures, whom no þing may constreyn, and he ȝiueþ his goodes to hem þat moost plenteuously vsen hem, who daar seye þise ben not Goddes loued frendes to whom þus frely and largely he sendeþ his godes? Forþi innocentes 130 whom I gessed Goddes chosen, among whom I wesshe myn hondes, þat is purged me wiþ hem, hauyng conscience in plenteuous vsyng of Goddes godes, semen moost hated wretches of God, for he wiþdraweþ his goodes from hem, and suffreþ hem in moost caytifte. Wiþ whom 135

{14} Et fui flagellatus tota die, et castigatio mea in matutinis. *And I was scourged al day, and my chastisyng in morwetides.* Whiles I was among innocentes al day, wiþ sorowe of herte for my plenteuous vsyng bifore tyme of delices, I was scourged and wiþ greet abstinence I held vnder my flesshe, sugetyng it as I was tauȝte of þe spirit. And 140

111 ergo . . . meas] *om.* D et[2] . . . meas] *om.* L 112 I riȝtwised] *rev.* HT I[2]] *om.* AL 113 myn[1]] in myn AL I] *om.* T 114 misbileeue] mysleeue A her[1]] *om.* L 115 a] *om.* H 117 acounted] countid T 119 ȝit] *om.* BS 122 vsyng] mysvsynge L 124 to] of AL 126 for . . . creatures[1] (127)] *om.* BS who] whom D þe] to þe D 129 þise] þere T not] *om.* R 130 whom] whiche AL forþi] þerfor AH, for þat L 131 whom[1]] whiche A, þe whych L among] and amonge L whom[2]] whiche AL 132 purged] I puyrgide H conscience] consci/ H 135 whom] whiche AL 136 flagellatus . . . matutinis] *om.* D et[2] . . . matutinis] *om.* L castigatio] cogitacio S 137 scourged] swongen TL, turmentid BS and[2]] yn S 139 vsyng] lyuynge R scourged] swongen TL, turmentid BS 140 I[2]] it S of] to AHTLBS

men lyuyng in lustes scorned me, and I weyled wiþ innocentes þe delyces of glorious men, and þei helden me wode and my chastisyng in morwetides, þat is, I wenede þat al derkenesse of synne hadde passed me, and þe day of grace had liȝtned to me, whanne I þus
145 chastised mysilf. But

{15} Si dicebam: narrabo sic; ecce nacionem filiorum tuorum reprobaui. *If I seyde: I shal telle so; loo, þe nacioun of þi sones I reprouedde.* If I seide as moost men doon, I shale telle in word what
f. 148ra þei seye in deede. Loo, þe nacioun of þi sones I repreued, | for as
150 most fooles þei punyshen hemsilf, lyuyng in penaunce, absteynyng hem fro delyces, and as moost wood men þei purchasen hem enemyes of many men, reprouyng her delices. And þis I seide for

{16} Existimabam ut cognoscerem, hoc labor est ante me. *I gessed þat I miȝte knowe þat traueil is bifore me.* As who seiþ, I wende
155 haue knowen þe doom of God, whi þus dyuerslye man of o kynde is moeued, oon to abstene him fro delices wiþ greet drede, takyng scarsely his sustynaunce to lyue wiþ, gessyng himsilf vnworþi to lyue, and in no mannes knowyng he haþ synned, and anoþer man of þe same kynde eche day openli doyng trespaas wiþouten conscience
160 vseþ delices, and whanne þei faylen he grutcheþ as ȝif God didde him wrong. But to telle þise þinges to mannes eeres is traueyle bifore me, for, as moost fool telling þis, I putte me in greet trauayle, wherinne beyng stille I miȝte in ease vse delices. And ȝit whanne I haue al chatered, þe ful knowyng of þis is vntold, for in þis lif my
165 tung suffiseþ not þerto.

{17} Donec intrem in sanctuarium Dei, et intelligam in nouissimis eorum. *To þat I entre into þe sanctuarye of God, and shal vnderstond in þe last þinges of hem.* Uerrey knowyng of eny þinge, [as] is seyde bifore, is not in þis lif. But in heuene shal be

143 morwetides] morntidis D þat[1]] þas D þat[2]] *om.* DR derkenesse] mirkenesse HL 146 narrabo . . . reprobaui] *om.* D ecce . . . reprobaui] *om.* L nacionem] naciones H 147 þe . . . reprouedde (148)] Y repreued þe nacion of þi sones BS nacioun] naciouns AHTLDR 148 what] þat T 149 nacioun] naciouns CAHLDRS sones] naciouns H 151 hem[1]] *om.* BS 153 ut . . . me] *om.* D hoc . . . me] *om.* L 154 who] whos D seiþ] seie AHLBS 155 haue] to haue H 156 delices] alle delicis AHTLBS 157 himsilf] hemself D 158 synned] lyued RBS 159 trespaas] trespaces H, opynly trespas T 160 he grutcheþ] þei grucchen A 161 him] hem A but] *om.* A mannes] mennys BS 164 vntold] ful `vn´toold BS þis[2]] þi D 166 in[1] . . . eorum] *om.* D in[1]] *om.* R et . . . eorum] *om.* L intelligam] intelligan R 167 to] til AHLDRBS þat] *om.* R 169 as] *om.* CDR, as I TBS

vndirstonde þe last ende of al þing. Forþi alle erroures left, of lustes 170
and prosperite of þis limy lif þat draweþ al þing þerto þat toucheþ it
folily and chargeþ wiþ filþes, haue we God in mynde and feiþfully
truste we to his sone Crist Iesu, and prey him to dresse oure weyes |
after his steppes; and þanne we shale haue glimeryng in his folowyng f. 148rb
of alle þise foole sawes, and ful knowyng whanne we shale come to 175
him to his seyntuary heuene. Entre we þerfore into his lore, for it is
trewe, and truste we þerto for it shal delyuer us, and vse we þat he
moost loued and dide, perfyte penaunce, for it haþ vertue to do awey
al filþe of synne, and þanne we shale not oonli leeue oure lustes, but
we shale hate hem, for þei ben moost contrarie to Cristis lif and his 180
teching, and for assentyng to synne man deserueþ to haue God his
enemy. And so he suffreþ him to his dampnacioun to mysvse lustily
his creatures, and loo whi

{18} Uerumtamen propter dolos posuisti eis; deiecisti eos dum alleuarentur. *Neþeles for tresouns þou putte to hem; þou keste* 185
hem doun þerwhiles þei were uplifted. Þat is, for þi puple þat shulde
haue obeished to þi lawe drenched hem in lustes, þi riȝtwisnes mote
needes depe hem þerinne. And þerto þou ȝiuest hem power in
mysusyng of þi goodes, wherbi þei ben uplifted abouen þe knowyng
of hemsilf, þat þei falle lower into depnesse of peyne, whanne þei 190
shule verreili knowe hemsilf most vnkynd wretches, þat tooken so
many benfetes of God in her lyues and brouȝte not to mynde whi
God maad hem and þe gode creatures þat þei mysused. For siþ God
may do no þing wiþouten cause, in alle his werkes his wille shulde be
souȝt and obeishid to, but beestly men blynded wiþ lustes perceyuen 195
not þo þinges þat ben of God, ne knowen not her sodeyn fallyng.

{19} Quomodo facti sunt in desolationem? Subito defecerunt; perierunt propter iniquitatem suam. *Hou ben þei maad into*
myscounfort? Sodeynli þei failed; þei perisheden for her wic|kidnes. As f. 148va

170 forþi] þerfore AH, for þat L 171 limy] *om.* AHD, lymþ T it] *om.* R
172 folily] foly R 173 crist iesu] *rev.* A prey] preie we HBS 175 þise] þere T
sawes] lawis H 176 to] into AHTLBS is] *om.* T 177 delyuer] delyue R
182 so] *om.* R 183 propter . . . alleuarentur] *om.* D eis] eos L deiecisti . . .
alleuarentur] *om.* L 186 þerwhiles] whilis AHLRBS, þe whilis D, I/whilis T
uplifted] vpreysed L þat[1]] this H 187 obeished] obeyed L drenched] drownide H,
drownynge L hem] hemsilf AHTLBS mote] must L 190 lower] depe AHTLBS
depnesse] lownes HTLBS, þe lownes A whanne] where inne AHTLBS 192 lyues]
lymes DR 195 beestly] bestial T wiþ] in L 197 sunt . . . suam] *om.* D
desolationem] desolacione TL subito] in subito A 198 perierunt . . . suam] *om.* L
199 `nota´ R

200 a fouler wole not shewe him til he hope he haue þe brid at auauntage
where he may not ascape, so God draweþ mynde of deeþ fro lusti
wretches, þat þei sodeynli be taken in her filþes whanne þei may not
ascape to do penaunce for her synne. Hou þanne be þei maad in
discomfort bi sodeyne rauishyng into peyne? þei faile hauyng no
205 miȝt to wiþstonde ne to make siker her eende. And so þe Prophete
wondreþ hou sodeynli þei perishen for her wickednesse þat ben hyȝe
and hauteyne as no þinge miȝte lowe hem. But loo, hou soone þei
fayle:

{20} Uelut somnum surgentium, Domine, in ciuitate tua
210 **ymaginem ipsorum ad nichilum rediges.** *As þe sleep of risyng
men, Lord, in þi citee þe ymage of hem þou shalt bryng to nouȝt.* As
dremes ben soon forȝeten of men rysyng of sleep, so þe ymage of
synneres (þat is dedes of hem), ben soon forȝeten not of God to
punishe but to be rewarded; for, Lord, in þi citee þe ymage of hem
215 þou shalt brynge to nouȝt, þat is, as þe dedes of wicked men shale
not be myndful to be rewarded, so þe ymage of hem þat is her
foloweres like to hem in maneres, shale be brouȝte to nouȝt, þat is to
eendles peyne þat haþ not of comfort in þe cite of God, þat is among
þe citesenes of heuene. And hereof I am astonyed þat blynde men
220 ledde into perile seeken noon help to þei sodeynli falle.

**{21} Quia inflammatum est cor meum, et renes mei commu-
tati sunt; {22} et ego ad nichilum redactus sum, et nesciui.** *For
myn herte is enflaummed, and my neeres ben chaunged; and I am brouȝt
to nouȝt and I wist not.* Feiþful men may not þenke on þe goodenes of
f. 148vb God, doon | to his puple, ne on þe vnkyndenes of his creatures, but
226 if þei inwardli sorowe in her hert, whereinne his loue as fier brenneþ;
and þe neeres of hem ben togyderchaunged, þat is, þe moost priuey
þouȝtes þat letteþ grace to þe profit of commune helþe of Cristes
chirche. A trewe louere chaungeþ into vertuous desire, þirstyng aftir
230 grace, wherbi alle fleisheli lustes and veyn desires ben wasted

200 til] to T he[2]] to H, *om.* DR 201 ascape] scape HL mynde] þe mynde AHTLBS deeþ] dead T 202 sodeynli be] *rev.* AHTLBS 204 faile] falle AHL 205 her] *om.* L prophete] profe R 206 wickednesse] synne D þat ben] for þat ar L 207 lowe] bowe DR 209 somnum] somnium C surgentium . . . rediges] *om.* D 210 ymaginem . . . rediges] *om.* L 211 þe . . . nouȝt] þou shalt bringe to nouȝt þe ymage of hem BS 212 of [2]] fro AHTLBS 213 synneres] synnes A 214 but] be L for] *om.* R 215 shale] schuld L 216 her] hise T 219 þe] *om.* D hereof] þerof L 220 to] til AHLDRBS 221 quia] qua T est . . . nesciui] *om.* D et . . . nesciui] *om.* L mei] *om.* A 223 neeres] reynes DRBS 225 on] of L 227 neeres] reynes DRBS ben] þat D 228 helþe] helpe H

wiþouten eny mynde to be punyshed. And I wist not, but as I had ben most fer þerfro I souȝte þerafter, and moost feruently at þe laste ende, for he þat shal preye for anoþer shulde biholde to himsilf, þat no gilt be in him in tyme of preyer, lettyng his owne grace and his whom he preyeþ fore. Forþi 235

{23} [U]t iumentum factus sum apud te, et ego semper tecum. *I am maad as a beeste anentes þee, and I am euere wiþ þee.* Þat is, Lord, þurgh þi grace I am meked to obeishe to þi biddyng, and taam to come to þin hond bi þe streyte wey of tribulacioun, euene beryng þi charge of disciplyn wiþoute grutchyng, and I am euere wiþ þee, 240 vnder whois shadewe alle noyes I ascape. For

{24} Tenuisti manum dexteram meam, et in uoluntate tua deduxisti me, et cum gloria suscepisti me. *Þou held my riȝt hond, and in þi wille þou led me, and wiþ glorye þou uptook me.* Þe riȝt hond of a man ben his feiþful werkes, riȝt ruled bi þe lawe of God, þe 245 whiche ben not putte in forȝetyng, for God takeþ hem to be myndful in rewardyng. And in his wille: þat is, after þe wille of God he is ledde þat haþ fructuous werkes wiþouten wilful mengyng of derk werkes of synne. And wiþ glorye þou hast uptake me, þat is þou haste demed bi þi lawe to whom I ȝiue feiþ þat myn up | takyng after f. 149ra þe victorye of þis bataile shal be gloryous. And þat moeueþ me to 251 seye

{25} Quid enim mihi est in celo? et a te quid uolui super terram? *What, forsoþe, is to me in heuene? and fro þee what wold I vpon erþe?* What, forsoþe, is to me in heuene? þat is, what glorye is 255 kepte after my trauayle to my rewardyng in heuene I bisye me not here to wite, for þe grace of þi good wille suffiseþ to my corowne. And fro þee what I wole upon erþe þat I am neded to aske, þat is fro þee me nedeþ helpe to be defended aȝen myn aduersaries, for wiþouten þee I may not perfourme þe batayle bigunne. For 260

231 wiþouten] to wiþouten H mynde] eende A 233 `nota´ R shal] schulde TBS 235 forþi] þerfore AH, for þat L 236 ut] et CH factus . . . tecum] *om.* D et . . . tecum] *om.* L 237 and] *om.* L wiþ] redy wiþ BS 238 meked] meke AHTLBS obeishe] obeye L 239 streyte] strey R 241 noyes] anoies ATBS ascape] scape R, ascapid BS 242 manum . . . me² (243)] *om.* D dexteram meam] *rev.* AHTLRS et . . . me² (243)] *om.* L 243 deduxisti] eduxisti A 244 glorye] ioye BS þe . . . werkes (245)] *twice, first as part of translation* R 245 a] *om.* A 246 in] into AHTLBS 248 derk] mirke HL 249 glorye] ioye BS hast uptake] vptoke BS 250 demed] denyed A 251 þis] his BS 253 enim] *om.* L mihi . . . terram] *om.* D et . . . terram] *om.* L 255 erþe] *second* e *added as linefiller* C 256 me not] *rev.* BS 258 I wole] *rev.* R

{26} Defecit caro mea et cor meum; Deus cordis mei et pars mea, Deus, in eternum. *Mi fleshe failed and myn herte; God of myn herte and my part, God, into wiþouten ende.* Þe fleishe of a trewe louer faileþ whan it is vnmiȝti bi sugetyng of þe spirit to synne, and þe
265 herte also whanne it is so enflaummed wiþ þe loue of Crist þat it liste not þenke but on him to plese him. Þanne mai þat soule seye God of myn hert, for þou art þe solace of my mynde, and my part into wiþouten ende. Þis is þe blessed sufficient part of feiþful prestes, hiȝte to hem of God himsilf. Forþi as to God men obeisseþ to
270 prestes in whom þis glorious part is reuerentli kepte, wiþouten mengyng to of lustes or erþeli prosperite, for who haþ eny oþer part God wole not be his part.

{27} Quia ecce qui elongant se a te peribunt; perdidisti omnes qui fornicantur abs te. *For, loo, þei þat lengþen hem fro þee shale*
275 *perishe; þou hast lost alle þat doon fornycacion fro þee.* Eche cristen soule is spoused to Crist in his bapteme, and specialy prestes in anoyntyng of þe presthode of Crist; þise, if þei be lengþed fro Crist,
f. 149rb sekyng any part | of lustes or prosperite, forsaken Crist her verrei spouse, and ioynen hem to þe deuyl, prince of þis world þat medeþ
280 his loueres þat done his desire wiþ prosperite to fulfille her lustes. And so þise lopred dregges, ful of Cristes curse, whom he forsoke to drynke and denyed to his neer cosyns, haþ maad so drunken oure prestes and engleymed her stomak þat þei moun not sauere þe treuþe of Goddes lawe, but as drunken swyn þei weltren in þe myre of
285 stynkyng lustes, hugely dedeynyng aȝen hem, þat shamen of þe foule stynke of her filþes. But who don fouler auowtrye or ferþer lengþen hem fro God? Forþi

{28} Michi autem adherere Deo bonum est, ponere in domino Deo spem meam. *To me, soþeli, it is good to drawe to God, to sette in*

261 caro . . . eternum] *om.* D et[2] . . . eternum] *om.* L 262 god] and god H 263 god] is god B, is good S into] *om.* BS 265 so] *om.* L of] o R 266 þenke] to þenke BS 267 into] *om.* BS 269 hiȝte] liȝt D forþi] þerfore AH, for þat L obeisseþ] obeyen L 271 mengyng] mengen L to] *om.* H who] who þat AH 272 his] þer L 273 quia] quoniam D qui . . . te (274)] *om.* D peribunt] ibunt R perdidisti . . . te (274)] *om.* L 274 lengþen] lengthed in LBS 277 anoyntyng] þe anointinge A þise] þere T, þat R fro crist] *om.* L 278 `]est´ L or] and BS 281 and . . . god (287)] *om.* BS þise] here T lopred] leprid A, cruddid DR whom] whiche AL 282 cosyns] conscyens L maad so] *rev.* AHTL 283 stomak] stomakis A 284 as] of L 286 filþes] lustis A, lusty fylthes L ferþer] firrir ATLR, ferre D 287 forþi] þerfore AH, for þat L 288 adherere . . . meam] *om.* D adherere deo] *rev.* H ponere . . . meam] *om.* L ponere] et ponere AH 289 to[4]] and to L

þe lord God myn hope. þise drunken sowes, goyng in þe wynde of pride, saueren afer drit of stynkyng lustes, and feersly þei folowen þe fuyte of her nose, dredyng leste eny oþer rauyshe it bifore hem. O, hou wood ben þei þat seken Goddes counseyle in þise wulues of raueyn! þerfore her counseyl left, and her cumpenye forsaken, it is good to me forto drawe to God, sechyng his counseyle and doyng þerafter, and to putte in þe lord God myn hope þat he may and can and wole hele me of alle soores. 290 295

Ut annunciem omnes predicationes tuas in portis filie Syon. *þat I shewe alle þi prechynges in þe ȝates of þe douȝtre of Syon.* Who þat seiþ he draweþ to God þat fleiþ not to consente to his enemy, deceyueþ himsilf; and he þat putteþ not his hope in God, trustyng feiþfulli in his miȝt þat he may forȝiue him his synnes, and wole whanne he verreyli forþenkeþ hem and þat he may defende him aȝen alle his aduersaryes, makeþ a lesyng what tyme he | seiþ þis vers. And now it is openli knowen þe lesyng of prestes, or ellis þei ben enspired bi reuelacioun þat þei preche not Goddes lawe—but þat semeþ nay, for þei haue so fulli receyued þe wicked goost þat þei moun not here þe Holy Goost to þei haue þe þred eere of loue. For who draweþ now to God, lyuyng after his lawe, or who hopeþ feiþfulli in þe lord God, puttyng himsilf forþe in tyme of neede to suffre for þe treuþe aduersite? Hou þanne moun þise cowardes for shame seye þat þei shulen shewe alle þe prechynges of þe Lord in þe ȝates of þe douȝtre of Syon? Alle þe prechynges of þe Lord ben þe ten commaundementes, and þat foloweþ of hem, whom prestes most contrarien. In þe ȝates of þe douȝtre of Syon is in þe eeres of þe puple of þe chirche, whom prestes shulde fille wiþ trewe prechyng of Cristis lawe. 300 f. 149va 305 310 315

290 god] *om.* BS þise . . . forsaken (294)] *om.* BS þise] There T þe] *om.* L 291 afer] after L lustes] lust H 292 fuyte] sent AT, sewte H bifore] fro A 293 'Prest' L 'nota bene' R 295 forto] to AHTLDRBS 298 omnes . . . syon] *om.* D in . . . syon] *om.* L 299 shewe] sewe S prechynges] praisynges *canc.* prechynges T, preysynges L 300 þat] and AHTLBS 301 and . . . miȝt (302)] *twice* R 303 hem] hym D þat] *om.* L him] *om.* R 304 what . . . syon (313)] *om.* BS 308 to] til AHLDR eere] *twice* L, here T 309 who¹] who þat H 310 himsilf] þemselfe L 311 þe] *om.* DR þise] þere T 312 shewe] sey L 313 þe³] þis BS þe⁴] hise A, *om.* BS 314 whom . . . contrarien (315)] *om.* BS whom] whiche AL most] must L 316 prechyng . . . lawe (317)] prechin A

Psalmus .lxxiii.

{1} Ut quid, Deus, repulisti in finem? Iratus est furor tuus super oues pascue tue. *Whi hast þou God put aȝen into þe ende? Wraþþed is þi woodnes upon þe sheep of þi pasture.* Þe Prophet spekeþ to God here weymentyng for greet erroure in þe chirche, and speciali of hiȝe
5 prestes and lowe þat shulde so plenteuously be fedde in Goddes lawe þat alle oþere of her fulnes were fulfilled; but now þei ben cheef cause whi God is so wraþþed to his puple for consentyng to her synnes, þat he putteþ hem aȝen into þe ende. Þis ende is þe euyl dayes þat þe Apostle seiþ shale come in þe laste tymes, for in dayes
10 ful of synne myche puple shal perishe, for þe folowyng and assentyng of false sheepherdes. For sodeynli Goddes wraþþe shal
f. 149vb rauishe into endeles peyne boþe þe sheep and þe she|epherdes: þe sheep shale perishe for þei herden þe voyce of þe wulf consentyng to his raueyn, and þe sheepherd for he cam not mekeli inne bi þe door
15 þat is Crist for his owne saluacioun and helþe of þe puple, but forto fede his vile lustes. But, Lord

{2} Memor esto congregationis tue, quam possedisti ab inicio. *Be menyng of þi togidergederyng þat þou weldedest fro þe bigynnyng.* Lord God, of þi greet mercy, be þou menyng in þise euyl dayes in þe

Ps. 73 CAHTLDRBS

heading C (*r.h.* Ut quid), lxxiij Intellectus asaf. voyce of cryst of þe Iewes Cryst of lore and of dome L, *r.h.* Vt quid deus D, `73´ *d.h.* B, þe lxxj psalm A, `74´ *d.h.* R, *straight on from 72 with no mark of division save* `ps´ H, *om.* TS 1 iratus . . . tue] *om.* L 2 whi . . . aȝen] god whi hast þou put away BS wraþþed . . . woodnes (2)] þi wodenes is wreþþid BS 3 þi[2]] þe L to god] *om.* TBS 4 weymentyng . . . lustes (16)] playnyng of her puttyng away and wondryng þat siþþe alle men comunly beþ bore yuel and wickid neþeles some beþ chose and some beþ repreuyd, seiyng god whi þat is for what cause or by what merit goynge bifore hast þou put away þat is hast sequestrid fro þe felashipe of seyntis into þe ende of þe world whan þou shalt put away iewis or ellis into ende of deþ whan þou shalt put awey wickid men whom þou semedest to haue vnderfonge ȝeuyng hem habundaunce of temperal goodis whi is þi wodenes wreþþid vpon þe shepe of þi pasture þe whiche þou fedest in desert of þis world as who sey whi is þe wreþ vpon þe shepe but for þe shepe knowe not þe (þee BS) shepeherd þerfore he is wroþ wiþ hem sleyng wiþ euerlastyng deþ many þat vnworþili halwen þe sacrament of þe auter BS 5 prestes] prelatis R 8 putteþ] putte H 9 dayes[2]] þe daies T 10 for þe] for þei herden þe voice of fals schepeherdis H and] hem and H 11 assentyng] þe assentynge T of . . . sheepherdes] to hem H 12 endeles peyne] helle þere eendles peyne eueremore schal laste H 13 þei . . . þe[1]] þer yuel assentyng and heryng of H 15 forto] for R 16 vile] foule A 17 congregationis . . . inicio] *om.* D quam . . . inicio] *om.* L 18 menyng] myndeful TDRBS, þou myndeful H togidergederyng] congregacioun BS weldedest] weldist R, haddest BS 19 menyng] myndeful HTDRBS þise] her A, þere TL, þe`s´ D euyl] laste BS

laste tymes to defende þi chirche, þat is feiþful men þerof gedered togider into preisyng of þi name. And, as þou welded fro þe bigynnyng holi fadres of þi lawe, obeishyng to þee, suffryng hard persecucioun for þe treuþe, so geder þou togider her foloweres in onehed of þe bileeue, þat þei knowlechen þee onelich kyng of glorye, heeryng þe voys seide to oure fadres 'Goiþ out of þe tabernacles of vnpiteuous men, go ȝee oute fro her yuel dedes and duelleþ not amonge hem, consentyng to her wickednesses, for as þou dide mercy to oure fadres for kepyng of þi lawe, mekyng her enemyes, so þou most be [myndeful] to her foloweres to defende hem in þe treuþe of þi lawe aȝen her most cruel enemyes.' 20 25 30

{3} Leua manus tuas in superbias eorum in finem; quanta malignatus est inimicus in sancto. *Lifte þin hondes into þe prides of hem into þe ende; hou many þinges haþ þe enemy wickedli w`r´ouȝt in þe halewe.* Þe Prophet coueyteþ and preieþ þat men were vertuously meked and vplifted in feiþ and gode hope in Crist to wiþstond þe manyfold prides of þe malicious enemyes of treweþ. For in meke men, kepyng Goddes lawe, is his miȝt, for in hem his word | may not be hidde, þat is ouer mannes knowyng, miȝti to ouercome alle þe aduersaries þerof into þe ende. For, as feiþful loue among frendes may not kele, so þe worde of God may no tyme fayle to defende þe feiþful louer þerof til it haue vencuside alle þe enemyes þerof þat wicked þinges haþ doon in þe halewe. Þis halewe is Crist, heued of alle halewes, and his cheef enemye is he þat cheefly sitteþ in þe temple of God, þat is in þe puple of God, doyng abhominacions, gapyng for fulnes of lustes, spuyng out hidous malice of his pride. For loo þe preef: 35 f. 150ra 40 45

{4} Et gloriati sunt qui oderunt te in medio solennitatis tue. *And þei glorieden þat hatiden þee in myddes of þi solempnyte.* O, what

20 tymes] tyme T þerof] *om.* BS 21 togider] *om.* L and] *om.* H welded] haddest BS 23 geder . . . togidir] fadir þou gedere BS togider] gether L 24 onehed] vnite BS 25 þe[1]] þi AHTLBS goiþ] goiþ to D 26 ȝee] þe T fro] of, *corr. to* `fro´ B, of H `]est´' L and] *om.* H duelleþ] dwelle ȝe A 27 wickednesses] wickidnes ALBS 28 þou] þe R 29 most be] mote be L, moot T myndeful] *om.* CDR þe] *om.* H 31 tuas . . . sancto] *om.* D quanta . . . sancto] *om.* L 32 þin] vp þi BS hondes] hond BS 33 into þe ende] *om.* R 34 þe[1]] þin A coueyteþ] preieþ H and preieþ] to prey R preieþ] coueitiþ H were] *om.* BS 37 goddes] his T 38 þe] *om.* H 39 into] vnto BS 40 kele] ceese BS no . . . fayle] not tyme fayle L 41 þerof] of it H vencuside] ouercomen DR 42 haþ] han A, haue H 43 alle] *om.* ATL and . . . preef (46)] *om.* BS and] to L 44 in] *om.* H 45 for] fro L 46 preef] priue AL 47 sunt . . . tue] *om.* D in . . . tue] *om.* L 48 glorieden] ioyed BS myddes] þe middis H

wondre is it þou3 vengeaunce come into þe chirche of men þat han
50 Goddes lawe, and oftesiþes reden it and hereþ it and wole not
obeishe þerto, wiþstondyng þe enemyes þerof? Betre it were to
cristen men to knowleche hem heþen men þan to feyne hem cristen
and lyue most contrarie to his lawe. Wheþer Crist bicam man and
dyed for man to conuerte man to cristen name? wheþer he þat
55 accepteþ no persone deliteþ in cristen mannes name if no cristen
dedes folowe? þe name of God is his ri3twise wonderful werkes, for
bi his werkes his name is knowen to us, and so þe names of cristen
men writen in þe book of liif ben her famous werkes acordyng to her
name. Oure names ben cleped cristianis, þat is burionynges of Crist.
60 Crist was anoynted of his Fadre, þat is he was ordeyned and sente to
bere þe charge of his puple, and þat he dide mekely to þe last ende,
3iuyng to us ensaumple to folow him: he was pore and chaste and of
f. 150rb gode temper | aunce, and ful of mekenesse and pacience and of gode
occupacioun, delityng to speke treuþe and to do þerafter. He warned
65 his loueres þat þei shulden not consente to synneres; and þis he
fulfilled himsilf, for he tolde hem þei weren engleymed wiþ sourdou3
þat wold corrumpe whomeuer it touched. And þis þe Prophet knewe
whanne he seyd, and þei ben gloried þat hateden þee Crist, not of
þee but of þe world. And þis gloriouste is in myddes of þe
70 solempnyte, þat is, þe gloried enemyes of God wiþ moost prosperite
of þis liif ben sette of þe puple, whom þei haue blynded in myddes of
hy3e dignitees, moost glorious to þe world. þise abhomynaciouns
ben not priuey, but wiþouten shame opened into yuel ensaumple of
fallyng to alle naciouns. And 3it no man, to eshewe his owne
75 dampnacioun, daar put him forþe, feiþfully trustyng in God to
wiþstonde þise blasphemyes, but faste þei enforse to excuse her
vnmi3te, seiyng, 3if þei hadden helpe þei wolde amende þise
erroures, but no procuryng þei maken feiþfully þerto. Hou veynli
haue suche þe name of cristian þat affien not in þe mi3ti hond of

49 þou3] if AHTLDRBS 51 obeishe] obeye L 52 cristen[1]] crist D to[1]] *om.* AL knowleche] knowe BS hem] *om.* D þan] þat D cristen[2]] cristen men H 53 man] *om.* L 55 no] þe L mannes] mennys DR 56 god is] *om.* L 59 is] is to seie H 62 to[1]] *om.* A chaste] cheef D 63 of[2]] *om.* R 64 to[2]] *om.* DR do] *om.* A warned] warnyþ D 66 þei] þat þei R 67 corrumpe] corrupt D 68 gloried] glorified ABS 69 myddes] þe myddis AH þe[2]] þi R 70 þe ... reyne (81)] in grete festis þei beþ not ashamed to do synful werkus herfore it is þat delicate men and neyshe and veyne and proude wymmen goeþ moost proudeliche in grete festis whan þei shuld be moost meke but drede þei for proude aray [may] (*om.* B) gete no grace of god but mekenes wherfore it sueþ BS þe] þei DR moost] þe most L 71 of[2]] to L 73 into] to T 74 to[1]] of T 75 forþe] *om.* T 76 þise] her ATL 79 cristian] a crystyane L þat] but A affien] trustyn DR

God, suffring þe enemyes of treuþe to defoule Cristis spouse, sittyng 80
in þe temple, bolkyng in lustes as frosshes in greet reyne!

Posuerunt signa sua, signa; {5} et non cognouerunt sicut in exitu super summum. *þei setten her tokenes tokenes, and þei knewe not as in outgoyng upon þe hyȝest.* þise enemyes of Crist, glorious to þe
world, in doyng her abhomynacioun han sette her tokenes of pride 85
and coueytise, tokenes of prouynge of cristen feiþ; for no sacrament
of cristen bileeue {(þei seyn)} may auayle to eny creature but if þei
approue it bi confermyng of her {bulles}. Her cheef {bulles} ben
communly | of {leed} acordyng to her werkes: for, as {leed} among f. 150va
me{talles} is moost {heuy}, so þe abhomynacioun of Cristis chirche 90
is moost abhomynable and greuous and heuy to þe destruccioun of
treuþe; and as {leede} is tendir in fier and soon ȝeldeþ it, so þise
{heuy plumbes}, oppressyng þe treuþe, sodeinli in her doun
plungeyng into helle shale melte in peyne, for no membre ne part
of hem shal be vnpunished. And, as þei holde {a sacrament} to 95
hange her {bulles} by a cord of hemp þat is like to vnstable reede,
and bereþ moost stalworþ bark to make of stronge cordes, so þise
variaunt and vnstable enemyes of Crist, for byndyng of his puple bi
her fals {bulles} hanged wiþ hempen cordes, shullen be bounden
wiþ harde ropes of endeles peyne wiþout lousyng. And þei knewe 100
not as in outgoyng vpon hiȝte, for bi her coueytise of erþeli dignitees
þei weren so blynded in pride and lustes þat þei vndirstode not her
sodeyn fallyng of her hiȝe pride. But

81 frosshes] frogges HDR 82 signa[1] . . . summum] *om.* D et . . . summum] *om.* L 83 summum] sompnum R `nota bene´ R 84 hyȝest] heiȝtes BS þise . . . but (103)] þat is þe louers of þe world putte her signes of pride and of veynglorie and pompe of þe world and þat is þe moost euydent signe of þe deuelis seruyce for þei þat beþ cristis seruauntes þei han (þat han BS) crucified her bodies (body S) aȝen vices and coueitises and [þei þat] (*om.* BS) han ourned hemsilf (hymsilf S) to hunte after veyn worship of þis world suche (and suche BS) men han not knowe how many turmentis beþ ordeyned to hem for her pride after þis liif as it is open in þe goynge out of her deþ for þei þenke not to deiȝe but to lyue in her lustis and þerfore ofte þei deiȝe in her synne and þat vpon þe hiȝest þat is þei knowe not þat þurȝ þe priuey dome of þe moost hiȝest it is ordeyned þat for þe gretenes of her synnes her wounde is vncurable and worþiliche for BS 86 of[2]] o R 87 þei seyn] *eras., mod.* the say C if] *om.* AL 88 approue it] *rev.* T confermyng] confourmynge D bulles[1,2]] *eras., mod.* C bulles[1]] billis R her[2]] and her H 89 leed[1,2]] *eras., mod.* C 90 metalles] talles *eras., mod.* C heuy] *eras., mod.* C abhomynacioun] abhominacions AHTLDR 91 is] ben AHTLDR 92 leede] *eras., mod.* C fier] þe fyer L soon] so DR þise] her T 93 heuy plumbes] *eras., mod.* leaden bull C 95 a sacrament] *eras., mod.* C 96 bulles] *eras., mod.* C a cord] coordes T, accorde R to] *om.* T vnstable] an vnstable AHTL 97 and] þat L þise] her T 99 bulles] *eras., mod.* C hanged] hangynge L wiþ] by R hempen] hempi HT 100 wiþ] in HT of] in A knewe] knowe HDR 101 erþeli] wordly L

Quasi in silua lignorum securibus {6} exciderunt ianuas eius
105 **in idipsum; in securi et ascia deiecerunt eam.** *As in woode of trees wiþ brode axes þei outhewed þe ȝates of it into itsilf; in brode axe and hachet þei caste it doun.* Þise bounden wretches in þe hanked cheyne of stynkyng lustes, wiþ fals power of her worldeli lordship sharped vnder colour {of goostli} power, as wiþ kene brode axes
110 hewen doun þe ȝates of entre into Cristis chirche. Þise ȝates ben mennes kyndeli wittes by whom vnderstondyng shulde entre into þe soules. But enemyes of Crist, defouling his temple, han stopped þise entrees bi long growyng of ypocrisie, teching þe puple þat hem oweþ not to {deme} yuel of her {prelates or prestes}, þouȝ þei knowe |
f. 150vb her dedes moost contrary to treuþe. And so as strong þeeues þei
116 destroyen Cristes vynȝerd, doyng her lecherous lustes in þe wode of prosperite of þis lif, for in brode axe and hachet þei haue caste it doun, for bi open malice and priuey flateryng þei do her lustes in lecherye in Goddes holy {temple} defoulyng it as moost commoun
120 {strumpet}. For

{7} Incenderunt igni sanctuarium tuum, in terra polluerunt tabernaculum nominis tui. *Þei kyndeleden in fier þi seyntuarie, in erþe þei defouleden þe tabernacle of þi name.* Crist Iesu deide to purge his chirche of filþes of þis lif, but his enemyes sittyng in his {temple}
125 han traueyled long tyme to geder into it aȝen mo filþes þan weren in Cristis tyme, for þerinne is now {þe commune hoord} of alle synnes, þat, ȝif an innocent wiþoute knowyng of synne entre into {þe chirche}, in short tyme he shal be lerned to doo moost synne. Forþi þe Prophet seiþ þei haue brent wiþ fier, not of charite but of
130 lustes, þi seyntuarye, for þe {hiȝe prelates} þerof wiþ consent of her

104 in] *om.* L lignorum . . . eam] *om.* D ianuas . . . eam] *om.* L 105 woode] a wode BS 106 outhewed] hewid BS in] wiþ L brode[2]] a brode BS axe] axis D 107 þise] there T hanked] hanged L, hooked BS 109 of goostli] *eras., mod.* C, *om.* BS 110 hewen] shul hewe BS þe] *om.* H ȝates[1]] brode ȝatis BS þise] þere T 111 whom] whiche AL 112 þise] here T 113 entrees] encreese T oweþ] owe TL 114 deme] *eras., mod.* seye C her . . . prestes] hem BS prelates or prestes] *eras., mod.* C þouȝ] ȝif al H knowe] knew L 117 prosperite] þer prosperite H of] in H 118 malice] maly L in] of AHTLRBS 119 temple] *eras., mod.* house C 120 strumpet] *eras., mod.* strumpent C for] *om.* R 121 igni . . . tui] *om.* D in . . . tui] *om.* L 122 kyndeleden] brente HBS 123 deide] he deyed L 124 filþes] fylthynes L sittyng . . . temple] *om.* BS sittyng] *om.* L temple] *eras., mod.* C 125 to geder] togedre to putte BS aȝen] *om.* R mo] more L weren] was ATLRBS 126 þerinne] þer L now] moost BS þe commune hoord] *eras., mod.* þa it is þe nurse C þe] `þe´ BS, *om.* D hoord] hurde T synnes] synne L 127 an] any R þe chirche] *eras., mod.* C 128 lerned] tauȝt þurȝ ensample of yuel lyuyng BS 129 forþi] þerfore AH, for þat L 130 hiȝe prelates] *eras., mod.* glory C prelates] maistres BS

{mynistres} han cast, and fro day to day enforsen hem þat ȝif lustes and pride faile in alle oþer places, þere it shal be founden. And so in erþe, þat is in erþeli lustes, is defouled þe tabernacle of þi name, þat is þe lif and þe lore of Crist wherbi þe name of God shulde be knowen and preised. But not forþi 135

{8} **Dixerunt in corde suo cognatio eorum simul: quiescere faciamus omnes dies festos Dei a terra.** *þei seiden in her herte þe cosynage of hem togider: make we to reste alle þe feest dayes of God fro þe erþe.* As moost cruel {waspis} men of þe {chirche} han confedered hem togider bi priuey counceyles to make reste alle þe {feest}dayes 140 of God fro þe erþe. þe Lord is | gladed in his puple as in moost f. 151ra solempne feest, whanne reuerentli þei heere his word and doo þerafter. And herfore Crist, most plesyng to his Fadre, vsid in sabbates to entre into þe synagoges of Iewes to preche þe lawe, for þerfore þe sabbat was ordeyned. But biholde now hou enemyes han 145 fordoon þe {ordinaunce} of Crist as if it hadde ben ful of {errour}: þei haue chaunged þe {prechyng} of prestes to long {seruice} drawen on {lengþe} wiþ curious {song}. And, be her ordynaunce fulfilled and also her belyes wiþ mo delices þat day þan anoþer day, hem þenkeþ þe holi day is wel kept; and, if eny creature haue 150 conceyued eny goostli foode wherewiþ he wolde solace his breþeren for Cristis loue, he shal be letted bi her {ordynaunce}. And ȝit it was ordeyned of þe chirche bifore coueytise had taken roote þat aftir þat þe godspel was redde in Latyn, it shulde be tolde to þe puples vnderstondyng. But {prestes}, to shewe whois {disciples} þei ben 155 and bi whom þei cam into þe chirche, han chaunged her voys {of

131 mynistres] *eras., mod.* pride þei C han] as it semeþ han BS cast] -en *canc.* C 132 faile] falle T places] prelates L 133 erþeli] alle erþeli BS 134 þe[1]] yn þi BS and] of D god] crist A, crist þat is god and man H 135 not forþi] naþelees A, forþi R forþi] for þat L 136 in . . . terra] *om.* D quiescere . . . terra] *om.* L 137 þei . . . togider (138)] þe cosynage of hem togedir seide in her hert BS 139 waspis] *eras., mod.* wolfis C men . . . chirche] þe enemyes of god BS chirche] *eras., mod.* C 140 feest] *eras., mod.* C 142 feest] festes L and] to AHTLDRBS 143 herfore] þerfore L 144 þe[1]] *om.* A iewes] þe iewis R 145 enemyes] enemyes of god BS 146 ordinaunce] *eras., mod.* C crist] god crist BS hadde] *om.* L errour] *eras., mod.* C 147 þe] in some places þe BS prechyng] *eras., mod.* C seruice] *eras., mod.* C, motitis BS 148 lengþe] *eras., mod.* C, a longe L song] *eras., mod.* C 149 her belyes] whan her wombes beþ fillid BS, *om.* T þan] more þan HT 150 hem] they LBS þenkeþ] þenkiþ þat H, þinke ATLBS haue] haþ A 151 wolde] wole D breþeren] brother L 152 ordynaunce] *eras., mod.* C and] sumtyme and BS 153 bifore . . . roote] *om.* BS bifore] bifore þat H 154 'nota bene' C puples] poeple T, peple to BS 155 prestes] *eras., mod.* C, some prestis BS disciples] *eras., mod.* C 156 of prechyng] *eras., mod.* C of] in D

prechyng}, and in þat tyme þat þei shulde preche {þei cursen} for
temporale goodes, and occupien hem aboute worldli vanytees whiles
þei miȝten telle a commune collacioun, ȝif þei sauereden hony as þei
160 don {dritte}. And so þe festiual dayes, whereinne þe puple shulde be
fedde wiþ Goddes word, ben maad to cesse fro þe erþe, þat is fro
erþeli men þat lyuen aftir her lustes as beestes. And þerfore þei seyn

{9} Signa nostra non uidimus iam non est propheta; et nos non cognoscet amplius. *Oure tokenes we seen not, and now is no*
165 *prophet; and he shal knowe us namore.* þis may now þe puple seye,
f. 151rb and | wold God þei wolde knowe þat hemsilf were sumdele cause
herof: for, ȝif þe puple hadden kept clene Goddes lawe, hadde
neuere God {sente} vpon hem suche {wulues} of {rauein}. And so
þei shulde deserue mercy ȝif þei wolden feiþfulli turne hem and
170 knowe hemsilf worþi to haue þis vengeaunce, seiyng 'Oure tokenes
we see not': þat is, men of þe chirche þat shulden shewe to us
tokenes of good lif, we seen not; now þer is no prophete to telle us þe
drede of Goddes doom, and we erren as sheep wiþouten herde,
goyng in roten pasture, etyng oþere mennes corn, delityng us in
175 lustes. þis þe puple shuld crye to God and seye 'Lord, we haue
synned, folowyng þe lore of þin enemyes, whom we knowe þat
lyueden not riȝt, and we haue þrowen bihynd us þi lore. Wherefore
we ben not worþi þat þou knowe us in reysyng up to us trewe
prophetes aftir þi lawe. But, merciful Lord, al be it þat of oure
180 deseruyng we ben not worþi to do asseþ to þin hyȝe maieste, we
trusten in þi mechel mercy þat þou may forȝiue us.' þis vers also is
expouned to þe induracioun of heretikes, þat bileeuen not to God
but ȝif þei seen greet wondres in dede doon, and here straunge
prophecyes of þinges þat shuld be to come. And so whanne þise
185 failen, þei seyen God shal knowe hem namore, and þanne þei may
lyue as hem likeþ; and in þis errour ben many men ȝit. But

157 þei cursen] *eras., mod.* þei prech' C for] þeir briþre for H 158 whiles] þe while R 160 dritte] *eras., gap* C 162 her] erþely, *corr. to* `her´ B, *om.* T 163 non[1] . . . amplius] *om.* D et . . . amplius] *om.* L nos] *om.* R 167 herof] þerof L hadde . . . god (168)] god hadde neuer DR 168 neuere god] *rev.* H sente] *eras., mod.* C vpon] on H suche] *om.* BS wulues] *eras., mod.* C rauein] *eras., mod.* C 169 deserue] serue BS 171 is] *om.* L 172 is no] beþ fewe BS no] not D prophete] profetis BS 173 erren] ben A, ar L 175 lord] *om.* BS 176 whom] whiche AL knowe] knewen AHTL 177 lyueden] lyuen D riȝt] riȝtfulli AL us] *om.* BS þi] þis T 178 up] *om.* T 181 may] myȝt A 182 induracioun] duracioun L, indignacioun H to[2]] in L 184 prophecyes] profeties D þinges] þing A to] *om.* AL þise] þere T 186 likeþ] list AHTLBS men] *om.* T

{10} **Usquequo, Deus, improperabit inimicus? Irritat aduersarius nomen tuum in finem.** *Hou long, God, shale þe enemy put repreef? þe aduersarie stireþ þi name into þe ende.* þis is þe voys of hem þat knowen hou þei haue offended God and deserued to be ledde 190 into errour for her consent|yng and {mayntenyng} of rauisshing f. 151va wulues of rauein. And whanne þei ben purged bi contricioun and han taasted þe swetenes of treuþe, þei hungre and þirste after grace, seiyng 'Hou long, God, shal þe enemy putte repreef?' as who seiþ 'Lord God, in mannes power is not þe vencusyng of þin enemy þat 195 haþ, and ʒit enforseþ him to peruerte þi lawe?' þis enemy sittyng in þi {temple} is þe {cheef} aduersarye of treuþe, þat stereþ þi name into þe ende into his owne confusioun. For in þe laste ende þi name shal be so preiseable among þi loueres þat bi þe spirit of þi mouþ þin aduersarye shal be destroyed. Forþi 200

{11} **Ut quid auertis manum tuam, et dexteram tuam de medio sinu tuo in finem?** *Whi turnest þou awey þin hond and þi riʒt hond of þe myddes of þi bosum into þe ende?* God turneþ his hond fro us whanne we deserue not to haue his miʒte, þat is oure souereynes miʒti to defende us, for þe swerdbereres ben þe hond of God to 205 vencuse his enemyes, ʒif her weyes ben riʒt ruled. But þe riʒt hond of God is þe treuþe of his lawe, þat shulde moost miʒtili defende us bi trewe techyng if þe vesseiles of it were clene wiþouten corrupcioun. þise tuo h[on]d[is], if þei were riʒt ruled and hynge in her ordre, shulde liʒtli purge þe chirche of alle erroures. But þer is strif 210 bitwix hem, for boþe þei coueyten oon side, þat is hyʒe lordship of þis world, not forto gouerne it bi Goddes lawe, but to lyue þerinne in lustes; and for þei ben not of þe myddes of þi bosum, lord God, þei ben boþe noyous hondes worchyng her owne destruccioun and oþere 214 mennes, whom for her owne cause þei oppressen. þe myddes | of þi f. 151vb

187 deus . . . finem] *om.* D improperabit] imperabit T irritat . . . finem] *om.* L irritat] irritabit R 189 repreef] repreues BS þe[1]] þine H þi] þe D into] to H þe[3]] *om.* H 190 deserued] disseruen A 191 into] to þer L her] *om.* R and . . . rauein (192)] to synne BS and . . . rauisshing] *twice* T mayntenyng] *eras., mod.* C 192 and[1]] *om.* D bi] wiþ D 194 god] *om.* BS who] whos D seiþ] seie AHLBS 195 in] *om.* L þe vencusyng] þe ouercomynge R, ouercomynge D 196 haþ] *om.* L sittyng . . . temple (197)] *om.* BS 197 þi[1]] þe H temple] *eras., mod.* C cheef] *eras., mod.* C 200 aduersarye] aduersaries BS forþi] þerfore AH, for þat L 201 auertis . . . finem] *om.* D de . . . finem] *om.* L 202 sinu] in sinu R 203 of [1]] `fro´ S, fro B 206 vencuse] ouercome DR 207 þe] *om.* H moost] *om.* T 208 trewe] trouþe BS 209 þise] þere T hondis] herd CDR if] *om.* L þei] þere T riʒt] *om.* R hynge] hongen HT 210 erroures] her errours A 211 þei] þe R oon] on oo H lordship] lordchepes L 212 þerinne] þere A 215 whom] whiche AL

bosum, Lord, is þe mene wey of þi tuo lawes þat ledeþ men surely in aduersitees. þise tuo hondes for oure synnes ben drawen abac fro oure help into þe end of her owne confusioun, for bi her negligence synne is encresed. But not forþi knowleche we to God oure synne, 220 and hope we feiþfulli in him, and seye

{12} Deus autem rex noster ante secula, operatus est salutem in medio terre. *But God, oure kyng bifore worldes, haþ wrouȝt helþe in myddes of þe erþe.* Al be it þat lordes wiþ reddure of her swerd of worldeli power, and prestes wiþ þe goostli swerd of Goddes word, as 225 tuo hondes eiþer to help oþere, shulden gouerne þe chirche, þe oon in counseylyng and þe oþer in bodili iustifiyng and defendynge, faile and be vntrewe in her seruise, God oure kyng bifore worldes haþ wrouȝt helþe in myddes of þe erþe, þat is in Crist, þat moost sureli held þe hyȝe mene weye of þe lawe of his Fadre, bowyng to no syde, 230 and bi him feiþful men hopyng in him shullen be heled of her synne and restored to grace, for her feiþful holdyng wiþ his lawe. Forþi wlate we wiþ þe lustes of þis lif, and turne we vs swiftli to God, and hope we to him feiþfully, for his hond is not vnmiȝti to helpe. For

{13} Tu confirmasti in uirtute tua mare; contribulasti capita 235 draconum in aquis. *þou confermed in þi vertu þe sce; þou troubled þe heuedes of dragouns in watres.* O Lord, kepe us fro synne, for it reueþ fro þee þe hertes of alle þat sugeten hem þerto. þou hast maad fast togyder in þi vertu þe sce, þat is þis flowyng world ful of wawes of pride, þat it passe not þe boundes þat þou haste sette. þou hast f. 152ra troubled togider þe heue|des of dragouns in watres. þe heuedes of 241 dragouns ben þe tirauntrye of pride of lordes, and þe coueitise of prelatis and her mynistres. þise heuedes of God shulen be punyshed ȝif þei turnen hem not to him, eiþer helpyng oþere to amende þe erroures in his chirche, in watres of endles damnacioun; for, as he is

217 aduersitees] aduersaries D þise] þere T fro] for A 218 into] in L owne] *om.* H 219 synne is] *rev.* R not forþi] naþelees A, not for þat L 220 feiþfulli] sothly L in] to A 221 rex . . . terre] *om.* D operatus . . . terre] *om.* L 222 helþe] helþes T 223 myddes] þe middis H þe] *om.* AL 225 to] *om.* BS shulden] schulen D þe[2]] þat ABS oon] toon HTLDR 226 þe] þat BS oþer] toþer AHTLDR 227 and be] *rev.* L 228 sureli] *om.* L 229 hyȝe mene] *rev.* L 230 him[1]] *om.* L 231 forþi] þerfore AH, for þat L 232 þe] *om.* R lif] liif þat saueren us so mich H and[1]] *om.* D 233 not vnmiȝti] not *canc.* myȝty L 234 in . . . aquis] *om.* D tua] *om.* H contribulasti . . . aquis] *om.* L contribulasti] et contribulasti R, conturbasti T 235 in[2]] itt in D þe[1]] to D 237 þee þe] þe HL hertes] hart L 238 þis] þe BS flowyng] folowing D 239 it] is BS 241 tiraauntrye] tirauntries L 242 þise] her AL, þere T 243 hem] *om.* T oþere] eiþer A þe] þere H 244 in[1]] maynetened H his] þis BS

merciful to meke men, so he moot be riȝtwise in punyshing of 245
proude men, to ȝeelde hem peyne for als many as in her defaute han
perished. For

{14} **Tu confregisti capita draconis; dedisti eum escam populis Ethiopum.** *Þou brak þe heuedes of þe dragoun; þou ȝaf him mete to þe puple of Ethiope.* Bifore þe comyng of Crist þe dragoun, þat 250
is þe deuyl, hadde many heuedes, þat is many sleiȝtes to deceyue wiþ
þi puple. But in Cristis passioun þei weren alle destroyed, in token
þat who wole be victour in gostely batayle, he mot continuely bere
wiþ him þe crosse of Crist; for who þat is not in penaunce,
forþenkyng synne and amendyng it, and in wille to suffre tribula- 255
cioun for þe treuþe of Cristis lawe, deserueþ to be ouercomen of þe
deuyl and to be endured in his synne, fiȝtyng aȝens Crist, worchyng
his owne dampnacioun. For, as Crist is þe mete of his louer,
nurishyng him in vertues, so is þe deuyl mete of hem whom he
haþ maad blak in synne, to drawe hem fro synne to synne to þei be 260
sodeynly rauished to endeles deeþ. For

{15} **[Tu] dirupisti fontes et torrentes; tu siccasti fluuios Ethan.** *Þou brast welles and strondes; þou dryed þe flodes of Ethan.* If
we truste feiþfully to Crist, he shal fiȝte for us, for he haþ broken
welles and strondes. For þe drede of oure enemy he dide awey in his 265
passioun, in tokne þat whoeuere fo | loweþ his steppes shal ouercome f. 152rb
þe deuyl and þe world; for no man may folowe him but if he destroye
þe wicked risynges of his flesch, and whanne þat is lowly sugetted to
þe spirit of treuþe, neiþer þe deuyl ne þe world haþ no matere to
worche in him, for þe flodes of Ethan þou hast dryed. Ethan is þat 270
soul þat steyȝeþ into heuenli desires and is stalworþ in þe ȝift of
God; þat is, þe treuþe þat he knoweþ of God he worþeli defendeþ
and miȝtili worcheþ wiþ þe grace of God to edifiyng of his neiȝbores.
Þe flodes of such a soule God haþ dryed, for in pacience of his soule
he shal ouercome his aduersaries. For 275

245 moot] must L, myȝt D 246 defaute] faute TL 248 capita . . . ethiopum] *om.* D draconis] draconum T dedisti . . . ethiopum] *om.* L 249 ȝaf] ȝyue D 252 þi] þe HLDRBS 253 `nota bene´ R who] whoso H, who þat BS victour] ouercomer DR mot] must L 254 penaunce] pacience BS 259 of] to AHTLBS whom] whiche AL 260 in synne] *om.* L to[3]] til AHLDRBS 261 sodeynly] *om.* BS 262 tu[1]] In C dirupisti] diripuisti A fontes . . . ethan] *om.* D tu[2] . . . ethan] *om.* L 264 to] in D 265 þe] *om.* A enemy] enemyes BS 268 is] it is AL 269 ne] nor L, *om.* BS no] *om.* R 270 in] ynne HT him] *om.* AHTLBS dryed] distried A 271 into] up into AHTBS, vp to L 272 worþeli] stalworþli AHTLBS 273 edifiyng] þe edifiyng HTLBS 275 aduersaries] aduersarie BS

{16} Tuus est dies, et tua est nox; tu fabricatus es auroram et solem. *þin is þe dai, and þin is þe niȝt; þou maad þe dawnyng and þe sunne.* þin is þe day: þat is, perfite men, þat as briȝt day ȝiueþ liȝt to oþer of good ensaumple contynuelly b[en] þin eires of blisse. And
280 þin is þe niȝt: þat is, men derked in synne of fleischeli lustes and makeþ noon ende of her synne ben þin to be punyssched in peyn of helle. þou maad þe morwenyng and þe sunne: þe morwenyng ben þoo þat ben newe conuerted fro þe niȝt of synne, whom God bringeþ in þe treuþe of his lawe to liȝt day of perfeccioun. And þe sunne þou
285 madest: þat is, þi feruent loueres wiþ briȝte bemes sowyng þi seed of þi word, þou madist stedfast in bileeue to bere þi message to dyuerse naciouns wiþouten dreed of persecucioun. For what þing shulde men dreede þat feiþfulli hopen in God? For

{17} [Tu] fecisti omnes terminos terre; estatem et uer tu
290 **plasmasti ea.** *þou madest alle þe coostes of erþe; somer and ver tyme*
f. 152va *þou fourmed.* Wherof | dreden men ȝif þei bileeue þat God is God? No doute þo þat dreden to suffre for God bileeuen not trewli þat God is almiȝti; but truste we to Goddes lawe þat seiþ 'þou madest alle þe termes of erþe', and so þou art lord of alle. þise termes of
295 erþe ben taken here for diuerse tymes of þe ȝeer, doyng men to wite þat, as God haþ power of man and beestes and of gode aungeles and yuel, so he haþ of day and night and of alle tymes of þe ȝeer. Ver tyme is tyme of new growyng, þat bitokeneþ þe tyme þat men ablen hem to bere fruyt of vertues; and somer bitokneþ tyme of rypyng,
300 þat is tyme þat men wexen rype in loue, doyng werkes of liȝt, traueylyng for her sustinaunce þat þei ben not beggeres in tyme of wyntir, þat is þat þei ben vertuously holpen of Crist in þe stormy tempestes of deeþ. In alle þise tymes miȝtili God defendeþ his feiþful loueres aȝen her aduersaryes. Prey we forþi to God and seye:

276 dies . . . solem] *om.* D tu . . . solem] *om.* L fabricatus es auroram] fabricator es aurora S 278 briȝt] liȝt H 279 ben] bi C eires] -i- *alt from* e- C of] in D 280 derked] mirkid HL in] wiþ H 281 peyn] þe peyne AHBS 282 þou . . . sunne] *om.* A morwenyng[1]] dawnyng BS sunne] synne D morwenyng[2]] dawnyng BS 283 þoo] þei BS fro] for T synne] þe synne B whom] which AL 284 in] to L 285 þi[2]] þe AHTLDBS 286 in] of B message] messagis D 287 `nota' R 289 tu[1]] In C omnes . . . ea] *om.* D terre . . . ea] *om.* L 290 ea] *om.* R erþe] þe erthe LD somer . . . fourmed (291)] þou formed somer and ver tyme BS tyme] *om.* T 291 fourmed] fourmediste hem H 294 erþe] þe erthe L þise] þere T 295 erþe] þe erthe L tymes] termes R 296 man] men A 297 night] of niȝt H tymes] þe tymes HTLDBS 298 tyme[3]] tyme of new growynge T 299 of [1]] and BS 301 ben not] *rev.* D 302 ben] *om.* R 303 tempestes] tempest LB þise] here T 304 forþi to god] to god þerfore BS forþi] þerfore AH, for þat L

{18} **Memor esto huius: inimicus improperauit Domino, et populus insipiens incitauit nomen tuum.** *Meenyng be þou of þis: þe enemye upbreyded to þe Lord, and vnwise puple stired þi name.* Whanne men ben stired aȝen synne and in wille to folowe Crist, þe deuyl, ȝif in himsilf he may not lette þat purpos, he makeþ his proctour man to pursue him maliciously; and so boþe þe deuyl and man, whom he haþ geten to him bi synne, enforseþ hem in a creature to put repreef to God, lord of alle creatures; and þis repreef aȝen Crist is moost put to hym of men of þe chirche, for in dede þei {repreuen alle} þe dedes þat he dide in erþe. For where he hated lustes and al prosperite of þis lif, þei seechen hem and byen hem, as ȝif þat chaffaryng were most duryng and profitable. | Crist comaunded to his apostles to be lanternes of liȝt to go bifore þe puple in shynyng vertues to drawe hem fro þe derknesse of coueytise, but men of þe chirche {cursen} þis wey, for her {mayster}, enemye of Crist, haþ waden so depe in lustes of þis lif þat whoeuer foloweþ þe steppes of Crist, he is verrey {enemye} to him. And so he haþ drawen aftir him {þe moost} dele of al erþe, consentyng to hym. Þis reproef mote nedes be venged of Crist, for vnwise puple haþ stirid þi name, for bi þe consentyng of þe puple alle þise erroures ben growen and mayntened. And so Crist, þat is name of þe Fadre, is stired to do vengeaunce upon his puple for her rebellioun aȝen him, for her dedes and her consentyng crien to him eche day þat þei wolen not þat he regne upon hem, for his lawe and his techyng ben moost contrarye to her willes, for þei haue founden a ledere euen contrarye to him, þat heeteþ hem ȝif þei wolen obeische to him to lyue here after þe world in þe myddes of her lustes, and after þis lif to haue als fully þe blisse of heuene as Crist may ȝiue it to his foloweres. Þis repreef þe leder and his foloweres eche day putten to Crist, terryng him to vengeaunce. But not forþi

305 310 315 f. 152vb 320 325 330

305 huius . . . tuum] *om.* D improperauit domino] improperabit dominus R improperauit] improperabit L et . . . tuum] *om.* L 306 incitauit] incitabit R meenyng . . . þou] be þou myndeful BS meenyng] menynge or biþenkynge T, myndeful AHDR 307 and] an R 309 in] *om.* D not] *om.* H 310 proctour] procuratour HTBS 311 to] vnto BS 312 and . . . foloweres[1] (333)] *om.* BS `prestis´ L aȝen] putte aȝen D 313 moost] *eras., d.h.* C 314 repreuen alle] *eras., d.h.* C where] where þat H 315 hem[1]] *om.* T 316 þat] *om.* H 317 to[1]] *om.* T go] god D 318 shynyng] schewyng L derknesse] mirkenesse HL 319 cursen] *eras.* C 320 mayster] *eras., mod.* C 321 foloweþ] folowe AL he] *om.* A enemye] *eras.* C 322 he] *om.* L þe moost] *on eras.* C erþe] þe erthe L 323 mote] must L nedes be] *twice* T 326 upon] of L 329 ben] is L 330 heeteþ] biheteþ H, heetyn T obeische] obeye L 331 þe[2]] *om.* HT 334 not forþi] naþelees A, not for þat L

335 {19} **Ne tradas bestiis animas confitentes tibi, et animas pauperum tuorum ne obliuiscaris in finem.** *Ȝyue not to beestes þe soules shryuyng to þee, and þe soules of þi pore ne forȝitte þou into þe ende.* Deuyles ben rauyshynge beestes, eggyng men to synne, for feersly þei rauyshe her soules in þe ende whom þei ouercomen. But 340 þe meke soule of Crist, shryuyng to him his synne, forsakyng it shal not be taken to þise beestes, for in it þei haue no part. But þe meke f. 153ra men, not affiyng in hemsilf, dreden in al þing, | for, bi eggyng of þe deuyl and þretyng of his foloweres and freelte of hemsilf, þei ben euere asailed feersly to be drawen and consente to synne. But her 345 feiþful hope in God wiþ fresche mynde of Cristes passioun makeþ hem victoures in her temptaciouns, and herte[þ] hem to crye to God þat he forȝite not þe soules of his pore foloweres, hauyng no truste in þe world into þe ende. Þei preyen not þis, douting wher God shal be myndeful of alle her nedes, but in þis þei knowlechen þat he is not 350 forȝitful as man, for al þing is euer fresshe in his mynde into þe ende. Þe ende is his doom, whereinne his enemyes, þat forsaken him to regne upon hem, shulen be bounden hond and foot and þrowen into þe vttermoost derknesse, þat is into helle. And so his meke pore foloweres, affiyng in him, seyn

355 {20} **Respice in testamentum tuum, quia repleti sunt qui obscurati sunt terre domibus iniquitatum.** *Biholde aȝen into þi testament, for filled þei ben þat ben derked of þe erþe, in houses of wickednesse.* What shal þe gloryous of erþe doo þat seken here lustes and prosperite, whanne God shal biholde into his testament, þat is to 360 rekene wiþ mankynde hou he haþ kept his lawe? For þei ben fulfilled here wiþ pride and coueytise, þei shal be meked in peyne, and coueytise of prosperitee shal wiþouten ende be taken awey from hem. And deeþ, þat þei moost dredde to come to hem, þei shal desire aftir, and fully þei shal not deye but euere lyue in peyne; for þat þei

335 ne] non L bestiis . . . finem] *om.* D et . . . finem] *om.* L et] *om.* T 337 shryuyng] of schryuynge H, knowlechyng BS þi] þe L into] not into BS 340 crist] cristis louer BS to him] *on eras. mod.* C, *om.* H 341 be] to be T to þise] of here T þe] *om.* AHTLDBS 342 affiyng] trusting DR eggyng] entisyng BS 343 þretyng] þretenynge H 346 victoures] ouercomers TDR herteþ] hertes of CDR 348 preyen] preied BS 350 forȝitful] forgetil HS man] a man A, man is H into] to H 351 is] of L forsaken] forsoken HT 353 þe] *om.* H derknesse] merknes L into[2]] in A 354 affiyng] trustynge DR 355 in . . . iniquitatum] *om.* D quia . . . iniquitatum] *om.* L 356 aȝen] *om.* T 357 filled . . . ben[1]] þei ben fillid DBS, þei ben fulfillid R derked] merked L 358 wickednesse] wickidnessis DR shal] schalt T þe] þei A 360 he] it AHTBS 361 coueytise] coueitise of prosperite B 362 of prosperitee] *om.* B 364 for . . . wickednesses (367)] *om.* BS

derked hem wiþ lustes of erþely delites, þei shule be fulfilled wiþ 365
moost violent h`u´rte, drynk of gnawyng of conscience in þe houses
of wickednesses. For as her houses in her lyuyng weren ful of
raueyne of pore mennes godes lustili deuoured | wiþ moost veyn f. 153rb
meyne, so her bodyes, houses of her soules, shale be fulfilled wiþ
endles peyne among dredeful deuyles. 370

{21} **Ne auertatur humilis factus confusus; pauper et inops laudabunt nomen tuum.** *Turned be not awey þe meke maad shamed; þe pore and þe helples shulen preyse þi name.* [I]n þe doom, whanne wicked men shulen receyue tourmentyng, ben not þanne meke men turned awey, Lord, fro þee; but, as þei shamed here of synne and 375
suffred þerfore repreef for þi loue, so be þei enhaunsed in þi doom to take þe coroun of clennes. For þe pore in spirit, hauyng no þing in desir of prosperite of þis lif, and þe helples, whom þe glorious of erþe han forsaken, shal preyse þi name; for of oþer, in whom loue of erþeli prosperite is not clene voyded, is þi name scorned and þi word 380
vnreuerentli shewed and herd. Forþi

{22} **Exurge, Deus, iudica causam tuam; memor esto improperiorum tuorum, eorum qui ab insipiente sunt tota die.** *Ryse, God, deme þi cause; be menyng of þin upbreydes, of hem þat ben of þe vnwise al day.* Rise, God, and deme þi cause: þat is, rise in þi miȝte 385
to destroye þe pride of þe glorious of erþe, and deme þi cause hou vnreuerentli þou art tretid of men {of þe chirche} þat {eche day} vnworþily in lustes defoulen þe sacrament of þi body. Be þou myndful of þi repreues þat of þe vnwise ben done to þee al day. þis vnwisdom groweþ moost oute of þe bittre welle of coueytise, and 390
fro þennys bi smale stremes renneþ into fer coostes of erþe, for al

365 derked] mirkid HL fulfilled] fillid A 366 hurte] herte, e- *canc.* `u´ C, herte AHTL drynk] brennyng AHTL gnawyng] kawynge L houses] house L 367 wickednesses] wyckednes L 368 lustili] lusti D wiþ] of A 369 fulfilled] fulfillen D wiþ] of A 370 dredeful] vgly ALBS, griseli H, horrible T 371 humilis . . . tuum] *om.* D pauper . . . tuum] *om.* L 372 turned . . . meke] þe meke man be not turned away BS shamed] aschamed T 373 in] *gap for cap., guide letter visible* C 374 tourmentyng] her turmenting BS 376 þerfore] þerof L, here þerfore D 377 þe[1]] þi L 378 of[1]] in ABS whom] which AL 379 in] *om.* L whom] whiche AL 381 forþi] þerfore AH, for þat L 382 iudica . . . die] *om.* D memor . . . die] *om.* L 383 qui] que ATR 384 be] be þou A menyng] myndeful AHDRBS upbreydes] upbreidingis AHTLBS 385 þat . . . cause (386)] *om.* BS 386 pride of þe] *om.* AL þe[2]] *om.* T erþe] þe erthe L 387 tretid] tred S of þe chirche] *on eras., mod.* C, *om.* BS eche day] *on eras., mod.* C 388 vnworþily . . . þi] defouliþ þi goostly BS 389 done] to doon T 391 renneþ] it renneþ H erþe] al erþe AHTLDRBS

day for coueytise of worldli welþe þou art despysed, Lord of þi puple. Forþi

{23} Ne obliuiscaris uoces inimicorum tuorum: superbia f. 153va **eorum qui te oderunt ascendit semper.** | *Forȝite not þe voyces* 396 *of þin enemyes: þe pride of hem þat hatiden þee steyȝeþ up euermore.* Þei moun sore drede whom God shal despise in his doom for breking of his lawe, for to hem he shal putte euerelastyng repreef, for þe voyces of his enemyes crien to him vengeaunce. Þise voices ben lusty 400 þouȝtes, boostful wordes and cursed dedes contrarie to þe clennes of his lawe. For þe pride of hem þat {hatiden þee} steyeþ up euermore: þat is, her vnobedience þat ben contrarye to þi lawe draweþ so many aftir hem to her consent of þe swynyshe puple þat al day, þat is continuelly, þe wraþ of God is stired to vengeaunce, for 405 þe malice of his puple þat steyȝeþ up into his siȝte. Þis malicious pride of his riȝtwisnes he mot dampne and punyshe in endeles peyne.

Psalmus .lxxiiii.

{2} Confitebimur tibi, Deus, confitebimur, et inuocabimus nomen tuum. *We shulen shryue to þee, God, we shulen shryue, and we shulen inclepe þi name.* Coueitous men and lusti sechen confessours like vnto hem, of whom bi fauour and worldli godes þei moun be 5 asoyle{d} bi power þat þei feynen hem, for loue of her goodes. And siþ þe moost part {of prestes} ben blynded in þis erroure of

392 worldli] worldis AHTL 393 forþi] þerfor AH, for þat L 394 uoces . . . semper] *om.* D superbia . . . semper] *om.* L 395 voyces] voyce L 396 hatiden] haten A 397 whom] whiche AL god shal] þou schalt T 399 þise] here T 401 hatiden] *eras.* C, haten A þee] *eras.* C 402 vnobedience] inobediens HTLB, obedience A 403 aftir] *gap* T al . . . þat (404)] *om.* L 406 mot] most BS

Ps. 74 CAHTLDRBS

heading C (*r.h.* Confitebimur), lxxiiij in finem Ne corrumpat ps. Asath canit. voyce of cryst of þe dome þe holy gost of þe natyuite of crist L, *r.h.* confitebimur D, `74´ *d.h.* RB, þe lxxii psalm A, *om.* HTS 1 et . . . tuum] *om.* L 2 shryue[1]] knowleche BS shulen[2]] *om.* S shryue[2]] knowlech BS and] to þe and L 3 inclepe] inwardli clepe BS `nota bene´ R coueitous . . . seyen (22)] we shul knowleche to þee þat is we shul preise þee wiþ hert and we shul knowleche to þee wiþ mouþ and good werkus shewyng and we shul inwardli clepe þi name þat is we shul make vssilf seruauntis to þi lordship and þis is þe ordre of iustefiyng: to clense first þe hert fro filþis of synne BS and lusti] *om.* H 4 whom] whiche AL 5 asoyled] -d *on eras. mod.* C power] her power A goodes] good DR 6 part] dele H of prestes] *eras. mod.* C coueytise, who þat counceyleþ wiþ hem in þis caas or þat trusteþ to hem, doiþ aȝen þe wisdom of God þat seiþ 'Sone wiþ fewe purge þee of þi trespas', for fewe þer ben þat han {power and} kunnyng of God to ȝyue þis goostly salue. Forþi þe Prophet, fulfilled wiþ Goddes spirit, hauyng greet conscience to counceyle wiþ proude coueytous {prestes}, took þe siker wey wiþouten errour, and | seyde in þe persone of alle þe feiþful þat shulden be heled of synne, 'We shulen shriue to þee, God, we shulen shryue.' Tuyes he seiþ we shulen shryue, for to trewe shrift falleþ hertly forþenkyng of synne and forsakyng of it wiþout turnyng aȝen þerto. þis shrift suffiseþ to mannes saluacioun, if þe name of God be inwardli cleped. þis name of God is Crist þat is inwardli cleped whanne men trusten to þis word þat seiþ 'I haue power in erþe to forȝiue synne', and þis same power he haþ ȝiuen to his trewe folower to make his name loued and preysed, hou mercifully he forȝiueþ synne to hem þat feiþfully hopen in him. And þerfore þei seyen

10 f. 153vb 15 20

Narrabimus mirabilia tua. {3} Cum accepero tempus, ego iusticias iudicabo. *We shulen telle þi wondres. Whanne I shal take tyme, riȝtwisnesses I shal deme.* Men clensed of synne, shryuyng hem to God {bi counseyl of} his feiþful foloweres, hou he is ful of mercy, telleþ his wondres, hou he is redier to do mercy þan man to take it in tyme of grace, and hou he is plesed wiþ verrey contricioun of herte, shamyng of synne and wiþ {leuyng of it}. Men of lustes tellen þe wondres into greet sclaundre of Crist, hou her coueytouse {shrift-fadres} asoylen hem {(as þei seyen)} of synne bi a litel {leed not weiynge a pound, hangid wiþ an hempen þred at a litil gobet of a

25 30

7 counceyleþ] concentiþ or counceiliþ H 9 power and] *eras. mod.* C, kunnynge and DR `]est'' L kunnyng] power DR 10 forþi] þerfore AH, for þat L goddes] gostly L 12 prestes] *eras. mod.* C 13 shulden] schulen D 15 to] *om.* AL hertly] herty R 16 of] *om.* AHTLR it] *om.* L 17 `nota' R 18 to] in L þis] his AHTL 20 folower] folowers A 21 mercifully] merciful D 23 mirabilia . . . iudicabo] *om.* D cum . . . iudicabo] *om.* L 24 we] He T 25 riȝtwisnesses . . . deme] Y shal deme riȝtwisnes BS riȝtwisnesses] riȝtwisnes AHLDR men . . . for (41)] þat is we shul telle þi wondris þat þou hast do aboute `þe' reparacioun of mankynde þat þi louers be saued and þyn enemyes perishe forwhi in persoone of hem it sueþ whanne Y shal take tyme þat is whan þe day of dome comeþ Y þat was vnriȝtwisly demed shal deme riȝtwisnes ȝeldyng to good men and yuel after þei haue deserued for þe wickidnes of wickid men shal redunde into her heedis drede þei þi sentence þat bifore þe tyme of þe dome þay deme many synful domes and þese beþ speciall bacbiters and false chalengers of mennys werkus þouȝ þei wene þei do not yuel in so demyng BS shryuyng] schryuen L 26 bi counseyl of] *eras. mod.* C 27 man] men A 29 wiþ] *om.* A leuyng of it] *gap eras.* C it] *om.* D 30 `]dom' L shriftfadres] *gap eras.* C 31 as þei seyen] *gap eras.* C leed[2] . . . hise (37)] *gap eras.* C

calfskyn, peyntid wiþ a fewe blake drauȝtis of enke, alle þe synnes doon in manye ȝeeres aȝen Cristis biddyng ben clene done awey, as is openli tauȝt. But who herde euere more wondirful and hydous sclaundre? Whanne I shal take tyme, riȝtwisnesses I shal deme, as þe feiþful, tristyng in Crist, shryuyng to him hise} | synnes, sorowyng hem and leuyng hem, shale be demed of Crist clene clensed in his dome. So þise blasphemes þat `s´claundren Crist wiþ her {bulles} and maken þe puple þerþurgh to mystruste in God, shal be demed and dampned and alle þat trusten to hem. For

{4} **Liquefacta est terra et omnes qui habitant in ea; ego confirmaui columnas eius.** *Melted is þe erþe and alle þat duellen in it; I confermed þe pilers of it.* Þe erþe, þat is erþeli loueres ben melted in lustes, and alle þat wonen in it, þat is alle þat resten in lustes, studien auarice of erþeli ritchesses to meyntene her lustes. And so coueytous leches coueyten þat þe puple were ful of woundes, and hoped noon helþe, ne couþe noon seke but of hem. And þus bi consent þe erþe, and alle þat du[e]llen þerinne þat is in coueytise and lustes, ben melted togyder bi confedrecye to destroye þe fredome of Cristes lawe. But bi þe mercy of God he haþ confermed þe pilers þerof, þat is his apostles, þat as strong pilers baren up his lawe, and tauȝten þe puple to shryue her synnes, {eche oþer to oþer}. Whanne a man hateþ synne, he loueþ treuþe, and so bi grace he is broþered to Crist, and so he is Goddes sone bi grace, as Crist is bi kinde; and bi loue of broþerhed he is bounden to folowe Cristes lore, þat commaundeþ to kepe him from sourdouȝ of deuided breþeren fro þe vnyte of his lawe, for of þe vnclene who shal be clensed? Forþi he þat is broþer to Crist bi grace, desiryng to folowe him, whanne eny þing remordeþ his conscience, wherinne him nedeþ to be quieted bi

33 blake] *om.* DR 34 is . . . tauȝt (35)] men opinli tellen H 36 `nota´ R riȝtwisnesses] in riȝtwisenessis H 40 bulles] *eras. mod.* C in] to T 41 trusten] tristide HTL to] in A hem] him T 42 est . . . eius] *om.* D et . . . eius] *om.* L 43 melted . . . erþe] þe erþe is moltid BS duellen] wonen AHTLRBS 44 confermed] Y haue confermyd BS þe[2] . . . for (69)] þis is to say þe erþe þat is holy churche þat is congregacioun of cristen men is moltid in þe loue of god and alle þe chosen men þat dwelliþ in holy churche þurȝ feiþ worching byleue failen fro þe loue of þe world wheryn wickid men moltyn to nouȝt Y haue confermyd in grace þat þei synne not dedly þe pilers of hit þat is holy men by whos doctrine and techynges we beþ susteyned and ensaumplis enformed and by hem BS 45 in[1]] into AHTL þat[1]] þo þat L in[2]] *om.* A 47 þe] *om.* H 48 seke] `helpe´ seke L 49 duellen] dullen C 53 eche . . . oþer[2]] *eras. mod.* C oþer[1]] *om.* H 54 he[1]] and ALR broþered] broþered or maad broþere T 55 bi grace] *om.* A is[2]] *om.* L 58 forþi] þerfore AH, for þat L 59 broþer] broþerid ATL

counceyl of oþer þat can betre þan himself, as if he haue greet {temptaciouns}, to enfourme him where he can not | wele himsilf to fle alle þe occasiouns þerof—in suche a caas seke he a wise {broþer in} whom noon occasioun of synne resteþ, shriuing his synnes to him to haue heuenli counceil to wiþstonde his enemyes. And so oþer to oþer shryueþ his synnes as seint Iames seiþ. And if {þise breþeren ben not founden}, triste we to Crist and shriue we us feiþfulli to him, leuyng oure synnes, and þanne we fulfille moost þis biddyng of Iames. For

f. 154rb

65

{5} Dixi iniquis: nolite inique agere, et delinquentibus: nolite exaltare cornu. *I seyd to wicked: ne wole ȝee wickedli do; and to þe trespassyng: wole ȝee not hyȝe þe horn.* Wickednesse of men is þat þei truste not to Goddes word þat is {Crist to} haue forȝifnes of her synne wiþouten counseil of wicked men, beryng þe mark of Cristis enemye in tokne þat he haþ forsaken {Crist, to whom} I seid 'Wole ȝee not do wickedli', sekyng counseyle of {wicked} men, whois werkes Crist approueþ not. And to þe trespasyng I seyde 'Ne wole ȝee hyȝe þe horne'; þis horn is fals {power} þat man presumeþ to haue of God whanne he haþ forfeted al þat he haþ þurgh synne. Þis horn of pride is so blowen in þe {chirche} þat þe treuþe of God is not herd þerinne. And ȝit I seyde

70

75

80

{6} Nolite exaltare in altum cornu uestrum; nolite loqui aduersus Deum iniquitatem. *Woleþ not reyse ȝour horn into hiȝt; woleþ not speke aȝen God wickednesse.* Yuel it is to synne, and worse to lye þerinne, and alþer werst to mayntene it or to put þe faute on God, as many men don seiyng 'God destyned me to do þis synne,

85

61 haue] hath L 62 temptaciouns] *eras. mod.* C enfourme] confourme T where] whanne H 63 fle] flye R alle þe] *om.* H þe] *om.* A broþer in] *eras. mod.* C 65 \`nota´ L 66 oþer] þere T iames] ierom A þise . . . ben (67)] þis broþere be H þise . . . founden (67)] *gap eras.* C 68 þis] þe L 70 nolite[1] . . . cornu] *om.* D et . . . cornu] *om.* L 71 wicked] þe wickid HR, wickid men BS ne wole] nyle BS wickedli do] *rev.* BS þe] men BS 72 wole] ne wille T, nyle BS not] *om.* TBS wickidnesse . . . seyde (81)] Y seide to wickid men þa[t] (þan B) han feiþ wiþout good werkus nyle ȝe do wickedli worsheping money and despisyng god þis is ȝoure wickidnes þat ȝe loueþ more a creature þan þe maker and Y seide also to men trespassyng in þe wey of þewis nyle ȝe hiȝe ȝoure horne by pride defending ȝoure synnes and trespasses BS 75 crist to] *gap eras* .C 76 wicked] *eras., mod.* C 78 power] *on eras. d.h.* C man] men L to] forto H 80 chirche] *eras., mod.* C god] crist H 82 exaltare . . . iniquitatem] *om.* D exaltare] extolle R in . . . uestrum] cornu uestrum in altum T, cornu vestrum BS nolite[2] . . . iniquitatem] *om.* L nolite[2]] et nolite BS 83 woleþ] wile ȝe A, nyle ȝe BS not] *om.* BS 84 woleþ] wile ȝe A, nylleþ BS 85 or] and A to[2]] *om.* L faute] \`de´faut S, defaute HRB on] in A 86 men] man BS don] doiþ BS destyned] destnyþ D, disseyuede AL

f. 154va and ordeyned to be bore in suche a tyme of a planete | whois birþe suche meschief mote nedes folowe.' þise ben wicked yueles to suppose cunnyng bi eggyng of þe deuyl to bringe men into despeir,
90 and who þat techeþ þis lore and makeþ hem wise of suche priuitees bi biholdyng of planetes or palmestrye hyȝen her horn, þat is þe presumpcioun of her vnwisdom, to her confusioun. No doute sum man is disposed to sum synne more þan anoþer man, `and to oo synne more þan to anoþir´, and sumtyme more þan sumtyme; but þe
95 grace of God, who þat sekeþ it and loueþ to duelle þerinne, destroieþ alle þise stirynges þat þei ouercomen him not. Forþi I seyde 'Woleþ not hyȝe ȝour horn of lustes, puttyng þe defaute to God'; for he is clene wiþouten defaut, and we ben in defaut and ouresilf ben cause of al oure defaut. Forþi wole ȝee not speke euyl aȝen God, for he shal
100 riȝte al wickednes and make knowen in whom it is.

{7} Quia neque ab oriente, neque ab occidente, neque a desertis montibus; {8} quoniam Deus iudex est. *For neiþer fro þe eest, ne fro þe west, ne fro þe desert hilles; forwhi God is iuge.* God bi his miȝt and his grace is euere here in eche place, alle þinges
105 biholdyng at oones, whom no þing may ascape ne be vnknowen of him; for neiþer fro þe eest þat is fro bigynnyng, ne fro þe west þat is fro þe laste ende, ne fro þe desert hilles þat is fro þe proud bareyn princes of pride, shal eny þing be done or seid þat ne God þerof shal be domesman. For

110 **[H]unc humiliat et hunc exaltat: {9} quia calix in manu Domini uini meri, plenus mixto.** *þis he mekeþ and þis he hyȝeþ: for þe chalys in þe hond of þe Lord of clere wyne, ful of menged.* Here þe Prophet sheweþ hou God shal meke his aduersaryes and enhaunse

87 a[1]] *om.* D 88 meschief] mischeeuys A mote] must L þise] þere T 89 cunnyng] comynge AHBS eggyng] entisyng BS 90 makeþ] maken H hem] men H, hym BS of] hemself of H 91 bi biholdyng] be holdyng BS planetes] a planete D or] of A palmestrye] psalmystrye L 92 vnwisdom] wysdam L 93 anoþer] to sum *canc.* anoþer A, sum D and . . . anoþir (94)] *upper margin marked for ins.* C 94 to] `to´ A, *om.* D 96 þise] here T stirynges] strengþes R forþi] þerfor AH, for þat L woleþ] wole ȝe AHTLR, nyle ȝe BS 97 þe] *om.* R to] in A 98 clene] *om.* D defaut[2]] þe defaute ABS and[2] . . . defaut (99)] *om.* BS ben[2]] is AHTL 99 al] *om.* L defaut] defautis H forþi] þerfor AH, for þat L wole] nyl BS not] *om.* BS 101 ab[1] . . . est] *om.* D neque[3] . . . est] *om.* L 103 þe[2]] *om.* H god[1]] þe god T 104 euere here] euerywhere AHL, aywhere T, *om.* BS here] here and R eche] euery AHTLBS þinges] þing ATLBS 105 whom] fro whom H þing] þouȝt AHTLBS 106 bigynnyng] þe bigynnyng AHTLBS 108 shal] schulde A þerof . . . be (109)] schal be þerof AHLBS, schal þerof be T 110 hunc] Dunc (*guide letter* h) C, tunc T et . . . mixto] *om.* D quia . . . mixto] *om.* L 111 þis[1]] þis man BS þis[2]] þis man BS he[2]] *om.* BS 112 chalys] chauce L in] of DR, is in BS þe[3]] owur L

his loueres, seiyng þis proud prince of va | nyte þat haþ enhaunsed þe (f. 154vb)
horn of his pride for his coueytous slepyng in lustes, into yuel (115)
e[n]saumple of many oþere, I shal meke wiþ heuy birdouns of peyne
and þis meke soule, brennyng in þe hoot chemeney of tribulacioun
wiþouten noyse of grutchyng I shale enhaunse to þe coroune of my
glorie. For þe chalis in þe hond of þe Lord of cleer wyn, ful of
menged: þe wyn of þis chalis is tribulacioun þat is menged for it is (120)
drunken on dyuerse manere. Sum men drynken of þis chalis in þis
lif, wilfully for Cristes loue, as his feiþful foloweres þat suffren
pacientli of tyrauntes persecucioun for þe treuþe of his lawe; and to
hem it is moost swete and medicynable triacle, and þe hyȝe siker
weye of þe kynges passag`e´ proued and goon of his cheef princes. (125)
And to sum men þis chalis is profered of God, but þei wolen not
drynke þerof of his hond þat in mesure ȝiueþ it to him þat mekely
and wiþ þankynges takeþ it of his hond. Þise ben þoo þat putten
hem into tribulacioun not bi her wille: doiþ suche dedes of pride for
luste and coueytise þat þei ben þerfore in greet anoye of bodily (130)
persecucioun, and myche more in troublyng of her hert, for þe
grutchyng of her hert, oftsiþes for worldes shame, greueþ hem more
þan her penaunce. And worst of alle þei suffren þis worldly shame
and bodili anoye, and her synne þerþurgh is maad more greuous and
God more wraþþed to hem, for þei drynken not þe wyn of þe chalis (135)
of Cristes hond wiþ mekenesse, hopyng þat whateuere trespas is
doon, tribulacioun paciently suffred for Cristes loue doiþ it awey, al
be it þat man be gilti þerof and suffreþ in his owne cause. To sum
oþere men þe dregges of þis chalice | ben kept, of þe whiche þei (f. 155ra)
shulen drinke largeli in peyne of helle. Þise ben þe hye princes of (140)
pride þat slepen in lustes, fro whom neiþer drede ne loue of God
may wacken. And herfore he seiþ

114 þis] þese BS prince] princes BS vanyte] vanytees BS haþ] han BS 115 his[1]] *om.* BS his[2]] her BS coueytous] couetise AHTLBS yuel] þe yuel BS 116 ensaumple] esaumple C 117 brennyng] *twice, second canc.* C 118 noyse] voice BS 119 in] is in BS, of L 120 for . . . drunken (121)] *om.* T 121 dyuerse] seer L manere] man T 122 his] done hise H 124 medicynable] medicinale HBS 125 kynges] sikir T 126 `]ribulacion´ L men] *om.* T þis] þe S 127 þerof] *om.* BS 128 `Nota´ D and wiþ þankynges] *om.* BS þankynges] þonkes T of] in BS þise] þere T þoo] þei BS 129 of pride] *om.* A 130 ben] *om.* A 131 more] *om.* AL her] `her´ B, hert S for . . . hert (132)] *om.* TBS 132 her] *om.* H worldes] worldli H 133 worldly] worldis ATL 135 not] n/, n *canc.* H 137 paciently] *om.* AT 138 it] *om.* A suffreþ] suffre it AHTL, suffreþ it BS 139 dregges] degrees H þe whiche] whiche BS, *twice* R þei . . . largeli (140)] largeliche þei schal drynke T 140 peyne] þe peyne A þise] þere T þe] *om.* R 141 whom] whiche AL 142 wacken] awaken HBS herfore] þerfore AHTLBS

Et inclinauit ex hoc in hoc, uerumtamen fex eius non est exinanita; bibent ex eo omnes peccatores terre. *And he heelded fro þis into þat, but þe dregges of it is not aneyntisshed; of it shale drynke alle synneres of erþe.* Þis heldyng inne is þe mesure of tribulacioun þat God mesureþ to him whom he ȝiueþ drynke of þis chalis, for aftir þat he loueþ him he ȝiueþ to him plente þerof, for þe deep pacient drynkyng shal be his reward in heuene. Forþi, knowyng þis, oure holy fadres of þe bileeue couþen neuere seye hoe, but bisili enforseden hem to drynke it to her laste ende, hopyng þerinne al her ioye. But þe dregges þerof ben not aneyntisshed. Dregges lyen lowest in þe grounde of þe vessel vndir þe licour, and þei kepen þe licour aboue in gode strengeþ; but whanne þe licour is al drawen awey, þei ben not holsum, for þei wolen maak a stronge beest drunken or wood. So þe dregges of þe tribulacioun of þis lif ben þe peynes of helle aftir þis lif, þat ben so hidous (as Crist seiþ himsilf) þat in hem shal be wepyng and gnastyng of teeþ and desir of deeþ þat is here most drede. And þis makeþ strong þe drynkeres of cleer wyn, þat is of tribulacioun þat makeþ men cleer in Goddes siȝt, to suffre þise shorte passynge anoyes to eschewe þe euerelastyng woos þat may not be tolde wiþ mannes tunge lyuyng. For into þoo dregges deueles þat ben as moost strong beestes, and men þat harde|ned her (f. 155rb) nolles here aȝen Crist coupled þanne to deueles, shulen be plunged and maad to drynke of hem so plenteuously þat no woodnesse þat haþ be seyn or may be þouȝt in comparisoun of her woodnes may be eny liknes. Þise dregges, þat is þis peyne of helle þat neuere shal be aneyntished, is kept to þe synneres of erþe, þat is to hem þat saueréþ but erþely þing, lyuyng in her lustes. And siþ God is riȝtwise and alle his domes riȝtwise, he mote of his riȝtwisnesse departe to eche degree and staat of man to drynke of þise troubled dregges aftir þe quantite of his malice and of his inobedience. And siþ noon ben so

143 ex . . . terre] *om.* D uerumtamen . . . terre] *om.* L 144 heelded] bouwide AHDRBS, heldeth L 145 into] to L is] *om.* AL of^{2} . . . erþe (146)] alle synners of erþe shul drynke of it BS 146 erþe] þe erthe L heldyng] bowynge A 148 to him] *rev.* R, hym BS him^{2}] *om.* L plente] drynke plente R 149 drynkyng] drynkyn L forþi] þerfore AH, for þat L 151 hem] *om.* BS 152 her] *om.* AHTLBS dregges lyen] dregges or liȝes H 154 strengeþ] `strenge´ D 156 þe^{1}] *om.* AHTLBS 159 here most] *rev.* HTBS, here in moost D strong þe] *rev.* R drynkeres] drynkes L 161 þe] þo T woos] *om.* A 162 into] in L þoo] þe LBS 163 as] *om.* AL þat^{2}] þat þat H 165 to] þanne to H no] þe L 166 comparisoun] comparise B 167 þise] þere T þis peyne] þese peynes A, þe peyne LDR 169 þing] þingis AL siþ] sen þat T 170 eche] ich a H aftir] and *canc.* aftir C 171 aftir] and *canc.* aftir C 172 of^{2}] ob R inobedience] inobedience to crist H noon ben] *rev.* B ben] is A

inobedient to Crist ne rebellous aȝens his lawe as ben þoo þat shulden aftir her double ooþ putten hem forþ to þe meynteynyng þerof, þerfore noon bifore hem ne more plenteuously þan þei, shulen 175 drynke þise swalpred dregges. Forþi

{10} Ego autem annunciabo in seculum; cantabo Deo Iacob. *But I shale shewe into þe world, and shal syng to God of Iacob.* Proude men, drenched in þis lif in fleischli lustes, sholen weyle in helle moost drereli for tourmentyng of harde peyne. But he þat is þe 180 feiþful louer of Crist, wilfully drinking of þe cleer wyn of his chalis, shal shewe into þe world þe glorie of his name, hou he saueþ alle þat hopen in him. And I shal synge to God of Iacob, preisyng him in his sone Crist Iesu, þat obeished him for þe loue of man to drynke bifore alle oþere þe bittrenes of þe chalis of tribulacioun. Aftir þis drinke 185 Crist þirsted whanne he cleped Petir Sathanas, for he counseyled him to come not to Ierusalem to drynke of his chalis, and also whanne he drofe out of þe temple byeres and silleres, whanne he wiste þat þerfore | þe Iewes shulden more maliciously pursue him, f. 155va and whanne he cursed þe fals pharysees and cleped hem ypocrites, 190 and whanne he seyde 'As my Fadre haþ ȝouen to me a maundement, so I doo it.' Of þis chalice hadde þe apostles sumdele taasted, coueiting to drynke fully þerof, whanne þei seide 'It is not to us to mynistre to þe bordes', þat is, it is not oure office to occupye us to dele worldli godes to pore men and leue Goddes word vntauȝte. Of 195 þis chalice hadde Iames taasted whanne he seyde 'Gesse we to us al ioye whanne we falle in diuerse temptaciouns', þat is tribulaciouns. And seint Petir hadde taasted þe swetnesse herof whanne he seyde 'Wole ȝee not ȝeelde yuel for yuel, ne cursyng for cursyng; but aȝenward blesse ȝee to þe cursyng ȝow—into þat forsoþe ȝee ben 200 cleped.' Also Poul hadde solaced him wiþ swetenesse of þis chalice whanne he seyde 'Haue ȝee pees wiþ alle men if it may be', þat is be ȝee not to eny man occasioun of striif; and whanne he seyde 'As ȝee

173 rebellous] rebelle BS 174 her] *om.* BS 176 forþi] þerfore AH, for þat L 177 annunciabo . . . iacob] *om.* D cantabo . . . iacob] *om.* L 178 and] Y AHTLDRBS 179 drenched] drunken AL, drnkenede HT 180 of] in AL he] I AHTLBS is] am TBS 182 world] word R 184 crist iesu] *rev.* LDR 187 to come not] not to come L `]ribulacion´ L his] þis AHLBS 188 drofe] drouȝ A 190 whanne] *om.* BS cleped] called L hem] him R 191 a] *om.* BS 192 I] it D 193 to^{2}] *om.* B 194 to^{1}] þe L is^{2}] *om.* R oure] to oure R 195 worldli] worldis ATBS 197 in] into ABS diuerse] seere L 198 þe . . . herof] hereof þe swetnes T herof] þerof L 199 wole] nyl BS not] *om.* BS 200 þe] men BS 201 þis] his T

ben felowes of tribulacioun, so and ȝee shal be of counfort'; and also
205 he seyde 'In infirmite, þat is in tribulacioun, whereinne we ben
meked is moost perfite vertue', and also he seyde 'I gesse þat alle þe
passiounes of þis lif ben not worþi to þe glorye þat is to come, þe
whiche shal be shewed in us', as who seiþ wiþouten comparisoun þe
glorye of þe eyres of heuene passeþ alle þe tribulacions þat may be
210 suffred in erþe. Also seint Ion had taasted þis swetenes whan he
seyde 'Kepeþ ȝoure coroune þat noon take it fro ȝow', þat is þe hope
of ȝour vertuous pacience in tribulacions. Also Petir and Ion
f. 155vb deliteden in þe drinkyng of þis chalis whan|ne þei weren commaunded þat on no wise þei shulde speke ne teche in þe name of
215 Iesu, seiyng 'Ȝif it be riȝtwise in þe siȝt of God raþer to here ȝow þan
God, deme ȝee! Wheþer we may not speke þoo þinges þat we haue
herd and seen, and what more?' Alle þe apostles togider hadden
delite in þe drynkyng of þis chalice whanne þei weren repreued and
scorned and beten and wenten ioyyng fro her aduersaries, for þei
220 were founden worþi to suffre tribulacioun for þe name of Iesu, þat þe
world was not worþi. And þat knewe þe Apostle whanne he seyde
'Ne wole ȝee confourme ȝow to þe world', as who seiþ if ȝee lyue
aftir þe world, ȝee shuln not be worþi to drinke þe swetenes of þis
chalice. O, hou þe deuel haþ blynded þis world, and speciali
225 {prestes} of þe chirche þat þurgh coueytise of her vile lustes þei
han loste her taast of þe swetenes of Goddes lawe þat þei deliten hem
not to drynke of þis holsum chalice. Hou for shame may men clepe
hem or holde hem þe foloweres of Crist and of his apostles þat
delited him in no þing of þis lif but in drynkyng of þis chalice, siþ, as
230 moost venemous poysen, þei scoyme it or flee it? Ne dout þe puple,
knowing þis, susteynyng hem wiþ Goddes paart, as ȝif þei weren his
foloweres, makeþ hemsilf partyneres of her synne þat þei ben

204 felowes] folowers L   so and] *rev.* H   `]ribulacion´ L   and . . . vertue (206)] *twice* T   205 in[1] . . . seyde (206)] *om. (see 210)* H, *twice* A   infirmite] infirmitate L   we ben] *rev. (first time only)* T   206 þat] *om.* BS   207 glorye] ioye L   208 in] to L   who] whos D   seiþ] seie AHLBS   þe] to þe H   209 þe[2]] *om.* DR   210 erþe] þe erthe L   also] also he seyde in infirmite (205) . . . vertue (206) and so he seide also also H   had] bad T   þis] in þis BS   212 vertuous] uertues D   `Act. 4´ ATLRBS   `nota´ R   213 deliteden] delyten R   214 on no] in no maner H   þei] þe R   215 iesu] iesu cryst L   þan] raþir þan A   216 wheþer] for BS   219 fro] aweye fro L   222 confoourme] conferme LR   seiþ] sey AHLBS   224 þe . . . haþ] haþ þe deuel AHTLBS   blynded] blyndiþ A   þis] þe L   speciali . . . chirche (225)] *om.* BS   225 prestes] *eras., mod.* C   vile] foule A   226 þe] *om.* A   hem] *om.* L   227 þis] his BS   hou . . . dampnacioun (233)] *om.* BS   229 him] hem AHTLDR   of þis[1]] *twice* L   230 scoyme . . . or] *om.* R   scoyme] wlaten AHTL   or . . . it[2]] *om.* AHTL   ne] no AHTR, not L   232 hemsilf] hem AHTL   synne . . . her (233)] *om.* L

partyneres of her peynful dampnacioun. Dredeþ þerfore and ȝiueþ
feiþ to þe Prophetes word seiyng

{11} Et omnia cornua peccatorum confringam; et exaltabun- 235
tur cornua iusti. *And alle þe hornes of synful men I shal breke; and þe*
hornes of riȝtwise men shuln be hyȝed. Hornes of synful men is þe fals
power of proude men þat þei presumen hem to haue {in þe chirche}
for her en|haunsyng to hyȝe dignitees bi fauour of men for her f. 156ra
worldly goodes. And as an horn is stif and sharp and perilous among 240
wood puttyng beestes, so þe power of proude fooles, drenched in
pride of her dignitees, is sharply vsed wiþ sharp þretynges to
oppresse þe helples. In þe lawe of Moyses is commaunded þat ȝif
a man haue an oxe þat is knowen to him for an hornputter, if he
putte a beest and kille it, þe man þat oweþ þe oxe shal restore þe 245
slayne beest to his neiȝebore; and ȝif he suffre him to lyue aftir þat he
knewe him from ȝisterday and þe þredde day hennesse to be an
hornputter, ȝif he kille wiþ his hornes aftir þat tyme man or
womman, þe oxe shal be þrowen doun wiþ stones and þe lord of
þe oxe shal be slayn, for he slowe not his oxe whane he knewe þat he 250
was an hornputter. Lord! wheþer God chargeþ not nowe more þe
tyrauntrye of proud princes þat wolen not meke hem to bere þe ȝok
of Cristis lawe þan he didde þe woodenesse of vnresonable beestes?
or wheþer he shal spare in his doom þe lordes of þise woode oxen,
siþ þei knowen þat þei ceese not to kille men bi her yuel ensaumple, 255
siþ þei miȝten liȝtli lette þis commune harme bi kuttyng of fro hem
her noyful hornes, and not to kille hem as þei diden in þe olde lawe?
Who þat chargeþ not þe commune profit þat Crist deyed fore shal in
his doom be taken to his commoun tourmentoures, for in his doom
fully shale be broken alle þe hornes of synful men þat wolden not 260
sugette hem to bere þe liȝtnes of his lawe. And þe hornes of riȝtwise
men shuln be enhaunsed: þat is, þe hyȝe soune of her voys þat
mourneþ for þe hydous slauȝtre of þe woode|nes of þise horned f. 156rb

233 dampnacioun] dampnaciouns D 234 prophetes] prophete HT
235 peccatorum . . . iusti] *om.* D et^2 . . . iusti] *om.* L 237 hornes^2] the
hornes L þe] *om.* L fals] *om.* T 238 hem] *om.* L in . . . goodes (240)] *om.* BS
in þe chirche] *eras., mod.* C 239 for] of A, and L 241 drenched] drunkenyd
AHTL 242 sharply] stifli ATLBS, stilli H ˋNotaˊ T þretynges] þreetnyngis AR
243 is] it is B 245 oweþ] awe T oxe] beest A 246 to^1] of L lyue] synne T
247 knewe] knowe HLBS, knowiþ T and] in BS day] *om.* HL 248 wiþ . . . hornes]
om. T 250 knewe] wiste AHTLBS þat] *om.* ATLBS 254 þise] here T, þe BS
256 miȝten liȝtli] myȝtili A commune] *om.* BS of] *om.* T 257 noyful] noiouse H
259 commoun] ˋcomynˊ R 260 fully] *om.* D broken] tobroken AHTL 261 his]
þe L 263 for] fro L þise] her AL

oxen, criyng to þe lordes of hem hou þe riȝtwisnes of God shal
265 dampne her negligence. Þis horn wiþ her pacience in tribulacioun,
whanne þei ben pursued, God shal enhaunse, for to him þe crie of
hem shal steyȝe up to doo vengeaunce vpon his enemyes.

Psalmus .lxxv.

{2} **Notus in Iudea Deus, in Israel magnum nomen eius.** *Knowen is in Iude God, in Israel þe greet name of him.* Uerrely is God knowen in Iude: for into þe preisyng of his name in Iude þat bitokeneþ confessioun, is þe treuþe of Goddes lawe knowen and
5 kepte, for where he is verreyli knowen bi feiþ, he duelleþ þere bi grace, liȝtnyng his louer bi vnderstondyng of his lawe, whom bi his mercy he wole saue. And in Israel his greet name: who þat feiþfully biholdeþ God shale fynde him moost gracious in shewyng to him his wille. Forþi oure former fadres, scoymyng or wlatyng prosperite of
10 þis wretched lif and lustes, sekyng occasioun whereinne þei miȝten plese God bi counseil of his lawe, obeishyng to his biddinges, sawe þerinne al treuþe, and maden knowe his greet name, as it is writen in his lawe. For

{3} **Et factus est in pace locus eius, et habitatio eius in Syon.**
15 *And maad is in pees his stede, and his wonnyng in Syon.* Proude men, louing and sekyng þe prosperite of þis lif, coueyten þat God be fer alyened fro hem, for he duelleþ wiþ noon as good fadre louyng his sone, or as a lord defendyng his seruant, but þat duelleþ wiþ þe wisdom of him. For who loueþ erþeli prosperite loueþ worldli
20 wisedom, and slye sleyȝtes of þe fleishe þat is folye bifore God;
f. 156va and for her vnquyetnes God haþ | in hem no restyng place, for his

264 riȝtwisnes] riȝtwise A 265 wiþ] is L 267 to doo] into L

Ps. 75 CAHTLDRBS

heading C (*r.h.* Notus in iudea), lxxv in fine in laudibus dauid psalm' Asath cant' Asyriys þe voyce of holy chyrche to cryst. And also þe voyce of þe pepull þat turnet to god L, *r.h.* Notus in iudea D, `75´ *d.h.* B, þe lxxiij psalm A, `75´ *altered to* `76´ *d.h.* R, *om.* HTS 1 notus] Ne tus H in[2] . . . eius] *om.* L 2 knowen . . . god] god is knowen in iude DRBS in[2]] and AL 3 þe] *om.* H 4 is] wherbi H of . . . knowen] is knowen of goddis lawe H 5 where] where þat H 6 liȝtnyng] lyȝtynge L 7 mercy] lawe mercy T 9 forþi] þerfor AH, for þat L scoymyng or] *om.* AHTLDRBS 11 obeishyng] obeyynge L sawe] saue T 12 it] *om.* HTL 14 in[1] . . . syon] *om.* D et[2] . . . syon] *om.* L 15 maad . . . stede] his steed (place BS) is maad in pees DRBS 18 a] *om.* HTLBS þe] *om.* BS 20 slye] sleeþ T 21 and] *om.* T place] placis H

restyng is in pees, not in pees of synneres, oon holdyng wiþ anoþer to fulfille her lustes, but in verrei pees of meke men þat ben oned in him in kepyng of his lawe. To whom he ȝiueþ plenteuousli drinke of his chalis, for as in Syon he wonneþ in his louer feiþfulli biholdyng 25 in þe truþe of his lawe, wherebi his wille is knowen bi liȝtnyng of his grace, and fulfilled in þe feiþfulnesse of his louer.

{4} **Ibi confregit potentias: arcum, scutum, gladium et bellum.** *Þere he brak togidere þe miȝtes: bowe, sheeld, swerd and batayl.* Þere: þat is, in Iude, þat bitokeneþ trewe confessioun, knowlechyng 30 feiþfulli þe treuþe. And in Israel: þat is, in him þat biholdeþ God reuerentli, coueytyng to do his wille and in pees: þat is, in him þat haþ pees of conscience, hopyng in God, desiryng to bere his ȝok mekeli, beryng doun his heued of hyȝe stirynges, lokyng as a wele-drawyng oxe into þe erþe of his freelte, traueilyng for þe profit of his 35 neiȝbore. And in Syon: þat is, in him þat continuelly biholdeþ þe mescheues of þis lif, and haloweþ him in penaunce doyng, weylyng for synne þat is cause of alle her yueles, preiyng God of mercy, feiþfully trustyng in him, puttyng himsilf into batail for þe commune profit of his breþeren. In þise feiþful loueres haþ God broken togidir 40 þe poweres, bowe and sheeld, swerd and batail. Poweres of proud `men´ ben her fals confedresie, hou þei bynde hem togidir, trustyng in her multitude, enforsyng to defende her lustes. Þe bowe of þise proude princes is her sutil sleiȝtes whereinne þei wene to deceyue, but þerinne hemsilf shuln be deceyued. Her sheeld ben her strong 45 strengþes maad wiþ raueyn | of pore mennes goodes, glewid togidir f. 156vb wiþ Cristis curs, whois fundament mot nedes faile. Her swerd is her sharp þreetinges to make men ferde to speke aȝen her open vices, and bateil is alle þe blasphemyes and sclaundres þat þei vsen in word and dede to terre God aȝen hem. Hou open is it now þat God haþ not 50 feiþful frendes þat wolen putte hem for his loue to lette þise

24 in] to HTLBS whom] þe whiche A, whyche L 25 in[1]] *om.* L 27 fulfilled] fulfillynge H þe] *om.* H 28 potentias . . . bellum] *om.* D potentias] potecias R scutum . . . bellum] *om.* L scutum] et scutum R gladium] et gladium HR 29 he brak] þei braken A þe] *om.* R swerd] and swerde L, bataile H and batayl] *om.* L batayl] swerde H 31 feiþfulli . . . treuþe] þe treuþ feiþfully T 32 do] *om.* A 34 stirynges] strengþis DR a] `a´ S, *om.* R wele-drawyng] wele-drawen T 37 mescheues] michelnesse H 38 her] þese BS 39 himsilf] hemself T 41 `nota contra principes´ L swerd] and swerde HLBS 42 confedresie] conferacie A, confe`de´resies B, confederesies S 45 shuln . . . deceyued] þei shul deceyue BS ben] is AHTL 47 mot] must LBS 48 þreetinges] þreetnyngis ADR ferde] afeerd AH 50 it] *om.* AL `nota bene miles christi´ H not] no HTLBS 51 lette] wiþstonde H

blasphemes of her pride! Men þurte not drede þe multitude of þe aduersaries of God, þouȝ þei be riȝt fewe þat holden on his side, for in þe tyme of Iosue he wold not suffre þe multitude of his puple go to batail aȝeins his enemyes, lest þei hadden trusted to her multitude and not to þe miȝti hond of God. Oftetymes in his lawe ȝif feiþful men were, as þei were woned to loke þerinne þat loueden þe swetenes þerof to do þeraftir, men shulde fynde hou God wiþ fewe persones vencusid many þowsandes of his enemyes. For þe prophetes clepen him 'God of hoostes', and þis miȝt seynt Poul knewe of God whanne he seid 'Ȝif God be wiþ us, who is aȝeins us?' As who seiþ: noon þat enforseþ aȝen us may noye to us; for as blynde men þei fiȝte aȝen hemsilf wiþ dredeful hertes for defaute of goode grounde. For

{5} Illuminans tu mirabiliter a montibus eternis; {6} turbati sunt omnes insipientes corde. *Liȝtnyng þou wondirfully fro hilles endeles; troubled ben alle vnwise of herte.* Þise feiþful loueres, knowlechyng þe truþe of God, biholdyng þerinne, trustyng þerto, mekyng hem vnder his ȝok, merueylously lord God þou liȝtnest fro hyȝe hilles. Þise hyȝe hilles ben oure formefadres of bileeue, þat weren hyȝe in feiþ and loue of God, and vnmeuable as mountey | nes, stifly stondyng in treuþe to þe ende of her lyues as boþe lawes of God openli shewen. O God, whanne þou shalt smyte wiþ þe sharp arewe of þi vengeaunce whom þou haste depe drawen in þe miȝti bowe of þin hond, who shal þanne be vnwounded? Allas, whi dreden not men þis miȝti hond, in whom is al riȝtwisnes? and so men vnriȝtwise moten nedes be ȝolden aftir her werkes. Þe lesynges of þe seyeres of þise psalmes mote nede stire God to do vengeaunce! We seyde bifore, þe place of God is maad in pees of meke men þat ben oned to

52 blasphemes] blasfemers A, blasphemyes TBS þurte] dursten ADR, thurst L, nedid T 53 `Iosue´ LS þei] þer A 54 þe[1]] *om.* L suffre] *om.* L 59 vencusid] ouercam DR for þe] þerfore AH, forþi TBS, for þat L 60 clepen] clepid BS god] lord AHTLBS seynt . . . knewe (61)] knew seynt poul B 61 `si deus nobiscum quis contra nos´ L 62 seiþ] seie AHL noye] anoie H to] *om.* BS 65 tu . . . corde] *om.* D mirabiliter . . . eternis] a montibus eternis mirabiliter H turbati . . . corde] *om.* L 66 insipientes] incipientes AS liȝtnyng þou] þou art liȝtnyng BS 67 troubled . . . herte] S *marked for rev. to* alle vnwise men of hert beþ troubled (*om.* S) B þise] here T knowlechyng] knowyng BS 71 feiþ and loue] loue and feiþ AHTLBS vnmeuable] vnnumerabyll L mounteynes] hillis DR 72 lyues] liif A lawes] þe lawis AHTLBS 74 þe] þi L 75 `nota´ R 76 miȝti] *om.* D so men] *rev.* AHTLRBS 77 moten] and mut AHTBS, and must L lesynges] lesynge LR 78 þise psalmes] þis salme BS mote] must L do] *om.* D we . . . vengeaunce (96)] *om.* BS `nota contra sacerdotes´ L 79 to] in H

him in keping of his lawe. Wherfore men of þe chirche {specialy} 80
eche day terren God to do vengeaunce upon hem and her meynteneres, for þe vnclene place of her stynkyng lustes, þat þei eche day enforsen hem to putte hem inne. Also þei seye þou wondirfulli liȝtnest fro hilles endeles, but þei biþenke not whom he haþ liȝtned, or whom he wole liȝtne, or elles þe rederes despisen to be liȝtned, or 85
elles vnreuerentli þei touchen þe lettre wiþouten swetenes of þe kirnel wiþinne. Or ellis for her veyn þouȝtes wide scatered aboute lustes and coueytise `of´ þe yuel spirit þat troubleþ hem, is a derk veil bitwixe hem and þe fructuous vndirstondyng. Or ellis þei haue a preuey vndirstondyng þat neiþer God is preised inne, ne man bi her 90
werkes drawen to gode bi her ensaumple, or God for her filed conscience haþ putte hem into a repreuable sense, wenyng to do wel and doiþ contynueli vncouenable þing. Or ellis for shame þat þei wole not be knowen suche as þei ben, þei chatire þe lettre wiþouten vndirstondyng. Who þanne deceyueþ more þe puple, or stireþ more 95
God | to vengeaunce? O, wolde God þat euery feiþful creature f. 157rb
wolde able him to be liȝtned of God fro hilles endeles! Þise hilles ben not þe heyȝe hard mounteyns of Gelboe þat neyþer reyn ne dewe þat comeþ fro heuene may make grene gresse to growe upon, but þei ben þe euerlastyng mounteynes of bileeue, whois heiȝt touchid heuene; 100
þat is, Crist, kyng of glorye, worcheþ merueylousli, liȝtnyng bi hem her aftircomeres þat louen to biholde þe heiȝnes of her vertues, seyng bi hem þe miȝti hond of God hou he defended hem and hertid hem vnto þe ende. Into þe miȝti victory of þise hyȝe vertuous hilles shulde we biholde, and stable us in her loue, fer þrowyng awey 105
delyces of þis liif, preiyng God liȝtne us in her bileeue, as he haþ ordeyned hem oure miroures to loke inne; and þat he dresse oure weyes aftir his steppes, þat we erre not in oure iourney to þe ende of oure pilgrimage be ful endid in him. In þis weye who þat purposeþ

80 specialy] *gap eras.* C 81 eche] ech a T do] *om.* R her] on her H 82 day] a day A 83 hem[2]] him AHTL wondirfulli] meruelousli AHTLDR 84 not] hem not AL 85 wole] wolde AHTL or elles] eiþer A 88 of] *om.* AH þe] *om.* TL spirit] *om.* L is] as AL derk] mirke HL 90 her] eiþer T 91 for] bi H filed] filþi AHTL 92 a] *om.* D 94 suche] for siche AL chatire] scateren AL 95 þanne deceyueþ] *rev.* T or . . . vengeaunce (96)] *om.* H or] and D more god] *rev.* A 96 euery] ony AHTLB 97 þise] þere T 98 reyn] dewe L dewe] reyne L 100 heiȝt] liȝt R touchid] toouchiþ RB 101 bi] *om.* T 103 defended] diffendiþ H hem[2]] *om.* T hertid] hertiþ H 104 vnto] into AD, to H into] in AHTLBS 105 fer] for T 106 delyces] þe delices H god] to god T liȝtne] to liȝten HTLBS 107 to] forto H 108 to] til ALDR 109 be] but `be´ L

110 him to goo, þrowe he from him al erþely dust of fleishli loue and prosperite, and vse him wiþ bittir sorewe of herte for his owne synnes and oþer mennes to soupe of þe cup of tribulacioun, wiþdrawyng þe reky brondes of his lustes. And so if he wilfully bigynne to taast of þis cuppe, feiþfully hopyng in God, preiyng him
115 of contynuance, wiþinne short tyme þe bittirnes þerof shal be done aweye, and þirst shal make him to drynke depper, so þat if þe ful cuppe of Cristis chalys be profered him he shal not refuyse it, but wiþ greet þankynges drynke gladli þerof al þe tyme þat Crist wole holde it to him. But alle þe vnwise in herte ben troubled herof: þe
f. 157va desire of fleishly lustes makeþ men | cowardes and vnwise in herte,
121 þe desire of hem makeþ men nedy and bare in soule, and dulle and heuy and fer from God, for þurgh hem oure herte is rauished from heuenli desires, and as wiþ an endeles knot we ben cheyned in hem, out of whom in tyme of nede many men neiþer cunne ne may lowse
125 hemsilf, ne for her vnpacience wole suffre oþer. And þerfore in tyme vnhoped to hem þei ben sodeynely rauished awey. Þise sleperes in lustes waasten her substaunce, lyuyng lecherously aftir þe desires of her fleisshe; for þe vertuous mynde of her soule þat shulde be lifted up to God, sekyng and desiryng his plesaunce, þei drenche in filþes
130 of stynkyng abhomynaciouns of þe roten flesshe. Alas, whi þenke we not bisili þat þat we eche day se? hou vnclene vesseles we ben, ful of corrupcioun. Forþi

Dormierunt somnum suum, et nichil inuenerunt omnes uiri diuitiarum in manibus suis. *Þei slepten her sleep, and nouȝt þei*
135 *founden alle men of ritchesses in her hondes.* Here may men vnwise in herte drede aftir þe sleep of þis lusty liif, for al þis liif is but a dreem in comparisoun of þat þat is to come aftir. Þise fooles slepten: þat is, þei loueden erþeli goodes for her lustes and deliteden hem þerinne, forȝityng þe vowe of her baptyme, wherinne þei hiȝten to kepe
140 Goddes maundementes to whom lustes ben moost contrarye; and so

110 loue] lustis AHTLBS 112 synnes] synne R 113 þe] *om.* L reky] smoky AT, smokyng BS he] we L 114 þis] his H 115 þerof] *om.* T 116 depper] þe deper L 118 þankynges] þonkis T gladli þerof] *rev.* T wole] wolde BS 119 in] ˋofˊ R, of AT herof] þerof L 120 men] *om.* L 122 and] *om.* AHTLBS 123 cheyned] hankid AHTLBS 124 of [1]] *om.* T 125 vnpacience] vnpacient wille H 129 drenche] drechin R, drowen HLBS filþes] lustis A 130 stynkyng] þe stynkynge L 132 forþi] þerfore AH, for þat L 133 somnum . . . suis] *om.* D omnes . . . suis] *om.* L 134 þei[1] . . . hondes (135)] alle men of richessis slepid her slepe and nouȝt þei founde in her hondis BS 135 hondes] hande L may] many H men vnwise] *rev.* AHTLBS 137 þise] þe BS 139 þe] her D 140 maundementes] comaundementis AHTLDR

her lyuyng is but as dreem in her lustes fer from heuenly knowyng. For, as man þat dremeþ in his sleep þat he haþ meche gold, and whanne he wakeþ he haþ riȝt noon, so þise forsworn wretches, þat wenen hem to be cristen men | and fulfillen not þe auowe of her first couenant, ben but in a dreme, fro whom, whanne þei ben wakened bi sodein rauyshyng of deeþ, þei shulen not be as þei wende holpen of Crist, for he mot nedes of his riȝtwisnes dampne þise lusty slepyng in synne. Þanne in her hond: þat is, in her werkes þat were ful of loue of worldly ritchesses, shulen be ful of errour, openli witnesyng aȝein hem in knowyng of alle creatures. Many nedy beggeres in þis liif, for her wicked loue and desire of worldes godes and lustes, al be it þat þei hadden no ritchesses ne fulfilleden her lustes in dede, shulen be proued in Cristis dome men of ritchesses, hauyng in her hondes fulnes of alle ritchesses of fleshli coueytise. And siþ many shulen in Cristes dome be dampned for her wicked willes, al be it þei come neuere to þe dede of her yuel desires, hou þanne meche more hard dampnacioun shule þei take þat han boþe wille and dedes, fulfillyng her lustes? But ȝit þer ben oþere þat shulen take moost hard dome, as þei þat han ful plente of worldes ritchesses, and ȝit þei suffisen not in hemsilf to fulfille þe vile lustes of her hertes.

f. 157vb 145 150 155 160

{7} **Ab increpatione tua, Deus Iacob, dormitauerunt qui ascenderunt equos.** *Fro þi blamyng, God of Iacob, þei slombreden þat styȝeden up horses.* Meche moun þei drede þat slepen and deliten hem in lustes, for God cesseþ not to clepe men fro synne upon many diuerse maneres. For þe siȝt of eche creature techeþ us þat to God oweþ man moost principali to obeishe, for al þinge haþ God doon for loue of man, forto lifte up mannes loue to him abouen alle | creatures. Forþi whanne men reden not in þe wondirful werkes of God his drede and his loue, ne shamen not of her synne, þei

165 f. 158ra

141 as] as a BS, a ATL 142 man] a man AHTLBS þat[1]] *om.* BS 143 wakeþ] wakeneþ AHBS noon] nowgt L 144 her] þe T 145 ben[1]] þat ben R whom] whiche A, `þe´ whyche L, þe whiche BS wakened] wakid H 147 mot] must L þise] her AHTLBS 148 hond] hoondes T 150 of] *om.* BS 151 wicked] wrecchid D worldes] worldli BS 153 men] *om.* H 154 ritchesses] richees H of[2]] and BS 155 shulen . . . dome] in cristis doom schulen A þei] þat þei H 156 neuere] `not´ L 157 hard] *om.* R dedes] deede H 159 worldes ritchesses] worldes ryches L, wordli riches A 160 fulfille] fulle BS vile] foule A of] in R 161 tua . . . equos] *om.* D dormitauerunt . . . equos] *om.* L 162 slombreden] nappid BS 163 up] upon AH 164 men] hem DB fro] to `ryse´ fro L 165 eche] euery BS 166 oweþ man] owe us T, shuld man BS moost] *om.* T to] *om.* ABS obeishe] obeye L þinge] þingis H 167 mannes loue] man A 168 forþi] þerfor AH, for þat L men reden] neden A 169 his[2]] *om.* H `nota contra principes´ L of] *om.* R

170 deseruen of his blamyng to be endured harde in her synne, as was Pharao and many oþere lusty tirauntes. For hiȝe princes of þis world born up into pride, þenken þei defoule her staat but ȝif þei be to þe world glorious, to her fleishe delicat and bisye þurgh entisyng of þe deuyl to ymagyn hou þei moun moost oppresse her neiȝebores for
175 her owne enhaunsyng. In þe lawe of Moyses, þat was lawe of þe fleishe in comparisoun of þe lawe of Crist, it was commaunded þat þe kyng shulde not multiplye to him many horses; and it semeþ þat Dauid, þe chosen of God, obeished to þat biddyng for þat in Iuda weren but fewe horses. Salomon was horsed out of Egipt, for fro
180 þennys his horses come. þise horses ben þe hyȝe pride of staates upon þe whiche men coueyten to clymbe and to sitte, not to amende þe defautes of staates þat þei coueyten and fiȝten and stryuen fore, but sunner, ȝif þer be eny riȝt bi þe whiche þei hauen no worldli worship ne profit, þei turne it upsodoun for þe vnlyknes þerof. But,
185 as in Iuda were noon suche horses er þei were brouȝte oute of Egipt, þat bitokeneþ derknes in tribulacioun, so in þe chirche of Crist was no suche coueitise aftir hyȝe states til þe tyme þat bi þe deuyl venym was shed in þe chirche. For siþ þat tyme principalli han men so slombred in lustes, and bisied hem in gederyng of worldli drit to be
190 maad to sitte hyȝe upon þise proude horses, so þat he þat haþ not
f. 158rb now an hors to prike | ouer his broþer is holde as an vnman and not worþi to lyue. þise slombreres in lustes sodeynly shuln be wakened in þe hidous trumpe of sodeyn deeþ, for

{8} Tu terribilis es, et quis resistet tibi? Ex tunc ira tua. *þou art*
195 *aweful, and who shal ȝeynseye to þee? Fro þanne þin yre.* þis awfulnes is not bisili þouȝt upon, ne shewed in þe stomak of þise coueytouse clymberes upon hyȝe horses, for ȝif þei weren myndeful þerof þei

172 pride] hiȝ pride A, bride B þei[1]] þat þei H staat] astaat AH 174 neiȝebores] neiȝebore H 175 `deu. 17´ CALRBS 177 `3 re. 10´ CALRBS and] as T 178 of god] *om.* BS obeished] obeyed L 179 weren] was ALBS horses] hors AL for] fro A 180 horses[1]] hors ATLBS pride] prides H 181 to[2]] *om.* L amende] mende L 182 defautes] defaute A 183 sunner] raþer HTBS 185 were[1]] was ALBS er] bifore T 186 derknes] mirkenesse HL in[1]] and AHTLBS 187 til] to TBS bi . . . deuyl] *om.* BS 188 in] into AHTLRBS principalli] *om.* T 189 worldli] worldis AHTLS 190 sitte] siȝt A hyȝe] *om.* L þise] þere T 191 ouer] and ouerride H an] *om.* AT, for an BS 192 wakened] waked L, wastid A, nakened H 193 in] wiþ L þe] his H 194 tu terribilis] Interribilis T es . . . tua] *om.* D ex . . . tua] *om.* L 195 aweful] dredeful HDRBS ȝeynseye] `a´enseie D, aȝeinseye AHTR, aȝenstonde BS yre] wreþþe BS awfulnes] dreedfulnesse DR, drede BS 196 ne . . . in] not chewid A ne] not L shewed] chewid ATBS in] *om.* AL þise] here T 197 þei[1] . . . þerof] it were hadde in her mynde vertuouseli H myndeful . . . more (198)] *om.* D

shulden knowe hou more stronge þan þei ben or may be han ben ouerþrowen in her pride for her inobedience to God. And so men bi her foly negligence in þe tyme of grace moost hugeli tempten God, 200
coueityng hyȝe staates of pride, puttyng hem in vncerteynte of perilous hiȝte, hyȝe clymbyng {aboue} Lucifer þat coueited to be like to þe Alþerhyȝest, despysyng to goo upon þe sad siker ground of mekenesse and symplenes þat Crist Iesus tauȝte and deyed, for he wold not be enhaunsed þerfro. For if he hadde, as men doon nowe, 205
he miȝt not haue sete as he doiþ at þe riȝt hond of his Fadre, where he contynuelly biholdeþ þe proude clymbyng of coueitouse princes. To him is ȝouen power in heuene, and aftir his wille to enhaunse his loueres þat mekely upon þe siker ground of his techyng resteþ wiþouten desire of worldly hyȝenes, abidyng pacientli his enhaun- 210
syng; and in erþe he haþ power upon erþeli men lyuyng in coueytyng of worldly hyȝenes, to meke hem as low in peyne as her desire is here enhaunsed to hyȝenes. Þanne art þou Lord awful to þenke on, and who shal wiþstonde to þee? | Wheþer þise proude f. 158va
princes þat enforsen aȝeyn þi lore and þi dedes shullen wiþstond þi 215
power, ȝiuen to þee of þi moost miȝti Fadre? Nay, but in þin yre, þat is whanne þou bigynnest to vse þi power upon þise proude princes, þin awfulnesse shal feersly ouerbere hem and smyte hem wiþ moost hidous drede wherinne þei shuln euermore tremble and quake for hydousnesse of peyne. For 220

{9} De celo auditum fecisti iudicium: terra tremuit et quieuit. *Of heuene þou maad herd dome: þe erþe quoke and was stille.* Of heuene, þat is of Crist, kyng of heuene, þou maad herd þi dome þat is to come whanne he seyd 'Þe Sone of man shale sende his aungels, and þei shulen gedere togidir fro his kyngdome alle sclaundres and þei 225
þat doon wickednesse, and þei shulen sende hem into þe chemeney of fier, þere shal be wepyng' but not to clense hem of synne, 'and

199 inobedience] vnobedience A, inobeschaunce HTL 200 hugeli] hidously AHTLBS 201 hem] hym D 202 clymbyng] clymbyn L aboue] *eras. mod.* C 203 þe[1]] *om.* T 204 ˋnota contra principesˊ L symplenes] symplesse S 205 enhaunsed] haunsid BS hadde] had doon T 206 riȝt] *om.* L 207 coueitouse] proude coueytous L 208 and] *om.* AHTLBS 209 þe] þis H 210 hyȝenes] riches and hiȝnes A 211 upon] of A erþeli] wordli A 213 awful] dreedful DRBS 214 þenke on] *om.* R to] *om.* R wheþer] *om.* L 216 yre] wreþ BS 217 þise] þere T 218 awfulnesse] dreedfulnesse DRBS 219 tremble] quake BS quake] tremble BS 220 hydousnesse] horriblenes BS 221 auditum . . . quieuit] *om.* D terra . . . quieuit] *om.* L 222 dome] þe doom AHT, þi dome LRBS ˋMt. 13ˊ BS 223 þi] þe T 225 þei shulen] he schal A þei[2]] hem H 226 þat] *om.* L þe] a H

gnastyng of teeþ' for griseli peyne. Þe erþe quoke and was stille: þat is, in þis dredeful dome þat Crist tolde of þat nedes mot come as 230 Crist haþ seyd, þe erþe, þat is proude lusty men of erþe þat as vnstable trees weren meued wiþ þe wynde of pride, shuln þanne quake for drede and be stille; for in her askyng hou þei entreden, and bi whom þei regneden in her hiȝe dignitees, þei shuln be dombe, for þanne it shal be openli knowen hou þei brak þe roof, despysyng to 235 entre bi þe door. And also her {maister, cheef auctour of yuel} bi whom þei regned, and in whom þei hopiden, þei shuln se so {clomst in harde} bondes of her {presumptuous} wickednes, bi þe whiche {he} deceyued blynde fooles, coueytyng hyȝenes of þis lif þat þei | f. 158vb shuln haue noon excusacioun. Þanne þei shuln be coupled to him in 240 peyne, eiþer of hem to continuelly noye oþer, as in her lyues þei weren togidircoupled bi fals confedresye for her worldli hyȝenesse, to destroye þe fredom of Cristis lawe. Þis dome was herd of Crist þat come fro heuene, and effectuely it shal be done.

{10} Cum exurgeret in iudicio Deus, ut saluos faceret omnes 245 mansuetos terre. *Whanne God shal rise in dome, þat he make safe alle þe deboner of erþe.* Here moun meke men in tribulacioun be counfortid, for whanne God riseþ to doo dome þei shulen be saued and heled of alle sores. For what so wicked men now don or seyen, þanne þei shuln be clomst and stond to Cristes dome þat shal 250 make openli knowen her preuy deceytes, for in his dome he shal be steerne and feers to punishe wrongfulnesses of his deboner foloweres of erþe. He seiþ not he shal maak saaf hem þat steyeden upon horses of pride, but þe meke deboner of erþe þat were ouerriden despiteuousli of þise hyȝe horsmen of pride, mekeli shryuyng to 255 him her synnes, hopyng in his mercy, sekyng pees of conscience stablyng hem þerinne, dredyng for Cristes loue no bodili persecu-cioun, for no þing may make hem ferd in þis lif þat feiþfully hopen

229 þis] þe BS mot] must LB 230 crist] he AHTLBS haþ] *om.* T is] þi D proude] þe proude L men] *om.* D erþe] *twice* D 233 dignitees] dignite B 235 bi[1]] ynne bi H her] his BS maistir . . . yuel] *eras., gap* C 236 clomst in harde] *eras., gap* C clomst] clouyst D, closid BS 237 in] *om.* D her] his AHTL presumptuous] *eras., gap* C 238 he] *eras., gap* C 240 to continuelly] *rev.* RBS 241 for] of BS 244 in . . . terre] *om.* D iudicio] iudicium AHTBS ut . . . terre] *om.* L 245 in] into, to *canc.* C, into AHTLBS dome] þe dome BS 246 þe] *om.* HTBS deboner] meke men BS erþe] þe erthe L 247 doo] *om.* A, þe BS 248 of] fro A 249 þanne] *om.* D clomst] combrid T 250 knowen] *om.* L 251 wrongfulnesses] wrongfulnes LDBS, wrongges H deboner] meke BS 252 erþe] þe erthe L he[2]] þat he D hem] *om.* AL upon] up upon T 253 þe] *om.* D erþe] þe erthe L 254 þise] þere T 255 sekyng . . . þerinne (256)] *om.* L 256 hem] him A 257 þing] man A hem] hym BS

in Crist, for þei knowe whereeuere þei ben Crist is her defender. And if þei be letted to do þe sacrifyse of her auowe bi þe bonde of her office bi þe tyrauntrie of hyȝe sitteres on horses of pride, God 260 accepteþ her good wille and shal plenteuously mede hem for her meke pacience.

{11} **Quoniam cogitatio hominis confitebitur tibi, et reliquie cogitationis diem festum agent tibi.** *For þouȝt of man shal* | *shryue to þee, and relikes of þouȝt a feest day shal make to þee.* Siþ þe f. 159ra deboner of erþe mekely bering þe ȝok of Crist in þouȝt of gode desir 266 of louyng of vertues and hating synne, medfulli in his herte shryueþ him to God, {and deserueþ} in þe fulfillyng of his desir forȝiuenes of alle his synnes, ȝif he feiþfulli hope in God, whi douten men þanne in her conscience þat þis holsum shrift told of Dauid fulfilled of þe 270 Holy Goost sufficeþ not to mannes saluacioun?—siþ he seiþ 'and þe relikes of þouȝt a feest day shal make to þee'. Þise relikes ben þe good werkes þat folowen aftir cleen þouȝt, wherinne þe louer of Crist, þenkyng bisili his preisyng and fulfilling it, a ful solempne feest he makeþ to his spouse. Sum men taken þise relikes for þe laste 275 ende of mannes lif, þat is founden in verrey penaunce, sorowyng his old synnes, wherwiþ God is plesed, al be it þat þe moost deel of his lif was defouled wiþ huge synnes. For, as an hungry man is apayed and glad to haue þe releef of mete, al be it þat to him be not ȝiuen þe hool mes, so is þe releef of mannes lif þat wiþ greet mournyng 280 shameþ his synne, lousing himsilf bi forþenkyng er itt leue him, trustyng feiþfully to God, pleseþ to him as a solempne feest. Forþi

{12} **Uouete et reddite domino Deo uestro, omnes qui in circuitu eius affertis munera.** *Uoweþ and ȝeldeþ to þe lord ȝour God, ȝee alle þat in his enuyroun bringeþ ȝiftes.* Hereof men taken þat 285

258 whereeuere] þat whereeuere H 259 þe[1]] *om.* H bonde] hoond T 260 tyrauntrie] traiterie H 263 hominis . . . tibi (264)] *om.* D et . . . tibi (264)] *om.* L 264 þouȝt] þe þouȝt BS man] a man T 265 a . . . make] shul make a fest day BS siþ . . . seiþ (271)] þat is þe þouȝt of a meke man shal knowleche to þee þenkyng after his confessioun to go away fro synne BS þe] *om.* R 266 of[3]] and L 267 louyng . . . synne] hatinge of synne and preisinge of vertues A vertues] uerto/ous D synne] of synne HLR shryueþ] schryuynge D 268 to god] *om.* D and deserueþ] *eras., gap* C 270 þat] *om.* L 271 mannes] a mannes T and] in L 272 `Reliquie' *d.h.* B þouȝt] thowȝtes L relikes[2]] relifs A 273 cleen] þe clene B 276 mannes] a mannes HTBS, mennus A his] her A 277 old] owne DR his] her A 278 huge] hidouse AHTLBS apayed and glad] glad and apaied A 279 þe[1]] *om.* ALBS mete] men A 280 þat] as AL 281 er] or þat H 282 forþi] þerfore H, for þat L, for A 283 et . . . munera] *om.* D omnes . . . munera] *om.* L 285 þat[1]] *om.* T his] þe BS enuyroun] cumpas A, aboutegoynge BS

fals cristen men þat ȝelden not þe vowes of her baptyme, but wityngli doon euene þe contrarye of hem, offenden more God þan heþen men þat han not maad suche vowes. And þerfore it is seid 'It f. 159rb were bettre not vowe, þan | aftir þe vowe not ȝilde þat þat is vowed.' 290 And þis is sooþ of þe auowes of oure baptyme, and alle þat acorden to hem maad bi þe counceyl of Goddes lawe, not of oure owne hastifnes or wilfulnesse, or for þing þat men shulde not maak singuler auowes, but hertly preye and desire þat þe wille of God be done in us to his preisyng and oure amendyng. And so who þat 295 makeþ avowe to haue prosperite of þis lif sheweþ him a louer of þis world; and þanne he haueþ no charite of þe Fadre of heuene, for he is a lyȝer in his hetyng and a fals witnesse-berer in his ȝilding þat shal not be vnpunished of God for his spekyng lesyng. God, to whom no þing may be hid, knoweþ þe moost preuey displesaunce of 300 oure herte, and as a louyng fadre wiþ diuerse tribulaciouns he chastiseþ us, wiþdrawyng fro us noyful bodili helþe and prosperite of worldli godes, for we shulde oneli truste in him and loue him and preyse him þat is Lord of helþe, to whom al þing obeisheþ, vndirstondyng þat God loueþ us, wiþdrawyng fro us oure delices 305 whom we mysuseden, bringyng to mynde oure auowes of oure baptyme, whereinne we hiȝte to forsake þe deuyl and þe world þat ben contrarye to Crist. Þe auowes þerof we shulde kepe vnfoyled in oure mynde, ȝeldyng hem to oure lord God, preisyng his name, fulfillyng hem in doyng fructuous werkes, as homely meyne in þe 310 enuirounyng of her lord, sekyng and bisili biholdyng what is his wille. Doyng it, wiþouten ȝildyng of þise vowes is noon helþe, to noon þat in his virounyng bringeþ forþe ȝiftes. Þise ȝiftes ben f. 159va diuerse graces þat men receyuen of God to rule | wiþ her fyue wittes þat ben entrees to þe soule, for bi hem entreþ þe grace of God 315 into it, whanne þei ben wiseli wiþdrawen fro fleishli lustes and

286 þat] *om.* DR vowes] avowis AL 287 of hem] to hem R, to hym D more god] *rev.* T 288 vowes] avowis AL 289 not[1]] no L vowe] to vouȝ H, to avowe A aftir . . . ȝilde] avow ȝelde not A ȝilde] to ȝelde HR vowed] avowid AL 290 auowes] vouȝis H 292 men] *om.* AL shulde] schulen D 294 be] ben, n *canc.* C þat] *om.* BS 297 a[2]] *om.* TBS berer] bereþ BS 298 `prouer. 19´ BS 299 preuey] *om.* D 300 and] *om.* H 302 of] and D worldli] worldis ATL, worldles B, wordles S loue . . . and[2]] *om.* A 303 preyse] drede hym and preise H helþe] help BS al] no A þing] þingis H obeisheþ] obeyeth L 305 whom] whiche AL, þe whiche H mynde oure] oure mynde þe AHTLBS 306 hiȝte] bihiȝten AH 307 vnfoyled] vndefoulid AH, vnfilid TLD, vndefilid BS 308 to] til A god] *om.* BS 310 sekyng] *om.* D 311 þise] her T vowes] avowes L 312 virounyng] enuyrownynge AHTLDRBS forþe] *om.* AHTLBS 313 to rule wiþ] *om.* T 314 entrees] encrees HT

prosperite. Drede ȝee þerfore þe foly openyng of þise ȝates of þe body, for þerbi þe deuyl entreþ; and bi dredeful openyng and symple wiþ sikir locking wiþ þe keye of Cristis loue, þe deuyl is hard shet out.

Terribili, {13} et ei qui aufert spiritum principum, terribili apud omnes reges terre. [*To*] *awful, and to him þat reueþ þe spirit of princes; to þe awful anentes alle kinges of erþe.* Ȝee þat han take ȝiftes of grace of God, as is mekenesse, sobrenes, chastite and pacience, ȝeldeþ to God ȝour auowes þat is awful to offende, wiþ good ensaumple drawyng oþere after ȝowe fro her synguler avowes to ȝildyng of þe first vowes, to him þat reueþ awey þe spirit of princes. Þis spirit is þe foolhardynesse of proude men tempting God, puttyng hemsilf into greet perile of body and of soule forto fulfille her synguler auowes, mistrustyng to God þat þe auow of fulfillyng of his maundementes sufficeþ not to oure saluacioun. As a man þat haþ assayed himsilf, and desireþ to lyue wiþoute fleshly lustes, dreding to be ouerborne wiþ hem in takyng to him a wiif, auoweþ þerfore chastite; if he wene he be more bounden bi þis avowyng of his owne fantasie, þan bi þe bidding of God þat commaundeþ him to loue God of al his strengþe and of al his mynde and of al his herte, and stireþ him to chastite, he setteþ þanne his avowe bifore þe biddyng of God þat meued him þerto. And þanne þe ȝildyng of his vowe is sacrifice of maumetrye. And so we shude knowe þat alle oure medful auowes | ben but newe hetyng to fulfille oure first auowe auowed to God, þat is awful anentes alle kynges of erþe. Kynges of erþe ben þei þat regnen in vertues, fro whom God haþ taken þe spirit of errour, meuyng hem wiþ contynuel contricioun to leue her synguler vowes, wherbi he is neiþer more loued ne dred, ȝiuyng to hem þe spirit of truþe, doyng hem to wite þat in kepyng of his biddyng ben alle

316 ȝee] *om.* L þise] here T ȝates] ȝiftis D 317 dredeful] þe dreedful ATL 320 et . . . terre] *om.* D terribili[2] . . . terre] *om.* L 321 omnes] *om.* AHTR to[1]] *om.* CAHTLDRBS awful] dreedful DRBS 322 awful] dredful DRBS alle] þe L, *om.* AHTDRBS erþe] þe erþ TR 323 is] ben T sobrenes] and sobirnes AHTBS chastite] and chastite H 324 awful] dredful DRBS 325 fro . . . avowes] *om.* BS 326 ȝildyng] þe ȝeldyng H þe] her AHTLBS vowes] avowis AHTL 327 spirit] *om.* A þe] *om.* T foolhardynesse] foly hardynes A puttyng . . . god (340)] *om.* BS 328 of[2]] *om.* D 329 mistrustyng] mynystringe A þe] *om.* L 330 `nota bene´ R 331 and] þat D 332 wiþ] of A him] þem L 333 he[2]] to AHTLDR 334 bidding] bydyng R 337 of[1]] *om.* D meued] meuyþ D vowe] avow AHT 338 of] to A 339 hetyng] biheetinge A fulfille] fulfillynge D auowe] vowe D 340 þat is awful] *om.* A awful] dredful DRBS erþe[1]] þe erthe L 342 to . . . dred (343)] and BS vowes] avowis AHTLR 343 is] *om.* D `nota´ R hem] him T 344 in] wiþout BS alle medful] noon BS

345 medful vowes fulfilled. Drede þerfore þe lord God, for he is awful, 3ildyng 3our avowes in kepyng his biddyng.

Psalmus .lxxvi.

{2} **Uoce mea ad Dominum clamaui; uoce mea ad Deum, et intendit mihi.** *Wiþ my vois to þe Lord I cried; wiþ my vois to God, and he tooke hede to me.* Þis is þe vois of þe gederyng togider of feiþful men, ouerpassyng þe prosperite of þis lif, hastyng to come to 5 þe ende þat is Crist, seiyng wiþ vois of myn hert wiþouten consentyng to yuel, I cried wiþ werkes of good loos to þe Lord þat is awful to offende. He seiþ not, he cried wiþ oþer mennes voices, as þei doon þat lyuen in her lustes and han oþere men to crie for hem for pompe of þe world; but he seiþ 'wiþ my vois to God I 10 cried', witing þat if I were domb in wicked dedes, coueytous mennes criyng hired for worldes {drit}, more stired God to {veniaunce} þan to do to me his mercy. And þis knowyng I cried to God wiþ my vois, sownyng in þe ten-corded harpe of his maundementes. And he tooke hede to me, doyng merci to me; for who þat crieþ to God bi oþer 15 mennes vois, hauyng in himsilf wilful werkes of errour, putteþ a þicke veyl bitwixe God and him, þurgh þe whiche no vois of f. 160ra preisyng may be herd. | Þis crie of vois is a mannes loue, þat is proued, as Crist seiþ, bi kepyng of his word; for aftir a mannes loue his vois is herd, and his nedes sped. For{þi in veyn} þei crie þat 20 kepen not Goddes biddynges.

{3} **In die tribulationis mee Deum exquesiui manibus meis nocte contra eum, et non sum deceptus.** *In day of my tribulacioun*

345 vowes] avowis AHBS fulfilled] medefully fulfillid BS þerfore] *twice* A awful] dredful DRBS 346 his] of his AHL

Ps. 76 CAHTLDRBS

heading C (*r.h.* Uoce mea), lxxvj pro torcularibus. the psalme of asaph. prophecyyng lesynge L, *r.h.* Uoce mea D, '76' *d.h.* B, þe lxxiiij salm A, '77, *alt. to* 78' *modern hand* R, *om.* HTS 1 uoce[2] . . . mihi] *om.* L deum] dominum H 2 wiþ[1] . . . cried] Y cried wiþ my voice to þe lord BS 4 hastyng] hiyng BS 7 awful] dreedful DRBS he[2]] þat he H cried] cryeth L 8 voices] vois AHTLBS and . . . world (9)] *om.* L 9 þe] *om.* T to . . . cried (10)] I criede to god D 10 mennes] men B 11 drit] *eras. gap* C stired] stiriþ H veniaunce] *eras. gap* C 12 do . . . his] *om.* H to[2]] *om.* L 13 maundementes] commaundementis BS 14 merci] his mersy A 16 þicke] 3ik T 17 a] *om.* L 18 as] a D 19 nedes] nede is L, medis D forþi in veyn] for, *eras.*, *gap* C forþi] þerfor AH, for þat L 21 tribulationis . . . deceptus] *om.* D manibus . . . deceptus] *om.* L 22 day] þe day BS

I souȝte God wiþ myn hondes in niȝt aȝen him, and I am not deceyued. In day of my tribulacioun I souȝt God wiþ myn hondes: þat is, in þe day of myn anguyshe, whanne I was oppressed suffring tribulacioun for my synne, I souȝte God of merci wiþ myn hond, þat is wiþ werkes of mercy, fulfillyng his biddyng. Many men, as loueres of þis world, cunne not in tyme of tribulacioun but weyle and sorowe in froward grutchyng aȝen God, as ȝif he dide hem wrong; but þise knowen not þe vertu of tribulacioun, whereinne þe louer of Crist is proued moost feiþful in niȝt, þat is in þis derk tyme of synne. Aȝein him: olde translatyng haþ 'bifore him', for many men, what so þat þei shulen doo þat souneþ to hem in good, þei haue þerof veynglorye, and doon many dedes to be seen and preised of men. And þe Prophet seiþ his werkes were bifore God in þe niȝt: þat is, preuy, for in his preuey þouȝt he desired no preysyng of men for doyng of his werkes in kepyng of þe commaundementes of God, al be it þat he desired and enforsed him to ȝiue men ensaumple to folowe Crist and not him. And I am not hereinne deceyued, for ful mede of reward in heuene shal be ȝolden to feiþful men symple wiþ lownes of spirit, folowyng Crist wiþouten desir of mannes preysyng. Ȝea, and moost ful mede | ȝif he be preised of flatereres, and take not þat preisyng to him, but hooly puttyng it to God, doyng to him þankes for þe ȝiftis of his grace.

Renuit consolari anima mea; {4} memor fui Dei, et delectatus sum, et excercitatus sum, et defecit spiritus meus. *My soule forsook to be counforted; menyng I was of God,* [*and I am delited*]*; and I am haunted and my spirit failed.* Here men shulde vndirstond þat þe day of tribulacioun, þat is al þis tyme of lyuyng þat is but a day in Goddes biholdyng, is ful of Goddes wraþþe for þe synne þat is doon þerinne. And so a feiþful louer of Crist forsakeþ to be counforted in þoo þinges wherinne Crist is displesed, stablyng his mynde in þe swetenes of God, delityng him in his helþeȝiuer, þat is in Crist in

23 in ... hondes (24)] *om.* T 24 `nota´ C I] and D þat is] þat is I souȝte god wiþ my werkis þat is to seie H 26 synne] synnes H I] and I H hond ... wiþ²] *om.* H hond] hondis AL 27 of ¹] þat my hondis bitokenen doynge þe dedis of H biddyng] biddyngis AL 31 þis] þe D derk] mirke HL 32 him²] hem R þat] *om.* AHTLRBS 33 shulen] schulde HDR 36 no] his D men for] *om.* D 38 þat] þat þat D 39 not²] no L 40 symple] symply AHL 42 ȝea ... preisyng (43)] *om.* BS take] toke H 43 þat] *om.* T 44 þankes] þankingis AL his] *om.* H 45 consolari ... meus] *om.* D memor ... meus] *om.* L et] *om.* A 46 et¹] *om.* A 47 menyng ... was] Y was myndeful BS menyng I] myndeful I DR, biþinkynge AL, þenkinge HT and¹ ... delited] *om.* CAHTLDRBS 50 þe] *om.* R þat] *om.* T 51 þerinne] in him A 52 displesed] dispisid BS 53 crist] crist iesu H

whom he hopeþ to be heled. And I am haunted, and my spirit failed:
55 þat is, in þe day of þis liuyng a man is haunted in dyuerse tribulaciouns, for þe feer`s´nes of enemyes cesseþ not to asaile men al þe tyme of þis lif. And þerfore my spirit fayled of itsilf, hauyng no power to wiþstonde þe cruelte of enemyes, al be it þat bi þe grace of Crist for þe meke beryng of his softe ȝok, wilfully drynkyng of þe
60 chalis of tribulacioun, þei hadden of me no maistrye. Many tymes bodili enemyes, but alweyes goostly enemyes þat ben yuel aungeles, enforsen hem day and niȝt, sleping and wakyng, to asayle and ouercome men in þis lif. And siþ an yuel spirit miȝt ouercome alle þe men in þis lif ȝif God wold suffre him, it is wondre þat men
65 dreden no more to do aȝen God, lest in tyme vnknowen he louse upon hem her enemy. Wondryng herof

f. 160va {5} **Anticipauerunt uigilias oculi mei; turbatus | sum, et non sum locutus.** *Myn eiȝen biforetoke wakinges; troubled I am and I not spak*. Myn eiȝen, þat is myn affecciouns, desiryng þe turnyng to God
70 of my breþeren whom her enemy þe deuyl I sawe bisy waityng to catche, biforetook wakynges. For drede in my þouȝt suffred me not to sleep whanne I gedered wiþinne me, þenking þe multitude of her wickednesse criyng vengeaunce to God, and þei as beestes souȝten to be slayn, took noon hede to her fallyng, but delitiden hem in lustes
75 wiþouten drede of God. And I am troubled and not spak: I am troubled for sorowe, seyng man whos substaunce may not faile, despisyng his Maker, for þe short delice of stinkyng lust of þis lif. And I spak not: for fulfilled was myn hert wiþ sorowe of my biholdyng ar I spake not, hauyng noon hope of amending of hem
80 þat herden þe treuþe of Cristis manasyng, and knewe þat þei contrarieden it, and for fauour of þe worlde wolden not leue her old yuel vse of doyng synne consentyng to oþere. And þe moost troublyng þat stonyed me in my biholdyng was to se þe miȝti

54 hopeþ] hopyd R 55 þis] his L 56 tribulaciouns] tribulacioun TBS cesseþ] failiþ T 57 al] of al A no] þe L 58 bi] wiþ A, þat L þe²] *om.* L 59 crist] god D 60 tymes] tyme HDRBS 61 yuel] *om.* H 62 sleping] spekynge D 65 no] *om.* BS to do] *om.* T do] *om.* H louse] lete loos AL 66 enemy] enemyes DR herof] þerof L 67 uigilias . . . locutus] *om.* D turbatus . . . locutus] *om.* L 68 sum] *canc.* H troubled . . . am] Y am troublid BS troubled] droued TL I not spak] nouȝt I spake H, I spake not DRBS 70 bisy] bisili B 71 me] ne R 72 þenking] *om.* R 74 her] *om.* A 75 troubled] drouyd TL and² . . . troubled (76)] *om.* BS not spak] *rev.* HDR 76 troubled] droued TL man] *om.* A 77 stinkyng] þe stynkynge L lust] lustis R 78 I . . . not] nouȝte I spake H wiþ] for H 80 knewe] redili wisten H 82 old] *om.* AHTBS yuel] *om.* R consentyng] and consentynge H þe] *om.* L 83 troublyng] stonyinge DR stonyed] troublid DR

multitude of puple, wilfulli and witingly led to her dampnacioun bi blynde lederes of her soules, pleiyng hem in þe weye of lustes and prosperite togidir, to þe tyme þat þei comen to þe puttes bank wher eiþer was constreyned to take oþeres hond and to lepe into þe middes. But 85

{6} Cogitaui dies antiquos, et annos eternos in mente habui. *I þouȝte old dayes, and ȝeeres endeles in mynde I had.* Seyng þis woodnes of þe | puple, hou þicke and wilfulli þei weren led to her dampnacioun, I spak not for sorowe, knowyng hem þe forsaken puple for whom God commaunded þe Prophet þat he shulde not preye. And for þe multitude was so greet þat folowed her owne fyndynges, forsakyng to be rewarded aftir Goddes lawe, I þouȝte on olde dayes, þat is olde tymes, hou men rebelleden aȝein God and perisheden. And in þe comparisoun of þe wickednes of þis puple aftir Cristis passioun, me þouȝte alle oþer wickednesse but litil trespas and liȝt. And I þouȝt mysilf endeles ȝeeres: þat is, hou endeles tyme shulde be in heuene, and men þerinne cleped to þorou grace. And in my mynd I was stonyed, seyng þe puple wilfully forsakyng þe grace of her toclepyng, folowyng maystres of errour whom þei wyste blynded þorou wicked coueytise. And, hugely grysyng þis wilful dampnacioun, I wondred 90 f. 160vb 95 100

{7} Et meditatus sum nocte cum corde meo, et excercitabar, et scopebam spiritum meum. *And I þouȝt in niȝt wiþ myn hert, and I was vsed, and I sweped my spirit.* I þouȝt in niȝt wiþ myn herte: þat is, wiþ al þe resoun of my soule I souȝte þe ground of þis errour; in niȝt: þat is, in tyme of plenteuous synnyng, whi þe puples weren þus deceyued bi lesynges of her lederes. And I was long vsed or traueyled in þis þenkyng, in seking dyuerse resouns, swepyng my spirit, 105 110

85 and] *om.* BS 86 to[1]] til HDR puttes] put AHTLBS 87 oþeres hond] oþer hondis T lepe] skippe T into] in L 89 dies . . . habui] *om.* D eternos . . . habui] *om.* L 90 ȝeeres . . . had] I hadde endeles ȝeeris (ȝeres endeles BS) in my mynde DRBS mynde] my mynde AHTL 91 ˋnotaˊ D 93 puple] þe peple A whom] whiche AL ˋIere. 7ˊ AHLBS commaunded] comaunde L þe] hem þe T 95 rewarded] rulid AHTLBS on] *om.* AHTLBS 97 þe[1]] *om.* R 99 endeles] but eendelees AL 100 shulde] schal A cleped] be clepid R 101 þe] tho L 102 toclepyng] clepynge R maystres . . . coueytise (103)] her vices and errouris BS 103 blynded] blynde L hugely] hidousli AHTLBS 105 sum . . . meum] *om.* D cum] *om.* R et[2] . . . meum] *om.* L et[2]] *om.* R excercitabar] exercebar H 106 I] sweteli *canc.* I C wiþ] in BS 107 I sweped] is L sweped] slepid A ˋnota beneˊ R 108 þe[1]] *om.* BS 109 whi] while H puples] peple AHTLDRBS weren] was AHTLBS 110 lesynges] leesyng R or traueyled] *om.* AHTLDRBS 111 swepyng] slepinge A

purgyng out al occasioun of filþe þat miȝt lette me to se þis hydous vengeaunce and dampnable fallyng of þe multitude of puple. And f. 161ra whanne al aboute I had souȝte resoun herof, | it semed to me þe 115 synne of commune puple was cause of þis vengeaunce: for neiþer good ne yuel may laste in comunte wiþouten consent þerof. Þe comunte of þe children of Israel was cause of greet vengeances of God upon hem, and of her diuisiouns, for where Goddes lawe sufficed to iustifye alle degrees and staates, þei helde hem not payed 120 þerof, but asked and wolden haue a kyng to regne upon hem, grutchyng aȝen God and his holi prophete Samuel. Þe comunte of puple assentiden to Cristes deeþ, criyng to do him on þe crosse, seiyng 'We haue no kyng but Cesar.' Þise vengeaunces hadden neuer comen upon þe puple into her repreef, ne hadde her hydous synnes 125 ben. And þerfore seiþ Ysaie, puttyng repreef as consent to þe comune puple, 'As þe puple, so and þe preste!'; as who seiþ, for þe comune puple loueþ more filþe of synne þan clennesse of vertues, þei deseruen peyne of her synne to haue suche prestes into her confusioun. And, fulfilled wiþ sorowe, hidously stoniyng, I þouȝte

130 **{8} Nunquid in eternum proiciet Deus? aut non apponet ut complacitior sit adhuc?** *Wheþer into wiþouten ende God shal outcaste? or not sette* [*to*] *þat he be more quemed ȝit?* As who seiþ, wheþer into wiþouten ende shal God outcast his puple wiþouten aȝenclepyng in peyne of her synne, suffring hem for oldnes of her 135 synne to be ledde into errour bi coueitous {prestes}? and shal he not sette to þat he be more quemed ȝit, as who seiþ, shal not God sette to his hond whereinne is al miȝt, fellyng þe pride of her deceyuable lederes, liȝtnyng hem wiþ his grace?

112 þis] þi BS 113 and[1]] *om.* D 114 aboute] abowȝ L I] *om.* D herof] þerof L 115 commune] þe comoun AHTLBS 116 comunte] a comynte AHTLBS consent] consenting A 117 þe] *om.* T vengeances] veniaunce A 120 and . . . kyng] a kyng and wolden haue oon H 121 `1 R. 8´ CTRBS 122 on] upon ATLBS 123 þise] here T 124 upon] on R into] to L 125 `ysa. 24´ B as] of AHTLBS `iob 34 qui regnare fa[. . ./ hominem ypocritam propter peccata populi´ B 126 seiþ] seye AHL 127 filþe] ful T þan] þat A 128 peyne] in peyne AHTLBS synne] synnes BS 130 proiciet . . . adhuc] *om.* D aut . . . adhuc] *om.* L 131 complacitior] complacior AHR into] *om.* BS 132 or] and AHTLDRBS sette to] sette CDRBS quemed] pleesid DR seiþ] seie AHLBS 133 into] *om.* BS shal god] *rev.* D 134 suffring . . . synne (135)] *om.* BS 135 bi . . . prestes] *om.* BS prestes] *eras. mod.* C he not] *rev.* T 136 to[1]] *om.* BS quemed] pleesid DR who] whos D seiþ] seie AHLBS to[2]] *om.* BS 138 hem] *om.* TL

{9} **Aut in finem misericordiam suam abscidet, a generatione in generationem?** *Or shal he | kitte awey his merci into þe ende, fro generacioun into generacioun?* As who seiþ, wheþer errour of þe puple in tyme of grace shal laste into þe ende wiþouten kittyng awey, as it dide in þe Olde Testament til þei consentiden to slee Crist, kyng of glorie. Fro generacioun into generacioun: þat is, wheþer þe olde errours of þe olde lawe shal growe fro þat generacioun into þe new lawe, þat eiþer be partyner of oþeres synne, and led togider into oon dampnacioun. f. 161rb 141 145

{10} **Aut obliuiscetur misereri Deus? aut continebit in ira sua misericordias suas?** *Or shal God forȝite to haue merci? or shal he wiþhold togidere in his ire or wraþþe his mercyes?* Al þis wondryng þe Prophet makeþ for þe malice of þe puple, þat is so growen into yuel custome þat wiþouten conscience þei rebellen aȝen God, as ȝif þei hopeden of him to haue þe ouerhond, or ellis for her long vnbuȝsumnesse þei despeyren of his mercy. But ouercome him mowe þei not, siþ her strengþe is in his hond; and of his mercy he is free, fer more þan man may þenke siþ þe erþe is ful þerof, and he blesseþ hem þat folewen mercy, þat is þat turnen hem fro synne and asken his mercy, for þei shulen haue his mercy. And þerfore seiþ þe Wise Man 'Haue mercy of þi soule, sone, purgyng it of mystrust, þat þou be plesyng to God þat delyuereþ fro synne alle þat feiþfully hopen in him.' 150 155 160

{11} **Et dixi: nunc cepi; hec mutatio dextere Excelsi.** *And I seyd: now I haue bigunne; þis chaungyng of þe riȝt hond of þe Hyȝe.* And now, whanne I had þouȝt hou God loued mercy and delited not in þe losse of man, but coueiteþ þat he were turned to him, hatyng synne, þanne I seide: now, al despeir lefte, I shal bigynne wiþouten tariyng, or I haue bigunne wiþouten | turnyng aȝen in ful purpos to leue my synne of old folye, forsakyng þe tabernacles of synneres, knowyng 165 f. 161va

139 misericordiam . . . generationem] *om.* D misericordiam] manum S a . . . generationem] *om.* L 140 shal he] *rev.* R 141 who] whos D seiþ] seie AHL 142 into] in L 143 til] to TBS 144 þe] þo D 145 into] vnto AHTBS 146 be] *om.* D oþeres] oþere HTLBS 148 misereri . . . suas] *om.* D aut[2] . . . suas] *om.* L 149 shal god] *rev.* D, god shall *marked for rev.* L 150 wiþhold] holde AHTLBS in . . . mercyes] his mercies in his wraþþe DR his[1]] *om.* A ire or] *om.* BS or wraþþe] *om.* AHTL mercyes] mercie H 151 so] *om.* T 152 wiþouten] wiþ AL 153 or . . . and (155)] *twice* A 155 mowe þei] *rev.* AHTLDRBS 158 for . . . mercy[2]] *om.* H 159 of[1]] on H sone] soone L mystrust] mystrif ALBS 162 nunc . . . excelsi] *om.* D hec . . . excelsi] *om.* L 164 delited] deliteþ BS losse] lost B 167 wiþouten] wiþouten `or shall be knitte´ *mod.* C turnyng aȝen] *rev.* H

her sodeyn turnyng upsodoun. Þis chaungyng of me fro vice to
170 vertue is of þe riȝt hond of þe Hyȝe, þat is of þe merci of Crist þat
sitteþ on þe riȝt hond of þe Fadre. For bi his merciful passioun I
haue vnderstond þat no man he refuyseþ þat haþ trust in his merci
þat is in his passioun, beryng wilfulli part þerof in clennes of hert.
And þerfore

175 **{12} Memor fui operum Domini, quia memor ero ab inicio mirabilium tuorum.** *Menyng I was of þe werkes of þe Lord, for menyng I shal be fro þe bigynnyng of þi merueiles.* Noþing makeþ more
þis lif to be despised þan to bisili þenke upon þe werkes of þe Lord,
þat is in his lawe, whereinne his werkes ben writen, not to be hid ne
180 forȝeten but to be bisili þouȝt on and not forȝeten and to worche
þeraftir. For who þat sekeþ not to knowe Goddes werkes despiseþ þe
wisdom of God þat wrouȝte hem, and his seyntes þat deiden for þe
shewyng of hem. And þerfore he seiþ 'I shal be menyng fro þe
bigynning of þi wondres': þat is, hou wondirful þing it is to mannes
185 knowyng þat God wold onely make man to his owne liknesse. Þe
wonderful merueylousnes of þis werk, ȝif it were bisili souȝte, shulde
slee alle fleshli desires in a man, rauyshyng his herte to bihold into
him whois liknes he bereþ, but God, louing man souereynli,
knowyng þat mannes witte sufficed not of himsilf to biholde þe
190 briȝtnes of his Maker in his hye kynde; and nameli whanne man of
f. 161vb his folye had put a derk cloude of his | lust bitwixe God and him,
wherbi man lost þe wey þat ledde to þe knowyng of his Maker, and
fil into þe hyȝe wey of enemyes wherinne he was bete and spuyled
and robbed of many godes. And whanne man knewe his folye and
195 sorewed his first errour, desyring to be liȝtned seyng his Maker, God
rewed of man and sent his owne likenes, þat is Crist, his oneli sone of
his kynde, to be broþered to man in whom man shuld verreli bihold
his Maker. Þe mynde of þise merueyles makeþ men to shame of

169 vice] vices H 170 of[1]] *om.* T 171 on] in BS 173 wilfulli . . . þerof] part þerof wilfulli B hert] liif and in meke herte H 175 operum . . . tuorum] *om.* D quia . . . tuorum] *om.* L 176 tuorum] suorum R `nota bene´ R  menyng . . . was] Y was myndeful BS  menyng] myndeful AHDR  177 menyng . . . be] Y shal be myndeful BS  menyng] myndeful AHDR  178 to bisili] `bisili´ to D bisili þenke] *rev.* HBS upon] on R 179 ben] weren A ne] nor L 180 and[1] . . . forȝeten[2]] *om.* AHTLBS 181 `nota´ C 182 deiden] dreden L þe] *om.* R 183 menyng] myndeful AHDRBS 184 þi] þe L is[1]] *om.* L 186 souȝte] þouȝt AL 189 sufficed] sufficeþ R 190 man] a man T 191 derk] mirke HL 192 ledde] ledeþ R knowyng] knoynge L 193 enemyes] hise enemies H 197 broþered] broþer B, breþer S in . . . man[2]] þat he DR 198 þise] here T men] man H

synne, and so man is knowen feiþful in myndefulnes herof, for he preyseþ God in his wondirful werkes þat fro bigynnyng he haþ doon 200 to man þat biholdeþ in Crist and sekeþ to folowe his steppes, for bi noon oþer weye may man come to þe heritage of heuene. Forþi, despisyng þe lustes of þis life

{13} Et meditabor in omnibus operibus tuis, et in adinuentionibus tuis excercebor. *And I shal þenke in alle þi werkes, and in þi* 205 *fyndynges I shal be vsed.* In þe biholdyng of Crist, folowyng his steppes, simpeli and mekeli drinkinge of his chalis, is brouȝt to mynde alle þe werkes of God, for he is þe ende of alle Goddes werkes wherbi his foloweres shuln be brouȝt to verrei knowyng of al þing. And þerfore his feiþful louere is vsid in his fyndynges, for he 210 vseþ no þing but þat he fyndeþ bidden bi him. Þe fyndinges of Crist ben þe truþes of his lawe, in whom neiþer lust ne prosperite haþ abidyng, for þei drawe men þerfro vsyng heuenli desires aftir þe ensaumple of Crist, for whateuer dede þat man doiþ þat is not reuled bi þe ensaumple of Crist is mannes fyndyng þat shal be wasted into 215 confusioun of þe | fynder. For f. 162ra

{14} Deus, in sancto uia tua: quis Deus magnus sicut Deus noster? {15} Tu es Deus qui facis mirabilia. *God in halewe þi weie: what God is greet as oure God? Þou art God þat doist wondres.* Here is openli knowen who goiþ þe wey of God and who of þe deuyl: 220 þe wey of God is in Crist, halewe of halewes, for he is þe weye wiþouten erryng þat ledeþ to þe Fadre, to whom no man may come bi oþer weye. His weye is wilful pouert, symplenes and pure chastite. Þe wey of þe deuyl is pride, austernes and stynking in lecherye. Cristes weye is pacient, drinking in tribulacioun. Þe deuyles weye 225 grutcheþ ȝif lustes ben letted. Þe goer of Cristes weye may not be ydel fro gode, for þe goeres þerinne ben contynuelli vsid in werkes of vertu, wherinne þe flesshe is mekid and þe soul strengþed. Þe weye of þe deuyl blyndeþ so þe goeres þerinne þat hem listen noþing doo

199 herof] þerof L 200 preyseþ] prayeth L bigynnyng] þe bigynnyng HTLBS 202 forþi] þerfor AH, for þat L 204 in[1] . . . excercebor] *om.* D et[2] . . . excercebor] *om.* L 207 simpeli] mekely T mekeli] symply T is] ben DR 208 þe[1]] *om.* BS goddes] gode AL 209 be] *om.* H 210 his[1]] þis BS for . . . fyndinges (211)] *om.* BS 213 men] *om.* T 214 `nota´ H, `nota bene´ R for . . . crist (215)] *margin* D, *om.* AT whateuer] what L þat[1]] þat euer L 215 þe] *om.* H 216 confusioun] þe confusioun AHTLBS 217 uia . . . mirabilia] *om.* D quis . . . mirabilia] *om.* L 218 mirabilia] mirabia T `nota´ HBS halewe] þe halewe is BS 223 `nota bene´ C wilful] ful of R 224 austernes] and austernesse BS 225 in] of AHTLBS 226 grutcheþ] gruchyng R 229 hem] þei AL

230 but þat þat pleseþ to her lustes, in þe whiche weye þei ben so vsid to go, þat whanne þei ben letted þerof, þei konen no countenaunce but weylyng as madde men til þei come þerto aȝen. Þe wey of Crist makeþ þe name of his Fadre preised of alle þat goon þerinne; þe weye of þe deuyl putteþ sclaundre to God, despising Crist, forsakyng
235 his lawe. Cristes wey is ful of mournyng for synne, hatyng delices of þis lif. Þe deuyles weye is fulfilled wiþ iolitees and solaces of þe fleshe, defoulyng þe spirit in þe myre of synne so ferforþe þat þe most deel of mankynd goiþ in þe brode wey of dampnacioun, puttyng sclaundres and repreef to þe foloweres of Crist; but not
f. 162rb forþi into þe ende his feiþful loueres | shuln go þat weye. Who is
241 þerfore suche a God as is oures?—þat doiþ merueyles in ledyng his loueres and defendyng hem, ȝyuyng to hem þe spirit of truþe, rennyng þis wey, acountyng tribulaciouns and scornynges as noon fayling tresoure kept to her profit. For

245 **Notam fecisti in populis uirtutem tuam. {16} Redemisti in brachio tuo populum tuum filios Iacob et Ioseph.** *Knowen þou madest in puples þi vertu; aȝen þou bouȝtest in þin arme þi puple, þe sones of Iacob and of Ioseph.* Þe Fadre of heuene haþ maad knowen in his puple his vertu: þat is, Crist bi whom he wondirfulli worcheþ vertu,
250 for his wondres ben knowen to alle puples, al be it þat few louen him or dreden him. Þou hast bouȝt aȝen in þin arme, þat is in Crist, þi puple, sones of Iacob and of Ioseph, þat is þou hast maad þee a puple of Iewes and of heþen folk, in tokne þat þou wolt refuyse noon þat cheseþ þe weye of Crist and goiþ þerinne pacientli to her ende, as
255 dide Iacob, þat supplaunted þe deuyl in mortifiyng his flesheli lustes, and Ioseph, þat þurgh pacience in tribulacioun was enhaunsid in Egipt so þat he was cleped þe sauyoure of þe world, in tokne þat who goiþ þe weye of Crist to þe ende shal be saued and enhaunsed in heuene.

232 madde] wadde D til] to T 233 of] and D þe[2]] þei, i *eras.* C 239 sclaundres] sclaundir AHTLBS not forþi] naþelees A 240 forþi] for þat L þat] þe D is þerfore] *rev.* L 241 is oures] oure god is H ledyng] þe ledinge AHTLBS his] of hise HBS 243 scornynges] scoornes AHTLS noon fayling] vnfailinge AHTLBS 244 her] his A 245 in[1] . . . ioseph] *om.* D redemisti . . . ioseph] *om.* L redemisti] *om.* A 246 knowen . . . madest (247)] þou made knowe BS 247 aȝen . . . bouȝtest] þou aȝeinbouȝt AHTBS, þou made ageynebowht L 249 þat . . . vertu] *om.* BS he wondirfulli] *rev.* R 250 him] *om.* BS 251 in[2]] *om.* A 252 puple] sone þi puple H 253 iewes] þe iewis R þou] *om.* L 255 mortifiyng] sleing DR his] of his H 256 in tribulacioun] *om.* R 257 who] who þat H 258 þe[1]] in þe HLR to] into D enhaunsed] be enhaunced T

{17} **Uiderunt te aque, Deus; uiderunt te aque, et timuerunt; et turbati sunt abyssi.** *Watres sawen þee, God, watres sawen þee, and þei dredden; and troubled ben depnesses.* Twyes he seiþ þat watres sawen þee, God: þat is, þe puple, hauyng mynde of þin halewe Crist, þe vertu of þi miȝt was ful of watre of penaunce, wilfully drinkyng of þe cuppe | of tribulacioun, sekyng to knowe þee in þe wondres of þi lawe, þere were fulfilled in watres of þi wisedom, bi whom many þat weren dried in vices of brennyng lustes weren moysted þurgh þi grace florishyng in grene vertues; for many þat weren deped in lustes and prosperite of þis lif, heryng þi vertu shewed bi loueres folewyng þi steppes, dredden þe greetnes of þi name and troubled hemsilf in doyng of penaunce, glorifiyng þi name. For 260 f. 162va 266 270

{18} **Multitudo sonitus aquarum; uocem dederunt nubes.** *þe mechilnes of þe soune of watres; a vois ȝouen þe cloudes.* þe mechilnes: þat is, þe symple meke foloweres of Crist, gladli rennyng þe wey of tribulacioun aftir Crist, in whom he lefte þe mechilnes of his vertue, þat is meke pacience in aduersite, as soun of many watres, þei crieden þe drede of Cristis dome. þise, as cloudes ful of plenteuous watres of Cristes wisedom, sounneden wiþ a vois in þe eeres of þe puple þat who þat renonsed not al þat he had, miȝte not be Cristis disciple ne eire of þe blisse of heuene; þis in dede þei fulfilliden whanne þei despisiden her bodily lif, offryng it to God, suffryng hard deeþ for helþe of her breþeren. He seiþ not þe apostles of Crist crieden wiþ voices, but wiþ a vois acordauntli þei crieden, were þei neuer so fer sundre, þat whateuere a man haþ, ȝif it be not to him a mene to loue God þerþurgh þe betre, it is to renounce. Summe þinges owen to be forsaken vtterli in þis caas, as lustes and prosperite of worldeli godes, and sum þing it suffiseþ to forsake to consent þerto, ȝif þei enforce hem to bringe it to betre, as a meke man, 275 280 285

260 te[1] . . . abyssi] *om.* D te[1]] *om.* S et[1] . . . abyssi] *om.* L et[1]] *om.* R 261 turbati] turbate RB 262 troubled . . . depnesses] depnessis beþ troublid BS troubled] droued TL þat] þe BS 263 þe] þi AHTLBS of] on A 264 þe] in D 265 in] and L 266 þere] þese AHLBS watres] þe watris H 267 brennyng] stynkyng T 272 sonitus . . . nubes] *om.* D uocem . . . nubes] *om.* L 273 a . . . cloudes] þe cloudes ȝaf voice BS a] *om.* AHTL þe[2]] *om.* A 274 symple meke] *rev.* L 275 whom] whiche AL mechilnes] mekenes BS 277 þise] þere T as] ben A 279 who þat] whoso AHTLBS renonsed] forsoke BS 282 helþe] loue D seiþ not] seyd L þe] þat þe AHTLBS apostles] apostle T 283 acordauntli] acordyngli H 284 sundre] `a´soundir D, asonder L, sundri H, atwynne BS whateuere] euer L a] *om.* DR haþ] haue AL 285 renounce] forsake BS 286 caas] cause BS and] of L 287 worldeli] is worldli D, worldis AHTLBS þing] þingis A to[2]] þe D 288 ȝif] and L to[2]] into A betre] þe bettir H

hauyng a malicious wif, or a meke womman þat haþ a despitous
290 housbonde.

f. 162[vb] **Etenim sagitte tue transierunt; {19} uox tonitrui tui in rota.** *Forwhi þin arewes passiden, þe vois of þi þundre in a wheel.* Þise arewes ben þe sharp sentences of Cristis word, seide of his feiþful foloweres, þe whiche not oneli sounen in mennes eeres as nak[e]d wordes of
295 ydiotes þat reuersen her wordes wiþ fame of her wicked dedes, but her feiþful worching aftir her wordes passide into mennes hertes, stoniyng hem in her fleishli desires, conuerten hem to Crist. For þe vois of þi þundre in a wheel: þis vois of oon soune, hou Crist Iesu was helþe of þe Fadre, sent to saue mankynd þat wolde obeische to
300 his biddyng, þe apostles, þat as fier brenten in þe loue of Iesu, miȝten not holde priue; but, as greet þundre þat is fer herd, þei crieden þe treuþe of Cristis lawe in a wheel, þat is in þis vnstable world þat as a wheel wiþ liȝt touchyng shal be turned upsodoun, for þat þat is enhaunsed into pride shale be meked in peyne, and þat þat is
305 oppressed wrongfulli shal be enhaunsed into glorye.

Illuxerunt choruscationes tue orbi terre, commota est et contremuit terra. *Þi shynynges shoon to þe roundenesse of þe erþe; it is togidirstired and þe erþe troubled.* Þi schynyngys: þat ben þi holy maundementes, shynyng in þe dedes of þin apostles, liȝtned to þe
310 roundnes of al erþe, þat is to meke men knowyng hemsilf erþe. Þis roundnes of erþe was togidirstirid in itsilf, seyng þe wondirful dedes of þe apostles doon in greet vertu of God. And þe erþe trembled togidir for drede of þe hond of God, herd of þe apostles, þat shulde venge God of his enemyes despisyng his lawe. For

315 **{20} In mari uia tua, et semite tue in aquis multis, et uestigia**
f. 163ra **tua non cognoscentur.** | *In þe sce þi weye, and þi paþþes in mani*

289 despitous] malicious BS 291 tue . . . rota] *om.* D transierunt] transeunt TBS uox . . . rota] *om.* L 292 passiden] passen ATLBS, passen inne H, passen þoruȝ DR vois] voycis R 293 sentences] sentence L 294 naked] maad, *altered to* nakd C 295 her] hise A 297 conuerten] conuertynge AHTLBS 298 of [1]] is L in] is in D wheel] while S of [2]] *om.* L 299 obeische] obeye L 300 þe[2]] *om.* HL 301 greet] a grete BS 302 cristis] godis BS 303 þat þat] þat BS 304 in] into BS 306 choruscationes . . . terra] *om.* D choruscationes] choruscacionis L commota . . . terra] *om.* L 307 shynynges] leuyngis A, leuenynges L, liȝtnyngs HTDR, briȝtnessis BS þe[2]] *om.* AHTLRBS 308 it] þat AL and] an T troubled] tremblide AHTBS schynyngys] schy- *and last* y- *on eras* C, leuyngis A, leuenynges L, liȝtnynges HTDR, briȝtnes BS ben] is AHTLBS 309 liȝtned] *om.* BS 310 erþe[1]] þe erthe L 312 greet] þe gret L þe[2]] *om.* A 315 uia . . . cognoscentur] *om.* D et[2] . . . cognoscentur] *om.* L 316 þe] *om.* L þi[1]] is þi BS

watres, and þi steppes shulen not be knowen. In þe sce: þat is, in puple hauyng bittre sorow for her synne is þi wei, for þei ben wey to oþere ledyng hem to þi grace. And þi paþþes in many watres: þat is, þi commandementes, þat kepen men in onehede of þi lawe out of þe 320 brood wey of þe world, ben shynyng in þi feiþful foloweres þat as many watres moysten þe erþe and colen þe brennyng desires of fleshli lustes wiþ plenteuousnesse of wisdom þat þei deseruen of God. And þi steppes shulen not be knowen: þi steppes, þat ben þi wondres þat þou dide in erþe, shuln not be knowen of þin enemyes 325 whom þe world haþ blynded; or þi steppes þat ben þi feiþful foloweres þat vertuously ȝeden after þee, kepyng þi lawe and techyng it oþer, shuln not be knowen of proude princes of erþe, but despised and scorned and pursued to þe deeþ.

{21} **Deduxisti populum tuum sicut oues in manu Moysi et** 330 **Aaron.** *Þou leddest out as sheep þi puple in þe hond of Moyses and Aaron.* Moyses þat was taken out of þe watre bitokeneþ men þat ben in penaunce, sorowyng for synne; and Aaron, þat bitokeneþ a mounteyne of strengþe, bitokeneþ men of stedfast bileeue þat dredden no bodily peril of þis lif but miȝtili enforsen hem to 335 wiþstonde synne. Þise bitokenen trewe prelates of holi chirche þat han ledde Goddes puple in sikir pasture of his lawe, not robbyng hem for coueytise of her godes, ne þretenyng hem in malice, boostyng of her power, but bisili as feiþful louyng hirdes enforsid hem to telle hem þe treuþe, keping hem fro synne. But þise sheep in 340 name ha | uyng maneres of wood geyt, despisyng to be kept vndir staf f. 163rb of an hird`e´, knewe not her lederes but despised hem for her symplenes, and scorned her techyng of truþe; wherfore þei serued to be deuided, and led as moost þralles into caitifte, and spoiled and robbed and deceyued bi coueitous tirauntes. 345

317 þat] þi weye þat L puple] þe peple AH, þi pepull L 318 synne] synnes AL 319 þi[3]] þat þi BS 320 onehede] vnite BS 321 foloweres] louers þat folowen þe H, loueris R 324 ben] is AHTLBS 326 whom] whiche AL ben] is AHTLBS 327 foloweres] louiers and folewers A 328 oþer] to oþere H erþe] þe erþe AL 330 populum . . . aaron] *om.* D populum . . . oues] sicut oues populum tuum HTLRBS sicut oues] `sicut oues´ L, *om.* A in . . . aaron] *om.* L in manu] *om.* H 331 as . . . puple] þi pepull as schep L 334 bitokeneþ] bitokenen H 335 no] not AL 336 þise] þere T trewe] þese trewe BS of] in AL 337 in] into BS robbyng] robbyn L 338 her] hise A, *om.* L þretenyng] þretinge AHTLDBS 339 enforsid] enforcen L 340 hem[2]] *om.* H 341 staf] þe staffe HLBS 342 knewe] knoweþ BS 343 serued] dysserueden AHTLBS

Psalmus .lxxvii.

{1} Attendite, popule meus, legem meam; inclinate aurem uestram in uerba oris mei. *Mi puple, biholdeþ my lawe; boweþ in ȝoure eere into wordes of my mouþ.* Here men ben tauȝt and comaunded bi þe Holy Goost þat spak in Dauid to take heed to Goddes lawe, for þat is oure myrour and oure ensaumpler wherbi we shuln knowe ouresilf, eshewyng vices to plese to God in kepyng of his maundementes. For þe keping of his lawe is oure saluacioun, and þe vnknowing þerof is oure dampnacioun. Forþi ȝee puple of God, biholdeþ wiþ þe eere of ȝour hert mekeli þe lawe of God, sugetyng ȝour fleshe to þe spirit of treuþe, sleyng in ȝou ȝour fleshli desires þat, as moost cruel enemy, fiȝteþ aȝen þe spirit. Boweþ in ȝour eere to þe wordes of my mouþ: þis is þe meke eere of ȝour hert, obeishyng to Goddes wordes spoken of his mouþe, for God is more plesid wiþ meke obedience þan wiþ eny offring. Loue ȝee þerfore þis lawe, as ȝee wole þat God loue ȝow, for aftir ȝoure loue ȝoure reward is mesured, and þe proef of loue is fulfilling of werk. Listeneþ þerfore tentifly, and vnderstondeþ riȝtli þat I shal seye. For

{2} Aperiam in parabolis os meum; loquar propositiones ab inicio. *I shal open in parables my mouþ; I shal speke proposiciouns fro* f. 163va *þe bi|gynnyng.* I shal open my mouþ apertli, shewyng parables þat ben liknesses, þat shewen a þing wiþouten and bitokenen anoþer þing þat men moun knowe þerbi. As Crist seiþ, 'þe kingdom of heuenes is like to ten virgyns, þat token her laumpes and wenten oute to m`e´ete wiþ her spouse'; þe whiche parable sheweþ þat þise ten virgyns bitokenen þe noumbre of al mankynd þat shale be dampned and saued. Proposiciouns he clepeþ þe wondres þat

Ps. 77 CAHTLDRBS

heading C (*r.h.* Attendite), lxxvij þe vnderstondynge of asaph. voyce of þe prophete to þe Iewes of þer shrewdnes L, *r.h.* Attendite popule D, `77´ *d.h.* B, þe lxxv salm A, `78´ *d.h.* R, *om.* HTS (*Note that all but the bottom 5 lines of f. 147ra/vb in A is a neat fill-in, probably in the same hand but in paler ink, covering* 226 wiþ . . . 252 wlatinge, 311 lyue longe . . . 337 dixerunt num-.) 1 inclinate . . . mei] *om.* L 2 mi . . . lawe] biholdeth my lawe my pepull L mi puple] *om.* A in] *om.* B 3 wordes] þe wordes LBS 6 to[2]] *om.* HLRBS maundementes] commaundementis BS 8 is] *om.* R forþi] þerfore H, for þat L puple] puples, -s *canc.* C 10 sleyng] seyng R 11 enemy] enemyes D eere] eeris A 12 to] into R 15 as] and BS for] *om.* T 16 of[2]] *om.* T werk] þe werke L 17 tentifly] ententifly ATL, enterli BS 18 in . . . inicio] *om.* D loquar . . . inicio] *om.* L 23 heuenes] heuen LRBS her] *om.* R 24 þat] þat/þat L 26 clepeþ] clepid D þe] *om.* R

weren shewed to þe Iewes in þe old lawe, þe whiche to cristen men ben figures fro þe bigynning of patriarkes, Abraham, Ysaac and Iacob. þe hereres answeren

{3} **Quanta audiuimus et cognouimus, et patres nostri narrauerunt nobis.** *Hou many þinges haue we herd and knowen, and oure fadres told to us.* As who seiþ, who þat shal telle parables or proposiciouns, telle he þoo þat ben writen in þe lawe, for þei suffisen to mannes witte, and in hem ben hid þinges þat needful ben to opene. Hou many þinges haue we herd be doon of God to þe vnkynd Iewes for her saluacioun? We in þe newe lawe han knowen þise þinges doon of God to vnkynd Iewes, for oure fadres of bileeue, dredyng God, coueytyng þe preisyng of his name, tolde to us, her sones, þat is to her aftircomeres, þe godenes of God þat he dide to his puple, þat his name be knowen and loued and dred of sones þat ben to come, as it was of fadres whos feiþful loue God approueþ bi writing of his lawe. þei ben propreli oure verrei fadres, bi whos vertuous ensaumples we ben maad her foloweres and eyres | of þe blisse of heuene. For

f. 163vb

{4} **Non sunt occultata a filiis eorum in generatione altera.** *þei ben not hid fro her sones in anoþer generacioun.* þat is: þe gode dedes doon of God to þe Iewes ben maad open to oure knowyng bi tellyng of oure feiþful fadres, whos sones we ben bi grace of folowyng. þise fadres dredden God and loueden him, bisili sekyng þe preisyng of his name; wherefore þei deserueden to be fadres of bileeue, fulfilled wiþ grace to þe liȝtnyng of her aftircomeres. þise fadres ben miroures to alle þe generaciouns of her aftircomeres þat þei teche to her children þe dedes of hem; for who þat haþ þe name of fadre, bodili or goostli and techeþ not her children in werk and word þe dedes of þise fadres, in her asking, þat is in Cristis dome, þei shuln take reproef þat neuer shal be done awey. For if God for þis negligence dampned men in þe old lawe, as Hely þe prest and

27 to þe iewes] *om.* T 28 ben] werun A 29 answeren] answereden D 30 audiuimus . . . nobis] *om.* D et[2] . . . nobis] *om.* L et[2]] ea R, *om.* AHTBS narrauerunt] annunciauerunt AH 32 `nota´ R who[1]] whos D seiþ] seye AHLBS who[2]] he AL þat] *om.* BS or] of A 33 þei] þo BS 34 ben[1]] is HBS þinges] þing HTBS ben[2]] is AHTLBS 35 haue we] *rev.* D be] and be H 36 knowen] hard L 37 doon] to be done H vnkynd] `þe´ vnkynde L, þe vnkynde AH 39 her] oþer T 40 sones] his soones R 45 occultata . . . altera] *om.* D a . . . altera] *om.* L 47 bi tellyng] *om.* BS 48 folowyng] oure folewyng BS 49 preisyng] preisynges BS 51 þise . . . aftircomeres (52)] *om.* A 52 `nota´ H 53 who þat] whoso H 54 or] and D her] *om.* D 55 þise] her AHTLBS

Ieroboam þe kyng and many mo, men þanne of þe New Testament þat ben more tauȝte bi þe ensanple of Crist and his apostles shulen
60 not be vnpunished þat ben founden in þis dampnacioun. Wake þei forþi

Narrantes laudes Domini et uirtutes eius, et mirabilia eius que fecit. *Tellyng þe preysynges of þe Lord and his vertues, and þe wondres of him þat he dide.* Þis is þe charge þat Goddes lawe byndeþ
65 bodili fadres and goostli to teche her children: first þei shuld enfourme her children hou þat þe lord her God is to be loued for himsilf ouer al þing, and hou for his godenes he is most preisable, for
f. 164ra al þing he doiþ godeli. And þanne þei shulden telle his ver | tues: hou bi his miȝt he deliuered his puple fro many periles, for whiles þei
70 obeished to his biddynges noon enemy miȝt ouercome hem, in token þat he himsilf is euer present wiþ his loueres to fiȝt for hem aȝen her enemyes, for who þat is enemy to his louere is enemy to him. Þise vertues of God, hou he miȝtili destroyed þe enemyes of his frendes, ben feiþful fadres holden to knowe and to teche to her children, þat
75 in tyme of asaylyng of enemyes her children ben feiþful, hopyng in God for þe clennes of þe kepyng of his lawe. And so þei sholen knowe his merueiles to teche to her aftircomeres, hou merueylously God fedde his puple in deserte and led hem bi many kynges rewmes, and blamed greet kynges þat `a´noied hem wiþ sharp vengeaunce of
80 deeþ. Þise wondreful vertues ben fadres bounden to knowe and to telle to her children. And to þis ende to þe preisyng of þe name of God, fadres shulden coueite to gete children and to bringe hem forþe, as patriarkes and prophetes diden bifore us; for who þat weddeþ him to knowe his wif fleishli and lackeþ þis ende, weddeþ
85 him to fulfille his lustes and vnworþeli takeþ þe sacrament of wedlok to his dampnacioun, for in suche flesheli couplyng is eiþer persone witnes to oþere of her fleshly lustes into her confusioun. And so men and wymmen, vntauȝt and vnkunnyng of Goddes lawe, weddinge hem, tempten God þerinne hugeli, for neiþer þei haue ne seken to

58 of] in B 60 vnpunished] `vn´punyst L, poneschid AH 61 forþi] þerfore AH, for þat L 62 laudes . . . fecit] *om.* D et[1] . . . fecit] *om.* L 63 and[1] . . . vertues] *om.* BS his] þe L 64 þat he] *om.* T byndeþ] biddiþ BS 65 first . . . children (66)] *om.* A 66 her[2]] *om.* A 67 þing] þinges H 68 godeli] good T 70 hem] *om.* L 72 is[1]] *om.* L louere] louers L 74 to[3]] *om.* AHR þat . . . children (75)] *om.* BS 75 ben] by TDRBS feiþful] feiþfulli AHL 76 þe[2]] *om.* H 77 to[2]] hem to AHTLBS merueylously] merueylous L 79 greet] *om.* T anoied] noieden AHTLBS 80 ben fadres] *om.* T 81 `Nota´ D 83 patriarkes] triarkis A 87 witnes . . . oþere] to oþer wyttenes L into] to L 89 tempten] tempting D hugeli] hidousli AHTLBS neiþer þei] þei `neiþer´ H

haue vertuous kunnyng of Goddes lawe to reule hemsilf aftir, ne to 90
teche her children. But, as horses and mules wiþouten drede of God,
þei vsen her fleishli lustes and deliten hem þerinne. Forþi drede þei!

{5} Et suscitauit test[imoni]um in Iacob, et le|gem posuit in f. 164[rb]
Israel. *And he upreysed a witnesyng in Iacob, and he sette a lawe in*
Israel. God reysed up a witnessyng in Iacob, for in þe Iewes he rered 95
up a lawe þat þei miȝten knowe þe weye of her pilgrimagyng, wherbi
þei shulde reule hem in þis lif. And þis lawe he sette in Israel: þat is,
to cristen men he haþ confermed þis lawe bi þe comyng of his sone
Iesu Crist oure lord, for feiþful men of þe new lawe moost verreli
moun be cleped Israel for þe clerete of Cristes lawe, whereinne þe 100
wille of God is moost verreli seen and knowen. And so vniust men
and wymmen in tyme of grace, þat loken not in þis lawe þe wil of
God, moost defoulen þis lawe, for in comparisoun of her avoutrie
men of þe old lawe weren but symple fornicaries. Þis lawe of Crist,
þat is liȝt to kunne and to doo þeraftir, it is witnesse to feiþful men 105
of purete of her loue, and it witnesseþ aȝen proude men and lusty þe
rebellioun of her foli negligence. Þis lawe shuld euery man greetli
charge.

Quanta mandauit patribus nostris nota facere ea filiis suis,
{6} ut cognoscat generatio altera. *Hou many þinges he haþ* 110
commaunded to oure fadres to make hem knowen to her sones, þat
anoþer generacioun knowe. Here moun men drede þat coueyten to be
fadres, and han in hemsilf no vertue, ne seken to haue, to teche her
children. And for fadres shulden bisili teche her children to drede
God and loue him, þe Prophete seiþ 'Hou greet þinges haþ þe Lord 115
commaunded to oure fadres!' Þe maundementes of Goddes lawe ben
greet in worþines, for þe bidder of hem is Lord of alle lordes, and bi
hem he wole þat his kyngdom be ruled and his heretage restored.

90 hemsilf] hymsilf S to[2]] *om.* A 91 horses] hors AHTLBS 92 forþi] þerfor AH, for þat L 93 testimonium . . . israel] *om.* D testimonium] testamentum CAHTBS et[2] . . . israel] *om.* L 94 lawe] witnessyng H 95 rered] reiside AHTLBS 96 up] *om.* H þe] *om.* T pilgrimagyng] pilgremage BS, pylgermage goynge L 97 þei] þe A shulde] miȝten AL hem] þemselfe L 99 iesu . . . lord] oure lord iesu crist AHTLBS feiþful] synful BS 101 vniust] *on eras. s.h.* C, lusti AHTLBS 102 tyme] þe *canc.* tyme C, þe tyme ATLBS 103 her] his D 105 to doo] do doo D þeraftir] aftir AHTLBS it] *om.* AHTLBS 106 of[1]] and L 107 euery] ech AHTLBS 109 mandauit . . . altera] *om.* D nota . . . altera] *om.* L 110 `nota´ BS 112 knowe] knewe S 113 vertue] vertues BS 114 for] *om.* BS drede] loue L 115 loue] drede L 116 maundementes] commaundementis BS 117 bidder] 1 *gap* T 118 þat] *om.* A

f. 164va And þerfore he | commaundeþ upon lif and deeþ þat fadres teche
120 hem to her children, þat þei be knowen fro generacioun to generacioun; for in makyng knowen of þe maundementes of God is worship to fadres in her sones, and worship to sones in her fadres, þat þei bi hem ben tauȝte þe maundmentes of God almiȝti þat leden men þe riȝt weye to heuene. þis charge han fadres of God þat þei
125 techen her children his lawe þat

Filii qui nascentur et exurgent, enarrabunt filiis suis. *Sones þat shulen be borne and outerise shulen outetelle to her sones.* Here is shewed who ben trewe sones of her fadres of bileeue tellyng to her sones þe grace þat þei lerneden of her fadres. þise sones ben not oneli borne
130 to þe world of her fleishli fadres and modres, but also ben born of þe Holi Goost, outerisyng fro synne. þise sones effectuelly techen to her sones þe maundmentes of God, doyng in dede þe disciplyne of her mouþ, and þis aftir þe maundment of God þei doon to her children.

{7} Ut ponant in Deo spem suam, et non obliuiscantur
135 **operum Dei, et mandata eius exquirant.** *þat þei sette in God her hope, and þat þei forȝit not þe werkes of God, and þat þei seken his maundmentes.* Whi shuln fadres telle and teche þe maundmentes of God? He answereþ þat þei setten in God her hope, and not in eny creature, as in gold and siluer and oþer passyng þing, for alle þat
140 feiþfulli hopen in God he defendeþ hem and delyuereþ hem. And so þei ben maad myndful of þe werkes of God, for in his werkes is knowen his miȝte, and good hope in him deserueþ grace and stireþ men to seke bisili to worche aftir his maundmentes. And siþ fadres of
f. 164vb oure fleish, þat ben oure fadres þat gaten us, | and oure coueitous
145 fadres, sekyng oure godes and not oure soules, failen in þe techyng and vttirly in þe worchyng after þe commaundmentes of God, flee

119 `nota´ H, `nota bene´ R 120 to[2]] into DR 121 for] þat D knowen] know/wynge D of [1]] *om.* BS maundementes] comaundementis ABS 122 and . . . fadres[2]] *om.* T 123 þei] *om.* A ben] þei ar L maundmentes] comaundementis A 124 þe] to þe BS to] of BS 126 qui] qui/qui C nascentur . . . suis] *om.* D enarrabunt . . . suis] *om.* L 127 shulen be] beþ BS outerise] shul outrise BS 128 of [1]] to L 130 ben] þei ben AHTLRBS 131 fro] for D þise] þe D 132 maundmentes] heestis A 133 maundment] maundementis R, commaundement BS 134 ut] et D in . . . exquirant] *om.* D et . . . exquirant] *om.* L 135 in . . . hope (136)] her hope in god R 136 þe] of þe AHTLBS 137 shuln] shuld R telle and teche] tell and telle, *marked for rev. to* telle and tell L 139 in] *om.* R 140 so] *om.* L 141 maad] `made´ D, *om.* L 143 to seke bisili] busily to seche T, bysili R aftir] þeraftir D 144 fleish] fleschis H ben] is AHTLBS oure[2]] *om.* A 145 failen] failynge D 146 worchyng] werken L flee we] flew L

we to Crist, bisshop of oure soule and fadre of mercy, þat deliteþ not in dampnyng of men, and loue we his lawe, and he shal teche us to worche þeraftir, and to teche it to oure children þat þei putte her hope in þe lord her God, and not in prosperite of þis lif. 150

{8} **Ne fiant, sicut patres eorum, generatio praua et exasperans.** *Þat þei be not maad as her fadres a generacioun wicked and sharpyng.* Þat þei ben not vnkynde as her fadres weren whom he delyuered out of Egypt, þat ȝeldiden him yuel for good, grutchyng ofte aȝen him and mystrustyng to him. Þei weren a wicked 155 generacioun in her yuel willes, sharpyng God to vengeaunce, for he delyuered hem of greet þraldom whan þei crieden to him, þat þei shulde serue to him in fredom of his lawe, makyng knowen to her aftircomeres þe wondirful werkes þat he dide in her outeledyng, to her enemyes þat oppressed hem in lond of her caitifte. Forþi þat 160 generacioun is

Generatio que non direxit cor suum, et non est creditus cum Deo spiritus eius. *Generacioun þat riȝted not his herte, and wiþ God is not trowed þe spirit of him.* Wicked generacioun fulfilled of yuel draweþ to itsilf wickednes upon wickednes, and riȝtteþ not þe malice 165 of his hert, but sharpeþ God for hardnes þerof to do upon him vengeaunce and upon his aftercomeres, for þe spirit of him is not trowed wiþ God. For whan good werkes ben awey þe herte is ful of vnclennes, and þanne þe treuþe of þat creature is deeþ, and so þei shewe hemsilf. 170

{9} **Filii Effrem, intendentes et mittentes arcum, conuersi sunt | in die belli.** *Sones of Effraym, inbendeyng and sendeyng þe bowe, turned þei ben in day of bateil.* Sones of Effraym ben alle þe feynt cristen men þat ynbenden her bowe and senden arewes, þat is þei lete as þei weren armed and miȝti to stond wiþ God in cause aȝen 175

f. 165ra

147 oure] her T soule] soules B 148 dampnyng] þe dampnynge A 149 putte] n *canc.* C 151 sicut . . . exasperans] *om.* D generatio . . . exasperans] *om.* L 152 a] fro T 153 sharpyng] scharpid T not] not maad as her fadris a generacioun, as . . . generacioun *canc.* H whom] whiche AL 154 þat] þat is D him] to him AHTLBS 155 mystrustyng] mystrynge S 156 in] into T 157 of] fro BS 160 lond] þe londe R her[2]] *om.* R forþi] þerfore AH, for þat L 162 que . . . eius] *om.* D et . . . eius] *om.* L 164 trowed] bileuyd DR 165 and] *om.* L 166 hardnes] þe hardnes AHTLBS 168 trowed] bileuyd DR good . . . awey] god wirchiþ not alwei A, god wyrketh or awey L 169 deeþ] deed AHTLBS 171 intendentes . . . belli] *om.* D conuersi . . . belli] *om.* L 172 inbendeyng] in byndynge H 173 turned . . . ben] þei beþ turned B 174 ynbenden] *altered from* vnbenden C 175 lete . . . þei[2]] *om.* T lete] þat let BS miȝti] miȝtili BS

his enemyes to þe last point of her lif, boostyng of her owne presumpcioun or þei haue asaied hemsilf, or doon penaunce for her old synnes, or entierli forþouȝte hem, or left þe occasioun of hem. Forþi in day of bateil, þat is in day of her asailyng, þei ben
180 turned bacward as cowardes to her old customes, and so her last errour is werse þan þe first. And þe cause is for

{10} **Non custodierunt testamentum Dei, et in lege eius noluerunt ambulare.** *Þei kepten not þe testament of God, and in his lawe wolde þei not go.* Þe feiþful keping of Goddes lawe makeþ
185 men to deserue grace and to be cleped to þe bateil, not to flee but to stonde, til þe coroune of victorye be wonne in suffryng for truþe þat nedis most haue þe ouerhond. And who þat putteþ him to þis bateil vnworþeli or feintli or doutously, mote nedes faile, for he enforseþ him aȝen truþe þat trusteþ not fully in truþe, as ben alle þo þat for
190 her owne lustes leuen þe truþe, not fulfillyng þat þei hiȝte to God; and in his lawe þat is charite þei lasted not, for þei loue vanite and seken þeraftir, despisyng truþe for erþeli prosperite þat soon shal faile.

{11} **Et obliti sunt benefactorum eius, et mirabilium eius que**
195 **ostendit eis.** *And þei forȝeten his good dedes, and his wondres þat he shewed to hem.* Unfeiþful men, louyng þe prosperite of þis life,
f. 165rb forȝetyn to ȝelde þonkes to God for þe good dedes þat he | haþ done to hem, as in makyng hem of nouȝt aftir his owne likenes, sugetyng alle creatures to man, and ȝeuyn[g] hem an esy lawe to kepe hem in
200 þis perilous tyme fro wicked cumbraunse of her enemyes, and aftir þis litil tyme to be eyres wiþ him in blisse. Of alle þise benefetes þei ben vnmyndful þat wroten in þe erþe of lustes and ritchesses. And of his wondres þei recorden not, hou þe Fadre of heuene sent Crist, his oneli sone, to bicome man and bye man fro deeþ, and suffred him to
205 dye, in whom was no gilt, and reysed him fro deeþ to lyue, and toke

176 point] eend T 178 or[1]] ben DR hem] *om.* L 179 forþi] þerfor AH, for þat L asailyng] assaiynge ATLS 180 cowardes] hertlees cowardis AHTLBS 182 custodierunt] custodierint S testamentum . . . ambulare] *om.* D et . . . ambulare] *om.* L 183 and in] *om.* L 184 wolde þei] *rev.* AHTLDRBS 185 þe] *om.* R flee] flye R 186 til] to T for] of BS 187 most] mut AHTDRBS him] hem ATLBS to] into D 188 mote] must L he] *om.* L 189 truþe[1]] hym D not] hym not BS ben] is HL 194 et[1]] si L sunt . . . eis] *om.* D benefactorum] beneficiorum R et[2] . . . eis] *om.* L mirabilium] mirabilia H 196 þe] *om.* ATL 197 þonkes] þankingis AHL 199 ȝeuyng] ȝeuyn CAHLDR hem[2]] 'hem' S, *om.* A 200 fro] hem fro A, for D 201 to] forto T wiþ him] wiþ hem S, of heuene D 202 and[2]] *om.* R 203 his] þes R, *om.* BS

him up to heuene. þise wondres, doon to man for þe loue of mannes saluacioun, ben sette at nouȝt and forȝeten, as if þei were veyn. For

{12} **Coram patribus eorum fecit mirabilia in terra Egypti, in campo Thaneos.** *Bifore her fadres he dide wondres in þe lond of Egipt, in þe feeld of Thaneos.* Bifore þe fadres of hem he dide wondres in þe lond of Egipt: þat is, bifore þe fadres of þise vnfeiþful puple, þat ȝeuen to God no þonkes for þe vnnoumberable goodnes þat he haþ doon to hem. He wrouȝt greet wondres bifore her fadres in þe lond of Egipt, bryngyng hem oute of derknesse of synne, settyng hem in liȝtnesse of plenteuous grace; and in þe feeld of Thaneos he dide merueyles, þat is in þe pleyn feeld of his maundmentes he sette his puple, whereinne þei miȝte see to kepe hem fro þe preuy deceytes of enemyes þat wayten man in aspye. And for þei shulde not faile bi oppressyng in þe lond of her þraldom 210 215

{13} **Interrupit mare et perduxit eos, et statuit aquas quasi in utre.** *He wiþinne brast þe sce, and togiderledde hem, and he sette þe watres as in a gourde.* þe puple of God whom pha|rao pursued, God wondirfulli ledde hem ouer þe sce wiþ drye foot, departyng þe depe watres, stablyng it at eiþer side of hem as if it had be closed in a gourd; and whanne her enmyes pursueden hem and entred`en´ aftir hem wiþinne þe watres, God comaundid to þe watres and þei ouerflowed hem þat noon ascaped awey alyue. þis wondre God dide bifore his puple þat þei shulde knowe his miȝte, and wiþouten drede of bodili enemy serue to him, to whom al þing obeisheþ. Also bi þis Reed sce, bi þe whiche God led his puple in saaf ward, and drenched in þe same place his enemyes, is vndirstonden cristen mennes baptyme, þe whiche, ȝif it be clene kepte wiþouten corrupcioun of loue of þis lif, bringeþ men sureli to þe hauene of helþe, þurgh þe wood wawes of þe routyng sce of enemyes þretyng. 220 f. 165va 225 230

207 ben] or T for] *om.* L 208 eorum . . . thaneos] *om.* D mirabilia] *final letter* e? *eras.* C in[1] . . . thaneos] *om.* L in[2]] et in R 210 in[1]] and in AHTLDRS þe fadres] *twice* D 211 þise] her ATL 212 þonkes] þankyngis AL goodnes] goodnessis A 214 derknesse] mirkenesse HL 215 liȝtnesse] lycknes L 216 in . . . his[1]] *twice* T maundmentes] comaundementis A his[2]] *om.* T 217 to] forto A fro] wel from A þe] *om.* R 218 man] a man D 220 mare . . . utre] *om.* D et[2] . . . utre] *om.* L 221 he[1]] Ie L brast] tobraste H togider . . . hem] S *marked for rev. to* led hem togedre B 222 gourde] bowge or a gourde H, bootel DRBS `nota´ BS god[1]] pharao T whom] which AL 224 eiþer] euery L 225 gourd] bouge H, botel DRBS aftir hem] *rev.* T 226 þe[1]] *om.* H god . . . watres[2]] *om.* L 229 to[1]] *om.* L obeisheþ] obeyeth L 231 drenched] drownide H 233 þe] *om.* L 234 routyng] *om.* D þretyng] þreetnynge ADR

235 For as þe baptyme bigynneþ wiþ penaunce, so it is sureli kept to þe ende in parfite penaunce doyng, for if fructuous penaunce fayle, baptyme þat tyme haþ no strengþe, for þo þat taken baptyme, and contynuen not in werkes of baptyme, þat is in doyng worþi fruytes of penaunce, is maad for þe taking þe more vnmiȝti for þe makyng of 240 his vowe and brekyng it.

{14} Et eduxit eos in nube diei, tota nocte in illuminatione ignis. *And he led hem in a cloud of day, in al þe niȝt in liȝtnyng of fyer.* Aftir þe baptyme feiþful men ben led in pilgrymage of þis lif in a cloud of day, þat is in þe bileeue of Crist, hoping in him to 245 wiþstonde al þe malice of her enemyes. For, as þe godhed of Crist was hid vndir his manhed, so þe bileeue of trewe men is in þe lawe of f. 165rb Crist þat vnfeiþful men holden but scorn, and | þurgh vertu of þis bileeue þei ben defended aȝen þe brennyng luste of al flessheli desire, wherwiþ þei ben asailed and pursued in þe day of þis lif. Whi so? 250 For al þe niȝt þat is in derknesse of synne þat enuirouneþ hem, or preuy gileries of enemyes þat ben leid bifore þe feet of symple men, scoymyng þe corrupcioun of þis lif, þei ben in liȝtnyng of fier, þat is in parfite loue of þe Holi Goost þat as moost cleer fier liȝtneþ to hem þe ende of alle her temptaciouns—þat is þe glorious coroune þat þei 255 shuln haue at þe ende for her miȝti wiþstondyng of tem[ta]ciouns `of Crist þat ouercam alle temptaciouns´, and so þe biholdyng of þis ende þat is Crist. Al þe lust of temptacioun þurgh fier of his loue is soon brent awey and waasted, and þe hert fulfilled wiþ gladnes, doyng þonkkes to God, bi whom he is maad ouercomer. And for þat 260 his loueres shulden truste to him

{15} Interrupit petram in heremo, et adaquauit eos uelut in abysso multa. *He brak þe stoon in þe wildirnes, and he wattred hem as*

235 wiþ] bi A sureli] soreli D to] into A 236 for] so D 237 þat tyme] *om.* T þo] þei BS 238 contynuen] coueyten L in[2]] *om.* A fruytes] frute L 239 is] ben HT þe[2]] *om.* D 240 his] her H, þis L 241 eduxit] deduxit HTDRBS eos . . . ignis] *om.* D tota . . . ignis] *om.* L tota] et tota RB 242 day] þe daye L in[2]] and R 243 þe] *om.* DR pilgrymage] þe pilgrimage BS, þe pilgrymaginge AHTL 246 his] þe A, *om.* BS 247 þis] þi BS 248 þe] *om.* L 250 þe] *om.* R derknesse] þe derknes A, mirkenesse H 251 gileries] snaris AHTLBS 252 scoymyng] wlatinge AHTLDRBS 253 in] *om.* AL as] is D 254 her temptaciouns] `temptaciouns´ H 255 wiþstondyng] wiþstodynge R of[2] . . . temptaciouns (256)] *added margin d.h. marked for ins.* C, *om.* BS 256 þe] `pouȝ´ þe S, þurȝ þe B 257 temptacioun] temptaciouns BS fier] þe fuyre BS 259 þonkkes] þankingis AHL 260 loueres shulden] louer schuld LBS 261 petram . . . multa] *om.* D et . . . multa] *om.* L 262 þe[2]] *om.* R

in depnes mychel. þis brekyng of þe stoon was Crist, þat for man was wounded upon þe crosse, out of whois side ran plente of merci to abate þe fier of lust of alle þat wolden vse þat medcinable salue doing þonkkes to God in kepyng of his lawe. þis stoon þat is Crist, whom þe wicked werkmen of lustes repreued, was broken in þe wildernes of þis world, whereinne ritchesses of pride as sharp þornes ben norished to þe prickyng of proud mennes conscience, for as þei delite in hem now in þe ende þei shuln noye hem. In þis wildernes ful of vices Crist leete renne out of his herte plente of watre, | þat is fulnes of grace, of whos plente trewe men and feiþful taken large ȝiftes. For

{16} Et eduxit aquam de petra, et deduxit tanquam flumina aquas. *And he outled watir of þe stoon, and he led as flodes watres.* þis stoon was Crist, out of whom was led plenteuous watir of wisdom, for he is wisdome of þe Fadre bi whom al þing was maad. And for þe plenteuousnes of þis wisedom þe Prophete seiþ it was as flodes led out, for to eche man it floweþ and fulfilleþ his vesseles of clennesse, þat ben his wittes þat þirsten aftir grace, despisyng þe filþes of þis lif.

{17} Et apposuerunt adhuc peccare ei; in iram excitauerunt Excelsum in inaquoso. *And þei setten ȝit to synne to him, into ire þei stired þe Hyȝe in vnwatri place.* Loo, þe vnkyndnes of man: for al þe good þat God haþ doon to man and ȝit doiþ, not forþi wiþouten drede þei setten her hertes to þenke malice and in dede fulfillen it, despisyng to serue to God, doyng synne upon synne, stiryng him into ire þat is hyȝe king of glorie and lord of alle lordes. And þis þei doon in vnwatry place: þat is, in þe hardnes of herte þat is dryȝe brent in lustes of þis lif, for þei deynen not to receyue a drope of

263 depnes mychel] *rev.* DRBS þe] þis D 265 abate] qwenchen AHTBS, sleken L medcinable] medicinal AHT salue] sause AL 266 þonkkes] þankingis AHL þis] þe D 267 werkmen] wermen L 268 of] and D ben] *om.* T 269 conscience] consciences HTDRBS 270 delite] delited BS 272 feiþful] feythfull men L 274 et[1]] *om.* D eduxit] duxit L aquam . . . aquas] *om.* D et[2] . . . aquas] *om.* L 275 outled] led out BS of] owt of L þis] þe R 277 wisdome] þe wysdome R 279 fulfilleþ] filliþ TBS 280 ben] is AHTLBS wittes] wytnes L þe filþes] lustis A 282 adhuc . . . inaquoso] *om.* D adhuc] *om.* T in . . . inaquoso] *om.* L in iram] inram A 283 setten] set to TLBS synne to him] hym to synne D 284 hyȝe] heiȝþe H place] places H vnkyndnes] vnclennes L man] men R 285 doon to man] to man doon B not forþi] naþelees A, forwhy L 286 drede] dree H setten] set to TLBS in dede] drede BS 287 to[2]] *om.* L 288 into] to L hyȝe] þe hegh T 289 place] places H herte] her herte AHTDRBS 290 lustes] þe lustis B

watre rennyng fro þe holes of þe stoon, þat is fro þe woundes of Crist in whom alle lustes ben slockened. But what

{18} Et temptauerunt Deum in cordibus suis, ut peterent escam animabus suis. *And þei temptiden God in her hertes, þat þei*
295 *aske mete to her soules.* Loo, hou synne ledeþ men fro errour into
f. 166rb errour, rebellyng aȝen God into her confusioun! þei tempten | God in her hertes, speke þei neuer so piteuousli, þat asken of him eny þing þat nedeþ not to his preisyng, or ȝif þat þing þat þei asken þei vsen not to his preysynge. And here moun coueitous men drede þat
300 asken bisili worldli goodes for loue of her fleishe, destroiyng þerwiþ þe vertu of her soule. And also þei tempten God in her hertes þat studien or coueiten worldes wisdom to be þerbi enhaunsed, or to mysvse it in preuey sleiȝtes to deceyue þerwiþ her neȝebores; for, as bodili mete norisheþ þe fleishe, so þe wisedom of God norisheþ þe
305 soule, and worldly wisedome destroieþ þe vertu þerof. Forþi

{19} Et male locuti sunt de Deo; dixerunt: numquid poterit Deus parare mensam in deserto? *And yuel þei spake of God: þei seiden wheþer God shal mow greiþe a borde in deserte?* þis is foly speche and huge temptyng of God to aske him þat þat nedeþ not, or to
310 doute of his miȝte in whom is al vertu. þe doute of þis greiþing is despeir of synful men þat han leyen long in lustes. For, as moost bareyn desert wherinne groweþ no fructuous tree but wild þornes and noyous breres, so þei ben waast wiþouten vertue, fulfilled of noyous vices, desp`e´iryng of Goddes merci; and in þis temptacioun
315 þei ben taken þat douten to haue mercy of God wiþouten mannes asoylyng. Loo her errour:

{20} Quoniam percussit petram, et fluxerunt aque, et torrentes inundauerunt. *For he smote þe stoon and watres floweden, and*

292 ben] werun A slockened] qwenchid AHTDR 293 deum . . . suis (294)] *om.* D ut . . . suis (294)] *om.* L peterent] peterant A 294 escam] escas AHRBS 295 mete] mete`s´ D, metis AHR to] of *canc.* T into errour] *om.* L 296 tempten] temptiden A 298 to] *om.* H 300 worldli] wordis A, worldis TLBS þerwiþ] *om.* D 302 or[1]] and L worldes] wordli AHTLBS 303 deceyue] distrie A 305 forþi] þerfore AH, for why L 306 locuti . . . deserto] *om.* D dixerunt . . . deserto] *om.* L numquid] inuicem `numquid´ H 307 yuel . . . spake] þei spak yuel BS 308 greiþe] ordeyne H, make redi DR is] *om.* L 309 huge] hidous AHTLBS him] *om.* T þat þat] þat L or to] forto D 310 þe] þis D greiþing] ordenyng H, makynge redi DR 311 han] *om.* H leyen] lyue AHL lustes] synne and lustis B 312 wild] noyous BS 313 noyous] wilde BS `nota bene´ R fulfilled] ful stuffid AHTLBS of] wiþ D 314 and . . . asoylyng (316)] *om.* BS 317 petram . . . inundauerunt] *om.* D et[2] . . . inundauerunt] *om.* L 318 floweden] runnen out AL

þe strondes bolneden. þe Fader of heuene smoot þe stoon: þat is, he suffred, ȝiuyng power to þe Iewes, Crist to be smyten and wounded, 320 þat is þe cornerstoon; and of him ran plenteuous watres of wisdom, not | of wisedom of þe world but of heuene. And of þe same stoon f. 166va þat is Crist ran out plenteuous watres of penaunce, cleen clensyng alle filþes of hem þat wolen be wasshen in hem. For what synne or filþe eny man haþ, if he wole take and vse þe watre of þis stoon, he 325 shal be maad clene. For, of þe aboundaunce of þise watres of Cristes woundes, strondes, þat ben feiþful men receyuyng þise gracious watres, bolneden, not in rancoure of malice for greetnes of enuye, bolnyng and bolkyng out venym of wraþþe ne boostful wordes of pride; but þise strondes, þat ben þe apostles of Crist, bolneden in 330 fulnes of grace, þe whiche miȝt not be hid wiþinne hem for greetnes of her loue. For as moost plenteuous strondes in alle þe coostes of erþe þei wattreden þe drye hertes of men wiþ þe holsum doctrine of Cristis passioun. And not forþi endured wretches wiþ hard stony hertes, whom neiþer drede miȝte pers ne loue melte, temptiden God 335 in desert of her vnfructuous erþe ful of vicious despeyr.

Et dixerunt: numquid panem poterit dare, aut parare mensam populo suo? *And þei seiden: wheþer breed he shal mowe ȝiue, or greiþe a boord to his puple?* þise endured wretches despeyreden of þe miȝt of God for þe multitude of her owne wickednes, and þerfore 340 skilfulli þe grace of God was taried and wiþholde fro hem. For whanne men mystrusten to God, he mot nedes wiþdrawe his grace. þis puple, whom God led out of Egipt bi miȝty hond þurghout þe Reede sce, drowning þerinne her enemyes, ledyng hem into deseert, shulden not haue despeired of Goddes miȝt, ne mystrusted to him, 345 hopyng þat he brouȝt hem into desert to perische. | For whanne f. 166vb God commaundeþ eny þing, in þat biddyng is greiþed al þing þat is

319 þe strondes bolneden] rennynge watris wawiden out AL þe[2] . . . heuene] for he AL smoot] swoote D 321 ran] ran out AHTLBS 322 wisedom] þe wysdome L 324 alle] of alle BS synne] filþe B 325 filþe] synne B 326 þe] *om.* DR 327 strondes] stones L ben] is AHTLBS þise] here T 328 of [1]] and A enuye] enemy L 329 and bolkyng] *om.* A wordes] of wordis H 330 ben] is AHTLBS 333 doctrine] loore of doctryn A 334 forþi] for þat L 335 whom] þe whiche þat A, whych L pers] perishe BS ne] neiþir A 336 erþe] *om.* A 337 numquid . . . suo] *om.* D aut . . . suo] *om.* L 338 breed . . . ȝiue] he shal mowe ȝeue breed BS mowe] now L 339 greiþe] I greiþe A, ordeyne H, make redi DR a boord] abrode L despeyreden] dispeyren R 340 owne] *om.* D 341 skilfulli] synfully T 342 mot] must L 343 whom] whych L 344 drowning] drenchinge ATL, drawynge DR þerinne] wiþyn BS 346 `nota' HD 347 greiþed] ordeined H, maad redi DR

needful to þe fulfillyng of his wille. And so þis puple, led out of Egipt, shulden haue knowen þat siþ God badde hem come þennes, al
350 þing he hadde ordeyned þat was nedeful to hem, to come to hem in þe best tyme. And so, al be it þat in her grutchyng he fed hem plenteuously, he dide it into preising of his name, shewyng his miȝte into her confusioun. And in þis despeir ben many men now in tyme of grace, biholdyng hem voide of grace and vertues, and douten
355 wheþer God miȝte greiþe to hem mete of grace, forȝiuyng hem her synnes. But þei shulde knowe and stedfastli bileeue þat, be a man neuer so synful, þat he may not þenk upon his synne to bihold it or shamyng it, but ȝif it be of grace of God. And þis grace, ȝif it be contynued, anoon offreþ to him aftir shame forþenkyng and sorow
360 for his synne; and aftir forþenkyng grace occupieþ his mynde to seke good menes hou he may auoyde þe occasioun of his synne. And þis grace, if it be contynued, ceeseþ not worchyng til he be clene purged of al his synne, and fulfilled wiþ vertues. And so no man may þenke ne speke ne purpos to doo eny þing þat God haþ commaunded þat
365 ne þerinne he shal fynde al þing þat is nedeful to þe fulfillyng þerof. Forþi no þing is more contrarie to grace þan is despeir, ne no þing more deserueþ grace þan feiþfulnes; and þat is saumpled bi Cristis dedis, for aftir þe feiþ of þe puple he heled hem seiyng 'Be it doon to ȝow aftir ȝoure feiþ.' And for þe despeyr of endured wretches he
370 lefte meche puple vnheled, as he witnesseþ himself, seiyng 'For þe
f. 167ra vnfeiþfulnes | of þe puple he dide not þere many vertues.' And þerfore it is seid

{21} Ideo audiuit Dominus et distulit, et ignis accensus est in Iacob et ira ascendit in Israel. *Þerfore þe Lord herd and delayed;*
375 *and fier is kyndeled in Iacob and ire steyed into Israel.* O, hou meche it is to drede whanne God fulfilleþ þe desir of synful men, sendyng to hem her flesshely desires, al be it þat many men wenen þat in þat God loueþ hem, for ellis as þei seye he wold not sende hem her desire. But scripture witnesseþ aȝen hem here þat seiþ þerfore, þat is

348 so] *om.* L þis] þi BS 350 þat] for hem þat AL 351 so] *om.* L 352 preising] þe preisynge D name] *om.* A 353 men] *om.* BS 354 and douten] doutyng B 355 greiþe] diȝte H, make redi DR forȝiuyng] forȝiuen H hem[2]] *om.* T 357 or . . . it[1] (358)] *om.* A 361 auoyde] uoide D 362 til] to TBS he] it HL 363 al] *om.* D 365 he] hem A 366 forþi] therfore AH, for þat L þan] þat D despeir] þe cursed wille of dispeyr A ne] neiþir A 367 more deserueþ] *rev.* S þan] þan dooþ A þat] þis T 369 þe] *om.* R 371 þere] þese T 372 `Mt.13´ CTRBS 373 dominus . . . israel] *om.* D et[2] . . . israel] *om.* L 374 ira] ira dei H 375 steyed] steigheþ TBS `nota´ R it is] *rev.* HTBS

for her despeir, þe Lord herd, for to him is al þing present, and he 380
delayed his vengeaunce, fulfillyng her desire, sendyng hem mete fro
heuene, shewyng his miȝte wherinne þei trustiden not. For vnfeiþful
men þat tempten God, coueityng lustes and worshipes and prosper-
ite of þis lif, trusten not in God, al be it þat alle þise fallen to hem.
For loue bringeþ inne trust, and þat vnfeiþful men han not. Forþi 385
God, hatyng vnfeiþfulnes, kyndeled fier of his woodnes in Iacob, þat
is in þe Iewes þat weren of þe generacioun of Iacob; and ire of his
indignacioun stied up into Israel, þat is into þe puple of Israel þat
hadden seyen his wonderful werkes, and despeyreden of his miȝte
and hopeden not in his gode puruyaunce þat he haþ bifore ordeyned 390
al þing redy to þe bihouefulnes of his puple, nedeful to his seruyce.
Forþi to her confusioun he sente hem her desire of fulnes of mete,
delaiyng his vengeaunce to þe sorer strikyng bi þe riȝtwisnes of his
doome. And hereof moun men be certeyn þat whanne God sendeþ
prosperite to vnfeiþful men, vsyng his creatures in lustes, þat his 395
wraþþe is stired aȝen hem, for þerafter he shal ȝelde to hem peyne.

{22} **Quia non cre|diderunt in Deo, nec sperauerunt in** f. 167[rb]
salutari eius. *For þei bileeueden not in God, ne hopiden in his*
helþeȝiuer. Despeir bringeþ upon us moost hydous vengeaunce, þat
is to lyue vnfeiþfulli, and þerwiþ haue prosperite, for þanne þe 400
indignacioun of God is upon vs to suffre us st[rai]e in lustes as
beestes þat in her moost fatnesse shulen sodeynli be killed. Þis
vengeaunce God dide to þe childre of Irael þat mystrustiden in him,
doyng us to wite þat he is enemye to vnfeiþfulnes, for his riȝtwisnes
mote nedes endure þe vnfeiþfulnes of þe puple, to þe takyng of 405
harder vengeaunce in his doome. And plente of þis vengeaunce mote
nedes falle upon vnfeiþful prestes þat trusten not to come to þe ordre
of presthode wiþouten suraunce of a worldeli title, doyng men to

380 is al þing] al þing is A   383 tempten] temptiden RBS   lustes] lust R   384 þise] þese \`þingis´ S, þese þinges B   385 forþi] þerfore AH, for þat L   386 kyndeled] kyndeliþ RBS   387 weren] was AHLS   of[1]] in T   ire] þe ire R   388 þat[1] . . . israel[2]] *om.* L   389 of] not of L   390 in] of L   his] *om.* T   he haþ] haþ HTBS, *om.* AL   391 þing] þingis A   392 forþi] þerfor AH, for þat L   393 \`nota´ R   þe[1]] *om.* L   strikyng] smytinge ATDRBS   riȝtwisnes] riȝtfulnes DR   394 hereof] þerof L   moun men] *rev.* R   395 men] *om.* L   396 for þerafter] þerfore aftir H   to hem] *rev.* H   397 crediderunt . . . eius] *om.* D   nec . . . eius] *om.* L   399 \`nota´ H   401 straie] sterue CDR, steiȝe BS   lustes] oure lustis AHTLBS   402 þat] *om.* A   shulen] schulden D, *om.* BS   be] beþ BS   403 to] sudenli to BS   404 to[1]] *om.* L   405 mote] must L   406 \`nota bene de titulis prestis´ *d.h.* H, \`nota bene´ R   harder] þe hardir A   and . . . witnessen (433)] *om.* BS   þis] his T   mote] must L   407 nedes falle] come nedis A   falle] cum L   408 a] *om.* A

wite hou þei ben moost contrarie aȝen Crist and his lawe. For who
410 þat trusteþ to þe world, þat is enemy to God, mote nedes fayle to
truste in him. Þe lawe of God seiþ þat he is her part, but herto þei
trusten not whanne þei purchasen to hem titles of þe world, and
wiþouten forþenkyng of þis errour many of hem deyen. And so þei
beren witnes wiþ hem þat þei bileeueden not in God, þat seid to þe
415 prestes of Aaron-kynde 'I am ȝour part and ȝour heretage', ne þise
vnfeiþful prestes hopiden not in þe helþeȝiuer of God, þat is in Crist
in whom is al helþe, þat is þei hopeden not ȝif þei hadden folowed
Crist in pouert and tribulacioun, beryng in her flesche þe crosse of
his passioun, þat her rewarde of him shulde haue be euened to þe
420 reproof of þe wor`l´de þat þei shud þanne haue suffred in þe
folowyng of him. Wedded men and eires of londes þat han ofttyme
litle goodes or none to take to, comen to her staat wiþouten eny title
of suraunce of þe world, summe of hem trustyng in God and summe
f. 167va to her | owne prouidence wiþ her bisi traueile, and þus wiþouten
425 chartre of suraunce þei gete her liflood in þis world. But prestes, þat
moost shulden truste in God and be ferrest fro suraunce of þe world,
shulen not be receyued into þat ordre but if þei bringe wiþ him a
chartre of mysbileeue; and for þe cursidnesse of her entre þei
profiten not to oþer, for whiles þat errour is vnpurgid þei despisen
430 God, puttyng to him repreef, for he hiȝte to be paart of prestes
whom þei haue despised, mysbileeuyng to him, as ȝif he were an
vnsuffisaunt part to prestis in comparisoun of þe world whom þei
louen more þan him as her dedes witnessen. And þerfore skilfully
God haþ forsaken hem for her mystrust in him, and taken hem to þe
435 world and þe world to hem; and in þe indignacioun of his wraþþe he
haþ maried hem togider, doyng men to wite þat þei ben his cheef
enemyes, whom in a sodeyn bire of his wraþ he shal ouerþrow
togider, as he dide many þousandes of þe puple of Irael in her lustes.
Forþi

409 aȝen] to A his] to his A 410 mote] must L fayle] *om.* T 411 herto] þerto L 414 bileeueden] beleue L þe] *om.* A 418 crist] *om.* A, hym L and] of D 419 shulde] schull L 420 shud] schull L 421 tyme] tymes TLR 422 wiþouten] wiþ T 423 trustyng] trysten L 425 suraunce] a suraunce HT 426 ferrest] ferþest DR 427 into] in L if] *om.* L þei] he AHL him] hem T 430 paart] þe part AHTL 432 vnsuffisaunt] insufficient R world] word T 433 skilfully god] *rev.* L 434 her] he D, þei R 436 maried] marrid R 437 bire] haste BS 439 forþi] þerfore H, for þat L

{23} Et mandauit nubibus desuper, et ianuas celi aperuit. *And he commanded to cloudes abouen, and þe ȝates of heuene he opened.* Þis maundement of God to þe cloudes, and ȝates of heuene þat ben entrees bi whom from abouen to þe erþe is sent norishyng, sheweþ hou God is lord of heuene and erþe, and at his commaundyng al þing obeisheþ. 440 445

{24} Et pluit illis manna ad manducandum, et panem celi dedit eis. *And he reyned to hem manna to ete, and brede of heuene he ȝaf to hem.* Loo, þe greet wraþ of God þat þei stired to vengeaunce for her mysbileeue: he reyned, þat is, he sente plente of mete to hem aftir her desire; þis mete was not coked bi mannes | traueyl, for it was breed of heuene þat is aungeles mete for þe figure þat it baar; and for þei grutchiden aȝen God mystrustyng to him in desert, þei deserueden þe wraþ of God, and he sente hem brede fro heuene. And þerfore þei diden to him no þonkes, and so þei weren led fro synne to synne til þe vengeaunce of God come sodeynli upon hem. Þis aungeles mete bitokeneþ Crist, þat was sente of þe Fadre to doo awey þe hungur of man þat he had to be aȝenbouȝt, for bi him mankynd shal be fulfilled wiþ endles glorye. Þis angeles mete þat is Crist, in whois siȝt aungeles ben fed and fulfilled wiþ ioye, vnfeiþful prestes þat refuysen God to be her part taken it vnworþeli, defoulyng it, puttyng it into þe stynkyng cheste of her lustes. And, as þe vnfeiþful puple of þe children of Irael, for her vnreuerent etyng wiþouten þonkes, fellen þerfore into þe hondes of God bi sodeyn vengeaunce þat come upon hem, so it semeþ in peyne of prestes synne, for her mystrust and her vnworþi receyuyng of Cristis body wiþ lust and coueitous hertes, God haþ blynded her souereynes in so mech þat, ȝif prestes synne be ensaumple to alle oþer men of yuel, no f. 167vb 451 455 460 465

440 nubibus . . . aperuit] *om.* D et[2] . . . aperuit] *om.* L ianuas] ianua H 441 cloudes] `þe´ clowdes S, þe clowdes TB þe . . . opened] he openede þe ȝatis of heuene B he[2]] *om.* T 442 maundement] commaundement BS ȝates] þe yates LR of heuene] *om.* T 443 bi] to A sheweþ] schewynge H 444 commaundyng] comaundement TB, byddynge L 445 þing obeisheþ] þingis obeischen A obeisheþ] obeyethe L 446 illis . . . eis] *om.* D et[2] . . . eius] *om.* L 447 brede . . . hem (448)] he ȝaf to hem breed of heuen B 448 hem] ete L 450 coked] colerid BS 452 `prestis´ L 453 fro] of BS 454 þonkes] þankingis AL 455 to synne] *om.* H til] to T 456 sente] *om.* L 457 aȝenbouȝt] bouȝt D 458 is . . . kept (469)] *om.* BS 461 into] in R cheste] hucche ATL, which H 462 þe] *om.* H vnreuerent] vnfeiþful R 463 wiþouten] wiþ wiþouten T þonkes] þankingis AL fellen] fallen L into] in H 465 her[2]] *om.* A 466 and] of AHTL in] and H 467 synne] *om.* R `preste´ L

man daar punishe hem, for þei ben kept to þe moost miȝti feers honde of God, to whom moost plente of his wraþ is kept. For

470 **{25} Panem angelorum manducauit homo; cibaria misit eis in abundantia.** *Breed of aungels man eete; foode he sente to hem in aboundaunce.* Bi þe swetenes of þis breed of aungels þe puple shulde haue vndirstonden þe delicious swetenes þat is ordeyned in heuene to alle þat ben feiþful to him in erþe and hopen in him; and bi þe 475 aboundaunce þei shulde haue knowen þat plenteuousnes of God | f. 168ra may not faile, siþ he is euerlastyng. And so vnfeiþful prestes moun drede þat eche dai putten þe bodi of Crist, þat is euerelastyng mete of aungeles, in her stinkyng belies, wastyng her soules wiþ fleishli lustes. Preestes shulden so reuerentli ete Cristis body here þat aftir 480 þis lif þei miȝte be fed in þe siȝte of his chere. But, for þei ete not þis mete þat is Cristis body for loue of itsilf, but for coueytise of worldes godes, as her entree sheweþ, þerfore þei deliten not in þe worþines þerof, as þei doon þat for þe loue of it oneli vsen it; but þe vnworþi etyng of it turneþ hem into confusioun. And no wondre ȝif þei be 485 deceyued of her vnworþi etyng of Cristis body, siþ þei entren to þat worþi maungery wiþouten drede vnreuerentli at her bigynnyng þurgh coueitise and lesyng, for at þe bigynnyng of her presthode þei shuln make a feeste and take of her gestes þe douple þat it coste. But what is more contrarye to þe etyng of Cristis bodi þat he ȝaf to 490 his disciples, and wente þeraftir himsilf to suffre hard passioun, þanne is þe doynge of þise coueitouse prestes þat fro her first masse hyȝen hem to gloteny, gladyng in þe spuyles þat þei haue gedered in robbyng her neiȝbores er þei sitte to mete? Also þei bigynne wiþ lesyng þe entre of presthod, for, fro þei be ordred prestes, þei shulen 495 synge in preuyte til þei kunne her seruyce þat þe chirche haþ ordeyned, not for deuocioun of þe messe, but to be curious plesyng to þe puple whom þei haue cleped vnto her first messe, al be it þat þei haue seyd a dusseyn in preuite bifore. And anoþer cause, as I haue lerned of her abidyng, is þat þe fame of her presthod may come

470 angelorum . . . abundantia] *om.* D cibaria . . . abundantia] *om.* L eis] eos A 471 abundantia] habundanciam R breed . . . eete] man eete breed of aungels BS foode . . . hem] he sent to hem fode BS 472 `Nota' D 475 þat] þat þe AHTBS 476 and . . . marchaundise (502)] *om.* BS 481 worldes] wordli A 483 þei doon] ar þei L doon] ben A þe[1]] *om.* L 484 ȝif] is if H 485 of[1]] for AHT 486 her] þe A 487 of] at L 488 coste] costiþ T 489 þat] to þat D 491 þanne] þat D þise] þe L fro] for L 492 hyȝen] hasten T 493 robbyng] þe robbinge AL er] before T 494 presthod] þer presthod L 495 til] to T 497 vnto] to TL 498 dusseyn] þousind AL in . . . bifore] bifore in pryuete D

to alle her frendes þat noon be excu|sed to be fro her feest. But þis is a cursed entre and moost contrarye to Cristes feest; but, alas, þe puple for her olde synne ben consentyng to þis cursed marchaundise. But not forþi f. 168rb 501

{26} Transtulit austrum de celo, et induxit in uirtute sua affricum. *He ouerbaar þe souþe [fro] heuene, and he ledde in his vertue þe souþeren wynde.* Bi þis ouerberyng of þe souþe þat bitokeneþ þe softe breþing of þe Holy Goost þat enflaumeþ þe hertes of feiþful creatures wiþ diuerse grace of loue, þis rebelle puple shulde haue knowen hou God wiþouten mesure is good and louyng to his seyntes in heuene, siþ he inled upon þis grutching puple þe souþeren wynde to bryng hem mete from heuene. For 505 510

{27} Et pluit super eos sicut puluerem carnes, et sicut arenam maris uolatilia pennata. *And he reyned upon hem as powdre fleishe[s], and as grauel of þe sce foules feþered.* Bi þis vnoumberable aboundaunce of fleshe of kynges foules (þat is curlues) shulden þis froward puple vnderstond þat God is ful delicious in þe fedyng of his seyntes in heuene, siþ he sente so delicious foode to hem þat rebelleden aȝen him in erþe. 515

{28} Et ceciderunt in medio castrorum eorum circa tabernacula eorum. *And þei fillen in myddes of her castelles aboute her tabernacles.* Þis fallyng in myddes of þe puple bitokeneþ hou God is in myddes of his seyntes, and who þat serueþ to him feiþfully kepeþ him contynuely in þe middes of his herte, hauyng mynde of his mandementes to kepe hem. And so bi þis delicious kinges mete sente of God þat fel aboute her tabernacles and was not traueylous to hem in þe takyng, men shulde vndirstonde þat seyntes in heuene in þe presence of God | shuln vse alle delices wiþouten anoye. 520 525 f. 168va

500 her[1]] oþer T be fro] come to L 502 ben] is AHTL cursed marchaudise] *rev.* T 503 forþi] for þat L 504 austrum . . . affricum] *om.* D et . . . affricum] *om.* L in] *om.* TS sua] *om.* A 505 affricum] affricam A fro] of CDR 507 breþing] beryng HL 508 grace] graces H 510 he . . . puple] vpon þis grucching peple he ledde B inled] ledde BS 512 super . . . pennata] *om.* D carnes] carnis A et[2] . . . pennata] *om.* L 513 and] *om.* T upon] on L as . . . fleishes (514)] fleshis as poudre BS powdre] powdred L 514 fleishes] fleishe C, of fleische DR 515 curlues] con curlous L þis] þese T 516 vnderstond] haue vndirstonde AHTLBS þe] *om.* A 519 ceciderunt] occiderunt A, cederunt R in . . . eorum (520)] *om.* D eorum . . . eorum (520)] *om.* L 520 fillen] fellen doun HTBS in] on BS 521 myddes] myndis D 522 his] *om.* A to] *om.* A 523 him] hem B, ben S þe] *om.* L of[2]] on A 524 þis] þese T

{29} Et manducauerunt, et saturati sunt nimis, et desiderium eorum attulit eis; {30} non sunt fraudati a desiderio eorum.
530 *And þei eeten and þei ben fulfilled ful meche, and her desire he brouȝte to hem; þei ben not bigiled of her desire.* Þis vnfeiþful puple þat grutchide aȝen God, temptyng him, eten þise delicious metes wiþ her mouþes, but her hertes weren voide wiþouten þonkynges to God, al be it þat plenteuousli þei were fulfilled. And so þei were conuicte in her
535 mysbileeue, mistrustyng to God as ȝif he miȝte not haue fed þe multitude of hem in desert; and so, al be it þat þis etyng profitid not to hem, ȝit he fulfilled her desir into her confusioun, shewyng to hem his miȝt. And þei ben not bigiled from her desire, for voluptuousli þei coueiteden to be fed, and in greet aboundaunce God sente hem
540 mete, doyng hem to wite hou he was miȝti to do what he wold; and so, knowyng his miȝt in þe plenteuous sendyng to hem of delicious metes ouer þat þei hopiden, þei shuld haue don þonkes to him, dredyng him and louyng him. But her bisines was so meche aboute þe voluptuousnes of her belyes þat

545 **Adhuc es[c]e eorum erant in ore ipsorum; {31} et ira Dei ascendit super eos.** *Ȝit her metes weren in her mouþes; and þe ire of God steiȝed up upon hem.* At þe bigynnyng of her grutchyng, whan þei fillen into despeir of his miȝt, he herde her grutchyng and he delayed his vengeaunce, drawyng his hond abac, þreetnyng hem wiþ his
550 vengeaunce ȝif þei contynueden her malice. And whanne þei sheweden þat þei delitiden more in þe lust of her belies þan in his loue, þat merueilously delyuered hem oute of her þraldom fro þe
f. 168vb king of Egypt, of his riȝtwisnes he mote nedes | suffre hem to wade deep and depper into erroures, sendyng hem her desires in fulfillyng
555 of her lustes, þat his riȝtwisnes venge her vnfeiþfulnes þat hadden seyen his wondres and receyued his benfetis, and bileeueden not to him in doyng þonkes into þe preisyng of his name. Forþi ȝit, whiles þe metes of hem weren in her mouþes, þe ire of God fel upon hem,

528 et[2] . . . eorum[2] (529)] *om.* D et[3] . . . eorum[2] (529)] *om.* L 529 non] et non BS eorum] suo AHRBS 530 fulfilled] fullid A her . . . hem (531)] he brouȝt to hem her desire BS 531 þei] and þei H of] fro AHTLBS 532 þise] þere TBS 534 conuicte] qwitt A 537 to[2]] among AHTLDRBS 540 hou] þat how T 541 of] so L 542 þat] þat þat R þonkes] þankingis AHL 543 dredyng him] *om.* BS 544 voluptuousnes] voluptuosite A 545 esce] esse C eorum . . . eos] *om.* D et . . . eos] *om.* L 546 weren] was ALBS 547 up] *om.* AHLBS þei] þe D 548 into] in BS 549 þreetnyng] þretynge HTLBS 550 þei[1]] þe R malice] maker D whanne] *om.* L 551 lust] lustes L 553 of[2]] and D mote] must L 554 deep and] *om.* BS deep] depper AHTL 557 þonkes] þankingis AHL þe] *om.* H forþi] therfore H, for L 558 in] wiþ A

for he þat is taken in a defaute handhabbyng may not excuse him þat ne he was þere. Forþi 560

Et occidit pingues eorum, et electos Israel impediuit. *And he slowe þe fat of hem, and þe chosen of Israel he letted.* And he slowe þe fat of hem þat voluptuously fedde her belies wiþouten drede of God, and þe chosen of Irael he letted : þise chosen weren principali Moyses and Aaron, whom he letted in smytyng of þe flynt stoon, 565 whanne God taried þe watre of comyng forþe for þei dide not preisyng to his name bifore þe puple in smytyng of þe flynt stoon. But sum translacioun haþ '**Et electos Israel compediuit**', þat is '*þe chosen of Irael he fettred*': þat is, whanne God took vengeaunce upon þise proud vnfeiþful glotouns, sleyng hem in her synne, þe feiþful of 570 hem þat weren chosen of God and assentiden not to þe grutchyng of þe vnfeiþful; God fettred: þat is he punyshed of þe iust puple wiþ þe same uengeance þat he punished wiþ þe vniust; but þe iust he saued for her pacience, and þe vniust he dampned for her vnfeiþfulnes. Into þe dampnyng of þise vnfeiþful Iewes þei falle now moost þat 575 ben taken in þe errour of þe sacrament of Cristis bodi, þat eche day eten it and tasten it and putten repreef þerto, not prouyng hemsilf in etyng of þat holi sacrament, þat in fourme of breed and wyn is Goddes fleish and | his blood. f. 169ra

{32} In omnibus hiis peccauerunt adhuc, et non crediderunt in 580 **mirabilibus eius.** *In alle þise þei synneden ȝit, and þei bileeueden not in his merueyles.* For alle þe wondres þat God shewed bifore þe sones of Irael, in delyueryng of hem, in sleyng of her enemyes, in sendyng to hem aboundaunce of watres rennyng oute bifore her yȝen aȝen kynde out of harde roches, in sending to hem plente of breed of 585 aungels, in fulfillyng hem wiþ delicious flesshe of curlues þat ben cleped kynges foules for deynte and deliciousnes of hem, ȝit in alle þise þei synneden, for wiþouten þankynges-doyng þei receyueden

560 ne he] *rev.* ATR forþi] þerfore H, for þat L 561 pingues . . . impediuit] *om.* D et² . . . impediuit] *om.* L 562 fat] fatt men BS þe²] *om.* L chosen] chosen men BS 563 fat] fatt men BS 564 þe] þere þe BS þise] þe RBS weren] was LBS 565 smytyng] stryckynge L 566 of] *om.* AHTLBS 567 smytyng] strykynge LBS 568 haþ] han L et . . . is] *red* C, *om.* DR þe] and þe AHTLRBS 570 þise proud] þe T hem] hemself H 574 and] but D 575 into . . . blood (579)] *om.* BS 576 eche day] *om.* DR 577 eten] taasten A tasten] eten A it²] it eche daie DR 580 hiis . . . eius] *om.* D et . . . eius] *om.* L 581 þise] þese `þyngis´ S, þese þinges B bileẹueden] leeueden A 582 þe¹] þese B sones] children AL 587 for] of B and] of BS 588 þankynges-] þankis- DBS þei receyueden] *om.* T þei²] þese A

þise benefices and misbileeueden to þe wordes of God. For þei
590 troweden not verreli þat þise wondirful werkes weren doon at þe commaundment of God. And þerfore

{33} **Et defecerunt in uanitate dies eorum, et anni eorum cum festinatione.** *And her dayes fayleden in vanite, and her ȝeres wiþ hastifnes.* Her dayes þat vnfeiþful men wasten in vanite of lustes and
595 prosperite, faylen sodeynli, for in a poynt þei descende into helle, and her ȝeres wiþ hastifnes fayleþ, for vnfeiþful men enden her ȝeres in feersnes of sodeyn vengeaunce. Or in hastines vnpitiuous proude mennes dayes faylen, for þei shuln not come to half her dayes, or whanne þei ben in endeles peyne þei shulen þenke an hour of a day
600 lengere þan þe tyme of þis lyf. Þanne shal her owne conscience for werynes of peyne remorde hem wiþ hard sorowe bringyng to her mynde her vnfeiþfulnes, seiyng to hemsilf what fruyte or profite had ȝee at þe laste ende of alle ȝour lustes, in þe whiche ȝee now shame and ben now hard tourmented in peyne? But, loo, ȝit þe woodnes of
605 her vnfeiþfulnes

f. 169rb {34} **Cum oc|cideret eos, querebant eum et reuertebantur, et diluculo ueniebant ad eum.** *Whanne he slowe hem þei souȝten him, and þei ben turned aȝen, and in þe dawnyng þei camen to him.* As who seiþ, whanne God venged his iniuryes doon to him of vnfeiþful
610 wretches, summe þanne for drede more þan for loue souȝten him, as ȝif þei hadden feiþfulli forþouȝte her gilt; but þis þei diden for drede of bodili deeþ þat þei were not slayn as þei sawen oþer vnfeiþful wretches rebellyng aȝen God. Gode men alwey seken God to do his plesaunce, and þerfore in tyme of vengeaunce þei ben wiþouten
615 drede, for þei trusten feiþfulli in God, whom þei souȝte and fond in tyme of pees þat, þouȝ her bodies perishen in tyme of vengeance, God shal do mercy to her soules. But wicked men dreden not þus God, for in tyme of pees as þei wene whanne þei ben not letted of

589 þise] *om.* A wordes] word AH 590 troweden] bileuedyn DR 592 in . . . festinatione] *om.* D et[2] . . . festinatione] *om.* L 594 her] these AHL, þe BS wasten] *om.* L 595 faylen] wasten A descende] goo doun DR 596 her] þese T, *om.* L, þe BS 597 hastines] a haastynes T 600 þe] al þe AHTLBS 601 remorde] remordinge A 602 ʼRo.6ʼ HTBS or] of L profite] prosperite H 603 ȝee[1]] we HTBS ȝour] oure HTBS ȝee[2]] we HTBS 604 now] *om.* AHTLDRBS hard tourmented] *rev.* L 606 eos . . . eum (607)] *om.* D et[1] . . . eum (607)] *om.* L 608 and[1]] *om.* L ben] *om.* TLBS dawnyng] dawynge HTLR who] whos D 609 seiþ] sey AHL of] as D 610 for . . . more] more for drede T 611 þis] ʼþisʼ D *om.* L for] moore for AHTLBS 613 alwey . . . god[2]] seeken god alwey T 616 þat] and D in] wiþ oþere in AHTLBS

her lustes, þei þenke namore on God þan þer were no God, but seken frendship of þe world to doo as moost men doon; but in tyme 620 of vengeaunce, whanne no þing may auayle hem anentes God but þe purete of conscience, þanne þei dreden seking God wiþ greet feerd and no wondre, for greet bateil is bifore hem of miȝti enemyes þat moost fersly asaileþ hem. And þei sodeynli slepyng in synne ben ensegid and founden naked wiþouten armure of defense, for vertues 625 and goodship ben voide in hem; wherinne þanne moun þei hope þat al her lif han fouȝten aȝen God? And in þe dawnyng þei came to God: þat is, aftir þat þei ben waked of þe niȝte of synne bi þe hond of God, wherinne as in þe dawnyng of day þei bigunne to bihold hemsilf, and dredden for shame of her nakednes. And þanne 630

{35} **Et rememorati | sunt quia Deus adiutor est eorum, et Deus excelsus redemptor eorum est.** *And þei aȝenþouȝt hem þat God is her helper, and hye God is her aȝenbier.* In tyme of persecucioun vnfeiþful men, more for drede þan for loue, aȝenþenken in her herte þat God is her helper, for þanne þei knowen þat he is almiȝti and al 635 þing mote nede obeisch to him, for he is hye God abouen alle creatures and aȝenbyer fro yueles his puple. And so þurgh drede þei ben neded to knowleche in her hertes þe soþe in tyme of aduersite, þe whiche þei aȝenseid in word and dede in tyme of her slepyng in synne þanne, þat is in tyme of persecucioun. 640

f. 169va

{36} **Et dilexerunt eum in ore suo, et lingua eorum mentiti sunt ei.** *And þei loueden him in her mouþ, and wiþ her tunge þei lyeden to him.* Unfeiþful men in tyme of anoye crien to God wiþ her mouþ and knowlechen þe treuþe, flateryng, as ȝif þei loueden him and dred him for þe godenes of him; but God, to whom þe moost preuyte of 645 þe hert is open and knowen, woot þat þis is more for drede of peyne þat þei haue deserued and gessen to haue þan for loue of eny

619 on] of HTLBS þer] þouȝ þer R 620 þe] þis L 621 þe] *om.* AHL 622 feerd] fere ATLR 624 asaileþ] ensaylen HTS 626 goodship] goodnes AL 627 al] bi al AL dawnyng] dawyng HTLRBS came] coom T 628 þat[2]] *om.* T waked] awakid H 629 dawnyng] dawynge HTLS bigunne] bigynne AHTLBS 631 rememorati] remorati A sunt . . . est (632)] *om.* D deus . . . est] adiutor est deus R et[2] . . . est (632)] *om.* L 632 hem] *om.* R 633 helper] helpe H hye] þe hiȝe BS 635 her] *om.* AD almiȝti] myȝti D 636 mote] must L obeisch] obeye L hye] *om.* D 637 and[1]] *om.* T yueles] yuele A his] of his TBS 639 dede] in dede BS 641 eum . . . ei] *om.* D et[2] . . . ei] *om.* L et[2]] `et´ S, *om.* T eorum] sua HRBS mentiti] menti A 642 mouþ] mouþ`s´ D tunge] tungis A 643 crien] crieden BS 644 flateryng] flateringeli AHTLBS 646 þis] *om.* L 647 gessen] hopen AHTLBS loue] any loue R eny] *om.* R

godeship of God. And so wiþ her tunge þei lye to God þat knoweþ
þe vnclennes of her hertes contrarie to her mouþ; for, whanne þei
650 felen no persecucioun, as folk þat hadden no God þei deliten hem in
lustes. No man in þis lif shal take of God in his dome more repreef
for þis flateryng þan vnfeiþful prestes þat bisili crien to God wiþ her
tunge for coueitise of worldli godes and fauoure of men, ȝenseiyng
her wordes wiþ her wicked dedes, not onely preueli in Goddes
655 knowyng but apertli wiþouten shame into sclaundre of al þe chirche;
f. 169vb and þis flater | yng wiþ þe mouþ and liyng wiþ þe tung is vsid among
fals breþeren þat flateren þe puple in tyme of gaderyng of her godes,
and ceessen to preche in tyme whanne þei hopen no good to haue.
And so, not oneli to God but also to man, it is openli knowen þat

660 {37} **Cor autem eorum non erat rectum cum eo, nec fideles habiti sunt in testamento eius.** *Forsoþe her herte was not riȝt wiþ him, ne þei ben not founden feiþful in his testament.* Loo, hou openli þe
Prophete witnesseþ þe vnfeiþfulnes of coueitous ypocrites flaterynge
þe puple for loue of her godes: he seiþ þe hertes of suche vnfeiþful
665 coueitous proude men weren not riȝt wiþ God, for, as if he had not
knowen þe preuey deceytes of her hertes, þei enforsiden hem wiþ
sliȝe sleyȝtes to gete worldli godes to lede wiþal her lustes. And, for
þis coueitous gaderyng is feyned of pite and loue, for þerbi moost
preueli men ful of deceytes moun deceyue whom euere þei enforce
670 hem to deceyue, þe Prophet seiþ þat her herte in loue of hemsilf,
noiyng to her neiȝebore, was not riȝt wiþ God, for þei souȝt not God
for himsilf, but, feynyng to hold wiþ him, þei souȝte for her owne
loue þe godes of þe puple. And þerfore þei ben not founden feiþful
in his testament, for þe lawe of God is occasioun to fle worshipes and
675 to forsake ritchesses of þis lif, departyng hem to pore nedy men,

648 godeship] goodnesse DR lye] liȝede H 650 folk] folkis A 651 ˋnota beneˊ R no . . . haue (658)] *om.* BS in[1] . . . take] schal take in þis liif D 652 crien] preien A 653 worldli] worldis HTL ȝenseiyng] aȝenseiinge A 655 knowyng] knowleching A 657 of [2]] togidere of D 660 non . . . eius] *om.* D nec . . . eius] *om.* L 661 her herte] þe herte of hem DRBS 662 ne] nor L loo . . . coueitise (679)] þe prophete seiþ þat her hert in loue of hemself noyȝyng to her neiȝbore was not riȝt wiþ god for þei souȝten not god for hymsilf but feynynge to holde wiþ hym þei souȝte for her owne loue þe goodis of þe world and herfore þei beþ not founde feiþful in his testament for þe lawe of god is occasioun to flee worshepis and to forsake richessis of þis liif departyng hem to pore nedy men releeuyng her myschef but þese couetous men þat þe prophete seiþ liȝen to god wiþ her tunge contrariynge her wordis wiþ her (*om.* S) wickid dedis BS 664 her] þe L hertes] herte AHTL 665 coueitous proude] *rev.* T weren] was AHT, *om.* L 666 hertes] herte AHT 667 worldli] worldus AHL 669 enforce] wole enforce A 671 to] in R

releeuyng her mischief. But þise coueitous men þat þe Prophete seiþ
lyȝen to God wiþ her tunge, contrariyng her wordes wiþ wicked
dedes, putten repreef to þe lawe of God, for þerinne þei feyne her
ground and occasion of al her coueitise; and so þei ben vnfeiþful to |
God and enemyes to his lawe. And not forþi f. 170ra

{38} **Ipse autem est misericors, et propicius fiet peccatis** 681
eorum, et non disperdet eos. *But he is merciful, and he shal be*
helpli to þe synnes of hem, and he shal not scatere hem. Unfeiþful
coueitous men, louyng her lustes, maken so laarge þe mercy of God
to hem duellyng in her synne þat wiþouten drede þei contynuen her 685
lustes; and ȝit þei cunne not telle þe largenesse of his mercy, for alle
his werkes ben ful of merci. But þise lusti wretches despisen God for
his mercy, whanne in trust þerof þei drede not to synne aȝen him.
But þe benignyte of his merci is redi to hem þat louen him for his
mercy, hatyng synne for he hateþ it, for to her synnes he shal be 690
helply, for þurgh his help þei shulen be purged of al synne, and he
shal not scatere hem þat scoymen wiþ synne amonge hem þat
continuen þerinne.

Et abundauit ut auerteret iram suam, et non accendit omnem
iram suam. *And he abounded þat he turne awey his wraþþe, and he* 695
kyndeled not al his ire. And he shal abounde þat he turne awey his
yre: þat is, God shal do merci, suffryng vnfeiþful men, lengþing fro
hem his vengeaunce, for þe loue of his trewe foloweres; and he
kyndeled not al his yre, for what vengeance þat he takeþ for synne of
man in þis lif bi þe riȝtwisnes of his doom, it is but ernest of þe 700
peyne þat is to come after. For

{39} **Et recordatus est quia caro sunt, spiritus uadens et non**
rediens. *And he recorded for fleishe þei ben, a spirit goyng and not*
aȝenturnyng. Þat is, God biheld wiþ yȝen of his mercy þe freelte of 704
man þat is euere enclinyng of itsilf | to corrupcioun of synne, and f. 170rb

677 god] hod D wordes . . . dedes (678)] werkis A 679 al] *om.* L vnfeiþful] enemyes A 680 forþi] for þat L 681 est . . . eos] *om.* D et . . . eos] *om.* L 682 non] *om.* A he[1]] he forsoþe H he[2]] *om.* R 685 to hem] *om.* A in her] here in A contynuen] coueytyn L 689 benignyte] begynnynge L 691 al] *om.* BS 692 scoymen] wlaten AHTLDRBS 693 þerinne] not *eras.* þerinne C, 'not' þerynne D, not þerinne R 694 ut . . . suam (695)] *om.* D et[2] . . . suam (695)] *om.* L 697 lengþing] lenginge A, leyngynge L 698 þe] *om.* A he] *om.* L 700 þe[1]] *om.* A his doom] hym R þe[2]] *om.* AR 702 est . . . rediens] *om.* D spiritus . . . rediens] *om.* L 703 he] *om.* L for] þat R fleishe . . . ben] þei ben fleisch DRBS 705 euere] ay ABS enclinyng] bowinge A

redi to assent to lust, and he knoweþ hou þe spirit of man is fast
hastyng toward deeþ wiþouten aȝencomyng to þis lif. And þerfore he
vengeþ him not, takyng vengeaunce of his synne whanne he falleþ
into huge synne aftir his miȝt, or as his riȝtwisnes wolde suffre, but
710 he doiþ merci to man, suffryng him to amende er he passe fro þis lif.
If he accept þe tyme and sleuþe it not þat God suffreþ him to haue,
for aftir þis lif is tyme of riȝtwisnes whereinne man shal be iustifyed
aftir þe fruytes of his lyuyng in erþe. But, for vnfeiþful men accepten
not þis tyme of liuyng, doyng penaunce, but sleuþen and terren God
715 to vengeaunce, he pleyneþ him of her vnfeiþfulnes seiyng

{40} Quociens exacerbauerunt eum in deserto, in iram concitauerunt eum in inaquoso. *Hou oft haue þei outsharped him in desert, into ire þei haue togiderstired him in vnwatri place.* Hou ofttymes
han vnfeiþful men outsharped God in desert to venge her vnfeiþ-
720 fulnes? As who seiþ, so oft þei han stired him to wraþþe þat, if he
had not vsid his mercy, his riȝtwisnes had fordoon hem, for aftir þe
malice of her hertes þei dide moost wickidli, tempting him in desert,
mystrustyng to his power, and in vnwatri place þei haue stired him
to ire, for þe glorye þat is oneli doon to God þei tooken to hem in
725 bringyng forþ of watre. And not forþi

{41} Et conuersi sunt, et temptauerunt Deum, et sanctum Israel exacerbauerunt. *And þei ben togiderturned, and þei temptiden God, and þe holi of Israel þei outesharped.* Þise vnfeiþful Iewes, for
whom God had doon many wondres, turneden hem fro God,
f. 170va folewyng her lustes | in gloteny and lecherye, sekyng veynglorye
731 of þis lif, temptyng God, puttyng hemsilf in vncerteynte of despeir.
For who þat lyueþ not aftir God, sekyng his wille and suffryng him,
fordooþ his hope þat he shulde haue in him, and þat makeþ him in
tyme of nede to despeir. And so þe Holi of Israel þei outesharp, for

706 to[1]] *om.* L 707 toward] ward S aȝencomyng] eny aȝencomynge BS and] *om.* H 708 vengeþ] vegiþ H him not] *rev.* AL 709 huge] hidous AHTLBS or] and BS 710 him] *om.* L amende] amende hym HTLBS 711 accept] acceptiþ AL sleuþe] sleuþiþ A not] no D þat . . . haue] *om.* L 712 whereinne] where a AL 713 þe . . . of] *om.* A 714 and] it and ATBS 715 to] to do AL her] he D 716 exacerbauerunt . . . inaquoso] *om.* D in[2] . . . inaquoso] *om.* L iram] ira R 720 who] whos D seiþ] seie AHL to] into A 721 for] *om.* BS þe] *om.* A 723 in] in an AR vnwatri] watrye R 724 to[1]] into HTLBS is] `was' L doon] dewe AHTLBS 725 not forþi] naþelees A, not for þat L 726 et[2] . . . exacerbauerunt] *om.* D et[3] . . . exacerbauerunt] *om.* L 727 togider turned] *rev.* BS 728 þe . . . outesharped] þei outsharpeden þe holy of israel BS 729 had] haþ T 731 hemsilf] hymsilf S 732 and] *om.* A 734 þe . . . outesharp] þei outsharpeden þe holy of israel BS outesharp] outescharpide HTDR

noþing vttirli stireþ more God to wraþ þan whanne men, wilfulli 735
forfolewyng of her lust, fordoþ in hem þe loue þat God doiþ to hem;
for whanne loue is awey feiþ mote nedes faile. And so God, in whom
is alle holynes, is stired to wraþ whanne men biholden not to him,
sekyng to do his wille, as he biholdeþ to man wiþouten ceesyng
clepyng him to grace, proferyng him his mercy. But, loo, þe 740
vnkyndnes of man:

{42} **Non sunt recordati manus eius, die qua redemit eos de manu tribulantis.** *Þei ben not recorded of his hond, in þe day in whiche he aȝenbouȝte hem of þe hond of noiyng.* Unfeiþful men recorden
not, doyng þonkes to God of þe miȝte of his hond, þat is of greetnes 745
of his power, wherwiþ he haþ bouȝt man aȝen fro þe pouste of þe
deuel, but as vnkynde wretches þei enforcen hem in folowyng of her
lustes to venym aȝen wiþ synne whom he haþ bouȝte wiþ his
passioun. And so, siþ þat man woot þat God loueþ him for many
benefices þat he haþ doon to man, man sheweþ himsilf moost enemy 750
to God þat enforseþ him to reue God his loue. For man haþ so vsed
him in delite of drinkyng of lustes þat þerþurgh he is so engleymed
þat þe loue of God is more bittre to him þan wormod; for such
bodeli yuel miȝt a man haue þat he wold be fayn to seke and fynde it
and drynke it, but to loue God feiþfulli, kepyng his bidyng, | alle þe f. 170vb
dedis þat God haþ done may not stire him riȝtly þerto. What wondir 756
þanne if he fayle vnholpen of God at þe laste ende? For

{43} **Sicut posuit in Egypto signa sua, et prodigia sua in Campo Thaneos.** *As he sette in Egypt his tokyns, and his wondres in Campo Thaneos.* Þe tokens þat God shewed in Egipt in delyueryng 760
of his puple techeþ us to loue God, for he is in al þing gode to man
þat, wiþouten deseruyng of man, wolde do so many wondres for þe
loue of man, wityng þat man shuld contynueli despise him, louyng
his lustes more þan þe wondres þat he dide in Campo Thaneos, þat
bitokeneþ þe pleyn felde of his maundement, þat is greet loue þat he 765

735 `nota bene´ R more god] *rev.* DR wraþ] vengeaunce T 736 doiþ to] haþ in A, haþ to HLBS 737 mote] must L 740 clepyng] callynge L him²] to him TBS, *om.* L 742 recordati . . . tribulantis] *om.* D die . . . tribulantis] *om.* L 744 whiche] þe which H aȝenbouȝte] haþ aȝenbouȝt BS noiyng] þe man troublynge BS recorden] recordynge D 745 þonkes] þankingis AHL god] good A is] *om.* S greetnes] þe greetnes AHTLBS 749 woot] *2 letters eras. after* C 751 reue] bynem T so] *om.* L 752 of¹] in BS þat] and DR 753 bittre] bettir D 756 riȝtly] riȝt A 757 þe] *om.* A 758 in¹ . . . thaneos] *om.* D in¹ . . . sua] signa sua in egipto R et . . . thaneos] *om.* L 759 tokyns] tokene D 760 in²] in þe, þe *canc.* C 765 þe] *om.* T maundement] maundementis, -is *canc.* H, maundementis ATBS greet] þe greet AHTLBS

sheweþ in his louer þat is pleyne wiþouten hille of pride. Loo, here he reherseþ þe wondres þat he dide in Egipt, for þat man shulde be myndeful of hem.

{44} **Et conuertit in sanguinem flumina eorum, et ymbres**
770 **eorum ne biberent.** *And he turned into blood þe floodes of hem, and her reynes þat þei dranke not.* Alle þise wondres þat he dide to þe Egipcienes for her vnbuxsumnes, he dooþ goostli now to proude cristen men þat rebellen here aȝen him. Þe flodes of Egypciens, þat boþe man and beest was susteyned bi, God turned into blood for her
775 inobedience; and so he turneþ now in tyme of grace þe wisdomes of man þat ben derked wiþ custome of synne into foly of wisdom of þis world. And so we turne þe grace of þe wisdom of God into lopred [b]lood, folowyng þe wisdom of þis world; and reynes þat bitokeneþ goostli lore of heuene þat shulde renne fro hye prelates of þe chirche
780 ben so bittre for loue of erþeli prosperite mengid wiþ fleshly lustes
f. 171ra þat þei enueneme þe | drynkeres. And þerfore

{45} **Misit in eis cinomiam, et comedit eos, ranam, et disperdidit eos.** *He sente in hem an houndflye, and it ete hem, and a froshe and it scatered hem.* He sente in hem: þat is, God for þe
785 vnkyndnes of man he sendeþ upon hem houndflies, þat ben hyȝe prelatis and prestis, hauynge houndes maneres, God suffreþ to regne in his puple in peyne of her synne. An hounde, whanne he is borne, seeþ not his fadre ne his modre; and so {meny} prestes more and lesse, whanne þei ben borne in þat ordre bi symonye, þei haue neiþer
790 yȝen to biholde to þe worship of þe Fadre of heuene, ne to þe nede of holi chirche, þat is cristen mennes modre. But as blynde houndes þei lye, luggyng contynuelly at þe pappe of her dame, soukyng lustes

766 here] *om.* D 767 be myndeful] haue mynde D 769 in . . . biberent] *om.* D et[2] . . . biberent] *om.* L 770 he] *om.* L 773 rebellen] ben rebelle AL 774 beest] bestes L was] weren T 775 inobedience] vnobedience AL 775 turneþ] turnyd D 776 derked wiþ] mirkid HL, myrkid or maad derke wiþ BS, maad derk T, now turnyd into derknes bi A custome] customes R of[1]] *om.* B wisdom] þe wisdom D 777 `prelatis´ L lopred] leprid A, cruddid TDR, þe leprid or cruddid BS 778 blood] flood CDR folowyng] flowyng R 779 `prelate´ L goostli] *twice* BS renne] reyne BS hye prelates] men BS hye] þese hiȝe A, þe hye L 782 cinomiam . . . eos (783)] *om.* D ranam . . . eos (783)] *om.* L ranam] et ranam RB 783 in] to AL, into HTBS 784 froshe] frogge AHTDRBS in] into HTBS 785 he] *om.* A ben] is AHTLBS hyȝe . . . prestis (786)] men BS 786 hauynge] hauynges L houndes] *om.* L 787 an . . . hem[2] (793)] *om.* BS 788 not] neiþer T meny] *on eras. of shorter d.h.* C, þese AHTLR, þese coueitouse D 789 in] into AHTL 790 nede . . . mennes (791)] *om.* A mennes] mannis H 792 luggyng continuely] contynuely luggynge `contynuely´ R pappe] bigge T

of þe fleshe. And he sente into hem a froshe and it scatered hem. þis frosh þat duelleþ in myri places and crieþ contynuely aʒen reyne, bitokeneþ þe stedfast malice of prestes, hard rotede in fleshli lustes, 795 þurgh whois ensaumple mennes hertes ben scatered fro þe drede and loue of God. Forþi þe voyce of her yuel fame crieþ to God vengeaunce for her open synnes, for as quecching froshes in reyn wedir, þei deliten hem padelyng in her lustes. And þerfore

{46} Et dedit erugini fructus eorum, et labores eorum locuste. 800 *And he ʒaf to rust þe fruytes of hem, and her traueyles to þe locust.* þe fruytes of proude men and speciali of prestes, duelling as froshes in þe myre of lustes, ben þe yuel fame of her werkes þat is rusty bi yuel and long custome of her synne. And so in peyne of synne of þe puple her traueyles, wherbi þei shulde susteyn`e´ and vpbere þe nede of her 805 neiʒebores, ben ʒo | uen to fretyng locustes. Locustes ben a kynde of f. 171rb gredye flyes þat in greet cumpanyes goon out togidir and freten mennes cornes and wasteþ hem; and bi þise ben bitokened þe miʒty malicious cumpenye of prestes þat ben so knyt togidir bi false confedresie þat, whoso noyeþ to oon, he noieþ to alle. þis cumpenye 810 as moost venemous flyes lyen contynuelli in awaite, aspiyng whos mennes cornes þei moun frete and waast, þat is whois godes þei moun gete to fulfille her lustes. And þerfore

{47} Et occidit in grandine uineas eorum, et moros eorum in pruina. *And he slowʒ in hayle þe vynes of hem, and þe moores of hem in* 815 *ry*[*m*]*e frost.* Bi þe vyne is vndirstonde here mennes godes, and propreli her vertues þat ben wasted bi hayle þat is colde. þis hail bitokeneþ þe cold loue of prelates and prestes þat wasten oþere mennes godes for lustes of her fleshe, and þe vertues of mennes

793 into] to AL froshe] froske H, frogge TDR 794 frosh] frosk AH, frogge TDRBS `prestis´ L places] place H contynuely] comynli AHTLBS 795 prestes hard] wickid men BS 796 þe] *om.* T drede] loue L 797 loue] fro þe loue T, drede L forþi] þerfore H, for þat L þe] *om.* T 798 quecching] qwikinge A, queckynge HT, queckand BS, quenching D froshes] froskis AH, froggis TDRBS reyn] reyny HD 799 deliten] delitid BS 800 erugini . . . locuste] *om.* D et[2] . . . locuste] *om.* L 801 to rust] *rev.* AL hem] hym D 802 fruytes] frute L of[1] . . . prestes] of men BS froshes] froskis AH, froggis TDRBS 803 ben] is AHLBS, þat is T is] ben AL yuel and] *om.* AHTLBS 805 and vpbere] *om.* L nede] nedis A her[2]] *om.* A 806 locustes[1]] lustis H 807 gredye] gredyng `gredy´ B 809 prestes] wickid men BS 810 he] *om.* L 811 awaite] wayte AHTLBS 814 in[1] . . . pruina] *om.* D et[2] . . . pruina] *om.* D moros] molos A 815 hayle] haule B, hawle `or hoore´ S þe[2] . . . hem] her mooris AHTL of hem[2]] *om.* BS 816 ryme] ruyne C, rymy A, ryme `or hoore´ S, ryme or hoor B, hoor DR 817 hayle] hawle BS hail] hawle BS 818 þe] *om.* AL prelates and prestes] gouernours of þe peple BS 819 lustes] lust L and] þat D

820 soules bi yuel loos of her lyuyng. And her moores he slewȝ in ry[m]e frost: þise moores, as men seyne, is a tendre kynde of tree growyng in hoot lond, and it haþ larg braunches bi þe whiche is bitokened charite þat is norished in þe brennyng flaume of loue, and it haþ long braunches for it recheþ to bihold þe wille of God; and also it lasteþ
825 boþe to frendes and enemyes. þis vertuous tree is miȝti to bere alle charges in þis lif if no coldnesse of synne be coupled þerto bi consent. But in peyne of oure synne þe braunches of þis tree is charged wiþ heuy ragged ry[m]e froost þat þurgh coldnes destroieþ þe vertu þerof. þis cold ry[m]e frost þat hangeþ ragged in þe
830 braunches of þis tree, oppressyng it þurgh coldnes, is þe en[u]y[e] f. 171va of proude | prestis þat ben so born up into pride bi worldeli power þat þurgh drede of her manasyng drawen þe moste dele of þe puple to her consent, and so þurgh hem þe charite of many wexiþ cold. Forþi

835 **{48} Et tradidit grandini iumenta eorum, et possessio[nem] eorum igni.** *And he ȝaf to hail her beestes, and þe possessioun of hem to fier.* þise beestes ben men goyng in þe wild feeld of fleishli lustes, consentyng to synne; and coueitous prestes, bi þe viice of whom þei ben þrowen doun fro vertues to vices, defoulyng þe vowe of her
840 baptyme in consentyng to þise proud worldli prestes, moost cold þurgh enuye. And so possessioun of þe puple in peyne of her synne God haþ ȝouen to þe fier of coueitous prestes to be wasted in her lustes. And þerfore

{49} Misit in eos iram indignationis sue, indignationem et
845 **iram et tribulationem, immissiones per angelos malos.** *He sente into hem ire of his indignacioun, and indignacioun and ire and tribulacioun, insendynges bi yuel aungels.* þat is, alle þise yueles bifalleþ

820 yuel] þe yuel H loos] losse R ryme] ruyne C, rymye A, hoor DR 821 frost] frostis AL þise moores] þis more is L is] *om.* L tree] a tre L 822 þe] *om.* A 825 enemyes] to enemyes LBS 826 lif] loue L 827 is] ben HTDRBS 828 ryme frost] *rev.* D ryme] ruyne C, ryme or hoor B 829 vertu] vertues A ryme] ruyne CDR þat] þan R 830 enuye] enemy CD 831 prestis] gouernours BS ben] is AHTLBS into] bi A bi] into A 832 drede] þe dreede A, power D 834 forþi] þerfore H, for þat L, for BS 835 grandini . . . igni] *om.* D et[2] . . . igni] *om.* L possessionem] possessio C 836 hail] hawle BS, þe hail A þe] *om.* H possessioun] possessyons L 837 þise] þe R 838 synne] þe synne AHTLBS and] of AHTLBS coueitous] couetyse L prestes] men BS 839 vowe] auouȝe HTBS 840 worldli prestes] gouernours BS cold] *om.* H 841 possessioun] þe possessioun AHTLBS 842 þe] *om.* L prestes] men BS 844 in . . . malos] *om.* D indignationem . . . malos] *om.* L 845 immissiones] in missionem T 846 into] to L and[1]] *om.* BS and[2]] of L

to þe puple bi þe riȝtwise doom of God for her vnbuȝsumnes to Goddes lawe þat forbedeþ hem to confourme hem to þe world. But þis maundment þei despise, and þerfore God haþ sente into hem ire 850 of his indignacioun. He seiþ not ire of manassyng, as ȝif he wold chaastise hem to amend hem, but he seiþ for her long vnbuȝsumnes he endureþ many vpon whom he haþ sente ire of his indignacioun, in tokne þat wiþouten ende þei shulen beere þe wraþ of his indignacioun þat enden in þis errour of wicked consent. For first suche 855 re|belloures steren God to wraþ for her doyng synne, and not f. 171vb forþenken it amendyng it; and aftir for þe customable liuyng þerinne wiþouten drede men deseruen þat God be stired aȝen hem in ire of his dome to dampne hem for her hardines. And whanne þei haue synne in custome, wiþouten drede þei ben liȝtli drawen wiþouten 860 conscience to asente to oþer mennes. And so upon hem moste nedes come peyne of tribulacioun, and þis shal be insent bi yuel aungeles þat ben deueles; for men þat lyuen aftir þe deuyl, doyng his desire, rebellyng aȝen God in þe dayes of þis lif wiþouten aseeþ-doyng, shulen be putte into orrible tribulacioun to be punyshed wiþ fendes. 865 For

{50} Uiam fecit semite ire sue, et non pepercit a morte animas eorum, et iumenta eorum in morte conclusit. *He made wey to þe paþþe of his wraþþe, and he spared not fro deeþ þe soules of hem, and her beestes in deeþ he togidirclosed.* As men þat mekeli obeishen to þe 870 bidding of God han good aungeles to lede hem fro vertue to vertue, so þei whom God knoweþ þat shuln be endured for þe false loue þat þei haue in þis lif, deseruen to be led bi wicked aungeles fro synne into synne. And þise ben cleped þe narow paþþes of þe wraþ of God, for upon hem shal come sodeynli and preueli þe ire of Goddes 875 indignacioun. And he haþ not spared fro deeþ her soules, for al þat is to come God knoweþ now; and þerfore he seiþ as it shal be, for in his

848 riȝtwise] rightful T 849 confourme] informe L 850 maundment] commandment L into] to HL 851 manassyng] his manassynge DBS 853 ire] fier A 854 þe] his AHTLBS his] *om.* AHTLBS 855 suche] skyll L 856 doyng] done H 857 forþenken] forþenkyng BS amendyng] in amendynge L liuyng] ligginge AHTL 859 to] and R hardines] hardnesse H 860 synne] synned BS 861 asente] concente HDR moste] mut AHTBS 867 fecit . . . conclusit] *om.* D et . . . conclusit] *om.* L animas] animarum HBS, animis T 868 conclusit] reclusit R wey] away BS þe] his L 869 þe] of þe TB her . . . closed (870)] he closid togedre her beestis in deeþ BS 870 he togidir] *rev.* AL obeishen] obeyen L 873 in] to AHTL bi] wiþ A 874 cleped] called L 876 he] *om.* L spared] spareth L her] of her HTBS for . . . now (877)] *om.* D 877 as] þat TBS

dome he shal not spare to dampne hem into þe deeþ of helle. And þe beestes of hem in deeþ he haþ togidirclosed, þat ben þe bodies þat
f. 172ra weren wild beestes þat wolden not be temed | vndir þe ȝok of God,
881 but drewe þe spirit to consente to þe lustes þerof, shul be togidirclosed in deeþ of euerelastyng dampnacioun. For

{51} Et percussit omne primogenitum in terra Egipti, primicias omnis laboris eorum in tabernaculis Cham. *And he smoot*
885 *alle þe first-geten in þe lond of Egipt, and þe firste fruytes of al her traueil in þe tabernacles of Cham.* Þe lord God smoot to deeþ al þe first fruyte fro man to beest of þe men of Egipt, doyng vs to wite þat oure formefadres, þurgh consentyng to synne, losten first þerþurgh þe riȝtwisnes þat God sette hem inne, of þe whiche lesyng for oure
890 consent we ben partineres of þat repreef. Also þis sleyng of þise first-geten of þe men of Egipt was doon skilfulli of God, for þei braken principally þe first maundment of God þat commaundeþ þat a man shal haue no God but one, and him he shal loue of al his hert, and obeishe to his biddyng, þe whiche maundment þe Egipciens
895 despiseden whanne þei herden not Moyses and Aaron, þe trewe messangeres of God. Also þis sleyng of þe first-geten of þe eldest sones of men of Egipt figurede þat þe ioye of heuene, þat was in þe bigynnyng hiȝt to mankynde, shulde be taken awey fro alle þat despiseden to lyue aftir Goddes lawe, and were founden in þat errour
900 whanne þe treuþe was told to hem bi trewe messangeres of God, as was to þe Egipciens of Moyses and Aaron. Also þis first sleyng figured þe dampnacioun of derk men defouled in synne þat for her pride and coueitise wolden not know þe treuþe þat Crist, Goddes
f. 172rb sone of heuene, told to hem aftir þe | maundment of his Fadre, but
905 proudli despised him and his teching, condempnyng bi false witnesses, doyng him upon þe cros, tourmentyng him wiþ moost despitous peyne vnto þe deeþ. Also God smoot þe first fruytes, þat ben þe cheef fruytes of men of Egipt in þe tabernacles of Cham. God

878 hem] him BS þe[1]] *om.* HL þe[2] . . . closed (879)] he haþ closid togedre þe beestis of hem in deþ BS 879 in] to AL ben] is AHTLBS 880 weren] as AHTLBS 881 to[1]] of H 883 omne . . . cham] *om.* D primicias . . . cham] *om.* L 884 omnis] ominis R 885 in] þyng in BS 886 to deeþ] in deede A 887 fruyte] geten AHTLBS 890 þise] þe AHTLBS 892 maundment] comaundment L commaundeþ] god commaundiþ BS 894 obeishe] obeye L whiche] *om.* L 896 þe[1]] þes D 897 men] þe men A 898 hiȝt] liȝt H shulde] schule H fro alle] *twice* A þat] þe L 901 þis] þe AL 902 derk] mirke HLBS defouled] or defoulid HT, and defoulid BS 903 þe] *om.* BS goddes] god R 904 aftir] *om.* BS maundment] commaundement BS 906 witnesses] witnes AH upon] on A 908 ben] is AHTLBS of[2]] *om.* T

commaunded in his lawe þat þe first fruytes of þe puple shuld be 3ouen to þe prestes of Aarons kynde, þat as stalworþ mounteynes 910 vnmeuable kepen his lawe and folowen him, for oþer prestes he approueþ not; and as sleyng of þe first-geten of Egipt bitokened hou coueitous men derked in synne shulden slee Crist, so þe destroiyng of her cheef fruytes bitokened þat Crist haþ despised þe cheef fruytes of men, þat þei mayntene wiþ coueitous prestes of Belial, 915 in whois neckes lieþ not þe 3ocke of God. And þis he dide in þe tabernacles of Cham. He reherseþ whois fruytes he despised, doyng men to wite þat þoo þat owen þe fruytes and 3iuen hem to þe destruccioun of his lawe, knowyng þat þerbi þe synne of prestes is mayntened, þerfore þe`i´ shulen togidir take repreef, þe synneres and 920 her mainteneres.

{52} **Et abstulit quasi oues populum suum, et perduxit eos tanquam gregem in deserto.** *And he took awey as sheep his puple, and he ledde hem as a flok in desert.* Þis takyng awey bitokeneþ þe grace þat God sendeþ to his puple þat kepen feiþfulli his lawe 925 wiþouten consentyng to synne of þe lawebrekeres; for þis puple God himsilf as good heerd ledeþ into þe pastures of his lawe, fedyng hem in þe knowyng þerof, delityng hem in doyng þerafter. Þise symple meke pu|ple, wilfully folowyng his lore, hering ne consentyng to f. 172va noon oþer, he of his grace ledeþ sureli to þe hauene of helþe in þe 930 sikir wey of his maundmentes in þe desert of þis vnfructuous world, þat, in comparisoun of hem þat waden in lustes goyng in þe brood wey of dampnacioun, fewe ben founden þat wolen be led vndir þe staf þat is vndir þe discipline of þis feiþful sheperd Crist. Forþi

{53} **Et adduxit eos in spe, et non timuerunt, inimicos eorum** 935 **operuit mare.** *And he ledde hem in hope, and þei dredden not, þe enemyes of hem þe sce couered.* Þise innocent sheep þat knowen no vois

909 fruytes] fruyte BS shuld] schule H 910 þe] *om.* A 911 his] goddis AL 912 sleyng] þe sleynge B bitokened] bitokeneþ A 913 derked] myrkyd L `prestis´ L destroiyng] deds/stroiyng C 914 bitokened] betokeneþ B crist] god AHTLBS 915 þei] *om.* BS wiþ] *om.* BS prestes] men BS 917 tabernacles] tabernacle BS reherseþ] reheersid D despised] distriede A 918 þat þoo] *twice* A 919 destruccioun] distriynge A þat] *om.* L þe] *om.* BS synne] synnes A of prestes] *om.* BS is] be BS 920 togidir take] *rev.* AL synneres] synnys DR and] of R 922 quasi . . . deserto] *om.* D quasi] sicut R et² . . . deserto] *om.* L 924 a] *om.* D 927 good] a good AHTLBS into] to H 928 delityng] and delitinge AHTLBS doyng] þe doinge A þerafter] þerof BS 934 forþi] þerfore H, for þat L 935 eos . . . mare] *om.* D inimicos . . . mare] *om.* L inimicos] et inimicos AR 936 hem] *om.* L þe] and þe AHTLBS 937 enemyes . . . couered] see couered þe enemyes of hem BS no] þe L

to folowe þerafter, but onely heren and folowen þe vois of Crist, sheepheerd of her soules, he ledeþ in his lawe in hope of greet
940 reward. And þerfore þei dreden not in her pilgrimagyng no bodili anoye, for her enemyes þe sce haþ couered, þat is her wrongful pursueres shulen be couered wiþ wood wawes of þe flowyng sce in helle. For

{54} **Et [in]duxit eos in montem sanctificationis sue, montem**
945 **quem adquesiuit dextera eius.** *And he inled hem into þe hil of his halewyng, into þe hil whom his riȝt hond gat.* þis blissed puple of God, hauyng open eeres redy to here his voice, he inledeþ into þe hille of his halewyng. þis hil is þe lawe of God, halewid of him, into whom he ledeþ his loueres to bihold his wille and to fulfille it, for þis hil his
950 riȝt hond gat: þat is, Crist þat is þe riȝt hond of þe Fadre wiþ sufferyng of hard passioun confermed his holy lawe, bi whom he haþ geten and shal gete þe noumbre of his heretage. And for his puple shulde not drede to stonde in þis hil of Goddes lawe stably wiþouten meuyng

f. 172vb **Et eiecit a facie eorum gentes | et sorte diuisit eis terram [in]**
956 **funiculo distribucionis.** *And he cast oute fro her face folkes, and wiþ lot he departed to hem þe lond in þe litil cord of delyng.* For þe puple of God, stondyng in þe hil of his lawe, shuld not drede þe persecucioun of enemyes biholdyng her erroures, knowyng þat God haþ casten
960 hem out fro her face; he liȝtneþ wiþ grace of vndirstondyng her hertes, doyng hem to knowe þe fallyng of her enemyes. And þat is þat feiþful men, folewyng Crist in þe wey of tribulacioun, dreden not þe persecucioun of enemyes of truþe, for þei knowe þat þei shuln be ouerborn in þe dome of Crist, and fer þrowen fro her face. For bi
965 {lot}: þat is, God biforeordeyned fro þe bigynning þat meke men shulden haue þe lond of heuene for her folowyng Crist, and proude

940 pilgrimagyng] pilgrimage TBS 941 þe] þei H þat . . . couered (942)] *om.* L her] þese A 942 wood] þe wode AHTBS 944 induxit] eduxit CL eos . . . eius] *om.* D montem[1]] motem H montem[2] . . . eius] *om.* L 945 quem] *om.* H inled] ledde BS hem] *om.* A 946 riȝt] riȝtwis T 947 open] *om.* A inledeþ] inledde R, lediþ BS 949 wille and] hyll L to[2]] *om.* TDR 950 þat[1]] þis AL 951 of] *om.* R confermed] conferming R his holy] *rev.* L 952 heretage] holy and blessid herytage A his[2]] þat his A puple] goodlych peple A 953 stably] stablische H 955 a . . . distribucionis] *om.* D a . . . gentes] gentes a facie eorum R et[2] . . . distribucionis] *om.* L diuisit] dimisit H in] et C 956 face] place BS 957 lot] *on eras., margin guide* lott C, cutt or lott BS, cutt AL in] into R 959 biholdyng] he holdyng BS 963 of enemyes] *twice, 1st canc.* C 964 þe] *om.* H her] *om.* H face] place BS 965 lot] *on eras., margin* lott C, cutt or lott BS, cutt AL 966 shulden] schule H crist] \`of' crist S, of crist B

men fer þrowen þerfro. And þis lond of heritage shal be departed to þe foleweres of Crist in þe litil cord of delyng: þat is, eche man aftir þe hard girdyng to him of his lustes wiþ drede and loue of God, wiþ þe litil cord of penaunce in þis litil tyme of short tribulacioun shal 970 þeraftir, þat is after his hard girdyng, take his dele in þe heritage of heuene of God, þat departeþ to eche man his blisse aftir his wil, þat is to eche man he shal ȝyue ioye aftir þat he plesid to his wil, refreinyng his lustes in þis lif. For

{55} **Et habitare fecit in tabernaculis eorum tribus Israel.** *And* 975 *he maad wonne in þe tabernacles of hem þe kynredes of Israel.* Þe kynreed of Irael: þat is, þe meke puple biholdyng þe wil of God, coueityng to regne wiþ him, hard girding up to hem her lustes, dredyng to late hem straye enauntre þei be led þurgh her straiyng ferþer þan her tyme suffiseþ to gedere | hem aȝen, God shal make f. 173ra wonne in þe tabernacles of his enemyes þat for short luste of þis lif 981 leesen þe blessed heretage of heuene. Þise tabernacles ben taken here for þe wonyng places in heuene, in whom aungeles weren sette and wilfully fillen fro. And also þise wonyng places men, louing her lustes more þan þe grace þat God profred to hem in þe wey of þis lif, 985 þei forsok for þe prosperite of þis lif, whom men of penaunce, hatyng to consente to synne, deserueden to wone inne for hard girdyng to hem her fleishli lustes. But not forþi many of þe folk

{56} **Et temptauerunt, et exacerbauerunt Deum excelsum, et testimonia eius non custodierunt.** *And þei temptiden, and out-* 990 *sharpiden þe hyȝe God, and his witnessynges þei kepten not.* Here ben knowen trewe foloweres of God, and swykil foleweres. Þei þat truly folewen Crist dressen her weyes euene aftir him pleynly wiþouten eny wrinkil, feiþfulli hopyng to him þat his wey wiþouten colouryng most sureli ledeþ to heuene, for in þat wey is noon temptyng ne oen 995 þing hid vndir coloure of anoþer. And for Cristis wey was so pleyn,

967 fer] ben fer AHTLBS 969 girdyng] getherynge L 970 short] *om.* D 971 hard] *om.* AL dele] dole T 972 of] *om.* T 975 fecit . . . israel] *om.* D fecit] facit L 976 wonne] `to' wone S, to woone RB  kynredes] kynredenes LBS  þe[3] . . . israel] *om.* R  977 kynreed] kynreden HLBS  979 enauntre] *om.* T  þei] leste þei HTBS  980 ferþer] firrir ATBS  982 þise] þe BS  983 whom] whiche R  984 fro] þerfro T  also] alle BS  986 þei . . . lif] *om.* L  for] `fo' D prosperite] profite R 988 lustes] luffis D not forþi] naþelees A, not for þat L 989 et[2] . . . custidierunt] *om.* D et[3] . . . custodierunt] *om.* L 991 witnessynges] witnessyng R ben] is AL 992 swykil] suche H, trecherous T, false DR foleweres] or trecherous BS 994 wrinkil] wrenche HTL, wrenche, *marked for corr. to* `wrencle' B his] is AHTLBS colouryng] ony coloringe AHTLBS 995 is] *om.* D oen] no H 996 coloure] þe coloure LB was] were L

he ȝaf men leue to iuge it, seiyng ‘Ȝif I do not þe werkes of my Fadre, bileeueþ not to me’, as who seiþ: loke þe law of God þat he haþ ȝeuen to mannes saluacioun, and ȝee shulen fynde my wey so pleyn
1000 and plenteuous of gode werkes doon after þe lawe of mi Fadre þat bi noon oþer wey may I ne noon oþer come to heuene. In þis wey Crist maad no {couentis} to gadere to hem multitude of ritchesses, and to be clepid þerwiþ pore men; for al be it þat þise {couentis} in hauyng and gederyng of ritchesses miȝten be þerwiþal ful pore men, ȝit þis
f. 173rb wey is suspeci|ous, for bi ritchesses al synne is nori`s´hed. And so
1006 Crist wold not go þis suspicious wey. And his apostles also weren ashamed of þis wey, whanne þei wolden not for sclaunder take mennes godes þat weren profred, brouȝt and presed upon hem to dele to pore men, enauntre þe puple had taken þerof suspecioun of
1010 coueitise, and þei þerfore haue letted bettir þing, as was sowyng of þe word of God þat Crist commaunded hem to do. And so þe sikir folewyng of Crist wiþouten temptyng of him is to do þing þat his lawe openli witnesseþ to be his maundment, and þe wey of temptyng him is to do þat þing þat putteþ occasioun of yuel suspecioun. And
1015 so þe grutchyng of þe children of Irael in deseert, temptyng God almiȝty, mystrustyng to him, token þe vncerteine wey þat ledde hem into perdicioun, for þerinne þei kepten not þe witnessynges of God þat seiþ ‘Abide þe Lord, and doo manli, for he delyuereþ þe hopyng in him.’ O Lord, hou mowe þise {couentis} excuse hem þat þei
1020 tempten not God in hauyng and gederyng ritchesses togider, siþ puples taken þerof occasioun, supposyng hem to be riche, as it is oft in dede proued sooþ; for, lat a man haue a iust cause aȝen þise {couentis} bi þe multitude of her ritchesses, and bi þe confedresye of hemsilf holding eche wiþ oþere, þei ben mayntened and born up in
1025 her wrong, and þe truþe put abac. And to þis ende many supposen þat þise {couentis} gederen her ritchesses. But Crist ne his apostles

998 who] whos D seiþ] seie AHLS he] *om.* L 1001 `nota´ H, `nota bene´ R, `]uentes´ L in . . . for (1107)] *om.* BS crist maad] *rev.* DR crist] god L 1002 couentis] *eras., gap* C 1003 `Nota´ H be[1]] *om.* T clepid] callid AL couentis] *eras., gap* C 1004 of] togidere of A 1005 norished] -`s´- *d.h.* C 1007 of] also of A `act. 6´ C `act. 8´ H 1008 godes] god L brouȝt] and brouȝt AHTL presed] preisid, *first* i-*canc.* C, prysed L 1009 men] folk L of] and D 1010 þing] `þo´ thynge L 1012 him] of hym D 1015 þe[2]] *om.* L 1017 into] to L kepten] kepe L 1019 `nota´ HR þise] þe AL couentis] *eras., gap C* 1020 hauyng] gaderinge A gederyng] hauinge A ritchesses] richesse T 1021 puples] þe peple ATLDR, puple H taken] takiþ TDR oft in dede] in deede ofte AL 1022 sooþ] truthe L 1023 couentis] *eras., gap* C confedresye] conferacie A 1024 hemsilf] hem A eche] ich oon HTLR 1025 truþe] trewe A 1026 couentis] *eras., gap* C her] þese AHT ne] and A

dursten not for occasioun of sclaundre go þis wey, for ȝif iniurye were do to hem, þei committiden it mekeli to God, and wiþ pacience in tribulacioun þei puttiden her bodies into greet persecu|cioun, f. 173va prouyng her cause bi wilful suffring of peyne. But ȝit þise {couentis} 1030 ben more suspicious, not oneli of hauyng of ritchesses, but of lusty lyuyng in bodili ese and of voluptuous gloteny. And þerfore men, mistrustyng in God, temptyng him, dreden to suffre her children walke in þe wey of his lawe, folewyng him, for þat wei is contrarye to `þe´ world þat þei loue. In trust þerfore þat þise {couentis} han 1035 plente of ritchesses, and fulnes of mete and drinke and bodili ese, and moost of al for among hem is greet worship and hope to come þerinne to hiȝe dignite, hem þenken her children wariȝound whanne þei ben sikirli {professyd} in þise {couentis}, al be it þat {men} entren wiþ Goddes curs, and to her lyues ende ben wrapped in þise 1040 {sodomytes} synnes, and enden in {despeir} for her rebellyng aȝen God al þe tyme of her lif. And ȝit þise {couentis} ben not oneli occasioun of mysbileeue in God, as is bifore seyd, but þei ben occasioun of mannes slauȝtre, of fals robbyng of mennes godes, of fals oþes and of fals weiȝtes, for alle þise yueles ben don forto gete 1045 godes to be {breþered and sistered}, and to haue sikirnes of worldli prosperite among þise {couentis} for suspicioun þat men han to þe multitude of her ritchesses and her delicate fleishely lyuyng. But Crist tauȝte not þis weye ne ȝede þerinne himsilf, as his lawe witnesseþ. For whanne a man wold haue ben of his couent, and 1050 folowed him to haue had þerbi more eseli his lyuyng, Crist seid to him 'Foxes han dennes and breddes nestes, but þe sone of man haþ not wher he may reste inne his heued', as who seiþ 'Siþ þou hast a coueytous herte, go to þe {couentis of} foxes, þat bi fals sleiȝtes of

1028 do] put AHTL committiden] comytt R 1029 þei . . . persecucioun] *om.* R 1030 couentis] *eras., gap* C 1031 ritchesses] richesse HTDR 1032 in] in/in L of] *om.* L 1033 in] to DR 1034 walke] to walke AHTLDR his] *om.* L 1035 `eze[l]. 16´ R þerfore] þerof A couentis] *eras., gap* C 1036 fulnes] abundaunce A, ful H, fulþ TL 1039 ben] *om.* A professyd] *eras., mod.* C couentis] *eras., gap* C men] *eras., mod.* C, þei AHTLDR 1040 curs] *om.* A þise] here T 1041 sodomytes] *eras., gap* C despeir] *eras., gap* C 1042 þise] here T couentis] *eras.*, prelats *mod.* C, coueitouse R 1043 is] it D 1044 of [2]] and of H, or R mennes] mennenus R 1045 forto] to A 1046 breþered and sistered] *eras., gap* C, broþeres and sustres T sistered] strid A and[2]] or to be made broþre and sistir and H haue] *om.* L 1047 þise] her H couentis] *eras., gap* C 1048 her[1]] *om.* D 1049 þerinne] not þerinne R 1051 had] *om.* L lyuyng] lynge L 1052 nestes] han nestis A haþ] haue L 1053 not . . . he] nowhere þat he T wher] whereynne H who] whos D seiþ] sey AHL 1054 to] into D couentis of] *eras., gap* C couentis] couent ATLR

f. 173vb ypocrisye han drawen to her den|nes many spuyles of oþer mennes
1056 ritchesses, and deuoure ȝee hem togider to þe tyme þat I drynke to
ȝow þe plente of bittir galle in helle.' For þise raueynous briddes of
pride, þat han maad her nestes of lustes in þe multitude of ritchesses
and prosperite of þis lif shulen be drawen out aȝen þe heer wiþ sharp
1060 hokes of dreedful beestes, and ȝouen into mete of þe moost feers
dragoun. But ȝit þise {couentis} ben occasioun of þe slauȝtir of many
soules, for hope of her ritchesses and desir þat lusty men and
vnfeiþful to God han to be coupled togidir wiþ hem in her lustes;
for where eny lecherous {curate or} voluptuous {prest} duelleþ neiȝ
1065 a {couent}, communli þe fame of her lustes smelleþ so in her noses
þat, what godes þei moun geet, þere þei deuouren hem, and chargen
not her {parishens} hou yuel euere þei fare. Ȝea, sum {prestes}, þat
miȝten do meche profit in ȝiuyng gode ensaumple to þe puple þat
liȝtli miȝten be clepid fro her erroures, whan hem lusteþ not traueil
1070 in þe vynȝerd of God but seeken hem rest of þe fleshe to be at her
owne wille, þanne þei togidirgederen roten ritchesses to weltre in
her lustes to her lyues ende. But ȝit many biþenken hem, al be it þat
þei wene hemsilf to haue more þan þei moun deuoure in her lif,
where moost sikirli þei moun putte þis muk, askyng þerfore aȝen þe
1075 lustes of her desire to her lyues ende. To lordes þise glotouns of
{despeir} wole not take her gold, for þei woot wele þat þei ben nedi,
and spenden more þan þei haue of her owne in prid and in werres.
Among þe commune puple is but symple liflood, and þei ben meche
charged wiþ childre and wiþ diuers needes of þe lond; but þei
f. 174ra char|gen not þat so meche as þei loue her gold. And þerfore wiþ
1081 hem, þouȝ al it were nede and mede, þei wole not ete her brede as
Thobie tauȝt his sone, but what yuel-geten good crieþ vengeaunce to
God; and þerfore it is ofte wors spended þan geten, for þe ende of a
synne haþ wiþ it þe rote whereof it sprong, and alle þe menes þat
1085 holpen þerto. And siþ þat suche a coueitous wretche leueþ þe
counseyl of God, and of his gode aungel þat counseileþ þat he

1056 to¹] til AHDR þat] *om.* DR 1057 in] of AHTL þise] þe AL
1059 `]uentes´ L 1060 dreedful] vgli AL, feerli H, horrible T 1061 þise] *om.* L
couentis] *eras., gap* C slauȝtir] manslautir D 1062 of] *om.* A desir] desiren H
1063 in] *om.* L 1064 `nota´ D curate or] *eras., gap* C prest] *eras., gap* C
1065 couent] *eras., gap* C 1067 parishens] *eras., gap* C euere] *om.* H prestes]
eras., gap C 1068 þe] *om.* AHTL 1069 traueil] to trauele H 1070 hem] *om.* L
þe²] *om.* R 1071 togidir gederen] *rev.* AHTL 1072 ȝit] *twice* L 1075 lustes]
lust AL 1076 dispeir] *eras., gap* C 1077 of . . . owne] *om.* A 1081 þouȝ al]
alþouȝ HDR nede] boþe nede AHTL 1082 what] whan L 1083 þan] and D
1084 it sprong] þe sprynge L 1085 and] *om.* L 1086 of²] *om.* T

loue not þe world ne þe prosperite þerof, he mot nedes þanne erre
fro þe wey of truþe, for þe aungeel of derkenes ledeþ him aftir his
lustes. But whidir ledeþ he him?—communly to þe deuided
{couent} where Sathanas denne, as he supposeþ, is moost soft 1090
maad, and þe godes þat he gat wiþ coueytise here, he spendeþ
þere in gloteny, þouȝ he lyue himsilf in neuer so meche abstynence.
For þise {couentis} deuouren her godes moost voluptuously, as
communli witnesseþ þe widenesse of her kirtles, and þe liire of her
{neckes} and her glotouns face, but moost of al her ydelnes. But þis 1095
weye ȝide not Crist, for it is ful suspicious of yuel occasioun. Crist
commaunded his {prestes} to fede his sheep wiþ wordes of his lawe,
but þise {prestes} þat couchen in þise {couentis} to terre Crist to
vengeaunce, casten brondes of her spuyles into þe fier of þise
golpyng {couentis}, deliting hem in lustes. And þus þise {prestes} 1100
of Ieroboam þat haþ gresed his hond and han her chartres to liue as
hem luste, drawen hem to þe hord of lustes, makyng hem þerinne a
delicat neste. But hou shuld þise askape þe vengeaunce of God þat
ben founden and taken in þise þeeues dennes? If þis be sooþ, as open
dedes shewen | of þise {couentis} and her fautoures, þei tempten f. 174rb
hugeli God and outsharpen his moost hye name into vengeaunce, for 1106
þei kepen not his witnessynges. For

{57} Et auerterunt se, et non seruauerunt pactum, quemadmodum patres eorum; conuersi sunt in arcum prauum. *And
þei turneden hem awey and þei kepten not couenant as þe fadres of hem;* 1110
turned þei ben togidere into a shrewed bowe. Uicious men blinded wiþ
prosperite of þis life ben turned awey fro Crist, for his lawe þei
forsake. Whi so? for þei kepe not þe couenant þat þei made wiþ Crist
in her baptyme. What was þat? to forsake þe deuyl and alle his
werkes, and to kepe þe mandment of God vndefouled. Þis her 1115
wicked fadres hiȝten and aftir þei turneden þerfro and lyueden aftir
her lustes, and so togidir þei ben turned into a wicked bowe ful of

1087 loue] louyþ D ne] nor L þe[2]] *om.* DR mot] must L þanne erre] *rev.* H
1088 derkenes] mirkenesse HL 1089 `nota' HR 1090 couent] *eras., gap* C
1091 here] *om.* AHTL 1093 couentis] *eras., gap* C 1094 kirtles] girtlis A
1095 neckes] *eras., mod.* C her[1]] *om.* L glotouns] glotenous AHT 1096 is] *om.* L
1097 commaunded] commaundiþ H prestes] *eras., mod.* C 1098 prestes] *eras., mod.* C
couentis] *eras., gap* C 1100 couentis] *eras., gap.* C, glotouns A prestes] *eras., mod.* C
1101 haþ] haue H 1102 hord] boord DR 1104 þeeues] þeef AH, styffe L
1105 couentis] *eras., gap* C 1106 hugeli] hidousli AHTL 1107 kepen] kepte HD
1108 se . . . prauum] *om.* D se] *om.* T quemadmodum . . . prauum] *om.* L 1111 into]
in H 1112 prosperite] þe prosperite AL 1113 forsake] forsoke LBS kepe] kepten D
1115 mandment] comaundementis T, maundementis RBS 1117 ben] *om.* L

deceyt, for no man þat dredeþ God traueileþ more bisili to seke þe plesaunce of God þan doon þise lusty {couentis} wiþ her {ren-
1120 deouris} or {lyuersowners} to seke menes to excuse her lustes. And so in tyme of her nede, whanne þei shulden be proued, þei shewen hemsilf fals cowardes, þat benden her bowes and boosten of her hardines or þei come to bateyl. But whanne þei comen to þe nede and shulden be assayled, þei leien doune her bowe and enforsen hem
1125 to hyde it, for drede of her enemyes wiþ whom þei haue maad couenaunt of pees, for þise glotouns deliten hem so in lustes þat to þenke upon penaunce it noieþ her herte. Forþi

{58} In iram concitauerunt eum in collibus suis, et in sculptilibus suis ad emulationem eum prouocauerunt. *Into*
1130 *ire þei togidirstired him in her hilles, and in her grauen þinges to dedeyn þei terriden him.* Þise proude {couentis} wiþ her consenteres steren
f. 174va God `in´to wraþ, þat deynen not for þe passioune | þat Crist suffred for his lawe to meke her neckes vndir his ȝok, but as hye hilles stifli þei meyntenen her erroures puttynge her {fyndinges} bifore his
1135 lawe, as ȝif her wisedom passed his. But no wondir ȝif þei be witles, for Iob seiþ þat þe place of wisedom is not founden among hem þat lyuen delicatli, and þerfore in her {grauen} þinges þei terriden him. It is wondir þat men suffren {ymagis} to be {grauen and maad} to þat ende þat þei knowe þe puple to doo þerinne maumetrie, hopyng
1140 in hem more {vertue} whanne þei ben {grauen or peyntid} þan was bifore þat {liknes was fourmed} in hem. God is terred þerfore to haue dedeyne of his puple, þat putteþ to a creature {grauen} or {peyntid} loue or trust for þe {peintyng or grauyng} þerof, siþ it was of more {vertue} bifore þan it is þanne. {Al} þe errour of þe

1118 for . . . pees (1126)] *om.* BS 1119 couentis] *eras., gap* C rendeouris] *eras., gap* C, reddouris DR, *om.* T 1120 or] *om.* T lyuersowners] *eras., gap* C, lyuersownys DR menes] mennys A 1122 þat] and *eras.* H 1124 assayled] assaied AHTL leien] leide, d- *canc., nasal mark added over* e C, leyden R and[2]] *om.* D enforsen] enforseden R 1126 þise] þe DR hem] *om.* L so] sone L 1127 forþi] þerfore AH, for þat L 1128 concitauerunt . . . prouocauerunt] *om.* D et . . . prouocauerunt] *om.* L 1129 into . . . him (1130)] þei stirede hym into yre BS 1130 ire] þe yre L in[2] . . . him (1131)] þei terride hym in her grauen þynges to dedeyn BS 1131 `]uentis´ L þise] the A couentis] *eras.*, prelats *mod.* C, couetous men BS 1132 into] `in´ to CD deynen] dideynen AL 1134 fyndinges] *eras., gap* C, willes BS 1135 `nota bene´ R but . . . peyntyd (1160)] *om.* BS 1137 `nota´ H, `]dolatrie´ L grauen] *eras., gap* C 1138 ymagis] *eras., gap* C to be] þat ben A grauen and maad] *eras., gap* C to[2]] *om.* R 1140 vertue] *eras., gap* C grauen or peyntid] *eras., gap* C was] þer was A 1141 liknes was fourmed] *eras., gap* C 1142 grauen] *eras., gap* C 1143 peyntid] *eras., gap* C peintyng or grauyng] *eras., gap* C, grauynge or peyntynge T 1144 vertue] *eras., gap* C al] *eras., gap* C

puple in maum{etrie} of {ymages} is in defaute of {prestes} þat 1145
lyuen not aftir Goddes lawe, techyng it truly. For ȝif Goddes law
were knowen among þe puple, þei wolden suffre {noon ymage to
stonde in her chirches} for drede lest eny ydiote sette þerinne eny
hope of vertue {for} þe stondyng in holi place, or for þe peynture
þerof, {siþen Goddis lawe commaundeþ þat þei shullen not be 1150
louted}; but wheþer þei {louten hem not, þat knelen to hem and
kissen hem for þe peyntyng, þat neiþer wolde knele þise ne loute ne
kisse if þe peyntyng and þe grauyng were aweie? þise ymages weren
good left, for þe lewidnes of þe puple taken bi hem occasioun to do
maumetrie, for defaute of teching of trewe prestes. And þe ydolatrye 1155
of hem is suffred so largeli to growe for þe bodili auauntage þat
comeþ to prestes bi hem, þat þe moost deel of þe prestes is in þe
same} | errour wiþ þe lewed puple. And so þei boþe stereden God f. 174vb
to dedeyn, for þe glory þat shulde be oenli due to him þei reue him,
whan þei hopen {in grauen ymages or peyntyd}. And þerfore 1160

{59} Audiuit Deus et spreuit, et ad nichilum redegit ualde Israel. *God herd and he despised, and to nouȝt he brouȝt ful mech Irael.* God herd þe crye of þe puple, hou þei {louteden to ymages} and
worshiped hem, hoping in hem and askyng help of hem, auowyng to
hem solempne auowes, as if þei miȝten haue herd hem and fulfilled 1165
her desire. But for þis doyng of maumetrie God wraþþed to his
puple and took veniaunce of her errour. And he brouȝt to nouȝt ful
mech Irael: þat is, þe puple of Irael, þat hadden seen his greet
wondres and bileeueden not þat he was almiȝti, he brouȝte to nouȝte,
outwraþþing aȝen hem, whom whiles þei weren feiþful to him, alle 1170
naciouns dredden, for where þei come þei hadden þe ouerhond. And
þerfore for her vnfeiþfulnes

1145 maumetrie] -etrie *eras., gap* C, mawtrie A ymages] *eras., gap* C defaute] þe defaute AL prestes] *eras., mod.* C 1147 knowen] *om.* H suffre] *om.* L noon . . . chirches (1148)] *eras., gap* C ymage] ymagis R to] *om.* AL 1148 her] þe A chirches] chir/chesis R drede] *om.* T 1149 for] *eras., gap* C 1150 siþen . . . louted (1151)] *eras., gap* C shullen] schulde T 1151 louten . . . same (1158)] *eras., gap* C 1152 þise] þere HTDR, to þese L 1153 ˋNotaˊ D kisse] kisse it HTLDR peyntyng] peynture LR and] ne L 1156 of hem] *om.* L auauntage] vauntage H 1157 þe[1]] *om.* H is] ben DR 1158 lewed] *om.* L boþe stereden] bosteren L stereden] stiren AHTD 1159 oenli . . . him[1]] due to him oonli A due] done H 1160 hopen] opyn T in . . . peyntyd] *eras., gap* C in] *om.* L or] and L 1161 deus . . . israel] *om.* D et[2] . . . israel] *om.* L et[2]] *om.* S 1162 he[1]] *om.* L to . . . brouȝt] he brouȝt to nouȝt BS he brouȝt] *om.* T 1163 hou] in þe olde lawe how BS louteden . . . ymages] *eras., gap* C to] vnto BS 1165 as] is D 1167 errour] errouris D 1169 þat] þerinne þat T 1170 hem] hym L whom] whiche AL

{60} Et repulit tabernaculum Silo, tabernaculum suum, ubi habitauit in hominibus. *And he putte aȝen þe tabernacle of Silo, his*
1175 *tabernacle where he wonned in men.* For þe synne of þe puple, doyng ydolatrye in heriyng and auowyng {to ymages}, doyng to hem worshipes þat shulden be doo to God, þe [cite] of Silo was put aȝen into repreef; for God took þennes his arke, whereinne weren þe moost precious relikes of þe children of Irael, as weren þe tables
1180 whereinne God wroot wiþ his fyngir þe lawe þat he ȝaf to Moyses in þe hil, and þe ȝeerd of Aaron. Þis ark of God wiþ þe relikes God suffred to be taken into þe hondes of enemyes for þe synne of his puple. And so Silo, þat is to seye translated or leuyng, is aȝenput into
f. 175ra repreef for þe synne of þe men þerof; | among whom God duelled
1185 and defendide al þe tyme þei obeishiden to his bidding and didden no mawmetrie to y{mages}, but whanne þei maaden to hem fals liknesses of {ymages}, loutyng hem and worshipyng hem, skilfulli God punished hem and lete hem be ouercomen and slayn of her enymyes. Þe children of Irael, whanne þei weren ouercomen oo day
1190 for her synne of her enemyes, þei senten aftir þe ark of God and þe holy relikes þat weren þerinne, trustyng þat for þe presence þerof þei shuld haue ouercomen her enemyes. But whan þei hadden brouȝte it and asemblid to bateil, þei weren ouercommen and slayn of hem many þousandes, and þe ark of God wiþ þe relikes taken awey fro
1195 hem. And þis suffred God skilfulli to be doon, for þei shulden haue knowleched her synne and forþouȝt it and left it, and haue askid God counseyl and feiþfulli hopid in him. But for þei dide not, but duelliden stille in her synne, and hopiden þat þe presence of þe holi relikes shulde haue saued hem, þerinne more þei stiriden God to
1200 do upon hem vengeaunce. For, whiles a man loueþ synne or witingli duelleþ þerinne, he stireþ God to wraþ aȝen him, and so alle creatures in whom is eny vertu or holynes; for whanne eny synne regneþ in a man wilfulli God mote nedes be enemy to þat man, for

1173 tabernaculum[1] . . . hominibus] *om.* D silo] in silo R tabernaculum[2] . . . hominibus] *om.* L 1175 þe[2]] *om.* H 1176 to ymages] *eras., gap* C to[1]] ynto S to[2]] *om.* BS hem] *om.* L 1177 worshipes] worschip ALR cite] puple C 1178 into] to L weren] was HTS 1179 weren] was HLDRBS 1183 so] *om.* D 1184 þe[2]] *om.* H 1185 þe] þo BS tyme] while H obeishiden] obeyed L 1186 ymages] -mages *eras., gap* C maaden] make T 1187 ymages] *eras., gap* C hem[2]] to hem BS 1188 hem[1]] *om.* L and[1] . . . enymyes (1189)] *om.* BS 1189 þe] þese HTBS 1191 holy relikes] *rev.* T 1194 and] of D 1197 feiþfulli] feiþful D 1199 more . . . stiriden] þei stirid more T 1200 hem] *om.* A 1201 to] into AHTLDRBS 1202 eny[1]] only BS 1203 `nota' R mote] must L

he forsakeþ þe wisedom of þe Fadre of heuene, þat is Crist, þat wilfulli sugeteþ his bodi to synne. And þerfore 1205

{61} Et tradidit in captiuitatem uirtutem eorum, et pulcritudinem eorum in manus inimici. *And he ʒaf into caitifte þe vertue of hem, and þe feirnes of hem into þe hondes of þe enemye.* Whanne þat men stonden in grace þei haue vertue þat is miʒt to wiþstonde alle anoyes of enemyes, al be it þat þei suffren | hard tribulacioun or be slayn, for þat noieþ hem not þat makeþ more glorious þe soul. And þe feirnes of feiþful men is þe grace of God continued wiþ hem, meuyng hem fro vertu to vertu, encresyng her loue. But þis vertu and feirnes was taken fro þe vnfeiþful childre of Irael whan þei diden mawmetri in worshipyng of y{mages}, puttyng into hem hope and help; for þanne her vertu þat is her miʒt was taken into þraldom, for þei weren meked and ouercomen þanne bi her enemyes, þat whiles þei obeisheden to God hadden þe ouerhond, mekyng alle naciouns and kynde of men þat þei purposed aʒen. But now, þat is whan þei sugetiden hemsilf to synne, God took her feirenes into þe hondes of þe enemy, doyng us to wite þat whan men ben cleped to grace, ʒif þei stonde not þerinne, encresing doyng þerfore þonkes to God, þei shuln take repreef, for her enemyes shulen regne ouer hem into her shenship and greet confusioun. For

f. 175rb 1211 1215 1220

{62} Et conclusit in gladio populum suum, et hereditatem suam spreuit. *And he shette togidir [in swerd] his puple, and his heretage he despised.* Consentyng to synne mote nede stire þe wraþ of God to vengeaunce, for synne fordoiþ þe vertue þat was had bifore, destroiyng his owne miʒt, strengþing aʒen himsilf his enemy. For þanne þe word of God þat is sharper þan eny swerd is maad his enemy, and so he þat was profred to be eyr of þe kyngdom of God is despised and þrowen afer for his vnbuʒsumnes. Þanne

1225 1230

1204 ˋsap.1ˊ AL 1206 in . . . inimici] *om.* D et[2] . . . inimici] *om.* L 1207 into] in AL 1208 into] to L þe[2]] *om.* A þe[3]] *om.* L enemye] enemyes BS 1210 þat] *om.* L 1211 glorious] groryous L 1214 was] weren T 1215 ymages] -mage- *eras., gap* C into] to A and] of AHTLBS 1216 help] helthe L 1217 and . . . enemyes] bi her enemyes (*add.* þanne HTLBS) and ouercomun AHTLBS 1218 obeisheden] obeyed L 1220 sugetiden] sogeten AL took] to L her] þe BS hondes] hond of þe hondis A 1221 us] *om.* BS 1222 encresing] doynge D þonkes] þankingis AHL 1225 in . . . spreuit] *om.* D et[2] . . . spreuit] *om.* L 1226 and[1] . . . puple] *twice* T shette] speride AHTBS, spred L in swerd] *om.* CATLDR his[2] . . . despised (1227)] he despised his heritage BS 1227 mote] must L 1229 destroiyng] þe distroiynge D strengþing] threngthynge L 1232 afer] after L

{63} Iuuenes eorum comedit ignis, et uirgines eorum non sunt lamentate. *Fier ete þe ȝunge men of hem, and þe virgyns of hem*
1235 *sorweden not.* Fier, þat is coueitise and lecherye, wastid ȝong men, for
f. 175va þe strengþe of her bodies and þe vertu of her | soules wiþouten drede of God þei defoule in her lustes whanne þei seken or desire þe prosperite of þis lif. And þise virgyns sorweden not, but gladid togidir wiþ ȝung men wiþouten shame in her lustes. But not forþi

1240 **{64} Sacerdotes eorum in gladio ceciderunt, et uidue eorum non plorabantur.** *Þe prestes of hem fellen in swerd, and þe widewes of hem wepten nott.* Þat is, prestes in name and moost lewed men in her dedes fillen in þe swerd of enemyes, þat is boþe þe lawes of God ben enemyes to prestes þat reden it and doon not þeraftir. And her
1245 widewes wepten not: þat is, þe comune puple þat þurgh yuel ensaumple of prestes folewen her lustes and, as widewes wiþouten spouse, so þei ben deed in soule for departyng fro Crist, spouse of mennes soules, þat for his loue despisen þe vanite of þis life. Þise delicat widewes ben deed bifore God, for þei deliten hem in þis and
1250 drawen her loue fro Iesu Crist, and gladen wiþ þe loueres of þis world. But as þe bodi is deede whanne þe soule is departed þerfro, so a widewe lyuyng in delices of þe world is deed bifore God. And þerfore

{65} Et excitatus est tanquam dormiens Dominus, et tanquam
1255 **potens crapulatus a uino.** *And reysed is as slepyng þe Lord, and as miȝti drunken of wyn.* As who seiþ, þis vnbuȝsum puple bifore seide, louyng her lustes and despisyng Goddes maundmentes whom þei haue avowed to kepe, terren God to doo feersly vengeaunce. For as a man þat is sodeynli reysed fro sleep, and as a drunken man of wyn
1260 þat vsiþ þanne his power moost cruelli wiþouten pite, so shal God in

1233 eorum[1] . . . lamentate] *om.* D et . . . lamentate] *om.* L 1235 `nota´ R 1236 vertu] vertues T 1237 defoule] defouliden ALD 1238 þise] her AHTL, þe BS 1239 but] b L not forþi] naþeles A, not for þat L 1240 eorum[1] . . . plorabantur] *om.* D et . . . plorabantur] *om.* L plorabantur] plorabuntur H, plorabant T 1241 þe[1]] and þe R þe[2]] her AHTLBS of hem[2]] *om.* AHTLBS 1242 wepten] grete L and] of D 1244 it] hem H, *om.* BS `]st´´ L 1245 wepten] gretten or wepten S, grette HL 1248 despisen] wol (nul S) not leeue BS vanite] vanytes L 1249 widewes] wrecches widewes T þis] þis lyfe L 1250 fro] in fro A wiþ] hem wiþ T þis] þe D 1251 þe[1]] a D is deede] *om.* T 1254 est . . . uino] *om.* D et[2] . . . uino] *om.* L et[2]] *om.* AHRBS 1255 and[1] . . . lord] and þe lord is reysid as (*add.* a man BS) slepynge DRBS as[2]] as a man BS 1256 who] whos D seiþ] seie AHL 1257 maundmentes] `co´maundementis D, comaundementis A whom] whiche AL 1259 fro] of T 1260 cruelli] truly L

his dome þat long haþ abiden þe amendyng of | his puple and fyndeþ hem moost vnredi at þe laste ende, shal moost feersli vse his power aȝen hem; for bi her long slepyng in synne and her vile drunkennes in lustes, his riȝtwisnes mote nedes venge iniurie. And þerfore f. 175[vb] 1265

{66} **Et percussit inimicos suos in posteriora, opprobri[um] sempiti[r]n[um] dedit illis.** *And he smoot his enemyes in þe hyndre partyes, endeles repreef he ȝaf to hem.* He smoot his enemyes in þe hyndir partyes þat alle þe loueres of þis world whom he fyndeþ slepyng in lustes moost sharpli þanne he punisheþ, for sodeynli þeraftir endeles repreef þei shulen take; for siþ God haþ ȝiue suffisaunt tyme in þis lif to men to amende hem, ȝif hemsilf cause not her enduryng, who þanne þat is founden vnredy at his ende þe euerlastyng enemy of God shal be acounted. For 1270

{67} **Et repulit tabernaculum Ioseph, et tribum Effraym non elegit.** *And he put aȝen þe tabernacle of Ioseph, and þe kynred of Effraym he chese not.* Bi þe tabernacle of Iosep and of Effraym is vndirstonden men þat resten in lustes of þis lif and seken bisili ritchesses and worshipes and prosperite. Þise shulen be put aȝen fro al her disiris, for God haþ not chosen hem to duelle wiþ him in heuene. 1275 1280

{68} **Sed elegit tribum Iuda, montem Syon quem dilexit.** *But he chese þe kynred of Iuda, þe mount of Syon whom he loued.* Bi Iuda ben bitokened feiþful men knowelechyng þe truþe, and bi Syon is tokened biholdyng þat is in God contynuelly to doo his wille. Þise haþ God chosen to be his eyres, louyng hem for her obeishyng and for þe desire of her gode wil, and for þe purete of her | conscience. 1285 f. 176ra

1261 abiden] biden TLS amendyng] mendyng D 1262 hem] *om.* BS þe] her A shal] he shal R 1263 slepyng] sle/ge A 1264 mote] must L iniurie] his iniurie AHTLBS 1266 inimicos . . . illis] *om.* D opprobrium . . . illis] *om.* L opprobrium sempitirnum] opprobria sempitina (sempiterna A) CA 1268 endeles . . . hem] he ȝaf to hem endeles repref BS 1269 þat] þat is HBS whom] whiche AL 1271 endeles . . . take] þei shul take endeles repref BS 1272 hem] *om.* S cause] causiþ TBS 1273 who] whom D 1275 tabernaculum . . . elegit] *om.* D et² . . . elegit] *om.* L 1277 chese] cheside AHBS is] beþ B 1279 fro] for AHD 1280 in] *om.* H 1282 sed] et T tribum . . . dilexit] *om.* D montem . . . dilexit] *om.* L 1283 chese] cheside HBS 1284 ben] is AHTLS bitokened] tokenid HT bi] *om.* R 1285 tokened] bitokenyd ALDR 1287 her²] *om.* D

{69} Et edificauit sicut vnicornis sanctificium suum, in terra quam fundauit in secula. *And he bilded as of an vnicorn his*
1290 *halewyng, in erþe þat he founded into worldes.* He bilded: þat is, he fastned his halewyng, þat is his puple maad holi þurgh kepyng of his lawe in perfite charite, enflaumyng her hertes wiþ perfite desire of his loue, sleyng in hem þe loue of her lustes and of þe world. For þise feiþful loueres ben as an vnicorn þat among oþere beestes haþ greet
1295 smellyng and an horn in his heued growing upriȝtes; so þe foloweres of Crist han contynuelli smel of good loue in mynde of his passioun; and þei haue an horn of greet vertu, þat is stedfast bileeue, growyng up into heuene, wherbi þei ouercomen alle þe aduersitees of þis lif. For in erþe: þat is, in erþeli men, sugittyng her erþe þat is her fleishe
1300 whom God haþ founded into worldes, þis bileeue keleþ not but wexeþ into huge vertue. For

{70} Et elegit Dauid, seruum suum, et sustulit eum de gregibus ouium; de post fetantes accepit eum. *And he chese Dauid his seruant, and he dide him awey fro þe flockes of sheep, fro þe*
1305 *bihynd bryngyng forþe fruyt he took him.* He chese Dauid: þat is, God cheseþ to his seruice stalworþ men in bileeue, for þei loue lastyngli; and he took him fro þe flockes of sheep and sette him king of his puple, not to lyue in pride and lustes but to bere þe charge of his puple upberyng þe commune nedes. And so skilfulli of a sheepherd
1310 God maad a kyng, first for kynges shulden not be reysed into pride, þenkyng upon þe lownes of Dauid, hou he was first a pore
f. 176rb sheepherd, and also for a king shuld look bisili to þe nede of | þe commune puple, as sheepherd to his sheep. For among oþer beestes sheep wolen soone perishe if þei be not bisili loked to, so among alle
1315 nedes þe commune profit shuld be loued and chargid. And so if kinges chargen more her owne excellent lyuyng in prid and lustes of her fleishe, oppressyng þe communes whom þei shuld bere up, þei

1288 et] *om.* S sicut . . . secula] *om.* D vnicornis] vnicornium R in . . . secula] *om.* L 1289 bilded] behelded L of] *om.* AHTLDRBS 1290 bilded] behelde L he[3]] þat he A 1291 puple] puplee, *final* e *linefiller* C 1294 greet] a grete B 1295 in . . . upriȝtes] growynge in his heed vpriȝt D 1298 wherbi] wher L þe] her T 1301 huge vertue] vertu greet, *marked for rev.* T 1302 et[1]] *om.* L dauid . . . eum (1303)] *om.* D et[2] . . . eum (1303)] *om.* L 1303 de] et de AHT, et ˋdeˊ S he] *om.* L chese] cheside HTLBS 1304 fro[2] . . . bihynd (1305)] he toke hym fro þe behynde BS 1305 he[1] . . . him] *om.* BS chese] cheside HTLBS 1306 cheseþ] chees AR in] in þe A 1307 þe] *om.* AHTLBS 1308 ˋnota beneˊ R 1309 skilfulli] skilfull D sheepherd] good scheperde AL 1310 kynges shulden] a kyng shuld BS 1311 pore] lowe R 1312 bisili] to sili D to] in R 1313 sheepherd] a scheperde ALBS 1316 excellent] excellence T 1317 her] þe D

shuln aftir þis lif take endeles repreef, and be þrowen among commune tourmentoures. For fro þe bringyng forþ fruyt bihynde, God took Dauid and sette him upon his puple, in tokne þat, as he 1320 was bisie to saue fro raueynous beestes and foules þe fruyt of his sheep in tyme of lombyng, so whanne he was sette kyng he shuld take hede and be bisy to rule þe comunte bi þe lawe of God whom he shulde bisili rede and knowe.

{71} **Pascere Iacob seruum suum, et Israel hereditatem suam.** 1325 *To fede Iacob his seruant, and Irael his heretage.* Loo, here shuld kinges know þat God sette hem kynges not to fede hemsilf in lustes but to fede Iacob his seruant: þat is, kinges shulden norishe bi good loue þe comunte of þe puple out of whom bi þe vertu of Goddes lawe, if he lyue þeraftir and loue to rule his puple þerwiþ, he shal 1330 supplaunte þe deuyl, þat ben þe huge vices of malice þat þe deuyl soweþ among þe comun puple in brekyng of þe maundmentes, þe whiche bi þe lawe of God þe kyng is detted wiþ al his miȝte to refreyn, þat Irael his heretage be not defouled bi mawmetrie, for, as a sheepherd of his sheep, þe kyng shal rekne of þe puple. And, for 1335 pride and worldlihed shulden be fer fro kynges, he seiþ

{72} **Et pauit eos in innocentia cordis sui, et in intellec|tibus** f. 176va **manuum suarum deduxit eos.** *And he fedde hem in þe innocence of his herte, and in þe vndirstondynges of his hondes he outled hem.* It semeþ to many men þat kynges shulden bisili take hede to þe sentence of 1340 þis psalm, for þe king shulde as a gode fadre be to his puple, in chastisyng hem for loue of hem, in norishing hem, hauyng compassioun of hem, for at þe bigynnyng it is beden þat þe puple ȝiue entent and bisili ȝiue her heryng to listne Goddes lawe. And aftir þat he reherseþ hou fadres han tauȝt it to her sones, and hou her sones 1345 shulden teche it her sones. And þanne he telleþ hou God dide greet wondres bifore his puple in bryngyng hem out of Egipt, and hou þe

1320 as] *om.* L 1321 raueynous] þe rauenous BS foules] fouli, þ *eras.* T 1323 be] *om.* H whom] which BS 1324 rede] knowe D knowe] rede D 1325 iacob . . . suam] *om.* D et . . . suam] *om.* L 1329 þe[1]] *om.* AL 1330 if] and ȝif T 1331 ben] is AHTLBS huge] grete T vices] vice A 1332 soweþ] doweþ L maundmentes] comaundementis AHTLBS 1333 kyng is] kynges ben T his] here T 1334 þat] and T 1335 þe[2]] his AL 1336 worldlihed] worldlynes B shulden] schull] LRB 1337 eos . . . eos (1338)] *om.* D et[2] . . . eos (1338)] *om.* L in[2]] *om.* AHR 1338 suarum] sua B þe] *om.* HTLDRBS 1339 vndirstondynges] vndirstonding AHTLBS 1340 bisili] *om.* AL to[2]] of B 1341 for . . . puple] *twice* T 1344 to] and L 1345 hou[2]] þanne D her[3]] to her ATLDBS 1347 bifore] in T and] an D

puple þerafter mistrusted to him and grutchiden aȝen his seruauntes, temptyng him in desert, and hou þei worshipiden grauen ymages and 1350 hoped in hem, and þerþurgh stiriden him to ire. And at þe last he telleþ hou kynges weren ordeyned of him to fede his puple bi good gouernyng of his lawe, as Dauid dide whom he took fro kepyng of sheep; Dauid tauȝte þe puple in innocence of his herte: þat is, as he was among oþer men an innocent man, so he tauȝte þe puple as he 1355 dide himsilf, to be innocent and kepe hem fro synne. And in þe vndirstondynges of his hondes he outled hem fro vices to vertue. And here is openli shewed bi Dauid þe vertuous condiciouns of a kyng: þat is innocen`ce´ of herte wiþouten prid, veynglorie and tirauntrie, for innocence noieþ to no creature but to alle þinges it 1360 dooþ goodship and vndirstondyng of his werkes. And here is openly shewed of þe lore of þe Holi Goost þat Dauid delited him in Goddes f. 176vb lawe to kunne | it and vndirstond it, and to worche þeraftir. And so he profited to God in keping of his lawe, and þerþurgh deserued forȝifnes of his synne, and to man he profited, outeledyng him fro 1365 syne bi riȝte rulyng of Goddes lawe, wherinne bisili he haunted him in iust doyng of riȝtwisnes wiþoute blynd compassioun, for wiþouten accepting of persone kynges shulden doo riȝtwisnes. And siþ þat synne is euere lenger þe more, kinges þat coueiten to regne wiþ Crist shulden be ful bisy to lerne Goddes lawe and reule þerwiþ þe puple.

Psalmus .lxxviii.

{1} Deus, uenerunt gentes in hereditatem tuam; polluerunt templum sanctum tuum; posuerunt Ierusalem in pomorum custodiam. *God, folkes come into þin heretage; þei defouliden þin holi temple; þei setten Ierusalem into þe kepyng of apples.* In þe psalme

1348 and grutchiden] in grutchynge L 1351 bi] in D 1352 gouernyng] gouernaunce BS kepyng] þe keping BS 1353 in] *om.* T 1355 and²] *om.* BS 1356 vndirstondynges] vndirstonding ALR 1359 noieþ . . . creature] to no creature noieþ B to²] *om.* A 1360 vndirstondyng] vndirstondiþ BS 1361 shewed] knowen D 1363 deserued] he deserued L 1364 and] an T man] men ADR him] hem AHTLDRS 1365 rulyng] rewle T him] hem AHTLDRBS 1367 kynges shulden] *rev.* R 1368 euere] ay LBS lenger] þe lengir AR coueiten] coueitiden AHL 1369 lerne] lere A reule] to rewle L

Ps. 78 CAHTLDRBS; H *ends incomplete* 306 we schule
heading C (*r.h.* Deus uenerunt), lxxviii ps. dauid. Martires of cryst of þe schedyng of þer blode L, *r.h.* Deus uenerunt D, `78´ *d.h.* B, þe lxxvi salme A, `79´ *d.h.* R, *om.* HTS 1 polluerunt . . . custodiam] *om.* L 3 holi] *om.* L 4 þe¹] *om.* AHTLDRBS

bifore is touched þe stori of þe old lawe þat was fulfilled in þe destruccioun of Ierusalem and of þe temple, and in þis psalme is maad mencioun of þe lamentacioun whanne þei weren destroyed. And so þerfore þe Prophete seiþ 'God, into þin heretage folkes come', not to lyue þerinne vertuousli but to spuyle it of vertues. Who ben þise? þoo þat coueiten hye dignytees and worshipes of þis lif: þurgh þise þin holy temple is defouled and maad a den of þeues. And þurgh þise wulues of raueyn Ierusalem, þat is þi chirche, wherinne men shulden see verrey pees bituyx God and man for kepyng of his lawe, is sette into kepyng of apples, þat is at þe liknyng of apple gardyns, þat men kepen til þe apples be ripe and sesounable to geder, and whanne þe fruyt is gadered, þei horden it up and lien þerinne til it be eten, chargyng no | more þe apple-ȝerd but til þe fruyt be gedered. And so þei shewen hem hyred hynes, sechyng mennes godes and not her soules; and þerfore þei fleen in tyme of nede. And þerfore

{2} **Posuerunt morticina seruorum tuorum escas uolatilibus celi, carnes sanctorum tuorum bestiis terre.** *þei setten þe deed bodies of þi seruantes mete to foules of heuene, flesh of þin halewes to beestis of erþe.* þise coueitous men þat entren into þe chirche for worldes godes and worshipes putten þe deed bodyes of þe puple þat ben þi seruantes þurgh yuel ensanple to foules of heuene; for, if þe puple be seek þurgh her owne synne, þei ben also wounded to deeþ þurgh consent [and] yuel ensanple of her curates. And so oftetymes þurgh hem, þat is bi þe yuel ensaumple of curates, þe puple is taken as metes to foules of heuene, þat is to hye aungeles of pride þat fellen fro heuene. And so þe fleshe of þin halowes þei putten to beestes of erþe. As þe prestes principali pursueden Crist and accuysiden him to þe lordes in ȝeinseiyng his lawe wherfore he was taken and killed, so aftir his passioun bi prelates, þat entren into þe chirche bi symony,

5 þe^{3}] þi, *alt from* þe H   7 þe] *om.* BS   8 so] *om.* T   9 `prest´ L   10 þise] þere H   12 þi] þe AHTBS, *om.* L   14 is sette] in D   15 gardyns] ȝerdis ATLBS   til] to TBS   sesounable] resonable AH   16 geder] be gedrid B   horden] horded L   17 til^{1}] to TBS   it] þei A   til^{2}] to TBS   18 hyred] hrid R   19 and^{2}] *om.* A   21 morticina . . . terre] *om.* D   morticina] morticinia H   tuorum . . . terre] *om.* L   22 carnes] et carnes A   23 foules] þe foulis D   flesh] þe flesh BS   þin] *om.* T   24 þise] þe BS   into] to T   26 ben] is AHTLBS   þi] þe L   27 deeþ] þe deeþ A   28 and^{1}] of CR, to D   her] *om.* BS   29 þe^{1}] *om.* H   curates] þe curatis A, her curatis D   30 metes] mete AHTLBS   to^{1}] to þe A   to^{2}] to þe T   hye] þe hiȝe ATLBS   31 so] *om.* AHTLBS   `]lat´´ L   putten] putteden BS   32 erþe] þe erþe HTLBS   principali] *om.* D   him] *om.* DR   33 ȝeinseiyng] aȝeinseiinge ADRB   so] and so T

35 þe fleisshe of his halewes is taken to beestes of erþe, þat is of men þat lyuen as beestes þei suffren hard tourment in her flesh. For

{3} **Effuderunt sanguinem eorum tanquam aquam in circuitu Ierusalem, et non erat qui sepeliret.** *þei helte oute þe blode of hem as watir in þe cumpas of Ierusalem, and þer was not to birye hem.*
40 Ierusalem bitokeneþ holi chirche, þat is defouled wiþ pride and coueitise of prelates more and lesse, and þe multitude of shedyng of
f. 177rb blood aboute it bitokeneþ þe greet per|secucioun þat is and shal be in þe cumpas of al erþe for synne, wherþurgh meche bloode shal be shed bi counseyl and procuryng and helpyng to of þise prelates. And
45 þis persecucioun shal be so greet in þe laste dayes þat þer shal be not to birie: þat is, þer shulen be but fewe þat shuln dur holde in þoo dayes wiþ þe slayne in Goddes cause for drede of tyrauntrie. Wherefore weymentyngli þe Prophet seiþ

{4} **Facti sumus opprobrium uicinis nostris, subsannatio et**
50 **illusio hiis qui in circuitu nostro sunt.** *Made we ben repreef to oure neiȝebores, scorning and heþing to alle þat in oure cumpas ben.* Ierusalem was cleped þe coroun of glorie for þe greet dignite þerof. þis Ierusalem bitokeneþ holy chirche þat is now put into repreef to alle men þat speken þerof. For in þe old lawe it was commaunded
55 þat no man þat had eny spot of lepre shulde entre into þe temple of God to vse presthod, but now no man shal be accepted þerto but if he be merked wiþ symonye, þat is þe moost perilous lepre of a mannes soule. And so þerþurgh þe chirche is now put into repreef bi hem þat shulden gouerne it, so ferforþe þat, ȝif eny heþen man wold
60 be conuerted to cristen feiþ, þe chirche is now so defamed bi þe pride and coueitise of prelates þat, in comparisoun of men of þe chirche of Crist, heþen sectes ben as innocentes. Forþi if Crist haue now eny frendes, be þei armed aȝen his enemyes wiþ vertues,

35 of[2]] in L erþe] þe erþe A 36 suffren] suffrid BS flesh] fleschis H 37 sanguinem . . . sepeliret] *om.* D 38 et . . . sepeliret] *om.* L 39 watir] þe water L þe] *om.* L and . . . hem] *om.* A not] none L hem] *om.* HTLBS 41 of[1] . . . lesse] *om.* BS 42 shal] þat schal A 44 to] *om.* BS prelates] wicked men BS 45 so] *om.* D be not] *rev.* AHTLBS 46 be] not be L but] *om.* A þoo] þe BS 49 opprobrium . . . sunt] *om.* D subsannatio . . . sunt] *om.* L 50 made . . . ben] we ben maad DRBS 51 neiȝebores] neiȝboris repref A, enemyes L scorning] scorn BS in . . . ben] ben in oure cumpas DR 54 commaunded] commaund/ded C 56 man] but fewe BS 57 þe] *om.* A of] for T a] *om.* HTDRBS 58 now] *om.* A 59 shulden] schulen D ferforþe] forsoþe TBS þat] *om.* T 60 þe[2]] *om.* AB 61 and] of L coueitise] þe coueitise R of prelates] *om.* BS 62 forþi] þerfor AH, for þat L, for R haue] haþ A 63 vertues] vertuous L

mouyng God to pite in kepyng of his lawe; and crie þei to him help,
seiyng 65

{5} **Usquequo, Domine, irasceris in finem? accendetur uelut ignis zelus tuus.** *Hou long, Lord, shal þou be wroþ into þe ende? kyndeled shal be þi loue as fier.* Þis weimentyng feiþful | men, hauyng f. 177va
eny loue to God, forȝeten not, but in alle þinges ablen hem to plese
God, meuyng him to mercy, desiring his help, seiyng 'Hou long, 70
Lord, shalt þou be wraþþed?', suffryng þi chirche to take þis repreef
for synne of þi puple. Wheþer þi wraþþe shal laste into þe ende?
Nay, for þi loue shal be kyndled as fier in þe hertes of trewe men
bifore þe ende fully come, bi þe whiche fier þou shalt purge þi
chirche. For þei in whom þou shalt kyndle þi loue shal of þin hond 75
take þe coroune of victorye. Forþi, Lord, wiþoute delaiyng, whan þi
wille may bowe þerto,

{6} **Effunde iram tuam in gentes que te non nouerunt, et in regna que nomen tuum non inuocauerunt.** *Heeld out þin ire into folkes þat knewen þee not, and into rewmes þat han not incleped þi name.* 80
Sore mowe men be adred þat knowen not God, kepyng his lawe, for
upon hem shal come sodeynli þe ire of God. And þerfore þe Prophet
seiþ here not of malice but þurgh þe Holy Goost, knowyng hou it
shal be, 'Lord, heel`d´ out þin yre upon þe folkes þat wolen not
knowe þi name ne drede it, þat as þei oppresse þe fredom of þi lawe, 85
so be þei oppressid in peyne bi þe riȝtwise dome of þi mouþe.' And
riȝt as þe Prophete of God knewe bi þe Holi Goost þat þe ire of God
shuld come upon þe dulle folk for her owne synne and for þe consent
to oþer mennes, so he knewe þat þe wraþ of God shulde come upon
þe kyngdomes þat not oenli incleped his name to þe preisyng of it, 90
but maliciously for her coueitise wiþstoden þe treuþe of Goddes
lawe, wherbi his name shuld haue be knowen and preised. And so þe
ire of God mote nedes | come boþe upon þe folke, þat is upon þe f. 177vb

64 to . . . help] help to hym AHTLBS 66 domine . . . tuus] *om.* D accendetur . . . tuus] *om.* L 67 lord] god T be] now be BS 68 kyndeled . . . fier] þi loue as fiir schal be kyndlid DR, þi loue shal be kenlid as fuyre BS 70 hou . . . lord (71)] lord how longe T 71 þi] þe A 72 þi[1]] þe D wheþer] where BS 73 þi] þei D 75 þei] *om.* DR loue] chirche A 76 forþi] þerfor AH, for þat L 78 iram . . . inuocauerunt] *om.* D te] *om.* T et . . . inuocauerunt] *om.* L 80 knewen] knowen RBS 83 hou] here how AL 84 þe] *om.* L folkes] folk BS wolen] wolden AHTLBS 85 ne] to A oppresse] oppressid BS 86 þe] þi H, *om.* T 87 riȝt as] yet L þe[3]] þei D 88 consent] consentinge AHTLBS 89 knewe] knowe S 90 his] `not´ his A, nat his TLBS 91 wiþstoden] wiþstonden CR goddes] his AHTLBS 93 mote] must L boþe] *om.* T

commune puple for her synne and her consent, and upon þe
95 kyngdomes þat is upon her souereyns þat shulden reule hem and
doon not bi þe lawe of God. And lo whi

{7} **Quia comederunt Iacob, et locum eius desolauerunt.** *For þei eten Iacob, and his place þei maaden desolate.* þise proude kynges
wiþ her vnfructuous sugettes þat maliciousli fiȝten aȝen God,
100 forsaking to obeishe to his lawe, han eten Iacob: þat is, þei haue
wastid þurghe her pride and coueitise þe vertues of Iacob, þat is þe
fredom of Cristes lawe þat brouȝt forþe þe tuelue apostles to be
tuelue pileres of his lawe, witnessyng it, as Iacob dide tuelue sones,
of whom come þe multitude of þe puple of God in þe old lawe. And
105 so not onely þe puple of God, but þe place þise malicious kynges, þat
in stede of coroun [of] glorye shulen take confusioun for her pride,
enforsede hem to make desolat: þat is, þei enforsiden hem in word
and in dede to fordo Crist in hiis membris, and so in hem his lawe,
þat is þe place and þe grounde of her loue, but þis persecucioun
110 mekeli suffring, knowyng hemsilf wretches. And perauenture þurgh
her folye þei haue gilt God and terred him to wraþ, and dredeþ
þerfore enauntre her defautes ben not fulli amendid. And þerfore þei
seye

{8} **Ne memineris iniquitatum nostrarum antiquarum; cito
115 anticipent nos misericordie tue, quia pauperes facti sumus
nimis.** *Ne be þou myndful of oure old wickednesses; soone biforetake us
þi mercyes, for pore we ben maad ful mechil.* þe Prophete techeþ us
f. 178ra here to be oft myndful of oure old done synnes: | for þe more þat a
man þenkeþ upon his synnes, þe more shame he shal haue of hem,
120 and more knowyng he shale haue of hem hou he shale auoyde hem
and amende hem. And also it semeþ þat þe Prophete preied here to
God also þat he were not myndeful of þe olde synnes þat we haue of
oure formefadres, and synne of hem þat is in us þurgh consent we
shulde hertly weyle and amende. Ferþermore we shulden deserue

94 her[1]] for her B her[2]] þe BS 97 comederunt . . . desolauerunt] *om.* D et . . . desolauerunt] *om.* L 99 maliciousli] malicious B 100 forsaking] forsaken A obeishe] obeye L 105 þise] þe AL 106 coroun] þe coroun A of [2]] *om.* C 108 in[1]] *om.* TDR 110 mekeli] of mekely A suffring] suffred L 111 gilt] agilt R god] *twice* T dredeþ] dredis L 112 amendid] mendid HTLBS 114 iniquitatum . . . nimis] *om.* D cito . . . nimis] *om.* L 115 nos] *om.* AH 116 wickednesses] wickidnes TLBS 117 for . . . maad] for we ben maade pore DRBS 118 here] *om.* T oft] *om.* T done] *om.* L 119 upon] on BS of] vpon L 120 and . . . hem[1]] *om.* HL 122 þe] *om.* A synnes] synne TBS 124 ferþermore] for þerfor AHTBS

grace to amend old synne and to eshewe newe te[m]ptacioun of synne, for þanne þe mercies of God shulde soone come bifore us, ȝiuyng to us hope of his help and counfort in oure traueyl and gode trust in oure ende to haue victorye of oure enemyes for oure wilful obedience to his maundmentes. For loue makeþ men to haue trust in God for þe kepyng of his lawe, and loue stireþ God to do mercy to man aftir þe loue of his gode wil. And þerfore no wondre þouȝ vnfeiþful men despeire at her last ende for defaute of loue, for where haþ ben no loue, hou shuld þere be trust? And þerfore, siþ we ben of ouresilf ful mechil maad pore, þat is for oure consent to synne, we ben pore of vertues, we shulde bisily þerfore confourme us to God wiþstondyng oure lustes, sechyng to do his wille, for þat shal make us to haue trust to him in oure laste ende, and þerof we shuln not be deceyued for þanne his help shal be ful neer. Seye we þerfore trustli to God, louyng his law, hatyng synne: 125 130 135

{9} **Adiuua nos, Deus, salutaris noster; et propter gloriam nominis tui libera nos, et propicius esto peccatis nostris propter nomen tuum.** *Help us, God oure helþeȝiuere; and for þe* | *glorye of þi name delyuer us, and be þou merciful to oure synnes for þi name.* Greet trust at þe last ende mow men haue in þis shriuyng of her synnes to God ȝif þei ben feiþful in hert, forþenkyng hem, and bisili in dede to amende hem; for þanne we may truste to be holpen, whanne þe herte forþenkeþ þe synne, and þe mouþ crieþ help to God, and þe dede fleeþ al occasioun of synne; for þanne we mowe seye trustli 'Help us God in þe manyfold periles of þis lif, for þou art God of oure helþeȝiuer, þat is þou art God, fadre almiȝti of oure lord Iesu Crist of whom is al oure helþe. Forþi for þe glorye of þi name, Lord, delyuer us fro synne, þat is for þe glorye of Crist þat maad in us þi name knowen, þurgh porenes and wilful suffryng of hard passioun and risyng up fro deeþ, be þou merciful to oure synnes and delyuer us for þi name, þat enemyes ioyen not in oure ouercomyng.' 140 f. 178rb 145 150 155

125 temptacioun] teptacioun C 126 shulde] shuln R 128 wilful] wil-/wilful A 129 maundmentes] commaundementis BS 130 to man] *om.* H 131 no] no is A þouȝ] if AHTLDR, is if BS 136 wiþstondyng] wiþstoond T, vnderstondynge L his] goddis AHTLBS 137 haue] *om.* A to[2]] in AHTLBS in] at AHTLBS þerof] þerfor AL 138 help] heelþe A seye] þerfore seie H þerfore] *om.* H 139 hatyng] and hatynge T 140 nos . . . tuum] *om.* D noster] deus noster S et . . . tuum] *om.* L 141 libera] domine libera AHTR 142 help . . . helþeȝiuere] god oure helþeȝeuer help us BS 146 bisili] bisy AHTLBS 148 al] þe AHL, *om.* TBS synne] `al´ synne A, al synne HTLBS 150 of [1]] *om.* HBS 151 forþi] þerfore AH, for þat L þe] *om.* L 153 knowen] knowes L 154 and[1]] in L

{10} **Ne forte dicant in gentibus: ubi est Deus eorum? et innotescat in nationibus coram oculis nostris.** *Enauntre þei sey in folk: wher is her God? and inwax*[*e*] *knowen in naciouns bifore oure yȝen.* Siþ fro þe bigynnyng þe riȝtwisnes of God haþ ben shewed, as
160 his lawe makeþ mencioun, men shuld drede to synne for his riȝtwisnes mote nedes venge synne, al be it þat þe erþe is ful of his mercy, and also upon alle his werkes þe mercy of him. But who þat synneþ in trust herof, is slayn bi þis lettre for his fals vnderstondyng: what hardynes shuld a synful man haue in þise
165 wordes þat loueþ to reste him in synne?—al be it þat scripture
f. 178va witnesse þat þe erþe is ful of þe | mercy of þe Lord. For siþ þat man is maad of erþe, he þat mekeli knoweþ his freel kynd and hateþ synne and loueþ vertues, dredyng God, hopyng feiþfulli in him, sleyng in himsilf his fleshli affeccioun, wiþdrawyng alle his wittes
170 fro occasioun of synne, is þerþurgh fulfilled wiþ þe merci of þe Lord. And so holi writ is soiþ þat seiþ 'Ful is þe erþe of merci of þe Lord'; but þis text is moost vndirstonden of Crist, whos bodi was of erþe, for þe mercy of þe Lord was moost fully in him, and upon alle his werkes in fulfillyng of þe lawe, was fulli þe merci of þe Fadre of
175 heuene. But what trust is hereinn`e´ to men þat wolen not leue her synne? Forþi Lord, for þin holy name, shewe þi merci to þi loueres, þat þei vndirstonden þe lettre of þi lawe to þe destruccioun of vices þat regnen in þe freelte of her fleshe, and to þe quykenyng of þe spirit, þat þi mercy be shewed to hem in þe ende, enauntre þat
180 enemyes seye not at þe ende into repreef of þi foloweres 'Wher is now þe God of hem?'. As who seiþ 'help he hem now, ȝif he be God', þat hatide synne, þe whiche þei fled. Of þis foly sawe of vnfeiþful men, whanne þei se men vnlike to hem suffre persecucioun or deeþ wilfulli for God, trewe men han compassioun, for þei
185 knowen þat God mot nedes venge þis foly. And þerfore þei preye

156 dicant . . . nostris] *om.* D gentibus] gentes L et . . . nostris] *om.* L 157 innotescat] innotescant H 158 folk] folkis A, fokes L inwaxe] inwaxyng CDR, waxe TBS, war H naciouns] nacioun S 159 ben] *om.* L 161 mote] must L 162 and . . . lord (166)] of oure lord as scripture witnessiþ A 162 þe] is þe BS 163 herof] þerof L 164 synful] sympyll L haue] *om.* D 165 reste] resteth L 166 witnesse] witnessiþ HTLD þe²] *om.* D þat] *om.* T 167 erþe] þe erthe L his] þat BS 169 in] *om.* D wiþdrawyng] drawyng R alle . . . wittes] his wittis alle B 171 merci] þe mercy AL 172 is] was T of²] in D 173 fully] ful BS and] *om.* R 174 þe¹] in þe L 175 hereinne] þerin L 176 forþi] þerfor AH, for þat L 178 and to] into L þe²] *om.* HTBS þe³] her AL 179 þat] þan L 180 at] in B 181 who] whos D seiþ] seye AHL 182 hatide] hatiþ TBS þe] *om.* L 183 men] *om.* DR persecucioun] deþ T 184 deeþ] persecucioun T 185 mot] must L

God of help, þat his name wexe knowen in naciouns bifore her yȝen: þat is, þat hastly þe folk were turned to God, preisyng his name þat is Crist, bi whom his name is maad knowen, þat sodeyn vengeaunce come not vpon hem in her errour. And al be it þat men touched wiþ compassioun preye and desire þe conuertyng of þe puple in tyme of 190 grace, þei mote nede also aske and desire | acordyngli wiþ Crist þat f. 178vb riȝtwisnes be doon. And þerfore þei, as it shal be not desiryng it of malice

Ulcio sanguinis seruorum tuorum qui effusus est; {11} introeat in conspectu tuo gemitus compeditorum. *Þe vengeaunce of* 195 *blood of þi seruauntes þat is outhelt; ingo it in þi bihol[d]yng þe weilyng of fettred men.* Þe spilling of blood of þe seruauntes of God crieþ vengeaunce to him upon hem þat outhelden it, be it bodili or goostli. For siþ weylyng of fettred men for Goddes sake entren into þe siȝt of God, as is seyd, wiþinne þe Lord bihelde fro heuene þat he here þe 200 weylyng of fettred men, meche more þe heeldyng out of her blood shal entre into his siȝte to venge his iniurye. And so þe Prophete, knowing þat bi þe Holi Goost mote nede desire in al þing þat þe riȝtwisnes of God were fulfilled, and þerfore he seiþ:

Secundum magnitudinem brachii tui posside filios mortificatorum. *Aftir þe mychilnes of þin arme weeld þe sones of þe slayn.* 205 Hereof feiþful men of bileeue taken counfort, and wiþouten drede putten hemsilf to seche Goddes lawe and lyue þerafter, delityng to speke þerof into preisyng of his name, al be it þat enemyes þerof purpose her destruccioun, for it is a greet token of loue whanne a 210 frende spekeþ gode of his frende. And þerfore siþ þe Prophet, meued bi þe Holi Goste, seiþ trustli to God 'Weelde þe sones of slayn men for þi loue in þe mechilnes of þin arme', þat is of þi greet power. Who þanne þat dredeþ him to lyue aftir Goddes lawe, folowyng Crist in shewyng of his lawe, mistrusteþ to God þat he 215

187 þe folk] þei A 189 vpon] on A 191 mote] must L nede] needly TBS also] *om.* H acordyngli] acordynge B 192 þei] þei seien HTBS it[1]] *om.* T not] no L 194 sanguinis . . . compeditorum] *om.* D introeat . . . compeditorum] *om.* L 195 þe] Re A 196 blood] þe bloode R þi[2]] þe L biholdyng] biholyng C 198 hem] hym D outhelden] helden A, oute belden H, owt schede L, vnheeldyn T 199 men] *om.* L 200 bihelde] heeld 'bi' T 201 fettred] feterynge L heeldyng out] outheldyng AHTBS, owt scheddynge L 203 mote] must L nede] *om.* T 204 and] in all thynge L 205 magnitudinem . . . mortificatorum] *om.* D posside . . . mortificatorum] *om.* L 206 weeld] welde þou BS 209 into . . . þerof] *om.* L þerof] herof A 211 siþ] *om.* R 212 weelde] welde þou BS 215 of his] in shis D

f. 179ra may not delyuer him in þe laste day. But who is more de|ceyued, siþ he is almiȝti? þerfore for þis vnfeiþfulnes þe Prophete seiþ as it shal be

{12} Et redde uicinis nostris septuplum in sinu eorum impro- 220 **perium ipsorum quod exprobrauerunt tibi, Domine.** *And ȝeeld to oure neiȝebores seuenfolde in her bosum þe repreef of hem þat þei upbreydeden to þee, Lord.* Ȝeeld to oure neiȝbores, þat is to hem þat leten as þei were frendes to þi lawe, and preuy enemyes ben to men þat knowen not her feyntnes, but to þe`e´ Lord is open þe þouȝt of 225 her herte; and þerfore seuenfold peyne, þat is moost perfite peyne shal be ȝolden to hem. For her repreef of feyned loue shal be ȝolden in her bosum, þat is in þe dome þe conscience of vnfeiþful men shal be pricked wiþ moost sharp drede, for þei repreued to þee, Lord, despysyng þi name þat is Crist, whom to folew þei helden folye. But 230 not forþi

{13} Nos autem populus tuus et oues pascue tue confitebimur tibi in seculum. *But we þi puple and þe sheep of þi pasture shullen shryue to þee into world.* Here is knowen þe puple of God and þe puple of þe world. þe puple of God ben sheep, goyng in his pasture: 235 þat is, þei ben fed in vndirstondyng of his lawe. And for þei knowe þat þerin is lif not ooneli temporel but euerlastyng, þei seye wiþ mouþ, as þei do in dede, þei shulen shryue hem to þe lord God þat oneli forȝiueþ synne into þe world, þat is al þe tyme of þis lif to þe tyme þat þei passe into þe world of worldes þat is heuene, þei wolen 240 not cesse to shryue to þee her synne into preysyng of þi name, tellyng þe truþe of þi lawe, hou þou oneli forȝiuest synne whanne f. 179rb occasioun þer|of is lefte. But men of þe world trusten not to þee, Lord {bi þiself to} forȝiue synne {wiþouten counceyl of man

217 þis] his TL 219 uicinis . . . domine] *om.* D improperium . . . domine] *om.* L 220 ȝeeld] ȝelde þou BS 221 in] into CDR, into, -to *canc.* H 222 to þee lord] *om.* BS 223 leten] letten or semyn BS, semyn T as] *om.* AHTLBS preuy . . . ben] ben priuey enemyes AHTLBS 224 feyntnes] feyntyse L þee] þe AT 225 peyne[1]] more peyne BS 226 feyned] feynt A 228 sharp drede] schar/ peyne D 229 helden] holden HBS folye] but folie D 230 not forþi] naþelees A, for þat L 231 populus . . . seculum] *om.* D confitebimur . . . seculum] *om.* L 232 but] ȝit A þi[1]] forsoþe þi H, þe L and] of L 233 shryue] knowleche BS þee] þe lord L world] þe world ATBS 234 sheep] meke sheep ATLBS 235 for þei] þerfore H knowe] knewe BS 236 not] is not D 237 mouþ] *om.* L shryue hem] knowleche BS þe] þee ABS 238 forȝiueþ] forȝeuest AHLB þat . . . seyn (303)] *om.* BS to] til H, into L 242 occasioun] þe occasioun D `nota bene´ R of þe world] *om.* H þee] þe A 243 lord] *om.* H bi þiself] *eras.*, but to prestis `to´ *mod.* C, bi hymself DR, by hereself T wiþouten . . . whanne (244)] *eras.*, *gap* ne C

whan}ne mannes counceyl may be had. But for þis {errour}, ȝif noon oþer synne were in hem, þi riȝtwisnesse mote venge and 245 dampne þis vnfeiþfulnes. But hereof no man doute þat knoweþ þi lawe and þe mandementes of God in his lawe þat whoeuere is vnfeiþful to God in þis, do he neuer so meche penaunce, þis errour shal lede him moste into despeyr at his last ende; for in þe laste poynt he shal haue moost nede, and þanne utterli no {mannes} 250 power on erþe may auayle him. Þanne if {mannes} power be reft him, and he put vndir þe miȝti hond of God, to whom he trusted not bifore, hou shuld he {but} perishe? Forþi Moyses commaunded to alle þe puple þat þei shulden bisili here Goddes lawe and lere it, enaunter þei were led amys bi coueitous or blynde counseyloures; 255 and þerfore Tobye tauȝte his sone to take counseil of þe wise, þat {is of Crist}, wisedome of þe Fadir, in whom may ben noon errour. And so þerfore Crist seiþ to make knowen his sheep fro stynkyng geit, þat þei shulen here his voyce, 'Biholde and kepe ȝow fro þe sourdouȝ of pharisees'; and oþer mennes vois þei shulen not here to doo aftir, siþ 260 þei trusten {not} feiþfulli to him þat he oneli {bi himsilf} forȝiueþ synne. And so bi sounyng of þis lore þe sheep of Goddes pasture knowen whom þei shulen flee and whom þei shulen folewe. Þe sheepherdes of Cristis flok enforsen hem to lede his sheep in his lawe, so þat ȝif þei en[y] tyme erre þise sheep mow knowe her errour 265 and reduce hem into þe riȝt weye, hauing | mynde of þe lore of Crist f. 179va þat seiþ 'He þat loweþ him vertuousli shal be hyȝed gloriousli'; and also þe Wise Man seiþ 'Sone, ȝif þou be reysed in hiȝte of dignite of office abouen oþer, be not þin hert þerfore enhaunsed into pride ne veynglorye, but be as one of þe leste of þi breþeren in mekenes and 270 good þewes.' But sheepherdes in name and wulues in dede wolen not lede her flok bi þis wey of Goddes pasture, enaunter her malice be aspied. For þat is þe moost cleer mirour, wherinne þe heerd mai

244 errour] *eras., mod.* C 245 mote] must L venge] nedis venge AL 247 and . . . lawe[2]] *om.* H mandementes] comaundmentis R 250 mannes] *eras., mod.* C 251 on] upon T, of D mannes] *eras., mod.* C 252 he[1]] be H, *om.* L 253 `nota bene´ R but] *eras., mod.* C forþi] þerfor A, and þerfore H, for þat L 254 alle] axe T here] lerne T lere] lerne AHTDR 256 þat is] *om.* D is of crist] *eras., gap* C 257 of [1]] *om.* L 258 so] *om.* H 260 vois] *om.* R aftir] þerafter L 261 not] *eras., gap* C bi himsilf] *eras., gap* C himsilf] hymself self H forȝiueþ] forȝyve R 262 þis] his D 263 flee] folowe R folewe] flee R 264 flok] folk T 265 þat] *om.* T þei . . . tyme] ony tyme þei A, `at´ at any tyme `þei´ L eny] en C þise] her HT 266 into] in L 267 loweþ] louiþ HR hyȝed] herde H 268 of [2]] of *canc.* or L, or AHT 269 ne] and A 271 þewes] þewe AHT 272 flok] folk T of] `in´ R 273 heerd] herd man L

knowe his flok, and eche sheep of þe flok may know his heerd, if he
275 loue him in Crist or for þe wulle þat he bereþ. And in þis mirour
eche sheep may knowe oþer, for alle þei ben of oo pasture of Cristis
lawe, and alle þei beren white wulle of charite. In þis mirour eche
sheep may knowe itsilf: for, ȝif he straye oute of þis pasture, his
wulle wole fade and make him knowen boþe of his felowes and of his
280 heerd, and so he shal take repreef but if he hastli turne aȝen. In þis
mirour sheep mow knowe afer ȝif eny wulf or raueynous beest
assayle hem. And in þis mirour he may knowe hou he shal auoyde his
malice þat he harme not to his wulle, for in þis mirour he may se þe
moost preuy sleiȝt of eny enemy, þat enforseþ him to anoye þe sheep
285 of þis pasture. And in þis mirour he may see ȝif eny geyt of wilde
wodes, in whom is stynk of lust and coueitise, enforse him bi sly
sleiȝt to aspie þe sheep of þis holsum pasture; and so he may know
him bi his long beerd of pride and his long hornes of malice, and bi
f. 179vb þe diuerste of his colour hou he | is vnstable, and moost of al bi his
290 stinkyng breeþ of proud boost and fals blasphemyng. And in þis
myrour þe sheep of þis pasture mow knowe þe wille of þe Lord, and
hou he shal plese him in trewe fedyng him of þis holsum pasture.
Good strong sheep louen hard pasture, for þei eten her mete twyes,
for mete þat is wele chewed defieþ liȝtli. Þis holsum mete is þe
295 kunnyng of Goddes lawe, þat feiþful sheep of þat pasture deliten
hem in; þis mete, ȝif it be roungid þe secund tyme, it ȝiueþ strengþe
to alle þe partyes of þe bodye and counforteþ þe heued. So whanne
men han knowyng of þe lettre of Goddes lawe, and setteþ þerupon
her ground, vndirstondyng it to þe preysyng of Goddes name and to
300 þe despisyng of þe fleishe and of þe world, þanne alle þe membres of
þe body ben strengþed wiþ þis lore and þe heued counforted. For
Crist, heued of al holi chirche, is plesid þerþurgh and alle seyntes
gladed. And þerfore þei þat ete mete twyes seyn:

In generacione et generacionem annunciabimus laudem
305 **tuam.** *In generacioun and into generacioun we shul shewe þi preisyng.*
Þat is, in þis generacioun of þis lif we shuln shewe þi preisyng in

275 he] *om.* L 278 itsilf] hymself HT þis] his L 279 of[2]] *om.* A
281 sheep] þe scheep AHTL afer] aferrom T 283 to] *om.* D 284 eny enemy]
any eny, eny *canc.* R anoye] noie HT 286 stynk] stynkyng H 287 sleiȝt]
sleiȝtis D 288 his[1]] bi hise AHTL 289 þe] *om.* T 290 and[2]] *om.* AHTL
293 for . . . liȝtli (294)] *om.* L 294 is[2]] is þe mete is A 295 kunnyng] knowynge L
300 þe[1]] *om.* R 304 et . . . tuam] *om.* D annunciabimus . . . tuam] *om.* L
306 shewe . . . *end*] *lost* H preisyng . . . þi (307)] *om.* T

kepyng of þi lawe þat deliten us in etyng þerof, and strengþeþ us in oure wey euene, ledyng us to þe hauene of heelþe. For, þurgh þe shewyng of þi preisyng in þe generacioun of þis life, we shuln be maad worþi to come wiþ þe palme of victorie, into þe generacioun of 310 lyuing men, receyuyng þe coroun of glorie of þe hond of Crist, sheepherd of oure soules, whois voice in þis lif we herd and folewed, in knowlechyng to him oure synnes | bi þe counseil of his lawe, eche f. 180ra oþer of oþere norished in oo pasture, takyng counseyle and lore of his moost like foloweres, hou synne shuld be fled and vertues kept, 315 and his name preised in þe wey of þis pilgrimage.

Psalmus .lxxix.

{2} Qui regis Israel intende, qui deducis uelut ouem Ioseph. *Þou þat gouernest Irael take hede, þe whiche ledeþ as a sheep Iosep.* He seiþ not 'þou þat gouerned Irael', þat is þe puple of Iewes, þat bitokeneþ feiþful fadres of þe Old Testament, but he seiþ 'þou þat gouernest Irael', doyng us to wite þat þe chirche (þat ben þe feiþful 5 men deliting hem in Goddes lawe) ben gouerned and shul be gouerned to þe ende bi þe miȝt of þe Fadre, and bi þe wisedom of þe Sone and bi þe good loue of þe Holi Goost. And hereinne is greet counfort to men þat goon in þis wey and louen it, seekyng þe plesaunce of God þerinne. But þe Prophet, biholdyng þe greet asaut 10 of enemyes, and þe arwȝ hertes of men þat loueden hemsilf to meche, sawe þe moost deel of þe puple heeldyng aside fro þe riȝt wey. And so he, meued wiþ sorew of hert for errour of þe puple, cried to God seiyng 'Lord God, louer of mennes soules, þat gouernest Irael bi þe riȝt rulyng of þi lawe, take heed to þi puple 15 þat þei perishe not.' For into þi temple (þat is þi chirche) ben entred many beestes of raueyne to spuyle þi sheep, rasyng off her wulle,

307 deliten] delitiþ T 309 þi] þe D in] of D 313 him] hym and to his seruauntis BS 314 of [1]] to R 315 vertues] vertu A 316 þis] his L

Ps. 79 CAHTLDRBS; *incipit incomplete* 500 -ke þis tiraunte H; *explicit incomplete* 451 he fulfild D, *explicit incomplete* 558 nomen tuum S

heading C (*r.h.* Qui regis), lxxix in finem for þose þat schull chaungen wytnes. psalm of Asaph. Prestes seyn to cryst for holy chyrche L, *r.h.* `Qui regis israel´ D, `79´ *d.h.* RB, þe lxxvii psalm A, *om.* TS 2 þat] *om.* L irael] efter israel L ledeþ] ledist DBS a] *om.* L 3 gouerned] gouernist LDR of] þat is þe B 5 ben] is ATLBS 6 shul] schulden AL 7 and] *om.* R 8 hereinne] here L 11 arwȝ] arugh *canc.* dredeful T, dredful BS hemsilf] hersilf R 12 sawe] and R heeldyng] heldyng or bowyng BS 16 þi [1]] þe A

coueityng her deeþ for fatnesse of her fleshe. Take hede to þi chirche, þou þat ledest as a sheep Ioseph (þat is þi feiþful puple
20 wexyng in þi loue), þat as a sheep mekeli wiþouten grutchyng goiþ to
f. 180rb þe slauʒtre, and in alle þinges is profitable. | And also

{3} Qui sedes super cherubyn manifestare coram Effraym, Beniamyn et Manasse! *Þou þat sittest aboue cherubyn, be shewed bifore Effraym, Beniamyn and Manasse!* Þat is, þou lord God þat
25 sittist upon cherubyn, þat is þou þat þurgh þe plente of þi wisedom gouernest al þing and reulest heuene and erþe and alle þinges in hem wiþ þe mynde of þi wille, be þou shewed into help bifore Effraym, þat is, bifore þe beryng fruyt of vertues, and bifore Beniamyn, þat is bifore þe puple whom þou hast chosen to be at þi riʒt hond, and
30 bifore Manasse þat haþ for mychilnes of þi loue forʒeten to vse þe prosperite of þis lif. For ʒif þou be bifore þis puple, shewyng to hem þe vertu of þi loue, hou þou hast led bi loue þi chirche þat kept þi commaundmentes, þanne þei shuln desire to folowe þee wiþouten drede, puttyng hemsilf mekeli vndir þi ʒok. Þis shewyng þat is
35 desired of God to his puple is þat, als wele in tyme of prosperite as in tyme of tribulacioun, þou shewe to hem þe drede of þi name tempred wiþ þe loue of þi fadirhed, þat þei ben not hyʒed into prid in tyme of prosperite, forgetyng þe drede of þi name, ne born doun wiþ grutchyng in tyme of aduersite, forʒetyng þe vertu of þi
40 loue þat þou moost shewest to þi frend in tyme of aduersite. Forþi Lord, be þou myndful of þi puple, defending hem in þis perilous tyme of moost cruel enemyes. And þat þou shewe þat þou art her defendoure

Excita potenciam tuam et ueni, ut saluos facias nos. *Stire þi*
45 *power and come þat þou make us saaf.* Þat is, lord God almiʒty, þou |
f. 180va hast reysed þurgh þi power þi Sone, oure lord Iesu Crist, fro deeþ, wherinne þou hast ʒyuen trust to þi foloweres þat no þing to þee is impossible. Stire þerfore þi powere, restreynyng þe wicked wil of þe enemy þat enforseþ bi miʒt of his fals power to enueneme þi chirche,

20 a] *om.* L mekeli . . . goiþ] wiþoute grucching mekely gooþ A 21 in] *om.* L 22 super . . . manasse] *om.* D manifestare . . . manasse] *om.* L 23 þou] þat is þou lord god A aboue] upon ATBSL be shewed] to schewe T 25 þe] *om.* L 26 þing] þin R in] þat ben in D 29 þe] þi ATLBS, *om.* R whom] which AL at] of L 31 þis[1]] þi BS 32 led] had T 33 commaundmentes] maundementis ATLDRBS shuln] shulden R þee] þe/re A 35 is þat] *rev.* BS 36 þe] þi BS 37 þe] þi T 39 wiþ . . . aduersite] in tyme of aduersite wiþ grucchynge T 40 þou] *om.* L forþi] þerfor A, for þat L 44 potenciam . . . nos] *om.* D ut . . . nos] *om.* L 45 þou[2]] þat ATLBS 48 restreynyng] and restreynynge AL, refreynynge T

drawyng it aftir him to lust and coueitise. þou hast, Lord, þurgh þi 50
deeþ ouercomen deeþ; shewe þee þerfore, Lord of lyuyng men and
come in help to þi puple to defende hem. Al þis axyng of help is not
coueyted to be delyuered of bodili peyne, but symple men and meke
ben euere dredyng of hemsilf, no þing of God. And þerfore as þei se
and fele þe malyce of enemy encrese, so þei desire to be strengþed in 55
mekenesse to wiþstond þe malice in suffryng of tribulacioun
wiþouten grutchyng. But siþ is a special ȝift of God grauntid but
to fewe for þe coldnes of mannes loue, þei drede hem for her old
forfeture, or for litilnes of her loue, enaunter þei ben vnworþ`i´ to
haue þis special ȝift of heretage, not of þis failyng world but of þe 60
hyȝe kyngdom of heuen. And so desiryng þis ȝift, ȝif Goddes wil
may bowe þerto, þei aske his help, preiyng him of mercy to do wiþ
hem his wil. To preye aftir þis sones ȝift Crist ensaumpled in his
preiyng bifore his passioun, whanne he swatte teeres of blood for
drede of deeþ, and ȝit his spirit was redy to deye, ȝea, more redy þan 65
þe Iewes were to sle him. þis drede of Cristis flesh bifore his
passioun is noon occasioun of coward drede to feiþful men, but it
doiþ awey al occasioun of cowardnes, and makeþ men herty to suffre:
for, siþ he sawe þe moost huge passioun greiþed to him þat miȝte be
þouȝt eny creature to suffre, and he of moost cle|ne kynde of man f. 180vb
wiþouten eny corrupcioun and consent to synne, hou shuld not
þanne his fleshe moost drede siþ he was verrei moost tendre and
passible? And þerfore, siþ he refuysed not his passioun aftir þis
moost drede, but wilfulli offred himself þerto, it is occasioun of
hardines to alle oþere to suffre wilfulli whateuere tribulacioun be 75
profred to hem, siþ no man aftir Crist shal suffre noþur so meche
drede ne peyne as he dide. Crist whanne he honged upon þe crosse
semed to þe vnfeiþful vnmiȝti to helpe himsilf, and þerfore it was
seyd to him of þe cruel Iewes in scorn 'If þou art þe Sone of God,
come doun of þe crosse þat we trowe to þee'. But for þre causes Crist 80
wolde not here hem. O cause was for he knewe þe falsnes of her
temptyng, for he wiste weel þat for his comyng doun þei wolde not
haue bileeued to him, for many greter wondres he dide bifore hem,

51 þee] *om.* A 52 help[1]] to help BS axyng] desiryng ATBS, yernynge L
53 meke] meke men R 54 euere] ay BS se] sey B 55 enemy] þe enemy ATLDRBS
encrese] encreesiþ AL 56 þe] his ATBSL 57 siþ] siþ þis TLBS 59 vnworþi] not
worþi A 68 cowardnes] cowardise ATLBS 69 huge] hidous ATLBS greiþed] made
redi DR 70 eny] to any L moost] þe moost ATBSL 71 eny] al maner ALBS, al
maner of T 72 moost[1]] moost `verey´ S moost[2]] man moost ATLBS 77 upon] on A
80 trowe] bileue DR `nota/ 1´ R 83 haue] *om.* D greter] grete ATR

and þei sette hem at nouȝt seiyng þat in Belzebub, prince of deueles,
85 he dide þo wondres. þe secund cause was þat for no man aftir him
shulde take occasioun of suspecioun þat he had grutched wiþ his
passioun or dredde to dye whanne he was so nyȝ þe poynt. þe þred
cause was whi he wold not come doune fro þe crosse, for þe houre
was þanne ordeyned wherinne he wold dye, for he wiste þat many
90 aftir him shulde be profered þe deeþ bi manasyng of enemyes, but in
þe poynt þei shulde consent to flateryng and forsake to deye, as
hertles wiȝtes mystrustyng to God. And so Crist wold not come
doune at þe temptyng of Iewes, þat no suspecioun of feyntnesse were
supposed in him; and he suffred wilfully and in his deiyng he was
f. 181ra maad ouercomer of alle his enemyes, al be it þat of hem | was wened
96 to be ouercomen. But þis ouercomyng of Cristis manhede was bi þe
suffraunce of þe godhed, as was þe wrastling of Iacob wiþ þe aungel,
whom he ouercome at þe suffryng of þe aungel. And þerfore ȝif we
lyue aftir þe feiþ of Cristes lawe, continuely beryng in vs þe merkes
100 of his passioun, truste we to him feiþfully and sey 'þou Crist Iesu þat
deidest moost dispitous deeþ for mankynd, ouercomyng alle þin
enemyes in þi deiyng as in þi resurreccioun is shewed, rise now and
stire þi power þat þin enemyes ioien not in ouercomyng of þi
foloweres. But come þou hastly in al nede to defend us and strengþe
105 us in oure feiþ, þat þe desire of oure loue fayle not for mechilnes of
peyne þat þe fleshe haþ deserued. And þerfore suffre þou not `us´ to
chese oure deeþ, but merke it and mesure þe menes þerto aftir þi
wil, and lede us in þe weye þat moost plesiþ to þee and leest to þe
fleshe. And þanne at þe ende we shuln fully truste þat þou shalt
110 come to make us saaf, for þi desiryng and þristyng to þis ende hertly
to make us wexe hoot in þi loue, þat oure wil chaunge not but alweye
encreese to þe preisyng of þi name in werk and in word, criyng to
þee and meuyng þi mercy, seiyng

84 hem] hym DR 85 þo] þe L `2´ R þat for] *rev.* ATLBS aftir him] *om.* DR
86 of] aftir hym of DR 87 poynt] for (89) . . . him (94) *after* poynt ATLBS `3´ R
88 whi] he whi D fro] of T 89 þanne ordeyned] *rev.* L for . . . him (94)] *after*
poynt (87) ATLBS 90 þe] to þe A 91 shulde] schal T forsake] so forsake
ATLBS as] and D 92 wiȝtis] weiȝtes or wrecchis BS, wrecches T 93 þe] *om.* L
iewes] þe iewis BS 94 and[1]] and so ATLBS, *om.* R 95 ouercomer] ouercomen A
þat] yf þat L was] he was ATLDRBS 97 þe[2]] *om.* R 103 enemyes] enemy
ATLBS ioien] ioie AL 106 þerfore] *om.* L not us] *rev.* T 109 ende] laste
eende DBS 110 for þi] for þat L þristyng] trystynge L 111 to] *om.* TLBS
wexe] to waxe ATLBS

{4} **Deus conuerte nos, et ostende faciem tuam et salui erimus.** *God, conuerte us, and shewe þi faace and we shale be saaf.* 115
God þat in alle þinges shewest þi goodnes to us, turne us fully in al þing þat may displese þee fro þe loue of þis world þat we neiþer do ne consent to eny synne þerof, for consent in many caas is als perilous as doyng of synne. And þerfore þi loueres, dredyng to offende þee, drede hugely whanne þei hate hemsilf to do synne to be 120
partyneres of oþer mennes synne bi consentyng þerto. And for consent is profred in many weyes and hard to | eshewe, siþ no man f. 181rb
wiþouten special grace may wiþstonde or eshewe consent to synne, þerfore þe feiþful louer of Crist, dredyng in al þing to offend God, knowyng himsilf vnwitti and vnworþi and freel and redi to do yuel 125
and to consent þerto, seiþ in þe voice of alle feiþful loueres of God, askyng herto his help, seiyng 'God, conuert us hooli altogider', þat is eche a part of us turne altogidir into þi preisyng, þat we ben not as ypocrites þat leuyn somme blames for drede of mannes shame and dooþ oþer þing or þat same þing wiþouten drede in þe siȝt of God. 130
Turne vs þerfore altogidir, God, to þee and shewe þi face, þat is shewe to us in tyme of temptacioun þi presence, þat is þi drede and þi loue—come þei bifore us in tyme of temptacioun, þat þanne to oure mynde be brouȝt þe displesaunce of þi name, þat we drede to offende it and loue to plese it. And so þerþurgh be don awey in vs þe 135
brennyng fier of vile lust, þat is kyndeled wiþinne us into oure confusioun if we assent þerto. Somme men assenten to synne in tyme of temptacioun, for neiþer drede ne loue of God comeþ þat tyme to her mynde wiþ þe temptacioun til þei haue consente þerto; and þe cause is for her hert is bifore her greet temptaciouns scatered into 140
vanite, hauyng no feruent mynde contynuely of God in tyme of quyete whanne þei ben not feersly assayled of enemyes. And þerfore in tyme of nede þei moten algates be ouercomen, for þei ben founden

114 deus] deus uirtutum AL nos . . . erimus] *om.* D et[1] . . . erimus] *om.* L 115 conuerte us] conuerte of vertu, *marked for rev. to* of vertu conuerte L 116 þinges] þing AL al] *om.* L 117 þee] us T 118 caas] a caas AR als] *om.* A 119 dredyng] dreden A 120 drede] *om.* A hugely] gretely T 122 weyes] wise ATLBS 125 vnwitti] vnmyȝti DR do] *om.* L 126 alle] alle þe ATLBS god] cryst L 127 help] helf T 128 a] *om.* TDBS turne altogidir] turnynge al hool togidere A 130 or . . . þing[2]] *om.* BS or] or ellis D 131 þerfore altogidir] *rev.* B 132 \`temptacio´ B 134 we] *om.* L 135 it[2]] \`to´ yt L, to it ATBS 136 into] to DR 137 assent] consent L men] man BS assenten] assentiþ BS 138 þat . . . mynde (139)] to her mynde þat tyme D 139 þe[1]] *om.* L til] to TS consente] consentid A, assentid BS 140 is[1]] is þis B 141 no] not ATLBS 143 moten] must L

naked in tyme of her enemyes assailyng, to whom is taken her
145 strengþe for þe scateryng of her mynde fro God, and so hemsilf ben
cause of her owne fallyng, offendyng God hugeli. But somme men in
f. 181va tyme of her temptyng | han þerwiþ al mynde of viilte of þe synne,
and þat God is displesed in consentyng to synne, and ȝit þei gederen
not in þat perilous tyme her mynde bisili to God, askyng his help,
150 but þei scateren it in her lustes; and þerfore þei ben ouercomen
consentyng to synne, and ofttyme doon it in dede. And þus al maner
of men in her owne defaute, for her vnmyndfulnes of God and
cooldnes of her loue to him, consenten to synne and doon it, somme
more and somme lesse as her owne conscience shal openli witnesse.
155 Prey we þerfore God þat he turne us altogidir to him in tyme of
temptyng, and shewe to us his face þat we drede him and loue him
wiþouten consentyng to synne in tyme of temptacioun, and þanne
we shulen be saaf. For no man perisheþ fro God but þurgh
consentyng to synne. Þe meenes of consentyng to synne ben a
160 mannes fyue wittes whanne þei ben not chastised ne refreyned to þe
inward mynd of þe herte; for, as þe wordes of man ben knowen and
herd bi openyng of his mouþ, so þe herte of man is knowen
consentyng to synne whanne his wittes ben scatered in lustes and
vanite of þe fleshe. And þerfore þe Wise Man seiþ þat þe mouþ of a
165 wise man is in his herte, riȝt rulyng his tung in drede and loue of
God, into þe preisyng of his name. And þe hert, he seiþ, of a foole is
in his mouþ, for wiþouten arest it rekiþ in þe lustes of it, blaberyng
wiþouten fruyt into þe owne confusioun, and turnyng upsodoun of al
þe hool body, for bi an vnbridelid tung enemyes ben gladed and
f. 181vb frendes anoyed and greetli myscounforted. And þerfore | as þe
171 mouþ of a wise man is in his hert, so alle his oþer wittes ben closed
þerinne þat þei straye not abrood into confusioun of hemsilf, ne to
þe noye of her neiȝebors, for bi þe bisy warde of þe wittes vertuouse
lif is kept in þe soule. And so þe herte of a wise man is þe stiward of
175 his hous þat riȝt ruleþ al his meyne taken into his ward for greet trust

144 assailyng] *om.* D 145 so] *om.* L 146 hugeli] gretely T 147 her] *om.* L viilte] þe vilete ATLBS þe] þer L 148 and[1]] in AL, and in B god] *om.* DR 152 of[1]] *om.* D of[2]] to B 154 openli] opun D 155 god] to god ARBS 157 consentyng] consent R 159 þe . . . synne[2]] *om.* L a] *om.* AL 160 mannes] mennys A to] in ATLBS 161 man] a man TBS, men A 162 his] her A man] a man TDRBS 163 consentyng] bi consentynge A in] bi A 164 þe fleshe] þis liif D 166 he . . . foole] of þe (a D) fole he seiþ TD, of a fole L a] þe BS 167 arest] ony rest L rekiþ] raikeþ ATBS, rayleth L 168 þe] her B of] *om.* T 170 anoyed] ben noied D, avoyded L 171 a] þe ATL his[1]] *om.* S 173 neiȝebors] neiȝbore ATLRBS þe[3]] her A 175 hous] soule B

of his feiþfulnes; and þe hert of a foole is his moost enemye, waastyng and spuylyng þe substaunce of his liflode boþe bodili and goostli. And so, if oure wittes be closed in oure hertes and oure hertes wel reuled in drede and loue of God, hauyng him in mynde, sekyng his plesaunce, consentyng to synne shal be fer þrowen fro 180 us—and not oenli þe consent to oure fleshli stirynges, but also þe consent of customable syneres we shulen voyde, if oure wittes ben contynuelly closed in þe ward of oure hert, led bi þe good mynde to þe presence of God. For þanne þe loue of oure herte, þat is Iesu in whos power oure herte is kepte, bryngeþ to oure knowyng þe 185 enemyes of him þat ben endured in synne, despisyng his lore, not kepyng in hemsilf þe lawe of his maundementes, þat is þe dette and auowe þat eche man oweþ to God. And in þis dette many men rennen, brekyng her auowe into her owne confusioun, but moost of alle men {prestis}, þat taken þe auowes of oþer men, rennen in þis 190 dette, for þei maken partyner of her dette alle þat miȝte amende hem and doon not. In þis caas þei ben consentyng to {prestis} synne þat han power of God to constreine hem fro þe dede of synne bi vertu of her | streynyng, and for negligence and blind compassioun suffren f. 182ra hem in her synne, noþur feiþfulli spekyng þeraȝen, ne enforsen hem 195 to wiþdrawe her brondes of her coueitise (as is þat þing þat is occasioun þerof), but oft þei norishen hem in her synne, castyng into þe fier of her coueytise drye stickes of meynteynyng and bodili help into her boþe confusioun and encresyng of her peyne in helle. But many oþere consenten to her synne, as alle þoo þat knowen hem 200 brekeres of þe lawe, and taken on hem þe blessyng of sacramentes, for Goddes lawe seiþ þat her blessyng turneþ into cursyng not oenli of hemsilf but to alle þat consenten to hem in upberyng hem, or þat repreuen hem not aftir þe lawe of God, and to alle þat aftir þat repreuyng comounen wiþ hem in quietnesse of spirit, of flateryng of 205 wordes, or þat doon to hem eny þing þat is suspicious or occasioun

177 boþe] *om.* BS 178 and[1]] an D 179 him] hem BS 181 þe[1]] to D to] of ABS þe[2]] to þe D 183 contynuelly] contynued D, comtynued and R þe[2]] *om.* ATLBS 184 of[2] . . . herte] *om.* D 185 oure[1]] his A bryngeþ] bryngyng BS 186 despisyng] distriynge A not] no L 187 kepyng] oonly kepynge T in] *om.* R hemsilf] þem L 188 auowe] þe avowe R and . . . vnfeiþfulnes (208)] *om.* BS 190 `nota contra sacerdotes´ LD prestis] *eras., mod.* C þe] þat L 191 partyner] partyn D 192 to] *om.* D prestis] *eras., mod.* C 193 þe] *om.* T 194 streynyng] strenkþe ATL and[2]] of L 196 her[1]] þe ATL 199 into her] in/into D boþe] boþeris AL 201 on] *on eras. d.h.* C, of ATLDR 203 of] to ATR, to *canc.* D þat] *om.* L 205 comounen] þe comunen D quietnesse] quiet T of[2]] or ATL

of synne, more þan he shulde doo to an heþen man oute of bileeue, enforsyng hem to drawe alle men to his vnfeiþfulnes. And þat we ben not consentyng to þe synne of þise moost horrible auowtreres in 210 brekyng of Goddes lawe, but bisye to amende oure owne defautes and also heres aftir þe lawe of God þat we taken not þe repreef of her synne in þe doome of Crist, beyng partyneres of her peyne, prey we to God in kepyng of his lawe þat he turne us alle togidir, eche oen to help oþere, þat þis synne be amended and þat he shewe to us his face 215 (þat is þe trewe vndirstondyng of his lawe), wherbi, ȝif we riȝt reulen f. 182rb us, we shulen come to þe | clere siȝt of his face, þat we be liȝtned hereþurgh to knowe þe derk erroures þat long han growen in {þe chirche} into peruertyng of it, þat charite of Goddes lawe liȝtne aȝen oure hertes, al rancoure and malice fer þrowen awey, for þanne we 220 shullen be saaf siþ charite couereþ þe multitude of synnes. And so fro þe consent of þise raueynous beestes God kepe his sheep in þe boundes of his pasture þat þei strayen not oute, temptyng God to be deuowred of þise beestes ful of blood of her owne synne and oþere mennes. For þe sheep þat ben taken oute of þe pasture shullen be 225 dryuen to þe pounfold, and ȝif it straye in þe herdes defaute, he shal be vndircasten to make good for þe harme of þe sheep ȝif he suffice þerto, and ȝif he may not make herfore amendes, he shal be þral to þe lord and serue him in peyne. And ȝif þe sheep straye oute of þe pasture bi his owne foli, so þat his herde haue merked him for an 230 outestrayer, he shal be taken in his fatnesse of lustes and þrowen to þe dragoun to be deuowred, for his fleshe is corrupt for chaungyng of his pasture, and stynkeþ for bittirnes of þe rounde peny gresse. And þerfore þer is in him no seruice to þe lord ne to his geestes, but as stynkyng careyn he shal be fer þrowen to wilde raueynouse 235 beestes, among whom shal be striif for partyng of spuyles. O lord God, turne us alle togidir to þee, þat noon of oure wittes be closed oute of oure hertes, and þat oure hertes be þanne myndful of þee, þat we strayen not out of þi pasture for þe multitude of raueynous

207 bileue] þe bileeue ATL 208 hem] him TL his] þis D 210 bisye] besily BS 211 heres] þeris BS 213 eche oen] ech A 216 siȝt . . . face] *om.* T 217 hereþurgh] þerthrow LD derk] mer`ke´ or derke S, myrke L þe chirche] *eras., mod.* C, men BS 218 it] hem BS 219 hertes] her *canc.* hertes C and] of D 221 þe[2]] *om.* A 222 boundes] bondis B 223 þise] þe TBS of [3]] þat is of D and] *om.* L oþere] of oþere ATLBS 224 ben] is ALBS þe[2]] þis BS shullen] schal AL 225 it] *om.* T 226 vndircasten] vndirtast D of þe sheep] *om.* A 227 herfore] þerfore LD 228 peyne] peynes BS 229 his[2]] þe R haue] hath L 232 bittirnes] þe bytternes L 234 stynkyng] a stynckyng R to] awei to D 235 partyng] departynge A 237 oute of] o/out D of [2]] to T

beestes | þat ben entred into þi {chirche} for þe spuyles of þi puple. f. 182va
But shewe to us þi face, þat is þe truþe of þi lawe, þat we be stabled 240
þerinne wiþouten drede of bodily noye; and þanne we shal be saaf for
truþe shal delyuer us fro al peril of enemyes, and make us to knowe
þi lawe-brekeres þat we flee to consent to her synne. And þerfore al
occasioun of synne left, þe Prophete seiþ

{5} **Domine Deus uirtutum, quousque irasceris super oracionem serui tui?** *Lord God of vertues, hou long shalt þou wraþ upon þe preyer of þi seruant?* As who seiþ, Lord God of vertues, siþ þou art almiȝti and alwitti and ful of good wille, shewe to us ouresilf, þat we be verreli clensed of al consent of synne, and renewed bi þi grace wiþ clennes of vertues; for no doute þou delayest not þin helpe, wraþþing aȝen us, but for þe multitude of oure synnes þat we doon aȝen þi lawe. But hou long shal þis be upon þe orisoun of þi seruant? wheþer into þe ende shalt þou wraþþe aȝen þi seruant? Nay, but for þe Lord loueþ us, he wole þat alwey we be in drede aftir þat we han synned, knowyng hou synne displeseþ him, confourmyng oure wil to his wil þat, hou so he suffre us to be tourmented in þe wey of oure pilgrimagyng, he doo to us his mercy, kepyng us fro fallyng in þe weye. And so we shul truste to be siker of his help at þe ende in oure moost nede; for siþ he is Lord of vertues, he mote nedes do mercy to alle þat louen vertues and haten synne. For
245 250 255 260

{6} **Cibabis nos pane lacrimarum, et potum dabis nobis in lacrimis in mensura.** *þou shalt fede us wiþ breed of teres, and drinke þou shalt ȝiue to us in teeres in mesure.* þise te|eres bitokenen þe persecucious þat seyntes shuln suffre in þe wey of þis life, for Crist seiþ þe world, þat is men desiryng prosperite, lyuyng in her lustes, shulen ioye in worshipes þerof, but ȝe shulen wepe, knowyng þat for ȝoure synne ȝee ben delayed fro ȝoure blisse and put into þe valey of teeres. But þe ende of þe world shal be wepyng and ȝoure wepyng
f. 182vb 265

239 þi chirche] þe world BS þi[1]] þe L chirche] *eras., mod.* C þi[2]] þe D
240 be] *om.* A 241 noye] anoye AR and] for D, *om.* R 243 consent] assente T
245 uirtutum . . . tui] *om.* D super . . . tui] *om.* L 246 wraþ] wraþþe þee BS
247 who] whos D seiþ] sey AL god] *om.* L 249 of [2]] to B 250 delayest] delaiedist D helpe] heelþe A 251 þe] *om.* TLBS oure] þe L 255 displeseþ] dyspyseth L 256 to] *om.* LBS þe] *om.* L 257 pilgrimagyng] pilgrimage TLBS þe] þis L 259 mote] must L 261 nos . . . mensura] *om.* D pane] panes A et . . . mensura] *om.* L nobis] *om.* A in] *om.* TBS 262 drinke . . . in[1] (263)] þou shalt ȝeue to vs drinke of BS 263 þise] the AL 264 persecuciouns] persecucioun DR seyntes] seynt/tes C 265 lyuyng] of lyuynge D 266 worshipes] wurschip T, þe (*om.* S) worsheperis BS 267 ȝoure[1]] oure D synne] owne synne A, synnes D

shal turne into ioye, for ȝour drinkyng of teeres in þis caytif lif is not
270 drinke of þe endeles wraþ of þin indignacioun, but it is drynk of þi
good loue, Lord of vertues, whom þou ȝaue plenteuously bifore us to
oure sauyoure Crist. þis drink is wepyng and weilyng for synne, and
þe sleyng of oure fleshli affeccio uns in doyng of worþi fruytes of
penaunce, sugettyng oure fleshe to þe spirit of God. But þis drink
275 birled to us in teeres, shal be mesured bi þi wisedom. þis mesure is
gode discrecioun þat þe louer of Crist shal vse in doyng of penaunce.
In þis takyng many men erren, for þei comen not to þe perfite
mesure of penaunce doyng. Summe men chargen not, al be it þat þei
haue ben greet synneres and sclaundreres of wicked fame among þe
280 puple, hou þat þei pamper her flesshe in ese of bodili rest and in
fulnes of mete and drynk, chargyng no synne but þe greet synnes of
sclaundre þat miȝte defame hem to þe world, but þis is a wretched lif
in Goddes siȝt, houeuer þe world deme. Summe men þat trowen
hem þe loueres of Crist han greet conscience to ete of summe maner
285 of metes, `al be it þat þei ben metis´ of litil strengþe, but þis þei doon
of her owne fantasie to haue a name bi hemsilf, or for þe world,
f. 183ra enemy to Crist, vseþ | it, but of summe metes þat ben of mech more
strengþe and coostes þei maken no conscience to take þerof largeli,
but more bihynde men þan in her presence. But þise ypocrites ben
290 wrong cleped þe loueres of Crist, siþ he loueþ no feyned loue.
Summe þer ben þat destroyen her strengþe wiþ ouermeche absti-
nence so þat þei moun not endure to renne þe lengþe of þe wey, to
take her speer wher God haþ set it. But þise tempten God, siþ he
haþ sett þe ende of her iourney in þe best place, boþe to his worship
295 and to her coroune, waastyng her strengþe, leesyng her mede for þe
folowyng of her fantasies. But hou fer ben þise fro good mesure!
Seynt Poul biddeþ þat men ete not to her womb, folewyng her owne
fantasie in oo mete or in oþer, or in many or in fewe, or in oo tyme or
in oþer; but he biddeþ who þat eteþ, ete he to þe Lord, þat is seke he
300 bisili þe Lordes wil, and ete he and drynke he þat he fulfille it. Many

269 into] to T, in L 270 drinke] drynkynge L þi] *om.* A 271 lord] lord god ATLBS 273 of[2]] *om.* D 275 birled] brillid TL to] not to D þi] þe D 279 sclaundreres] sclaunderes LBS 280 pamper] pampe BS 281 chargyng] and chargynge TBS synnes] synne BS 282 þis] `þat´ L 283 `nota bene´ R trowen] leten ATLBS 285 of[1]] *om.* R al be it . . . metis] *lower margin d.h., keyed in* C þei[1]] þe T 286 bi] of T 287 enemy] þat is enemy BS 288 strengþe] strengþis B 289 men] *om.* BS 290 cleped] called L 292 þe[2]] þis L 293 speer] gleyue AL, gleyue or maistrie BS, maistri T it . . . sett (294] hit *canc.* T 294 her] *om.* L 298 fantasie] fantasies ATLBS oþer] anoþer ATLBS in[2]] *om.* D 299 oþer] another L he[2]] *om.* D

wolen ete litil and drynk litil, for þei wolen not traueile bodili, but bodily traueile sugetteþ oft þe fleshe bettir and more medefully þan greet abstinence wiþ ydelnes. And so þer ben fewe þat goon in þis weye of penaunce in good mesure, and þe cause is for we loke more to oure owne wil þan to þe ende of oure iourney. But, for we loke no 305 forþer þan to oure feet, þat is to oure affeccioũs, and not to þe ende þat is Crist, þat is ende of oure wey, þat seiþ 'He þat forsakeþ not al þat he haþ', þat is his owne wil and his owne affeccioũs, 'may not be my disciple.' But þe Wise Man tauȝte his sone to þenke bisili upon his ende, for so he shuld best knowe what were nedeful to him in þe 310 wey. And if we ententyfli bihold to oure ende, | þat is Crist, f. 183rb wisedome of þe Fadre, we shal be tauȝte good mesure whereinne stondeþ al vertue. For þanne he shal lede us bi þe commune wey to hate synne and fle it, and to loue vertues and seke hem, and fynde and vse hem, and to vse al þing þat is meene to vertues in þe moost 315 commune manere, not of þe worlde but aftir þe fourme of his lawe, as þe commune seyntes of bileeue lyueden and Crist fulfilled in his owne persone. And herfore

{7} Posuisti nos in contradictionem uicinis nostris, et inimici nostri subsannauerunt nos. *Þou sette us into aȝeinseiyng to oure* 320 *neiȝbores, and oure enemyes scorneden us.* Loo, enchesoun of wepyng and mournyng: for þe iniuries of God, doon to him of his puple, þe Prophete seiþ 'þou hast sett us in truþe to knowleche þi lawe to þe preisyng of þi name.' And þerfore we ben in ȝenseiyng of oure neiȝebores, for al day oure neer frendes aȝenseyn þe truþe. But 325 Cristis word mot nedes be fulfilled þat seiþ 'I come to depart þe next frendes, as is þe fadre aȝen þe sone, and þe sone aȝen þe fadre.' For who þat is liȝtned bi Crist shale neiþer knowe fadre, ne modre, ne sone, ne douȝtre, to consent to hem in her contrariyng þe lawe of Crist. And herfore þe Prophet seiþ þat enemyes scorned us, seiyng 330 þat we vnworshipen oure eldres and oure neer frendes, tellyng to

303 and] *om.* BS 306 forþer] firrir ATLBS feet] owne feet R oure[2]] ower `owne´ L, oure owne ABS 307 crist] to crist ALBS 310 for] *om.* D he shuld] *rev.* R 312 we shal] us schal DR 313 bi] *om.* T 314 fynde] fynde hem ATLBS 315 to[1]] *om.* A þing] *om.* A 316 of[1]] after L 317 þe] *om.* L bileeue] þe beleue L 318 herfore] þerfore LR 319 nos . . . nos (320)] *om.* D et . . . nos (320)] *om.* L 320 sette] settedest BS into] in D aȝeinseiyng] geynseyynge L 321 enemyes] enemy L, neiȝboris A 323 þe] *om.* ATLBS 324 in] *om.* BS ȝenseiyng] aȝeinseiing ATDRBS of[2]] to LDRBS 326 word] wordis AL mot] must L come] came ATLBS 327 þe[4]] *om.* T 329 her] þe T, *om.* BS 330 herfore] þerfore L scorned] scornen ATLBS 331 to] *om.* L

hem her defautes, weilyng her erroures, or for þat we leue hem for her vnquietnes and seken Crist, fadre of oure soule. But not forþi, what repreef þat is put to þe feiþful louer of Crist, he takeþ it mekeli
335 and bereþ it pacientli and mourneþ þerfore priueli bituyx God and him, desiryng eche mannes helþe of soule and moost his next frendes
f. 183va aftir þe wil of God as his lawe | comaundeþ. But whanne a neer frende is meued aȝen anoþer for contrariouste of loue, and þat is whanne þe oen loueþ God and þe oþer þe world, it is not to noþer in
340 þat dyuerste to stonde togidir, for harme of hem boþe. For whanne þe malicious enforseþ him aȝen þe benigne to drawe him to his consent, he woundeþ himsilf wiþ double wounde of deeþ: oen greuous wound is þat he wole not leue his owne wille acordyng to þe world, and anoþer is þat for his owne profit or fleishli loue he
345 grutcheþ þat his frende holdeþ wiþ Crist. And so for harmyng of hem boþe þei ben Gode departed, and nameli whanne þe malice of þe vnfeiþful man may not be staunched ne drawen to consent to truþe. And þerfore weilyng þe errour of her neer frendes, trewe men crien for hem to God, coueityng his help in conuertyng of her
350 frendes, and seiþ

{8} **Deus uirtutum conuerte nos, et ostende faciem tuam, et salui erimus!** *God of vertues conuerte us, and shew þi faace, and we shulen be saaf!* Bi þis we shuln vndirstond þat þe feiþful loueres of Crist louen pees and seken it not of þe world, but pees þat Crist
355 souȝte and commaunded, whanne þei departiden fro her neer frendes and sekiþ among straungeres þe loue of Iesu Crist, whom þei seyen despised and ȝeinseid among her neer freendes. And þis þei doo for euere þe nerrest frendes þat ben whanne þei louen contrariously, þe more discord and dedeyne þei haue among hemsilf. But, for it is not
360 þe custome among þe children of God to stryue, as seint Poule seiþ,
f. 183vb þerfore many neer freendes depar | ten fro her freendes not for malice but for loue of Crist and for her boþer gode, sekyng þe grace of God

332 erroures] errour A 333 her] *om.* L soule] soulis BS forþi] for þat L 337 a neer] ony L 338 and] *om.* ATLBS 339 þe oen] þat oon ARBS, þe toon TLD þe oþer] þat oþir ATLDRBS in . . . togidir (340)] to stonde togidere in þat dyuersite DR 340 dyuerste] aduersyte L 342 of] *twice* T 343 is þat] *twice* TBS 344 and] *om.* A þat] *om.* AL 346 gode] good TDRBS and] a A malice] maly L 347 man] *om.* AL 351 conuerte . . . erimus] *om.* D et[1] . . . erimus] *om.* L 352 vertues] vertu AL 355 departiden] departe ATLBS 356 sekiþ] souȝtyn DR 357 ȝeinseid] aȝenseid ATDRBS and[2]] *om.* AL þei] *om.* D 358 euere] ay BS nerrest] nerer A, neer TLBS ben] þei beþ BS þe] *om.* AL 361 many] may T 362 loue] þe loue A boþer] broþer AL

where he hopeþ betre to fynde it, and not worldly ritchesses to be gretter in þe world þan his freendes moun make him. For who þat forsakeþ his freendes for þat cause vnworshipeþ hem, for he 365 dedeyneþ of her liknesse, and so he brekeþ þe maundment of God. But Dauid whanne he had knowen þat þe puple of God was put into repreef of her neer frendes, ȝeinseiyng þe treuþe, tauȝte us to shewe mekenesse in beryng of repreues; and so we shewe us þe foloweres of Crist þat moost mekeli suffred repreues, ȝea, ofte of his 370 neer freendes as his lawe witnesseþ, but in meke beryng of repreues of freendes and enemyes. Þe Prophet techeþ us to prey for hem, seiyng 'God of vertues, turne us.' Here we ben tauȝte, whanne eny repreef or aȝenseiyng is putt to us, to goo and prey God of vertues to turne us, þat is þat he turne us in ouresilf to seke ouresilf leste þe 375 cause of oure repreef be in ouresilf. And ȝif we fynde not þe cause in us, drede we enauntre we deseruen not to knowe it, and putte we not þe deseruyng of repreef fro us, siþ it may be for old synne doon bifore, þat we haue not uerrely clensed bi penaunce, or drede we enauntre it come to make us þat we scoyme synne þat we falle not in 380 synne; and also prey we to God of vertues siþ we ben one wiþ oure frendes in kynde, þat he of his vertue turne us alle togidir, makyng us oen in his loue, and shewe he to us his faace, þat is þe drede of his doome whereinne alle creatures shuln appere wiþ þe werkes of her hondes—for suche as a man | haþ sowen in þis lif, suche shal he f. 184ra repe. And þerfore, Lord of vertues, to whom noo þing is impossible, 386 turne us and oure freendes togidir þat we drede so þe offensioun of þee in þis life þat we taken not þe repreef of þi doom wiþ brekeres of þi lawe, but shewe to us and oure freendes þi faace of mercy, bowyng oure hertes to do þi wil, and þanne we shulen be saaf fro al dreed of 390 enemyes. And þat þou do mercy to us and oure freendes, lord God þenke upon þin old mercyes doon to oure formfadres.

363 betre] *om.* T it] hit better T 365 vnworshipeþ] he vnworschippiþ TBS 366 of[1]] `of´ L, *om.* D maundment] commaundement B 368 ȝeinseiyng] aȝeinseiinge ATDR 371 but] and A 373 whanne] if D 374 or] or eny B god] to god D 375 þat[1] . . . us] *om.* T 376 þe] fynde þe A 378 fro] *on eras dh* C for] don for D 379 bi] wiþ ATLBS 380 make] *om.* DR þat we[1]] to ATLBS scoyme] wlate ATLDRBS 386 lord] lord god R 387 so] as A offensioun] affeccioun BS 389 þi[2]] þe A mercy] þi mercy A 390 be] *om.* T of] *om.* R 391 enemyes] enuyes S 392 þenke] þou þenk TBS formfadres] former fadris for ATLDRBS

{9} Uineam de Egypto transtulisti; eiecisti gentes et plantasti eam. *þe vineȝerd of Egypt þou ouerbaar; þou outecast folk, and þou*
395 *plaunted it.* Here is greet counfort to feiþful men þat knowen bi her bileeue þat God dooþ what he wole, and noþing to him is impossible; and also men oppressed wiþ tribulaciouns, mekeli suffryng Crist, hopyng in him, taken counfort bi þise wordes seid of þe Prophete 'þou hast ouerborn þi vynȝerd fro Egypt', as who seiþ þi puple þat
400 long abode þee, oppressed hugeli bi tyrauntrye, þou ouerbaar bi þi miȝti hond, delyueryng fro power of þe enemy, for fro þe derknes of erroure for her pacience and for þe preysyng of þi name, þou ouerbaar þi puple into liȝt of vndirstondyng of þi lawe; and þou cast out folk of kynd þat lyueden as beestes aftir her lustes, and in
405 her londes þou plauntid þi vynȝerd in tokne þat meeke men, obeishyng to þe lawe of God, shullen heritage þe kyngdom of heuene, whom men of lustes proudely forsaken. For

{10} Dux itineris fuisti in conspectu eius, et plantasti radices
f. 184rb **eius, et impleuit terram.** *Duke of þe wey þou | were in þe siȝt of it,*
410 *and þou settest þe rotes of it and it fulfilled þe erþe.* Lo, here is openli shewed hou God led his puple out of Egypt, þat bitokeneþ derknes of synne, into þe lond of biheest, þat bitokeneþ þe kyngdom of heuene. And þerfore he seiþ þat he was in þe siȝt of his puple þe leder of it, doyng us to wite þat who þat goiþ oþer weye þan euene
415 after him, shal perishe as dide þe vnfeiþful puple þat grutchiden to folowe him in desert, of whom perishide many þousandes. But not forþi þis merciful duke haþ plaunted þe rotes of his puple, for alwey to þe last ende shulen þe rotes last: þat is, alwey summe feiþful foloweres shulen burioune in þe chirche of þe rootes of Goddes lawe,
420 þat shulen stifly stonde for þe truþe. For þe erþe God haþ fulfilled wiþ þe fame of his lawe, for þurghout al þe world is knowen þe merueylous werkes of Goddes lawe þat noon be excused fro þe folowyng of Crist. For

393 de . . . eam] *om.* D eiecisti . . . eam] *om.* L 394 þe . . . ouerbaar] þou ouerbare þe vyneȝerd of egipt BS 396 to him is] is to him ATLBS 397 and] *om.* AL tribulaciouns] tribulacioun DR 398 þise] þe ryȝtwyse L 399 who] whos D seiþ] sey AL 400 hugeli] greetly T 401 power] þe power TBS derknes] myrknes LS 403 of [2]] into DR 404 cast] castist R, castedest BS, keste AL 405 londes] handes L 406 obeishyng] obeyynge L shullen] schuld L 408 fuisti . . . terram] *om.* D et . . . terram] *om.* L 409 duke . . . it] þou were in þe siȝt of it duke of þe wey BS were] wast L 410 settest] sette AL, settedest BS rotes] roote R 411 derknes] myrkenes L 416 not forþi] naþelees A, not for þat L 419 of þe] and BS goddes] good BS 420 stifly] stille BS 421 is] ben TBS

{11} **Et operuit montes umbra eius, et arbusta eius cedros Dei.** *Þe shadewe of it couered mounteynes, and þe wodes of* [*it*] *þe cedres of* 425
God. Þe shadewe of it couered mounteyns: þat is, þe derknesse of figures couered goostli vndirstondyng of prophetes, and þe trees þat bitokeneþ a place of growyng, þat is men growyng in vertues. Þe cedre of God couered: cedre is a kynd of tree þat roteþ not, and it bitokeneþ men whois charite faileþ not, bi whos ensaumple and 430
doctrine many newe tendre trees, þat is ȝung puple newe turned to God, shulen be stabled in þe bileeue of Crist. Forwhi

{12} **Extendit palmites suos usque ad mare, et usque | ad** f. 184va
flumen propagines eius. *It stretcheþ out þe braunches vnto þe sce, and vnto þe flood þe kyndes of it.* Bi þe cedre-tree mai propreli be 435
vndirstonden Crist, whos bodi miȝte not rote, and also bi þise cedre trees ben vndirstonden boþe þe lawes of God whos treuþes shulen neuer faile. Of þe rotis of þise trees ben sprungen out þe holy apostles, whos braunches, þat is whos doctrine and holynes stretcheþ oute vnto þe bittir sce, þat is, vnto þe stoniyng of many folk in bittir 440
synne, for bi her holy werkes and her holy doctryne many men þei turned to bittir penaunce, leuyng her synnes. And vnto þe flood [þe] kyndes of þe apostles shal not fayle, for vnto þe greet flood of persecucioun þat shal be in þe laste dayes þe kyndes of hem shal not faile, for vnto þat flood, þat is into þe laste ende her foloweres 445
shullen myȝtili wiþstonde synne. Forþi

{13} **Ut quid destruxisti maceriam eius, et uindemiant eam omnes qui pretergrediuntur uiam?** *Whi hast þou destroyed þe wal of it, and þei pluk þe grapes of it alle þat passen þe weye?* It is seyde bifore þat God led out of Egypt his vynȝerd, þat is his puple, and he 450
fulfilled þe erþe þerwiþ; and he himsilf led his puple bi desert and brouȝte it into þe lond flowyng mylk and hony; and he sette to it a

424 montes . . . dei] *om.* D et[2] . . . dei] *om.* L cedros] cedrus A 425 þe[1]] and þe DR it[2]] *om.* C 426 shadewe] wodis A derknesse] merkenesse or derkenesse S, myrknes L 427 þat bitokeneþ] *twice, 2nd canc.* C 428 growyng] growyng in vertues L 429 cedre[1]] cedris R cedre[2]] þe cedre TBS it] *om.* R 431 tendre] and tendre T 433 palmites . . . eius] *om.* D et . . . eius] *om.* L 434 stretcheþ] scheweth L þe[1]] his DR 435 of it] *om.* A mai] many S 436 and] *om.* T 438 þise] þe R 439 stretcheþ] strykyth L 440 vnto[1]] into BS vnto[2]] into BS þe[2]] *om.* T bittir] her ˋbitterˊ A 441 her[1]] þese AL holy[2]] trewe ATLBS 442 leuyng] louynge L flood] floodes T þe[2]] of CDR 445 þat[1]] þe T into] vnto ATLBS 446 forþi] þerfore A, for þat L 447 destruxisti . . . uiam] *om.* D et . . . uiam] *om.* L 448 uiam] eam T þou] *om.* L 449 weye] erthe L 450 his[1]] *om.* T 451 þe erþe . . . *end*] *lost* D 452 he] *om.* BS

lawe and tauȝte to it his commaundmentes. And þe shadewe of þis lawe, þat is þe priue sentence of figures, couered hilles, þat is, þe 455 priue bileeue of þis lawe was in þe prophetes þat prophecieden þe bileeue of Cristes comyng. And in þis bileeue þurgh þe grace of God þat þei deserueden, for lyuyng aftir his lawe, þei graffid many ȝunge f. 184vb trees, stablyng | hem in þis bileeue. For þurghout alle coostes of erþe þis bileeue þei maad knowen. But þe principal puple of þis lawe 460 weren Iewes, whom God ordeyned to him as a plenteuous vynȝerd, but soone her loue keled fro him, forȝetyng þe greet wondres and benefetes þat he dide for hem; and so for her vnkyndnes þei erreden in bileeue and herieden fals goddes, terryng him to vengeaunce. And so þe walle þat closed hem inne, and kept hem surely for drede of 465 alle enemyes þat God had enuyrounned hem wiþ, þei þrewen doune and ȝiden ouer, whanne þei forsoken to bileeue in God, doyng maumetrie to grauen ymages, trustyng in her owne strengþe, folowyng her lustes. And so skilfulli God þrewe doune her wal in whom þei affieden, for it was maad of loous stones wiþouten bileeue. 470 And þe grapes þei pluk alle þat passen þat wey, for whanne men passen fro bileeue þei lesen alle gode merites, for wiþ alle vnfeiþful loueres þei ben þanne defouled—and loo skilful vengeaunce of mysbileeueres!

{14} **Exterminauit eam aper de silua, et singularis ferus** 475 **depastus est eam.** *Outtermined it þe bore of þe wood, and þe singulere wiild beest haþ eten it.* Þe boor, þat is þe deuyl þat froþeþ in malice aȝen mankynd, enforseþ him to hold þe princehed of þis world, regnyng in proude men, whom þurgh mysbileeue he haþ drawen out of þe vynȝerd, and sette hem to seeke bisili in þis world lustes and 480 prosperite; and so þe chirche, þat is Cristes spouse, þis wiild beest enforseþ him day bi day to waast. But Austyn and oþer doctoures seyn þat Crist meued þe cumpanye of Rome to venge him upon þe f. 185ra Iewes, for þei wiþstoden Cristes lawe, condempnyng him | to þe deeþ for he tolde her erroures. But þe deuyl, enuiyng to treuþe,

453 þis] his L 455 bileeue] bilee A 459 erþe] þe erthe L 460 weren] was ALBS whom] whiche AL a] as L 463 bileeue] þe bileeue AL 464 hem²] him T for] fro ATBS drede] deeþ AL 465 had] haþ BS doune] adoun A 468 þrewe] þrowe T 469 affieden] trustide R 470 pluk] plucked L þat²] þe ATLRB, þei S 471 fro] `fro´ þe A 473 mysbileeueres] mysleuers L 474 et . . . eam (475)] *om.* L 475 outtermined . . . wood] þe boor of þe wode outtermyde or destruyed it (*om.* S) BS outtermined] outtermyd TLR þe bore] boore L, lord A 476 in malice] *om.* T 478 whom] whiche AL 481 but . . . more² (491)] *om.* BS 482 of] fro A him] *om.* L upon] on A 484 her] hem her AL erroures] errour A

coueityng to be euene wiþ God in erþe as he coueited to be maad liik 485
to him in heuene, haþ wiþholden anoþer cumpenye of Rome,
wageing hem wiþ moost prosperite of þis life to fiȝte aȝen Crist in
his chirche, feynyng hem his chief freendes and upholderes of his
chirche. But þurgh þis wicked prince bileeue is almoost outturned
fro þe coostes of cristendome, for bi his power and his prid þe 490
vertues of þe chirche ben eche day waasted more and more. And
þerfore þat his power be soone abated

{15} **Deus uirtutum, conuertere: respice de celo et uide, et uisita uineam istam.** *God of uertues, be þou turned: biholde fro heuene and se, and visite þis vynȝerd.* God of vertues þat hateþ pride 495
and alle vices, bihold to þe caytifte of þi vyneȝerd and visite it wiþ þi
mercidoyng, þat þe relikes þerof perishe not. Bihold wiþ yȝen of þi
pite þe weilyng of þis drery widewe, and be þou turned into her
help, sendyng counfort fro heuene; for al erþe is corrupt wiþ lecherie
of fleshli loue, and se, þat is meke þis tyraunt þat waasteþ þi vynȝerd 500
þat he knowe his erroure and amend it, and ȝif it be possible and
determyned bi þi wisedom þat he is not endured. And so uisit þis
vynȝerd whom þou plaunted þat it burioun in vertues and wexe
stronge in bileeue, þat þe prince of þis world fayle of his purpos in
erþe as he dide in heuene. 505

{16} **Et perfice eam quam plantauit dextera tua, et super filium hominis quem confirmasti tibi.** *And make perfite þat þi riȝt hond plaunted, and upon þe sone of man whom þou confermed to þee.*
Here bileeue techeþ us þat þe rotes plaunted | of God may not be f. 185rb
destroyed, but in tyme as he haþ ordeined þei shulen burioune and 510
bere fruyt, whoeuere seye nay. And so þe proude princes of þis
world enforsen hem in ueyn aȝen þe bileeue of Crist, for þei moun
no more stroye it, al be it þei haue power into her owen confusioun
to lette it for a tyme to burioun, þan þei moun destroye him þat
plauntede it. And þerfore þe Prophete seiþ here 'Lord, make perfit 515
þi vyne whom þi riȝt hond haþ plaunted.' He seiþ not 'plaunte

487 wageing] wagid T 493 conuertere] conuerte AL respice] *om.* L et[1] . . . istam] *om.* L 494 biholde] and byholde R, *om.* L 495 þis] þi A hateþ] hatist TBS 497 þerof] of it R 500 meke]]ke H 501 his] þis A erroure] errours BS and[2]] *om.* AHTLBS it[2]] yf S 502 is] be AL not] *om.* H 503 whom] which AL, þat T 504 in[1]] to BS 506 et[2] . . . tibi] *om.* L 507 perfite] hit perfite TL þat] þat þat HBS 508 þe] *om.* HTL 511 þis] þe L 512 hem] *om.* L 513 stroye] distrie A 515 þerfore] herefore TBS 516 þi[1]] in þi L vyne] vyneȝerd TBS whom] which AL plaunte] *om.* H

anoþer', for þe first is destroyed, but þe same þat may not faile, for it
was plaunted bi his riȝt hond, þat is bi Crist, wisedom of þe Fadre,
and þerfore it shale be brouȝte to a perfite ende, for þerinne is kept
520 þe seed of Abraham, in þe whiche al þe folk þat beren þe crosse of
taw, þat is þe merk of Cristis passioun, shullen be blessede, weeldyng
þe heretage of heuene. And so, al be it þat þis vyne be hid for a tyme
in þe erþe of mekenes, oppressed by tyrauntrie for old forfeture, it
shal be quikened bi grace; for aboue þe Sone of man þou hast
525 confermed it, Lord, to þee, for no wisedom of man sufficeþ to telle
þe glorye of it in þe upreising of it, siþ it is þe blessed werk of Crist
whom þe Fadre haþ confermed to him. And þerfore

{17} **Incensa igni et suffossa, ab increpatione uultus tui
peribunt.** *Kyndeled wiþ fier and upgrauen fro þe blamyng of þi face*
530 *shulen perishe.* Kyndeled wiþ fier is cleped here alle þe synnes of
wicked coueitise, wherþurgh men ben brent in þe loue of hem,
sekyng hem and erryng fro Crist, fulfillyng wiþ hem her lustes. And
f. 185va þe vndergrauen þinges ben cleped here false | dredes þat men han to
leue þe prosperite of þis lif and her lustes; but boþe þise shulen
535 perishe at þe blamyng of þi cheer, for, whanne þou shalt quikene þi
vyne and make it to sprynge in plenteuous beryng of fruyte, þe
coueytise of þis world and þe fals drede þerof shal perishe togidir.
Forþi þat þi loueres be not taken in her erroures wiþ þe glorious of
þe world aȝen whom þi wraþ shal brenne oute

540 {18} **Fiat manus tua super uirum dextere tue, et super filium
hominis quem confirmasti tibi.** *Þin hond be upon þe man of þi riȝt
hond, and upon þe sone of man whom þou hast confermed to þee.* Þat is,
Lord, þin help be upon alle men whom þou hast ordeyned to be at þi
riȝt hond in heuene, þat in þe buriounnyng of þi vyne whanne it shal
545 springe out of þe erþe, þat it be myndful hou it haþ ben long meked,
þat it be not reysed into coueytise of prosperite of þis wretched lif,
ne into false drede þat letteþ men to wynne þe coroune of glorie, for
false hope of þe fleshe þat þei dreden to punishe. But be þin hond

519 it shale] *rev.* R 520 seed] deed A þe[2]] *om.* TLBS 521 taw] tahu A
þe] of þe BS 523 for] of A 524 bi] aȝen by BS 526 upreising] uprising AHR
527 whom] which AL 528 ab . . . peribunt] *om.* L 532 and[1]] in ABS
533 dredes] drede R, dedis L 534 prosperite] prosperitees B þise] *om.* L
537 and] in L 538 forþi] þerfore AH, for þat L her] þese HBS, *om.* L
539 aȝen] and geyne L whom] whiche AL 540 et . . . tibi] *om.* L 542 hast
confermed] confermedest BS 543 upon] on A whom] whiche AL 545 ben long]
longe be A 546 it] is S 548 hope] loue AHTLBS þat] whych L

upon þe Sone of man whom þou hast confermed to þee, þat is þurgh
þi mi3ti hond kepe þe foloweres of Crist, þin oenly sone, þat þei 550
seken þee for þee, and not þee for þi goodes to haue here prosper-
ite—for so þei doon þat sechen þee as 3if þei weren þi foloweres to
haue hy3e dignitees in þi chirche, in whom þei lyuen lecherousli,
fulfillyng her lustes. And þerfore, Lord, 3if þurgh blyndenes eny
tyme eny of þi chosen erre in þis coueitise of þis foul desir, | make f. 185vb
his errour knowen in his y3en, and a3enclepe him fro þis perilous 556
temptacioun.

{19} **Et non discedimus a te, uiuificabis nos; et nomen tuum inuocabimus.** *And we departen not fro þee, þou shalt quikene us; and þi name we shal inclepe.* If þou, Iesu, help us, holdyng contynueli ouer 560
us þi 3eerd of tribulacioun, doyng us to knowe oureself, hauyng
mynd of oure viilte, we shulen scoyme þanne of þe periles of þis
lif—for þe more we knowe ouresilf, þe lesse we shulen coueyte of þe
world, and þe ferþer we shulen be fro þe loue þerof. Forþi, Lord,
quyken us in þi loue, sleyng in us fleshli desires, for in mynde of þi 565
loue is oure lif. And þerfore men þat coueyten prosperite of þis lif
sleen hemsilf, for þei lese þerþurgh her life in God. Forþi, lord God
almi3ty, quiken us, reuyng fro us bi sendyng of tribulacioun þe
prosperite of þis life, and þanne we haue ernest þat we departen not
fro þee. For, 3if we be ioyned to þee bi loue, \`we shulen sco[ym]e þis 570
liif and do þing my3tily þat perteyneþ to þi loue´. For loue is
stalworþe as deeþ, as þe Wise Man seiþ. For, as deeþ þroweþ doune
al erþeli þing, so, Lord, þi loue ouerbereþ al þe prosperite of þis life
to regne wiþ þee in heuene. For loue makeþ us to flee synne and filþe
of þis life and to loue clennes of soule. Loue makeþ men to refreyne 575
þe lust of her tung þat it speke not but þat souneþ into þi preisyng.
Loue of þe Lord purgeþ mennes hertes þat þei consente not to
lustes, for as fier loue of Crist waasteþ alle fleshli affeccioun s. And

549 upon] þerfor upon AHTLBS 550 oenly] holy A 551 þi] þis T here prosperite] *rev.* T 552 þi] *om.* T 553 þi] þe H whom] whiche AL 556 a3enclepe] geyneclepe L fro] in L 558 et[2] . . . inuocabimus] *om.* L nomen] nomen tuum . . . *end] lost* S 559 departen] departeden B 560 þi . . . inclepe] we shul inclepe þi name B 561 to] *om.* T 562 scoyme] vgge L, vgge or haue orrour B, haue orrour T, drede A, be aferde H, wlate R þe] þees R 563 \`nota´ R þe[3]] þis TB 564 ferþer] firrir ALB, ferre T þerof] of þe world A forþi] þerfor AH, for þat L 565 þi[1]] *om.* R 567 þei lese] lesyng H in] in/in L forþi] þerfor AH, for þat L god[2]] *om.* H 568 quiken] qwickynge H 569 haue] shuln haue R 570 we[2] . . . loue (571)] *lower margin d.h. keyed in* C scoyme] scorne C, wlate AHTLRB 571 þing] al þing AHTLB my3tily] my3tili and gladli AHTLRB 572 deeþ[2]] a deth L 574 \`nota´ R 575 refreyne þe] fle A 576 into] to L 578 loue of crist] *om.* T

þerfore, Lord, þat þi loue kele not in us, fastne it to us bi contynuel
f. 186ra mynde of þi passioun, for oute | of it principali groweþ oure loue,
581 and bi þe beryng þerof we ben knowen oonli in þis life þi foloweres.
Forþi þat flesheli affectioun defoule not in us þis clene brideclоþe

{20} Domine Deus uirtutum, conuerte nos, et ostende faciem tuam et salui erimus. *Lord God of vertues, turne us, and shewe þi*
585 *faace and we shulen be saaf.* þries in þis psalme þe Prophet reherseþ
þis vers, for we shulde be myndful of þe Trinite; for whateuer þing
þe Fadre dooþ to his chirche bi his miȝt, þe Sone dooþ þe same bi
his wisedom and þe Holi Goost dooþ þe same bi his good loue. And
in þe ordre of þis verse is al perfeccioun of clene religiouste: first
590 euerych trewe religious man haþ drede and loue of þe lord God,
bileeuyng þat alle vertues ben in him, and þat Cristis lif was moost
vertuous for it was moost commune not to þe worlde, but acordyng
wiþ alle seyntes þat weren bifore him and þat shulde come aftir. And
þurgh þis drede to offende þis Lord, and þis loue to kepe his
595 biddyng in stedfast bileeue, þei ben turned alle togidir into his
commune wey, sekyng þerinne þe liknes of him in þouȝt, in word
and dede, haueyng him to abbot, heryng him and noon oþer, for he
haþ þe comune vois and moost loueþ þe comune profit. And whanne
þei ben turned alle togidir into þis comune wey, `þei desiren þanne
600 to se þe face of þe Lord´, for þanne þei shamen not of noon newe riȝt
of singularite, for þe loue þerof and þe vsage shale make men so to
shame in Cristis biholdyng þat þei shulen seye to mounteynes
f. 186rb 'Ouerwhelme us þat | we see not þe face of þe Domesman.' For,
as al feiþful religious for it was comune aftir Goddes lawe, hatyng
605 syngularite, shulen glade in Cristis biholdyng, coueytyng his comyng
to þe dome, trustyng to his help, so synguler religious, hating
comune þing as her appropriacioundes prouen, shulen moost drede
in Cristis biholdyng, for despeir of his help. But in þat biholdyng
shulen feiþful men of þe comune religioun of Crist for her likenesse

579 to] in B 580 þi] his T groweþ] *om.* T 581 knowen oonli] *rev.* T
582 forþi] þerfor AH, for þat L affectioun] affeccio uns RB 583 et . . . erimus] *om.* L
584 tuam] *om.* T us] to us A 586 of] in B 587 to] in B his[1]] þe H
590 euerych] ech A 592 not] and not B 593 wiþ] to AT weren] was AL
594 þis[1]] þe AHTLB 596 in[2]] *om.* AB, and HTL 599 into] in B þis] his AL
þei . . . lord (600)] *lower margin d.h. keyed in* C 600 to] *om.* H 601 þe loue] her
synguler loue B vsage] yuel vsage B so] *om.* B 602 shame] be schamyd A
605 shulen] schuld L coueytyng] conuertynge L 607 appropriaciounes]
appropriacioun H, oppressiouns B prouen] *om.* B shulen] schuld L 609 shulen]
schuld L

liik to him, louyng þe comune profit more þan her owne, as he dide, 610
receyue of his hond þe coroun of glorie and be saued in heuene.

In finem pro torcularibus Psalmus ipsi Asaph quinta sabbati .lxxx.

{2} **Exultate Deo adiutori nostro, iubilate Deo Iacob.** *Outeioye ȝee to God oure helpere, inwardly ioye ȝee to God of Iacob.* In þis psalme we ben tauȝt to sette bihynd al erþeli þing, and desire heuenli þing for in ueyn he askeþ eny þing in heuene þat haþ his loue in erþe upon eny þing þat is not to him mene to come to þe blisse of heuene. 5
And þerfore þe Prophete techeþ us here to ful outeioye to God oure helpere, not to þe world oure deceyuour. Þei ioyen fulli to God þat ben altogidir turned to him, and al her doyng wiþouten smel of worldli loue ben presented to him. And þanne ȝee shulen inwardli ioye to God of Iacob, for as Iacob he haþ sent ȝou to whom serued þe 10
elder broþer; for þe moost deel of þe world fro þe bigynnyng to þe ende shule serue to þe litil flok, to whom it haþ plesed Crist to ȝiue | þe kyngdom of heuene. Forþi f. 186va

{3} **Sumite psalmum, et date tympanum, psalterium iocundum cum cithara.** *Takeþ psalm and ȝiue ȝee þe tympan, þe delitable* 15
psautre wiþ þe harp. Bi þis psalm is vnderstonden heuenli ȝift þat is ȝouen of God bi his grace. Þis ȝift is outioiyng of þe clennes of spirit, whanne þe conscience is vndefouled and fer fro consent of fleshli lust and erþeli prosperite, for suche a soule ȝiueþ þanne into preisyng of God þe tympane. A tympane is an instrument of melodie maad of 20
leþer, and þorou þe blowyng þe leþer is harded and dryed. And þis

610 louyng] in louynge H 611 heuene] heuene Amen. Here eendiþ þe laste psalme of þis octourne. saluum me fac H

Ps. 80 CATLRBS; T *explicit incomplete* 158 prestis in the olde, *also initial defaced and parts of lines 3–5 illegible*, S *inc. incl.* 75 he went out

heading: C (*running head* Exultate), '80' *d.h.* B, the eiȝte and seuenty salm. nocturne A, *om.* TL (*heading perhaps cut off*) R 2 helpere] helpe TR 3 desire] to desire ATLRB heuenli] al heuenly AL 4 þat . . . heuene (5)] *twice* L 5 to[1]] *om.* L mene] mete L 7 fulli] full L 8 altogidir turned] alle turnyd togydere A doyng] doingis ATLB wiþouten] wiþ R of] or B 10 for . . . iacob[2]] *om.* L sent] sett to AL, sett TB 12 flok] folk TB 13 forþi] þerfore A, for þat L 14 psalterium . . . cithara] *om.* L 15 þe[1]] to L delitable] delycatt L 16 þis] þe ATB 17 þe] *om.* L 18 is] *om.* L 19 þanne] *om.* L preisyng] þe preising AR 20 god] his god A 21 þe leþer] *om.* L harded] made harde L

instrument bitokeneþ a trewe prechoure, hauyng in his werkes fulfillyng of þe lawe and in his mouþ þe wordes of God acordyng in oone soune togidir, þurgh þe which he is maad hard and drye, þat 25 is stable in God. And so ȝee shulen take þe delitable psautrye wiþ þe harp: þis is rehersed for þat prechoures shulden be war þat þei putten not þurgh her werkes sclaundre to her wordes. Forþi flee ȝee þe desires of þe fleshe and sekeþ bisili þe plesaunce of God, for ȝee ben ordeyned his proctoures to loke his auauntage. And þerfore

30 {4} **Buccinate in neomenia tuba, in insigni die solennitatis uestre.** *Blowe ȝee in þe new mone wiþ þe trump, in þe noble day of ȝoure solennite.* It was commaundid in Goddes lawe þat preestes and dekens shulden blowe in trumpes of siluer þat wolden soune perfiteli in þe eeres of þe puple, in tokene þat þei weren ordeyned to telle 35 Goddes lawe wiþ feruent desire, þat þe puple miȝte here it wiþ her f. 186vb eeres of þe prestes mouþes | and vndirstond it bi þe fulfillyng of hem. And þis office of prechyng, siþ it is no preuy þing but most be doon in apert, it mot be warli doon of greet loue wiþ honest conuersacioun of good maneres þat noon occasioun of yuel soune 40 in þe werk of þe prechoure; and to him nedeþ a stalworþe herte of bileeue, trusteyng in God, hauyng no drede of bodily persecucioun, for þe Prophet biddeþ here to blowe in þe newe mone, þat bitokeneþ new lyuyng. But forto bryng men fro old custome of synne to newe lyuyng is moost perilous werk. Þerfore, God commaundid þat his 45 prestes shulden be of Aaron kynde, stalworþ in bileeue as monteynes, and also þat þei shulden haue noon heretage in þis lif, for he was her part, enaunter þat hauyng of worldli ritchesses shulde reue her hertes fro God and make hem dredeful to leese hem. For it is seyd in þe lawe þat Iewes seuene dayes blewe in trumpes in her solennitees, and 50 þat bitokeneþ hou prestes þat prechen Goddes word to þe puple shulden be dowed in seuenefold ȝiftes of þe Holy Goost, for þanne þerwiþ þei shulden profit, for God shulde þanne meue her hertes to

24 soune] sound B 25 delitable] delectabyll L 26 þis] þat A prechoures shulden] prechour shulde A 27 forþi] þerfore A, for þat L flee] flye R 28 þe[1]] *om.* LR 29 proctoures] procuratours T auauntage] auauntages T 30 tuba] in tube A in[2] . . . uestre] *om.* L in[2]] *om.* AR 31 uestre] nostre A of] in L 32 þat . . . and] *cut away* T 33 trumpes of siluer] trum/ . . .] er T trumpes] trumpettes L soune] sound TB 34 eeres of þe] *cut away* T puple]]oere T ordeyned . . . goddes (35)] ordeig/. . .] ddis T 35 it] wiþ her *canc.* it C her] *om.* R 36 `nota bene´ R 37 most] mut AT, it mote B 38 mot] must L doon[2]] be doon and T of] and of B honest] honeste of B 39 of[1] . . . prechoure (40)] *om.* T soune] sound B 43 `nota´ R 44 his] *om.* T 45 bileeue] þe bileeue ATLB 46 þei] *om.* L 47 ritchesses] riches A 48 hem dredeful] *rev.* T is] *om.* T 51 in] wiþ L

clennesse and her tunges to wisedome not of þe world but of heuene, and her weyes he shulde dresse aftir his wille. And for þis werk of prechyng shulde be doon apertly and continuelli Ysaie seiþ 'Crie 55 þou!' Who þou but þou prest?—crie and ceesse þou not, and as a trumpe enhaunse þi vois. And þis shal be in þe noble day of ȝoure feest. Þis noble feestday shulde be alle þe dayes of preestes lyuyng, for þis lif shulde be to hem a feest, for þe hope of her | ende, and for f. 187ra þe manyfold soules þat þei shulden drawe to God bi þe fructuous 60 fame of her office þat stondeþ in knowyng of sooþfastnesse, and in feriyng fro yuel alle þe dayes of þe woke.

{5} **Quia preceptum in Israel est, et iudicium Deo Iacob.** *For a commaundment in Irael it is, and dome to God of Iacob.* Here þe Prophet telleþ þe cause whi prestes shulen hyȝe her voices in 65 prechyng Goddes word: for it is a biddyng in Irael, þat is to alle þat seen God here þurgh bileeue, and þat shulen be partyneres of his glorie han þe maundment of God to teche þe lawe and lerne it, for it is dome to God of Iacob, for bi þis lawe God, riȝtwise domesman, is to come to deme eche man as he haþ deserued, in kepyng of þis lawe 70 and in brekyng it. For þe Apostle seiþ 'Who þat synneþ in þe lawe, bi þe lawe shal be iustified', for

{6} **Testimonium in Ioseph posuit illud, cum exiret de terra Egypti, linguam quam non nouerat audiuit.** *Witnessyng in Ioseph he sette þat þing whanne he went out of þe lond of Egypt, þe* 75 *tung þat he had not knowen he herd.* God sette þat witnessyng of his commaundment in Iosep whanne he was coueited of Pharao wiif to haue slept wiþ hir, and he, for drede and loue of kynd þat he had to God and to his lord þat trusted to him, lefte þe mantel in her hond and fled þe synne. And þis dede of Iosep doon bifore þe ȝiuyng of þe 80 lawe, is writen and red of prestes eche day into oure confusioun þat han as meche cause of loue of kynde as he had and þerwiþ teching of

54 he shulde] þei shuld B 55 'ysaie' L apertly] perfiȝtly R 56 who . . . crie] *om.* B but] be ATL crie] crye þou L and²] *om.* R a] in a ATRB 57 enhaunse] exalte L day . . . noble (58)] *om.* T 62 feriyng] feriyng or ceesyng B, sechynge T 63 et . . . iacob] *om.* L 65 shulen] shulden R 66 word] wordes L a biddyng] abyding ALR 67 god here] *rev.* T bileeue] þe beleue L and] *om.* AL 68 maundment] comaundment L lerne] leren B 70 he] *om.* L 72 shal] he shal B 73 cum . . . audiuit] *om.* L 74 witnessyng . . . þing (75)] he sette þat þyng witnessyng in ioseph B 75 out] *om.* T þe² . . . herd (76)] he hurde þe tunge þat he had not knowe BS þe²] þat þe T 77 pharao] pharoas S, farao is B 79 to²] in T 80 dede] drede T ȝiuyng] ȝenge T of² . . . day (81)] ech day of prestis ATLBS 81 into] in R oure] the L 82 cause] *om.* T

Goddes boþe lawes, and wole not kepe þe lawe. Forþi, as Iosep into
f. 187rb his | solace and counfort herd þe lawe of God ȝiuen bi Moyses
85 whanne he went oute of Egypt þat he had not herd ne knowen bifore,
forbedyng to doo lechery, so aftir þe translacioun of þis lif into oure
confusioun þat wole not now bileeue to Goddes lawe, we shulen here
þe worde of God þat shal dampne us for oure lustes but if we leue
hem and amende hem. And for þis obedience of Iosep bifore þe lawe
90 God dide to him grace aftir þe lawe.

{7} **Diuertit ab oneribus dorsum eius; manus eius in cophino seruierunt.** *He turned fro birdouns his bac; his hond þei kepte in þe cophyn.* Iosep bitokeneþ wexyng and bi him ben taken þe sones of
Irael whom God ledde out of Egypt fro þe þraldom of Pharao, in
95 whiche he had oppressed hem bi greet traueile in bildyng of his
citees. And of þis delyueryng of þe sones of Irael out of Egypt we
shulde vndirstond þat, whanne God suffreþ us to be in eny
tribulacioun and delyuereþ us þerof, we shulde be myndful in
doyng to him of þankes, kepeyng us fro fallyng into synne enaunter
100 he put us into more noye þeraftir. And so it was of þe children of
Irael: for al be it þat þei crieden out to God to be delyuered of her
noyous þraldom, aftir her delyueryng, for her grutchyng and her
worshipyng of grauen ymages, þei fillen into tribulacioun of deeþ,
not oenli of body but of soule, and þat is more to hem in helle þan
105 weren þe birdouns of þraldom in Egipt. For þe riȝtwisnes of God
mote nedes suffre him þat coueiteþ to be delyuered of anoye, and
dooþ not þankes for his delyueryng to fal þeraftir into worse anoye.
f. 187va But neuer | þelesse

{8} **In tribulatione inuocasti me, liberaui te et exaudiui te; in
110 abscondito tempestatis probaui te apud aquam contradictionis.** *In tribulacioun þou incleped me, and I dilyuered þee and herd þee; in þe hid of þe storme I proued þee at þe water of ȝenseiyng.* God is redy to

83 goddes boþe] *rev.* ATLBS and . . . lawe] *om.* L forþi] þerfor A, for þat L as] *om.* BS 86 lif] *om.* L 87 not] *om.* L 88 if] *om.* ATLBS 89 hem[2]] *om.* B 90 lawe] lawe for ATLRBS 91 manus . . . seruierunt] *om.* L 92 hond] hondis ATLRBS þei kepte] seruyden TBS þe] *om.* L 93 cophyn] berleep T, cophyne or berlepe BS ben] is ALBS þe sones] þones L 94 whom] whiche AL þe] *om.* A 95 greet] þe gret L in] bi R 97 us] *om.* T to be] *om.* AL 98 þerof] þerfro R 99 to] at L, *om.* A þankes] þankingis AL 100 noye] anoye B 102 for] of AL 103 ymages] þingis R 105 weren] was AL þe[1]] her ATBS 106 mote] must L 107 þankes] þankingis AL delyueryng] delyueraunce R 109 et . . . contradictionis] *om.* L 111 and[1]] *om.* ATLBS herd] Y herde BS 112 þee at] *om.* L ȝenseiyng] aȝeinseynge AR

heer alle þat clepen to him in sooþfastnesse, and more redy to forȝiue his offensioun whanne men ben feiþful to him. Summe doctoures seyn, and it semeþ sooþ, þat þe children of Irael weren so sugetted in 115 þraldom of þe cursed kyng of Egipt þat þei dursten not make compleynt to God ne to man apertli, but God, þat knoweþ þe priuete of mannes herte herde wiþoute voys of hem þe cruelte of her enemyes. And he delyuered hem, not as þei weneden or wolden haue coueytide to haue ben delyuered, but a [þ]ousand siþes more 120 wondirfully and graciously he delyuered hem, for þat he wiste þat þe feiþful men of hem shulde þeraftir more enforce hem to kepe his lawe. And also he wiste þat vnfeiþful shulde þerfore take þe more hard dampnacioun. And lo whi: God seiþ 'I proued þee at þe watir of ȝenseiyng, and þou despeiredest of my power seiyng, "Wheþer he 125 may out of þe ston do come watir, þat we drinken and oure beestes, or wheþer he may make redy to us metes in deserte to ete?"' þis vnfeiþfulnesse aftir her delyueryng and aftir þe greet wondres þat he had shewed to hem in þe turnyng upsodoun of þe Egipcienes, h`e´ hard punyshed. And siþ þe Apostle seiþ þat alle þinges þat ben 130 writen ben writen to oure | enformacioun, and wel we wite þat þise f. 187vb wordes beren greet mysterie, and nede were þat þei were tauȝte and vndirstonden, for we shulen be asked ful streytli hou we haue kepte hem, and not oenly hou we haue kept hem, but also hou we haue encresed oure talent taken to us of God to marchaund wiþ. But alas, 135 siþ no man shal be excused of þis Lordes tresour þat ne he shal ȝyue rekenyng þerof aftir his takyng, what rerage shulen prestes falle inne þat not oenly hiden þe tresour þat þe Lord haþ taken to hem, but also þei enforsen hem bisili to robbe her neiȝtbores of her tresoure, þat no marchaundise be maad in kunnyng of Goddes lawe 140 þat he commaunded to be bouȝt in leernyng it and doyng þeraftir. Alas, what shulen prestes doo þat shulen not oneli rekene of her owne tresoure þat þei haue taken of God, but þe tresoure of þe puple shal be asked of prestes, whi þei leten hem waast it, and delyuere not

113 to[1]] *om.* T 114 `nota bene´ R 115 sooþ] *om.* R 118 mannes] a mannys B 120 þousand siþes] þousyndis R þousand] ȝousand C 121 wondirfully] wondrely T 123 vnfeiþful] þe vnfeiþful ATLBS 124 hard] *om.* T seiþ] seide A 125 ȝenseiyng] aȝeinseiinge ATR 126 come] to come ATLBS drinken] may drynke T 127 or] *om.* R make redy] greiþe ATLBS 129 had] *om.* T þe[1]] *om.* L þe[2]] *om.* L 132 tauȝte] undirstoonden T 133 vndirstonden] taught T 135 `nota´ R marchaund] marchaundisen ATLBS 136 be] *om.* L 137 rerage] rerages L 140 lawe] of *eras.* lawe C 141 commaunded] comaunde A bouȝt] brouȝt A 142 `nota bene´ R shulen[2] . . . rekene] `shal´ reken S, not only shul rekene B 144 delyuere] delyueride ATRBS

145 þe soules of hem, merkyng hem rebelloures aȝen God, as Poul dide
and Barnabas, seiyng to þe Iewes 'þe word of God bihoued to haue
be seyd to ȝou first, but, for ȝee put it awey, despisyng it, not doyng
þeraftir, demyng us þat telle it to ȝow vnworþi to þe euerlastyng lif.
Lo, þerfor we ben turned to folk, for so commaunded God.' þis
150 repreef shulde make þe puple shamed of her synne, ȝif eche prest
dide his office truly; and þanne shuld prestes be excused, for þei
fulfilleden þe lawe of God, for to þat ende prestes ben ordeyned þat
f. 188ra þei lyue aftir þe lawe, not of man but of God. For he haþ | sette a
biddyng in Irael þat is his puple whom he wolde þerþurgh were
155 saued, for it is dome to God of Iacob, for wiþouten chaungyng þe
dome of his lawe lasteþ þat witnesseþ openli þat not onely he ȝaf his
lawe to þe nacioun of Iewes, but also to gentiles. And speciali to crie
þis lawe he ordeyned his prestes in þe old lawe and þe newe, and to
witnesse þis prestes office, Crist deide þerfore and his apostles. And
160 so what preste þat doþ not þis office, makyng knowen þis lawe
among what puple þat he duelleþ, he despiseþ Cristes passioun and
setteþ at nouȝt þe wisedom of God. And þat þis lawe was not oneli
commaunded to Iewes but also to gentiles þe Prophet openli
witnesseþ, seiyng 'He sette his witnessyng þat is his lawe, to Iosep
165 vndir witnessing', for þe conuertyng of þe gentiles to his lawe
witnesseþ openli þat he wole þat alle naciouns kunne his lawe.
And þis is figured bi Iosep þat was sold into Egipt, and also bi Poul
and Barnabas þat leften þe Iewes for þe hardnes of her hertes, and
wenten to preche to gentiles þat lyueden wiþoute lawe as beestes aftir
170 her kynde in lustes. But, alas, þerfor whi dreden not prestes þe lawe
boden of God þe fadre, and approued bi Cristis passioun, siþ þis
lawe seiþ openli þat a preste shal not be accused wiþ o witnesse but
wiþ tuo?—þat is, not oenli þe old lawe accuseþ þe dompnesse of
prestes but þe newe lawe openli dampneþ it. And þat þe old lawe
175 was figure to þe newe lawe Poul witnesseþ, seiyng 'Alle þinges þat
f. 188rb ben, alle þe mysteries of þe old lawe | felle to us into figure.' No
doute þanne prestes shulden declare þise fygures of þe old lawe. þe

145 þe] her ARBS 146 ˋact. 13ˊ AL 147 but] *om.* T put] putteden BS it[1]] *om.* R it[2]] *om.* L 150 shamed] be schamyd A prest] *om.* L 153 of [1]] only of BS 154 whom] which AL 157 old lawe . . . *end*] *lost* T 158 his] *om.* R 159 þerfore . . . apostles] and his apostlis þerfore B 160 knowen] knowynge L þis] in word or in werke þis BS 165 gentiles] heþin men R 167 is] *om.* L 169 gentiles] heþen men R lawe] þe lawe A 171 approued] proued L 175 figure] in *canc.* figure C 176 ben] is ALBS þe[1]] *om.* A felle] falle L to] into L into] in A no] now, w *canc.* C

lawe seiþ þat whanne Iosep wente oute of Egypt, þe tung þat he knewe not he herd; in þis is openli shewed þe office of prestes in þe new lawe. It is oft seyd þat Iosep bitokeneþ þe multiplying of þe 180 puple, and so whanne þe puple of God was multiplied þei went oute of Egypt, þat bitokeneþ derknesse of ignoraunce. Þanne þis puple herd a tung þat it knewe not, for þeraftir þei herd þe lawe ȝiuen to hem of God. Þis goyng out of Egipt in þe old lawe figureþ in þe newe lawe þe goyng oute of þe origynal synne, of þe whiche men ben 185 clensed in her baptym ȝif þei kepen hem aftir clene. And þanne aftir baptisyng Crist commaundid to his apostles, and in hem to alle his prestes, þat alle þinges þat he had commaunded þei shulde teche to þe baptysed. And so þe tung of þe gospel þe apostles maaden herd to puple whom þei cristened and conuerted, þe whiche þei hadden not 190 herd bifore. Whiles men ben in synne bi folye ignoraunce þei knowen not þe lawe of God. Þanne if þe puple erre aftir her baptym, not oenly for þei heren not þe lawe of God preched to hem of prestes, but also for þe yuel esaumple of prestes lyuyng, no doute þise prestes shuln take no paart wiþ Crist in blisse, but ȝif þei 195 amenden þise dampnable erroures. And þerfore, al be it þat many prestes be endured, despisyng to meke hem vndir þe ȝok of Crist folewyng him, ȝee | folk þat wole saue ȝoure soules, takeþ heed of þe f. 188va vois of God þat seiþ

{9} Audi, populus meus, et contestabor te, Israel, si audieris 200 me, non erit in te deus recens, neque adorabis deum alienum. *Here my puple and I shal witnesse þee Irael, if þou shalt here me: in þe shal not be a freshe god, ne þou shalt not worship an alieen god.* Here my puple whom I desire to regne wiþ me, vndirstondyng my lawe, and I shale witnesse þee, þat is bi boþe mi lawes I shal witnesse and proue 205 þat I sey to þee. And so I shale be witnesse of sooþfastnesse to ȝou boþe here and in heuene, þat ȝee drede noon erþely domesmen whanne ȝee shulen stonde bifore hem for þe witnesyng of my lawe, to whom I bere witnesse of truþe. And þerfore he seiþ, doyng his puple to wite what is his wille, seiyng 'Irael, if þou shalt here me'. 210

179 þe office] *twice* A 182 derknesse] merkenesse or derkenesse S, myrkenes L 184 figureþ] sygnyfyeth L 185 þe[2]] *om.* AB 187 baptisyng] þis baptising ALBS 188 `mt. vltimo' A 189 þe[1]] be R þe[4]] of þe A 190 puple] þe peple AL whom] whiche AL 191 men] þei A ben] weren A folye] fowll L 192 knowen] knewen AL her] þe BS 196 þise] her AL 198 of] to ALRBS 200 contestabor] testificabor RBS israel . . . alienum] *om.* L 202 here[1] . . . puple] my peple hire BS 203 ne] nor L not] *om.* ALRBS 204 whom] whiche AL to regne] *om.* L 207 domesmen] domesman B 209 whom] which AL

Loo, þe mylde speche of God to his puple, clepyng hem Irael, delityng þat his puple biholde him in vndirstondyng of his law and doyng þerafter, for þanne he shal haue in him no fresh god. He haþ in him a freshe god þat setteþ in his herte þe loue of eny creature
215 vnordinatly, þat is þat loueþ eny creature but as God bi his lawe witnesseþ to be loued. For þe lawe witnesseþ þat God whom we shal loue and worship is wiþouten bigynnyng and may haue noon endeyng. And þerfore God wole þat we loue him principali for himsilf, and alle oþer creatures we shulen loue in her kynde for God
220 maad hem bi his greet wisedom. And if we take hede in alle
f. 188vb creatures, we mowe rede his drede and | his loue, and þe vsable creatures þat we vsen to þe profit of oure lif, we shulen preyse him and loue; and for his orrible creatures þat ben hidous to oure siȝt we shulden drede to offende him, wityng þat in a þousand so orrible his
225 enemyes shulen euere be among, not oenli in siȝt but þei shulen touche hem and hugeli tourement. And if we be myndful herof, we shulen worship noon alyeen god, þat is we shulen worship noo creature but as we ben tauȝt of God, þat it is mene to loue him þerfore þe more. For in kepyng of his lawe his loue is proued, for to
230 what þing euere a man is drawen to loue, ȝif Goddes lawe approue not þat loue, he dooþ mawmetrie and worshipeþ an alyeen god, for þurgh his fals loue he alieneþ himsilf fro verrey God. And þat alle false loue be fer fro us þe Prophet seiþ to þe puple of God in his persoone 'Ȝif þou here me effectuely, þi mynd shal be contynuely
235 listenyng to me', as a feiþful seruant þat wiþ greete diligence listeneþ to his lord whanne he wole shewe to him his wille and what he wole seye. For alwey þe Lord is spekyng to us, and þerfore wiþ greet bysynes we shulde lystne to him, for þanne, as he seiþ, þer shal be in us no fresh god. For as þe myndfulnesse of þe herte, occupyed in
240 bisy sekyng and listenyng what God spekeþ to his louer, putteþ fer fro þe hertes al veyn þouȝtes and fals loue, so þe herte þat is born doune in vanyte among prosperites and lustes mote nedes be departed fro God for his vnfeiþfulnes þat he trusteþ not to God

211 hem] him AL 215 vnordinatly . . . creature] *om.* AL 216 þat] whom þat L we] he L 217 may] he may ALBS 220 his] *om.* BS 221 creatures] oþer creaturis R and[2]] in ALBS, and for R 223 loue] loue him ALBS 224 shulden] schulen AL 226 hugeli] hidousli ALBS tourement] turmente hem ALRBS herof] þerof L 228 mene] to mene L 230 þing euere] *rev.* A, þyng þat euere BS, thynge L 232 verrey] þe verrey L 235 listenyng] lystynge LBS to] vnto R 238 in us] *om.* L 241 hertes] herte ALBS so] as A 242 vanyte] vanytees AL prosperites] prosperite BS, properyte L mote] must L

þat he suffiseþ to him; and so siþ a | mannes herte may not be wiþouten loue, he þat listeneþ not to here God bisily to doo his wille mote nedes to his confusioun occupie his hert wiþ false loue of creatures, forsakyng þerfore þe Creatour. And so for þe herte is not hooly ȝiuen to God to loue him, sekyng his wil: þe wittes ben strayed abrood wiþoute refreynyng and ledeþ men to false loue, heriyng false goddes. Fastne we þerfore oure herte to God wiþ sharpe nayles of drede tempred wiþ his loue, and listene to hym, delytyng in him þat seiþ f. 189ra 245 250

{11} Ego enim sum dominus Deus tuus, qui eduxi te de terra Egypti; dilata os tuum, et implebo illud. *I forsoþe am lord þi God þat ledde þe out of þe lond of Egypt; make laarg þi mouþ and I shal fulfille it.* Affermyngli he seiþ 'I am forsoþe', for his word shal be proued sooþ in his dome bi ȝeeldyng of iust peyne to vnfeiþful wretches, þat loueden more to scatere her hertes in vanyte of filþi lustes þan to stable hem in hym delityng in his loue; for þanne in tyme of nede þei shuln be voyde fro al godenesse, whanne feiþful men þat cleueden to him in loue shuln fynde in hym aboundance of al goodnes. And for men shulden feiþfully stable hem in his loue here into greet counfort of his loueres he seiþ, as he sheweþ in dede eche day to us 'I forsoþe am lord þi God, for I am miȝti to saue þee ȝif þou drede to offende me; and I loue þee for I haue aȝenbouȝte þee. And þat I am miȝty to defende þee I proue bi witnes of my lawe fro þe bigynnyng, þat seiþ "Who trusted to þe Lord and is not holpen | of hym? or who souȝte him and fonde him not?"' Loke þerfore þe greet wondres þat Goddes lawe witnesseþ him to haue doon for his puple, and þanne we shulen knowe þat he is almiȝty and noþing is to him impossible; and for his riȝtwisnesse may not spare to venge him upon his enemyes, we shulde drede to offende him, siþ þerþurgh oenly his wraþ is stired. Þis miȝty Lord and dredeful seiþ þat he is oure God, shewyng to us his goodnes hou þat he loueþ us, sendyng into erþe his owne sone to take oure kynde, noon alyen ne straunger, but himsilf, takyng fourme of man mekid himsilf to most hard passioun and despitousest deeþ þat enemyes cowþen ymagyne. And so þe Lord bi miȝti hond led his puple oute of Egipt in þe old lawe; þe same God, takyng mankynd, bouȝt him wiþ his herte blood oute of al þraldom and pouste of þe deuyl. And so man is Goddes 255 260 265 f. 189rb 270 275 280

245 doo] *om.* L 246 mote] must L 249 heriyng] herynge L 251 to] we to BS 254 dilata . . . illud] *om.* L 258 more] e *added as linefiller* C filþi] erþeli A 275 ne] nor L, *om.* BS 276 most] þe most L 278 bi] þat bi ALBS

pris, bouȝte wiþ moost precious ȝifte not of roten siluer and gold, but wiþ þe precious herte blood of Crist, verrey God and man. And þerfore man shulde not seke his owne lustes þat þis Lord haþ forboden, but he shulde seke þe Lordes plesaunce þat seiþ 'Open þi
285 mouþ and I shal fille it', not of wordes of ribaudrye but of deuoute preisyng, not wiþ oþes and lesynges but wiþ truþe and sooþfastnesse, not wiþ sclaundres and bakbitynges but wiþ feiþful breþer wordes ful of loue and charite. Þis mouþ also þat God biddeþ open is þe feiþful desire of a mannes herte, þat is tourmented here in anguyshe
290 of spirit, seyng his lord God wiþouten drede and loue despised and
f. 189va vnworshiped. Þis mouþ þat is þe feiþ|ful loue of þe hert wiþ brennyng desire aȝen synne God biddeþ his louer sprede abrood, feiþfully trustyng in him wiþouten drede of bodili anoye, enforsynge him to crie to his preisynge; and what so him lackeþ for feblenes of
295 kynde, he shal reward not oenly aftir his bodili traueyl, but he shale fulfille þe desire of his herte. Forþi ȝee vnfeiþful wretches bresteþ þe hard stone of vnbuxsumnesse of ȝoure herte, and dredeþ þis almiȝti Lord, and softe ȝee ȝour malice wiþ þe merci of þis gode God, and putteþ oute of ȝour hertes fals symulacres and mawemet loue,
300 gederyng ȝoure strengþes into ȝoure herte, clensyng oute ȝoure filþes þat stynken for oldenesse of corrupcioun. And tarye ȝee not whanne þe Lord profreþ ȝou so largeli, for he is feiþful and trewe þat no þinge profreþ but þat he wole fulfille, enauntre whanne ȝee desire to be fulfilled, þe Lordes wil shal not be þerto, but greetli dedeyne
305 aȝen ȝou for he profred so largeli hymself to ȝou, and ȝee as nouȝte acounted his profre, weltryng in ȝoure lustes. As þe Prophete witnesseþ, seiyng, pleinyng him of dulnesse of þe puple, 'Tuo yueles haþ my puple doon: me þei haue forsaken, þe welle of lyuyng watre', þat plenteuously fulfilliþ wiþ wisedome of heuene hem þat þirsten
310 þeraftir, witnessyng þe Wise Man þat seiþ 'I desired, and witte is ȝouen to me; I ȝerned and vndirstonding of kunnyng come into me.'
f. 189vb But þis wisedome my puple acounteþ | but foly, 'for þei haue grauen

281 moost] his moost AL 282 man] verri man A 283 `Nota´ A lord] lord god ABS 285 fille] fulfille R 287 breþer] broþer ABS, broþerly L 288 þis] þi BS, þe A 289 a] *om.* BS 290 seyng] seiyng, i- *canc.* C 291 vnworshiped] worcheped L 294 to[2]] *om.* ALBS for] of L 296 forþi] þerfore A, for þat L bresteþ] breke R 298 softe] soften BS þis] þe L, *om.* A god] lord B 299 hertes] herte ALBS mawemet] mawmetrie L 304 þerto] in wille þerto AL 306 acounted] acounten A his] hys//hys L prophete] profete Ieremye ALBS `2´ A 307 of[1]] in L dulnesse] þe dulnes ALRBS 308 `nota´ R, `]yn lesson´ L puple] pepull seyynge L þe welle] *om.* L 311 ȝerned] desired R come] is come A 312 acounteþ] acountide AL

to hem waasted cisternes þat holden noon hoolsume watre' but corrupcioun of poysoun, as witnessen her lustes meintened bi her lawes ful of pride and coueitise. In þe lawe of God is commaunded 315 þat whoso graueþ a cistern ȝif þer falle þerinne anoþer mannes beest, for he lefte it vncouered, þe lord of þe cistern shal ȝeeld þe pris of þe beest, and þe deed beest shal be his: þat is, who þat makeþ eny lawe, statute or custome and leueþ it vncouered, þat is vngrounded in Goddes lawe, not acordyng to þe liif of Crist wherbi al þe lawe of 320 God is declared and fully vndirstonden, ȝif eny man þirstyng or bi negligence seke watre of wisedome in þis lawe, and poysoun him of corrupt pudel, his soule shal be asked of þe lawemaker. For þer is no pris for man but man for man, but þe deeþ shal be his þat is cause of his deeþ, þat is, he þat forsakeþ þe lawe of God for þe lawe of man 325 sheweþ in dede þat he loueþ more þat man and his lawe þan he dooþ God and his law. And so þei shulen boþe perishe togidir, and eyþer tourment oþer in helle wiþouten ende, ȝif þe maker fordo not þe lawe ne þe drynker purge hym wiþ triacle. And so men þenken þat þise lawemakeres and mansleeres ben occasioun of many mennes 330 deeþes, boþe bodili and goostli, mowe not make aseeþ to God, but ȝif þei take his crosse and vndir þe baner þerof þurgh meke pacience enforce hem to be occasioun of mennes saluacioune, as þei weren of mannes dampnaci|oune, offryng hemsilf to alle periles for þe loue of f. 190ra Crist, holdyng wiþ his lawe, wiþstondyng his enemyes, desiryng to 335 þe encrees of his chirche, ȝif Goddes riȝtwisnes mowe for her many huge forfetures suffre þat her bodyes be maad slayn sacrifice for þe preuyng of his lawe. And so ȝif we make large oure mouþes, openyng feiþfulli þe desire of oure hertes, doyng contynuelly fructuous werkes of his lawe, hopyng truly in hym, siþ he haþ boden us 340 make large oure mouþes þat he shal fulfille hem wiþ brede of liif and vndirstondyng, for anentes him is þe welle and wisedome of heuene, to whom he haþ cleped alle þat traueilen in feruoure of spyrit charged wiþ peynful anoyes of bodeli tribulacioun for þe truþe of his lawe þat þei be refreshed of him, hauyng mynd of his passioun þat 345 þei wexen not wery in þe wey, to þei comen to þe ende whereinne is

314 witnessen] wytneth L meintened] mayntenynge L 315 \`exo.21´ A lawes] power BS in . . . lawe (338)] *om.* BS 316 ȝif] and ALR 319 vngrounded in] vngroundid in groundid in A 324 deeþ] deed AL 325 god . . . of [2]] *om.* L 330 mansleeres] mensleers þat AL 334 mannes] mens ALR 335 wiþ] *om.* A 337 huge] *om.* A 340 siþ] *om.* L 341 \`]as þe pope´ L 342 him] *om.* L and] of BS 343 whom] which AL þat traueilen] trauelis R 346 to[1]] til ALR

al helþe. Þus God meueþ men to him for loue by witnesse of his lawe.

{12} **Et non audiuit populus meus uocem meam, et Israel non**
350 **intendit michi.** *And my puple herd not my voyce, and Irael bihelde not to me.* What wondir ȝif seche men despeiren in þe ende þat ben þus mercifully cleped of Crist to leue þe loue and lustes of þis liif and despisen in effecte to here him? And þerfore he seiþ into oure confusioune 'Mi puple þat han auo[w]ed to kepe my lawe, to whom
355 for loue I bitooke it to kepe þat þei doon þeraftir, herden not my voys, al be it þat it is voys of truþe, proued bi many wondres and
f. 190[rb] greet | witnesses. And þerfore aftir her desires I had mercy of hem, suffryng hem to wade in her lustes þat þei lerned not to do riȝtwisnesse. For in þe lond of halowes my puple diden wicked
360 þinges, for to seyntes of bileeue þei putten sclaundre, lyuyng in pride and coueitise, affermyng to be her foloweres, aleggyng þe bileeue of seyntes into meyntenyng of her lustes. And so þe lettre of bileeue sleiþ hem for þei proue it not bi þe ensaumple of Cristes lyuyng, and so þei enforce hem to conquere þe bilee[ue] of seyntes, sugettyng it
365 to her lustes; for þe bileeue of Goddes lawe for whom Crist and his seyntes deyeden, þei seye shal be vndirstonden aftir þe reule of her lyuyng, for siþ þei haue, as þei seyen, confermed it, canonised it and approued it þe bileeue of þe chirche, þei wolen þat it approue hem what weye þat euere þei go. And so my puple Irael, þat shulde
370 bihold me and folowe me, enforsen hem bi worldli strengeþ, as ȝif þerþurgh he miȝte ouercome me, constrey[ny]ng me in my lymes to folowe him, as ȝif he were lerned in þe wey and I a fool þat couþe it not. And so alle my benfetes and wondres and mercyes þe cheefteyn of þis puple þat occupyeþ my chirche he setteþ at nouȝte, as ȝif myn
375 hetynge were folye, and I of vnmiȝte to perfourme it. I ordeyned me a ȝeerd of disciplyne and tooke it to Moyses and Aaron to þreet wiþ al myn enemyes, and chastise my puple whanne þei rebelleden and wexen dulle to do my biddyng, as a louyng fader visityng hem wiþ
f. 190va mercy, long abidyng her con|uertyng. But þe cheefteyn of þe

347 his] *om.* L 349 meus] *om.* A et[2] . . . michi] *om.* L 351 men] peple ABS, *om.* L ben] is ABS, *om.* L 354 auowed] auoyded CR whom] which AL 356 wondres] witnessis A 357 witnesses] wondris A 358 þat] and R 360 putten] puttid BS 361 aleggyng] aled/gyng, d- *alt to* g- C 363 sleiþ] fleeþ AL ensaumple] saumple A 364 it] *om.* L 365 whom] þe which A, whyche L 366 shal] yt shall L 367 for . . . crist (388)] *om.* BS 369 þat[1]] *om.* A 370 hem] him AL 371 constreynyng] constreyng C 372 ȝif] *om.* R 377 chastise] to chastise A

chirche of þis vnkynde puple whom I haue delyuered of many persecuciouns haþ maad to him a scourge of heuy plumbes of leed to brayne wiþal my puple, whom I haue styred wiþ mercy and loue to clepe hem fro her erroure. And, as I haue taken my ȝeerd of disciplyn to Moyses whom I fonde in watre of penaunce for synne of þe puple, and to Aaron, strong as a mounteyn in my bileeue, so myn aduersarie borne up of þis wicked puple haþ taken his scourge to him þat moost lyueþ in lustes, and hateþ penaunce, hauyng Belyal to his prophete þat hateþ to bere þe ȝok of Crist.' And þerfore 380 385

{13} Et dimisi eos secundum desideria cordis eorum; ibunt in adinuentionibus suis. *And I lefte hem aftir þe ȝernynges of her herte; þei shuln go in her fyndynges.* O, hou openli sheweþ þe Prophete here to feiþful men þe dampnacioun of þis proude cheefteyn and þe destruccioun of þe wicked puple, upberyng him and hopyng to him, consentyng to his ledeyng, whanne þe dedes of hem boþe openly witnessen þat þei loue þe prosperite of þis world and dreden to falle þerfro. And þis prophecie of Dauid of þe destruccioun of þis rebel puple openli witnesseþ seynt Poul where he seiþ 'þis puple seiþ hemsilf wise, for þei haue founden a cheefteyne of lustes to lede hem aftir her desires, but þei ben maad fooles bifore God for þe loue of þis worldli wisedom. And þei haue chaunged þe glorye of God þat is vncorruptible, þat is þe bileeue of him whereinne stondeþ | þe glorye of his name, into likenesse of a corruptible ymage of a man to whom þe glorye of God þei putten, bileeuyng in him as he were God.' For þe whiche þing seynt Poul, fulfilled of þe Holy Goost, knowing bifore þat shulde come aftir, as a trewe bishop louyng his puple wroot to þe Romaines, wityng þat þis proud cheefteyn shulde regne upon hem, enforsyng him to drawe al þe world to bileeue in him. And þerfore he seiþ þat God haþ taken hem into þe desires of her herte, and not of her hertes, shewyng þat who þat hereþ not þe voys of God, obeishing to him, kepyng þe bileeue of his lawe vndefouled, he suffreþ to wandre in her lustes aftir þe desires of her herte, erryng in þe wey of vnclennes, punyshyng her bodies 390 395 400 f. 190vb 405 410

380 whom] which AL 381 heuy] manye AL 382 brayne] brenne AL whom] which AL 383 hem] him AL her] his AL erroure] erroures L and] *om.* R 389 ibunt . . . suis] *om.* L 390 ȝernynges] desyres R 391 O . . . þerfore (408)] *om.* BS sheweþ] here shewiþ A here] *om.* A 392 men] pepull L 393 þe] þis ALR puple] men L and] *om.* L 395 þe] *om.* R 397 `ro. 1´ ALR 402 a²] *om.* L 403 þei] is L 404 `nota bene´ R 409 and] *om.* L 410 obeishing] obeyynge L 411 desires] desirynge R 412 punyshyng] and poneischinge A

þorou stryues in hemsilf. For who þat contrarieþ God in vnfeiþful-
nesse of bileeue shule haue no pees in hymsilf, for togider þei haue
415 chaunged þe treuþe of God into lesyng, worshipyng and seruyng to a
synful creature, bileeuyng in him more þan to þe Creatour þat is
blessed into worldes, amen. And for vengeaunce herof þe Prophete
seiþ 'þei shulen go in her fyndynges', for for her owne tradiciouns
þat þei louen more þan þe bileeue of God, his maundementes þei
420 shulen despise and be led for her vnfeiþfulnes fro errour into erroure
to þe laste ende whereinne þei shulen despeire. And so, for þei rewed
not of hemsilf, leuyng her false bileeue, Goddes riȝtwisnesse shal not
f. 191ra rewe of hem to | punisshe hem in helle. For

{14} **Si populus meus audisset me, Israel si in uiis meis**
425 **ambulasset.** *Ȝif my puple had herd me, Irael ȝif in my weyes he had
goon.* Þat is, ȝif my puple, to whom I ȝaf my lawe, had herd me
bileeuyng to me, goyng in my maundmentes, her hertes shulden
haue be quieted in vnite of oonhede wiþouten feerdnes of enemyes.
For ȝif Israel had goon in my weyes

430 {15} **Pro nichilo forsitan inimicos eorum humiliassem, et
super tribulantes eos misissem manum meam.** *For nouȝt
perauenture her enemyes I had meked, and upon þe noiyng hem I had
sent myn hond.* O, wold God þat þe puple þat han bounden hem to
his lawe, wolde stynte of her lustes, and purge hem of þe fals loue of
435 þis lif, heryng God, bileeuing to him seiyng, 'Ȝif ȝee kepen my
maundementes, goyng in my weyes, I shal be enemy to ȝoure
enemyes, and as nouȝt I shal meke hem, and upon þe noiyng ȝou
I shal sende myn hond of vengeaunce, oppressyng hem wiþ my
power.' For Iob seiþ 'In þe hond of God is þe power of alle lyuynge
440 men'; but for þat men dreden not God ne bileeuen to him, he spareþ
not to men now multipliyng her enemyes as he dide upon þe
vnfeiþful children of Irael whanne þei weren diuided fro him,
folowyng her lustes and her owne fyndynges, worshipyng grauen
ymages, mysbileeuyng to him. For ȝif we wiþstonde God, he shal not

413 vnfeiþfulnesse of] vnfeiþful BS 414 hymsilf] hemsilf ALRBS
415 lesyng] ceesynge R 416 to] in BS 417 herof] þerof L
418 her[1]] her owne R for for] for R 420 led] fed S for] fro L
421 so] *om.* L 422 of] on L 424 israel . . . ambulasset] *om.* L 425 my[1]] m R
irael ȝif] *rev.* BS in . . . goon (426)] had goon in my weies BS he] I A 429 weyes]
wey BS 430 et . . . meam] *om.* L 432 her . . . meked] Y had mekid her enemyes BS
þe] men BS 435 heryng] heriyng BS 437 nouȝt] nouȝ R þe] men BS
439 `12´ A, `Iob 12´ BS, `Iob 11´ L 440 to] not to RBS 441 to] *om.* L þe]
om. BS 443 and] in L

wiþstonde oure enemyes, ne þe hond of oure defensioun he shal not 445
putte upon hem, | but vndir hem he shal suffre us to be defouled. f. 191rb
For

{16} Inimici Domini mentiti sunt ei, et erit tempus eorum in secula. *Enemyes of þe Lord han lyed to him, and tyme of hem shal be into worldes.* Alas, to whom shuln we flee whanne God is oure 450
enemy? siþ þer is neiþer in heuene ne in erþe place to be hid in fro þe si3t of God. And þat we ben Goddes enemyes oure dedes openli shewen. As seynt Iame witnesseþ seiyng, 'Who is frende of þis world, he is sette to be an enemy of God.' Þe frendeship of þe world is to coueite prosperitees and worshipes of þis lif, and for we auowe 455
in oure baptym to forsake þise as dide þe children of Irael, heetyng to fulfil whateuere þing þe Lord seid to hem. But many of hem lyeden to him, as we now doo; wherefore his ri3twisnesse venged her lesyng, and so he shal oures but 3if it be hastili amended. And into oure repreef þat defouleþ oure firste auowe in folowing of oure lustes, 460
seynt Petir seiþ 'As an hound to his spewyng turneþ a3en and lickeþ it up, and a sowe to þe foul podil to weltre hir þerinne, so we turne a3en to þe glorie of þe world, folowyng Sathanas whanne we shulde be proued doeres of oure bileeue.' And so not oenli we ben Goddes enemyes, but false forsworne lyeres contrarie to treuþe. And þerfore, 465
al be it þat þise enemyes florishe for a tyme in prosperite of þis lif, takyng and 3iuyng sacramentes not freli but biyng and sillyng as openli is shewed, þerfore her tyme shal be into worldes, not into heuene but in helle, for þider inne shulen be gedered alle false marchaundes | þat wiþ slei3tes for coueitise of þis liif deceyuede her f. 191va
nei3bores. And loo whi 471

{17} Cibauit eos ex adipe frumenti, et de petra melle saturauit eos. *And he fed hem of þe fatnesse of wheete, and of þe stoon wiþ hony he filled hem.* Here þe Prophet seweþ openli þe vnkyndnes of mankynde, hou as moost voluptuous glotouns þei desire and asken 475
of God and receyuen of him many benefetes, not oenli wiþouten

445 hond] londe R not] *om.* R 448 et . . . secula] *om.* L eorum] eo A
449 tyme] þe tyme R 451 ne] nor L 453 `nota' R 454 he] *om.* A of [1]] to A
456 heetyng] promysynge L 457 `exo 19 & 24' BS lyeden] now ly3ed L
458 his] her A venged] venge L 459 `nota' R 3if] *om.* AL 462 so] to R
463 þe[2]] þis L 466 þise] her BS 467 `symony' L 3iuyng . . . not] not 3euynge sacramentis A but . . . shewed (468)] *om.* BS 468 into[2]] in ALBS 471 whi] whi for ALRBS 472 et . . . eos] *om.* L melle] mille S 473 and[1]] *om.* BS hem] *om.* L
hony] þe hony A 474 filled] fulfillide AL

doyng of þankes but as moost enemyes. Cristen men auowen to kepe his lawe and despisen it in tyme of temptacioun folewyng her lustes. And, loo, þe benefetes of God þat he dooþ to cristen men: he fedeþ
480 hem wiþ fatnesse of whete, þat is as to þe lettre many noble fruytes of erþe he greiþeþ for mannes sustinaunce, and vnkyndli man receyueþ and vseþ hem wiþouten þankynges to God. And also cristen men ben fed wiþ þe beste whete, þat is wiþ þe precious bodi of Crist, to whom eche man aftir his kunnyng and wiþ al his
485 power and diligence shuld clense oute of his soule al foule consent, and reuerentli accepte Cristes bodi, and wiþ greet dreed and loue contynueli enforce him to hold him. And ȝit not oenli he fedeþ cristen men and profereþ hem his precious bodi bi itsilf alone, as ȝif a freend fed his frende oenli wiþ delicat mete in derkenesse, but Crist
490 wiþ his precious bodi he fedeþ his puple wiþ vndirstondyng in þe briȝt day of bileeue. And þat is þat þe Prophet seiþ: and of þe stoon
f. 191vb wiþ hony he fulfil|led hem. Þis stoon is Crist, wisdome of þe Fader, out of whois woundes ranne plenteuous grace, þurgh þe vertue of þe whiche man is clensid in his baptym of his original synne þat he
495 bereþ of his formfadres. And bi þe vertuous watres flowyng oute of þis stoon feiþful men ben fulfilled wiþ goostly vndirstonding in trewe bileeue, for þis stoon is þe stedfast bileeue of feiþful men þat þurgh loue ioineþ hem fast to God, for in þe watres of þis stoon alle filþes ben purged of hem þat louen and deliten to purge hem and
500 baþe hem þerinne. And upon þe oþer side þis stoon þat is Crist is þe stoon of offensioun to alle vnfeiþful men, for þei spurne it in despite whanne þei neiȝe þerto vnreuerentli, and moost whanne men ben in weer and douten of þe sacrament of Cristes bodye, not ȝifyng feiþ to his wordes as were in doute þe false Iewes, stryuyng among hemsilf,
505 seiyng 'Hou may he þis ȝiue us his fleishe to ete?' Þis word Cristes lawe seiþ sclaundreþ hem þat þei bileeueden not to his word whanne he seid 'Mi fleishe forsoþe verreili is mete, and my blode verreli is drinke, and who þat eteþ my fleshe and drinkeþ my blood duelleþ in me and I in him, for who þat eteþ þis breed shale lyue wiþouten

477 þankes] þankingis A auowen] vowen R 479 loo] lothe L dooþ] do L men] man LB 480 to] *om.* L 481 erþe] þe erþe ALRBS greiþeþ] makiþ redy R, geteth L for] to L 482 also] so R 483 `sacramente´ L wiþ[2]] *om.* R 484 and] *om.* R 489 derkenesse] myrknes L 490 he] *om.* R 493 woundes] wounde A 495 flowyng] folowinge A 498 þe] *om.* R 500 þe] þat AB oþer] tother LRS 502 `nota´ R 505 þis] *om.* AL cristes] as cristis BS 506 sclaundreþ] sclaunderide ALBS 507 verreili is] is verrey R 508 þat] *om.* ALB

ende.' But þei seid 'þis is an hard worde, who may here him?' And 510
so, for her vnfeiþfulnes þei putte sclaundre to Crist, mystrustyng to
his word þat is almiȝty. And many men ben now in þis erroure of þe
Iewes, for | her vnfeiþfulnes, mysbileeuyng to Cristes wordes in f. 192ra
makyng þe sacrament of his bodi, þei trowen not to his wordes, for
her resoun can not fully determyne hem. And so vnworþeli þei ete 515
þis sacrament to her owen confusioun, not feiþfulli trusting to his
wordes but more to her owen fyndeynges; and so þei sclaundre þis
sacrament, mystrustyng to Cristes wordes, and þerfore in receyuyng
of it and tretyng it þei worchen her dampnacioun, for þei mystrusten
to Crist. 520

Psalmus .lxxxi.

{1} **Deus stetit in synagoga deorum; in medio autem deos diiudicat.** *God stood in þe synagoge of goddes, but in myddes he demeþ goddes.* In þis psalm þe Prophet sheweþ þe tuo kyndes of
Crist, hou he was verrey God and verrey man: God in mannes
bileeue and verrey man, hauyng kynd of man. And so þe Prophete 5
seiþ truli þat God stood in þe synagoge of goddes, þat is in þe
gederyng togidir of Iewes. He seiþ not 'he stondeþ', but 'he stood':
for her vnfeiþfulnesse he departide fro hem aftir Cristes passioun,
whom þei forsook and condempned to deeþ. And in his resurrec-
cioun þei hyreden fals witnesse þat þe Iewes bileeueden not þat he 10
was God and man, and so skilfully God, þat stood among hem,
alyened him fro hem for her mysbileue, sendyng his apostles to þe
gentyles, doyng us to wite þat whanne he profereþ his grace, and it
be refuysed, þat profryng shale witnesse þe rebelte of þe refuyseres.
But Crist, God and man, stoode in þe synagoge of goddes, þat is in 15
þe congrega|cioun of feiþful men of þe Iewes, as weren his apostles f. 192rb
and his disciples, feiþfulli knowlechyng him verrey God and man, 16
sent to saue þe sheep of þe hous of Irael, þat is of þe lynage of men

511 putte] putteden BS to²] in L 513 `nota´ R 514 trowen] byleue R
to] in L his²] þis BS 516 þis] þi R to²] in L 517 þis] þe A
519 mystrusten] mystristeden BS

Ps. 81 CALRBS
heading C (*running head* Deus stetit), lxxxi ps. Asaph voyce of cryst to þe Iewes þe holy
gost to þe pepull L, `81´ *d.h.* RB, þe lxxix psalm A, *om.* S 2 but] *om.* BS
7 iewes] þe iewis A 8 for] for for AL, forwhi for BS 10 witnesse] witnessis AL
13 his] us his AL

biholdyng God, þat had perished had he not comen. And so he
20 clepeþ his feiþful foloweres 'goddes', for þe greet grace þat þei able
hem to and perceyuen in þis lif, and also for þe glorye þat þei shulen
haue in þe presence of þe Trinite. For, as men vsen to clepe þe eyr of
þe lord 'þe ȝung lord' for successioun of his fadre, so feiþful men ben
cleped 'goddes' for þe heretage þat þei shulen perceyue of her fadre,
25 God almiȝty. But whi stood God in þe synagoge of goddes, þat is in
þe congregacyoun of Iewes? He answereþ 'to deme goddes in
myddes of hem'. And þerfore seiþ Crist 'Into dome I come into
þis world, þat þoo, þat seen not in loue and desire þe prosperite of
þis world, see my godhed þurgh feiþ, and knowe my manhed in
30 preysyng of my name, þat þei regne wiþ me in blisse. And upon þat
oþer side I come to deme hem enemyes þat see hemsilf wise in her
owne fyndynges, for þei shulen be maad blynde in her owne prid.'
And so Crist, riȝtwise domesman, stood in þe myddes of his puple,
demyng hem to be eyres whom he knewe shulde be his foloweres,
35 despisyng þe lustes of þis liif, whom his enemyes, frendes of þis
world, knewe not for þe derk veyl of her presumpcioun. But, for þe
world demeþ contrariously, þe Prophete seiþ

{2} Usquequo iudicatis iniquitatem? et facies peccatorum
f. 192va **sumitis?** *Hou long deme ȝee wickednesse, and þe faaces | of synneres*
40 *ȝee taken?* Here God pleineþ him of þe vnfeiþfulnes of his puple,
seyng þe entent of her hertes ȝouen to coueitise and worshipes of
þ`i´s world, for he haþ sette a lawe to his puple, and þei kepen it not,
and he sente his pro[p]hetes to make knowen his wraþ, and hem his
puple killed. And so skilfulli he pleineþ on hem bi his prophete
45 Ysaie, seiyng 'Sones I haue norished and hyȝed, but þei haue
despised me.' And ȝit, wilning her saluacioun, he seiþ 'Hou long
deme ȝee wickednesse, ȝee þat holden þe princehed in erþe?' And,
for þei heren him not, folowyng her coueitise in wicked domes, he
seiþ to hem 'þe princes of my puple ben vnfeiþful and felawes of
50 þeeues, for alle þei louen ȝiftes and folowyn warisouns; but to þe

19 he not] *rev.* L 20 foloweres] loueres and folowers L 21 to] *om.* L
23 þe[1]] a LBS men] *om.* R 27 seiþ crist] *rev.* AL `Io.9´ ABS, `]9´ L 31 come]
cam BS 32 þei] *om.* L 33 þe] *om.* A 34 eyres] hise eiris ALBS whom]
whiche AL 35 whom] whiche AL þis[2]] þe A 36 derk] myrke LS
37 contrariously] curiousli B, variousely S 38 et . . . sumitis] *om.* L 39 þe . . .
taken (40)] ȝe take þe faces of synners BS 42 haþ] *om.* L 43 he] *om.* L
prophetes] pro/hetes C 44 `Isaie 1´ AL on] of ALBS 45 `Isaie 3´ ABS sones]
om. BS hyȝed] heiȝed sones BS haue] *om.* L 46 wilning] willinge ALR 47 þe]
om. B in] of L 49 `ysa. 1´ L felawes] folowen L

fadirles þei demen not, upberyng him in riȝt, ne þe cure of þe widewe entreþ not inne bifore hem to defende her cause.' And in þis blyndnes þei erren, for þei taken þe face of synneres, not demyng causes iustly aftir Goddes lawe, but aftir fauour and frendship. And so princes as souereynes, and þe comunes as sugettes, ben boþe in 55 þis errour for fals demyng and consenting aȝen þe lawe of God, þat commaundeþ þat þe persone of a pore man be not considered, þat is for his pouert, but þat he haue riȝtwise dome, for blynde pyte of men peruerteþ þe dome of God. And so neiþer for pite of pouert, ne drede of bodili harm, ne vnder colour of fals feyned frendship shulde 60 men bere fals witnesse in dome, ne accept persone of riche ne of pore. And þerfore þe Prophete seiþ

{3} **Iudicate egeno et pupillo, humilem et pauperem iustificate.** *Deme ȝee to þe nedi and to þe fadirles, þe vm|ble and þe pore* f. 192vb *iustifie ȝee.* Ȝee miȝti princes of þe world, vndirstonde ȝee in ȝour 65 hertes þat Crist þat stood among ȝow, whom ȝee knewe not, is verrey God and man, to whom is ȝiuen al power in heuene and in erþe; and wiþouten acceptyng of persones he demeþ riȝtwisly. `Forþi deeme ȝee his cause riȝtwysli´ þat for ȝow was maad nedi and pore. And if ȝee be riȝtwise in þis dome, consideryng no persone, but iustly 70 demyng in equite, first ȝouresilf and siþen oþere, ȝee shuln be liȝtened wiþ sooþfastnes. And so ȝee shuln knowe Cristis wil, and who is his frende, and who is his enemy. Crist was maad nedi for oure loue, al be it þat he were lord of al; and he was as fadirles, for þe Iewes dide in her wil, for he wold suffre hem. He was moost vmble 75 man of alle, for he bad men for her profit lerne of him þat lessoun; and he was moost pore, for he had not to reste upon his heued. And þus, if we considre feiþfulli his dedes, we shulen knowe þat þe glorious of erþe, liuing in lustes and prosperite ben contrarious to him and enemyes of his riȝtwisnes. And þerfore 80

52 not] *om.* L and] *om.* AL 53 blyndnes] blynes A 54 causes] þe cause A lawe] lawes L 55 as[1]] and R 56 for] by BS 57 considered] considerid or beholde BS, biholden R 60 ne] nor L 61 ne] nor L persone] þe persoone A of[2]] *om.* A 63 humilem . . . iustificate] *om.* L 64 `contra principes´ L þe[3] . . . ȝee (65)] iustefie ȝe (þe *add.* S) vmele and low and þe pore BS vmble] meke LR 65 ȝee[3]] *om.* BS 66 whom] whanne A knewe] knowe BS 68 persones] persone R forþi . . . riȝtwysli (69)] *upper margin d.h. marked for ins.* C forþi] þerfore A, for þat L 70 consideryng] consideryng or beholdyng BS, byholdyng R 73 maad] *om.* ALBS 74 as] as a BS 75 in] in hym ALRBS vmble] meke LR 77 upon] on L 78 we[1]] ȝe AL considre] biholde R we[2]] ȝe ALS 79 erþe] þe erthe L

{4} **Eripite pauperem et inopem, et egenum de manu peccatoris liberate.** *Take out þe pore and þe helples, and þe nedi fro þe hond of þe synner delyuere ȝee.* As þe Prophete bifore moueþ miȝti princes of power to helpe þe cause of Crist, as þei ben endetted to, so he
85 moueþ now þe sugettes to do þe same ȝif þei wole delyuere her soules fro perile. For as þe hyȝe princes erriden in her fals demyng Crist to þe deeþ, so þe comens consentiden þerto þat suffriden Crist to be taken to þe hyȝe princes. For bi þe strengþe of her multitude þe comens shulde haue enforside hem to haue letted þe princes of
90 her felonye, ȝif þe riȝtwisnes of God and his mercy miȝte haue
f. 193ra suffred | þat passioun of Crist haue ben differred. But al be it þat it miȝt not be lenger differred, ȝit þe comens assentiden to þe hyȝe princes in þe passioun of Crist, for þei crieden togidir 'Take him, take him, and do him upon þe crosse! for we haue no kyng but
95 Cesar.' And þerfore, as þe godspel seiþ, Pilate, dredyng þe puple, consented to his deeþ. And so siþ þe multitude of comunes holdyng togidir is dred, þe Prophete spekeþ here to þe comunte þat þei be not dampned for her consent, þat þei enforse hem not bi malice but bi loue and consent of neiȝborehed, takyng out þe pore and þe
100 helples fro þraldom of hem þat wrongfulli oppressen hem; and also þat þei delyuere þe nedi þat is maliciously putte into need of tribulacioun, fro þe power of þe synner, for he þat may wiþstond yuel and doiþ not, consenteþ to þe yuel. But neiþer princes ne sugettes

105 {5} **Nescierunt, neque intellexerunt, in tenebris ambulant; mouebuntur omnia fundamenta terre.** *Þei wiste not ne þei vndirstode, in derknesse þei go; stired shulen be alle þe foundamentes of erþe.* Loo, hou synne blyndeþ men, boþe hyer and lower, þat þei knowe not ne vnderstond to doo þe wil of God. Seynt Poul seiþ ȝif
110 þe Iewes had knowen, þat is þe hyȝe princes, þei hadden neuer

81 et inopem] *om.* R et² . . . liberate] *om.* L peccatoris] peccatores A 82 `contra principes´ L þe nedi . . . ȝee (83)] delyuere ȝe þe nedy fro þe hond of þe synnere BS 83 þe¹] *om.* L 86 fals] fals dome BS 87 þe¹] *om.* L so] *om.* BS 88 to¹] *om.* ALBS 89 of] or B 90 and his mercy] *om.* L 91 haue] to haue BS 92 be lenger] lengir haue be A hyȝe] greete R 93 take] take `crucifige eum´ L 94 and . . . him²] *om.* L upon] on R 95 as] *om.* L 96 consented] consentinge AL 97 spekeþ here] *rev.* B 99 of] to R 101 is] *om.* L need of] *om.* BS 103 `nota´ R doiþ] do L princes] prince BS ne] nor L 106 mouebuntur . . . terre] *om.* L ne] nor L 107 in . . . go] þei goiþ in derkenessis (merkenessis S) BS derknesse] merkenes L, derknessis R stired . . . erþe (108)] alle foundamentus of þe erþe shul be stirid BS 108 blyndeþ] byndiþ A 109 ne vnderstond] þe vndirstonding AL 110 hadden] *om.* R

demed to haue be don upon þe crosse Crist, kyng of glory, ne if þe comunes had vndirstonden and taken hede to þe werkes and wordes of Crist, þei had not cried to delyuer Baraban, forsakyng Crist her kyng. And for þei loueden derknesse of synne, þe liȝt of grace was hid fro hem. But not forþi alle þe fundamentes of erþe shuln be moued: þat is, þat riȝt as in Cristis passioun at þe | last ende þe erþe moued in tremblyng, þe stones in cleuyng, þe sunne in failyng to ȝiue liȝt, so in þe ende of þe last dayes þat shal be fulfilled wiþ yueles, alle þe fundamentes of þe erþe shuln be meued, þat is alle duelleres of erþe shuln be moued, yuel aȝen good and good aȝen yuel. And for þe moost part of souereynes and her sugettes shuln be blynde and dulle for heuynes of synne, vnknowyng þe hond of God whanne it shal be upon hem, for her slepyng in synne, wiþstondyng þe truþe, God counforteþ his loueres þat þei fayle not, ne despeiren for her fewnes and þe multitude of her enemyes, seiyng now to hem as þei shulen fynde aftir: 115 f. 193rb 120 125

{6} **Ego dixi: dii estis, et filii Excelsi omnes.** *I seid: ȝee ben goddes, and sones of þe Hyȝe alle.* As feiþful men taken here counfort, so shulde vnfeiþful be astonyed for þe Prophet spekeþ here to þe chosen, clepyng hem goddes for þe vertue of God þat is in hem, refreinyng her lust, despisyng þe manasyng of þe multitude of enemyes, wiþoute drede folowyng Crist in mekenesse and pacience, for þerþurgh alle þei haue eernest in þis life to be sones of þe hye God in heuene. And siþ prid and coueitise and false loue of þis life ben fer þrowen awey and acounted but wodenes of þe children of God, desiryng þe heretage of heuene, þanne þei in whom þise filþes han taken stedfast rote han eernest of her dampnacioun, for neiþer þei vndirstonden in herte, ne knowen in dede þe wey þat ledeþ to þe hauene of helþe; and so for her derk goyng fro synne to synne, þei ben led blyndlynges for þe folewyng of her owne fyndynges to þe derk vnknowen peynes of helle. | But riȝt as eche man, of what 130 135 140 f. 193va

112 wordes] wondris BS 113 to] *om.* R 114 derknesse] merkenes LS 115 fro] in BS not forþi] naþelees A, not for þat L þe] *om.* B 116 in] *om.* AL 117 tremblyng] tembryng BS 119 þe[2]] *om.* AR þat . . . moued (120)] *om.* BS alle] all þe L 120 erþe] þe erthe L 122 vnknowyng] vnkowyng R 123 wiþstondyng] wiþstonde BS 124 counforteþ] enforceth L ne] nor L 127 et . . . omnes] *om.* L 128 sones . . . alle] alle sones of þe hyȝe RBS taken] han taken R 129 shulde vnfeiþful] vnfeiþful men (*om.* BS) schulden ALRBS 131 lust] lustis ALBS 132 ˋnotaˊ R 133 þei] þe R in] of ALBS sones] þe sones S 134 in] of L 135 of god] *om.* BS 136 þise] her AL 138 ne] nor L 139 derk] merke or derke S, myrke L 141 derk] merk or derke S, myrke L eche] euery L, eche a BS of [2]] *om.* L

condicioun euere he be, or of what staat or of what maner lyuyng in
þis lif, aftir his loue wherebi he despised al prosperite of þis lif
folowyng Crist, þeraftir he shal perceyue þe heritage of þe Fader of
145 heuene, so þe loueres of þis world aftir þe prid and þe malice of her
fyndyng, wiþouten acceptyng of persone, shuln perceyue peyne bi þe
riȝtwise dome of God. And þat is þat þe Prophet seiþ

{7} **Uos autem sicut homines moriemini, et sicut unus de principibus cadetis.** *But ȝee as men shuln deye, and as oen of þe*
150 *princes ȝee shuln falle.* It is treted by dyuerse men þat þe Prophet
reherseþ here: first þe damnacioun of lesse yuel men þat for her
vnfeiþfulnes confourmen hem to þe wicked vsage of þe world,
wherfore þei ben no partyneres of þe passioun of Crist. And so as
wicked men þei shuln dye, for þei forsoken folewyng her lustes to be
155 aȝenbouȝt wiþ þe precious blood of Crist. For alle þat Crist bouȝt
beren contynuelli his fyue woundes in her body, for in her feet þei
ben wounded, folowyng Crist in þe streyte wey of tribulacioun,
sleyng þe lusty affeccio uns of her flesshe, forbedyng her feet fro al
yuel wey; and in her hondes þe woundes of Crist ben knowen in
160 fulfillyng of his lawe, riȝt reulyng alle her dedes aftir his maund-
mentes, and in her herte þei bere Cristes wound, hauyng continuely
compassioun of þe wretchidnesse of þis lyf, hou for þe lust þerof
Cristes passioun is despised. But for men of blodes, ful o`f´ synne,
louyng þis world, lacken þi woundes, þei mowe neuere cleyme þe
165 heretage of Crist, for he may not of his riȝtwisnes make hem eyres of
blisse in heuene, þat in þis lif refusen to bere þe woundes of his
f. 193vb passioun, siþ þat it is þe signe of tau wherbi he | knoweþ his
heretage. And so alle men þat ben taken bi entisyng of þe deuyl,
confourmyng hem to þe multitude of men of þe world, shuln dye fro
170 grace and be dampned in helle, al be it þat for ignoraunce þei ben led
fro truþe, siþ þei miȝte fynde it ȝif þei feiþfully souȝte it. But þe
Prophete seiþ þeraftir þat as one of þe princes ȝee shuln falle: and þis
diuers seyntes vndirstonden of þe cheef souereynes þat, for pride of
her dignites and coueitise of prosperite of þis lif, mysleden her

142 maner] kyn AL, *om.* BS 143 aftir . . . lif[2]] *om.* BS 145 þis] þe L
148 et . . . cadetis] *om.* L 151 lesse] þe lesse L 153 no] not ALR partyneres]
parceners A 155 `nota bene´ R, `quinque wlnera´ S 158 þe] *om.* AL
160 maundmentes] commaundementis BS 161 and] *om.* R herte] hertis A wound]
woundis A continuely] contynuel ALRBS 163 `nota bene´ L 164 lacken]
lackinge A þi] þese BS 165 of[3]] in R 166 blisse] `þe´ blys L, þe blis A in[1]] of
ALR 167 it] *om.* ALRBS 168 entisyng] tysyng R 169 of[2]] in L
172 as] is as LS 173 vndirstonden] vndirstoden R 174 her[1]] þer heye L, *om.* BS

sugetes, drawyng hem þurgh flateryng and drede to her consent, 175
wherfore þei shulen falle wiþ huge noyse into þe deep doungeoun of
helle as dide Lucifer for his prid and his vnbuxsomnes, þat was one
of þe cheef princes of heuene. And so þe word of Crist shal be
fulfilled in þe fallyng of þe proud princes of erþe and in her sugettes
þat meyntenen hem, where he seiþ 'Whanne þe blynd ledere goþ 180
bifore in pride of dignite, liuyng openli in lustes, and his suget
foleweþ him in consenting to him, upberyng him wiþ godes of his
traueil, boþ þei shuln falle in þe diche.' And for þise wicked princes
wolen algates striue for þe forledyng, þei shuln first falle into þe
deepnes of helle, where þei shuln be oppressed wiþouten ende of þe 185
heuye multitude of her foloweres. For, as wood malicious dogges,
echone shuln lye in oþer þrotes: for, as noon of þe aungels were
spared þat consentede to Lucifer, but alle þei fillen togidir, so noon
þat ben founden consenting to þise hye princes of pride in word or in
deed, wherebi her pride is encresid, shul ascape þe wraþ of God þat 190
ne þei shuln perishe togider. And for þe Prophet biheld þe prid of þe
hye princes and þe multitude of þe puple consentyng to hem,
weilyng þe sodeyn fal of hem boþe, seyde

{8} **Exurge, Deus, iudica terram, quoniam tu heredi|tabis in** f. 194ra
omnibus gentibus. *Ryse, God, deme þe erþe, for þou shalt heretage in* 195
alle folkes. Þe Prophete, knowyng þat þe Lord alone shal be
enhaunsed in þe day, þat is in his dome whan he shal rise to
smyte þe erþe, þat is whan he shal punishe þe blynde lederes and her
consenteres. For Iob seiþ þat þe erþe is taken into þe hond of þe
Lord; and þerfore Dauid, stedfastli bileeuyng þat boþe her lederes 200
and her foleweres shulden take confusioun for her rebellyng, seide
'Rise, God and deme þe erþe': þat is, God þat art almiȝti, þat hast
reised þi sone Iesu fro deeþ, shewe þi miȝt and rise to help þe cause
of þi spouse þat as an helples wedewe is forsaken of þis worlde
wiþouten help þerof. Deme þe erþe: þat is, dampne þe proude 205
princes of erþe wiþ her consenteres, þat in prid and malice bolneþ
aȝen þe truþe of þi lawe, doyng þee eche day on þe crosse in
ȝeinseiyng of þi lawe. For whanne þin hond, þat is þi power, shal be

176 huge] hidous ALBS   178 of[2]] in B   179 `nota' R   in[2]] *om.* R   182 in] *om.* ALBS   183 in] into A   188 þei] þe R   189 þat] þer L, *om.* A   190 encresid] encresynge R   191 þe[3]] *om.* ALBS   193 þe] so L   194 exurge] surge ALBS   quoniam . . . gentibus] *om.* L   196 `Isaie 2' ALR   199 `iob 9' R   for] and A   into] in L   200 her] þe ALBS   201 rebellyng] rebellynd B, necligence A   206 erþe] þe erthe L, þis world A   malice] *second* e *added as linefiller* C   207 on] vpon BS   in] *om.* A   208 ȝeinseiyng] aȝeinseinge ARBS   of] *om.* A

upreised aȝen þise enemyes þat to her ende rebellen aȝen þee, doun
210 þrowyng hem wiþ þe iust dome of þi mouþ, þanne þou shalt heritage
in alle folkes, for alle folkes þat ben not dampned wiþ hem shal be
þin heritage. For whanne þe world and his loueres shuln perishe,
God shal be in alle men alle þinges, for þanne he shal be in þe
myddes of his heritage as þe sunne in myddes of his liȝte, and in þe
215 clerete of his siȝt al þing þei shuln bihold and verreili knowe.

Psalmus .82.

{2} **Deus, quis similis erit tibi? ne taceas neque compescaris, Deus.** *God, who shal be liic to þee? ne be þou stille ne restreyne þou, God.* In þis psalme is shewed þe secund comyng of Crist to his dome,
wherinne he shal coroune alle his feiþful foloweres þat suffreden here
f. 194rb persecucioun for his loue wiþ | endeles ioye, and also hou her
6 pursueres shuln be tourmented for þei asentiden not to truþe. And
so þe Prophet meueþ men here to seke Crist in alle her dedes, and so
alle tyrauntes leerne to cesse of her malice, oneyng hem wiþ truþe
and seye 'God, þat is Crist Iesu, al be it þat þou bicome man for pite
10 and compassioun of man to saue him, ȝif he wold kepe him in þe wey
þat þou sette him inne, aftir þat þou hadest refte him fro þe enemy,
and in doyng of þis merci to man, þou shewedest þisilf to þin
enemyes but as a man, suffring hem to take þee whom heuenes miȝt
not hold, and bynde þee in whos hond al miȝte is closed, and bete
15 þee þat meked alle geauntes and tyrauntes wiþ þi biholding, and
deme þee bi whom alle men shuln be demed, and sle þee in whom is
lif of euereche creature. Who þerfore shal be liic to þee among þe
sones of men? Certes noon, for Crist þou art God and so þou art

209 rebellen] rebellid R 211 for alle folkes] *om.* R 213 þe] *om.* L
214 myddes[1]] myddil RBS his[1]] *om.* L myddes[2]] þe myddis AB þe[2]] *om.* L
215 þing] þinges BS

Ps. 82 CALDRBS; *incipit incomplete* 189 -nyd power D

heading C (*running head* Deus quis), lxxxii in finem pro hiis qui commutabuntur ps. dauid þe voyce of chyrche of the Iewes þe prophete to god of the pepull L, '82' *d.h.* RB, *r.h.* *(after 189)* Deus quis similis D, þe lxxx psalm A, *om.* S 1 ne . . . deus (2)] *om.* L
2 ne . . . god (3)] neiþer god restreyne þou BS 7 crist] men here L in . . . dedes] *om.* R 8 alle] shul BS 9 'nota' R crist iesu] *rev.* BS it] *om.* L 10 ȝif . . . him[2]] *om.* R 11 þat[2]] *om.* B fro] for L 13 hem] hym BS heuenes] heuen L, enemyes BS 14 bynde] blynde L hond] hondis BS 15 meked] mekist R
geauntes and tyrauntes] tyrauntes and geauntes L 16 deme] demed CALRBS
17 euereche] ylk LBS

almiȝti. Man haþ power at þi suffryng of mannes body, but þou hast power of bodi and of soule; and for þou art almiȝti þou shalt reward and saue þi loueres and punishe þin enemyes aftir þi wil. Þerfore God þat art almiȝti and ful of riȝtwisnes, be þou not stil in þi dome to ȝild peyn to þin enemyes, al be it þat as a lomb bifore þe clippere þou openedest not þi mouþ wiþ grutchyng, whanne þin enemyes crueli spuyliden þee for þe loue of man, of alle þat þou haddest of þi manhede. Þanne God, þat is in þi dome, þou shalt not restreyne þat ne þi riȝtwisnes shal be shewed in meking of þin enemyes þat wolden not here restreyne her synne.

{3} **Quoniam, ecce, inimici tui sonuerunt, et qui oderunt te extulerunt caput.** *For, loo, þin enemyes souneden, and þei þat hatiden þee upbaren þe heued.* Loo, here | is shewed hou þe Prophete askeþ not vengeaunce of wicked men for malice, but of riȝtwisnesse, doyng eche man to wite þat eche feiþful creature shal acorde wiþ Crist in his riȝtwise dome. And for þe enemyes of Crist wiþouten drede sounen wiþ pride and coueitise of yuel fame, not shamyng ne hidyng her synne, enforsyng hem to drawe alle oþer to her consent, þe Prophet crieþ to God þat he be not stille to þat he meke þise enemyes þat wiþ huge soun blasphemeþ þe truþe of his lawe. And lo whi: for þei þat han hated þee upbaren þe heued. Þis huge soune bitokeneþ þe open sclaundre of anticrist þat shal be shewed in þe last dayes, for his ypocrisie and his feyned equite wherþurgh he haþ made him frende to al þe world, shal þanne be opened into his confusioun. And þerfore God of his riȝtwisnes mote þanne restreyn his malice, for þanne his frendes enhaunsed bi him þat han of long tyme wiþstonden þe truþe, shuln upbere him as her heued. Many þer ben þat han hated and ȝit hate and shuln hate Crist, but oen is her heued, for in oo persone þe synne of many shal be knowen, so þat alle his consenteres shuln take repreef in his confusioun. And, loo, whi:

{4} **Super populum tuum malignauerunt consilium, et cogitauerunt aduersus sanctos tuos.** *Upon þi puple þei diden wickidli counseil, and þei þouȝten aȝen þin halowes.* Þat is, ypocrites þat ben ful

20 of[2]] *om.* ALB and[2]] *om.* A 23 clippere] sherer B 26 manhede] maydenhood A 28 her] fro A 29 et . . . caput] *om.* L 31 upbaren] bare vp BS 34 `ys. 10´ R 35 wiþ] wiþowten L 37 `Isaie 30´ A to[2]] til ALR þise] her AL, his B 38 huge] hidous ALBS 39 huge] hidous ALBS 40 `nota bene´ R þe[2]] þo B 42 into] to L 43 mote] must L 44 him] hem BS 50 et . . . tuos] *om.* L 52 halowes] hawis R

of sleiȝtes and deceytes, and tyrauntes þat ben ful of prid and couitise, confedren hem togidir bi wicked counceyl, oppressyng þe
55 foleweres of Crist wiþ hard pursuynges, but þei mowe not noye to hem þat ben feiþful in bileeue, siþ God is wiþ hem to defende hem
f. 194vb in al tribulacioun. And so wicked þouȝtes of tyrauntes, | purposed aȝen þe halewes of God, shal turne to hem aȝen into her owne confusioun. But þerfore þei stynte not, for her synne blyndeþ hem
60 and ledeþ hem in whom it regneþ to yuel ende, whanne men shamen not þerof ne purgen hem of it. And loo þe proef

{5} Dixerunt: uenite et disperdamus eos de gente, et non memoretur nomen Israel ultra. *Þei seiden: 'Come ȝee and scatere we hem fro folk, and þe name of Irael be not ouer mynded.'* Men of
65 blood, ful of synne, seiden þenkyng veyne counceiles, 'Come ȝee and þenke we aȝen þe riȝtwise, and take we noon hede to his wordes but oppresse we him þat offendeþ us. And scatere we þe name of hem fro folk þat assenten not to us.' He seiþ not 'scatere we folkes', but singulerly 'folk'; for al feiþful folk ben oen wiþ Crist siþ þei ben alle
70 born of oo welle of baptym, and þerfore þe glose seiþ þat anticristes clepen alle gode men oo folk, for þei ben alle of oen wil. And þerfore þei seyn 'þrowe we oute þis folk contrarie to us oute of oure folkes, þat þe mynd of Irael, þat is of hem þat biholden to do þe wil of God, be not ouer oure name had in mynde.'

75 **{6} Quoniam cogitauerunt unanimiter simul aduersum te \`testamentum´; disposuerunt {7} tabernacula Ydumeorum et Ysmaelite.** *For þei þouȝten of oo will hool aȝen þee a testament; þei ordeined þe tabernacles of Ydumees and Ysmaelites.* Loo, here is shewed openly þat wicked men of þe world, louyng her lustes, trusten not in
80 God, for al hool wiþ bisines þei studie, hauyng oo wil to wiþstond truþe, making to hem a testament of couenaunt or a lawe þat pleseþ to hem, wherby þei mowe drawe to hem al prosperite and lyue aftir her lustes. And, bi þe same lawe maad among hemsilf and taken to
f. 195ra her proctoures to crie as bileeue, þei | mow bi her alþer assent

53 and deceytes] *om.* R 55 to] *om.* A 57 wicked] þe wickide ALRBS 58 aȝen[2]] *om.* A into] in R 61 proef] reproef, re- *canc.* C 62 et[1]] *om.* AL et[2] . . . ultra] *om.* L 64 þe name] name L \`Iere. 18´ BS 69 alle] *om.* AL 70 anticristes] antecryst LBS 71 clepen] clepiþ BS 72 folk] flock R 73 biholden] beþ holden BS 75 aduersum] aduersus R 76 testamentum . . . ysmaelite] *om.* L testamentum] *added s.h. red* C 77 hool] þe sammen or togeder S, togidere AB, samen L 79 \`nota bene´ R 80 hool] al samen togedre S, togidere AB, samen L studie hauyng] stoden wiþ AL 81 a[2]] *om.* A 84 her alþer] all þeres L

pursue who þat euer holdeþ wiþ truþe, whom þei han forsaken for it 85
is contrarye to hem and to her lawes; and þerfore þise vnfeiþful
lawemakeres aftir her lustes han ordeyned to hem tabernacles of
Ydumeis and Ysmaelites. Þe Prophete reherseþ certeyn names þat
weren enemyes to þe children of Irael in her pilgrimagyng as þe
propretees of her names shewen, doyng feiþful men to wite þat in þe 90
last dayes anticrist and his proctoures shuln on þe same wise fiȝte
aȝen Cristes feiþful foloweres, for þei haue þouȝte and ordeyned hem
tabernacles, þat is congregaciouns of Ydumeis þat ben erþeli and
blody, for þei louen erþeli prosperitees, and þei þirste aftir blood,
more charging to be remeued fro her lustes þan to pursue and kille 95
her breþeren. And þise Ydumeis also han confedred hem aȝen truþe
wiþ Ysmaelites, þat for loue of her lustes to whom euere þat may
ȝiue hem to hem, þei wole obeishe; for as beestes wiþouten resoun
and men wiþouten bileeue, so þei folowen her fleisheli desires. And
þerfore 100

Moab et Agareni, {8} Iebal et Amon et Amalec, alienigene cum habitantibus Tyrum. *Moab and Agareni, Iebal and Amon and Amalec, aliens wiþ duellyng in Tyrum.* In þe last dayes whanne þe
wickednes of anticrist shal be shewed, þanne shal be openly knowen
þe truþe þat Poul telleþ, hou alle þinges bifellen to us in figure: for 105
who þat biholdeþ to þise enemyes þat enforsiden hem aȝeynes þe
children of Irael in þe old lawe, þei shuln knowe her progenye þat
ben newe sprong up fiȝtyng aȝen truþe in þe newe lawe, as openli
sheweþ þe prid and þe malice of þe chefteynes of þe chirche wiþ her
consen|teres. And loo whi: Moab, þat ben þoo þat disusen þe lawe f. 195rb
of God, forsaking him, chesyng þe deuyl to hir fadre whom þei 111
folowe in fulfillyng her fleshli desires. Agareni ben þoo þat leuen þe
lawe of vertues þat is Goddes lawe, lernyng lawes of þe world; and
þise ben vncircumcided in herte, for her loue is fer fro God, roted in
vices. And bi þise Agarenes, as þe glose seiþ, ben vndirstonden false 115
breþeren þat oenli ben in þe chirche in name, not as free citeȝeynes

89 pilgrimagyng] pilgrymage BS 90 propretees] profetis ABS, propyte L 91 on] in BS 92 cristes feiþful] *rev.* LBS, crist and his feiþful R 97 whom euere þat] whom þat euer L 101 et[1]] *om.* L alienigene . . . tyrum] *om.* L 103 duellyng] þe dwellinge AL, þe men dwellynge BS in[1]] *om.* AL, at BS 104 þanne] *om.* L be openly] *rev.* B 105 ˋvnde paulusˊ L 107 knowe] *om.* L 108 fiȝtyng aȝen] aȝeinfiȝtinge þe A, vprysynge ageyne L 109 þe[3]] þer BS, *om.* L of þe chirche] *om.* BS 110 disusen] dysfusen L, mysusen B 112 her] of A 114 þise] þei BS vmcircumcided] cyrcumcyded L 115 as] *om.* A þe] *om.* L

or eires, but as alyenes born of Agar: þei entren to fordoo þe fredom of þe chirche, and whanne þei fynden occasioun of noiyng þanne þei shewen her malice. þis fredom of þe chirche is priueleged of mennes
120 lawes þat makeþ men free to folowe her lustes, but it is not þe fredom þat þe apostles vsiden in folowyng of Crist Iesu, vertu of whom his foloweres took and ȝauen freeli alle þe sacramentes of bileeue, whos fredom seynt Poul seiþ fals breþeren þat weren entred into þe chirche enforsiden hem to fordoo. Wherfore þe apostles
125 bisily traueiliden to make knowen þise enemyes of truþe, þat þe truþe of þe godspel duelled anentes feiþful men. Gebal, þat is a valey, veyn and wiþouten fruyte, and it bitokeneþ ypocrites þat seemen meke and holy, but þei ben vicious and ful of wicked coueitise. Amon bitokeneþ troubled folk ful of enuye and woodnesse,
130 chidyng and fiȝtyng for goodes and prosperite of þis lif, and þerwiþ þei ben moost slowe men of alle oþer and leest deseruen to haue ritchesses. And Amalec þat ben folk lickyng þe erþe: þat bitokeneþ auerous men and coueytouse, þat oenly saueren more erþeli þinges |
f. 195[va] þan kynde or resoun techeþ hem, wherþorou þei destroien þe
135 vertues of her soule. Alyen[g]yn[e] þat Latyn men clepen alyenes or enemyes, and in Ebrewe is clepid Philistiens, þat is men fallyng þurgh drynkyng, and þise bitokenen hem þat ben drunken in lustes of þis liif, vnmyndful of þe manyfold benfetes þat þei haue receyued of God. Alle þise han ordeyned a testament of couenaunt or lawes
140 acordyng to her lustes wiþ þe duelleres of Tyrum, þat is wiþ þe loueres of erþeli prosperite, aboute whom þei ben anguyshed in þe geting but noþing like þat þei shuln be in þe losing of her ende. Tyrus bitokeneþ tribulacioun or anguyshe þat mote nedes acorde to þe enemyes of Goddes puple, witnessyng seint Poul þat seiþ
145 'Tribulacioun and anguyshe þei tresoure to her lyues þat worchen yuel', for þei shuln in þis lif haue meche tribulacioun and wo þat coueiten here worldli ritchesses, and aftir þis lif euerlastyng peyne abideþ hem. Now ben rehersed þe condiciouns of frendes of þe

119 is] is not ALBS priueleged] priuylegies BS 120 þat] þat `sum tyme´ S, þat sum tyme B not] *om.* ALBS 121 vertu] bi vertu ALBS 123 `Gal. 2´ A 124 to fordoo] for to do L 125 þat þe truþe] *om.* R 126 `ypocrytis´ L 127 fruyte] eny fruyt BS 129 troubled] drouyd or troublyd S ful . . . woodnesse] *twice* L 132 and] *om.* AL ben] is ALBS 133 more] *om.* AL 135 alyengyne] alyenyng CR 136 and] *om.* ALBS fallyng] failyng BS 137 hem] men B 140 þe[2]] *om.* L 141 erþeli] e/erly R, worldly L prosperite] prosperitees ABS whom] whiche AL 142 of] at ALBS 143 mote] must L 144 `ro. 2´ A, `unde paulus´ L, `nota bene´ R 146 wo] who AL þat] *om.* L 147 and] *om.* A 148 condiciouns of] *om.* AL

world, and þeraftir foloweþ hou þei ben, and whi þe enemyes of God, þat feiþful men eshewe hem þat þei consenten not to hem, 150 enaunter þei take euerelastyng dampnacioun wiþ hem.

{9} **Etenim Assur uenit cum illis, facti sunt in adiutorium filiis Loth.** *Forwhi Assur come wiþ hem, þei ben maad into help wiþ þe sones of Loth.* Loo, whi wicked men, lyuing in lustes and prid ben þe enemyes of God: forwhi þei haue chosen to her heuede Assur þat 155 bitokeneþ Nabugodonosor þat was kyng of Assiries, bi whom is bitokened þe deuyl þat þurgh pride and enuye defouleþ himsilf and many oþer; for | he is prince of alle whom he defouleþ in þe mire of f. 195vb synne. And þerfore alle þise in whom þis prince þe deuyl worcheþ ben maad into help wiþ þe sones of Loth, þat is, as þe glose seiþ, þise 160 þat louen þis worlde bi þe entisyng of þe deuyl, folowing her fleshli affecciouns, ben maad into help to wiþstond and oppresse þe puple of God wiþ her prince þe deuyl. For whom he may not ouercome or noye bi his owne propre entisyng, he ouercomeþ or oppresseþ wiþ tribulacioun bi his proctoures, louyng þe world, fulfillyng his desire, 165 lyuyng aftir her lustes. Þe sones of Loth ben þoo þat goon bakward, bowyng froward God, enclynyng to yuel, as dide þe wicked aungels þat boweden fro truþe, enclynyng to Lucifer, consentyng to his pride; wherefore þei were maad mynistres of þe cruel prince þe deuyl. And þerfore seint Ion seiþ þat þe dragoun, þat is Lucifer, felle 170 and drouȝ wiþ him þe þred part of þe sterres, þat is þe þred part of þe aungels for her consent þat were more briȝte þan sterres fellen wiþ him and euer shuln be punished wiþ him, in token þat whoeuere is partynere of þe pride of þe cheefteyn þat as god sitteþ in þe temple, reseruyng to him þe princehed of þe chirche, lyuyng in pride 175 and coueitise, wistonding þe fredom of Cristis lawe, þei shuln falle wiþ him into þe deep pitte of helle. And so Cristes wordes ben now founden sooþ, and euere lenger þe more þei shuln be knowen, hou þe prince of þis world þat is þe deuyl, in peyne of mennes synne, regneþ now amonges mankynde as hye kyng and prince, leding þe 180 world fro synne to synne, fulfillyng his desire. Forþi God þat art

149 þeraftir] after L, herafter B 150 consenten] consententen, -nde- *canc.* C 152 facti . . . loth] *om.* L 153 þei] and þei A 155 haue] *om.* L 158 whom] whiche AL 159 whom] whiche AL þis] þe L 160 into] in þe L þise] þei BS 161 worlde bi þe] worldly BS folowing] folowen R 163 whom] whanne A 164 or] and R 165 his²] þer L 166 þe] þes L 167 froward] fro A god] good BS 174 sitteþ] sittyng BS 177 deep] *om.* A 178 euere] ay BS lenger] þe lengir A 179 mennes] manys BS 181 his] þer L forþi] þerfor A, for þat L

f. 196ra louer of mennes soules þat fleen to consente to þe pride of | þis prince of derknes, despisyng þe malice of his cheefteyn, helpe þi chirche and strengþe it to wiþstond þe cruelte of þise enemyes! And

185 **{10} Fac illis sicut Madian et Sisare, sicut Iabyn in torrente Cyson.** *Do to hem as to Madian and Sisare, as to Iabyn in þe strond of Cyson.* Þe Prophet wilneþ fo`r´ þe prophit of Cristes chirche þat þe enemyes þerof were wiþstonden þat þurgh prid and coueitise clymben into hye dignitees, and bi feyned power of Sathanas drawen
190 men to her consent. And þerfore þe Prophet, knowing þat þe enemyes of God shuln be ouercomen, al be it þat þei be suffred to wade in her lustes to her confusioun. And þerfore he seiþ: Lord, do to þise enemyes as þou dide to Madian, þat bitokeneþ wickednes or aȝenseiyng, and as þou dide to Sisare þat tempted þee, and deserued
195 þerfore to be put out of þe ioye of heuene for his coueitise of erþeli prosperite, and as þou dide to Iabyn, þat bitokeneþ men þat holden hemsilf moost wise and coueiten þat alle men were reuled aftir her wisedom, more þan aftir þe bileeue of Cristes lawe. And so þe Prophet coueiteþ, as it shal be, þat þise men þat now lyuen aftir þise
200 condiciouns be ouercomen in her pride, as weren her fadres þat ofte anoyed to þe children of Irael. And no doute, as Iabyn þe wicked kyng was suffred to regne upon þe children of Irael whan þei diden yuel in þe siȝt of God, so now goostli Iabyn þat holdeþ himsilf moost wise chefteyn in þe chirche, making his wisedom bileeue, is suffred
205 to regne upon cristen men for þe multitude of her synnes. But whan þe children of Irael knowlechiden her synne and crieden help to God and took counseil, and dide þeraftir of þe holi prophetisse Delbora þat þat tyme demed Irael, [þei] ouercome þis wicked prince at þe
f. 196rb strond of Cyson. So cristen men, whanne | þei feiþfulli knowe her
210 synne to God and leeuen it and worchen aftir þe counseil of his lawkeperes, acceptyng no persone for his staat ne dignite but oenli þe feiþful werkes of Cristes foloweres, shulen þanne outlawe þis proude cheefteyn and his mynistres at þe flood of Cyson, þat bitokeneþ

182 fleen] fleest AL 183 derknes] merknes L his cheefteyn] hym BS his] þis A 184 it] þe L, *om.* R to] *om.* BS þise] þyne BS and] *om.* BS 185 fac] et fac BS sicut[2] . . . cyson] *om.* L iabyn] zabin R 187 wilneþ] wylleth L for þe prophit] *on eras. of shorter* C, forto (to *canc.*) profyten (n *canc.*) A 189 and] *om.* A bi . . . sathanas] *om.* BS 195 þe] *om.* BS 197 wise] *om.* A 199 þise] her AL 200 `Iudic. 4´ CALRBS 201 to] *om.* AL 203 yuel] yuelis A so] so þat BS þat . . . bileeue (204)] *om.* BS 205 men] man B whan] *extra nasal mark over* a- C 206 synne] synnes A to] of A 208 þei] *om.* CALDBS 209 feiþfulli knowe] *rev.* A 210 aftir] þereaftir A 211 acceptyng . . . foloweres (212)] *om.* BS ne] nor L 213 cheefteyn] man of synne BS

hardnes and wickednes or meuyng sorewe to men—so shal þis cheefteyn ful of wickednes be hard bounden wiþ aboundance of 215 peynes for þe sorew þat he haþ sowen among cristen men. And loo þe confusioun of him and his wenges:

{11} **Disperierunt in Endor, facti sunt ut stercus terre.** *þei perisheden in Endor, maad þei ben as toord of erþe.* Loo, here þe Prophet sheweþ þat, as þise wicked princes perished at þe stronde of 220 Cyson for her hard hertes ful of wickednes, so han men perished in Endor, þat bitokeneþ a welle of generacioun or an eiȝe of kynde. And so men as hie princes and kynges þat regnen ouer þe puple shulden knowe here þat, if þei folowe þe world and her lustes, þei ben suffred to regne to her confusioun; for princes and kynges shulden regne in 225 riȝtwisnes or ellis at þe ende þei shuln be maad as fen of erþe, þat is þei shulen be fer þrowen fro God into helle as stynkyng careyn. And also þe sones þat consenten to þe wickednes of her fadres bodili or goostli, shulen be defouled of feendes in peyne as fen of erþe wiþ mennes feet. And þat þise proud princes and her consenteres be 230 meked þe Prophet seiþ as it shal be:

{12} **Pone principes eorum sicut Oreb et Zeb, et Zebee et Salmana.** *Put þe princes of hem as Oreb and Zeb, and Zebee and Salmana.* þe commune glose seiþ þat þe Prophet desireþ þis riȝtwise vengeaunce of God to anticristes kniȝtes þat ben endured in synne 235 and wolen not leue her lustes and be conuerted to God. And þe condiciouns | of þise wicked princes and kniȝtes þat seken her owne f. 196va glorie and not Goddes, þe glose declareþ bi þe interpretaciouns of þise princes names þat acordyngli dide yuel aftir þe proprete of her names, for eche mannes name witnesseþ his dede. First þe Prophet 240 seiþ 'Put þise princes as Oreb', þat bitokeneþ dryȝnes, for grace þat moysteþ men to springe and growe in vertues is aslaked in proud princes and kniȝtes þurgh þe fier of lustes. Zeb bitokeneþ a wulf or deuouryng þat tyrauntes vsen, wiþouten compassioun oppressyng and spuylyng her sugetes for þe hyenes of her prid. Zebee bitokneþ 245

214 and] of R meuyng] mouynge ALS 215 cheefteyn] man BS 216 he] *om.* D 218 in . . . terre] *om.* D endor] endon R facti . . . terre] *om.* L ut] *om.* R 219 maad . . . ben] þei ben maad ABS 220 prophet] profe R as] *om.* BS 222 eiȝe] eyer L 224 here] *om.* BS world] lord L 225 princes] kyngis A kynges] princis A 226 ende] last eende D fen] toord BS erþe] þe erþe AL 228 also] all L wickednes] wyckednesses LBS her] þe BS or] and L 229 of [1]] wiþ D 232 pone] Eone D eorum . . . salmana] *om.* D et[2] . . . salmana] *om.* L 238 þe[2]] *om.* R 239 proprete] purpos A, propurtees LBS 242 aslaked] sleckened LBS, qwenchid A

þe sacrifice of þe wulf or raueyn or deuoring, for þise proud princes and kniȝtes þat ben wrapped in þise orrible vices at þe laste ende, þei shuln be sacrifice not of victorie plesyng to God, but sacrifice of cowardise, whom þe moste cruel wulf Sathanas shal rauishe and
250 deuoure. And Salmana, þat bitokneþ a shadewe of togidirsteryng, signifieþ þe togidirturnyng upsodoun of proud princes and kniȝtes þat lurken in þe derk shadewe of lustes, and chargen not þe gouerneil of Cristes chirch, for whos encrees trewe kniȝtes ben maad. Goddes kniȝtes ben knowen bi obeishing to his lawe, keping it in hemself,
255 constreinyng rebellours þerto and susteinyng feiþful men þerinne; but princes and kniȝtes of þe world, sleping in lustes, ben now knowen bi her retenue and her waastyng of gold in golden herneys and bi her riche pellure þat pore men payen fore to be defended in her riȝt. But for þei taken þise godes for þe comen profit and
260 spenden hem aftir her lustes upon hemsilf, and chargen not þe comen profit, þise spuyles crien vengeaunce to God, to whom he mote nede bowe his eere, vengeyng þe cause of his pore helples men, whanne he knoweþ þat beste tyme is. But for þat princes of kniȝtes
f. 196vb ben | consentyng to þe symonye of princes of prestes, God abideþ of
265 his greet vengeaunce til þei ben boþe enhaunsed so hye þat þei wene hemsilf insuperable; but for þis hye clymbyng tarieþ þe glorie of seyntes, þe Prophet preieþ as it shal be þat þise proud princes be meked. Who ben þei? Loo, he answereþ:

Omnes principes eorum {13} qui dixerunt: hereditate possi-
270 **deamus sanctuarium Dei.** *Alle þe princes of hem þat seiden: þurgh heretage weeld we þe seyntuarye of God.* Þat is, alle þe auctoures of wicked counseiles þat maken lawes or statutes þat ȝiuen occasioun to hem þat nowe ben and þat shale folowe bi successioun to charge lesse Goddes lawe for þe ordinaunce of men put hem, as is seid, to be
275 deuoured of þe wulf, þat for her pride coueiten to be enhaunsed in hye office of kinges and to haue þe name of kniȝtes, and also þe princes þat coueiten hye dignitees of prelacye and cure of many

247 wrapped] wlappid A 248 plesyng] praysynge L 249 cowardise] cowardnes L whom] in whom AL 252 derk] myrke L 253 kniȝtes] kynges L ˋnota beneˊ R 257 ˋcontra militesˊ B 258 to] ˋforˊto S, forto B 259 godes] good L 261 whom] which A, þe whyche L 262 mote] must L 263 for] *om.* L þat²] þe D of] and BS 264 of his] *om.* L 265 til] to BS boþe] ˋboþeˊ D, *om.* L 266 insuperable] vnseparabyll L, vnable to be ouercomen DR 267 þise] þe ALBS be²] were B 269 eorum . . . dei] *om.* D qui . . . dei] *om.* L 271 auctoures] auntouris D 272 lawes] yuel lawis BS 273 shale] schuld L 274 is] it is AD 276 and¹] or L 277 ˋnotaˊ R

soules for þe wulle þat þei beren. þise ben þe princes of pride þat moost noi3en in þe chirche, for þei seye as þei wolden it were, coueytyng noon oþer heuene,'weelde we þe seintuarie of God þurgh heretage'. þis seintuarie ben þe goodes of þe chirche þat þei coueiten moost gredili, for whom þei oppresse þe comunte, sugettyng hem to þraldom, seiyng 'Vse we oure sugettes and her godes as us lust, not as God biddeþ, for þe lond is oures and al þat in it is; and we ben her heuedes and haue power to rule hem aftir oure lustes.' Worldli princes seien þei haue power to reule þe bodies of her liege as hem luste, and at her wille to sle and 3iue lif. And princes of þe chirche setteþ þis power at nou3t, for þe greetnes of her power passeþ þis mechil: for al þis power of mannes bodi haue þei upon her sugettes, as wit|nesseþ her prisouns and her galowe-trees and þe censure of her domes; and ouer þis as most cheef princes þei haue power, as þei seye, to putte whom þei wole in heuene and also in helle. And þus þurgh pride of þise tuo proude cheefteynes þe comens and her godes ben spuyled and waasted in lustes of þise princes. And þerfore to þe confusioun of þise proude princes of þe chirche seint Gregorie seiþ 'þoo þat ben here wickedli oppressed bi feyned power of prestes shulen be domesmen upon hem þat oppressiden hem.' And for þe iniurie þat worldli kynges and lordes don to þe comunte of Goddes puple, waasting her godes and her bodyes aftir her lustes, whom he haþ sette to gouerne hem and saue hem bi his lawe, he shale seye to his aungels in his dome 'Take alle þise princes and honge hem in þe gebete a3en þe sunne!' And þe Prophet seiþ

280 285 f. 197ra 291 295 300

{14} **Deus meus, pone illos ut rotam, et sicut stipulam ante faciem uenti.** *Mi God sette hem as a wheel, and as stoble bifore þe face of þe wynde.* þe Prophet clepeþ almi3ti God his God in tokene þat, for he obeished to his bidding, kepyng his lawe, louyng and desiryng þe comun profit, þat God shulde in al his nede here him. And þerfore he seid trustli 'My God, putte þise proude princes, enemyes of þe communes, as a wheel', þat þei be not stable in her wicked

305

278 princes of pride] proude pryncis D 280 þe] *om.* BS 281 ben] is ALBS 282 whom] whiche AL 285 haue] we han D 287 and² . . . hem² (297)] *om.* BS 290 censure] censuirs A, sensyres L 292 in¹] to L þus] so L 293 þurgh] *om.* L 295 `vnde gregor'' L, `nota' R 296 ben] *om.* A oppressed] ar oppressed L bi] weren by A 298 comunte . . . puple (299)] comune puple R 299 whom] whiche AL 301 take] take 3e BS 302 `num 25' A 303 pone . . . uenti] *om.* D et . . . uenti] *om.* L 304 stoble] a stubbil BS 305 his god] *om.* L 306 for] for þat BS obeished] obeyed L, obeisshiþ R to] to do R bidding] biddinges BS and desiryng] *om.* L 308 trustli] truli DR

310 willes, oppressyng þe communes whom þei shulde moost loue and
upbere, or put hem as a wheel þat for þe weȝte bihynde is reised up
bifore. And so ben þise proude princes enhaunsed bi fauour of þe
world aboue her owne knowyng, wiþ þe multitude of erþeli godes,
whom þei shulde þrowe fer bihynd and seke and do þe comen profit
315 þat God moost chargeþ; but for þei sette bihynde þe comune profit
f. 197rb and her owne dignite bifore, | louyng þe comens not but for hemself
as her comun spuyling openli witnesseþ, þerfore as an vnstable wheel
þat liȝtli turneþ aboute whanne it is touched, so þise vnstable princes
whom þe deuyl haþ blynded wiþ dust of worldli drit shulen sodeinli
320 be turned upsodoun of liȝt touching of Goddes hond. And for God
ȝiueþ hem tyme of amendyng, and þei accepten it not, þe Prophete
seiþ 'Put hem, Lord, as stobil bifore þe face of þe wynde': þat is, for
þe hardnes of her hert putte hem to be ouercomen wiþ liȝt
temptaciouns of shrewed suggestioun. Þe wynde is taken here for
325 temptacioun, for vnstable hertes and veyn shuln be punished for her
consentyng; and skilfulli þe liȝt meuyng of þise proude princes is
likened to þe wynd þat is remouable, for þei mowe neuer be stabled
siþ þei haue no ground in God. And for moost hard tourment shal
folowe her consentinges þe Prophete seiþ

330 **{15} Sicut ignis qui comburit siluam, et sicut flamma comburens montes.** *As fier þat brenneþ þe wode, and as flaume brennyng mounteynes.* O, hou orrible is þe vengeaunce þat þe Prophet þreteþ
wiþ al þise proude princes, waasteres of þe comens, siþ bileeue
techeþ us þat mannes soule may not dye! Alas, whi drede þei not
335 God þat is riȝtwise, bileeuyng to his word þat seiþ 'As fier þat
brenneþ þe wode mai not be waasted whiles þe wode lasteþ, so þe
tourment of þise tyrauntes shal neuer cesse, siþ þei mowe not be
waasted.' For, as flaumme kyndeled in coly erþe waasteþ not til þe
mounteyn be lowed and destroyed, so ne þe peyne of helle may
340 neuere cesse, siþ þe norishyng þerof is reserued hool, for `þe´ worme

310 whom] whiche AL 311 þe] *om.* BS 312 and] *om.* ALBS 314 whom] whiche AL þrowe fer] *rev.* D and[2]] to BS 317 comun] *om.* L an] *om.* R 319 whom] whiche AL haþ] had L blynded] blyndiþ B of] or B worldli] worldis ALBS shulen] schuld L 320 of[1]] at þe ALBS 325 temptacioun] temptaciouns L 326 þise] þe AL 327 stabled] stable DR 330 qui . . . montes] *om.* D qui] que A et . . . montes] *om.* L 331 as[2]] þe BS 332 prophet þreteþ] profetiþ A þreteþ] þretneþ BS 333 bileeue] þe beleue L 336 þe[1]] in þe L 337 þise] þe BS not] neuer BS 338 til] to BS 340 `Isa. vlt.´ ABS þe[2]] *om.* DR

þat is þe bitternes of her conscience shal not dye, ne þe fier of hem shal not be sloked. For

{16} Ita persequeris illos in tempestate tua, et in ira tua turbabis eos. *So þou | shalt pursue hem in þi tempest, and in þin ire þou shalt trouble hem.* So, þat is wiþ peyn of gnawyng in her conscience and wiþ fier þat may not be abated, þou shalt pursue hem. Þise commun vengeaunces, as is fier þat shal not be abated and þe worm þat shal not dye, and wepyng and gnastyng and hungur and þirst and confusioun bifore alle creatures wiþ stynke and derknes, among moost feerful deueles and alle orrible beestes þat mowe anoye to þise proude princes, shal be commun to hem, for þei loueden more hemself þan \`þe´ comunte, for whos loue God sente \`hem and´ al þat þei had. For þe riȝtwisnes of God in his tempest, þat is in his dome, whereinne he shal be riȝtwise and austerne and ireful, mote nedes dampne þise singuler tyrauntes, þat loueden more hemself þan þe comen profit, for whom not oneli her godes but her lyues þei shulde haue offred. And, for þei dide not þe commun profit for loue of comen þat þou moost louest, þou shalt trouble hem in þin ire, þat is in þi last vengeaunce where þin ire shal be endid; þou shalt trouble þin enemyes wiþ moost feers wodenes. Þe day of dome is cleped þe day of Goddes ire, for in þat day al his yre shal brenne oute aȝen his enemyes þat cleymed as heretage wiþ chidyng and pledyng and fiȝtyng þe comen goodes and seruage of þe puple for her singuler auauntage; but to do and kepe þe comen profit þei deyneden not for pride. And þerfore skilfulli in his dome God haþ ordeyned moost feers fier to brenne þise þicke wodes clustred in synne of coueitise, and flaumme to waast hye mounteynes of prid. And þerfore for her singularite þe Prophete seiþ, as þanne shal be

f. 197va 345 350 355 360 365

341 ne] nor L 342 be] *om.* D sloked] slake DR, sleckened L, slekened or quenchid BS, qwenchid A 343 illos . . . eos] *om.* D illos] eos R et . . . eos] *om.* L 344 turbabis] conturbabis R 345 trouble] droue or trouble S gnawyng] knawynge LS in] of L 346 abated] sleckened LS, qwenchid AB 347 þise] þe BS abated] sleckened LS, qwenchid AB 348 wepyng and gnastyng] wepyn and gnastyn S 349 derknes] myrkenesse or derkenesse S, myrknes L 350 among] and among A feerful] vgli AL, vggely or hidous BS 352 þe] *om.* DR sente] sende S hem and] hem BS, *om.* DR 354 austerne] sterne B ireful] yreful or wraþful S, wraþful B mote] must L 358 comen] þe comowne ALDRBS trouble] droue or trouble S 359 þi] þe R where þin] wher ynne BS trouble] droue or trowble S 362 pledyng] plesinge A 363 þe[1]] and þe CDR þe[2]] þi A 366 þicke] *on eras. of longer* C, wickid DR 367 for] *om.* AL 368 þe] her BS

{17} Implé facies eorum ignominia, et querent nomen tuum,
370 **Domine.** *Fulfil her faaces wiþ shamfastnesse, and þei shuln seke þi*
f. 197vb *name, Lord.* Loo, here is | greet counfort, siþ þe Prophet haþ
rehersed so many vnkyndnesses of þise princes and iust uengeaunces
of God to punish hem wiþ, and ȝit at þe laste he desireþ her
saluacioun, doyng hem to wite þat, if þei wole hooli renounce her
375 pride and ask God mercy and loue þe comen profit in al her kunnyng
and power, þat God wole accept hem to his mercy. And þerfore þe
Prophet seiþ as þurgh Goddes grace it shal be of summe, 'Lord,
fulfille þe faces of hem wiþ shamfastnes': þat is, make hem to be
ashamed wiþinne hemsilf, knowyng her errour, so þat neiþer shame
380 ne drede of þe world lette hem to saue her soules, taking þe contrari
wey—þat is þei þat han ben tyrauntes upon þe communes, as kinges
and worldly kniȝtes, þat þei loue þe comen profit ouer al þing and
upbere it in destroiyng of synne þerof, iustifiyng it bi þe lawe of
God. And so þei shuln nowe doo aseeþ if þei lasten feiþful, puttyng
385 hemself and her godes als gladeli for þe saluacioun of þe comunte `as
þei oppressiden bifore þe comuntee´ for her synguler loue. And þe
princes, þat as cruel tyrauntes regnen in þe chirche in hye dignite of
prelacie, killing her sheep, racyng of her wulle, renounce þei vtterli
her lordshipes and folowe þei Crist in pouert, doyng penaunce for
390 her symonye; for, as þe lawe seiþ, no doute þei ben ellis dampned.
Forþi tarye þei not now, for þei haue long slewþed her tyme, but
bisili enforce hem to seke þe name of God þat is his help whiles it
may be founden and had, and in þis sekyng of help of God, hope þei
feiþfully in him, and counseil þei wiþ his lawe, and do it bi rede of
395 hem þat worchen þeraftir, whom no signe of suspecioun foloweþ of
contrariouste. For many þer ben þat for drede beren suspecious
f. 198ra markes of vnfeiþful | foloweres of Crist, whom men þat knewe hem
shulde eshewe, whanne hem nedeþ þe clere counceil of Cristes lawe;
for, haue a man neuer so meche kunnyng of greet clergie, bering

369 eorum . . . domine] *om.* D 371 haþ rehersed] rehersiþ D 372 iust] most L uengeaunces] vengeaunce L 374 þat if] *rev.* L 375 in] and L kunnyng] power D 376 power] kunnyng D 378 faces] face L 380 ne] nor L 381 þei] þat þei ALBS þat[2]] *om.* BS 383 of[1]] *om.* BS 384 nowe] n- *altered from* m- C, mowe DRBS 385 as . . . comuntee (386)] *lower margin d.h. marked for ins.* C 386 þei] *om.* L oppressiden bifore] *rev.* A 387 þat] *om.* L regnen] þat regnen L 388 vtterli . . . lordshipes (389)] vttirly þer pride S, her pride vtterly B 389 pouert] pouerte of spirit BS 391 forþi] þerfor A, for þat L 392 whiles] þe whilis ABS 394 bi rede] be rad A 395 hem] hym BS worchen] wercher S, werchiþ B whom . . . ende (415)] *om.* BS 397 markes] werkes L whom] whiche AL knewe] knowen DR 398 `nota bene´ R hem] þei AL nedeþ] neden AL

upon him signe of ypocrisie, feynyng him to bere it to eschewe þe 400
more yuel, he is suspicious, for no dout he loueþ to meche himsilf,
and dredeþ more worldes shame and bodili persecucioun þan he
loueþ þe pure folowyng of Crist, whateuere he seiþ. And þerfore þe
glose seiþ þat it is betre to falle fro mannes fantasie, al be it þat
shame and persecucioun folewe—ȝea, al be it þat deeþ folewe— 405
þanne to wex proud vndir þe shap of religioun, as þei doo alle þat
beren mennes signes and lacken Cristes folowyng. And to leue alle
signes of men þat ben or may be suspicious, þe prophete M[i]che
counceyleþ, seiyng 'And þou douȝtre of Syon, vnto Babiloyn þou
shalt come, and þere þou shalt be gladed.' þis comyng vnto Babiloyn 410
is sugetting in tribulacioun þat comeþ to man worþeli for his synne,
purgyng him if he last feiþful to þe ende. And þerfore þe Wise Man
seiþ 'It is bettre to falle into hondes of man', þat is to suffre repreef
and persecucioun of man, 'þan into þe hondes of God' to bere his
wraþ wiþouten ende. Forþi þoo þat tarien f[or] drede and þrowen 415
not awey al occasioun of yuel suspecioun

{18} **Erubescant, et conturbentur in seculum seculi, et confundantur et pereant.** *Shame and be troubled into world of world, an be þei confounded and perishe.* þis dampnacioun þe Prophet telleþ of
hem to whom haþ ben shewed her vnkyndnes, and þe þretyngis of 420
God and space of amending, and ȝit as moost vnshamfast wretches,
continued her wickednesses. Wherefore he seiþ 'shame þei of þe
viilte of her synne in þe general dome, þat here wolde not styn|te of f. 198rb
synne'. þis shame shal be euerlastyng repreef, siþ no tyme may be
founden þanne of clensyng of synne. Be þei troubled þanne togider 425
in suffring of peyne þat consentiden togider to regne in her prid,
oppressyng þe comunte þat Crist moost loued. In þis dome of Crist
shuln be endured kynges and kniȝtes and proude prelates þat not
oenli for her tyrauntrie but, for þei were as lordes among þe flok of

400 signe] þe sygne L 401 yuel] perel A 402 bodili] *om.* L 403 pure] pore AL seiþ] seie AL 404 mannes] mens L 405 folewe] foloweth L þat] thowȝ L 406 þe] *om.* L religioun] relygyous L 407 lacken] lackynge AL 408 'Mal. 4' AL Miche] Malachie CALDR 409 vnto] into AL 412 feiþful] faythfully LR 'Sapientie' L 413 to[1]] *om.* A hondes] þe hondis AL 415 forþi] þerfore A, for þat L for] fro CD and] *om.* BS 417 et[1] . . . pereant] *om.* D et[2] . . . pereant] *om.* L 418 shame] schame þei ALDRBS be] be þei BS troubled] drouyd or troublyd S world[1]] þe world L 420 whom] whiche A, þe whych L haþ] haue L þretyngis] þretynge DR 422 continued] contynuen ALBS wickednesses] wyckydnes L 424 euerlastyng] her euerlastyng BS 425 troubled] drouyd or troublyd S 427 of crist] *om.* L 428 be] *om.* AL and[2]] of BS 429 as] s R

430 Cristes foold, shuln togidir be troubled. þan þei shuln knowe þe riȝtwisnes of God in peyn suffryng þat deyned not to seke and teche in her lyues to þe comunte of his puple þe truþe of his lawe þat he deide fore. And, loo, hou þise proude princes þat doon not aseeþ for her tirauntrie aftir Goddes lawe shulen be troubled togidir into world 435 of world, þat is wiþouten ende. Who þerfore þat wole ascape þis ire of God in his laste dome, seke he bisili in þis lif þe name of God, and knowe he his merueyles, hou al þing he maad for man þat fiȝteþ here aȝen him, taking vnreuerently his benefetes. Be þei confounded þerfore of her vnkyndnes and shame þei of þe multitude of her 440 synne, and perishe þei fro her yuel wil, and amend þei her wicked dedes, sleyng her flesheli affecciouns; for betre is hem to forsake her yuel willes and saue her soules in heuene, þan to lyue her a while in lustes and þerafter perishe wiþouten ende in helle.

{19} Et cognoscant quoniam nomen tibi Dominus; tu solus 445 altissimus in omni terra. *And know þei þat name is to þee Lord; þou oenli art hyest in al erþe.* þoo þat wolen not knowe þe merci of God in þis lif, kepyng his lawe, forsakynge synne, shule in his dome knowe for he is Lord of lordes to whom þe name of Lord is propre wiþouten ende. And þeraftir his riȝtwisnesse shal be mesured to his f. 198va enemyes, for þanne þei shulen wite, in iust suffring of | peyne, þat 451 oenli þou art Lord in al erþe, þat is aboue al mankynde; for, al be it þat men haue names of lordes as worldli kynges and princes, wite þei þerfor þat þei ben but seruauntes to God almiȝti, sette to rule his comunte aftir his lawe not aftir her fyndinges. Wherfore if þei doo 455 not to him þis seruice, þei shuln not ascape to serue him in peyne. Forþi man shuld seke bisili in what degree he stood in þe seruice þat perteineþ to God, and be myndful hou it is seyd generali to alle men in eche degre, 'Haue mynd for erþe þou art and into erþe þou shalt turne.' And so þei shulde lerne to falle fro pride, mekeli seruyng 460 God, sekyng þe preisyng of his name in good gouernail of his comunte wiþ his comun lawe.

430 troubled] drownyd or troublid BS 432 lyues] *on eras. d.h.* C, liif BS, lymes D to] *om.* BS 433 þise] þe AL 434 troubled] drouyd BS 437 here] *om.* L 439 her[2]] þe BS 441 sleyng] shewyng B her[2]] here her ABS 443 lustes] þer lustes L þerafter] aftir R 444 et] ut ALBS quoniam . . . terra] *om.* D quoniam] quia ALRBS nomen tibi] *rev.* R tu . . . terra] *om.* L tu solus] solus tu solus S 445 name] a name BS þee] þe A 446 þoo] þei BS 447 forsakynge] forsakyn D 448 he is] his D lord[2]] lordys S 449 þeraftir] þerfore after L 451 lord in] lord lord of L 453 to[1]] of A 455 þis] his DR 456 forþi] þerfore A, for þat L 'nota bene' R stood] stonde B 457 seyd generali] *rev.* BS 458 into] to L 460 god] to god L

Psalmus .83.

{2} **Quam dilecta tabernacula tua, Domine uirtutum; {3} concupiscit et deficit anima mea in atria Domini.** *Hou loued ben þi tabernacles, Lord of vertues; my soule coueiteþ and faileþ into þe halles of þe Lord.* In þis psalme men shulde haue mynde of þe inuisible pressures, þat is of oure formfadres and speciali of Crist, 5
hou bi greet pressure of tribulacioun þei were maad þe moost loued tabernacles of God in þis lif; for, þurgh loue of his seyntes þat for þe truþe suffred tribulacioun wilfully, heuenes were bursten for gelouste of her loue, to take his frendes fro þis prisoun and to make hem eires of þe blisse, and to be maad able to be þe tabernacle of God in þis lif 10
and his eir in heuene. Þe Wise Man tauȝte his sone seiyng 'Sone, neiȝyng to þe seruice of God, stonde in riȝtwisnes and drede and biforeordeyne þou þi soule to temptacioune.' Whan he seiþ 'sone' he biddeþ þee haue feiþ in God and, in neiȝyng to him, haue hope of reward and in his seruice haue þou perfite loue þat is charite; and in 15
þat þat he biddiþ þee stonde, be þou stedfast and staleworþe; and þat he seiþ 'in riȝtwisnes', and in alle | þi dedes be þou riȝtwise. And, f. 198vb
for he seiþ 'in drede' haue in al þing gode temperaunce; and, for he biddeþ þee 'biforeordeyne þi soule to temptacioun', haue þou prudence and warnes in biforelokyng contynuelly to þin ende, and 20
þanne þou shalt perceyue what is needful to þee in þe wey. And whan þou hast al souȝte to drawe þi loue fro þis wicked lif, noþing is more helpli þan to þenke bisili of þe weygoeres, þat bi strong pressure in tribulaciouns passiden fro þis prisoun to heuene into euerlastyng tabernacles. And þanne þenke bisili whiles þou art here 25
hou þe tabernacles of God were loued of seyntes—as who seiþ no man can telle, for seyntes in þe weye þidirward despiseden hemsilf,

Ps. 83 CALDRBS

heading C (*running head* Quam dilecta), lxxxiii in finem pro torcularibus chore Ps. dauid þe holy gost to god. for holy kyrke L, *r.h.* Quam dilecta D, `83´ *d.h.* RB, þe oon and eiȝti psalm A, *om.* S 2 concupiscit . . . domini] *om.* L deficit] defecit DS atria] atriis A hou . . . vertues (3)] lord of vertues how louyd beþ þi tabernacles BS 3 my] `lord´ my S faileþ] defaileþ, de- *canc.* C into þe] in AL, into BS 5 formfadres] former fadris AL 6 þe] *om.* L 7 tabernacles] tabernacule L of god] *om.* L þe] *om.* BS 9 fro þis] *om.* A 10 þe[1]] *om.* ALBS 11 eir] eyres BS `ecc[i]. 2´ ARBS 15 and[1] . . . charite] *om.* L 16 and[2] . . . and[1] (17)] *om.* BS 17 and[1]] *om.* DR be] be//be D riȝtwise] riȝtwisnesse D 20 þin] þe L 22 wicked] wrecchid ALBS lif] world or lyfe L 24 pressure] pressours, s *canc.* A, pressuris D passiden] *om.* L 25 þanne] *om.* L 26 who] whos D seiþ] sey AL

chargyng no pressure in þis lif, forto haue þe tabernacles of heuene. And þerfore þe Prophet seiþ 'My soule coueiteþ and faileþ comyng
30 in to þin halles', as who seiþ in þe coueitise of my soule my fleshe faileþ, for my flessheli affecciouns I slee al tyme þat I be euere neiȝyng neer and neer toward þe hauene of helþe til I come to þe terme sette where my fleshe shal faile, þat is til þu make an ende of me in þis lif. And þanne, for I am founden in þe pressure of
35 tribulacioun, I shal be receiued into þe halles of heuene. And loo whi: for

Cor meum et caro mea exultauerunt in Deum uiuum. *Mi hert and my flesh outgladed in God lyuyng.* Mi herte, þat is resoun of þe inner man, gladed in God, to whom þurgh feiþ and hope myn herte
40 was ioyned, brenning in his loue. And my fleshe, for it was meked and sugeted to þe spirit, al be it þat it were freel and heuy in hope of ioye þat it shulde receyue, wiþ þe spirit ioyeden togidir wiþ þe inner man, in oo God liuyng þat ȝiueþ lif to bodi and to soule. Þis ioye of bodi and soule is verreli in [n]one, but þat þurgh long seking and
f. 199ra greet trauaile han purged hem of corrupcioun of synne | as ferforþ
46 as freelte wole suffre, taasting of þe swetenes of Cristis loue, delityng þerinne, coueityng and abidyng in clennes of hert to regne wiþ Crist in blisse.

{4} **Etenim passer inuenit sibi domum et turtur nidum ubi**
50 **reponat pullos suos.** *Forwhi þe sparowe foond to it an hous, and þe turtur a neest where she sette aȝen her briddes.* Þe resoun of man þat sekeþ bisili þe wey þat ledeþ to heuene is likned to a sparowe þat is wakir in mouyng: for þe resoun of a feiþful man is myndful upon God, meuyng contynuely fro fleshly stiringes, fleyng toward heuene
55 wiþ feþeres of feiþ and hope and charite, where þurgh bileeue he haþ founden to him an hous to reste inne. And þe turture, þat is a chaast brid and a mournyng, bitokeneþ þe fleshe of a trewe louer in whom consent of fleshly desire is abated, mournyng and languishyng to þe tyme it come to perfite reste. Þis turtre, þat is þe fleshe `þat is´ þus

28 in] of BS 29 comyng] kunnyng BS 30 who] whos D seiþ] seie AL 31 euere] ay BS 32 til] tyll þat L, to BS 35 I] *om.* A 37 et . . . uiuum] *om.* D exultauerunt . . . uiuum] *om.* L 39 gladed] gladyng D 40 was ioyned] ioyed AL 42 it] *om.* L 43 to²] `to´ L, *om.* A 44 none] oen CL and²] in L 46 of¹] *om.* R 47 þerinne] in him A in] þe L 49 inuenit . . . suos] *om.* D et . . . suos] *om.* L 52 bisili] *om.* D likned] lickeny R þat . . . mouyng (53)] *om.* L 53 in] and ADRBS 55 and¹] *om.* A he] *om.* L 56 him] hem BS 57 a¹] *om.* R louer] louerer C 58 abated] sleckened LBS, qwenchid A to] tyll LDR 59 to] of L þat is²] *margin s.h. marked for ins.* C, *om.* DR

meked, haþ founden to it a neest, þat is purete of conscience maad feire wiþ vertues, where þe meritorie werkes of þe body ben sureli kept til þe tyme þat boþe þe bodi and þe soule take ful reward, where þei shuln reste. Forþi

Altaria tua, Domine uirtutum, rex meus et Deus meus. *Þin autre, Lord of vertues, my king and my God.* Þe autre of God of vertues is þe heiȝ cuntre of heuene wherupon shul be fed þe seintes þat hungren and þirsten here after riȝtwisnes, for þe Lord of vertues is her kyng, for bi him þei regne in vertues; and he is her God, for mercifulli he shal reward hem. And, for her delite is not in þis liif but in heuene, þei seye

{5} **Beati qui habitant in domo tua, Domine; in secula seculorum laudabunt te.** *Blessed be þei þat wonen in þin hous, Lord; into worldes of worldes þei shuln preyse þee.* Þis hous is not maad wiþ mannes hond, for it is heuene maad bi Goddes word, ordeyned for seyntes |. And so þerfore holy men oenli coueiten to duelle in þe hous of God þat is in heuene, where is neiþer yuel drede ne strif; for, as þe Lord is hooly, so and his seruauntes louen holynes, for bisili þei listne what þe Lordes wil is, desiryng to fulfille it in hemsilf to his preisyng and conuertyng of her breþeren. And þerfore seid þe Quene of Saba to Salamon 'Blessed þi men and blessed þi seruantes þat stoden bifore þee euermore and heren þi wisedom.' Þis Salamon, þat is to seie a wise king and a pesible, figured Crist, wisedom of þe Fadre of heuene, þat seide to his disciples aftir his passioun, 'Pees to ȝow', doyng us to wite þat, if we obeishe to God, we shuln be fulfilled wiþ heuenly wisedom, hauyng pees þat þe world may not ȝiue in suffring of persecucioun, wherewiþ into worldes of worldes (þat is wiþouten ende) þi seyntes shuln preise þee. And for þis wisedom and þis pees ben oenli graunted to weygoeres whos conuersacioun is in heuene, þe Prophete seiþ

62 til] to BS boþe] *om.* L 63 reste] *om.* B forþi] þerfore A, for þat L 64 domine . . . meus[2]] *om.* D rex . . . meus[2]] *om.* L 65 autre[1]] awteres LBS god[1]] godde, *first* d- *altered from* o- C 66 heiȝ] *om.* DR 67 here] *om.* A þe] *om.* L 70 þei seye] he seiþ BS 71 in[1] . . . te] *om.* D in[2] . . . te] *om.* L in[2]] et in A 73 worldes[1]] world R 74 hond] hondis BS 76 is[1]] *om.* L in] *om.* R neiþer] noon BS 77 and] alle B seruauntes louen] seruant loueþ S 79 '3 re. 18' ALB, '3 R. 10' S of] to DR her] oþer L 80 þi[1]] be þi BS þi[2]] be þi BS 81 stoden] stonden ALDRBS 82 a[2]] *om.* A 85 wiþ] to L 86 worldes[1]] þe worldis BS 87 þi] *om.* AL 88 weygoeres] þe weyegoers L

90 **{6} Beatus uir cuius est auxilium abs te, ascenciones in corde suo disposuit, {7} in ualle lacrimarum in loco quem posuit.** *Blessed þe man whos help is of þee; steiynges he ordeyned in his herte in valey of teeres, in stede þat he sette.* Blessed is þat man þat so obeisheþ to God þat he deserue to haue wisedom fro heuene, and pees in 95 tribulacioun of his pilgrimagyng wiþoute grutchyng, for his help is of God. And þerfore, hauyng mynde of manyfold benefetes of God, a trewe louer haþ ordeyned in his herte in þis world þat is a valeye of teeres upstiynges, þat is clene feiþ and stedfast hope and perfite charite, fleyng occasioun of al yuel suspecioun, sekyng vertues 100 wexyng in hem, wherþurgh his herte is rauished into heuenli desires, despisyng and wlatyng al wretchidnesse of þis lif. For as þe prince of f. 199va þis world, þe deuyl, haþ sette þe prosperite þerof to be de|sired and had of lusti men, his sones whom he haþ geten and drawen fro God þurgh fals suggestioun, so God haþ sette to his foloweres þis world 105 as a valley of teeres, to do penaunce in weilyng and wepyng for her forfetyng. Men of þe world, sones of þe deuyl, whos desire þei fulfille, gladen and ioyen in prosperite and lustes. Men of heuene, sones of God þurgh grace, despisen prosperite and wlaten wiþ lustes. Men of þe world coueiten gold and ritchesses and seeken it and geten 110 it wiþ many fals slei3tes, priueli and ofttymes spuylen it fro pore men bi maistrie and tyrauntrie, purchasyng and beeldyng as if þer were noon oþer lif; to whom þe deuel haþ sette þe world bifore her y3en, as an hore gaily arayed in þe y3e of a lechour, þat þurgh his biholdyng is sodeynli rauishid to wicked consent. But in þe herte 115 of feiþful men God haþ sette þis world wiþ alle lustes and prosperite þerof, heuy and noyus for þe loue þerof, al be it þat neiþer prosperite be had, ne lust fulfilled in dede. As moost heuy wei3te oppresseþ men and fordooþ her grace and so to a feiþful creature prosperite and lustes had of oþer men more anoy3eþ þan moost sour smoke to a 120 tendir y3e, for feiþful creatures taastyng þe swetenesse of heuene

90 cuius . . . posuit] *om.* D est] `es´ S ascenciones . . . posuit] *om.* L 92 þe] `is´ þe S, is þe AB, þat L steiynges he ordeyned] he ordeyned sti3ynges BS 93 valey] þe valey ABS 94 pees . . . pilgrimagyng (95)] þes in pylgermagyng// of his pylgermageynge L 96 manyfold] þe manyfoold ALBS 97 his] *twice* A þis] þi S 98 and[1]] *om.* ALBS 100 into] to L 101 wlatyng] *on eras dh* C of[2] . . . deuyl (102)] þe deuyl of þis worlde D 103 whom] whiche AL 104 his] þis world hise A 107 men . . . lustes (108)] *om.* D 108 wlaten] *on eras. d.h.* C 110 tymes] tyme L 112 whom] whiche AL 113 arayed] anournyd ALBS y3e] i3en A 115 sette] sent L lustes] þe lustis AR prosperite] prosperitees AL 116 noyus] noysum BS loue] louer L 117 ne] nor L 118 prosperite] prosperiteis B 119 smoke] reeke or smoke S, reke L

knowen þat al þe welþe of þis life is but as a baite wrapped about a sharp hoke, wherebi þe etere is strangeled. And þerfore feiþful men in þis valeye of teeres seken vertues and despisen wrongful hauyng of ritchesses, purchasyng grace to knowe þe wil of God and to do þeraftir, chargyng neiþer bildyng of ruynous houses, ne þe hauyng of 125 bareyne lond to purchase hem ne to weeld hem, for who þat shal come to þe heretage of heuene mote wynne it bi forsakyng of þis lif.

{8} **Etenim benediccionem dabit legislator; ibunt de uirtute in uirtutem, uidebitur Deus deorum in | Syon.** *Forwhi, þe laweberer shal ȝiue blessyng; þei shuln go fro vertu into vertu; seen shal be* 130 *God of goddes in Syon.* Þat is Crist þat ȝaf þe lawe shal ȝiue wexyng of vertues and grace, þat þe lawe of charite be fulfilled in his loueres, and so þei shuln go fro vertu to vertu. It is knowen þing þat þe old lawe was ful of greet vertu, for þorouȝ keping þerof oure formefadres deserueden þurgh Goddes merci to be delyuered of al þraldam, 135 þurgh þe blissyng of Crist þat he blessed hem wiþ aftir his passioun. And so for her feiþful obeishyng to þe bileeue, þorou vertu þerof þei deserueden to perceyue þe glorye of heuene þurgh vertue of Crist. And so Crist is skilfulli cleped þe lawberer, for he is auctour boþe of þe old and of þe newe. And as þe olde lawe was a lawe of deeþ, for it 140 had no lif but þurgh vertue of þe newe, so alle þe cerimonyes and customes and signes þat men beren and vsen of þe olde lawe, if þurgh vertue of þe newe lawe þei ben not proued, þei ben deed for dampnacioun foleweþ hem, and so as feiþful men taken blessyng of þe laweberer þat is Crist vndirstondyng þe old lawe þurgh vertue 145 and grace of þe newe, wherþurgh þei ben led fro vertu of kunnyng and of vndirstonding to vertu of perfit worching, alwey lesse and lesse louyng þis world and þe prosperite þerof, so þei take þe curs of Crist and ben led fro vicious lyuyng into þe ende of despeir þat fordoþ or letteþ þe fredom of þe newe lawe, vsyng cerimonies and 150 domes of þe old lawe wiþouten vertu and auctorite of þe newe. For

f. 199vb

121 as] *om.* AL a[1]] *om.* DBS baite] beyt or eess BS, angle DR wrapped] lappid A 122 etere] biter BS 123 vertues] vertue L 124 to[2]] *om.* LB 125 bildyng] þe byldynge R ruynous] rauenouse AL ne] nor L 127 to] *om.* R mote] must L 128 dabit . . . syon] *om.* D ibunt . . . syon] *om.* L 129 deorum] eorum S 130 blessyng] benesoun ALBS seen . . . goddes (131)] god of godis shal be seen DRBS 131 of[2]] in B 136 blissyng] benesoun ALBS 137 þe] þe to L 140 þe[1]] *om.* L old] oolde lawe ABS, newe lawe D of[1]] *om.* A newe] olde D 141 `nota bene´ R so] and so A þe[2]] *om.* AL 142 and signes] of þe olde lawe and signes D olde] newe L 145 þe[2]] of þe DR 146 þei . . . fro] þe D of[2]] fro vertu of D 147 of[1]] *om.* L perfit] prosperyte L and lesse] *om.* L 149 of] to ALDRBS 150 or . . . fredom of] þe fredom or lettiþ A

God of goddes shal be seen in Syon: þat is God, fadir almiȝti, shal be seen of alle þat kepen þe fredom of Cristes lawe in Syon, þat is in þe chirche where is fulnesse of heuenli contemplacioun. For Crist þat f. 200ra ȝaf þe lawe shal ȝiue wex|yng of vertues and grace, þat lawe of 156 charite be fulfilled in his loueres, and so þei shuln goo and wexe fro vertu of temperaunce and strengþe in soule into þe hye vertue of feruent loue in Crist, nouȝt desiryng but his plesaunce; and whan seche loueres comen at þe ende of þe dale of teeres, þat is whan þei 160 ende þis lif, God of goddes, þat is God of alle cristen men, shale be seen in Syon, þat is in hem þat han bihold to do his wil, riȝtwise domesman to ȝeeld hem þe coroun of blisse aftir þe desire of her loue. Forþi

{9} **Domine Deus uirtutum, exaudi oracionem meam, auribus** 165 **percipe, Deus Iacob.** *Lord God of vertues here my preier, wiþ eeres perceyue, God of Iacob.* In þis preiyng men shulde haue drede to offend þe Lord and loue to plese God, for he is dredeful Lord and God of vertues, þat gladly hereþ and fulfilleþ þe preieres of meke men. For he is lord God of þoo vertues, bi þe which aungeles and 170 feiþful men whos conuersacioun is in heuene ben led to se him doyng his wil, to þe whiche vertues men shulde coueite and seke to be felowed. And þerfore þe Prophete preieþ þat God make him felowe to vertuous aungeles. Perceyue þerfore myn orisoun, God of Iacob, helpyng me to wrastle aȝen þe deuyl, þe world and my fleshe, 175 as þou dide Iacob, sleyng in him fleshli affecciouns, and make me Irael to se þi wil and doo it, in ouercomyng of þise feers enemyes, as in þe is myn hope, Lord of vertues.

{10} **Protector noster, aspice Deus et respice in faciem Christi tui.** *Oure hiller, bihold, God, and loke in þe face of þi Crist.* Fadre of 180 heuene, vndir whoos wenges þe feiþful loueres of Crist ben hiled, f. 200rb bihold God to mankynd and saue | þi chirche for þe loue of Crist, for whos loue he shed his blood. Forþi biholde into þe face of þi

153 in²] *om.* BS   155 of¹] and D, *om.* BS   158 plesaunce] preisynge D   159 þe²] *om.* AL   163 forþi] þerfor A, for þat L   164 uirtutum . . . iacob] *om.* D   auribus . . . iacob] *om.* L   165 wiþ . . . iacob (166)] god of iacob perceyue þou wiþ eerys BS   166 perceyue] parceyuynge D   169 þoo] þe L   vertues] vertuouse AL   172 felowed] folewid BS   preieþ] seiþ D   173 vertuous] vertues L   þerfore] *om.* D   174 þe²] and þe L   175 dide] dist A   me] *om.* L   177 lord] lord god ALBS   178 aspice . . . tui] *om.* D   et . . . tui] *om.* L   179 oure . . . god] god oure defender biholde þou BS   loke] loke þou BS   in] into L   180 hiled] helid or defendid BS   181 mankynd] mankyng D   182 loue he] is L   forþi] þerfore A, for þat L   þi] *om.* AL

Crist, þat is to þe loue þat he shewed in þi presence aftir þi biddyng to þe saluacioun of þi puple, so þat not for us but for him þou doo merci to þi puple, defendyng his foloweres aȝen þe cruel malice of 185 enemyes. Bihold þerfore wiþ þe eeres of þi pite oure fiȝting, ȝiuyng to us pacience þat we leese not oure coroun, and loke (þat is make us to loke) settyng þe yȝe of oure herte to [b]iholde and folowe þe face of þi Crist (þat is þe plesyng werkes of Crist), whom þou anoyntidest king to reule alle cristen men bi þi lawe and prest to do aweye drede 190 of persecucioun, bering and suffryng for mankinde most noyous tribulaciouns. For, as Ierom seiþ, 'God ȝaue to us Crist, þat who þat euere troweþ in him, be he markid wiþ þat signe, þat is wiþ þe signe of his anoyntyng, reulyng him aftir his lawe and folowyng him pacientli beryng þe ȝok of tribulacioun, for bi þise signes ben þe 195 foloweres of Crist knowen fro blynde moldwarpes of þe erþe.

{11} **Et quia melior est dies una in atriis tuis super milia.** *For betre is oo day in þin halles abouen þousandes.* þe day of heuene is vnchaungeable, for þe sunne of riȝtwisenesse continuely shal shyne þerinne, for þeraftir is noon oþer morowe. And þerfore þat day is 200 more better and desirable (for it is endeles and ful of ioye) þan a þousand (þat is þan alle þe dayes of þis present liif, for þei shulen alle haue ende). And þerfore

Elegi abiectus esse in domo Dei mei, magis quam habitare in tabernaculis peccatorum. *I chesede to be outecasten in þe house of* 205 *my God, more þan forto wone in þe tabernacles of synneres.* þe Prophet, shewyng in comparisoun of þe ioye þat is in heuene þat alle þe lustes and prosperite of þis liif | ben vile and of no reputacioun, seiþ 'I f. 200va cheside to be outecasten in þe hous of my God', þorou þe opinioun of man (þat is bi mannes dome), al be it I miȝte regne perpetuely in 210 þe prosperite of þis liif. For al þe prosperite of þis liif, in comparisoun of þe leste ioye of heuen, is but as a sore hungring man þat dremeþ þat he eteþ delicate mete, and no morsel comeþ in

183 to] into L 184 but] *twice* L þou doo] *rev.* B 186 eeres] iȝen BS 187 oure] þe BS is] yt L 188 þe[1]] oure D biholde] hiholde C 189 þi] *om.* AL plesyng] praysynge L 193 þat[2] . . . signe[2]] *om.* ALR 195 þe[1]] his D 197 et] *om.* LRBS est . . . milia] *om.* D super milia] *om.* L for] and L 198 halles] holowes L 200 for þeraftir] þerfore aftir A, forthy after L morowe] morne LBS þat] þe, -e *canc.*, -t *added* C, þe DRBS 204 esse . . . peccatorum] *om.* D magis . . . peccatorum] *om.* L 205 outecasten] owtcastynge L 207 þat[2]] *om.* AL lustes] lust B 209 outecasten] owtcastynge L 211 þe[1]] al þat A, all þe L 212 of[2]] in D as] *om.* L 213 þat he eteþ] to the L comeþ] schal come AL

his mouþ. Þis hous of God is þe chirche of men, in whom Crist was
215 casten as moost vnworþi bi false demyng of men and sharp persecucioun, but he was not casten oute of holy chirche, siþ al þe vertu þerof stondeþ in him, al be it þat þe worldli princes *in* þe chirche—not *of* þe chirche—demede him and dampnede him to deeþ as moste cursid heretike, whos sones shulen pursue his
220 membris to þe ende of þis world. But not forþi feiþful men of gode bileeue, hoping in Crist and louyng him, cheseþ raþer as a footbal to be chulled fro persecucioun into persecucioun to þe moost hidous deeþ, þan to consente to þe frendes of þis world, open enemyes of Crist. But beestli men, blynded wiþ dust of þis fals
225 worlde, perceyuen not þo þinges þat ben of God. And þerfore men, þat ben abiecte for þe loue of Crist in þis fiȝting chirche, of þe loueres of þis liif ioyen greetli, for þat þat þei ben meked in þis lowe valey of teeres; for þerþorou her mede is merked in heuene, where þei shuln be enhaunsed, for þei wolde not consente to duelle in þe
230 tabernacles of synneres, consenting to hem. For no doute he is no folower of Crist ne louer of treuþe þat is not abiect and despised and pursued of frendes of þis world.

{12} Quia misericordiam et ueritatem diligit Deus, graciam et gloriam dabit Dominus. *For merci and soþfastnes God loueþ, grace*
235 *and glorie þe Lord shal ȝiue.* For þat God loueþ, mercy, he forȝiueþ |
f. 200vb to merciful men þat for his loue despisen þis liif and alle her hydous synnes. For þe riȝtwisenesse of God mote rewarde man endeles ioye þat for his loue despiseþ þe frendship of þis liif. For God is moost feiþful to his feiþful loueres to ȝiue hem þe coroun of endeles blisse,
240 for in þis liif þe Lord almiȝti shal ȝiue to his chosen sones grace to encrese in vertues and wiþstonde consenting to synnes, and in þe blisse of heuen endeles glorye shal be her coroun. For

{13} Non priuabit eos bonis qui ambulant in innocentia. Domine uirtutum, beatus homo qui sperat in te. *He shal not*

214 in] out of BS 216 chirche] *om.* A 217 þe[1]] *om.* ALBS 220 to] into L not forþi] naþelees A, not for þat L 222 into] to AL 223 consente] þe consent D 224 of[1]] to A blynded] *twice, first canc* C, blynde L, blendid D wiþ] in D 225 worlde] wor/de, -l- *added dh* C 226 for] fro LB 228 for] but D 229 wolde] wolyn D to duelle] *om.* L 231 ne] nor L 232 þis] þe L 233 misericordiam] misericordia D et . . . dominus] *om.* D graciam . . . dominus] *om.* L 234 for . . . ȝiue (235)] for god loueþ mercy and soþfastnes þe lord shal ȝeue grace and glorie BS 235 þe lord] god L 236 þat] þat is `þat´ C and] *om.* ALBS 237 mote] must L rewarde] nede rewarde R 238 god . . . for (240)] *om.* L 241 to] *om.* L 243 eos . . . te] *om.* D eos bonis] *rev.* R in . . . te] *om.* L 244 homo] uir ABS

priue of godes hem þat gon in innocence. Lord of vertues, blisful man þat hopeþ in þee. Innocence noieþ nouþer to itself ne to noon oþer; þerfore innocent men þat feiþfulli beren continuely þe crosse of Crist, folowyng him in þe weye of tribulacioun, shuln not be priued of godes of vertues ne of þe glorye of heuene, al be it þat þei bere in þis liif bi demyng of freendes of þis liif þe weiȝte of moste nedynes and despite. Whi þanne shulde innocence be forsaken for worldeli godes? What auaileþ it to wynne golde or prosperite of þis liif þat soone shal eende and be waasted and leese þerþurgh innocence þat moste pleseþ to God? And siþ mystrist draweþ men fro God, þe Prophete seiþ 'Blisful is þe man þat hopeþ in þee Lord.' For in þe tyme of pressure, þat is in tyme of suffring tribulacioun in þis liif, þei þat hopen in þe Lord ben susteyned bi þe feiþful hope þat þei haue in him. For þerinne þei more deliten þan tunge can telle or herte þenke. Þerfore, Lord of vertues þat merueylously gouernest þi chirche þurgh feiþfulnesse, defende hem þat hopen in þee, and blesse hem in þe weye of tribulacioune þat þei consente not to þe gloriouse of þis liif. 245 250 255 260

Psalmus .octogesimus quartus.

{2} **Benedixisti, Domine, terram tuam; auertisti captiuitatem Iacob.** *Þou hast blessed, Lord, þin erþe; þou turned awei þe caitifte of Iacob.* In þis psalme þe Prophete meueþ men to mekenes, knowyng hemself, and to folowe Crist in uertuouse pacience, þat þe blessyng of God folow hem, purgyng her synnes. And þerfore he seiþ, 'Lord, þou hast blessed þin erþe', þat is meke men þat knowen hemself erþe, þou hast blessed hem bi Crist, whos traas þei folowe. And þou hast turned awey þe caitifte of Iacob, for þe caitifte þat þe deuel bond men inne þurgh occasioun of synne, þou hast turned into his f. 201ra 5

245 of [1]] fro A man] is þat man BS 247 þerfore] for þat L, forþi BS 249 ne] nor L þe] *om.* A 251 and] of L 252 golde or] *om.* L of] in R 253 leese] leeue B 254 to] *om.* L 255 is] *om.* A þe[1]] þat L þee] þe DR in[2]] *om.* L 256 in[1]] *om.* L tribulacioun] of tribulacioun LBS 257 þe[1]] þee BS þat[2]] `that' *d.h.* A, *om.* L 259 þerfore] for þat L, forþi BS 261 consente] n *canc.* C

Ps. 84 CALBS; DR *to end of translation 44, thereafter RV3*

heading C (*running head cut off*), lxxxiiii in finem filiis chore. Ps. dauid voyce of þe Aposteles þe holy gost to þe sone L, `84' *d.h.* RB, þe lxxxii salm A, *om.* DS 1 auertisti . . . iacob] *om.* L 3 in . . . pacience (4)] *om.* L 6 hemself erþe] þem L 9 men] hem D

10 confusyoun, delyueryng Iacob fro þraldom, þat is new peple in tyme of grace, wrastlyng and wiþstondyng þe temptacyouns of wickednes. For

{3} **Remisisti iniquitatem plebis tue; operuisti omnia peccata eorum.** *þou hast forȝeuen þe wickednes of þi peple; þou hiledest alle þe* 15 *synnes of hem.* þat is, of þi mercy þou hast forȝeuen þe wickednes of þi peple, for þe liknes of þi passyoun þat þei bere in þis lif, folowyng þee in þe wey of tribulacioun. For þerþurgh þou knowest hem þe shepe of þi pasture. And þou hast hiled alle þe synnes of hem, grauntyng to hem plener remissioun for her wilful drynkyng of þi 20 chalice of þi passioun. `For þereþorou´

{4} **Mitigasti omnem iram tuam, auertisti ab ira indignationis tue.** *þou hast swaged al þin yre, þou hast turned fro þe yre of þi dedeyne.* Who þat foloweþ Crist wilfully and gladli is blessed of him, for fro him þat is trewe to þe ende he shal swage al his yre, for in his 25 dome he shal fynde mercy, for þerinne Crist shal be turned fro þe f. 201rb yre of his dedeyn, ȝeeldyng þe corowne of | glorye to his feiþful loueres. Forþi

{5} **Conuerte nos, Deus salutaris noster, et auerte iram tuam a nobis.** *Turne us togidere, God of oure helþegifere, and turne awei þi* 30 *wraþþe fro us.* þe Prophete, knowyng þe dedeyn of God to synneres, dredde and seide, 'God, turne aweye þin yre fro us', þat is þat þou suffre us not to be drunkened in lustes and prosperite of þis lif, whoche in þi wraþþe þou hast graunted to þin enemyes. But what? Holde ouer us contynuely þe ȝerd of þi disciplyne, þat we þurgh 35 suffryng of tribulacioun plese eueremore in þi presence. For þou art God, gode in al þing to þi peple, þat sente to aȝeinebie hem Crist, oure helþeȝeuer, duke of his peple, whos traas þei folowe. Turne þerfore þin yre fro us, clensyng oure synnes, puregyng hem in þe weye of tribulacyoun þat moost sureli ledeþ to heuene hem þat 40 moost feiþfulli hopen in þee.

10 is] *om.* S new] þe newe BS 13 operuisti . . . eorum] *om.* L 14 of] *om.* L 16 lif] *om.* L 17 þou] þei DRBS, þe A knowest] knowen DRBS 19 þi] þe DRBS 20 for þereþorou] *margin d.h. marked for ins.* C 21 tuam] *om.* D auertisti . . . tue] *om.* L 27 forþi] þerfore ADR, for þat L 28 et . . . nobis] *om.* L 29 us] to us A togidere] *om.* A of] *om.* RBS oure] *om.* L helþegifere] heleȝeuer DBS þi] in D 31 þat²] *om.* D 32 not] *om.* A 33 whoche] whom DRBS to þin] þou hast D 34 holde] had L þe] þi L 35 in] to L 36 god gode] gode god DR sente] sette D 38 þerfore] *om.* D þe] þi BS 39 moost] *om.* DR

{6} **Numquid in eternum irasceris nobis? aut extendes iram tuam a generatione in generationem?** *Wheþer þou shalt be wroþe to us into wiþouten ende, or þou shalt stretche oute þin yre fro generacyoun into generacyoun.* Þat is, wheþer þe peyne of synne shal be endeles in þi seruauntes, or þou shalt contynue þi wraþþe 45 to þe worldes ende, as `who´ sey nay.

{7} **Deus, tu conuersus uiuificabis nos, et plebs tua letabitur in te.** *Þou, God, turned shalt quyken us, and þi folk shal ioye in þee.* Þou, God, turned to us in mercy, shalt quyken us in soule, and so þi folk lyuyng in grace shulen ioye in þee, not in itself ne in mannes 50 loouyng.

{8} **Ostende nobis, Domine, misericordiam tuam, et salutare tuum da nobis.** | *Shewe to us, Lord, þi mercy, and þin helþe ȝiue to us.* f. 201va God sheweþ to us his mercy whan he lereþ us to knowe uertues of him, and uices of oureself. And ȝif we fleen vices and folowen 55 vertues, he ȝiueþ to us his helþe, þat is Iesu Crist, to loue and to folowe, not to upbreyde wiþ grete oþes as wicked men and proude done, summe for malice, summe for custume. But þat we confourmen oure wille to his in al þing and him enspiryng.

{9} **Audiam quid loquatur in me Dominus Deus, quoniam** 60 **loquetur pacem in plebem suam.** *I shal here what oure Lord God speke in me: forwhi he shal speke pees in his folc.* Here may men se þat God spekeþ not in his folc and vnpesible: for he whos wille is turned aweye fro vnrest of þis lif and filled wiþ Goddes liȝt, he ȝiueþ his entent to here what þe Holi Goost spekeþ priueyli in him, for he 65 spekeþ euere trew pees and stoppeþ malice, and so verey pees is on his folc. Þanne who þenkeþ or spekeþ discordes, þe deuel, fadre of alle þat louen stryues, spekeþ in hem discord. But God of Cristes loueres shal speke

Et super sanctos suos, et in eos qui conuertuntur ad cor. *And* 70 *on his halowes and in hem þat are turned to þe herte.* On his halowes:

41 aut . . . generationem] *om.* L 42 wroþe] wraþþid A 43 into] *om.* A 44 þat is . . . *end*] *RV3* DR þe] *om.* L 46 to] into A who] *margin d.h. marked for ins.* C sey] seiþ BS 47 et . . . te] *om.* L 50 ne] nor L 51 loouyng] louyng or preisyng BS, preisyng A 52 et . . . nobis] *om.* L 54 lereþ] techiþ A uertues] þe vertues L 56 crist] *om.* A to[3]] *om.* A 58 summe[2]] and some B confourmen] enforme L 60 loquatur in me] in me loquatur ALBS dominus] domine L quoniam . . . suam] *om.* L 62 speke[1]] spekiþ A may men] *rev.* A 66 on] in B 69 speke] speke pees BS 70 conuertuntur] conuertur A

þat is perfite men in whom uerre pees regneþ, and in hem þat arn turned to þe herte, þat turnen her herte to God newli. þei arn vnperfite men, þat weren filled first wiþ synne and departeden fro
75 God in lyuyng fro skile, and siþen leften her synne sorowyng it comyng aȝeine to þeir hert and turnen it to him. To hem þat ben þus
f. 201vb turned and | lasten þerinne is verre pees kept in heuene, for þere is no noye, þough heer be euere fiȝtyng to yuel and to gode. But in þis fiȝtyng gode men ouercomen and ben not ouercomen.

80 {10} **Uerumtamen prope timentes eum salutare ipsius, ut inhabitet gloria in terra nostra.** *Not forþi, to þe dredyng him neiȝ is þe helþe of him, þat ioye wone in our lond.* þe heleþ of him, þat is saluacioun þat is þorow him, is neiȝ hem þat dreden him. þei dreden him þat ben euere bisye to ryse and eschewe occasioun of fallyng;
85 þough þei seme stondyng stalworþeli, þei kepen euere drede þat ioye of immortalite may be perceyued and wone in oure flesshe.

{11} **Misericordia et ueritas obuiauerunt sibi; iusticia et pax osculate sunt.** *Mercye and soþfastnes metten to hem; riȝtwisnes and pees kisseden.* Mercy, þat is remissioun of synne, soþfastnes, þat is
90 punysshyng of al yuel, metten to hem, þat is comen togidere in Iesu Crist. Riȝtwisnes and pees kisseden, þat is þei louen togidere, for þat one is not wiþouten þat oþer, for who þat fyndeþ pees at God loueþ riȝtwisnes and elles not. Riȝtwisnes is boþe in mede-ȝiuyng and punysshyng.

95 {12} **Ueritas de terra orta est, et iusticia de celo prospexit.** *Soþfastnes is borne of þe erþe, and riȝtwisnes loked fro heuene.* Soþfastnes, þat is verre shrifte in Goddes loouyng, is borne of þe erþe whan and where a synful man graunteþ himself such as he is. And riȝtwisnesse loked fro heuene, as who seye þurgh trewe shrift is
100 a man made riȝtwise. Ȝif an yuel man seye þat he is riȝtwise, þere is falshede born of þe.

72 perfite] on parfiȝt A 73 herte[2]] hertis A 74 weren] are þat were L filled first] *rev.* B filled] fyled L 75 lyuyng fro] leeuyng of BS 77 for þere] *om.* L 78 noye] more L 80 ut . . . nostra] *om.* L 81 not forþi] naþelees A, not for þat L þe] men BS 82 helþe] heele AL heleþ] hele AL 84 ben] *om.* L 86 of] *om.* AL immortalite] in mortalyte L, mortalite BS 87 iusticia . . . sunt] *om.* L 89 kisseden] kyssen L soþfastnes] and soþfastnes BS 91 þei] þei þat, þat *canc.* C 95 ueritas] uerita S et . . . prospexit] *om.* L 97 loouyng] loouyng or preisyng BS, preisyng A 99 seye] seiþ BS 100 þat] *om.* L 101 falshede] callid A þe] þe erþe ABS, þe ryȝtwyse L

{13} **Etenim Dominus dabit benignitatem, et terra nostra dabit fructum suum.** *Forwhi, þe Lord shal ȝiue benygnyte and oure erþe shal ȝiue his fruyte.* Þat is, God shal ȝiue soþfastnes and swetnes in soule to his loueres, þat þei haue als mech delite to doo gode and þenke it as wicked ˋmenˊ han in yuel. And oure erþe (þat is oure hertes) shule ȝiue his fruyte, þat is it shal hate synne and loue riȝtwisnes for so it shal be like to God. f. 202[ra] 105

{14}**Iusticia ante eum ambulabit, et ponet in uia gressus suos.** *Riȝtwisnes bifore him shal go, and he shal sette in weye his goynges.* Riȝtwisnes of penaunce for our synne shal go bifore in us, þat is, it shal re[w]en oure fallyng, dreding to falle efte and ioiyng his comyng into us. And in þis weye of riȝtwisnes he shal sette his goynges, þat he goyng in oure weye hirt ˋnotˊ his foot on no vice, as he shuld doo ȝif he wente in þe weye of wicked men. 110 115

Psalmus .85.

{1} **Inclina, Domine, aurem tuam et exaudi me, quoniam inops et pauper sum ego.** *Held or bowe doun, Lord, þin eer and here me, for helples and pore I am.* Þe voyce of Crist in his passiouns of riȝtwis men in tribulacioun. Lord þat art heiȝ, held to me þat am feble þin eer and here me for helples and sike, þat is fulfille þat I desire. For helples he is þat haþ not þin help, and pore I am for I am not suffisant to myself. 5

{2} **Custodi animam meam, quoniam sanctus sum; saluum fac [seruum tuum], Deus meus, sperantem in te.** *Kepe my soule, forwhi I am holi; make safe þi seruant, mi God, hopyng in þee.* Kepe my soule fro hem þat waiten to slee it, þat ne lif ne deeþ, ne wele ne wo 10

102 dominus . . . benignitatem] benegnitatem dabit dominus L et . . . suum] *om.* L 103 ȝiue] *om.* L 104 soþfastnes] softnes BS and] in S 106 men] ˋmenˊ *d.h.* C 109 et . . . suos] *om.* L 110 bifore . . . go] shal go bifore hym BS weye] þe wey A 111 is] *om.* L 112 rewen] reulen C efte] oft L 114 not] *margin d.h. marked for ins.* C on] in B

Ps. 85 CALBS

heading C (*r.h.* Inclina), lxxxv. Oracio ipsi dauid pro ieiunium. voyce of cryst to þe father L, þe lxxxiij psalm A, ˋ85ˊ *d.h.* B, *om.* S 1 quoniam . . . ego] *om.* L 2 held or] *om.* LBS lord . . . eer] þin ere lord L 3 helples . . . am] Y am helples and poore BS 4 held] helde or bowe doun S, bowe doun B 5 for helples] *om.* BS sike] pore I am L 6 for I am] *om.* BS 8 saluum . . . te] *om.* L 9 fac seruum tuum] me fac CA kepe] helpe A 11 ne[2]] nor L ne[4]] nor L

f. 202rb depart it fro þee, for | whi it is worþi þat þou kepe it, for I am holi, þat is stable and fast in trewþe and loue. To sey þus is not pride to him þat hiȝeþ himself þus treuli in mekenes, but it is loouyng to God 15 of him þat is not vnkynde. Crist propurli is holi halowyng; we ben holi halowed.

{3} Miserere mei, Domine, quoniam ad te clamaui tota die; {4} letifica animam serui tui, quoniam ad te, Domine, animam meam leuaui. *Haue mercy of me, Lord, for to þee I cried* 20 *al dai; make fayn þe soule of þi seruant, for to þee, Lord, my soule I lifted.* Haue mercy of me, a[n]d delyuere me of wretchednesse, forto loue þee and haue þee I cried wiþ al myn hert, and al my werk I shope to þi plesaunce. Al dai: þat is, al tyme of my lif; forþi make fayn my soule in felyng of þi loue, for I lifted it to þee fro al erþeli 25 loue. Here may ȝe heere faire ordre of wordes: pore, hopyng only, criyng lifteden to God. Heeld þin eere of pite to þe pore, kepe in vertues þe holi, saue fro his enemy þe hopyng, haue mercy to forȝiue þe criyng, make fayn in blisse þe lifted.

{5} Quoniam tu, Domine, suauis et mitis, et multe miser- 30 **icordie omnibus inuocantibus te.** *For þou, Lord, soft and myld, and of meche mercy to alle inclepyng þee.* For þou, Lord, art soft to a soule louyng þee, and after þe bittirnesse of þis world þi loue is ful swete þat makeþ þe hertes of þi loueres renne al into deuocioun. And myld þou art to synful men, suffryng hem, and of meche mercy to 35 alle þat inclepen þee into þeire herte.

{6} Auribus percipe, [Domine], oracionem meam, intende uoci deprecationis mee. *Wiþ eres perceyue my preyer, Lord, and* f. 202va *bihold to þe voyce of my bede.* Many don | grete wrong to God: þei preyen þat he bihold to hem, and þei wilen neiþer bihold to God ne 40 to hemself. But preiyng wiþ þe lippes, þei suffren þeire hertes to reyke in ydel þouȝtes, aȝein whiche Dauid seiþ 'I fond myn herte þat

13 is[2]] it is B not] no A 14 hiȝeþ] hiȝe S treuli in mekenes] in mekenesse treuly B loouyng] loouyng and preisyng BS, preisynge A 17 tota . . . leuaui] *om.* L 20 fayn] fayn or glad S, glad B my . . . lifted (21)] Y liftide my soule BS 21 and] ad C wretchednesse] wreche dwelle A 23 tyme] þe tyme A forþi] þerfore A, for þat L 24 fayn] fayn or glad S, glad B 25 only] holi BS 26 heeld] heeld or bowe doun S, bowe doun B 27 saue] *twice* L 28 þe[1]] to þe ALBS 29 et[2] . . . te] *om.* L 30 soft] art softe BS 31 alle] alle men BS 33 deuocioun] contemplacioun A 36 domine] *om.* CALBS intende . . . mee] *om.* L 37 and] *om.* BS 38 bede] bedes BS 39 he] *om.* L ne] nor L 40 þeire] þe L 41 reyke] reiken or wandre S, wandre B, walke A whiche] whom BS

I may prey to þee.' Oþere men many leesen þeir hert, forþi ben þei not herd.

{7} **In die tribulationis mee clamaui ad te, quia exaudisti me.** *In day of myn anguyshe I cried to þee, for þou herdest me.* I cried to þee þat maist delyuere me, for I knewe wel þat þou herdest me whan þou oftsiþes sauedest me in sundri periles.

{8} **Non est similis tui in diis, Domine, et non est secundum opera tua.** *None is like to þee in goddes, Lord, and none is aftir þi werkes.* Þat is, none is þat can wirk as þou doost, for þou art oneli makere and no miȝt is but of þee.

{9} **Omnes gentes quascunque fecisti uenient, et adorabunt coram te, Domine, et glorificabunt nomen tuum.** *Alle þe folkes þe whiche þou madest shulen come, and þei shulen loute bifore þee, Lord, and glorifie þi name.* Alle folkes þat dreden, þe whiche þou madest, þat is to whiche þou ȝeuest kynde and grace, shulen come in treuþe and loue and loute bifore þee, þat is in mekenes þei shulen ȝeue to þee, and glorifie þi name þat is preche þi name glorious.

{10} **Quoniam magnus es tu, et faciens mirabilia; tu es Deus solus.** *For grete art þou and doyng wondres; þou art oneli God.* Þou art grete, not in gretnes of bodi but in miȝt and uertue.

{11} **Deduc me, Domine, in uia tua, et ingrediar in ueritate tua; letetur cor meum ut timeat nomen tuum.** *Lede forþ me, Lord, in þi weye þat I ingo in þi soþefastnes; `f´ayn | be myn hert þat it drede þi name.* Lede me, Lord, in þi weye of pouert wilful, and mekenes and charite, bi þe whiche þou ȝedest þat I ingo, þat is þat I die wiþoute spot in þi soþfastnes in whoche þou hiȝtest endles ioie to alle louyng þee. And now glad be myn hert in þi drede, þat I drede þee wiþoute dispeir, and ioie it in þee wiþoute vnskilwise sikernes.

42 forþi] þerfore A, for þat L ben þei] *rev.* ABS 44 quia . . . me] *om.* L 46 me^2] *om.* L 47 sundri] dyuerse AB 48 et . . . tua] *om.* L 49 none^1] lord noon BS lord] *om.* BS 50 is þat] *om.* L 52 et^1 . . . tuum] *om.* L 53 þe] *om.* A folkes] folk BS, genges L 54 þe] of þe S, *om.* A 55 folkes] folk A, þe genge L þe] þee A, þe þe L whiche] whom BS 56 ȝeuest] gafe LB, ȝeue S 57 and^2] to A ȝeue] queeme BS 59 tu^2 . . . solus] *om.* L 60 grete art þou] þou art greet BS 62 et . . . tuum] *om.* L et . . . tua (63)] *om.* A 64 ingo] go BS in^2] *twice* L fayn . . . hert] be myn hert fayn BS fayn] vayn, v- *canc.* `f´ *corr.* C 65 pouert wilful] *rev.* BS pouert] þi pouerte L 66 ingo] go BS 69 vnskilwise] vnskilful A

70 {12} **Confitebor tibi, Domine Deus meus, in toto corde meo, et glorificabo nomen tuum in eternum.** *I schal shryue to þee, Lord my God, in al myn hert, and I shal glorifie þi name wiþouten ende.* As who sey, I shal loue þee entierli and looue þee perfiteli, and last þerinne stabli and hold þi name ioyful in myn hert.

75 {13} **Quia misericordia tua magna est super me, et eruisti animam meam ex inferno inferiori.** *For þi grete mercy is on me, and my soule þou delyueredest oute of þe lower helle.* Þi grete mercy, þat þou forȝeuest synne whan I sorowe þerfore, is on me in victorye of my foos; and þat is seen for þou deluerede st me of þe lower helle, þat 80 is of deedli synnes, þurgh whoche I had ben in helle after my deeþ ȝif þi merci had not delyuered me here.

{14} **Deus, iniqui insurrexerunt super me, et synagoga potentium quesierunt animam meam, et non proposuerunt te in conspectu suo.** *God, wicke risen on me, and þe synagog of miȝti souȝten 85 my soule, and þei setten not þee in her siȝt.* God, wicke fendes enforseden hem to ouercome me in temptacioun, and þe synagoge, þat is þe gederyng of proude men, souȝten to slee my soule wiþ hond or wiþ tunge, and þei setten not þee in her siȝt. For þat is þe maner f. 203ra of yuel | men, cumbred wiþ wicke þouȝtes, þat þei haue neuer more 90 Goddes drede bifor hem.

{15} **Et tu, Domine Deus meus, miserator et misericors, patiens et multe misericordie et uerax.** *And þou, Lord my God, mercier and merciful, suffryng and of mykil mercy and soþfast.* Merciyng, doyng dede of mercy, and merciful of kynd, suffryng 95 þat is abiding synful men, and of mykil mercy to hem þat turnen hem to þee, and soþfast in hetynges and ȝeldyng to merites.

{16} **Respice in me, et miserere mei; da imperium puero tuo, et saluum fac filium ancille tue.** *Loke in me and haue merci of me; ȝiue empire to þi child, and make safe þe sone of þin handmayden.* Aftir 100 þe anguyshe of þis world ȝiue empire to þi child, þat is miȝt to deme wiþ holi men þe whoche shulen sitte wiþ þe iuges. Goddes

70 in . . . eternum] *om.* L 73 sey] seiþ BS looue þee] loue L, loue or herie þee S, herie þee B 74 hold] behold L ioyful] ioifulli A 75 et . . . inferiori] *om.* L 77 þou] *om.* L of] fro A 78 in] *om.* L 79 deluerede st] delyuerest L of] fro A 82 et . . . suo] *om.* L 86 enforseden] enforcen L 87 of] togidere of A 91 et[2] . . . uerax] *om.* L 92 my god] *om.* A my] *om.* L 93 and[1]] *om.* L soþfast] sothfastnes L 94 dede] deedis A 97 da . . . tue] *om.* L 100 anguyshe] angwysshes S 101 þe[2]] þee BS

hondmayden is holi chirche, of þat hondmayden ben alle gode men sones whoche God saueþ.

{17} Fac mecum signum in bono, ut uideant qui oderunt me, et confundantur, quoniam tu, Domine, adiuuisti me et 105 **consolatus es me.** *Do wiþ me signe in gode þat þei seen þat hatiden me, and þei be shamed, for þou, Lord, hast holpen me, and counforted me.* Crist seiþ to his Fadre 'Do wiþ me signe', þat is wiþ my loueres, for my risyng is signe þat þei shulen rise in God, þat her hope be confermed in vertu, þat þei þat hateden me as loueres of þis world 110 may se ioie in my men, for þei loueden me and hateden þe world. For he þat loueþ þe world, hateþ God; and he þat loueþ God hateþ þe world, and ben alle shamed þat þus haten God of her loue. For þou Fadre hast holpen my loueres in þis lif, and counforted hem in al her anguyshe. 115

Psalmus .86.

{1} Fundamenta eius in montibus sanctis; {2} diligit Dominus f. 203rb **portas Syon super omnia tabernacula Iacob.** *Þe groundes of it in holi hilles, oure Lord loueþ þe ȝates of Syon aboue alle þe tabernacles of Iacob.* Þe Prophete, citisen of þe goostli cite of God as he had in himself þouȝt þerof, he bresteþ oute in voice and seiþ 'Þe groundes 5 of it', þat is, of holi chirche, ben in holi hilles, þat is in apostles and prophetis, for þei ben grounded in Iesu Crist, and so ben alle her trewe foloweres. For oure Lord loueþ þe ȝates of Syon, þat ben alle þe trewe foloweres of þe apostles, entryng into his religioun and drawyng wiþ gode ensaumple oþere after hem, for þei ben groundes 10 of Syon, þat is þei ben goostli citesenes of God, grounded in treuþe and waxyng in heiȝ contemplacioun. And so þei ben loued aboue alle þe tabernacles of Iacob, þat is more þan alle þe figures of þe old lawe.

102 hondmayden[1]] hondmaydens AL men] mennys AL 103 whoche] whom BS 105 et . . . me[1] (106)] *om.* L 106 signe] a signe BS 109 shulen] schuld L god] go`o´d S, good B 110 confermed] conformed L 112 hateþ[1]] *twice, first canc.* C 113 ben] be þei S, þei ben *marked for rev.* B her] þi BS

Ps. 86 CALBS

heading C (*r.h. cut off*), lxxxvi In finem filiis chore. ps. cantici voyce of apostlus. the holy gost to þe apostlus of holy chyrche L, þe lxxxiiij psalm A, `86´ *d.h.* B, *om.* S 1 diligit . . . iacob] *om.* L 2 in] beþ in BS 8 ben] is BS 10 wiþ] þurȝ S

{3} **Gloriosa dicta sunt de te, ciuitas Dei.** *Gloriouse þinges ben*
15 *seide of þee, cite of God.* Þou, Goddes cite, holi chirche, many ioyful þinges ben seyd of þee fro God þurgh prophetis. Whiche ben þo gloriouse þinges? God answereþ and seiþ

{4} **Memor ero Raab et Babilonis, scientium me.** *Biþenkyng I shal be of Raab and Babilon, wityng me.* In þat cite I shal be biþenking
20 of Raab and Babilon, þat is, of synful men þat gon bi þe brode weye to helle in lust and wickid bisynes þurgh wityng me, þat is þurgh holi men þat witen my priueitees. For þei receyuen synful þat wilen
f. 203[va] turne to me, hotyng to | hem absolucioun of pardoun oneli for sorowe of her synne wiþ gode continuaunce.

25 **Ecce alienigene, et Tyrus, et populus Ethiopum, hii fuerunt illic.** *For, loo, alienes and Tyres and þe folc of Ethiopes, þei weren þere.* Þise alien folc we[re]n fer fro God þurgh vile synnes; Tyres, þat ben þo þat weren streytli bounden wiþ coueytise; and þe folc of Ethiopes ben þo þat ben blac in gloterye and lechery. Þise wicked folke weren
30 cleped to God þurgh Cristes passioun, to ȝiue ensaumple to his foloweres to hoten sikirli þe blisse of heuene to synful men þat wilen here leeue her synne, for many þat han here ben ful synful, ben gloriouse citesenes in Goddes cite.

{5} **Numquid Syon dicet homo, et homo natus est in ea, et**
35 **ipse fundauit eam Altissimus?** *Wheþer to Syon seye shal man, and man is borne þereinne, and he heiȝest grounded it?* Wheþer any man shal seye to Syon þat a man Iesu Crist is born þereinne? As who seye þouȝ it be seid to Iewis, þei trowen it not. And we seyen þat a man is born of hem, but he is God heiȝest, þat grounded þe cite þat is holi
40 chirche. And þat we witen for

{6} **Dominus narrabit in scripturis populorum et principum, horum qui fuerunt in ea.** *Oure Lord shal telle in writynges of folkes and of þise princes, þe whiche weren þere.* Þise writynges ben ȝeue to þe

14 ciuitas dei] *om.* L 16 þo] þe AL 17 and seiþ] *om.* L 18 et . . . me] *om.* L biþenkyng . . . be[1] (19)] Y shal be (*add.* menynge or S) myndeful BS biþenkyng] myndeful BS 19 babilon] of babiloyne AL biþenking] menenge or myndeful S, be myndful B 23 turne] not turne L 24 sorowe] sorwe `and shrift´ S, sorwe and shrift B wiþ . . . continuance] *om.* L 25 hii . . . illic] *om.* L 26 folc] flok L weren] ben A 27 folc] flok L weren] wen C 29 gloterye] glotenye ALB lechery] `in´ lecherye S, in leccherye A folke] flok L 32 here[2]] *om.* BS 33 cite] syȝt L 34 et[1] . . . altissimus] *om.* L est] *om.* A 35 to . . . man[1] (36)] a man shal seie to sion a man BS 37 seye[2]] seiþ BS 38 iewis] þe iewis A 39 þe cite] *om.* L 41 et . . . ea] *om.* L 43 þe[2]] *om.* L

folc, and made of princes and of Moyses and prophetis and þe holi apostles, þe whiche weren princes in þat cite, euere prechyng and 45 loouyng and not out þerof.

{7} **Sicut letantium omnium, habitatio est in te.** *As of alle ioiyng, wonyng is in þee.* As who seye, such ioie in þi wonyng shal þou haue; | what kyn ioie we han not knowen, forþi we may not telle it. f. 203vb

Psalmus .87.

{2} **Domine Deus salutis mee, in die clamaui et nocte coram te.** *Lord God of myn helþe, in day I cried and in nyȝt bifore þee.* Lord God of myn helþe, ȝiuer and wirker in day: þat is, in eese I cried to þee in whiche many slepen in her lustes; but I stired my wille to þi loue in wele. And so in nyȝt: þat is, in wo I had þee to help, for I 5 desired þee bifore þe nyȝt, not slepyng in þe day of wele and wakyng in þe nyȝt of wo, as wicked men don þat crien euere to þee in wo and in wele, forȝetyng þee. But in wele whan I souȝte þee, I was despised of fleshli men þat knewen not myn entent, for I wold not be glorious bifore men. 10

{3} **Intret in conspectu tuo oracio mea, inclina aurem tuam ad precem meam.** *Entre in þi siȝt my preyer, heeld þin eer to my bede.* Ingoyng of preyer is þe heryng þerof. Forþi preyer wiþoute deuocioun meueþ no more God þan he þat is in silence and haþ grete nede, and wil not shewe his myster to him þat may helpe him. 15

{4} **Quia repleta est malis anima mea, et uita mea inferno appropinquauit.** *For fulfilled is of yueles my soule, and my lif neiȝed to helle.* Þat is, I am ful of wretchednes and peynes of þis world, and,

44 made] *om.* L and[2] . . . holi] þe whych were þer L and of] as BS 45 þat] her BS 46 loouyng] looyng or preisyng BS, heriynge A 47 habitatio . . . te] *om.* L est] *om.* B as of] and as L alle] alle men BS 48 seye] seiþ BS 49 kyn] kyn or maner S, maner AB forþi] þerfore A, forwhy L

Ps. 87 CALBS

heading C (*r.h. cut off*), lxxvij cantici filij chore. In finem pro amaleth. Et ad kyndun. Intellectus alman. Israelite vox christi in passione. voyce of cryst in his passyon L, '87' *d.h.* B, þe lxxxv psalme A, *om.* S 1 in . . . te] *om.* L 3 of] *om.* L 5 wele] wyll L 8 forȝetyng] forȝetyn BS but . . . þee[2]] *om.* L 9 knewen] knowe BS 11 inclina . . . meam] *om.* L 12 entre . . . preyer] my praier entre it in þi siȝt BS entre] ingo AL heeld] bowe A, heelde or bowe doun S, bowe doun B bede] bedis BS 13 forþi] þerfore A, for þat L 16 et . . . appropinquauit] *om.* L 17 fulfilled . . . soule] my soule is fulfillid of yuelis BS fulfilled] forfylled L, fillid A neiȝed] neiȝeþ S 18 wretchednes] wyckednes L

suffryng my bodi, also my soule suffreþ. For þe flesshe may not þole
20 peyne wiþoute þe soule, but þe soule may wiþoute þe flesshe. And my lif, þat was ȝeuen to lustes of þe erþe, neiȝyng was to helle er I was turned to God. And ȝit

{5} Estimatus sum cum descendentibus in lacum, factus sum f. 204ra **sicut homo sine adiutorio, {6} inter mor|tuos liber.** *I am wened*
25 *wiþ liȝtyng into þe laac; made I am as a man wiþouten help, among deed free.* Þat is, I am holden wiþ hem þat demen ouer erly, suche as þo ben þat fallen in þe laac of dampnacioun. And I am as man wiþouten help, þat is þei demen me vnworþi to be holpen. Not forþi among deed men in soule þurgh dedly synne I am free þurgh þi grace, for I
30 fele þee þat art lif of my soule, lyuyng in me.

Sicut uulnerati dormientes in sepulcris, quorum non es memor amplius, et ipsi de manu tua repulsi sunt. *As wounded slepyng in sepulcres, of þe whiche þou art no more menyng, and þei oute of þin hond ben put.* As wounded wiþ synnes slepyng, þat is restyng or
35 duellyng in hem; in sepulcres: þat is, grauen in her lustes and stynkyng in filþe of coueitise, whoche it semeþ þat þou hast forȝeten. And þei ben put oute of þin hond for her vnkyndnes into þe deueles pouste.

{7} Posuerunt me in lacu inferiori, in tenebrosis, et in umbra
40 **mortis.** *Þei setten me in þe neþer lake in merk stedes, and in þe schadow of deeþ.* Þat is, wiþ ypocrites þei heeld me worþi to be. For in her synnes þei ben merked, doyng yuel dedes, deemyng gode yuel and yuel gode; wherfore þei leesen þe liȝt of grace, duellyng in þe schadowe of deeþ, wirkyng wicked fleshli werkes, þe whiche leden to
45 endles deeþ.

19 þole] suffre A 20 may] may þole pyne BS 21 neiȝyng was] *rev.* BS er] and L 23 factus . . . liber] *om.* L sum[2]] *om.* A 24 wened] weened or demed BS 25 liȝtyng] lyȝtnyng L, men fallyng or liȝtyng B, men liȝtyng or fallyng S, men fallynge doun A made I am] Y am maad BS a] *om.* BS among . . . free (26)] free amonge deede BS 26 ouer erly] ouerly AL þo] þei L 27 man] a man ABS 28 not forþi] naþelees A, not for þat L 31 quorum . . . sunt] *om.* L non es memor] memor non est AS es] est CABS 32 wounded] woundid men BS 33 menyng] menynge or myndeful S, myndeful AB oute . . . put (34)] beþ put out of þi hond BS 34 ben] art A wounded] woundid men BS 36 whoche] whom BS 37 þin] myn B 38 pouste] put A 39 et . . . mortis] *om.* L 40 merk] derke ABS 41 heeld] holden B 42 deemyng . . . gode (43)] *om.* BS 44 leden] *om.* L

{8} **Super me confirmatus est furor tuus, et omnes fluctus tuos induxisti super me.** *On me confermed is þi wraþþe, and alle þi stremes þou brouȝtest inne on me.* Þat is, vnpayable semeþ my suffryng to þee, for þou as wraþful suffredest me in | peynful anguysch. And þi stremes: þat is, stormes of persecucioun þou brouȝtest on me to echyng of my wo. f. 204rb 50

{9} **Longe fecisti notos meos a me; posuerunt me abhominationem sibi.** *Fer þou didest fro me my knowen; þei setten me wlatyng to hem.* Þat is, my frendes, of whoche I weend I had deserued loue for reprehendyng of her vices in charite, þou suffredest hem departe fro me, þat is fro my wille and myn entent, lyuyng viciousli in old custum of synne, consentyng to ypocrites, blyndyng hem þorou coueytise. And þei hadden me as wlatsum, for I ȝeinseyd her werkes and her wordes of wille and yuel custum. 55

Traditus sum ego, et non egrediebar; {10} oculi mei languerunt pre inopia. *Ȝeuen I am and I not outeȝede, for nede myn eiȝen languysheden.* I am ȝeuen to myssawe: þat is, enemyes to treuþe curseden me and upbraydeden me, and I not outȝede fro charite, willyng hem harme ne ȝeeldyng a blamyng for anoþere, but I preyed for hem. For þe eiȝen of myn hert languyssheden: þat is, hadden sorowe of her nede þat for her wilfulnes hem lacken goostli vertue. 60 65

Et ego clamaui ad te, Domine, tota die; expandi ad te manus meas. *And I to þee, Lord, cried, al day; I spred myn hondes to þee.* Men endured in yuel custume didden yuel to me, sclaundreden me and pursueden me as breker of þe law, for I snybbed her synne. And I cried to þee for her helþe al day: þat is, to my deeþ I was bisie to remue hem fro vices. I spred to þee myn handes: þat is, I shewid þurgh perseueraunce my werkes to þi loouyng, but al þat profited not to | deed men in soule. For 70 f. 204va

46 et . . . me] *om.* L 47 on . . . wraþþe] þi wraþþe is confermed on me BS confermed] counforted L 48 vnpayable] vnpaisable BS 49 as] *om.* L wraþful] vnwraþful CAL 50 to] in A 52 posuerunt . . . sibi] *om.* L 53 þou . . . my] fro me þou dedest me L 54 whoche] whom BS 55 departe] to departe BS 58 ȝeinseyd] aȝenseide B 59 yuel] of yuel ALBS 60 sum] *om.* L ego] *om.* BS egrediebar] egrediar L oculi . . . inopia] *om.* L 61 ȝeuen . . . outeȝede] Y am ȝeuen and Y ȝede not out BS 62 myssawe] myslawe A 63 upbraydeden] vpbrayden LBS not outȝede] ȝede not out BS 66 her[2]] *om.* B hem lacken] hem þarnede S, her hem þar nede B hem] þei L 67 tota . . . meas] *om.* L 68 to[1] . . . cried] criede to þee lord BS al . . . þee[2]] and at morne my prayere shall before come þe L 69 in] by A 70 þe] þi L snybbed] snybbede or reprouede S, repreuyd B 71 helþe] heele AL 72 shewid] kidde ALBS 73 loouyng] preisyng A

{11} Numquid mortuis facies mirabilia? aut medici suscitabunt et confitebuntur tibi? *Wheþer to deed þou shalt do wondres? or leches shulen reyse and þei shulen shryue to þee?* As who seie: wheþer þou wilt shewe wondres to hem þat vnderstonden not and ben deed in hert? or shul leches, þat ben prestes gode or yuel, reyse synful men out fro synne þat þei reysed shriuen to þee? As who seye, þouȝ al þei shewen treuli to man of gode wille þat her synne is forȝeue hem, for her verre contricioun none is þat forȝeueþ synne but þou oneli God.

{12} Numquid narrabit aliquis in sepulcro misericordiam tuam, et ueritatem tuam in perdicionem? *Wheþer any in graue shal telle þi mercy, and þi soþfastnes into losyng?* Þat is: wheþer any þat is in graue of wickednesse wonyng shal telle þi mercy to synful men, þat þei be turned and he knoweþ it not in wirkyng? Ȝea, [many] as ypocrites shulen telle it to her owne dampnacioun þat þerþurgh þei be þe iustlier dampned. For many þat ben in losse of soule shulen shewe þi soþefastnes, þat þou ȝeldest to gode men and yuel as þei han deserued; þei ben in losse of soule þat lastyngli don yuel and wilen not knowe it.

{13} Numquid cognoscentur in tenebris mirabilia tua? et iusticia tua in terra obliuionis? *Wheþer in merknesses shulen be knowen þi wondres? and þi riȝtwisnes in þe lond of forȝetyng?* Many þat ben now blynded þurgh merke þouȝtes and ignoraunce sholen be liȝtned þurgh grace, knowyng Goddes wounderful werkes þat anticrist haþ long hid for coueitise. But many þo|rou his fool hete sholen lygge vntiled wiþ vertues as lond forȝeten, not þenkyng how þei shole be demed riȝtwisly. But for trist of his feyned power þei sholen lyue in delices after her lustes wiþoute drede.

{14} Et ego ad te, Domine, clamaui, et mane oracio mea preueniet te. *And I to þee, Lord, cried, and at morne my preyer shal*

75 mortuis] mortuus AL facies] faciet ALS aut . . . tibi] *om.* L 76 to . . . wondres] þou shalt do wondris to dede men BS 77 reyse] rise AL seie] seiþ BS 78 and] or B 79 ben] is BS 80 as . . . god (83)] her synnes for of a deed man in soule confessioun perisheþ as of hym þat is not BS 82 hem] to hem A verre] vertu L 84 misericordiam . . . perdicionem] *om.* L 86 into] in A losyng] lesyng ABS 88 þei] he A many] *om.* C 90 losse] lost B shulen . . . soule (92)] *om.* A 92 losse] lost B 94 et . . . obliuionis] *om.* L 95 in[2] . . . wondres (96)] þi wondris shul be knowe in derknesse BS merknesses] derknes A, myrknes L 96 forȝetyng] men forȝetyng BS 97 blynded] blynde L merke] derke AB 98 liȝtned] lyȝted L 99 fool hete] foly here A 103 et[2] . . . te (104)] *om.* L 104 to . . . cried] cried to þee lord BS

biforecome þee. And I liȝtned of þi grace, not blynded wiþ þat errour, 105
cried to þee wiþ al þe ȝernyng of myn herte, tristyng onely to þee
and to none oþere to haue forȝeuenes of my synne. And at morn: þat
is, whan þi grace þurgh charite liȝtned my soule, my preyer
biforecomen wiþ þi mercye shule biforecome þee, quemyng to þee,
kepyng þi riȝtwisnes, wrastlyng and aȝeinstondyng anticristes 110
falshed, þe whiche shal be dampned in þi riȝtwis dome.

{15} **Ut quid, Domine, repellis oracionem meam, auertis faciem tuam a me?** *Whi, Lord, aȝenputtest þou my preier? þou turnest awey þi face fro me.* It semeþ to fooles þat God putteþ awey
mennes preyeres whan he graunteþ not her askyng after her desire 115
als sone as þei wolden. But oftsiþes he delayeþ it, for we shulden
more feruentli seke him in brennyng loue, þat oure meryte be þe
more for oure long trauayle.

{16} **Pauper sum ego et in laboribus a iuuentute mea; exaltatus autem, humiliatus sum et conturbatus.** *Pore I am* 120
and in trauayles fro my ȝouþe; but hiȝed I am and meked and troublid.
Pore I am of þis worldes gode, and I duelle in traueiles of þis lif,
siȝyng to heuen fro my ȝouþhed, þat is fro þe tyme þat I loued Iesu
Crist in good lyuyng, fleyng anticristes | deceites. For þanne I f. 205ra
spoiled me of old priue erroures. But I was hiȝed first in þe world in 125
pride and veynglorye, and now þerfore I am meked and troublid in
hard sekenes and diuers peynes of my bodi, þe whiche anticrist ne
his is not worþi to knowe.

{17} **In me transierunt ire tue, et terrores tui conturbauerunt me.** *In me passiden þi wraþþes, and þin awefulnesses troubliden me.* Þat 130
is, þi tourmentes þat weren in me passiden fro me in moste bihoueful
tyme to helþe of my soule, for Goddes wraþþe lasteþ not in riȝtwise
men ouer bihoueful tyme. For it purgeþ hem al tyme þat receyuen it
mekeli, and wicke men it fouleþ most for her grutchyng. And þin
awefulnes þat is to come on domesday in veniaunce of anticristes 135
ypocrisie troublid me, þat is, it made me quake for drede þat so

105 and] *om.* BS 106 ȝernyng] desier A 108 my[2]] be my L 109 comen] comyng B 112 auertis . . . me] *om.* L 115 preyeres] preies A 117 brennyng] more brennyng BS long] *om.* L 120 exaltatus . . . conturbatus] *om.* L pore . . . am] Y am pore BS 121 trauayles] traueile A hiȝed I am] S *marked for rev. to* Y am heiȝed B and[2]] *om.* ALBS troublid] droued or troublyd S, droued L 122 lif siȝyng] liifes eende A, syhende L 126 troublid] droued or troublyd S, droued L 129 et . . . me[1] (130)] *om.* L 130 troubliden] droueden L 134 fouleþ] foloweth L 136 troublid] drouede L

many synful creatures shule be dampned for consenting to his falsenes aȝen reson. And for þe shewyng þerof

{18} **Circumdederunt me sicut aqua tota die; circumdederunt**
140 **me simul.** *þei enuirounden me as watre al day; þei enuyrounden me togidre.* Synne enuyrounneþ us as watre, for on eche side oure enemyes closen us inne as grete bolnyng of watre al day while we lyuen. For þe prince of þis world wiþ his mynistres grete and smale or priueily or apertly cessen neuer noiyng of hem þat folowen Crist.
145 And þat is wele knowen for

{19} **Elongasti a me amicum et proximum, et notos meos a miseria.** *þou lengþedest fro me frend and neiȝtbore, and my knowen fro wretchednes.* Fro me sette in anguyshe þou lengþedest frend ioyned to
f. 205rb me in gode loue. For drede of | anticristes boost many dursten not
150 confesse þe treuþe. And my neiȝebore of my kyn and my knowen þat knewe me bi siȝt or bi fame despiseden me and leften me, for I heelded not fro þe soþe in wele ne in wo. And so I was as cumlyng to neer frendes maad alien, for suffryng of wretchednesse.

Psalmus .octogesimus octauus.

{2} **Misericordias Domini in eternum cantabo.** *þe mercyes of oure Lord wiþouten ende I shal syng.* Heer spekeþ holy chirche vnder þe gouernayle of Crist þat shal last to þe worldes ende, and seiþ þe mercyes of oure Lord, þat is þe þinges þat God mercifulli haþ do to
5 mankynd, þe whiche shal last wiþouten end, I shal syng: þat is, wiþ gladnesse I shal telle, for he and none oþere forȝiueþ synne to hem þat ben verre contrite. For þouȝ prestes as trewe bedeles telle þe mercyful wille of God to þe peple, he oneli forȝiueþ synne.

In generatione et generationem annunciabo ueritatem tuam
10 **in ore meo.** *In generacioun and to generacioun I shal shewe þi*

137 synful] symple ALBS 138 þerof] herof BS, *om.* L 139 circumdederunt[2] . . . simul] *om.* L 141 us] *om.* L 142 closen] louken ALBS 146 et[2] . . . miseria] *om.* L 148 wretchednes] wyckednes LS lengþedest] lengthest L 149 dursten] dured L 150 of] and L 152 heelded] heeldide or bowide S, bouwide AB so] *om.* A cumlyng] a comelyng AB

Ps. 88 CALBS

heading C (*r.h.* Misericordias), lxxxviij Intellectus ethan israelite. voyce of cryst to þe fathere. the holy gost of cryste to þe father L, '88' *d.h.* B, þe lxxxvj psalm A, *om.* S 2 þe . . . syng (3)] Y shal synge þe mercies of oure lord wiþout ende BS 5 þe] *om.* B 9 generationem] generacione BS annunciabo . . . meo] *om.* L 10 to] *om.* BS *soþfastnes in my mouþ.* In generacioun þat now is and generacioun aftir þis I shal shewe þi soþfastnes þat þou fulfillest þat þou hiȝtest to þi chosen, forȝeuyng hem her synne þat wilen leue synne in wille, and lyuen after þe counseil of þi trewe foloweres. Þis soþfastnes shal be in my mouþ euere redy to shewe, not slyder and soone slippyng 15 oute þerof for drede of hem þat hilen it tellyng and criyng falsly þat þei han power to forȝeue synne.

{3} **Quoniam dixisti: in eternum misericordia edificabitur in celis; preparabitur ueritas tua in eis.** *For þou seidest: wiþouten ende mercy shal be edified in heuenes; greiþid shal be þi soþfastnes in hem.* 20 Þou seidest þurgh þe Ho|ly Goost mercy shal be edified in heuenes, f. 205va þat is in holi men whos conuersacioun is in heuene, þat alle her synnes oneli þorou þi mercy shulen be forȝeuen hem; for þi soþfastnes shal be greiþed in hem: þat is, fulfillyng of þin hotyng þat no man may come þider, but if forȝeuenes of her synnes þurgh 25 þee oneli go bifore. For þou seidest

{4} **Disposui testamentum electis meis; iuraui Dauid, seruo meo;** {5} **usque in eternum preparabo semen tuum.** *I haue ordeyned testament to my chosen; I swore to Dauid my seruant; into wiþouten ende I shal greyþe þi seed.* I ordeyned þe New Testament 30 counfortable to alle þat I haue chosen to endles blisse, ȝiuyng vnderstondyng to echone aftir þat þei ablen hem to receyue þe Holi Goost vndoere þerof. And I swore: þat is, I hiȝt stabli wiþoute faylyng to Dauid, þat is to Crist, stalworþe of hand, for aȝen his miȝt noþing may stond. For he is almiȝty wiþ his Fadre þat seiþ 'I shal 35 greiþe þi seed', þat is þi loueres and þi foloweres, þat þei be lastyng in þi loue, pacientli suffryng repreues and angres for þe treuþe of þe holi euangeli, þe whiche haþ euer ben and shal, and shal be hid fro worldli loueres. And þerþurgh þi chosen ben knowen heere and wiþouten ende. 40

Et edificabo in generatione et generationem sedem tuam. *And I shal edifye in generacioun and generacioun þi sete.* Þat is, I shal brynge

12 I] *om.* L 13 synne[2]] þer synne L 16 hilen] hiren B tellyng . . . synne (17)] *om.* BS 18 edificabitur . . . eis] *om.* L 20 greiþid . . . soþfastnes] þi soþfastnes shal be greiþid BS greiþid . . . be] greiþid shal be to *on eras. of longer d.h.* C 22 conuersacioun] generacioun L alle] *om.* A 23 for þi] þerfore A, for þer L 25 may] *om.* BS 27 iuraui . . . tuum] *om.* L 29 testament] a testament A to[1]] in L into] to BS 32 vnderstondyng] vndyrstond S 34 to[2]] *om.* BS 36 þi[1]] the my L 37 þe[1]] *om.* L þe[2]] þi LBS 38 euer] *om.* L and shal and shal] and schal ALBS shal be] *on eras. d.h.* C 39 and[2]] into L 41 et[2] . . . tuam] *om.* L

alle riȝtwise men mekeli suffryng for þee, in whiche þou restest to perfite stablenes of riȝt bileeue, for þerþurgh her soules ben made
45 fayre in brennyng charite in þis deedli generacyon, helpyng hem til
f. 205vb þei | comen to generacyoun þat is vndeedli. And euere to þanne

{6} Confitebuntur celi mirabilia tua, Domine; etenim ueritatem tuam in ecclesia sanctorum. *Shryue shal heuenes þi wondres, Lord; forwhi þi soþfastnes in chirche of halowes.* Þat is, apostles and holi
50 men alle sholen looue þee louyngli, shewyng þi godenesse þat oþere moun heere þi wondres þat þou bouȝtest man wiþ preciouse blood, and madest him þurgh þi grace riȝtwise, tellyng þi soþfastnes þat þou doste al þat þou hiȝtest to mankynd in chirche of halowes, þat is of holy men, for þei maken holi chirche and none oþere. And in hem
55 oneli is þi loouyng þouȝ þei be wide scatered and of litel reputacioun to þe world, for þurgh her werkes her trewþe shyneþ, knowyng and shewyng þat þe holy Trinite is God.

{7} Quoniam quis in nubibus equabitur Domino, similis erit Deo in filiis Dei? *For who in þe cloudes shal be euened to oure Lord,*
60 *like shal be to God in sones of God?* Þat is, among alle holi men þer was neuere ne shal be any founde like in holynes to Iesu Crist, for he oneli þat is wiþoute synne forȝeueþ synne. And to witnesse þis holynes he haþ ordeyned trewe prestes special deputees or vnderseruantes to shewe it, þat none may be like to him in Goddes sones.
65 `For he is oonly Goddis sone´ þurgh kynd in whom may be no synne; and alle oþer folc ben Goddes sones þurgh grace, for þurgh him þei han forȝeue[ne]sse of her synnes. And so þei witnessen þat he freli of his grace forȝeueþ synne to hem þat leeuen her synne mekeli, folowyng him in trewe bileeue.

f. 206ra **{8} Deus, qui | glorificatur in consilio sanctorum, magnus et**
71 **terribilis super omnes qui in circuitu eius sunt.** *God þat is glorified in counseyl of halowes, grete and ferful abouen alle þat ben in his enuyroun.* Þe counseyle of trewe foloweres of Crist in wilful pouert

43 whiche] whom BS 45 in[1]] *om.* BS charite] in cherite BS helpyng] kepynge L 46 to[2]] into þe A, into LBS 47 etenim . . . sanctorum] *om.* L 48 shryue . . . lord (49)] lord heuenys shul shryue þi wondris BS heuenes] heuene A 49 in] is in BS 50 looue] loue and preise BS, preise A þi] her BS 51 wiþ] wiþ þi ALBS 52 grace riȝtwise] *rev.* BS 54 of] *om.* L 55 loouyng] loouyng or preisyng BS, preising A 56 her[2]] þi BS 57 god] o god ALBS 58 similis . . . dei] *om.* L 60 like shal be] shal be like BS 61 ne] nor L 63 special] specyally L 64 to[2]] *om.* A 65 for . . . sone] *lower margin d.h. marked for ins.* C is oonly] *rev.* ALBS 70 magnus . . . sunt] *om.* L 73 enuyroun] circute B

and mekenes, is to trowen, for in alle her werkes þei shewen and seken his loouyng, `oonly ioiyng´ in him, knowyng þat none may be 75 euened to him þat haþ miȝt to forȝiue synne. And in þis counseyl is he glorified. And blasphemed he is in counseyl of wicked men þat feynen hem a power like to him, for þouȝ al þe holy godspel witnesse trewli þat Crist ȝaf power to Petir and to alle his foloweres to bynd and to loose men fro synne, seynt Petir witnesseþ, as he þat sekeþ 80 not his owne glorye, þat al holi writte oweþ not to be taken after þe lettre. For Petir ne none of þe apostles ben cleped Cristes foloweres for her goyng after Crist heere in erþe, but for her trew lyueyng aftir his biddyng in mekenes and wilful pouert and trewe tellyng of his lawe, wherþurgh þei weren made moost like to him `in´ suffryng of 85 passioun, confessyng as trewe bedeles þe power of Crist þat he oneli forȝiueþ synne. And to shewe þis treuþe is eche trew prest holden wiþouten pride and coueitise; and who þat troweþ not to þis is taken and bounde þurgh his owne synne to þe fende, and he þat trewli troweþ it is lowsed fro al synne and take to grace. Þis trewþe oweþ to 90 be shewed of prestes. For on domesday it shal be openli knowen, for þanne Crist shal be grete in his maieste to reward trewe men largely | after her werkes, and aweful in siȝt aboue alle whan he f. 206rb demeþ. For þanne shal anticrist lurke and alle his fautoures þat for coueitise hyȝten to saue men in erþe. For he and his shulen be so 95 clumsed in bondes of synne þat hem shal faile power to aske merci for her synne. But alle his chosen þat trewli confesseden al her power of forȝiuenes in him oneli shole drawen on eche syde to him, loouyng him endlesly.

{9} Domine Deus uirtutum, quis similis tibi? Potens es, 100 **Domine, et ueritas tua in circuitu tuo.** *Lord God of uertues, who is like to þee? Miȝti art þou, Lord, and þi soþefastnes in þin enuiroun.* In þis psalme is fulli shewed þe uertuouse miȝt of Crist, and þat none in miȝte may be ensaumpled to him of whom comeþ al miȝte. Forþi prestes wiþ loue and drede shulden shewe his miȝt, not 105

74 to] *om.* BS 75 loouyng] loouyng or preysyng S, preisyng AB oonly ioiyng] *added margin d.h.* C 76 euened] enemyed BS in] *om.* L 77 and . . . grace (90)] *om.* BS 78 `perdon´ L 80 synne] synnes A 82 ne] nor L 83 after crist] *om.* L in erþe] *om.* L 85 in] *added inner margin s.h.* C 86 þe] *om.* L 91 of] to BS 92 crist shal] *rev.* L 93 aboue . . . demeþ (94)] whan he demyþ aboue alle BS 94 for[2]] fo L 95 hyȝten] -yȝ- *on eras. d.h.* C, fiȝtenA 96 hem] he L 97 for] fro S her[2]] þe L 98 forȝiuenesse] þer forgyfnes L loouyng] loouyng or preysing S, preisynge AB 100 potens . . . tuo] *om.* L 103 fulli] fully *canc.* S, *om.* B 105 forþi] þerfor A, for þat L

presumyng hemself miȝti þerin wher þei moun not auayle wiþouten help of Crist. For alle þat taken on hem his miȝt in þis lif sholen be vnmyȝti in his dome, whan soþfastnes of treuþe in charite shal shyne in alle meke folk þat confesseden heere almiȝtines of God, and hem
110 but sheweres þerof. For suche onely he haþ ordeyned and [h]iȝt to ioie endeles.

{10} **Tu dominaris potestati maris, motum autem fluctuum eius tu mitigas.** *þou art lord to þe miȝte of þe sce, stiryng soþeli of þe stremes of it þou swagest.* þei moun drede and quake þat holden hem
115 heer miȝti, for in þat þei synnen and han no miȝt but as fendes to noien. For siþen þe gospel witnesseþ þat þi trewe foloweres moun do nouȝt þat souneþ in grace wiþoute þee, þanne þin enemyes þat
f. 206va contrarien þee in lyuyng bihouen nede to faile in | her fool hotyng of forȝeuyng of synne, siþ þi wille is not wiþ wicke folc. For þou art
120 suche a lord þat þe sce, þat is þis deceyuable meuyng world, haþ no miȝte to be stired, ne þe deuel ne alle his foloweres, but at þi suffryng. And þe stiryng of þe stremes, þat is of persecucions þou doost not al awey, but þou ekest hem and swagest hem as þou seest hem profitable to þi louers. For in tyme þou swagest in hem þat
125 louen þee treweli styrynges of temptaciouns, þat þei moun stand in grace and wynne þe coroune of endeles ioye hiȝt of þee to hem þat duellen stedfast in godenes. And þat þe steffe stremes of þe sce of þis fals worlde swelowe hem not

{11} **Tu humiliasti sicut uulneratum superbum, in brachio**
130 **uirtutis tue dispersisti inimicos tuos.** *þou mekedest as wounded þe proude, in arm of þi vertue þou scaterdest þin enemyes.* þat is þou ouercam þurgh mekenesse suffryng hard passioun, þe cruelte of þe proud deuel. In þe whiche mekenesse alle þi loueres þurgh ensaumple of þee, ouercomen his lymes þe whiche wonen as
135 tempteres in þis flowyng world. For pride enfebleþ hem in whom

106 presumyng] presumyn L hemself] hem BS miȝti] myȝt L 108 in[2]] and BS 109 heere] -e *added d.h.* C hem] þei BS 110 suche] shuche C hiȝt] liȝt C 112 potestati] potestatis ABS, potestas L motum . . . mitigas] *om.* L 113 lord] lordynge ALBS to] of B stiryng . . . swagest (114)] þou swagist stirynge of þe stremys of it BS 115 to noien] to n- *on eras. of longer* C 118 fool] foly A of . . . synne (119)] S *crossed through in red*, *om.* B 119 þi] þe L 120 meuyng] mouable A 121 ne[2]] nor L 123 hem[2]] *om.* BS 125 þei] *om.* L 127 duellen] perseueren or dwelen S stedfast] stidefastli B 129 in . . . tuos] *om.* L 130 dispersisti] displisisti A wounded] a woundid AL, a man woundid BS 131 proude] proude man BS in] þi L scaterdest] scaterist AL 132 ouercam] ouercome BS 134 ouercomen] ouercamen A whiche] *om.* A

it regneþ as a wounded man þat for sorenes of woundes haþ lost mykil of his strengþe. But beþ war and wakeþ in vertues, for þe deuel ne his ben not as deed, but in eche stede and tyme redy to ensegen and assaile hem þat haten synne. For in arm of þi vertue: þat is, in vertue þat is in werk of þi loue Iesu Crist, gouernour of alle þat 140 louen him in trewe wirkyng, þou hast scatered þin enemyes, summe takyng to þee þurgh conuertyng of hem þat ben perfite, but ma|ny f. 206vb mo for her hardnes in synne þou leuest to þin enemyes, þe deueles, to be punyshed wiþouten ende. For alle þat forsaken heer þi grace and wilen not amend hem and be to þee frendes, þou suffrest to 145 duelle in her synne to be punyshed as enemyes. For

{12} Tui sunt celi, et tua est terra; orbem terre et plenitudinem eius tu fundasti; {13} aquilonem et mare tu creasti. *Þin ben heuenes and þin is þe erþe; þe roundnes of þe erþe and þe fulnes of it þou groundedest, þe norþe and þe sce þou madest.* Heuenes ben þo in 150 whoche þurgh grace Crist resteþ, for as reyne weteþ oþere þat ben lesse kunnyng wiþ trewe werkes and wordes of riȝt bileeue. And in þis life þe world is cleped holi chirche, þat cont[e]yneþ boþ trewe techeres of trewþe and receyueres þerof. Þe fulnes of it is þe treuþe þat comeþ of þise tuo, for þei fillen it be þei neuer so fewe, þurgh 155 vertuouse lyuyng, þouȝ al it be not accepted and holden aftir þe godenes þerof. Þou groundedest in treuþe þe norþe and þe sce: þat is, þe deuel ne his foloweres sholen haue no trewe excusacioun on domesday þat ne þei weren sette in treuþe, and for her wilful forfeture þei ben made [to] her owne dampnacioun purgeres of þi 160 seruantes wiþ her peynes.

Thabor et Hermon in nomine tuo exultabunt; {14} tuum brachium cum potencia. *Thabor and Hermon in þi name sholen glade, þin arm wiþ miȝt.* Thabor, þat is liȝtyng in grace, and Hermon warnyng synne: in þi name Iesu sholen glade in gode conscience, for 165 þei and none oþere moun verreli glade in God, whos consciences ben

136 sorenes] sorow L 138 ne] and A, and all L but] and A stede] tyme L tyme] stede L 139 and] and and L 140 vertue . . . in²] *twice* C, *om.* BS loue] sone BS 143 mo] more L 145 be] to be S 147 orbem . . . creasti] *om.* L 148 þin . . . heuenes (149)] heuenys beþ þyne BS þe¹] *om.* L þe²] þou groundedist þe BS 150 þou groundedest] *om.* BS þe¹ . . . madest] þou madest þe norþ and þe see BS 151 whoche] whom BS resteþ] restest L weteþ] ˋþeiˊ weetiþ S, þei weetiþ B 153 conteyneþ] contynueþ CAL 155 fillen it] fulfyllen L fewe] lewid A 156 al] *om.* A 158 ne] nor L, and A 159 in] on B 160 made to] made to eche BS, made CAL þi seruantes] þer seruauns S, her seruaunt B 162 exultabunt . . . potencia] *om.* L 164 liȝtyng] lyȝtnynge L 165 warnyng] wariyng BS 166 consciences] conscyens L

kept irreprehensible. But many men wenen and seyn þei synnen not, f. 207ra for her conscience | biteþ hem not in þis lif. But þei ben desceyued, but ȝif her conscience be reuled bi resoun. For þe Apostle seiþ he 170 was a blasfeme, and ȝit he wende to haue done wele; but þerfore he was not excusable siþ his dedes weren contrarye to Cristes biddynges. For þe arme þat mekeþ þe proude is þin: þat is, þurgh þi graciouse miȝt þe pride of þe cruel deuel and of his lymes is wiþstonden, and þerþurgh lastyngli þou defendest þi chosen.

175 **Firmetur manus tua, et exaltetur dextera tua. {15} Iusticia et iudicium preparatio sedis tue.** *Fastned be þin hand and hiȝed be þi riȝt hond; riȝtwisnes and dome, greiþing of þi sete.* Þin hond: þat is, þi miȝti werk be festned in proude men þat þei be meked heer, leuyng her pride in boostyng of her power, or elles on domesday bi 180 veniaunce of riȝtwise dome þei shole be meked þurgh pyne endles. And þi riȝt hond þat is þe noumbre of þo þat shulen be at þi riȝt hond, be it eched. For riȝtwisnesse in gode dede and dome in hatyng of synne greiþeþ þe sete in mannes soule. For as foli demyng damneþ þe demere, so riȝtwise dome of vertues and synne left 185 shineþ plesauntli in Goddes presence.

Misericordia et ueritas precedent faciem tuam. {16} Beatus populus qui scit iubilationem. *Mercy and soþfastnes sholen passe bifore þi face; blisful peple þat wot ioiyng.* For drede of þis sentence auȝt anticrist and alle his fautoures, þe which ben alle fals cristen 190 men and wymmen þat contrarien Cristes biddynges, to quake. For mercy, þat is forȝiuyng of synne to alle þat leuen synne in wil and soþfastnes, in pu[n]yshyng of hem þat enden þerin, shal passe bifore f. 207[rb] þi face. And þis know|en shuld be myndful in oure þouȝtes, for in þat blisful is þe puple þat þenken þeron, for þei witen and knowen 195 ioiyng þat worldli folc knoweþ not. For þei in loue and drede offren preisyng to þee in a wondreful ioye of brennyng deuocioun. For þei

Domine, in lumine uultus tui ambulabunt; {17} et in nomine tuo exultabunt tota die, et in iusticia tua ex[a]ltabuntur. *Lord, in liȝt of þi face þei shule go; and in þi name þei shule ioye al day, and in*

174 defendest] defendidist A 175 et[1] . . . tue] *om.* L 176 fastned . . . hand] be þyn hand fastned BS 177 greiþing] be greiþyng B of] to L 179 in . . . power] *om.* BS 183 þe] þi ABS, þer L foli] holy L 184 left] *om.* BS 186 beatus . . . iubilationem] *om.* L 187 iubilationem] in iubilacionem A 188 peple] is þat peple BS þis] þe L 192 punyshyng] puyshyng C 193 knowen] knowyng ABS þouȝtes] hertis A 197 et . . . exaltabuntur] *om.* L 198 in] *om.* A exaltabuntur] exultabuntur C, exultabunt S

þi riȝtwisnes þei shule be hiȝed. Þat is, lord God of heuene in loue of þi sone Iesu Crist þei ben liȝted to go þe euene wey to heuene. For in his name alle trewe folc ioien in þis lif, for hope of endeles blisse, wherþurgh þei ben hiȝed in þi riȝtwisnes þat þou hast hiȝt to þi chosen forȝiuenes of synne. Wherefore þei syngen wiþinne hem in loouyng of þi name þe delites of endeles loue. 200 205

{18} **Quoniam gloria uirtutis eorum tu es, et in beneplacito tuo exaltabitur cornu nostrum.** *For glori of her uertue þou art, and in þi welwillyng hiȝed shal be oure horne.* Þat is, in þise þi folc ioieþ as meche as her uertue is in þi loue; and in þi welewillyng, þat is, in Crist hiȝed shal be oure miȝt, for wiþouten him we ben vnmiȝti to þenke any gode to helþe of oure owne soules. Hou shulde anticrist þanne presume to reles synne, siþ þe wille of Crist þat is almiȝti is not wiþ wicked prestes, but oneli in meke men whos vertues growen, wastyng her fleshli affeccyouns? 210

{19} **Quia Domini est assumptio nostra, et sancti Israel regis nostri.** *For of þe Lord is oure uptakyng, and of þe halowe of Israel oure kyng.* As | who sey, our lord God þat miȝtili defendeþ his loueres and our kyng Iesu Crist þat riȝtfulli reuleþ alle his foloweres in trew gouernayle. For in him ben alle trewe cristen men halowed and taken fro lust and coueytise to contemplacioun of heuenli affecciouns. 215 f. 207va 220

{20} **Tunc locutus es in uisione sanctis tuis, et dixisti: Posui adiutorium in potente, et exaltaui electum de plebe mea.** *Þanne þou speke in uisioun to þi halowes, and þou seydest: I sette help in miȝti, and I hiȝed þe chosen of my folc.* Þanne, þat is, whan þou seidest þat þou speek in uisioun, þat is in priue reuelacioun to prophetes and holi men, for in hem þi wille is shewed whos loue is stedfast and trewe in charite. And þou seidest apertli: I sette help to alle meke men in Crist, þat is almiȝti and wilful to help hem þat wilen leue synne and trist to his merci, doyng his wil. For I haue hiȝed Crist my 225

203 þi[2]] alle þi BS 205 loouyng] loouynge or preysyng S, preisynge AB 206 uirtutis] uirtus A et . . . nostrum] *om.* L 207 glori . . . art] þou art glorie of her vertu BS 208 welwillyng] wylle wyllynge L hiȝed . . . horne] oure horn shal be hiȝed BS is] *om.* L 211 helþe] þe helth L owne] *om.* A hou . . . affeccyouns (214)] *om.* BS 215 et . . . nostri] *om.* L 216 of[1]] *om.* LS þe[1]] oure ALBS halowe] holy L 217 sey] seiþ BS 218 riȝtfulli] riȝtwisli BS foloweres] trewe folewers BS 220 to] in A 221 es] est CL et . . . mea] *om.* L 223 uisioun] a visioun BS 225 uisioun] a visioun BS reuelacioun] relacioun BS 226 holi] to holy AL 227 meke] *om.* A 228 wilen] wilne BS 229 and trist] tristynge A doyng] and doinge A

230 kyndli chosen sone, þat he oneli be hede of my meke folc, as þe deuel is kyng of alle þe childre of pride.

{21} **Inueni Dauid seruum meum; oleo sancto meo unxi eum.** *I fonde Dauid my seruant; wiþ myn holy oyle I enoynted him.* I fond Dauid, þat is Crist, stalworþe of hond to slee Golie þe deuel whom 235 vntrewe men seruen. For Crist as seruant was bowyng and obedient to þe deeþ forto raunsom mankynd; wherfore wiþ myn holi oyle þat is of þe Holy Goost I fild him of whos fulnes alle men aboundantli after her fulnes taken grace.

{22} **Manus enim mea auxiliabitur ei, et brachium meum 240 confirmabit eum.** *For myn hond shal help to him, and myn arm shal* f. 207vb *conferme him.* Þat | is: mi3t of þe Fadre halp Iesu Crist in as meche as he was man, þat alle his enemys mi3ten not noye him a3en his wil, til þe tyme cam þat he wolde suffre, for he was maad fast þurgh uertue of his Fadre in mekenes, whereþurgh alle his folowers 245 ouercomen her enemyes.

{23} **Nichil profici[e]t inimicus in eo, et filius iniquitatis non apponet nocere eis.** *Nou3t shal þe enemye profite in him, and þe sone of wickednes shale not sette to noye him.* Þat is, þe deuel fond noþing in Crist þat was his, and Iudas, þou3 al his wil was to noye him, his 250 werkyng profited not to his harme finalli. For al his tresone in þe Iewes pursuyng turned to ese and loouyng of Crist; and so he was ouercomen, as þe deuel is eche day in chein of chosen men þe whiche ouercomen him. For he n[e] his profiten in none, but in fals men and wymmen whoche he ouercomeþ wiþ lust or coueytise.

255 {24} **Et concidam a facie ipsius inimicos eius, et odientes eum in fugam conuertam.** *And I shal shere or cutte doun fro his face þe enemyes of him, and þe hatyng him into fleyng I shal turne.* Heer moun men of gode wille be counforted, þou3 al anticrist and his tourmen-

230 hede] hei3ed B   231 is] *om.* L   þe] *om.* BS   232 oleo . . . eum] *om.* L   235 seruant] a seruaunt A   was] *om.* L   237 þe] *om.* L   goost] *om.* L   239 et . . . eum] *om.* L   meum] eum A   240 confirmabit] confortabit BS   242 enemys] *om.* L   noye] anoie A   243 cam] come B   244 alle] only alle BS   245 her] alle her A   246 proficiet] proficiat CALS   et . . . eis] *om.* L   247 eis] ei BS   nou3t . . . enemye] þe enemy shal nou3t BS   þe[1]] þat L   248 sette] sette to BS   250 in] and BS   251 loouyng] loouyng or preysing S, preisynge AB   252 þe[1]] *om.* S   in chein] inchen AL   chein of] *om.* BS   253 ne] no C, nor L   254 whoche] whom BS   or] and LBS   255 concidam] custodiam L   et[2] . . . conuertam] *om.* L   256 shere or] *om.* B   257 þe . . . turne] Y shal turne hatyng hym in fleyng BS   þe] *om.* AL   258 þou3 al] þou3 þat A

toures pursuen hem for þe treweþ þat þei make knowen her pride and coueytise, wherwiþ þei deceyuen þe most paart of cristen men. 260
For Crist in his riȝtwise dome shal do awey fro þe ioie of his liȝt alle þat louen þis world more þan him. And alle oþere þat haten him in his loueres, þouȝ al þei seeme miȝti in þis lif and ouercomeres of symple folk, he shal wiþ tourmentes make hem ouercome and flee for drede and leue her felonye. 265

{25} Et ueritas mea et misericordia mea cum ipso; et in nomine meo exaltabitur cornu eius. *And my sooþfastnes and my mercy wiþ him, and in my name hiȝed shal be his horne.* God wile þat eche man be sooþfast in knowyng and punyshyng of his owne synne, and merciful hauyng compassioun of oþer mennes, bisili techyng and 270 counseilyng to leue hem for grete mede, not vtterli demyng hem to be dampned þat lyen in grete synnes while þei han space to leue her synnes. For be a man neuer so synful, he shulde not be despised þat bereþ þe ymage of God. But synne oneli þat God hateþ is to despise, and her cumpany is to be laft, fro whoche synne bi foorme of þe 275 gospel may not be reft. For þe horn of Crist, þat is þe hiȝnes þat he is, preched God, demer in soþfastnes, gode and yuel is to be shewed treuli of prestes to þe peple.

f. 208ra

{26} Et ponam in mari manum eius, et in fluminibus dextram eius. *And I shal sette in þe sce his hond, and in floodes his riȝt hond.* Þat 280 is, Crist shal be miȝti lord on domesday to punyshe wiþ endeles peyne synful men þat heer ben bittre as þe sce in wickednes and enden þerinne. And he shal make lustful men and coueytouse þat wilen not stynte fro þis worldes drit, suget to him in endles peyne, for þei as flodes and wawes in þe salt bittre sce rennen fro synne into 285 synne in þis flowing world, þe whiche Cristes loueres fleen for hope of endeles mede.

{27} Ipse inuocauit me: Pater meus es tu, Deus meus et susceptor salutis mee. *He incleped me: my Fadre art þou, my* 289 *God and receuyour of myn helþe.* Crist as meke sone | incleped þe

f. 208rb

261 in] and L liȝt] siȝt BS 262 in] and L 263 þouȝ al] þouȝ þat A 265 felonye] -e- *on eras., guide* -e- *in margin* C 266 et³ . . . euis] *om.* L 268 wiþ] beþ wiþ BS in] *om.* L hiȝed . . . horne] his horn shal be heiȝed BS 270 mennes] mens synnes A 275 and . . . cumpany] *twice* L to] forto ALBS be laft] leuen ALBS whoche] whom BS 276 gospel] gos/spel C 279 et² . . . eius (280)] *om.* L 280 floodes] hys flodes L 284 þis] getyng of þis BS 288 me] *om.* L deus . . . mee] *om.* L 289 my . . . þou] þou art my fadir BS 290 helþe] hele A

Fadre of heuene, seiyng to him 'My Fadre art þou, in þat þat I am God; my God in þat þat I am man. And in þat þat I am seke in takyng of mankynde, myn helþe is in þin hond reserued lastyngli after þe hardnes of my passioun, þe whiche I suffre after þi biddyng.'

295 {28} **Et ego primogenitum ponam illum, et excelsum pre regibus terre.** *And I shal sette him first borne, hiȝe bifore kynges of erþe.* He seiþ first born for þei ben wont to be honoured biforn oþere. As who sey Crist is most honourable of alle men or aungeles, for none is honourable but þurgh him; and he is hiȝ bifore alle kynges, 300 þat is alle holy men þat ben grounded bi resoun and regnen in uertues abouen vices. For he makeþ no likkenyng of fendes and euele men þat lyuen in vices and shole wone in helle.

{29} **In eternum seruabo illi misericordiam meam, et testamentum meum fidel[e] ipsi.** *Wiþouten ende I shal kepe to him my* 305 *mercy, and my testament trewe to him.* Þat is, to þe endles honour of Crist myn oneli sone þurgh kynde I shal kepe my mercy, for þerþurgh oneli mankynde is saued. And my testament, in þe whiche þe heretage of heuene is kept after myn hotyng to alle þat treuli louen me, is trewe to Crist, for it treuli þurgh him shal be fulfilled to 310 loouyng of þe holi Trinite.

{30} **Ponam in seculum seculi semen eius, et thronum eius sicut dies celi.** *And I shal sette into world of world þe seed of him, and his trone as þe dayes of heuene.* Þat is, in lastyngnes of endeles blisse I shale fastne alle his loueres and foloweres, þat þei oneli tristen in him f. 208va and wirke | after his biddyng loueli alle togider to his loouyng. For 316 in þat ben his disciples knowen from anticristes þat þei loue togidere in þe fourme þat he loued hem. And I shal sette his trone, þat is alle loueres of pees in whoche he resteþ þat þei be shinyng in vertues as dayes of heuene, þat is as aungeles, in her degrees wiþoute nyȝt and 320 lust of coueytise.

291 my . . . þou] þou art my fadir BS I am] þou art L 293 reserued] resceyued BS 295 et[2] . . . terre] *om.* L et[2]] *om.* BS 297 erþe] þe erthe L wont] fyrst wonnet L 298 sey] seiþ BS most honourable] honourablest BS 299 honourable] so honourable BS 300 bi] þurȝ BS 303 et . . . ipsi] *om.* L 304 fidele] fideli C 305 to[2]] in L 310 loouyng] þe loouynge L, loouyng or preisyng S, preisyng AB 311 ponam] et ponam BS in] *om.* S et . . . celi] *om.* L 312 and[1]] *om.* BS 315 after] þere aftir A loueli alle] *rev.* B loouyng] loouyng or preysyng S, preisyng AB 316 anticristes] antecrist BS 318 whoche] whom BS 319 dayes . . . degrees] grees L

{31} **Si autem dereliquerint filii eius legem meam, et in iudiciis meis non ambulauerint.** *But ȝif his sones shole forsake my lawe, and in my domes þei not go.* Goddes sones þurgh grace ben alle trewe cristen men, þe whoche no day of þis lif ben clene fro synne; for in þis lif men ben so frele þat hem nedeþ eche dai to 325 confesse to God þat þei don aȝein his lawe, and gon not in his domes of riȝtwisnes. For many synnes escapen hem heer, þe whiche ben vneuene weied þurgh riȝtwise dome of punishyng, but my merci of forȝiuenes stretcheþ to alle þat synnen þurgh frelte, not of wilfulnes.

{32} **Si iusticias meas prophanauerint, et mandata mea non** 330 **custodierint.** *Ȝif þei warie my riȝtwisnes[ses], and my commaundementes not kepen.* Who shulde not loue and desire to serue þis merciful Lord þat þus suffringli abideþ his chosen? For he forsakeþ none for synne þat forsakeþ it heer and takeþ his merci. For he seiþ, þouȝ þei for a tyme despisen to kepe as þing þat is worþi wariyng þat 335 I haue commaunded riȝtwisli to be kept, I shal not as anticrist venge anone, but

{33} **Uisitabo in uirga iniquitates eorum, et in uerberibus peccata eorum.** *I shal | visite in ȝerde her wickednesses, and in* f. 208vb *betynges her synnes.* I shal visite in ȝerd, þat is in liȝt chastisyng þat 340 þei leue her pride wherof springen alle synnes. And in betynges, þat is in sore tourmentes I shal noye hem ȝif þei wilen not be liȝtli amended.

{34} **Misericordiam autem meam non dispergam ab eo, neque nocebo in ueritate mea.** *But my merci I shal not scater fro him, ne I* 345 *shal noie in my sothfastnes.* Þat is, þe merci of God þe fadre shal not wante, but be euere redy to alle þat Crist his kyndeli sone haþ chosen. Ne I shal not noie hem þurgh deceyte, as liȝers don þat hoten þe þing þat þei wilen not ȝiue. And þat I seye in my soþfastnes þat I shal wiþ endeles peyne punyshe myn enemyes and wiþ lastyng 350 ioie coroune my loueres, I shal holde as I am sooþfast God.

321 et . . . ambulauerint] *om.* L 323 not go] *rev.* BS 325 for] and BS 330 prophanauerint] profanauerunt AS et . . . custodierint] *om.* L 331 custodierint] custodierunt S riȝtwisnesses] riȝtwisnes CL my[2] . . . kepen (332)] kepe not my commaundementis BS 332 to . . . lord (333)] þis merciful lord to serue A to serue] *om.* L 334 forsakeþ] forthynketh L 335 as] as a AL 336 to be] *om.* L 338 et . . . eorum (339)] *om.* L 339 ȝerde] a ȝerde ABS wickednesses] wickidnes AL 340 betynges] betynge L liȝt] leiȝt B 344 neque . . . mea] *om.* L 345 not] *om.* L 346 þe[2]] þat þe L 347 euere] euermoore A 348 ne] nor L hem] hym BS 350 þat] þat \`is´ S, þat is B myn] hem þo myn A

{35} Neque prophanabo testamentum meum, et que procedunt de labiis meis non faciam irrita. *Ne I shal not warie my testament, and þat passen out of my lippes I shal not make voide.* Þat is, 355 þe couenant þat I haue maad, boþe wiþ enemyes and wiþ frendes, I shal holde, not fordo it as anticrist doþ þat todai makeþ a lawe and tomorne fordoþ it, for it displeseþ him. For ȝif I dide so, I [w]aried as he doþ my first ordinaunce, for þanne I were double in entent ȝif I ordeyned a þing and leete it perishe. But þat falleþ not to God but to 360 vnstable men, for alle þat passen of my lippes bi prophecie of trewe prophetes or tellyng of holi men bi whoche I speke, shale not be voide for I shal bryng it to dede. For alle þat I euere highte I shal holde. And þat

f. 209ra **{36} Semel iuraui in sancto meo, | si Dauid mentiar: {37}** 365 **semen eius in eternum manebit.** *O tyme I swor in my halowe, ȝif I liȝe to Dauid: þe seed of him wiþouten ende shal wone.* O tyme, þat is vnchaungeabli I swor in my halowe, þat is I hiȝte bi myn holynes þat þe trewe loueres of my kyndeli sone Iesu Crist shulen regne wiþ him in ioy endles. ȝif I liȝe to Dauid, þat is to Crist, miȝti of honde, no 370 man trowe me; and þat I hiȝte þat þe seed of him, þat is þe foloweres of Crist, shulen sitte wiþ him and deme anticrist and his to peyn endeles.

Et thronus eius sicut sol in conspectu meo, {38} et sicut luna perfecta in eternum, et testis in celo fidelis. *And þe trone of him* 375 *as sunne in my siȝte, and as mone perfite wiþouten ende and trewe witnes in heuene.* And his trone: þat is, al þe faire felowshipe of halowes in whiche Crist shal regne in ioye endeles. And, as sunne shynyng briȝte in myddes of þe someres dai, her soules sholen be in my siȝte; and as moon perfite her bodies shule shyne wiþouten defaute. And of 380 al þis þing is Iesu Crist sette in heuene trewe witnes, for þanne shal trewþe regne þat now is hid þurgh anticrist, and falshed shal haue no stede but in helle, whereinne is endeles pyne.

352 et . . . irrita] *om.* L 353 not] *om.* BS 354 voide] vnnait or voide S, vnnayt AL 356 as . . . him (357)] *om.* BS 357 waried] varied CA, waried *canc.* 'varied' B 358 as he doþ] *om.* BS 359 falleþ] fayleth L to[1]] in BS 361 whoche] whom BS 362 voide] vnnayt AL 363 þat] þat I LBS 364 si . . . manebit] *om.* L 365 o] so L 366 is] was Y BS 367 vnchaungeabli] vnchauniable AL I[1]] *om.* BS 370 foloweres] trewe folewers BS 371 to] *om.* BS 373 et[2] . . . fidelis] *om.* L 375 as[1]] is as BS sunne] þe sunne ABS mone] þe moone ABS trewe witnes] *rev.* BS 376 in[2]] of L 377 whiche] whom BS crist] Y BS 378 myddes] þe myddis A 379 moon] þe mone A her . . . shule] shul her bodies B 382 whereinne] where A

{39} **Tu uero reppulisti et destruxisti; distulisti Cristum tuum.** *þou soþeli puttest aȝein and þou destroyedest; þou delayedest þi Crist.* þou puttest aȝein þi sone Crist whan þou ordeynedest him to 385 be don on þe crosse, and þou destroyedest in him his strengþe for a tyme whan þou suffredest þe Iewes do him despite. For þerþurgh he was delaied fro ioie a while.

{40} **Auertisti testamentum serui tui, prophanasti in terra sanctuari|um eius.** *þou turnedest up þe testament of þi seruant, þou* f. 209rb *wariedest in erþe his seintuarie.* þat is, it semed for grete despite þou 391 lete him suffre þat þou hadest chaunged þe hotyng þat þou madest to him in his loueres, þe whiche ben his seyntuarie. And hem þou wariedest: þat is, þou suffredest hem to be in wariyng of anticrist and his cursed lymes, þe whoche proudli warien alle þat contrarien her 395 coueitise. And so in þis lif þi seyntuarye duelleþ in myssawe, for holi men coueiten not to be holden heer glorious but in heuene; but þe more þei ben despised heer of worldli men, þe gretere is her trist in heuene.

{41} **Destruxisti omnes sepes eius, posuisti firmamentum eius** 400 **formidinem.** *þou destroyedest alle his þorngarþes or hedges, þou settest his fastnyng drede.* þat is: þou suffredest þin apostles þat weren prelates to be slayn, þe whiche weren grete defens to alle cristen folk in trewe techyng of þe bileeue. And holi men þat fastneden þe puple wiþ trewe lore þou settest hem drede to her enemyes whan þei weren 405 slayn. For þouȝ anticrist in þis lif bi his worldli power contrarie Crist in his foloweres, sleyng hem, he and his shulen quake for drede in þe siȝte of þin apperyng.

{42} **Disruperunt eum omnes transeuntes uiam, factus est opprobrium uicinis suis.** *þei reften him alle passyng þe weye, made* 410 *he is repreef to his neiȝebores.* þe riȝt wei to heuene is Crist, in whom yuel men duellen not but passen on to þe deuel, and cause herof ben prelates more and lasse, for þurgh her pride and coueitise Crist and his foloweres is but repreef and sclaundre. For his neiȝebores þat

383 distulisti . . . tuum] *om.* L 386 in] on S 389 prophanasti . . . eius] *om.* L 391 his] þi L 393 in] and L his[2]] *om.* L 394 suffredest] suffrist ABS 400 posuisti . . . formidinem] *om.* L 401 þorngarþes . . . hedges] thornheggis BS þorngarþes or] *om.* L 404 fastneden] fasteden L, fast neden BS 405 her] þyn BS 409 disruperunt] disripuerunt L factus . . . suis] *om.* L 410 made he is] he is maad BS 412 on to] vnto A on] out BS and . . . sclaundre (414)] *om.* BS cause] þe cause L herof] þerof L

f. 209va ben | his loueres, þe whiche ȝernen to come to him, ben ofte letted
416 for euel ensaumple and drede of hem þat shulden be best. But þurgh ensaumple of Cristis passioun and hope of grete mede ben many maad hardi to telle þe soþe and lyue þerafter. For

{43} Exaltasti dexteram deprimentium eum; letificasti omnes
420 **inimicos eius.** *þou hiȝedest þe riȝt hond of þe dounberyng him; þou madest fayn alle his enemyes.* God hiȝed þe miȝte of þe fals Iewes to her owne dampnatioun, whan he suffred hem to ouercome þe manhede of Crist. And so he schal suffre in þis lif til domesdai yuel men bere doun gode men and þanne as victoures þei ben fayn
425 whan þei han geten erþeli pouste. But as Crist shal sitte domesman on hem þat slowen him, so sholen his foloweres on hem þat falsli pursuen hem; and in hope þerof þei ben maad hardi to suffer for Crist.

{44} Auertisti adiutorium gladii eius, et non es auxiliatus ei in
430 **bello.** *þou turnedest awey þe helpe of his swerd, and þou helpedest him not in bataile.* þou turnedest awey þe helpe of his swerd: þat is, þou ȝaue him not miȝte to ouerecome alle yuel men in prechyng of þi word, and in bataile of passioun þou lete him þole deeþ as him þat had no helpe. And al þis þou suffredest him to þole to saue
435 mankynd, and to ȝeue ensaumple to his foloweres to suffre mekeli þe felle persecuciouns þat anticrist ymagineþ to pursue wiþ alle hem þat contrarien þe coueitise of his fals erþeli power wherþurgh he shineþ in þis lif. And were he als pore as seint Petre was and als
f. 209vb meke and able to suffre for Cristes | saak, he shuld shame to be hiȝed
440 aboue alle oþere, siþ many ben knowen lyuyng more perfite lif þan he doþ or may do, occupiyng suche worldli staate. But þe shewer of þis sentence nedeþ to be siker, and weel grounded in mekenes and treuþe, and þanne þar him not drede anticristes malice, for Crist shal be his defendour.

445 **{45} Destruxisti eum ab emundatione, et sedem eius in terra collisisti.** *þou destroyedest him fro clensyng, and his sete in erþe þou hurtest.* Heer moun fals cristen men quake for drede, for her first

415 ȝernen] desiren A 417 ben many] *rev.* A 419 eum] te L letificasti . . . eius] *om.* L 420 þe[2]] men BS 424 men[2]] *om.* BS 427 þerof] herof B 429 et . . . bello] *om.* L 432 ȝaue] ȝeue BS 436 wiþ alle] *om.* L 437 þe] his ABS of . . . malice (443)] *om.* BS 439 shame] be schamyd A 440 lyuyng . . . lif] moore parfiȝt liif lyuynge A 441 worldli] hiȝe wordli AL 443 þar] dar A 445 et . . . collisisti] *om.* L 446 his . . . hurtest (447)] þou hurtist his seete in erþe BS 447 her] þe L

baptem wherþorou þei ben cleped cristen men vaileþ not to saluacioun, ȝif þei lyn in synne and ende þerinne. For many þat semen clene to þe world, and þe restyng place of Crist, ben þurgh pride destroyed and erþeli loue. In þis synful ȝoc wiþ ypocrisie drawen oure prelates, hurtyng alle her foloweres. And þerfore 450

{46} Minorasti dies temporis eius, perfudisti eum confusione. *Þou lessedest þe dayes of his tyme, þou hildest him ful of shame.* Þe fals Iewes wenden þat þe dayes of Crist haden be lessed, for he was sone taken of þis lif, as anticrist weneþ of trewe men whoche he depriueþ of wretchednes, for fro þis wretched lif sodeynli trewe men passen to endeles ioye. And Crist was heelded ful of shame whan he shamefulli heng bitwene tuo þeues, þat his foloweres shulden not shame of any repreef for his loue. For alle þat heren þe repreef of synne bi trewe conceyte of inspiracioun ben glad to suffre for Cristes loue more þan anticrist can coniecte, þouȝ al þei seie 455 460

{47} Usquequo, Domine, auertis in finem: | exardescet sicut ignis ira tua? *Hou long, Lord, turnest þou awei into þe ende, as fiir shal brenne þi wraþþe?* Þat is, hou long shal þis blyndenes of anticrist last? shal it be into þe ende, þat is shal his ypocrisie laste euere wiþouten knowyng? Nay, for trewe men shole conceyue þi wraþþe, hou þou art mooued aȝein him. And loue and drede shale meue hem to telle þi riȝtwisnes, þouȝ al þei suffre þerfore in þis liif hard pyne. For her hope shal be counforted in þi riȝtwisnes þat al pyne in þis lif suffred for riȝtwisnes is but as fiir þat purgeþ gold; and fiir after þe dai of dom shal brenne and waste stockes and strawe. Wherfore f. 210ra 465 470

{48} Memorare que mea substancia; numquid uane constituisti omnes filios hominum? *Biþenk which is my substaunce; for wheþer in veyn hast þou sette alle þe sones of men?* As who sey, Fadre almiȝti, þouȝ anticrist þurgh ypocrisie for pride and coueitise make many to falle, biþenke þee of my substaunce þat þou suffre not him ne his ouer longe be vnknowen, so þat my chosen failen not, for 475

448 vaileþ] availeþ A 449 ende] deye B 450 þe[2]] *om.* L þurgh] *om.* L 451 and] in L 452 drawen] drowen BS prelates] gouernours BS her] oure A 453 eius] *om.* A perfudisti . . . confusione] *om.* L 456 whoche] whom BS 457 sodeynli] *twice, first canc.* C 458 shamefulli] schamely he A 459 any] no ALBS 461 conceyte] consent L 462 coniecte] coniectetten A, coueyte L þouȝ al] þouȝ þat A 463 in . . .tua] *om.* L 464 ira] in ira A as . . . wraþþe (465)] þi wraþ shal brenne as fuyr BS 465 brenne] brenneth L 469 þi] þe L þouȝ al] þouȝ þat A 470 pyne] þe pyne BS 473 substancia] est substancia L numquid . . . hominum] *om.* L 475 sey] seiþ BS 477 falle] faile BS 478 ne] nor L

þurgh þi miȝt and þi merci þer is led to þe which hotyng is maad of
480 endeles blisse. For þouȝ anticrist regne now as god abouen alle
childre of pride, þou hast not in veyn maad alle men sugete to him.
But

{49} **Quis est homo qui uiuet et non uidebit mortem? eruet animam suam de manu inferi.** *Which is man þat shal lyue and shal*
485 *not se deeþ? shale delyuere his soule of þe hond of helle.* As who sey,
Fadre almiȝti biþenke þee þat þou lete me, Crist þi kyndeli sone,
f. 210rb take mankynd and deye as man to saue myn heretage bihiȝte | of
þee. And after my risyng deeþ þurgh þi miȝte shale haue no more
lordship in me. For I oneli þurgh þi godenes mai delyuere my soule
490 fro helle, and alle my chosen fro anticristes subieccioun. Forþi as
trewe spouse languishyng after his make I aske

{50} **Ubi sunt misericordie tue antique, Domine, sicut iurasti Dauid in ueritate tua?** *Wher ben þin olde merciynges, Lord, as þou swor to Dauid in þi soþfastnes?* Where ben þin olde mercies þat þou
495 dedest to olde fadres? whi dost þou not as þou swor to Dauid, þat is
to Crist, moste miȝti man in vertues þat þou hiȝtest to defende his
chosen fro alle noyful periles? Wheþer þou shal not hold þat hotyng
to him, as þou heelde þe hoting of him to prophetes þat he shulde
come and saue mankynde? Ȝis. Forþi

500 {51} **Memor esto, Domine, opprobrii seruorum tuorum, quod continui in sinu meo multarum gentium.** *Be menyng, Lord, of þe repref of þi seruantes þat I heelde in my bosum of many folkes.* As who
sey: Fadre, do as þou hiȝtest, be menyng to reward my chosen wiþ
endeles blisse for meke suffryng of repref of many euel folk. For þe
505 graunt of þis bede is paciens kept in myn hert to looue þee wiþal.
For noþing pleseþ þee more þan doþ meke suffring.

{52} **Quod exprobrauerunt inimici tui, Domine, quod exprobrauerunt commutationem Christi tui.** *Þat þin enemyes upbreiden, Lord, þat þei upbreiden þe chaungyng of þi Crist.* Men of gode wille

479 led] seed BS þe] þee A is . . . of] *om.* A 480 abouen] among A
483 eruet . . . inferi] *om.* L 484 man] þe man A 485 sey] seiþ BS 486 þee] *om.* BS 487 saue] take L 490 forþi] for þat L 492 antique domine] *rev.* AL sicut . . . tua] *om.* L 493 merciynges] mercies BS 494 þin] þe BS 495 as] so as A 499 forþi] þerfore A, for þat L 500 quod . . . gentium] *om.* L
501 be] he L menyng] menynge or myndeful S, myndeful AB lord] *om.* BS
502 repref] repreues BS I] þou L 503 sey] seiþ BS menyng] myndeful AB, menanand L wiþ] wiþ/outen A 505 looue] looue or preyse S, preise B, loue A
507 quod[2] . . . tui] *om.* L 509 lord . . . upbreiden] *om.* L

þat suffren heer grete repreues moun be hugeli counforted in þe 510
pacient suffryng of Crist, for in al þinge þat he dide for mannes helþe
he was upbraiden of þe wicke Iewes. | For þe gracious resurreccioun f. 210va
of Iesu Crist þat was chaunged fro deeþ to lif in his uprisyng, and fro
erþe to heuene in his glorious steiȝyng, is scorned and vntrowed of
þe wicked Iewes. For it is seide þat þe fals knyȝtes þat kepten Cristes 515
sepulcre weren stopped wiþ grete ȝiftes and made to seye þat he was
stolen fro hem, so þat ȝit þe Iewes trowen not þat he ros bi myȝt of
his godhed. And so anticristes procuratoures ben stopped wiþ grete
benefices and worldli ritchesses þat þei duren not make knowen his
ypocrisie; but who þat confesseþ þat his next foloweres shulden lyue 520
in most wilful pouert and mekenes shal be upbroiden and sclaundred
as enemy to holy chirche. But þe ende of þis psalm þe Prophet
comaundeþ al in preisyng of him þat haþ do so many benefetes to
cristen men, and seiþ

{53} **Benedictus Dominus in eternum, fiat, fiat!** *Blessed be þe* 525
Lord wiþouten ende; be it do, be it do! þat is: preised be þe Lord of his
loueres wiþouten ende, þat is in þis world and in þat oþere. For he
wonderfulli makeþ knowen to hem his wille, þe whiche is hid from
anticrist and alle þat bosten of his power and kunyng, for oneli þurgh
trewe ymaginacioun of his mekenes ben alle anticristes deceytes 530
knowen to trewe men. And as he is blessed of pacient men, so be he
of proude men made meke. So be it, amen!

Psalmus .89.

{1} **Domine, refugium factus es nobis a generacione in generationem.** *Lord, socour art þou maad to us fro generacioun into generacioun.* Heer þe Prophete after his sharp speche to þe world,
fulfilled of þe Holi Gost, biþouȝt him þat ha | te and pursuyng wolde f. 210vb

510 heer] *om.* L grete] *om.* BS hugeli] vgly A 512 gracious] glorious BS
513 iesu] *om.* BS 514 erþe] þe erþe BS scorned] scoorgid A 518 and . . .
chirche (522)] *om.* BS 519 benefices] benefetes L not] *om.* L 523 comaundeþ]
concludit BS 525 þe] oure ALBS 526 þe] oure ALBS 527 in[1]] *om.* L
529 his] her BS for . . . men(531)] *om.* BS 531 he of] *om.* BS

Ps. 89 CALBS
heading C (*r.h.* . . . refugium, *first word cut off*) , lxxxix huc usque Jebar iijorum moysy
hominis dei voyce of aposteles voyce of prayer for the pepull L, '89' *d.h.* B, The lxxxvii
psalm A, *om.* S 1 a . . . generationem] *om.* L 2 socour . . . us] þou art maad to vs
(*add.* fleyng or S) sokour BS 4 pursuyng] pursute A

5 folowe þerof, wiþ grete trist seide 'Lord, to þee we fleen in al our wo. For þou graciousli helpest alle þine in tyme of nede fro generacioun of þe old lawe, whereinne men weren greuously charged wiþ noiȝous cerymonyes bifore þe comyng of Crist, into þe generacioun of þe newe lawe, þe whiche is þurgh openyng of þe Holi Gost a
10 counfortable wei to gon in to alle meke men of gode wille.'

{2} Priusquam montes fierent, aut formaretur terra et orbis, a seculo et usque in seculum tu es Deus. *Bifore þat hilles weren maad, or þe erþe was shapen and þe world, fro world and into world þou art God*. Þat is, er aungeles weren maad of nouȝt, or þe erþe was
15 shape in fourmyng of þe world wiþ þe elementes, fro wiþoute bigynyng and wiþouten endyng þou art God myndeful and wilful to helpe alle þi chosen to laste in mekenes, wherþurgh þei knowen verre treuþe in þis lif and ben þerafter brouȝt to ioie endeles. `Forþi´

{3} Ne auertas hominem in humilitatem; et dixisti 'Conuerti-
20 **mini, filii hominum'**. *Turne not man awey into mekenes; and þou seidest 'Turneþ, sones of men.'* Turne not man awey fro endeles blisse, þouȝ he be cast for his mekenes of anticrist into grete þraldom and holden as vile. For þi loueres suffren, for þou seydest 'Turneþ, sones of men, fro þe fals loue of erþe to lastyng loue of heuene.'

25 **{4} Quoniam mille anni ante oculos tuos, tanquam dies esterna que preteriit**. *Forwhi, a þousand ȝeer bifore þin eiȝen as ȝisterday þat is passed*. Þat is, hou long tyme so it is þat any man may
f. 211ra lyue heer, ȝif it be likned to þi lasting|nes, it is but as a day þat is passyng and now is not. Forþi trewe men of riȝt bileeue þur not
30 drede to suffre heer pyne þat endeþ in a short tyme. Loo, hou sone

Et custodia in nocte {5} que pro nichilo habentur eorum anni erunt. *And kepyng in nyȝt þat for nouȝt ben had of hem þe ȝeeres shule be*. Þat is, as wakyng in nyȝt þat haþ but þre houres, to þe whiche

6 þou] *om.* L 7 greuously] gracyously L 11 aut . . . deus] *om.* L orbis] orbs BS 12 þat] þe L 13 þe[1]] *om.* BS was] were A world[1]] world or roundenes BS fro] from þe A and[2]] `and´ B, *om.* L world[3]] þe world AL 17 alle] *om.* BS 18 þerafter] þere þoru A, herafter B ioie] þe ioye A forþi] *margin d.h.* C, þerfore A, for þat L 19 et . . . hominum] *om.* L 21 man awey] *om.* L 22 of anticrist] *om.* BS 23 for þi] for þat L 24 þe] þis L lastyng] þe euerlastynge L 25 tanquam . . . preteriit] *om.* L 26 as] beþ as BS 29 passyng] in passinge ALBS forþi] þerfore A, for þat L of . . . bileeue] *om.* BS þur] dur A, þar B, nede L 30 heer] þer L a] *om.* BS 31 custodia] custodiam L eorum . . . erunt] *om.* L 32 of . . . be (33)] þe ȝeris of hem shul be BS 33 is] *om.* A but] not but L

wakyng he licneþ þis lif, for it slideþ awey fro many men wiþoute fruyte in bysynes and merknes of þe fals world. And so þe ȝeeres of coueytous folk ben but as dremes had for nouȝt: for þe tyme of þis lif, whan þei shulden haue gedered fructuous werkes, þei waasteden in lustes and worldli bisines, not þenkyng þat 35

{6} Mane sicut herba transeat, mane floreat et transeat, uespere decidat, induret et arescat. *þe moorn as herb passeþ, þe morn florisheþ and passeþ, at euene it falleþ, hard*[*eþ*] *and drye*[*þ*]. Wherof in þis lif shuld man haue ioie but ȝif he plese his God, wherfore he may hope endeles mede? For ȝeeres vanishen soone awey as dewe doþ bifore þe hote sunne. For þe morn of childhode passeþ as herbe: þat is, bi soone chaunging fro þat qualite into anoþer morn of ȝouþhed þat florisheþ and passeþ, for soone it haþ shewed þe flour, and þanne þe flesshe waxeþ hard and clungen and drie as dust. Wher is þanne his herbe, þat is þe ioie of his childhed? wher is þanne his flour, þat is þe welþe of his ȝouþehede? Al is brouȝte to grounde and he liiþ clungen in clei. And, but he haue riȝtli lyued, he mai sei þanne weilawey. For after þis lif mai no þing him | help, but ȝif he heer kepte Cristes biddynges. 40 45 50 f. 211rb

{7} Quia defecimus in ira tua, et in furore tuo turbati sumus. *For we faileden in þi wraþþe, and in þi wodenes troublid ben we.* Þat is, for old Adames synne we alle faileden fro þe state of immortalite, but þurgh þe grace of newe Adam we shule recouere þat staate and be maad more blisful, ȝif we lasten in þis lif doing his biddynges. But in þi wodnesse: þat is, in þi riȝtwise dome, whan þou shalt seme wod to alle þat heer despiseden þi biddinges, manye sholen be troublid whanne þei shulen iustli be dampned to helle. For 55 60

{8} Posuisti iniquitates nostras in conspectu tuo, seculum nostrum in illuminacione uultus tui. *þou settest our wickednesses in þi siȝt, and our world in liȝtenyng of þi face.* Þat is, no synnes þat we

35 merknes] derknes AB 37 waasteden] wasten L 38 lustes] bisynes A bisines] lustis A þat] þat manye AL 39 mane[1]] *om.* AL 40 uespere . . . arescat] *om.* L herb] þe erbe BS 41 hardeþ] hard CALS dryeþ] drye CALS 42 shuld] shal BS 43 hope] haue L 44 of] as A 50 but] but if BS 52 him] *twice* L help] saueþ or helpe S, saue or helpe B kepte] kepe A 53 et . . . sumus] *om.* L 54 troublid . . . we[2]] we beþ troublid BS troublid] *on eras. d.h.* C 55 faileden] falle in þi wrathe fro L 56 newe] þe newe L 57 maad] *om.* A lasten] rest L his] after his L, þy S 59 despiseden] dyspyse LBS troublid] *on eras. d.h.* C 60 þei] *om.* L iustli be] *rev.* L 61 in . . . tui] *om.* L 62 wickednesses] wyckednes L 63 world] lord L synnes] synne ALBS

do may ben hid fro þee, and þe vnordinate loue þat we han to þis fals
65 world, þou settest bifore þee to punyshe it. For, as þou in euenhed
rewardest mede of endeles blisse to þi loueres, so þou dost iustli pyne
to þine enemyes.

{9} **Quoniam [omnes] dies nostri defecerunt, et in ira tua defecimus**. *For alle oure dayes faileden, and we faileden in þi wraþþe.*
70 Alle þat in þis lif louen more passing þing þan aylasting deseruen of
þee þi wraþþe to haue shorte dayes. For alle suche synnen in trist of
þi grete merci or in hope of long lif, and soche ben ofte deceyued for
hem lackeþ boþe.

Anni nostri sicut aranea meditabuntur, {10} dies annorum
75 **nostrorum in ipsis septuaginta annis**. *Oure dayes as yreyne shul*
f. 211va *þenken, þe dayes of oure ȝeeres in þise seuenty ȝeeres.* As | yrein
traueileþ and makeþ veyne webbes to take flies wiþ gile, so oure
ȝeeres ben occupied in ydel, and bigilyng of castes aboute erþeli þing
þat oftesiþes doþ harm and passeþ wiþouten fruyte of gode werk, for
80 we wasten meche tyme in ydel þenkyng and wickedde dede. And ȝit
we shule ȝiue reknyng of eche tyme, hou we dispenden it, and what
gode we miȝte han do þerinne, and, ȝif þe werkes þat we wrouȝten
acordeden to þe staat þat we presenteden bi resoun not of oure owne
hiȝenes. And þe dayes of our ȝeeres ben fulfilled in seuenti ȝeer: þat
85 is, þei bringen not forþ but þat þat falleþ to fleshli lif þat renneþ wiþ
seuen dayes. For lustful men and coueitous restreynen not her wille
on þe Sonenday more þan on oþere daies limyted for trewe wirkyng,
but ȝif it be for worldes shame more þan for loue of God—as men
may see bi letchoures and glotounes, and coueitouse men after
90 worldes gode, hou þei more vsen her synne whan þei shulden
kepe her holi day þan þei don on þe wokedai.

65 þee] *om.* L euenhed] heuen L 68 omnes] *om.* CALBS et . . . defecimus] *om.* L 69 faileden[1,2]] faylen L 70 aylasting] euerlastinge AL 71 þee] *om.* BS 72 grete] *om.* L hope] helpe L for] of L 73 lackeþ] *om.* L 74 dies . . . annis] *om.* L 75 yreyne] þe yreyn or attercoppe BS, a reyne L 76 yrein] þe ireyne AS, þe attrecoppe B 78 and] *om.* BS of] *om.* BS castes] castynge A, lastyng L 79 oftesiþes] often tymes L werk] warkis L 80 wickedde] in vnnayt ABS, voyde L dede] *om.* BS 81 shule] schulden A eche] euery L 83 acordeden] acordynge L presenteden] presenten L 84 ben] as L fulfilled] fillid A ȝeer] ȝeris B 85 þat þat] þat B fleshli] þe fleishli BS 87 on þe sonenday] *om.* L on[2]] in BS trewe] þe true L 90 worldes] worldly L more] more comynli BS 91 her . . . day] oure holy A on] in B wokedai] werkday BS, wekedayes L

Si autem in potentatibus octoginta anni, et amplius eorum labor et dolor. *But ȝif in miȝtes foure score ȝeer, and þe more of hem trauaile and sorowe*. Þat is, ȝif man turne fro vices and lede his lif in vertues, forsakyng alle vanitees, he haþ four score ȝeer, for þanne he draweþ to þe lastingnes of heuene. But ȝif he take anoþere way þan þis, þat is ȝif he passe wilfulli þe merkes of vertuous lyuyng, he byndeþ him to noiȝous tra | uayle and endeles sorowe after þis lif. 95 f. 211vb

Quoniam superuenit mansuetudo et corripiemur. *For ouercomeþ debonerte, and we shulen be chastised*. Meche is debonerte to preyse, siþ God of his godenes is þerþurgh meued to chastise men heer in þis lif, forȝiuyng vs our synne þat we bifore diden. For 100

{11} Quis nouit potestatem ire tue.{12} Et pre timore tuo iram tuam dinumerare? *Who knewe þe pouste of þi wraþþe? And for þi drede þi wraþþe noumbre?* Þe pouste of Goddes wraþþe is þat he may iustli punyshe heer for synne, and siþ ley a clumsed man in helle þat wold not amend heer for loue ne drede of God. Who knoweþ þis? as who sey, wijs is he þat can noumbre þi wraþþe, þat is depaarte it. Hou þou shewest it to frendes and hou to foos? For þou sparest many in þis lif to her dampnacioun and letest hem lyue in lustes and likynges, as hem of whom þou hast no cure, and sum þou punyshest in þis lif to þe helþe of her soules. Forþi 105 110

Dexteram tuam sic notam fac, et eruditos corde in sapiencia. *Þi riȝt hond so make knowen, and lerned of herte in wisdom*. Þat is, while þou chastisest heer þi frendes and sparest to þin enemyes, make knowen þi riȝt hond, þat is wheche shule be in endeles blisse sette at þi riȝt honde. And also for þi merci make knowen lerned of herte in gostli wisdom, þat is in discrecioun in alle her dedes, þat oþere of symple kunnyng þat han þe loue of God wiþoute discrecioun, þat fonden ofte to do more þan þei mai and in oþer maner þan þei | shulden, mai take ensaumple of hem þat ben discrete. 115 120 f. 212ra

92 et . . . dolor] *om.* L 93 miȝtes] myȝtynes L of] \`ouer´ of B 94 trauaile] in traueile A 96 take] takiþ A 99 et corripiemur] *om.* L for] for because L ouercomeþ debonerte] *rev.* BS 102 bifore diden] be forbeden L 103 et . . . dinumerare] *om.* L 104 pouste] powre L for þi] þerfore A 105 þi[1] . . . noumbre] noumbre þi wreþ BS pouste] power L 107 loue] drede A ne] nor L drede] loue A, for drede L 108 sey] seiþ BS 109 \`nota´ *plummet* C 111 hem of whom] þey L punyshest] ponysche L 112 forþi] þerfore A, for þat L 113 fac] *om.* A et . . . sapiencia] *om.* L 114 þi . . . knowen] so make knowe þi riȝt hond BS 115 chastisest] chastysed LB to] þin to *canc.* S, *om.* B

{13} **Conuertere, Domine; usquequo? et deprecabilis esto super seruos tuos**. *Turne, Lord; hou long? and preiable be abouen þi seruantes.* Turne þee to us in merci: hou long shalt þou be turned
125 fro us? For a token han þi seruantes of þi merci and þi wraþþe: þise, as long as þei knowen hem þurgh yuel custum bounde to any synne, þat þou art not fulli turned to hem. Forþi in pite tempre þi riȝtwisnes, þat þou maiȝt be preied and synful men herd. For þanne þei hopen fulli merci of forȝiuenes, whan old yuel custume
130 is lefte and no þing duelleþ in hem of synne but oneli freelte, þe whoche lasteþ wiþ a man alle þe daies of his lif.

{14} **Repleti sumus mane misericordia tua, exultauimus et delectati sumus omnibus diebus nostris**. *Fulfilled we ben on morn of þi merci, and we ioieden and we ben delited in alle our dayes.* Whan
135 we leuen our synne for drede and loue of þi name, we ben þanne fulfilled of þe ioie of þi merci. For þanne we han trist of forȝeuenes of our synnes. At morn, þat is whan we bigynne to hate synne and drawe to vertuous lyuyng, þi grace liȝtneþ our hertes, and so we ioien in þi loue and ben delited to do wel in alle þe daies þat we
140 lyuen oute of synne of wilfulnes.

{15} **Letati sumus pro diebus quibus nos humiliasti, et annis quibus uidimus mala**. *We ben fayn for daies in whiche þou us mekedest, and ȝeres in whiche we han seen yueles.* Þat is, þi loueres ben
f. 212rb fayn whan þei ben descharged of synne of wicked | wil, for þanne
145 her hope is in heuene to haue endles blisse, and þe mor for meke suffryng of peyne wherwiþ God preueþ his chosen in daies and ȝeeres of þis exile.

{16} **Respice in seruos tuos et in opera tua, et dirige filios eorum**. *Loke into þi seruauntes and into þi werkes, and riȝt þi sones.*
150 Loke wiþ þe eiȝe of bliþehed in þi seruauntes, þe apostles, þe whiche deden heer þi biddinges; and loke in þi werkes, for as meche as any werke is gode and wel do, it is þi werc. And riȝt her sones, þat is þe willes and þe werkes of her foloweres to þi loouyng, stablyng hem in

122 et . . . tuos] *om.* L 123 preiable] preisable A be] be þou BS abouen] vpon BS 127 þat] þanne BS forþi] þerfore A, for þat L 128 maiȝt] maist AL, may BS 129 merci of] of mercy and L 131 his] þis BS 132 exultauimus . . . nostris] *om.* L 133 fulfilled . . . ben] we beþ fulfild BS 134 ioieden] ioyen L 135 þanne] *om.* BS 136 þe] þi L 137 whan] *om.* L 141 et . . . mala] *om.* L 142 us mekedest] *rev.* BS 143 mekedest] mekest L yueles] vuylnes L 148 et[2] . . . eorum] *om.* L 149 þi[3]] her BS 150 þe[1]] þi L 152 þe] þi L 153 loouyng] loouyng or preysing S, preisyng AB

loue þat anticrist ne none of his chaunge her wille for drede of coueitise. 155

{17} Et sit splendor domini Dei nostri super nos, et opera manuum nostrarum dirige super nos, et opus manuum nostrarum dirige. *And þe shinyng of þe lord our God be on us, and þe werkes of our handes riȝt on us, and þe werk of our hand þou riȝte*. Þe shinyng, þat is þe ymage of Cristes werkes be in our þouȝtes, 160 liȝtnyng our hertes in alle trewe dedes, þat we moun lyue in þis lif in contemplacioun of heuene, þat alle our werkes be don in charite and riȝted vnto lastyng mede. But anticrist þurgh his feyned power deceyueþ heer many symple men, whan he makeþ hem aȝen resoun trowe to his feyned werkes, þe wheche men of riȝte bileeue knowen 165 wiþoute fruyte of lasting mede, for boþ his werkes and his wordes sounen in pride and coueitise.

Psalmus .90.

{1} Qui habitat in adiutorio Altissimi, in protectione Dei celi com | morabitur. *He þat woneþ in help of þe Hiȝest, in proteccioun of* f. 212va *God of heuene he shal wone*. Þat is, he þat setteþ al his hope in God not in himself ne in any oþer creature, and lasteþ in gode wirkyng and purposeþ him to ende þerinne, he shal duelle vndir Goddes 5 kepyng þat he be neiþer takyng wiþ foule delite, ne ouercome wiþ wicked drede. For in tyme of temptacioun

{2} Dicet Domino: susceptor meus es tu, et refugium meum, Deus meus; sperabo in eum. *He shale seye to our Lord: myn uptaker þou art, and my defender, my God; I shal hope in him.* He þat 10 tristeþ oneli in þe help of God, and ioieþ in him and seiþ: þou Lord

154 loue] þi loue LBS ne] nor L 156 et[2] . . . dirige (158)] *om.* L 157 opus] opera A 158 and[1]] *om.* BS þe[2]] owur L our] *om.* L on] vpon L 159 þe[1] . . . riȝte] riȝte þou on vs þe werkus of oure hondis and þe werk (werkis S) of oure hondis þou riȝte BS werk] werkes L of[2]] on L hand] hondis AL 163 riȝted] ryȝthode L but . . . coueitise (167)] *om.* BS 167 sounen] sounden L

Ps. 90 CALBS

heading C (*r.h.* Qui habitat), xc laus cantici ipsi dauid nocturno tempore, voyce of god to them that beleue in hym L, \`90ʹ *d.h.* B, þe lxxxviij salme A, *om.* S 1 in[2] . . . commorabitur] *om.* L 2 in . . . wone (3)] he shal wone in proteccioun of god of heuene BS 3 heuene] *twice* L 4 ne] nor L 5 ende] þe ende S 6 þat] yf þat L takyng] takyn LS, take B ne] nor L 8 et . . . eum] *om.* L 9 myn . . . art (10)] þou art myn vptaker BS 10 þou art] *rev.* AL defender] fleynge or defendyng BS

of þi grete merci takest me fro anguyshe of al loue þat is vnordinele to any creature, and so of þi grace I may deserue mede in heuene for stedfast loue in þis lif of þi name. And my defendour þou art fro al 15 noiȝe and scorn of þis lif. Forþi I wil seye it is best to hope in him onely.

{3} **Quoniam ipse liberauit me de laqueo uenantium et a uerbo aspero.** *For he delyuered me fro þe snare of huntyng and of sharp word.* Þat is, God of his godenes heeldid into myn herte delitablete of 20 his name wherþurgh I was rauished in his loue. And so he delyuered me for my perseueraunce fro þe snare of huntyng, þat is of flessheli delites and lusty þouȝtes þe whiche deueles leyn as snares to take wiþ men. But alle þei neiȝeden not to my wille to synne. For whos mynd in temptacioun is freshe for Cristes loue, in his passioun and in 25 benefetes þat he haþ do for mankynde, defouleþ alle þe deueles f. 212vb trappes of foul lust and | coueitise. And he delyuered me of sharp word, þat is he ȝaue me grace for my gode wille to suffre pacientli for his loue alle wronges and scornful mysseiynges.

{4} **Scapulis suis obumbrabit tibi, et sub pennis eius sperabis.** 30 *Wiþ his shuldres he shal shadow to þee, and vnder his feþeres þou shalt hope.* Þat is, he shal ȝeue bi shadowyng helpyng þee in alle noiȝes, and sette þee bifore his brest, for he is euere of gode wille to alle his loueres þat hem þar drede no cautele in þis lif, while þei lasten in his loue. And vndur his feþeres þou shalt hope to be sikerli hiled fro þe 35 hete of synne. He spekeþ heer as he doþ oft bi liknes like to þe purpos declaryng his wille. For as þe henne hileþ her briddes vnder her wenges fro þe glede, so our wilful, merciful and almiȝti gode God defendeþ hem in tyme of nede þat trewli tristen to him. For

{5} **Scuto circumdabit te ueritas eius, non timebis a timore** 40 **nocturno.** *Wiþ sheld shale vnuyroun þee his soþfastnes, and þou shalt not drede of þe drede of nyȝt.* Þat is, he þat confourmeþ him to folowe Crist wilfulli in þis lif shal drede no pyne of anguysh, as þeues don

12 takest] take BS vnordinele] inordynate L, vnordynat B 14 þis life] erthe L defendour] fleyng BS 15 noiȝe] anoie A forþi] þerfore A, for þat L is] *om.* L to hope] *om.* L 17 me . . . aspero] *om.* L 18 huntyng] men huntyng BS of [2]] fro L 19 heeldid] *on eras of shorter d.h.* C into] in BS 21 for] fro *canc.* ˋforˊ B, fro S 22 wiþ] *om.* L 25 mankynde] al mankynde BS 26 lust] lustes L 29 et . . . sperabis] *om.* L 31 bi] *om.* L noiȝes] anoies A 32 alle] *om.* L 33 hem þar] þei nede L þar] dar A 36 wille] wys wyll L 37 merciful and almiȝti] and mercyfull L 38 to] in AL 39 eius . . . nocturno] *om.* L 40 wiþ . . . soþfastnes] his soþfastnes shal enuyroune þee wiþ sheld BS shale] he shall L 41 nyȝt] þe nyȝt L

þat han do þat dede wherfore þei dreden to be hanged; for his soþfastnes, in þe wheche he demeþ iustli and fulfilleþ treuli þat he hiȝte, shal enuyron þee as sheld, defendyng þee in þis derk lif fro drede of endeles deeþ. And also 45

{6} A saggita uolante in die, a negocio perambulante in tenebris, ab incursu et demonio meridiano. *Of arewe fleȝing in day, of nede goyng in merknes, of inrisyng and mydday deuel.* þat is, þou shalt not drede of þe arowe fleȝyng in dai of þis | wretched lif, þat is fals ese and welþe þat þirlen þe hertes of many men. For þei maken more of þe iolifte of þis wretched lif þat sodeynli faileþ þan þei don of þe lastyng kyngdom of heuene. And þou shalt not, ȝif þou laste in Cristes loue, haue drede of nedes goyng in merkenes, þat is whan a man is in doute what he shal do, or what he shal flee. But þou shalt haue gode counseyl ȝif God hile þee in hid þinges. And þou shalt not drede of þe inrysyng and mydday deuel, þat is apert rysyng of yuel men aȝen þee, þouȝ al þe fende and his transfiguren hem into aungeles of liȝt, makyng hem þurgh ypocrisie to seme bright in power and holynes as myddai to deceyue men wiþ fals engynes þurgh colour of vertues. But ȝif men knewen hem wiþinne as þei seen hem wiþoute, þei shulden for drede and vggyng crouche hem and flee hem. For þurgh þis deceyuable inrysyng of myddai deueles many fallen for consentyng to hem þat ben not rooted in perfite charite. For þurgh lackyng þerof men ben blynded in soule of wheche þe Prophet spekeþ to Crist and seiþ f. 213ra 51 55 60 65

{7} Cadent a latere tuo mille et decem milia a dextris tuis; ad te autem non appropinquabit. *Falle sholen fro þi side a þousind and fro þi riȝt side ten þousynd; but to þee he shal not neiȝe.* A þousend, þat is many of þise þat forsoken al in þis lif and semeden perfite to deme wiþ þee, shule falle fro þi side, þat is, þei shulen be ouercomen in temptaciouns þurgh pride and coueitise bi queyntise of þe fende. 70

44 þe] *om.* A þat] *twice* L 45 sheld] a scheeld ABS derk] merk ALS 47 die . . . in²] *om.* L 48 ab . . . meridiano] *om.* L arewe] an arowe ABS 49 day] þe day A merknes] derknes A, merkenesses S, derknessis B 52 þe] þis L 54 merkenes] derknes AB 55 flee] seye L 56 hid] hise A 57 inrysyng] ynrisyn S 58 þouȝ al] þouȝ þat A, thowh L his] all his L 60 fals engynes] engynnes of falshed L 62 vggyng] tremblynge A 63 inrysyng] rysynge L 64 for] *om.* BS not] *om.* L 66 wheche] whom BS 67 mille . . . appropinquabit] *om.* L 68 falle . . . þousind] a þousand shul falle fro þi side BS and . . . þousynd (69)] *om.* A 69 he shal] þei schulen A neiȝe] noyen S 70 forsoken] forsaken AL in] *om.* BS semeden] seme L 71 wiþ þee] þei L shule] shuld L 72 temptaciouns] temptacioun BS queyntise] couetous L

And ten þousynd shulen falle fro þi ri3t side, þat is many mo þan of
f. 213rb þe oþere þe whech, þou3 al þei wenen not to haue setes of | doom
75 þurgh almesdede and grete penaunce þat þei don, þei wenen to be
sette at Cristes ri3t side. But þei faylen, ouþer þurgh grutchyng in
tribulaciouns, or þurgh loue of worldli ritchesses, or lustes of fleshli
delices. But to þee, Iesu Crist, þat euere art in þi loueres, þis myddai
deuel shal not nei3e to make hem depart fro þee; for, þou3 þei be
80 tempted, her hertes ben roted in þi loue þat þei fallen not.

{8} **Uerumtamen oculis tuis considerabis et retributionem peccatorum uidebis.** *Not forþi wiþ þin ei3en þou shalt biholde, and þe 3eldyng of synful men þou shalt seen.* Þou shalt biholde, for in þi
presence alle þinges ben þou3te, spoken and done, and þereafter þou
85 3eldest to synful men þat menden hem not heer peyne in helle;
þanne wiþ grete ioye shal eche ri3twis man see hou iustli fooles ben
punished, þat fellen heer and leyn in her synne to her ende wiþoute
perfite risyng. It is not litel to see wicke men heer in ioie and
honoures, and to haue ei3en wiþ þe whiche þei biholden hem in her
90 ende.

{9} **Quoniam tu, Domine, spes mea; altissimum posuisti refugium tuum.** *For þou art Lord myn hope, hei3est þou settest þi socour.* Þat is, ful priueili 3eue me grace to hope in þee wele, and flee
þanne to þee in alle wo and angres of þis lif. For

95 {10} **Non accedet ad te malum, et flagellum non appropinquabit tabernaculo tuo.** *Yuel shale not come to þee, and swyngyng shal not nei3e to þi tabernacle.* Þou man þat lastest in Goddes loue,
noon yuel shale come to þee hurtyng þi soule þou3 al þi bodi be in
99 noi3e. And swyngyng, þat is vnclennes for þe whiche fleshli loueres
f. 213va ben swongen in helle, | shal not be in þi fleshe.

73 þi] þe L 74 not] *om.* L 75 þurgh . . . don] *om.* L 76 faylen] falle BS
77 ritchesses] ryches LBS 78 delices] delytes L þee] *om.* L 81 et . . . uidebis]
om. L 82 not forþi] naþelees A, nor for þat L þe . . . seen (83)] þou shalt see þe
3eldyng of synful men BS 83 men] *om.* L 84 alle . . . þou3te] is all thynge
`thowt' L þinges ben] þing is ABS 85 menden] amendiden A, mendiden BS hem]
om. BS 86 eche] euery L 87 fellen] fillen A, fallen L in] stille in B
88 wicke . . . heer] here wycked men L wicke] wickide ABS 89 and] *om.* L þe]
om. L þei] he BS biholden] beholdiþ BS, shall behold L 91 domine] es domine BS
altissimum . . . tuum] *om.* L 92 art lord] *rev.* BS hei3est . . . socour (93)] þou settist þi
fleyng or socour hi3est BS 93 3eue] þou 3eue S, þou 3af B þee] þi L wele] in wele BS
95 et . . . tuo] *om.* L 96 swyngyng] scoorgyng A 99 swyngyng] scoorgynge A
100 swongen] scoorgid A þi] *om.* L

{11} **Quoniam angelis suis mandauit de te, ut custodiant te in omnibus uiis tuis.** *For to his aungeles he bad of þee þat þei kepen þee in alle þi weies.* Þat is, he haþ commaunded to alle his aungeles þat þei ben helperes to þee in alle þe periles of þis dredful lif, to kepe þee þat þou erre not in þi werkes. 105

{12} **In manibus portabunt te, ne forte offendas ad lapidem pedem tuum.** *In þer hondes þei shulen bere þee, lest whan þou hirte at þe ston þi foote.* Þat is, þei shulen euere entice þee to despise lustes and likynges of þis worldli lif, and to desire þe loue of Crist þat þou be not clumsed in synne, and hirt not þe foot of þi wille at þe hard 110 ston of presumpcioun or desperacioun. And ȝif þou be þus born

{13} **Super aspidem et basiliscum ambulabis, et conculcabis leonem et draconem.** *On þe snake and þe basilisk þou shalt go, and þou shalt defoule þe leoun and þe dragoun.* As clerkes seyn, þe snake werpeþ or leieþ ey, and þe tode norisheþ þe egge: þerof is brouȝte 115 forþe þe basilisk þat is cleped king of serpentes. For a white spot is in his hed þat makeþ him to seme as he had a dyademe on. His stynkyng smel sleþ serpentes; his oond sleeþ foules in þe eir fleȝyng abouen him. His styn[g]yng is wounde incurable in what þing he styn[g]eþ, his siȝt sleeþ al lyuyng þing, and ȝit þe wesele ouercomeþ 120 him and sleeþ him. Þis snake is yuel eggyng þat hirteþ ful sore many men priueli er þei perceyuen it; and so assentyng to synne wiþ delite þerinne bryngeþ forþe þe basilisk, þat is gret synne in dede þat wiþ þe sight sleeþ alle vertues of þe soule. For he þat seeþ him|self liyng f. 213vb in synne may wite þat vertue foloweþ him none. And wiþ stynkyng 125 smel of yuel ensaumple he sleeþ men þat communen wiþ him, in þat þat in him is. And wiþ yuel onde, þat is wiþ venymous word he sleeþ alle þe herers of his fame. But þe wesele, þat is þe riȝtwis man þat goþ on þis basilisk gostli, is not hirt þerwiþ but sleþ it oftsiþes in conuertyng. And so he defouleþ vndre his foote of good wille þe 130

101 angelis suis] angelus suus A ut . . . tuis] *om.* L 103 haþ] þat L alle[2]] *om.* BS 106 ne . . . tuum] *om.* L 109 likynges] likyng BS 112 et[2] . . . draconem] *om.* L 113 on . . . go] þou shalt goo on þe snake and þe basilisk BS þe[2]] on þe L 115 werpeþ or] *om.* B ey] an ey AB, *om.* L þerof] and þerof ALBS 116 basilisk] basylyske or cokkatryse L 118 oond] onde or breeþ S, breeþ AB in . . . fleȝyng] flyynge in the eyer L 119 styngyng] stynkyng C, stynkyng, *corr. to* `styngyng' B, styngyng, g- *on eras.* S incurable] vncurabyll L 120 styngeþ] stynkeþ C þe] a B, *om.* S 121 ful sore] *om.* L 122 priueli] *om.* L 126 communen] commen L 127 in] *om.* L onde] breeþ B, word A, hoonde L wiþ[2]] *om.* A word] breeþ A 129 þis] þe A, his L þerwiþ] throw L

leoun þat is cruelte to his neiȝebore, and þe dragoun þat is gilerie and priuey malice, þat blaundisheþ wiþ þe hed and smyteþ wiþ þe tail.

{14} **Quoniam in me sperauit, liberabo eum; protegam eum, quoniam cognouit nomen meum.** *For he hoped in me I shal*
135 *delyuere him; I shal defend him for he knewe my name.* Loo, þat hope is merite of delyueraunce fro yuel eggyng and knowyng of Goddes name þat is Iesu; in loue and mynde of it deserued he to be hiled fro assent to synne, for in þat name is vertue þat gareþ deueles fle, and makeþ þe þouȝte clere to þenke Goddes wil.

140 {15} **Clamauit ad me, et ego exaudiam eum; cum ipso sum in tribulacione; eripiam eum, et glorificabo eum.** *He cried to me, and I shal heere him; wiþ him I am in tribulacioun; I shal outetake him and I shal glorifie him.* Þat is, þe crie of his brennyng desire cam to me, and in þat I shal heere him ȝeuyng him þat he askeþ. For I am
145 wiþ him in tribulacioun þat he falle not; and he þat angreþ him, he angreþ me. I shal outtake him of þis wicked lif, and I shal make him glorious in þe setel of heuene.

{16} **Longitudine dierum adimplebo eum, et ostendam illi**
f. 214ra **salutare meum.** *In lengþe of dayes I shal fille | him, and I shal shewe*
150 *to him myn helþe.* Þat is, I shal fille him wiþ endles lif þat suffiseþ to fillyng of manes appetite. And I shal shewe to him þat he see eiȝe to eiȝe, and speke mouþ to mouþ to myn helþe, þat is Crist, in whos maieste þe siȝt is al his moode and ioie þat noon may telle.

Psalmus .91.

{2} **Bonum est confiteri Domino, et psallere nomini tuo, Altissime.** *Gode is to shryue to þe Lord, and syng to þi name, þou*

131 cruelte to] cruell of L gilerie] þe gylerye L 133 liberabo . . . meum] *om.* L 134 I] and I L 135 I shal] and L defend] hilen or defende S 137 hiled] delyuered L 138 gareþ] makiþ ALBS fle] to flee L 139 clere] *om.* A þenke] werke L 140 cum . . . eum² (141)] *om.* L 143 I shal] *om.* L 144 in] *om.* L 145 he²] *om.* LB 146 wicked] wreched L 147 setel] setes L 148 adimplebo] replebo ALBS et . . . meum] *om.* L 149 shal¹] *om.* L 151 fillyng] þe fyllynge L see] shall see L 152 speke] *om.* L 153 his moode] his mede BS, þi mede L telle] telle. Amen S

Ps. 91 CALBS
heading C (*no r.h. in C from here on; unlikely all have been cropped*), xci cantici in die sabbati, voyce of the holy churche and uoyce of a synfull man L, '91' *d.h.* B, þe lxxxix psalm A, *om.* S 2 is] yt is L þe] oure ALBS

Heiȝest. In shrifte and pesful conscience and in biholdyng of endeles reste good is: þat is, it is profitable to looue þe Lord wiþ þouȝte and mouþ and to syng, þat is to lyue riȝtwisli to þe honour of þe hiȝest God. 5

{3} **Ad annunciandum mane misericordiam tuam, et ueritatem tuam per noctem.** *Forto shewe at morn þi merci, and þi soþfastnes bi niȝt.* Þat is, þat men ablen hem in þe dayes of grace to preche þi mercy wiþoute feyntise in þe daies of welþe. And þi soþefastnes þerto riȝtwisli, þat punyshest hem in wo þat receyuen not heer þi mercy wiþ contricioun of hert, leeuyng her synnes. 10

{4} **In decacordo psalterio, cum cantico in cythara.** *In sautri of ten cordes wiþ song in þe harpe.* As who seye, ȝee shulen telle Goddes merci and his soþfastnes in kepyng of þe ten commaundementes, wiþ song of swete loouynges in þe harpe of slauȝtre of fleshli vices. 15

{5} **Quia delectasti me, Domine, in factura tua; et in operibus manuum tuarum exultabo.** *For þou delitedest me, Lord, in þi making; and in þe werkes of þin hondes I shal glade.* Þat is, þou delitedest me, for we ben made to wirk gode werkes | in fairhed of soule and buxsumnes to obeishe to þi wille; for clennesse of conscience wirkeþ fairhed in þe soule and þerþurgh in effect, bicause of þi loue, þe fleshe is drawe to buxsumnes. And I shal glade in werkes of þin hondes while þat I lyue heer, and after þis lif fully in heuene, for þei ben fulle of wondres and ioie. f. 214rb 21 25

{6} **Quam magnificata sunt opera tua, Domine! Nimis profunde facte sunt cogitationes tue.** *Hou wondirful ben þi werkes, Lord! Ful deepe ben made þi þouȝtes.* Þat is, þi werkes ben grete and wondreful in substaunce and shappe. For þi þouȝtes in þe wheche þou doost riȝtwisli wiþ yuel men and mercifulli wiþ gode men, ben ful depe, þat is no man may comprehende hem. 30

3 pesful] feythfull L 4 is[2]] *om.* L profitable] prophytabyll and delectabyll L, profitable and delitable BS looue] loouen or preysen S, preise B, loue AL þe] oure ALBS 7 et . . . noctem] *om.* L 9 hem] *om.* ALBS dayes] tyme A 10 mercy] mercies A 13 cum . . . cythara] *om.* L 14 cordes] strengis B harpe] herte AL seye] seiþ BS 15 þe] *om.* A 16 loouynges] preisyngis A vices] lustes and vyces L 17 et . . . exultabo] *om.* L 18 delitedist] delyȝtest L lord] *om.* ALBS 19 þou] for þou L 20 delitedest] delytest L 21 obeishe] obeye L 22 þe] þi A þerþurgh] þerfor A 25 ben] *om.* L 26 nimis . . . tue] *om.* L 27 wondirful] worshipful BS 29 þe] *om.* BS

{7} Uir insipiens non cognoscet, et stultus non intelliget hec. *Man vnwis shal not know, and þe folt shal not vnderstond þise.* Man vnwis, þat lokeþ euere what he suffreþ, til þe meryte of suffryng shal
35 not knowe þat God chastiseþ him heer to make him fair in heuene. And þe fool þat is ȝeue to folye of his flesshe shal not vnderstond þise þinges þat I seide or þat folowen.

{8} Cum exorti fuerint peccatores sicut fenum, et apparuerint omnes qui operantur iniquitatem. *Whan synful weren borne as*
40 *hey, and alle appereden þat wirken wickednesse.* Þat is, whan synful florishen in erþeli godes, shortli and sone þei failen as drye hey, and alle þat wirken wickednesse, louyng more þe maad þing þan þe Makere, semen noble and riche to þe deceyuable world. But þise fooles vnderstonden not þe periles of suche hiȝing

f. 214va **Ut interiant in seculum seculi; | {9} tu autem Altissimus in**
46 **eternum, Domine.** *Þat þei dye into world of world, but þou, Lord, hiȝest wiþouten ende.* As who seye: heer fooles lyuen and waxen as hey, þat is þei dyen in helle; for God whom þei wraþþeden in erþe is myȝti to punishe hem wiþoute ende.

50 **{10} Quoniam ecce inimici tui, Domine, quoniam ecce inimici tui peribunt; et dispergentur omnes qui operantur iniquitatem.** *For, loo, þin enemyes, Lord, for loo þin enemyes shulen perishe, and scatered shulen be alle þat wirken wickednes.* Goddes enemyes ben alle þat lyn in dedely synne, and þei ben scatered from her þouȝt, for þei
55 may not lyue so long in her lustes as þei wenen and coueyten.

{11} Et exaltabitur sicut unicornis cornu meum, et senectus mea in misericordia uberi. *And hiȝed shal be as unicorn myn horn, and myn eeld in plenteuous mercy.* Wicked fooles shulen perishe, and þe hiȝenes of my vertu shale be hiȝed as vnicorn: þat is, as he þat haþ
60 al his loue in oon God. And myn eeld: þat is, myn endyng shal be in

32 insipiens] incipiens L et . . . hec] *om.* L 33 man vnwis] a vnwise man BS folt] fole LBS, folk A man²] man ˋisˊ S, man is B 35 make] makyng S him²] *om.* L 38 et . . . iniquitatem] *om.* L apparuerint] aperuerunt A 39 synful] synfull men LBS 40 alle] *om.* L appereden] apperyn L 41 florishen] worchen A failen] falle L 42 maad þing] makyng ALBS 45 tu . . . domine] *om.* L 46 world¹] þe world A 47 hiȝest] art hiȝest BS seye] seiþ B lyuen] *om.* A 48 þat] and þat BS þei¹] þat þei BS wraþþeden] wrethen L 50 quoniam² . . . iniquitatem] *om.* L 53 scatered] scateren A 54 þat] þo þat L 56 et² . . . uberi] *om.* L 57 hiȝed . . . horn] myn horn shal be hiȝed as vnicorn BS hiȝed] hyȝe L unicorn] an vnicorn A 58 plenteuous] þe plenteuous L 59 vnicorn] an vnicorn A

plenteuous mercy of endeles blisse. He is stable in hope and loue of Crist þat may sey þis treuli.

{12} Et despexit oculus meus inimicos meos, et insurgentibus in me malignantibus audiet auris mea. *And myn eiȝe despised myn enemyes, and o[f] risyng in me yuelwillyng here shal myn eer.* þat is, 65 I vndirstode þat alle þat miȝten angre me in word or in dede in þis lif weren to despise, þat is to sette at nouȝt bi her malice. For myn eer shal here in þe day of dome þe sentence of dampnacioun of hem þat now risen aȝen me and myn in yuel wil.

{13} Iustus ut palma florebit, sicut cedrus Libani | multiplicabitur. f. 214vb *þe riȝtwis as palme shal florishe, as cedre of Liban he shal be* 71 *multiplied.* þe yuel man florisheþ as hey þat lasteþ not, but þe riȝtwis florisheþ as palm, for he is in heuene glorious þouȝ al he suffre sharp penaunce in erþe. As þe roote of þe palm is sharp but þe braunches ben faire, and as cedre of Liban he shal be multiplied, þat is he shal 75 waxe grene in vertues and neuere drye in hete of temptacioun. And he shal be after þis lif incorruptible and white and heiȝ in heuene.

{14} Plantati in domo Domini, in atriis domus Dei nostri florebunt. *Plaunted in hous of þe Lord, in þe entrees of þe hous of our God þei shulen florisshe.* þat is, þe riȝtwise þat ben sette in holi chirche 80 in treuþe and charite þei sholen in day of resurreccioun be risyng in fleshe gloriously.

{15} Adhuc multiplicabuntur in senecta uberi, bene pacientes erunt {16} ut annuncient. *Ȝit þei shulen be multiplied in plenteuous eelde, wele suffryng shule þei be þat þei shewe.* As who sey, riȝtwise men 85 han heer meche vertue of goost, but ȝit þei shulen receyue meche more whan þis lif is ended. And while þei lyuen heer þei shule be meke and wel suffryng and so þei ben bolde to shewe þe treuþe for Goddes loue, desiryng his loouyng and helþe of her neiȝtbore.

63 et[2] . . . mea] *om.* L 65 of] os C, as AL here . . . eer] myn eere shal hire BS 66 I] *om.* L in[2]] *om.* BS 67 weren to] wherto L 69 wil] well L 70 sicut . . . multiplicabitur] *om.* L 71 as[1] . . . florishe] shal florishe as palme BS 73 heuene] heue L þouȝ al] alþouȝ A sharp . . . erþe (74)] in erþe scharp penaunce A sharp] hard L 75 cedre] þe cedre A 78 in[2] . . . florebunt] *om.* L 79 hous[1]] þe hous A þe[1]] oure ALBS þe[2]] *om.* B 81 in[1]] ryse in L, florishe in BS be risyng] risen A, rysynge LBS 83 adhuc] et adhuc L bene . . . annuncient] *om.* L 85 þei[2]] þe L sey] seiþ BS riȝtwise] a riȝtwise A men han] man haþ ALBS 86 goost] þe holy gost L 89 loouyng] loouyng or preysyng S, preisynge AB

90 **Quoniam rectus Dominus Deus noster, et non est iniquitas in eo.** *For riȝt is þe lord oure God, and wickednes is not in him.* Riȝt God is for he chastiseþ heer his sones þat þei perishen not, but be corouned of him afterward for her meke suffryng. And no wickednes is in him, whan he spareþ to yuel men heer þat he dampne hem þe more 95 riȝtwisli in his doom.

Psalmus .92.

f. 215ra {1} **Dominus regnauit, decorem indutus est: indutus est Dominus fortitudinem, et precinxit se.** *þe Lord regned, cloþed he is `in feirhed´; cloþed is þe Lord `in´ strengþe, and he girt him.* þe Lord regned: þat is, he made knowen þat he was king. And to whom he 5 liked he shewed þe fairhed of his maieste; for hem þat ben faire in charite and stalworþe aȝen þe deuel and yuel men, he loueþ and holdeþ hem in honour and clennes of soule as his cloþing. And he girdeþ: þat is, he restreyneþ alle bodili vices in hem.

Etenim firmauit orbem terre, qui non commouebitur. *Forwhi,* 10 *he fastned þe erþe, þe whiche shal not be stired.* þat is, he haþ so stabled holi chirche þat it may not be stired fro charite.

{2} **Parata sedes tua Deus ex tunc; a seculo tu es.** *Greiþed is þi sete God fro þanne; fro þe world þou art.* þi sete: þat is, a meke soule and pesful is greiþed in vertues to þee; fro þanne: þat is, fro þi 15 comyng þouȝ þou be God wiþoute bigynnyng.

{3} **Eleuauerunt flumina, Domine, eleuarerunt flumina uocem suam.** *Floodes, Lord, lifteden; floodes lifted her voice.* þat is, apostles, wetyng drye hertes, liftyng hem fro coueitise, lifteden her voice in prechyng of holi lore.

90 et . . . eo] *om.* L 91 riȝt . . . god[1]] þe lord oure god is riȝt BS 94 dampne] dampneth L

Ps. 92 CALBS

heading C, xcij laus cantici dauid in die sabbati. voyce of men leuynge in cryst L, `92´ *d.h.* B, þe lxxxx psalm A, *om.* S 1 indutus[2] . . . se] *om.* L 2 þe] oure ALBS regned . . . is (3)] is clad L cloþed . . . is (3)] he is cloþid (clad S) wiþ BS cloþed] clad A 3 in feirhed] *added d.h.* C cloþed . . . lord[1]] oure lord is cloþid (clad S) in BS cloþed] clad AL þe[1]] oure AL in] *added d.h.* C þe[2]] oure ALBS 4 he[3]] hym B 6 stalworþe] strenge L 9 qui . . . commouebitur] *om.* L 10 fastned] fastneþ BS 11 holi] þe holy L 12 sedes] est sedes A deus . . . es] *om.* L greiþed . . . god (13)] god greiþid is þi seete BS greiþed] made redy L 16 eleuarunt[2] . . . suam] *om.* L 17 lifteden] lyften L lifted] lyften L 18 lifteden] liftynge ALBS

Eleuauerunt flumina fluctus suos, {4} a uocibus aquarum multarum. *Flodes lifteden her stremes, of þe voice of many watres.* Þat is, princes of þe world, whan þe apostles precheden, sheweden hastili persecucioun at þe criyng of meche folk þat aȝeinseiden þe loor of apostles. 20

Mirabiles elationes maris; mirabilis in altis Dominus. *Wonderful ben þe upberynges of þe sce; wonderful is in heiȝtes þe Lord.* | Þat is, wonderful weren þe tribulaciouns of þe world, upborne aȝein holi chirche. But þe Lord is wonderful in his hiȝe seruantes, restreynyng her malice. 25 f. 215rb

{5} Testimonia tua credibilia facta sunt nimis; domum tuam decet sanctitudo, Domine, in longitudinem dierum. *Þi witnesynges ben maad trowable ful meche; þin hous, Lord, bisemeþ holynes into lengþe of dayes.* Þat is, þi biddynges ben maad meche to trowe, for þou confermedest hem wiþ þi deeþ. Þin hous, þat is mannes soule bicomeþ holynes in þi comyng to han in endeles lif. 30 35

Psalmus .93.

{1} Deus ulcionum Dominus, Deus ultionum libere egit. *God of veniaunces lord, God of veniaunces freli he wrouȝte.* Þat is, verreili God shal deme yuel men wiþ veniaunces. Forþi ȝif any man hirte þee in any þing, haaste þee not þerfore to veniaunce, for þou shalt hirte oþere, and þat wil God punysche wiþ oþere mennes hirtyng. Forþi breke not þe brigge þat þou art comen ouer whan þou askedest God forȝeuenes of þi trespas: þou preiedest him to cesen of his malice to þee, as þou cessest of malice to oþere. Loo, ȝif þou hirte in þi lif any 5

20 flumina] *om.* L a . . . multarum] *om.* L 21 lifteden] lyften L 23 aȝeinseiden] geynseyde LBS 24 apostles] þe apostles LBS 25 mirabiles] mirabilis AL elationes] elacionis L maris] *twice* C mirabilis . . . dominus] *om.* L 26 is . . . lord] oure lord is in heiȝt BS heiȝtes] heiȝte AL þe[3]] oure AL 28 þe] oure ALBS his] *om.* L 30 facta . . . dierum] *om.* L 31 decet] domine *canc.* decet S, domine decet B domine] *canc.* S, *om.* AB witnesynges] riȝtwisnessis (riȝtwisnesse S) lord BS 32 ben] lord ben AL 33 is] *om.* BS 34 confermedest] confermest L 35 in[2]] *om.* L

Ps. 93 CALBS

heading xciij psalm. dauid iiij sabbati, voyce of the chyrche to owur lord. the apostles of pusuers L, '93' *d.h.* B, þe lxxxxj psalme A, *om.* S 1 libere egit] *om.* L 2 veniaunces[1]] vengeaunce BS verreili] very BS 3 forþi] þerfor A, for þat L for BS 4 shalt] hast ALBS 5 forþi] þerfore A, for þat L 6 askedest] askest L 8 loo] so BS hirte] hyr L þi] þis L

oþere in malice, þou brekest bifore þee þe brigge ouer whoche þou
10 shuldest passe. And but we passe in mekenes ouer þat brigge of
malice, we comen neuer to heuene. Forþi eche man, loke hou long
and hou fer his brigge is broken, and ȝif he be wis he shale knowe þe
tyme is ful short to edifien it in sikirnes. For God wrouȝt freli: þat is,
siþ he is almiȝti and riȝtwis, he shale spare none þat heer slouþen her
15 tyme.

f. 215va {2} **Exaltare, qui iudicas terram, | redde retributionem superbis.** *Be hiȝed, þou þat demest þe erþe, ȝelde ȝelding to þe proude.* þat is, þou þat ȝeldest to wicked mennes dampnacioun loue of erþeli
ȝernyng, ȝelde veniaunce in helle to proude men þat defenden her
20 synne and seyn þat þei synnen not whan þei ben reprehended, or þat
her synne is lasse þan oþere mennes, or þat þei synnen litel, or þat
þei mai not or w[i]len not leeue her synne.

{3} **Usquequo peccatores, Domine, usquequo peccatores gloriabuntur?** *Hou long þe synful, Lord, hou long þe synful shule glorien?*
25 þis he seiþ for greuous it is to gode men þat yuel men ioien and
roosen hem of her synne.

{4} **Effabuntur et loquentur iniquitatem, omnes qui operantur iniquitatem.** *þei shulen iangle and þei sholen speke [wickednes], alle þat wirken wickednes.* þei shulen iangle: þat is, þei shulen putte forþe
30 wicked þouȝtes, wherof shulen come wordes to entise apertli to yuel.
And þei shulen speke priueili wickednes in þouȝte ymaginyng yuel
whan þei speken it not ne don it not, so þat þei no tyme ben ydel
wiþoute synne þat ne þei þenken or speken or don sum wickednes.
For

35 {5} **Populum tuum, Domine, humilauerunt; et hereditatem tuam uexauerunt.** *þi folk, Lord, þei mekeden and þin heretage þei traueileden.* þei meken þi folk wiþ pynes whoche þou hast chosen,
traueiling hem þat ben þin heretage vnriȝtwisli.

9 whoche] þe whyche L 11 forþi] for þat L eche] euery L 12 his . . . broken] is þis brygge L 14 heer] *om.* BS 16 iudicas] iudicatis S redde . . . superbis] *om.* L 17 be] he L hiȝed þou] *rev.* BS 18 þat[2]] *om.* L 19 ȝernyng] desirynge A in helle] *om.* L 20 reprehended] repreuyd A 21 þan] and L 22 wilen] wlen C 23 usquequo[2] . . . gloriabuntur] *om.* L 25 to gode men] *om.* L men[2]] *om.* L 26 roosen] rosen or comenden S, boosten A, commenden B hem] *om.* A 27 omnes . . . iniquitatem (28)] *om.* L 28 iniquitatem] iniusticiam ABS wickednes] *om.* CALBS 32 ne] nor L 35 et . . . uexauerunt] *om.* L 36 þi . . . mekeden] þei mekeden lord þi folk BS mekeden] meken L þin . . . traueileden (37)] þei traueileden þyn eritage BS 37 traueileden] traueyle L meken] mekeden BS whoche] whom BS 38 þin] in *canc.* þin C vnriȝtwisli] *om.* L

{6} Uiduam et aduenam interfecerunt, et pupillos occiderunt.
Widowe and cumlyng þei slowen, and þe faderles han þei slayn. Widowe 40
ben þoo þat fleen þe solace of þe worlde, cumlyng þat haþ no
wonyngstede | in erþe, but euer siȝyng to heuene; faderles ben þo to f. 215vb
whoch þis world is dede. þise ben neuere wiþoute pursuyng of
wicked men in erþe.

{7} Et dixerunt: non uidebit Dominus, nec intelliget Deus 45
Iacob. *And þei seiden: þe Lord shal not see, ne God of Iacob shal*
vnderstonde. Loo, what þise wicked men seyn: God shal not see, þat
is, he shal not wite what we don, and þouȝ he see it, he shal not sette
his herte to recke þerof. But now

{8} Intelligite, insipientes in populo; et stulti, aliquando 50
sapite. *Vndurstondeþ, ȝee vnwise in þe folc; and fooles, sumtyme*
sauereþ. þe vnwise wiþoute kunnyng and fooles wiþoute purueaunce
of þat oþer world þat ben in noumbre of cristen men, vnderstondeþ
and sauereþ þis:

{9} Qui plantauit aurem non audiet? aut qui finxit oculum 55
non considerat? *He þat setteþ þe eer, shal he not here? or he þat made*
þe eiȝe, biholdeþ he not? þise vertues haþ God not þe lymes, as who
sey: he is not deef þat ȝeueþ heryng to men, ne he is not blynd þat
ȝeueþ hem siȝt.

{10} Qui corripit gentes non arguet?—qui docet hominem 60
scientiam. *He þat chastiseþ folkes shal he not argue?—he þat lereþ*
man kunnyng. He þat chastiseþ synnyng men shal deme hem þat han
take speche of him, and he þat lereþ man kunnyng is not vnwis. For

{11} Dominus scit cogitationes hominum, quoniam uane sunt.
þe Lord wote þe þouȝtes of men, for þei ben veyne. For þei hoten 65
hemself vnpunyshing of synne þat mai not be. Forþi

39 et[2] . . . occiderunt] *om.* L 40 widowe . . . slayn] þei slowe widewe and comelyng and þei han sleyn þe fadirlees BS 41 þe[2]] þis ALBS þat[2]] ar þo þat L 42 to[2]] the L 43 whoch] whom BS þis] to þis L is] ar L 45 nec . . . iacob] *om.* L nec] non S 46 þe] oure ALBS ne] nor L 48 he[1]] god L not[1]] *om.* L 50 et . . . sapite] *om.* L 51 ȝee] þe LBS 53 þat[1]] þe L 55 aut . . . considerat] *om.* L 56 non] et non A setteþ] sette AB 58 sey] seiþ BS 59 hem] *om.* L 60 qui[2] . . . scientiam] *om.* L 61 folkes] pepyll L, folk ABS he[2]] *om.* L 62 synnyng] synfull L 64 dominus] quamuis L scit] sit L quoniam . . . sunt] *om.* L 65 wote] know L þouȝtes] lordes L 66 hemself] to hemself BS vnpunyshing] vnponyscht L forþi] þerfore A, for þat L

{12} Beatus quem tu erudieris, Domine, et de lege tua docueris eum. *Blisful þe man whom þou hast lered, Lord, and of þi*
f. 216ra *lawe | þou hast tauȝte him.* As who seye, wel is him whom þou lerest
70 þurgh tribulacioun or inspiracioun þe godenes of þi lawe, þat is charite.

{13} Ut mitiges eum a diebus malis, donec fodiatur peccatori fouea. *Þat þou suage him fro yuel dayes, til grauen be to synful a pitte.* Þat þou swage: þat is, þat þi louere bere suffryngli what so be don to
75 him, while yuel men florishen and gode men ben in trauaile. Þe pitte of þe synful man is þe welþe þat he haþ in erþe, in þe whiche þe deuel takeþ him whan God wil suffre. Forþi men þar not wondre ȝif God suffre yuel men in welþe long heer, for it is but til her pitte be depe ynowe, þanne þei shulen falle þerinne.

80 **{14} Quia non repellet Dominus plebem suam, et hereditatem suam non derelinquet.** *For þe Lord shale not putte aȝen his folk, and his heretage he shal not forsake.* Þouȝ he suffre now his chosen be in anguyshe whil þe pitte of dampnacioun is in makyng to þe proude man, he shal not forȝete to mede hem in heuene, for her þolmodenes
85 is euere in his presence.

{15} Quoadusque iusticia conuertatur in iudicium, et qui iuxta illam omnes qui recto sunt corde. *Til þat riȝtwisnes be turned into dome, and who biside it alle þat ben riȝt of hert.* Þat is, til þat riȝtwis men þat now ben demed and ben perfite ben maad iuges wiþ
90 Crist and demen oþere riȝtwiseli þat demen hem now vnriȝtwisli. And, loo, Cristes loueres þat ben biside it riȝtwised, þurgh riȝtwisnes ben drawyng þerto alle þat ben riȝt of herte, þat is alle þat wilen be lifted to God in al her herte.

94 **{16} Quis consurget mihi aduersus malignantes? aut quis**
f. 216rb **stabit mecum aduersus operan|tes inquitatem?** *Who shal rise to me aȝen yuel willyng? or who shal stand wiþ me aȝen wirkyng*

67 et . . . eum] *om.* L 68 blisful] blisful is BS, blessed be L 69 him[1]] *om.* L seye] seiþ BS 72 ut] et L donec . . . fouea] *om.* L 73 grauen . . . pitte] a putt be to synful grauen BS synful] þe synful A 75 and] in L 77 forþi] þerfore A, for þat L þar] doren A, nede L 78 til] whyle L 80 repellet] repellit AL dominus] *om.* L et .. derelinquet] *om.* L 81 þe] oure ALBS lord] lor L 82 his[1] . . . forsake] he shal not forsake his eritage BS 84 mede] amende L her] þer þer L þolmodenes] quyetnes L 85 his] her A 86 et . . . corde] *om.* L 87 þat] þe L, *om.* BS 88 who] whom L biside] is beside BS riȝt of] of riȝtful A 89 riȝtwis . . . demen[1] (90)] *om.* L maad iuges] *rev.* A 91 loo] so BS 94 mihi] *om.* L aut . . . iniquitatem] *om.* L

wickednes? þat is, who shale rise wiþ me aȝen deueles? or whan he is risen, who shal stonde lastyngli wiþ me in angris and temptaciouns aȝen vices? Noon but Iesu Crist.

{17} **Nisi quia Dominus adiuuit me, paulominus habitasset in inferno anima mea.** *But for God halþ me, nerhande had woned in helle my soule.* þat is, had not God be myn helpere, my soule had woned in helle, þat is in þe pitte þat is grauen to þe synful. 100

{18} **Si dicebam: motus est pes meus, misericordia tua, Domine, adiuuabat me.** *Ȝif I seid: stired is my foot, þi merci, Lord, halþ me.* þat is, I shryue to þee my synne wiþ sorowe of hert, seiyng þat þe wille of myn herte was stired sumwhat fro stablenes in temptacioun. þi merci brouȝte me aȝen to my staat. Loo, what soþfast shrifte is worþe! 105

{19} **Secundum multitudinem dolorum meorum in corde meo, consolaciones tue letificauerunt animam meam.** *After þe mykilnes of my sorowes in myn herte, þi counfortynges gladeden my soule.* Many sorowes ben and bittere, so many counfortynges ben and softe and swete while oure conscience biteþ us not, whil in hope we moun haue endeles counfort, and þanne we shulen not sette bi passyng sorowe. 110 115

{20} **Numquid adheret tibi sedes iniquitatis, qui fingis laborem in precepto?** *Wheþer sete of wickednes draweþ to þee þat makeþ trauaile in commaundement?* Sete of wickednes ben þoo þat louen worldli þinges and deliten hem in vanite. And þei drawen to þe deuel, not to þee God, þat makest trauaile in com|maundement, þat is þou biddest us biholde þat, for a litel shorte trauaile of our lif heer, we moun wynne endeles blis and rest. Loo, hou gode it is to trauaile wel! 120 f. 216va

{21} **Captabunt in animam iusti, et sanguinem innocentem condempnabunt.** *þei shulen take in þe soule of þe riȝtwise, and* 125

97 deueles] þe deuels BS 98 angris] angwys L 100 paulominus . . . mea] *om.* L 101 had . . . soule[1] (102)] my soule hadde woned in helle BS 103 synful] synfull man L 104 misericordia . . . me] *om.* L 105 stired . . . foot] my foot is stired BS 106 halþ] helpe L þat] *gap not filled in, guide letter visible* C I] if I BS 108 to] *om.* L 110 multitudinem] altitudinem A 111 consolaciones . . . meam] *om.* L 112 þe mykilnes] þer myrknes L gladeden] gladen L 115 moun] must L þanne] *om.* L 117 qui . . . precepto] *om.* L fingis] singis A 118 laborem] dolorem B sete] þe seete BS 119 makeþ] makist BS 123 moun] must L 125 et . . . condemnabunt] *om.* L 126 þe[2]] *om.* L

innocent blode þei shulen condempne. Þat is, wicked men shulen greiþe, takyng aȝen þe riȝtwis man, and condempne to deeþ þe innocent þat noyȝed hem not.

130 **{22} Et factus est mihi Dominus in refugium, et Deus meus in adiutorium spei mee.** *And maad is þe Lord into helþyng to me; my God into help of myn hope.* Loo, hou hardy and strong in hope clennesse of conscience makeþ a riȝtwis man þat seiþ in his soule 'I sette nouȝt bi wicke mennes takyng, for I haue verrei sikernes in my 135 lord God. And he helpeþ me in myn hope þat I fayle not.'

{23} Et reddet illis iniquitatem ipsorum, et in malicia eorum disperdet eos; disperdet eos dominus Deus noster. *And he shal ȝelde to hem her wickednes, and in her malice he shal scatere hem; he shal sundre hem, þe lord our God.* As who seye: after her yuel entent þat þei 140 wilen do gode men harm, he shal ȝelde hem pyne; and in her malice þei shulen be sundred fro þe holy courte of heuene and scatered among wicked fendes of helle.

Psalmus .94.

{1} Uenite exultemus Domino; iubilemus Deo salutari nostro. *Comeþ, gladeþ we til þe Lord; ioie we to God our helþe.* Þis salm is loouyng and song; loouyng falleþ to deuocioun, song to gode chere f. 216vb and delite. Also it is cleped inuitatorie, for it somoneþ | alle men to 5 loue God and looue him: ȝee þat ben fer fro yuel maneres, comeþ in loue and glade we to our Lord, not to þe world as we wer wont, but ioie we to our Lord, for he is our helþe and ioiful loouyng lastyngli seiyng

127 innocent . . . condempne] þei shul condempne ynnocent blood BS 130 et[2] . . . mee] *om.* L 131 maad . . . lord] oure lord is maad BS þe] oure AL my] and my L 132 into] in BS, myn AL hardy] hard L 134 in] to BS 136 et[2] . . . noster] *om.* L 137 disperdet eos] *om.* A eos] illos BS 139 sundre] departe ABS seye] seiþ BS 141 sundred] sundred or twynnyd S, departid A, twynned B

Ps. 94 CALBS

heading C, xciiij laus cantici dauid, voyce of the holy chyrche to owur lorde of þe Iewes. holy chyrche to þe Aposteles that they prechen L, `94´ *d.h.* B, þe lxxxxij salm A, *om.* S 2 comeþ] come ȝe BS til] to ALBS þe] oure ALBS 3 loouyng[1]] loouyng or preysyng S, preisyng AB, louynge L loouyng[2]] preisyng AB, louynge L 5 loue] lo`o´ue S, lo/oue B looue] preise A, honour L, loue BS ben] goon BS yuel] good L maneres] `mennys´ maneres S, mennys maners B comeþ] comme ye L 6 we[1]] ȝe L wer] ben A wont] wont to do L 7 and] in BS loouyng] loouyng or preisyng BS, preising A, louynge L

{2} Preoccupemus faciem eius in confessione, et in psalmis iubilemus ei. *Biforeoccupie we his face in shrifte, and in psalmes ioie we to him.* In shrifte of his loouynge and in sorowyng of our synnes go we so bifore his face, for so we moun saueli abide his dome. And alle þat we reden or fynden in salmes, ioie we it in our hertes wondurfulli and wirke þerafter treuli 10

{3} Quoniam Deus magnus dominus, et rex magnus super omnes deos. *For God is grete lord, and grete kyng aboue alle goddes.* Þat is, he is God aboue alle holi men, aboue whom he is grete, for no creature mai comprehende him. 15

{4} Quia in manu eius sunt omnes fines terre, et altitudines montium ipsius sunt. *For in his hond ben alle endes of erþe, and þe hiȝnes of hilles ben his.* Þat is: in his myȝt is alle þe world and al þe hiȝnes of contemplatyue men is of him. 20

{5} Quoniam ipsius est mare, et ipse fecit illud, et siccam manus eius formauerunt. *For of him is þe sce and he maad it, and þe drye his hondes shopen.* Þe sce is bitter men in penaunce, þe drye is þouȝt wiþouten moysture of lecherye þat he suffreþ not to be hiled wiþ þe watre of delices. But brennyng in his loue þurgh grace of aboue 25

{6} Uenite, adoremus, et procidamus, et ploremus ante Dominum qui fecit nos, {7} quia ipse est dominus Deus noster. *Comeþ, loute we and falle we and wepe we biforn our Lord þat made us, for he is þe lord our | God.* Comeþ in charite, loute we in soþfastnesse; falle we: þat is and meke we us to him, and wepe we, þat is in forþenkyng our synnes biforn our Lord, hopyng þurgh perseueraunce þat þe flaume of our synne þat brenneþ in our conscience is slekned wiþ teres of sorowe. 30 f. 217ra 35

Et nos populus pascue eius, et oues manus eius. {8} Hodie si uocem eius audieritis, nolite obdurare corda uestra. *And wee*

9 eius] domini L in[1] . . . ei] *om.* L 11 loouynge] preisyng A, louynge L synnes] synne BS 12 moun] must L 13 or] and B it] *om.* L 14 wirke] wirche we BS 15 et . . . deos] *om.* L 16 grete[1,2]] a greet ABS goddes] kyngis S 19 et . . . sunt (20)] *om.* L 20 ipsius] ipse A sunt] conspicit A 23 et[2] . . . formauerunt] *om.* L 24 þe[2] . . . shopen] his hondes shopen þe drie BS 26 to] *om.* AL 27 þe watre] watres L þurgh . . . aboue (28)] *om.* L of] *om.* A, al BS 29 et[2] . . . noster] *om.* L 30 qui] quia A fecit] ficit S quia] quoniam B, qui S 31 and[1]] *om.* L 33 and[1]] *om.* LBS 34 þat is] *om.* BS 36 slekned] qwenchid A 37 hodie . . . uestra] *om.* L 38 uocem . . . audieritis] audieritis uocem eius ABS

folke of his pasture and sheep of his hond. þis day ȝif ȝee han herde his
40 *voice, willeþ not hardene ȝour hertes.* As who sey, we as folke þat he fedeþ in his loue þurgh mekenes led to endeles lif. Forþi þis day, þat is in tyme of grace, ȝif ȝee han herd þe voice of his lore, willeþ not be hard aȝen his loue.

{9} **Sicut in irritacione, secundum diem temptationis in**
45 **deserto.** *As in stiring after þe day of temptacioun in desert.* þat is, as it was stiring of me to wraþþe. And do ȝee not after þe dai of temptacioun, for many preien to God and duellen in desert, þat is in worldli synne wher no good fruyte groweþ.

Ubi temptauerunt me patres uestri, probauerunt et uiderunt
50 **opera mea.** *Where ȝour fadres tempteden me, þei proueden and þei seiȝen my werkes.* Yuel fadres ben cause of yuel sones bodili and goostli, for yuel sones folowen yuel fadres and, as þei ben like in synne, so shulen þei be togidere like in peyne.

{10} **Quadraginta annis offensus fui generacioni illi, et dixi:**
55 **semper hii errant corde.** *Fourty ȝeer I was wraþþed to þat generacioun, and I seide: euere þei erren in herte.* Fourti ȝeer bitokeneþ
f. 217rb alle þe tyme of þe world, in whiche yuel men wraþþen God. | And he seiþ to hem þurgh his seruauntes: euere þei erren in herte, þat is witingli and wilfulli.

60 **Et isti non cognouerunt uias meas, quibus iuraui in ira mea si introibunt in requiem meam.** *And þise knewen not my weies, to whiche I swor in my wraþþe ȝif þei shulen entre into my reste.* þise wreched men ȝeuen to loue of þis lif, knewen not my weies of mekenes and charite. Forþi in my wraþþe I swor to hem: þat is, I
65 sette stabli þat, ȝif þei shulen entre into my reste in heuene, noon shal be closed out þerof—þat mai not be. As who seie, þe wicked men sholen neuere come into my reste.

39 folke] beþ folk BS 40 hardene] harde BS sey] seiþ BS 41 endeles] þe endeles BS forþi] þerfor A, for þat L 42 ȝee] we B 44 temptationis in deserto] *om.* L 45 in[1]] þe L 46 me] men BS 49 probauerunt . . . mea] *om.* L 51 bodili] boþe bodili BS 53 togidere] sanne or togidre S 54 annis . . . fui] annis proximus fui offensus L et . . . corde (55)] *om.* L 55 errant] herrant A þat] þis A 57 wraþþen] wraþþiden A, qrathed L 60 quibus . . . meam] *om.* L 61 knewen] knowen S 62 whiche] whom BS shulen] *om.* L 63 wreched] wycked L ȝeuen] gyue þem L loue] þe loue A knewen] knowe BS 64 forþi] þerfore A, for þat L 66 seie] seiþ BS 67 into] to L

Psalmus .95.

{1} **Cantate Domino canticum nouum; cantate Domino omnis terra.** *Syngeþ to þe Lord a newe song; syngeþ to þe Lord al erþe.* Þat is: looueþ God in goostli delites, spoiled of vices and cloþed in newhed of lif, elles moun ȝee not synge þe song. Al erþe he clepeþ alle men of whiche an hous is maad. Þe old song singeþ coueitise, þe newe 5 charite.

{2} **Cantate Domino, et benedicite nomini eius; annunciate de die in diem salutare eius.** *Singeþ to þe Lord, and blesseþ to his name; sheweþ fro dai into dai þe helþe of him.* Þat is, looueþ wiþ ioie and blesse his name þat is Iesu, and sheweþ his helþe þat is Crist þat 10 saueþ us goyng fro dai of grace into dai of ioie.

{3} **Annunciate inter gentes gloriam eius, in omnibus populis mirabilia eius.** *Sheweþ among folkes þe glorie of him, in alle folkes his wondres.* Þat is, ȝee prestes precheþ in woord and werk þe gloriouse making of his hous; wiþ quike stoones, þat is wiþ stalworþ in treuþe 15 and þat wiþ synful turned perfitli fro her synne, he makeþ hem holi loueres.

{4} **Quoniam magnus | Dominus et laudabilis nimis; terribilis est super omnes deos.** f. 217va *For grete is þe Lord and loueli ful meche; awful he is aboue alle goddes.* He is a gret lord in maieste þouȝ he were 20 meke and semed litel among þe folc. And he is more looueli þan any creature mai þenk, and he is ful aweful aboue alle fals goddes.

{5} **Quoniam omnes dii gentium demonia, Dominus autem celos fecit.** *For alle goddes of folke ben deueles, but þe Lord maad heuenes.* As who seye: þei ben noon verrei goddes þat heþen men and 25

Ps. 95 CALBS
heading C, xcv ps. dauid quando edificabatur. Apostolus to the pepyll. of confusyon of mawmentes L, `95´ *d.h.* B, þe lxxxxiij psalm A, *om.* S 2 þe[1]] oure ALBS þe[2]] oure ALBS erþe] þe erthe L 3 looueþ] loouyþ or preisiþ BS, preisiþ A, loueþ L delites] deliit ALBS cloþed] clad ALS 4 erþe] þe erþe S 5 whiche] whom BS an] þe L 7 annunciate . . . eius (8)] *om.* L 8 blesseþ] blessed L 9 looueþ] looueþ or preyseþ S, preisiþ AB, loueþ L 12 in . . . eius (13)] *om.* L 13 folkes[1]] *on eras dh* C, folk A, pepull L in] and L folkes[2]] folk ALBS 14 woord] wordes L 15 stalworþ] stalworþ men BS, stronge L 17 loueres] lyuers L 18 terribilis . . . deos] *om.* L 19 grete . . . lord] oure lord is grete BS þe] oure AL loueli] (loouely or *add.* S) worþi to be preisid BS 21 þe] *om.* A and[2]] *om.* BS 22 mai] can L fals] *om.* A 23 dominus . . . fecit] *om.* L 24 folke] folkes LBS þe] oure ALBS 25 seye] seiþ BS

fals cristen men honouren and louen more þan God almiȝti, but þei ben deueles and maumetes. But þe Lord maad heuene, not oneli erþe, þat preueþ him verre God.

{6} Confessio et pulcritudo in conspectu eius, sanctimonia et
30 **magnificentia in sanctificatione eius.** *Shrift and fairhed in his siȝt, holines and worship in halowyng of him.* Þat is þoo þat ben maad faire þurgh shrifte ben ordeined to seen him, for holi men in clennes and worshipful men in vertues ben halowed of him.

{7} Afferte Domino, patrie gentium, afferte Domino gloriam
35 **et honorem, {8} afferte Domino gloriam nomini eius.** *Bringeþ to þe Lord, cuntrees of folk, bringeþ to þe Lord glorie and honour, bringeþ to þe Lord ioie to his name.* Ȝe cuntres of folc, bringeþ ȝourself wiþ loue to God, making his hous. He bringeþ glorie to God in whos werk God is looued, and he bringeþ honour þat þankeþ God in wel
40 and wo of alle his godes.

Tollite hostias, et introite in atria eius, {9} adorate Dominum in aula sancta eius. *Takeþ awei hoostes and entreþ into his halles, louteþ þe Lord in his holi halle.* Takeþ awei þe hoostes, þat is yuel
f. 217vb willes and ypocri|sie of þe spirites and goþ into holi chirche,
45 loouyng God and louyng his holi name. And louteþ þe Lord in his holi halle: þat is, makeþ ȝour hertes holi and deuoute brennyng in perfite loue and charite.

Commoueatur a facie eius uniuersa terra; {10} dicite in gentibus quia Dominus regnauit. *Stired be fro þe face of him al*
50 *þe erþe; seie ȝee in folkes for þe Lord haþ regned.* Stired be fro vices to vertues at þe comyng of him alle þat forsaken not ȝit erþeli þing, for Crist regned after þe deeþ on þe cros.

Etenim correxit orbem terre, qui non commouebitur; iudicabit populos in equitate. *Forwhi he amended þe erþe þat shal not be*
55 *stired; deme he shal folkes in euenhed.* Þat is: he amended his chirche of

26 men] *om.* LBS 27 þe] oure ALBS heuene] heuenes B 28 verre] *om.* L 29 et[2] . . . eius (30)] *om.* L 31 þoo] þei L 32 þurgh] in L 34 afferte[2] . . . eius] *om.* L 36 þe[1]] oure ALBS folk] folkis BS þe[2]] oure ALBS 37 þe] oure ALBS ȝe] the ALBS 39 looued] lo`o´ued S, loued AL 41 adorate . . . eius (42)] *om.* L 43 louteþ] prayeth L þe[2]] *om.* A yuel] þe yuel B 44 spirites] spiriit ALBS 45 loouyng] preisinge A louyng] loouynge LBS holi] *om.* BS þe] oure ALBS 46 and[1]] in L 47 loue] charyte L charite] loue L 48 dicite . . . regnauit] *om.* L 50 seie] so L haþ] *om.* L 51 þing] thynges L 53 qui . . . equitate] *om.* L 55 deme he shal] he shal deme BS folkes] folk ALBS

erroures þat shal not be stired fro þe trouþe. But many ben stired fro gode maneres, forþi he shal deme hem in euenhed, and þanne þei shulen make sorowe þat euenhed wolden not chese in þis lif. But

{11} Letentur celi, et exultet terra; commoueatur mare et plenitudo eius; {12} gaudebunt campi et omnia que in eis sunt. *Fayn be heuenes and þe erþe glade; stired be þe sce and þe fulnes of it; ioien shulen feldes and alle þat ben in hem.* Heuenes he clepeþ holi men whos conuersacioun is in heuene; erþe meke men þat receyuen holi lore of God and growen þerþurgh in vertues; þe sce þe world þat is ful of wawes and tempestes of anguyshes; þe fulnes of it alle men þerof fro þe more to þe lasse, be þei chaunged from yuel to gode; feldes, þat is euene men in riȝtwisnes, mylde and softe shulen ioie in | Crist, and alle þat ben in hem shulen loue his name Iesu, þat is strengþe wiþ speche, herte and werk alle sholen be reuled bi skile.

f. 218ra

Tunc exultabunt omnia ligna siluarum {13} a facie Domini, quia uenit; [quoniam uenit] iudicare terram. *þanne shulen glade alle þe trees of wodes fro þe face of þe Lord, for he comeþ; forwhi he comeþ to deme þe erþe.* þanne, þat is after þis lif gladen shule alle synful men, þat weren first wiþouten feiþ, and siþ taken into Goddes temple þurgh feiþ and hope and lastyng charite at þe comyng of Iesu Crist. For he cam first to be man to teche man his wille, and siþen he shal come to deme þe erþe, þat is erþeli men. þus

Iudicabit orbem terre in equitate, et populos in ueritate sua. *He shal deme in euennesse þe erþe, and folkes in his soþfastnes.* Noþing is euenner ne soþfastere þan þat he gedere to him heer perfite men, to looue his name heer and in heuene. For þoo wiþ him shulen deme and depart oþere, as gode men to þe riȝt hond þat diden heer mercy to hemself and to oþere, and hem to þe left hond þat wolden do noon to hemself, þouȝ al þei semeden doyng mercy to oþere.

56 not] *om.* BS 57 forþi] þerfor A, for þat L 58 wolden] wolen A 59 commoueatur . . . sunt] *om.* L 61 fayn be heuenes] heuenys be fayne BS 62 ioien . . . feldes] feeldis shul ioye BS 64 holi] *om.* BS 65 is] ben A, ar L 68 ben] is ALBS loue] looue or preise BS 69 bi] wiþ L 70 a . . . terram] *om.* L 71 quoniam uenit] *om.* CA 72 þe[3]] oure ALBS 74 taken] tooke BS 76 to[1]] for to L 77 þe] *om.* L 78 iudicabit] iubicabit S et . . . sua] *om.* L 80 euenner ne] neuer nor L gedere] gaþereth L to him heer] here to him A 81 looue] louen AL þoo wiþ him] *om.* L 83 hemself] þem L oþere] þem oþer L 84 semeden] seme L

Psalmus .96.

{1} **Dominus regnauit, exultet terra, letentur insule multe.** *Þe Lord regned, þe erþe glade, fayn be many iles.* As who seie: Crist ouercomyng deeþ, gat to him þe kyngdom of men. Þerfore þe erþe, þat is men þat ben bouȝt, moun be glade in clene þouȝtes and iust
5 werkes, for God regneþ wiþ hem now in wonderful gouernyng, and þei shulen after þis lif regne in him in wonderful ioie. And iles be
f. 218rb maad glade: þat is, Cristes part is litel to regard of wicke | men, but þei, in myddes of þis world as in a stormy sce, stonden in treuþe aȝen temptacioun, and ben not ouergon wiþ þe wawes þerof, þat is
10 þei ben not ouercomen wiþ temptacioun for her loue is strongere þan þe world.

{2} **Nubes et caligo in circuitu eius, iusticia et iudicium correctio sedis eius.** *Cloudes and merknes in enuiroun of him, riȝtwisnes and dome amendyng of his sete.* Þat is, wicke men, cloudi
15 and merk in synne þurgh lustes and coueitise of þis lif, ben in his enuyroun, þat is enuyrounnen al þe erþe, þat is his handewerk. But riȝtwisnes and dom þe amendyng of his sete: þat is, in his dome þat is riȝtwis he shal deme wicked men to pyne and gode men to blisse, for he shal sitte in riȝtwise men releuyng hem in his loue.

20 {3} **Ignis autem ipsum precedet, et inflammabit in circuitu inimicos eius.** *Fiyr biforn him shal go, and it shal brenne in enuiroun his enemyes.* Fiyr of his loue or of anguish þat purgeþ synne shal go bifore him in þe hertes of his seruantes, purging hem þat ben not fully purged, and wastyng hem in drede þat sholen be dampned.

25 {4} **Alluxerunt fulgura eius orbi terre; uidit et commota est terra.** *His leuenynges shyneden to þe world; it sawe and it is stired.* Þat

Ps. 96 CALBS

heading C, '96' *d.h.* B, the lxxxxiiij psalme A, *om.* LS 1 exultet] exulet L 2 glade] gladded L fayn . . . iles] manye yles be þei fayn BS iles] hylles L seie] seiþ BS 4 þat . . . bouȝt] *om.* L moun] must L iust] god L 6 lif] *om.* L iles] hylles L 8 þis] þe A a] *om.* L 10 ouercomen] ouergoon A 12 iusticia . . . eius (13)] *om.* L iudicium] iudicia A 13 merknes] derknes AB in] beþ BS 14 amendyng] in amendynge L, is amendyng BS 15 merk] derk AB lustes] fowle lustis BS 16 enuyrounnen] envyrownynge L 19 releuyng] reulyng BS 20 autem] ante S et . . . eius] *om.* L 21 biforn . . . go] shall go before hym LBS 22 enemyes] enemye A 25 alluxerunt] affluxerunt A uidit . . . terra] *om.* L 26 leuenynges] leiȝtnyngis A, liȝtnyngis BS, leuynges L shyneden] schryueden L world] world or roundenesse of erþe BS it²] þe erþe B is] was B

is: God shyned, as he eche day doþ briȝt miracles þat þe world miȝte se hem; þe erþe, þat is erþeli men, many dreden for her yuel lif and amend. Þanne

{5} **Montes sicut cera fluxerunt a facie Domini, a facie Domini omnis terra.** *Hilles as wax runnen fro þe face of þe Lord, fro þe face of þe Lord al þe erþe.* Þat is: proude men | runnen as wax molten at þe fiyr of loue fro þat our Lord was present in her hert. And al þe erþe of chosen men also malt fro vertue to vertue, waxyng in perfite charite. But first

30 f. 218va 35

{6} **Annuntiauerunt celi iusticiam eius, et uiderunt omnes populi gloriam eius.** *Heuenes sheweden his riȝtwisnes, and alle folkes sawen þe glorie of him.* Þat is: þe apostles precheden þat our trouþe be waxyng þurgh gode werkes, and so alle folkes sawen þat gloriously verre God restored mankynd. Forþi

40

{7} **Confundantur omnes qui adorant sculptilia, et qui gloriantur in simulacris suis.** *Shamed ben alle þat louten ydoles, and þat ioien in her maumetes.* Auarice, þat is vnskilful couetise, is seruice of maumetrie. And eche man makeþ þat his maumet þat he moste loueþ: as sum haþ to his maumet tresour, sum his beli, sum fair hors, sum his strengþe, sum casteles or toures or gay maneres, sum vanyte of atyre or of beutee; sum maken her wille her maumet as þo þat ben sette on wilfulnes and wilen not be remoued for drede of God ne resoun of man, þouȝ al þei knowen it vnskilful. Maumetrie is when any man ȝiueþ þe loue to any creature þat shulde be ȝoue to God, for alle suche wiþ her maumetes shulen be confounded of God.

45 50

Adorate eum omnes angeli eius; {8} audiuit et letata est Syon. *Louteþ him alle his aungeles; Syon herd and was fayn.* Siþ eche man haþ a good aungel and an euel, bi condiciones of a man moun men haue euidence bi wheþer aungel he is led. Yuel aungeles wilen ben, and coueyten to be, louted and worshiped. Gode | aungeles louten and don worshepe and defenden honoures to be don to hem. Forþi al

55 f. 218vb

27 he eche] euery L 29 amend] amendiden BS þanne] hem þanne ABS, þem þen than L 30 a[1] . . . terra] *om.* L 31 þe[2]] oure ALBS 32 þe[2]] oure ALBS 34 malt] dyd melt L 36 et . . . eius (37)] *om.* L 37 folkes] folk ALBS 38 sawen] schewen A 39 folkes] folk ABS sawen] shewen L 40 forþi] þerfore A, for þat L 41 et . . . suis] *om.* L 42 louten] wyrchepe L ydoles] symulacris A 44 eche] euery L moste] best L 46 toures] townes BS 47 of[2]] *om.* L 48 ne] not L 49 þouȝ al] þouȝ þat A 50 þe] his A any] a BS 52 audiuit . . . syon] *om.* L 53 louteþ . . . aungeles] alle his aungelis lowtiþ hym BS louteþ] loueth L eche] euery L 54 euel] badde L moun] must L 57 forþi] þerfore A, for þat L

maumetrie auȝte to cesse in men, for no man takeþ worship wiþ wil but ȝif he hold him worshipful; and suche don iniurie to God to
60 whom falleþ al worship. And þis herd Syon, þat is al þe feloushepe of chosen men, and was fayne for Goddes loue to flee alle worshipes, hatyng alle worldli þinges in þe whoche is occasioun of worship. And heron þouȝten Cristes apostles, whan þei forsoken to haue possessioun of worldli godes seeyng men haue worship for hem. Herof
65 Syon is fayn: þat is, holy men and wymmen þat God wile receyue hem to his seruyse and his loue while he suffreþ oþere erre in receyuyng of worshepes.

Et exultauerunt filie Iude propter iudicia tua, Domine. *And þe douȝtres of Iude gladeden for þi domes, Lord.* Þat is alle trewe soules,
70 louyng Crist, ben glad to forsake worshipes of þis world, ȝif al þat grete noies comen to hem þerfore, knowyng Goddes domes riȝtwise in whiche he shal do worship to hem þat for him forȝeden hem heere, and peyne to hem þat diden not awei þe occasioun of worshepes.

75 **{9} Quoniam tu Dominus altissimus super omnem terram; nimis exaltatus es super omnes deos.** *For þou Lord art hiȝest abouen al erþe, ful meche þou art hiȝed aboue alle goddes.* Þat is, þou art Lord hiȝest aboue heuene and erþe and helle. And þerfore þi loueres setten at nouȝt worshepes and noies of þis fals world, hopyng in þee
80 to be rewarded aboundantli in þi kyngdom. Þerfore

f. 219ra **{10} Qui diligitis Dominum, odite malum; | custodit Dominus animas sanctorum suorum, de manu peccatoris liberabit eos.** *Ȝee þat louen þe Lord hateþ yuel; þe Lord kepeþ þe soules of his seyntes, fro þe hond of þe synful he shal delyuere hem.* As who seye: ȝee
85 þat wenen þat ȝee louen God, doþ þat it be so þat ȝee haten yuel of synne wiþ þe whiche no man may loue God; for þouȝ ȝee don neuer so meche gode, but ȝif ȝee cessen of yuel, ȝee lesen ȝour mede in heuene. And þouȝ ȝee cessen of yuel, but ȝif ȝee don gode ȝee shulen

59 he] *om.* L to[2]] *om.* L 61 loue] *om.* L 63 heron] theron L 64 haue worship] worshepid BS herof] þerof L 66 his[2]] to his L suffreþ] suffyr L erre] to erre L 67 worshepes] worship BS 68 propter . . . domine] *om.* L and] *om.* L 69 gladeden] gladden L 70 ȝif al] þouȝ A 71 þerfore . . . hem (73)] *om.* L 72 worship] worshepis BS forȝeden] forȝete BS 73 occasioun] occasiouns A 76 nimis . . . deos] *om.* L lord art] *marked for rev.* S, *rev.* B 78 and[1]] *om.* BS 81 custodit . . . eos] *om.* L 82 liberabit] liberauit A 83 þe[2]] oure ALBS 84 seyntes] seruauntis ALBS hond] handes L seye] seiþ BS 85 louen] loued L 86 wiþ] wiþowt L 87 ȝee[2] . . . yuel (88)] *om.* L

be punished for ȝour slouþe. He þat is Cristes louere, forsake he þis fals world and þe worship þerof, for it is yuel; and þerfore Crist and 90 his trewe foloweres forsoken it, and anticrist wiþ his soyteres seken it and han it in wil and in effect—whos traas our prelates folowen more and lasse, ledyng wiþ hem þe princes of erþe to Lucifer her maister. And ȝee þat louen God standeþ in treuþe, dredyng no þing þat mai angre ȝour fleshe; for God kepeþ þe soules of his trewe loueres, and 95 delyuereþ hem fro þe deuel, prince of alle proude men. And wicke men han no power to noien hem but for her best.

{11} **Lux orta est iusto, et rectis corde leticia.** *Liȝt is borne to þe riȝtwise, and faynnes to þe riȝt of herte.* Liȝt: þat is Iesu Crist is borne of þe mayden Marye to þe hele of a riȝtwise man, for he is liȝt of 100 treuþe to his louere. And he blyndeþ þe wicke man in his owne synne þat he see not what he do to his loue, for he is of preuey counseile þe whoche noon yuel man mai knowe. And faynnesse, þat is hope to come to heuene, is borne to him þat is riȝt of hert, | þat is f. 219rb to alle þat ben not croked fro God wiþ lustes and worshipes of þis 105 fals world. Ȝif any man can ymagine wherinne worship mai not faile, he shal knowe our souereynes, and þurgh hem þe most part of men stuffed wiþ worshipe as pig wiþ farsure. And ȝee þat cun putten in alle ȝour werkes þe louyng to God, sleyng ypocrisie

{12} **Letamini iusti in Domino, et confitemini memorie** 110 **sanctificationis eius.** *Beeþ faine, ȝee riȝtwise in our Lord, and shriueþ to þe mynd of his halowyng.* Þat ȝee outcastynges of þis world, be ȝee glade in our Lord, shryuyng ȝour synnes, menyng often on hem wiþ sorowful herte, louyng Crist deuouteli þat haþ cleped ȝow fro þe worshepes of þis short lif, and worshipeþ his name Iesu, for he was 115 menyng to make ȝou holy.

91 and . . . maister (93)] *om.* BS 92 han] can L 95 fleshe] fresh S soules] soule L 97 her] þe AL 98 et . . . leticia] *om.* L 99 faynnes] fairnesse BS þat] *om.* L 100 hele] helth LBS 102 do] doth LB 105 ben] is BS 106 ȝif . . . farsure (108)] *om.* BS 109 louyng] loouyng BS, preisyng A sleyng] fleyng L 110 et . . . eius] *om.* L 112 þat] þat is BS outcastynges] outcastyng BS 113 shryuyng] and shryueth L ȝour] owur L menyng] myndeful BS on] of L 114 louyng] heriinge A cleped] called L 116 menyng] myndeful BS

Psalmus .97.

{1} **Cantate Domino canticum nouum, quia mirabilia fecit.** *Syngeþ to þe Lord a new song, for he haþ made wondres.* Charite is a new song, for it is delitable to God to heere it of his louere. And þis meued him wonderfulli whan he made man, and wonderfullier he
5 was cloþed þerinne whan he bouȝt man. þis is þe bride cloþe of his sute, shapen in his passioun and dressed in his resurreccioun and in his ascensioun, and sewed in þe sendyng of þe Holi Gost, redye to cloþe wiþ alle þat forsaken synne for his loue, lyuyng after his reule oneli to þe day of dome, wiþoute whiche no man entreþ into heuene.

f. 219va **Saluauit sibi dextera eius, et brachium sanctum eius.** *His riȝt*
11 *hond saued to him, and his holi arm.* þat is, wonderful wirkyng in his vertue saued to him þis world, þat is meke men of þis world. þo ben saued to hemself and kept to helle and not to God þat han heer helþe of bodi and waxen proude and ioli, upbreiding God wiþ oþes and
15 stynking vices. But þei ben saued þat ben heled of synne and waxen in loue and treuþe, renounsyng to þis world and schende to plese God þat saueþ debonere of herte and of gode wille.

{2} **Notum fecit Dominus salutare suum, in conspectu gentium reuelauit iusticiam suam.** *Knowen maad our Lord his helþe,*
20 *in siȝt of folkes he shewed his riȝtwisnes.* þat is, Crist, þe whiche is helþe of þe Fadre, was wonderfulli maad knowen among cristen men þurgh shewyng of riȝtwise werkes, þe wheche is glorified in louyng of his loueres, and þurgh synne of lust and coueitise despised of his enemyes fals cristen men.

25 {3} **Recordatus est misericordie sue, et ueritatis sue domui Israel.** *He is biþouȝt of his merci and of his soþfastnes to þe hous of Israel.* Grete merci he sheweþ to his loueres and in turnyng of synful

Ps. 97 CALBS
heading C, '97' *d.h.* B, Nocturne þe lxxxxv psalme A, *om.* LS 3 delitable] delectabyll L 4 him] he A 5 cloþed] clad ALS 6 dressed] dwellide A in[3]] *om.* L 7 ascensioun] affeccioun A þe[1]] *om.* A 8 forsaken] forsoken BS 10 dextera] dexteram A et . . . eius[2]] *om.* L 11 arm] harme L 12 meke] *bleached out* C 13 helþe] hele A 15 vices] in vices BS saued] helid A heled] saued A of] fro AL waxen] waxynge L 16 to[1]] *om.* L schende] shewed L, sechyng BS 17 debonere] debonerte BS 18 in . . . suam] *om.* L 19 knowen . . . lord] oure lord maad knowe BS 20 siȝt] þe siȝt BS folkes] folk BS þe] *om.* A 22 shewyng of] *om.* L louyng] preisynge A, loouynge BS 24 men] man B 25 et . . . israel] *om.* L ueritatis] ueritati A sue[2]] sui A 27 and] *om.* BS

men; for he askeþ for synne, be it neuer so vile, but leuyng þerof and verre contricioun. And grete soþfastnes he sheweþ þat after his biheest he gouerneþ herafter his rule wonderfulli his chirche 30 duellyng þerwiþ alle dayes of þis lif.

Uiderunt omnes termini terre salutare Dei nostri; {4} iubilate Deo omnis terra, cantate et exultate et psallite. *Alle þe termes of þe erþe seiȝen þe helþe of our God; ioieþ þerfore | to God alle þe erþe and* f. 219vb *syngeþ and gladeþ and salm seiþ.* Þat is, kyndel þurgh preyer wiþ 35 deuocioun, for as blowyng wiþ belies makeþ þe cole al fiyr, so deuocioun makeþ preier plesyng to God.

{5} Psallite Domino in cythara, in cythara in uoce psalmi, {6} in tubis ductilibus et uoce tube cornee. *Singeþ to þe Lord in þe harpe, in þe harpe and in voice of salm, in trumpes ductiles and in uoyce* 40 *of trumpe of cornee.* Singeþ to our Lord in þe harpe of bodili werke honour of God, bisili doyng þe werkes of charite to pore nedi meke men, þe whoche sounen in Goddes presence delitabli. And in voice of salme ioieþ to God, þat ȝour lif acorde to ȝour skilful wordes seid to Goddes plesaunce. And trumpes ductiles, þat ben brouȝte forþe 45 wiþ strokes, bitokenen hem þat ben waxen in vertues vnder þe hameres of temptaciouns and anguyshes of þis lif, and leuen not to loue God. Trumpe of cornee bitokeneþ þoo þat ouercomen alle fleshli lustes and deliten hem deuoutli in heuene, for þe horn is in þe mouþ and þe blaste passeþ feer in heryng ȝif it be wele blowen. 50

Iubilate in conspectu regis Domini; {7} moueatur mare, et plenitudo eius, orbis terrarum et qui habitant in eo. *Ioieþ in þe siȝt of þe king, our Lord; stired be þe sce and þe fulnes of it, þe world and þat woneþ in it.* Ioieþ in siȝt of Crist, king and lord: þat is, reiseþ wiþinne ȝou þe ioie of his loouyng in deuoute deuocioun, wher he 55 seeþ not in siȝt of men. And ȝif þe world be stired aȝens ȝow

29 contricioun] contricioun and shrift BS 31 þis] his L 32 iubilate . . . psallite] *om.* L 33 termes] vertues L 34 þe[1]] *om.* BS god[1]] lord BS and] *om.* L 35 salm seiþ] *rev.* BS wiþ] of BS 36 belies] þe belies ALBS al] or L 38 in cythara in cythara] in cythara A in[3] . . . cornee] *om.* L in[3]] et ABS 39 þe[1]] oure ALBS 40 voice] þe voice ALB ductiles] ductilis ABS uoyce] þe voice B 41 trumpe] a trumpe BS cornee] horne BS þe] *om.* BS 42 honour] and honour A bisili] in þe besy L meke men] men and meke A 43 sounen] sounde L 45 ductiles] ductilis BS 46 bitokenen] bicomen A waxen] browȝt forth L 48 loue] looue BS cornee] horne BS 50 passeþ] *om.* L 51 moueatur . . . eo] *om.* L 53 stired . . . sce] þe see be stired BS 54 þat[1]] þoo þat BS siȝt] þe siȝt BS 55 loouyng] preisyng A 56 ȝif] *twice* L

f. 220ra **Flumina plaudent manu simul, montes exultabunt | {9} a conspectu Domini, quoniam uenit iudicare terram.** *Flodes sholen ioie wiþ hond togider, hilles sholen glade of siȝt of our Lord, for*
60 *he comeþ to deme þe erþe.* Flodes, þat is holi men fro whoche foloweþ grace, shole ioie togidere in gode werkes. And wiþ hem hilles þat ben hiȝe in contemplacioun shole make gladnes in þe siȝt of Crist, for he comeþ to deme to peyne loueres of þe erþe þat þanne sholen quake for þei loueden not him.

65 **Iudicabit orbem terre in iusticia et populos in equitate.** *He shal deme þe world in riȝtwisnes and folc in euenhed.* Þat is, he shal deme alle wicked men to peyne þurgh his riȝtwisnes, for þei forsoken heer to take his merci, and so þei shule be þere wiþoute merite of mercy. And folk, þat is trewe men, þei shule take euene mede after
70 her loue. For þe best werk þat any creature mai wirke is to loue Crist: for loue he made man like to himself, for loue he bicam man, for loue he forsoke worship of þis world and ȝede þerþurgh in pure wilful mekenes; for loue he spared not þe proude princes of pharisees to telle hem her uices; for loue he ordeyned þe wonderful sacrament
75 of his owne bodi in fourme of brede; for loue he fasted fourti dayes; for loue he wepte teres of blode; for loue he was bounden as a þeef and scourged and corouned not wiþ gold but wiþ sharp þornes; for loue he died shamful deeþ; for loue he ros; for loue he steiȝ into heuene; for loue he sent þe Holi Goost; for loue he suffreþ us to
f. 220rb amende our synnes; for lo|ue he shal come to deme eche man in
81 euenhed. Alle þise benefetes shal Crist shewe on domesday þat he dide for man; and whom he fyndeþ wiþoute loue, euenhed wil he dye þerfore.

57 montes . . . terram] *om.* L montes] israel montes A a] in S 58 uenit] *om.* S 59 of [1]] þe A, in L 60 whoche] þe whych L, whom BS foloweþ] flowiþ BS 63 þe] *om.* A 64 for] because L 65 terre] terrarum B et . . . equitate] *om.* L 68 so] *om.* L 70 \`amor´ B is] yt is L 73 proude] poure proude L 75 in] vndir B 78 shamful] a shamefulle L 79 suffreþ] suffred L to] *om.* BS 80 to deme] *twice* A eche] euery L

Psalmus .98.

{1} **Dominus regnauit, irascantur populi; qui sedes super cherubyn, moueatur terra.** *þe Lord reyned, folke* [*b*]*e wraþþed; þat sittest on cherubyn, meued be þe erþe.* Our lord Iesu Crist is kyng þat sitteþ on cherubyn, þat is in alle þat han perfite charite. Wraþþed be þe folk: as who sei, God chargeþ not þouȝ folk be wroþe, for þei moun 5 not noie him; and forþi scornyng is maad at vnskilful wraþþe of wicke men of hem þat wonen in heuene. Forþi no louere of Crist þar drede ȝif þe erþe be meued: þat is, wicke men of erþe for in her mouyng þei stiren togidere her venym, and so bi her owne handes þei ben poysouned wiþ malicious enuye, wherþurgh þei rennen 10 hedlinges into þe pitte of helle, noiyng hemself and not God ne gode men. For

{2} **Dominus in Syon magnus, et excelsus super omnes populos.** *þe Lord in Syon is grete, and heiȝ aboue alle folkes.* þat is, Iesu Crist is so grete in drede and so heiȝ in loue of his loueres þat 15 þei chargen no scorn ne noie of any creature, but folowen euen after her loue Crist.

{3} **Confiteantur nomini tuo magno, quoniam terribile et sanctum est,** {4} **et honor regis iudicium diligit.** *Shryue þei to þi name grete for ferful and holi it is, and honour of þe king loueþ dom.* 20 þat is: loue þei þi name Iesu, þat is gret aboue alle names, and it is ferful to yuel men and holi halowyng | gode men. And honour of f. 220va our kynge Iesu is to knowe and hold in wirkyng his honourable preching, for it loueþ dome of discrecioun and stalworþnes þat, not liȝtli ne shortli but wiþ stable entent lastingli to þe end of mannes lif, 25 wil God be serued and honoured.

Ps. 98 CALBS
heading C, `98´ *d.h.* B, þe lxxxxvj salme A, *om.* LS 2 be] he CAL þat] þou þat BS 3 lord] *om.* BS is] *om.* A 4 sitteþ] sytte LBS 5 sei] seiþ BS folk[2]] þe folke L 6 forþi] þerfore A, for þat L 7 forþi] þerfor A, for þat L þar] dar A, nede to L 9 stiren] styred L 10 malicious] her malicious A 11 ne] nor L 12 men] man BS for] *om.* L 13 et . . . populos] *om.* L 14 þe] oure ALBS folkes] folk ABS is[2]] *om.* L 15 so[2]] *om.* L 16 no] not B ne] nor L 18 quoniam . . . diligit] *om.* L 20 name grete] *rev.* BS ferful . . . is] it is ferful and holy BS 21 loue] looue BS 22 yuel] all yuel L gode] to yuell *canc.* `good´ L 24 discrecioun] his discrecioun BS stalworþnes] strangnes L 25 ne] nor L, or B, and S 26 wil] whyll L honoured] honored and loued L

Tu parasti directiones, iudicium et iusticiam in Iacob tu fecisti. *þou greiþedest riȝtinges, dom and riȝtwisnes in Iacob þou madest.* þat is, of þi grace is it þat a synful man is riȝted to þi loue, and þou
30 madest dom, þat is þou shalt ȝelde of þi riȝtwisnes to eche after her meryte. In Iacob, þat is in cristen men folowyng treuli þi lore þou shalt be seen in þi dom glorious.

{5} Exaltate dominum Deum nostrum et adorate scabellum pedum eius, quoniam sanctum est. *Hieþ þe lord our God and*
35 *louteþ þe stol of his fete, for it is holi.* He wile þat ȝee loute God in man and man in God, worsheping his seruant for he worshepeþ God. He doþ worshepe to God in man þat hereþ or knoweþ a trewe man reule him after Goddes lawe and foloweþ him in vertuous lyuyng; and he louteþ man in God þat foloweþ mannes teching for he foloweþ
40 Goddes teching. His foot for stablenes he clepeþ þe godhed, for in þe vertue of it is eche man stabled; and for noon mai be stable in loue wiþoute vertue of þe godhed, mechel oweþ man to drede to offend suche a Lord. And þe stool vnder his feet is þe fleshe þat Crist toke of our ladi seint Marie, þurgh þe wheche we ben raunsummed; for
45 had Crist neuer be man, had neuere man be bouȝt fro helle. And siþ
f. 220vb he haþ bouȝt | us wiþ his blod, loue we him and drede þat we for our synne leese not our heretage.

{6} Moyses et Aaron in sacerdotibus eius, et Samuel inter eos qui inuocant nomen eius. *Moyses and Aaron* [*in*] *þe prestes of him,*
50 *and Samuel among hem þat inclepen his name.* Moyses, bringer of Goddes law, and Aaron, þe heiȝest prest, ben ensaumpled to prestes after Cristes ascensioun to kepe Cristes biddinges in shewing of his law to þe puple in werk and word, as þei didden Goddes bidding. And Samuel, Goddes prophet, is ensaumple to hem to clepen
55 inwardli and lastingli þe name of Iesu Crist, for in þe vertue of his name ben fendes vencused, and yuel wil of men suaged. And Cristes prestes bihouen euer to fiȝt wiþ þise tuo, armyng hem wiþ

27 in . . . fecisti] *om.* L 28 greiþedest] greythest L dom . . . madest] þou madest doom and riȝtwisnesse in iacob BS 29 of] *om.* L 30 þou] þat þou A eche] teche, t- *canc.* C, euery man L 33 exaltate] exaltare A et . . . est] *om.* L 34 hieþ] hyghed be L 35 louteþ] loueth L he wile] the while A 37 reule] rewlyn`g´ S, reulyng B 39 louteþ] loueth L for . . . teching (40)] *om.* L 40 for[1]] or A clepeþ] calleth L for[2] . . . godhed (42)] *om.* L 42 to[2]] and to L 43 þe[1]] *om.* L is] betokeneth L 45 had . . . man] man had neuer L siþ] *om.* L 48 et . . . eius (49)] *om.* L 49 in] and CA 50 þat] *om.* L 51 ben] after L ensaumpled] exsaumplid BS, ensampyll L 54 ensaumple] exsample BS clepen] calle L 56 vencused] venshid B and[1] . . . suaged] *om.* A yuel . . . men] yuell wylled men L

Goddes word, repreuyng synne. He þat repreueþ not synne loueþ synne þat God hateþ.

Inuocabant Dominum, et ipse exaudiebat eos, {7} in columpna nubis loquebatur ad eos. *Þei inclepeden þe Lord and he hem herd, in þe piler of þe cloude he spak to hem.* Þat is, God spak to hem in merknes of figures, and þei herden him in trewe wirking after his biddinges, wityng þat after her lif þei shulden passe to merknes of helle. And now Crist haþ spoken in fleshe, apertli hoting after þis lif shortere þan þeires endeles lif in heuene to alle his trew foloweres. What shal excuse prestes þat don not now her office after þat Crist haþ spoken in his owne persone, whan þese men bifore his comyng dredden him and loueden him so meche þat þei 60 65

Custodiebant testimonia eius, et preceptum quod dedit illis. *Þei kepten þe witnesynges of him, and þe commaundement þat he ȝaf to hem.* | Testament is couenant bituene God and man; witnesing is a tokene goyng bifore þe commaundement, and þe commaundement falleþ to fulfillyng of Goddes lawe; þise þei kepten þanne. Whi shulden not prestes now? In wrong he bereþ þat name of prest þat kepeþ not Cristes bidding and sekeþ his counseiles; he is not of Crist alþouȝ he bere his name. He is his owne prest þat hieȝ himself and not Crist in his biddinges; but Moyses, Aaron and Samuel kepten Goddes bidding. And forþi 70 f. 221ra 75

{8} Domine Deus noster, tu exaudiebas eos; Deus, tu propicius fuisti eis et ulciscens in omnes adinuenciones eorum. *Lord our God, þou herdest hem; God, þou were to hem merciful and venging into alle her fyndynges.* Moyses, Aaron and Samuel, þouȝ þei weren grete bifor God, sum synne hadden þei þat God oneli in her hertes knewe; wherfore God chastised hem and punyshed hem, þat to synne þei hadden no delite. Forþi no man grutche ȝif God punshe him wiþ any noie, for it comeþ ouþer for purging of his olde synne, or to make 80 85

58 loueþ] loouyþ S 60 in . . . eos (61)] *om.* L 62 he[1]] *om.* L hem herd] *rev.* BS 63 merknes] derknes A, meknesse BS 64 þei shulden] he schuld L shulden] schulen A merknes] derknes AB 66 þeires] peynes L 72 witnesing . . . commaundement[1] (73)] *om.* L 74 fulfillyng] þe fulfillinge AL 75 now] do so now A þat[1]] þe L prest] prestes L 76 sekeþ] sekiþ not A 77 alþouȝ] thowh all L bere] bereth L hieȝ] hiȝiþ ABS 79 bidding] byddynges L forþi] þerfore A, for þat L 80 deus[2] . . . eorum] *om.* L 81 adinuenciones] aduenciones A 82 venging] vengaunt ALBS into] to L 83 aaron] and aaron A 84 sum] *om.* L hertes] hart L 86 forþi] þerfore A, for þat L ȝif] thowhe L 87 purging] ponysshynge L

him leue synne þat he vseþ, or to make him to eshewe synne þat is to come.

90 {9} **Exaltate dominum Deum nostrum, et adorate in monte sancto eius, quoniam sanctus dominus Deus noster.** *Hiȝeþ þe lord our God, and louteþ in his holi hille, for holi is þe lord our God.* His holi hil he clepeþ Crist whom cristen men warli louten, for he is heiȝ kyng to whom eche man oweþ seruice.

Psalmus .99.

{2} **Iubilate Deo omnis terra, seruite Domino in leticia.** *Ioieþ to God al þe erþe, serueþ to þe Lord in gladnes.* Þat is, alle men offreþ loouyng to God wiþ ioie; verre ioiyng is in voyce and herte. Serueþ f. 221rb to our Lord in loue and gladnes | of herte, seking euermore þerof 5 more and more, and not in sorynes as þoo don þat wolden fayn leue Goddes seruyce ȝif þei miȝten for speche of men, and ben euere seking to be loosed more and more. Wilful loueres leesen not of her loue but holden þat þei geten, and ofte wynnen more to; but feyned loueres and constreyned leesen not loue for þei hadden noon, but þei 10 vnablen hemself to loue.

Introite in conspectu eius in exultacione. *Entreþ in his siȝt in ioiyng.* Þat is, in ȝour conscience wher God seeþ, let þere be ȝour ioye. For wiþoute to ioien in þe tunge it is no maistri, but to ioien in Goddes siȝt is grete whan he shal be ful awful to hem þat now ioien 15 in passyng þing and leuen to ioie in verre God.

{3} **Scitote quoniam Dominus ipse est Deus; ipse fecit nos et non ipsi nos.** *Witeþ for þe Lord he is God; he made us and not we us.* Wite ȝee, fals Iewes, þat Crist whom ȝee slowen is God and he made us þurgh whom al þing is maad, and we maden not usself; forþi

88 leue] to leue L to[2]] *om.* ALB 90 in] *om.* L 91 quoniam . . . noster] *om.* L 92 louteþ] loueth L his[1]] *om.* L holi[2] . . . god[2]] þe lord oure god is holy BS his[2]] This A 93 men] *om.* L 94 eche] euery L

Ps. 99 CALBS

heading C, '99' *d.h.* B, The lxxxxvij psalme A, *om.* LS 1 deo] domino B ioieþ . . . erþe (2)] al þe erþe ioyeþ to god BS 3 loouyng] preisyng A voyce] herte A herte] voice A 4 loue] gladnes A gladnes] loue A 5 more[1]] *om.* BS þoo] þei AL 8 to] þerto BS 9 and] *om.* L 10 hemself] yn hemself S 11 in exultacione] *om.* L 12 seeþ] seyth LBS 14 goddes siȝt] god L is] it is BS 16 ipse . . . nos (17)] *om.* L 17 us[2]] ussilf A 18 þat] þat is S 19 forþi] þerfore A, for þat L

serue we him to queme þat made us. For he made us wiþoute 20
chesoun, serue we him for cheson of himself, for he is God.

Populus eius et oues pascue eius {4} introite portas eius in confessione, atria eius in ympnis confitemini illi. *Folk of him and sheep of his pasture entreþ þe ȝates of him in shrifte, his halles in ympnes shryueþ to him.* His folk þat he bouȝte, his sheepe whoche he 25
fedeþ wiþ word of lif entreþ his ȝates, þat is biginyng of gode lyuyng, in shrifte of ȝour synnes; and whan ȝee han entred into his halles, holdeþ ȝou þere þanking him wiþ lo|uyng of swete deuocioun. f. 221va

**Laudate nomen eius, {5} quoniam suauis est Dominus in eternum, misericordia eius et usque in generacione et gen- 30
eracionem ueritas eius.** *Looueþ his name, for softe is þe Lord wiþouten ende; his merci into generacioun and generacioun þe soþfastnes of him.* Loouеþ his name Iesu, for it waxeþ softe and swete to ȝou whil it is loued, wiþouten ende his mercy is grete for þe coroun þat he ȝiueþ to his loueres is endeles. And his soþfastnes is to fulfille þat 35
he hiȝte in generacioun þat is present and in generacioun þat is to come; for now he profereþ his mercy to alle þat wilen take it, and after þis lif he shal rewarde riȝtwisli mede to hem þat tooken it heer and peyn to hem þat forsoken it.

Psalmus .100.

{1} Misericordiam et iudicium cantabo tibi, Domine. *Merci and dom I shal syng to þee, Lord.* Lord, I shal syng, þat is I shal telle wiþ delite mercy now in þis world, and dom in þe toþer to þee, þat is to þe loouyng of þee þat vsest boþe merci and dom worshipfulli.

**Psallam {2} et intelligam in uia immaculata quando uenies 5
ad me.** *I shal syng and I shal vnderstond in weie vnfiled whan þou shalt*

20 to . . . þat] þe whych L wiþoute] not wiþoute BS 22 et . . . illi] *om.* L 25 whoche] whom BS 26 word] þe word A 27 ȝour synnes] hertes L his] *om.* L 28 louyng] preising A, loouyng S 29 in . . . eius (31)] *om.* L 32 and generacioun] *om.* BS 34 loued] loouyd or preisid BS 35 his[2]] *om.* L 36 to] for to L 38 he] *om.* L

Ps. 100 CALBS
heading C, ˋ100ˊ *d.h.* B, þe lxxxxviij salm A, *om.* LS 1 merci . . . lord[1] (2)] Y shal synge to þee lord mercy and doom BS 2 syng[2]] synge to þe L 3 mercy] þi mercy L toþer] oþer L 4 loouyng] preisynge A, louynge L 5 quando . . . me] *om.* L 6 weie] a wey BS

come to me. I shal syng: þat is, wiþ gode chere I shal wirke and vnderstonde; and I shal trowe þat I may not see whan þou shalt come to me in wei vnfiled, þat is hauyng no dedeli synne.

10 **Perambulabam in innocencia cordis mei, in medio domus mee.** *I ȝede in vnnoiyngnesse of myn herte in myddes of myn hous.* As f. 221vb who sey, malice suffreþ streytnes, but vnnoy | yngnes is brode wei þat men moun go inne, for innocent is he þat nouþer noieþ himself ne oþere. In myddes of my hous: þat is in myn herte wher he þat haþ a 15 gode conscience resteþ. But he þat haþ no delite þere, he sekeþ ioie wiþoute himself þat he mai reste inne, and þe more þat man haþ of þis worldes welþe, þe lesse he retcheþ of heuene.

{3} Non proponebam ante oculos meos rem iniustam; facientes preuaricationes odiui. *I sette not bifore myn eiȝen* 20 *vnriȝtwis þing; doyng trespassynges I hated.* þat is, þat was myspaiyng to be do to me, I wold not do it to my neiȝbore; and hem þat trespasseden þat is þe lawe of God, consideryng no persone, I hated her wickednes and chastised it in þat þat in me was.

Non adhesit mihi {4} cor prauum, declinantem a me malig- 25 **num non cognoscebam.** *Wicke hert drouȝ not to me, heelding fro me þe euel willyng I knewe not.* þat is, I assented not to vnriȝt wil þat wile not al þat God wile; for a riȝt hert foloweþ God, an yuel hert standeþ aȝen him. And þe yuel willed þat heelded fro me, þat is fro gode conuersacioun, I knewe not, þat is I fledde his felishepe for drede of 30 filyng or for drede of letting.

{5} Detrahentem secreto proximo suo, hunc persequebar. *þe bacbityng in priuei to his neiȝbore, him I pursued.* þat is, he þat dar not apertli speken yuel for falshed þat he seeþ; but I pursued him, þat is I wiþtoke him þat he shuld not do so. He þat spekeþ in mennes f. 222ra absence þat he dar not speke in her presence | is a bacbitare and 36 double in his tung.

7 wirke] synge A 10 in[2] . . . mee] *om.* L 11 vnnoiyngnesse] vnnoyȝyngnesse or ynnocence BS 12 sey] seyth LBS vnnoyyngnes] vnnoynges L 13 noieþ] noye L ne oþere] nere none oþer L 14 haþ] haue L 15 haþ] haue L 16 mai] *om.* L man] a man L haþ] haue L 19 facientes . . . odiui] *om.* L 20 doyng . . . hated] Y hatid doynge trespassynge BS trespassynges] trespassinge A, trespas L 21 hem] hym BS 22 þe] to þe A 23 chastised] I chastysed L 24 declinantem . . . cognoscebam] *om.* L 25 heelding . . . not[1] (26)] Y knew not (*add.* heldynge or S) bowyng away fro me þe yuel willynge BS heelding] bowynge A 26 willyng] wille A assented] consentyd L 27 god[2]] and L an] and an BS standeþ] stande L 28 him] god B heelded] bowide A 31 proximo . . . persequebar] *om.* L 32 þat is he] the bacbytynge L 33 seeþ] seyth LBS 35 her] his L 36 in] of L

Superbo oculo, et insaciabili corde, cum hoc non edebam. *Wiþ proud eiȝe and vnfilable hert, wiþ þat I not ete.* þat is, wiþ a proude man and a coueitous I hadde no delit to ete bodili þing ne gostli.

{6} **Oculi mei ad fideles terre, ut sedeant mecum; ambulans in uia immaculata, hic mihi ministrabat.** *Myn eiȝen to þe trewe of erþe, þat þei sitten wiþ me; þe goyng in þe weie vnfiled he mynistred to me.* As who sey, þe trewe men of al þe world paieden me wel, taking no reward to þe persone ne to þe nacioun, but onli to þe trewe condicioun. For whan so many lustes and vanites ben in þis lif, her coroun is þe more þat louen God þat þei sitten wiþ me in onehed of charite; or Crist seiþ þat þei sitten wiþ me, demyng oþere, for none quemeþ him but þat is in clene weie. 40 45

{7} **Non habitabit in medio domus mee qui facit superbiam, qui loquitur iniqua non direxit in conspectu oculorum meorum.** *He shal not wone in myddes of myn hous þat doþ pride, he þat spekeþ wicke þinges he riȝted not in þe siȝt of myn eiȝen.* þat is, a proud man comeþ not to heuene, siþ God spared not Lucifer for his pride, but lete him falle to helle. And alle þat speken wicke þinges, þat is, alle þat ben [w]ariyng and speking any yuel, þouȝ foles heelden him glorious, in my siȝt he was not so. 50 55

{8} **In matutino interficiebam omnes peccatores terre, ut disperderem de ciuitate Domini omnes operantes iniquitatem.** *In þe mornyng I slouȝ alle þe synful of erþe þat I scatere fro þe cite of our Lord alle wirk|yng wickednes.* In þe mornyng, þat is in þe bigynnyng whan yuel suggestioun riseþ, I slouȝ alle þe synful þat is fendes þat maken men to synne I miȝtili wiþstode þurgh Goddes grace, sleyng in me alle her entysinges to synne þat I scatere fro Goddes cite, þat is fro þe soule of a riȝtwis man, alle wirkyng wickednes, þat is alle wicked eggynges to shrewednes. f. 222rb 61 65

37 cum . . . edebam] *om.* L 38 vnfilable] vnfillable AL, vnfiable BS not ete] *rev.* B 39 man] *om.* L a] *om.* L ne] nor L 40 ut . . . ministrabat] *om.* L sedeat mecum] *rev.* A, mecum sedeat *marked for rev.* S 41 eiȝen] iȝe was BS þe] *om.* L trewe] trewe men ABS 42 erþe] þe erth L in] of L to] vnto L 43 sey] seiþ BS men] man L þe world] erþe þat is of al þe world A me wel] *rev.* B 44 ne] nor L 45 condicioun] condicions B 47 or] for L 48 quemeþ] cometh to L clene] ryȝt L 49 in] *om.* L 50 qui . . . meorum] *om.* L 51 hous] hart L he²] and he B 52 spekeþ] speke L he] be A 55 ben] is BS wariyng] variyng CABS 56 heelden] hold L him] hem BS 57 ut . . . iniquitatem] *om.* L 59 erþe] þe erth L scatere] scatered BS 60 wirkyng] *om.* L 62 men] *om.* L 65 wicked] yuel BS eggynges] eggynge L shrewednes] lowdenes or shrewdnes L

Psalmus .101.

{2} Domine, exaudi oracionem meam, et clamor meus ad te ueniat. *Lord, heer my preier, and my crie come to þee.* Heere preieþ þe sorowyng man his synnes, þat þe cloude of his old synne lette not þe effect of his askyng.

5 **{3} Non auertas faciem tuam a me; in quacumque die tribulor, inclina ad me aurem tuam.** *Turne not awey þi face fro me; in what dai þat I am in anguysh, heeld to me þin eere.* Þat is, þe liȝt of þi mercy shyne upon me, þat my foos ouercomen me not þat angren me and tempten me.

10 **In quacumque die inuocauero te, uelociter exaudi me.** *In what day þat I shal inclepe þee, suyftli þou heere me.* Þat is, in what hete of persecucioun I clepe þee into me, suyftli þou here me for I ask not erþeli þing but heuenli.

{4} Quia defecerunt sicut fumus dies mei, et ossa mea sicut 15 **cremium aruerunt.** *For my dayes faileden as reek, and my bones as þe leuyng of brent grees drieden.* His daies he clepeþ his tyme in þis world, wheche for þe pride of Adam failed as reek reised vanshing awey, and my bones, þat is strengþe of my soule, as leuyng of brent f. 222va grees | drieden þurgh þe fiyr of coueitise, whan þe fatnes of þi loue 20 dried oute of me.

{5} Percussus sum ut fenum et aruit cor meum, quia oblitus sum comedere panem meum. *Smyten I am as hey and myn hert dried, for I forȝat to ete my brede.* Þat is, I am maad dedli as hey þat litil while holdeþ þe grenenes. Whil we duellen in keping of Goddes 25 lawe we ben in grace and grene in vertues; whan we synnen our herte

Ps. 101 CALBS

heading C, '101' *d.h.* B, þe lxxxxix psalm A, *om.* LS 3 his[1]] for hise A synnes] synne BS synne] synnes L 4 his] *om.* L 5 in . . . tuam (6)] *om.* L 6 awey . . . face] þi face awey L 7 þat[1]] *om.* L heeld] heelde or bowe doun S, bowe A, bowe doun B 8 mercy] grace L 10 uelociter . . . me] *om.* L 11 þat[1]] *om.* L inclepe] incall L 12 for . . . heuenli (13)] *om.* L 14 et . . . aruerunt] *om.* L 15 reek] reek or smeche S, smoke AB as[2]] as crakan or S 16 drieden] dryen L clepeþ] clepen L 17 reek] smoke ABS vanshing] *on eras. of shorter* C, wytynge ALBS 18 strengþe] þe strenght L leuyng . . . grees (19)] crakan or grenys S, crakan B 19 þi] *om.* L 21 et . . . meum (22)] *om.* L 22 smyten I am] Y am smyten BS 23 for I] *om.* L

drieþ and we forȝeten to ete our brede, þat is to deliten us in Goddes word doyng it.

{6} **A uoce gemitus mei adhesit os meum carni mee.** *Fro þe voice of my sorowing my bon drouȝ to my fleshe.* Þat is, fro þe sorowful egging of þe deuel (þat was 'ȝee shal be as goddes') þe vertu of my 30 soule drouȝ to fleshli liking.

{7} **Similis factus sum pellicano solitudinis; factus sum sicut nicticorax in domicilio.** *Like I am maad to þe pellican of oneli stede; I am maad as niȝt-rauen in þe hous euesyng.* Raban and Cassiodre seyn þat bi þise þre fouȝles ben vnderstonde þre maner of men. Bi þe 35 pellican þat is a foule of gret lenenesse and is sustened wiþ litil mete, and fliȝeþ not wiþ many, but haþ delite be it one, ermites ben likned þat fleen þe cumpany of men, and punshen her synnes or loouen God in oneli stede. Þe niȝt-rauen bitokneþ him þat duelleþ in his hous euesyng but he holdeþ him fro þe commoun siȝt of men, and 40 fleeþ þe ese of þis lif, louyng þe niȝt of penaunce.

{8} **Uigilaui, et factus sum sicut passer solitarius in tecto.** *I wook, and I am maad as a sparowe solitari in þe hous.* Þe sparowe þat fleeþ fro þe wode and sekeþ his nest | in an hous and fayn is þerof, f. 222vb þis bitokeneþ a riȝtwis man þat haþ his herte fro þe world and is glad 45 and ioiful þat his wonyngstede is greiþed in heuen. And he seid he wook, for oft suffreþ he many angres of yuel men.

{9} **Tota die exprobrabant mihi inimici mei, et qui laudabant me aduersum me iurabant.** *Al dai upbroiden to me my foos, and þoo þat loouéden me aȝen me þei sworen.* My foos, þat weren bifore my 50 fleshli frendes, upbroiden to me doyng penaunce for wretchednes þat I hadde do; so doþ þe deuel to deceyue men. And þo þat loouéden me whan I vsed seculer lif wiþ hem, aȝen me suoren þat it is but ypocrisie þat I dele wiþ. And þat þei didden

26 drieþ] deieþ BS 28 adhesit . . . mee] *om.* L 29 drouȝ] draweth L 31 drouȝ] draw L 32 factus[2] . . . domicilio] *om.* L 33 like I am] Y am lik BS 34 niȝt-rauen] a nyȝt-rauen A 36 pellican] pellane L is[2]] *om.* L 37 fliȝeþ] fleeþ ALBS not] *om.* L 38 cumpany] felaship BS or loouen] and louen A 39 his] *om.* BS 40 euesyng] euyssynges L 42 solitarius . . . tecto] *om.* L 43 I] *om.* BS 44 sekeþ] seke L fayn is] is gladde L 45 þis] *om.* B 46 he[1]] *om.* L 47 wook] woot A 48 inimici . . . iurabant] *om.* L 49 upbroiden . . . foos] my foos vpbreideden (vpbreyden S) to me BS upbroiden] upbreididen AL þoo] þei A 50 loouéden] loueden A bifore] afore L 51 upbroiden] upbreididen A, vpbreyden LBS 52 þo] þei L loouéden] louen L 53 it] *om.* L

{10} Quia cinerem tamquam panem manducabam, et potum meum cum fletu miscebam. *For ask I ete as bred, and my drynk I menged wiþ weping.* Þat is, þurgh discrete penaunce I wasted alle leuynges of synne, þe wheche ben bitokened bi askes. And my drink, þat is solace of þis life, I menged wiþ compunccioun of herte, þat my þou3te was no tyme sette on any erþely counfort. And þis pyne is to me

{11} A facie ire indignationis tue, quia eleuans allisisti me. *Fro þe face of þe wraþþe of þi dedeyne, for uplifting þou dounsmyte me.* Þou liftedest up me in honour of making, but for my pride þou dounsmyte me iustli into wretchednes of synne and helle whan

{12} Dies mei sicut umbra declinauerunt, et ego sicut fenum arui. *Mi dayes as schadowe heeldeden, and I dr`i'ed as hey.* Mi daies like to me heeldeden awei fro þe day lastyng, for þei ben but as shadowe | [f. 223ra] þat is merk and veyn passing wiþoute profite. And I dried as hey: þat is, for I loste þe fairhed of heuene I vani3st as to nou3t.

{13} Tu autem, Domine, in eternum permanes, et memoriale tuum in generacione et generacione[m]. *But þou, Lord, duellest wiþoute ende, and þi menyng in generacioun and into generacioun.* Þou duellest, Lord, þat þou delyuer me and saue me fro vanishing. And þi menyng, þat is hotyng of endeles lif, and of lif þat is now yuel, in þe wheche þou þenkest on vs and we on þee, þat is in þis generacioun þou art menyng on vs, helping us graciousli in alle fondynges; and in þe toþer generacioun þou shalt be menyng to 3iue ioie to þi loueres.

{14} Tu exurgens, Domine, misereberis Syon, quia tempus miserendi eius, quia uenit tempus. *Þou risyng, Lord, shalt haue merci on Syon, for tyme to han merci on it for tyme comeþ.* Þou, lord

55 et . . . miscebam] *om.* L 56 ask I ete] Y eet aske BS ask] askis AL 58 ben] is BS 59 solace] þe solace L 60 no] ony A tyme] thynge L þis pyne] peyne L 62 quia . . . me] *om.* L 63 dedeyne] indygnacioun L smyte] smote L 64 liftedest up] uplifitidest A, vplyftest L up me] *rev.* B 65 into] to BS whan] *om.* L 66 et . . . arui] *om.* L 67 heeldeden] heeldiden or bowydyn S, helden L, bowiden doun A, bowedyn B 68 heeldeden] heeldidyn or bowyden S, heldyn L, bowiden AB but] not but A 69 merk] derk ALB 70 for] *om.* L loste] forsoke L heuene] heuenes AL 71 et . . . generacionem (72)] *om.* L et] *om.* A 72 generacionem] generacione C 73 menyng] menyng or mynde BS 74 me[2]] *om.* BS 75 menyng] menynge or mynde BS hotyng] hytynge L is now] *rev.* B 76 þis] þe BS 77 art . . . menyng] *om.* L on] of BS 78 menyng] myndeful A 80 quia . . . tempus] *om.* L 82 merci on syon] on syon mercy B on[1]] of L to] is to BS on[2]] of ABS

Iesu, rising to fiȝte aȝen þe deuel, shalt haue merci of þi chirche, for now it is tyme of grace and tyme of merci.

{15} **Quoniam placuerunt seruis tuis lapides eius, et terre eius** 85
miserebuntur. *For to þi seruauntes paieden þe stones of it, and of þe erþe of it þei shulen haue merci.* þise stones ben holi men and vertuous, and þei han pite of hem þat ben erþeli in holi kirke and sorowen for hem.

{16} **Et timebunt gentes nomen tuum, Domine, et omnes** 90
reges terre gloriam tuam. *And folkes sholen drede þi name, [Lord,] and alle kinges of erþe þi glorie.* þat is, þi miȝte in whiche þou art glorious and forto drede.

{17} **Quia edificauit Dominus Syon, et uidebitur in gloria sua.** *For þe Lord edified Syon, and he shal be seen in his glorye.* þat is, þe 95
Fadre | of heuene haþ maad riȝtwis men stable in þe truþe of Crist, f. 223rb
his oneli sone, and of hem he shal be seen in his ioie glorious, þat is in þe shinyng of þe godhede.

{18} **Respexit in oracionem humilium, et non spreuit precem eorum.** *He loked into þe preier of þe meke, and despised not þe bede of* 100
hem. He loked wiþ a bright eiȝe into her preier, þe whiche weren of gode wille, for he knoweþ her freelte and vnworþ`i´nes, and so he priued not hem of her asking.

{19} **Scribantur hec in generacione altera, et populus qui creabitur laudabit Dominum.** *Writen be þise in anoþer generacioun,* 105
and folk þat shal be maad shal looue þe Lord. þise þinges of destruccioun of Adam and of reperaling þurgh Crist ben writen in anoþer generacioun þat is newe in grace. For þat is þe folc þat looueþ God þat he maad hem in vertue.

{20} **Quia prospexit de excelso sancto suo, Dominus de celo in** 110
terram aspexit. *For he loked fro his hiȝ holi, þe Lord fro heuene into þe*

83 rising] reisynge A of] on BS þi] þe L 84 now it is] it is now A 85 eius[1] . . . miserebuntur] *om.* L 86 to . . . it] þe stoonys of it paieden to þi seruauntis BS paieden] plesiden A 87 þei] *om.* L 88 of] on L 90 et[2] . . . tuam] *om.* L 91 folkes] gengis or folk S, folk B 92 lord] *om.* CABS 94 et . . . sua] *om.* L 95 þe[1]] owur L 96 haþ] haue L 99 et . . . eorum] *om.* L 100 despised] he dyspysed L bede] prayer L 102 knoweþ] knew L her] þe L and[1]] of þer L 103 priued] pryueþ A not hem] *rev.* LBS 104 et . . . dominum] *om.* L 105 þise] þese þingis BS 106 looue] loue A 108 þat[2]] *om.* L 109 looueþ] loueþ AL he . . . hem] hem maade BS hem] þat he loueþ hem A 110 prospexit] respexit L de[1]] in L dominus . . . aspexit] *om.* L 111 fro[2] . . . loked (112)] lokid fro heuene into (*add.* þe S) erþe BS

erþe loked. He loked fro his hiȝest holi Iesu Crist; fro him he loked in men of þe erþe to helpen hem.

{21} **Ut audiret gemitus compeditorum, ut solueret filios**
115 **interemptorum.** *Þat he heere þe sorowyng of fettered, þat he louse þe sones of slayne.* Ȝif we ben trewe cristen men, we ben þe sones of þe apostles and martres, whiche Iesu Crist loused fro þe bondes of synne and fro þe fettres of vile coueitis, ȝif we soþfastli han sorowe. Of whiche bondes and feteres

120 {22} **Ut annuncient in Syon nomen Domini, et laudem eius in Ierusalem.** *Þat þei shewe in Syon þe name of our Lord, and his loouyng*
f. 223va *in Ierusalem.* | Þoo þat shewen wel in Syon þe name of Iesu þat is in contemplatyue lif, in Ierusalem, þat is in cite of pees, þei moun boldli shewe his loouyng, for contemplacioun and reste in Goddes
125 loue ben boþe togidere.

{23} **In conueniendo populos in unum et reges, ut seruiant Domino.** *In sampnecomen folkes in one and þe kinges of hem, þat þei seruen to þe Lord.* Þat is, prestes, foloweres of þe apostles, shulen preche þat þe folc comen togidere in pees and charite, and duelle
130 þerinne and to þat þise hiȝe prelates ben holden speciali þat þei seruen to God oneli not to þe fals world.

{24} **Respondit ei in uia uirtutis sue: paucitatem dierum meorum nuncia mihi.** *He answered to him in weie of his vertue: þe feunes of my daies schewe to me.* Loouyng answeres whan men
135 þanken God in word and werk, in weie of his vertue þat is in Crist not in mannes meryte. Þe feunes of my daies: þat is, make me to biholde hou few and yuel ben my daies of þis lif heer, for I loue not þis exil but heuene.

112 he[1]] for he BS 113 þe] *om.* A 114 ut[2] . . . interemptorum] *om.* L ut[2]] et BS 115 interemptorum] interemptorem A fettered] fetred men BS þat[2]] and þat LBS 116 slayne] slayn men BS þe[3]] þyn BS, *om.* A 117 whiche] whom BS loused fro] loosiþ fro ABS, loseth L bondes] hondis BS 119 whiche] siche BS 120 et . . . ierusalem] *om.* L 121 in] to S, *om.* A loouyng] loouyng or preisynge S, praisyng AB 122 iesu] owur iesu L 123 cite] þe citee ABS moun] must L 124 boldli] bodily BS loouyng] loouyng or preysyng S, preisyng AB 126 et . . . domino] *om.* L 127 sampne-] sanme or yncomynge togedre S, comynge togidere AB folkes] folk BS, peple A 128 of] to L 130 þise] her BS prelates] prestis *canc.* prelatis B holden speciali] *rev.* BS 132 paucitatem . . . mihi] *om.* L 134 þe . . . me] shewe þou to me þe fewenesse of my daies BS loouyng . . . daies (136)] *om.* L loouyng] loouyngȝ BS, preising A answeres] answeryn BS 137 of] in A heer for] herfor B

{25} **Ne reuoces me in dimidio dierum meorum, in generacione et generacionem anni tui.** *Azenclepe me not in þe half of my* 140 *dayes, in generacioun and into generacioun of þi ʒeeres.* Þat is, halue not my fewe daies, but make me to laste in þi loue til I come to fulle daies in perfeccioun of lif. For þi ʒeeres, whidere I þenk, ben in generacioun and generaciouns, þat is in endeles lif in þe whiche is o generacioun þat is gedered of alle generaciouns of gode men. 145

{26} **Inicio tu, Domine, terram fundasti, et opera manuum tuarum sunt celi.** *In þe bigin|yng þou, Lord, groundedest þe erþe, and* f. 223vb *þe werkes of þin hondes ben heuenes.* Goddes hondes he clepeþ his miʒt and his wil, þurgh þe whiche as wiþ hondes God wirkeþ.

{27} **Ipsi peribunt, tu autem permanes; et omnes sicut** 150 **uestimentum ueterascent.** *Þei shulen perische, but þou duellest; and alle as cloþing eelden shule þei.* Þat is, þe heuenes he clepeþ þe eyr schal perische fro þe fourme þat þei han now, for þei shulen be chaunged and newed. But þou duellest in þiself after alle þinges, as þou were biforn alle þinges. And alle shulen elde as cloþing: þat is, a 155 mannes bodi þat eeldeþ and shal be chaunged into betere.

Et sicut oportorium mutabis eos, et mutabuntur; {28} tu autem idem ipse es, et anni tui non deficient. *And as coueryng þou shalt hem chaunge, and þei shulen be chaunged; but þou art [he] þe same and þi ʒeeres shulen not faile.* Þat is, as mannes bodi þei shule be 160 chaunged in newe figure and laste þerinne. But þou art he þe same, þat is al holli vnchaungeable and þi lastingnes is in þe lif endeles. Goostli to speke, erþe is lasse holi men, þat han to despende erþeli godes. Heuenes ben more holi men þat ben ʒeuen to contemplacioun and sholen dye and sodeinli be chaunged of þis world to þe ioie of 165 aungeles.

{29} **Filii seruorum tuorum habitabunt, et semen eorum in seculum dirigetur.** *Sones of þi seruauntes shulen wone, and þe seed of*

139 in² . . . tui] *om.* L 141 in . . . ʒeeres] þi ʒeeris beþ in generacioun and into generacioun BS in generacioun] *twice* A into] to L þi] my L halue] haue BS 143 whidere] whether L 144 generaciouns] generacyoun L o] to L 146 et . . . celi] *om.* L 147 groundedest] groundest L 150 et . . . ueterascent] *om.* L 152 as . . . þei] þei shul eldyn as cloþyng BS cloþing] a cloþing A eelden . . . þei] shall þei holden L 153 fourme] frame L 154 chaunged] chargid A 155 shulen] chosun A 157 et² . . . deficient] *om.* L 158 as . . . chaunge (159)] þou shalt chaunge hem as a coueringe BS 159 he] *om.* C 161 he] *om.* L 162 þat is] *om.* L holli] holy A 163 lasse] alle A, as L 164 holi] *om.* L 165 sodeinli] schulen A of ¹] fro BS 167 et . . . dirigetur] *om.* L 168 þe] *om.* L

hem shale in world be riȝted. Þe foloweres of þin apostles sholen wone
170 in þi ȝeeres, and her seed þat is her fruyte shal be riȝtted into heuene
in þis lif.

Psalmus .102.

f. 224ra {1} **Benedic anima mea, Domino, et omnia | que intra me sunt nomini sancto eius.** *Mi soule blesse to our Lord, and alle þat ben wiþin me to þe holi name of him.* In þis psalm a trewe soule spekeþ to itself, and monesteþ it to loue God and looue him of al his godenes,
5 þat alle þouȝtes, strengþes and vertues blessen his holi name. Wel semeþ þanne þat meche ioie and suetnesse is in þat soule.

{2} **Benedic, anima mea, Domino, et noli obliuisci omnes retributiones eius.** *My soule, blesse to þe Lord, and wil þou not forȝete alle his ȝeeldinges.* As who seye, delite of synne be not in þi siȝte, but
10 wlatesumnes þerof; and forȝete not to þanke God of þe rising oute of þi synne, and of his forȝeuenes þenke oft alle þi synnes, for als manye as þei ben, so manye ben þe ȝeeldinges of God. For þe leuyng of hem tuyes he biddeþ his soule blisse, for he wole þat our soule be euere in þouȝt and in loouyng of God:

15 {3} **Qui propiciatur omnibus iniquitatibus tuis, qui sanat omnes infirmitates tuas.** *Þe whiche haþ mercy of þi wickednesses, þe wheche heleþ alle þi sekenesses.* Þat is, he forȝeueþ þi synne, and after forȝeuenes he heleþ þi soule, þat it be not efte take wiþ fleshli ȝernynges; but at þe ende of him þat haþ trewli loued, he heleþ al
20 perfiteli.

{4} **Qui redimit de interitu uitam tuam, qui coronat te in misericordia et miserationibus.** *Þe wheche aȝenbieþ fro deeþ þi lif, þe whoche corouneþ þee in merci and merciynges.* Wiþ þe pris of his blod

169 shale . . . world] in world shall L 170 into] in L

Ps. 102 CALBS

heading C, The hundrid salme `and ij' A, `102' *d.h.* B, *om.* LS 1 intra] inta A 4 loue] looue or preyse S, preisen AB looue] loue LBS, preisen A 7 et . . . eius] *om.* L 8 þou] *om.* ALBS 9 seye] seiþ BS 11 oft] often of L 12 so] as ALBS of] to B 13 blisse] blessen LBS wole] wyll euer L 14 euere] *om.* L loouyng] preisynge ABS, louynge L 15 qui² . . . tuas] *om.* L 16 haþ] haue L þi] all þi L 17 sekenesses] sijknes A 18 efte] *om.* L 19 him] hem BS 21 redimit] redemit ALBS uitam] uiam L qui² . . . miserationibus] *om.* L 23 merciynges] merciful doingis A

he bouȝte þee fro helle, and ȝif þou wilt ouerecome þi foos he shal coroune þee in heuene—þat is not þurgh þi miȝte | but of his mercy. f. 224rb

{5} **Qui replet in bonis desiderium tuum; renouabitur ut aquile iuuentus tua.** *Þe whiche fulfilleþ in godes þi ȝernyng; newed shal be as of an egle þi ȝouþhed.* After coroun is not but fulfillyng of þi desir in endeles ioie þat þou ȝernedest. And þat shal be whan þi ȝouþhed is newed: as of þe erne, whan he is greued wiþ grete eeld, his bile waxeþ so gretli þat he mai not open his mouþ and take mete; and þanne he smyteþ his bile to þe ston and haþ awei þe slouȝ, and þanne he goþ to mete and bicomeþ ȝong aȝen. So Crist doþ awei fro us our old synne and mortalite þat letteþ us to ete our brede in heuene, and neweþ us in him in euerlastingnes for a litel short loue in þis lif. 26 30 35

{6} **Faciens misericordias Dominus, et iudicium omnibus iniuriam patientibus.** *Doyng mercyes Lord, and dom to alle wrong suffryng.* Forþi dredeþ to noiȝe ȝour neiȝebore, for he leueþ not synne vnpunshed whil ȝee do to hem þat ȝee wolden not þat þei didden to ȝou. 40

{7} **Notas fecit uias suas Moysi, filiis Israel uoluntates suas.** *Knowen he made his weyes to Moyses, to sones of Israel his willes.* Moyses, þe bringer of Goddes lawe, bitokeneþ hie prestes and lowe þat knowen and shulden make knowen bi her werkes and her wordes þe weies of God, þe whiche ben his mercies and his riȝtwisnesses. And her willes he made knowen to alle men of gode wille þat heeren his word, and shapen to do þerafter, þat is þat we ȝeue us to holynes and leue al wickednes. 45

{8} **Miserator et misericors Dominus, longanimis et multum misericors.** *Mercier and merciful Lord, longwilled and meche merciful.* Mercier in dede and merciful in kynde is þe lord Crist, longwilled f. 224va 51

25 miȝte] merit BS 26 renouabitur . . . tua] *om.* L 27 aquile] aquila BS fulfilleþ] filliþ A ȝernyng] ȝernyng or desire BS newed . . . ȝouþhed (28)] þi ȝouþeheed shal be newe as an ern BS newed] newe AL 28 of [1]] *om.* AL egle] *on eras.* C, eerne AL 29 ȝernedest] yernest L 32 he] *om.* BS slouȝ] slowth L 36 in] of BS 37 faciens] facientes A omnibus . . . patientibus] *om.* L 39 forþi] þerfore A, for þat L leueþ] loueþ B 40 þat[2]] *om.* ALBS 42 filiis . . . suas] *om.* L 43 knowen he made] he made knowe BS to[2] . . . willes] his willis to sonys of israel BS sones] þe sones A 45 werkes . . . her[2]] *om.* L 47 her willes] þer whiles BS 48 shapen] besy þemselfe L, shapen hem BS us] his word L 50 longanimis . . . misericors] *om.* L 51 meche] meke A 52 kynde] *om.* L

for he suffreþ synful men long; and mechel he is merciful, for he ȝeueþ grace and clepeþ men to his mercy on many maneres.

55 {9} **Non in perpetuum irascetur, neque in eternum comminabitur.** *He shal not wraþþe lastingli, ne he shal manase wiþouten ende.* þat is, he shal not euere wraþþe him to mankynde, for whan man cesseþ to synne, his wraþþe cesseþ to gode men, and after his dredeful iugement dampned men shulen be forȝete of him þouȝ al 60 her pyne be endeles.

{10} **Non secundum peccata nostra fecit nobis, neque secundum iniquitates nostras retribuet nobis.** *Not after our synnes he dide to us, ne after our wickednes[ses] he shal ȝeeld to us.* þat is, we han not taken after þat we han deserued, but after wraþþing ȝif we leuen 65 of he asoileþ us.

{11} **Quoniam secundum altitudinem celi a terra, corroborauit misericordiam suam super timentes eum.** *For after þe heiȝnes of heuene fro erþe, he strengþed his mercy on þe dreding him.* Heuene is on eche side aboute þe erþe: fro heuene comeþ liȝt to men 70 sinnyng, reyne to þe erþe; wiþoute heuene þe erþe fa[i]leþ. So þe help of Goddes sone Iesu is al aboute hem þat dreden him for loue, and wiþoute his help none lasteþ in loue ne in vertue. His help is so free þat he faileþ to none of gode wille.

{12} **Quantum distat ortus ab occidente, longe fecit a nobis** f. 224[vb] **iniquitates nostras.** *Als meche as it is fro þe est to þe west, ferr | he* 76 *dide fro us our wickednesses.* As who seye, of merknes he made liȝting to shyne. Synne setteþ whan it is forȝiue, and þanne graces of loouynges and vertues risen. Forþi, as meche as it is bituene merknes and liȝt, als ferr (þat is als vnlike) he made us fro our old lif.

80 {13} **Quomodo miseretur pater filiorum misertus est Dominus timentibus se,** {14} **quoniam ipse cognouit figmentum**

53 suffreþ] suffred L he is] *rev.* BS 54 clepeþ] calleth L 55 neque . . . comminabitur] *om.* L 57 wraþþe] waþþen S 58 to[1]] of LBS 61 neque . . . nobis (62)] *om.* L 63 ne] nor L wickednesses] wickednes C 66 corroborauit . . . eum] *om.* L 67 eum] se BS 68 þe] men BS him] of hym L 69 eche] euery L 70 þe[2]] *om.* B faileþ] falleþ CAL 71 al] *om.* L him for] bifore A 72 ne] nor L in[2]] *om.* BS 74 longe . . . nostras] *om.* L 75 nostras] *om.* B it] *om.* BS fro] *om.* BS to] fro BS 76 wickednesses] wyckydnes L seye] seiþ BS merknes] derknes AB liȝting] lyȝt L 78 loouynges] preisingis A, loouyng or preysyng S, preisyng BS forþi] þerfore A, for þat L merknes] derknes AB 79 fro] fro *canc.* `for´ B, for LS 81 quoniam . . . nostrum] *om.* L

nostrum. *As þe fadre haþ mercy of þe sones, our Lord merci had on þe dreding him, for he knewe our making.* A gode fadre haþ pite of his sone whan he beteþ him; so had God of us þouȝ he chastise us fro synne. For he knewe our making: þat is, our freelte he knewe þat made us hou we fallen and hou we shulen be reised. Lo our making: 85

Recordatus est quoniam puluis sumus; {15} homo sicut fenum, dies eius sicut flos agri sic effloreb[i]t. *He biþouȝte þat dust we ben, man as hey, þe day of him as flour of felde so shale florishe.* We ben but dust for drynes of synne, and al þe shynyng of mannes lif as honour, ritchesses, delites ben as hey of feld þat lasteþ not a ȝeer; and as flour þat florisheþ a cesoun and fadeþ sone and faileþ, so þe lif of a man, be it neuer so hied heer, it neiȝeþ neiȝ to vgful deeþ. 90

{16} Quoniam spiritus pertransibit in illo, et non subsistet; et non cognoscet amplius locum suum. *For þe goste shal passe in him, and it shal not dure, and it shale not more knowe þe stede.* Þat is, þe goost þat is in man shal passe out of man, and it shal not dure in him, for fro þe tyme he be born it is | euere aweiward, and it shal no more knowe þe stede of þis world—as who sey, it woneþ no more heer but in helle or in heuene. 95 f. 225ra 100

{17} Misericordia autem Domini ab eterno, et usque in eternum super timentes eum. *But þe merci of our Lord fro wiþouten ende, and til into wiþouten ende on dreding him.* Þat is, þe merci of God is on hem, and haþ be fro þe biginyng of þis world and shal be wiþouten ende and on none oþere. 105

Et iusticia illius in filios filiorum, {18} hiis qui seruant testamentum eius. *And þe riȝtwisnes of him into sones of sones, into hem þat kepen his testament.*

82 merci had] *rev.* BS on] of BS þe[3]] þem L 84 fro] for owur L, for BS 85 for . . . us (86)] *om.* L 86 fallen . . . we[2]] *om.* BS 87 homo . . . efflorebit] *om.* L 88 sicut] tanquam B efflorebit] efflorebunt CABS 89 dust . . . ben] we beþ doust BS as[1]] is as BS day] daies B flour] a flour BS shale] schulen þei A, `þei´ shul S, þei shul B 91 ritchesses] riches ALBS delites] and delyȝtes L ben] is ALBS feld] þe feeld A 92 flour] a flowre L sone . . . faileþ] and fayleth sone L 93 of] *om.* S a] *om.* LB neiȝ] nere L vgful] vggeful or hydous S, grisful A, hidous B 94 et[1] . . . suum] *om.* L 95 goste] spirit A 96 not[2]] no LBS þe[1]] his BS 97 goost] spirit A 98 he be] yt is L he] þat he BS 99 sey] seiþ B 100 in[1]] other in L 102 super . . . eum] *om.* L fro] is fro BS 103 dreding] þe dreedinge A, men dredyng BS 106 hiis . . . eius] *om.* L 107 into[2]] and to BS 108 testament] testament and þe riȝtwisnesse of hym þat is þe ȝeldyng of his riȝtwisnesse is into sonys of sonys þat is into þe chosen children of god folewers of his chosen apostlis to hem þat kepen his testament þat is þe couenaunt þat þei made wiþ hym in baptym as noblest tresoure BS

Et memores sunt mandatorum eius, ad faciendum ea. *And ben*
110 *menyng of his commaundementes forto do hem.* Þat is, þurgh Goddes merci and his riȝtwisnes þat is endeles, mede shal be ȝeue fro þe fadre to þe sone fro generacioun to generacioun þat dreden God keping his testament. For in hem God wirkeþ vertues, and forþi þei ben myndeful of his commaundementes to lere hem and do hem. For

115 **{19} Dominus in celo p[a]r[a]uit sedem suam, et regnum ipsius omnium dominabitur.** *Oure Lord in heuene greiþed his sete, and þe kingdom of him shal be lord of alle.* As who sei, eche man oweþ to be bisi to do Goddes biddinges, for he haþ greiþed his sete of dom, þat is he shal deme gode and yuel; and after þat he shal
120 sitte in heuene þat was scorned in erþe, and þanne he shal be king and lord, for alle creatures shulen be to him suget in wele or wo.

{20} Benedicite Domino omnes angeli eius, potentes uirtute ad faciendum uerbum eius, ad audiendam uocem sermonum eius. *Blesseþ to our Lord alle his aungeles, miȝti in vertu doyng his*
f. 225rb *word, | forto here þe voice of his wordes.* As who sey, þat þe aungeles
126 don in heuene I loue and I haue ioie þerinne, and ȝee in vertue miȝti, not in voice as þe deuel and his lymes, þe whiche roren hiȝe and ben proude and vicious, criyn[g] oute of hemself, but þei þat ben meke to bowe to her Maker, whiche ben worþi to blisse God and none oþere.

130 **{21} Benedicite Domino omnes uirtutes eius, ministri eius qui facitis uoluntatem eius.** *Blesseþ to our Lord alle his vertues, his seruauntes ȝee þat don þe wille of him.* A wicke man, þouȝ he holde his tunge stille, his lif is sclaundre to God: he singeþ in þe chirche stiring God to wraþþe, for his yuel ensaumple hirteþ manye þat seen
135 him or knowen his fame. Forþi ȝif þou wilt blesse God, do his wille.

{22} Benedicite Domino omnia opera eius, in omni loco dominationis eius; benedic anima mea Domino. *Blesseþ to our Lord alle his werkes, in eche stede of his lordship; blesse my soule*

109 eius] ipsius B ad . . . ea] *om.* L 110 menyng] menende or myndeful S, myndeful AB of] on L 111 his] of his BS 112 to²] into A þat] and L 113 forþi] þerfore A, because L 114 hem¹] *om.* LBS do] to do LBS 115 in] de A parauit] aperuit CA et . . . dominabitur] *om.* L 116 omnium] omnibus BS greiþed] haþ greiþid BS 117 sei] seiþ BS eche] euery L 120 king] lord L 121 lord] kynge L to him suget] soget to him AL or] and L 122 potentes . . . eius (124)] *om.* L 123 eius] illius B, *om.* A sermonum] sermonis A 124 blesseþ . . . aungeles] alle his aungels blessiþ to oure lord BS vertu . . . word (125)] werk and word A 125 sey] seiþ BS 128 criyng] criyn C 130 qui . . . eius (131)] *om.* L 135 forþi] þerfor A, for L 136 in . . . domino (137)] *om.* L 137 dominationis] dominaciones A eche] euery L

to our Lord. Whan men wele lyuen alle her werkes blessen God: fro blessyng gode men comen forþ, to blessing þei gon aȝen, and þerin 140 þei duellen alle þat kepen charite and none oþere.

Psalmus .103.

{1} **Benedic, anima mea, Domino; domine Deus meus, magnificatus es uehementer.** *Blesse my soule to our Lord, lord my God, worsheped þou art gretli.* Þou my soule, looue þi Lord of so many ȝeftes as her ben told, for he is grete in kynde and worsheped in oure knowing þat in himself is euere one. 5

Confessionem et decorem induisti, {2} amictus lumine sicut uestimento. *In shrifte and fairhed þou þee cloþedest, couered wiþ liȝt as wiþ cloþing.* Þat is, þou art clad | in riȝtwis men in whiche first was f. 225va shrifte of synne, and siþen fairhed of vertues couered in liȝt is in holi soules wiþouten spot of felþe shinyng in þi loue. 10

Extendens celum sicut pellem {3} qui tegis aquis superiora eius. *Stretching heuene as a skin þat þou hilest wiþ watre þe ouere of it.* Þat is, þe charite of holi men, whiche he calleþ heuenes, is warnysht wiþ watres, þat is wiþ dyuers ȝiftes moiste þurgh grace of þe Holi Goost þat noþing mai ouercome hem. And God stretcheþ his loueres 15 as a skyn, þat is he makeþ hem large in perfitenes as it falleþ to men þat ben deedli.

Qui ponis nubem ascensum tuum, qui ambulas super pennas uentorum. *Þou þat settest in cloude þi steiȝyng, þou þat gost abouen federes of wyndes.* Þat is, þurgh bishadowyng of þi grace we ben taken 20 in contemplatyue lif. But þou passest al swiftnesse of our þouȝtes, hou holi or hou sutile þat þei ben.

Ps. 103 CALBS

heading C, þe Ciij psalme A, `103´ *d.h.* B, *om.* LS 3 worsheped . . . gretli] þou art gretli worshepid BS looue] looue or preyse S, preise B, loue AL þi] þe A lord] god L 4 as] þat A in[1]] and L worsheped] worchepe L 5 knowing] kynde L 6 amictus . . . uestimento] *om.* L 7 uestimento] uerstimentum S in . . . cloþedest] þou cloþedest þee in shrift and fairhede BS 8 clad] cloþid B whiche] whom BS 9 is] þat is BS 11 extendens] et extendens L qui . . . eius] *om.* L 12 ouere] ouer partis BS 13 whiche] whom BS calleþ] clepiþ BS warnysht] vernysched L 14 moiste] most L grace] þe grace L 16 large] *om.* BS 18 qui[2] . . . uentorum] *om.* L ambulas] ambulant A 19 in] a BS 20 bishadowyng] þe shadewyng B 21 swiftnesse] swetnesse BS 22 hou[2]] *om.* BS þat] *om.* L

{4} Qui facis angelos tuos spiritus, et ministros tuos ignem urentem. *þou þat makest þin augeles gostes, and þi ministres fiyr brennyng.* þat is, þe goostes of kynde þat ben euere bifore þee whan þou wilt þou makest hem messageres of þi wille. And þi seruantes þou makest brennyng in fiyr of þi loue þat wastest þe hey of vices.

{5} Qui fundasti terram super stabilitatem suam, non inclinabitur in seculum seculi. *þou þat groundedest þe erþe upon þe stablenes of it, it shal not be helded in þe world of world.* þat is, þou fastnedest þi chirche on Crist þat lasteþ eueremore.

f. 225vb **{6} Abissus sicut uestimentum amictus | eius, super montes stabunt aque.** *Depnes as cloþe þe coueryng of it, aboue hilles shale stonde watres.* Depnes of tribulacioun shale be coueryng of holi chirche as cloþ, for it shal be enuyrounned euere wiþ angres and noyes of þis world; and aboue hilles shulen stonde watres, þat is on holi men semynge shulen stonde watres of persecucioun but not long. For

{7} Ab increpacione tua fugient, a uoce tonitrui tui formidabunt. *Of þi blamyng þei shulen flee, of þe voice of þi þundre þei shulen drede.* þat is, ypocrites blamyng wicke men þei shulen flee fro noiyng of riȝtwis men, þat is þei shulen cesse, knowyng her foli; for of þi þundre, þat is of manasyng of þi streit dom, þei hadden drede.

{8} Ascendunt montes, et descendunt campi in locum quem fundasti eis. *Hilles steiȝen and feeldes descenden, into þe stede þat þou groundedest to hem.* For þe grete drede of þi dom hilles, þat ben prelates, ben hiȝed, þat is, for her perfeccioun looued of gode men in her dignites for her vertues not for lordshepes, for þei shulen not desire hem but oneli to folowe Crist in wilful pouert and mekenes. And feeldes, þat is commounte of meche puple shulen `be´ made þurgh gode ensaumple of prestes pleyn of alle uices; and so þei

23 et . . . urentem] *om.* L 24 gostes] spiritis A 25 goostes] spiritis A 27 brennyng] hem brennynge A wastest] waastiþ BS 28 non . . . seculi] *om.* L 29 groundedest] groundest LS 30 helded] heelyd or bowyd S, bowid AB in] into A world[2]] þe world A 31 fastnedest] fastnest L 32 super . . . aque] *om.* L 33 þe] is þe BS aboue . . . watres (34)] watris shul stonde aboue hilles BS 35 cloþ] a cloþ BS 36 noyes] anoies A stonde] be L 39 a . . . formidabunt] *om.* L 40 of [1]] fro L of [2]] and of C þundre] gret thunder L 42 is] *om.* L 43 of [1]] *om.* ALBS of [2]] wiþ BS 44 in . . . eis] *om.* L 45 þe] *om.* BS 46 groundedest] groundest L ben] is BS 47 looued] preisid BS 48 for[1]] not for A lordshepes] her lordschipes AL, bishopis BS shulen] schuld L 50 commounte] þe comounte A be] *added d.h.* C

shulen descende in wilful obedience fro coueitise and lustes to þe perfeccioun of charite. And þoo prelates and her sugetes in her stede shulen wirke and growe in vertues after þe grace þat God shal sende hem, þouȝ al many proude prelates wiþ her wicked obedienseres and vicious sugettes to hem | in her uices noiȝen hem. 55 f. 226ra

{9} **Terminum posuisti quem non transgredientur, neque conuertentur operire terram.** *Terme þou settest þat þei shulen not ouerpas, ne þei shule be turned to hile þe erþe.* God haþ sette a terme of alle yueles þat yuel men moun not passe ouer, so þat no stable man þar drede her pursuyng, for it is but shorte heer. And whan þei ben passed of þis lif, þei comen neuere aȝen to noiȝen him more in anguys as þei diden. 60

{10} **Qui emittis fontes in conuallibus, inter medium montium pertransibunt aque.** *Þou þat sendest welles in togidere-dales, bituene þe myddes of hilles passe shulen wateres.* Þat is, he sendeþ welles of grace in hem þat ben meke in bodi and soule; and wateres of lore shule passe, þat is þei shule renne fro men of gode lif þurgh trewe preching. And of þise watres 65

{11} **Potabunt omnes bestie agri, expectabunt onagri in siti sua.** *Alle bestes shule drinke of þe feeld, abide shulen onagres or feeld-asses in her þrest.* Beestes of þe feeld ben synful men discharged of vices turned to Iesu Crist. Onagres ben wilde asses, þat ben proude Iewes or fals cristen men þat wilen not nowe drinke of þe holsum watres of Cristes mekenes, but abiden to þe last ende of her lif and of þe worlde. 70 75

{12} **Super ea uolucres celi habitabunt, de medio petrarum dabunt uoces.** *On þoo foules of heuene shule wone, fro þe myddes of stones shule þei ȝeue voyces.* On þoo welles þat I seide goostli men shule wone þat ioien in þe briȝthed of Goddes loue, and ȝeuen voices 80

53 þoo] the L 55 al] as A 56 noiȝen] ioyȝen BS 57 neque . . . terram] *om.* L 58 terme . . . settest] þou settest terme BS 59 ne] nor L be] not be BS 61 þar] dar ABS, nede forto L 62 of] 'owt' of L 64 inter . . . aque] *om.* L 65 welles] willes BS in togidere-dales] into dalis BS 66 passe shulen] *rev.* BS welles] willys B 68 is] *om.* L 70 expectabunt . . . sua] *om.* L siti] sciti A 71 bestes . . . feeld] þe beestis of þe feeld shul drynke BS abide . . . feeld-asses] (onagrys or *add.* S) feeld-assys shul abide BS onagres] wild assys B 73 wilde . . . ben[2]] *om.* B 74 or] and BS 77 de . . . uoces] *om.* L 78 on . . . wone] foules of heuene shul wone on þoo BS þoo] þe L fro . . . voyces (79)] þei shul ȝeue voices fro þe myddis of stonys BS 79 þoo] the L þat] as B 80 shule] schuld L

f. 226rb of gode lore. Fro þe myddes | of stones, þat is of þe autorites of holi men grounded in Goddes lawe and reuled þerafter.

{13} **Rigans montes de superioribus suis, de fructu operum tuorum saciabitur terra.** *Weting hilles of his hiȝer þinges, of þe fruyte* 85 *of þi werkes fild shal be þe erþe.* Þat is, God weteþ þe apostles and contemplatif men of his hiȝest priueitees, for of his fruyte þat he doþ in alle gode men ben his loueres fulfilled. For þat þat a man lereþ for loouing or for coueitise bi egging of þe deuel mai be hidde or wasted, but Goddes lore plaunted in charite dewed wiþ his grace springeþ 90 wonderfulli.

{14} **Producens fenum iumentis, et herbam seruituti hominum.** *Forþbringing hei to beestes, and heerb to þe seruice of men.* Þe erþe bringeþ forþ vile lustes to beestes, þat is to beestli men þat lyuen in fleshli delites; and heerb, þat is bodili sustinaunce to men 95 þat lyuen riȝtwisli as men shulden do.

Ut educas panem de terra, {15} et uinum letificet cor hominis. *Þat þou lede oute brede of þe erþe, and wyne glade þe hert of man.* Brede of Goddes word is brouȝte out treuli of Cristes apostles and her trewe foloweres and of noon oþere. And wyn, þat is þe delicious 100 drinke of Cristes loue, gladeþ trewe mennes hertes and rauisheþ hem fro erþe to heuene.

Ut exhillaret faciem in oleo, et panis cor hominis confirmet. *Þat he make wel chered his face in oyle, and bred conferme mannes herte.* Þat þat man rehete his þouȝt in grace in þe whiche is bred of 105 riȝtwisnes, his herte shal be confermed in charite of þis gostli bred. And wyn, þe whiche is in our trewe bileeue þe wounderful f. 226va sa|crament of Cristes fleshe and his blod, and þerof

{16} **Saturabuntur ligna campi, et cedri Libani quas plantauit; {17} illic passeres nidificabunt.** *Fulfild shulen be trees of þe* 110 *feeld, and cedres of Liban þe whiche he plaunted; þere sparowes shulen*

81 of[3]] in BS 83 montes] motes L de[2] . . . terra] *om.* L 84 saciabitur] saciabitabitur A of[2] . . . erþe (85)] þe erþe shal be fild of þe fruyt of þi werkis BS 85 þi] the L þe[2]] *om.* A 88 loouing] loouyng or preysing S, preisyng AB for] *om.* BS 91 et . . . hominum] *om.* L 92 forþbringing] forthbryngen L, for brynge S 96 ut] et AL et . . . hominis] *om.* L 99 þe] *om.* B 102 et . . . confirmet] *om.* L 104 þat[1]] that is ABS rehete] þat rehetiþ BS þouȝt] soule L in[2]] of þe holy gost sechyng þe wil and loue of crist in BS þe] *om.* L 106 þe] *om.* L in] *om.* BS trewe] *om.* L 108 quas . . .. nidificabunt] *om.* L 109 fulfild . . . feeld (110)] trees of þe feeld shul be fulfillid BS 110 liban] þe liban A

make her nest. þat is, meke men and miȝti folk in þe world, þe whiche God sette in þe truþe of riȝt bileeue, fulfilling it wiþ gode werkes, in her godes sparowes, þat is holi pore nedi men shulen make her nestes, þat is þei shulen haue after her myster bodili fode of hem. Forþi haþ God ȝeue to sum men of þis worlde temperel godes to 115 helpe and to releue in tyme of nede þe pore, not welþes to lyue in lustes.

Herodii domus dux est eorum, {18} montes excelsi ceruis, petra refugium erinaciis. *Hous of gerfacoun is leder of hem, hiȝe hilles to hertes, þe ston is fleyng aȝen to irchounnes.* As who sei, þouȝ 120 þise reised sparowes haue bodili foode of riche men, Crist, þat is leder of þe gerfacoun, þat is of cruel testie men, for hem he forsakeþ not whan þei comen to him forsaking her synne, is ledere of þe sparowes. For þouȝ þe cedres ben stired, þei moun flee to him. Hiȝe hilles to hertes ben þei streite commaundementes of God, þe whiche 125 wiþ his counseiles ben ordeined to contemp[l]atif men. þe ston, þat is Crist, to irchounes, þat is to hem þat ben couered wiþ many sharpe synnes, to him þei fleen whan anguysh comeþ, for oþer refuyte is none to him þat is in synne.

{19} Fecit lunam in tempora, sol cognouit occasum suum. *He* 130 *made þe mone in tymes, þe sunne knewe his setting.* þe moone þat is holi chirche þat passeþ wiþ þe tyme to heuene, | þe sunne þat is Iesu f. 226vb Crist knewe þe tyme of his deeþ þat he suffred inne for his chirche. And so yuel man shulde `knowe´ þat tyme is heer to amend synne and purchase mede and elles nouȝwher. For 135

{20} Posuisti tenebras et facta est nox, in ips[a] pertransibunt omnes bestie silue. *þou settest merknesses and maad is niȝt, in þat shulen passe alle þe beestes of þe wode.* þat is, þou settest for her vnkyndnes blindnes in synful men, cumbring hem in her hertes wiþ merknes of her owne synne. In þat niȝt of merkenes þe deuel shal 140

111 folk] men A in] of A þe[1]] *om.* L 113 pore] *om.* BS 115 forþi] þerfor A, for þat L 116 helpe] helpe þem L to[1]] *om.* L 118 eorum] *om.* L montes . . . erinaciis] *om.* L 119 erinaciis] herinacis A gerfacoun] gerfaucouns A 120 sei] seiþ BS 122 cruel testie] crueleste BS testie] teeste A hem] men BS 124 ben stired] *om.* L moun] must L 125 þei] þe ALBS 126 his] þe A counseiles . . . to] *om.* L contemplatif] contempatif C 127 many] my L 128 oþer . . . none (129)] noon oþer refute is B 130 tempora] temporis A sol . . . suum] *om.* L 131 þe mone] mones L 133 inne] *om.* L 134 man] men L knowe] *margin d.h.* C 136 in . . . silue] *om.* L in] et in A ipsa] ipso CA 137 merknesses] derknessis A, derknesse B, merkenesse S maad is niȝt] nyȝt is maad BS þat] þe L 138 þe[1]] *om.* BS 140 merknes] derknes AB merkenes] derknes AB

passe into hem, ledyng hem fro synne to synne in þis lif, and in þe toþer fro peyne to peyne.

{21} **Catuli leonum rugientes, ut rapiant, et querant a Deo escam sibi.** *Whelpes of leounes romeyng, þat þei rauyshen and seke of*
145 *God mete to hem.* Whom he clepeþ beestes, he clepeþ whelpes and leounes, for sum ben princes of deueles, sum as whelpes despisable ben fendes þat sechen in merknesse to deceyue soules: þei ben fed wiþ errourres of coueitise and lustes, þouȝ þei moun not do but at Goddes suffring; þei blynden hemself and oþere men wiþ erroures of
150 fals lyuyng.

{22} **Ortus est sol, et congregati sunt, et in cubilibus suis collocabuntur.** *Risen is þe sunne and þei ben gedered, and in her dennes þei shulen be leid.* Whan Crist dieþ in us þurgh synne many yueles hirten us; but he, risyng in us þurgh grace, leouns fleen and ben ferd
155 to make saute on us, for þe signe of tau þat we han prented in us. Dennes of fendes ben yuel men þat duellen in dedli synne; for as Crist duelleþ in his louere leding him to vertues, so þe deuel
f. 227ra duel|leþ in wicked men þat lyn in synne, entising hem to vices.

{23} **Exibit homo ad opus suum, et ad operationem suam**
160 **usque ad uesperam.** *Man shal go to his werk and to his wirking vnto euene.* A gode man shal go to his werk wel biginyng in loue drede, and to his wirking wel lasting euere to þe ende of his lif in mekenes and charite, for þanne he shal be in reste and knowe þat for mannes helþe Crist dide his werk to þe ende.

165 {24} **Quam magnificata sunt opera tua, Domine: omnia in sapiencia fecisti, impleta est terra possessione tua.** *What þi werkes, Lord, ben made grete: alle þou madest in wisdom, fild is þe erþe of þi possessioun.* Þat is, grete and mechel ben þei, and so grete þat it may not be told, for alle þou madest in Crist and of newe men þou
170 hast made ful holi chirche. For old men in synne fillen þe deueles hous, for ȝit lasteþ trybulacioun.

141 ˋnotaˊ L into] in L 142 toþer] oþer L 143 ut . . . sibi] *om.* L 144 romeyng] rorynge A and] þei S seke . . . mete (145)] þat þei seche mete of god BS 145 and] of L 146 deueles] þe deuylles L 147 merknesse] derknesse AB 149 þei . . . lyuyng (150)] *om.* BS 151 et² . . . collocabuntur] *om.* L 152 risen . . . sunne] þe sunne is risen BS 155 saute] asauȝt A tau] þe tav L in] on B 159 et . . . uesperam] *om.* L 160 to²] *om.* A 161 wel biginyng] *om.* L drede] and drede L 162 euere] *om.* L 165 omnia . . . tua (166)] *om.* L 166 what] *om.* BS 167 grete] ful grete BS alle] alle þinges BS fild . . . erþe] þe erþe is fild BS 169 may] made L 170 hast] *om.* L

{25} Hoc mare magnum et spaciosum manibus, illic reptilia quorum non est numerus. *þis grete sce and roume to hondes, þere crepinge of whiche is no noumbre.* þis grete sce is þe worlde þat is forto passe, þat is roum to hondes to wirken inne. But it is hard to wirke wel in it, for none may wel wirke wiþouten Cristes loue: þere ben wicke goostes crepinge to bigile men, and waiting of hem wiþouten noumbre crepen in þis world and occupien vnsliȝe men anentes her soules. And ȝit in þise bittre wateres 175

Animalia pusilla cum magnis; {26} illic naues pertransibunt. *Smale beestes wiþ grete; þere shulen shippes passe.* þat is, in þis world ben synfulle | men lasse and more. But shippes, þat is riȝtwis men, shule passe þere her wey to heuene, þei shule not falle in liking of synne ne lust of fleshe. In þis sce is 180 f. 227rb

Draco iste quem formasti ad illudendum ei; {27} omnia a te expectant ut des illis escam in tempore. *þis dragoun whiche þou madest forto make scorn to him; alle fro þee abiden þat þou ȝeue mete to hem in tyme.* þis dragoun whiche þou madest in substaunce and dedist him in heuene, but þurgh his vice falling maad he is heer to suffer scornyng of hem þat ouercomen temptaciouns. Ȝif þou lyue wel þou shalt haue mete of Crist, and ȝif þou loue synne, þe dragoun þat is þe deuel haþ þee to his mete. 185 190

{28} Dante te illis colligent; aperiente te manum tuam, omnia implebuntur bonitate. *Ȝeuyng þee to hem þei shule gedere, openyng þee þin hond alle shulen be fild of godenes.* Ȝif þou, God, ȝiue to fendes power, þei gedere and elles not; and þee shewing þi merci to us, we shulen wiþstonde alle noiȝes and temptacions and be fulfild of godenes. 195

{29} Auertente autem te [faciem] turbabuntur; auferes spiritum eorum et deficient, et in puluerem suum reuertentur. *But þee, awei turnyng þi face, þei shule be troublid; þou shalt reue her* 200

172 manibus . . . numerus] *om.* L 173 roume] rownde \`or´ space L 174 crepinge] beþ crepyng þingis BS 176 none] no man LBS wel wirke] *rev.* B 177 goostes] spirites A 178 vnsliȝe] foulie A 180 illic . . . pertransibunt] *om.* L 181 smale] beþ smale BS in] *om.* L 183 falle] faile A 184 ne] and L 185 omnia . . . tempore] *om.* L 186 whiche] whom BS 187 abiden] abydyng L 188 whiche] whom BS 190 temptaciouns] temptacioun A 193 aperiente . . . bonitate] *om.* L 195 of] wiþ B 196 and[1]] or S 197 noiȝes] þe anoies A 199 autem te] a te deficient A faciem *om.* C turbabuntur] facimus L auferes . . . reuertentur] *om.* L 200 deficient et] *om.* A et[2]] *om.* S 201 awei turnyng] *rev.* LBS troublid] droued L, droued or troublyd S

spirit and þei shule faile, and in her dust þei shule aʒen be turned. Summe þat han ioie of her vertue and feyned mekenes, but God suffreþ hem falle in temptacioun, and whan þei wilen amende hem, leuyng her
205 synne, he receyueþ hem. And so he reueþ awei her pride þat þei do penaunce for her synne and knowe þat þei ben dust and erþe, þat is bretel and erþeli. But þanne

f. 227va **{30} Emitte spiritum tuum, et creabuntur, et renouabis faciem terre.** *Sende þi gost and þei shule be maad, and þou shalt*
210 *newe þe face of erþe.* Sende þe Holi Goost into hem, and þei shulen be maad in gode werkes, and so þou newest hem þurgh grace in þe stablenes of þi þouʒt.

{31} Sit gloria Domini in seculum, letabitur Dominus in operibus suis. *Þe glorie of our Lord be into þe world, our Lord shal*
215 *ioie in his werkes.* For alle godes is of God, his loouyng be wiþouten ende, for he haþ ioie in his werkes þat he makeþ in his loueres.

{32} Qui respicit terram, et facit eam tremere, qui tangit montes et fumigant. *Þe whiche lokeþ þe erþe and makeþ it to quake, he toucheþ hilles and þei smoken.* He lokeþ wiþ mercy þe erþe of
220 mannes þouʒt þat was hiʒed in vanite and makeþ it to quake. Betre it is to quake in mekenes þan to triste to pride. He toucheþ proude wiþ his grace and þei shewen reek of deuocioun and of teeres. And of al þis

{33} Cantabo Domino in uita mea, psallam Domino meo
225 **quamdiu sum.** *I shal syng to our Lord in my lif, I shal seie psalm to my God als long as I am.* Þat is, I shal loue my Lord als long as I lyue, þat is wiþouten ende. Þis he seiþ þat no man ween þat oþer werk be in heuene þan to singe to God.

{34} Iocundum sit ei eloquium meum; ego uero delectabor in
230 **Domino.** *Delitable be to him my word; soþeli I shal be delited in our*

202 and] *om.* AL in . . . turned] þei shul be turned aʒen into her dust BS 204 falle] *om.* L temptacioun] temptacyons L 207 bretel] brokul B, brechyl S 208 et[2] . . . terre] *om.* L 209 gost] spirit A and[2]] *om.* L 210 newe] renewe L þe[1]] þy S erþe] þe erth L 213 letabitur . . . suis] *om.* L 215 godes] good BS is] ben A loouyng] preisyng ABS 217 qui[2] . . . fumigant] *om.* L 218 lokeþ] biholdiþ A quake] qwike A 219 lokeþ] biholdiþ A 220 to] *om.* L 221 triste] trustne BS 222 reek] reeke or smoke S, smoke AB 224 psallam . . . sum] *om.* L domino[2]] deo ABS 226 loue] looue or preyse S, preise B 227 no] *om.* BS 229 ego . . . domino] *om.* L 230 delitable] delectabyll L

Lord. Gode chaunting þat is grace is delitable to þee, as to him is þi word of shrifte and of loouyng.

{35} **Deficiant peccatores a terra, et iniqui ita ut non sint; benedic anima mea Domino.** *Synful | faile fro þe erþe, and wicke so þat þei ben not; blesse my soul to þe Lord.* Þoo þat ben synful faile þei fro her synnes þat þei ben not þat þei weren. But lyue in grace oute of wickednes and loue þe Lord. f. 227vb 235

Psalmus .104.

{1} **Confitemini Domino et inuocate nomen eius; annunciate inter gentes opera eius.** *Shriueþ to þe Lord and inclepeþ þe name of him, sheweþ among folkes þe werkes of him.* Loouеþ our Lord: þat a louyng man doþ, for loouinge ȝee shulen be herd, and so ȝee þat louen him, loouеþ him in shewyng to synful men his werkes. His 5 werkes is his merci and his riȝtwisnes, for he þat loueþ God loueþ mannes soule; and so beþ loued in Goddes holi name not in ȝoure. Ȝif ȝee louen his name ȝee kepen his word and þanne ȝee ben worþi loouyng and elles not. And ȝif men loouen ȝou, looue ȝee God, puttyng to him al loouyng, holding ȝourself seruantes vnprofitable. 10

{2} **Cantate ei et psallite ei, narrate omnia mirabilia eius;** {3} **laudamini in nomine sancto eius.** *Singeþ to him and salm seiþ to him, telleþ alle þe wondres of him; ȝee ben looued in his holi name.* Singeþ wiþ mouþ and loueþ him wiþ dede; clepeþ alle his wondres, for alle þat ȝee seen of him ben wondres. Ȝee ben looued: þat is, 15 worche ȝee so þat ȝee be looued in his name, þat ȝee ioien not

231 delitable] delectabyll L 232 loouyng] loouyng or preisyng BS, preisyng A 233 deficiant] deficient L ita . . . domino] *om.* L sint] sunt A 235 blesse . . . lord] my soule blesse to þe lord BS

Ps. 104 CALBS

heading C, þe Ciiij psalme A, `104´ *d.h.* B, *om.* LS 1 annunciate] anun/ S 2 shriueþ] knewliche ȝe BS 3 folkes] folke L þe . . . him[2]] his werkus BS loouеþ] loouеþ or preisiþ BS, preisiþ A 4 louyng] loouyng BS loouinge] loouyng or preisyng BS, in preisynge A 5 louen] preisen A loouеþ] loueþ ALBS 7 loued] looued or preisid BS 8 louen] looue B name] holy name B 9 loouyng] loouyng or preisyng BS, of louynge L, preisyng A and[1]] or L loouen] looue or preyse S, preise B, louen AL looue] loue AL 10 loouyng] preisyng A seruantes] *om.* L 11 narrate . . . eius (12)] *om.* L 12 salm seiþ] *rev.* ABS 13 ȝee ben] S *marked for rev. to* be ȝe B looued] lo`o´ued A, loued L holi] *om.* BS 14 loueþ] lo`o´ueþ S, loouеth LB wiþ[2]] in A clepeþ] calleth L, telliþ BS 15 looued] loouyd or preisid BS, loued L, preisid A 16 looued] loouyd or preisid BS, preisid A

wiþinne ȝourself in any gode werk, or þat we haue ioie to be cleped cristen men of Crist.

Letetur cor querentium Dominum; {4} querite Dominum et
20 **confirmamini, querite faciem eius semper.** *Fayn be þe herte of þe*
f. 228ra *sechynge þe Lord; secheþ þe Lord and ȝee ben confer|med, secheþ his face euermore.* As who sey: fayn mai þei be þat sechen God and not elles. Secheþ him in mekenes, and so ȝee shulen be confermed to wite what ȝee shulen do and to haue grace to do it in dede. And euere
25 whil þat ȝee lyuen secheþ his face, þat is his presence, þat ȝee deseruen it heer of his grace to haue it wiþouten ende after þis lif.

{5} Mementote mirabilium eius que fecit, prodigia eius et iudicia oris eius. *Biþenkeþ ȝou of his wondres þe whiche he dide, his tokenes and þe domes of his mouþ.* As who sei: ȝee þat ben weike and
30 seke, and moun not wynne to perfeccioun, þenkeþ on his wondres and on his domes, þat ȝee holden ȝou fro yuel and enforce ȝou to do gode.

{6} Semen Abraham serui eius; filii Iacob electi eius. *Seed of Abraham his seruantes, sones of Iacob chosen of him.* To whom seiþ he
35 þis? to cristen men þat ben seed of Abraham, for þei trowen as he dide, and foloweres of Iacob, wrastelers aȝeine her fleshe and likinges of þis world.

{7} Ipse Dominus Deus noster, in uniuersa terra iudicia eius. *He þe lord our God, in al þe erþe þe domes of him.* Þat is þurgh al þe
40 world ben Iacob and Israel, þat is riȝtwis men, to whiche he sheweþ his domes.

{8} Memor fuit in seculum testamenti sui, uerbi quod mandauit in mille generaciones. *Myndefulle he was into world of his testament, of þe word þat he commaunded into a þousend*
45 *generaciouns.* Þat is, he had in mynde to fulfil þe hoting of his

17 þat] þat he seiþ þat BS 18 men] *om.* L 19 querite . . . semper] *om.* L querite dominum] *om.* A 20 fayn . . . lord[1] (21)] þe herte of men sechyng (sechyn S) þe lord be fayn BS 22 euermore] for euermore BS sey] seiþ BS mai þei] *rev.* BS 25 þat[1]] *om.* LBS 27 prodigia . . . eius (28)] *om.* L 29 sei] seiþ BS weike] leþi A, feble B 31 on his] *om.* L 33 filii . . . eius[2]] *om.* L 34 his] beþ his BS 38 iudicia eius] *om.* L 39 þe lord] lord `the´ L 40 to] *om.* L whiche] whom BS 42 uerbi . . . generaciones] *om.* L 43 generaciones] generacionis A myndefulle . . . was] that is he hadde in mynde (*all underlined as translation*) A myndefulle] *on eras. d.h.* C, menynge or myndeful S into] `in´to A, in BS world] þe world AB 44 þe] whyche þe L 45 hoting] biheeste A

newe testament, þat is of riȝtwisenes and of endeles heretage þat | he hiȝte in þe New Testament þat lasteþ in world þat is wiþouten ende. And he was menyng of þe word þat he commaunded into a þousend generaciouns, þat is in alle to þe worldes ende, in whiche he biddeþ men lyue riȝtwisli in his word. f. 228rb 50

{9} **Quod disposuit ad Abraham, et iuramenti sui ad Ysaac.** *Þe whiche he ordeined to Abraham and of his ooþ to Ysaac.* As who sei, he was menyng of his word þat he ordeyned to Abraham, and of his ooþ þat he ordeined to Ysaac.

{10} **Et statuit illud Iacob in preceptum, et Israel in testamentum eternum.** *And he sette it to Iacob into bidding, and to Israel into endles testament.* Lord, þe word, þat is in þe bidding is in þe hoting, for to alle þat don þe word of his comandement he hoteþ ioie wiþouten ende. And vnderstond þat he clepeþ testament þat þing þat is hiȝt and þe lore in þe whiche þe hoting is preched, and for þe whiche keping it is ȝolde. 55 60

{11} **Dicens: tibi dabo terram Chanaan, funiculum hereditatis uestre.** *Seiyng: to þee I shal ȝeue þe lond of Chanaan, streng of ȝour heretage.* Þat lond he ȝaf in figure of endeles heretage þat to alle men falleþ not. Forþi seiþ he 'streng of ȝour heretage', þat is I shal ȝiue heuene to heretage to oneli þoo þat ben taken wiþ þe streng of predestinacioun of God, and han þe lond þat was delt in tuelue paartes wiþ a streng. Also in oon endeles lif ben sunder wonyngstedes. Chanaan is as meche to seyn as meke, for into heuene no man comeþ but þat is meke. Whan was þis hoting maad? 65 70

{12} **Cum essent numero | breui, paucissimi et incole eius.** *Whan þei weren of short noumbre, and fewest þe tilieres of it.* Þat is, of þe lond of Chanaan er þei weren multiplied in Egipt. f. 228va

46 þat[1] . . . testament (47)] *om.* L 48 menyng] myndeful A word] world CA, world, l- *canc.* S commaunded] comaunde S into] in ALBS 49 generaciouns] generacioun A to] *om.* L 50 word] world, l- *canc.* S 51 et . . . ysaac] *om.* L 52 ordeined] dysposed L sei] seiþ BS 53 menyng] *on eras* C, myndeful A and] *om.* BS 55 et[2] . . . eternum] *om.* L 57 þe[2]] þi L 58 hoting] biheeste A hoteþ] bihotiþ A 60 and[1]] in BS þe[2]] *om.* L þe[3]] *om.* BS hoting] biheest A for] fro A 61 ȝolde] gyuen L 62 funiculum . . . uestre] *om.* L 63 streng] strengthe L 65 forþi] þerfor A, for þat L streng] strength L þat . . . heretage (66)] *om.* BS 66 streng] strength L 68 paartes] parties BS streng] strength L sunder] dyuerse AB, sondry L 70 þis] þat BS hoting] biheest A 71 numero] in numero L paucissimi . . . eius] *om.* L 72 of[1]] in L short] schortist A is] *om.* L

{13} Et pertransierunt de gente in gentem et de regno ad
75 **populum alterum.** *And þei passiden fro folc into folc and fro regne into oþer folc.* Þe regne he clepeþ þe lond of promissioun, for þere was þe regne of Israel.

{14} Non reliquit hominem nocere eis, et corripuit pro eis reges. *He left not man to noiȝe to hem, and he chastised for hem kinges.*
80 He left not, þat is he suffred not men to noiȝe hem, and tuo kinges, Abimalech for Rebecca and Pharao for Sara, he chastised seiyng

{15} Nolite tangere christos meos, et in prophetis meis nolite malignari. *Wileþ not touche my cristes, and in my prophetes willeþ not be yuel willed.* It semeþ þat þei weren cristen men þat tyme, for he
85 clepeþ hem cristes, but priueili it was.

{16} Et uocauit famem super terram, et omne firmamentum panis contriuit. *And he cleped hunger aboue erþe, and al þe fastnyng of brede he altobrac.* Þat is, he wasted al bred þat fastneþ alle mennes lif, and so he bad þat hunger shuld come þat made hem to go fro folc to
90 folc as men don in grete hunger.

{17} Misit ante eos uirum; in seruum uenundatus est Ioseph. *He sente bifor hem a man; in seruant sold is Ioseph.* Ioseph was sold of his breþeren; siþen for riȝtwisnes after anguys he was hiȝed in Egipt, and receyued his fadre and his breþeren in her nede. Also Iesu Crist
95 after his passioun hiȝed in heuene receyued and receyueþ ech dai his loueres to him.

{18} Humiliauerunt in compedibus pedes eius, ferrum per-
f. 228vb **transiit animam eius, {19} donec ueniret | uerbum eius.** *Þei mekeden in feteres his fete, iren passed þurgh his soule til þe word cam of*
100 *him.* As who sei, he was in grete anguyshe so þat iren, þat is hard nede, was in his soule, brennyng and besy in wretchednes til þat his word þat is vndoyng of drem come to him.

74 pertransierunt] protransibunt L et[2] . . . alterum] *om.* L 76 into] to A þe[2]] þat AL 78 et . . . reges] *om.* L 79 for] fro S 80 hem] to hem BS 81 abimalech] þat is abymalech A 82 et . . . malignari] *om.* L 84 be] *om.* L 85 hem] *om.* L 86 terram] terre L et[2] . . . contriuit] *om.* L 87 fastnyng] fastynges L 88 altobrac] brake L lif] lyues L 89 to[1]] *om.* BS 90 folc] folkes L 91 uenundatus . . . ioseph] *om.* L 92 in] into BS sold . . . ioseph] ioseph is solde BS 95 receyued and] *om.* BS receyueþ] receyuyd L ech] euery L 97 ferrum . . . eius[2] (98)] *om.* L 99 mekeden] meken L his[1]] her AL 100 sei] seiþ BS

Eloquium Domini inflammauit eum; {20} misit rex et soluit eum, princips populorum et dimisit eum. *þe word of þe Lord enflaumed him, þe king sent and he loused him, þe prince of folkes and he lefte him.* þat is, þe Holi Gost shewyng priueites, stirid him to seie þo þinges þat weren to come; and so he was loused of pyne and leten oute of prisoun. 105

{21} Et constituit eum dominum domus sue, et principem omnis possessionis eius. *He sette him lord of his hous, and prince of al his possessioun.* þat is, king Pharao sette Ioseph suche a maister for þe wisdom þat he sawe was in him. 110

{22} Ut erudiret principes eius sicut semetipsum, et senes eius prudentiam doceret. *þat he lere his princes as himself, and his elder men teche sleiȝnesse.* To gouerne þe lond and bewar wiþ oncomes. 115

{23} Et intrauit Israel in Egiptum, et Iacob accola fuit in terra Cham. *And Israel entred into Egipt, and Iacob cumling was in þe lond of Cham.* Cham is Egipt, for Cham was fader of Chanaan of whom men of Egipt camen. þus oftesiþes holi men duellen among synful men for nede of bodili sustinaunce. 120

{24} Et auxit populum suum uehementer, et firmauit eum super inimicos eius. *And he echede his folc greteli and he fastned him aboue his enemyes.* þat was þurgh wondres þat God shewed in Egipt for deliueraunce of his folc.

{25} Conuertit cor | eorum, ut odirent populum eius, et dolum facerent in seruos eius. *He turned þe herte of hem þat þei hateden his folc, and þat þei diden tresoun in his seruauntes.* God sendeþ no malice in any mannes herte, but her herte was wicke in itself. Forþi, whan God eched his folc in noumbre and ritchesse, þei weren stired to enuye and hateden hem and diden tresoun forto lesse hem in werk of morter and sclat. And þanne God f. 229ra 126 130

103 misit . . . eum² (104)] *om.* L et] *om.* A 104 princips] principes CA et] *om.* A 105 and¹] *om.* L 106 þo] þe LBS 107 he was] *rev.* B and²] *om.* L 109 et² . . . eius] *om.* L 110 he] and he B sette] ordeyned L 111 possessioun] possessyons L 112 was] *om.* A in] wiþ BS 113 ut] et L erudiret] audiret L et . . . doceret] *om.* L 114 lere] here L 115 wiþ] *om.* L 116 et² . . . cham] *om.* L 117 cumling was] *rev.* BS 119 men of] *om.* L 121 suum] *om.* S et² . . . eius] *om.* L 122 him] hem ABS 123 his] her ABS þat²] of L 125 odirent] edirent A et . . . eius (126)] *om.* L 126 in] et S 127 þat] *om.* L 128 itself] þerselfe L forþi] þerfore A, for þat L, for BS whan] what L 130 and²] þat L

{26} Misit Moysen, seruum suum, Aaron quem elegit ipsum. *He sent Moyses his seruant, Aaron him whom he ches.* What office was of hem?

{27} Posuit in eis uerba signorum suorum, et prodigiorum suorum in terra Cham. *He sette in hem þe wordes of his toknes, and of his wondres in þe lond of Cham.* Þat is, þurgh hem he dide tokenes and wondres, þe whiche as wordes bitokenen sumwhat. Loo, toknes

{28} Misit tenebras et obscurauit, et non exacerbauit sermones suos. *He sente dernes and derked, and he sharped not his wordes.* Biginynge of pynes is derknesse, for als sone as any man despiseþ Goddes biddinges his herte is blynded and so he falleþ liȝtli in alle oþere synnes. And he sharped not his wordes, þat is he fulfild hem mistili and confermed hem wiþ miracles.

{29} Conuertit aquas eorum in sanguinem, et occidit pisces eorum. *He turned her watres into blod, and he slouȝ her fisshes.* Þat he dide þat no man shuld haue hope of lif in watres, whan þat dieþ in wateres þat is kindeli norished in hem.

{30} Et dedit terra eorum ranas in penetralibus regum ipsorum. *And her lond ȝaf froshes in þe chaumbres | of her kinges.* Þat is, he turned her lond as into frosshes, for þere weren so many þat it was wondre to telle. For her kinges weren felowes to frosshes. Suche ben our princes and our prelates now þat lede her lif in filþe of synne.

{31} Dixit et uenit cinomia et cinifes in omnibus finibus eorum. *He seid and houndeflies comen, and gnattis in alle her endes.* Þe gnatte þat is lesse þan a flie is ro`o´syng and boste of lordes, wherþurgh þei destroyen al þat þei han don or don to God; and prelates and prestes bi her ypocrisie and boost of her power stiren God to veniaunce.

132 aaron . . . ipsum] *om.* L 135 et . . . cham] *om.* L 137 in] *om.* A tokenes] wondres LBS 138 wondres] tokens LBS þe] in þe L bitokenen] bitonen bitokenen A 139 et^{2} . . . suos] *om.* L 140 dernes] *on eras. d.h.* C, derknes AB, myrkenes LS derked] derknede A, myrked LS 141 derknesse] *on eras. d.h.* C, merknes LS 143 sharped] sharpiþ BS 145 et . . . eorum (146)] *om.* L 147 shuld] shul BS hope] noon hope ABSL 148 is] his C 149 in . . . ipsorum] *om.* L 150 froshes] froggis B 151 lond] londes L as] *om.* L frosshes] froggis B 152 to frosshes] wiþ froggis B, wiþ froshis S 153 our^{1}] now owur L our^{2}] *om.* AL lif] lyues L 155 et^{2}] a A in . . . eorum] *om.* L 156 and^{1}] þat and L houndeflies] hunde L gnattis] *on eras. of longer d.h.* C, myggis ALBS 157 gnatte] *on eras. of longer d.h.* C, mygge ALBS lesse] þe lesse S roosyng] rousynge L boste] bostyng L 158 don^{2}] haue don L

{32} **Posuit pluuias eorum grandinem, ignem comburentem in terra ipsorum.** *He sette her reynes haile, fier brennyng in lond of hem.* þat is, for reyn þat makeþ þe erþe ȝiue fruyte was hail, þat drieþ þat it neiȝeþ, and fiir brennyng, þat is þundres and liȝtnynges he sette in her lond wiþ þoo þundres. 165

{33} **Et percussit uineas eorum et ficulneas eorum, et contriuit lignum finium eorum.** *And he smot her vinȝerdes and her fige trees, and he altobrac her wodes of* [*h*]*er endes.* It is so in hem þat breken Goddes commaundementes: þei leesen al goostli gode and swetenes of soule, and lesen mede and wynnen hem peyn. 170

{34} **Dixit et uenit locusta, et brucus cuius non erat numerus.** *He seid and þe locust cam, and bruke of þe whiche was no noumbre.* þe locust is modre of þe [b]r[u]k; þei ben litel beestes, but þei ben ful noious. For loo

{35} **Et comedit omnem fructum in terra eorum et comedit omne fenum terre eorum.** *And it ete al þe fruyte in þe lond of hem, and it ete al þe hey of her erþe.* Hey he clepeþ gresse þat groweþ bi itself, fruyte is corn þat men tra|ueilen fore. Locust þat fliȝeþ wiþ stirynges is veynglorie of prelates and prestes; nameli þat maken in hem many yuel stirynges of pride. Bruke is a beest al gedered in þe beli, and is outrage in mete and drinke. Of þise tuo beestes comeþ sorowe wiþoute noumbre, for þise tuo vices, veynglorie and gloterie, deceyuen mo men þan any man mai wite. 175 f. 229va 180

{36} **Et percussit omne primogenitum in terra eorum, primicias omnis laboris eorum.** *And he smot al first-born in her lond, þe first of al her trauaile.* þis was þe laste wounde in Egipt, þurgh þe whiche þei weren ouercome, þe king and his men, and suffreden Goddes folc to passe. 185

161 ignem . . . ipsorum] *om.* L 162 lond] þe lond A 163 ȝiue] to ȝeue BS 164 neiȝeþ] nyȝhe BS liȝtnynges] *on eras. d.h.* C, leuenynges LBS, leitnyngis A 165 þoo] þe L, *om.* A 166 et^3 . . . eorum (167)] *om.* L 167 her^2] þe B 168 wodes] wode BS her] oþer C 170 and^2] to L 171 et^2 . . . numerus] *om.* L 172 þe^2] *om.* L 173 bruk] crik C, chirche AL ful] *om.* L 175 et^2 . . . eorum (176)] *om.* L 176 fruyte] hey BS in] of L 177 hey^1] fruyt BS her] þe L 178 fliȝeþ] fleeþ A, fliȝe BS 179 stirynges] stirtingis BS þat . . . hem (180)] in þem þat make L 180 stirynges] stirring A 181 and^1] *om.* BS outrage] outragious A in] of L 182 gloterie] glotenye ABS, glorye L 184 primicias . . . eorum (185)] *om.* L 187 þe] –r *eras.* C men] meny L

{37} **Et eduxit eos cum argento et auro, et non erat in tribubus** 190 **eorum infirmus.** *And he ledde hem out wiþ siluer and gold, and þer was not siik in her kinredes.* In bodili sekenes þat was a gret benefice in God. God hadde bidden hem borewe of þe men of Egipt vesseles of gold and siluer and precious stones, and bere hem awei wiþ hem; þat bitokeneþ þat philosofres and heretikes shulden be spoiled of alle her 195 wordes þat weren notable to cristen men for her soteltees and her heresies ben coloured wiþ many notable treuþes.

{38} **Letata est Egiptus in profeccione eorum, [quia] incubuit timor eorum super eos.** *Egipt was fayn in her wending, for her drede lay on hem.* For þei herden þat so many weren perished in þe Reede 200 sce, þoo þat laften in Egipt weren drad þat þe folc of Israel shulde haue comen aȝen and slayn hem. Forþi weren þei glad þat þei weren f. 229vb go, as now an enuyous yuel man is wo þat a gode | man is neiȝ, and glad whan he is go.

{39} **Expandit nubem in proteccionem eorum, et ignem ut** 205 **luceret eis per noctem.** *He spred oute þe cloude in helping of hem, and fiir þat it shyne to hem bi niȝt.* Þe cloude he spred to hile hem fro brennyng of þe sunne, and þe fiir he lete shyne þat þei miȝten se in merk niȝt.

{40} **Petierunt, et uenit coturnix, et pane celi saturauit eos.** *Þei* 210 *askeden and þe curlu cam, and wiþ brede of heuene he fild hem.* Þei askeden fleshe and God sent þe curlu, and manna fro heuene.

{41} **Disrupit petram et fluxerunt aque, abierunt in sicco flumina.** *He brast þe ston and watres runnen, in drye ȝeden þe flodes.* [I]n alle þise benefices he comendeþ in Abraham meryte of truþe.

215 {42} **Quoniam memor fuit uerbi sancti sui, quod habuit ad Abraham puerum suum.** *For menyng he was of his holi word þat he*

189 et[3] . . . infirmus] *om.* L in] *om.* A 190 infirmus] infirmis A and[2]] *om.* L 191 not] noon A in[3]] of A 192 hem] *om.* AL borewe] to borwe B 193 gold] syluer L siluer] of golde L stones] cloþis BS 195 notable] not able B 197 profeccione] perfectione A quia . . . eos] *om.* L quia] et CA 198 wending] wyndynge L 199 weren] was L reede] dede BS 200 þoo] þei L laften] lyu`i´d L drad] ferd L 201 slayn] haue sleyne L forþi] þerfor A, for L weren þei] *rev.* AL 204 et . . . noctem] *om.* L 205 spred] speride A 206 spred] speride A hile] huyde A 208 merk] derk AB 209 et[2] . . . eos] *om.* L pane] panem S 211 askeden] asken L 212 fluxerunt] fluerunt S abierunt . . . flumina] *om.* L 213 in] and S 214 in[1]] and CAL 215 memor] me L habuit . . . suum] *om.* L 216 menyng . . . was] he was mynde BS menyng] myndeful A

hadde to Abraham his child. þat is, he was menyng of his biheest to Abraham, þe whiche he fulfilling in figure bitokeneþ endeles ioye.

{43} **Et eduxit populum suum in exultatione, et electos suos in leticia.** *And he outeled his folc in ioiyng, and his chosen in faynnesse.* 220 For þoo þat grutchiden he slouȝ hem in deserte, so holi men and his seruauntes wiþ grete ioie God bringeþ to heuene. And þoo þat grutchen to bere his liȝte birþen and softe in þis wei, he sleeþ heere suffryng hem lyen in synne and dye þerinne. Fro þe whiche his loueres he draweþ wonderfulli. 225

{44} **Et dedit illis regiones gentium, et labores populorum possiderunt.** *And he ȝaf* | *to hem reumes of folkes, and traueiles of* f. 230ra *folkes þei weeldeden.* þat is, þe fruyte þat oþer folk trauaileden þei hadden of Goddes ȝifte wiþ her reumes.

{45} **Ut custodiant iustificationes eius, et legem eius exquir-** 230 **ant.** *þat þei kepen his riȝtwisynges and sechen þe lawe of him.* As who sei, he ȝaf hem not erþeli þing, for þei shulden sette her liking þerinne and wax slowe in his seruise for sikernes þerof, as princes, prelates and riche men don þat han welþe in þis world, but for þei shulden kepe his riȝtwisynges, þat is þe loue of God and of her 235 neiȝbore, and euer þenking to heuene seching his lawe gostli.

Psalmus .105.

{1} **Confitemini Domino quoniam bonus, quoniam in seculum misericordia eius.** *Shriueþ to þe Lord for he is gode, for in þe world þe merci of him.* Shriueþ synnes and loouynges to God, for he is gode of kynde þat noon do þing but þat in þe which he mai looue

217 his[1] . . . abraham (218)] *om.* L menyng] myndeful A, myndyng B biheest] hotyng BS 219 et[2] . . . leticia] *om.* L 221 grutchiden] grutche L 224 lyen in] *on eras. d.h.* C ˋliggeˊ A 225 wonderfulli] full wonderfully L 226 et[2] . . . possiderunt] *om.* L 227 to] *om.* L traueiles . . . weeldeden (228)] þei weldiden traueils of folkis BS 228 weeldeden] welden L trauaileden] traueyle L 229 her] oþer BS 230 ut] et L et . . . exquirant] *om.* L 231 kepen] kept L riȝtwisynges] riȝtwisnessis A 232 sei] seiþ BS for] because L 234 welþe] þe welth L in] of LBS for] *om.* L 235 riȝtwisynges] riȝtwisnessis A

Ps. 105 CALBS
heading C, the hundrid and fyueþe psalm A, ˋ105ˊ *dh* B, *om.* LS 2 shriueþ] knowlecheþ BS to þe lord] *twice* L 3 þe] is þe BS loouynges] loyuynges L, preisingis A 4 gode] good for he is good A þing] no þing ALBS looue] looue or preise BS, loue AL

5 God, askyng him merci for it lasteþ fro man to man to þe worldes ende, for it counforteþ wretches and deliuereþ hem fro peyne endeles þat wilen forsake her synne. And þe blisfulhed þat is ȝeue þurgh merci is endeles. And wondring of Goddes werkes he seiþ

{2} **Quis loquetur potentias Domini, auditas faciet omnes** 10 **laudes eius?** *Who shal speke þe miȝtes of þe Lord, herd shal make alle his loouynges?* þat is, who mai suffice to speke þe werkes þat he doþ miȝtili, or who mai make herd alle þinges in þe whiche God is to be looued?

{3} **Beati qui custodiunt iudicium, et faciunt iusticiam in** f. 230rb **omni tempore.** | *Blesful ben þoo þat kepen dome and don riȝtwisnes in* 16 *al tyme.* As who sei, ȝif none mai speke alle Goddes miȝtes, þat he mai do wel and be blessed do he, keping riȝtwis dome discreteli departyng gode fro yuel, and wirke riȝtwisli euere to his ende.

{4} **Memento nostri, Domine, in beneplacito populi tui, uisita** 20 **nos in salutari tuo.** *Biþenk, Lorde, of us in welwilling of þi folk, visit us in þin helþe.* þat is, þenk on us þat we be wiþ þo men in whiche is þi gode wille þat is not in alle but oneli in þi loueres; and visite us, þat is in Iesu, þat he hele us so þat we mai kepe dome and do riȝtwisnes.

25 {5} **Ad uidendum in bonitate electorum tuorum, ad letandum in leticia gentis tue, ut lauderis cum hereditate tua.** *Forto see in þe godenes of þi chosen, to be glad in þe gladnes of þi folc þat þou be looued wiþ þin heretage.* Lord, visite us so þat we see þee in þat godenes þat þou ȝeuest to þi loueres, þat is haue we þurgh þi grace 30 [s]iȝt þat we ben not blynded þurgh synne; and be we glad in þe gladnes of þi folc þat is in þiself. þat þou be looued wiþ þin heretage: þat is, þat þou make it to be looued in þee for it is not looued but for þee.

5 it] *om.* L to man] *om.* A 9 auditas . . . eius] *om.* L 10 laudes] laudis S herd . . . make] he shal make herd BS 11 loouynges] louynges L, heriingis A, loouyngis or preysingis S, preisyngis B 12 þinges] *om.* ALBS 13 looued] loued L, preisid A 14 et . . . tempore] *om.* L 15 blesful] blessed L 16 sei] seiþ BS 17 keping] *om.* A 19 uisita . . . tuo] *om.* L 20 lorde] *om.* L folk] pepyll L 21 whiche] whom BS 23 þat is] *om.* BS do] deme L 25 ad . . . tua] *om.* L 27 þe[1]] *om.* L folc] genge or folk S 28 looued] loouyd or preysid S, preisid AB, loouynge L 30 siȝt] liȝt CA þurgh] in L, for BS be we] *rev.* L we[2]] *om.* A þe] *om.* A 31 folc] genge or folk S looued] loouyd or preysed S, preisid AB 32 looued[1]] loued L, loouyd or preysyd S, preisid AB looued[2]] loued L, looued or preysyd S, preisid B

{6} Peccauimus cum patribus nostris, iniuste egimus, iniquitatem fecimus. *We han synned wiþ our fadres, vnriȝtwisli wrouȝt, wickednes we han do.* Þries he seiþ heer we han synned, to bitoken pure shrifte: one tyme for our synne aȝen God, anoþer tyme aȝen man, þe þred tyme aȝen usself, filyng our soule þurgh synne, þe which Crist wesshe on | þe rode wiþ his precious blod. For so meche God assoyleþ a man sunner of his synne þat he quicli dampneþ it. Loo, synne of our fadres 35 f. 230va 40

{7} Patres nostri in Egipto non intellexerunt mirabilia tua, non fuerunt memores multitudinis misericordie tue. *Our fadres in Egipt vnderstoden not þi wondres, þei weren not mening of þe mekilnesse of þi merci.* In Egipt he dide hem meche gode, and þei vnderstoden not þat he wold haue ȝeuen hem endles ioie þat his loueres abiden in pacience. But þei weren vnsuffryng and grutching, and coueiteden her ioie heer as fals cristen men don and namely ypocrites þat coueiten to be seen and knowen holi, and so þei forȝeten Goddes merci as our former fadres diden. 45 50

Et irritauerunt ascendentes in mare, mare Rubrum; {8} et saluauit eos propter nomen suum, ut notam faceret potentiam suam. *And þei stereden stiyng into þe sce, into þe Rede sce, and he saued hem for his name, þat he shuld make knowen his miȝte.* Þis stiryng was fro gode to yuel, whan þei camen oute of Egipt to þe Rede sce, for þei weren closed on o side wiþ an howe þat none miȝte passe, at anoþer was þe Rede sce, byhinde hem weren men of Egipt folowyng, and for þis þei bigunnen to grutche forȝeting Goddes miȝt. But þanne he saued hem, departing þe sce in tuelue partes to þe folc of Israel. 55 60

{9} Et increpuit mare Rubrum et exsiccatum est; et deduxit eos in abissis sicut in deserto. *And he blamed þe Rede sce and it is dried; and he led hem in depnesse as in desert.* Þis blamyng was of

34 iniuste . . . fecimus] *om.* L 36 heer] *om.* BS 39 wesshe] dyd wasch L 40 a] *om.* L sunner] þe soner L 43 non . . . tue] *om.* L 44 wondres] wordes L mening] menende or myndeful S, myndeful AB 45 mekilnesse] mekenesse S 46 haue ȝeuen] gyue L 47 but] for BS 48 coueiteden] coueytynge L don] *om.* L 51 mare[2] . . . suam] *om.* L 52 notam] notum S 53 stereden] *om.* BS stiyng] *om.* L sce[1]] see `stiriden him to wreþþe´ (*in text* B) BS 55 to[2]] into L 56 on] in BS howe] howse L none] no man L 57 anoþer] anoþer syde ALBS 58 for þis] forþi BS 59 tuelue] twey A partes] parties ABS 61 exsiccatum] explictatum A et[2] . . . deserto] *om.* L 62 abissis] ab illis A, abisso B, abyssus S

f. 230vb Goddes miȝt þat alle þing feleþ and boweþ to. And | þere wher was
65 maad depnesse of watres it was maad in drynesse as desert.

{10} Et saluauit eos de manu odientium, et redemit eos de manu inimici. *And he saued hem of þe hond of hating, and he aȝenbouȝte hem of þe hond of þe enmy.* Þat is, he saued hem of þe miȝte of Pharao, and of his men þat hateden hem; and þat bitokeneþ
70 baptem in whiche we ben boouȝt fro þe deuel in þe blod of Crist þat was licned bi þe Rede sce.

{11} Et operuit aqua tribulantes eos; unus ex eis non remansit. *And þe watre hiled hem þat angred hem, one of hem not afterlefte.* For king Pharo and al his hoost was hiled wiþ þe sce.

75 **{12} Et crediderunt uerbis eius, et laudauerunt laudem eius.** *And þei troweden to his wordes, and þei looueden þe loouyng of him.* Þanne troweden þe Iewes to his wordes whan þei hadden seen his miracles seiyng þat he was worþi loouing. But ȝit þei lastiden not in treuþe for

80 **{13} Cito fecerunt, obliti sunt operum eius, non sustinuerunt consilium eius.** *Soone þei hadden don, þei forȝeten his werkes, and þei suffreden not his counseil.* As who sei, suyfteli weren þei chaunged fro treuþe and fro loouyng to grutching, for þei wolden not abide suffringli til þat God ȝeue hem vitailes, þat he delaied þurgh his
85 counseil to preue hem.

{14} Et concupierunt concupiscentiam in deserto, et temptauerunt Deum in inaquoso. *And þei coueiteden coueitise in desert, and þei tempteden God in stede wiþouten watre.* Þat was desert for þei were fallen in ful grete coueitise.

90 **{15} Et dedit eis petitionem ipsorum, et misit saturitatem in**
f. 231ra **animas eorum.** *And he ȝaf to hem her askynges, and he sent | fillyng in*

64 feleþ] fayleth L 65 maad^{1}] *om.* BS 66 et^{2} . . . inimici] *om.* L 67 hating] men hatynge BS 68 aȝenbouȝte] ageyne redemyd L hond] londe L 69 hateden] haten L 70 whiche] þe which B 71 þe] *om.* L 72 aqua] *om.* L unus . . . remansit] *om.* L 73 watre] watris AL hiled] hiliden A not afterlefte] lefte not aftre BS 75 crediderunt] ceciderunt L et^{2} . . . eius^{2}] *om.* L 76 þei troweden] trowen L and^{2}] *om.* L looueden] looueden or preyseden S, preisiden AB loouyng] heriinge A, loouyng or preysyng S, preisyng B 78 loouing] loouyng or preysyng S, preisyng AB, of louynge L lastiden] last L 80 non . . . eius (81)] *om.* L 82 sei] seiþ BS 83 loouyng] louyng L, heriyng A, preisyng BS 84 ȝeue] gaue L 86 et^{2} . . . inaquoso] *om.* L 87 coueitise] coueyse L 88 desert] in desert A 90 et^{2} . . . eorum] *om.* L 91 he^{2}] *om.* L fillyng] fillynges CABS, fulfyllynges L in] of L

her soules. þat is, he filde hem wiþ bodili mete, but whan shrewes ben drunken and fulle contek riseþ oft. Forþi he seiþ

{16} **Et irritauerunt Moysen in castris, Aaron sanctum Domini.** *And þei stireden Moyses in castels, Aaron holi of our Lord.* 95 þis stiryng was for presthode þat þe sone of Aaron hadde, for þei weren enuyous, coueiting þe honour not þe trauaile of presthode. But see þe veniaunce of hem þat coueiteden dignitees for coueytise or honour of men:

{17} **Aperta est terra et deglutiuit Dathan, et operuit super** 100 **congregationem Abyron.** *Opened is þe erþe and it swelowed Dathan, and on þe gederyng ouerhiled Abyron.* Heer is þe loouyng of God: lo, he venged his seruantes, fordoyng her enemyes, for eche yuel man is enemy to gode men. þe manere of pyne sheweþ þe dedes: hem þat coueiten þe erþe, þe erþe sweloweþ. 105

{18} **Et exarsit ignis in synagoga eorum, flamma combussit peccatores.** *And fiyr brent in her synagoge, flaumme brent þe synful.* Wiþinne and wiþoute þei perisshen, wicke men in fiyr wiþinne in her herte: þei brennen in lustes and coueytise wiþoute; comeþ þerfore to hem veniaunce of purging ȝif þei wolden receyue it in 110 mekenesse leuyng her synne, as werres, pestilence, moreyn of beestes and dyuers sekenes and noies. But for þei grutchen wiþ þis Goddes sonde, þei ben sette al in fiir of malice and þerfore wil come endles veniaunce.

{19} **Et fecerunt uitulum in Oreb, et adorauerunt sculptile.** 115 *And þei maaden a calf in Oreb, and þei louteden ydol.* þe calf þei rendeden or ȝetten, | þe ydol or grauen ymage þei maaden and f. 231rb louteden it as her god. For Moyses duelt in þe hil wiþ God, waried men þei weren and vntrewe, as now ben fals cristen men þat wilen not suffre God. 120

93 contek] and cuntek A forþi] þerfor A, for þat L 94 aaron . . . domini] *om.* L 95 domini] deum S and] *om.* AL holi] þe holy LBS 96 hadde] *om.* L 98 coueiteden] coueyteth L, coueiten BS 100 et[2] . . . abyron] *om.* L 101 opened . . . erþe] þe erþe is openyd BS 102 on . . . ouerhiled] ouerhelid þe gedringe of BS loouyng] louynge L, loouyng or preysyng S, preisyng AB 103 eche] euery L 104 hem þat] þei L 106 flamma . . . peccatores] *om.* L 107 brent[1]] bren L synagoge] synagogis AL 108 perisshen] pereschiden A in[1]] and in L 109 brennen] brennynge L comeþ þerfore] *rev.* BS 111 moreyn] hungre moreyn B 112 sekenes] sikenessis B þis] *om.* L 115 et[2] . . . sculptile] *om.* L 116 louteden] wyrchept L ydol] þe ydol A, ydolles L 117 rendeden or] *om.* B rendeden] rendreden ALS 118 louteden] wyrchept L 119 þei weren] *om.* L as] þei weren as L

{20} Et mutauerunt gloriam suam in similitudinem uituli comedentis fenum. *And þei chaungeden her glorye in licnyng of a calf eting hey.* Þat is, þei chaungeden God as men don now þat wolde haue be her ioie, ȝif þei wolden haue suffred his counseil, for a calf
125 eting hey, þat is þei weren eten of þat maumet, for þei weren but hey. For eche þat loueþ any þing but God, or for God, þat þing wasteþ him and shal ben endeles peyn to him.

{21} Et obliti sunt Dominum qui saluauit eos, qui fecit magnalia in Egipto, {22} mirabilia in terra Cham, terribilia
130 **in mari Rubro.** *And þei forȝeten God þat saued hem, þat dide grete doynges in Egipt, wondres in þe lond of Cham, ferful þinges in þe Rede see.* Grete forȝeting is þis: what þing is in mannes mynd ȝif his delyueryng be oute þerof? And þe mykilnes of Goddes wondres auȝte haue don hem holde hem in her þouȝte.

135 **{23} Et dixit ut disperderet eos, si non Moyses electus eius stetisset in confractione in conspectu eius.** *And he seid þat he shulde haue scatered hem, ȝif not Moyses his chosen had stonde in þe breking in his siȝt.* Worþi þei weren to han perished, but Moyses stode preiyng for hem in þat breking whan he shulde haue smyten hem.

140 **Ut auerteret iram eius, ne disperderet eos, {24} et pro nichilo habuerunt terram desiderabilem.** *Þat he turne awei his wraþþe,*
f. 231va *þat he scatere hem not, and for nouȝt þei hadden þe lond desirable.* | Þat is, þei despiseden þe verre God of heuene þat is desirable. And so

Non crediderunt uerbis eius, {25} et murmurauerunt in
145 **tabernaculis suis, non exaudierunt uocem Domini.** *Þei troweden not to his wordes, and þei grutchiden in her tabernacles, and þei herden not þe voice of our Lord.* Soþeli, but ȝif þei in þat lond hadden take any grete þing þat he cleped hem to, þei hadden not be so gretli blamed. But þei hadden it for nouȝt most plenteuous lond vnder
150 heuene, wherfore þei shulden haue entierli loued God wiþ heuenli

121 in . . . fenum] *om.* L in] and A 122 and] *om.* L chaungeden] change L licnyng] lykynge L a] *om.* BS 124 be] by BS 125 eten] etynge L þat²] þe L 126 eche] euery man L 128 dominum] deum ALBS qui² . . . rubro] *om.* L fecit] facit S 131 doynges] wondres L 134 haue] to han BS 135 si . . . eius (136)] *om.* L 136 seid] leyde A 137 not] *om.* BS stonde] not *canc.* stonde A, not stonde BS 138 in] of L 140 et . . . desiderabilem] *om.* L 141 he] þei L 142 scatere hem not] not scatere hem BS desirable] desyderabyll L 143 desirable] desyderabyll L 145 non . . . domini] *om.* L troweden] beleued L 147 ȝif] *om.* L 148 cleped] called L 150 haue entierli] *rev.* A

desires. And þat folc and þat lond bitokeneden prestes and prestli lif: for he is most to looue þat leste setteþ bi þis world and perfitliest loueþ heuene. Forþi ydel men grutchen and heeren not Goddes voice, þat biddeþ hem euere be in gode occupacioun to helþe of her soule. For, but þe soule be strong in God, þe bodi is of no miȝt. 155

{26} **Et eleuauit manum suam super eos, ut prosterneret eos in deserto.** *And he lifted his hond aboue hem þat he dounfalle hem in desert.* þat is, he was manasyng her synnes, as he doþ now ouren, þat he shulde in his veniaunce sle hem as vile wretches þat bifore weren glorious. 160

{27} **Et ut deiceret semen eorum in nationibus, et disperderet eos in regionibus.** *And þat he shulde cast her seed in naciouns and scatere hem in reumes.* So þat þei neuere after hadde pride in her congregaciouns.

{28} **Et iniciati sunt Belphegor, et comederunt sacrificia** 165 **mortuorum.** *And þei sacrifisiden to Belphegor, and þei eten þe sacrifices of dede.* þat is, þei bigunne to make sacrifice to þe ydol of heþen men, and þei eten þat was offred to | dede men as to goddes. f. 231vb

{29} **Et irritauerunt eum in adinuentionibus suis, et multiplicata est in eis ruina.** *And þei stired him in her fyndinges, and* 170 *multiplied is in hem falling.* þat was whan he wasted hem greuousli for her greuous synnes, þei fellen faste in bodi and soule.

{30} **Et stetit Phinees et placauit, et cessauit quassatio.** *And Phinees stode and quemed, and þe qualm left.* Phinees stode in stable herte whan oþere fellen, and he quemed God for his feruent loue, 175 sleing þe man and þe womman in her synne; and þerfore God cessed þe qualm of mannes deeþ.

{31} **Et reputatum est ei in iusticiam, a generatione in generationem usque in sempiternum.** *And holden it is to him*

151 and[2]] in A bitokeneden] betokeneth L 152 looue] looue or preyse S, preise B setteþ] letteth L perfitliest] perfiȝtist ALBS 153 loueþ] loue L forþi] þerfore A, for L grutchen and] *om.* A 154 helþe] þe helth LBS 156 ut . . . deserto] *om.* L 157 doun falle hem] falle hem doun BS 158 is] *om.* A was manasyng] manaside BS was] is AL 161 et[2] . . . regionibus] *om.* L 163 þei . . . after] neuere aftir þei A neuere . . . hadde] had neuer after L 164 congregaciouns] regiouns BS 165 et[2] . . . mortuorum] *om.* L 166 sacrifisiden] bygunne or sacrifiseden S, bigunnen AL sacrifices] sacryfyce L 169 et[2] . . . ruina] *om.* L 170 him] *om.* L 171 multiplied . . . falling] fallyng is multeplied in hem BS falling] fallynges L hem[2]] *om.* L 173 et[2] . . . quassatio] *om.* L 178 a . . . sempiternum] *om.* L 179 holden it is] it is holden BS

180 *into riȝtwisenes fro generatioun into generacioun into wiþouten ende.* God þat knewe for what charite þat dede was do, he heeld þat riȝtwisnes to his prest not oneli as long as generacioun is but wiþouten ende.

{32} Et irritauerunt eum ad aquas contradictionis, et uexatus est Moyses propter eos, {33} quia exacerbauerunt spiritum
185 **eius.** *And þei stereden him at þe watres of aȝenseiyng, and traueiled is Moyses for hem, for þei sharpeden his gost.* Moyses was for þe mykil vnkunnyngnes of þe folc letted in þouȝt and brouȝt into doute of Goddes miȝt, and seide wheþer we moun gete ȝou watre of þe ston? And herfore it is gode to deuoute men to drawe hem oute of
190 commounte of fleshli folc, for wiþ hem þei shule be letted ofte in her mynde and troubled in her purpos as Moyses was.

Et distinxit in labiis suis, {34} et non disperdiderunt gentes |
f. 232ra **quas dixit Dominus illis.** *And he departed in his lippes, and þei scatereden not þe folc þe whiche þe Lord seide to hem.* He departed his
195 miracle fro þe treistnesse þat he had in oþere. For þis he seid douting, as God miȝt not bring water of þe ston; for þis he was chastised. But þoo of whos wickednesse þis salm spekeþ, whan þei camen in þe lond of promissioun, þei scatereden not þe folc of þe whiche God seid to hem.

200 **{35} Et commixti sunt inter gentes et didicerunt opera eorum, {36} et seruierunt sculptilibus eorum, et factum est illis in scandalum.** *And þei ben medleed among folc, and þei lerneden þe werkes of hem, and þei serueden to her ydoles, and made it is to hem into sclaundre.* Þe lond þat was ȝeue to hem in meede turned was to hem
205 in sclaundre, for þei leften verre God and serueden and honourden maumetes.

{37} Et immolauerunt filios suos et filias suas demoniis. *And þei offreden her sones and her douȝtres to deueles.* So don now cristen men þat don gode dedes and louen ydel ioie and louyng of men, as

180 into[3]] *om.* A 181 for] þat for/for B, þat for S 183 aquas] aquam L et[2] . . . eius] *om.* L 185 traueiled . . . moyses (186)] moises is traueilid BS 186 sharpeden] sharpen L gost] spirit A 188 moun] must L 189 herfore] þerfore L, wherfore BS 190 folc] men L 192 et[2] . . . illis] *om.* L 193 and[2]] *om.* ALBS 194 folc] genge or folk S þe[2]] *om.* A his] þis BS 195 fro] for A treistnesse] trystynes L in] to A 196 god] *om.* L 197 þoo] þei L 198 in] into L 200 et[2] . . . scandalum] *om.* L 202 medleed] *on eras dh* C, mengid ALBS folc] genge or folk S 203 made it is] it is maad BS 204 turned was] *rev.* BS 205 in] into L 207 et[2] . . . demoniis] *om.* L 209 louen] leue S louyng] loouynge BS

men þat maken veyn feestes excusen hem bi relif þat þei ȝeuen to þe pore; þe whiche is a gode dede but þei loken after þank, and to be cleped to her festes whan þei feden; her childre, þat is her gode werkes, for her loking after reward and loouyng heer, þei offren to þe deuel. 210

{38} **Et effuderunt sanguinem innocentem, sanguinem filiorum suorum et filiarum suarum quas sacrificauerunt sculptilibus Chanaan.** *And þei spilden blod innocent, þe blod of her sones and of her douȝtres, þe whiche þei offreden to þe ydoles of Chanaan.* þus don þei of whom þe | gode þouȝtes, wordes and werkes turne into worldli liking or fleshli lustes. 215 f. 232rb 220

Et interfecta est terra in sanguinibus, {39} et contaminata est in operibus eorum, et fornicati sunt in adinuencionibus suis. *And slayn is þe erþe in blodes and filed it is in her werkes, and þei diden fornicacioun in her fyndynges.* þe erþe, þat is men þat ben nyȝ al dead in synne slowen her soules; in blodes, þat is in wickednes offring her werkes and hemself to þe deuel to whom þei couplen hem, liuyng after her flesh and forsaken Iesu Crist. 225

{40} **Et iratus est furore Dominus in populum suum, et abhominatus est hereditatem suam.** *And wraþþed is þe Lord wiþ wodnesse in his folc, and he wlated his heretage.* As who sei, miȝt to venge is stired and turnede him fro hem, as wlatsum þing þat him loþed wiþ. 230

{41} **Et tradidit eos in manus gentium; et dominati sunt eorum qui oderunt eos.** *And he ȝaf hem into þe hondes of folkes; and þei hadden lordship of hem þat hateden hem.* Loo, what cam to hem þat ioieden in ydoles! þei serueden to her enmyes. For gret gref it is to serue to him þat hateþ þee, for he is paied of no seruice. 235

210 `festis´ B excusen] excusynge L relif] þe releef BS 211 and] *om.* A 212 cleped] called L whan] whom BS 213 loouyng] louynge L, loouyng or presyng S, preisyng AB offren] offriden A 215 sanguinem[2] . . . chanaan] *om.* L sanguinem[2]] *om.* A 217 spilden] schedden out A blod[1] . . . of] innocent blood of ABS 218 to] in L 219 þus] and (217) . . . blod[2] (217) þus L don þei] *rev.* BS 221 et[2] . . . suis] *om.* L 222 adinuencionibus] aduencionibus BS 223 slayn . . . erþe] þe erþe is slayn BS 224 ben . . . dead] all dede are nyȝt L 225 soules] soule BS is] *om.* L 227 her] *om.* L 228 dominus in] `dominus´ L et[2] . . . suam] *om.* L 229 wraþþed . . . lord] þe lord is wraþþid BS þe] owur L 230 sei] seiþ BS 231 venge] vengeaunce LBS 233 et[2] . . . eos (234)] *om.* L 234 folkes] genge or folk S, folk B 235 hateden] haten L 237 is] was BS

{42} Et tribulauerunt eos inimici eorum, et humiliati sunt sub manibus eorum; {43} sepe liberauit eos. *And her enemyes angreden hem, meked þei ben of her hondes; ofte he delyuered hem.* He dide hem gode and þei wolden not leue her wickednesse; he sette veniaunce on hem and þanne in her mekenesse he hadde mercy.

240

Ipsi autem exacerbauerunt eum in consilio suo, humiliati sunt in iniquitatibus suis. *But þei sharpeden him in her counseil, and meked þei ben in her wickednes.* þat is, yuel counseil to men whan þei seken | her owne ioie not Goddes, and wilen not suffre his counseil, þat is of his loouyng and of her profite.

245

f. 232va

{44} Et uidit cum tribularentur, et audiuit oracionem eorum. *And he sawe whan þei weren in anguishe, and he herd her preier.* For his mekil merci despiseþ not synful men.

250

{45} Et memor fuit testamenti sui, et penituit eum secundum multitudinem misericordie sue. *And menyng he was of his testament, and it forþouȝt him after þe mekilnesse of his merci.* þe Newe Testament is chesoun þat Israel perisshed not for synne. He seiþ þat it forþouȝt God, not þat any forþenking may falle in him, but for he chaunged þat men wenden he shulde haue don, þat is to leese þe men. Him forþenkeþ whan he seeþ us forþenke: such is he to us as we to him.

255

{46} Et dedit eos in misericordias, in conspectu omnium qui ceperant eos. *And he ȝaue hem in mercies in siȝt of alle þat had taken hem.* He seiþ mercies, for eche man haþ propre ȝifte, þe deuel and his aungeles helden us as caityues. But bifore hem we ben maad fre þurgh his grace.

260

{47} Saluos fac nos, domine Deus noster, et congrega nos de nationibus. *Make us saaf, lord our God, and gedere us fro naciouns.* þat is, saue us of vices and gedere us of synful men to loue þee. þe

265

238 et[2] . . . eos (239)] *om.* L 240 meked . . . ben] þei beþ mekid BS 242 on] of BS he] they L 243 suo . . . suis] *om.* L 244 in[1]] *om.* AS sharpeden] sharpen L 245 meked . . . ben] þei beþ mekid BS 246 not[1]] and not L 247 loouyng] loouyng or preysyng S, preisyng AB 248 et[2] . . . eorum] *om.* L 251 et[1]] *om.* L et[2] . . . sue] *om.* L 252 menyng he was] he was myndeful BS menyng] myndeful A 254 chesoun] chosen BS 256 to] *om.* L 257 seeþ] seiþ A forþenke] forþynkiþ S, forthynkynge L 259 in[2] . . . eos (260)] *om.* L 260 ceperant] seperant A in[1]] into LBS 261 eche] euery L ȝifte] ȝift of god A 262 helden] holden L 264 fac nos] *rev.* L nos[1]] *om.* A et . . . nationibus] *om.* L 266 of[1]] fro A loue] looue B

fals Iewes wenen þat þis vers shal be fulfild þurgh anticrist; but gedere us nowe

Ut confiteamur nomini sancto tuo, et gloriemur in laude tua. *þat we shriuen to þin holi name, and ioien in þi loouyng.* Not in mannes 270 roosynges.

{48} Benedictus dominus Deus Israel a seculo et usque in seculum, et dicet omnis populus fiat, fiat. *Blessed be þe lord God of Israel fro world and into world, and al folk schal sey 'Be it do, be it do!'* þat is, | blessed be our Lord fro wiþouten biginyng and wiþoute f. 232vb ende, for wiþoute ende he shal be looued and to his loouyng shulen 276 assente alle men þat ordeyned ben to be saaf.

Psalmus .106.

{1} Confitemini Domino quoniam bonus, quoniam in seculum misericordia eius. *Shriueþ to þe Lord for he is gode, for into þe world his merci.*

{2} Dicant nunc qui redempti sunt a Domino, quos redemit de manu inimici, et de regionibus congregauit eos. *Seien now* 5 *þoo þat ben bouȝte of our Lord, þe whiche he bouȝte fro þe hond of þe enemy, and of reumes he gedered hem.* Crist wiþ his blod brouȝte cristen men fro þe deuel and gedered hem to be a folc of God þat bifore was scatered in sundree erroures. Wheyn gedered he hem?

{3} A solis ortu et occasu, ab aquilone et mari. *Fro þe rising of þe* 10 *sunne and þe setting, fro þe norþe and þe sce.* þise he setteþ for þe souþe, for þe gret s[c]e is in þat side of þe world. And of eche part of

269 ut] et L et . . . tua] *om.* L gloriemur] gloriamur A 270 ioien] glorie ALBS loouyng] looue BS, louynge L, heriyng A 271 roosynges] preisyngis A 272 a . . . fiat² (273)] *om.* L 274 world¹] þe world BS world²] þe world A 276 looued] loouyd or preisid BS, heried A loouyng] heriyng A, loouyng or preysyng S, preisyng B 277 ordeyned ben] 'ben' ordeyned be S, *rev.* B ben] *om.* L be] be *canc.* S saaf] saued A

Ps. 106 CALBS

heading C, þe cvj psalm A, '106' *d.h.* B, *om.* LS 3 his] is his BS merci] mercy and þat Y say of his mercy BS 4 quos . . . eos] *om.* L 5 now] *om.* ALBS 6 þoo] *om.* L hond] hondis BS 7 reumes] regyons L gedered] gedere S blod] precyous blode L brouȝte] bowȝt LBS 8 fro] wiþ his precyous blode fro L hem] *om.* L a] *om.* L 9 was] werun AL sundree] dyuerse A wheyn] fro whens AL, whannus BS he] hem B 10 ab . . . mari] *om.* L fro¹] Sro L 11 þise] þe see BS 12 sce] see C eche] euery L part] party B

þe world is þe chirche of Crist gedered, and þurgh diuers wirking of her lymes is a bodi maad in charite, þe whiche is our modre holi
15 chirche.

{4} Errauerunt in solitudine in inaquoso; uiam ciuitatis habitaculi non inuenerunt. *Þei erreden in oneli stede, in stede wiþoute watre; þe weie of wonnyng of þe citee þei not founden.* Þei erreden for þei knewen not soþfastnes duelling in oneli stede wiþoute
20 God. Wiþoute watre: þat is, wiþoute holi lore þei founden not Iesu Crist, þat is weie þat ledeþ to þe cite of heuene where gode wonyng is. For þei weren

{5} Esurientes et sitientes anima eorum in ipsis defecit.
f. 233ra *Hungring and þresting, her soule failed in hemself.* Þat is, þei | hadden
25 not mete of Goddes word ne drinke of Goddes grace. Forþi no wondre if her soule failed fro goostli gode, for it duelt in hemself, þat is it passed not to Goddes loue. For loue suffreþ not our þouȝt to be in ourself, but it rauisheþ it into þe þing þat we louen; þe whiche loue ȝif it be in God it is our coroun, ȝif it be in any creature it is fiir
30 þat brenne shal our caitif soules.

{6} Et clamauerunt ad Dominum cum tribularentur, et de necessitatibus eorum eripuit eos. *And þei crieden to þe Lord whan þei weren in anguisch, and of her nedes he toke hem oute.* Whan þei weren ouercomen in defaute and errour and hungre, þei crieden and
35 he deliuered hem of her nedes, þat is of yueles þe whiche þei miȝte not fle.

{7} Et deduxit eos in uiam rectam, ut irent in ciuitatem habitacionis. *And he ledde hem in riȝt weie þat þei ȝeden into þe cite of wonyng.* As who seie, he toke hem oute of ignoraunce and he
40 shewed hem Crist, þurgh whom wel wirkyng þei shulden go into þe cite of sikir wonyng.

{8} Confiteantur Domino misericordie eius, et mirabilia eius filiis hominum. *Shriue to þe Lord þe mercies of him, and his wondres*

14 a] *om.* L þe] *om.* BS 16 errauerunt] et errauerunt S uiam . . . inuenerunt] *om.* L 17 in stede] *om.* A 18 wonnyng] þe woniynge AL not founden] *rev.* BS 21 to] us to L 23 sitientes] scicientes A anima . . . defecit] *om.* L anima] anime A 24 hungring] hungry L þresting] thrysty L soule] soulis ALBS 25 ne] nor L forþi] þerfore A, for þat L 26 her] *om.* L 30 þat] than L brenne shal] *marked for rev.* S, *rev.* B 31 et² . . . eos] *om.* L 35 þe] of L 37 ut . . . habitacionis] *om.* L 38 in] into B into] in ALBS 39 seie] seiþ BS he²] *om.* L 40 shulden] schulen A 42 et . . . hominum] *om.* L 43 shriue] knowleche BS

in sones of men. Þat is, chesoun and matere to loue our God, his merci not our merytes, and his wondres shewed to men, þat is þo mercies 45 þat ben ȝeuen to men in wonderful maner of redempcioun.

{9} **Quia saciauit animam inanem, et animam esurientem saciauit bonis.** *For he filde þe tome soule, and þe soule hungryng he filde of godes.* Þat is, of kunnyng and grace þat it had wille to desire godenes. [S]umme ben ouertaken wiþ so meche hun|gur þat þei han f. 233rb noon appetite to ete: such is an hungri soule þat liste not to loue 51 God, for it is not wont þerto.

{10} **Sedentes in tenebris et in umbra mortis, uinctos in mendicitate et in ferro.** *Sittyng in merknes and in shadowe of deeþ, bounden in begging and iren.* Sitting, þat is duellyng, for þei 55 weren ouercomen wiþ yuel custume in derknesses, þat is in synnes; and in shadowe of deeþ, þat is in vicious lif þat is ymage of endles deeþ. Bounden in beggyng, þat is in nede of soules fode and in iren, þat is hard bounden in wickednesse. For þei

{11} **Exacerbauerunt eloquia Domini, et consilium Altissimi** 60 **irritauerunt.** *For þei sharpeden þe wordes of God, and þe counseil of þe Hiȝest þei voideden.* Þat is, þei wrouȝten aȝen Goddes word, in whos rule þei wolden not lyue but heelden it sharp wiþoute mede. And Goddes counseil was þat þo þat weren proude shulden be meked in anguish þat is holsum counseil. But þe pride of þis world voideþ it 65 and despiseþ it.

{12} **Et humiliatum est in laboribus cor eorum, et infirmati sunt nec fuit qui adiuuaret.** *And meked is in trauailes her herte and þei ben maad siik, and þer was noon to help.* For þei despiseden his counseil, þei weren in trauaile and so siike þat þei weren vnmyȝti to 70 stond aȝen vices. And at þe last þei weren meked. For ȝif God helpe not, þou maist trauaile but oþer moun not þanne help. Not forþi

44 our] of owur L god] lord *canc.* 'god' B, lord L his] is B 45 þo] þe L 46 maner] maners BS 47 quia] et quia A et . . . bonis] *om.* L 48 for] and for A tome] empty AL, tome or voyde S, voide B hungryng] hungry L 49 of[1]] wiþ L grace] of grace B it] he BS 50 summe] *gap, apparently for coloured initial, guide visible* C 51 such is] sith A 53 et] *om.* S uinctos . . . ferro] *om.* L 54 in[1]] *om.* ABS merknes] derknes ALB 56 wiþ . . . custume] *om.* A derknesses] derk- *on eras. of longer d.h.* C, derknes LB, merkenesse S 58 soules] soule ABS 60 et . . . irritauerunt] *om.* L altissimi] altissimum A 61 sharpeden] shapen L 62 voideden] voyden L in] aftre BS 63 heelden] hold LBS 64 meked] meke L 67 cor] *om.* A et[2] . . . adiuuaret] *om.* L 68 meked . . . herte] her herte is mekid in traueiles BS 69 to help] helpen A despiseden] dyspyse L 71 and] *om.* L 72 forþi] for þat L

{13} **Et clamauerunt ad Dominum cum tribularentur, et de necessitatibus eorum liberauit eos.** *And þei crieden to þe Lord whan þei weren in anguysh, and of her nedes he delyuered hem.* | In þe
f. 233va
76 same chesoun þe same sentence þat is aboue.

{14} **Et eduxit eos de tenebris et umbra mortis, et uincula eorum disrupit.** *And he led out hem of mirknesses and of shadowe of deeþ, and þe bondes of* `*hem*' *he brake.* Þat is, þe hardnes and yuel
80 custume of synne is broken þurgh loue drede of Crist.

{15} **Confiteantur Domino misericordie eius, et mirabilia eius filiis hominum.** *Shryue to þe Lord þe mercies of him, and his wondres to þe sones of men.* Whi shulen þei shriue?

{16} **Quia contriuit portas ereas, et uectes ferreos confregit.**
85 *For he altobrac þe ȝates of brasse, and barres of yren he brac.* Þat is, he stroied kyndeli coueitise and suggestioun of þe deuel. Brasen ȝates ben synful custumes of men þat suffren hem not to passe out þat ben closed in hem; barres ben fendes þat barren þe ȝates.

{17} **Suscepit eos de uia iniquitatis eorum, propter iniusticias**
90 **enim suas humiliati sunt.** *He uptoke hem fro þe weie of her wickednesse, for whi for her vnriȝtwisnesses þei ben meked.* He uptoke hem in heiȝt of gode werk, for þer vnriȝtwisnesses þat þei wolden not be suget to God; þei ben meked, þat is cast doun and tourmented, and þei founden þanne þat þei ben nouȝt wiþoute God.

95 {18} **Omnem escam abhominata est anima eorum, et appropinquauerunt usque ad portas mortis.** *Al mete her soule wlated, and þei neiȝeden to þe ȝates of deeþ.* Þat is, hem noieden wiþ Goddes word þat is mete of soule, and forþi þei neiȝeden vnto þe ȝates of
f. 233vb
deeþ, þat is to defaute of soule. Heere he spekeþ of temptacioun | of
100 slouþe, þat oftesiþes take[þ] him þat haþ ouercomen grete wick-

73 et² . . . eos] *om.* L 75 of . . . hem] he delyuered hem of her nedis BS 76 sentence þat] *om.* L 77 et³ . . . disrupit] *om.* L 78 disrupit] disrumpit C mirknesses] derknessis A, derknes LB, merkenesse S 79 hem] *d.h. marked for ins.* C brake] brast BS 80 is . . . crist] *om.* L 81 misericordie] misericordia A et . . . hominum] *om.* L 83 shulen] schuld L 84 et . . . confregit] *om.* L 85 barres . . . brac] he brak barris of yren BS 86 stroied] distriede ALBS 87 suffren] suffreden BS 89 propter . . . sunt] *om.* L 91 wickednesse] wickednesses CABS vnriȝtwisnesses] wyckednes L 92 vnriȝtwisnesses] vnryȝtwysnes L 94 þat] *om.* L 95 et . . . mortis] *om.* L 96 al . . . wlated] her soule wlatide al mete BS wlated] abhominabyll L 97 of] vnto þe yates of L hem . . . is (99)] *om.* L 98 forþi] þerfor A 100 oftesiþes] many tymes L takeþ] taken CA, take L wickednesses] wyckednes L

ednesses and apert vices of coueitise and fleshli lustes, so þat sum tyme he haþ nouþer delite to rede ne to preie. But whan þou felest þat vice, do as he seiþ

{19} Et clamauerunt ad Dominum cum tribularentur, et de necessitatibus eorum liberauit eos. *And þei crieden to þe Lord whan þei weren in anguysh, and of her nedes he delyuered hem.* Loo, in what maner: 105

{20} Misit uerbum suum et sanauit eos, et eripuit eos de intericionibus eorum. *He sente his word and he heled hem, and he toke hem oute of her diynges.* Þat is, he ȝaf hem counfort and delite in his word, and so he toke hem out of corrupcioun of þouȝt þat haþ no sauour in swete þing. And of þis 110

{21} Confiteantur Domino misericordie eius, et mirabilia eius filiis hominum. *Shryue to þe Lord þe mercyes of him, and his wondres to sones of men.* To whom God doþ al his grace. 115

{22} Et sacrificent sacrificium laudis, et annuncient omnia opera eius in exultatione. *And offre þei þe offryng of loouyng, and shewe þei his werkes in ioiyng.* Not in noie and sorowe, for he is now soft and eeþ to queme in loouyng.

{23} Qui descendunt mare in nauibus, facientes operationem in aquis multis. *Whiche descenden in þe sce in shippes, doyng wirkynge in many watres.* As who sei, þei shulen shewe his werkes þat descenden fro contemplacioun. In þe sce: þat is to suffre for Crist stremes of tribulacioun; in shippes: þat is in vertues þat sauen hem fro perishing; wirkyng in many wateres: þat is lernyng | many men þe weie of lif. 120 f. 234ra 126

{24} Ipsi uiderunt opera Domini, et mirabilia eius in profundo. *Þei sawen þe werkes of þe Lord, and his wondres in þe grounde.* Þei seiȝen bifore oþere what God wondurfulli wirkeþ in mennes

101 fleshli] of fleschly L 102 nouþer] no A ne] nor L 104 et[2] . . . eos] *om.* L 106 of . . . hem] he delyuered hem of her nedis BS 108 et[2] . . . eorum] *om.* L 109 he[1]] and he BS 110 diynges] doyngis AL 112 sauour] savyer L 113 et . . . hominum] *om.* L 115 sones] þe sones A al] *om.* BS 116 sacrificent] sacrificient S, et[2] . . . exultatione] *om.* L annuncient] annuncientur A omnia] *om.* BS 117 loouyng] preisyng AB 118 his] hid A 119 eeþ] eesy B queme] plese L loouyng] heriynge A, preisyng B 120 mare in] *rev.* A facientes . . . multis] *om.* L operationem] in operacionem A 121 whiche] þei þat BS wirkynge] wirkynges CABS 122 shulen shewe] schewen A 127 et . . . profundo] *om.* L 129 þei] the A mennes] mans L

130 hertes, for þe ground of þe world is þe herte of man, fro whoch wynd of bostyuous wordes comeþ and makeþ stormes of contekes and discordes.

{25} **Dixit et stetit spiritus procelle, et exaltati sunt fluctus eius.** *He seid and þe goost of þe tempest stode, and hied ben þe flodes of it.* 135 Þat is, he suffred and þe persecucioun of tyrauntes as of wicked princes and prelates or of þe deuel lasted. And þe stremes þat is comyng of tribulacioun ben waxyng. Wherfore

{26} **Ascendunt usque ad celos et descendunt usque ad abyssos; anima eorum in malis tabescebat.** *Þei steiȝen to heuenes* 140 *and þei liȝten into depnesses; þe soules of hem in yueles failede.* Þese ben seid tyrauntes, welþi and riche of þis world steiȝen to heuene. For in veyn lordschipes of þis lif þei ben hied aȝen God, and þei liȝten into depnesses, þat is þei fallen fro her pride into helle; and in her yueles, þat is in her wickednesse, failed þe soule of prelates.

145 {27} **Et turbati sunt et moti sunt sicut ebrius, et omnis sapiencia eorum deuorata est.** *Troublid þei ben and stired þei ben as drunken man, and al her wisdom is deuoured.* Troublid in confusioun of witte, and stired in angre, stumblyng as drunken man þat can holde no riȝt weie. In quiete prelates semen wise men, but whan f. 234rb stor|mes comen of noious temptacioundes al trewe witte and gode 151 counseil faileþ, and her wisdom is al ete for þei seen not what þei shulen do. Þanne bihoueþ hem, ȝif þei wilen do weel, crie þat God stable her hert.

{28} **Et clamauerunt ad Dominum cum tribularentur, et de** 155 **necessitatibus eorum eduxit eos.** *And þei crieden to þe Lord whan þei weren in anguysh, and of her nedes he outeled hem.* And more he dide for

130 whoch] þe which AL, whom BS 131 of contekes] myschefe L 132 discordes] dyscorde L 133 et[2] . . . eius] *om.* L 134 and[1]] in A þe[2]] *om.* ALB hied . . . it] S *marked for rev. to* þe flodis of it beþ heiȝed B 136 is] *om.* L 138 ad[2]] *om.* A 139 anima . . . tabescebat] *om.* L steiȝen] styȝed L to] into AL 140 liȝten] lyȝted L depnesses] depnes L soules] soule BS in . . . failede] failed in yuelis BS failede] faylen L þese ben] þe see beþ BS 143 depnesses] depnes L into helle] *om.* L yueles] illis S 144 wickednesse] wickidnessis BS 145 et[3] . . . est] *om.* L 146 troublid . . . ben[1]] þei beþ troublid BS troublid] *on eras. of shorter d.h.* C, droued L and . . . ben[2]] *twice* A stired] troblyd L 147 drunken] a drunken ALB troublid] *on eras. of shorter d.h.* C, *om.* L 148 drunken] a drunken ALBS 150 noious] noyȝes and BS 152 shulen] schuld LBS 154 dominum] deum S et[2] . . . eos] *om.* L 156 of . . . hem] he outladde hem of her nedis BS

{29} **Et statuit procellam eius in auram, et siluerunt fluctus eius.** *And he sette þe storme in soft wynd, and his stremes stilleden.* Þat is, þe persecuciouns of þe world and þe temptaciouns he tempred 160 and maade hem suffrable, or alle angres he turned into briȝtnes of endeles reste. And so þe stremes þat is alle noyes stilleden.

{30} **Et letati sunt quia siluerunt, et deduxit eos in portum uoluntatis eorum.** *And þei weren fayn for þei stilleden, and he lad hem into þe hauen of her wille.* Alle men þat ben heer in trauaile and in 165 anguysh for Goddes loue ben fayn whan deeþ comeþ, for þanne al her wo stilleþ and God ledeþ hem into hauen of her wille, þat is to þe blisse of heuene. For þat Cristes loueres coueiten in al her wil.

{31} **Confiteantur Domino misericordie eius, et mirabilia eius filiis hominum.** *Shryue to þe Lord þe mercies of him, and his wondres* 170 *to þe sones of men.*

{32} **Et exaltent eum in ecclesia plebis, et in cathedra seniorum laudent eum.** *And hiȝe þei him in kirke of folk, and in chaier of elder men looue þei him.* Þat is, lasse men þat ben gouerned loouen him, and more men | þat gouernen looue him. f. 234va

{33} **Posuit flumina in desertum, et exitus aquarum in sitim.** 176 *He sette flodes into desert, and passing of watres into þrist.* Þat is, proude men þat ben hiȝed of her kunnyng or of her vertue he sette in desert, þat is drie wiþoute grace and wiþoute fruyte of charite. And hem of whom passed watre of lore in gostli þrist 180

{34} **Terram fructiferam in salsuginem a malicia inhabitantium in ea.** *Erþe fruyte bering into briyn fro þe malice of wonyng in it.* Þe erþe þat ȝaue fruyte of gode werkes he sette in briyn, þat was in bareynhed þat no godenes growe: þat is for þe malice of men þat wonen in þe erþe, þat is yuel souereynes and yuel sogettes. 185

158 auram] aurum AL et[2] . . . eius] *om.* L 159 soft wynd] gold L his] þe ALBS stilleden] failiden A 161 angres] anguyshis BS 162 alle noyes] ylles L stilleden] failiden A 163 et[2] . . . eorum] *om.* L 165 into þe] in L trauaile] angwysch L in anguysh] traueyle L, in angris BS 166 comeþ] *twice* L 167 god] *om.* L into] in BS hauen] þe hauene A to] in BS 169 et . . . hominum] *om.* L 172 et[2] . . . eum[2]] *om.* L 173 kirke] þe chyrch L 174 looue] loue A, preise B lasse] alle A 175 loouen] louen A, preise B looue] louen A, preise B 176 et . . . sitim] *om.* L 178 of[1]] in BS in] into A 179 drie] in drie BS wiþoute[2]] wiþ L 180 in] and L 181 fructiferam] fructifera L in] in *canc.* et L a . . . ea] *om.* L 182 fruyte bering] *rev.* BS briyn] birþun A fro] for ALBS wonyng] þe wonyng BS in[2]] of BS 184 is] *om.* L þat[3]] what A 185 þe] þer L

{35} Posuit desertum in stagna aquarum, et terram sine aqua in exitus aquarum. *He sette desert in stanges or in poles of watres, and erþe wiþouten watre in passyng of watres.* Þat is, in synful men þat was desert he made watres of grace and lore to stonde þat is lasting in
190 hem and rennyng to oþere.

{36} Et collocauit illic esurientes, et constituerunt ciuitatem habitationis. *And he sette þere hungryng, and þei stableden þe cite of wonnyng.* Þat is, in þat grace he sette hem þat hungreden þerafter and wolden take it gladli, and þe stable bowyng to Goddes
195 commaundementes holli; þe cite of wonnyng: þat is holi chirche whereinne is trewe mannes wonnyng heer til þat he come to heuene.

{37} Et seminauerunt agros et plantauerunt uineas, et fecerunt fructum natiuitatis. *And þei sewen feeldes and þei plaunteden vyneres, and þei maden fruyte of birþe.* Þis þei don þat purgen her
f. 234vb hertes and | her bodyes wiþ þe lore of heuene, þat þei bere fruyte of
201 gode werkes and of vertues.

{38} Et benedixit eis, et multiplicati sunt nimis, et iumenta eorum non minorauit. *And he blessed hem and þei ben multiplied ful mechel, and her beestes he lessed not.* Þat is, þurgh his blessyng þei ben
205 multiplied in noumbre and meryte ful meche, for many ben cleped and fewe ben chosen. And her beestes þat ben symple and profitable, þat ben men not lerned but þei holden treuþe and charite; he lessed not, for God knoweþ whiche ben hise.

{39} Et pauci facti sunt, et uexati sunt a tribulatione malorum
210 **et dolore.** *And fewe þei ben made, and traueiled þei ben of þe tribulacioun of yueles and of sorowe.* Þat is, þe gode fewe ben made in liknyng of many yuel men, and traueiled þei ben of tribulacioun of deueles and fals breþeren and of sorowe of her synnes and of oþere mennes.

186 desertum] in desertum A et . . . aquarum²] *om.* L 187 stanges or in] or S, *om.* LB stanges] stagnys A 188 watre] wateres L passyng] passyngis BS was] weren in A, were B 189 lore] of lore A stonde] sende BS 191 et² . . . habitationis] *om.* L 192 he] þei L, *om.* A hungryng] hungringe men BS 194 stable] stably L 196 mannes] mens LBS he] þei L 197 et³ . . . natiuitatis] *om.* L 199 vyneres] vyneȝerdis A 200 þe] *om.* L 201 of vertues] `good' vertues L 202 et³ . . . minorauit] *om.* L 204 her . . . not] he lesside not her beestis BS 209 a . . . dolore] *om.* L 210 fewe . . . made] þei beþ made fewe BS þe tribulacioun] trybulacyons L 212 liknyng] lykynge L 213 fals] of false A

{40} **Effusa est contentio super principes, et errare fecit eos in inuio et non in uia.** *And helt is stryfe on princes, and he made hem to erre in vnwey and not in wey.* þis vers haþ more nede of sorowyng þan of expounyng, for þe folc wile not holde pees wiþ God and do his commaundementes. þe wraþþe of God is first helt on princes for þei ben werse þan oþere, and so reysen strife and werres bituene londes; and God for her synne suffreþ alle erre oute of þe weye of riȝtwisnes þat eche slee oþere. þat is þe veniaunce of God, and þat moste bifalleþ for leders of cristen men ben so blynded þurgh pride and coueitise, ypocrisie and fleshli lustes, sleyng mo þurgh yuel ensaumple gostli þan ben slayn bodili. 215 220 225

{41} **Et adiuuit pauperem de inopia, et posuit sicut oues familias.** *And he halp | þe pore oute of nede, and sette meynes as shepe.* As who seye, þe proude ben cast fro God in erroures, and þe pore man þat is þe meke þat crieþ euere at Goddes ȝate, not feyntli as oure fals breþeren and oþere ualiaunt beggeres don 'payn pur Dieu!', but helpe and counforte to wiþstonde þe malice of her enemyes, for hem he faileþ not to helpe oute of nede of bodi and soule. And his meynes he sette as schepe: þat is, he kepeþ hem in mekenes and vnnoiyngnes. f. 235ra 230

{42} **Uidebunt recti et letabuntur, et omnis iniquitas opilabit os suum.** *þe riȝte shuln see and þei shuln be fayn, and al wickednes schal stoppe his mouþ.* Riȝte shuln be fayne þat gode men ben hiȝed þurgh Goddes mercye and yuel men dampned for her pride. And so al wickednes, ianglyng aȝen riȝtwisnes, shal stoppe þe mouþe as a man þat is ouercomen and cannot sey nay. 235 240

{43} **Quis sapiens et custodiet hec et intelliget misericordias Domini?** *Who is wise and shale kepe þise, and vnderstonde þe mercies of God?* þat is, he þat is wise shal kepe þise þinges þat he be meke and pore, not proude ne riche; for he vnderstondeþ þat Cristes mercy

215 et . . . uia] *om.* L 216 and[1]] *om.* B helt . . . stryfe] strif is helde BS helt] held out A 220 reysen] ryse LBS 222 eche] euery man L slee] se BS 223 so] *om.* BS 224 coueitise] coueytous L lustes] lustes of fleschly desyres L mo] more L 226 et[2] . . . familias] *om.* L 227 halp] dyd helpe L meynes] menyes L 228 seye] seiþ B in] into L erroures] her errours A 230 payn . . . dieu] *canc.* S, *om.* B 232 hem] þen L oute] *om.* L 233 meynes] menyes L 234 vnnoiyngnes] vnnoynges for L 235 et[2] . . . suum] *om.* L 236 riȝte] riȝtful men BS 237 riȝte] the ryȝt L be fayne] *rev.* S fayne] *om.* B 239 wickednes] wickid AL 241 et[2] . . . domini] *om.* L 243 þise] all these L 244 ne] nor L

245 saueþ of erroures and of yuel custum and of al gostli noiȝe, eche man þat wile loue Crist entierli not þe merite of any man. And forþi

Psalmus .107.

{2} **Paratum cor meum, Deus, paratum cor meum; cantabo et psallam in gloria mea.** *Redi myn hert, God, redy myn hert: I shal syng and I shal psalm seye in my ioie.* For myn hert is redi wiþoute lettyng, I shal syng in aboundance of gostli softnes. And I shal 5 þerwiþ do gode werkes, and þat in my ioie, þat is in my biholding of ioiful risyng in þe dai of dome.

f. 235rb {3} **Exurge glo|ria mea, exurge psalterium et cithara; exurgam diluculo.** *Rise my glory, rise sautrie and harpe; I shal rise in þe dawyng.* þis seiþ þe Fadre to þe Sone, or þe Sone to his bodi: þou art 10 sautrie in noble lay of maneres, and harpe in sharpe passioun in striking of hiȝe soun rise fro deeþ. He ansuereþ 'I shal rise in þe dawyng.' And þanne

{4} **Confitebor tibi in populis, Domine, et psallam tibi in nationibus.** *I schal schryue to þee in folkes, Lord, and I schal syng to* 15 *þee in naciouns.* þat is, in al my life, wher þat I be and among what folk or nacioun, I schal looue þi name Iesu.

{5} **Quia magna super celos misericordia tua, et usque ad nubes ueritas tua.** *For grete is aboue heuenes þi merci, and þi soþefastnes vnto cloudes.* þat is, aungeles vsen þi benefices and holi 20 men reynen lore of vertues to þeire heereres.

{6} **Exaltare super celos, Deus, et super omnem terram gloria tua, {7} ut liberentur dilecti tui.** *Be hiȝed aboue heuenes, God, and aboue al erþe þi glorye, þat þi derlinges be deliuered.* þat is, shewe þee

245 of[3]] *om.* A gostli] gost L noiȝe] anoie A eche] euery L 246 forþi] þerfore A, for þat L

Ps. 107 CALBS

heading C, þe hundrid and vij salme A, '107' *d.h.* B, *om.* LS 2 myn[1]] is myn BS god] lord L myn[2]] is myn BS 3 psalm seye] *rev.* BS 7 et . . . diluculo] *om.* L 9 dawyng] dawnynge L þis] Thus A 10 of] and A 11 hiȝe] his BS, þi L soun] sounde L þe dawyng] dawnynge L 13 et . . . nationibus] *om.* L 14 folkes] folk BS 15 and] *om.* A 16 looue] loue L, preise AB 17 quia] quoniam BS celos] nos L et . . . tua] *om.* L et] 'et' S, *om.* A 18 grete . . . merci] þi mercy is grete aboue heuenys BS 19 cloudes] þe cloudis ABS is] *om.* L þi] þat A 20 heereres] eres L 22 ut . . . tui] *om.* L be . . . god] god be þou heiȝed aboue heuenys BS be hiȝed] be hyght L be] He A 23 þee heiȝ] þi hiȝt L

heiȝ aboue alle creatures þat þi derlynges be delyuered of al peyne in þe toþer world and heere. 25

Saluum fac dextera tua, et exaudi me; {8} Deus locutus est in sancto suo. *Make safe wiþ þi riȝt hond and heere me; God spak in his halowe.* Þat is, make þi seruant safe þurgh þi fauour and þi mercy, and heere me preiyng for hem. For God spak in his halowe þat is in Crist. 30

Exultabo et diuidam Siccimam, et conuallem tabernaculorum dimetiar. *I schal ioie and I schal paart Siccimam, and þe dale of tabernacles I schal mesure.* Þis is expouned bifore.

{9} Meus est Galaad, et meus est Manasses, et Effraim susceptio capitis mei. *Myn is Galaad, and myn is Manasses, and* 35 *Effraym recey|uyng of myn heued.* For alle þat beren fruyte of charite f. 235va and of gode werkes Crist þat is oure heued receyueþ hem, and þei receyuen him to his loouyng and none oþere.

Iuda rex meus, {10} Moab olla spei mee. *Iuda my kyng, Moab pot of myn hope.* Iuda my king: þat is, Crist and while he ledeþ me yuel 40 men þat don me noie, Moab þat is pot of myn hope, þat is þei make me to hope fulliere endeles life for her anguischyng of me.

In Idumeam extendam calciamentum meum, mihi alienigene amici facti sunt. *Into Ydumye I schal streke my schoyng, to me alyenes frendes ben made.* Þurgh loue and frendes foos þurgh malice. 45

{11} Quis deducet me in ciuitatem munitam? quis deducet me usque in Idumeam? *Who schal lede me into cite warnischt? who schal lede me into Ydumye?* [Cite warnischt] he clepeþ helle þat none myȝt open. In Ydumye ben folc to whiche Crist made knowen his risyng. But þis must oneli be don of þe godhed. Forþi he seiþ 50

{12} Nonne tu, Deus, qui reppulisti nos, et non exibis, Deus, in uirtutibus nostris? *Wheþer not þou, God, þat hast put us aȝen? and*

24 alle] all ˋoþerˊ L þat] *twice* A þi derlynges] derlyng AL 26 deus . . . suo] *om.* L 29 hem] þan L 31 et² . . . dimetiar] *om.* L 33 dale] dales L þis is] that L 34 et meus est] *twice* A et² . . . mei] *om.* L 36 receyuyng] receyuen L beren] resceyueþ BS 38 loouyng] preisyng AB 39 my] is my BS pot] is pot BS 40 hope] hele S my] is my BS 43 mihi . . . sunt] *om.* L 44 to . . . made (45)] aliens beþ maad frendis to me BS 46 quis² . . . idumeam] *om.* L 47 cite] þe cyte A warnischt] wardit B 48 cite warnischt] *om.* CAL none] no man L 49 whiche] þe whych L, whom BS knowen] knowyng S 50 forþi] þerfore A, for þat L 51 et . . . nostris] *om.* L et . . . deus] et (*om.* A) non egredieris ABS

þou shalt not outgo, God, in oure vertues? Gode men semen put aȝen for þei ben despised in þis world, and God sheweþ not her vertues
55 aȝen hem heer þat setten hem at nouȝt.

{13} **Da nobis auxilium de tribulacione, quia uana salus hominis.** *Ȝeue us helpe of tribulacioun, for veyne is þe helþe of man.* Þat is, it is passyng and vncerteyne. But what þat men seye or do to us

60 {14} **In Deo faciemus uirtutem, et ipse ad nichilum deducet inimicos nostros.** In *God we schule do vertu, and he to nouȝt schal*
f. 235vb *bringe our ene|myes.* For ȝif þei lasten in her yuel wille, þei be dampned.

Psalmus .108.

{2} **Deus, laudem meam ne tacueris, quia os peccatoris et os dolosi super me apertum est.** *God, my loouyng hold þou not stille, for þe mouþ of þe synful and þe mouþ of þe trecherous on me is opened.* Crist in his manhed preiyng to his Fadre seiþ 'Holde not stille my
5 loouyng, for verre loouyng is of verre God, and þe synful and þe trecherous han her mouþ open to my repref.' But it is not to trowe to hem þat lyuen falsli, for þe blamyng of a liȝer is fals.

{3} **Locuti sunt aduersum me lingua dolosa, et sermonibus odii circumdederunt me, et expugnauerunt me gratis.** *Þei*
10 *spaken aȝen me wiþ trecherous tunge, and wiþ wordes of hatered þei biȝeue me, and þei werreden me of self-wille.* Trecherous tunges hadden þei whan þei seiden 'Maister, we witen þat þou art soþfast'; wordes

53 outgo] go L, go out BS god] *om.* ALBS semen] *om.* L 54 god] *om.* L 55 þat . . . nouȝt] *om.* L 56 quia . . . hominis] *om.* L 57 þe helþe] helpe L 59 to] vnto LBS 60 et . . . nostros] *om.* L 61 to . . . bringe (62)] shal bringe to noȝt BS 62 be] shall be L

Ps. 108 CALBS, S *ends incomplete* 201 werkyng (*leaf cut out*)
heading C, the hundrid and eiȝtþe salm A, '108' *d.h.* B, *om.* LS 2 my . . . stille] holde þou not stille my preisyng (loouyng or preysyng S) BS loouyng] louynge L, heriyng A þou] yowur L 3 and þe mouþ] *om.* BS on . . . opened] is openyd on me BS 4 to] *om.* B holde] god holde BS 5 loouyng[1]] louynge L, heriyng A, preysyng B loouyng[2]] louynge L, heriynge A, preisyng BS 8 et . . . gratis] *om.* L 9 et] *om.* A 10 trecherous] a trecherous BS 11 biȝeue] cumpassiden A, beȝeue or enuyround S, enuyround B and] *om.* LBS tunges] tunge BS hadden þei] *rev.* BS 12 we] *om.* L witen] witen wel BS

of hatrad þei speken whan þei beden for his holi teching do him on þe cros. And þis þei diden of self-wille, þat is, wiþoute riȝtwis chesoun. For wickednes likeþ to wicked men, and euenhed doþ gode 15 to gode men.

{4} Pro eo quod me diligerent detrahebant mihi; ego autem orabam. *For þat þing þat þei shulden loue me þei bacbiten me; but I preied.* Þat is, þei shulden haue loued me for I was Goddes sone, and þei bacbityng me seiden 'In Belzebub he casteþ out deuels'; but I 20 preied for hem.

{5} Et posuerunt aduersum me mala pro bonis, et odium pro dilectione mea. *And þei setten aȝen me yuels for gode, and hatrad for my louynge.* He cam to ȝeue hem life, and þerfore setten þei deþ aȝen him. 25

{6} Constitue super eum pec|catorem, et dyabolus stet a dextris eius. f. 236ra *Sette aboue him synful man, and þe deuel stond at his riȝte side.* For Iudas sette þe deueles werkes bifore þe werkes of Crist, and auerice bifore helþe. And eche man haþ þe deuel at his riȝt side þat loueþ more any erþeli þing þan þe wisdom of Crist or gostli 30 helþe.

{7} Cum iudicatur, exeat condempnatus, et oracio eius fiat in peccatum. *Whan he is demed go he oute condempned, and his preier be made into synne.* For it is not þurgh Crist whom he wile not folowe: þat preiere is not in Crist þat is not maad wiþ deuocioun in gode 35 purpos, for it is not maad wiþ wil ne it askeþ gode.

{8} Fiant dies eius pauci, et episcopatum eius accipiat alter. *Fewe be maad his dayes, and his [bishopriche or] worschepe anoþer take.* For Mathi was sette in Iudas stede, and his dayes weren fewe þat heeng himself. 40

13 teching] prechynge L do him on] come downe of L 17 quod] ut L ego . . . orabam] *om.* L 18 þing þat] *om.* L bacbiten] bacbiteden B 20 bacbityng] bacbiten BS seiden] seiynge ALBS casteþ] caste AL 22 et² . . . mea] *om.* L 23 yuels] yuel AL hatrad] hate BS 24 setten þei] *rev.* BS 26 et . . . eius] *om.* L a] ad A 27 synful] a synful BS 29 eche] euery L 30 more . . . þing] ony erthly thynge more L þe] he do god þe L 32 et . . . peccatum] *om.* L 34 it] *twice* L whom . . . crist (35)] *om.* L 36 ne] nor L 37 episcopatum . . . alter] *om.* L accipiat] accipiet A 38 fewe . . . dayes] his daies bee made fewe BS his . . . take] anoþer take his bishopriche BS bishopriche or] *om.* CL or worschepe] *om.* A 39 mathi] mathew L

{9} **Fiant filii eius orphani, et uxor eius uidua.** *His sones be maad faderles, and his wif a wydewe.* Here it semeþ þat Iudas had a wif and childre. Not oneli of Iudas mai al þat is seid in þis salm be taken, but of alle Cristes enemyes as fals Iewes and fals cristen men.

45 {10} **Nutantes transferantur filii eius, et mendicent et eiciantur de habitationibus suis.** *Doutyng ouerborne be his sones, and begge þei and be þei outcast of her wonynges.* Doutyng, þat is vncerteyne whider þei shuln go, as left holli wiþoute help.

{11} **Scrutetur fenerator omnem substanciam eius, et diri-50 piant alieni labores eius.** *Þe okerere ransake al his substaunce, and alienes reuen alle his trauailes.* Many fooles don now as Iudas dide: he f. 236rb folowede | God and lefte to his wife and his childre his gode, but his herte was ȝit wiþ hem, and wolde not breke þe bond of coueitise. So don summe þat chaungen her habite, but coueitise, yuel wil and 55 bacbityng duellen in hem; and in sum þat han drawen hem fro þe world duelleþ despeir of her lyuyng, and grutchen so greteli in her vnstablenes þat þei lesen al her mede, and knowyng þat þei shuld han in perfeccioun. And alle þise drawen in Iudas froward ȝoc, not in Cristes swete liȝt ȝoc, as clerkes seyn. Þe okerere is þe deuel þat 60 preiseþ yuel, or God þat commendeþ gode, and he ransakeþ al þe substaunce of yuel men þat is her lif punysching eche synne. Alienes ben deuels þat reuen alle his traueiles þat makeþ not his hoord in heuene.

{12} **Non sit illi adiutor, nec sit qui misereatur pupillis eius.** 65 *Helper be not to him, ne any be þat haue mercy to his childre.* Gode men ben ofte tempted, and God helpeþ hem. But Iudas and his foloweres han no help to rise of syne, ne mercy of God þat þei be not dampned. Alle ben his foloweres þat entren into cristendome and lyuen in coueitise and lustes, and speciali more and lesse þat entren 70 into presthode to spie þere her vauntage, leuyng þe trewe folowyng of Crist fro þe consent of whom Cristes loueres ben kept.

41 et . . . uidua] *om.* L his] [.]ys L 45 et[1] . . . suis] *om.* L 46 ouerborne . . . sones] be his sones ouerborn BS ouerborne be] *rev.* L be] bi A 49 et . . . eius (50)] *om.* L 50 ransake] ransaked L 51 alle] *om.* L 52 to] *om.* BS his[3]] and his B 53 wiþ] in BS 54 and] malyce and L 56 despeir] in dyspeyre L 57 vnstablenes] vnstedefastnesse BS knowyng] þe knowinge A 58 iudas] dales L 60 or] for A god] gode CALBS 61 substaunce] substaunces BS lif] *om.* L punysching] þat is punyshinge BS eche synne] euery yuell L 62 reuen] rauell L his[1]] *om.* L 64 nec . . . eius] *om.* L sit qui] *twice* A 65 to[1]] *om.* L ne] nor L to[2]] of L 66 helpeþ] helpe L 67 of [1]] owt of þer L ne] nor L 70 spie] aspien A þere] only BS vauntage] auauntage ALB

{13} **Fiant nati eius in interitum, in generatione una deleatur nomen eius.** *His sones be maad into deeþ, in one generacioun aweye be done his name.* Þat is geten of him, soone passe it þat no gode come þerof, as who seye, ȝif any gode come of fals cristen men in 75 almesdede doyng, preching or preiyng þurgh her yuel | vicious f. 236va lyuyng, it is don awei þat after þis liif no gode come þerof.

{14} **In memoriam redeat iniquitas patrum eius in conspectu Domini, et peccatum matris eius non deleatur.** *Into mynd come aȝen þe wickednes of his fadres in siȝt of þe Lord, and þe synne of his* 80 *modre be not don awey.* Lo, þe perile of negligent fadres bodili and gostli: þe synnes of fadres ben ȝolde to hem þat turnen not fro þe synne of her fadres þat þei be punisched in Goddes siȝt, þat synnen heer ȝeuyng yuel ensaumple to men. And þe synne of his modre be not don awey: þis is þe fals bileeue of our modre Eue, þat trowed not 85 to Goddes word, but to þe falsnes of þe deuel, fadre of liȝeres, be not don awei but laste to þe ende wiþ alle fals ypocrites þat don wickedli and shewen holinesse bifore men.

{15} **Fiant contra Dominum semper, et dispereat de terra memoria eorum,** {16} **pro eo quod non est recordatus facere** 90 **misericordiam.** *Be þei euermore aȝen þe Lord and perische her mynd fro erþe, for þat þat he recorded not to do merci.* For ypocrites hadden heere no merci in biþenking of amending, be þei euere aȝen God wiþ her yuel fadres and modres and souereynes, bi whos ensaumple þei don yuel, þat God forȝete not her mysdedes, but euer punyshe hem, 95 þat þei perische fro þe lond of heuene as Iudas dide, þat biþouȝt him not to do merci to his owne soule.

{17} **Et persecutus est hominem inopem et mendicum, et compunctum corde mortificare.** *And he folowed a man helples and beggere, and pricked of herte to slen.* Þe pore, helples beggere was 100 Crist—not þat he euere begged any tyme, but he was lefte helples |

72 in[1]] *om.* S in[2] . . . eius (73)] *om.* L 73 be[1]] he L in . . . name (74)] his name be do away in o generacioun BS 74 þat[1]] þat is þat BS geten] þe geten A 75 seye] seiþ B men] *om.* BS 76 þurgh] for throw LBS yuel] *om.* B 77 come] cometh L 78 memoriam] memoria S in[2] . . . deleatur] *om.* L 79 matris] martrum A into . . . fadres (80)] þe wickidnes of his fadres come aȝen into mynde BS 80 his[1]] þer L 81 fadres] fadris and modris A 82 ȝolde] hold L 85 þis] þat BS 86 fadre] fathers L 87 alle] *om.* LBS 89 et . . . misericordiam] *om.* L 91 þe] *om.* L 95 mysdedes] yuell dedis L 97 owne] *om.* L 98 et[3] . . . mortificare] *om.* L 99 a man] in yuel a man BS helples] in yuel helples AL 100 beggere[1]] a beggere BS pricked . . . slen] to slee prickid of herte BS slen] fle L þe] þis BS 101 euere] *om.* L any] in eny L

f. 236vb for oure sake to þe Iewes to take and to bynde, to scourge and to make be buffeted and corouned wiþ scharpe þornes, to bere his owne cros and to be nayled þeron. And as beggere he was, for him was reft 105 al erþeli þinge, ȝea his owne liif, and pricked of herte, for þe spere ran to his herte in tokne þat he schal euere be mournyng to venge þe synne of malice don to his loueres. Grete drede and cruelte it is to do persecucioun to pore men: for þei forsaken ritchesses and honoures and oftsiþes þei suffren persecucioun.

110 **{18} Et dilexit maledictionem et ueniet ei, et noluit benedictionem et elongabitur ab eo.** *And he loued malisoun and it schal come to him, and he wold not blessyng and it schal be lengþed fro him.* He loueþ malisoun þat loueþ to do any dedli synne, for alle þat wilen synne dedli han Goddes malisoun, and so þei forsaken his gracious 115 benesoun þe whiche filleþ his loueres wiþ vertuous þouȝtes, of þe whiche springen loouynge wordes and medful werkes.

Et induit malediccionem sicut uestimentum, et intrauit sicut aqua interiora eius, et sicut oleum in ossibus eius. *And he dide on him malisoun as cloþing and it entred as watre in his inner*[*s*], *and as* 120 *oyle in his bones.* Þat is, he cloþeþ him wiþ synne þat deliteþ him in yuel maneres, and þei purchasen Goddes malisoun for þei greiþen tourmentes to her takers as cloþing, for þurgh synne is þe bodi clad in filþe. And so malisoun entreþ into þe soule, making it soget to þe flesch assenting to eche synne. And in his bones as oyle it entreþ: þat 125 is, in skile þat shulde be stalworþe. For men han now delite in yuel f. 237ra and so þei ben maad graceles | more for delit þan for doyng of yuel.

{19} Fiat ei sicut uestimentum quo operitur, et sicut zona qua semper precingitur. *Be it maad to him as cloþing wiþ þe whiche he is hiled, and as a girdel wiþ þe whiche he is euer girt.* Þat is, malisoun of 130 God be to him þat haþ euere ioie of wickednes in mennes siȝt as a

104 beggere] a begger A was[2]] *om.* B 108 ritchesses] ryches L 109 and] *om.* BS oftesiþes] many tymes L persecucioun] persecucyons L 110 et[3] . . . eo] *om.* L 111 loued] loueth L malisoun] cursing A 112 to] vnto L 113 malisoun] cursyng A 114 malisoun] curs A 115 benesoun] blessing A 116 loouynge] loouyng or preysyng S, preisynge AB 117 et[2] . . . eius[2] (118)] *om.* L 118 interiora] in interiora A 119 malisoun] cursyng A entred] ran A watre] watris A inners] inners, s *canc.*, þinges *added margin s.h.* C, inner þingis BS, ynners ran A, inntermest partes ran L 120 cloþeþ] clothed L him[2]] *om.* L 121 malisoun] curs A 122 clad] cloþid B, glad L 123 malisoun] cursing A 124 eche] euery L and] *om.* BS in] into BS, *om.* L 125 is] *om.* L skile] his skile ALBS þat] *om.* L shulde] shall L now delite] *rev.* A 127 et . . . precingitur] *om.* L 129 malisoun] cursyng A 130 god be to] *om.* L to] euere to A haþ] *om.* L

man haþ of semeli cloþing, for he is fadre of yuel ensaumple to alle þat knowen him and seen him or heren of him, ȝea, after his liif. In malisoun he is euere girt þat leereþ so to do yuel þat he be euere þerto redi.

{20} **Hoc opus eorum qui detrahunt michi apud Dominum, et qui loquuntur mala aduersus animam meam.** *Þis is þe werc of hem þat bacbiten me anentes þe Lord, and þat speken yueles aȝen my soule.* Heer he spekeþ of many bacbiteres, for þer is not oneli one Iudas but many. Siþ þat þe Prophet clepeþ holi men goddes for charite and vertues þat maken hem like to God, so wicked men and vicious moun be cleped deueles and scariotes and pharisees for her vicious liknes. As who seye, þe synne þat þei louen and deliten hem inne is her werk þurgh whiche þei geten hem endeles malisoun. Hou schulden suche wel cheue? Forþi seche benesoun [in] vertuous lyuyng and flee vices þat geten malisoun. 135 140 145

{21} **Et tu, Domine, fac mecum propter nomen tuum, quia suauis est misericordia tua.** *And þou, Lord, do wiþ me for þi name, for softe is þi merci.* Do wiþ me, þat is helpe me not for my merite but for þi name to glorifien it, for þi merci is softe to wretches after her sharpe synnes. Forþi 150

{22} **Libera me quia egenus et pauper ego sum, et cor meum conturbatum est intra me.** *Delyuere me for nedi and pore I am, and myn herte is troublid in me.* | Þe nede and þe pouert of Crist was his manhed, in þe whiche he miȝte be don on þe cros, and in þat his soule was troublid to þe deeþ. And siþ he drad þe deeþ þat shulde be quikened aȝen after þe þred dai, meche moun men drede þe deeþ þat maken men dye in malisoun, and so in endeles peyne þei schulen be euere sory. f. 237rb 155

132 or] and A 133 malisoun] cursynge A euere girt] *rev.* L euere þerto] *rev.* L 135 ˋbacbytersˊ L et . . . meam] *om.* L 136 aduersus] aduersum BS 139 siþ] seyn BS 141 moun . . . cleped] be lyke vnto þe L scariotes] farisees and scariotis A 142 seye] seiþ BS 143 her] *om.* L malisoun] curs A 144 forþi] þerfor A, for þat L benesoun] blessyng A in] and C 145 geten] seke L malisoun] cursyng A 146 domine] domine domine BS quia . . . tua] *om.* L 147 lord] lord lord BS 148 softe] swete L 149 softe] swete L 150 forþi] þerfore A, for þat L 151 ego] *om.* ABS et² . . . me (152)] *om.* L et²] *om.* A 152 delyuere] and þou lord do wiþ me for þi name delyuer L nedi . . . am] Y am nedy and poore BS 153 troublid] *on eras. d.h.* C, droued L, droued or troublyd S 155 troublid] *on eras. d.h.* C, droued LS to þe] onto L þe deeþ²] *om.* A 156 moun] must L 157 malisoun] cursynge A be euere] *rev.* A

{23} **Sicut umbra cum declinat ablatus sum, et excussus sum**
160 **sicut locuste.** *As schadewe whan it heeldeþ I am lad awei, and outesmeten I am as locustes.* For as þe schadew of liȝt dai passyng awei, niȝt comeþ, so of deedli bodi is deeþ and outesmyten as locustes, þat is euere stir[t]ing: þis he seiþ of his loueres þat ben euere chased and outesmyten of yuel men, or stirting fro stede to
165 stede, as þei þat loken after no sikernes heer wher alle þinges ben vnstable. Forþi þei shulen be stabled of Crist in þe sikernes of heuene; he þat is vnsiker for Crist shal be maad siker in Crist. Crist was so vnsiker he had not ne wold haue to hile inne his heued. And siþ he is lord and maister, whi shuld his seruant seke þat he forsoke?
170 Loue God heer sikirli in þin hert, and þou schalt not faile to be siker in heuene, þouȝ þou stirte aboute in maner of locustes.

{24} **Genua mea infirmata sunt a ieiunio, et caro mea immutata est propter oleum.** *Mi knees ben maad seke for fasting, and my flesche is chaunged for oyle.* Þat is, my stalworþe seruantes as
175 prelates failen in charite, for þei ben not fed wiþ heuenli bred, but wiþ coueitise and lustes. And so þei and her sudgetes þat stirten
f. 237va aboute honoures and worldli godes as frossches in softe | reyn, coueiting eche to ben hiȝed ouere oþere, ben seke for wanting of vertues. But meke men and pore ben maad stalworþe in my loue for
180 fastyng fro vices. And my flesche is chaunged for oyle of deuocioun makeþ me ioiful, for immortalite is liȝt to Cristes loueres after þis liif. And so þurgh gostli grace of þe Holi Goste þei ben and shulen be confermed in heuene þat stonden in perfite charite, forsaking uices þat maken soules seke.

185 {25} **Et ego factus sum opprobrium illis: uiderunt me et mouerunt capita sua.** *And I am maad reproof to hem: þei seiȝen me and þei stireden her heuedes.* Þat is, as wode men þe fals Iewes manaseden Crist wiþ stiring of her heuedes, but þe repref was to hemself for þei seiȝen him dye, and þei troweden not his risyng. And

159 et . . . locuste] *om.* L 160 schadewe] a shadew BS heeldeþ] heeldiþ or bowiþ S, bowiþ AB lad] had ALBS 161 I am] *om.* ALBS liȝt] þe lyȝt L 162 niȝt] þe nyȝt BS 163 stirting] stiring C seiþ] sey L 166 forþi] þerfore A, for þat L 168 he] þat he BS not ne] nor he L haue] not haue BS to] no thynge to L hile] bowe BS 172 et . . . oleum] *om.* L 174 chaunged] chau-/ L 175 prelates] some prelatis BS wiþ . . . bred] *om.* L 176 and[1]] in B 177 frosshes] froggis B in . . . coueiting (178)] coueitynge in softe reyn A 178 eche] euery on L ouere] aboue A 179 pore] pore men BS 180 deuocioun] deuocyoun perfeccyon L 184 soules] \`þe´ soule S, þe soule B 185 uiderunt . . . sua] *om.* L 186 þei] þei þat AL, þat þei S 187 þei] *om.* L 189 and[1]] þat A

soo wicked men sholen pursue his loueres mouyng hem wiþ bostful wordes of her veyne wittes, hopyng to plese God in sleyng of hem. Loo, what synne dooþ, blyndyng men in her owne wittes. But 190

{26} **Adiuua me, domine Deus meus, saluum me fac secundum misericordiam tuam.** *Helpe me, lord my God, make me saf after þi merci.* Crist preieþ for his louers, seiyng 'Helpe my men and saue hem after þi merci not after þe dette of werkes.' 195

{27} **Et scient quia manus tua hec, et tu, Domine, fecisti eam.** *And þei shulen wite for þis is þin hond, and þou, Lord, madest it.* Þe hond of þe Fadre is Crist, and þat he made [in] manhed, to saue þat was lost, for he was euere gracious and merciful. And ȝit þe fals Iewes repreueden him in his iust werkyng. 200

{28} **Maledicent illi et tu benedices; qui insurgunt in me confundantur, seruus autem tuus letabitur.** *Þei shulen warie and þou | schalt blesse; þo þat risen in me schamed be þei, but þi seruant shal be glad.* Prestes þat shulden blesse þe puple ben sette al on cursyng, and, for her cursyng is for coueitise oute of charite, it turneþ aȝen to hemself. Veyn is þe malisoun of yuel men whan God blesseþ hem þat don þat, he seiþ f. 237vb 205

{29} **Induantur qui detrahunt mihi pudore, et operiantur sicut dyploide confusione sua.** *Clad be þei þat bacbiten to me in schame, and hiled be þei as wiþ double mantel in her confusioun.* Lo, what he doþ þat curseþ oute of charite, ȝif he were biforn cursed oneli for his owne gilt: he lyneþ his hode wiþ þe cursyng of his broþere whom he curseþ oute of þe bond of charite for aueryce or for malice. But eche man, ȝea, he þat serueþ no cursyng but blessyng, drede he cursyng þat he do not þat dede þat he deserue cursyng. He þat curseþ out of charite as þe Iewes diden Crist, be he schamed to his owne confusioun in bodi and soule bifore God and man. 210 215

{30} **Confitebor Domino nimis in ore meo, in medio multorum laudabo eum.** *I schal schryue to þe Lord meche in my mouþ, in* 220

191 in] for A 192 blyndyng] blendynge A 193 saluum . . . tuam] *om.* L 197 et[2] . . . eam] *om.* L 198 wite] know L 199 in] and CAL 201 iust] fals A 202 in . . . letabitur] *om.* L 203 warie] curse B 205 ben] some of hem beþ B on] of L 207 malisoun] curs A 208 þat[2]] as L 209 et . . . sua] *om.* L 210 dyploide] disploide A clad . . . þei] be þei cloþid B 212 cursed oneli] *rev.* A oneli] *om.* L 213 gilt] gylt only L þe] *om.* A 214 eche] euery L 215 no] not B but . . . cursyng[2]] *om.* L 219 in[2] . . . eum] *om.* L 220 meche] myche in myche L, ful myche B in[2] . . . him (221)] Y shal preise hym in myddis of manye B

myddes of many I schal looue him. He þat haþ ben or is in þise myscheues in bodi and soule schryue to God and looue him in commounte of cristen men, for in þe herte of riȝtwis men wher þe loue is, þe Fadre of heuene regneþ and reuleþ þat soule in þe riȝte
225 weie of his commaundementes.

{31} **Qui astitit a dextris pauperis, ut saluam faceret a persequentibus animam meam.** *Þe whiche stode at þe riȝt side of þe pore, þat he make my soule safe of þe pursuynge.* Þe deuel stode at þe
f. 238ra riȝte side of Iudas | þat coueited to eche his ritchesse wiþ sellyng of
230 Crist. But God stode at þe riȝte side of þe pore þat haþ no ritches but God. He stode not to eeche þe ȝeres of his liif, but to haue his soule fro þe deuel and his lymes þat pursuen it, þat is folowen to slee it gostli fro God.

Psalmus .109.

{1} **Dixit Dominus Domino meo 'Sede a dextris meis.'** *Þe Lord seid to my Lord 'Sitte at my riȝte side.'* Þe Lord fadre seid, þat is he ordeyned to my Lord, þe sone, sitte, þat is after trauaile resting and be kyng. Þis is seid to Crist, god and man: `sitte´ at my riȝt syde, þat
5 is euene to me.

Donec ponam inimicos tuos scabellum pedum tuorum. *Til þat I sette þin enemyes a stole vnder þi fete.* As who sey, sitte priue til þat þou regne apert, for bi þe stol ful subieccioun is vnderstonden. Or þus: Sone, sitte til þat I sette þin enemyes willyng or vnwillyng stol
10 vnder þi feete, þat is sugette to þee.

{2} **Uirgam uirtutis tue emittet Dominus ex Syon: dominare in medio inimicorum tuorum.** *Ȝerd of þi vertue þe Lord shale sende oute of Syon: lordschepe þou in myddes of þin enemyes.* Þat is, þe kyngdom of þi miȝte bigynneþ at Ierusalem, for þere was Crist first

221 looue] preisen A him] thyne L 222 soule] in soule A looue] loue B, preise A 224 loue] looue L regneþ] renneþ B 227 þe¹] *om.* A 228 þe²] *om.* L 229 eche] ekene B, multyplye L 231 eeche] ekene B, multyplye L haue] saue AB 232 to] yt to L slee] fle L 233 gostli . . . god] fro god goostly The laste Nocturne A

Ps. 109 CALB

heading C, þe Cix psalme A, `109´ *d.h.* B, *om.* L 2 fadre] þe fadir B 3 resting] reste B 4 sitte] `sit´ B, *om.* AL 6 scabellum . . . tuorum] *om.* L 7 a] þe A sey] seiþ B priue] þat pryuy L 11 tue] *om.* L dominus . . . tuorum] *om.* L 12 ȝerd . . . syon (13)] þe lord shal sende out of syon ȝerd of þi vertu B

preched and þere he wan men, in whoche he regneþ. Forþi be Lord in myddes, þat is in þe hertes of þi foos turned to þee and maad frendes. Or, be Lord in myddes of þi foos, þat is in holi chirche þat is sette among yuel men. 15

{3} **Tecum principium in die uirtutis tue in splendoribus sanctorum; ex utero ante Luciferum genui te.** *Wiþ þee biginnyng in day of [þi] vertue in schyne|yng of halowes, of womb bifore Lucifer I gatte þee.* I, þe Fadre, biginnyng wiþ þee biginnyng, I and þou one biginnyng of alle þinges. In day of þi vertue þat schal be seen, þat is in endeles ioie, wher Goddes vertue is seen; in schynynges of halowes, þat is whan holy men schulen be schyning as sunne. Of womb: þat is, of my priue substaunce I gatte þee wonderfully bifore Lucifer, þat is bifor þe world. 20 f. 238rb 25

{4} **Iurauit Dominus, et non penitebit eum, 'Tu es sacerdos in eternum secundum ordinem Melchisedech.'** *þe Lord swor and it shal not forþenke him, 'þou art preste wiþoute ende after þe ordre of Melchisedech.'* þat is, þi Fadre hiȝt to þee stabli, and he shal not chaunge, þat þou art prest after þe ordre of Melchisedech, þat is after þe dignite of Melchisedech. For þou art wiþoute bigynnyng and wiþoute ende. Holi writ telleþ not of his biginnyng neiþer of his endyng. 30 35

{5} **Dominus a dextris tuis confregit in die ire sue reges.** *þe Lord at þi riȝte side brak kynges in day of his wraþþe.* þat is, þe kyng of pride be destroyed to conuersioun in þis liif, or in þe toþer to damnacioun.

{6} **Iudicabit in nacionibus; implebit ruinas, conquassabit capita in terra multorum.** *He schal deme in naciouns; he shale fulfille fallinges, he shal altobreke hedes in lond of many.* See þe propretees of wordes: he brekeþ kynges for pride, he punyscheþ naciouns þat is yuel for comoun synnes, he fulfille meke me[n] of 40

15 whoche] whom B forþi] þerfore A, for þat L 19 in[2] . . . te] *om.* L 20 wiþ þee] The L biginnyng] is þe begynnyng B 21 þi] *om.* CAL of[3] . . . þee (22)] Y gaat þee of þe wombe bifore lucifer B 23 þinges] þing ALB day] þe day L vertue] þi vertu L 24 schynynges] schynynge AL 25 sunne] þe sunne AB 28 tu . . . melchisedech] *om.* L 30 preste] a prest A 31 stabli] stable L 32 prest] prest wiþowten ende L 33 dignite] ordir A 34 of his[2]] *om.* B 36 reges] regis L 37 þe] *om.* L 38 to[1]] in L 40 implebit . . . multorum] *om.* L implebit] impleuit B 41 deme] fyll L 42 fallinges] fallyng B lond] þe lond AB 44 yuel] yuel men B comoun] comyng B fulfille] fulfilliþ ALB men] me C of] in A

45 grace, and in þis liif he brekeþ heuedes, þat is pride of many he bringeþ to mekenes. A[n]d þis he may do, for

f. 238va **{7} De torrente in | uia bibit; propterea exaltauit caput.** *Of þe stronde in þe weie he drank; þerfore he hiȝed þe hed.* Þat is, of passyng and of droubli passioun he drank, diyng in weie of þis liif, þe whiche 50 he ran as geaunt. Þerfore, þat is, for he was meked wilfulli, God hied his hed aboue alle creatures.

Psalmus .110.

{1} Confitebor tibi, Domine, in toto corde meo, in consilio iustorum et congregatione. *I shal shryue to þee, Lord, in al myn herte, in counseil of riȝtwis men and in congregacioun.* Heer is not oneli shrifte of synnes but of greet loouyng: þe tone soroweþ, þe toþer 5 ioieþ and looueþ God of helþe. In counseil of riȝtwise: þat is, in þe dom whan perfite men shulen deme wiþ our Lord, and in congregacioun whan alle gode men ben gedered in oon and not an yuel man among hem. In þat congregacioun of aungeles and holi men looueþ a gode man God, now in hope and in þouȝt rauished to 10 heuene.

{2} Magna opera Domini, exquesita in omnes uoluntates eius. *Grete ben þe werkes of þe Lord, souȝt into alle his willes.* His werkes ben grete in gederinges of riȝtwise men, and outputtyng of yuel men fro heuene, and þise ben auisili don þat þurgh hem is sum wil of God 15 fulfild, sum of man. If alle his willes aboute us ben þouȝt, þurgh wheche willes merci forsakeþ none þat doþ penaunce in leuyng and sorowyng synne; and his riȝtwisnes leueþ noon vnpunyshed þat duelleþ in synne.

46 and] Ad C 47 propterea . . . caput] *om.* L of . . . drank (48)] he drank of þe stronde in þe weye B 48 of] *om.* A 49 droubli] troubli AB weie] þe weye A 50 geaunt] a geaunt A 51 creatures] creaturis in heuen ALB

Ps. 110 CALB

heading C, þe Cx psalm A, '110' *d.h.* B, *om.* L 1 in² . . . congregatione] *om.* L 3 counseil] þe counceil A 4 loouyng] preisinge AB 5 looueþ] loueþ L, preisiþ AB counseil] þe counceil A 6 our] þe L congregacioun] þe congregacioun A 8 aungeles] holy men A holi men] of aungels and holi men A 9 looueþ] preisiþ AB god] good L 11 exquesita . . . eius] *om.* L 17 sorowyng] forsakyng L

{3} Confessio et magnificentia opus eius, et iusticia eius mane[t] in seculum seculi. *Schrifte and worschepe þe werk of him,* 20
and his riȝtwisnes woneþ in world of world. Shrift, | þat is forsakyng of f. 238vb
synne, and worshep, þat is riȝtwising of a wicke man, is of him and his riȝtwisnes in þe whiche he demeþ yuel and gode is vnchaungeable.

{4} Memoriam fecit mirabilium suorum misericors et mis- 25
erator Dominus; {5} escam dedit timentibus se. *Menyng he maad of his wondres, merciful and mercier Lord; he ȝaf mete to þe dreding him.* Not oneli bodili for þat he ȝiueþ to hem þat dreden him not, but gostli þat is Crist þat fedeþ none in swetenes of ioie of his loue but þat dreden him. Alle oþere ben fed of þe deuel wiþ vile lust of erþe. 30

Memor erit in seculum testamenti sui; {6} uirtutem operum suorum annuntiabit populo suo. *Menyng he shal be in world of his testament; þe uertue of his werkes he shal shewe to his folc.* Þat is, þat he hiȝte in þe Old Testament, he fulfilleþ in þe Newe; þe vertu of his werkes is þat blynde seen, halte gon and oþere diuers knowen to 35
cristen men.

{7} Ut det illis hereditatem gentium, opera manuum eius ueritas et iudicium. *Þat he ȝeue to hem þe heretage of folkes, werkes of his hondes soþfastnes and dom.* Þat is þat his folkes cast out of her soules folc ful of vices and to hem bere fruyte of gode werkes. 40
Soþfastnes is þat he ȝeueþ liif to hem þat ben turned to him; dom þat he manasseþ to yuel men.

{8} Fidelia omnia mandata eius, confirmata in seculum seculi, facta in ueritate et equitate. *Trewe ben alle his maundementes confermed in world of world, maad in soþfastnes and euenhed.* 45
Trewe þei ben for þei kepen þe keping of hem; and þei ben not sent in ueyne as mannes wordes, for þei ben ȝeuen of him þat is soþfast and noþing biddeþ but þat is euene.

19 et[2] . . . seculi] *om.* L 20 manet] maneþ C þe] is þe B 21 world[2]] worldes L 22 and[2]] *om.* L 25 suorum . . . se] *om.* L 26 menyng he maad] he made mynde B 27 mercier] merciful doer A þe] men B 31 uirtutem . . . suo] *om.* L uirtutem] uirtute A 32 menyng . . . be] he shal be myndeful B menyng] myndeful A 33 þe . . . folc] he shal shewe to þe folk þe vertu of his werkus B 35 þat] þe L to] *om.* L 37 opera . . . iudicium] *om.* L 39 soþfastnes] beþ soþfastnesse B folkes] folk B 40 folc] folkis B to hem] do hem to B 42 manasseþ] manasse B 43 confirmata . . . equitate] *om.* L 44 in] est in A trewe . . . maundementes] alle his maundementis beþ trewe B maundementes] commaundmentis L 45 world[2]] worldes L 46 þe] men B of] *om.* LB sent] sett A

f. 239ra **{9} Redemptio|nem misit Dominus populo suo, mandauit in**
50 **eternum testamentum suum.** *Aȝenbiyng þe Lord sent to his folc, he commaunded wiþouten ende his testament.* Þat is he sent Iesu Crist þat ȝaf himself redempcioun to his folc. His new testament is wiþouten ende, for none comeþ after it and it hoteþ ioie endles.

Sanctum et terribile nomen eius; {10} inicium sapientie timor
55 **Domini.** *Holi and ferful þe name of him; þe bigynnyng of wisdom drede of þe Lord.* His name þat is vertue and miȝt, þat is holi to gode men ferful to yuel men; þat þei be ferd, for þorou drede þei moun come to wisdom þat is to sauour of gosteli swetnesse.

Intellectus bonus omnibus facientibus eum; laudatio eius
60 **manet in seculum seculi.** *Vnderstonding gode to alle doyng it; þe looueyng of him woneþ in world* [*of world*]. Þis vnderstonding of þe weie to heuene þat is in þe drede of our lord God is god þat is soþfast and profitable to alle doing it in dede, þat þei haue grace to vnderstonde þe loouyng of him doyng it in dede. He þat so doþ schal
65 be in endeles ioie.

Psalmus .111.

{1} Beatus uir qui timet Dominum, in mandatis eius uolet nimis. *Blessed þe man þat dredeþ þe Lord, in his biddinges he schal wille meche.* Þe drede of þe world makeþ men wretches; þe drede of God makeþ men to coueite þe þinges þurgh whoche þei ben blesful, and
5 þat drede makeþ him euere be in wille to duelle in Goddes biddynges, and perfite wille suffiseþ and desireþ geting to man mede whan he in wirking may gete him noon.

49 mandauit . . . suum] *om.* L 50 aȝenbiyng . . . sent] þe lord sent aȝenbiynge B þe] owur L 54 inicium . . . domini] *om.* L 55 ferful] feiþ *canc.* \`feer′ ful is B drede] is drede B 56 þat²] *om.* B is²] *om.* L 59 laudatio . . . seculi] *om.* L 60 vnderstonding gode] gode vndirstondyng is B alle] alle men B 61 looueyng] louynge L, preisyng AB in] into L of world] *om.* CA 62 god²] good LB 64 loouyng] preisyng AB

Ps. 111 CALB

heading C, \`111′ *d.h.* B, *om.* L; *in* A *the text of 111 goes straight on along the line from the end of 110 on f. 213ra without any decorated capital or mark of separation.* 1 in . . . nimis] *om.* L 2 blessed] blesful is B wille] wiln B 4 þe] þoo B 5 him] hem B be] to be B 6 desireþ geting] desire getiþ B

{2} **Potens in terra erit semen eius; generatio rectorum benedicetur.** *Miȝti in erþe schal be his seed;* | *þe generacioun of riȝte men schal be blessed.* For neiþer liif ne deeþ mai departe him fro Goddes loue, þe seed þat is þe mede of his gode werke schal be miȝti in erþe, not heer wher holi men suffren hatreden and scorn, but in heuene þere þei shulen be briȝt as þe sunne. Þe generacioun of riȝte þat is þe foloweres of riȝtful men shulen be in endeles blessyng. Noon is riȝt þat coueiteþ ioie of men or erþeli ritchesses. For

f. 239rb 10 15

{3} **Gloria et diuitie in domo eius, et iusticia eius manet in seculum seculi.** *Ioie and ritchesses in his hous, and his riȝtwisnes woneþ in world of world.* A riȝtwise man coueiteþ no vanitees þat haþ in his hert, wher he woneþ wiþ hope of liif, holi ritchesse and ioie of gode conscience, for riȝtwisnes is his ioie and his ritchesses þat lasteþ euere in Cristes loue þei lasten wiþ him.

20

{4} **Exortum est in tenebris lumen rectis corde, misericors et miserator et iustus.** *Borne is in merknes liȝt to riȝte of herte, merciful and merciere and riȝtwis.* Þat is, Iesu Crist þat is merciful to men þat forsaken her synne, and he is riȝtwis to alle þat duellen in synne punisshing hem þerafter; he is schinyng liȝt, born þurgh loue in mannes þouȝt, putting awei merknesse and makyng men riȝte of hert.

25

{5} **Iocundus homo qui miseretur et commodat, disponit sermones suos in iudicio,** {6} **quia in eternum non commouebitur.** *Delitable man þat haþ merci and leeneþ, he ordeyneþ his wordes in dom, for wiþouten ende `he' schal not be stired.* Þat man is delitable and kynde to God þat haþ mercy of pore, and leeneþ to hem þat God shal quite in heuene. And he wiseli seiþ al þing þat is to ordeyne his wordes in dom, for he schal not be remoued fro þe ioie | of heuene. But

30 f. 239va 36

{7} **In memoria eterna erit iustus, ab auditione mala non timebit.** *In endeles mynde þe riȝtwis shal be, fro yuel heering he schal*

8 generatio . . . benedicetur] *om.* L 9 miȝti . . . seed] his seed shal be myȝty in erþe B riȝte] riȝtful A 10 ne] nor L 12 suffren] suffryd L 13 þere] where L riȝte] riȝtful A, riȝt men B 14 riȝtful] riȝtwise B 15 riȝt] riȝtful A 16 et[2] . . . seculi] *om.* L 17 in] beþ in B 22 lumen . . . iustus] *om.* L corde] *om.* B 23 borne . . . liȝt] liȝt is born in derknesse B merknes] derknes A riȝte] þe riȝt B 24 merciere] merciful doer A 27 merknesse] derknes AB 29 et . . . commouebitur] *om.* L commodat] comedat B 31 delitable] he is a delitable B 32 he] *margin d.h. marked for ins.* C 34 wiseli] wyll L 37 ab . . . timebit] *om.* L 38 fro . . . drede (39)] he shal not drede fro yuel heeryng B

not drede. þat is, he schal heerun 'Comeþ ȝee blessed into þe
40 kyngdom of heuene', and fro þe yuel heering þat yuel men schulen
heer, þat is 'Go ȝee waried to fiir of helle endeles', he schal not drede
þerof for he schal be siker of endeles ioie.

Paratum cor eius sperare in Domino; {8} confirmatum est cor eius, non commouebitur donec despiciat inimicos suos. *Redi is*
45 *his herte to hope in þe Lord; confermed is his herte, he schal not be stired*
til he despise his enemyes. Uertu of loue redieþ his herte to hope in our
Lord, not in þe world. And ȝif he be manased he dredeþ not, for his
hert is confermed þat no þing in þis liif may turne it, and no
temptacioune may breke it. Wherfore he shale not be stired fro his
50 stedfast hope til þat he be in þe lond of heuene, wher hee schal not
sette bi alle his foos.

{9} Dispersit, dedit pauperibus, iusticia eius manet in seculum seculi, cornu eius exaltabitur in gloria. *He deled, he ȝaf to*
pore men, his riȝtwisnes woneþ in world of world, his horn schal be hied in
55 *glory.* þat is, þat haþ substaunce of þe world he deleþ of hem—to
pore men not to riche, for al is lost and wasted þat men to hem ȝeuen
anemptes mede of heuene, witing hem riche and stalworþe to whom
þei ȝeuen it, but if þei ȝeue ouȝt to her frendes bi vertu of kyndenes
þat is Goddes wille. But þerfore waaste þei not in pomp ne pride
f. 239vb godes lent to hem of God to releue | wiþ alle pore nedi men. And ȝif
61 þei suffren herfore scornyng of fleshly men, her horn shal be hiȝed in
ioie, whos mekenes was heer despised of proude men.

{10} Peccator uidebit et irascetur, dentibus suis fremet et tabescet; desiderium peccatorum peribit. *þe synful shal see and*
65 *he shal be wroþ, wiþ his teeþ he shal gnaste and he shal faile; þe ȝernyng*
of þe synful shal perische. þe synful shale see þe meke man hiȝed in
ioie, and he shal be wroþ to himself þat he wold not do penaunce
heer. For he shal gnaste for angre and tene, and faile he shal hope of
aȝenturnyng; and þanne ȝernyng of synful shal perische wiþoute any

40 þat] of L 41 fiir] þe fier A he . . . endeles (42)] *om.* B 43 confirmatum . . . suos] *om.* L 45 confermed . . . herte²] his hert is confermed B 48 in] of B 50 stedfast hope] stidefastnesse B 52 dispersit] disperdit A iusticia . . . gloria] *om.* L 53 he²] and B 55 of ²] *om.* B 57 mede] þe meede A and stalworþe] ˋandˊ of substaunce L 59 ne] nor L 61 herfore] þerfore L 62 proude] poure L 63 et¹ . . . peribit] *om.* L 64 desiderium] et desiderium C 65 wiþ . . . gnaste] he shal gnaste wiþ his teeþ B ȝernyng] desier A 66 þe¹] *om.* L 68 faile he shal] he shal faile B of] *om.* B 69 ȝernyng] þe desier A

solace, for al þat he ȝerned passeþ as þe schadowe, and þe synful for 70
his synne duelleþ in pyne.

Psalmus .112.

{1} **Laudate, pueri, Dominum, laudate nomen Domini.** *Childer, looueþ þe Lord, looueþ þe name of þe Lord.* Childre, þat is ȝee meke men and clene, looueþ þe Lord. Vnworþili syngen þei þis salm þat wenen hemself be of gretter worþines and defoulen in synne. Looueþ þe name of þe Lord: þat is, doþ so þat men þat seen 5
ȝour werkes looue God in ȝou lastyngli. For

{2} **Sit nomen Domini benedictum ex hoc, nunc et usque in seculum.** *Blessed be þe name of þe Lord fro þis, now and into þe world.* þis is looued be God fro þis tyme of grace þat now is, whil þis world stondeþ and wiþout ende. 10

{3} **A solis ortu usque ad occasum laudabile nomen Domini.** *Fro þe rising of þe sunne to þe settyng loouable þe name of þe Lord.* Bi enuyrounyng of þe sunne as bi a lyne he signifieþ þe world, in þe wheche God is | to looue. f. 240ra

{4} **Excelsus super omnes gentes Dominus, et super celos gloria eius.** *Hiȝe aboue alle folkes our Lord, and aboue heuenes his glorye.* þat is, aboue alle creatures in erþe and in heuene is he Lord 15
þat al be soget to him.

{5} **Quis sicut Dominus Deus noster, qui in altis habitat,** {6} **et humilia respicit in celo et in terra?** *Who is as lord oure God þat woneþ in hiȝ, and meke þinges he seeþ in heuene and in erþe?* As who sei, noon is miȝti and fair as he þat woneþ in hiȝ holi men, and þouȝ he 20

70 ȝerned] desyride A, ȝernyth L þe[2]] þer `þe´ L

Ps. 112 CALB

heading C, `112´ *d.h.* B, þe Cxi psalm A, *om.* L 2 looueþ[1]] herie ȝe A, preise ȝe B, loueth L looueþ[2]] herieþ A 3 looueþ] herieþ A, preiseþ B, loueth L 4 gretter] grete B in] hem in B 5 looueþ] preiseþ B, loueþ AL 6 looue] preise B, loue A 7 ex . . . seculum] *om.* L 8 and] *om.* L 9 þis[1]] þat B looued] heried A, preisid B be] bi A 11 laudabile . . . domini] *om.* L 12 loouable] preisable is B, louable A 13 enuyrounyng] þe goyng aboute B as] and A 14 looue] herien A, preise B, loue L 15 et . . . eius] *om.* L 16 hiȝe . . . lord] oure lord is heiȝh aboue alle folk B folkes] folk AL aboue[2] . . . glorye (17)] his glorie aboue alle heuenys B 17 is[1]] *om.* L 19 qui . . . terra] *om.* L et] *om.* B 20 lord] þe lord AB, owur lord L 21 meke . . . seeþ] he seeþ meke þingis B sei] seiþ B 22 hiȝ] hys L holi . . . hiȝ (23)] *om.* B

be hiȝ he seeþ hem whoche he makeþ hiȝ in his halle. Or þus, hee seeþ meke men in heuene, þat is holi men, þe whoche shulen sitte 25 demeres of oþere, and in erþe he biholdeþ, þat is men þat scholen be boþe demed and saued.

{7} **Suscitans a terra inopem, et de stercore erigens pauperem.** *Reising fro erþe þe helples, and of þe fen upriȝtyng þe pore.* Reising þurgh his grace fro erþe, þat is fro corruptioun of bodi, hem þat 30 weren helples and ben ȝit as long as þei duellen in þis liif. And he upriȝteþ þe pore meke of erþeli lustes and flescheli vices, þat þei haue no maistrie of his herte.

{8} **Ut collocet eum cum principibus, cum principibus populi sui.** *Þat he sette him wiþ princes, wiþ princes of his peple.* As who seie, 35 to þat þing he riȝteþ þe pore man þat he sette him wiþ aungeles and apostles þat ben princes of heuene.

{9} **Qui habitare facit sterilem in domo, matrem filiorum letantem.** *He þat makeþ to wone þe bareyne in hous, moder of sones ioieyng.* Þat is holi chirche þat was first bareyn he makeþ ioiyng in his 40 loue and modre of gostli sones, þat is eche trewe prelat and curat mai f. 240rb ioie | of her children whoche þei geten to God þurgh gode ensaumple of word and werk, for her wonyng is maad in þe hous of heuene.

Psalmus .113.

{1} **In exitu Israel de Egypto, domus Iacob de populo barbaro.** *In goyng of Israel out of Egipte, of þe hous of Iacob fro heþene folc.* In goostli goyng: þat is, in holi þouȝt and gode werk; of Israel: þat is, of cristen men þat seen God; oute of Egypt: þat is fro þe affliccioun of 5 þis world þat þei forsaken. And of þe hous of Iacob: þat is, of holi chirche, þat is þe hous of wrastlyng aȝen synne; fro heþene folc: þat is, þe vile synnes of yuele men. For he is most heþene þat is moost synful, þat is an heþene tunge þat looueþ not God in his riȝtwis doyng.

23 he[1]] and L 24 þe] *om.* A 27 et . . . pauperem] *om.* L stercore] terra A 28 reising] he is reisyng B erþe] þe erþe B þe[1]] *om.* B of . . . pore] vpriȝtyng þe pore of þe fenne B 31 erþeli] þe erþely B 33 cum[2] . . . sui] *om.* L 35 þat[1]] þe L 36 þat] þe whiche B 37 matrem . . . letantem] *om.* L 38 þat] *om.* L 39 first bareyn] so bareyn first A 40 of[1]] to L 41 whoche] whom B

Ps. 113 CALB, S *inc.* 8 yn his riȝtwys doynge
heading C, '113' *d.h.* B, þe Cxii psalm A, *om.* L 3 in] *om.* L 7 yuele] heþene A 8 looueþ] herieþ A, preisiþ B, loueth L

{2} Facta est Iudea sanctificatio eius, Israel potestas eius. 10
Maad is Iude his halowyng, Israel miȝt of him. Þat is, schrifte of sorowyng of our synnes is halowyng to him in our herte, þat is purged þurgh trewe confessioun. For þerþurgh we ben maad Israel, seeyng þe wille of God, and miȝti to stond aȝen vices, folowyng Cristes lawe as obedient sones. 15

{3} Mare uidit et fugit, Iordanis conuersus est retrorsum. *Þe sce sawe and fled, Iordan turned is aȝen.* Þe sce, þat is þe world, sawe þe synful men and fledden þat no geynseiyng were to goostli fraunchise; and Iordan, þat is meke baptized men, turned is aȝen fro þe world þat is vicious to þe loue of God. 20

{4} Montes exultauerunt ut arietes, et colles sicut agni ouium. *Mounteyns gladeden as weþeres, and hilles as lombes of schepe.* [M]ounteyns þat is þe apostles, wheche ben as belleweþeres þat ben leders of þe folc, gladeden in sauyng of man|nes soules; and f. 240va hilles, þat is gode men and innocentes þat ben meke as lombes, ioien 25 in God whom þei folowen.

{5} Quid est tibi, mare, quod fugisti? et tu, Iordanis, quia conuersus es retrorsum? *What is to þee, sce, þat þou fleddest? and þou Iordan þat þou turnedest aȝen?* As who seye, þou world what is it þat þi lettynges lefte, and so many þousand of men forsakyng þi 30 vanyte weren turned to God? And þou, Iordan, þat is men þat rennen in sundrye lustes, whi lefte ȝee ȝour viciose customes?

{6} Montes exultastis sicut arietes, et colles sicut agni ouuium. *Mounteyns ȝee gladeden as weþeres, and hilles as lombes of schepe.* Loo, whi: 35

{7} A facie Domini mota est terra, a facie Dei Iacob. *Fro þe face of þe Lord stired is þe erþe, fro þe face of God of Iacob.* Þat is, þat in þe

10 israel . . . eius] *om.* L 11 maad is iude] iude is maad BS miȝt] þe myȝt BS of²] and B 16 iordanis . . . retrorsum] *om.* L iordanis] iordanus BS 17 turned is] *rev.* BS 18 geynseiyng] aȝeinseiing A 19 turned is] *rev.* BS 21 et . . . ouium] *om.* L 22 mounteyns] *on eras. of shorter d.h.* C, hillis AL lombes] þe lombis A 23 mounteyns] Hounteyns *on eras. of shorter d.h.* C, howes L, hillis A wheche] þe whiche BS 24 þe] *om.* L folc] flock or folk B mannes] mennus ALBS 27 et . . . retrorsum] *om.* L iordanis] iordanus B 28 es] est A þee] þe L sce] þou see BS 30 and] `and´ B, *om.* S of men] *twice* C 32 sundrye] dyuerse ABS 33 et . . . ouuium] *om.* L 34 mounteyns] *on eras of shorter d.h.* C, howes L, hillis A gladeden] gladen L hilles] litil hillis A 36 a² . . . iacob] *om.* L fro . . . erþe (37)] þe erþe is stired fro þe face of þe lord BS 37 þat in] *om.* L

knowyng of our lord Iesu Crist erþeli men ben stired from her synne and ben glad to looue him. For he is

40 {8} **Qui conuertit petram in stagna aquarum, et rupem in fontes aquarum.** *þat turneþ þe stoon into stanges of watres, and rooche into welles of watres.* þat is, God semed ful hard whil we knewen him not; siþen whan we bigynnen to loue him, he melteþ him in us and woneþ in our hertes, makyng us waxe in charite as welle of liif þat we
45 haue weting to don his wille. But þat we ben not in veynglorye

{9} **Non nobis, Domine, non nobis sed nomini tuo da gloriam.** *Not to us, Lord, not to us but to þi name ʒeue þe glory.* þat is, Lord, not to our merites but to þi name ʒeue þe ioie, þat is ʒeue us grace to knowe þat alle þi ʒiftes ben of þi godenes not of oure merites. Forþi
f. 240vb þi naame in þee be glorified and loued of þi ser | uantes for itself. For
51 it comeþ

{10} **Super misericordia tua et ueritate tua, nequando dicant gentes: ubi est Deus eorum?** *Of þi mercy and of þi soþfastnes, lest whan folkes seyn: where is her God?* Of þi merci þat þou clepest synful
55 man, and of þi soþfastnes þat þou ʒeeldest to gode men mede as þou hiʒtest.

{11} **Deus autem noster in celo, omnia quecunque uoluit fecit.** *Our God soþli in heuene, alle þinges þat he wolde he made.* As who sey, heþene men asken wher is our God, and we answeren he is in
60 heuene, þat is he is miʒti aboue alle creatures, for al þing þat he wile goostli or bodili he made, wherfore he is almiʒti.

{12} **Simulacra gentium argentum et aurum, opera manuum hominum.** *Maumetes of folkes, siluer and gold, werkes ben of mannes hondes.* A wonderful wodenes it is þat a man makeþ a fals god of þe
65 metal þat God made, for þoo goddes han not office of lymes.

{13} **Os habent et non loquentur, oculos habent et non uidebunt.** *Mouþ þei han and þei shulen not speke, eiʒen þei han and*

38 knowyng] inknowynge L 39 looue] preise BS, louen ALS 40 et . . . aquarum (41)] *om.* L 41 into] in L stanges] stagnes A, þe stagnes L, stangis or polys S, poolis B 42 knewen] knowen S 43 whan] *om.* L 44 waxe] to wexe B 45 in] hiʒed in BS 46 sed . . . gloriam] *om.* L 47 \`nota´ *d.h.* C þe] \`þou´ L 48 ioie] glorie A 49 forþi] þerfore A, for þat L 50 loued] preisid B 52 nequando . . . eorum] *om.* L 54 synful . . . ʒeeldest (55)] *twice* BS 57 omnia . . . fecit] *om.* L quecunque] quicunque S 58 in] is in BS he[1]] *om.* L 59 god] lord BS 62 et . . . hominum] *om.* L 63 folkes] heþene men ben BS werkes ben] ben þe werkis A ben] *om.* BS 66 oculos . . . uidebunt] *om.* L 67 mouþ . . . han[1]] þei han mouþ BS þei[2]] *om.* L eiʒen . . . han[2]] þei han iʒen BS

þei shulen not see. þan is a man bettre þan þise, þat mai boþe speke and see.

{14} **Aures habent et non audient, nares habent et non odorabunt.** *Eeres þei han and þei shulen not heere, neseþirles þei han and þei schulen not smelle.* þe liknyng þat þei hadden to lyuyng men deceyued þe folc, þat weneden þat þere had be priuey godhed in hem, and to make hem more erre in worschiping of maumetrie deueles summe woneden in hem, doyng wonderful miracles. And þe same deueles ben ȝit als cruele and deceyuable as þei weren þanne, and mankynde als freele and liȝte to ouercome. But synne is cause ȝif any erre þurgh hem, for 70 75

{15} **Manus habent et non palpabunt; pedes habent et non ambulabunt; non clamabunt in gutture suo.** *Handes þei han and þei shulen not fele; feete þei han and þei shulen not go; þei shulen not crie in her þrote.* As who seye, beestes þat moun goo and crie ben betre þan þese goddes. Loo, what comeþ of fals bileeue: f. 241ra 80

{16} **Similes illis fiant qui faciunt ea, et omnes qui confidunt in eis.** *Like be þei made to hem þat maken hem, and alle þat in hem tristen.* þat is, blinde be þei in synne and deed in soule þat maken hem to be honoured or þat tristen in any ymages. Help for alle creatures ben fals maumetes to triste inne. 85

{17} **Domus Israel sperauit in Domino; adiutor eorum et protector eorum est.** *þe hous of Israel hopy[d] in þe Lord; helpere of hem and defender of hem he is.* Heþene men tristen in maumetes and fals cristen men also, for he whos werkes ben not reuled bi Cristes liif is oute of bileeue and tristeþ in ritchesses or lustes whoche he sekeþ and loueþ more þan verre God; for whos wille is sette bihinde is lasse loued. But þe hous of Israel, þat is þe chirche of trewe cristen men, hoped and hopeþ in our lord Iesu Crist endeles liif, for he is her 90 95

68 þei] *om.* L 70 nares . . . odorabunt] *om.* L 71 odorabunt] adorabunt A eeres . . . han[1]] þei han eerys BS shulen] shuld L neseþirles . . . han[2]] þei han neseþirlis BS 72 þei[1]] *om.* L 73 weneden þat] wenten A þat[2]] and L be] *om.* A 74 hem[1]] hym S 75 miracles] illusiouns A 77 liȝte] leiȝt B to] to `be´ S, to be B 79 pedes . . . suo] *om.* L 80 handes . . . han] þei han handis BS 81 shulen[1]] may L fele] grope BS feete . . . han] (and *add.* S) þei han feet BS 82 seye] seiþ B beestes þat] *om.* L 84 et . . . eis] *om.* L 85 like . . . made] be þei maad like BS 87 help . . . ben (88)] for alle creaturis beþ fals (yn *add.* S) ymagis (ymagis *canc.* B) BS 88 maumetes] *om.* L 89 adiutor . . . est] *om.* L 90 hopyd] hopyng CA helpere . . . is (91)] he is helpere of hem and (hilere or *add.* S) defender of hem BS 93 bileeue] þe bileeue A ritchesses] riches ALBS lustes] lust L whoche] whom BS

helpere in alle gode werkes and defendere aȝen al fals maumetrie and gilery of þe deuel.

{18} **Domus Aaron sperauit in Domino; adiutor eorum et** 100 **protector eorum est.** *Þe hous of Aaron hoped in þe Lord; helpere of hem and defendere of hem he is.* Hous of Aaron is þe ordre of trewe presthode þat trewli hopeþ in God, and he helpeþ hem þat þei laste in vertues. For þei ben knowen bi her vertuous conuersacioun for þerinne þei ben defended fro alle noyes.

105 {19} **Qui timent Dominum sperauerunt in Domino; adiutor** f. 241rb **eorum et protector eorum est.** *Þo þat dreden þe Lord hopeden | in our Lord; helpere of hem and hiler he is.* Þise tuo þinges, hope and drede, maken men holy, hoping in verre God, and for defaute of hem men worschipen God wiþ her mouþ and maumetes wiþ her mouþ 110 and her werkes. Forþi God suffreþ hem erre, ledyng his seruantes in his hope.

{20} **Dominus memor fuit nostri, et benedixit nobis.** *Þe Lord was menyng of us, and blessed us.* For our hope stode fast in him oneli, and to whom also blessed he.

115 **Benedixit domui Israel, benedixit domui Aaron.** *And he blessed to þe hous of Israel, and he blessed to þe hous of Aaron.* Þat is, he blesseþ to þise tuo houses in whoche is gedered al his chirche, þat is in layfee and spiritualte, godeyng hem so wiþ his blessed blessyng þat þei encresen in vertuous werkes. Wherfore bisshopes moun now drede 120 þat he haþ ȝeue to hem his malisoun, for þe folc þat receyuen her blessyng ben wissed fro vertues to vices, and so it is like bi þe malicious lyuyng of hem and of her obedienceres þat to her bles[s]yng is ioyned Goddes malisoun.

97 helpere] helpe L defendere] hilere or defendere S 99 adiutor . . . est] *om.* L 100 þe[2]] oure ALBS helpere] he is helper BS 101 hem[1]] hym B defendere] hilere or defendere S he is] *om.* BS hous] þe hous B 102 þei] treuly BS 104 defended] hiled S noyes] anoies A, noyous B 105 adiutor . . . est] *om.* L 106 þe] owur L 107 helpere] he is helper BS hiler] hylar of þem LS, defender of hem B he is] *om.* BS 109 mouþ[1]] lyppes L 110 forþi] þerfore A, for þat L 112 et . . . nobis] *om.* L 113 menyng] menende or myndeful S, myndeful AB 114 blessed he] *rev.* BS ‵]ta contra bysshopes′ L 115 benedixit[2] . . . aaron] *om.* L and] *om.* BS 116 to[1]] *om.* L blesseþ] blessed L 117 whoche] whom BS 119 vertuous] vertues BS werkes] lyuyng L wherfore . . . malisoun (123)] *om.* BS now] *om.* L 120 malisoun] curs A 121 wissed] wysshed L, blessid A þe] *om.* L 122 malicious] wickid A 123 blessyng] bles/yng C malisoun] curs A

{21} **Benedixit omnibus qui timent Dominum, pusillis cum maioribus.** *He blesseþ to alle þat dreden þe Lord, to smale wiþ þe more.* 125
He outtakeþ noon of his blessyng þat dredeþ him, wheþer he be in hiȝer degre or lower stonding in mekenes of his loue; ne he spareþ noon wiþ his curs þat is hiȝed in pride, be he hiȝere, be he lowere.

{22} **Adiciat Dominus super uos, super uos et super filios uestros.** *Þe Lord tocast on ȝow, on ȝow and on ȝour sones.* Þe vois of 130
Crist to his Fadre, seiyng and preiyng for his apostles and her ofspring, seiþ 'Lord fadre, eeche ȝour noumbre and þe noumbre of ȝour sones, þat is of ȝour gode foloweres comyng to me in mekenesse cloþed wiþ bridclooþ of cha|rite'. ȝee fadres and sones f. 241va

{23} **Benedicti uos Domino, qui fecit celum et terram.** *Ȝee* 135
blessed of þe Lord þat made heuene and erþe. Þat is, he made heuene þat is holy men to seruen him heer in mekenesse euen after his bidding, þat after þis liif shule receyue mede of endeles ioie. And erþe, þat is lasse holi men, growyng in vertues, schulen be rewarded after þei ben founde in þe erþe of þis liif more or lasse or nouȝt holy. 140

{24} **Celum celi Domino; terram autem dedit filiis hominum.** *Heuene of heuene to þe Lord; þe erþe soþli he ȝaue to þe sones of men.* Heuene of heuene ben men brennyngest in deuocioun þat is aboue heuene, þat in perfeccioun hiȝest of alle oþere, as þe apostles weren, for he speciali lereþ hem and þei taken of him fulnes of wisdom. And 145
þe erþe þat is synful men forto tyle hem and do hem bere fruyte. For ȝif presthod were clene kept as he lefte it in his apostles, boþe hiȝer degre and lower of folc schulde be constreyned bi loue and compassioun of presthod to folowe Cristes reule, loouing him of his grace. For 150

{25} **Non mortui laudabunt te, Domine, neque omnes qui descendunt in infernum.** *Not þe deed schulen looue þe Lord, ne alle þat liȝten in helle.* Þat is, þo þat ben dede in synne loouen þee not to

124 pusillis . . . maioribus] *om.* L 125 blesseþ] blesside BS 127 ne] nor L 129 super[1] . . . uos[2]] super uos A super[2] . . . uestros] *om.* L 130 tocast] caste to B 132 and] in L 134 cloþed] clad ALS bridclooþ] þe brideclooþ AB 135 domino] a domino L qui . . . terram] *om.* L 136 blessed] beþ blessid BS 138 of] and L 140 þe] *om.* L or[1]] and L or[2]] and L 141 terram . . . hominum] *om.* L 142 to[1]] is to BS 143 is] *om.* L 144 heuene] heuen is L hiȝest] ben hiȝeste A, is heyȝest L 146 do] to do L 147 he] *om.* L it] *om.* L 149 loouing] preisynge AB 151 neque . . . infernum] *om.* L 152 deed] dede men BS looue] herie A, looue or preyse S, preise B þe] þee BS ne] nor L 153 loouen] herien A, preisen B

queme, ne alle þat is ne any of alle þat liiþ in helle, þat is in þe
155 ground of vices art þou looued of. For nouþer vicious preste ne
seculer looueþ þee in vices.

{26} **Sed nos qui uiuimus benedicimus Domino, ex hoc, nunc et usque in seculum.** *But we þat lyuen blessen to our Lord, fro þis, now and til into þe world.* þat is, we þat lyuen in liif of grace looouen
f. 241vb our Lord | fro þat we haue bigunne, and now passyng forþ into
161 w`i´þouten ende. Presthed is cause of vices and vertues: forþi þei
schulen quake þat taken þe ordre and profiten not þerwiþ, for in
defaute þerof vertues dien and vices ben quikened, as þe eere heereþ
not ne þe eiȝe seeþ not, ne into þe herte of man it may descende þe
165 ioie ordeyned to hem þat louen God and dreden him. So is not þe
peyne perceyued in bodili wittes þat is ordeyned to hiȝe prestes and
lowe, failinge in her office in peyne wiþouten ende.

[Psalmus] .114.

{1} **Dilexi, quoniam exaudiet Dominus uocem orationis mee.** *I loued, for whi þe Lord schal heere þe voice of my preiere.* þe voice of
Crist, teching his loueres what þei schulen loue and hou þei schulen
loue, þat is þei schulen loue God for himself and alle þinges in her
5 kynde for him. He seid 'I loued'; what? God; whi? for he is passingli
gode. I loued him not for erþeli godes þat he ȝaue me, as yuel men
and coueitous done, but for he schal heere my preier in anguysch.
Godes ben loued perfiteli whan our wille is not stired for hem fro
God in peyne or persecucioun; but þurgh hope of los of hem it is
10 more kyndeled in his loue, seking no solace of any creature. Heere he
wil hem

{2} **Quia inclinauit aurem suam mihi, et in diebus meis inuocabo.** *For he heelded his eere to me, and in my daies I schal*

154 ne[1]] nor L ne[2]] nor L 155 looued] heried A, preisid B ne] nor L
156 looueþ] herieþ A, preisiþ B þee] *om.* L 157 ex . . . seculum] *om.* L
158 blessen] blessed L 159 into] vnto BS looouen] herien A, preise B 161 forþi]
þerfor A, for þat L 164 ne[1]] nor L ne[2]] nor L man] a man BS 166 peyne]
om. A

Ps. 114 CALBS
heading C, `114´ *d.h.* B, *om.* (*r.h.* Cxiii ps.) A, *om.* LS 1 uocem . . . mee] *om.* L
3 what] *om.* L and . . . loue[1] (4)] *om.* L 5 seid] seiþ BS passingli] passyng BS
8 for] fro L fro] for L 9 los] lost B 12 et . . . inuocabo] *om.* L 13 heelded]
heeldede or bowide S, bowide AB

inclepe. Crist heelded his eere in his blessed incarnatioun and in his peynful passioun. And I schal inclepe him to me þat I be not an ydel louere in my dayes of wretchednes þat ben ful of sorowe and trauaile and of old | corruptioun. In þe wheche

15

f. 242ra

{3} **Circumdederunt me dolores mortis, et pericula inferni inuenerunt me.** *Me enuyrounden þe sorowes of deeþ, and þe periles of helle founden me.* Þat is, synnes of whoche comen sorowes and deeþ to soule al enwrappeden me þat maken me crye. And þe periles of helle, þat is endeles deeþ, fonden me erryng fro þee whan I was ioiyng in welþe and helþe, ful of flescheli lustes. Forþi I fonde hem not ne I perceyued þe mechelnesse of yueles on eche side. But at þe last þurgh þi grace

20

25

Tribulationem et dolorem inueni, {4} et nomen Domini inuocaui. *Tribulacioun and sorowe I fond, and þe name of þe Lord I incleped.* Þat is, þe peynes of þis liif I fond profitable for þurgh hem I knewe þe wretchednes of my soule, þat is þe sorowes of deeþ and þe periles of helle; and þanne I dide þat I miȝt: fors[o]ke pride and coueitise and toke mekenesse and preyed þe Lord to heere me, seiyng

30

O Domine, libera animam meam, {5} misericors Dominus et iustus, et Deus noster miseretur. *Þou, Lord, delyuere my soule, merciful Lord and riȝtwis, and our God haþ merci.* For he receyueþ to ioie after chastising. Forþi, þou louere of Crist, þenk it not bittre his chastising, for to þee schal be ful swete his receyuyng.

35

{6} **Custodiens paruulos Dominus, humiliatus sum et liberauit me.** *Kepyng, Lord, þe smale, meked I am and he delyuered me.* He as gode heerde kepeþ meke men and smale in her owne eiȝen, for he sekeþ to make hem grete eyres in heuene. Forþi

40

14 heelded] bowide ABS in[2]] *om.* L 18 et . . . me (19)] *om.* L inferni] *om.* S 19 me[2] . . . deeþ] þe sorwis of deeþ compasseden me BS 20 whoche] whom BS sorowes] sorwe BS 21 enwrappeden] wrappeden L 23 helþe ful] heelþeful A forþi] þerfore A, for þat L 24 ne] nor L 26 et[2] . . . inuocaui] *om.* L 27 tribulacioun . . . fond] Y fond tribulacioun and sorwe BS tribulacioun] tribulaciouns AL sorowe] sorowis AL and[2]] in L þe[1] . . . incleped (28)] Y inclepide þe name of þe lord BS 30 forsoke] forsake C, to forsake L 31 and preyed] *om.* A þe] oure ALBS 33 meam] mea A misericors . . . miseretur] *om.* L 34 et] *om.* S 35 god] lord BS 36 forþi] þerfor A, for þat L þou] thowhe L louere] þe louer L it] *om.* B not] *om.* L 37 to] *om.* L 38 humiliatus . . . me] *om.* L 39 kepyng lord] þe lord is kepyng BS meked I am] Y am mekid BS me[2]] mede S 40 gode] a good ABS for he] *om.* L 41 forþi] þerfore A, for þat L

{7} Conuertere, anima mea, in requiem tuam, quia Dominus benefecit tibi. *Mi soule, turne into þi reste, for þe Lord wel haþ do to*
f. 242rb *þee.* My | soule, turne þee to þi rest, þat is God in whom is verre rest
45 of þouȝt. Forþi sette þi loue al in him, for he dide wel to þee, ȝeuyng þee grace when þou were in wo of synne, elles haddest þou not `be´ delyuered. Be not forþi vnkind, but ȝelde him þat he askeþ: loue vnparted.

{8} Quia eripuit animam meam de morte, oculos meos a
50 **lacrimis, pedes meos a lapsu.** *For he toke my soule fro deeþ, myn eiȝen fro teres, my feete fro slidyng.* Of teres of eiȝen, ne slipping of feete is none delyuered perfiteli in þis liif, ne Cristes louere desireþ it not, þouȝ al he seie it heere mystili þat God haþ delyuered him. For he preieþ þat his teres be not in veyne, as customable synneres ben
55 þat wepen for her synnes but þei leuen hem not in tyme of temptacioun, and ypocrites wepen meche to ben holde holi or to gete ritchesses. Fro þise teres he preieþ to be delyuered, and fro slipping fro vertues to consente to synne. But eche man in þis liif feleþ in his sensualite sleiȝþing of coueitise and lustes, but he
60 assenteþ not to hem and stondeþ to his ende in loue drede of God, schal þanne be vtterli delyuered of alle stormy anoyes. And þanne

{9} Placebo Domino in regione uiuorum. *I schal queme to þe Lord in lond of lyuyng.* Þat is, in heuene perfitli wher eiȝe ne wepeþ ne fote
65 slippeþ.

[Psalmus] .115.

{1} Credidi, propter quod locutus sum; ego autem humiliatus sum nimis. *I trowed, wherfore I spak; but I am meked ful meche.* I trowed verreili and perfiteli, and for I trowed nede is þat I speke to

42 anima mea] animam meam AL quia . . . tibi] *om.* L 43 into þi] þe to my þi L wel haþ do] haþ do wel BS 44 þee] me A to] into LB 45 forþi] þerfor A, for þat L loue] soule L 47 forþi] þerfore A, for þat L 49 oculos . . . lapsu] *om.* L 50 toke] to L 51 of [1]] fro BS ne] of L 52 ne] nor L 56 ben holde] byholdyn S 59 sleiȝþing] slidinge A, slidering B, sliþeryng S he] he þat BS 60 loue drede] loue and drede AL 61 be vtterli] *rev.* A 64 lond] þe lond A lyuyng] lyuynge men BS wher] were L

Ps. 115 CALBS
heading C, `115´ *d.h.* B, þe hundrid and xiiii psalm A, *om.* LS 1 ego . . . nimis] *om.* L 3 I[1]] *om.* L

enfourmyng of oþere. But I am meked ful meche: þat is, I suffred many tribulaciouns for Goddes word. Ne were þe letting of bis|schopes, þe treuþe shuld be knowen in Goddes puple; for þurgh blyndenesse of her bileeue þei senden and suffren fals curates and fals breþeren spoile her scheep of goostli vertues and of bodili godes. Loke þe tokenes of our bileeue, and oure bisschopes ben out of bileeue for þei hyndren Goddes word.

{2} **Ego dixi in excessu meo, omnis homo mendax.** *I seid in myn outpassyng, ilk man liȝere.* I, not ȝeuyng to my miȝt verre schrifte, seide in myn outepassyng, þat is in my þouȝt passyng out of me and rauished to heuene, ilk a man is a liȝere of himself, so þat he may not sei soþ but þurgh God. And siþ I haue no gode of myself

{3} **Quid retribuam Domino pro omnibus que retribuit mihi?** *What schal I ȝelde to þe Lord for alle þat he haþ ȝolde to me?* For myn yueles God ȝeldeþ to me gode for yuel, for he suffred for me not for him. And I haue ofte ȝelde to God yuel for gode, despisyng his woundes and leuyng his biddynges.

{4} **Calicem salutaris accipiam, et nomen Domini inuocabo.** *Þe chalice of helþe I schal take, and þe name of þe Lord I schal inclepe.* What schal I ȝelde? Lo, I soþfast of Goddes ȝefte schal take in desir of God þe chalice, þat is pyne and passioun þat is cleped chalice, for it is a plesyng drinke to holi men of helþe, þat is of Iesu helþe of his loueres for it birleþ endeles helþe to alle þat in clennesse wiþ desir folowen his passioun.

{5} **Uota mea Domino reddam coram omni populo eius; {6} preciosa in conspectu Domini mors sanctorum eius.** *Mi vowes I shale ȝelde to þe Lord biforn al his folc; precious is in siȝt of þe Lord þe deeþ of his halowes.* As who seye, þe | chalice I schal take in desir, and siþ I schal ȝelde in dede my vowes in mennes siȝt, þat þei take ensaumple to folowe me and to looue God, for dere and precious is

4 enfourmyng] þe enfoormynge A 5 ˋbysshopesˊ L ne . . . word (10)] *om.* BS 10 bileeue] þe bileeue A 11 omnis . . . mendax] *om.* L 12 liȝere] a lier A, is a lier BS ȝeuyng] ȝe- *blotted* C 14 a[1]] *om.* ABS 16 pro . . . mihi] *om.* L que] quid A 18 for[1]] of peyne he BS suffred] suffreþ BS 21 et . . . inuocabo] *om.* L 22 þe[1] . . . take] Y shal take þe chalice of helþe BS and] *om.* S þe[2] . . . inclepe] Y shal inclepe þe name of þe lord BS 29 preciosa . . . eius] *om.* L mi . . . lord[1] (30)] Y shal ȝelde to þe lord my vowys BS 30 precious . . . halowes (31)] þe deeþ of his halewis is precious in siȝt of þe lord BS siȝt] þe syȝt L 32 in dede] *om.* A 33 looue] herie A, preise BS

biforn him þe deeþ of holi men, þouȝ oþere fleshli men þenken it vile
35 and cursed.

{7} **O Domine, quia ego seruus tuus, ego seruus tuus et filius ancille tue.** *O Lord, for I þi seruant, I þi seruant and sone of þin hondmaiden.* Þat is, I stryue not aȝen soþfastnes, but aȝen falsnesse of anticrist and his lymes. For I bowe in alle þinges to þe lore of holi
40 chirche, letting and destroiyng feined falsnes þat regneþ þerinne coloured bi ypocrisie and tirauntrie. Herfore I am sone of þin hondmaiden þurgh þi grace not of my meryte. For

Disrupisti uincula mea; {8} tibi sacrificabo hostiam laudis, et nomen Domini inuocabo. *Þou broste my bondes; to þee I schal offre*
45 *þe hoost of loouyng, and þe name of þe Lord I schal inclepe.* Þurgh þe vertue of martirdom þou broste þe bondes of my synnes. Summe trowen þat þis vers is of so grete vertu þat mannes synnes ben forȝeuen ȝif it be seide þries in þe ende of his liif. But eche þat þere wil be siker, leue his synne whil he may synne, and cloþe him in
50 charite and ende þerinne, for no doute þat keuereþ multitude of synnes. And for þou broste my bondes of synne I schal offre to þee my liif in loue and loouyng of þi name, tristing þerinne, not in my meryte ne in my strengþe.

{9} **Uota mea Domino reddam in conspectu omnis populi**
55 **eius, {10} in atriis domus Domini, in medio tui Ierusalem.** *Mi vowes I schal ȝelde to þee, Lord, in þe siȝt of alle his folk, in þe entres of*
f. 243ra *þe hous of þe Lord,* | *in myddes of þee, Ierusalem.* Þat is, I schale ȝelde meself to him whos ymage I am, in þis chirche treuli seiyng and wirkyng his wille, and in heuene contynueli loouyng his name, wher
60 verre pees is and holi men ioien in þe siȝt of God. For apertli schal he þere be looued, and so shulde he here be looued þat cam to suffre heer for alle men.

36 ego[2] . . . tue] *om.* L 37 o] *om.* ALBS for I] Y am BS I[2]] Y am BS sone] þe sone BS 38 hondmaiden] handmayde B 39 þinges] þing ALBS 40 feined] *om.* BS þerinne coloured] þer incolowred L 41 herfore] therfore L 42 hondmaiden] handmaide B my] *om.* L 43 disrupisti] disripuisti A tibi . . . inuocabo] *om.* L hostiam] tibi hostiam A 44 broste] hast brost BS to . . . offre] Y shal offre to þee BS 45 þe[1]] *om.* L loouyng] heriyng A, preisyng B þe[2] . . . inclepe] Y shal inclepe þe name of þe lord BS 48 þere wil] *rev.* BS 50 multitude] þe multitude AL 52 my liif] myselfe L loouyng] heriinge A, preisyng B 53 ne] nor L in] *om.* A 55 in[1] . . . ierusalem] *om.* L mi . . . lord (56)] I shal ȝelde to þe lord my vowis BS 56 þee] þe A þe[1]] *om.* L his] þe L 57 myddes] þe myddis AL þee] *om.* BS 58 and] in A 59 wirkyng] syngyng and wyrkynge L loouyng] heriynge A, preisyng B 60 apertli] apert BS 61 þere be] *rev.* L looued[1]] preisid B, loued A and] *om.* L looued[2]] loued ABS